제3판

환경법원론

조 홍 식

박영사

Principles of Environmental Law

by Hong Sik Cho, J.S.D.

Professor of Law
Seoul National University School of Law

Third Edition

Parkyoung Publishing & Company
SEOUL, KOREA
2022

In memory of my mother,

Soon-Ae Kim(February 20, 1936 ~ April 4, 2018)

머리말

내가 서울대학교 법과대학에서 학부생을 대상으로 환경법 첫 강의를 한 것은 1998년 봄이었다. 그 당시 최종길 강의실에는 신출내기 교수가 무엇을 할 수 있을까 궁금해 하며 개강부터 종강까지 열성적으로 참여해준 60여 명의 학생들이 있었다. 수강생 한 사람 한 사람은 나를 강단에 머물 수 있게 해준 문자 그대로의 '축복'이었다. (학교는 그 바깥에 비해서 시간이 천천히 가거나 아니면 아예 정체되어 있다. 특히 나 같은 사람은 나름 구축한 관념의 세계에 머물러 있어 더욱 그렇게 느껴지는데, 그 당시 학생들은 모두 여전히 나의 교정(校庭) 어딘가에 머물러 있다.) 나는 그들의 환경법 교육을 위하여 할 수 있는 일이라면 무엇이든 할 준비가 되어 있었지만 그로부터 21년이 지나고서야 교과서를 출간하게 되었다.

나는 교과서에 관하여 근거 없는 편견을 가지고 있었다. 교과서를 '독창적인' 연구 성과로 생각지 않았던 것이다. 그 결과, 내 학생들은 교과서 없이 환경법을 배우는 불편함을 피할 수 없었다.

생각을 바꾼 것은 버튼 펠먼(Burton Feldman)이 쓴 The Nobel Prize: A History of Genius, Controversy, and Prestige (2000)에 소개된 노벨경제학상에 관한 에피소드를 읽고 나서다. 폴 사무엘슨(Paul Samuelson)은 경제학의 난해한 주제들을 혁신적인 수학적 방법으로 재조명했다는 이유로 1970년 노벨경제학상을 수상했는데, 펠먼은 특별히 그의 교과서인 Economics (1948)를 언급하면서 그것이 우리로 하여금 경제학에 대한 전망(展望)을 획득하게 했을 뿐 아니라 우리가 현재 사용하고 있는 경제학의 기본 개념을 제공했음을 강조하였다. 말하자면, 적어도 경제학 초입생들이 느끼기에는 사무엘슨 이후의 경제학은 그 이전의 그것과는 다르다는 것이었다. 그 후, 이런저런 경제학사(經濟學史)를 읽으면서, 사무엘슨의 교과서가 존 스튜어트 밀(John Stewart Mill)의 Principles of Political Economy (1848), 알프레드 마샬(Alfred Marshall)의 Principles of Economics (1890)의 계보를 잇는 것으로 평가됨을 알게 되었다. 교수라는 직업을 한 번도 가져본 적이 없었던 밀의 교과서가 옥스퍼드 대학교에서 1919년까지 강의 교재로 사용되었다는 사실은 내 편견을 깨기에 부족함이 없었다.

환경법에 관하여 이미 여러 종류의 교과서들이 출판되어 있음에도 불구하고 이 책을 출판하는 의의(意義)에 대해서는 어느 정도의 설명이 필요한 것 같다. 우선, 교과서를 쓰면서 가장 큰 강조점을 두려고 한 부분은, 나의 교과서가 비록 '실정법'의 '해석'에 정향(定向)된 것이지만 '법의 본성'에 관한 수미일관한 법이론에 그 바탕을 두어야겠다는 것이었다. 말하자면 어떤 법적 판단을 내릴 때 그 근거로서 도그마가 아닌 법에 관한 근저적 질문을 해명하는 법이론을 제시하고자 하는 것이었다. 법적 판단은 법적 사실에 터 잡아야 하므로, 무릇 법의 내용을 종국적으로 결정하는 사실이 무엇인지를 말해주는 이론이라면 그것은 법의 내용을 여하히 발견할 수 있는가를 말해주는 이론과 본질적인 관련을 가질 수밖에 없다. 실정법 해석은 이런 이론들이 작업한 결과이어야 한다. 그리하여 법이론의 적용결과인 환경법 해석은 다시 법이론에 환류되고 이에 반응한 법이론은 다시 환경법 해석에 영향을 미치게 된다. 이런 변증과정을 거치면서 결국 환경법은 합리적 자기이해에 도달하게 될 것이다.

나는, 법이 (정치적) 도덕성으로부터 끊임없이 수혈 받았고 또 그래야 한다고 생각하지만 그럼에도 불구하고 법은 (정치적) 도덕성과 구별되는, '사회적으로 구성된 규칙'이며, 그런 만큼 법을 인식함에 있어서도 법을 구성하는 데 기여한 사람들의 행위와 관련한 사실(가령 입법자의 의사나 그들이 산출해낸 법률의 문언)이 무엇인지를 살피는 것이 중요하다고 생각한다. 이 책은 이런 나의 법철학에 터 잡아 기술된 것이다.

기존의 환경법 교과서들 또한 모두 나름의 법이론에 근거해 기술되었을 것이다. 하지만 이들은 실정법해석론을 강조한 나머지 그 각각이 터 잡은 법이론과의 관련성에 대해서는 설명을 생략하고 있다. 그런데 개별 환경실정법 해석론이 학계에서 검증된 법이론에 의하여 이론적으로 (혹은 경험적으로) 해명될 수 있다고 한다면, 이는 당해 실정법, 나아가 환경법 전체를 통일적으로 파악할 수 있도록 할 것이고 그럼으로써 결국 연구대상인 환경법, 그 자체의 완전성(integrity)을 드러내게 될 것이다. 이것이 환경법 발전에 밑거름이 될 것은 두 말할 필요가 없다.

내가 법인식방법, 특히 법해석방법론을 강조하는 또 하나의 이유는 환경법의 특성에 대응하기 위해서다. 주지하듯이, 환경법을 구성하는 개별 실정환경법은 2019년 현재 환경부 소관

법률만 하더라도 70개에 달하며, 제한된 지면으로 인하여 이들 개별실정법 모두를 균질하게 다룰 방법은 없다. 또한 환경법 분야는 그 역사가 일천하여 일반 개념이나 법리의 발전이 여타의 법률 분야에 미치지 못할 뿐 아니라 개별 실정환경법은 특정한 환경보호목적에 봉사하기 위하여 제정된 대표적인 의회제정법인 만큼 이를 여하히 해석해야 할 것인가에 관한 제정법해석론이 적실하게 적용될 수 있는 영역이다. 본서가 다소 지나칠 정도로 법해석방법론을 설명하는 이유가 여기에 있다.

이러한 저술의 기본방침 외에 이 책은 몇 가지 특징을 가지고 있다. 우선, 본서는 환경법을 관통하는 이론적 논점에 관하여 제1편 환경법 총론에서 많은 지면을 할애해 심도 있게 다루는 한편, 각론 부분, 즉 개별 환경실정법에 대하여는 제3편 환경행정법에서 실무적 관점을 취하여 그 각 실정법에서 제기되는 논점을 중심으로 간략하게 다루었다. (이는 변호사시험에 대비해야 하는 로스쿨 학생들을 위한 배려이기도 하다.) 그리하여 총론에서는 법철학적 기반 위에 구축된 법이론을 동원하여 환경법의 주된 논점을 해명하려고 했으며, 각론에서는 대법원 및 헌법재판소의 판례 및 환경부의 실무관행을 소개하려고 노력하였다.

환경법 총론을 강조한 이유는 이러하다. 환경법은 아직도 형성중인 법이다. 그런 만큼 법에 관련한 공무담당자, 대표적으로 법관은 구체적 사건을 처리함에 있어 법의 흠결을 보정하거나 불확정적인 법을 확정해야 할 상황에 처하게 되고, 부득불 '법형성(lawmaking)'에 나서게 된다. 이 경우, 환경법 총론은 법관이 참조할 수 있는 첫 번째 자료이다. 그런데 우리 학계는 그 동안 환경법 총론을 소홀히 한 측면이 없지 않다. 가령 환경정책기본법은 환경법 전체를 관통하는 환경법의 원칙들을 규정하고 있는바, 이들 원칙의 법적 효력을 본격적으로 다룬 논의가 부족하였다. 국민의 입장에서는 이들 원칙이 국민의 권리·의무에 직접적인 영향을 미치는지 여부가 중요한데, 기존의 논의는 독일 문헌에 의존해 이들을 "행위준칙(Handlungsmaxime)"으로 규정한 후 그 용어가 의미하는 바에 관하여는 침묵하여 왔다. (이는 '재판규범'에 미치지 못하는 '행위규범' 정도를 의미하는 것으로 추측되는데, 이에 관한 연구결핍은 독일에서도 큰 차이가 없다.) 따라서 '행위준칙'이란 말의 언어 용례, 특히 그 용어의 출처인 독일에서의 언어 용례를 살피게 되는데, 아쉽게도 이러한 노력은 의문점을 오히려 가중시킨다. 대표적으로, 칸트의 정언명법의 대표적 정식, 즉 "네 의지의 준칙이 언제나 보편적 입법의 원리로서 간주될 수 있도록 행위하라(Handle so, daß die Maxime deines Willens jederzeit zugleich als Prinzip einer allgemeinen Gesetzgebung gelten könne)."는 '준칙(Maxime)'과 '원리(Prinzip)'를 판명하게 구분하고 있는데, 그렇다고 한다면 환경법 원칙들을 '준칙'으로 파악할 수는 없다고 생각된다. 왜냐하면 독일에서는 환경법의 원칙들을 — "Vorsorgeprinzip(사전배려의 원칙)", "Verursacherprinzip(원인자부담의 원칙)", "Kooperationsprinzip(협동의 원칙)"에서 볼 수 있듯이 — 모두 "원리"로서 표현하고 있기 때문이다. 그런데 법의 본성에 관한 이론적 논의는 환경법원칙의 효력을 설명하는 유용한 관점을 제공한다. 본서 제1편 환경법 총론에서 서술한 바와 같이, 법체계를 구성하는 개별법의 종류에 관한 논의, 특히 '법규칙(rule; Regel)'과 '법원리(principle; Prinzip)'에 관한 논의는 환경법원칙의 효력을 해명할 수 있게 하는 풍부한 단서를 제공하는 것이다.

본서는 또한 환경윤리와 환경정책에 관한 기초적인 지식을 담기 위하여 지면을 할애하였다. 전술하였거니와, 법은 자율적이어야 하나 법현실은 법으로 하여금 도덕(·정치)의 수혈을 요구하도록 만들고 있다. 특히 환경법은 역사가 일천하고 규율대상(환경문제)이 특수할 뿐 아니라 과학기술의 급격한 발전 및 가치관의 조급한 변화에 노출되어 있다. 이러한 요소들은 공론장에서 환경윤리와 환경정책에 관한 논의를 지속시킬 것이며, 그 결과는 입법, 행정실무, 판례를 통하여 환경법의 내용에 영향을 미치게 된다. 요컨대 환경법의 내용은 자연과학적 발견에 터 잡은 국민의 가치판단에 의존해 진화할 것이 예정되어 있는 것이다. 따라서 진지한 환경법학도라면 이러한 환경법의 개방성을 외면할 수 없고 환경윤리와 환경정책에 관한 최소한의 지식을 갖추어야 한다. 교양 없는 전문가보다 위험한 존재는 없다.

마지막으로 본서는 대법원 및 헌법재판소의 판례뿐만 아니라 환경부의 실무관행을 반영하려고 노력하였다. 법의 토대에 법공무담당자의 관행이 자리한다는 데 대하여 오늘날 대다수의 법철학자들이 공감하고 있거니와, 기실 수범자이자 피규제자인 국민의 입장에서는 이들의 관행보다 중요한 것은 없을 것이다. 그리하여 본서 제2편 환경헌법에서 제4편 환경구제법에 이르기까지 환경법의 실제에서 벌어지는 다양한 사건을 전제로 하여 이에 대한 법관과 공직자의 법적 대응을 소개하고 있다.

본서는 많은 분들의 도움에 힘입었다. 먼저, 척박한 환경에서 우리나라의 환경법을 낳고 키워온 한국환경법학회 회원 여러분께 감사와 존경을 드린다. 나와 함께 환경법과 법정책학을 연구하는 환경법교실의 구성원들에게도 고마움을 전한다. 허성욱 교수는 '환경문제를 위한 경제학적 분석틀', 홍진영 교수와 이상윤 부장은 '환경법의 해석,' 황계영 박사는 '폐기물관리법'과 '자연환경보전법', 이유봉 박사와 최지현 박사는 '환경윤리', 황형준 박사는 '토양환경보전법', 한지형 판사는 '환경피해의 사법적 구제', 이경호 변호사는 '환경영향평가법'의 각 부분에 관한 자료수집과 원고정리를 도와주었고, 홍보람 박사와 박진영, 박형근 석사, 그리고 최미경

선생은 원고의 교정·교열을 봐주었다. 물론, 본서의 오류는 모두 저자인 나의 것이다. 환경부 실무관행을 파악할 수 있는 귀중한 자료를 제공해주신 환경부의 박천규 차관님과 유제철 실장님, 그리고 집필기간 내내 연구지원을 해주신 (주)한화의 후의에 깊이 감사드린다. 본서를 출판해주신 (주)박영사의 안종만 회장님과 조성호 이사님, 그리고 편집 작업을 성심성의껏 해주신 이승현 과장님께도 감사함을 전한다. 마지막으로, 집필기간 내내 나약해진 심신을 위로하고 치유해준 제주의 산과 바다, 그리고 그곳에 서식하는 수많은 생명에게 안부를 전한다.

2019년 7월 10일

大靜 自然齋에서

趙 弘 植

제2판 머리말

환경법원론의 초판을 낸 지 1년이 채 되지 않았다. 그럼에도 불구하고 개정판을 내게 된 데에는 사정이 있다. 먼저 과분한 사랑을 받아 초판 인쇄본이 모두 소진된 것이 가장 큰 이유이겠으나, 출판 후 단순한 오타뿐 아니라 문장이나 단락의 재배치, 그리고 윤문이 필요한 부분이 발견되었다. 또한 "환경정의"라는 용어가 환경정책기본법에 새로이 규정되는 등 2019년 법률개정이 있었으며, 비록 소수이지만 간과할 수 없는 대법원판례도 선고되었다. 그리하여 개정판에는 환경정책기본법상의 "협동의 원칙"과 "환경정의" 부분, 그리고 환경분쟁조정법상의 "원인재정"이 보완·추가되었고, 판례가 보완되었으며, 혼란을 준 부분들이 수정·보완되었다. 나름 최선을 다했으나 여전히 독자 여러분의 질정(叱正)을 바라마지 않는다. 아무리 노력해도 저자의 천학비재(淺學菲才)를 감출 수가 없기 때문이다.

개정판에 새로이 수록된 법원의 판결을 취합해 정리해 준 한지형 판사에게 감사의 마음을 전한다. 그리고 본서를 출판해주신 (주)박영사의 안종만 회장님, 조성호 이사님, 세심한 편집작업을 해주신 이승현 과장님께도 감사함을 드린다.

2020년 8월 7일

江南 三斯齋에서

趙 弘 植

제3판 머리말

환경법원론 제3판을 출판하게 되었다. 제2판을 2020년 8월에 출판했음에도 불구하고 이렇게 짧은 기간 안에 다시 개정판을 내게 된 이유는 아래와 같다.

그동안 많은 법률이 새로이 제정되었고 기존의 것들도 적지 않게 개정되었다. 특히 대기환경보전법과 폐기물관리법 부분이 그러하고, 주목할 만한 판례가 내려졌기 때문에 해당 부분을 거의 새로이 작성해야 할 필요성을 느낀 것이다. 여기에 더하여, 그동안 변호사시험에 대한 섬세한 배려가 부족했다는 반성이 이번 개정작업의 주된 원동력으로 작용하였다. 강의실 안과 밖에서 변호사시험만을 바라보고 치열한 나날을 보내는 학생들이 느끼는 심리적 부담은 이루다 말할 수 없다. 그에 대한 공감이 저자로 하여금 환경법원론 제3판을 좀 더 변시 적합적인 것으로 만들도록 이끌어주었다.

구체적으로, 일러두기에서 언급한 바와 같이, 변호사시험과 변호사시험 모의고사에 출제된 판례들은 별도의 표시를 통하여 강조해두었다. 이를 통하여 수없이 많은 판례를 접해야만 하는 학생들이 더 수월하게 주요 환경법 판례에 접근하고, 조금이나마 시험에 대한 부담을 내려놓을 수 있기를 바라마지 않는다.

본 개정판을 위하여 새로이 제·개정된 법규를 반영하고, 기출 판례를 정리해준 박진영 조교에게 감사의 마음을 전한다. 그리고 본서를 출판해주신 (주)박영사의 안종만 회장님과 안상준 대표님, 조성호 이사님과 이승현 차장님 그리고 편집 작업을 성심성의껏 해주신 염상호 위원님께도 감사함을 전한다.

2022년 3월 21일
江南 三斯齋에서
趙 弘 植

차 례

Part 01

환경법 총론

제 1 장   환경법의 개념

제 2 장　　환경법의 이념과 원칙

제 3 장　　환경법의 형식

제 4 장　　환경윤리와 환경정책

환경헌법

제 1 장   환경법의 헌법적 기초

제 2 장   환경보호의 헌법적 보장형식

제 3 장   헌법상 환경권

제 4 장   국가의 환경보호의무

제 5 장   사법상 환경권

Part 03

환경행정법

제 1 장   환경정책기본법

제 3 장   대기환경보전법

제 4 장　　물환경보전법

제 5 장　　토양환경보전법

제 6 장　　폐기물관리법

제 7 장　자연환경보전법

제 8 장　　소음·진동관리법

Part 04

환경구제법

제 1 장　개설

제 2 장　환경피해의 사법적 구제

제 3 장　　환경피해의 공법적 구제

주요 참고문헌(우측은 인용약어임)

권영성, 憲法學原論 (2001) ··· 권영성

김동희, 行政法 Ⅰ (2018) ·· 김동희a

김동희, 行政法 Ⅱ (2018) ·· 김동희b

김홍균, 環境法 (2017) ··· 김홍균

박균성, 行政法論 (上) (2018) ·· 박균성a

박균성, 行政法論 (下) (2018) ·· 박균성b

박균성·함태성, 환경법 (2021) ·· 박·함

이상규, 環境法論 (1998) ··· 이상규

이준일, 헌법학강의 (2013) ·· 이준일

성낙인, 헌법학 (2017) ··· 성낙인

정종섭, 憲法學原論 (2015) ·· 정종섭

정재황, 新헌법입문 (2018) ·· 정재황

조현권, 환경법: 이론과 실무 (1999) ·· 조현권

조홍식, 판례환경법 (2012) ·· 판례환경법

한귀현, 독일환경법론 (2002) ··· 한귀현

허 영, 한국헌법론 (2018) ··· 허영

홍정선, 행정법원론(상) (2018) ·· 홍정선a

홍정선, 행정법원론(하) (2018) ·· 홍정선b

홍준형, 환경법특강 (2017) ·· 홍준형a

홍준형, 환경법 (2005) ··· 홍준형b

Stuart Bell, Donald McGillivary & Ole W. Pedersen, *Environmental Law* (2013) ················
··· Bell & et al.

Joseph R, Des Jardins, *Environmental Ethics: An Introduction to Environmental Philosophy*, ch.
1 (1997) ···Des Jardins

Peter S. Menell & Richard B. Stewart, *Environmental Law and Policy* (1994) ··············· M&S

James Salzman & Barton H. Thompson, Jr., *Environmental Law and Policy* (2d ed., 2007)

일러두기

1. 본서는 한글로 쓰였다. 어떤 단어의 뜻을 밝히기 위하여 필요한 경우에는 그 단어에 이은 괄호 속에 한자나 외국어를 표시하였다.
2. 본문에서 강조하려고 할 때는 고딕체를 사용하였다.
3. 인용을 할 때에는 인용문을 큰 따옴표("")로 묶거나 들여 썼다. 인용된 어떤 용어나 개념을 특별히 사용할 경우에는 그것을 큰 따옴표로 묶었으며, 이를 뒤에서 다시 사용할 때는 작은 따옴표(")로 묶었다.
4. 인용문에 대한 번역은 이미 번역되어 그 번역문이 국내 문헌에 있는 경우에는 그것을 따랐으나 간혹 원전을 참고하여 수정한 것도 있다.
5. 문헌을 인용할 때 그 인용방식은 인용된 문헌이 속한 국가의 관행에 따르되, 국내 독자들이 이해할 수 있도록 변용하였다. 가급적 최소 단어로 인용출처를 밝히려 노력하였다. 국내 문헌의 경우, 단행본은 굵은 명조체를, 논문에는 큰 따옴표를 사용하였다.
6. 외래어 표기는 대부분 「외래어 표기법」을 따랐으나, 그것이 번역용례로 관행화되지 아니하고 당해 외래어가 사용되고 있는 나라의 발음과 큰 차이가 있을 경우에는 후자를 선택하였다.
7. 본서에서 변호사시험과 변호사시험 모의고사 기출 판례는 아래와 같이 표시되어 있다.

　　大判 2011.5.26. 2008도2907 [15모1][12변]

　　여기서 말하는 [15모1]은 2015년도 변호사시험 모의고사 1차 시험을, 마찬가지로 [12변]은 2012년도 변호사시험을 지칭한다.

　　기출 판례는 변호사시험의 경우 2012년 제1차부터 2022년 제11차까지 반영되었으며, 모의고사는 2011년 제1차부터 2021년 제3차까지 포함하였다. 또한, 기출 판례를 표시함에 있어서 특정 내용 또는 쟁점을 포함하는 모든 판례를 나열하는 것보다, 주요 판례를 위주로 정리해두었음을 밝힌다.

PART_ 01

환경법 총론

제 1 장 | 환경법의 개념

제1절 | 환경법의 의의: 왜 환경법인가?

Ⅰ. 환경법의 정의

환경법은 **환경문제에 대한 법적 대응**이다. 환경법은 민법이나 형법과 달리, 일천(日淺)한 역사를 갖고 있을 뿐 아니라 단일 법전(法典)으로 이루어져 있지도 않다. 따라서 형식적 의미의 환경법도 이를 간단히 정의하기 어렵다. 아마도 환경보호를 입법취지로 명시하고 환경부가 그 주무부처인 법률로 정의할 수 있을 듯하다.

실질적 의미의 환경법을 정의하는 방법은 다양하다. 최광의(最廣義)의 정의는 환경법을 "환경을 보호하기 위한 법"으로 보는데, 환경이라는 불확정개념을 확대해석하면 거의 모든 법분야를 포섭할 것이다. 환경법을 환경을 보호하기 위한 헌법, 민법, 행정법, 상법, 도산법, 증권거래법 등을 망라한 횡단면법(橫斷面法)이라고 보는 시각이 여기에 속한다. 협의(狹義)의 정의는 환경법을 행정법 각론 중 하나로 축소하는 것이다. 환경법을 "오염과 개발의 영향으로부터 환경과 인간건강을 보호하기 위하여 정부권한을 사용할 때 준수해야 할 법적 제약"으로 보는 시각이 그 예이다.

생각건대, 환경법학이 독자성을 인정받아 법학의 한 분야로 자리매김되기 위해서는 첫째, 그 **규율대상**을 한계 지어 인식할 수 있어야 하고, 둘째, 그 연구대상을 이론적으로 연구하고 그 실제를 규율함에 있어 그 과정을 관통하는 이념이나 원리가 정립될 수 있어서 그에 의할 때 논리적으로 합당한 체계가 형성될 수 있어야 할 것이다. 이 두 가지 요건, 즉 규율대상과 **지도이념·원리**를 파악하기 위해서 먼저 어째서 환경법을 배워야 하는가를 살펴봐야 한다. 환경법도 다른 것과 마찬가지로 존재이유(*telos*)가 있을 터인데 이를 도외시한 채 환경법을 정의할 수는 없기 때문이다.

Ⅱ. 환경의 중요성

환경법(연구)을 정당화하는 이유로는 먼저 **환경의 중요성**을 들 수 있다. 환경은 경제생활의 필수조건일 뿐만 아니라 인간이란 존재의 생존조건이다. "우주선 지구(Spaceship Earth)"라는 메타포가 상징하듯이,[1] 인류는 지구라는 작은 우주선 속에서 함께 여행하는 동반자다. 그 우주선 속에 있는 제한된 양의 대기, 물, 토양 등의 자연조건은 인류가 자신의 생명과 안전을 의탁할 수 있는 유일한 자원이다. 주지하듯이, '기후변화대응'이나 '생태계보전'은 이제 현존 인류가 당면한 최대현안이 되었다. 나아가, 자연은 인간과 무관하게 그 자체로 내재적(內在的) 가치를 가지고 있기도 하다. 어쨌거나 우리가 지극 정성으로 다루지 않는다면 한정된 자원과 생물다양성을 고갈로부터 보호할 수 없게 되었다. 그래서 이제는 이런 거대주제를 거론할 필요도 없이, 환경이란 요소가 우리들 삶의 모든 측면에 영향을 미치게 되었고 거의 모든 정책이나 의사결정에 있어 기본적 고려사항이 되었다.

그런데 환경보호는 **쉽지 않은 도전**이다. 인간이 생존과 번영을 위하여 펼치는 활동은 필연적으로 환경의 변화를 야기할 수밖에 없다. 6천 년 전 농업혁명은 경작과 가축사육을 위하여 토지의 풍경을 크게 바꾸었고, 산업혁명은 일찍이 상상할 수 없을 정도로 인간의 능력을 진작시켜 많은 인구를 부양할 수 있게 하였다.[2] 우리가 지금 다방면에서 목격하는 기술의 진보는 과거 어느 시기보다도 **빠른** 속도와 큰 규모로 불가역적인 환경변화를 야기하고 있다.

Ⅲ. 환경문제의 원인

환경훼손의 원인은 다음의 세 가지 관점에서 살펴보는 것이 일반적인데, 어느 것도 쉬운 해결을 기대하기 어렵다. 첫째 관점은 **인구의 증가**이다. 날로 증가하는 인구가 종당에는 파국을 초래할 것임을 처음으로 경고한 맬서스(Thomas Malthus)는 산아 제한과 같은 견제 장치가 없으면 부족한 식량이 인구수를 제어할 것이라고 경고한 바 있다. 경작가능 토지가 부족하다는 사실에서 출발한 맬서스의 분석은 엄청난 과학기술의 발전도, 피임술의 광범위한 이용도 고려하지 못했고, 나아가 부유한 사회일수록 사회구성원의 충원율이 급격히 떨어질 것임을 전

---

1) Kenneth Boulding, "The Economics of Spaceship," in *Environmental Quality in a Growing Economy* 3–14 (1971). 이 메타포를 극화한 영화로는 Lost Moon: The Perilous Voyage of Apollo 13.
2) 인류의 환경파괴의 규모와 속도를 설명하기 위한 그린피스(Green Peace)의 비유를 들어보자. 지구의 나이는 45억년인데, 이를 45살 먹은 사람에게 비유해보면 인류가 지구에 대하여 단기간에 얼마나 많은 만행을 자행했는지 알 수 있다. 인류가 지구에 탄생한 것은 불과 수일(數日) 전이고, 인류가 농업을 시작한 것은 한 시간 전, 산업혁명을 시작한 것은 일 분 전에 불과하다. 바로 이 60분 동안 인류는 지구를 오염시켰고 자원을 고갈시켰으며, 이로써 동식물의 멸종을 초래했고 급기야 생물다양성의 급락을 야기하였다.

혀 예측하지 못하였다. 이런 단점에도 불구하고 그의 기본 시각은 오늘날에도 널리 수용되고 있는데, 맬서스의 현대적 변용(變容) 중 하나는 인구증가가 적어도 자연환경에는 조종(弔鐘)을 고할 것이라는 것이다. 이 변용은 다시 오펄스(William Ophuls)의 **희소성**과 연결되어 환경위기를 진단하는데, 희소성이 인간 실존의 중요한 요소를 이루게 되고 이는 다시 인간의 정치적·사회적 제도를 재설정하게 된다는 것이다.[3] 풍족을 대체한 희소성은 현재의 사상과 제도, 실행을 지속해 온 물적 조건을 약화시킴으로써 불평등과 갈등을 심화시키고, 이로써 개인주의와 자유, 그리고 민주주의의 황금기는 거의 끝나게 된다는 것이다.

두 번째 관점은 **기술과 과학**이다. 이 관점에서 보면, 기술, 더욱 근본적으로는 과학의 발달이 환경훼손의 근본원인을 제공했다. 이는 특정 자연관을 배경으로 증폭되는 측면이 있는바, 베이컨(Francis Bacon)은 성적이고 폭력적인 상상력을 불러일으키는 표현, 가령 자연은 "기계적 기술로 틀에 넣어 노예로 만들어야" 한다는 표현을 서슴지 않으면서 자연을 정복할 것을 주장하였다.[4] 17세기 초 베이컨에 의하여 상정된 근대과학의 발전이 자연의 착취를 정당화하는 새로운 윤리를 길러냈다는 주장이 제시되는 이유이다. 베이컨의 사상은, 단적으로 말해서, 자연에 대한 인간의 지배는 실험을 통하여 자연의 비밀을 밝혀냄으로써 달성된다는 것이다. 과학과 자연에 대한 이런 인식은 오늘날까지도 살아 숨쉬고 있다. 차이가 있다면, 현재는 자연환경의 중요성과 그 보호필요성에 대해서도 더욱 깊은 인식이 우리 사회에 착근하기 시작했다는 점일 것이다. 아울러 앞서 본 희소성조차도 과학·기술이 극복할 것이라고 믿는 낙관론자도 여전히 남아 있음을 우리는 기억해야 한다.[5]

마지막으로, 하지만 가장 중요한 관점은 **종교와 문화**이다. 많은 학자들이 환경문제의 뿌리는 인류의 역사와 문화, 즉 그리스 문화, 유대문화, 초기 기독교 문화에서 찾아야 한다고 주장한다.[6] 이에 대해서는 물론, 자연착취적인 생각과 관습은 이런 종교적·문화적 전통 전에 이미 존재했다거나 인간이 자연을 지배하게 된 것은 기독교 때문이 아니라 인구의 증가, 거대한 중앙집권화의 완성, 새로운 기술의 발전과 적용에 의한 것이라는 반론도 존재한다. 또한 자연에 대하여 적대적인 서양문화와, 자연과 조화를 도모하는 동양문화를 대비하는 일반론에 대하여도 서양의 시각이 동양에 대하여 지나치게 관대하다는 반론도 존재한다. 하지만 환경훼손의 원인뿐만 아니라 그 해법의 모색에 있어서도, 사람들이 무엇을 중시하는가, 즉 **가치**의

---

3) William Ophuls, *Ecology and the Politics of Scarcity* (1977).
4) Carolyn Merchant, *The Death of Nature* 164 (1980).
5) Krier & Gillette, "The Un−Easy Case for Technological Optimism," *Michigan Law Review* vol. 84, 405 (1985).
6) 대표적으로 Lynn White, Jr., "The Historical Roots of Our Ecological Crisis," *Science* vol. 155, 1203 (1967).

문제가 주된 위치를 차지한다는 점에 대해서는 어느 누구도 이론(異論)을 제기할 수 없을 것이다.

Ⅳ. 환경법·환경법학의 필요성

이와 같이 환경훼손의 원인을 여러 측면에서 살펴볼 수 있다는 것은 환경문제가 난제(難題)임을 보여준다. 환경문제는 규모(가령 기후변화)가 클 뿐 아니라 복잡다기한 이슈들(가령 개발과 야생동물보호)이 광범위하게 얽히고 설켜 있다. 그리하여 환경보호는 엄청난 자연과학적 지식과 정보에 의존하게 되는데, 이런 특징들은 환경문제를 학제적 연구가 필요한 정치적·경제적·사회적·과학적 난제로 자리매김한다. 그래서 법은 그 해법의 한 요소에 불과할지도 모를 일이다.

하지만 환경문제에 대한 해결책으로서의 법의 중요성은 날로 증대하고 있다. 환경문제의 해법에 관한 견해의 다양성은 역설적이게도 **실정법에 의한 해결**을 강요하고 있기 때문이다. 논자마다 각기 다른 해법을 내놓고 이들이 상충하는 상황이라면, 무언가의 기준에 의한 "매듭(settlement)"이 중요하게 될 테다. 이때 설정법보다 논란의 여지를 남기지 않는 것은 없을 것이다. 하지만 지나친 낙관은 금물이다. 환경문제 해결을 위하여 제정되는 실정법이 나날이 증가하고 있을 뿐 아니라 이들 실정법들이 복잡다단하기 때문이다. 물론 우리가 지향하는 환경법은 그 모든 지식과 정보로부터 추출한 지혜의 정수(精髓)여야 하겠지만, 총체로서의 **환경법**은 결코 완벽하게 체계적이거나 정합적이지도 않다는 점을 잊어서는 안 된다. 이것이 바로 환경법학의 존재이유이다.

제2절 | 환경법의 규율대상: 환경문제란 무엇인가?

환경법은 '환경'을 보호하기 위한 법이고, '환경문제'에 대한 법적 대응이다. 앞서 환경법학이 독자적인 법학의 한 분야로 자리매김되기 위해서는 독자적인 규율대상과 이에 대한 규율을 지도할 수 있는 이념·원리가 세워질 수 있어야 한다고 했는데, 후자에 관해서는 제2장에서 살피기로 하고 여기서는 환경법의 규율대상으로서 '환경' 또는 '환경문제'에 관하여 살펴보기로 한다.

I. 환경의 개념

「환경정책기본법」 제1조에 의하면, 환경법은 "환경오염과 환경훼손을 예방하고 환경을 적정하고 지속가능하게 관리·보전"하는 법이다.[7] 환경법은 환경을 보호하기 위한 법이니 만큼, 환경법의 개념을 확정하기 위해서는 '환경'이란 용어에 대한 이해가 선행해야 한다. 하지만 환경이라는 용어에 대하여는 다양한 관념이 있다. 환경의 개념에 관하여 의견이 분분한 이유는, 환경이라는 용어가 어느 맥락에서나 매우 쉽게 쓰이지만 사용하는 사람마다 그 의미를 다르게 사용하기 때문이다. 그래서 환경이란 말은 결국 불완전하고 불확실한, 심지어는 대화를 오도하는 결과를 초래하거나 복잡한 문제를 지나치게 단순화하는 결과를 초래하기 십상이다.

영어로 환경을 의미하는 'environment'는 '(인간을 포함한) 유기체를 둘러싼 사물이나 사정의 총체'를 의미한다. 어원은 불어인 environ이나 environner, 나아가 고대 불어의 virer 또는 viron으로 소급할 수 있는데, 이는 '원', '빙 돌아', '둘러싸다' 또는 '아우르다'를 의미한다. 이런 어원으로부터 다음과 같은 함의를 얻을 수 있다. 즉 환경은 우리 개개인 또는 우리 모두를 둘러싼 모든 것이니 만큼 우리와 환경은 작용과 반작용을 주고받는 **상호적 관계**라는 것이다.[8] 하지만 이렇게 환경을 파악하면 인식주체인 나 자신을 뺀 모든 것이 환경이어서 환경법의 규율대상이 지나치게 넓어진다. 그래서 대안으로 거론되는 것이 **자연**, 즉 지구의 진화적이고 생태적 유산으로서의 자연인데, 이 또한 추상적이긴 마찬가지다.[9]

실정법을 살펴보면, 환경정책기본법은 보호대상으로서의 환경을 다음과 같이 정의하는바, 즉 환경은 "자연환경과 생활환경"을 말하는데(동법 §3i), "자연환경"은 "지하·지표(해양을 포함한다) 및 지상의 모든 생물과 이들을 둘러싸고 있는 비생물적인 것을 포함한 자연의 상태(생태계 및 자연경관을 포함한다)"(동조 ii)를, "생활환경"은 "대기, 물, 토양, 폐기물, 소음·진동, 악취, 일조, 인공조명, 화학물질 등 사람의 일상생활과 관계되는 환경"(동조 iii)을 말한다. 그리하여 우리 실정법상 '자연환경'은 그 위, 아래를 구분하지 않고 육지나 해양, 즉 지구상에 존재하는 생물뿐만 아니라 비생물을 포함한 자연 그 자체 또는 자연이 만들어낸 상태를 의미하는 반면, '생활환경'은 이런 자연환경에 인간의 활동이 가해져 만들어진 환경을 말한다. 그리고 이와 같은 정의 규정에서 나타난 환경관(環境觀)은 국회에서 제정된 개별 환경보호법률에 그대로 반영되고 있다.

---

7) 환경정책기본법 제1조는 "이 법은 환경보전에 관한 국민의 권리·의무와 국가의 책무를 명확히 하고 환경정책의 기본 사항을 정하여 환경오염과 환경훼손을 예방하고 환경을 적정하고 지속가능하게 관리·보전함으로써 모든 국민이 건강하고 쾌적한 삶을 누릴 수 있도록 함을 목적으로 한다."라고 규정한다.
8) G. Young, "Environment: Term and Concept in the Social Sciences", *Social Science Information* vol. 25, 83–84 (1986).
9) 가령, Robin G. Coliingwood, *The Idea of Nature* (1945); 유원기 역, "자연이라는 개념"(2004).

Ⅱ. 실정환경법상 환경 및 환경보호의 개념

환경정책기본법이 환경에 대하여 정의한 규정 내용, 동법이 천명한 후술하는 바와 같은 환경법의 지도이념 및 원리, 그리고 후술하는 바와 같은 각종 환경보호법률의 내용을 종합해보면, '환경법의 규율대상'으로서의 '환경'은 다음과 같은 세 가지 본질적 개념요소, 즉 '공공자원성'과 '생명성,' 그리고 '리스크성'를 가지고 있다고 할 수 있다. 이 세 가지 요소는 환경법을 민법이나 상법, 그리고 여타의 행정법과 구별되게 하는 특징이다.

1. 생활환경과 '공공자원 사용권한 및 보호책임의 배분'

환경법의 보호대상인 '생활환경'은 공공자원(common resources)으로서의 성격을 가지고 있다. 따라서 생활환경을 보호하는 환경법은 공공자원의 적절한 사용과 그 보호책임의 공정한 배분을 도모하려 하는 것이다. '공공자원'이라 함은 어느 누구도 법률상 그것에 관하여 배타적인 권리를 가지고 있지 않거나, 사실상 그것을 배타적으로 사용할 수 없는 유·무형의 공동자원을 말한다.

(1) 공공자원과 "공유지의 비극"

공공자원의 의미를 이해하기 위해서는 환경법과 정책이 대응해야 하는 환경문제의 발생원인과 본성에 관하여 이해할 필요가 있다. 하딩(Garrett Hardin)이 통찰한 바와 같이, 환경문제는 '공유지'에서 발생할 수밖에 없는 '비극'이다.[10]

> 마을에는 사람들이 공동으로 사용하는 목초지가 있고, 사람들은 그 위에 양을 키워 생계를 유지한다. 목동의 입장에서 한번 생각해 보자. 목초지의 사용은 무료이다. 따라서 목초지에 양 한 마리를 키움으로써 목동이 얻는 이익은 양 한 마리의 가치 그대로이다. 하지만 양 한 마리를 키움으로써 그 목동이 입는 피해는 그 양 한 마리가 목초지의 풀을 뜯어먹어 생기는 목초지의 상실분(喪失分)보다 적다. 왜냐하면 이 목초지의 상실분은 양을 목초지에 집어넣은 바로 그 목동 한 사람에게만 귀속되는 것이 아니라 그 목초지를 함께 사용하는 마을사람 모두에게 귀속되기 때문이다. 다시 말하면 그 피해는 목초지를 사용하는 전 주민들이 분담(分擔)하는 것이기 때문에 양 한 마리의 가치보다는 적게 된다. 따라서 합리적인 목동이라면 가능한 한 다수의 양을 목초지에서 키워 자신의 이익을 극대화하려고 할 것이다. 양치기 한두 사람이 이와 같이 행동하면 목초지가 견디어 낼 수 있겠지만, 문제는 모든 양치기들이 똑같이 합리적으로 행동하려고 할 것이고 이러다 보면 목초지의 한계를 넘게 될 것이라는 점이다. 결과적으로 그 마을사람들에게 돌아오

---

10) Garrett Hardin, "The Tragedy of the Commons", *Science* vol. 162, 1243 (1968).

는 것은 목초지의 파괴이다. 이것이 바로 공공자원에 있어서 일어나는 공유지의 비극이라는 것이다.[11]

환경문제는, 위 공유지의 예에서와 같이, 어느 누구도 그것에 관하여 배타적인 권리를 가지고 있지 않거나 그것을 배타적으로 사용할 수 없는 유·무형의 공동 자원의 사용관계에서 일어나는 문제이다.[12] 주인이 있는 재산은 그 이용으로 인하여 발생하는 이익뿐만 아니라 손실까지도 그 한 사람에게 귀속되지만, 재산권이 설정되어 있지 않거나 또는 재산권이 설정되어 있는 경우에도 실제로 그 재산을 배타적으로 사용할 수 없는 경우에는 이익과 손실의 귀속주체가 달라지게 된다. 이익과 손실의 귀속주체의 괴리(乖離)가 인간의 이기심과 결합하여 만들어 내는 문제가 바로 환경문제이다.

(2) 인간의 이기심에 대한 대응책

이와 같이 환경문제의 본성은 바로 '공공자원에서 만나게 되는 인간의 이기심'이다. 따라서 환경문제라는 도전에 응전하는 방안도 크게 두 가지로 나누어 볼 수 있다. 그 하나는 공공자원에게 주인을 찾아주는 것이고, 나머지 하나는 인간의 이기심을 제어하는 것이다. 전자는 공동체에 속한 공동자원을 분할하여 공동체의 구성원들에게 사유화(私有化)시키는 것인데, 물권법이 최초의 환경법제도 중의 하나로 평가받는 이유가 바로 여기에 있다. 주인이 생기면 그 주인이 자기 소유물을 돌볼 것이라고 생각하는 것이다. 환경권이나 근자에 도입된 탄소배출권 거래제도가 이런 아이디어를 제도화한 예라고 할 수 있다. 그러나 이 방법에는 한계가 있는데, 이는 사유화할 수 있는 대상에 한계가 있기 때문이다. 국립공원을 쪼개어 국민 개개인에게 나누어줄 수는 없다.

따라서 논의의 초점은 후자, 즉 인간의 이기심에 모여진다. 공유지의 비극에서 하딩은, 환경문제가 이기적인 인간들에게는 피할 수 없는 비극적 운명이기 때문에 개인들에 의한 자율적 통제를 기대하기 어렵고 강제력을 동반한 법과 제도를 만들어 해결하는 방법밖에 없다고 주장하였다. 다시 말하면 사람은 자율적 개인이므로 그냥 내버려두면 아담 스미스의 '보이지 않는 손'에 의하여 문제가 해결된다는 생각이 환경문제에는 적용될 수 없으며, 따라서 인간의 자기이익추구본능을 제어할 법과 제도를 만드는 것이 유일한 해결책이라는 것이다. 환경법과 정책은 이와 같이 인간의 이기심을 제어하기 위하여 만들어진 사회적 장치이다.

---

11) *Id.* 1244 – 1245(인용문은 인용 부분의 요약·정리임).
12) 다만, 하딩의 공유지의 비극과 환경문제가 다른 점이 있다면, 목초지에서는 공유지에서 무엇을 가져가는 형태이지만, 환경문제는 공유지에 무엇을 버리는 형태로 일어날 수 있다는 것이다. 예를 들면 등산을 갔다가 이것저것 먹고 생긴 쓰레기를 가지고 돌아와서 처리하려면 쓰레기봉투 값도 내야 하고 여간 성가신 것이 아니다. 그러니까 그 비용을 절약하기 위해서 산에다 내버리게 된다. 그 결과로 우리에게는 쓰레기장으로 변해버린 산이 남게 된다.

2. 자연환경과 '생물다양성의 보전'

환경법은 '자연환경'을 보호한다. 환경법은 식물과 동물, 그것들이 사는 서식지를 보호하고 이제는 심지어 생태계, 그 자체까지 보호해야 한다는 주장이 힘을 얻고 있다. 환경법이 이런 노력을 경주하는 것은 인간의 (경제)활동으로 인하여 자연환경이 급격한 속도로 쇄락하고 사라져 가기 때문이다. 그 반성으로 이제는 공익보호의 중요한 측면으로 생명다양성 보전을 바라보게 되었다.

(1) 자연환경의 가치

그런데 우리는 어째서 자연환경을 보호해야 하는가?『생물다양성협약(1992 Convention on Biological Diversity)』의 전문(Preamble)은 생물다양성 가치의 스펙트럼을 잘 보여준다.

> 생물다양성의 내재적 가치를 의식하면서, 그리고 생물다양성과 그 구성요소들의 생태적, 유전적, 사회적, 경제적, 과학적, 교육적, 문화적, 여가적(餘暇的; recreational), 미학적 가치들을 의식하면서, 또한 진화에 있어서 생물다양성의 중요성, 생물권의 생명지속시스템을 위한 생물다양성의 중요성을 의식하면서 …

이처럼 자연을 보전해야 할 이유는 다종다양하다. 자연은 "살아있는 실험실"로서 그것을 배제한 과학을 상상하기 어렵다. 자연의 경제적·사회적 가치가 엄청남은 인간이 오래 전 수렵에 의존해 살았음을 상기하면 쉽게 설명된다. 자연은 또한 문화적, 미적, 심지어 '영적' 가치를 가지고 있다.『멸종위기에 처한 야생동·식물종의 국제거래에 관한 협약(Convention on the International Trade in Endangered Species; CITES)』부속서 Ⅲ은 어떤 나라에서 특별한 지위를 차지하는 생물종, 가령 그 나라의 상징으로 자리매김한 생물종은 그것이 심각한 멸종위기에 처하지 아니한 경우에도 국제거래를 제한하고 있다. 이는 자연이 가진 문화적 혹은 영적 가치를 인정한 것이다. 자연은 돈으로 환산하기는 어렵지만, 홍수를 예방한다든지, 생태계의 회복력을 확보한다든지, 농작물을 수분시킨다든지 하는 혜택을 제공한다. 자연은 지금 당장만이 아니라 미래에도 혜택을 가져다준다. 새로운 품종이나 새로운 의약품은 모두 유전적 다양성에 기반해 창조되는 것이다. 이는 자연의 미래가치를 예시한다. 말하자면, 자연은 인간의 건강과 복지를 위한 '장기보험'인 것이다.

하지만 무엇보다 강조할 가치는 자연의 내재적 가치이다. 기실 인간은 자연을 이용하여 많은 효용을 얻어 왔다. 위에서 본 자연의 가치는 인간과 관련하여 인간에게 모종의 쓰임새가 있기 때문에 인정되는 것이지만, 우리가 자연 속에 서식하는 이름도 모를 생물종을 보존(preservation)해야 한다고 생각하는 것은 그것의 수단적 가치에만 의존하는 것은 아니다. 그것은 그 자체로 가치가 있다. 생명이기 때문에, 조물주가 창조한 것이기 때문에, 혹은 거기에 있기 때문에, 다시 말해 존재 그 자체로 가치가 있는 것이다.

(2) 자연보전법의 도전과 과제

자연의 보전을 주된 목적으로 삼고 있는 환경법, 즉 자연보전법은 크게 두 가지로 나뉘는데, 그 하나는 '야생 보전'이라는 목적, 그 자체에 의하여 정당화되는 법이고, 다른 하나는 '자연경관(landscape)'이나 '쾌적성(amenity)'의 문제와 연관되어 있는 법이다. 후자는 인간의 편의나 휴양, 혹은 미적 가치의 향유와 관련되어 있는 반면, 전자는 이들과 무관하게 야생 그 자체를 위한 것이다. 하지만 여러 방식에서 자연보전법은 이 두 가지 목적을 동시에 추구한다. 가령, 자연보전, 자연경관과 레크리에이션 이익을 통합적 방식으로 증진하기 위하여 경제적 수단을 사용하고 있고, 보다 근본적으로 자연보전을 일반적 의사결정, 예컨대 농업이나 개발통제와 관련한 의사결정에 통합시키려 노력하고 있다.

자연보전법과 관련하여 강조할 점은 기후변화, 오염, 난개발 등 여타의 환경 위협에 대한 대응이 따르지 않는 한, 생물종·서식처 보전에 특화된 조치들이 실효적일 수 없다는 점이다. 또 하나는 현재의 자연보전법이 현재 희소하거나 멸종위기에 직면해 있는 대상을 보전하려 한다는 의미에서 '사후적'인 반면, 이상적으로는 현재 법적 보호 대상인 생물종과 서식지에 관심을 기울이는 데 그쳐서는 안 되고, 나아가 서식지나 생태계, 그것도 현재 보호되는 정도보다 더 큰 규모의 그것들을 복구하고 창조하는 방법을 궁구해야 한다는 것이다. 이는 어찌 보면 법이 불감당의 역할을 담당해야 함을 의미한다. 즉 현재 보호가 필요하다고 판단되는 것을 식별하는 데 그쳐서는 안 되고 새로운 '자연'환경을 창조해야 하기 때문이다.

환경법은 대부분 복잡한 정책 이슈에 대한 해법을 찾는 것과 관련되어 있지만, 자연보전법은 특히 그러하다. 생물종을 위한 공간이나 보전해야 할 서식처를 찾는 일은 종종 정당성 있는 다른 공익, 가령 경제성장이나 사소유권에 대한 존중과 충돌한다. 그래서 이런 긴장을 여하히 해소할 것인가가 자연보전법의 주된 연구주제가 된다.

3. '리스크'와 사전배려·비용편익분석

환경문제는 '리스크(risk; Risiko)'로서의 성격을 갖고 있다. 우리가 환경문제를 (전문가들이 그 해법을 제공하는) 기술적 문제로 취급하는 순간, 우리는 이미 어떤 리스크를 감수하는 결정을 내린 것이 된다. 어떤 하나의 환경문제가 제기하는 논점은 결코 어떤 특정한 학문분야에 제한되는 것이 아니기 때문이다. 가령 DDT와 같은 살충제 오염은 비단 농학이나 생물학 혹은 화학에만 관련된 것이 아니라 의학, 경제학, 정치학, 법학과도 관련을 갖게 된다. 근본적으로는,

모든 환경문제는 "무엇이 중한가?"라고 하는 '가치'의 문제를 제기한다. 어떤 환경문제에 대하여 기술적 해법을 찾으려는 시도는 현안에 대한 편협하고 지엽적인 이해를 부추길 뿐이다. 레이첼 카슨의 **침묵의 봄**은 이런 해법에 내재한 위험을 경고하고 있다. DDT와 같은 살충제 사용은 일견 문제를 과학·기술로 해결해버린 것 같이 보이게 하지만, 마치 풍선과 같이, 어느 쪽을 해결하면 예측하지 못한 다른 문제가 조만간 드러나게 될 뿐이다. 요컨대 어떤 해법이든 편익과 함께 리스크를 동반한다.

(1) 리스크의 개념

'리스크'라는 말은 환경법과 정책의 영역에서만 쓰이는 용어가 아니다. 기업의 영역에서는 기업가의 활동영역을, 금융세계에서는 파산의 위협을, 의료의 영역에서는 치료 중 예측하지 못한 상황의 발생을, 자연계에서는 심각한 생태적 위협을 의미한다.[13] 이런 용법에서 알 수 있는 것은, 리스크는 발생할 수 있는 위해의 크기, 즉 '중대성'과 그것이 발생할 확률, 즉 '개연성'을 함께 의미한다는 것이다. 이 같은 태도는 리스크 규제의 선진국인 미국과 유럽에서 공히 발견되는데,[14] 예컨대 석면과 같은 발암물질에 노출되었을 때 폐암에 걸릴 확률은 심각하고(위해의 개연성), 암에 걸리는 것은 곧 사망(위해의 중대성)을 의미하는 까닭에 석면이 가져오는 리스크에 대해 조치가 필요하다고 하는 반면, 휴대전화 전자파가 가져오는 위해는 치명적 뇌종양일 수도 있지만 그보다는 단순한 두통에서 끝날 가능성이 높아 이에 대한 정책적 요구는 매우 낮아지게 된다. 이와 같이 리스크는 위해의 **중대성**(gravity; g)과 **개연성**(probability; p)의 조합($r = g \times p$)을 의미한다는 것이 통상 어법이다.

이와 같이 리스크가 위해의 중대성과 개연성의 조합을 의미한다고 할 때 쉽게 빠질 수 있는 오류는 리스크에 대한 과학적·객관적 진단·예측이 가능하다는 낙관이다. 불행하게도 리스크는 그 예측이 불가능에 가까울 정도로 불확실하다는 것을 본성으로 한다. 그리하여 리스크에 대한 법체계의 대응은 먼저 자연과학이 리스크 문제를 해결할 수 없음을 깨닫는 데서 시작해야 한다. 과거의 위해는 그 인과관계를 추적해 고리를 끊음으로서 위해의 발생을 막거나(공법, 대표적으로 경찰행정법), 혹은 그 위해의 원인을 제기한 사람에게 책임을 귀속시킴으로써(사법, 대표적으로 불법행위법) 이를 적절히 제어할 수 있었다. 그런데 리스크는, 발생개연성은 영(0)에 가깝지만 발생할 경우의 해악은 대재난이 되기 때문에 그 미소한 개연성도 무시할 수 없는 딜레마 상황, 즉 "영 – 무한대 딜레마"("zero – infinity dilemma")라고 부르는 특수한 상황을

---

13) Francois Ewald, "Risk in Contemporary Society," *Connecticut Insurance Law Journal* vol. 6, 365 (1999 – 2000).
14) 자세한 것은 拙稿, "리스크法: 리스크 管理體系로서의 환경법," **서울대학교 法學** 제43권 제4호(통권 제125호), 33 – 37 (2002).

만들어 낸다. 리스크를 특징짓는 또 하나의 특징은 그것을 가져오는 활동이 불특정 다수인에게 위해를 가져올 수 있지만, 다른 한편 인류에게 무시하지 못할 큰 '편익'을 가져다준다는 점이다. 이러한 까닭에 리스크 현상은 **'불확실성 속에서 선택'**을 해야 하는 난제를 제기한다.

(2) 리스크에 대한 법적 대응

리스크는 법학에서 여러 종류로 분류되는데, 아마도 대표적인 분류는 "리스크(risk; Risiko)"와 "위험(Danger; Gefahr)"의 구별일 것이다. 독일의 논법을 보면, 먼저 발생할 가능성이 있는 위해의 중대성과 개연성의 조합에 의하여 결정된 "위험한계치(Gefahrenschwelle)"를 정하고 이를 초과하는지 여부에 따라 '위험'과 '리스크'를 구별한다.[15] 이렇게 구별된 개념은 각각의 법적 대응에 연결되는데, 위험에 대해서는 경찰행정법상의 "위험방지의무"로, 리스크에 대해서는 환경법상의 "사전배려의 원칙"으로 대응한다. 그리고 모든 위험방지 및 사전배려를 다한 후에 남는 위해는 "사전배려한계치(Vorsorgeschwelle)"를 넘지 않는 "잔존(殘存)리스크(Restrisiko)"로서, 일반 국민은 이를 받아들여야 하는 것으로 해석하고 있다.[16]

일반대중이 우려하는 환경문제, 가령 원자력발전, 환경호르몬, 유전자변형생물체(GMO)는 이와 같은 특징을 고스란히 담고 있는 전형적 리스크이다. 이와 같이 리스크는 위해가 발생할 때 그 인과율을 확정할 수 없기 때문에 이에 대하여 기존의 법체계로 대처하는 것은 어렵다. 따라서 새로운 방식을 모색하여야 하는데, 이때 사법적(私法的) 방식은 또 다른 한계를 보여준

---

15) *Id.* 37,
16) 이상을 수학적 공식으로 표현하면 다음과 같다. e는 위해의 발생가능성, s는 위해의 크기, g는 위험한계치를, v는 사전배려한계를 의미한다.

상위개념으로서 잠재적 위험의 종류	공 식	법적 대응방식
위 험	$g < e \times s$	안전법상 위험방지
리 스 크	$v < e \times s < g$	환경법상 사전배려
잔존리스크	$0 < e \times s < v$	수용의무

이와 같은 독일식 범주화가 리스크 문제에 대한 적절한 해결책인가에 관해서는 회의적 견해가 있다. 왜냐하면 삼분법이 말하는 '위험', '리스크', '잔존리스크'가 그에 대한 법적 대응을 차별화할 만큼 질적 차이가 있는 것이 아니기 때문이다. 래리 실버는 "기지 리스크"("known risk")와 "미지 리스크"("unknown risk")를 평하면서, 리스크의 개념적 분류를 오도적(誤導的)이라고까지 평가한다. Larry D. Silver, "The Common Law of Environmental Risk and Some Recent Applications," *Harvard Environmental Law Review* vol. 10, 61, 64-65 (1986). 즉, 사람들은 이러한 분류를 접하면 자연스럽게 그 각 개념에 상응한 의사결정과정이 각각 있거나 아니면 의사결정과정의 난이도가 각각에 상응하게 나타날 것이라고 추측하게 된다는 것이다. 불행하게도, 이러한 범주적 대응이 의미가 있을 정도로 리스크 전반에 대한 자연과학적 지식이 성숙해 있지 않다. 각각의 리스크 상황에 맞추어 개별·구체적으로 해결책을 강구하기에도 벅찬 것이 현재의 상황이다.

다. 가령, GMO로 인한 위해와 편익은 특정인에게 나타나는 것이 아니라 공동체 구성원 전체에 대해 분산되어 나타나기 때문에, 개인과 개인 사이에 줄 것을 주고, 받을 것을 받는 사법적 방식으로 해결하는 것은 적절치 않다. 그래서 GMO가 가져오는 리스크는 사회공동체 구성원 모두에게 관련된 문제로 보는 것이 타당하고 따라서 이를 처리할 규칙을 제정하는 것이 필요하게 되었다. 새로운 규칙의 제정은 그 수범자인 사회의 구성원 사이에 희비가 엇갈리는 상황이 발생하게 된다는 것을 예정하고 있고, 따라서 많은 사람들이 규칙의 제정에 관심을 갖고 이에 매달리게 된다.

새로운 공법(公法)의 필요성을 절감한 세계 각국은 나름대로의 타개책을 마련하고 있다. 공법은 시장에서 '자생적'으로 생긴 '질서'를 뒷받침하는 사법과 달리 일정한 방향을 가진 질서의 인위적 창출을 의미한다. 따라서 여기에는 가치나 이념이 개입되고, 그런 만큼 이를 둘러싼 공동체 구성원 사이의 알력의 조정이 주된 문제로 떠오른다. 미국은 세계 최고·최대의 GMO 생산국가인 만큼 가능한 한 위험하더라도 유전자변형생물체를 포용하려고 하는 데 반해, 유럽은 미국의 GMO 기술공세로부터 자국의 산업을 보호해야 한다. 미국이 취하고 있는 "비용편익분석(cost−benefit analysis)"이나 유럽이 취하고 있는 "사전배려의 원칙(precautionary principle)"은 모두 이와 같은 각국의 상황에 즉응한 선택일 뿐 어느 것이 정답일 수는 없다.

(3) 리스크에 대한 실정법제

우리나라도 리스크 문제에 대해 발 빠른 대응을 해왔다고 평가할 수 있지만, 불행인지 다행인지 상충하는 두 원칙이 모두 들어와 있다. 사전배려원칙은 「환경정책기본법」에, 비용편익분석은 「행정규제기본법」에 각각 규정되었다.[17] 개별 법규도 일관성 없이 어떤 것은 사전배려적 색채가 나타나며, 또 다른 것은 비용편익분석적 요소를 가지고 있다. 추측컨대 국민의 지지에 의해 탄생한 사전배려의 원칙이 그 경직성으로 말미암아 기업 활동을 지나치게 간섭하자, 그 교정책으로 비용편익분석이 제시된 것이 아닌가 생각된다.

사전배려와 비용편익분석의 경쟁은 거시적 측면에서의 기본 틀을 정하는 것이지만, 리스크

---

17) 정부는 1997년 그동안 부침을 거듭하며 성장한 규제개혁 노력의 가닥을 잡기 위해 행정규제기본법을 제정했는데, 이 법은 규제개혁을 달성하기 위한 수단으로 "규제영향분석(Regulatory Impact Analysis, RIA)"을 제도화하였다. 규제영향분석은 규제의 신설·강화시 그 규제의 영향을 분석하여 그 결과를 토대로 이를 철회하거나 개선하도록 함으로써 규제를 합리화하려는 것인데, 규제의 시행에 따라 피규제자 및 국민이 부담해야 하는 비용과 편익을 비교분석하는 것을 그 핵심적 요소로 하고 있다. 규제영향분석에 관하여는 拙稿(註14), 28−30 참조. 한편, 우리 환경행정법은 리스크를 "위해성"으로 부르고 있다. 즉 「토양환경보전법」 제15조의5는 환경부장관에게 위해성평가 결과를 토양정화의 범위, 시기 및 수준 등에 반영할 수 있도록 수권하고 있다. 근자에 제정된 「화학물질의 등록 및 평가 등에 관한 법률」과 「화학물질관리법」도 리스크에 대비한 법률의 대표적 예시이다.

문제의 불확실성이 거두어지지 아니한 마당에, 승자를 결정하려고 하는 것은 양자 모두의 단점을 노출시킬 뿐이다. 따라서 현재의 시점에서 제안할 수 있는 것은 적어도 당분간은 현행 법체계를 그대로 유지하면서 그 법체계 내에서의 미세조정으로 문제를 해결하는 것이다. 현행 법체계의 복잡성을 해소하기 위해 섣불리 입법적 해결을 모색하거나 총괄적 법원리를 도출하려는 것은 문제를 더욱 악화시킬 뿐이다. 과학적 불확실성이 제거되지 않고 국민의 의사가 결집되지 아니한 현재의 상태에서 큰 틀을 고쳐 예기치 않은 부작용을 초래하는 것보다는 실용주의적 관점에서 기존 법원리나 실정법규의 미세조정을 통해 사안별 해결책을 모색하는 것이 최선일 것이다.

Ⅲ. 실정법상 환경의 개념을 논하는 실익

환경정책기본법이 정하는 "환경," "환경오염," "환경훼손"에 해당하면, 환경정책기본법이 정하는 특칙의 적용을 받을 수 있다. 예컨대 환경오염으로 인해 피해를 입은 사람은 가해자의 과실을 입증할 필요 없이 바로 동법 제44조의 무과실책임원칙에 기해 자신의 피해에 대한 배상을 청구할 수 있다.

조금 더 깊이 살펴보기 위해 환경분쟁조정법을 살펴보자. 환경분쟁조정법은 환경분쟁의 특수성을 감안하여 환경분쟁에 관하여 조정을 통해 문제를 해결하는 시스템을 준비하고 있다. 요컨대 환경분쟁의 당사자에게 특화된 분쟁해결시스템을 국가가 마련하고 있다는 것이고, 이것은 환경분쟁의 당사자에게 큰 혜택이 아닐 수 없다. 따라서 대개 피해자들이 동법의 적용을 받기를 원하는데, 이때 동법의 적용 여부를 결정하는 것은 분쟁이 "환경피해"에 속하는가 여부이다.

이 논점을 사례를 통하여 살펴보자. 개정전 환경분쟁조정법 제2조는 "환경피해"를 "사업활동 기타 사람의 활동에 의하여 발생하였거나 발생이 예상되는 대기오염, 수질오염, 토양오염, 해양오염, 소음·진동, 악취, 자연생태계 파괴, 기타 대통령령이 정하는 원인으로 인한 건강상·재산상의 피해"라고 규정하고 있었다. 그런데 문제가 된 사안은 돼지막사 주위에 돼지막사 2배 높이로 고속도로와 고속전철이 신설되면서 돼지막사에 통풍장애가 발생하여 돼지막사에 발생한 오염물질이 비산되지 아니하여 돼지 생육에 장애가 발생한 사건이다. 이때 피해자는 이 문제를 환경분쟁조정을 통해 해결하려고 하는데, 사안이 위에서 말하는 환경피해에 해당하는지 여부가 문제가 된다.

동법의 정의 규정에 의하면 환경피해에는 '대기오염'이 포함되며, 중앙환경분쟁조정위원회에서는 '대기'는 실내공기도 포함되는 것으로 해석하고 있다. 다만 본건의 경우 돼지 막사 내의 돼지가 오염물질을 발생하며, 동시에 이로 인한 피해도 돼지가 입고 있으므로, 이러한 경우도 환경피해라고 볼 수 있는지 여부가 문제되는 것이다.

이상의 문제를 법이 처리할 때에는, 결국 사안을 법문제화한 후 이에 대한 법리를 적용하여 해결하게 된다. 사안과 같은 사실관계는 통상 "통풍방해"라는 유형으로 묶을 수 있고 이제 사안의 사실관계는 통풍방해로 범주화된 것이다. 이제 사안이 제기하는 법문제는 이 통풍방해가 환경피해에 해당하는가 여부가 된다. 논점은, 통상의 환경문제의 경우에 오염물질의 발생자와 오염물질로 인한 피해자가 다른 경우가 일반적인데 오염물질의 발생자와 피해자가 동일한 경우도 환경문제로 볼 수 있는가이다.

다행스럽게도, 이 문제는 입법적으로 해결되었다. 시간과 비용이 소요되지만 입법적 해결만큼 판명한 방안은 없다. 2012년 개정된 「환경분쟁조정법」 제2조는 "환경피해"의 범위를 확대하여 "사업활동, 그 밖에 사람의 활동에 의하여 발생하였거나 발생이 예상되는 대기오염, 수질오염, 토양오염, 해양오염, 소음·진동, 악취, 자연생태계 파괴, 일조 방해, 통풍 방해, 조망 저해, 인공조명에 의한 빛공해, 지하수 수위 또는 이동경로의 변화, 그 밖에 대통령령으로 정하는 원인으로 인한 건강상·재산상·정신상의 피해를 말한다. 다만, 방사능오염으로 인한 피해는 제외한다."라고 개정하였던 것이다.

제3절 | 환경법의 개념: 환경법이란 무엇인가?

Ⅰ. 환경법은 '실정법'이다.

환경법은 환경문제에 대한 '법적' 대응이자 환경보호를 위한 '법규범'의 총체이다. 따라서 '법의 본성(nature of law)'에 관한 일반이론으로부터 자유롭지 못하다. 그런데 법의 본성은 '도덕성(morality)'에 있지 않다. 법은 윤리나 도덕으로부터 끊임없이 수혈 받았고 또 그래야 하지만, 그럼에도 불구하고 법은 윤리·도덕과 구별되는, **'사회적으로 구성된 규칙'**이다.

도덕규범이 규율하던 전통사회에서는 구성원들이 세계관과 가치관을 공유하였다. 이와 달리, 근대는 가치 사이의 통약가능성을 부인하는 '가치다원주의(value pluralism)'를 전제로 하여 성립하였다. 그리하여 오늘을 사는 구성원들은 모두 저마다의 세계관과 가치관을 가지고 이에 터 잡아 살아가고 있다. 이와 같이 누구나 공감(共感)하는 도덕적 판단이 부재하거나 희소해지는 상황에서 법의 내용을 도덕성에 의존하게 할 수는 없다. 그렇게 되면 법은 사회구성원들 사이에 분쟁을 매듭짓는 '권위(authority)'로서의 기능을 수행할 수 없게 되기 때문이다. 법이 공동생활의 편의를 도모하기 위한 중간단계의 공통척도로서, 사회구성원 사이의 행위조정을 가능하게 하고 구성원들이 예측과 계획을 하며 살아갈 수 있도록 하기 위해서는 법은 누구에게나 명확하게 식별될 수 있는 '사회적(으로 만들어진) 규칙'이어야 한다("규범적 법실증주의").[18] 요컨대 법은 사회적으로 인정된 최소한의 도덕이어야 한다. 그래야만 우리의 문화, 즉 다원적이면서 질서정연한 문화가 지속될 수 있다.

가치관의 다양성이 가져오는 문제는 특히 환경문제에서 두드러진다. 앞서 본 바와 같은 환경법이 다루는 대상문제는 논자마다 그 해결책이 각기 다른, 즉 가치관의 충돌이 전형적으로 드러나는 문제이다. 이런 문제에 관하여 환경윤리·도덕에 그 해결책을 맡길 수는 없는 노릇이다. 환경문제는 이해관계 당사자를 포함해 국민 모두가 참여할 수 있는 절차를 거친 후 누구나 분명히 인식할 수 있는 형태의 해결책이 미리 마련되어 있어야 해결할 수 있는 문제인 것이다. 이것이 환경법은 실정법이어야 하는 이유이다.

II. 환경법의 목적

환경법의 이념이나 목적에 관해서는 다양한 견해가 존재한다. 후술하는 환경윤리에서 보는 바와 같이, 환경법과 정책의 지향점에 관해서는 인간중심적 입장부터 생태계중심적 입장까지 실로 스펙트럼 양상의 다종다양한 생각이 경쟁하고 있고 그런 만큼 사회적 합의에 도달하기가 쉽지 않다.

하지만 우리의 실정환경법은 그 목적을 명시하고 있다. 우선, 우리 헌법은 모든 국민에게 "건강하고 쾌적한 환경에서 생활할 권리"를 부여하고, 국가와 국민에게 "환경보전을 위하여 노력하여야" 할 의무를 부과하고 있다. 또한 환경법의 '총칙' 내지 '기본법'이라 할 수 있는 환경정책기본법은 동법의 목적으로 "환경오염과 환경훼손을 예방하고 환경을 적정하고 지속가능하게 관리·보전함으로써 국민이 건강하고 쾌적한 삶을 누릴 수 있도록 함"을 규정하고 있다.

이는 우리 환경법이 '인간중심적 입장'을 취하고 있음을 분명히 한 것이다. 환경정책기본법은 이 목적을 달성하기 위하여 "환경보전에 관한 국민의 권리·의무" 및 "국가의 [권한과] 책무"를 명확히 하고 "환경정책의 기본 사항"을 정하고 있다.

---

18) 통상적으로 법실증주의의 본령은 순수한 개념적 테제, 즉 법과 도덕은 필연적 관계가 없다는 테제 또는, 보다 정확하게는, 법적 판단의 근거와 도덕적 판단의 근거는 필연적 관계가 없다는 테제(종종 "분리가능성테제 (separability thesis)"라고 거론되는 것이다)에 있다고 주장된다. 그런데 규범적 법실증주의라는 것은, 그와 같은 법과 도덕의 또는 법적 판단과 도덕적 판단의 분리가능성은 좋은 것이며, 도덕적, 사회적 혹은 정치적 관점에서 볼 때 심지어 불가피한 것일 수 있고, 분명 가치 있는 것으로 평가되고 권장되어야 할 것이라는 테제를 말한다. Jeremy Waldron, "Normative (or Ehtical) Positivism," Coleman(ed.), *Hart's Postscript*, 411-433, 411 (Oxford Univ. Press, 2001).

동법은 또한 기본이념으로 '**지속가능발전**'을 규정하고 있다. 즉 동법은 "인간과 환경 간의 조화와 균형의 유지"는 국민의 건강한 삶과 항구적인 국가발전에 필수적이므로 "국가, 지방자치단체, 사업자 및 국민"은 양호한 환경을 유지·조성하고 "환경을 이용하는 모든 행위를 할 때에는 환경보전을 우선적으로 고려"함으로써 "현 세대의 국민이 그 혜택을 널리 누릴 수 있게 함과 동시에 미래의 세대에게 그 혜택이 계승될 수 있도록 하여야" 한다고 규정하고(동법 §2①), 나아가 "국가와 지방자치단체"는 "환경 관련 법령이나 조례·규칙을 제정·개정하거나 정책을 수립·시행"할 때 "모든 사람들에게 실질적인 참여를 보장하고, 환경에 관한 정보에 접근하도록 보장하며, 환경적 혜택과 부담을 공평하게 나누"도록 규정하고 있는 것이다(동조 ②). 이는 환경(environment)과 경제(economy), 그리고 형평(equity), 소위 3E를 개념의 기본축으로 삼고 있는 "지속가능발전(sustainable development)"을 규정한 것으로 볼 수밖에 없다.

그리고 동법은 "환경보전"을 "환경오염 및 환경훼손으로부터 환경을 보호하고 오염되거나 훼손된 환경을 개선함과 동시에 쾌적한 환경상태를 유지·조성하기 위한 행위"로 정의하고 있는데(동법 §3vi(정의)), 이는 환경의 현상(現狀)에 대하여 변화를 일으키는 일체의 조치를 불허하는 '보존(preservation)'의 개념과 구별되는 '보전(conservation)'을 말하는 것이다.

이상을 종합하면, 결국 우리 환경법은 **지속가능한 환경보전을 통하여 건강하고 쾌적한 삶을 국민에게 보장하는 것**을 목적으로 한다고 보아야 한다. 이와 같은 목적은 국민의 환경권을 확실히 보장하고, 지속가능한 환경정책 및 행정을 통하여 생활환경 및 자연환경에 대한 오염이나 훼손을 예방·진압하며, 이미 발생한 환경침해에 대해서는 피해를 제거하고 손해를 전보하여 환경분쟁을 해결하는 것으로써 달성될 수 있다.[19]

Ⅲ. 환경법의 원천과 형식

환경법은 어떤 꼴로 존재하며, 어떤 자료에 의하여 인식될 수 있는가? 환경법은, 다른 모든 법과 마찬가지로, "원천(source)"에 기초하고 있다. 원천이란 '입법'과 같은 개개의 단일한 행위만을 말하는 것이 아니고 다양한 종류의 '사회적 사실들' 전반을 포함한다.[20] 그리하여 우리가

---

19) 同旨, 홍준형a, 17.
20) 여기서 법의 "원천"이란 법학에서 통용되는 법의 연원, 즉 '법원(法源)'과 구별되는 개념이다. Joseph Raz, *Authority of Law*, 47-48 (1979). 본문의 '원천'은 개념적으로는, 법의 존재형식 내지 현상형태로서의 법원을 말하는 법의 '생성연원(causa essendi; Rechtsentstehungsquelle)'이 아니라 당해 환경사안에 관하여 무엇이 법인가를 인식하기 위하여 동원되는 자료, 법의 인식근거로서의 법원을 말하는 법의 '인식연원(causa cognoscendi; Rechtserkenntnisquelle)'에 가깝다. 곽윤직 대표집필, **民法註解**(I), 26-27, 34-36 이하(최병조 집필부분) 참조.

'법원(法源)'으로 삼고 있는 제정법(헌법, 법률, 명령, 조례, 규칙 등), 관습법, 당해 사건에서의 상급심 판결과 같은 "공식적 원천(formal sources)"뿐만 아니라 '판례'(당해 사건 이외의 유사한 사건에서 다른 법원이 내린 판결), '입법사(legislative history)' 자료나 우리 법공동체가 수용한 '해석방법' 등과 같은 공식적 원천의 해석과 관련성을 지닌 자료들, 즉 "해석적 원천(interpretive sources)"도 포함한다.[21] 심지어 입법자나 수범자(국민)의 도덕적 견해도 해석적 원천이 될 수 있다. 여기서 도덕적 견해란 사회적으로 인식할 수 있는 도덕관념, 즉 "관례적 도덕성(conventional morality)"을 말하는 것이지, 어떤 사람의 내심에서 일어나는 '무엇이 옳은가,' '무엇이 좋은가'에 관한 관념, 즉 "비판적 도덕성(critical morality)"을 의미하는 것이 아님에 주의해야 한다.[22] 따라서 가령 어떤 환경윤리학자 개인의 견해는 원천이 아닌 반면, 어떤 환경이슈에 관하여 국민 대다수가 공유하는 것이 사실로 밝혀진 도덕관념, 즉 '사회통념'은 원천이다.[23]

이와 같이 원천에 의하여 확인되는 환경법은 다양한 법형식을 띠고 있다. 환경법의 형식은 사법적 형식과 공법적 형식으로 나눌 수 있고, 후자는 다시 다섯 단계로 나누어볼 수 있다. 자세한 것은 후술하는 제3장 환경법의 형식에서 살피기로 하고 여기서는 환경법의 원천에 관해서만 살피기로 한다.

1. 헌법과 법률

환경법을 구성하는 실정법의 종류는 다양하다. 환경법은 환경을 보호하기 위한 법규범의 총체로서 헌법, 민법, 행정법, 상법, 도산법, 증권거래법 등을 망라한다. 환경법은 환경보호를 위하여 필요한 국민의 권리와 의무를 규정하는 실체법이 주(主)이지만 그러한 권리와 의무의 실현을 위한 법적 절차를 규정한 절차법도 포함한다. 환경보호를 위하여 특별히 제정된 환경

---

21) Joseph Raz, *Ethics of Public Domain*, 233 (1995).
22) 후술하는 바와 같이, 관례적 도덕성은 민법 제1조에 법인식의 근거 중 하나로 규정된 '조리(條理)'와 다름 아니다. 국내 행정법학자들은 행정법의 일반원칙을 '조리'로 보고 있는데(가령 김동희a, 52-66; 홍정선a, 76-77), 어떤 환경이슈에 관하여 국민 대다수가 공유하는 것으로 밝혀진 도덕관념 혹은 윤리관념은 환경법의 일반원칙으로 새길 수 있고 그렇다고 한다면 환경법의 일반원칙은 조리로 볼 수 있을 것이다.
23) 주지하듯이, 우리 민법 제1조는 조리(條理)를 법원으로 명시하고 있다. 이처럼 불문법은 성문법과 같이 일정한 형식과 절차에 따라 제정되어 문자로 확정되지 않았음에도 법으로 인정되는데, 이 구별의 기준은 '성문(成文)' 여부가 아니라 "유권적 법제정주체의 명시적 의사와 제재가 그 기초인가, 아니면 그에 따라 생활하는 일반[대중]의 묵시적 의사와 동의가 그 기초인가"이다. 최병조(註20), 36. 다른 한편, 이와 같이 법의 본성을 '권위'로 본다면, 어떤 지시나 명령이 '법'이기 위해서는 ① 누군가의 견해로 제시되어야 하고, ② 그 지시나 명령이 의지한 배경적 이유들을 되돌아보지 않고도 그 존재와 내용을 식별할 수 있어야 한다. Raz(註21), 219, 233 참조. 가령 사회통념은 '누군가,' 즉 국민 대다수의 견해로 제시되며, 그 원천들이 의지한 배경적 이유들을 되돌아보지 않고도 그 존재와 내용을 확인할 수 있다. 반면, 비판적 도덕성은 (단지 '도덕적 참(moral truth)' 또는 '도덕적 사실(moral fact)'로 제시될 뿐) 누군가의 견해로 제시되지 않을 뿐 아니라 그런 관념이 의지한 배경적 이유들을 들여다보지 않고는 그 존재와 내용을 식별할 수도 없다. *Id.* 참조.

분쟁조정법이 하나의 예이다. 법률은 헌법과 법률이 정하는 소정의 절차를 통하여 제정·공포되는 것으로 법관의 작업을 가장 확실하게 안내하는 원천이다.

(1) 헌법

환경법의 구성요소로 볼 수 있는 헌법 규정은 산재해 있다. 먼저 헌법 전문은 "국민생활의 균등한 향상을 기하고… 우리들과 우리들의 자손의 안전과 자유와 행복을 영원히 확보할 것을 다짐하면서"라고 규정하고, 제10조는 인간의 존엄과 행복추구권, 그리고 국가의 기본권보장의무("모든 국민은 인간으로서의 존엄과 가치를 가지며, 행복을 추구할 권리를 가진다. 국가는 개인이 가지는 불가침의 기본적 인권을 확인하고 이를 보장할 의무를 진다.")를 천명하고 있다. 제34조는 이를 보다 구체화하여 인간다운 생활을 할 권리("모든 국민은 인간다운 생활을 할 권리를 가진다.")를 규정하고, 제35조는 환경권을 정면으로 규정하고 있다. 동조 제1항은 모든 국민에게 건강하고 쾌적한 환경에서 생활할 권리를 인정하고 국가와 국민의 보장의무를 규정하고, 제2항은 환경권의 내용과 행사를 국회의 입법에 맡기고 있다(형성적 법률유보).

이들 조항을 종합하면 우리 헌법은 환경권을 정면으로 인정하고 있음을 알 수 있는데, 그렇다고 해서 환경권의 구체적 효력이 바로 인정되는 것은 아니다. 무엇보다 여타의 헌법규정이 환경권의 사법적(司法的) 구현을 제한하고 있기 때문이다. 우리 헌법에는 (그 성격에 관하여 논란이 없지 않지만) 헌법의 지도이념이라 볼 수 있는 자유민주적 기본질서가 명시되어 있고 나아가 직업선택의 자유(§15)나 재산권(§23)이 보장되어 있는바, 환경권의 행사는 이들 전통적 기본권과 상충할 여지가 적지 않다. 이런 상황에서 환경권의 구체적 효력을 인정해 이에 터 잡은 여러 형태의 권리 행사를 사법적으로 인정하게 되면 불측의 혼란이 야기될 수 있다. 이는 형성적 법률유보 규정과 함께 환경권의 구체적 효력을 부인하는 대법원 판결을 긍정적으로 평가하게 한다. 자세한 것은 후술한다.

(2) 민법

우리 민법상 환경분쟁을 해결하는 데 사용되는 규정은 재산권 관련 규정, 특히 상린관계에 관련한 민법 제214조와 민법 제217조, 물의 이용과 관련된 규정, 즉 민법 제224조(자연유수 관련 공사의 비용부담에 관한 관습), 제229조 제3항(수류의 변경에 관한 관습), 제234조(용수권에 관한 관습), 제237조 제3항(경계표·담의 설치 및 비용부담에 관한 관습), 제242조 제1항(경계선 부근의 건축에 관한 관습) 등, 그리고 불법행위 관련 규정, 즉 민법 제750조 이하의 규정들이다.

(3) 각종 환경행정법률

전술한 실질적 의미의 환경법에 있어서 가장 중요한 법률은 1991년에 제정된 이래 수차례 개정되어 온 환경정책기본법이다. 이 법률은 환경보호에 관한 법률 중 가장 근간이 되는 중요한 법률이다. 동법 아래에는 60여 개의 환경부 소관의 법률이 포진해 있다.

2. 법규명령과 행정규칙

(1) 법규명령

헌법은 법률 아래에 위임명령과 집행명령을 허용한다. 모든 법률요건을 법률에 기술하는 것은 불가능하기 때문이다. 이들은 형식적 의미의 법률이 아니면서 헌법과 법률의 규정에 따라 국회가 아닌 국가기관이 소정의 절차를 거쳐서 제정하는 실정법규로서 그 형식으로는 시행령(대통령령)과 시행규칙(총리령, 부령)이 있다. 헌법에 따라 이들은 법률의 연장(延長)이 되고, 따라서 환경문제에 관한 것이라면 법관이 환경사건에 관하여 재판을 할 때 기준이 되는 환경법의 공식적 원천이 된다.

헌법은 위임명령과 집행명령을 구분해 규정하는데, 위임명령은 법률에 의하여 위임된 사항을 정하기 위하여 제정된다. 이때 위임은 구체적이어야 한다. 구체적 위임을 받은 명령이 위임의 범위를 넘는다면 당해 위임규정이 위헌이 되지는 않지만,[24] 위임의 범위를 넘은 명령은 효력이 없고 법원을 구속하지 않는다. 법률의 위임이 구체성을 결여한 포괄위임인 경우에는, 하위 명령의 내용이 헌법에 부합한다고 하여 법률의 포괄위임 규정이 합헌이 되지 않으므로 그 명령 역시 효력이 없고 법원을 구속하지 않는다.

집행명령은 법률의 구체적 위임을 받지 않은 명령으로 헌법·법률을 '집행'하기 위하여 필요한 세칙을 정하기 위하여 제정되는 명령을 말한다. 그러므로 헌법과 법률을 집행하기 위한 것이 아닌 한 명령은 위임을 받아야 한다. 집행명령은 헌법과 모법(母法)에 부합하여야 법관을 구속한다. 법관이 집행명령을 존중하는 것은 집행명령이 법률이기 때문이 아니라 집행명령이 모법의 집행을 위하여 제정되었을 뿐만 아니라 모법의 구체화로서 옳다고 법관이 인정하기 때문이다. 위임명령과 집행명령 중 헌법과 모법에 어긋나는 경우를 선별하여 이를 무효화할 수 있는 권한, 즉 명령규칙심사권은 헌법이 법관에게 부여하고 있다.

다른 한편, 헌법은 대통령에게 일정한 요건 하에 긴급재정·경제명령(헌법 §76①)과 긴급명령(동조 ②)을 발할 수 있게 수권하고 있다. 이들이 환경문제에 관한 것인 때에는 역시 환경법의 원천이 된다. 이들 긴급명령은 법률과 동일한 효력이 있으므로 기존의 환경법규를 개폐할 수 있으나 헌법이 정하는 국회의 승인을 얻지 못하면 그때부터 실효하고 개폐되었던 법률은 효력을 회복한다(동조 ③, ④).

---

24) 憲決 2001.9.27. 2001헌바11.

(2) 행정규칙

대통령령, 총리령, 부령 외에 행정기관이 정한 각종 행정규칙(고시, 훈령, 회람, 법령해석)은 법원(法源)이 아니다. 헌법이 정한 법률의 연장(延長)이 되는 형식, 즉 대통령령이나 총리령·부령이 아니므로 법원이 아닌 것이다.

그런데 판례 중에는 한편으로는 시행규칙을 이와 같은 '법원'으로 보지 않는 것도 있고, 다른 한편으로는 행정규칙을 '법원'으로 보는 것도 있다. 다시 말해, 형식상 시행규칙으로 규정된 것 중에 '법규명령'으로 인정되지 않는 경우가 있고, 역으로 형식상 행정규칙으로 되어 있는 것 중에 '법규명령'으로 인정된 예가 있는 것이다.[25] 그러나 양자는 모두 헌법의 문언에 반하는 해석으로 의문이다.

먼저, 시행규칙을 판례와 같이 해석하면, 이는 자칫 하급심 법원이 대법원의 명령·규칙심사권을 침해하는 결과를 초래할 수 있다.[26] 대법원은 까다로운 명령·규칙심사절차를 거치지 않고 문제의 시행규칙을 무효화하기 위하여 위와 같은 실행을 하는 것으로 보인다.[27]

다음으로, 행정규칙에 대한 판례와 같은 해석방식, 즉 그 제정형식은 비록 법규명령이 아닌 고시, 훈령, 예규 등과 같은 행정규칙이더라도, 그것이 상위법령의 위임한계를 벗어나지 아니하는 한, 상위법령과 결합하여 대외적인 구속력을 갖는 법규명령으로서 기능하게 된다고 보는 방식은 헌법의 문언에 반하는 해석이지만, 이를 합리적으로 이해할 수 있는 방안이 있다. 즉, 법원이 실제 재판에서 이처럼 행정규칙에 들어있는 내용을 그대로 인정한 것이, 행정규칙이 법으로서의 효력이 있기 때문이 아니라 그 내용이 모법의 해석으로서 옳다고 여겼기 때문이라고 보면, 문제가 없는 것이다.[28] 여기서는 법원이 당해 법률의 해석을 그렇게 한 것이고, 이는 법률의 해석은 최종적으로 사법부의 권한이라는 헌법의 규정에도 부합하는 것이기도 하다.

---

25) 법령이 다시 위임해 제정된 행정규칙을 법원으로 인정한 대표적인 판례로는, 大判 1990.2.9. 89누3731("이 훈령의 규정은 소득세법시행령의 위임에 따라 그 규정의 내용을 보충하는 기능을 가지면서 그와 결합하여 대외적인 구속력이 있는 법규명령으로서의 효력을 가지는 것")과 憲決 1992.6.26. 91헌마24("법령의 직접적인 위임에 따라 수임행정기관이 그 법령을 시행하는 데 필요한 구체적 사항을 정한 것이면, 그 제정형식은 비록 법규명령이 아닌 고시, 훈령, 예규 등과 같은 행정규칙이더라도, 그것이 상위법령의 위임한계를 벗어나지 아니하는 한, 상위법령과 결합하여 대외적인 구속력을 갖는 법규명령으로서 기능하게 된다고 보아야 한다.") 참조.
26) 시행규칙을 법원이 아니라고 새기면, 당해 시행규칙의 효력을 부인하려는 하급심 법원은 당해 시행규칙의 상위 법률 위반 여부에 대한 대법원의 유권해석을 받지 않더라도 당해 시행규칙을 따르지 않을 수 있다. 대법원의 판례 태도는 이점에서 국가운영체계에 대한 변경을 가져오는 것이고 위헌적 태도라고 볼 수 있다.
27) 한편, 미국의 경우는 행정규칙을 "interpretive rules"라고 하여 법규명령에 해당하는 "legislative rules"와 구별한다. legislative rules는 5 U.S.C. §553(행정절차법상의 notice and comment 절차)에 따른, 구속력 있는 법규(binding rules)를 제정할 수 있는 규칙제정권(rulemaking power)의 행사이다. 그런데 interpretive rules는 구속력 있는 법규(binding rules)가 아니지만, 설득적 권위(persuasive authority)를 갖는다고 한다. *Skidmore v. Swift & Co.*, 323 U.S. 134 (1944).
28) 이창희, **세법강의**, 67–68 (2018).

대법원규칙은 헌법이 인정한 대법원의 규칙제정권(헌법 §108)에 기하여 제정된다. 이 또한 환경문제에 관한 것이면 재판규범이 되는, 환경법의 공식적 원천이다. '민사'에 관하여 규정된 대법원규칙 중 환경문제와 유관한 것이 있을 수 있다.

3. 자치법

지방자치단체체가 법령의 범위 내에서 그의 사무에 관하여 제정하는 자치규정(헌법 §117①)인 조례와 규칙(지방자치법 §§28-35)은 그것이 환경문제에 관한 것이라면 환경법의 공식적 원천으로 법령의 범위 안에서 법관을 구속한다.

4. 국제법규

헌법에 의하여 체결·공포된 조약과 일반적으로 승인된 국제법규는 국내법과 같은 효력을 가진다(헌법 §6①). 다만 국회가 비준하지 아니한 조약은 법관을 구속하지 않는다. 유류오염손해에 관한 민사책임에 관한 국제조약(1979년 조약 679호)과 같이 구체적 사항을 규율하는 조약뿐만 UN기후변화협약과 생물다양성조약과 같은 일반법적 성격을 가진 조약도 재판규범으로서 법관을 구속하는 공식적 원천이다.

5. 관습법

관습법은 관행이 법공동체의 묵시적이지만 일반적인 승인을 얻으면 성립한다.[29] 관행이란 어떠한 사항에 관하여 동일한 행위가 상당한 기간 동안 반복되면 성립하는 것이고, 묵시적·일반적 승인이란 그런 관행을 법공동체가 엄수함으로써 나타내는 그것에 대한 법적 확신을 말한다. 법공동체의 구성원들이 그런 관행이 법적 구속력을 가지고 있어 그것을 준수해야 한다는 의무감을 가지게 되면 법공동체는 그것에 대한 법적 확신을 가진다고 말할 수 있다.[30] 이런 법적 확신에 의하여 지지될 정도에 미치지 않아 아직 관습법이라 할 수 없는 관습을 민법은 "사실인 관습"이라고 부르고 법률행위 해석의 표준으로 삼는다.[31] 따라서 관습법에 있어

---

29) 大判 1983.6.14. 80다3231.
30) 대법원은 전원합의체 판결에서 "관습법이란 사회의 거듭된 관행으로 생성한 사회생활규범이 사회의 법적 확신과 인식에 의하여 법적 규범으로 승인·강행되기에 이른 것을 말하고, 그러한 관습법은 바로 법원(法源)으로서 법령과 같은 효력을 가져 법령에 저촉되지 아니하는 한 법칙으로서의 효력이 있는 것인바, 사회의 거듭된 관행으로 생성한 어떤 사회생활규범이 법적 규범으로 승인되기에 이르렀다고 하기 위하여는 그 사회생활규범은 헌법을 최상위 규범으로 하는 전체 법질서에 반하지 아니하는 것으로서 정당성과 합리성이 있다고 인정될 수 있는 것이어야 [한다.]"라고 판시하였다. 大判 2003.7.24. 2001다48781.
31) 大判 1983.6.14. 80다3231. 대법원은 근자에 선고된 판결에서 '관행'이 법률행위 또는 조정 조항의 해석에 참

서 법관의 관여는 관습법을 정립하는 것이 아니라 기속된 발견작용에 불과한 것으로, 법적용자의 자유로운 처분에 맡겨져 있는 것이 아니다.[32]

관습법은 성문법에 대하여 보충적 효력만을 갖는 것으로 법률이 없는 경우에 한하여 관습법이 고려될 수 있다(민법 §1). 어떤 환경문제가 민사적 성격을 갖는다면 민법에 규정된 관습법과 사실인 관습은 그 규정대로 역할을 하게 될 것이다.[33]

문제는 환경법의 태반을 차지하고 있는 **환경행정법 영역에서 관습법을 인정할 수 있는가**이다. 역사적으로 볼 때 민법은 새로운 질서를 만들기 위하여 입법되었던 것으로 볼 수 없고, 오히려 과거 사회나 시장에서 실행되어온 관행 혹은 그것의 집적체인 민사적 질서를 법전화한 것이다. 그래서 민사(民事)와 관습법은 친하다. 반면, 실정 행정법은 특정한 입법목적을 달성하기 위하여 기존의 사회질서나 시장질서에 변화를 불러오는 입법자의 의지적 법정립작용의 결과물이다. 그런 까닭에 행정법 사항에 대하여 관습법이 존재한다는 것은 상정할 수 없다.

다른 한편, 헌법 제6조 제1항에 의하면 "일반적으로 승인된 국제법규"는 국내법과 동일한 효력을 가지므로 이에 속하는 국제관습법 역시 환경문제에 관한 것이면 환경법의 원천이다.[34] 국제관습법이란 외무부서의 공개된 문서에서 읽어낼 수 있는 국가간의 외교실무로부터 그 존재가 입증되는 것으로서 환경에 관한 것은 적어도 현재는 거의 존재하지 않을 것이다.

6. 조리 및 환경법상 일반원칙

적용가능한 법령이 있다고 하더라도 법령을 적용하기 전에 적용할 법령의 의미를 확정하기 위하여 해석을 하게 되는데, 조리는 이와 같은 법령의 해석 시에 사용해 온 자료이다.

여기서의 논점은 법령이나 관습법, 판례법이 부재하는 경우에 조리가 법(인식)의 원천이 되

고될 수 있음을 밝히고 있다. "당사자가 표시한 문언에 의하여 법률행위의 객관적 의미가 명확하게 드러나지 않는 경우에는 그 문언의 내용과 법률행위가 이루어진 동기 및 경위, 당사자가 그 법률행위에 의하여 달성하려는 목적과 진정한 의사, 거래의 **관행** 등을 종합적으로 고려하여 사회정의와 형평의 이념에 맞도록 논리와 경험의 법칙, 그리고 사회 일반의 상식과 거래의 통념에 따라 합리적으로 해석하여야 하고, 이러한 법리는 소송의 당사자 사이에 조정이 성립한 후 그 조정 조항의 해석에 관하여 다툼이 있는 경우에도 마찬가지로 적용되어야 할 것이다." 大判 2013.11.14. 2013다60432. 또한 관행이 법률의 위헌성 여부에 대한 판단 과정에서 일정한 역할을 담당하게 되는 경우도 있다. 헌법재판소는 민법 제1066조 제1항이 위헌인지를 판단하면서, 법률의 내용이 관행과 심각하게 어긋나 있을 경우, 그와 같은 사실이 해당 법률이 위헌성을 함축할 수도 있다는 뜻을 내비치고 있다. 憲決 2008.3.27. 2006헌바82.

32) 이것이 민법의 태도이며, 우리나라의 통설이다. 최병조(註20), 47 – 48.

33) 후보로 거론될 수 있는 민법 규정으로는 민법 제224조(자연유수 관련 공사의 비용부담에 관한 관습), 제229조 제3항(수류의 변경에 관한 관습), 제234조(용수권에 관한 관습), 제237조 제3항(경계표·담의 설치 및 비용부담에 관한 관습), 제242조 제1항(경계선 부근의 건축에 관한 관습) 등이 있다. 이들 규정은 수자원 이용과 상린관계에 관하여 규율하고 있다.

34) 同旨, 최병조(註20), 42.

느냐 여부이다. 전술한 실정 환경법령은 완전한 것이 아니라 '공백(gap)'이 있으며, 일반조항과 불확정개념에서 볼 수 있듯이 '불확정성(indeterminacy)'이 적잖이 존재한다. 그리고 환경법은 통일법전이 마련되어 있지 않고, 환경정책기본법도 환경법의 총칙적 법률이라 하기에는 여러 모로 부족하며, 그 규율대상인 환경문제도 비교할 바가 없을 정도로 복잡다기하다.

하지만 법령의 침묵을 법의 부존재와 동일시할 수는 없다.[35] 현행 실정 환경법에는 민법 제1조("민사에 관하여 법률에 규정이 없으면 관습법에 의하고 관습법이 없으면 조리에 의한다.")와 같이 법(인식)의 원천에 관한 규정이 없다. 하지만 어떤 환경문제가 민사적 성격의 사건이라면 동조가 적용될 것이고, 그것이 민사적인 사건이 아니라고 하더라도 판사는 재판을 거부할 수 없는 까닭에 자신이 '사물의 본성(Natur der Sache)' 혹은 '자연적 이치(naturalis ratio)'라고 생각하는 것과 같이 이성 또는 양식에 기하여 생각된 무언가의 근거에 의하여 재판을 할 수밖에 없을 것이다. 민법전의 입법이유에 의하면 "재판관은 법률 또는 관습법이 없다고 재판을 거부할 수 없으므로" 조리에 따라 재판해야 하는데,[36] 이는 조리의 보충적 법원성을 말하는 것이다. 조리를 이렇게 본다면, 이는 제정법·관습법·판례법이 부재한 경우 그것을 제외한 일체의 모든 법인식자료를 총칭하는 것으로 넓게 이해해야 하고,[37] 이 경우 조리란 실질적 환경법에 있어서 '보충적' 일반규정에 해당하는 기능을 수행한다고 볼 수 있을 것이다.[38]

하지만 간과해서는 안 될 논점이 있다. 여기서 조리라 함은 당해 사안에 관하여 어떤 판사 개인이 가진 비판적 도덕관념이 아니라 국민 대다수가 공감하는 관례적 도덕관념, 즉 사회통념을 말한다는 점에 주의해야 한다.[39] 조리가 보충적 일반규정과 같은 역할을 수행한다면 그 역할에 합당한 조건을 구비해야 하는 것은 당연한데, 법의 원천의 본질적인 특징은 사회적으로 실행되는 규칙으로서의 성격, 즉 '실정성(實定性)'에 있음은 전술한 바와 같다. 이러한 의미의 실정성은 법의 형성이 '의지적 정립'에 기초한다는 것을 의미한다. 불문법이 비록 성문법과 같이 일정한 형식과 절차에 따라서 제정되고 그 결과 문자로 확정되지는 않았지만 법으로 인정되는 것은, 거기에 일반 대중의 '묵시적 의사와 동의'가 존재하기 때문이다. 따라서 조리가 법(인식)의 원천이 되기 위해서는 국민 대다수가 그것의 존재와 내용에 대하여 공감하고 이에

---

35) 김용담 대표집필, **註釋民法**, 총칙(1), 27(윤진수 집필부분) (2017).
36) 민법안심의록(상), 3; 최병조(註20), 37.
37) 김동희, "행정법의 일반법리에 관한 고찰," **서울대학교 法學** 제30권 제1·2호, 59, 102 (1989). 일체의 법인식 자료는 법률개정안, 협의의 사물의 본성, 일반적으로 이해되는 법의 일반원칙, 법언 등을 포괄하는 것으로 이해된다. 최병조(註20), 55.
38) Cf. 최병조(註20), 34 – 35.
39) 다시 말해 선험적인 조리 개념을 상정하여 그 내용을 밝히려 해서는 안 된다는 말이다. 왜냐하면 이런 형이상학적 탐구를 허용하면 판사마다 나름의 조리 관념을 가져올 것이고 이들은 비교불능의 미로에 빠져 출구를 찾지 못할 것이기 때문이다. 그보다는 조리 개념의 역사적 맥락을 추적하여 경험적 유산을 활용하고 실정법상의 의미맥락을 확인함으로써 이해의 실마리를 찾아야 할 것이다. *Id.* 54.

따라 실천해야 한다. 조리를 이렇게 새긴다면 이는 판사 개인이 가진 도덕관념과는 구별되는 것이다. 판사는 법제정주체가 구비해야 할 '민주적 정통성(democratic legitimacy)'을 구비하고 있지 않을 뿐만 아니라, 그렇게 새기지 않는다면, 오늘날과 같은 가치다원주의 사회에서는 "만인의 조리의 만인의 조리에 대한 투쟁" 상태가 펼쳐질 것이기 때문이다.[40]

그렇다면 조리는 구체적으로 무엇을 의미하는 것일까? 민법전의 입법사에 의하면 조리는 "민법전체를 통한 대원칙(통칙)"을 말하는데,[41] 국내 행정법 학설 또한 조리를 '행정법의 일반원칙'으로 보고 있다.[42] 그렇다고 한다면 환경법 분야에서도 조리를 '환경법의 일반원칙'으로 볼 수 있을 것이다. 주목할 점은 '조리'로서 거론할 수 있는 환경법의 일반원칙은 ─ 그것이 실정 법령에 명시적으로 규정되어 있지 않는 한 ─ 국민 대다수가 그 존재와 내용에 관하여 공감하는 것이어야 한다는 것이다. 따라서 선진제국의 법률 혹은 학설상 논의되는 것을 그 이유만으로 우리 환경법의 일반원칙으로 거론할 수는 없다. 그것이 국민 대다수의 통념 속에 자리를 잡기 전에는 그것은 한 개인의 비판적 도덕관념에 그치는 것이기 때문이다.[43]

그렇다고 한다면, 법의 일반원칙으로서의 조리는 어떻게 인식될 수 있을까? 사회적 관심이 집중된 사건에서 쉽게 관찰가능한 일반 대중의 법관념도 중요하지만, 사건을 처리함으로써 조리의 궁극적 발견자가 되는 판사는 주로 '실무'와 '학설'을 살펴볼 것이다. 여기서 실무는 판례만을 의미하는 것은 아니고 법원실무, 행정청의 결정례, 나아가 거래관행까지를 포괄하는 넓은 의미로 보아야 한다.[44]

환경법의 원칙의 내용에 관해서는 후술하는 바와 같이, 협동의 원칙, 원인자부담의 원칙, 지속가능성의 원칙 등이 거시되고 있는데, 이는 학설들이 실정 환경법률을 검토한 결과, 이런

---

40) 만약 당해 사안에 관하여 사회통념이라고 할 만한 것이 발견되지 않는다면, 판사는 부득불 사법재량을 행사할 수밖에 없다. 이는 법형성작용, 즉 판사에 의한 입법행위로서 우리 헌법은 이와 같은 한정된 범위 안에서 이를 허용하고 있다. 자세한 것은 拙著, **사법통치의 정당성과 한계**, 특히 제1장 및 제5장 (2009).

41) 이는 조선법제편찬위원회의 조선임시민법전편찬요강에 의한 것이다. 양창수, "법법안의 성립과정에 관한 소고," **서울대학교 법학** 제30권 제3·4호, 186–191, 211 (1989); 최병조(註20), 37.

42) 가령 김동희a, 52–66; 홍정선a, 76–77.

43) 민법 제1조는 법원으로서 법률, 관습, 조리를 열거하고 있는데, 이는 법원(法源)의 본질적인 특징을 기본적으로 '실정성(Positivität)'에 있다고 보는 것이다. 실정성의 의미는 "권위가 법을 만들지 이치가 법을 만드는 것이 아니다."라는 명제에서 간취(看取)할 수 있다. 이처럼 법의 형성은 확인적 선언이 아니라 의지적 정립에 기초하는데 이러한 의지의 주체가 누구인가 하는 것은 그 법공동체의 기본법, 즉 헌법이 결정할 문제이다. 인류의 경험은 공동체 전체를 정당하게 대변할 권한이 부여된 자만이 법정립의 주체가 될 수 있음을 보여준다. 불문법도 마찬가지다. 성문법과 불문법의 구별은 '성문(成文)'의 여부가 아니라 "유권적 법제정주체의 명시적 의사와 제재가 그 기초인가 아니면 그에 따라 생활하는 일반 대중의 묵시적 의사와 동의가 그 기초인가 하는 것이다." 따라서 불문법이 판결로 기록되더라도 성문법으로 되는 것은 아니다." 최병조(註20), 35–36 참조. 그렇다고 한다면, 가령 독일에서 어떤 원칙이 독일 환경법상 원칙으로 인식되고 주장된다고 해서 그것이 우리 환경법상의 그것으로 수용될 수는 없다.

44) 同旨, *id.* 55.

원칙들이 그 전체를 관통하는 원리로 자리매김할 수 있다고 본 것이다. 환경법상 일반원칙들이 이런 의미로 이해된다면, — 이들이 국민의 광범위한 동의를 받고 있지 않는 한, — 이들은 당연히 법적 효력이 가진다고 할 수는 없을 것이다. 문제는 우리 환경정책기본법이 이들 원칙들을 규정하고 있다는 점이다. 따라서 이들은 환경법의 원천인바, 논의의 초점은 이제 그 내용과 효력 여하에 모아져야 한다. 조리에 속하는 것으로 이해되는 법원칙이 — 가령 민법 제6조 제1항의 신의성실의 원칙과 같이 — 실정법 속에 규정됨으로써 실정법 자체가 명백히 조리를 지시하고 있는 경우, 형식상 이는 법률의 적용이 될 것이고 따라서 지시되지 않은 조리보다 우선적으로 고려되어야 한다.[45] 하지만 그 실질은, 후술하는 바와 같이, 규칙(rule, Rechtsregeln)과 구별되는 원리(principle, Rechtsgrundsätze)인 만큼, 그 규범구조적 특성상 여전히 조리의 적용과 같은 양상을 띠게 된다. 자세한 내용은 후술한다.

7. 판례

환경법은 새로운 현상과 인식에 대한 대응으로 성립·발전한다. 새로운 자연과학적 발견과 이와 함께 변화하는 국민의 가치관의 변화는 새로운 입법적 대응을 불러온다. 따라서 판례는 환경문제에 관한 한 그 중요성이 떨어진다. 그럼에도 불구하고 앞서 본 환경법의 일반조항과 불확정개념은 판례를 양산할 것이다.

판례는 법의 원천이다. 법실증주의의 관점에서는 사회적 사실로 확인가능한 것만이 법인바, 법원의 판결은 법의 원천으로 인정될 수 있는 대표적인 사회적 사실이다. 실제적 측면에서는 상급법원의 결정을 하급법원이 뒤집는 것은 사실상 불가능에 가깝다. '법률가법'인 판례는 '민중법'인 관습법과 구별해야 한다. 판례는 법원의 관행이 있어야 성립하는 것이 아니고 단 하나의 유일한 결정으로도 성립할 수 있는 것이고, 가사 법원에 의한 유사한 결정의 반복을 계기로 해서 관습법이 성립한 경우, 이는 이미 그 법의 존재근거와 법원성의 범주가 달라진 것이다.[46] 법의 원천으로서의 판례란 '관습법'이나 '조리'의 범주로서가 아니라 '법원의 결정'으로서 그 원천성을 인정받는 것이다.[47]

---

45) *Id.*
46) 개별사건에서의 법원의 판결이 반복되면, 그로 인하여 법공동체 구성원들의 행위가 조정되고 나아가 시간이 지남에 따라 이를 준수해야 한다는 의무감이 생길 가능성이 높다. 이러한 수용과정은 그것 자체가 하나의 법 창설적 과정인데, 법원의 판결은 이 과정을 거쳐 비로소 관습법이 될 수 있다. 이렇게 관습법이 된 판례를 "관습법화한 판례"라 부를 수 있는데, 이때 문제는 관습법화한 판례를 법원이 변경할 수 있는가이다. 단순 판례와 달리 관습법화한 판례는 관습법이기 때문에 법원은 이에 기속되고 따라서 변경할 수 없다고 본다. 同旨, *id.* 63.
47) Cf. *id.* 35. 최병조는 민법 제1조를 해석하면서, "'법률'이 아닌 것이 확실한 판례와 학설은 그것이 '관습법'이거나 '조리'에 해당되는 한, 그리고 오직 그러한 한에 있어서만, [민법 제1조]에서 말하는 법원의 하나로 볼

우리 실정법상 공식적 원천으로 인정될 수 있는 판례로는, ① 기판력이 있는 판결이다(민사소송법 §§216, 218). 기판력이 있는 어떤 법원의 법적 판단은 다른 법원이 찬동하든 아니하든 무관하게 동일한 사안에 대한 다른 결정을 할 수 없다. ② 상급법원의 재판에 있어서의 판단은 당해 사건에 관하여 하급심을 기속한다(법원조직법 §8). 특히 상고법원의 환송이나 이송을 받은 법원은 상고법원이 파기이유로 한 사실상·법률상의 판단에 기속을 받는다(민사소송법 §436②). 상고법원의 자기구속에 관한 규정은 없지만, 파기환송한 사안이 재차 상고심에 계속된 경우, 상고법원은 앞의 파기환송판결에 기속된다는 것이 판례이다.[48] ③ 소액사건에 있어서 대법원의 판례에 상반되는 판단을 한 경우에도 상고 및 재항고 사유가 된다(소액사건심판법 §3ii).[49] ④ 대법원의 각부는 법령의 해석·적용에 관한 종전의 의견을 변경할 필요가 있을 때에는 전원합의체에 부의해야 하며, 전원합의체의 결정에 기속된다(법원조직법 §7①iii).

위에서 열거한 사항 이외의 법원의 판례는 법률상 구속력을 인정받지 못하지만 다음과 같은 이유에 의하여 ── 그것이 환경문제에 관한 결정인 한 ── 환경법의 '해석적 원천'으로 새겨야 한다. 먼저, 일반 대중은 법원의 판례를 법으로 받아들이는 경향이 있다. 특히 대법원 판례는 일반 대중이 접근할 수 있는 공지성(公知性)을 갖고 있고, 이는 국민의 법관념 형성에 지대한 영향을 미치게 된다. 하급심법원도 소송경제의 관점에서 대법원판례를 따를 수밖에 없다. 대법원판례에 저항하는 하급심법원이 지게 될 논증의 부담과 파기환송의 위험, 법원의 위계 및 그 속에서의 법관의 인센티브를 생각해보면, 대법원판례를 거부하는 하급심법원을 쉽게 상정할 수 없다. 이러한 사정은 일반대중으로 하여금 대법원판례로부터 재판결과를 예측하게 한다. 결국 대법원판례가 가진 **사실상의 기속력**은 우리의 실정법이 그것에 대하여 인정하지 않은 법률상 기속력을 능가한다고 볼 수 있다.[50] 그리하여 판례는 사실상의 기속력만을 가질지라도 현실적으로 법생활의 안정을 가져다주는 것이다. 판례는 환경법의 영역에서 특히 큰 기속력을 가질 것으로 보인다. 환경법은 규율대상은 역동적으로 변화하는 한편, 국민의 법관념이 자리를 잡아가기에는 긴 시간이 필요한데, 신생법이니만큼 입법적 규율밀도가 매우 낮기 때문이다. 판례가 그 빈자리를 채울 것으로 기대되는 것이다.

판례가 갖는 선례로서의 구속력은 그 판결에서 그것에 대하여 결정하지 않고서는 소의 인용이나 기각을 할 수 없는 어떤 특정한 법률문제에 관한 결정, 오직 그 결정에 대해서만 인정될 뿐이다. 판례에 따라서는 이처럼 판결의 불가결의 전제가 된 주론(主論, ratio decidendi) 이외

수 있"다고 새기고 있다.

48) 大判 1966.5.31. 66다377.

49) 대법원판례에 의하면, "대법원판례에 상반되는 판단을 한 때"라 함은 구체적인 당해 사건에 적용할 법령의 해석에 관하여 대법원이 내린 판단과 상반되는 해석을 한 경우이다(大判 1982.3.9. 81다897).

50) 同旨 최병조(註20), 62.

의 결정, 즉 방론(傍論, obiter dicta)이 있는 경우도 있다. 방론에는 판례의 지위를 인정할 수는 없지만, 법의 통일이라는 판례의 기능의 측면에서 '사실상' 무시할 수 없는 역할을 수행한다는 점을 간과해서는 안 된다.[51]

헌법재판소의 결정은 법률과 동일한 효력을 가지고 법원 기타 국가기관과 지방자치단체를 기속하므로(헌법재판소법 §§47, 67, 75), 그 결정의 내용이 실질적으로 환경문제에 관한 것인 때에는 환경법의 원천이 된다.

8. 학설

학설은 환경법의 원천이 아니다. 학설이란 실정법에 대한 학문적 인식 혹은 그 결과이다. 실정환경법에 대한 해석학이 주를 이루나 여타의 법학, 공법학이나 민법학, 심지어 법철학 등 기초법학도 여기에 포함된다. 학설은 결국 법발견을 용이하게 하는 데 그 목적이 있는데, 법학은 유기적으로 연계되어 있기 때문에 실정환경법에 대한 올바른 인식에 이르기 위해서는 거시된 법학 분야 모두가 도움이 되기 때문이다.[52] 역사적으로 볼 때, 법원(法源)은 해당 법공동체의 기본법과 사회적 현실 속에서 규정되는 것이었고 법률가법(Juristenrecht)의 지위 또한 오락가락하였지만,[53] 비교불능의 가치들이 분기하고 있는 근대 이후, 특히 민주주의가 착근한 이래로는, 법적 권위를 가진다고 할 수는 없을 것이다. 법의 본성, 따라서 그 원천의 본성은 그 실정성에 있다고 보아야 하기 때문이다. 우리 헌법의 틀과 법현실에 비추어 보아도 학설을 법의 원천으로 볼 수는 없다. 따라서 학설은, 그 내용이 다른 법의 원천, 가령 관습법이나 조리로 인정되지 않는 한, 주장자 개인의 의견에 지나지 않는다. 이와 같이 학설이 법관을 기속하지는 않지만, 이성의 힘에 의하여 법관을 설득함으로써 고려될 수 있는, 법인식에 도움이 되는, 자료임은 부정할 수 없다.

---

51) 同旨 *id.* 60. Cf. 홍일표, "판결이유와 선례로서의 구속력의 범위," **민사판례연구 ⅩⅢ**, 226 이하.

52) 법학은 소위 "안정적 기능," "발전적 기능," "부담경감적 기능," "발견적 기능"을 수행함으로써 법을 획득하는 작용을 한다고 한다. 심헌섭, "법학의 학문성," **법철학연구** 제9권 제1호 7, 40 이하 (2006).

53) 학설의 지위는 유스티니아누스 황제에 의한 주석금지 이래로 "변화와 회귀" 끝에 오늘에 이르고 있다. 물론 중세에 있어서 법률가들의 견해가 일치하여 통설(communis opinio doctorum)이 되면 '관습법'으로서 효력이 있었던 시절이 있었지만, 근대에 들어서 국민국가가 성립한 이후에는 보통법(ius commune)은 보충적 지위로, 법률가뿐만 아니라 법관도 순종적 지위로, 각각 내몰렸다. 프로이센일반란트법이 "재판을 함에 있어서 학설과 선결례는 고려해서는 안 된다."라고 규정한 것이 대표적 예시다. 독일에서 나치스 정권에서 목격된 법률가들의 순종에 대한 반성으로 법관국가(Richterstaat)가 법률국가(Gesetzesstaat)보다 더 신뢰를 얻었지만, 민주적 법질서의 정착은 이에 대하여 계속적으로 의문을 제기하고 있는 상황이다. 학설의 지위에 관한 법제사적 설명으로는 최병조(註20), 56-58 참조.

Ⅳ. 환경법의 역사

현행 환경법을 구성하는 규정의 의미와 내용을 인식하기 위해서는 우리 환경법의 역사를 살펴봐야 한다. 우리 환경법사의 맥락 속에서 현행 환경법이 존재하기 때문이다. 또한 우리 환경법은 선진제국의 환경법을 계수한 측면이 있어서 미국, 독일, 일본의 환경법사도 함께 고려할 필요가 있다.

1. 물권법 시대

이웃 사람의 생활을 방해하거나 불편을 주는 예는 오래전부터 있었던 일이다. 그래서 환경법의 최초 판본은 **물권법**이다. 인간의 경제력이 '공해(公害)'를 야기할 정도에 이르지 못한 상태에서 환경문제란 '상린관계상의 분쟁'을 의미할 것이기 때문이다. 최초의 환경법은 소유권의 귀속과 그 행사의 범위 및 한계를 설정함으로써 이웃 간의 분쟁에 대응했다.

2. 공해법 시대

타인에게 불편과 폐를 끼치는 일이 이웃 간의 분쟁에 그치지 않고 공해(公害) 현상으로 나타난 것은 산업혁명 이후부터다. 산업혁명은 산업화와 도시화를 촉발했고 이는 미증유의 화석연료 사용 증가로 이어졌다. 이로 인한 악취·매연 및 소음 등은 이웃뿐만 아니라 '불특정 다수인'에게 피해를 끼치는 공해현상을 야기했고, 급기야 이로 인한 피해의 적절한 법적 구제가 필요하게 되었다.

공해법은 이런 배경 하에 등장하게 되는데, 1960년대까지는 영미(英美)에서는 "생활방해(nuisance)", 독일에서는 "임미시온(Immission)"의 법리가 공해문제에 대응하기 위해 발전하였다. 따라서 초기 공해법은 상린관계와 불법행위의 법리를 바탕으로 한 손해배상청구 및 유지청구가 주축을 이룬 사법적(私法的) 권리구제법이었다. 하지만 이후의 공해문제는 사법(私法)만으로는 감당할 수 없는 성질과 규모로 다가왔다. 게다가, 산업화에 성공한 선진제국이 겪은 전대미문의 공해사건은, 미국의 러브 커낼(Love Canal) 사건이나 일본의 이타이이타이병 사건에서와 같이 참혹한 결과를 초래해 국가로 하여금 적극적인 법적 대응에 나서지 않을 수 없게 하였다. 그리고 그 결과가 오염방지를 도모하기 위한 행정조직과 행정작용의 근거를 마련한 공해방지법의 입법이었다. 민법과 경찰행정법으로 구성된 혼합물인 공해법이 탄생한 것이다.

하지만 공해법은 여러 가지 측면에서 부족하였다. 1961년 제정된 「오물청소법」은 오물을 위생적으로 처리해 생활환경을 청결히 함으로써 국민보건을 향상시키는 것을 목적으로 하였다. 1963년 제정된 「공해방지법」은 경제개발에 수반하는 "대기오염·하천오염·소음·진동으로 인한 보건위생상의 피해를 방지하여 국민보건의 향상을 기"하는 것을 입법취지로 하였다. 양법의 입법취지에서 알 수 있듯이, 공해법은 환경문제를 '공해문제'로 보고 국민보건 향상을 지도이념으로 한, 말하자면, 공해라는 공공의 위험에 대비하는 경찰행정법의 일종이었다. 동법은 환경, 그 자체에 대한 배려 없이, 대기·하천·안온(安穩)에 대한 오염활동을 소극적·사후적으로 규제하였다. 게다가 그 내용도 21개 조문으로 구성된 보잘것없는 것이었고, 실효성도 확보되지 않았다. 명목상의 조직과 예산이 야기한 집행부재에 시달렸던 것이다.

3. 단일 환경법 시대

공해법의 실패는 당연한 결과였다. 당시, 시대의 화두는 무엇보다 경제성장이었고 공해방지법의 내용 자체가 조악한 것도 이런 사회분위기의 반영이었기 때문이다. 결국, 공해법은 여러 방면에서 나날이 심각해지는 환경문제를 감당할 수 없었다. 공해사법(私法)은 피해자 개개인의 권리구제에, 공해공법(公法)은 대증요법적인 오염방지에, 그 각 초점을 맞추었는데, 이로써는 총체적인 '환경문제'의 심각화에 대응할 수 없었던 것이다.

이에 대응하기 위해서는 공해의 방지나 그 피해의 구제가 아니라 환경문제에 대하여 미래지향적 시각에서 적극적이고 능동적으로 대처하는 새로운 패러다임의 법체계가 필요했다. 그리하여 탄생한 **환경법**은 오염방지를 넘어 이제 '환경보전'을 지향하게 되었는데, 이로써 '자연, 그 자체'의 보존 등 공해법으로는 상정하기 어려운 목표까지도 그 사정(射程) 안에 둘 수 있게 된 것이다.

환경법 시대는 두 시기로 나누어 볼 수 있다. 「환경보전법」은 1977년 제정·시행되었는데, 동법은 단일법주의(單一法主義)에 따라 당시로서는 획기적인 환경보호수단을 모두 망라하여 실었다. 동법은, 공해방지법과 달리, 소극적인 공해대응에서 벗어나 자연환경 및 생활환경에서 벌어지는 환경문제 전반에 대하여 적극적이고 종합적으로 대응하기 위하여 사전예방, 환경기준, 환경영향평가, 환경오염도 상시측정, 특별대책지역 지정, 오염물질의 총량규제, 배출부과금, 생명·신체 피해에 대한 무과실책임 등 실로 진일보한 여러 제도를 도입했다.

하지만 동법은 "상징적 입법(symbolic legislation)"의 전형이었다.[54] 동법에 담긴 고작 70개 조문으로는 거기에 규정된 여러 환경법정책 수단을 실효적으로 집행할 수 없었던 것이다. 입법자는 상징적 입법을 통하여 국민의 정치적 요구에 즉응(卽應)하는 모양새를 취함으로써 정치적 이득을 취하면서 동시에 어려운 정책선택을 피해간다. 이는 초고속 압축성장이 낳은 환경문제에 대하여 무언가의 조치는 필요한데 아직은 환경보호를 위하여 경제성장을 희생할 수

---

54) John Dwyer, "Pathology of Symbolic Legislation," *Ecology Law Quarterly* vol. 17, 233 (1990).

없었던 사회분위기를 반영한 것이었다. 이런 상황에서는 환경보전을 위한 조직이나 예산의 지원을 기대하기 어렵고(당시 환경행정은 보건사회부 외청인 환경청이 주무관청이었다), 그 결과, 새 지평을 열었다는 평가를 받을 수 있었던 환경보전법은 하나의 장식규범으로 전락했다.

환경보전법과 함께 제정된 「해양오염방지법」, 「합성수지폐기물처리사업법」, 「환경오염방지사업단법」, 오물청소법을 개폐한 「폐기물관리법」도 실효성 측면에선 환경보전법과 같은 운명이었다. 환경권이 1980년이 되어서야 처음으로 헌법에 기본권으로 규정된 점도 주목해야 하지만, 그 내용은 구체적 효력을 인정받을 수 있을 만큼 구체적이지 않았다. 더구나, 당시 헌법에는 현행 헌법에 규정된 환경권의 내용과 행사에 관한 법률유보조항조차 없었으며, 그나마 입법된 법률마저 실효성이 없었음은 상술한 바와 같다.

4. 복수 환경법 시대

진정한 환경법체계의 성립은 「환경정책기본법」의 제정에서 비롯되었다. 산업화·도시화가 심화하면서 갈수록 다양화하고 심각해지는 환경문제에 대하여 환경보전법만으로는 역부족이었다. 복수법주의(複數法主義)에 입각한 환경법제로의 전환이 필요하게 된 것이다.

1990년 제정된 환경정책기본법은 복수 환경법제의 정초가 되는 입법으로서 후속 입법된 다수의 개별 환경법률의 총칙에 해당한다. 각칙에 해당하는 법률로 「환경영향평가법」, 「대기환경보전법」, 「수질환경보전법」, 「소음진동관리법」, 「유해화학물질관리법」, 「환경오염피해분쟁조정법」, 「자연환경보전법」, 「환경개전비용부담법」, 「해양오염방지법」, 「환경범죄의 처벌에 관한 특별조치법」 등이 입법되었다. 복수환경법제는 환경정책기본법이 환경정책과 행정에 관한 기본방향을 설정한 다음, 개별대책법으로 각 부문별 환경문제에 대응하는 방식이다. 자세한 내용은 후술한다.

한편, 1987년 제정된 현행 헌법의 환경권 규정도 복수 환경법제의 성립에 기여하였다. 환경권의 내용과 행사를 입법부에 맡긴 것이다. 기실, 국민들이 내면화한 환경보호의식이 오늘날과 같은 선진적 환경법제를 가능케 한 주요 원인이다. 환경문제의 심각성은 사람들로 하여금 법적으로 **환경권** 관념을 갖게 하였던 것이다. 이는 비단 어떤 한 나라가 아니라 전 세계적인 현상이었기 때문에 각국에서는 환경권을 확인하는 입법이 서둘러 마련되게 되었고, 국제적으로도 환경권에 관한 선언이 줄을 이었다. 그 출발점은 1972년 스톡홀름에서 있었던 UN 주최의 인간환경회의에서 채택한 『인간환경선언(Declaration of Human Environment)』이라 할 수 있는데 여기서는 기본적 인권으로서의 환경권이 천명된 바 있다.[55] 우리나라에서는 1980년에 개정된

---

55) "사람은 존엄과 복리를 유지할 수 있는 환경에서 자유·평등 및 충분한 생활수준을 향유할 기본적 인권을 가

헌법 이래로 환경권이 기본권의 형식으로 헌법화되었다. 후술하는 바와 같이, 헌법상 환경권의 구체적 효력 유무에 관하여 논란이 있지만, 어쨌거나 헌법상 환경권 규정이 환경법 성립에 결정적인 역할을 한 것은 부인할 수 없다. 현행 헌법 제35조 제1항은 "모든 국민은 건강하고 쾌적한 환경에서 생활할 권리를 가지며, 국가와 국민은 환경보전을 위하여 노력하여야 한다." 라고 규정하고 있는바, 환경권을 보장하기 위해서는 건강하고 쾌적한 환경을 확보해야 하고 이를 위하여 국가와 국민은 노력해야 하는데, 환경법제의 구축은 환경보전을 도모함에 있어 필수적이기 때문이다. 동조 제2항의 법률유보조항은 환경법제의 구축을 입법부에 명령하고 있다고 볼 수 있다.

V. 환경법의 특성

이상에서 살핀 '환경문제'의 특성과 '환경법'의 의의로부터 다음과 같은 환경법의 특성을 도출할 수 있다. 법은 행위규범과 재판규범으로 법현실에 작용하는데, 이때 법현실은 구체적으로 이념·가치·이익의 분쟁 상황으로 나타난다. 그런데 환경법현실(=환경분쟁의 상황)은 여타의 그것과 다르지 않는바, 즉 바로 그 분쟁 상황에 대한 사회적 인식·평가가 가변적이라는 것이다. 이 가변성은 근본적으로 분쟁상황 자체가 불확실하다는 데 기인하는데, 이 불확실성은 다시 환경법현실의 과학·기술 관련성과 가치 관련성으로 설명할 수 있다. 즉, 분쟁 상황에 대한 사회적 인식·평가는 과학·기술의 발전 정도에 따라서, 그리고 그 당시 국민의 윤리적·정치적 성향에 의하여 영향을 받는 것이다. 중요한 것은, 이와 같은 환경법 현실에 대한 사회적 인식·평가가 환경분쟁에 관한 법령의 제·개정을 가져올 뿐 아니라 기존 법률에 대한 해석에도 영향을 미칠 수 있다는 사실이다.

1. 과학·기술 관련성

환경법을 여타의 법분야와 구별되게 하는 특성은 여러 가지가 있는데, 고도의 과학·기술 관련성은 그 중에서도 대표적인 것이다.[56] 환경에 대한 사회적인 인식이 자연과학적 연구와 발견에 좌우되듯이 환경법과 그에 관한 이론 또한 자연과학적 지식으로부터 지대한 영향을 받아왔다. 환경법이 과학·기술에 관련되어 있다는 것은 각종 환경법제가 — 예컨대 환경기준이

진다."
56) 조홍식·송상현·노상환, **우리나라 환경법 체계 정비에 관한 연구**, 55-68 (1997). 환경법의 특성은 자연과학 관련성, 정책관련성 이외에도 상징성, 역사의 일천성, 복잡성 등을 들 수 있다. *Id.* 같은 면.

― "자연과학적 발견에 터 잡은 가치판단"[57]을 전제로 하여 설정된다는 것을 의미한다.[58]

우리는 환경보호분야에서 어제는 선(善)인 것이 오늘은 악(惡)으로, 오늘 선인 것이 미래의 세대에게는 악으로 밝혀지는 것을 자주 목격한다. 환경법의 역동성을 보면, "환경법에 있어서 지속되는 유일한 것은 변화"인 듯하다.[59] 이는, 자연과학적 발전과 기술의 진보는 결국 법령의 개정을 요구하는데 자연과학적 지식은 일시적이고 불확실한 것이어서 환경법이 빈번히 개정되는 것을 표현한 것이다.[60]

환경법이 여타의 법과 비교해서 자연과학에 의하여 보다 많은 영향을 받는 것은, 그 역사가 일천하여 정립된 법리나 법이론이 부족하고 환경법이 보호하고자 하는 대상이 특수하기 때문이다. 환경법이 보호하고자 하는 것은 복잡한 환경과 생태계이고 환경법이 제어하려고 하는 행위는 환경오염행위 또는 생태계파괴행위인데, 이 행위는 여타의 법익침해행위와 여러 가지 점, ― 즉, 침해의 간접성, 광역성, 계속성, 가해자·피해자 지위의 비호환성, 가해자의 수익성 등 ― 에서 구별되는 것이다.

과학·기술 관련성은 '복잡성(complexity)'을 의미하는 것이기도 하다.[61] 환경법의 복잡성은 환경문제, 그 자체의 복잡성으로부터 기인한다. 환경문제의 복잡성이란 다수의 변수가 상호연결되어 있음을 의미한다. 가령 기후변화는 실로 셀 수 없는 많은 원인들이 기여하고 그 상관관계는 알 수 없다. 그래서 수많은 해결책이 제시되지만 그 각각은 또 다른 문제를 야기한다. 예컨대 풍력발전은 화석연료의 사용을 줄이지만 경관을 훼손하고 자연보전 능력에 악영향을 끼치며, 낮은 에너지효율에 비해서 지나친 산림훼손이 따른다.

규율대상이 이렇게 복잡한 만큼, 환경법의 복잡성도 단지 어렵다는 표현으로는 부족할 만

---

57) A. Dan Tarlock, "The Nonequilibrium Paradigm in Ecology and the Partial Unraveling of Environmental Law," *Loyola L.A. Law Review* vol. 27, 1121, 1133 (1994) ("scientifically informed value judgments").

58) 대표적인 입법례로는 원자력안전관리의 기본원칙을 규정한 원자력안전법이 있다. 동법 제2조의2(원자력안전관리의 기본원칙)는 "원자력의 연구, 개발, 이용 등에 따른 안전관리는 다음 각 호의 원칙에 따라 추진되어야 한다"고 하면서 제3호에 "과학기술의 발전수준을 반영하여 안전기준을 설정할 것"을 명시하고 있다.

59) Richard J. Lazarus, "Meeting the Demands of Integration in the Evolution of Environmental Law: Reforming Environmental Criminal Law," *Georgia Law Journal* vol. 83, 2407, 2426 (1995) ("[t]he only constant in environmental law is change").

60) 환경관련 법제도가 자연과학적 발견에 터잡은 가치판단의 변화에 기하여 발전한 예는 쉽게 발견할 수 있다. "습지보전법"은 매우 극적이다. 과거에는 개펄의 경제적 가치에 대한 연구가 되어 있지 않았으나, 오늘날에는 개펄의 경제적 가치가 농토로 개간하였을 때보다 3배 가량 높다는 연구결과가 나와 있다. 개펄이라고 하는 자연자원의 인식과 평가는 곧바로 그 이용 및 관리방법에 영향을 주어, 과거에는 개펄을 개간하여 농경지나 공장부지로 바꾸는 것이 능사라고 여겼으나 이제는 개펄을 보전하여야 한다는 여론에 따라 "습지보전법"의 제정에 이른 것이다.

61) 이 복잡성은 "환경법 연구의 캐치워드" 또는 "어색한 일반성으로부터 벗어난 탈출의 대가"로 표현될 정도로 환경법의 대표적 특성이다. William H. Rodgers, Jr., "A Superfund Trivia Test: A Common on the Complexity of the Environmental Laws," *Environmental Law* vol. 22, 417 (1992).

큼 다양한 모습으로 나타난다.[62] 먼저, 어떤 환경법규 해당행위가 있을 때 그 행위가 당해 환경법규가 정하는 금지 행위에 해당하는지 혹은 당해 환경법규가 정한 기준에 저촉되는지 여부가 불명확하고(불확정성), 심지어는 적용법규를 찾는 것 자체가 어려운 경우도 있으며(모호성), 환경법령과 행정조직은 통합되어 있지 않고 분화되어 있다(분화성).[63] 따라서 환경법은 환경법을 이해하고 적용하려고 하는 사람들에게 어느 정도의 전문적 지식을 요구한다(기술성). 이 기술성은 중요한 법적 문제를 야기하는데, 그것은 사법상으로는 '인과관계의 입증', '과실의 인정'이나 '피해액 산정'의 문제로, 공법상으로는 자연과학적 불확실성의 여건 속에서 내려진 '행정부의 재량판단'을 사법부가 어느 정도로 존중할 것인가의 문제로 나타난다.

2. 가치·정책 관련성

환경문제의 어려움은 가치관련성으로 심화된다. 환경에 대하여 국민이 부여하는 가치는 환경법에 영향을 미치고, 그만큼은 아니지만 환경법도 국민의 태도에 영향을 미치게 되어 있다. 가치(價値)는 삶에서 무엇이 중요한지에 관하여 사회나 개인이 가진 믿음을 말한다. 사람은 '사회적 동물'인 까닭에, 가치는 공공정책을 형성하고 규율하는 목적이나 목표에 대한 믿음이기도 하다. 그렇다고 한다면 '환경가치(environmental value)'는 "사람들이 환경에 관하여 중요하다고 믿는 바, 그리하여 환경정책, 그래서 종국에는 환경법에서 우선순위가 되어야 한다고 믿는 바"라고 정의될 수 있겠다.[64]

환경에 대한 개인의 태도에 영향을 미치는 요소는 여러 가지다. 환경은 어떤 때는 필수적인 자원으로서, 어떤 지역에서는 생물다양성의 보고로서, 어떤 이들에는 문화적·역사적·사회적 의의가 담긴 대상으로서 다가온다. 여기에 환경문제의 복잡성이 더해지면, 환경문제를 바라보고 생각하는 관점은 헤아릴 수 없을 정도로 많아진다. 문제의 심각성이나 해법의 타당성은 이런 관점에 따라 변하게 되고 각 관점은 나름의 가치에 착목한다. 이런 점들은 오늘날 우리가 환경을, '공익'의 대명사라 칭송하며 총론에서는 모두 공감하면서도, 각론에서는 백가쟁

---

62) 미국의 피터 슈크(Peter H. Schuck)는 복잡성을 설명하면서 "조밀성(density), 기술성(technicality), 분화성(differentiation), 불확정성(indeterminacy or uncertainty)"으로 분류하였고, Peter H. Schuck, "Legal Complexity: Some Causes, Consequences, and Cures," *Duke Law Journal* vol. 42, 1 (1992). 라자러스는 복잡성을 설명하면서 슈크의 조밀성(density)을 모호성(obscurity)으로 바꾸어 설명한 바 있다. Lazarus(註59), 2428 – 2440 참조.

63) 예를 들면 우리나라의 경우 물에 관한 규제권한 중 수질에 관한 것은 환경부가 가지고 있지만 수량에 관한 것은 여러 개의 행정조직이 이를 나누어 가지고 있었다. 즉, 수질관리는 환경부가, 팔당호와 같은 지역의 주변부 개발은 건설교통부(국토교통부)가, 수도관리는 지방자치단체가 떠맡고 있었다. 문재인 정부가 드디어 이를 통합하였다. 자세한 것은 조홍식 외 2인(註56), 161 – 165 참조.

64) Bell & et al., 45.

명의 모습을 보이게 만드는 주된 요인이다.

　　환경보전이 이와 같이 "자연과학적, 도덕적, 윤리적, 정치적, 사회적, 그리고 기술적인 문제들이 설명할 수 없을 정도로 얽히고설킨 복잡다단한 문제"라고 한다면,[65] 그것은 권리·의무의 이진법(二進法)으로 단순히 해결할 수 있는 문제가 아니다. 환경보호는 엄청난 비용을 요구하고 재산권과 경제적 자유를 제한할 뿐만 아니라 국가의 유일 목표는 더더욱 아니다. 환경가치가 중요하지만, 그 보호를 위해서는 다른 가치를 상쇄시켜야 한다. 예컨대 오염된 토양의 정화책임을 누구에게 물을 것인가를 생각해보라. 그 비용을 국가예산으로 할 것인가 아니면 토지소유자의 주머니로 할 것인가? 토지소유자가 오염사실을 모른 채 토지를 취득했다면 어떠한가? 토지소유자인 기업이 그로 인하여 파산 위기에 직면하여 직원들을 정리해고 해야 한다면 어떠한가? 이와 같이 환경결정은 서로 '상쇄관계(trade-off)'에 있는 다수의 가치들과 관련되어 있다. 그러므로 환경보호를 할 것인가 아니면 일자리를 만들 것인가, 환경보호에 우선순위를 두는 경우에도 어느 정도 두어야 하는가는 원칙적으로 정치적 판단의 몫이라 할 수 있고, 그런 만큼 '민주적 정통성'과 '제도적 역량'을 갖춘 입법부나 행정부가 우선적으로 결정할 대상이다. 말하자면 환경문제에 대한 대응에 있어서 입법부는 입법재량, 행정부는 행정재량을 넓게 인정받게 되는 것이다.[66]

　　따라서 환경법은 결정자체의 정당성보다는 결정이 내려지는 '과정', 즉 상충하는 가치들을 형량하는 과정의 일관성, 투명성, 설명가능성에 더 많은 관심을 두게 된다. 그래서 환경법은 구체적으로 환경정책이 사회구성원의 의사를 합리적으로 반영할 수 있도록 절차를 마련하고 구성원들의 '정보에의 접근권'과 '절차에의 참여권'을 보장하는데 중점을 두고 있다. 말하자면

---

65) Patricia W. Birnie & Alan E. Boyle, *International Law and Environment*, 119 (1994).
66) 입법부는 원래 광범위한 입법재량을 부여받고 있지만, 특히 환경문제에 관한 한 광폭의 그것을 가지고 있다. 왜냐하면 입법재량의 한계로 작용할 주요한 요소인 헌법상 환경권의 내용이 입법부에 유보되어 있기 때문이다. 입법부가 제정한 환경법률 또한 본문에서 살핀 환경문제의 특성 때문에 행정청에게 광범위한 재량을 허용한다. 행정청은 환경법률을 행정입법을 통하여 구체화하지만 이 또한 일선 행정청에게 광범위한 재량을 허용하는 방식으로 제정되게 마련이다. 가령 환경계획의 입안, 환경기준의 설정이나 환경지구의 지정을 상정해보라. 나아가 이렇게 제정된 환경법령의 적용 및 집행 단계에서는 그 단계에서의 재량, 가령 행정조치를 취할지 말지에 관한 재량이 행정공무원들에게 주어지는 것이다. 대부분의 환경구제수단이 행정청에 의하여 이루어지는 것을 생각하면 이런 재량은 국민의 입장에서 보면 더할 나위 없이 중요하다. 광폭의 재량으로 인하여 행정작용에 대한 사법심사가 제한되는 점을 생각하면 더욱 그러하다. 물론, 국민이 무제약의 재량에 무방비로 노출되어 있는 것은 아니다. 행정청의 재량행사 시 국민의 기본권, 특히 재산권과 경제적 자유가 간과되면 재량권의 일탈·남용이 되어 그 작용은 위법·부당함을 면할 수 없다. 기실, 환경보전을 위한 행정청의 행정작용에 대한 행정쟁송에서 빠짐없이 등장하는 논점은 당해 작용의 시행 시에 피규제자의 경제적 사정을 고려해야 하는지 여부이다. 대개는 관련 환경법령이 필요조치의 경제적 실현가능성을 고려요소로 규정하고 있지 않기 때문에, 더더욱 어려운 문제가 된다. 어쨌거나 판례는 행정청의 재량행사에 대하여 지속적으로 규율하고 있고, 이는 환경법 영역에서도 마찬가지이며, 이에 발맞춰 행정청도 재량행사의 기준을 공식화하고 있다. 이는 행정청의 환경행정결정에 대하여 법원의 개입을 증가시킬 것이다.

환경법은 환경에 관한 의사결정의 틀을 제공한다. 「행정절차법」, 「공공기관의 정보공개에 관한 법률」, 「환경영향평가법」, 「발전소 주변지역 지원에 관한 법률」, 「폐기물처리시설 설치촉진 및 주변지역지원 등에 관한 법률」 등에 규정된 주민들을 위한 각종 절차와 정보접근권이 좋은 예이다. 그리고 법치행정의 원리도 환경보호행정에 관해서는 주로 절차적인 면에 중점이 두어지게 된다. 환경법이 환경문제의 가치관련성 때문에 광범위한 재량을 행정청에 부여하기 때문이다. 다시 말해, 환경행정에서는 현실적으로 법적인 판단보다는 정책적인 판단이 주를 이루기 때문에, 환경행정에 대한 환경법의 통제는 주로 절차에 대한 통제이고, 실체에 대한 통제는 예외이다.

환경법이 제공하는 절차적 기본 틀과 정치적 기관에 맡겨진 실체적 결정 사이의 간극은 환경에 대한 국민의 가치관이 작동하는 공간이다. 기실 실체적 결정에 영향을 미치는 요소는 여러 가지다. 시장 소비자들의 변덕스런 선호, 더 넓고 더 깊은 종류의 신념, 윤리적 강령, 환경정책적 원칙, 실정법령과 그 속에 구현된 가치, 법적 안정성과 같은 일반적인 법적 가치 등이 그것이다. 환경가치에 대한 국민의 변화하는 태도는 비록 이런 여러 요소 중 하나로서 제한된 역할을 하겠지만, 국민의 정치적 지지에 의지하는 정치인의 의정활동에 영향을 미치고, 정치적 통제 아래에 있는 행정청의 행정활동에 작용하며 법원의 해석을 움직여, 결국 종당에는 실체적 결정을 좌우할 법으로, 즉 처음에는 정책적 지침으로, 이어서 일반적인 법원칙으로, 나중에는 구체적 법규로 자리매김하게 된다. 그 이전에, 국민의 환경친화적 태도가 기존 환경법 및 그에 터 잡은 행정작용의 정당성을 뒷받침함은 물론이다.

환경가치에 대한 국민의 태도변화는 또한 피규제자, 즉 기업들로 하여금 자발적으로 환경보전 조치에 나아가게 한다. 국민의 태도변화는 그들에게는 곧 소비자의 선호변화이기도 하기 때문이다. 소비자가 원하는 바에 민감한 기업들은 비록 법령상 강제되는 것은 아니지만, 자율규제 혹은 자발적 조치를 통해 환경보호조치에 나서기도 한다. 이는, "녹색광고(green advertizing)" 혹은 "그린마케팅(green marketing)"과 더불어, 환경가치가 시장으로부터도 인정받고 있음을 말한다. 기업의 환경경영에 관한 자발적 공시, 녹색기업지정제도, 환경경영체제인증제도, 환경마크제도 등은 그 예이다. 이는 '환경규제의 민영화(privatization of environmental regulation)'의 일환이기도 하다.

현실적으로 어려운 법적 논점은 환경정책이 적법한 절차에 따라 결정되었지만 관련된 가치·이익의 형량을 그르쳐 실체적 내용에 문제가 있는 경우인데, 이때 환경법이 어떻게 대처하느냐이다(이때 문제를 더욱 어렵게 만드는 것은 국민의 환경가치에 대한 태도나 우선순위가 계속 변화한다는 것이다). 예컨대 환경법령이나 행정활동(예컨대 환경기준의 설정)의 내용이 지나치게 엄격하여 재산권의 행사나 경제활동의 자유를 지나치게 제한하든지 혹은 지나치게 느슨하여 환경보호의 효과가 전무한 경우이다. 전자의 예로 대표적인 것이 이른바 환경보호를 위한 각종 규제가 재산권의 행사나 경제활동의 자유를 과도하게 제한하는 경우이다. 이와 같은 경우에는 헌법상 보장되어 있는 재산권을 침해하여 위헌의 소지가 있는데, 소위 '수용유사적 침해(regulatory taking)'로 헌법재판소의 위헌결정을 받은 그린벨트가 대표적인 경우이다. 후자의 예로서 극단적인 것이 상징적·추상적 입법과 행정부의 부작위다. 행정부가 환경침해를 보고도 아무런 조치를 취하지 않는 경우에는 당사자적격의 확대 또는 무하자재량행사청구권의 인정 등으로 대처할 수 있지만, 상징적 입법의 경우에는 입법부작위에 대한 헌법소원 이외에는 대처방안이 쉽게 떠오르지 않는다. 실제로 상징적 입법현상은 헌법상의 환경권에서 개별 환경법의 총칙적 규정에 이르기까지, 환경법에 있어 일반적이라고 할 수 있을 만큼 광범위하다.

환경법 규정이 이와 같이 상징적으로 입법되는 이유는 환경법이 정책과 깊은 관련을 맺고 있다는 데서 찾을 수 있다. 환경문제에 관한 국민들의 관심은 지대하여 이를 어떻게 해서든지 수용하여야 하는데, 구체적 입법을 하기 위한 근거 자료(가령 자연과학적 정보)는 부족하고, 비용이 많이 드는 오염통제가 경제에 끼치는 부담을 고려하여야 하기 때문에 환경법 규정은 기능적이 아니라 선언적·상징적 형식으로 만들어질 수밖에 없다. 이러한 규정으로는 권리구제를 받을 수 없을 뿐만 아니라 관련부처가 그 규정을 실행하는 데에도 많은 문제가 있어 소위 후속 법률이나 행정입법을 제정해야 하는가에 관하여도 논란이 있게 마련이다.[67] 이와 같은 문제를 해결하기 위해서는 헌법상 환경권의 구체적 효력을 인정하는 방안 또는 공공신탁이론과 같은 '포괄적 환경보호이론'의 개발이 필요하다.

---

67) 환경정책기본법상의 여러 규정들이 이에 해당한다고 하겠고 이것은 바로 개별 환경법이 환경정책기본법의 원칙을 제대로 수용하지 못하는 원인이 된다. 환경정책기본법 제10조는 "정부는 국민의 건강을 보호하고 쾌적한 환경을 조성하기 위하여 환경기준을 설정하여야 하며, 환경여건의 변화에 따라 그 적정성이 유지되도록 하여야 한다."라고 규정하고 있는데, 이 규정에서 말하는 국민의 건강을 보호할 수 있을 정도의 환경기준은 현재의 최고기술로도 달성할 수 없는 것이다. 뿐만 아니라 건강의 보호는 고사하고 가용한 최고기술(best available technology)을 채택하도록 강요할 수도 없는 것이 현재 우리나라의 경제현실이다. 이와 같은 염원적인, 즉 희망사항으로 비추어질 수 있는 목표를 추구하는 입법의 문제점을 지적한 논문으로서는 Dwyer(註 54); Schoenbrod, "Goals Statutes or Rules Statutes: The Case of the Clean Air Act," *UCLA Law Review* vol. 30, 740 (1983); Richard N. Pearson, "Implementing Federal Environmental Policies: The Limits of Aspirational Commands," *Columbia Law Review* vol. 78, 1429 (1978) 참조.

제4절 | 환경법의 해석

Ⅰ. 법해석 일반론

1. 사법과정과 삼단논법

법해석은 다툼 있는 당사자들 사이의 사건을 해결하는 과정에서 내려진다. '사법과정 (judicial process)'은 개인과 개인(·국가) 사이의 '분쟁'이라는 전형적인 케이스를 위하여 조직되고 전개되므로 필연적으로 특정인의 '권리'와 그에 상응한 '의무'가 논점이 된다.[68] 반면, 입법과정이나 행정과정, 즉 '정치과정(political process)'은 보다 유연하며 일반적으로 공동체 전체의 복지에 관한 결정과 관련된 논점에 정향되어 있다.[69] 집합적 복지는 사법적으로 보호가능한 개개인의 권리가 아니라 공동체 전체의 안녕과 이익에 관련되어 있다. 법해석은 사법과정에서 이루어지는 것으로 결코 정치사회 전체를 위하여 내려지는 정치·정책적 결정이 아님에 유의해야 한다. 이를 염두에 둔 채 환경법 특유의 조건들을 고려하여 환경법해석의 방법론을 구축해야 한다.

법체계를 구성하는 개개의 법은 대체로 요건(p)이 충족되면 효과(q)가 발생한다는 조건명제의 형식을 취한다. 그래서 법을 적용한다는 것은 당해 사건의 사실(a)이 요건(p)에 포섭되면, 그 사실에 대하여 효과(q)를 발생시키는 것이다. 요컨대 법의 적용은 삼단논법의 전형이다.

$$p \ (법률요건) \to q \ (법률효과) \quad \cdots\cdots\cdots\cdots \ (①)$$
$$a \ (당해사실) \in p \ (법률요건) \quad \cdots\cdots\cdots\cdots \ (②)$$
$$\therefore \ a \ (당해사실) \to q \ (법률효과) \quad \cdots\cdots\cdots\cdots \ (③)$$

2. 사실의 확정

법해석은 다툼 있는 당사자 사이의 사건을 해결하기 위하여 그 사건의 사실관계에 해당 법률을 적용하는 과정에서 내려진다. 그런데 법을 적용하기 위해서는 두 가지 전제가 충족되어야 한다. 하나는 적용하려고 하는 법명제의 의미(대전제)를 확정하는 것이고, 다른 하나는 사

---

[68] 순수 사법과정은 판사가 개입하는 과정으로서, 판사는 확립된 재판규범에 따라 분쟁의 해결책으로 집행가능한 결정을 내릴 수 있는 권위와 책임을 가지고 있다. 반면 순수정치과정은 판사와 같은 중립적 제3자가 개입하지 않는 과정이다. 여기서는 분쟁의 양당사자가 가진 상대적 힘의 겨루기의 결과로서 결정이 내려지고 사건이 해결된다. 더 강한 쪽은 자신의 결정을 강요할 권력을 얻지만 이는 그 상대방이 가진 영향력만큼 제약된다. 이 경우 분쟁중인 문제에 관하여 수용된 행위규범은 단지 하나의 요소에 불과할 뿐이다. Sally F. Moore, *Law as Process: An Anthropological Approach* 181–182 (2000).

[69] John Bell, *Policy Arguments in Judicial Decisions* 223–234 (1983).

실(소전제)을 확정하는 것이다. 사실의 확정이 어려운 것은 지나가버린 일을 사후에 확정해야 하는 것이므로 당연하다. 그런데 환경법 문제에 있어서는 그것이 특히 어렵다. 자연과학적 불확실성으로 인하여 환경사건의 인과관계가 불명확하기 때문이다.

그래서 법적용의 대상이 되는 사실은 '자연적 사실'이 아니라 '법적 사실'이다. **법적 사실이**란 실제로 그런 사실이 생겼는지 여부와 무관하게, 소송법(·증거법)이 정한 대로 현출된 증거를 토대로 주장·입증책임의 분배 규칙에 따라 확정된 사실을 말한다. 기실, 타임머신을 타고 사건 현장으로 돌아가 육안(肉眼)으로 본다고 해도 사건관계자 모두가 동일한 사실인식에 도달한다는 보장은 없다. 그래서 일정한 소송법·증거법에 따라 사실을 확정하는 것은 지극히 타당한 처사다.

사실인정은 환경법 문제에 있어서도 주장·입증책임의 분배에 관한 일반론에 따라 수행되는 것이 원칙이다. 따라서 가령 어떤 행정입법이나 행정행위가 문제가 된다면, 입증책임은 그것의 효력을 주장하는 쪽에서 부담해야 할 것이다.[70] 다만, 행정부의 사실인정을 법원이 어떻게 받아들일 것인가 하는 문제가 남는다. 그것의 가치를 민사소송에서의 일방당사자의 사실주장과 같은 차원에서 논할 수는 없지만, 그렇다고 해서 제1심 법원의 사실인정만큼 존중할 수는 없기 때문이다. 미국의 판례는 "실질적 증거(substantial evidence)"에 의하여 지지된다면 행정부가 인정한 사실을 받아들여야 한다는 태도이다.[71] 여기서 실질적 증거라 함은 합리적인 사람이라면 결론을 지지하는 것으로 받아들일 수 있는 증거를 말한다. 그리고 실질적 증거의 존부는 사건 기록 전체를 기준으로 판단한다.

3. 법해석의 필요성과 한계

환경법의 해석도 어렵기는 마찬가지다. 기대와 달리, 법체계는 완전한 것이 아니어서 거기에는 법의 공백도 있고 불확정적인 법도 있다(이는 환경법에서 더욱 두드러지는바, 전술한 환경법의 특성에 더하여 신생법(新生法)이어서 그로 인한 문제를 해결할 법리마저 축적되어 있지 않기 때문이다). 이 경우, 판사는 재판을 거부할 수 없기 때문에 스스로 그 공백을 보충하고 그 의미를 확정해야 한다.

법해석은 해당 법률의 문언(text)의 "가능한 어의적 의미(possible semantic meanings) 중에서 법적 의미를 선택하거나 추출하는 작업"이다.[72] 법적용이 삼단논법에 따라 오로지 논리에 의

---

70) 이는 미국 행정절차법이 태도이기도 하다. 5 U.S.C. §556(d).
71) *ICC v. Union Pacific R. Co.*, 222 U.S. 541 (1912).
72) Aharon Barak, *Purposive Interpretation in Law* (2005). 바락에 의하면, 법적 의미의 선택, 즉 법해석은 '해석기준'을 필요로 하는데, 해석기준은 판사, 입법자, 또는 행정가에 의하여 선택되는 해석방법론으로부터 추출된다.

해서만 정당화되는 반면, 법해석은 논리적으로만 수행되지 않는다. 논리 이전에 논리 전개의 전제가 되는 법적 의미를 확정해야 하는데 이때 '가치판단'이 개입되기 때문이다. 그래서 외부의 개입 없이 삼단논법에 의해서만 수행되는 법적용을 법적 결론의 "내적 정당화(internal justification)"라고 하는 반면, 대전제 자체를 확정하는 법해석을 법적 결정의 "외적 정당화(external justification)"라고 한다.

법해석이 논리적으로만 이루어지지 않는다는 것은 법해석에 해석자의 재량이 개입될 수 있음을 의미한다.[73] 해석자의 주관이 개입할 여지란 없고 법관은 법을 기계적으로 적용할 뿐이라는 극단적 "형식주의"는 법현실을 외면하는 것이고,[74] 법관으로 하여금 자유로이 판단하도록 내버려 두자는 "자유법운동"은 (법적 안정성을 확보하여 권리를 보호하고 질서를 유지한다는) 법의 소임을 저버리는 것이다.[75] 그리하여 법해석에 있어서 사법재량을 여하히 통제할 것인가가 문제가 되고, 법해석의 방법론이 격하게 논해진다. 환경법에서는 자연과학적 불확실성으로 인해 사실(a)의 확정이 어렵다고 하는데, 그 이상으로 법명제(p, q)의 의미를 확정하는 것도 어렵다. 환경문제의 대부분에 관하여 사회적 합의가 형성되어 있지 않기 때문이다.

아쉽게도, 모든 구체적인 해석문제에 대하여 정답을 산출하게 해줄 수 있는 일련의 원리나 기준을 제공해주는 해석이론이란 존재할 수 없다. 해석에 관한 철학적 논의는 해석 활동의 본질과 그 주된 요소들을 설명하고 해석자로 하여금 실수를 최소화하도록 도와줄 뿐이다. 후술하는 바와 같이, 법해석이란 법을 있는 그대로 확정하는 방법일 뿐 아니라 법을 변화시키고 개선함으로써 발전시키는 도구이기도 하다. 말하자면 법해석은 "야누스"와 같아서, 회고적 측면과 전향적(前向的) 측면, 모두를 가지고 있는 것이다.[76] 전자는 존재하는 그대로의 법을 명확하게 하려고 하므로 보수적 태도를 취하게 되고, 후자는 법을 발전시키고 향상시키는 것을 목표로 하므로 혁신적 자세를 취하게 된다. 이는 법해석이 객관적 평가의 대상이어야 함을 함의한다. 이에 다수의 국가에서, 사법부는 종래 사용된 해석기법에 문제가 있다고 판단되면 이를 수정하고 대체할 권한을 가지고 있다. 법해석이론이 발전을 거듭한 것은 이런 상황 속에서 속출하는 문제를 해결하기 위함이었다. 그리고 그 연구의 초점은 법원의 '법형성(law-making) 권한'과 '그것의 정당한 행사를 위한 조건'에 맞추어져 왔다.

---

73) 이창희(註28), 70. 한편, 전술한 바와 같이 '사실의 확정'은 소송법과 증거법에 의하여 이루어지지만 거기서도 판단자의 재량이 개입할 여지가 있는지 여부에 대하여 논란이 있다.

74) 우선은, Von Mehren, "Book Review," *Harvard Law Review* vol. 63, 370-371 (1949).

75) 자유법론에 관해서는 헤르만 칸토르비츠(윤철홍 역), **법학을 위한 투쟁** (2006).

76) Joseph Raz, *Between Authority and Interpretation*, ch. 13 "On the Authority and Interpretation of Constitutions: Some Preliminaries," 354 (2009).

Ⅱ. 헌법합치적 해석론

1. 법학방법론적 해석론과 법해석의 창조성

법해석방법론으로는 사비니(Savigny) 이래로 네 단계의 방법론, 즉 문리적 해석, 체계(구조)적 해석, 역사적 해석, 목적론적 해석이 널리 수용되고 있다.[77] 네 단계 중 앞의 세 단계, 즉 문리해석, 체계해석, 역사해석은 결국 '입법자'가 구체적으로 어떤 목표를 달성하기 위하여 어떤 수단을 채택했는가를 파악하기 위하여 문언(text), 구조(structure), 입법사(legislative history)를 들여다보는 것이고, 목적해석은 이것이 분명하지 않을 때의 대처 방법이라고 할 수 있다. 즉 법률의 목적을 파악해 이에 비추어 법률의 의미를 확정하려는 것이다.[78]

이와 같이 네 가지 방법론이 제시되어 왔지만, 법해석이 온전한 것이 되려면, 대체로 다음과 같은 과정을 거쳐야 한다는 데 이론이 없을 것이다.[79] 당해 법률의 '입법배경'을 전제로 한 채 관련 법률규정들의 '문언' 및 '구조'를 통하여 확인되는 입법자의 구체적 입법 '의도'가 명백하다면 이를 존중하고(제1단계),[80] 이것이 불분명한 경우, 입법자의 추상적 입법 '목적'을 염두

---

77) 사비니(Savigny)의 해석방법론에는 목적론적 해석 대신 체계적 해석의 일종인 논리적 해석이 포함된다. 목적론적 해석은 예링(Rudolf von Jhering)의 목적법학 이후에 등장한다. 윤진수(註35), 86. 이런 분류는 현재도 그대로 통용된다. 가령, MacCormick & Summers, "Interpretation and Justification," in MacCormic & Summers (ed.), *Interpreting Statutes*, 511 이하 (1991); Barak(註72), 395, Appendix 1 The Structure of Legal Interpretation 참조.

78) 목적론적 해석의 성격에 관해서는 평가가 엇갈린다. 목적론적 해석은 법해석이 아니라 사법재량을 행사하여 상황에 맞는 '법정책'을 선택하는 것이라는 평가가 법실증주의의 입장이고, 이것이 현대 법철학계의 주류를 이룬다. 목적론적 해석이란 결국 존중해야 할 여러 가치를 '분쟁 상황에 맞추어' '함께' 추구하는 것인데, 이때 어느 가치에 어느 정도의 비중을 두어야 하는가에 관해서는, 모든 상황에 적용할 수 있는 공식이 정립되어 있지 않는 한, 결정하는 사람마다 판단이 다를 것이다. 그러므로 목적론적 해석이란 결국 재판을 거부할 수 없는 사법부에 허여(許與)된 재량을 행사한 결과에 불과하다는 것이다. 그리하여 법실증주의에 따르면 아무리 도덕률이나 사회정의가 중요하다고 하더라도 무엇이 도덕적이고 정의로운 것인가에 관하여는 다양한 견해가 대립하므로 그런 관념은 법이 아니며 그것이 "사회적 사실(social fact)," 즉 입법행위, 재판행위, 일반인들의 준수행위에 의하여 법률로, 판결로, 관행으로 결과하여 그 내용을 확정할 수 있어야만 법이 된다고 한다. 다른 한편, 로널드 드워킨(Ronald Dworkin)을 중심으로 규칙(rule)뿐만 아니라 도덕성을 요체로 하는 원리(principle)도 법이라는 비실증주의적 입장도 있다. 하지만 그가 주장하는 원리에 기초한 판결이란 법실증주의의 입장에서 보면 사법재량의 행사일 뿐이다. 이러한 입장은 법의 본성에 관한 철학적 성찰에 기초한 것이지만, 본문에서 보는 바와 같이 우리 헌법의 기본적인 지도이념, 즉 '자유민주주의(liberal democracy)'와도 부합한다.

79) 同旨, 심헌섭(註52), 11 – 12("해석의 객관성과 법률구속성의 원리에 비추어보면 '원칙적으로' 문언, 문맥, 의도가 목적에 우선하여야 하겠고, '성문'의 법률임을 고려하면 문언, 문맥이 의도가 우선하여야 한다."). 대법원도 대체로 동일한 태도이다. 대표적으로, 大判 2009.4.23. 2006다81305.

80) "탈 것은 이 공원에서 허용되지 않는다(No Vehicles in this Park)."라고 하는 법률규정이 있을 때 "세발자전거는 탈 것(vehicles)인가 아닌가?"와 같이 구체적 문제에 관한 입법자의 생각은 무엇이었나를 묻는 것이 의도중심적 해석이다.

에 둔 채, 당해 법률제도나 법률규정이 우리 사회의 현실에서 이러한 목적에 봉사하기 위해서 수행해야 할 기능·역할을 탐구하며(제2단계),[81] 더 추상적으로 나아가 당해 법률 규정의 배후에 있는 당해 법률이 실현하려는 가치를 찾아내고, 그 사정(射程)을 확정하며, 다양한 가치가 경쟁하는 경우에는 이들을 형량하거나 통합할 수 있는 가치 사이의 서열체계를 궁구하고(제3단계), 이런 가치 사이의 서열체계 이전에 존재하는 법이라는 기획을 뒷받침하는 이념적·철학적 기초를 밝혀내어, 법체계 전체를 모순 없는 하나의 통일적 설명체계로 정립한다(제4단계).

그런데 법해석이 첫 번째 단계에서 그치는 경우라면 그것이 비록 해석자의 입장에서 볼 때 비합리적인 내용이라 하더라도 민주적 정통성을 갖춘 주권자의 결정이므로 이에 따라 사건을 해결하면 될 것이다. 하지만 주권자의 결정이 무엇인지 불분명하여 법해석작업이 다음 단계로 넘어가게 되면, 이제는 해석자 자신의 재량이 개입할 여지가 생기고, 이런 현상은 단계를 거듭해 '일반성(generality)'의 층위가 높아지면 높아질수록 더욱 심해질 것이다. 이런 까닭에 두 번째부터 네 번째 단계에 이르는 과정, 즉 목적론적 해석과정에 관해서는 이것이 법의 '발견' 인지 아니면 법의 '형성'인지 견해가 분분하다.[82]

2. 헌법이론적 해석론의 필요성

(1) 법학방법론적 접근과 헌법이론적 관점

이런 상황에서 법해석방법론 선택의 단서는 결국 '헌법'에서 찾아야 한다.[83] 헌법은 법을 제정하고 집행하고 적용하는 권한과 방식을 정하는 국가 최고의 법규범이기 때문에 그렇게 제정·집행·적용되는 법을 이해하는 방법을 선택함에 있어서도 마찬가지로 존중되어야 하기 때문이다.

기실, 사법부가 헌법이나 법률의 해석에 대하여 어떤 입장을 취하는가에 따라 입법·행정·사법부 사이의 권한 배분에 영향을 주게 되어 있다. 다시 말해 사법부의 법해석에 대한 방법론의 선택에는 삼부 사이의 권한 배분에 관한 중대한 헌법이론적·헌법정책적 문제가 내재해 있는 것이다.

이와 같이 모든 법해석은 "삼부(三府) 사이의 맞닥뜨림(an interbranch encounter)"인데도 불구하고 우리 법학계는 법해석의 문제를, 법관이 한 법적 논증의 타당성과 합리성을 구체적 타

---

81) 위 예에서 탈 것의 입장을 막는 이유가 "공원 내 깨끗한 공기를 위해서인가 아니면 안온한 명상을 가능하게 하기 위해서인가?"를 묻는 것이 목적중심적 해석이다.

82) 저자는 이를 판사에 의한 '법형성(law-making)'에 해당한다고 보고, 이를 "법정책결정(legal policy-making)"이라 부른다.

83) 이하는, 拙稿, "환경법의 해석과 자유민주주의," **서울대학교 法學**, 제51권 제1호, 241-288 (2010)에 의존하였다.

당성과 법적 안정성이라는 해석목표에 비추어 평가하는 법학방법론적 측면에서만 접근해 왔다. 법학방법론들은 각각 나름의 기준에 의하여 체계를 잡고 내용을 채우는데, 유감스럽게도 이들 기준들은 통약불능이어서 그들 사이의 우열을 판가름할 수가 없다. 그러나 어느 방법론이 우리 헌법에 더욱 부합하는지에 관해서는, 헌법구조에 나타난 권력배분의 원칙과 내용에 비추어 각 해석방법론의 부합 여부와 정도를 살펴볼 수 있다. 헌법합치적 해석의 의의가 바로 여기에 있는 것이다.

(2) 헌법의 여건과 자유민주주의

환경문제를 포함한 각종 사회문제에 참여한 사람들은 저마다 자신만의 가치(판단방식)를 간직하고 그것이 다른 가치보다 우월하다고 생각한다. 이런 사회문제가 법적 분쟁으로 비화하는 것은 양당사자가 하나같이 상대방을 위하여 자신의 가치(판단방식)를 양보할 생각을 전혀 갖고 있지 않기 때문이다. 이들 사이의 의견불일치는 이성에 기초한 실천적 추론이 부족해서가 아니다. 양당사자 각자가 내세우는 정당화 근거, 그리고 그 근거들이 바탕을 두고 있는 가치(판단방식)들이 다원적일 뿐 아니라 통약불능이기 때문이다. 경쟁하는 가치(판단방식) 사이의 우열을 가릴 수 없다면 그 중 어느 하나의 선택은 불가피한데, 이 선택은 법적 판단에 결정적 영향을 미치게 될 테다.

이와 같은 '헌법의 여건' 속에서 우리 헌법이 채택한 지도이념은 **자유민주주의**(liberal democracy)였다. 자유민주주의는 우리가 하나의 정치사회를 구성하고 그 구성원으로서 다른 이들과 함께 살기로 작정하면서 그 사회의 구성 및 운영을 지도할 원리로 채택한 것이다. 자유민주주의는 정치사회를 유지하며 공동생활의 편의를 누리기 위하여 필요한 공적 결정은 민주적으로 만들어 나가되(민주주의), 동시에 개개인이 스스로 세운 이상을 추구해 나갈 수 있도록 자율성의 영역을 보장해주자고 하는 것(자유주의)이다. 다시 말해서, 통약불능의 가치들이 서로 경쟁하는 상황 속에서 우리 헌법이 자유민주주의를 채택했다는 것은, 사회 전체를 위한 가치(판단방식)의 선택은 입법부의 다수자의 결정(그 결과물이 실정법이다)에 맡기되, 다수자의 선택에 내재한 위험성은 헌법상 규정된 국민의 기본권으로 제어하겠다는 결단을 한 것이다.[84] 그리고 우리에게 익숙한 **권력분립**의 원칙은 이런 내용의 자유민주주의가 헌법제도로서 구현된 것이다.

---

84) 우리 헌법은 주위적(主位的)인 국가구성 및 운영의 원리로 민주주의(democracy)를 채택하고 있다. 사법부가 주역을 맡는 "사법통치(juristocracy)" 혹은 "법관국가(Richterstaat)" 체제를 채택하고 있지 않음에 유의해야 한다. 사법부는 민주주의라는 몸통 원리를 제약하는 자유주의(liberalism) 혹은 입헌주의(constitutionalism)를 통해 기본권을 수호함으로써 민주주의의 폭주를 견제할 뿐이다. 말하자면 자유민주주의에서 '견인차(牽引車)' 역할은 민주주의가 담당하고 견인차의 탈선을 방지하는 '향도(向導)' 역할은 (기본권에 의하여 뒷받침되는) 자유주의가 담당해야 한다.

3. 입법부의 우위

그렇다고 한다면 자유민주주의는 법해석에 있어서도 지도이념으로 작용해야 한다. 사법부는 정치공동체를 이끌고 나아가는 '견인차(牽引車)' 역할은 정치기관에 맡기고 견인차의 탈선을 방지하는 '향도(向導)' 역할에 충실해야 한다.[85] 그리하여 사법부는 법해석 시 우선 민주적 정치과정과 그 결과, 즉 **입법부와 실정법에 대한 존중**으로부터 시작해야 한다.

"**입법부의 우위**(legislative supremacy)"는 이러한 논지를 함축하고 있다. 이는 사법부가 의회의 "**충실한 대리인**(faithful agent)"이어야 함을 의미한다. 헌법상 권력분립의 원칙은 법형성을 의회 권한의 중핵(中核)으로 설정하고 있다. 법해석은 어디까지나 이를 전제로 행해져야 한다.[86] 사법부는 입법부가 당해 법률을 통하여 이루고자 한 바를 충실하게 실현해주어야 한다.

입법부의 우위는 특히 환경법 해석에서 중요한 의미를 갖는데, 이는 환경문제의 인식과 그 해법에 관하여 의견불일치가 심하기 때문이다. 환경문제는 상충하는 가치(판단방식)들이 분출하는 "조정(調整)문제"이다.[87] 이런 상황에서 국가 구성원들 사이의 도덕적 불확정성을 극복하지 않으면 국가가 통합될 수도, 존속할 수도 없기 때문에 어떤 방향으로든 **매듭**이 지어져야 한다. 민주주의는 이런 조정역할을 민주적 정통성 측면에서 우월한 입법부와 행정부에 맡기기로 하는 메타결정이다. 행정부는 민주적 결정 과정의 연장선상(국민 → 의회 → 행정부)에 있다는 점에서 민주적 정통성의 측면에서 법원보다 우월하다. 사법부는 정치부문의 결정을 대체하려고 해서는 안 되며, 거기서 결정되지 않은 나머지 조정문제를 결정하는 데 그쳐야 한다("비례입헌주의").[88] 다만, 입법부(·행정부)의 결정의 내용이나 과정이 헌법상 국가의 구성·운영원

---

85) 이는 미국의 연방대법원의 판시에도 반복적으로 등장하고 있다. 이에 따르면, 사법부는 "다수자의 횡포로부터 개인과 소수자를 보호하는 전통적인 비민주적 역할"에 머물러야 하고, "다수자의 이익에 공(供)하기 위하여 입법부와 행정부가 어떻게 기능하여야 하는지에 대한 처방을 내리는 더욱 비민주적 역할"을 자임(自任)해서는 안 된다고 한다. 자세한 것은, Antonin Scalia, "The Doctrine of Standing as an Essential Element of the Separation of Powers," *Suffolk University Law Review* vol. 17, 881, 894 (1983).

86) 우선은, Cass R. Sunstein, "Interpreting Statutes in the Regulatory State," *Harvard Law Review* vol. 103 405, 415 (1989) 참조.

87) 어느 정도 청정해야 청정한 것인가? 어느 정도 안전해야 안전한가? 이런 문제와 같이 그에 관하여 사람들 사이에는 가치판단이 엇갈리지만 딱히 정답(正答)이 없는 문제, 그리하여 "대다수의 사람이 취할 것 같은 행동에 따라 자신도 행동하려고 대다수의 사람이 생각하는 상황,"을 "도덕적 조정문제(moral coordination problem)"라고 한다. 가치다원주의를 취하는 사람에게는 대부분의 법문제가 도덕적 조정문제가 된다. 자세한 것은, 拙稿(註40), 제1장 참조.

88) 사법부의 판결을 정치적·정책적 결정이라고 비판하는 주장이 있다. 이 주장이 사법부가 다루는 문제가 정답이 없는 문제이므로 결국 사법부 판결도 입법부의 결정과 다를 바 없다는 주장이라면, 그 범위 내에서 타당하다. 그러나 이러한 비판은 우리나라에서는 사법부 판결이 "법을 떠나, 법과 상관없이 또는 법을 무시하고라도 무엇이나 행할 수 있는 선택의 문제"를 이야기하는 것으로 들리는 점이 있다. 최대권, "제정법의 해석", **서울대학교 法學** 제30권 제1·2호(77·78호), 136-137 (1989). 그러나 이런 주장을 선해하면, 그 취지는, "법원의 판결이 가지는 정치적 의미를 따지자면 그것은 정책결정의 문제가 된다"는 정도가 될 것이다. 기실, 법률

리나 기본권을 침해하는 경우는 예외이다. 저자는 이런 해석론이 환경문제에 관한 민사사건, 행정사건, 헌법사건에서 우리 사법부의 판결로써 실증(實證)되고 있다고 보고 있다.[89]

4. 영역주의

헌법합치적 해석론의 두 번째 지침은 "영역주의(compartmentalism)"다. 이는 입법부 우위의 정도가 법의 영역에 따라 다르게 나타난다는 것이다. 입법부 우위는 사법(私法)보다 공법(公法) 영역에서, 공법 중에서도 헌법보다 행정법 영역에서 두드러진다. 한편, 법체계 전체의 관점에서 보면, 민사법(民事法)이 전통적으로 본래적 법원(法源)이고, 행정법(민사특별법 포함)[90]은 의회가 민사법에 의하여 형성된 질서가 사회의 어떤 영역에서 적합하지 않다고 보는 경우 이를 수정하기 위하여 입법한 것으로, 적용범위도 협소했고 특히 행정국가화가 본격화되기 이전에는 보충적 법원이었다. 일반적 법원리는 민법에 존재하므로 법관은 이를 민법에서 발견하며, 행정법에 터 잡은 유비추론은 상정하지 못했다.

하지만 행정국가화가 진행되면서 양자의 관계는 적대·주종관계에서 상보(相補)관계로 진화하고 있다. 이 변화는 여러 측면에서 관찰되는데, 행정법의 수가 증대되어 주위적 법원 중 하나로 자리매김되고 있고, 그 규율영역이 사실상 모든 분야로 확장되어 행정법이 관여하지 않는 사회영역을 찾아보기 어려우며, 제정법의 규율내용도 광범위하여 이제는 환경법과 같이 특

의 제정 여부, 제정할 법률의 내용 등은 모두 입법정책에 관한 문제이나 그러한 입법은 헌법 등 상위법의 구속 하에 또는 상위법을 구체화하는 형태로 이루어질 수밖에 없으므로, 입법에 의한 정책결정이라는 것은 상위법이 지시하는 정책 또는 상위법에 의하여 허용되는 정책을 표현한다는 의미에 불과하게 된다. 그렇다고 한다면, 입법의 결과물인 제정법을 선언하고 적용하는 사법부의 판결이란 제정법이 체현하고 있는 가능한 여러 정책들 가운데 하나를 선택하는 정책결정에 불과하고 사법부의 판결을 정책결정이라고 하는 것은 오로지 이러한 의미에서일 뿐이라고 볼 수 있을 것이고, 그렇다면 사법부의 판결에 의한 정책결정이라는 주장은 사법부가 입법부에 우선하여 정책을 결정하거나 할 수 있다는 의미는 아니게 된다. 사법부 판결이 조정문제의 해결이라는 주장은 이와 같이 입법부가 법률로써 내린 지침이 어느 하나의 결정만을 특정하지 못하는 상황에서 사법부가 선택을 할 수밖에 없다는 말이 되고, 그렇다고 한다면 사법부는 입법부가 내린 결정 이외의 나머지 결정을 해야 한다는 비례입헌주의의 주장은 지극히 당연한 이치를 표현한 것이 된다. 자세한 것은 拙稿, "勿輕視政治: 比例立憲主義를 主唱하며," **서울대학교 法學**, 제49권 제3호, 97, 114 이하 (2008) 참조.

89) 拙稿(註83) 참조. 헌법합치적 해석론은 오늘날 주류적 지위에 있는 법실증주의의 해석론에 부합한다.
90) 여기서 행정법이라 함은 「주택임대차보호법」과 같이 민법의 일반 법리를 수정하기 위하여 제정된 소위 "민사특별법"을 포함한다. 민사특별법은 민사(民事), 즉 개인과 개인의 관계를 처리하므로 사법에 속하지만, 그럼에도 불구하고 그것은 민법에 의하여 형성된 기본적 시장질서를 특정한 목적(가령 경제적 약자인 세입자의 보호)을 달성하기 위하여 교정하려고 제정된 것인 만큼 기능적으로는 여타의 행정법과 구별하기 어렵기 때문이다. 또한 후술하는 바와 같이 행정법도 개인 사이의 관계에 영향을 줄 수 있고, 심지어는 주관적 공권뿐만 아니라 사권(私權)도 창설할 수 있기 때문이다. 요컨대 여기서 행정법이라 함은 미국법에서 말하는 의회에서 만들어진 "제정법(statute)"과 같은 범주이다. 미국에서 제정법은 법관의 법형성에 의하여 구성된 법관법, 즉 보통법을 민주적 의사로써 교정하기 위하여 만들어진 법률이다.

정 영역 전체를 포괄적으로 규율하려는 시도가 자연스럽고, 이런 영역에서는 그 영역의 특성을 반영하여 민사법을 변경시키려는 경향이 강하게 되었다.[91] 사태가 이렇게 전개되다 보니 개별행정법은 광범위한 적용범위를 갖게 되고 법의 공백이 있는 경우에도 민사법으로부터 유추하는 것이 아니라 다른 개별행정법으로부터 유추해석하게 되고 나아가 행정법의 일반원칙을 궁구하는 상황에 이르게 되었다.

이와 같은 행정법의 역할 확대로 인하여 민사법과 행정법, 사법과 공법 사이의 긴장관계가 형성되고 이 긴장이 점차 증폭되는 현상이 나타나고 있다. 이는 **민사법의 전통**과 **민주주의**라는 두 가지 원리 사이의 **충돌**을 의미하고 이는 다시 법해석관의 대립으로 이어지고 있다. 서서히 진화함으로써 안정성·지속성·일관성을 기본원리로 하는 민사법의 전통에 익숙한 법관들에게 행정법의 성장은 결코 자연스러운 현상이 아니었을 것이다. 행정법의 사법관계에의 적용에 대항하기 위하여 고안된 "공사법준별론"은 이를 방증한다.

민사법은 어떤 특정한 목적을 달성하기 위하여 제정된 것이 아니다.[92] 굳이 찾는다면 공정, 효율, 도덕성 일반과 같은 추상적 목적이 있을 뿐이다. 따라서 민법 규정만으로는 그것에 의하여 구현되는 사회(시장)질서의 모습에 대한 구체적인 감을 잡을 수 없다.[93] 또한 민법의 규정은 문자 그대로 일반추상적 형식을 띠고 있고 불확정개념으로 점철되어 있다. 법원이 구체적 사건을 처리하면서 그 내용을 채워나갈 것이 예정되어 있는 것이다. 기실, 법원 문을 두드리는 실제 사건 중에 민법 규정만으로 해결될 수 있는 사건이 얼마나 되겠는가? 따라서 **민사법은 법관의 영역**이다.

반면, 행정법, 특히 규제행정법을 보면 입법취지가 분명해서 민법에 의하여 탄생한 기존 사회(시장)질서의 어떤 측면을 교정하거나 보조하기 위하여 메스를 가하는 것을 알 수 있다. 구체적 목적이 있는 만큼 분법화되어 있고, 거기에 특화된 이행체제도 함께 입법되어 있다. 불확정개념이 있어도 이는 행정부에 의한 행정입법이나 실무관행에 의하여 일차적으로 실체화된다. 따라서 **행정법은 의회와 행정부의 영역**이다. 이하에서는 이런 기본적 입장을 전제로 환경법의 영역별로 법해석방법론을 살핀다.

---

91) Cf. 남기윤, "미국의 법사고와 제정법 해석방법론: 한국 사법학의 신과제 설정을 위한 비교 법학방법론 연구 (4-1)," **저스티스** 제99호, 1 (2007).

92) 이런 까닭에 영미에서는 우리의 행정법을 의회제정법이란 의미의 "statute"라고 하는 반면, 우리의 민법을 포괄적 입법이란 의미의 "code" 또는 "codification"으로 구분한다. Barak(註72), 194-195.

93) 大判 2016.8.24. 2014다9212에 의하면, "우리의 사법질서는 개인이 자신의 법률관계를 그의 자유로운 의사에 의하여 형성할 수 있다는 사적자치의 원칙과 개인은 자기에게 귀책사유가 있는 행위에 대하여만 책임을 지고 그렇지 아니한 타인의 행위에 대하여는 책임을 지지 아니한다는 자기책임의 원칙 등을 근간으로 한다." 사법질서는 이 원칙을 근간으로 하여 개인들 사이에 벌어지는 법률행위에 의하여 구축될 뿐 이들 개인들의 행위를 규율하고 조정하는 주체는 존재하지 않는다.

Ⅲ. 환경헌법의 해석

환경헌법을 논할 때, 통상 헌법 제35조의 환경권 규정을 떠올리겠지만, 환경헌법은 위 규정 하나만으로 구성되는 것이 아니다. 동 조항은 우리 헌법에 나타난 지도이념, 정치제도(통치구조), 다른 기본권 규정과 함께 다양한 측면에서 입체적으로 관찰해야 한다. 헌법 제35조가 직접 환경권을 천명하고 있지만, 동조는 헌법의 지도이념인 자유민주주의라고 하는 기본 틀 안에서 다른 기본권 및 공동생활의 편의를 도모하기 위해 마련된 정치제도와의 관계에서 조화롭게 이해되고 실행되어야 하기 때문이다. 환경권의 내용과 효력은 이런 배경 하에서 구체화될 것이다. 따라서 환경헌법의 해석론은 제35조의 해석만을 염두에 둔 것이 아니라 헌법 전반을 대상으로 한다.

주지하듯이, 헌법은 법체계의 최상위에 있는 만큼 국가기관을 구성하고 국민 공통의 가치를 표현하며 장기간의 지속성을 예정하고 있다. 이는 헌법이 일반성의 층위 면에서 가장 일반적이고 추상적인 법임을 의미하고, 그래서 헌법의 발전은 국정을 담당하는 헌법기관, 즉 대통령과 의회의 헌법관행과 입법에 의하여 주로 이루어진다. 구체적 헌법분쟁에 대한 헌법재판소의 결정은 이런 헌법적 전통을 배경으로 이루어지며, 분쟁이 증가함에 따라 점차 그 중요성을 더해가고 있다. 유구한 헌법역사를 자랑하는 선진국, 즉 입헌주의의 선구자인 영미(英美)에서 헌법의 발전은 '자율적으로' 진행되어 왔는데, 헌법적 전통들이 헌법관행으로 구체화되었고 헌법관행은 헌법을 발전시키는 판결들 속에서 준수되고 존중되었다. 이 과정에서 정부의 효율성, 개인의 존엄성, 지방의 자율성 등의 고려요소가 영향을 끼쳤지만, 이런 고려요소들이 그 영향을 받은 결정들의 결과를 확정짓지 못한다는 사실에 유의할 필요가 있다. 기실, 영미의 헌법적 결정은 관습에 의하여 선택되거나 헌법관행과 전통에 대한 존중에서 비롯된 것이다.[94]

1. 헌법의 권위론과 해석론

헌법해석의 원리·기준은 적어도 부분적으로 헌법의 권위에 관한 이론에 근거하는데, 헌법의 권위론은 헌법이 정당성을 획득하기 하는 조건을 결정함으로써 헌법해석의 원리·기준들의 결정에 기여하게 된다. 왜냐하면 법의 권위를 정초하는 근거들은 그것이 어떻게 해석되어야 하는지를 결정하는 데 도움이 되기 때문이다. 법이 제정자의 권위에 의하여 정당화된다면 법해석에 있어서 제정자의 의도가 중요하게 될 것이고, 법이 그 내용의 정당성에 의하여 정당화된다면 법해석은 그 내용의 도덕적 정당성에 초점을 맞추게 될 것이다.

---

94) Raz(註76), ch. 13.

법은 '수권법'으로부터 권위를 획득한다. 헌법도 마찬가지여서 그 모법(가령 구헌법이나 식민모국(植民母國)의 헌법)으로부터 권위를 획득한다. 그것이 없는 경우도 있는데, 이런 '창설적' 헌법은 그 '제정자들(의 도덕적 권위)'로부터 권위를 얻게 된다. 하지만 제정자의 권위가 100년, 200년 동안 지속된다는 것은 권위의 정당화조건, 즉 권위의 지시가 수명자에게 봉사해야 정당화된다는 점에 비추어 생각하기 어렵다. 따라서 오래된 헌법은 그 도덕적 정당성을 인정받으려면 그 제정자들 이외의 원천으로부터 권위를 얻어야 한다.[95] 여기서 착안해야 할 점은, 정치적 도덕성에 관한 원리나 규칙이 가치의 통약불능성으로 인하여 헌법의 내용(가령 정부 형태의 선택)을 충분하게 결정하지는 못한다는 사실이다. 그리하여 오래된 헌법은 그것이 '도덕 원리들에 의하여 설정된 범위 내에 있는 한' 그것이 '실행'됨으로써 스스로 정당성을 가진다. 정치적 도덕성이 정부형태와 개인의 기본권들의 내용에 관련하여 충분한 결정을 하지 못하는 상황이라면, 헌법의 권위(효력)는 헌법이 존재하여 수명자들에 의하여 수용되고 실행된다는 사실 자체로부터 유래하는 것으로 볼 수밖에 없다. 여기서 수명자들이 헌법의 존재를 전제로 그것에 터 잡아 자신의 삶을 계획하고 살아가는 것을 보호할 필요, 즉 '안정성'의 요구는 도덕률의 헌법적 원칙들에 대한 결정의 불충함과 결합하여 헌법의 실행 및 전통의 자기정당화 측면을 확립한다.

2. 보수적 해석과 혁신적 해석

헌법해석에 관한 이론은 이상에서 본 헌법의 권위의 원천에 관한 이론에 근거하게 된다. 헌법은 오래 계속됨을 예정하고 있거니와 오래된 헌법의 권위는 주로 안정성 확보의 바람직함에 의존하게 되며 안정성을 확보하려면 현존하는 헌법에 충실하게 해석해야 하므로, 헌법해석은 결국 안정성에 대한 고려에 의하여 지배된다고 볼 수 있다. 그리하여 보수적 해석은 헌법규정들이 현재의 헌법실행 속에서 갖는 의미를 포착하게 된다. 다른 한편, 헌법사건에서 결정되는 쟁점은 도덕적으로 중요한데 사람들의 운명을 결정하는 결정을 정당화하려면 도덕적으로 옳은 판결이어야 하고 이것이야말로 현존하는 헌법의 내용을 제시하는 것으로서 진정으로 법해석의 '회고적' 측면에 부합한다고 볼 수 있다. 결국 사법부는 가능한 한 도덕적 고려와 안정성·계속성에 대한 고려를 모두 만족시키는 결론에 도달하도록 노력해야 하고 이를 위해 그 각각의 상대적 중요성에 따라 각각의 고려를 최대한 만족시킬 수 있도록, 즉 최적화할 수 있도록 노력해야 한다.

---

95) 요컨대, 인간이 만든 어떤 기관도 입법에 있어서 영원한 또는 매우 오래 지속되는 권위를 가질 수 없다. 그래서 새로운 헌법은 그 제정자들로부터 권위를 얻을 수 있지만, 오래된 헌법은 다른 원천을 찾아야 한다.

하지만 헌법해석도 법해석의 일종이므로, 헌법해석에 있어서 그것의 '전향적' 측면도 간과해서는 안 된다. 현존하는 헌법에 대한 충실성도 중요하지만, 그런 법적용으로 야기될 수 있는 단점과 부정의에 대한 열린 태도에서 비롯되는, 헌법을 발전시키고 수정할 필요성(에 대한 개방성)도 무시해서는 안 된다. 헌법재판에서 내려지는 결정은 기본적으로 (정치)도덕적으로 정당화되어야만 하는 도덕적 결정이다. 따라서 사법부는 헌법재판에서 충돌하는 다양한 도덕적 고려사항에 계속 직면하게 되는데, 그 중 일부는 안정성과 계속성을, 다른 일부는 개방성을, 각각 지시하게 마련이다. 사법부 결정의 성패는 이런 '보수적 해석'과 '혁신적 해석' 사이의 "변증법적 긴장"에 여하히 대응하느냐에 달려 있고, 이것이 법적 논증(legal reasoning)에서 해석이 중요한 까닭이다.[96] 이때, 해석이 혁신을 지향한다고 해도 당해 헌법 고유의 특성을 건드려 헌법의 동일성을 상실하게 해서는 안 된다.[97] 그것은 해석의 한계를 넘는 일이기 때문이다.

어떤 해석을 정당화하려고 할 때, 기존의 법에 충실할 것을 제시하는 근거와 그것을 발전·변경시킬 것을 지시하는 근거가 함께 제시되는 것이 통례이다. 이때 모든 사건에 적용될 수 있는 보수와 혁신의 비중 공식은 존재하지 않는다.[98] 근거들은 다종다양하고 무수한데 이들 사이의 일반적 비교는 불가능하다. 기존의 법이 결정해야 할 논점에 대하여 결정하지 않았다거나 충분치 않게 결정한 경우라면, 그것의 미세조정이 요구될 것이다. 해당 논점에 대한 기존법의 단점이 크면 클수록 혁신의 필요는 커질 것이다. 기존의 법에 기대어 형성된 일반국민의 기대가 크면 클수록 기존법의 변경은 최소한에 그쳐야 할 것이고, 기존법이 불확정적이면 변경 필요성이 부각될 것이다. 하지만 이런 정도의 일반화를 넘어 보편타당한 공식을 안출해내는 것은 불가능하다.[99]

3. 헌법해석에서 사법부의 역할과 그 한계

혁신적 해석에 대해선, 헌법이 설계한 기관이나 제도의 역할에 터 잡아 헌법에 대한 '사법부'의 해석은 '보수적'이어야 한다는 반론이 있다. 제도적 고려요소를 무시할 수 없기 때문에 사법부의 역할은 오직 있는 그대로의 법을 적용하는 것일 뿐 (정치적) 도덕성을 고려해 여기서 이탈해서는 안 된다는 지적이다. 이 반론은 여러 국가기관들 사이의 업무분장은 각 기관의 특성상 예상되는 해당 임무수행에서의 상대적 이점을 고려해 결정된다고 하는 업무분장이론에 바탕을 둔다. 국가는 기능이 상이한 여러 기관들을 가지고 있고 사법부는 단지 현존하는 법을

---

96) Raz(註76), 357, 361.
97) 同旨, *id.* 370.
98) Cf. R. Alexy, *A Theory of Constitutional Rights* (trans. by J. Rivers) (2002).
99) Raz(註76), 358–360.

적용해야 하며, 만약 그것이 옳은 결과가 아니라면, 즉 법이 바뀌어야 한다면 그 역할은 다른 기관이 할 일이라는 것이다. 사법부는 어디까지나 국가의 여러 기관 중 하나로서 기능하는 것이기 때문이다.[100]

하지만 이런 **제도적 논변**에 대해서는, 먼저 제도적 고려사항은, '헌법'의 해석에 관한 한, '부수적 제약'으로 작용하는 것이고, 나아가 반드시 예외가 없는 것도 아님에 유의해야 한다.[101] 제도적 고려사항은 단지 사법부의 혁신적 해석 채택이 정당화되지 않음을 지시할 뿐, 어떤 결과가 최선인지를 보여주는 데에는 기여하지 못한다. 근본적으로는, 업무분장이론에 대한 의문이 없는 것도 아니다. 국가의 여러 기관들의 책임을 어떻게 결정해야 하는가? 우선 헌법에 정해진 국가 기관들의 구조와 권력의 분장을 검토해야 하겠지만, 그것을 넘어 ① 그 구조의 도덕적 건전성 또한 검토해야 한다. 만약 그 구조를 따르는 것이 국가가 개별 사안에서 옳은 결과에 도달하는 것을 보장하는 좋은 방법이 아니라고 한다면, 그것은 도덕적으로 건전한 것이 아니다. 이 경우, ② 각 국가기관은 최선의 결과를 확보하기 위하여 현존하는 헌법에서 벗어나는 것이 옳은지 여부를 검토하게 된다. 이때 한편으론 안정성·계속성이나 권력분립을, 다른 한편으론 변화의 필요성을 지시하는 근거들을 비교형량 해야 한다. 놓칠 수 없는 것은 기관들의 상대적 역할이란 논점은 그 자체가 도덕적 논점이고 사법부는 업무분장이라고 하는 문제에 적용될 도덕적 고려사항에 따라 행동해야 한다는 점이다. 또한 사법부의 역할에 헌법을 개선하는 책임이 포함되는지 여부는 실제 작동 중인 헌법해석이론의 문제라는 점 또한 중요하다. 그런데 이런 고도로 일반적인 해석쟁점에 관하여 의견일치를 기대할 수는 없다. 이런 쟁점에 관하여 정착된 실무관행이나 확립된 법은 더더욱 존재하지 않을 텐데, 이런 상황으로 인하여 사법부는 자신에게 도덕적으로 요구되는 역할에 관한 자신의 견해를 실행할 수 있게 된다.

그렇다고 한다면, 사법부의 역할을 어떻게 자리매김 하는 것이 (정치)도덕적으로 옳은 것인가? 만약 다른 국가기관이 필요시에 법을 개선하는 역할을 충분히 할 수 있다면, 사법부가 자제적(自制的) 자세를 취하는 것, 즉 단지 현존하는 법을 적용하는 것에 자신의 역할을 한정하

---

100) 업무분장이론 뿐만 아니라 해석방법론 선택에 있어 '기관의 역량'을 고려해야 한다는 "제도적 전회(institutional turn)" 이론도 결코 경시할 수 없다. 제도적 전회에 관해서는 Cass R. Sunstein & Adrian Vermeule, "Interpretation and Institution," *Michigan Law Review* vol. 101, 885 (2003).

101) 헌법은 그 해석에 있어서 행정법(＝제정법)의 그것과는 다른 원리에 의하여 지도될 수밖에 없는 여러 특성을 가지고 있다. 헌법은 국가의 법적·정치적 구조의 요소를 구성하고 긴 지속기간을 예정하고 있으며 국법체계의 최정점에 있어서 국가의 행위는 그것에 반하는지 여부를 심사받게 되고 국가의 공적 생활을 지배하는 국민 공통의 가치를 표현하고 있다. 이런 특성들과 함께 헌법 개정이 쉽지 않게 되어 있다는 점은 헌법의 해석원리를 행정법의 그것과 구별되게 한다. 헌법개정과 관련한 정치논쟁이 통상의 정치논쟁과 다르게 전개되는 것도 위와 같은 헌법의 특성이 반영된 결과이다. 자세한 것은 拙稿(註40), 제1장 및 제5장 참조.

는 것이 도덕적으로 옳은 것임은 두말할 필요가 없다. 하지만 헌법이 오래될수록 이를 기대할 수 없을 것이다. 우리 헌법이 경성(硬性)헌법인 것은 규정된 절차 이외의 방법으로 개정하는 것이 바람직하지 않음을 보여주는 것이고, 정부의 기본구조와 작동상의 기본원리가 안정되게 지속될 필요는 단기적 정치압력과 구별되어야 한다. 헌법의 구조적 변화는 확장된 공개성 아래에서 광범위한 공적 토론을 거친 실질적이고 지속적인 의견일치가 전제되어야 한다. 그러나 현존하는 체계 내에서 법의 정상적인 발전에 대해서는 반대할 수 없다. 그러한 개정은 헌법의 계속성을 해치지 않고 오히려 그것을 고취하기 때문이다. 법의 저변에 깔려있는 사회적·정치적·경제적 조건들이 변하면 법도 함께 변해야 동일한 효과를 볼 수 있는 것이다. 사법부도 그 과정에서 '일익'을 담당해야 함은 물론이다. 사법부의 혁신적 해석은 법이 경화(硬化)되고 점점 그 임무에 부적절하게 되어 큰 개혁을 요구받게 되는 것을 예방할 수 있다. 하지만 사법부의 역할은 여기까지이고 개혁을 선도하려고 해서는 안 된다. 왜냐하면 가치들은 종종 비교불능이므로 공동체의 가치결정은 민주적 정통성에서 우월한 정치적 기관들, 즉 의회나 행정부가 담당하는 것이 옳기 때문이다.

그러나 사법부의 이런 "수동적 덕성(passive virtue)"은 이슈에 따라 그 정도(程度)를 달리해야 한다.[102] 예컨대, 사법부는 정치과정이 민주주의에 충실할 수 있도록, 다시 말해 의회와 행정부가 사회구성원들의 요구에 즉응할 수 있는 정치과정이 되도록 '절차적' 이슈에 관해서는 '적극적인 역할'을 해야 한다.[103] 그래야 사법부가 자제적 자세를 취할 수 있는 기초도 마련될 것이다.

4. 헌법해석의 근거

앞서 본 바와 같이 헌법해석은 보수적 측면과 혁신적 측면을 조화롭게 반영해야 한다. 특히 헌법상 환경권의 해석에 있어서 그러하다. 보수적 해석은 헌법 규정들이 현재의 헌법실행 속에서 갖는 의미를 포착하는 것인데, 제정 초기 헌법에서 헌법 규정이 갖는 의미란 제정자들이 의도한 의미, 즉 그것이 문언(text)에 표현된 상태로 당대의 언어관행과 해석관행에 따라 이해된 의미를 말할 것이다. 하지만 시간이 흐름에 따라 헌법의 의미는 축적된 '해석적 판결들'과 관련 규정들이 국가기관들과 일반대중의 '관행' 속에서 이해된 바에 의해 덧씌워지게 된다. 헌법이 이렇게 성장하므로, 헌법 규정들은 당연히 수많은 논점에서 모호하고 불확정적이게 된다. 이런 상태에서 헌법해석은 자신을 정당화하기 위하여 근거를 제시해야 한다.

---

102) Alexander M. Bickel, "Foreword: The Passive Virtues," *Harvard Law Review* vol. 75, 40 (1961).
103) 同旨, John H. Ely, *Democracy and Distrust: A Theory of Judicial Review* (1980).

헌법의 불확정성은 혁신적 해석을 위한 공간을 허용하는데, 불확정적이면 불확정적일수록 영향을 받을 안정성이 적어지기 때문이다. 하지만 혁신적 해석도 자신을 정당화할 근거를 제시해야 하는데 그것을 정당화할 도덕적 근거조차 불확정적인 경우가 태반이다. 이 경우, 사법부는 도대체 어떻게 해야 하는가? 헌법해석을 정당화하는 대표적 근거는 헌법과 그 개별규정에 담겨진 가치들이다. 이런 '가치적 근거' 이외에도 혁신적 해석을 정당화할 수 있는 근거, '비가치적 근거'가 많지는 않지만 존재한다. 가령 (우리 헌정사에서 헌법개정 시마다 볼 수 있었던) 과거와 단절하고 새로운 시대를 시작하기 위해서 혹은 인구 중 소외된 지역민의 지지를 얻기 위해서 변화할 필요성 등이 그 예가 될 것이다.

헌법해석에 있어서는 가치적 근거가 주위적 근거임은 물론이다. 헌법에 담긴 가치들이 헌법해석에 있어서 사법부의 임무를 정의하기 때문이다. 사법부의 임무는 어떤 특정 시점에서 이해된 바대로의 헌법이 그것들에 충분하다면 그대로 적용하고, 부족하다면 개선해야 하는 것이다.[104] 사법부의 성공 여부, 다시 말해 현존하는 사법체계의 유지 여부는 사법부가 그 임무를 유능하게 수행하는지 여부에 달려 있다. 유능하지 못하면, 사법부는 개혁되거나 그 기능을 다른 기관에 빼앗길 것이다. 가치적 근거가 주위적이라고 해서 그것이 헌법재판에서 사용될 유일한 이유라는 것은 아니다. 또한 가치적 근거가 항상 결정적이지도 않다. 현존 사법체계를 유지하기 위해서 사법부는 때론 비가치적 근거에 의존할 수 있다.[105]

그런데 가치적 이유들은 많은 경우에 결론을 내리는 데 충분치 않다. 국가가 정당한 헌법을 가지고 있고 그에 맞는 국가기관과 실무관행을 발전시켜 왔다면 다종다양한 가치들이 인식되고 적용되게 마련이다. 그런데 이들 가치들이 종종 비교불능이며, 가사 가치 사이의 위계나 비중이 다소 정리된 경우에도 구체적인 경우에서의 변수, 즉 그 당시의 정치·경제·사회·문화·법제도적 조건에 따라 변하기 마련이다.[106] 이런 상황에서 사법부는 어떻게 결정을 내려야 하는가?

---

104) Raz(註76), 366.
105) 사법부는 정치부문의 적대성을 무마하기 위하여 가치적 측면에서 후퇴한 결정을 내릴 수 있다. 그렇게 하지 않을 경우 생길 수 있는 사법체계 자체에 대한 더 큰 피해, 가령 사법부의 권력 축소나 독립성 훼손을 피할 필요성이란 근거가 이를 정당화할 수 있다. 同旨, id. 356~366. 실망스러운 결론이지만 사법부도 현실 정치 속에서 존재함에 유의해야 한다. 미국의 뉴딜시대에 있었던 루즈벨트 대통령의 대법원 길들이기를 생각해보라.
106) 국가가 야경기능에만 전념하다가 경제개발에 진력하기 시작했다고 가정하자. 국가는 이에 맞는 국가기관들을 구성하고 이들은 그 기능을 수행하려고 할 것이다. 이런 상황이 되면 그 이전에 볼 수 없는 범위에서 국가에 의한 국민생활에의 개입이 이루어지게 되고, 이런 상호작용 속에서 그 이전에 볼 수 없었던 여러 측면에서의 가치들이 새롭게 인식될 것이다. 국가의 권한이 강할수록 표현의 자유가 중요해지고, 보조금정책이 시행되면 평등원칙이 새로운 양상으로 다가올 것이다. 심지어 국가가 부국강병해지더라도 새로운 이슈가 제기되게 마련인데, 가령 환경문제도 그 이전에는 상정하기 어려운 상황이었다. 그런데 환경보호가 강조되면서 그 상쇄효과로 나타나는 국민경제에의 부담이 그 대응가치로 다시 자리매김된다. 하지만 환경보호와 일자리 창출 사이에서의 선택에 관해서는 언제 어디서나 타당한 정답은 없다. 국민의 관심은 경기가 좋으면 환경보호에, 그 반대면 일자리에 놓인다. 가치 사이의 비교형량에 있어 그 수행기관(대통령·입법부 혹은 사법부)

근거들이 비교불능이라고 해서 그들 사이에서 선택하는 것이 불가능한 것은 아니다. 기실, 우리는 일상에서 그런 결정을 무수히 내린다. 하지만 이런 개인적 선택과 달리, (사법부의 판결을 포함한) 국가기관의 공적 결정에서는 근거들의 비교불능성은 큰 어려움을 야기한다. 결정을 내린 국가기관은 어째서 그런 행위가 필요하고 실행되어야 하는지를 일반대중에게 설명하고 논증해야 할 의무가 있기 때문이다. 사법부는 이런 설명책임을 충실히 이행하기 위해서, 결정에 이르게 한 납득할 만한 근거를 제시해야 하고 무관한 근거가 개입하는 것을 피해야 하며 나아가 그것이 결정에 영향을 미치지 않았음을 대중이 인식할 수 있도록 해야 한다. 따라서 개인의 선택 시 작용하는 개인적 성향이나 취향은 공적 결정에 개입할 수 없고, 이를 위하여 법관이나 공무담당자가 그런 비합리적 동기로부터 절연되어 독립적인 방식으로 쟁점을 해결할 수 있는 장치를 개발해야 한다.

5. 헌법법리의 중요성

이 대목에서 '법리(法理; legal doctrine)'의 중요성과 한계를 되새길 필요가 있다. 법리는 법관이 비합리적 동기로부터 '거리두기'를 가능하게 하는 장치이다.[107] 법리는 기실 도덕률이 지시하는 바, 그 이상도 이하도 아닐 수 있지만, 그럼에도 불구하고 법리가 도덕적 고려와 분리된 채 그 자체로 생명을 가질 수 있는 것은 바로 이런 기능을 수행하기 때문이다. 도덕적 고려요소가 고갈되었을 경우나 최선이라고 생각되는 해석이 다수이고 비교불능인 경우, 형식적 논증에 의존하는 것은 거리두기의 일환으로 정당화된다. 하지만 법리를 무비판적으로 따르기만 해서는 안 된다. 사법부가 보수적 해석을 채택할 수 있는 경우라도 혁신적 해석을 채택하는 것이 더욱 적절한 경우가 자주 있는데, 형식적 논증이 사법부로 하여금 헌법을 개선시킬 수 있는 이런 기회를 차단해서는 안 된다. 그럴 때 법리에 따른 논증은 형식주의, 개념주의, 본질주의(essentialism)로 비난받게 될 것이다. 법리가 발전하면 할수록 법은 보다 완전하고 자율적인 체계가 될 것이지만 그렇다고 해서 법리들이 사법부가 법을 발전·개선시키기 위하여 도덕적 고려요소에 호소하는 것을 막아서는 안 된다.

이나 환경(시대와 장소)에 구애받지 않고 보편타당하게 적용될 수 있는 공식이나 체계는 존재하지 않음에 유의해야 한다. 가치의 비교불능성에 관해서는 拙稿(註40), 제4장 "법에서의 가치와 가치판단" 참조.
107) 이에 관해서는 Raz(註76), 326. 또한 양천수, "사법작용의 기능과 한계: 체계이론의 관점에서," **법학논총** 제39권 제4호, 99 (2015).

Ⅳ. 환경행정법의 해석

1. 행정법해석의 방법론

행정법해석을 규율하기 위하여 제정된 법률은 존재하지 않는다. 따라서 법관은 행정법을 여하히 해석할 것인가를 스스로 정해야 한다. 이런 까닭에 행정법 해석에 있어서도 다양한 견해들이 경쟁해왔다. 이들은 나름의 해석목표 하에 전술한 네 가지 해석방법(문리해석, 체계해석, 역사해석, 목적해석) 중 어디에 방점을 두느냐에 따라 몇 가지 입장으로 대별(大別)되어 왔다. 행정법을 해석함에 있어서 '문언주의'는 원칙적으로 법률의 문언(text) 자체에 충실해야 한다는 입장이고, '의도주의'와 '목적주의'는 입법자의 의도 또는 법률의 객관적 목적에 착목해야 한다는 입장이며, '동태적 해석론'은 그 외에 사회일반이 공유하는 공공가치, 정의와 형평의 관념 등 법관이 정당한 결론을 내리기 위하여 동원가능한 모든 해석자료들을 고려해야 한다는 입장이다.

2. 행정법해석의 헌법이론적 지평

그런데 헌법해석이 그것을 지도하거나 단서를 제공할 상위법(上位法)이 전무한 백지상태에서 이루어지는 데 반하여, 행정법은 헌법이라는 든든한 상위법을 가지고 있다. 따라서 행정법 해석에 관한 단서를 헌법에서 찾는 것은 지극히 자연스럽다. 하지만 이는 매우 새로운 시도였는데, 왜냐하면 헌법 어디에도 법해석 지침을 주는 규정은 볼 수 없고 그동안 해석방법론에 관한 논의는 법학방법론적 측면에만 초점을 맞춰왔기 때문이다.

우리나라와 같이 대통령제를 취한 나라에서는 입법·행정·사법의 삼부 사이에 권력분립의 원칙에 따른 견제와 균형이 이루어져 왔다고 말해진다. 그 중에서 '법이 무엇인지'를 선언하는 책무를 지고 있는 사법부는 법을 만들고 집행하는 정치기관들에 비하여 "가장 덜 위험한 기관(the least dangerous branch)"로 치부되어 왔다.[108] 반면, 국가의 구성과 운영에 관한 주요사항, 즉 입법·행정·사법 각 부문에 권한을 배분하고 행정기관을 조직하며 그들 사이의 위계를 짜며 행정작용과 절차에 관한 법규를 제정하는 일은 의회와 대통령의 권한과 책무로 여겨져 왔다. 그런데 사법부가 행하는 헌법과 법률의 해석이 실제로는 국가기관들 사이의 권한배분을 변경시키는 결과를 초래하고,[109] 또한 법해석방법론의 선택이 종종 구체적 사안에서의 결론에 결정적이라는 점이 규명되기 시작했다.

---

108) Alexander M. Bickel, *The Least Dangerous Branch: The Supreme Court at the Bar of Politics* (1962).
109) 자세한 것은 拙稿(註40), 제2장 "행정사법화의 정치적 조건" 참조.

만약 사법부가 내리는 행정법해석이 국가기관들 사이의 맞닥뜨림이고 법원이 법해석에 대하여 어떤 입장을 취하는가에 따라 국가기관들 사이의 권한배분에 영향을 미친다면, 사법부의 행정법에 대한 법해석방법론의 선택에는 결코 경시할 수 없는 헌법이론적·헌법정책적 문제가 내재해 있다고 보아야 한다. 특히 행정국가화 경향이 심화·확대되는 현재의 상황하에서는 이 논점의 중요성은 아무리 강조해도 지나치지 않을 것이다.

3. 대법원의 절충적 해석방법론의 의의 및 한계

(1) 대법원의 해석방법론

그동안 우리나라에서는 법원이 법해석을 한 경우, 그 논거의 충실함이나 논증과정의 합리성, 결론의 타당성 등만이 논의대상일 뿐, 법원이 선택한 해석방법에 대한 논의가 헌법적 차원에서 논의된 적은 없었다. 그리하여 판례는 첫째, **영역을 구분하지 않고** 민사사건이건 행정사건이건 **동일한 해석방법론**을 채택하고 있는 것으로 보인다. 둘째, 법률문언에 기한 해석을 원칙으로 하면서도 필요한 경우에는 여러 방법론 중 적절한 요소를 추출하여 종합적으로 적용하는 유연한 해석을 해왔던 것으로 보인다.[110]

법해석에 관한 대표적 판례인 大判 2009.4.23. 2006다81035에 의하면,[111] 법해석의 목표는 "어디까지나 법적 안정성을 저해하지 않는 범위 내에서 구체적 타당성을 찾는 데" 두어야 한다. 이 목표를 달성하기 위한 해석방법으로는, 법해석 과정에서 **"가능한 한 법률에 사용된 문언의 통상적인 의미에 충실하게 해석하는 것을 원칙으로 하고,"** "나아가 법률의 입법 취지와 목적, 그 제·개정 연혁, 법질서 전체와의 조화, 다른 법령과의 관계 등을 고려하는 **체계적·논리적 해석방법을 추가적으로 동원**"하여야 한다. 또한 법해석의 원칙적 방법인 문리해석에 관하여는 ① "법률의 문언 자체가 비교적 명확한 개념으로 구성되어 있다면 원칙적으로 더 이상 다른 해석방법은 활용할 필요가 없거나 제한될 수밖에 없고," ② "어떠한 법률의 규정에서 사용된 용어에 관하여 그 법률 및 규정의 입법 취지와 목적을 중시하여 문언의 통상적 의미와 다르게 해석하려 하더라도 당해 법률 내의 다른 규정들 및 다른 법률과의 체계적 관련성 내지 전체 법체계와의 조화를 무시할 수 없으므로, 거기에는 일정한 한계가 있을 수밖에 없다"고 한다.

이 판결에 관하여는 두 가지 점을 주목해야 한다. 먼저, 이 사건은 통상 민사사건으로 분류되는 것으로 「민간임대주택에 관한 특별법」으로 개정되기 전의 「임대주택법」에 관한 사건

---

110) 자세한 것은, 이상윤, "미국 제정법 해석에서의 신문언주의 방법론에 관한 고찰: John F. Manning의 법이론을 중심으로," 제8장, 특히 217(서울대학교 석사학위 논문, 2016).
111) 동 판결과 같은 취지의 판례로는 大判 2013.1.17. 2011다83431(소송).

이다. 「임대주택법」은 경제적 약자인 임차인의 이익을 보호하기 위하여 제정된 '민사특별법,' 다시 말해 민법에 의해 형성된 시장질서를 교정하기 위하여 입법된, 영미법상의 분류에 의하면 "제정법(statute)"에 해당한다고 보는 것이 정확하다. 이는 「민간임대주택에 관한 특별법」의 목적 조항, 즉 "민간임대주택의 건설·공급 및 관리와 민간 주택임대사업자 육성 등에 관한 사항을 정함으로써 민간임대주택의 공급을 촉진하고 국민의 주거생활을 안정시키는 것"(동법 §1)에서 그대로 드러난다. 따라서 비록 그 규정 중 많은 부분이 사법(私法)상 효력을 가지고 있다고 하더라도 민법에 의하여 형성된 시장질서를 교정·규제하기 위하여 제정된 것인 만큼 행정법적 성격을 갖추고 있다고 보아야 한다. 그러나 대법원은 위 판결에서 (우리의 「민법」과 같은) "성문법전(codification)"과 구별되는 '제정법'의 해석만을 염두에 두고 동 해석원칙을 제시한 것으로 생각되지 않는다. 오히려 대법원은 민법, 민사에 관한 특별법, 그리고 행정법을 포함한 법률 일반을 염두에 두고 위와 같은 해석방법론을 제시한 것으로 보인다.[112]

다음으로, 위 판결의 원심은 "황금들녘" 판결로 유명한 대전高判 2006.11.1. 2006나1846이다. 여기서 원심 재판부는 목적론적 확장해석을 시도하였다. 즉 임대주택법 제15조 제1항 소정의 "임차인"의 의미를 해석하면서, 임대차계약상 임차인뿐만 아니라 비록 그렇게 표시되지는 않았지만 임대차계약의 목적, 재정적 부담, 실제 거주 여부라는 실질적 측면에서 사회통념상 임차인으로 충분히 관념될 수 있는 사람도 동 규정에서 말하는 임차인에 해당한다고 판시하였던 것이다. 위 대법원 판결에서 나타난 해석원칙은 원심판결의 목적론적 확장해석이 그것에 반함을 밝히기 위하여 제시된 것이다.

다시, 위 판례가 채택한 법해석방법론으로 돌아가 이를 요약하면, 주위적 해석목표로 '법적 안정성'을, 부차적 해석목표로 '구체적 타당성'을 설정한 후 ① 문언의 통상적 의미에 충실하게 해석하는 '문리해석'을 원칙으로 하고 ② '체계해석'을 추가적으로 동원하되, ③ 입법취지·목적을 중시해 문언의 통상적 의미와 다르게 해석하는 '목적해석'은 체계해석의 한계 안에서 이루어져야 한다는 것이다. 그런데 개별 사건에서 만나는 판결들은 기실 목적해석을 적극적으로 하는 경우도 적지 않다. 그렇다고 한다면 대법원은 문언주의적 경향을 띠지만 여러 해석방법론 중 당해 사안에 적합한 요소를 추출해 사용하는 **절충적인 태도**를 취한다고 할 수 있을 것이다.[113]

(2) 대법원의 해석방법론의 한계

판례의 태도는 법적 안정성을 지키면서 동시에 구체적 타당성을 도모해야 하는 딜레마 상

---

112) 위 註90, 아래 註 139, 141 및 그 각 본문 참조.
113) 판례의 태도는 칼 엥기쉬의 방법론을 상기하게 한다. Karl Engisch(안법영, 윤재왕 역), **법학방법론**, 157 이하 (2011).

황을 극복하기 위한 고육지책이다. 선해(善解)하면 종합적이고 절충적이며 실용주의적 타법이지만, 그만큼 판결결과에 대한 예측가능성은 떨어지게 마련이다. 또한 판례는 법학방법론적 측면에 치중한 나머지 헌법정책적 측면을 외면하고 있다. 모든 법해석이 삼부 사이의 맞닥뜨림이고 법원이 법해석에 대하여 취하는 입장에 따라 삼부 사이의 권한배분에 변화가 생길 수 있음을 고려하지 않는 것이다. 법원은 어떤 입장을 취하든 상관없이 해석방법론 선택에 내재한 헌법이론적·헌법정책적 함의를 염두에 둔 채 그것을 헌법적으로 뒷받침할 수 있는 이론적 근거와 실천적 방안을 제시해야 할 것이다. 다시 말해 법원은 자신이 취한 법해석방법론이 우리의 헌법구조에 여하히 부합하는지를 설명해야 하고 그 방법론을 취할 때 생길 수 있는 해석상 문제점에 대한 해결책을 준비해야 하는 것이다.

4. 문언주의

헌법에 나타난 삼부 사이의 권한배분에 비추어보면, 문언에 터 잡은 해석, 즉 문언주의가 헌법에 가장 부합하는 해석이다. 오늘날 행정국가화가 진행하면서 개별 행정법의 숫자가 늘어날 뿐 아니라 그 규율밀도와 범위가 심화되고 확대되어 행정법이 규율하지 않는 생활영역이 사라지고 있다. 이런 상황에서 법원의 행정법 해석이 삼부 사이의 권한배분을 변경시키는 결과를 초래하고 행정법해석방법론의 선택이 구체적 사건의 결론에 결정적이라는 점을 고려한다면, 행정법에 대한 해석방법론을 선택함에 있어 헌법에 근거하지 않을 수 없다. **삼부 사이의 권한배분을 정한 규범은 헌법이고 법원에 법해석권한을 수여한 것도 헌법**이기 때문이다. 사법부가 대등한 국가기관인 입법부에 의하여 제정된 법률에서 명백하게 표현된 법률문언을 배제하는 판단을 하고 그러한 판단을 입법부에 대하여 주장하려면 두 기관 사이의 권한배분을 정한 상위(上位)규범인 헌법에 근거해야 하고 그러한 권한이 헌법에 의하여 사법부에게 부여되어 있는지를 검토해야 하는 것이다. 요컨대 헌법은 엄격한 권력분립 원칙에 입각하여 일반추상적 법규범을 제정할 입법권을 국회에, 이를 집행할 집행권을 정부에, 구체적 사건을 처리할 사법권을 법원에 각각 배분하고 있는바 **행정법해석방법론의 선택은 헌법에 나타난 이러한 권한배분의 틀 안에서 이루어져야** 한다는 것이다.

전술한 바와 같이, 판례는 문리해석을 원칙으로 하고 체계해석을 추가적으로 동원하되 '목적해석'은 체계해석의 한계 안에서 이루어져야 한다는 입장을 천명하고 있는데, 이런 태도는 기본적으로 헌법에 부합하지만 법원이 해석방법론 중 당해 사안에 적합한 요소를 추출해 사용하는 절충적 태도는 지양해야 하고 더 큰 주안점을 문언에 두어야 할 것이다.

(1) 입법부의 우위

(환경)행정법해석에 관해서는 전술한 대로 다양한 견해들이 있지만, 이들이 결국 "입법자의 의도(legislative intent)", 즉 입법자가 당해 법률을 제정하면서 무엇을 성취하려고 했는지를 탐색하려 한다는 데는 다름이 없다. 다만 입법자의 의도를 탐색하는 데 있어서 주안점을 어디에 둘 것인가에 따라 견해가 갈릴 뿐이다.

입법자의 의도를 강조하는 이유는 해석의 목적이 결국은 **입법자에게 귀속시킬 수 있는 결정을 집행하는 것**이라는 데 있다. 그렇지 않다면 법원이 어째서 입법자의 지시나 의지, 혹은 선호나 의미를 알아내려 하겠는가? 이런 관점에서 보면, 입법자의 의도라는 개념이 '입법부의 우위'의 관념에 정초하고 있음을 알게 된다.[114] 입법부가 우위인 이상, 사법부는 그 '충실한 대리인'으로 행동해야 한다.

입법부우위는 현행 헌법의 명문 규정에 근거한다. 우리 헌법은 **권력분립**의 원칙에 따라 권력을 분할하고 권력상호간의 견제와 균형을 도모하는 규정을 두고 있다. 헌법은 정치제도편에서 "입법권은 국회에"(헌법 §40), "행정권은 대통령을 수반으로 하는 정부에"(§66④), "사법권은 법관으로 구성된 법원에"(§101①) 각각 속한다고 규정하고 있고, 각 부의 구성·기능·작용면에서 권력상호간 상호견제의 기제를 제도화하고 있다.[115] 따라서 우리 헌법상 입법은 국회가 담당해야 하고, 계속된 사건에서 당해 법률규정의 의미가 불분명하여 해석이 필요하게 된 경우에 법원은 당해 사건의 해결을 위하여 문언에 나타난 입법부의 의사를 밝혀야지 법률해석의 명목하에 입법을 해서는 안 된다. 그리하여 판례도 사법의 본질을 '법적 분쟁의 해결'에 있다고 본다.[116] 大判 2018.11.1. 2016도10912(全合)은 "법관의 기본적 사명은 복잡하게 얽힌 실정법률의 체계 속에서 법을 발견하는 것"으로서, "사안에 따라 명백한 입법적 흠결이라는 이유로 판결을 통해 법을 보충·형성하는 것이 불가피한 경우가 없지 않지만, 이는 가급적 자제되거나 필요한 범위 내에서 최소한에 그쳐야"하며, 정식의 입법절차를 거쳐 개정되거나 헌법재판소에 의해 위헌으로 선언되지 않았음에도, "법원이 법률해석이라는 명목 아래 당초 입법자가 의도하지도 않은 전혀 새로운 법을 만들어내는 것까지 그 권한에 속한다고 볼 수는 없다"고 하고 있다.

---

114) 입법부의 우위는 John Locke, *Two Treatise of Government* (1690)에서 비롯된 관념이다. 이는 미국의 헌법 체제에서, 의회의 행위는 그것이 합헌적 테두리 내에 있는 한 우선적 지위를 가지고, 법관들은 의회의 충실한 대리인으로서 행동해야 한다고 하는 관념을 압축한 것이다. 이런저런 도전들이 있어 왔지만, 미국에서 연방사법권에 관한 표준적인 설명은 충실한 대리인 관념에 근거하여 구축되었다. 우선은 Sunstein(註86), 415 (1989).

115) 우선은 권영성, 700 – 703 참조.

116) 憲決 2001.3.15. 2001헌가1 등(全裁)는 "'파산관재인의 선임 및 직무감독에 관한 사항'은 대립당사자간의 법적 분쟁을 사법적 절차를 통하여 해결하는 전형적인 사법권의 본질에 속하는 사항이 아니"라고 판시하였다.

헌법의 지도이념인 **민주주의**도 입법부우위를 정초한다. 즉, 민주주의는 "피치자가 곧 치자가 되는 치자와 피치자의 자동성(自動性)"을 뜻하는바(憲決 1991.3.11. 90헌마28(全裁)), 국민에 의하여 선출되고 국민에 대하여 정치적 책임을 지는 입법부가 간접적인 민주적 정통성만을 가지는 사법부보다 국가공동체에 관한 결정에 있어 우월적 지위를 가져야 하는 것은 민주주의의 당연한 요청이라는 것이다.

헌법의 기본원리인 **법의 지배**도 입법부우위를 정초한다. 헌법이 입법과 사법을 엄격히 분리하는 것은, 만인에게 평등하게 적용될 일반추상적 내용의 법률을 만드는 책무를 담당한 입법부가 그에 대한 임시적인 예외를 만드는 것을 원천봉쇄하려고 하는 법의 지배의 전통을 반영하는 것이다. 그런데 판사들로 하여금 개별 사안에서 입법부의 일반적 지시에 대한 예외를 함부로 인정하도록 허용한다면, 법의 지배가 의도한 기획은 산산이 부서질 것이며, 이는 권력분립원칙이 금지시키려고 한 바로 그 행위에 해당할 것이다.[117]

입법부우위를 뒷받침하는 가장 명시적인 근거는 헌법 제103조이다. 동조는 "법관은 **헌법과 법률에 의하여 그 양심에 따라 독립하여 심판**한다."라고 규정하여 법관의 '**법률에의 기속**' 원칙을 명정하고 있다. 이는 다른 국가기관이나 법원 내부 혹은 소송당사자를 비롯한 사회의 세력으로부터 독립된 심판을 보장하기 위한 규정이기도 하지만, 법관의 자의적 판단으로부터 자유로운 심판을 보장하기 위한 규정이기도 하다. 즉 입법부가 어떤 사항을 법률로 명시적으로 규정하면 그 법률이 헌법에 위반하지 않는 한 비록 그것이 법관 개인의 세계관과 가치관에 부합하지 않는다 하더라도 법관은 반드시 그에 따라야 함을 의미한다. 법관이 사건을 처리하다 보면 당해 사건의 특수한 사정으로 인하여 법률의 명문 규정이 적합하지 않다고 느껴질 경우가 있을 수 있는데, 이런 경우에 판사가 법률의 내용을 자신의 정의감이나 법관(法觀)에 부합하도록 해석하는 것을 허용하는 것은 당해 판사와 다른 관념을 가진 사람에게는 자의적 심판으로밖에 비춰지지 않을 것이다. 비교불능의 가치들이 상쟁하는 가치다원사회 속에서 법관이라고 해서 자신의 가치관을 타인에게 강요할 수는 없다.[118] 법이 가치상쟁의 악순환을 끊고 사회안녕과 질서를 유지하기 위해서는 법은 개인의 도덕관념과 절연한 채 사회적 사실로서 존재하는 규범이어야 한다. 법은 도덕으로부터 끊임없이 수혈받았고 앞으로도 수혈받을 것이지만 법

---

117) John F. Manning, "The Absurdity Doctrine," *Harvard Law Review* vol. 116, 2387, 2391 (2003).
118) 최대권(註88), 136에 의하면, 법률에 의하여 정의를 실현하는 것은 국회의 임무이고 법원의 임무는 법이 아닌 것을 법이 아니라고 밝히는 것이며, 법률 문언에 합리적인 해석원칙에 의하여 정당화될 수 없는 의미를, 정의의 요청 또는 시대적 요청이라는 이유로 부여하는 것은 법원의 권능 내지 임무를 벗어난 작용이다. 민주화 이전 권위주의 시대에 사법부가 법이 아닌 것을 법이 아니라고 말하지 못하고 법을 법이라고 이야기하지 못하였던 태도를 '사법소극주의'라고 완곡하게 표현하여 왔으나, 사법부의 그러한 태도는 사법부의 직무유기에 불과할 뿐이다.

은 도덕과는 다른 범주의 규범, 즉 사회적 사실로서 확인될 수 있는 규범으로 자리매김되어야 하는 까닭이 바로 여기에 있다.

이러한 점은 대개 동조에서 말하는 '양심'이란 무엇인가와 관련해서 논의되어 왔다. 양심이란 일반적으로 선이란 무엇인가 혹은 어떻게 살아야 하는가에 관한 가치판단으로 요약될 수 있는 인간의 내심 작용인 도덕적·윤리적 확신을 말하지만, 헌법 제103조의 양심은 '**법관으로서의 양심**', 즉 법해석을 책무로 하는 사람들이 공유함으로써 법실무상 혹은 법리상 나타나게 되는 객관적인 직무적 양심, 요컨대 법관들이 '관행(conveniton)'으로써 공유하고 실행하는 양심을 말한다. 개인적 양심과 직무적 양심이 충돌할 경우, 법관은 후자에 따라야 한다는 것이 제103조가 규정하는 바이다.[119] 憲決 2005.6.30. 2003헌바49 등도 일정한 경우 집행유예를 선고하지 못하도록 규정한 형법 제62조 제1항 단서가 피고인의 정당한 재판을 받을 권리나 법관의 양심에 따른 재판권을 침해한다고 볼 수 없다고 판시하였다.

(2) 입법자의 의도

그런데 입법부의 우위를 인정한다면 법해석의 주안점을 입법자의 의도에 두는 것은 매우 논리적이다. 우리가 누군가에게 입법권을 주는 것은, "그들이 제정한 법은 그들이 제정하려고 의도한 법이라는 것을 전제로 하지 않는 한," 아무런 의미가 없기 때문이다.[120] 다시 말해 헌법제정으로써 한편으로는 입법부에 입법권을 주면서, 다른 한편으로는 사법부로 하여금 입법부가 법률제정시 의도한 것을 무시한 채 그 법률을 이해하게 한다면, 입법부에게 수여한 입법권은 무화(無化)된다는 것이다. 만약 우리가 '입법행위'에 의하여 제정된 법은 '입법자'가 '의도'한 바로 그것이 아니라고 가정한다면, 우리는 어째서 국회의원으로 누가 당선되는지, 그들이 민주적으로 선출되었는지, 그들의 학력이나 재산이 어떠한지, 그들이 전과나 정신병력이 있는지, 국회 본회의에 출석하는지, 그들이 자기 지역구만을 챙기는지에 관하여 그토록 관심을 갖겠는가? 국회의원들이 만든 법이 그들의 의도를 대표하는 것이 아니라고 한다면, 그들의 의도가 현명한지, 편파적인지, 공공심에 기한 것인지 아닌지는 어떠한 차이도 만들지 않을 것이다.

하지만 그동안의 공공선택이론의 연구 성과에 의하면 의회의 입법절차는 우리가 추상적으로 관념하던 이상적 모습과 거리가 있음이 밝혀지기에 이르렀다. 입법절차는 복잡다단하고 경로에 의존해 있으며 불투명해서 소수의 이익집단들이 일반국민의 부담으로 지대를 추구하기도 하고 다수결 표결과정은 의원들의 진정한 의사를 제대로 반영하지 못할 수도 있다. 이런

---

119) 同旨, 권영성, 1009.
120) Joseph Raz, "Intention in Interpretation," in Robert P. George (ed.), *The Autonomy of Law: Essays on Legal Positivism* 249, 258 (1996).

상황에서 다수의 의원들로 구성된 입법부가 마치 한 사람의 개인처럼 실제 존재하지만 표현되지 아니한 의도를 가진다고 보는 것은 현실에 부합하지 않는다.[121] 이는 행정법해석에 임하는 법원이 딜레마 상황에 처해 있음을 의미한다. 입법자우위의 전제하에 의회의 충실한 대리인으로 입법자의 의도를 존중해야 하는데, 기실 입법부의 진실한 의도란 허구라고 하니 말이다.

(3) 입법자의 "객관화된 의도"

"객관화된 의도(objectified intent)"는 이런 딜레마에 상황에서 어느 한쪽의 뿔도 훼손하지 않고 상충하는 목표를 동시에 달성하기 위한 타개책이다. 객관화된 의도란 "합리적인 사람이 그 법률을 법전의 나머지 부분과 함께 놓고 보았을 때에 그 법률의 문언으로부터 추정할 수 있는 의도"를 말한다.[122] 이는 입법사(立法史) 자료에 나타난 개개 의원들의 주관적 의도를 탐색하여 이로써 입법부 전체의 의도를 찾는 것은 불가능하기 때문에 그 대신에 행정법 문언의 의미가 수범자에게 통상적으로 받아들여지는 바에 착안하자는 것이다. 다시 말해, 문언주의는 입법자들이 법률을 제정함에 있어서 사회적·언어적 관행을 잘 아는 합리적인 사람이 그 법률 문언의 의미를 당해 맥락 속에서 이해했을 법한 방식으로 규정하려고 하는 의도를 가졌다고 보고 그러한 객관화된 의도를 입법자에게 귀속시킨다. 가령 "탈 것은 공원에 입장 금지"와 같은 규정에 찬성 (혹은 반대) 투표를 하는 입법자는 그 말('탈 것')이 그에게 의미하는 바가 (그 조항이 통과될 경우에) 그 조항이 (법률로서) 제시될 사람들에게 의미할 바와 동일할 것이라는 가정 하에 투표를 한다고 보자는 것이다.

전술한 바와 같이 해석의 목적은 어떤 방식으로든 입법자의 의도를 확인하는 것이어야 하고, 그렇지 않다면 해석의 결과를 입법부우위 체계의 결과물로서 정당화하기 어렵다. 그런데 법원이 종종 만나는 어려운 해석문제에서 당해 논점에 관하여 입법부가 실제의 의도를 가졌을 것을 기대할 수는 없다. 하지만 입법부의 의도라는 요건은, 입법자들이 당해 법문화에서 지배적인 해석관행에 따라 해독되게 될 법률을 제정하려고 의도한다고 하는 점이 인정된다면, 충족될 수 있다.

> [왜냐하면] 그렇게 최소한으로 의도하는 것만으로도 입법자들이 법에 대한 통제권을 가져야 한다는 입법자우위 관념의 중핵(中核)을 보존하기에 충분하기 때문이다. 그러한 최소한의 의도를 가진 입법자들은, 다수의 지지를 얻는다면, 자신들이 법을 만들 것임을 알고, 자신들이 만든 법이 무엇인지를 발견하는 방법을 안다. 입법자들은 그들 앞에 놓인 법률의 문언이 공포될 경우

---

121) 입법절차의 실태에 관하여는 우선은 이상윤(註110), 제3절 참조.
122) John F. Manning, "Textualism and Legislative Intent," *Virginia Law Review* vol. 91, 419, 420-421 (2005).

자신들의 법문화에 따라 이해될 의미대로 그 문언의 의미를 정립하면 되는 것이다.[123]

요컨대 입법자가 어떤 법률의 세부사항에 관하여 실제로는 아무런 의도를 가진 바 없다고 하더라도 입법자가 지배적인 해석관행에 따라 이해될 것을 의도하였다는 것만으로도 입법부 우위의 요구는 충족된다. 그렇다고 한다면 이제 충실한 대리인인 법관의 책무는, 입법자와 법관은 동일한 사회적·언어적 공동체에 속하고 의사소통을 위한 관행들을 공유하므로, 당해 공동체의 공유된 사회적·언어적 관행에 따라 입법부의 지시를 해독하는 것이 된다. 이를 위하여 문언주의 법관은 단어들과 구절들의 **통상의 의미**를 먼저 살펴야 하지만 여기에만 한정해서는 안 된다. 오히려 당해 언어공동체의 공유된 이해와 관행을 주목해야 한다.[124] 통상의 의미와 함께 **사회적·언어적 관행**을 주목하는 것은 숙련되고 합리적인 언어사용자가 당해 법률문언을 어떻게 이해할 것인지를 알기 위해서이다. 문언주의 법관은 또한 법률문언이 사용된 **맥락**을 중시한다. 그래서 어떤 법률문언이 사용된 맥락에 비추어 볼 때 그것이 법률전문용어로서의 기술적 의미를 가지는 경우도 생길 수 있다. 이 경우에는 확립된 거래관행, 민사판례, 해석캐논 등이 사용된다. 종합하면 문언주의 법관은 법률문언의 의미에 나타난 입법부의 의도를 사회적·언어적 관행에 따라 객관적으로 구성해내는 것이다.

(4) 구성된 의도

문언주의가 착목하는 의도가 비록 객관화된 의도라고 하지만 (문언의 통상적 의미뿐 아니라) 사회적·언어적 관행에 터 잡은 구성적 의도라고 한다면, 입법의 취지와 목적에 근거한 해석을 지향하는 목적주의보다 무엇이 더 나은가? 문언주의가 더 우월한 것은 그것이 목적주의보다 입법부우위의 원칙에 더 부합하기 때문이다.

문언주의와 목적주의는 다소간 '구성적' 해석을 한다는 점에서는 차이가 없으나, 구성을 해내는 데 사용하는 증거에는 차이가 있다. 행정법해석 시에 문언주의는 의미론적(semantic) 사용례에 관한 맥락적 증거에 우선권을 주는 반면, 목적주의는 정책적 고려를 반영한 맥락적 증거를 우선시한다.[125] 그런데 **정책**에 터 잡은 해석보다는 **언어용례**에 터 잡은 해석이 법관으로 하여금 입법부의 충실한 대리인으로서의 책무를 보다 잘 수행하도록 하기 때문에 문언주의가 목적주의보다 우리 헌법에 더욱 부합하는 것이다.

문언주의와 목적주의의 우열(優劣)은 '언어이론'에 의하여 답해질 수 없고, 반드시 '정치이

---

123) Raz(註120), 267.
124) Manning(註122), 434.
125) John F. Manning, "What Divides Textualists from Purposivists?," *Columbia Law Review* vol. 106, 70, 92 이하 (2006).

론'에 의하여 가려져야 한다.[126) 양자는 공히 법률규정의 의미를 찾는 데 있어서 입법부의 지시를 확인할 수 있게 하는 '객관적'인 기준(관행 v. 목적)에 근거하고, 어느 쪽도 그 해석결과를 의회의 주관적인 실제 의도에 귀속하려고 하지는 않는다. 그런데 문언주의는 '사회적·언어적 관행을 잘 아는, 가상의 합리적인 사람의 이해'에 착안하는 반면, 목적주의는 '법률 제정을 둘러싼 모든 상황을 잘 아는, 가상의 합리적 정책결정자의 이해'에 착목한다. 이와 같이 양자는 주안점을 달리 하는바, 서로 다른 척도를 기준으로 비교해서는 두 방법론 사이의 우열을 가릴 수 없다. 그런데 문언주의와 목적주의는 입법부 우위와 충실한 대리인 이론을 그 정치이론적 토대로서 공유하고 있다. 그렇다고 한다면 양자간 우열은 입법부 우위의 원칙하에 수행되는 법관의 책무를 어느 기준이 보다 적절히 설명하는가에 달려 있다. 따라서 문언주의가 목적주의보다 우월하다는 것을 보여주기 위해서는 어째서 정책적 맥락이 아닌 의미론적 맥락이 입법부 우위를 존중하는 충실한 대리인의 의무를 실행하는 데에 보다 우월한 수단으로 될 수 있는지를 보여주어야 한다.

(5) 입법절차와 입법적 타협

목적주의와 달리 문언주의는 입법절차를 그렇게 부정적으로 보지 않는다. 문언주의는, 목적주의와 달리, 입법절차를 정합적이고 이성적인 것으로 보지 않고, 그 대신 "난투가 범람하는 정치적 타협"을 강조한다.[127) 법률문언과 목적 사이의 부조화를 우연한 입법누락이나 예견 실패로 보는 대신에, 수백의 의원들, 무수한 선거구민들과 이익집단 사이의 불가피한 투쟁, 거래나 타협의 결과로 보는 것이다. 문언주의 법관에게 입법절차는 지나치게 복잡하고, 경로에 의존하며, 불투명해서 입법부의 입법목적이 시종여일하게 관철된다는 것을 기대할 수 없다.

입법절차의 현실을 있는 그대로 받아들인다면 목적주의가 착목하는 법률의 '목적'이란 것은 애초에 그러한 입법을 촉발한 동기는 될 수 있을지 몰라도 과반수의 의원들이 입법절차를 거쳐 최종 법률안으로 통과될 때까지 실제로 원했던 것이라고, 실제로 성취할 수 있었던 것이라고는 할 수 없게 된다. 기실, 우리 국회의 입법절차를 보면 법률 하나가 입법될 때까지 다양한 **다수의 거부권의 관문들**을 거쳐야 한다. 이렇게 입법절차를 복잡하고 번거롭게 만든 까닭은 합리적 심의와 공중의 참여를 용이하게 만들기 위한 것임은 물론이다. 정책제안이 법률로 성립되기 위해서는 의원들에게 숙고기간을 부여하고 의원들의 광범위한 동의를 얻도록 요구함으로써 의원들이 사회에서 제기되는 그때그때의 요구에 성급하게 응하여 신중치 못한 입법

---

126) *Id.* 96.
127) John F. Manning & Matthew C. Stephenson, *Legislation and Regulation* 54−56 (2d. ed., 2013)("rough−and−tumble of political process").

에 나서는 경향을 억제하고 가능한 한 많은 이해관계인이 자신의 고충을 털어놓을 수 있는 기회를 부여하기 위한 것이다.

이런 입법절차는 현상유지에 유리하도록 되어 있고 의회의 다수파가 필요한 정책을 매끄럽게 법률화하는 것을 어렵게 만드는 측면이 있다. 그럼에도 불구하고 이런 입법절차가 의의를 가질 수 있는 까닭은 소수파 혹은 소수파 연합들로 하여금 다수파에 대하여 법률안의 최종 통과를 위하여 모종의 타협을 요구할 수 있도록 하고 그것이 실패할 경우 입법절차의 진행을 늦추거나 정지시킬 수 있는 기회를 만들어준다는 데 있다. 말하자면 복잡다단한 입법절차는 대화와 타협을 가능하게 하여 소수파의 이익을 보호하고 경솔한 입법을 제어하는 것이다. 이것이 법해석자가 종종 만나게 되는 **목적과 문언의 비정합·부조화**를 불러오는 이유라고 한다면, 그 비정합·부조화는 민주주의를 채택한 마당에 반드시 지불할 수밖에 없는 비용일 것이다.

이러한 견지에서 보면, 입법부우위의 원칙에 대한 존중은 법원이 제정법의 목적을 수미일관 관철하기 위하여 문언을 억지로 그에 맞춰 해석하려고 시도하기보다는 종종 자의적으로 보이는 입법적 타협을 그대로 존중할 것을 요구한다. 만약 사법부가 이상하게 보이는 법률규정을 전체적인 목적과 정합하도록 만들기 위하여 그것을 바로잡으려 한다면, 이는 기나긴 산고(産苦)를 거친 끝에 법률문언으로 탄생한 의원들의 타협을 훼손할 수 있게 된다. 말하자면 천의무봉한 법체계의 추구가 사법엘리트에 의한 민주주의의 훼손으로 결과할 수 있는 것이다.

(6) 기준과 규칙의 선택

목적중심의 정합적인 법해석은 입법적 타협뿐만 아니라 **입법자에 의한 정책수단의 선택**도 훼손할 수 있다. 정책이나 행정법은 보통 목적-수단 계층제에 의하여 목표를 달성하려고 한다. 어떤 목표는 그것을 달성하기 위한 수단과의 관계에서는 목적이지만, 그보다 상위 목표와의 관계에서는 수단이 된다. 이와 같이 행정법의 목적은 일반성의 다양한 층위에서 설정될 수 있다. 그런데 목적주의 법관은 법률에는 그 구성 규정들이 하나의 정합적 체계로서 작동할 수 있도록 지도하는 하나의 목적이 있고 이를 자신이 파악할 수 있다고 생각한다. 가령 도박계약을 무효로 하는 법률이 있다고 한다면, 그 법률이 도박을 장려하는 것은 아님에 틀림없다. 그러나 그렇다고 해서 그 법률의 목적을 도박 자체를 단념토록 하는 것이라고 단정할 수는 없다. 그것은 너무 나간 것이고, 직접적인 목적은 도박계약에 터 잡아 소제기를 하는 것을 불가능하게 만드는 데 있다. 이 예시가 보여주는 것은 목적에 기하여 법률을 해석하는 것은 우선 법원으로 하여금 목적의 연쇄고리 중에 하나를 선택하도록 만든다는 것이다.[128] 어떤 목적을

---

128) Max Radin, "Statutory Interpretation," *Harvard Law Review* vol. 43, 863, 876-878 (1930).

선택하느냐에 따라 법해석의 결과는 달라질 수 있다.

반면 문언주의 법관은 법률은 목적과 수단에 관한 '선택'을 구현한 것임을 강조한다.[129] 입법부의 선택 중 가장 중요한 것은 아마도 목적보다는 수단에 관한 것일 것이다. 특히 어떤 정책을 실시하기 위하여 '규칙(rule)'에 의존할 것인지 아니면 '기준(standard)'에 의존할 것인지에 관한 선택의 중요성은 아무리 강조해도 지나치지 않다.[130] 문언주의는 문언의 의미론적 의미를 강조함으로써 입법자로 하여금 **자신의 지시를 규칙 혹은 기준으로 정립할 수 있는 권능을** 부여한다.[131] 이런 권능은 생각이 다른 입법자들 사이에 타협을 가능하게 하고 또한 이 타협을 법률규정화하는 데 있어서 결정적이다. 만약 법해석자들이 이성적인 사람이 당해 맥락 속에서 그 법률용어를 이해했을 방식에 주목한다면, 입법자는 정책적 지시를 담을 때에 법률용어의 구체성(=일반성)의 정도를 크게 할 것인지 작게 할 것인지를 선택할 수 있게 될 것이다.

예컨대 입법자가 공공장소에서 반드시 끈을 매도록 요구하는 대상을 정함에 있어서 선택지는 여럿일 수 있다. "동물들", "잠재적으로 위험한 동물들", "개와 동물들"이라고 하는 대신에 "개"를 선택했다고 하자. 이는 다양한 제안과 근거들이 오고간 끝에 나온 타협안일 수 있다. 그런데 이 법률을 해석하는 법관이 그 의미론적 범주로부터 추상해서 그 배후에 있는 분명한 목적, 즉 공원의 행인들을 잠재적으로 위협하거나 불편하게 하는 동물로부터 보호한다고 하는 목적으로 나아가는 것은 그 정확하게 표현된 금지를 보다 그럴듯한 일반적인 목적에 포섭될 수 있는 다른 모든 동물들에게까지 적용되도록 변형하는 것이 될 것이다. 법해석자가 이런 변형을 하는 것은 유연한 기준이 아니라 적확한 규칙을 채택한 입법부의 선택을 훼손하는 것이다.

한걸음 더 나아가, 헌법과 국회의 입법절차에 관한 규칙들이 입법적 타협을 강조하고 있는 상황에서 사법부가 의미론적 의미를 준수하는 것은 어찌 보면 당연한 처사이다. 그렇게 해야만 입법부는 헌법과 법률로부터 부여받은 정당한 권한, 즉 타협을 할 권한을 유지할 수 있기 때문이다. 사법부가 의미론적 의미의 세부사항을 존중할 때, 비로소 입법자들은 정책을 그들

---

129) John F. Manning, "Textualism and The Equity of The Statute," *Columbia Law Review* vol. 101, 1, 56－57 (2001),

130) 일반적으로 법규범은 그것을 해석하고 집행하는 판단자에게 어느 정도의 재량을 부여하는가에 따라 재량의 폭이 좁은 '규칙(rule)'과 그 폭이 넓은 '기준(standard)'으로 나누어지는데, 어떠한 법규범이 판단자로 하여금 주어진 사실관계에 대하여 단정적인 답을 할 수밖에 없도록 구속력을 갖는 경우에는 규칙(rule)에 가까운 것으로 볼 수 있고, 반면 어떤 법규범이 판단자로 하여금 주어진 사실관계에 대하여 배후의 원리, 정책을 직접적으로 적용할 여지를 넓게 부여하는 경우에는 기준(standard)에 가까운 것으로 볼 수 있다. 자세한 것은 홍진영, "행정청이 행한 법률해석의 사법심사 방법론에 관한 고찰 — 규칙과 기준의 관점에서 살펴 본 Chevron 판결을 중심으로," 서울대학교 석사학위 논문, 6, 8－10 (2013). 요컨대 규칙과 기준의 차이는 후술하는 규칙과 원리의 차이와 유사한 것이다. 아래 제2장 제1절 Ⅲ. 2. 법규칙과 법원리에 관한 설명 참조.

131) Frank H. Easterbrook, "Statute's Domain," *University of Chicago Law Review* vol. 50, 533, 546－547 (1983).

이 합의한 바에 연결시키기를 원하는 정도에 따라 법률문언에 관한 일반성의 층위를 표현할 수 있게 된다. 의회의 소수파는 입법적 타협을 요구할 권한을 가진 사람들로서 입법에 대한 그들의 동의의 대가로 어떤 제한을 덧붙이려 할 수 있다. 이런 타협의 결과를 유효하게 만들기 위해서는, 그리하여 의회에서의 대화와 타협을 권장하기 위해서는 법해석자가 당해 의미론적 세부사항을 그대로 받아들여야 한다. 위 사례의 입법자들은 완전한 법률안의 불통과(不通過)보다는 미흡한 법률안의 통과를 원했을 수 있다. 폭넓은 용어에 대한 제한을 요구하는 소수파를 존중함으로써 법안통과가능성을 제고했을 수도 있다. 이런 가능성에도 불구하고, 또한 의미론적 의미가 당해 맥락 속에서 명확한데도 불구하고, 목적주의 법관이 문언에서 벗어나 더욱 일반적인 배경목적으로 넘어간다면, 입법자들이 들인 문언선택의 노고는 수포로 돌아갈 것이다. 여러 선택지 중에서 입법부가 선택한 것이, 바로 그것만이 법임을 우리가 인정한다면, 이런 일탈에 사용되는 "법의 정신"은 역설적이게도 법에 대한 명백한 불복종만큼이나 법을 존중하지 않는 데 사용되는 것이 될 것이다.

(7) 소결

우리는 가치다원적 사회에 살고 있고 그런 만큼 민주적 의사결정이 필요하고 중요하다. 입법부우위의 원칙은 이를 반영하는데, 그렇다고 한다면 입법부 타협에 대해서도 법원은 이를 존중할 필요성이 있다. 입법자들은 사회의 다양한 목소리를 반영해야 하는 만큼 이들은 입법에 있어서 타협을 요구할 수 있어야 한다. 타협을 요구할 권한을 가진 입법자들은 그 합의내용을 구체화할 수 있는 수단을 보유해야 한다. 이런 견지에서 보면, 정책적 고려보다 문언의 의미론적 의미를 중시하는 것이 필요하다.

의원들의 용어선택이 우연히 이루어지는 경우가 어찌 없겠는가. 그런 경우에 입법목적을 정확히 반영하기 위하여 입법부의 지시를 조탁(彫琢)하는 노력을 기울이지 않고, 있는 그대로 집행한다면 적지 않은 사회적 비용이 발생할 것이다. 그러나 법해석자가 복잡다단한 입법절차의 결과들을 재구성하는 어려움을 상기해보라. "정책적 정합성"을 위하여 "의미론적 통합성"을 희생하는 것은 그러한 사회적 비용을 피할 수 있겠지만, 더 큰 희생, 즉 충돌하는 정책적 요구들을 의지할 만한 타협으로 만들어내는 의회의 권능을 위태롭게 하는 희생을 치르게 할 것이다.[132]

입법부우위의 원칙을 존중한다면, 의회의 충실한 대리인인 법원은 추상적인 입법부의 목적이 아니라 상충하는 주장이 난무하는 가운데 입법절차의 복잡다단한 관문을 통과한 구체적 결과물, 즉 법률문언을 존중해야 한다. 법원은, 특히, 의회가 천명한 목적뿐만 아니라 그 목적을 추구하기 위하여 선택한 구체적 수단까지도 존중해야 한다.

---

132) Manning(註125), 106 – 107.

5. 환경행정법의 구체적 해석방법

(1) 법관의 법률기속

문언주의 법관이 취해야 할 해석방법 중 첫째는 실정행정법의 규정을 존중해야 한다는 것이다. 즉 법관의 '법률에의 기속' 원칙에 따라 법률로 제정된 사항에 관하여는 입법부의 결정이 사법부에 대하여 우월적 지위를 가지는바 법원은 입법부의 결정에 따라야 한다는 것이다. 물론 행정법을 해석·적용하는 과정에서 법관에게 사법재량을 행사할 여지가 주어진 경우가 있을 수 있고, 이 경우 그 재량이 허용된 범위에서 사실상 법원에 의한 법형성이 이루어진다는 사실은 부인할 수 없다. 그러나 이러한 사법입법(司法立法)은 법의 공백이나 흠결, 혹은 법의 불확정성으로 인하여 부득이한 경우에 한정되는 것이므로 이를 두고 입법자가 권위 있는 결정을 내린 사항에 있어서도 사법부가 입법부와 대응하거나 경합적인 권한을 가진다고 할 수 없다. 요컨대 사법부는 입법부의 결정이 있는 사항에 관한 한 입법부의 대등한 파트너가 아니라 대리인이다.[133]

(2) 법률문언의 의미가 명백한 경우

이상에서 살핀 법관의 법률기속의 원칙을 배경으로 해서 구체적 해석방법을 살펴보면 다음과 같다.[134] 문언주의 법관은 법률문언의 의미를 확정할 때에는 사전적(辭典的) 정의, 언어학적 정보, 해석캐논, 그리고 당해 법률의 다른 규정이나 다른 법률에서 사용된 경우에 그 맥락에서의 의미 등을 사용하여 당해 법률문언의 의미에 관한 최상의 설명을 제공하기 위하여 노력해야 하며 이런 의미론적 탐색에는 널리 숙지되고 있지만 일반 사전에는 수록되지 않은 당해 거래에서의 전문화된 용례나 대화의 뉘앙스들에 대한 검토도 포함된다.[135]

그리하여 법률문언의 의미가 명백한 것으로 판명된 경우에, 법원은 그 문언의 의미대로 법률을 해석하고 적용해야 한다. 설령 그 문언에 따를 경우의 결과가 **외견상 입법취지에 맞지 않는 불합리한 결과**를 초래한다고 하더라도 그것이 헌법에 반하지 않는 한 법원으로서는 명백한 문언을 배제해서는 안 된다. 만약 문언에 따른 해석이 **터무니없는 결과**를 초래해서 아무리 명백한 문언이라도 이를 배제하지 않을 수 없다고 판단되는 경우라면, 법원으로서는 상세한 근거에 터 잡은 논증과 설명을 제시함으로써 그 판단을 정당화해야 한다. 이는 입법취지나 구체적 타당

---

133) 한편, 사법부의 적극적 역할을 강조하는 주장들, 즉 법원의 법창조적 기능을 강조하는 주장, 사법적극주의에 관한 주장, 그리고 사법판단을 정책결정의 문제로 보는 주장 등이 있지만, 이들 중 어느 것도 사법부의 적극적인 입법작용을 옹호하는 이론으로 이해되어서는 안 된다. 자세한 것은 최대권(註88), 136-137; 이상윤(註110), 199-202 참조.
134) 이하는 이상윤(註110), 263-264 참조.
135) Manning(註125), 92.

성과 같은 추상적 근거만으로는 합목적적 해석을 정당화하기에 부족하다는 것을 의미한다. 법관의 법률기속원칙은 문리해석을 원칙으로 고수할 것으로 요구하므로, 목적해석을 취할 경우에 법관은 헌법 제103조 위반의 혐의에서 벗어날 수 있는 만큼의 충분한 논증과 설명을 해야 하는 것이다. 목적해석이라는 것은 결국 의회가 선택한 낮은 층위의 목적을 높은 층위의 목적에 터 잡아 뒤엎는 것이니 만큼, 법관이 제시할 수 있는 근거는 헌법에서 찾아야 할 것이다. 가령 국회의 입법절차와 같은 정치과정에 의해서는 쉽사리 해결책을 찾을 수 없는 소수자의 권리보호나 민주주의의 근간이 되는 정치적 표현의 자유의 보호 등이 대표적인 예가 될 것이다.[136]

(3) 법률문언의 의미가 불확정적인 경우

법률문언의 의미가 애매·모호한 경우에는[137] 문리해석이나 체계해석만으로는 문언의 의미를 밝히기 어렵다. 이 경우는 입법자가 의식했건 아니건 관계없이 기실 해석자인 법원에게 사법재량을 부여한 것이다. 다만 재량의 부여가 자의적 판단을 허용하는 것은 아니다. 법원은 부여받은 재량의 범위 내에서 법원에 축적된 법리와 관행에 따라 판단을 해야 하며, 충분한 근거에 터 잡은 논증과 설명의무를 부담함은 물론이다. 문언의 의미가 불확정적이라는 것은 의미론적 맥락에 관한 논거로는 법률문언의 의미를 확정할 수 없다는 것이므로, 이 경우에는 부득이 정책적 맥락에 관한 증거도 고려할 수밖에 없게 된다. 참조 가능한 증거로는 입법자들이 당해 입법으로 해결하려고 했던 폐해에 관한 공식적 정보, 개별 법률규정에 관한 상정가능한 해석대안들이 각각 당해 법률의 서문·제목·전체구조에 나타난 정책과 얼마나 부합하는지에 관한 자료, 상정가능한 해석대안들이 각각 유사한 법률규정들에 나타난 정책과 어떻게 부합하는지에 관한 자료들이 있다.[138] 이들 자료를 앞에 두고 다양한 해석방법이 동원될 수 있겠지만, 이들 자료에 터 잡은 해석은 그 외양에 관계없이 결국 목적해석이 된다. 각각의 논거들은 일반성의 층위를 달리하는 것들로서 종종 상충할 뿐만 아니라 상호 비교불능한 경우가 있다. 이런 경우에도 법관은 근거를 찾아 논증과 설명의무를 다해야 하며 자신의 도덕관념이나 당해 법률에 체현되지 않은 공공가치를 함부로 개입시켜선 안 된다.

---

136) 이에 관해서는 Ely(註103); 拙稿(註40), 55, 316 – 317 참조.
137) 이에 관해서는 김혁기, "법해석에 의한 모호성 제거의 불가능성," **서울대학교 法學** 제50권 제1호, 147 – 148(2009) 참조.
138) Manning(註125), 93.

Ⅴ. 환경사법의 해석

1. 민법의 특성

환경문제와 직접적으로 연관된 민법의 규정은 '상린관계'와 '불법행위'와 관련된 조문이다. 환경사법(環境私法)의 해석은 이들 규정의 해석에 관한 것이므로 환경사법의 해석은 민사법 일반에 관한 해석방법론이 적용된다고 보아야 한다. 법원은 그동안 환경민사사건에서 환경문제의 심각성과 특수성을 인식하고 이를 반영한 판결을 내리려고 노력해왔지만, 그럼에도 불구하고 그 노력은 민법의 해석방법론의 틀 안에서 이루어졌다고 판단된다.

저자는 이런 판례의 태도를 긍정적으로 평가하는데, 그 이유는 이러하다. 영역주의에 관한 논의에서 밝힌 바와 같이, 민사법은 어떤 특정한 목적을 달성하기 위하여 제정된 것이 아니다. 또한 민법의 규정은 문자 그대로 일반추상적 형식을 띠고 있고 불확정개념으로 점철되어 있다. 법원이 구체적 사건을 처리하면서 그 내용을 채워나갈 것이 예정되어 있는 것이다. 이런 특징은 민사법이 법관의 영역임을 방증한다. 따라서 법해석방법론의 선택도 법관의 몫이고, 그런 만큼 우리 **판례의 해석관행은 존중될 필요**가 있다.

민법의 해석방법론을 살피기 전에 주의할 점이 있다. 첫째, 우리 학계에서 민법의 해석방법론을 연구하는 데 참조하는 영미(英美)의 문헌을 보면 "제정법 해석(statutory interpretation)"에 관한 것이 태반을 이루고 있는데, 기실, 제정법이라는 것은 우리의 행정법에 대응하는 것으로 민법해석을 위한 시사점을 제시한다고 할 수 없다.[139] 둘째, 우리 민법을 영미법상 보통법(common law)과 비교하면서 영미의 판사는 법형성(lawmaking)을 하고 우리의 판사는 법해석을 한다고 하는데, 기실 양 법계의 재판실무를 보면 각 법관이 수행하는 역할·기능에 차이가 없다. 전자도 무(無)에서 시작하는 것이 아니라 장기간 축적된 판례의 체계(이를 정리한

---

139) 영미법상의 제정법에 해당하는 우리 법상의 대응물은 행정법이다. 행정법은 민법에 의하여 형성된 사회질서(이는 민법의 대원칙인 사적 자치에 의하여 형성된 시장질서이다)에 대하여 특정한 정책목표를 달성하기 위하여 개입하는 것이다. 따라서 개별 환경보호법률은 예외 없이 제1조에 입법취지가 명시되고, 이하의 조문들은 목적─수단 모델에 따라 그 입법목적을 달성하기 위하여 필요한 실행체제와 수단을 담고 있다. 민법의 목적은, 행정법의 그것과 달리, 있다고 해도 매우 일반추상적 이념에 불과하다. 주지하듯이, 우리 민법의 목적 혹은 기본원리에 대해서는 견해가 갈린다. '공공복리'로 보는 견해(곽윤직, **민법총칙**, 64 (신정수정판, 1998))와 '사적 자치'로 보는 견해(양창수, "한국사회의 변화와 민법학의 과제," **서울대학교 法學** 제28권 제1호 (1987))가 갈린다. 곽윤직은 민법의 기본원리가 민법해석의 기본원칙이기도 하다고 한다. 곽윤직, **민법총칙**, 71 (제7판, 2002). 요컨대 민법은 어떤 특정한 사회적 상태를 달성하기 위한 법률이 아니고 개인의 자유로운 활동 ─ 그로 인하여 생길 수 있는 질서가 어떤 상태이든 관계없이 ─ 을 보장하는 것이다. 이런 까닭에 비록 민법이 의회에서 제정되었다고 하더라도 그것이 가진 제정법(statute)과 본질적으로 다른 성격을 드러내기 위하여, 영미법학계에서는 민법을 "법전(code)" 또는 "성문법전(codification)"이라고 부른다. 이는 이미 시행되던 법들을 성문화하여 하나의 법전으로 만들었다는 의미를 갖는다. Barak(註72), 194─195.

*Restatement*는 우리 민법과 비교할 때 그 규정의 내용과 형식에서 매우 유사하다.) 하에서 결정을 내리고, 후자도 그 실제적 측면, 즉 재판실무를 속속들이 들여다보면,[140] 민법의 일반·추상적 규정을 배경으로 법형성을 하고 있음을 알게 된다.[141]

2. 대법원의 절충적 해석방법론

그런데 대법원은 전술한 대로 영역을 구분하지 않고 그 사건이 민사사건이든지 행정사건이든지 관계없이 동일한 해석방법론을 취하는 것으로 보인다. 그리하여 법해석에 관한 대표적 판례인 大判 2009.4.23. 2006다81035는 ① 법해석의 **목표**는 어디까지나 **법적 안정성**을 저해하지 않는 범위 내에서 **구체적 타당성**을 찾는 데에 두어야 하고, ② 그 과정에서 가능한 한 법률에 사용된 **문언의 통상적인 의미에 충실하게 해석하는 것을 원칙**으로 하며, 나아가 법률의 입법 취지와 목적, 그 제·개정 연혁, 법질서 전체와의 조화, 다른 법령과의 관계 등을 고려하는 **체계적·논리적 해석방법을 추가적으로 동원하여야** 한다고 함을 명시하고 있다. 그리고 **목적론적 해석**에 관해서는 **일정한 한계가 있음**을 분명히 하고 있다. 즉, 법률의 문언 자체가 비교적 명확한 개념으로 구성되어 있다면 원칙적으로 더 이상 다른 해석방법은 활용할 필요가 없거나 제한될 수밖에 없고, 어떠한 법률의 규정에서 사용된 용어에 관하여 그 법률 및 규정의 입법 취지와 목적을 중시하여 문언의 통상적 의미와 다르게 해석하려 하더라도 당해 법률 내의 다른 규정들 및 다른 법률과의 체계적 관련성 내지 전체 법체계와의 조화를 무시할 수 없으므로, 거기에는 일정한 한계가 있을 수밖에 없다는 것이다.

대법원이 천명한 법해석방법을 정리하면, 민법의 해석은 법적 안정성과 구체적 타당성을

---

140) 同旨, 양천수, "법률에 반하는 법형성의 정당화 가능성: 이론적·실정법적 근거와 인정범위 그리고 한계," **법과 사회** 제52호, 107 (2016).

141) 우리 민법의 영미법상 대응물은 보통법으로, 주지하듯이 보통법은 판사들이 만든 '법관법'이다. (그럼에도 불구하고 그것이 재판규범으로 작용하는 것은 '선례구속의 원칙'에 기인한다.) 보통법이란 것이 판사들이 개별 사건을 처리하면서 내린 결정인 까닭에, 보통법의 해석방법론이라는 것을 영미의 법학계나 실무법조계에서 찾을 수 없고, 굳이 찾는다면 그것은 오히려 '법적 논증' 내지 '법적 추론'에 관한 연구가 될 것이다. 자세한 것은 Melvin Aron Eisenberg, *The Nature of Common Law* (1991). 그런데 우리 민법은 대륙법계에 속한 것으로 의회에서 제정된 법률이고, 우리 판사들은 이에 터 잡아 사건을 처리하기 때문에 영미법계의 판사들과 달리 법형성을 하는 것이 아니라 의회제정법인 민법을 해석·적용하는 것으로 인식되고 있다. 하지만 양 법계는 그 실제적 측면에서 볼 때 실질적 동일성을 띠고 있다고 생각된다. 먼저, 양 법계의 재판실무의 관행을 보면 각 법관이 수행하는 역할·기능에 차이가 없다고 사료된다. 비록 우리 민법이 의회제정법이지만 민법 규정들의 내용은 고도로 일반·추상적이기 때문에, 사건이 소송화(訴訟化)될 정도로 당사자간 견해가 갈리게 되면 민법 규정만으로 그것을 해결한다는 것은 기대할 수 없게 된다. 따라서 민법 규정은 개별 사건에서 법관에 의하여 구체화될 것이 예정되어 있는 셈이고, 기실 재판실무를 속속들이 살펴보면 판사가 내린 결정이 법해석에 의한 것인지 아니면 법형성에 의한 것인지 분간이 되지 않는 경우가 많다.

함께 달성해야 하는데, 이를 위하여 문리해석을 원칙으로 삼고 이를 체계적·논리적 해석으로 보충해야 하는바, 여기에는 역사적 해석과 목적론적 해석도 포함되지만 목적론적 해석에는 일정한 한계가 있다는 것이다. 법적 안정성과 구체적 타당성이 각기 다른 결과를 지시할 경우, 대법원은 법적 안정성에 방점을 두는 것으로 판단된다. 이하에서는 판례에서 나타난 민법해석 시 등장할 수 있는 논점을 차례로 살펴보기로 한다.

3. 문리해석

(1) 문언의 통상적 의미

판례는 민법의 해석을 문언으로부터 출발해야 한다고 본다. 따라서 특단의 사정이 없는 한 명백하게 문언에 반하는 해석은 수용될 수 없다.[142] 하지만, "문언의 통상적인 의미"가 항상 판명하게 드러나는 것은 아니다. '통상적 의미'에 관해서는, 언어의 의미는 가변적인데 그것을 확정한다는 것이 가능하기는 한 것인지, 확정할 수 있다면 그것은 '사전적 의미'인지 아니면 '일상생활상의 의미'인지, 사전을 사용한다면 어떤 사전이어야 하는지 등의 논점이 제기되고 있다. 문언이 포섭해야 할 사태가 급변하는 상황에서는 문언의 통상적 의미를 적극적으로 정의하는 데 어려움이 따르므로, 이를 소극적 한계로 사용하는 것이 현명하다. 즉 문언의 통상적 의미를 "문언의 가능한 의미(möglicher Wortsinn)"로 보고, 이를 넘어서는 해석을 배제하자는 것이다.[143] 문언의 통상적 의미를 정의할 수 없는 마당에 이렇게 새기는 것이 그나마 법해석에 있어서 문언이 출발점이 되어야 하는 이유, 즉 '법관의 법률기속'에 부합하기 때문이다.[144] 그렇다고 한다면, 민법해석은 이제 문언의 가능한 의미 범위 내에 상정 가능한 의미들 중에서 체계적, 역사적, 목적적 해석을 통하여 선택하게 될 것이다.

(2) 오류의 수정과 흠결의 보충

그런데 여기에는 예외가 있다. '오류의 수정'과 '흠결의 보충'이 그것이다. 첫째, '편집상의 오류'는 입법과정에서 단순한 표기상의 오류로 인하여 의도와 다른 표현이 선택된 경우를 말

---

142) 大判 1994.8.12. 93다52808.
143) 同旨, 윤진수(註35), 88.
144) 이는 근본적으로는 법률 언어의 본성, 즉 그 불확정성과 모호성으로 인하여 생기는 문제이다. 하트(H.L.A. Hart)는 이런 특성, 즉 언어의 "개방적 구조(open texture)"에 착목하여 언어적 의미의 "중심부(core)"와 "주변부(penumbra)"를 구분하고, 전자의 경우 문언에 엄격히 기속되지만 후자의 경우에는 해석자의 재량을 넓게 인정할 수 있다고 본다. H.L.A. Hart, *The Concept of Law* 123, 128 (2nd ed., 1994). 이에 대해서는 중심부에서조차 당해 법률의 목적에 비추어 보지 않고서는 그 적용 여부를 확정하기 어려운 경우가 있다는 반론이 있다. Lon L. Fuller, "Positivism and Fidelity to Law: A Reply to Professor Hart," *Harvard Law Review* vol. 71, 662 – 663 (1958).

한다.[145] 편집상의 오류는 법관이 이를 바로잡을 수 있다는 데 대하여 이론이 없다. 이는 요컨 대 "서기의 실수(scrivener's error)"이므로 이를 바로 잡는다고 해서 그것이 입법자의 의사를 거 스를 가능성이 없기 때문이다.[146]

둘째, 편집상의 오류가 아닌 경우 '법문언의 가능한 의미 범위'를 넘은 해석을 허용할지 여 부는 신중히 판단해야 한다. 왜냐하면 이는 통상적인 법해석이 아니라 '법형성'의 영역에 속하 기 때문이다.[147] ('법형성'은 특히 환경사건에서 중요한데, 후술하는 바와 같이 사법부가 환경친화적 판 결을 하기 위해서는 환경과 연관된 헌법 또는 민법 규정의 문언을 우회하거나 넘거나 때론 거슬러야 하기 때문이다.) 먼저, 법률에 '흠결(Lücke)' 또는 '공백(gap)'이 있는 경우에는 법형성을 허용해야 하 지만, 소위 "은폐된" 흠결에 대해서는 신중히 접근해야 한다. 법률에 흠결이 있다면 법관이 이 를 보충해 그 법률을 보다 완전하게 만드는 것을 반대할 수는 없다.[148] 그리하여 이런 법형성 을 "법률내재적 법형성" 또는 "법률보충적 법형성(Rechtsfortbildund *praeter legem*)"이라고 하는

---

145) 崔俸京, "편집상의 오류," **서울대학교 法學** 제48권 제1호, 346 (2007). 또한 大判 2004.11.26. 2004두10333 도 同旨.

146) 大判 2006.2.23. 2005다60949. 다만, '실수'인지 여부가 불분명한 경우가 있다. 이 경우, 부당한 결과가 발생 한 사건의 상황이 그 규정이 과녁으로 삼은 핵심 영역에 속하면 입법상의 실수이나, 주변부에 속하면 실수 가 아니다. 同旨, 박철, "사법재량론," **司法論集** 제34집, 886 (2000). 전자는 의회가 당해 규정을 입법하면서 의도한 목표가 전혀 반영되지 않은 입법의 좌절로 볼 수 있는데, 이를 입법자가 의도할 이유가 없고 이를 교정하는 것이야말로 입법자가 바라는 바이기 때문이다.

147) '법해석'은 이미 존재하는 법규범을 구체화하는 작업으로, '법형성'은 새롭게 법규범을 만드는 작업으로, 각각 새기고 이를 구분하는 것이 일반적 견해이다. 하지만 영미에서는 법해석을 법형성을 포함하는 광의의 개념 으로 이해하고 있다. 이는 영미법의 근간을 이루는 보통법(common law)이 법관에 의하여 만들어진 판례 법이고 그것이 구성되는 과정 속에서 법관에 의한 법형성을 관대하게 보는 분위기가 조성되었기 때문이 다. 또한 철학적 해석학의 영향을 받은 법해석학(juristische Hermeneutik)에 의하면 양자를 구분할 수는 없다. 법해석학은 모든 법해석과정은 해석자의 선이해가 개입하는 형성적 작업이라고 보기 때문이다. J. Esser, *Vorverständis und Mothodenwahl in der Rechtsfindung*, Frankfurt/M. 1970; 양천수(註140), 110 – 111. 이에 더하여, 기실 구체적인 법적 분쟁에서 무엇이 법해석이고 무엇이 법형성인지 판명하게 구별하는 것이 쉽지 않다. 그래서 법학방법론에 관한 학설들은 보통 '법문언의 가능한 의미'를 기준으로 하여 양자를 구분하려고 한다. 즉 법문언의 가능한 범위 안에서 이루어지는 작업이 법해석이고, 그 밖에서 이루어지는 작업을 법형성이라는 것이다. 이는 특히 법관에 의한 법형성을 엄격히 금지하는 형사법 영역에서 판례이 자 통설이다. 大判 1994.12.30. 94모32(全合); 양천수, *id.* 110. 다른 한편, 형사법과 비교할 때 민사법 영 역에서는 법관의 법형성이 비교적 넉넉히 인정된다. 저자는 민사법 영역에서도 법형성을 법해석과 구별되 는 범주로 본다. 이는 전자를 법문언의 가능한 범위 바깥에서 이루어지는 것으로 규정함으로써 그것을 주 장하는 사람으로 하여금 배증(倍增)된 논증의무를 부담케 하기 위함이다. 그렇게 하는 것이 법관의 법률에 의한 구속 원리에 부합한다고 보는 것이다. Cf. 박준석, "법률문언의 구속성에 대하여," **법학연구** 제57집, 1, 9 (2018).

148) 이를 위한 실정법적 근거로 민법 제1조를 제시하는 견해가 있다. 민법 제1조는 민사법규범에 흠결이 있는 경우 조리를 원용해 보충할 것을 명령한다고 보는 것이다. 양천수(註140), 117, 128 – 129. 같은 취지의 대 표적인 입법례로는, 스위스 민법 제1조 제2항("이 법에 규정이 없는 경우에는 법관은 관습법에 따르며, 관습 법도 없는 경우에는 그가 입법자라면 제정하였을 법칙에 의하여 재판하여야 한다.")이 있다. 동 학설은 헌법 제103조의 '헌법'과 '양심'도 법형성의 실정법적 근거가 될 수 있다고 한다. *Id.* 129 – 131.

데,[149] 문제는 '흠결'이라는 개념 자체가 명확하지 않다는 데 있다. 법규범의 흠결이 명확하게 외부로 드러나는 "드러난 흠결(offene Lücke)"과 달리,[150] "숨겨진 흠결(verdeckte Lücke)"은 겉으로 볼 때는 법규범에 흠결이 존재하지 않지만 내용적으로 볼 때, 다시 말해 입법자의 규율 의도를 고려하면 흠결이 있는 것으로 보이는 경우를 말한다.[151] 이와 같이 흠결의 개념 속에 숨겨진 흠결을 포함하게 되면, 흠결의 유무라는 논점에서부터 해석자에 의한 모종의 평가가 개입되게 된다. 당해 문제에 대한 일반추상적 해법을 담은 규정이 마련되어 있지만 판사가 자기 앞에 제기된 특정한 사안에 이를 '그대로' 적용하기에는 부적절하다고 판단되어야 비로소 흠결이 존재하기 때문이다. 그리하여 숨겨진 흠결을 인정하는 것은 '문언을 넘은(*praeter legem*)' 해석에 그치는 것이 아니라[152] 결국 '문언에 반하는(*contra legem*)' 해석으로까지 나아간 것으로 보인다.[153]

(3) 초법률적 법형성

그런데 '문언에 반하는(*contra legem*)' 해석, 즉 "초법률적 법형성(Rechtsfortbildund *contra legem*)"은 가급적 자제해야 한다.[154] 이는 "법원에 의한 법률정정(訂正)"에 해당하는 것으로,[155] 민주주의(의회의 우위)나 권력분립의 원칙에 반하여 허용될 수 없기 때문이다.[156] 다만, 판례와 학설은 몇 가지 예외를 인정한다.[157] 먼저, ① 당해 규정이 변화된 사회현상에 비추어볼 때 "폐기된" 것으로 보일 정도로 더 이상 쓸모가 없게 되었을 경우에는, 특별한 실효조치

---

149) 양천수(註140), 113-114. 법률보충적 법형성은 사회적 요청, 사물의 본성 혹은 윤리적 원칙을 고려해 이루어진다. 윤진수(註35), 90.
150) 드러난 흠결의 대표적인 예로는 민법전에서 찾아볼 수 없는 '대상청구권'이 있다. 이에 관해서는 송덕수, "대상청구권," **민사판례연구** XVI, 19 (1994).
151) 숨겨진 흠결은 "은폐된 흠결" 또는 "예외적 흠결(Ausnahmelücke)"이라고도 불린다. 양천수(註140), 114-116; 윤진수(註35), 99.
152) '문언을 넘은' 해석은 "법률내재적 법형성" 또는 "법률보충적 법형성(Rechtsfortbildund *praeter legem*)"으로도 불리며, 특정 법률의 본래적 의도를 좇아 그 흠결의 보충을 위해 시도되는 해석을 의미한다. 박준석(註147), 6-11.
153) 본문에서와 같이 흠결의 개념 속에 은폐된 것까지 포함하게 되면, 결국 입법작용과 사법작용의 차이는 사라질 것이다. 同旨, 양천수(註140), 116.
154) '문언에 반하는' 해석 내지 "초법률적 법형성"은 전체 법질서의 관점에서 법의 기본 원리 등을 좇아 수행되는 해석을 의미한다. *Id.*
155) 법률을 정정한 것으로 평가되는 대표적인 판례로는 大判 1998.4.23. 95다36466(순승)과 大判 1999.8.19. 99다23383(순승)이 있다. 동 판결들은 어음법과 수표법이 발행지의 기재를 어음·수표의 요건의 하나이고 그 기재를 흠결한 어음·수표는 무효라고 규정하고 있음에도 불구하고 발행지 기재가 없는 어음·수표를, 어음면 또는 수표면의 기재로 보아 국내어음 또는 국내수표로 인정되는 경우에는, 유효하다고 판시하였다.
156) 同旨, 윤진수(註35), 90-91.
157) 본문에서 드는 두 가지 유형 외에, "법률의 내용이 서로 모순되거나 충돌하는 경우"와 "법률이 헌법에 반하는 경우"를 법형성이 필요한 예외적 상황으로 거시하는 학설이 있다. 양천수(註140), 132-133. 하지만 이 경우는 후술하는 체계적 해석으로 해결하는 것이 적절해 보인다.

가 없더라도 효력을 상실할 수 있다.[158] 시대가 바뀌고 사회가 달라짐에 따라 법과 실제 생활과의 사이에 불가피하게 간격이 생긴 경우에는 법형성의 필요성이 인정될 수 있는데,[159] 대법원은 이 경우에도 두 가지 요건의 충족을 요구한다. 즉 ㉮ 문언을 그대로 따르는 해석이 "부당한 결과"를 초래해야 하고, ㉯ 법형성이 "법률의 본질을 바꾸는 정도의 것이 아닌 한도에서" "합리적으로" 이루어져야 한다.[160] ② 문언 그대로 따를 경우, 불가능을 강요하거나 명백히 불합리한 결과가 나올 경우, 문리해석의 예외를 인정할 수 있다.[161]

4. 체계해석

이상은 문리해석의 과정을 설명한 것이고 이로써 민법해석 작업이 완료된 것이 아니다. 이후의 해석과정에 의하여 취해질 선택지의 범위를 설정한 것일 뿐이다. 법규정의 의미는, 그 자체로서만이 아니라, 다른 법규정이나 전체 법질서와의 체계적 연관 하에서 파악해야 하는데, 이는 일관성 내지 '평가모순(Wertungswiderspruch)' 없는 해석을 피하기 위한 것이다.[162] 이 경우, 고려해야 할 체계로는 "외적 체계"뿐 아니라 "내적 체계"가 있다.[163] 외적 체계는 관련 규정이 어떤 법률이나 그 법률 속의 어느 부분에 속하는지와 같은 체계의 '형식적' 측면을 말하는 것으로, 외적 체계에 터 잡은 해석은 가령 임차권이 채권인 것은 그 규정이 채권편에 속해 있기 때문이라든지 어떤 권리를 주장하는 사람은 본문의 요건을, 권리의 부존재를 주장하는 사람은 단서의 요건을 각각 증명해야 한다고 하는 형식적 논리구조를 취한다.[164] 반면, 내적 체계는 개별 규정들의 규범내용 사이의 경중(輕重)이나 위계(位階)와 같은 체계의 '내용적'

---

158) Guido Calabresi, *A Common Law for the Age of Statute*, passim (1985). 유사한 견해로는 K. Larenz, *Methodenlehre der Rechtswissenschaft*, 6. Aufl., 1991, 351(당해 규정이 일시적으로만 존재하는 특정한 상황에 대하여 제정된 경우 시간이 경과하여 그러한 상황이 더 이상 존재하지 않는 경우에는 "법의 목적이 사라지면 법률은 스스로 효력을 잃는다."라는 법언이 적용될 수 있다고 함). Cf. 윤진수(註35), 91.
159) 大判 1998.4.23. 95다36466(全合)의 보충의견.
160) 大判 1998.4.23. 95다36466(全合).
161) 이 부분에 관하여는 영미법상 "부조리 법리(the absurdity doctrine)"가 유효적절한 시사점을 제시한다고 본다. 이에 관해서는 이상윤, "미국 제정법 해석에서의 신문언주의 방법론에 관한 고찰: John Manning의 법이론을 중심으로," 서울대학교 법학석사 학위논문, 158－164 (2016); 朴徹, "법률의 문언을 넘는 해석과 법률의 문언에 반하는 해석의 정당성," 民事裁判의 諸問題, 11, 93 이하 (2002)(박철은 동 법리를 "불합리한 결과의 원칙(absurdity result rule)"로 지칭함); Barak(註72), 80, 142－143, 336 참조. 한편, 大判 2000.9.29. 2000다29240은 부동산등기법상 "즉일(卽日)"을, 문언상으로는 등기신청서가 제출된 바로 그 날을 말하는 것으로 보이지만 그렇게 새길 경우 명백히 불합리한 결과에 도달하므로, 등기신청에 대한 조사가 완료되어 보정할 사항이 명확하게 된 날이라고 해석하였다.
162) 윤진수(註35), 92－93. 형사사건에 관한 것이지만 체계적 해석을 강조한 판례로는 大判 2007.6.14. 2007도2162 및 大判 2006.5.11. 2006도920을, 같은 취지의 행정판례로는 大判 2002.8.23. 2001두5651을 참조.
163) 김영환, 法哲學의 根本問題, 253 (2006).
164) 대표적 판례로는 민법 제390조 소정의 채무불이행의 입증책임에 관한 大判 1997.10.10. 96다47302.

측면을 말하는 것으로, 내적 체계에 터 잡은 해석은 규범들 사이의 모순을 해소함으로써 통일적이고 정합적인 법체계를 모색하는 실체적 논리구조를 취한다.[165] 헌법합치적 해석과 같이 상위규범과의 정합성을 지향하는 해석도 체계적 해석에 속한다.[166]

5. 역사해석

문리해석이나 체계해석이 법률의 문언이나 구조와 같은 객관적 측면에 착목하는 반면, 역사해석은 입법자의 의사와 같은 주관적 측면에 착목한다.[167] 특별한 입법의도가 없는 민법과 달리, 민법에 의하여 형성된 사회(시장)질서를 교정하려는 민사특별법의 해석에 있어서는 입법 연혁이나 법률제안자의 의도가 고려될 수 있다.[168] 하지만 이 경우에도 역사해석은 어디까지나 문리해석·체계해석을 보충하는 역할에 머물러야 한다.[169] 판례도 같은 입장이다.[170]

6. 목적해석

입법자의 의사를 탐구한 후에도 선택지의 범위가 수축되지 않으면 해당 '법률의 목적(ratio legis)'을 확정하고 이에 터 잡아 해석해야 한다. 여기서 목적이란 입법자의 의사와 구별되는, 객관적 목적을 말하는데, 기실 이 목적의 확정이 쉬운 일이 아니다. 가령 민법의 목적을 일의적(一義的)으로 말할 수는 없으며,[171] 민사특별법의 경우도 '공익'이라는 표제어 아래 여러 가지 추상적 목적을 동시에 추구하는 경우가 일반적이다. 다른 유사한 법률의 목적이나 일반적인

---

165) 판례로는 大判 2006.3.24. 2005두15595. Cf. 박인환, "사망에 의한 사실혼의 해소와 재산분할의 유추," 家族法研究 제21권 제3호, 161 (2007).
166) 김영환(註163), 254.
167) 이에 대하여는 입법자의 객관적 의사에 착안해야 한다는 반론도 있으나, 문언을 "객관화된 입법자의 의사"라고 하는 언명에서 알 수 있듯이 입법자의 객관적 의사는 문언이나 구조를 통하여 확인할 수 있다고 본다. 또한 입법자의 객관적 의사는 후술하는 목적론적 해석을 통하여도 이루어진다고 본다.
168) 연혁을 고려한 판례로는 大判 2004.12.10. 2003다41715; 大判 1995.4.25. 94재다260(全合).
169) 同旨, 심헌섭, "法哲學的 法學方法論," 서울대학교 法學 제24권 제1호, 1, 7-8 (1983). Cf. 윤진수(註35), 112 (윤진수는 문리해석, 체계해석, 역사해석, 목적해석의 순서가 반드시 절대적인 것은 아니라고 함).
170) 자세한 것은 윤진수(註35), 96-97.
171) 민법의 목적으로 거론될 수 있는 이념은 자율, 공정, 효율, 평등, 가족애 등 관점에 따라 여러 가지다. 민법은 장구한 세월 동안 인류가 간직해온 가치가 구현된 법, 말하자면 이런 다종다양한 가치의 실올로 직조(織造)된 옷감이다. 목적론적 해석을 완벽하게 구현하려고 한다면, 이런 가치들의 위계를 정립하고 이를 실현할 수단들을 그 밑에 비중에 따라 정합적으로 배열하고 그들 사이의 관계를 입체적으로 재정립해야 한다. 이런 작업을 개별 사건의 처리를 일상으로 하는 법관에게 기대할 수는 없다. '제정법' 해석에 관한 논의에서 바락은, 목적을 주관적 목적(subjective purpose), 개별적 객관적 목적(individual objective purpose), 일반적 객관적 목적(general objective purpose) 등으로 세분하고 이들 사이의 충돌을 해결하는 데 노력하면서도, 이에 관한 일반적 규칙은 없다고 한다. Barak(註72), 363-369.

법원리는 고려할 수 있는지 여부에 관하여 다툼이 있을 것이다.[172] 또한 하나의 목적 또는 다수 목적들 사이의 위계를 확정한다고 해도 이를 달성하기 위한 수단은 무수할 텐데, 이 중 어느 것이 그 사건의 맥락에서 목적 달성에 가장 효과적인지는 그리 간단히 결정할 수 없다. 이를 판단하기 위한 방법론(가령 비용편익분석의 채택 여부)에 관해서도 이해당사자간 의견일치를 기대할 수 없다.

따라서 목적론적 해석에는 판단자의 주관적 평가가 개입될 가능성이 농후하다.[173] 근본적으로, 가치는 상호 비교불능이다. 이런 까닭에, 목적론적 해석에 의하여 결론이 도출되면, 많은 경우 사법재량에 의한 법형성이라는 의심을 받게 된다. 대표적인 예로는 "목적론적 축소(teleologische Reduktion)"를 들 수 있는데, 이는 어느 법규정이 문언대로라면 특정 사례에 적용될 수 있는 것처럼 보이지만 그 적용 결과가 동 규정의 목적에 비추어 부당하다고 판단될 때 동 규정이 적용되지 않는 것으로 해석하는 것을 말한다.[174] 그런데 목적론적 축소는 전술한 '숨겨진 흠결'에 다름 아니고, 그렇다고 한다면 목적론적 축소는 초법률적 법형성의 일종에 불과한 것이 된다. "목적론적 확대(teleologische Extension)"도 마찬가지다.[175] 이는 법문언을 당해 법의 목적에 부합하게 확장하여 원래 문언의 가능한 의미 범위에는 포함될 수 없는 사례에까지 적용하는 것을 말하는데, 역방향을 지향할 뿐 그 성격은 목적론적 축소와 다를 바 없다.

7. 유추

이상에서 문리해석, 체계해석, 역사해석, 목적해석을 살펴보았다. 문리·체계·역사해석은 법문언의 가능한 의미 범위를 확정하려는 것이고, 그로써 나온 해석이 다수이거나 부조리할 때 목적해석으로 나아가게 될 것이다. 저자는 목적해석 단계에 이르면 그것이 비록 해석의 형식을 취하지만, 기실 법형성(내재적 법형성이건 초법률적 법형성이건)으로서의 성격을 띤다고 본다.[176]

그렇다고 한다면, 이제 논점은 법형성 과정에서 생길 수밖에 없는 사법재량을 여하히 제어

---

172) 윤진수(註35), 97－98. 일반적인 법원리에 의존한 해석은 체계적 해석으로 볼 수도 있다. *Id.* 98, 각주 109.
173) 목적의 확정에는 해석자 자신의 가치판단이 개입해 자의적 결정이 될 위험성이 있다는 데에는 이론(異論)이 없다. 대표적으로 윤진수(註35), 98; 오세혁, "한국에서의 법령해석: 우리나라 법원의 해석방법론에 대한 비판적 고찰," **법철학연구** 제6권 2호, 119, 135 (2003).
174) 대표적 판례로는 大判 1997.8.21. 95다28625(全合). 또한 大判 1981.6.23. 80다1351.
175) 대표적 판례로는 대습상속에 관한 大判 2001.3.9. 99다13157. 이 판례를 '유추' 논증의 예로 보는 견해로는 최성경, "同時死亡 推定과 配偶者 代襲相續," **家族法研究** 제19권 제1호, 451 이하 (2005).
176) 모든 법해석과정은 본질적으로 형성적 작업일 수밖에 없다는 솔직한 술회를 하는 학설로는 박준석(註147); 양천수(註140), 111. 기실, 법해석학에 따르면 모든 법해석은 본질적으로 법형성일 수밖에 없다고 하고, 법수사학에서는 법해석과정 자체를 법을 새롭게 만들어내는 과정이라고 한다. 이계일, "수사학적 법이론의 관점에서 본 법적 논증의 구조," **법철학연구** 제13권 제1호, 35 (1999); 양천수(註140), 124.

할 것인가가 될 것이다. 이 대목에서 '유추(類推)'를 주목할 필요가 있는데, 이 논증방법이 판단자의 자의의 개입가능성을 제약할 수 있기 때문이다. 유추를 전술한 '목적론적 확장'과 구별할 수 없다는 반론이 있지만, 유추는, 법의 '목적'에 착목하는 후자와 달리, '유사성'에 착안한다는 점에서 양자 사이에는 본질적 차이가 있다.[177] 다시 말해, 일응 법문언의 가능한 의미 범위 바깥에 있는 사안이지만, 그 범위 내의 사안과 비교할 때 '사실관계'의 구조나 요소의 측면에서 유사성이 발견되는 경우, 유추는 전자를 동 규정으로 포섭하는 반면, 목적론적 확장은 이런 사실관계의 유사성 유무를 불문하고 법의 목적에 비추어 포섭할 수 있다고 하는 방식이다. 물론 유사성 유무는 당해 규정의 목적에 의존하지 않고는 판단할 수 없는 측면이 없지 않지만, '사실관계'의 유사성 유무라는 요소는 분명히 판단자의 재량을 제약하는 역할을 하게 된다.

유추를 허용하는 실정법적 근거는 헌법상의 평등원칙(§11)인데, 국가기관 중 하나인 사법부가 재판작용을 할 때에도 "같은 것은 같게, 다른 것은 다르게" 다루어야 함은 당연하다.[178] 학설은 유추가 법의 '흠결' 시에 작동하는 방식으로 보지만,[179] 여기에 한정할 것은 아니다. 어떤 법규정의 문언이 불확정적이어서 어떤 사건이 그 가능한 의미 범위에 속하는지 여부가 불분명할 때에도, 동 규정이 적용되었던 사안과 그 사건의 사안을 비교하여 양자 사이의 유사성이 발견되면 유추에 의하여 후자에 대해서도 동 규정이 적용된다고 보는 것이다.[180]

---

177) 최봉경, "法律의 欠," **延世法學研究** 10권 1집, 48 (2003).
178) 유추에 관해서 우선은, Cass R. Sunstein, *Legal Reasoning and Political Conflict* 62 – 100 (1996).
179) 즉, 학설은 일반적으로 입법자의 의도나 계획에 따르면 규율되었어야 함에도 불구하고 규율이 존재하지 않는 경우, 그런 흠결을 보충하는 방법으로 해당 사례에 대해 그와 유사한 사례에 대한 법률규정을 적용하는 것을 유추라고 본다. 윤진수(註35), 103.
180) 학설은 유추와 대립되는 개념으로 반대해석 또는 반대추론을 들고 있다. 반대해석·추론은 일정한 사항에 관하여 적용될 법이 있는 경우에는 동법이 규정하고 있지 않는 사항에 대하여는 입법자가 동법을 적용하지 않을 의사였다고 보아 동법이 적용되지 않는다고 해석하는 것을 말한다. 그러면서 어떤 경우에 유추가 허용되고 다른 어떤 경우에 반대해석에 의하여야 하는가는 그 입법의 목적을 탐구해 결정해야 한다고 한다. 윤진수(註35), 103 – 104. 그러나 어떤 사안에 대하여 반대해석을 하는 경우는 유추에 의한 논증을 시도한 결과 당해 사안에서 준거 사안과의 유사성이 발견되지 않았기 때문이라고 볼 수 있을 것이다. 요컨대 반대해석은 유추논증의 결과일 뿐이다. 또한 유추와 반대해석을 선택할 때 입법목적을 탐구해서 결정한다고 하는데, 이는 유추를 목적론적 해석의 하위개념으로 보게 만드는 사고방식이어서 의문이다. 또한 학설은 유추를 "개별유추"와 "전체유추"로 구별하면서 후자는 서로 상이한 구성요건에 대하여 동일한 법률효과를 규정하고 있는 몇 개의 법률규정으로부터 "일반적인 법원칙"을 도출하여 이를 법률에 규정되어 있지 않은 다른 구성요건에 조성하는 것으로 본다. *Id.* 104. 그런데 이는 규칙(rule)과 구별되는 원리(principle)를 찾아내 이를 법으로 보는 사고방식과 동일한 것으로 보이고 따라서 거기에 따르는 문제가 있으며, 일반적인 법원칙은 일반적인 목적으로도 보여지므로 목적해석과 구별하기 어려울 것으로 보인다. 어쨌든, 논증이나 추론방식을 허용할지 여부를 고민할 때, 종국적 판단기준은 판단자의 자의를 합리적으로 제약할 수 있는지 여부가 될 것이다.

제1절 │ 환경법원칙 일반론

Ⅰ. 환경법과 환경윤리·철학의 관계

환경법이 실정법이라는 것은 상술(詳述)한 바이지만, 기실, 원천에 의하여 식별할 수 있는 실정법으로서의 환경법은 완벽하지 않다. 법의 '공백'과 '불확정성'이 존재하는 것이다. 이런 상황에서 행정청이나 법원은 행정작용이나 재판을 거부할 수 없기 때문에 '행정재량'이나 '사법재량'을 행사할 수밖에 없다.[181] 이 경우, 법 일반이 도덕으로부터 수혈 받아 왔듯이, 환경법도 (국민의 가치관을 포함한 여러 가지 다른 요소들과 함께) 도덕, 특히 환경윤리·철학에 의하여 영향을 받게 된다. 이것이 환경법을 실정법으로 규정하면서도 환경윤리·철학에서 논해지는 환경보호의 이념이나 원리에 주목하는 이유이다.

돌이켜보면, 환경법은 정치과정을 통하여 형성되는데 이런 과정에서는 국민들의 가치관, 도덕이나 윤리, 그리고 이를 구체화한 정책 대안들이 논해지며, 환경법은 이런 논의의 최종결

---

181) 드워킨은 법원이 행사하는 재량, 즉 '사법재량(judicial discretion)'을, "어떤 이슈에 관하여 공직자가 권위에 의하여 정해진 규준에 의하여 그야말로 구속되지 않을 때"를 의미한다고 한다. Dworkin, "The Model of Rules," *University of Chicago Law Review* vol. 35, 14, 32－33 (1967). 따라서 판사가 어떤 사건에 대하여 재량을 가진다는 것은 판사들이 결정할 권한을 가지는 사건에 관하여 법에 의하여 정해진 '하나의 정답'인 결정이 존재하지 않음을 의미한다. (재량이 있다고 해서 무슨 결정이든 내릴 수 있는 것은 아니다. 판사는 최선의 노력을 기울여 관련된 요소들을 종합·형량하여 재량을 행사해야 한다.) 라즈는 이런 사법재량의 존재를 인정한다. Joseph Raz, "Legal Principles and the Limits of Law," *Yale Law Journal* vol. 81, 823, 843－848 (1972). 반면, 드워킨은 법에는 후술하는 규칙뿐만 아니라 원리도 있기 때문에 사법재량은 존재하지 않고 모든 사건에 정답이 있게 된다고 주장한다. 반면에, 라즈는 원리로 인하여 재량은 확대된다고 본다. *Id.* 846. Cf. 최병조(註20), 66은 사안이 법관에게 불명한 경우, 보충적 효력이 있는 진정한 법관법을 인정하자는 견해에 반대한다.

과를 규범화하여 탄생한 것이다(이처럼 법은 정치과정의 산물이지만, 그렇게 탄생한 법은 정치과정을 한계지우고 그 구체적 결정을 규범화함으로써 향후 정치과정을 향도하게 된다. 이와 같이 물고 물리는 양상이 법과 도덕의 관계일 것이다). 그런데 환경문제를 바라보고 접근하는 관점은 다종다양하다. 즉 환경문제에 대한 접근법은 인간중심적 윤리와 비인간중심적 윤리로 대별되고 전자는 경제적 관점, 사회·문화적 관점, 기술적 관점 등으로, 후자는 환경중심적 관점과 생태중심적 관점으로 나뉜다.

　　환경법원칙은 이런 여건 속에서 관점 여하에 상관없이 누구나 수용할 수 있는 '일반적 원리'를 정립하려는 노력의 결과이다. 환경영역 전체를 관통해 적용되고 나아가 환경영역을 넘어 확장될 여지를 갖는 환경법원칙은 그런 노력의 결과인 이상, 유연성을 가질 수밖에 없는데, 이는 다시 (법의 덕목인) 확실성과 정확성을 결하게 되는 문제를 야기한다. 환경법원칙들 사이에는 그것들이 일반추상적 규범인 까닭에 서로에게 영향을 주고받는 역동적 관계가 펼쳐진다. 그 결과, 환경법원칙의 법적 지위가 논란의 대상이 된다. 다행스럽게도, 우리 환경법은 환경법의 이념이나 원칙에 관하여 명문의 규정을 가지고 있는데, 기실, 이 원칙들도 처음에는 국제정치의 무대에서 환경윤리 차원에서 논의되기 시작하였고, 지지(支持)를 확보함에 따라 정책적 지침으로 자리매김되었고, 결국에는 국제법규범으로 등극하게 되었다. 하지만 아래에서 상술하는 바와 같이 그 의미와 내용에 관해서는 여전히 불확정성이 존재하기 때문에 여전히 환경윤리·철학을 살펴볼 필요가 있다.[182] 환경윤리에 관해서는 장(章)을 바꿔 상론하고, 여기서는 실정법 해석 차원의 논의만을 살펴보기로 한다.

Ⅱ. 환경법원칙의 종류

1. 환경법원칙의 종류

　　환경법원칙들의 내용은 후술하고 여기서는 종류와 근거를 개관해본다. 현행 환경법상 환경법원칙으로 볼 수 있는 것은, 지속가능발전의 원칙, 사전배려의 원칙, 오염자책임의 원칙, 협동의 원칙이다. 학설은 이외에도, 환경총량보존의 원칙, 존속보장의 원칙, 예방의 원칙, 환경정의(環境正義)의 원칙 등도 거론하고 있는데, 이 중 환경총량보존의 원칙과 존속보장의 원칙, 그리고 환경정의(環境正義)의 원칙은 지속가능발전의 원칙에, 예방의 원칙은 사전배려의 원칙에, 각기 포섭될 수 있는 유사한 개념들이다. 환경정의의 원칙은 환경재와 환경부재(環境負財)

---

182) 이하 환경윤리에 관한 부분은, Des Jardins, ch. Ⅰ에 의존하였다. 특별히 그의 견해임을 강조할 필요가 없는 한 각주를 일일이 달지 않기로 한다.

의 분배와 관련된 개념으로서 이를 환경법원칙으로 보는 데 필요한 실정법상 근거가 부족하고, 비교법적으로도 이를 원칙으로 삼는 법제는 찾아볼 수 없다는 점에서 제외한다.[183] 그런데 2019년의 환경정책기본법 개정으로 "환경정의"가 동법에 규정되었다. 환경정의는 앞으로 공론화과정을 거치면서 국민 대다수의 공감을 얻어가고 실무관행과 판례가 축적되어 갈 때 법원칙으로 승격될 가능성을 찾을 수 있을 것이다.

환경법원칙들은 정치적 결단으로 시작했지만, 우리 법질서 속에 수용된 이상 이미 법적 근거를 확보하고 있다. 즉, 헌법상 환경권 규정을 비롯하여 「환경정책기본법」, 「자연환경보전법」, 「대기환경보전법」, 「환경영향평가법」, 「지속가능발전법」 등 다수의 환경법률에서 직·간접으로 지속가능발전원칙, 사전배려원칙, 원인자책임원칙과 협동원칙이 명문화되어 있다. 문제는, 환경법원칙들 중 원인자책임원칙을 제외하고는 "원칙"으로 명시(明示)된 것이 없다는 점이다. 그러나 환경법원칙으로 거론되는 원칙들은 모두 환경보전에 필수불가결한 내용일 뿐 아니라 환경법 전 영역을 관통해 적용될 수 있는 일반적 성격을 갖고 있다. 또한 '신뢰보호의 원칙', '과잉금지의 원칙', '비례의 원칙' 등은 실정법상의 근거가 없음에도 행정법상 '법원칙'으로 널리 인정되고 있다. 그렇다고 한다면 어떤 규범이 법원칙으로 인정되기 위해서 그것이 '원칙'임을 명시할 필요까지는 없다고 보아야 한다.

이러한 환경법원칙들은 '일반성(generality)'과 '비중(weight)'의 측면에서 각기 다른 특성을 가지고 있다. 양자는 역의 관계, 즉 일반성이 높으면 비중이 낮고 일반성이 낮으면 비중이 높은 관계에 있다고 보는 것이 일반적이지만, 구체적 사건에서는 반드시 그런 것은 아니다(이에 관해서는 아래 법규칙과 법원리 부분에서 상술한다).

---

183) 법을 어떤 단위로 나누어 볼 것인가에 관해서는 여러 이론이 있을 수 있다. 이런 이론들은 나름의 법의 개별화 원리(principles of individuation)를 제시한다. 환경법원칙을 논할 때에도 이를 염두에 두어야 한다. 가령 환경보호의 원칙이 존재할 수 있는가? 이는 "하나의 법(one law)"이라기보다는 환경법 전체를 묘사하는 명제이거나 다수의 법들의 일부일 뿐이다. 기실 우리는 일단(一團)의 법규칙을 그 개개의 내용을 자세하게 명시하지 않고 약식으로 언급하는 경우가 있다. 법원도 그 결정을 정당화하는 과정에서 그런 언급을 하는 경우가 종종 있다. 이런 언급은 보통 법원리를 언급하는 형식을 띠지만, 기실 그것은 특정한 법원리의 내용에 대한 언급이 아니다. 그들은 단지 다수의 규칙에 대한 간략한 암시일 뿐이다. 가령 우리나라에는 "언론 자유의 원칙"이 있는가? 이를 주장하는 사람에게 그 원리로써 무엇을 의미하는가 하고 물으면, 아마도 언론의 자유를 보장하기 위한 여러 가지 내용의 규칙들과 극히 이례적인 소수의 예외적 규칙들이 나올 것이다. 여기에 이르면, 그가 말하는 표현의 자유의 원칙은 단 하나의 법, 즉 어떤 법원리에 대한 진술이 아니라 일단의 법규칙들을 간략하게 언급하기 위한 진술이었음을 알게 된다. 여기서 법원과 공직자에게 의무를 부여하고 그들의 행위를 규율하는 것은 일단의 규칙이지 이를 간략히 요약한 명제가 아님을 상기(想起)해야 한다. 요컨대 법원리와 같이 보이는 것이 실은 법원리가 아닌 경우가 있음을 유념해야 한다. 실제로, 실정법에 법원리로 규정된 예는 그렇게 많지 않다. Raz(註181), 828. 이상을 염두에 두고 환경법원칙들을 분류한다면 본문과 같이 보는 것이 타당하다.

2. 환경법원칙의 개관

일반성과 비중의 측면에서 볼 때 지속가능발전의 원칙은 나머지 환경법원칙들을 지도할 수 있다는 점에서 환경법의 이념으로 보아야 한다. 말하자면 나머지 환경법원칙들은 지속가능발전의 원칙과의 관계에서 그것의 실현을 위하여 봉사하는 수단적 원칙이다.[184] 따라서 지속가능발전의 원칙은 이런 기본이념을 실현하기 위한 수단으로서의 환경법상 기본원칙들과 구별하여 논의되지만, 그 규범내용의 구조는 아래에서 보는 '법원리'로서의 성격을 갖는다.

사전배려원칙은 환경에 대한 '리스크'가 어느 정도인지 확실하지 않은 경우에 그 리스크로 인한 피해가 중대할 때에는 그 리스크를 방지하거나 축소하는 사전배려 조치를 취해야 한다는 것이다. 사전배려원칙의 규범내용에 관해서는 견해가 갈린다. 예방의 원칙은 사전배려의 원칙과 달리 확인된 '위험'에 대하여 이 위험이 현실화되어 환경오염이 발생하지 않도록 사전에 예방적 노력을 기울여야 한다는 것이다. 존속보장원칙(Bestandsschutzprinzip)이나 환경총량보존의 원칙은 통상 사전배려원칙과 연결된 원칙으로 인정되고 있는데 현재의 환경상태의 악화나 현재의 환경총량의 감소를 금지하는 것을 내용으로 한다. 이들은 다른 법원칙, 특히 재산권, 경제적 가치, 법적 안정성 등과 충돌하므로 이들을 환경법원칙으로 인정하는 데 어려움이 있다.

오염자부담의 원칙 혹은 원인자책임의 원칙은 환경오염의 원인을 제공한 사람이 그 방지·제거 및 손해전보의 책임을 져야 한다는 것이다. 이 원칙 또한 '법원리적 성격'을 가지고 있어 상충하는 법원칙이나 법규를 만나면 후퇴할 수 있다. 공동부담원칙이나 수익자부담원칙 등은 원인자책임원칙과 모순되는 것으로 환경법을 관통하는 원칙으로 볼 수 없다.

협동의 원칙은 환경보전을 위하여 민관이 협동해야 한다는 것이다. 국가와 지방자치단체, 지자체 상호간, 나아가 국가와 지자체는 사업자 및 일반국민과 협력해서 환경보전에 이바지해야 한다는 것이다. 동 원칙은 법치주의의 요청인 법적 안정성·명확성, 재산권보호 및 환경오염으로 인한 손해의 전보는 최종적으로는 국가가 책임진다는 국가최종책임의 원칙 등과 모순될 수 있기 때문에 이들과의 형량을 통해 규범내용이 구체화된다.

---

184) 同旨, 홍준형a, 18.

Ⅲ. 환경법원칙의 법적 지위

1. 정책적 지침인가 법규범인가?

환경법원칙은 법규범이다. 지속가능발전의 원칙, 사전배려의 원칙, 협력의 원칙은 국제정치 무대에서 먼저 환경정책으로 선언되었고 이후 국내에 환경정책의 기본정책으로 수용되어 전개되었다. 그 후 헌법에 환경권이 규정되고 환경정책기본법과 다수의 환경보호법률에 동 원칙들이 규정됨으로써 법규범화되었다.

그럼에도 불구하고 환경법원칙들을 단순한 정책지침으로 간주하여 법규범으로서의 성격을 부정하는 견해가 있다.[185] 환경정책은 개발가치와 환경가치가 충돌하는 정치적으로 민감한 영역에서 내려지는데, 동 원칙들을 법규범으로 인정하는 순간 환경정책결정에 대하여 지나친 제한을 부과하게 되며,[186] 특히 협력의 원칙은 법적 안정성과 명확성을 해치고 국가가 마땅히 부담해야 할 책임을 사인에게 전가하도록 하여 법치주의와 민주주의에 악영향을 끼친다는 것이다.[187] 부정설의 배경에는 환경법원칙들을 법규범, 그것도 헌법규범으로 인정하게 되면 그와 모순관계에 있는, 특히 경제활동의 자유와 관련 있는 하위의 법률, 행정입법, 행정결정의 효력이 부정될 것에 대한 우려가 자리한다.

그러나 법원은, 전술한 바와 같이 입법부의 충실한 대리인인 까닭에,[188] 그동안 '환경정책'의 기본원칙으로 주장되던 내용들을 환경정책기본법을 포함한 다수의 환경보호법률에 규정한 입법부의 결단을 도외시할 수 없다(이는 비록 환경보호가 윤리적 명제 혹은 정치적 슬로건으로 시작했고 입법 후 시간이 얼마 지나지 않았을지라도 마찬가지다). 다시 말해 환경법원칙들이 법원칙으로 인정되어야 하는 것은 그것들이 도덕적 행위자로서의 인간에게 근본적인 윤리명제이기 때문이 아니라 (우리나라에서 환경권이 헌법상 기본권으로 규정되고 환경보호정책이 구체적 법규범으로 입법되는 과정 속에서) 그것들이 실제로 다수의 실정법에 규정되었기 때문이다. 국회가 제정한 법률이 환경법원칙을 규정하고 있는 이상, 법이론은 그것이 생소하다고 해서 그 법적 지위를 단

---

185) 김홍균, 43.
186) 그리하여 독일에서는 동 원칙들을 "환경정책 및 법정책적인 행위원칙(Handlungsmaxime)"으로서의 성격을 갖는다고 한다. 한귀현, 31; 김성수, **개별행정법**, 254 (2004); B. Bender, R. Sparwasser & R. Engel, *Umweltrecht*, 3. Aufl., 1995, Rn. 66. S. 24.
187) 김병기, "Rechtsnatur des Kooperationsprinzips im Umweltrecht unter Berücksichtigung der deutschen Regelungen," **행정법연구** 제19호, 141면 이하 (2007).
188) 전술한 바와 같이, 우리 헌법체제하에서 의회의 행위는 그것이 합헌적 테두리 내에 있는 한 우선적 지위를 가지고 법관들은 의회의 충실한 대리인으로 행동해야 한다. 이런 입법부우위의 원칙은 민주주의와 삼권분립에서 기원하고 합헌적 절차에 따라 제정된 법률은 헌법을 제외한 그 밖의 모든 국가의사에 우월하다는 '법률의 우위'의 원칙과 같은 맥락 속에 있다.

박에 부정할 것은 아니다. 그렇다고 한다면, 남는 과제는 환경법원칙의 법적 효력을 이론적으로 여하히 다룰 것인가이다. 아래에서 보는 바대로 **환경법원칙의 효력을 탄력적으로 파악하면** 입법자의 입법 의도도 존중하면서 다른 원칙이나 법규와의 조화를 모색할 수 있다. 요컨대 환경법원칙은 정책적 지침이 아니라 **법원칙이다.**

2. 법규칙과 법원리

법체계를 구성하는 개별화된 법에는 여러 종류가 있다.[189] 드워킨의 원리이론에 따르면,[190] 법체계를 구성하는 개별화된 법에는 규칙(rule; Regel)과 원리(principle; Prinzip)라는 두 가지 종류가 있다.[191] 양자는 모두 특정 상황에서의 법적 의무에 관하여 특정한 결정을 내리는 점에

---

189) 법의 분류는 법의 개별화 원리에 따라 다양하게 이루어진다. 라즈의 분류법(Joseph Raz, *The Concept of a Legal System*, chs, 4, 6 (1970))에 의하면, "규준(standards)"에는 "법적 규준(legal standards)"과 "비법적 규준(non-legal standards; 여기에는 비법적 규칙과 원리가 포함됨)"이, 법적 규준에는 "법규범(legal norms)"과 "규범이 아닌 법(laws which are not norms; 가령 법체계의 효력이 미치는 지역적 범위에 관한 정의 규정)"이, 법규범에는 "특정법규범(particular legal norms)"과 "일반법규범(general legal norms)"이, 일반법규범에는 "법규칙(legal rules)"과 "법원리(legal principles)"가 있다. Raz(註181), 824-828.

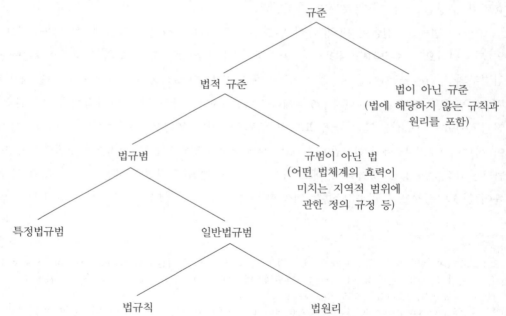

190) 드워킨에 의하여 고안된 원리이론에 관해서는, Ronald Dworkin, "The Model of Rules," *University of Chicago Law Review* vol. 35, 14 이하, 특히 37(1967)(이는 do, *Taking Rights Seriously*. 14-45 (6th ed., 1991)에 재록).
191) 그런데 실제 우리 법체계는 그것이 지시하는 행위의 특정성 정도가 각기 다른 무수한 법들로 구성되어 있다. 이 법들의 특정성의 정도는 특정 아니면 불특정이 아니라 연속체(continuum) 선상의 어느 점이 될 것

서는 동일하지만, 각각이 내리는 지시(규범내용)의 성격 면에서는 차이가 있다. 규칙은 "전무 아니면 전부 식으로(all-or-nothing fashion)" 적용되거나 적용되지 않거나 하지, 그 중간은 없다. 다시 말해, 어떤 법규칙이 예정한 사실관계가 주어질 경우, 그 규칙이 갖고 있는 답이 받아들여져야 하는 사안의 경우에 그 규칙은 효력이 있게 되고, 그 답이 사안의 해결에 기여하는 바가 없는 사안의 경우에 그 규칙은 효력을 상실할 뿐이다. 이는 ① 규칙은 "거짓말을 하지 말라."나 "약속은 지키라."와 같은 형태로 확정적인 행위를 지시하고, ② 규칙은 그 안에 자신에 대한 모든 예외를 포함하고 있으며, 규칙 상호간에 규범충돌이 일어나면 상위법 우선·특별법 우선·신법 우선과 같은 해결규칙에 따라 어느 일방이 효력을 상실하기 때문이다. 요컨대 법규칙들 사이에는 충돌이 있을 수 없는 것이다.[192]

반면, 법원리들 상호간에는 규범충돌이 있게 마련인데, 그렇다 하더라도 어느 일방이 효력을 상실하지 않는다. 이는 ① 법원리는 "합당한 주의를 기울여라."거나 "법은 부정(不正)을 돕지 않는다."와 같은 형태를 취함으로써 그 규범내용이 확정적이지 않고, ② 법원리는, 법규칙

이다. 그래서 규준의 형식으로부터 그것이 규칙인지 혹은 원리인지 판명하게 구분할 수도 없다. 양자 모두는 특정 그룹의 사람들("규범주체")에게 특정 상황("적용조건")에서 특정한 행위("규범행위")를 수행해야 한다고 진술하기 때문이다. "해야 한다"는 것도, 양자 모두에서, 모든 상황을 고려한 무조건적인 "해야 한다"가 아니라 특정한 상황에서 다른 규칙이나 원리에 의하여 번복될 수 있는 '일응의' "해야 한다"이다. 즉 "일응 우선(prima facie)"의 지위를 갖는 것이다. 또한 규칙으로 불리는 법들이라고 해서 하나의 똑같은 유형의 규칙은 아니며, 원리로 불리는 법들이라고 해서 하나의 똑같은 유형의 원리도 아니다. Raz(註181), 834-836. 본문의 설명은 편의상 '이념형'으로서의 규칙과 원리를 상정한 채 진행되는 것이다.

192) 전술한 바와 같이, 법의 분류는 법의 개별화원리에 따라 다양하게 이루어진다. 앞에서 라즈의 법분류법을 보았는데, 드워킨의 원리이론에 부합하도록 법을 개별화하는 방법도 있을 수 있다. 즉 그에 따를 때 모든 규칙들이 상호 충돌하지 않게 말이다. 하지만 그러기 위해서는, 가령 '폭행죄'에 관한 규칙은 매우 복잡다단하게 될 것이다. 정당방위, 긴급피난 등 폭행죄 성립을 방해하는 여러 규칙들까지 폭행에 관한 하나의 규칙으로 합체되어야 할 것이기 때문이다. 그러나 우리가 채택해야 할 개별화원리는 법체계를 구성하는 구성요소들을 관리할 수 있는 단위로 나눌 수 있어서 그에 의할 때 다양한 형태의 법들을 체계적으로 분류할 수 있고 이들이 여하히 상호관련되고 상호작용하는가를 설명할 수 있어서 법에 대한 이해를 향상시킬 수 있어야 한다. 이에 더하여 법에 대한 우리의 통상적인 관념을 반영하는 개별화원리를 채택한다면 금상첨화가 될 것이다. 그런 개별화원리에 따라 법체계 구성요소들을 개별화하고 분류한다면, 드워킨의 설명과 달리, 법규칙들은 서로 충돌하거나 상호작용한다. 법규칙들은 다른 규칙들을 수정하고 한정하며, 또한 다른 규칙들에 의하여 수정되고 한정되기 때문이다. 뿐만 아니라 법규칙들은 법원리와 마찬가지로, 각기 다른 상대적 비중을 가지고 있을 뿐 아니라 그 비중도 개별사건마다 다르게 평가된다. 다만, 법규칙들의 상대적 비중은 법원리들에 비하여 비교적 더욱 정확히 규정되고 있다. 일반적으로 법은 법관이 고려해야 할 요소를 규정하지만 그 비중까지 정확히 규정하지는 않는다. (그리하여 드워킨의 이론은 더 이상 수용될 수 없게 되었다. 왜냐하면 원리뿐만 아니라 규칙도 충돌하거니와 비중도 가진다는 사실이 밝혀졌기 때문이다. 따라서 드워킨의 설명은 규칙과 원리를 정의하는 차이로 받아들여질 수 없게 된 것이다. 자세한 것은 Raz(註181), 830-834) 때때로 법(가령 민법 제104조)은 법관이 법외적인 요소(가령 도덕·윤리적 요소)를 고려할 것을 예정하고 있기도 하다. 이런 특징들은 결국 특정한 사건에서 법관이 사법재량을 행사할 수밖에 없음을 의미하고 있는 것이다. 사법재량은 통상 원리에 의하여 규율되지만, 이때 원리는 고려요소 모두를 장악하지 않고 단지 고려요소의 범위를 한정할 뿐이다. Raz(註181), 846.

과 달리, 상대적 "비중(weight)"을 가지고 있기 때문이다. 그래서 어떤 사안(유형)에서는 일방의 법원리가 전부 또는 부분적으로 우선하고 그만큼 타방의 법원리는 후퇴하지만 다른 사안(유형)에서는 그 우선관계가 바뀔 수 있다. 개별 사안에서의 우선관계는 각 법원리의 비중과 그 사안에서의 형량요소를 종합고려한 형량(balancing; Abwägiung)에 의하여 결정된다. 법원리들 상호간에 이루어지는 형량을 하나의 법원리의 관점에서 보자면, 법원리는 그 규범내용을 법규칙과 같이 "죽거나 살거나" 식으로 실현할 것을 명하는 것이 아니라 해당 사건의 형량조건을 전제로 하여 그와 충돌하는 다른 원리와의 관계에서 가능한 한 최대로 실현할 것을 명하는, 이른바 "최적화명령(optimization; Optimierungsgebot)"을 하고 있는 것이다.[193] (어떤 사안(유형)에서의 원리들의 중요성은 그 원리들이 봉사하고자 하는 목적들에 대한 기여 정도와 비교해서 고려된다. 가령, 어떤 사건에서 대안 A는 덜 중요한 원리의 목표를 크게 진작시키는 한편, 더 중요한 원리의 목표를 거의 후퇴시키지 않는다. 대안 B는 덜 중요한 원리의 목표를 크게 후퇴시키는 한편, 더 중요한 원리의 목표를 조금만 진작시킨다. 이런 경우에는 대안 A가 채택될 것이고, 결과적으로 덜 중요한 원리가 선호되게 되는 것이다. 다른 경우에 셈법이 달라질 수 있음은 물론이다.)

이러한 "원리이론"에서 법규칙은 강학상 '법규(法規)'에 해당하고 법원리는 강학상 '법원칙'에 해당하는바, 따라서 법원칙 상호간에 실질적 규범충돌이 있더라도 원리이론에 따라 그 충돌은 형량에 의하여 해결되고 법원칙 모두는 효력을 유지하게 된다. 환경법원칙 사이에 있을 수 있는 충돌도 또한 이와 같이 형량에 의하여 어렵지 않게 해결할 수 있다.[194] 가령 오염자부담원칙과 공동부담원칙(≒ 협력의 원칙)은 양자의 규범내용이 충돌하지만, 그렇다 하더라도 양자 사이의 선후관계는 고정되어 있는 게 아니라 공존하면서 개별적 사안(유형)마다 그 각 형량조건에 따라 형량을 통해 각 원칙의 규범내용과 선후관계가 구체화될 것이다.

이상의 원리이론에 따르면 원리만이 상대적 '비중'을 가지고 있어 구체적 사건에서 형량을 통해 규범내용이 구체화되는데, 기실, 실제의 규칙은 비중도 있고 그 규범내용도 형량을 통해 구체화된다.[195] 불확정개념을 가진 법규가 바로 그 실례(實例)이다. 가령 원리이론이 규칙으로

---

193) 이는 드워킨의 이론을 독일공법학과 접목시켜 소개한 알렉시의 발상이다. Robert Alexy, Recht, Vernunft, Diskurs, 1995, S.177－212; do, *Theorie der Grundrechte*, Frankfurt a.M. 1986.

194) 同旨, 박정훈 "환경법상 기본원칙들의 법이론적 분석: 법적 성격과 방법론적 기능을 중심으로," 서울대학교 환경·에너지법정책센터(편), **환경피해에 대한 권리구제를 위한 법리와 법정책·제도 연구**, 218, 225 이하 (2010)

195) Cf. Raz(註181), 833. 라즈는, 규칙과 원리는 모두 상대적 비중을 갖지만, 양자는 상충 시에 다르게 작용한다고 볼 수 있다고 한다. 즉 규칙들 사이의 상충은 오직 그들의 상대적 중요성에 의해서만 결정되는 반면, 원리들 사이의 상충은 그들의 상대적 중요성뿐 아니라 다양한 대안들이 각 원리의 목적에 기여하는 정도를 함께 평가함으로써 결정된다는 것이다. 그러나 규칙과 원리 사이의 이 차이는 논리적인 것이 아니어서 해당 법체계의 법정책에 의하여 얼마든지 다양한 모습으로 변화할 수 있다. 그리하여 규칙이 원리와 상충하는 사건이 생기는데, 이런 경우에는 상충하는 규칙과 원리의 상대적 중요성에 따라 충돌이 해소되기도 하고, 아니

분류하는 비례원칙의 규범내용 속에 적합성, 필요성, 비례성이라는 불확정개념이 담겨있고 그 불확정개념의 해석 시에 상충·경쟁하는 가치와 이익들이 형량된다. 원리이론은 환경법원칙 중 지속가능발전의 원칙, 사전배려의 원칙, 환경총량보전의 원칙도 규칙으로 분류한다.[196] 가령 사전배려원칙은 환경적 침해를 사전에 방지하는 조치를 취해야 한다는 것을 그 규범내용으로 하고 있는데, 이때 '사전'이라는 시간적 개념과 '배려'라는 내용적 개념이 불확정적이다. 이들 개념들은 구체적 사건에 적용되는 과정에서 관련된 다수의 가치와 이익들을 형량한 후에야 그 규범내용이 확정될 것이다. 예컨대 보다 일찍, 보다 튼실하게 조치를 취하면 환경훼손을 방지하는 데 더 큰 도움이 될 테지만, 감당불가의 비용이 들 수 있다. 국가는 여러 목표를 동시다발적으로 추구하고 있는 까닭에 국가재정의 한계를 넘는 조치를 감당할 수 없다. 국민 중에는 개발가치를 보전가치보다 우선시하는 사람들도 있다. 이런 상황 속에서 구체적 사건의 요소들에 터 잡은 형량을 통하여 해당 불확정개념을 확정하게 되는 것이다. 언어의 불완전성, 사건 양상의 다양성, 가치관의 다원화, 과학기술의 발전 등은 개별화된 환경법이 원리와 규칙 중 어느 형식으로 규정되든지 상관없이 구체적 사건에서 형량을 통해 확정되는 불확정개념을 담을 수밖에 없게 만든다.

면 그 각각의 상대적 중요성뿐만 아니라 다양한 대안들의 그 각각의 목표에 기여하는 정도에 따라 충돌이 해소되기도 한다. (후자가 대부분의 경우이다.) 어쨌거나 충돌 시에 규칙과 원리는 똑같이 취급되는 점에 유의하라. 무엇보다, 상술한 바와 같이, 규칙과 원리는 상호배타적인 법개념이 아니다. 비법적 맥락에서 규칙과 원리는 상충 시에 똑같은 방식으로 작용한다. "거짓말하지 말라."라고 하는 도덕규범과 "약속을 지키라."라고 하는 도덕규범은 규칙의 형태를 띠고 있지만, 상충 시 원리들의 충돌 시와 동일한 방식으로 작용한다. 즉 그 각 규범이 보호하는 가치에 대한 결과를 고려해 어떤 때는 전자를 선호하고 다른 때는 후자를 선호하는 것이다. 결론적으로, 규칙과 원리의 논리적 차이는 충돌의 가능성 유무나 충돌 시 해결방법과는 무관하다. 양자의 논리적 차이는 지시하는 행위(규범행위)의 특정 정도에 있다. Raz(註181), 838–839. 규칙은 상대적으로 확정적인 행위를 지시하는 반면, 원리는 고도로 불확정적인 행위를 지시한다. 행위 A(가령, 공익추구, 과실 없는 행위, 합당한 행위 등)가 대다수(大多數)의 이질적인 행위들에 의하여 수행될 수 있다면, 그 행위는 고도로 불확정적이다. 행위 B(가령, 흡연, 속도위반 등)가 극소수의 행위만으로 수행될 수 있다면 그것은 행위 A보다 더욱 확정적이다. 확정성은 정도의 문제인바, 따라서 양자의 경계는 불분명한 경우가 많다. 고도로 불확정적인 행위는 다양한 종류의 더 확정적인 행위를 수행함으로써 행해질 수 있기 때문에 전자를 수행할 기회들이 후자의 그것들보다 많다. 따라서 전자를 지시하는 규범은 후자보다 다양한 영역의 인간 행위와 관련된 더욱 일반적인 고려요소에 의하여 정당화되어야 한다. 원리가 규칙을 정당화하는 데 사용될 수 있지만, 그 반대는 성립될 수 없는 이유가 여기에 있다. 이것이 규칙과 원리가 실천적 추론에서 담당하는 역할의 가장 중요한 차이다.
196) 박정훈(註194), 226.

3. 환경법원칙의 효력과 상호관계

(1) 환경법원칙의 헌법적 효력

환경법원칙은 환경정책기본법과 개별 환경보호법률에 규정되어 있는 만큼 그 법률적 효력을 인정해야 한다. 논점은 이 원칙에 헌법적 효력을 인정할 수 있는가이다.[197] 긍정설에 의하면, 다수의 환경보호법률에 규정된 환경법원칙의 내용들은 모두 헌법상 환경권과 국가·국민의 환경보전의무에서 비롯되는 것이기 때문에 결국 그 법적 지위는 헌법으로 귀결되고 환경법상 기본원칙은 입법재량의 한계를 의미하게 되는데, 그렇다고 한다면 입법자가 동 원칙을 전면적으로 부정하거나 그에 정면으로 모순되는 입법을 할 수 없다는 점에서 헌법적 위상을 인정하지 않을 수 없다고 한다.[198]

하지만 모든 법률은 결국은 헌법으로부터 기원하는데 그렇다고 해서 모든 법률규정에 헌법적 효력을 부여할 수는 없고, 후술하는 바와 같이 헌법상 환경권은 그 내용의 형성이 법률에 유보되어 있어 국민의 권리·의무를 규정하는 재판규범으로서 그 구체적 효력을 인정받지 못하고 있다. 헌법은 환경가치보다 오래되고 그것과 긴장관계에 있는 가치들을 다수 담고 있어 이들을 배려해야 하기 때문이다. 명문으로 헌법화되어 있는 환경권이 이러하다면, 법률에 직·간접으로 규정된 환경법원칙들에게 헌법적 지위를 부여할 수는 없다.

따라서 환경법원칙은 '기본법'에 '원칙(原則)'으로 자리매김된 이상 입법 시 고려해야 할 요소인 것은 분명하지만 입법 당시의 사회경제적 사정에 의하여 이를 반영하지 못하는 경우, 그 법률이 위헌의 죄책을 진다고 할 수는 없을 것이다. 가령 「한강수계상수원수질개선 및 주민지원에 관한 법률」은 오염자부담의 원칙과 대척관계인 '수익자부담의 원칙'을 채택하여 한강수계지역의 물환경을 보전하기 위한 비용을 (오염자인 그 지역주민이 아니라) 수혜자인 서울시민에게 부담케 하고 있다. 또한 「행정규제기본법」은 규제를 신설·강화할 때 (규제영향분석의 일환으로) '비용편익분석'을 실시해서 그 규제로 인한 편익이 비용을 상회할 때에만 입법이 가능하도록 규정하고 있는데, 이는 후술하는 바와 같이 '사전배려의 원칙'과 정면으로 충돌한다. 무엇보다도, 일자리 또는 환경보호에 대한 국민들의 선호는 선거 당시의 사회경제적 사정에 따라 춤을 춘다. 사정이 이러한데, 환경법원칙에 반한다고 해서 이런 법률들을 위헌으로 선언할 수는 없을 것이다. 앞으로 환경보호가 국민의 의식 속에 내재화되는 정도에 따라 그 위상이 바뀔 테지만, 적어도 현재의 시점에서 국민 또는 (국민의 대표자인) 공직자, 대표적으로 입법자에

---

197) 환경법원칙이 수행하는 역할의 내용과 정도는 법체계마다 그리고 한 법체계 내의 영역마다 다른 것이므로 일반화할 수 없다. 따라서 본문에서의 논의는 우리 법체계의 환경법 영역에 한한 것이다.
198) 박정훈(註194) (환경법원칙들 전부에 대하여 인정); 홍준형, **환경법**, 42-45 (한울, 1994).

게 헌법적 의무를 부과하는 헌법원칙으로서의 효력을 환경법원칙들에게 부여할 수는 없다.

하지만 입법자가 환경의 가치를 전면적으로 부정하거나 그것에 정면으로 모순되는 입법을 하여 입법재량의 한계를 넘는 것으로 평가된다면, 그 입법은 효력을 상실할 수도 있을 것이다. 물론, 이런 가능성이 환경법원칙들을 헌법원칙으로 만드는 것은 아니다. 왜냐하면 그 가능성이 생긴 것은, 환경법원칙에 대한 입법자의 철저한 무시가 당해 입법의 특수한 여건과 결합하여 입법재량의 한계를 유월하여 헌법상 환경권을 침해한 것으로 평가되었기 때문이다. 이러한 특별한 경우에 관한 한, 환경법원칙은 비록 헌법적 차원은 아니지만 법률적 차원에서 입법재량의 일탈·남용을 막아주는 '향도'로서의 역할을 하는 '소극적 법효력'을 갖고 있는 것이다.[199]

(2) 환경법원칙의 상호관계 및 가치형량

앞서 개관한 환경법원칙들은 모두 법원리적 성격을 갖고 있거나 그렇지 않다고 하더라도 불확정개념을 갖고 있다. 따라서 각 원칙은 다른 법원칙이나 법규들과 긴장관계에 놓이게 되고 따라서 각 원칙의 비중과 당해 사건에서의 형량요소들을 고려해 그 규범내용이 확정될 것이다. 지속가능발전의 원칙은 환경법의 지도이념이니 만큼 다른 환경법원칙들을 포괄하지만, 각 원칙들은 나름의 강조점이 있는 까닭에 구체적 사건에서 그 규범내용을 확정하기 위해서는 다른 원칙들과의 형량을 피할 수 없다. 가령 원인자책임의 원칙은 폐기물을 가급적 원인지(原因地)에서 처리할 것을 요구하지만, 이것이 지속가능발전의 측면에서 최선의 선택지는 아닐 수 있다. 지속가능발전만을 생각하면 사안에 따라서는 그 폐기물을 재사용을 위해 개도국으로 수출하거나 특화된 처리시설로 보내는 것이 최선의 해결책일 수 있기 때문이다(이런 사정도 환경법원칙들이 헌법적 효력을 인정받지 못하는 데 기여한다). 또한 지속가능원칙은 경제와 환경의 통합을 모색하기 때문에 재산권과 경제적 자유에 관한 법원칙과 법규와 긴장관계에 있다. 이는 사전배려의 원칙이나 협동의 원칙도 마찬가지이다.

원인자책임의 원칙은 협동의 원칙과 모순관계에 있으므로 구체적인 사안(유형)을 만나면 형량을 통해 규범내용이 확정되는 측면에선 '법원리'이나, 원인자라는 불확정개념의 의미 확정을 통해 협동의 원칙과의 상충을 피해 갈 수 있다는 측면에서는 법규적 성격도 갖는다. 어떤 원칙이 법원리인지 법규칙인지는 그것이 지시하는 규범행위의 특정 정도의 문제이고 어떤 원칙을 원리로 할 것인지 아니면 규칙으로 할 것인지는 법정책의 문제임은 상술한 대로이다. 따라서 문제해결의 열쇠는 그 원칙의 형태가 원리이든 규칙이든 상관없이 구체적 사건에서 그 규범내용을 제대로 확정하는 것이 될 테다. 이를 위해서는 구체적 사건에서 당해 사건과 관련

---

199) 국제사법재판소는 사전배려의 원칙이 입법자에게 입법재량을 부여하지만, 동 원칙을 명백하게 무시하는 입법은 번복될 것임을 시사하고 있다. Case C-341/95 *Bettati v. Safety Hi-Tech* Srl[1998] ECR I-4355.

되어 있는 가치나 이익을 합당하게 형량하는 작업이 그 무엇보다 중요하게 된다.

4. 환경법원칙의 기능·역할

상술한 대로 환경법원칙에는 법률적 효력만이 인정되는데, 그 효력의 내용과 범위에 관해서는 논란이 있다. 환경법원칙은 입법·행정·사법 영역 모두에서 다음과 같은 역할을 수행하며,[200] 그 역할이 인정되는 한 그 범위 안에서 국민의 권리·의무에 영향을 미친다.[201] 환경법원칙들 중 어떤 원칙은 아래 역할 전부를 수행하는 반면, 다른 원칙은 일부에 대해서만 봉사한다. 또한 환경법원칙들이 그 각 역할에 기여하는 정도도 일의적(一義的)으로 말할 수 없다.

첫째, **법해석의 근거로서의 환경법원칙**이다. 이는 모든 원칙이 사용될 수 있는, 가장 광범위하고 가장 덜 제약적인 목적이다. 모든 것이 동일한 조건이라면 **원칙합치적 법해석**이 선호될 것이다. 그리하여 환경사건에서 환경법을 해석하는 사람은 환경법원칙들에 더 부합하는 해석을 선택해야 한다. 이런 과정을 통해 환경법원칙은 환경보호의 가치·이익 이외의 다른 헌법적 가치, 특히 기본권보호와 민주주의와의 긴장을 해소하는 기능을 한다. 해석은 긴장관계에 있는 가치들 사이에 균형점을 모색하는 활동이므로 이 기능은 매우 중요한데, 어떤 한 주제와 관련된 여러 법률들 사이에 '목적적 정합성'을 보장하는 장치이기 때문이다. 기실, 유사한 법령을 가진 법체계들이 동일한 사건에서 법령의 해석 시 다른 법원리를 적용한 결과 각기 다른 결론에 이르는 것을 보면, 이 역할이 얼마나 중요한지 알 수 있게 된다.[202] 법해석의 주인공은 법원이지만, 행정청은 법적용 단계에서 일차적인 해석자로서 기능하며, 입법자 또한 법률제정 단계에서 관련 법률들과의 관계를 고려할 때 당연히 그것들을 해석하게 되어 있다.

둘째, **법형성의 근거로서의 환경법원칙**이다. 전술한 바와 같이 법해석과 법형성의 경계는 분명치 않은 측면이 있는데, 이는 환경법원칙이 법형성의 근거로서도 작용함을 의미한다. 그럼에도 불구하고 두 기능은 구별되는 것이고, 대부분의 사건에서 양자를 구별하는 것은 어렵지 않다. 상술한대로 법은 공백이 있고 불확정성이 있기 때문에 법관은 부득이 사법재량을 행사해 법형성을 하게 되어 있다. 법관이 새로운 판례를 만들거나 기존의 판례를 변경할 때 확립된 법원리가 사용됨은 물론이다.[203] 환경법원칙은 또한 법의 '예외'를 인정하는 데 근거가

---

200) Cf. Raz(註181), 839 이하.
201) Cf. 김홍균, 43-44는 환경법원칙들은 법적 구속력이나 구체적 효력을 갖지 아니한 선언적·프로그램적 성격을 갖는다고 한다. 어떤 행위가 환경법원칙을 위반하더라도 그로 인하여 그 행위가 위법이 되는 것은 아니므로 환경법원칙은 직접적·구체적 효력이 없다는 것이다.
202) Raz(註181), 840.
203) "판사법(judge-made law)"이 자주 번복되는 것은 아닌데, 왜냐하면 원리들은 종종 보수적인 성질을 가지고 있기 때문이다. *Id.*

될 수 있다. 때때로 법은 통상 적용되어야 할 대상사건에 적용되지 않는 경우가 있다. 당해 사건의 특수한 사정으로 인하여 그 법의 적용이 중요한 법원리를 희생시키기 때문이다. 하지만 그 법은 그로써 변경되지 않는데, 이것이 '법개정'과 '예외인정' 사이의 중요한 차이점이 된다.

사법부뿐만 아니라 입법부나 행정부 역시 환경법원칙의 관점에서 환경관련 법령안을 심사하고 그 개정안을 준비한다. 행정입법은 헌법원칙뿐 아니라 법률원칙에 의해서도 영향을 받기 때문에 입법재량이 그 만큼 제약된다. 입법재량의 행사시, 입법자는 기본권과 민주주의, 기타 헌법상 가치들의 형량을 통하여 광범위한 재량을 행사하지만, 환경법원칙들의 핵심적 규범내용을 무시할 수 없고, 또한 다른 원칙들과의 형량을 합리적으로 수행해야 한다는 점에서 환경법원칙들은 입법재량의 한계로도 작용한다.

이처럼 사법, 입법에서도 재량이 행사되지만, 재량행사의 본령은 무엇보다도 행정이다. 환경법원칙들은 행정재량의 한계로서도 기능한다. 법령에 의하여 재량이 부여된 경우, 행정청에게는 환경법원칙들에 의거한 형량이 요구되고 형량을 그르치면 재량권남용이 된다. 이는 개별 행정결정, 행정입법, 행정계획에 관한 재량권 행사에 있어서도 마찬가지다.

셋째, **특정 사건에서의 행위를 정당화하는 유일한 근거로서의 환경법원칙**이다. 희귀한 예이지만 때때로 대상사건에 적용할 법규가 전무한 경우가 있는데, 이때 환경법원칙들은 법규의 매개 없이 함께 직접 적용되어 동 사건에 특화된 판결이 선고될 수 있도록 한다. 논리적으로 보면, 이 경우 환경법원칙은 법을 해석하거나 형성하는 데 사용되는 것이 아니라 특정사건을 해결하는 데 사용되는 것이다.

점차 규칙화되어 가고 있지만, 판사에 의한 형사사건의 양형, 민사위자료의 산정, 행정청이나 행정공무원에 의한 행정작용의 많은 부분이 오직 원리에 의해서만 결정된다. 후자의 경우, 행정법은 공무담당자에게 권한을 주고 특정한 정책목표를 달성하게 하는데 이때 일반원리에 터 잡아 행정작용을 수행하도록 요구한다. 행정재량의 행사는 특정 법규칙보다는 일반 법원리에 의하여 인도되는 대표적인 예이다. 하지만 법률에 의한 행정의 원칙이 확립됨에 따라 법원리가 직접 적용되기 보다는 법규칙의 작용을 제어하는 데 사용되는 것이 일반적 경향이다. 지시하는 행위의 확정성에 있어 법규칙이 법원리보다 강하기 때문에 공권력의 대상인 국민의 입장에선 전자에 의한 규율을 원하기 때문이다. 다시 말해 법원리는 요구하는 행위가 무엇인지에 관한 애매모호한 정도가 높다. 법원리는 법규칙에 비하여 매우 일반적인 목표와 가치를 수용하는 데 적합하고, 법규칙은 특정한 상황에 적용될 구체적 고려요소를 반영하는 데 적합하다. 법은 확실성·신뢰가능성과 유연성 사이에서 균형을 모색해야 하기 때문에, 어느 법체계나 양자 모두를 필요로 하지만, 종합적으로 보면 인간의 행위를 규율하는 데는 가능한 한 법규칙을 사용해야 할 것이다. 법규칙이 법원리보다 확실하고, 일관되고 예측가능한 적용을 담보하기 때문이다.

따라서 일반적으로는, 법규칙의 제정(制定)과 적용을 규율하는 데 있어서 가능한 한 법원리의 사용을 제한하는 것이 바람직하다. 물론 행정재량의 영역과 같이 법규칙에 의하여 규율하는 것이 적절치 않은 경우가 있지만 이는 어디까지나 예외에 속한다고 보아야 한다. 법규칙들이 상충할 때에는 그 장처(長處)인 예측가능성이 훼손되지 않도록 비교적 간단한 충돌해결방법이 마련되어야 하지만 이런 이유가 법원리들의 상충에는 적용될 수 없다. 법원리는 유연성을 그 본성으로 하기 때문이다(이러한 차이가 특정 법시스템이 채택하는 법정책의 문제라는 것은 전술한 바와 같다).

어쨌거나 실체적 타당성이 중시되는 도덕의 영역과 달리, 확실성과 통일성이 중시되는 법의 영역에서는 법규칙이 보다 많은 역할을 해야 한다. 법원리는 도덕적 고려요소에 의하여 영향을 받는 행위와 판단을 통제하는 역할을 주된 기능으로 한다고 보아야 한다.

제2절 | 지속가능발전의 원칙

I. 지속가능발전 원칙의 의의

"지속가능발전(sustainable development)"의 원칙은 발전을 위한 활동을 함에 있어서 환경에 미치는 영향을 고려하면서 환경적으로 건전한 발전을 해야 한다는 원칙이다. 지속가능발전이 무엇을 의미하는가에 관하여는 다양한 견해가 있다. 지속가능발전은 세계환경발전위원회(World Commission on Environment and Development)가 1987년 마련한 "우리 공동의 미래(*Our Common Future*)"라는 보고서("Brundtland Report")에서 처음으로 등장한 이래로, 그 의미를 구체화하려는 노력은 현재까지 이어지고 있다.

지속가능발전의 모태(母胎)라 할 수 있는 위 보고서는 "미래세대의 필요를 충족시킬 수 있는 능력을 저해하지 않으면서 현 세대의 필요를 충족하는 발전"으로 정의했는데, 이것이 세계적으로 가장 많이 원용되고 있는 정의이다. 이를 토대로 하여 세계정상들은 1992년 브라질 리우에서 개최한 UN환경발전회의(United Nations Conference on Environment and Development)에서 『환경과 발전에 관한 리우선언(the Rio Declaration on Environment and Development)』과 동 선언의 행동계획(action plan)인 『의제 21(Agenda 21)』을 채택하여 동 원칙을 구체화하는 데 크게 기여하였다. 이후 "환경적으로 건전하고 지속가능한 발전(Environmentally Sound and Sustainable Development)"은 국제무대뿐 아니라 각국의 환경정책을 지도하는 이념으로 등극하였다.

리우회의로부터 10년이 지난 2002년 남아프리카공화국 요하네스버그에서 개최된 지속가능발전을 위한 세계정상회담(World Summit on Sustainable Development)에서는 리우선언 및 의제 21의 이행 성과를 점검하고 가일층의 실천의지를 담은 『지속가능발전에 관한 요하네스버그선언(Johannesburg Declaration on Sustainable Development)』 및 그 실천계획인 『WSSD 이행계획(Plan of Implementation of the World Summit on Sustainable Development)』이 채택되었다.

국제사회의 노력은 이에 그치지 않고 이어졌는데, 세계정상들은 2015년 미국 뉴욕에서 지속가능발전을 위한 UN정상회담(UN Sustainable Development Summit)에서 『지속가능발전목표(Transforming our World: the 2030 Agenda for Sustainable Development; "SDGs")』를 유엔총회결의안으로 채택하였다. 지속가능발전목표는 2016년부터 2030년까지 모든 나라가 공동으로 추진해 나갈 목표로서, 2000년부터 2015년까지 추구되던 『새천년개발목표(Millenium Development Goals, MDGs)』를 이어서 새천년개발목표가 추구하던 빈곤퇴치의 완료를 최우선 목표로 하되 나아가 지구적 규모로 전개되고 있는 경제·사회의 양극화, 각종 사회적 불평등의 심화, 지구환경의 파괴 등 각국 공통의 지속가능발전 위협요인들을 동시적으로 완화해 나가기 위한 국가별 종합적 행동 및 글로벌 협력 아젠다로 구성되어 있다. 이런 지속가능발전의 개념사를 보면, 적어도 당분간은 그것이 지구 전체의 화두가 될 것이라고 해도 과언이 아닐 듯하다.

II. 지속가능발전원칙의 법적 근거

지속가능발전의 원칙은, 그 내용의 일반성과 비중 면에서 환경법원칙 중의 원칙이자 우리 환경법의 지도이념이다. 동 원칙은 환경정책기본법을 비롯한 다수의 개별 환경보호법률을 관통하여 명시되고 있는데, 먼저, 환경정책기본법은 제1조에서 환경을 지속가능하게 관리·보전함으로써 국민의 건강하고 쾌적한 삶을 보장하는 것을 동법의 "목적"으로 규정하고, 제2조에서 동법의 "기본이념"으로 지속가능발전의 주요내용을 거시하고 있다. 국회는 나아가 2007년 지속가능발전을 우리 환경법의 최고규범으로 정립하기 위하여 「지속가능발전기본법」을 제정하고 지속가능발전의 개념 및 그 실현수단을 구체화한 바 있다. 동법은 2010년 「저탄소녹색성장기본법」이 제정됨에 따라 '기본법'의 지위를 잃었지만, "녹색성장(green growth)"이란 개념이 지속가능발전을 실현하기 위한 수단인 "녹색경제(green economy)"의 한국적 전략개념인 만큼,[204] 녹색성장기본법과 연계하여 여전히 지속가능발전을 구현하고 있다고 보아야 한다. 녹

---

204) 자세한 것은 拙稿, "기후변화시대의 에너지법정책," **기후변화시대의 에너지법정책** (조홍식 편저), 1 이하 (2013); Sang-Hyup Kim & Hong Sik Cho, "Green growth Policy in Korea," in Daniel A. Farber & Marijan Peeters(ed.), *Climate Change Law*. ch. I.42 (2016).

색성장기본법은 2021년 9월, 「기후위기 대응을 위한 탄소중립·녹색성장 기본법」으로 대체되었으나, 그 원칙은 그대로 계승되어 있다.

개별 환경보호법률들도 여러 영역에서 지속가능발전의 원칙하에 이런저런 환경정책을 다양한 법형식으로 구현하고 있다. 가령 「환경영향평가법」은 "친환경적이고 지속가능한 발전"을 도모하는 것이 동법의 목적임을 밝히고 있고(§1), 「자연환경보전법」은 자연의 지속가능한 이용을 자연환경보전의 제1원칙으로 천명하고 있다(§3i). 이외에도 "지속가능" 또는 "미래(장래) 세대(국민)"와 같은 개념은 「야생생물 보호 및 관리에 관한 법률」§3, 「대기환경보전법」제1조, 「물환경보전법」제1조, 「자연공원법」제1조 등, 거의 모든 개별 환경보호법률에 명정(明定)되어 있다. 뿐만 아니라 지속가능발전의 원칙은 환경법의 고유 영역을 넘어 우리 법제의 곳곳에 수용되고 있다. 가령, 환경정책기본법은 국가는 "지속가능한 국토환경 유지를 위하여" 환경보전계획을 수립할 때에는 "국토계획과의 연계방안 등을 강구"하여야 함을 규정하고 있는데, 「국토기본법」은 이를 받아 국토계획 및 정책이 "개발과 환경의 조화를 바탕으로 … 국토의 지속가능한 발전을 도모"하는 것을 동법의 기본이념으로 규정하고 있고(§2), 「국토의 계획 및 이용에 관한 법률」은 "국토는 … 환경적으로 건전하고 지속가능한 발전을 이루기 위하여" "자연환경 및 경관의 보전과 훼손된 자연환경 및 경관의 개선 및 복원" 등의 목적을 달성할 수 있도록 이용 및 관리될 것을 동법의 기본원칙으로 명시하고 있다(§3 iii).

Ⅲ. 지속가능발전원칙의 규범내용

1. 지속가능발전원칙의 규율밀도와 비중

지속가능발전원칙은 환경법의 지도이념인 만큼 비중과 일반성 측면에서 여타의 환경법원칙들을 포용할 수 있을 정도의 무게와 폭을 가진다. 동 원칙은 사전배려원칙과 함께 실체적으로 가장 풍부하게 발전한 원칙이지만, 포섭하는 내용이 포괄적인 만큼 규범밀도는 떨어진다. 즉 지속가능발전의 원칙은 국가행정의 전 영역, 즉 환경뿐만 아니라 경제와 사회 영역에 대하여도 적용될 수 있는 일반성을 가지고 있지만 그것이 일반적이고 포괄적인 만큼 그에 반비례하게 규율밀도는 떨어지고 그로부터 구속력 있는 법규를 도출하기는 어렵다.[205] 환경법의 '지도이념'으로서[206] 환경법 전 영역을 지도할 만큼 비중이 크지만 그것이 경제적·사회적 차원까지 고려해야 하는 만큼 입법·행정·사법에게 넓은 재량을 허용하는 것이다. 구체적 정책결

---

205) 同旨, Bell & et al., 48.
206) 同旨, 홍준형a, 18.

정이나 개별 행정작용의 맥락에서는 그 맥락에 특유한 요소들을 종합·형량해서 동 원칙을 구체화해 적용하는 것이 비교적 수월하지만, 모든 사안에 적용될 수 있는 일반추상적인 규칙을 도출해내는 것은 결코 쉬운 일이 아니다. 무엇보다 환경법은 앞서 본 그 특성으로 인하여 환경법 집행의 주체인 행정청에게 광폭의 재량을 인정하고 있기 때문이다.

2. 국제법 및 외국법상의 지속가능발전원칙

지속가능발전이란 개념은 앞서 그 의의를 살펴봤지만 매우 추상적이고 모호해서 구체화·정교화 노력을 기울이지 않으면 그로부터 규범내용을 도출할 수 없다. 그리하여 지속가능발전의 원칙은 한편으론 국제적으로, 다른 한편으론 국내적으로 지속적으로 구체화되고 실정화되어 왔다. 눈여겨 볼 국제규범으로는, 직접적인 법적 구속력이 없는 '연성법(soft law)'인 『의제 21(agenda 21)』을 들 수 있는데, 이는 지속가능발전을 달성하기 위하여 필요한 하위 목표들로 구성된, 말하자면 지속가능발전의 청사진이다. 여기서 강조점은 지자체 차원의 노력과, **정보공개 및 환경결정에의 대중 참여**에 놓여 있다. '경성법(hard law)' 차원에서는 별개의견에서 동 원칙의 **절차적 측면**을 국제법의 일부라고 인정한 국제사법재판소(International Court of Justice)의 판결례가 있다.[207]

이와 같이 나름의 진전을 보인 절차적 측면과 달리, 동 원칙의 실체적 내용에 관해서는 국제적 공감대가 형성되어 있지 않다.[208] 한편, 유럽의 국내법도 동 원칙을 실정화하고 있는데, 대표적으로 EU 차원에서는 동 원칙을 EU조약 제3조에 수용했고,[209] EU사법재판소(The Court of Justice of the European Union)의 판결 중에도 암묵적이나마 동 원칙의 요소를 받아들인 것을 찾을 수 있다.[210] 주지하듯이, EU법은 그 소속국가에 지대한 영향을 미치고 있다. 영국도 비록 실체적 차원이 아니라 **행정·조직적 차원**이지만 동 원칙을 다수의 개별 환경보호법률에 수용하였다.[211]

---

207) 국제사법재판소는 다뉴브강의 댐건설 및 관련 프로젝트에 관한 사건에서 처음으로 경제발전과 환경보호의 균형을 유지할 필요성을 언급했고, 부소장인 Weeramantry는 별개의견에서 동 원칙의 "불가피한 논리적 필요성"과 동 원칙에 대한 "지구공동체에 의한 광범위하고 일반적인 수용"이란 근거에 터 잡아 "근대 국제법의 일부(a part of modern international law)"라고 결론짓고 있다. *Case concerning the Gabčíkovo−Nagymaros Project(Hungary/Slovakia)* 37 ILM (1998) 162 (Danube Dam).
208) Bell & et al., 61.
209) Treaty on European Union, Art. 3, 3 ("The Union … shall work for the sustainable development of Europe based on balanced economic growth and … a high level of protection and improvement of the quality of the environment.").
210) 가령, 문제의 장소가 보전적 가치가 있는지 여부를 결정함에 있어 경제적 요소의 무관함에 관한 판결로, *R v. Secretary of State for the Environment, ex parte* RSPB[1997] QB 206. 자세한 것은 Bell & et al., 62.
211) 개별 법률의 예로는 Environment Act 1995, s. 4; Local Government Act 2000, s. 4; Greater London

이런 외국의 입법례들은 지속가능발전이라고 하는 포괄적이고 추상적인 개념을 구체화하기 위해서 대체로 하위 목표를 정하고 이를 실현하기 위한 이행체제, 즉 절차와 집행기구를 규정하고 있다. 하위 목표로는, 인구안정화, 기술혁신과 이전, 자연자원의 효율적 이용, 폐기물감소 및 오염예방, 통합적 환경관리, 환경한계 설정, 시장경제 개선, 환경정보 및 대중 참여, 환경교육, 환경인식 및 태도 변화, 사회·문화적 변화 등이 거론되는데,[212] 각국의 사정에 따라 취사선택이 이루어진다.

3. 국내법상의 지속가능발전원칙

우리의 현행 환경법도 이 경향에 동참하여 상술한 바와 같이 환경정책기본법 및 다수의 개별 환경보호법률에서 동 원칙을 수용하여 구체화하고 있을 뿐 아니라 지속가능발전을 구체적으로 실현하는 별개의 법률인 「지속가능발전법」을 가지고 있다. 동법은 '지속가능성'을 "현재 세대의 필요를 충족시키기 위하여 미래 세대가 사용할 경제·사회·환경 등의 자원을 낭비하거나 여건을 저하시키지 아니하고 서로 조화와 균형을 이루는 것"으로(동법 §2i), '지속가능발전'을 "지속가능성에 기초하여 경제의 성장, 사회의 안정과 통합 및 환경의 보전이 균형을 이루는 발전"이라고 정의하고 있다(동법 §2ii). 동법은 정의 이외에는 지속가능발전원칙의 실체적 내용에 관해서 규정하는 바가 없다. 지속가능발전지표의 작성과 국가의 지속가능성 평가, 그리고 지속가능발전 지식·정보의 보급 및 지속가능발전위원회를 규정하고 있을 뿐이다.

하지만 전술한 탄소중립·녹색성장 기본법과 연계해서 보면, 우리나라만큼 지속가능발전을 도모하기 위한 구체적 목표와 실행계획 및 이행체제를 법제화한 나라가 없다. 기존의 녹색성장법은 지속가능발전이란 목표를 실행하기 위한 우리나라 특유의 전략으로서 녹색성장을 제시하였으나[213] 지속가능발전의 세 가지 축("3E") 중 사회적 차원(세대간 및 세대내 형평성)이 빠진 채 오로지 환경친화적 성장에 치중하고 있다는 지적을 반영하여 탄소중립 녹색성장기

Authority Act 1999, s. 30(4) 등이 있다. Bell & et al., 62-64.

212) F. Douglas Muschett, *Principles of Sustainable Development* 1-45, 특히 8 (1997). 『의제 21』은 40개 장에 걸쳐 환경의 전 영역에 걸친 과제들을 정하고 있고, 2015년 채택된 『지속가능발전목표(SDGs)』는 빈곤 종식, 기아종식·식량안보 확보·지속가능농업 촉진, 건강한 삶의 보장, 수준 있는 교육 보장, 양성평등, 깨끗한 물·위생 확보, 지속가능한 에너지 접근 보장, 포용적이고 지속가능한 성장, 지속가능한 산업화 증진·혁신 장려, 국가내·국가간 불평등 해소, 지속가능한 도시 조성, 지속가능한 소비와 생산, 기후변화 대응, 해양자원의 보호 및 지속가능한 이용, 지속가능한 산림관리·생물다양성 감소 방지, 정의롭고 평화로운 포용적 사회 조성, 지속가능발전을 위한 이행수단·글로벌 파트너십 강화 등 17개의 목표를 제시하고 있다.
213) 탄소중립·녹색성장기본법은 '녹색성장'을 "에너지와 자원을 절약하고 효율적으로 사용하여 기후변화와 환경 훼손을 줄이고 청정에너지와 녹색기술의 연구개발을 통하여 새로운 성장동력을 확보하며 새로운 일자리를 창출해 나가는 등 경제와 환경이 조화를 이루는 성장"이라고 정의하고 있다(§2 x iv).

본법은 기본원칙에서 "미래세대의 생존을 보존하기 위하여 현재 세대가 져야 할 책임이라는 세대 간 형평성의 원칙과 지속가능발전의 원칙에 입각"한다고 천명하고 있다(동법 §3ⅰ). 더불어서, 환경정책기본법은 기본이념으로 환경보전뿐 아니라 세대간 형평도 규정하고 있다. 즉 동법 제2조 제1항에서 국가와 국민은 "인간과 환경 간의 조화와 균형의 유지"하고 "환경보전[을] 우선적 고려"하여 그 혜택이 "미래의 세대에게 계승"될 수 있도록 해야 한다고 규정한다(§2①). 또한, 동조 제2항에서는 "환경적 혜택과 부담을 공평하게 나누고, 환경오염 또는 환경훼손으로 인한 피해에 대하여 공정한 구제를 보장함으로써 환경정의를 실현"하도록 노력해야 함을 규정하고 있다. 나아가서 정부는 각종 정책을 수립할 때 환경과 경제를 통합적으로 고려하도록 강조하고 있다(동법 §9).

환경정책기본법, 탄소중립·녹색성장기본법, 기타 개별 환경법률들을 종합하면, 우리의 환경법은 환경행정뿐 아니라 재정을 포함한 행정의 전 분야에 걸쳐 기획·준비·실행·사후관리까지 지속가능발전과 녹색성장에 정향된 포괄적 규율체계를 확립하고 있다. 이에 의하면, 국가는 법령의 제·개정이나 행정계획의 수립 또는 사업의 집행을 할 때에는 환경악화의 예방과 환경오염지역의 원상회복, 환경오염방지를 위한 재원 배분 등을 고려해야 한다(환경정책기본법 §13). 또한 동 원칙은 국가의 구체적 규제활동을 규율하는데, 「대기환경보전법」 제1조, 「물환경보전법」 제1조 등이 그 예이다. 지속가능발전의 원칙은 이런 규정을 통해 경제주체의 경제활동을 규율하는 지도이념이 되는데 이는 국민의 시장에서의 활동에 적지 않은 영향을 미칠 것이다. 지속가능성은 생활환경뿐 아니라 자연환경에 대해서도 적용되는데, 환경정책기본법은 자연의 질과 균형을 유지할 국가와 국민의 의무를 규정하고 있으며(§40), 자연환경보전법은 자연이 "모든 국민의 자산"임을 전제로 "공익에 적합하게 보전되고 현재와 장래의 세대를 위하여 지속가능하게 이용되어야" 함을 천명하고 있다(§3ⅰ). 지속가능발전의 원칙은 「야생동물 보호 및 관리에 관한 법률」과 「자연공원법」에도 구현되어 있다.

Ⅳ. 지속가능발전원칙의 법적 쟁점

1. 지속가능발전원칙의 효력

이와 같이 다수의 개별 환경법은 지속가능발전을 수용하고 있으나 각 법률에서 사용하는 용어들은 여전히 포괄적이고 모호하다. 따라서 어떤 규정 하나만을 놓고 보면, 그 규정이 법적으로 집행가능한 의무를 창조한 것으로 보기에는 어려움이 있다. 대부분의 규정들이 지속가능성에 대하여 '고려'할 것을 요구하는 정도에 그치기 때문이다. 또한 각 규정들은 (환경정책기본법과 탄소중립 녹색성장기본법 규정에서와 같이) 각기 다른 강조점을 가지고 있을 뿐 아니라 각기 다른 규범밀도(일반성)와 비중으로 표현되고 있어 동일한 법적 효과를 기대할 수 없다. 이런 정도의 느슨한 법제화로는 정책 설정이나 개별결정에서의 재량적 고려는 기대할 수 있겠지만, 특단의 사정(가령 재량권의 일탈·남용)이 없는 한, 법원이 동 원칙의 구체적 효력을 인정할 것을 기대하기 어렵다. 물론 지속가능발전에 관하여 규정한 대다수의 법률 규정들이 늘어가고 또 이에 터 잡은 행정관행이 축적되어 가고 있는 만큼, 이들을 입체적으로 축조(逐條)하면서 해석한다면 앞으로 다른 결과를 기대할 수도 있을 것이다.

2. 자연자원의 대체가능성

지속가능발전에 관련된 법적 쟁점을 개념적 요소별로 분설하면, 첫째, 학설은 지속가능발전을 좁은 의미와 넓은 의미로 대별하고 있다. 환경보호를 '보전'으로 볼 것인지 아니면 '보존'으로 볼 것인지에 관한 논란과 마찬가지로, **협의설**은 자연자원의 손실을 '대체불가'임을 전제로 하여 지속가능성을 평가해야 한다는 입장이고, **광의설**은 자연자원의 손실이 보상적 편익으로 '보상가능'함을 전제로 총 편익이 유지되거나 증가하면 족하다는 입장이다.[214] 광의설에는 보상으로 제공될 수 있는 것에 관하여 여러 견해가 있을 수 있다. 그 중에는 미래 세대에게 전해질 수 있는 자원 중에는 인간의 '지식'이나 '창조성'을 거시하는 견해도 있다. 이는 어떤 환경자원 하나가 소실된다고 하더라도 그로 인하여 충분한 창조성이 생기면 언젠가는 그에 상응하는 무엇인가가 나타날 것이라는 믿음에 근거한다. 협의설은 환경자원을 여타의 자원들보다 우대(優待)해야 할 이유를 설명해야 하는 반면, 광의설은 그렇게 이해된 지속가능발전이 지난 세월 내내 더 나은 생활수준을 위해서 지속되어온 관행, 즉 "business as usual"과 무엇이 다른가를 설명해야 한다. 생각건대, 환경자원과 인간자원은 완전히 상호대체 가능하다고 할 수 없고, 적어도 현재로서는 자연이란 기초를 떠난 인간의 삶을 상상할 수 없다는 점에서 협의설이 타당하다.

3. 미래세대의 필요

둘째, 협의설을 취할 때, 지나치게 강한 입장을 고수하면 인류는 한 걸음도 내딛을 수 없게 될 것이다. 그래서 두 가지 타법이 모색하는데, 하나는 미래 세대의 '필요(needs)'를 파악해 여기에 맞게 관리하자는 것이고, 다른 하나는 이를 알 수 없으니 '충분한 다양성'이 보장된 자원을 미래 세대에게 넘겨주자는 것이다. '필요'에 관하여 이견이 없는 점은, 그것이 생존을 위하여 필

---

214) Bell & et al., 64.

요한 최소한의 식량, 공기, 물, 거주지, 기후를 포함한다는 것과, 그것이 '선호(preference)'와는 다른 개념이라는 것이다. 미래 세대의 필요는 최대한과 최소한 그 사이의 어디쯤이어야 한다는 말이다. 그런데 그 어떤 중간 값을 제시한다 해도 모두를 납득시킬 수는 없을 것이다. 인류의 생존을 위하여 요구되는 최소한의 필요도 돌이켜 생각해보면 세대를 거듭하면서 변해왔고, 나아가 미래 세대가 처할 상황, 가령 기후의 변화 정도를 예측해야 한다면 더더욱 난해한 문제가 된다. 중간 값에 합의한다고 해도, 각론으로 들어가 개개의 대상에 대하여 논하면 객관적으로 논하는 것이 지난(至難)할 것이다.

4. 충분한 다양성

셋째, 충분한 다양성을 물려주자는 견해도 논란이 없는 것이 아니다. 지속가능발전의 저변에는 발전방식에 있어서의 계층간, 지역간, 세대간 공정성이란 목적이 깔려 있는데, 어느 정도 충분해야 충분한 것인지를 정하기 위해서는 결국 세대간 공정성, 즉 "세대간 형평(intergenerational equity)"이 요구하는 바를 정해야 한다. 이것은 더욱 지난한 문제이다. 현 세대의 소위 "발전권 (right to develop)"을 함께 고려해야 한다면, 미래세대를 어느 정도 배려해야 공정한 것인가? 누가 이들을 대변할 자격이 있는가?[215] 이런 논점에 대한 판단은 우리가 미래를 정확히 예측할 수 있다는 가정이 전제되어야 내려질 수 있다. 자원고갈의 속도나 환경의 오염흡수용량 등을 알 수 있어야 현재 행위의 미래에 대한 영향을 파악할 수 있는 것이다. 수많은 변수들이 걸린 이런 문제에 대한 우리의 지식과 정보가 도대체 얼마나 되는가?[216]

5. 과학·기술의 발전가능성

마지막 변수는 과학과 기술에 대하여 어떤 자세를 취해야 하는가이다. 후술하는 바와 같이, 환경문제는 우리 사회시스템 자체의 문제이므로 기술적 해결책은 없다는 견해도 있고, 기

---

215) 이런 어려움 때문에 미래 세대나 그들의 필요는 법원의 판결 속에 나타나지 않는다. 그러나 단 하나의 예외로서 필리핀 대법원 판결이 있다. *Minors Oposa v. Secretary of the Department of Environment and Natural Resources* (1993) (reprinted 33 ILM(1994) 173). 모두 미성년자인 이 사건 원고들은 미출생(未出生) 세대를 대표해서 자기들 주거지에서의 벌목활동을 중지하게 해달라는 청구를 제기했는데, 필리핀 대법원은 방론에서 "세대간 책임(intergenerational responsibility)"에 근거해 그들의 원고적격을 인정하였다.
216) 이처럼 해결되지 않은 논점이 있음에도 불구하고 주목받고 있는 유력설이 있다. E. Brown Weiss, "Intergenerational Equity: A Legal Framework for Global Environmental Change," in E. Brown Weiss(ed.), *Environmental Change and International Law*(1991). 이에 따르면, 세대간 형평은 생명다양성의 보전, 환경질의 보전, 접근권의 보전을 요구한다고 한다. Cf. W. Beckerman and J. Pasek, *Justice, Posterity and the Environment* (2001).

존의 시스템 — 자본주의를 포함해서 — 에 대한 대안 부재의 상황에서는 현재의 시스템에 대한 미세조정과 효과적인 기술개발만이 해결책이라는 견해도 있다.[217]

제3절 ┃ 사전배려의 원칙

Ⅰ. 사전배려원칙의 의의

환경은 일단 오염되거나 훼손되면 피해의 범위는 시공적(時空的)으로 광범위하고 완전한 원상회복은 불가능하며 복원에도 막대한 비용이 소요된다. 따라서 환경오염·훼손은 그것이 불확실하더라도 사전에 예방하는 것이 최선이다. 그런데 환경오염의 예방은 이미 확립되어 있는 경찰법(안전법)으로부터도 도출할 수 있다. 경찰법은 '위험(danger)'의 예방을 명하는데, 그 위험이 환경오염에 의한 경우에도 마찬가지기 때문이다. 학설이 환경법원칙 중 하나로 거론하는 "예방의 원칙(principle of prevention; preventive principle)"이 이런 내용이라면 새로울 것이 없고, 따라서 환경법 특유의 원칙이라 할 것도 아니다.[218] 환경법원칙이기 위해서는 기존법의 연장을 넘어 환경문제의 특성에 대응한 내용을 담고 있어야 한다. "존속보장의 원칙"과 "사전배려의 원칙"이 고려되는 까닭이 여기에 있다.

존속보장의 원칙이란, 환경보호의 목표를 현존하는 환경상태의 유지·보호에 두는 것으로, 이러한 점에서 "악화금지의 원칙"이라고도 한다. 다른 한편, **사전배려의 원칙**은, 경험칙상 인과관계가 확인된 '위험(danger)'에 대응하기 위한 '위험예방의 원칙'과 달리, 과학적 규명이 이루어지지 아니한 '리스크'에 대응한 원칙이다. 오존층 파괴, 기후변화, 환경호르몬, 유전자변형물질(GMOs), 광우병, 전자파, 저준위방사능, 암과 같은 사태는 그에 관한 인과관계가 과학적으로 밝혀지지 않았다는 이유로 방치되어서는 안 된다. 인류에게 회복불능의 재앙이 될 수 있기 때문이다. 사전배려의 원칙은 이런 상황에 대응하기 위해 상정된 원칙이다. 즉 "심각한 또는 회복불능의 피해의 우려가 있을 경우에는 과학적 불확실성이 환경악화를 방지하기 위한 … 조치를 지연시키는 근거로 사용되어서는 안 된다"는 것이다.[219]

---

217) 이는 소위 "생태적 근대화"의 핵심개념이다. 가령, M. Hajer, *The Politics of Environmental Discourse: Ecological Modernization and the Policy Process* (1996).

218) Cf. 김홍균, 49-50; 박·함, 64-67.

219) 이는 사전배려원칙의 대표적 입법례인 『리우선언』 원칙 15이다. 사전배려의 원칙은 스웨덴의 환경보호법에서 기원했지만, 꽃을 핀 것은 1970년대 독일의 "Vorsorgeprinzip"이다. 이를 직역하면 "선견(foresight)"의 원칙이 되는데, 말하자면 환경리스크에 대해선 과학적 규명이 되지 않더라도 선견지명을 발휘해야 한다는 것을 함의하는 것이다. S. Boehmer-Christiansen, "The Precautionary Principle in Germany: Enabling

이처럼 사전배려의 원칙이 적극적·미래지향적·형성적 성격을 갖는 데 반해, 존속보장의 원칙은 소극적으로 현상유지를 도모할 뿐 현재의 환경상태의 개선을 추구하지 않는다. 사전배려의 원칙이 적극적인 환경관리와 자원배분을 취함으로써 추가적인 환경부하를 피할 수 없는 점을 생각하면, 존속보장의 원칙이 더 엄격한 측면도 있다. 그리하여 동 원칙은 환경훼손적 결과를 동반하는 행위에 대한 허용 여부가 논점이 될 때 규범력을 발휘하게 될 것이다.

이상을 도식화하면, 환경에 대한 '통상의 위험'에 대응하여 '환경보호'를 도모하기 위해서는 "위험예방의 원칙"에 의하여, 이를 넘어 위험 유무와 무관하게 '환경보전'을 위해서는 "존속보장의 원칙"에 의하여, 이를 넘는 '환경리스크'에 대응하여 자연적 기반을 보장하는 '환경보장'을 위해서는 "사전배려의 원칙"이 작동한다. 대(大)는 소(小)를 포함하므로, 위험예방과 존속보장은 사전배려의 부분집합으로 볼 수 있을 것이다.[220]

Ⅱ. 사전배려원칙의 법적 근거

1. 관련 조문

사전배려의 원칙은 1999년 법률 제6097호로 개정된 「환경정책기본법」 제7조의2로 입법된 이후, 두 번의 개정을 거쳐 동법 제8조의 형태로 되었다. 이에 의하면, 국가 및 지자체는 "환경오염물질 및 환경오염원의 원천적인 감소를 통한 사전예방적 오염관리"를 해야 하며(동조 ①), 사업자는 "제품의 제조·판매·유통 및 폐기 등 사업활동의 모든 과정에서 환경오염이 적은 원료를 사용하고 공정을 개선하며, 자원의 절약과 재활용의 촉진 등을 통하여 오염물질의 배출을 원천적으로 줄이고, 제품의 사용 및 폐기로 환경에 미치는 해로운 영향을 최소화하도록 노력하여야" 하고(동조 ②), 국가, 지자체 및 사업자는 "행정계획이나 개발사업에 따른 국토 및 자연환경의 훼손을 예방하기 위하여 해당 행정계획 또는 개발사업이 환경에 미치는 해로운 영향을 최소화하도록 노력하여야" 한다(동조 ③). 환경정책기본법은 이외에도 동 원칙을 여러 영역에서 구현하고 있다.

2. 사전배려원칙 인정 여부

동조가 위험예방의 원칙이나 존속보장의 원칙을 보장하고 있는 데 대해서는 이론이 없다.

Government," in T. O'Riordan and J. Cameron (eds.) *Interpreting the Precautionary Principle* (1994). 그런데 무엇이 '선견지명'의 내용이 되어야 하는지에 관해서는 견해가 갈릴 수밖에 없을 것이다.
220) 한귀현, 45.

"사전예방적 오염관리"를 명하고 "국토 및 자연환경의 훼손을 예방"할 것을 지시하고 있기 때문이다. 그런데 상기한 조문 내용을 보면, '사전' '배려'와 같은 표현은 일체 나타나지 않고, 사전배려 원칙의 골자로 인정되는 내용도 딱히 발견할 수 없다. 이는 사전배려의 원칙을 명시한 「리우선언 원칙 15」와 비교하면 큰 차이다. 이로 인하여 우리 환경법상 사전배려원칙의 법적 지위에 이론(異論)이 있을 수 있다. 사전배려 원칙은 "위험예방"이나 "존속보장"과 비교해보면, 국가와 사업자에게 가장 사전적(事前的)이고 적극적인 조치를 취할 것을 요구하므로 그 만큼 국민의 재산권이나 경제적 자유를 침해할 소지가 크다. 우리 환경법이 동 원칙을 채택하고 있는지 여부를 논하는 실익(實益)이 바로 여기에 있다.[221]

생각건대 후술하는 실정법적 근거를 종합해보면, 비록 명시적 표현을 사용하지는 않았지만, 우리 환경법은 국가와 국민에게 위험예방이나 존속보장을 넘어 사전배려까지도 요구하는 것으로 보아야 한다. 각 규정들을 축조하면서 종합해보면, 과학기술의 발달로 인하여 인간의 건강이나 생태계에 미치는 위해 또는 해로운 영향을 경계하며 이를 예방할 것을 주문하고 있기 때문이다.

3. 실정법적 근거

대표적으로 환경정책기본법 제1조는 "환경오염과 환경훼손을 예방하"는 것을 동법의 목적으로 하고, 제2조는 "지구환경상의 위해 예방"을 기본이념으로 규정하고, 제4조는 "환경오염 및 환경훼손과 그 위해를 예방"하는 것을 국가의 의무로 규정하며, 제13조는 "새로운 과학기술의 사용으로 인한 환경오염 및 환경훼손의 예방"을 고려할 것을 요구하고, 제35조는 "과학기술의 발달로 인하여 생태계 또는 인간의 건강에 미치는 해로운 영향을 예방하기 위하여" "위해성 평가 등 적절한 조치를 마련"할 것을 정부에게 요구하고 있다. 뿐만 아니라 환경영향평가법은 환경에 영향을 미치는 계획 또는 사업을 수립·시행할 때에 환경에 미치는 영향을 미리 예측·평가하고 환경보전방안 등을 마련할 것을 요구하고(§1), 대기환경보전법(§1), 물환경보전법(§1), 그리고 토양환경보전법(§1)은 하나 같이 대기오염, 수질오염 또는 토양오염으로 인한 국민건강 및 환경상의 위해를 예방하는 것을 각 법의 목적으로 하고 있다.

한편, 존속보장의 원칙을 뒷받침 하는 추가적 근거로는 자연환경에 관하여 "자연의 질서와 균형의 유지·보전"이 국가와 국민의 의무임을 규정하고 있는 환경정책기본법 제40조, 자연환경의 이용 및 개발 시 생태적 균형의 파괴나 그 가치의 저하를 방지하는 것을 자연환경보전의 7대 기본원칙 중 하나로 규정하고 있는 자연환경보전법 제3조를 들 수 있다.

---

221) Cf. 홍준형a, 24.

사전배려의 원칙은 국제규범에서 더 흔히 근거를 발견할 수 있는데, 대표적으로 1992년 UN기후변화협약 제3조 제3항, 1992년 생물다양성협약 전문, 방사능 위해물질의 감축을 위한 1992년 오슬로－파리(OSPAR)협약, GMOs의 취급과 사용에 관한 2000년 생명안전성에 관한 카르타고나의정서 제11조 등 다수의 국제협약이 동 원칙을 규정하였고,[222] 소수의견으로 제시된 것이지만 동 원칙을 수용한 국제판결례도 있으며,[223] 유럽의 다수 국가는 이미 동 원칙을 국내법화하였고,[224] 적지 않은 숫자의 학자들도 동 원칙을 국제관습법이라고 평가하고 있다.[225] 하지만 미국은 다른 태도를 취하고 있다. 거기서도 사전배려의 원칙의 흔적을 실정법과 1970년대의 판례 등에서 찾아볼 수 있지만, 사전배려의 원칙을 미국법을 통할하는 원칙으로 볼 수는 없다. 오히려 미국은 국제협상테이블에서 사전배려의 원칙을 아무런 유보 없이 채택하는 것을 반대해왔으며,[226] 후술하는 판례에서 볼 수 있듯이 국내법적으로도 이 원칙을 부인하고 있다.[227]

Ⅲ. 사전배려원칙의 규범내용

1. 사전배려원칙의 규율밀도와 비중

사전배려의 원칙은 지속가능발전의 원칙과 함께 논의가 가장 활발한 원칙이며, 동 원칙과 마찬가지로 비중은 높지만 규율밀도는 낮은 원칙이다. 앞서 본 바와 같이 직접적인 근거 규정은 환경정책기본법 제8조뿐인데, 동 조항만으로는 그 규범내용을 확정할 수 없다. 다만, 동 원칙은 리스크로부터 인간의 생명과 건강을 보호하기 위한 것이고 따라서 동 원칙의 배경에는

---

222) 다만 각 협약은 동 원칙을 각기 다르게 정식화하고 있다. 이는 모든 국가들이 암묵적으로 구속력 있는 국제법으로 인정할 만한 하나의 해석을 발견하는 것이 어렵다는 것을 의미한다. 同旨, Bell & et al., 69.

223) 대표적으로 국제사법재판소의 판례가 있다. *New Zealand v. France* [1995] ICJ Rep 288. 남태평양에서 프랑스가 실시한 핵실험과 관련한 이 사건에서 Weeramantry 판사는 '반대의견'을 통해 국제환경법의 일부로서 증가하는 지지를 획득하고 있는 동 원칙은 충분한 과학적 증거가 제시되지 않더라도 원용되어야 한다고 설시하였다. 또한 *Case Concerning Pulp Mills of the River Uruguay* (Argentina *v.* Uruguay), International Court of Justice, Judgment of 20 April, 2010. 이 사건에서는 재판부가 동 원칙의 관련성을 어느 정도 승인하였다. 다른 한편, 트린데이드(Trindade) 판사는 '별개의견'에서 동 원칙이 국제환경법의 일반 원칙이라고 못 박고 있다.

224) 拙稿(註14), 리스크법, 74－75.

225) 대표적으로 Peter Sand, "The Precautionary Principle: An European Perspective," reprinted in Peter Sand, *Transnational Environmental Law* 129－139 (2000).

226) 기후변화협약에서도 미국은 사전배려의 원칙을 제한하려고 노력하였고, 이것은 현재까지도 계속되고 있다. Jonathan B. Wiener, "Precaution in a Multi－Risk World," *Duke Law School Working Paper* No. 23, 2(Dec. 2001).

227) *Industrial Union Dep't, AFL－CIO v. American Petroleum Inst.*, 448 U.S. 607 (1979)(일명 "Benzene Case").

헌법상 기본권과 이를 보호하기 위한 무수한 법률규정이 자리하기 있기 때문에, 어떤 조건에서 동 원칙이 발동하는가만 정해지면 언제든지 구체적이고 직접적인 규범력을 가질 수 있다. 이런 면에서 사전배려의 원칙은 실질적으로 환경법의 가장 중요한 원칙이라 할 수 있다. 하지만 동 원칙은 '법원리'의 성격을 가지고 있을 뿐 아니라 그 내용도 논자마다 다르게 정식화(定式化)하고 있는 만큼, 실제 사건에 적용되기 위해서는 정교화가 요구된다.

2. 위험예방과의 관계

전술한 바와 같이, '위험'은 경험칙상 어떤 사건이 방해받지 않은 상태로 진행되면 즉시 손해가 발생할 개연성이 충분한 상태를 말한다. 반면, '리스크'는 손해발생 개연성은 불확실하지만 그 개연성이 실현되는 순간 엄청난 손해가 발생하는 상태를 말한다. 위험예방의 원칙은 인간의 신체·건강·생명과 환경을 보호하기 위하여 이에 대한 위험의 예방을 지향한다.

환경법 영역에서의 위험은, 가령 인간의 생산활동이 만들어낸 유해물질이 토양·대기·물 등 환경매체를 오염시킴으로써 인간이나 동식물에게 침해를 야기하는 경우와 같이, 간접적으로 작용하는 경향이 있다. 그럼에도 불구하고 그 위험은 헌법상 보장되는 신체·건강·생명, 그리고 환경에 악영향을 끼칠 것이 분명하기 때문에, 환경법 영역에 있어서도 ① 경찰법(안전법)에서 말하는 '공공의 안전과 질서' 또는 ② 특별법상 구체화된 보호법익을 위해서 그 위험은 예방되어야 한다. ①과 ②는 국가가 개입해야 할 위험한계를 형성하는 것으로 기본권 보호를 제공할 국가의 보호의무의 범위를 결정한다.

가령 어떤 기업의 경제활동이 토양오염을 야기해 이웃 주민에게 피해를 주거나 줄 우려가 있을 경우, 이는 기본권의 구체적인 지위에 영향을 주는 것이기 때문에 사업자의 경제적 이익과 인인(隣人)의 신체적 완전성 사이의 이익형량은 있을 수 없고 오직 국가의 기본권보호의무만이 촉발된다. 여기서는 위험의 종류나 절박 여부, 피보호법익의 상태가 국가의 보호의무의 내용을 좌우하지만, 그렇다고 해도 우선순위는 효과적인 기본권보호에 두어져야 한다. 결과적으로 위험방지의 영역에서는, 사전배려의 영역에서와 달리, 경제적 자유(가령 기존시설에 대한 투자나 거기서의 생산 활동)가 덜 보호된다.

이와 같이 위험은 구체적인 기본권과 관련되기 때문에 위험방지의 영역에서는 국가의 실질적 방지의무가 발생하고, 그 반사효로 개인이 이런 의무의 실현을 소구(訴求)할 가능성도 생긴다. 즉 당해 위험에 관한 법률 규정이 제3자인 개인의 구체적 법익을 보호하기 위한 강행규정으로 판단되면 그 개인은 행정소송의 원고적격을 인정받을 수 있다.[228] 하지만 '확인된 위

---

228) 사전배려의 규정에 대해서는 일반적으로 제3자보호적 성격이 당연히 주어지지 않는다는 것이 독일의 통설이

험'에 대비한 경찰법상 위험예방만으로는 오늘날 목격하는 과학기술의 비약적 발전과 그에 비례하는 생산력의 확대로부터 국민의 생명·건강, 그 모태인 환경을 지킬 수 없다. '미확인 리스크'에 대비하는 사전배려의 원칙에 의하여 보충될 필요가 있는 것이다.[229]

3. 존속보장과의 관계

사전배려가 미래지향적이고 적극적·형성적 대책을 지향하는 반면, 존속보장은 환경보호의 목표를 현존하는 환경상태의 악화를 막고 현상을 유지하는 데 둔다. 따라서 사전배려는 환경에 대하여 세심한 배려와 관리를 하지만 그 범위 내에서 끊임없이 '추가적인 환경부하'의 부가를 허용하는 반면, 존속보장은 이를 허용하지 않는다. 이는 환경오염 가능성 있는 경제활동을 금지 또는 허용할 것인가와 관련하여 중요한 차이다.

존속보장원칙을 실제에 적용해보면, 어떤 경제활동이 ① 회피할 수 있는 자연과 경관의 침해를 야기할 경우, 이 행위는 중지되어야 하고, ② 회피할 수 없는 침해를 야기한 경우, 이 손해는 보상되어야 하며, ③ 회피할 수도 없을 뿐 아니라 충분히 보상할 수 없는 침해를 야기하는 경우, 관련 이익과 가치를 형량해야 한다.[230] 이 경우, 가령 습지, 강변의 숲, 해안과 같이 보존의 필요성이 강한 경관이나 생물다양성의 서식지는 — 특히 자연환경보전법에 의한 보호가 예정된 경우에 — 강화된 존속보장의 혜택을 향유하게 해야 한다.

4. 사전배려의 정식화

(1) 사전배려원칙의 요건

사전배려의 원칙은 '법원리'이므로 '법규칙'과 같은 규범밀도로 정식화하는 것은 기대할 수 없다. 하지만 그것이 법규범으로 작동하기 위해서는 느슨한 형태로라도 최소한의 정식화는 필요하다.

규범 내용을 정식화(定式化)할 때 첫 번째 논점은 동 원칙의 발동 요건을 어떻게 정할 것인가이다. 동 원칙을 실체법화한 첫 번째 시도로 평가되는 Pfizer *v.* European Commission 사건에서 유럽연합사법재판소는 리스크가 존재하는 한 이를 완전히 입증할 수 없다 하더라도 동 원칙을 적용할 수 있다고 판시하였다.[231] 이 판결은 리스크가 전무(全無; zero)하지 않

다. 한귀현, 43.

229) 경찰법상 위험방지는 인과관계의 연쇄 고리를 하나하나 추적할 수 있기 때문에 문제가 되는 어느 한 지점에 개입함으로써 인과관계를 차단하면 된다고 생각하지만, 리스크에 관해서는 인과관계에 관한 확실한 파악이 불가능하기 때문에 아예 처음부터 문제의 소지를 없애자는 발상이 가능한데 이런 발상의 구체적 표현이 사전배려의 원칙이다. 拙稿(註14), 리스크법, 73.

230) 이는 독일 연방자연보호법(BNatSchG) 제8조의 내용이다. 한귀현, 45 – 46.

다고 확인된 경우 동 원칙이 적용됨을 분명히 밝혔지만, 리스크의 존부가 불확실한 경우 사전배려 조치가 요구되는지, 요구된다면 그 발효점(trigger point)은 어디인지에 대해서는 침묵하고 있다. 어쨌거나 유럽연합의 법원들은 동 원칙의 사정(射程)을, 과학적으로 인정된 리스크뿐 아니라 계량불가의 불확실성에 대해서까지 확대해왔다는 것이 대체적 평가이다.[232] 미국에도 같은 태도를 취한 법률과 판례가 있다. 「식품약품화장품법(Food, Drug, and Cosmetic Act)」의 Delaney 조항은 명문으로 절대적인 리스크 예방 의지를 표명한 바 있고,[233] 미연방법원은 미국 환경법의 기념비적 사건이라 할 수 있는 Ethyl Corp. *v.* EPA[234] 와 TVA *v.* Hill[235]에서 「대기청정법(Clean Air Act)」과 「멸종위기에 처한 종보호법(Endangered

---

231) Case T–13/99 *Pfizer v. European Commission* [2002] ECR II–3305. 이 사건은 유럽연합집행기관(European Commission)에 의하여 그 사용이 금지된 항생제를 제조하는 다국적제약회사인 화이저(Pfizer)에 의하여 제기되었는데, 화이저는 동 원칙의 요건으로 다음의 두 가지를 주장하였다. 첫째, 동 원칙이 적용되기 위해서는 반드시 과학적인 "리스크평가(risk assessment)"가 선행(先行)되어야 하며, 둘째, 리스크평가 시의 입증 정도는 높은 수준으로 유지되어야 하는바, 사용금지조치가 내려지려면 해당 리스크가 최소한 "가설적 (hypothetical)"이어서는 안 되고 "개연성이 있는(probable)" 것이어야 한다는 것이었다.

232) Elen R. Stokes, "Liberalising the Threshold of Precaution—Cockle Fishing, the Habitats Directive, and Evidence of a New Understanding of 'Scientific Uncertainty'," *Environmental Law Review* vol. 7(3), 206–214 (2005).

233) Delaney 조항은 "인간이나 동물에게 암을 유발하는 것으로 판명된"("found … to induce cancer in man or animal") 식품첨가물의 사용을 전면 금지한다. 사전배려의 원칙과 Delaney 조항의 관계에 관해서는 Frank B. Cross, "Paradoxical Perils of the Precautionary Principle," *Washington & Lee Law Review* vol. 53, 851, 855–856(1996).

234) 541 F.2d 1(DC Cir. 1976). 541 F.2d 1. *Ethyl Corp* 사건은, 미국 환경청(Environmental Protection Authority; EPA)이 "대중의 건강과 복지를 위협하는" 물질(substances that "will endanger public health and welfare")에 대한 규제를 허용한 대기청정법(Clean Air Act)에 의거해 휘발유속의 납함유량을 줄이라는 내용의 규제를 고시하자 이에 대해 경제적 부담을 안게 된 업계가 제소한 사건이다. 행정사건에 관한 최고법원 역할을 하고 있는 DC Circuit 연방항소법원의 담당재판부는, 업계의 주장을 받아들여 EPA가 "특정한 피해를 입증하기 전에는 휘발유에 함유될 수 있는 납을 규제할 수 없다"고 판시하였다. 이것은 EPA가 규제를 하기 위해서는 인과관계의 입증이라는 불법행위상의 일반 원칙에 기해 그 위해를 입증해야 한다는 판시였다. DC Circuit 연방항소법원은 담당재판부의 판결 후 이를 다시 전원합의부로 이송하였는데, 전원합의부 판사들은 5대4로 담당재판부의 판결을 파기하고 자판(自判)하였다. 라이트(Skelly Wright) 판사는 그와 같은 증명을 할 필요는 없다고 하면서 그 이유로 "인과관계에 관해 단계별로 엄격히 증명하는 것을 법원이 요구하는 것은 행정부로 하여금 사전예방적 규제로 나아가는 것을 불가능하게 만들기 때문"이라고 판시하였다. 이것은 EPA가 불확실한 상황에서도 가용한 증거를 사용하여 잠재적 리스크를 합리적으로 평가함으로써 위해를 예방하는 조치를 취하는 것이 가능하다고 판시한 것이다. 이 판결은 미국에서 사전예방의 원칙을 취한 대표적 판결로 거론되고 있다.

235) 437 U.S. 153(1978). 미국 「멸종위기에처한종보호법(Endangered Species Act)」에 멸종위기종으로 등록된 민물고기 "snail darter"가 「테네시강유역개발공사(Tennessee Valley Authority)」에서 추진하는 댐의 건설로 인해 위태로워지자 이를 보호하기 위해 제기된 소송에서 미연방대법원은, 댐의 완공은 동법을 위반하는 것이고, 따라서 법원으로서는 댐의 건설을 중지할 수밖에 없다고 판시하였다. 이미 엄청난 비용이 소요되었고 완공을 앞두었다는 사실은 이 사건의 결정에 관해선 무관한 사항이라고 판시하면서, 의회는 동법을 통과시키면서 이미 멸종위기에 처한 종(種)을 구하는 것이 다른 어떤 정부 정책보다 중요한 것이라고 이미 결정을 내렸고 이와 같은 의회의 정책 결정에 대해 다시 심사하는 것은 법원의 기능이 아니라고 판시하였다. 이 판

Species Act)」의 관련 규정을 각각 엄격한 사전배려의 원칙에 입각해 해석한 바 있다. 이외에도 연방고등법원이 판시한 Reserve Mining Company 판결이 같은 태도를 취한 것으로 볼 수 있다.[236]

하지만 리스크가 아무리 극미(極微)하더라도 전무하지 않다는 이유만으로 동 원칙을 발효시키는 것은 문제이다. 국가경제에 미치는 부정적 영향은 물론이고, 리스크의 완전 제거라는 절대주의적 태도는 경제활동의 자유에 대한 완전 박탈을 의미하기 때문이다. 따라서 관련된 이익과 가치를 교량해 일응의 기준을 정해야 한다. 참고로, 미대법원은 문제가 된 독성물질에 평상 수준으로 노출될 경우 위해를 입게 될 리스크가 "중대하다(significant)"는 것을 입증하여야 한다는 입장이다. 미연방대법원은 Three Mile Island 인근 주민이 원자로 재가동에 대해 제기한 *Metropolitan Edison Co. v. People Against Nuclear Energy* 사건[237]에서 변화의 조짐을 보이더니 1980년 선고한 *Industrial Union Dept., AFL-CIO v. American Petroleum Institute*(일명 "*Benzene*" 사건)에서[238] 리스크 문제에 접근하는 새로운 틀을 제시한 바 있다. 즉, 위해의 리스크가 있다는 것을 확인하는 것으로 부족하고, 위해가 중대해서 감지할 수 있을 정도로 감소될 수 있다고 판단되어야 하며, 이를 확인하기 위해 "정량적 리스크평가(quantitative risk assessment)"를 수행해야 한다는 것이다. 이 판결은 리스크 문제에 접근하는

결은 snail darter라는 물고기에 대한 리스크를 예방하는 차원에서 내려졌고, 그런 의미에서 미국 판례상 사전예방의 원칙에 기해 내려진 판결로 인용되고 있는 것이다.

236) *Reserve Mining Company v. United States*, 514 F.2d 492(8th Cir. 1975)(en banc). 이 판결에 대해 자세한 소개와 평가를 한 문헌으로는 Daniel A. Farber, *Eco-Pragmatism* (Chicago, 1999).

237) 460 U.S. 766 (1983). 이 사건에 대한 해설은 拙稿(註14), 리스크법, 110, fn. 227 및 그 본문 참조.

238) 448 U.S. 607(1980). 이 사건에서 노동부 장관은 벤젠이 발암물질이고 노출되었을 때 건강에 아무런 지장을 가져다주지 않는 안전한 수준이 아직 밝혀지지 않고 있다는 사실을 보고받고, 노동자들이 벤젠에 노출될 경우 허용될 수 있는 공기 중 벤젠 수준을 10ppm에서 1ppm으로 낮추었다. 1ppm은 노동부장관 개인이 생각하기에 실행가능한 최소한의 수준이었다. 여기서 주목할 점은 이 기준을 정함에 있어 노동부 장관은 규제의 편익과 비용에 대해 전혀 고려하지 않았다는 사실이다. 노동부 장관 밑에 있는 「직업안전보건청(Occupation Safety and Health Agency: OSHA)」은 이 기준이 약 3만 5천 명 정도의 근로자들을 보호하는 것으로 보았으나 실제 이 기준이 가져다주는 편익을 산정하려는 노력을 전혀 하지 않았던 것이다. 하지만, 그 비용은 실로 엄청났는데, OSHA의 자체 평가로도 이 기준을 준수하기 위해 초기 투자해야 할 비용이 5억 달러, 매년 들어가는 비용이 3천 4백만 달러로 계산되었다. 사정이 이러하니 업계가 일치단결해 이 기준을 무효화시키려고 했다는 사실이 의아하지 않다. 업계는 이 규제는 정당성을 상실한 것이라고 주장하면서 그 이유로 현재의 노출기준, 즉 10ppm 하에서도 6년에 2명이 사망하는 것으로 평가되는데 이를 1ppm으로 낮추는 것은 지나치다는 것이었다. OSHA는 이 주장을 각하했는데, 부분적으로는 업계가 주장하는 사망률을 의심하기도 했지만, 크게는 리스크 수준은 노출기준을 정하는 데 무관한 것으로 평가했기 때문이다. 즉, "벤젠에 노출되더라도 어느 수준 밑이면 안전하다고 확신할 수 있는, 그러한 안전수준이 확실히 정해질 수 없고, 예상되는 편익을 정확히 계량하는 것이 불가능한 사실관계 아래에서라면, OSHA는 노출되는 근로자를 가장 보호할 수 있는 노출 기준을 선택할 수밖에 없다"고 선언한 것이다. Daniel Farber는 이 사건에 관한 자세한 평석을 하였다. Farber(註236), 74-78.

일종의 확립된 '연방보통법'을 창출한 것으로 해석되고 있다.[239] "어느 정도 중대해야 중대한 것인가"라는 문제가 여전히 남지만, 타당한 태도로 보인다. 요컨대 사전배려의 원칙은 **과학적 리스크평가 결과, 해당 리스크가 중대한 경우에 발동**한다.

(2) 사전배려 의무의 내용

두 번째 논점은 리스크를 발생케 한 사전배려 의무자가 취해야 할 조치의 내용을 어떻게 정식화할 것인가이다. 이제까지 19가지의 모델이 제시된 바 있으나,[240] 크게 보면 다음의 세 가지로 분류할 수 있다. 이는 사전배려의 원칙을, 리스크 예방에 필요한 규제조치를 시간적으로는 보다 조기에, 규제의 정도 면에서는 보다 엄격하게 하려는 것으로 보고 조기성(早期性)과 엄격성(嚴格性)의 정도를 기준으로 분류한 것이다.[241]

제1안은 "불확실성은 방치를 정당화하지 않는다."라는 것이다. 이 정식에 의할 때 정부는 과학적으로 완전히 규명할 수 없는 상황에서도 사전배려적 규제를 할 수 있다. 하지만 이 정식은 어떤 조치를 명령하지도 않는다. 그런 까닭에 이 정식은 사전배려원칙의 모델 중에서 가장 연성적인 정식이다. 그리하여 이 정식은 사전배려적 조치를 취할 수 있다는 것이지, 취해야 한다는 것이 아니므로 과소규제가 될 우려가 있고, 그 적용요건으로 제시된 "과학적으로 확실히 규명할 수 없는" 상황은 너무나 포괄적이어서 과잉규제가 나타날 우려가 있으며, 조치를 취할 때 어떤 조치를 취해야 하는지 밝히지 않기 때문에 실제로 과잉·과소규제의 위험성이 공존하는 문제점이 있다. 문제가 된 물질의 제조를 금할 것인지, 아니면 경고문구로 족할 것인지에 관하여 아무런 지침을 내려주지 못하는 것이다. 요컨대 사전배려원칙에서의 본질적 문제는 취해야 할 조치의 내용인데, 이 정식은 그 단서조차 제공하지 못하고 기껏해야 자연과학적 연구를 재촉하는 정도에 그치는 것이다. 이 공식을 채택한 실례로는 「리우선언 원칙」 15와 「베르겐 선언」[242] 및 미국의 Ethyl Corp. *v.* EPA 판결[243]을 들 수 있다.

제2안은 "리스크는 불확실하더라도 조치를 정당화한다."라는 것이다. 이 정식은 불확실한 리스크에 대한 규제적 조치를 강제하는 의미가 있다. 이는 독일 내무부의 1984년 의회보고서

---

239) Robert V. Percival, "Responding to Environmental Risk: A Pluralistic Perspective," *Pace Environmental Law Review* vol. 14, 513, 519 (1997).
240) Wiener(註226), 5 이하.
241) 이하, 拙稿(註14), 리스크법, 80－82.
242) Bergen Ministerial Declaration on Sustainable Development in the ECE Region, UN Doc. A/CONF.151/PC/10. 1 *Yearbook of International Environmental Law* 429에서도 볼 수 있다. 관련 조문은 다음과 같다. "Where there are threats of serious or irreversible damage, lack of full scientific certainty shall not be used as a reason for postponing measures to prevent environmental degradation."
243) 541 F.2d 1.

의 입장으로, 제1안에 비해 보다 적극적으로 사전배려적 조치를 요구하고 있다.[244] 하지만 이 정식도 제1안의 약점을 그대로 갖고 있다. 즉 예방적 조치가 필요한 경우로서 "과학적으로 확실히 규명할 수 없는" 상황을 예정하고 있을 뿐이고 취해야 할 조치의 내용에 관해서는 아무런 지시를 내리지 않으므로 과소·과잉규제의 위험성을 그대로 갖고 있는 것이다.

제3안은 "불확실한 리스크는 입증책임을 전환한다." 이 정식은 문제가 된 물질 또는 행위가 리스크를 제공하지 않는다는 점을 입증할 때까지 이를 '금지'해야 한다는 것이다.[245] 요컨대 환경과 국민 건강의 안전성을 입증할 책임을 문제의 행위로부터 이익을 보고 또한 정보를 가장 쉽게 얻을 수 있는 위치에 있는 당사자에게 전환시켜야 된다는 것이다. 리스크와 관련된 불확실성의 세계에서는 입증책임의 부담은 곧 패배를 의미하기 때문에, 이 안은 가장 강한 정식으로 볼 수 있다. 이 정식에 따르면, 당사자가 일정 수준의 입증을 하지 않는 한 당해 행위는 금지된다. 리스크 없음을 입증하는 것이 불가능에 가깝다는 점을 고려하면 당사자에게 지나치게 가혹하다.

이상에서 본 바와 같이, 세 가지 정식 모두 취해야 할 조치가 무엇인지에 관하여 구체적 지침을 제시하지 못하고 있다. 물론 사전배려원칙을 절대적 원칙으로 보는 사람들은 얼마나 안전한지 알 수 없기 때문에 리스크가 있는 경우는 이를 금지해야 한다고 할 것이지만, 그렇게 되면 대부분의 경제활동이 제약을 받게 될 것이다. 그렇다고 해서 리스크를 시장에 맡겨두자는 주장을 받아들일 수는 없다. 환경법은 탐욕을 위하여 타인의 건강과 생명을 남용하는 것을 방치할 수 없기 때문이다. 이와 같은 상극적 대치 속에서 취할 수 있는 선택은, 결국 '균형 잡힌' 사려배려밖에는 없다.

(3) 실행가능성 기준

실정법 차원에서 균형 잡힌 사전배려조치로서 제시된 것은 "실행가능성(feasibility)" 기준이다. 이 기준은 **기술적으로 실행가능한 정도까지 인간과 환경에 대한 리스크를 줄이라**고 명령한다. 이는 미국의 개별 환경법 대부분이 채택하고 있는 기준으로서, 해당 리스크의 중대성이 확인되면 당국은 이 기준에 따라 기술적으로 실행가능한 조치를 취할 것을 명령할 수 있다. 이때 그 조치가 아래에서 보는 비용편익분석을 통과하지 못하더라도 그 법적 효력에는 소장이 없다. 왜냐하면 "실행가능(feasible)"이라 함은 비용의 다과(多寡)을 불문하고 "이루어질 수 있고 실행될 수 있고 달성될 수 있는" 상태를 의미하기 때문이다.[246]

---

244) 拙稿(註14), 리스크법, 82.
245) *Id.*
246) 이는 Benzene 사건에서 미연방대법원이 내린 결정이다. 452 U.S. 509.

실행가능한 조치로 내려지는 구체적 예로는 "최선가용기법(best available technology; BAT)" 이나 "최선실용기법(best practical technology(BPT)" 등 다양하다. 우리나라에서도 2018년 시행되기 시작한 「환경오염시설의 통합관리에 관한 법률」은 사업자에게 "최적가용기법"을 마련할 것을 명령하고 있다. 최적가용기법이란 "배출시설 및 방지시설의 설계, 설치, 운영 및 관리에 관한 환경관리기법으로서 오염물질 등의 배출을 가장 효과적으로 줄일 수 있고 기술적·경제적으로 적용 가능한 관리기법들로 구성된 기법"을 말한다(§24①).[247] 이는 오염물질을 배출할 때 최고의 기술을 채택해야 하지만 감당(堪當) 가능한 기술적·경제적 비용이 드는 기술 중에서 선택할 수 있도록 하는 점에서 영국의 "과도한 비용을 수반하지 않는 최선가용기법(Best Available Techniques Not Entailing Excessive Cost; BATNEEC)"과 유사하다. 여기서 '최적'이라 함은 높은 수준의 환경보호를 성취함에 있어서 사용되는 기술의 "효과성(effectiveness)"의 정도를 말하고, '가용'이라 함은 해당 산업계가 해당기술을 채용하는 데 소요되는 비용과 부대하는 이점(利點)을 종합 고려할 때 경제적·기술적으로 실행가능한 조건 하에서 채택할 수 있음을 말한다. 요컨대 최적가용기법은 터무니없이 불균형적인 비용을 초래하지 않는다면 실행가능한 정도까지 정부는 환경리스크를 제거해야 한다는 생각을 반영한 것이라 본다.[248]

5. 비용편익분석과의 관계

(1) 사전배려원칙의 한계

비용편익분석은 앞서 본 사전배려원칙의 정식화가 모두 현실에 부합하지 않는다는 이유로 (주로 미국에서) 사전배려원칙의 대안으로 제시된 것이다. 기실, 사전배려원칙을 구체화하려 할 때 어려움이 생기는 것은 동 원칙이 대처해야 할 대상인 리스크의 복잡다단함 때문이다. 우리가 사는 세상은 하나의 리스크만 있는 것이 아니라 다수의 리스크가 혼재(混在)한다. 다종다양한 리스크가 서로 연결되어 서로가 서로에게 영향을 주고 있다. 사전배려원칙은 다양한 리스크가 난마처럼 얽혀 있어 어떤 한 리스크를 감소시키면 다른 리스크가 증가할 수 있다는 점, 즉 리스크의 '상호관련성'을 놓치고 있다. 동 원칙은 리스크의 위험성과 불확실성에 치중해 이것을 사전에 예방하는 것이 최선이라고 하지만, 그 이면에서 생기는 '상쇄효과(trade-off)'를 고려하지 못한다. 예컨대 대기오염을 줄이기 위해 집진기를 굴뚝 끝에 설치하면 대기오염은 줄일 수 있지만, 집진기의 청소 시에 생기는 찌꺼기가 수질 및 토양을 오염시키고, 아스피린은 두통을 줄일 수 있지만 위통을 유발할 수 있으며, 대기오염을 막기 위해 오존배출을 막는 것은 피부암

---

247) 「환경오염시설의 통합관리에 관한 법률」의 시행과 함께 대기환경보전법도 최적의 방지시설을 설치한 사업자에게 배출부과금을 부과하지 않기로 관련 규정을 개정하였다(동법 §35조의2ii).
248) Farber(註236), 131 참조.

의 가능성을 높인다. 이렇게 본다면, 결국 규제당국은 규제대상으로 떠오른 해당 리스크만을 보는 데 그쳐서는 안 되고, 관련된 다수의 리스크를 살펴 적절히 교량(較量)해야 한다.[249]

(2) 최적배려

이상을 기초로 사전배려의 대안으로 제시된 것이 "최적배려(optimal precaution)"이다.[250] 최적배려는 "대상리스크"("target risk; TR")와 "규제리스크"("countervailing risk: CR") 사이의 상쇄효과에 적절히 대처해 총리스크를 줄이는 것을 목표로 한다. 규제로 인해 생기는 규제리스크가 규제가 대처하려는 대상리스크보다 크면(CR > TR), 규제는 정당화되지 않는다. 대상리스크가 규제리스크보다 큰 경우에 한하여 규제가 정당화되는 것이다. 합리적인 규제행정이라면 리스크 사이의 상쇄효과를 눈여겨보고 가장 효율적 선택을 해 총리스크의 감축을 목표로 해야 하기 때문이다. 결국, 리스크 문제는 불확실성 속에서 조치를 취할지 말지를 결정하는 것이라기보다는 서로 다른 리스크들의 조합 혹은 그들에 따르는 비용·편익의 조합을 가진 다양한 대안 중에서 어떤 것을 선택할 것인가의 문제라는 것이다. 그렇다고 한다면, 남는 과제는 리스크를 어떻게 평가하고 비교할 것인가이다.

(3) 리스크평가와 리스크관리

유럽연합은 사전배려원칙을 전면 수용하여 리스크를 적극적으로 규제하려고 하는 반면, 미국 정부는 자국의 경제활동을 위축시킬 것이 명백한 사전배려원칙을 거부하고, 그 대신 규제 전에 실제 위해를 입증할 만한 증거가 나오기를 기다리고 실증적인 연구에 기해 리스크를 관리해야 한다는 입장이다.[251] 이와 같은 미국의 태도를 제도화한 개념이 바로 "리스크평가(risk assessment)"와 "리스크관리(risk management)"이다. "비용편익분석"은 리스크평가를 기초로 한 리스크관리의 대표적 방안으로 미국정부가 규제 시행 여부를 결정할 때 사용하는 주된 수단이다.

---

249) 나아가서는 규제 자체가 사회에 또 다른 리스크로 다가설 수 있음을 직시할 필요가 있다. Wiener(註226), 10. Wiener는 규제를 또 다른 종류의 리스크로 보고 규제 자체에 사전배려의 원칙을 적용하면, 대부분의 규제가 허용되지 아니할 것이라고 주장한다. 긁어 부스럼이란 속어가 있듯이 문제 해결노력이 해당 문제를 더욱 어렵게 만드는 경우가 있다. 후술하는 코즈(Coase)의 관점에서 보면 이와 같은 통찰은 보다 분명해진다. Ronald Coase, "The Problem of Social Costs" 3 *Journal of Law and Economics* 1 (1960). 즉, 리스크에 대한 규제는 외부에서 주어진 외생변수가 아니라 우리가 스스로 선택한 내생변수이고, 따라서 그 선택이 또 다른 리스크가 될 수 있다는 사실이다. 요컨대 부작용이 큰 약품의 제조나 유전자 조작 행위와 마찬가지로 정부규제는 사회에 리스크가 될 수 있다. 이렇게 본다면 리스크 문제는 새로운 문제가 아니라 이제껏 사회과학이 고민해 왔던 사회제도 즉, 정부와 시장의 문제이고, 리스크는 정부와 시장의 오작용(誤作用)의 한 단면이라고 보아도 될 것이다. 그래서 목표는 **시장실패의 리스크**와 **규제실패의 리스크**를 최소화하는 것이다.
250) 최적배려는 위너의 제안이다. Wiener(註226).
251) 拙稿(註14), 리스크법, 88 이하.

다른 한편, 비용편익분석은 우리나라의 법제이기도 하다. 즉, 정부는 1997년 그동안 부침을 거듭하며 성장한 규제개혁 노력의 가닥을 잡고 「행정규제기본법」을 제정했는데,[252] 이 법은 규제개혁을 달성하기 위한 수단으로 「규제영향분석(Regulatory Impact Analysis, RIA)」을 제도화하였다. 규제영향분석은 규제의 신설·강화시 그 규제의 영향을 분석하여 그 결과를 토대로 이를 철회하거나 개선하도록 함으로써 규제를 합리화하려는 것인데, 규제의 시행에 따라 피규제자 및 국민이 부담하여야 하는 비용과 편익을 비교분석하는 것을 그 핵심적 요소로 하고 있는 것이다.

위해물질 또는 독성물질을 규제함에 있어서는 논리적 순서에 따라 다음의 세 가지 단계로 나누어 생각해 볼 수 있다.[253] 첫 번째 단계는 물질마다 수용할 수 있는 리스크의 정도를 결정하는 **리스크결정**이다. 이는 리스크 기준을 설정하는 단계인데, 앞서 본 사전배려원칙의 발동요건에 해당한다. 리스크 기준으로는 리스크로부터 완전히 자유로운 리스크 전무(全無)의 기준, 무시해도 좋을 정도의 리스크를 허용하는 최소(de minimis)의 기준, 전무 또는 최소의 기준이 경제활동을 너무 위축시키는 경향이 있어 이를 완화하기 위해 합리성에 터 잡아 나름대로의 기준을 정하여 이에 부합하는지 여부를 정하는 합리성의 기준 등이 있을 수 있다.

두 번째 단계는 그 물질에 어느 정도 노출될 경우에 위 기준을 넘는지를 결정하는 **리스크평가**이다. 리스크평가는 해로운 물질이나 위험한 상황이 인간건강에 미치는 위해성의 성질과 정도를 결정하는 과정이다. 합리적인 사전배려를 위해서는 대처하고자 하는 리스크에 대해 정확히 파악하고 있어야 하므로 사전배려의 원칙에 있어서도 리스크평가는 필수적인 과정이다. 이는 흔히 주먹구구식으로 비유되는 일반인들의 감(感)에 의한 판단을 지양하고 리스크를 가용 정보를 총동원해서 과학적으로 평가하려는 시도이다. 통상 네 단계로 구성되는 "정량적 평가방법"이 사용된다.[254]

---

252) 법제정배경에 관해서는, *id.* 5, 71 참조.
253) 이에 관한 간결한 설명으로는 Jay Michaelson, "Rethinking Regulatory Reform: Toxics, Politics, and Ethics," *Yale Law Journal* vol. 105, 1891, 1893‒1894 (1996).
254) 발암물질에 대한 리스크평가를 예로 들어보자. 이것은 보통 네 단계로 구성되는데, 첫 번째 단계는, 어떤 물질이 인간의 건강에 해로운지 여부를 결정하는 「위해성 확인」(hazard identification) 단계로, 주로 역학적 조사방법이나 동물실험을 이용한다. 두 번째 단계는, 인간이 노출되는 위해물질의 양과 그 효과 사이의 상관관계를 측정하는 「조사량‒반응 평가」(dose‒response evaluation) 단계로, 동물실험의 결과로부터 인간에게 나타날 수 있는 효과를 추정하는 방법을 사용한다. 세 번째 단계는, 인간이 위해물질에 노출되는 정도를 평가하는 「노출 평가」(exposure assessment) 단계로, 예컨대 오염된 지하수를 인근 주민이 얼마만큼 마시는가를 측정하는 것이다. 마지막 단계는, 인간의 건강에 끼치는 리스크를 수치화해서 평가하는 「리스크 규정」(risk characterization) 단계로, 리스크는 오염물질의 독성과 노출량의 함수로 규정되고, 리스크 수치는 발암물질에 평생 노출되었을 경우 발생하는 발암률의 증가로 표시되는 것이 통례이다. 이와 같이 진행되는 리스크평가를 경성적·정량적 리스크평가(hard·quantitative risk assessment)라고 한다. 전문가 패널을 구성하고, 이들로 하여금 다양한 리스크의 개연성의 정도를 잠재적인 치사율이나 피해지역의 크기와 같이 수량적

세 번째 단계는 그 물질을 어떻게 규제할 것인가를 정하는 **리스크관리**이다. 여기서는 리스크평가에서 얻어진 정보, 당해 물질을 규제함으로써 생기는 대체 리스크, 규제의 경제적 효과 등을 포함한 다양한 요소가 고려된다. 그런데 실제로 수행되는 리스크정책결정에 있어서는 세 단계가 서로 연결되어 서로에게 영향을 주고 특히 환류과정(feedback)을 거치게 된다. 리스크결정도 사실은 리스크평가 및 관리로부터 얻어진 정보를 고려해서 이루어지며, 리스크평가 시에 존재하는 불확실성의 정도, 리스크관리에 따른 제반 효과 등에 관한 정보는 리스크결정에 환류되어 과잉·과소 기준을 교정하는데 사용되어야 한다. 요컨대 세 단계는 하나의 목표를 향해 일체를 이루며 수행된다.

(4) 비용편익분석의 의의 및 한계

비용편익분석은 리스크관리의 대표적 방법이다. 리스크관리는 리스크의 완전 제거가 아니라 주어진 여건 속에서 총리스크의 최소화를 목표로 하는데, 비용편익분석은 이를 합리적으로 달성하기 위해 채택된 방안이다. 비용편익분석은, 구체적으로, 리스크평가 결과를 기초로 하여 규제로 인해 감축될 수 있는 리스크(또는 리스크 감축으로 인한 편익)와 리스크 감축을 위해 사회가 지불해야 하는 비용을 비교하여 규제 여부를 결정한다.

하지만 리스크 저감에 따르는 비용과 편익을 하나의 잣대, 즉 금액(金額)으로 환산해 비교하는 것은 결코 쉬운 일이 아니다.[255] 분석작업 자체에 비용과 노력이 많이 들 뿐 아니라 (특히 시장가격이 형성되지 아니한 편익을 산정할 때) 그 과정에 소위 '전문가'의 선호와 가치가 들어간 자의적 가정(假定)이 개입할 여지가 많다. 특히 리스크는 불확실성을 본질적 요소로 하기 때문에 어떤 리스크의 수용(受容) 여부는 '의사결정자'로서 리스크에 관련된 사람과 그 결정에 의하여 영향을 받아야 하는 '피결정자(被決定者)'로서 리스크에 관련된 사람이 다를 수밖에 없고, 그렇기 때문에 특정 상황에서조차 객관적 계산에 의한 합의의 도출을 기대하기 어렵다.[256] 리스크결정·평가·관리가 일체를 이루며 진행되는 실제를 보면, 과학적 평가와 정치적 관리를 분리하는 것도 현실성이 떨어진다. 상황이 이러함에도 과학에 대해 지나치게 의존하는 것은 일종의 특권을 전문가에게 인정하는 꼴이다.

으로 나타난 수치로 표시하도록 한 후, 다시 전문가들로 하여금 각 리스크의 크기와 그 각 리스크를 줄이는데 드는 비용을 비교, 평가하도록 해서 주어진 재원으로 최대의 리스크 감소의 효과를 거둘 수 있도록 리스크 감축의 우선순위를 제공하게 하는 방안이다. 정량적 리스크평가는 연성적·정성적 리스크평가(soft·qualitative risk assessment)와 구별된다. 자세한 것은 拙稿(註14), 리스크법, 95-97.

255) 자세한 것은 拙稿(註14), 리스크법, 105-107 참고.
256) Niklas Luhmann, *Risk: A Sociological Theory* 3-4 (Aldine De Gruyter, 1993).

(5) 사전배려원칙과 비용편익분석의 타협

유감스럽게도, 비용편익분석은 사전배려원칙의 핵심적 내용과 상충(相衝)한다.[257] 예컨대 토양오염을 방지하기 위한 조치의 일환으로 토양오염물질별 검사항목을 추가하고 그 기준을 설정하는 것은 관련 과학기술의 발전에 보조를 맞추어 보다 나은 환경질을 확보하려는 시도로서 사전배려의 원칙에 매우 부합하는 조치인데, 행정규제기본법은 이 규제에 따르는 비용과 편익을 계량하여 비교할 것을 주문하고 그 결과 여하에 따라 이 규제를 채택할 것인가 여부를 결정하려고 한다. 이런 까닭에, 비용편익분석은 잘해야 "보충적 규제수단"일 뿐이고 이를 원칙적 수단으로 받아들인다면 환경법의 '분석'이 아니라 '분해'가 될 것이라는 비판이 유력하다.[258]

그러나 사전배려원칙도 민간의 경제활동을 지나치게 규제하는 결과를 초래할 수 있기 때문에 동 원칙은 비용편익분석과 화해할 필요가 있다. 실제로 유럽에서는 **비용편익분석으로 사전배려원칙을 보완**하려는 이론적 시도가 왕성하다. 즉 유럽학계에서는 동 원칙을 강한 버전과 약한 버전으로 나누고, **약한 버전의 사전배려원칙**은 해당 리스크에 대한 대응조치가 그 비용과 편익의 측면에서 균형을 이루는 경우에 한하여 동 원칙이 발동될 수 있다고 한다.[259] 기실, 이것이 유럽연합과 영국의 입장이며, 우리나라 실정법의 입장이기도 하다. 왜냐하면 우리나라에서는 사전배려의 원칙이 환경정책기본법에 규정되어 있을 뿐만 아니라 모든 법령의 제·개정에 적용되어야 하는 비용편익분석이 행정규제기본법에 규정되었기 때문이다. 양자를 조화롭게 해석할 수 있는 방안은 사전배려조치가 비용편익분석을 통과할 때 취해질 수 있다고 보는 것이다. 다른 한편, **강한 버전의 사전배려원칙**은 기본적으로 환경보호를 위한 정책을 시행할 때 비용에 대한 고려를 배제하고 있기 때문에 동 원칙에 충실한 리스크 대비책을 세운다면 비용의 다과를 고려하지 않고 '기술적으로 가능한 최대한의 범위' 내에서 리스크에 대응해야 한다.

생각건대, 우리나라 실정환경법 차원에서 사전배려원칙은 '법원리'이기 때문에 약한 버전의 그것으로 새겨야 하고, 개별 영역에서 사전배려원칙을 정식화하여 '법규칙'으로 만드는 작업은 개별 환경보호법률에 맡겨야 한다고 본다. 말하자면 '법원리'로서의 사전배려원칙으로부터 '법규칙'으로서의 법규를 도출하는 것은 당해 리스크의 성질, 관련 당사자의 이익과 가치, 입법 당시의 사회적 인식과 경제 사정 등을 종합 고려해 입법부가 결정해야 한다는 것이다. 그리고 이런 과정을 거쳐 탄생한 개별 환경보호법률의 법규는 약한 버전의 사전배려원칙보다 어떤 경우는 강한 버전으로, 다른 경우는 약한 버전으로 만들어질 수도 있다. 그 정도의 입법재량

---

257) 拙稿(註14), 리스크법, 69 – 73.
258) Thomas McGarity and Sidney Shapiro, "OSHA's Critics and Regulatory Reform," *Wake Forest Law Review* vol. 31, 587, 626(1996).
259) Bell & et al., 75.

은 전술한 우리 환경법원칙의 법적 지위에 비추어볼 때 허용된다고 본다. 법원리로서의 사전배려원칙은 적어도 당분간은 — 동 원칙에 입각한 환경보호입법과 환경행정실무가 오랜 세월 축적되어 그 구체적 내용에 관하여 공감대가 형성될 때까지는 — 현재와 같이 '형성(形成) 중인' 법규범으로 자리매김할 수밖에 없을 것이다.

6. 사전배려원칙의 구체적 법효력

사전배려 원칙의 법적 지위에 관해서는 논의가 뜨겁다. 우리나라에서는 실정환경법에 규정되어 있는 만큼, 동 원칙이 수범자로부터 철저히 무시(無視)되지 않을 자격, 즉 '**소극적 법효력**'을 갖는다는 데에는 이론이 있을 수 없다.[260] 하지만 동 원칙을 위반했다는 이유만으로, 위험예방의 원칙을 위반한 경우와 마찬가지로, 해당 입법·행정·사법작용을 위법·부당한 것으로 무효화시킬 수 있는지 여부는 별개의 문제이다. 사전배려원칙이 입법적으로 수용됐다고 해서, 행정부나 법원이 구체적 사건에서 기본권보호를 위하여 동 원칙을 적용할 것이라고 생각하는 것은 그야말로 오산이다.[261] 사전배려의 원칙은 '불확실한' 리스크에 대응한 원칙임을 잊어서는 안 된다.

비교법적으로 보면, 동 원칙에 대하여 이런 구체적인 법효력을 인정하는 입법례나 판례를 찾을 수 없다. 그 대표적 이유로는 동 원칙을 담은 규정의 표현 방식을 들 수 있다. 구체적인 권리·의무가 발생하기 위해서는 그에 필요한 요건이 정교하게 규정되어야 한다. 다시 말해 법적 효과의 발동을 위하여 충족시켜야 할 분명한 기준이 그 규정에 정교하게 표현될 필요가 있는 것이다. 그런데 환경정책기본법 제8조가 보여주듯이, 동 원칙을 담은 규정은 어떤 목적이나 지향만을 말하고 있다. 기실, 리스크의 용인가능 수준을 찾아내는 것은 본질적으로 '정치적 결정'인바, 그렇다고 한다면 그 결정에는 매우 많은 변수들이 종합적으로 고려될 수밖에 없다. 거기에는 대응 조치의 효과성, 해당 리스크와 대응 조치 사이의 비례성 혹은 대응 조치에 대한 비용편익분석, 유사한 사안에서 취해진 조치와의 일관성뿐만 아니라 일반 대중의 삶의 방식에 대한 관념(가령 위험을 회피할 것인지 아니면 위험을 감내할 것인지의 선택)까지 모두 고

---

260) 이는 유럽사법재판소(the Court of Justice of the EU)가 시사한 바이기도 하다. 즉, 오존층을 고갈시킬 물질에 대한 Regulation 3093/94에 터 잡아 내려진 HCFC 금지조치가 사전배려원칙을 규정한 유럽기능조약(TFEU; Treaty on the Functioning of the European Union) 제191조(2)에 부합하지 않는다는 주장에 대하여, 동 재판소는 사전배려원칙과 같은 '목적'과 그런 목적을 실제로 이행하는 데 따르는 '복잡성' 사이에 균형을 잡을 필요가 있고 이를 위해서는 행정청에게 일정한 재량을 인정해야 하는바, 그렇다고 한다면 동 원칙을 명백히 무시했다고 인정되는 법에 한해서 이를 무효화할 것임을 밝힌 바 있다. Case C−341/95 *Bettati v. Safety Hi−Tech Srl* [1998] ECR I−4355.
261) 더 자세한 내용은, 拙稿(註14), 리스크법, 74−75.

려되기 마련이다. 기실, 이런 변수들이 모두 고려되어야 하는 리스크결정의 맥락이 동 원칙의 규정 방식을 현재와 같은 것으로 하는 것이다.

제4절 | 원인자책임의 원칙

I. 원인자책임원칙의 의의

원인자책임원칙은 누가 환경오염의 예방·제거 및 손실보전에 관한 책임을 질 것인가에 관한 원칙으로서, 자기 또는 자기 관리 범위 내에 있는 행위나 상태로 인하여 환경오염의 발생에 원인을 제공한 자가 그 책임을 져야 한다는 원칙이다. 요컨대 환경보전의 책임을 가능한 한 환경침해 원인자에게 부담시키려는 실질적 책임 및 비용 부담의 귀속원리인 것이다. 사전배려원칙이 환경보전에 필요한 조치의 내용이나 범위에 관한 것이라면, 이 원칙은 필요한 조치의 책임이 귀속되는 방향을 지시한다.

이 원칙은 기본적으로 시장경제의 기본사고에 바탕을 두고 이를 실현하려는 것이다. 후술하는 바와 같이, 경제적 관점에서 보면 환경침해는 "외부효과"가 발생해 생기는 시장실패의 전형(典型)이다. 비유컨대 환경침해자는 자신의 활동과 함께 나오는 쓰레기를 스스로 치우지 않고 의도적으로 또는 무의식중에 그대로 방치함으로써 사회에 처리비용을 부담시키는 것이다. 따라서 이를 교정하기 위해서는 원인제공자에게 그 처리비용을 지움으로써 외부효과를 "내부화"하는 것이 마땅하다고 하겠다. "오염자부담의 원칙(polluter pays principle)"은 이런 사고를 담은 것이다.

그런데 환경법의 기본원칙으로서의 원인자책임의 원칙은 이와 유사하지만, 그 이상의 요소를 담고 있다. 오염자부담의 원칙이 경제적 효율을 위한 조치들이 취해질 수 있도록 인센티브를 제공하기 위한 것이라면, 원인자책임의 원칙은 시장이 간파하지 못하는 생태적인 측면을 가능한 한 담아야 하고, 무엇보다도 법원칙인 까닭에 법적 관점에서 환경부하의 예방·감축·제거에 관한 실질적 책임의 귀속원리여야 한다.[262] 원인자가 부담해야 하는 책임은 경제적 효율성이라는 기준에 터 잡은 책임에 그쳐서는 안 되고 그것을 포함하지만 그것만으로 구성된 것이 아닌 — 다시 말해 법 고유의 요소와 법정책적 요소가 가미된 — 법적 기준에 터 잡은 책임인 것이다. 이런 의미의 법적 기준은 원인자책임원칙의 규범내용, 즉 원인자의 특정이나 원인자에게 귀속되는 책임의 범위 등에 영향을 주게 되어 있다.

---

262) 한귀현, 47.

하지만 우리가 가정생활을 하다보면 책임이 항상 원인자에게만 분배되지 않음을 깨닫게
된다. 가족 구성원들 중에 경우에 따라 어떤 때는 시간이 남는 사람이, 다른 때는 경제적 여유
가 있거나 마음이 넉넉한 사람이 쓰레기를 치우게 된다. 사회도 가정과 유사하게 돌아가는 측
면이 있게 마련이다. 따라서 원인자책임의 원칙에 맞지 않는 입법이 제정되기도 하고 행정실
무가 이루어지기도 한다. 수익자 부담을 천명한 「한강수계상수원수질개선 및 주민지원에 관한
법률」이 그 예이다. 동 원칙의 법적 지위가 전술한 바와 같은 '**소극적 법효력**'에 머무는 까닭
이 여기에 있다.

II. 원인자책임원칙의 법적 근거

환경정책기본법 제7조는 "자기의 행위 또는 사업활동으로 환경오염 또는 환경훼손의 원인
을 발생시킨 자는 그 오염·훼손을 방지하고 오염·훼손된 환경을 회복·복원할 책임을 지며,
환경오염 또는 환경훼손으로 인한 피해의 구제에 드는 비용을 부담함을 원칙으로 한다."라고
규정하고 있는바, 우리 환경법원칙 중에서 유일하게 원인자책임원칙을 환경법의 '원칙'으로 명
정(明定)하고 있다. 뿐만 아니라 개별 환경보호법률도 거의 모두 동 원칙을 원인자부담금제도
(「수도법」 및 「하수도법」), 배출부과금제도(「물환경보전법」 및 「대기환경보전법」), 환경개선부담금
제도(「환경개선비용부담법」), 폐기물처리의무제도(「폐기물관리법」) 등으로 제도화하고 있다.[263]
국제적으로는 1970년대 OECD가 동 원칙을 널리 알린 이후, 유럽연합과 미국, 양 진영 모두
에 널리 수용되고 있다.

III. 원인자책임원칙의 규범내용

원인자책임의 원칙은 매우 명확하고 구체적 지시를 하고 있지만, 기실 무엇이 '오염'인지,
누가 '원인자'인지에 관해서는 아무런 지시도 하지 않는다. 그래서 동 원칙의 배경에 있는 목
적을 들여다보곤 하지만, 이 또한 간단하지 않다. 목적을 수행하는 여러 방안이 있거니와 동
원칙이 다른 원칙 및 법규와의 상충관계에서 어느 정도의 비중으로 평가받아야 하는가 하는
문제도 남기 때문이다. 이런 문제의식은 원인자의 특정과 원인자에게 부과될 책임의 확정에
있어서 두드러진다.

---

263) 관련 법률규정으로는 물환경보전법 §48①; 먹는물관리법 §31②; 하수도법 §61; 수도법 §71 등이 있다.

1. '원인자'의 특정

원인자책임원칙을 적용하기 위해서는 원인과 결과가 규명되어야 한다. 하지만 환경침해는 다수의 원인들이 장기간 여러 단계에 걸쳐 중첩되고 누적되어 다양한 양태로 작용해 생긴다. 또한 환경침해가 발생했을 때에도 어느 범위의 손해가 해당 원인으로 인해 생긴 것인지도 불분명하다. 원인들 상호간에는 상쇄효과가 생기기도 하고 상승효과가 발생하기도 하며, 선행 사건(·상태)은 무엇이나 후행 사건(·상태)의 발생에 극미하게나마 '조건'으로 작용할 수 있기 때문이다. 요컨대 환경침해는 '복합원인'에 의하여 발생하고 이에 관한 신뢰할 만한 정보의 수집에는 적지 않은 비용이 들어간다. 사정이 이렇다 보니, 복합원인 중 어떤 원인으로 어떤 결과가 생겼는지, 원인자 상호간 기여율과 책임의 몫은 무엇인지 불분명한 경우가 허다하다. 그 결과, 원인자 특정에 관한 다양한 학설이 경합하고 있다.

(1) 형식적 생활관계설

환경침해는 재화나 서비스를 생산하고 유통하고 소비하는 과정 중에 생기는 것이 통례이므로 이 중 어디에 법적 책임을 귀속할 것인가에 관해 견해가 갈린다. 형식적 생활관계설은 오염물질의 방출이 일어난 외형적인 생활관계의 장소적 범위를 기준으로 원인자를 구별한다. 이에 의할 때, 오염물질의 방출이 발생하는 형식적 생활관계의 장소는 소비자의 영역이므로 주로 소비자를 원인자로 보게 된다. 생산자나 유통업자가 활동하는 영역에서의 방출은 일어나지 않았다는 것이다. 그러나 기실 소비자는 소비행태에 있어서 선택의 폭이 넓지 않다. 생산자가 과도한 포장을 해 제품을 공급한다고 해도 소비자는 이를 환경친화적으로 변화시킬 수 있는 교섭력이 없다. 그런 관점에서 보면, 소비자의 제품 소비도 기실 생산자의 사실상의 지배영역 내에 있는 것이다.

(2) 사실상 지배영역설

사실상의 지배영역설은 환경오염을 그의 사실상의 영향권 내에서 일어나게 한 바로 그 사람에게 원인자책임을 귀속시킨다. 가령 유통업자가 생산업자의 간소한 포장을 사치스럽게 바꾸어 제품을 유통시킨 경우, 원인자는 유통업자가 된다. 생각건대, 환경침해가 '복합원인'에 의해 생긴다는 점을 상기하면 두 학설 모두 이런 실상을 외면하고 있는 느낌이 든다.

(3) 참여설

참여설은 이런 문제의식에 착목해 환경침해라는 사태를 초래한 인과관계의 연쇄고리 속에 참여한 사람이라면 누구나 원인자로 봐야 한다고 한다. 기실, 생산자, 유통업자, 소비자, 심지어 폐기물처리업자 모두 일말의 책임을 부정할 수 없을 것이다. 따라서 이 학설에서는 참여자 사이의 책임분배가 주된 논점이 된다.

(4) 적합지위설

이상의 학설에서 느낄 수 있는 것은 각각이 착목하는 지점이 다르지만 모두 나름의 근거에 터 잡고 있음을 알게 된다. 또한 환경정책이 그 각 해당 영역에 따라 지향점이 다를 수 있음은 주지하는 바이다. 그렇다고 한다면, 원인자를 미리 개념적으로 특정할 것이 아니라 구체적 사정에 따라 환경침해를 예방·제거·전보하는 데 가장 적합한 지위에 있는 자를 원인자로 지정하는 것이 현명할 수도 있다. 그리하여 **적합지위설**에 따르면, 원인자는 영역과 정책목표에 따라 다양한 형태로 지정될 수 있게 된다. 말하자면 입법자의 재량은 존중되고 원인자 여부는 개별 환경보호법률의 해석문제로 돌아간다. 적합지위설의 주장은 환경문제의 특성에 즉응한 것이나 그렇다고 해서 입법자에게 누구든 원인자로 지정할 수 있는 재량을 인정할 수는 없다. 그렇게 되면 원인자책임의 원칙은 골자가 없는 형식논리로 전락할 것이기 때문이다. 하지만 입법자에게 인과관계의 연쇄고리에 참여하였다고 판단되는 범위 내의 사람 중에서 선택하라는, 말하자면 제한된 재량을 인정하는 것은 무방할 것이다.

2. 원인자의 '책임 범위'

원인자로 확정되면 응분의 책임을 부담하게 된다. 환경피해는 손해배상이나 원상회복의 형태로 보전되는데, 책임자는 대체로 이에 소요되는 비용을 부담하는 형태로 책임을 이행하게 될 것이다. 원인자책임의 원칙을 책임귀속의 원칙이자 동시에 비용부담의 원칙이라고 하는 이유가 여기에 있다.

원인자가 져야 할 책임의 내용과 범위에 관해서는 동 원칙의 '개방성'으로 말미암아 입법자에게 어느 정도의 입법재량이 인정되지만, 원인자는 가능한 한 최대한으로, 예상되는 환경훼손은 방지하고 이미 벌어진 환경훼손은 감소시키거나 제거할 의무를 부담하고 이에 상응한 책임을 지는 것이 원칙이다. 다시 말해 책임자는 예방책으로 회피의무, 응급책으로 감소의무, 치료책으로 제거의무를 부담하는 것이다.

(1) 실제비용과 당위비용

책임자의 비용부담은 이와 같은 실질적 책임으로부터 도출되는데, 따라서 원인자는 실제로 지출한 회피·감소·제거비용("실제비용")뿐 아니라 원인을 제공한 환경부하에 상응한 회피·감소·제거를 위하여 지출해야 했을 비용("당위비용")까지 부담해야 한다.[264] 왜냐하면 환경침해

---

264) 同旨, 한귀현, 49.

는 '리스크'로서의 성격을 가지고 있어서 오염이나 훼손의 결과는 그 대강이라도 파악하기가 어려울 뿐 아니라 나타난다고 해도 서서히 나타나고, 실제비용은 법외적(法外的)인 우연한 사정에 의하여 좌우되므로 이를 기준으로 할 수는 없기 때문이다. 또한 민법상 인정되는 손해배상책임에서와 같이 당위비용을 '특별한 사정'으로 새긴 후 이에 터 잡아 원인자의 특별한 사정에 관한 악의·과실을 당위비용 부담의 요건으로 하기에는 환경침해가 지나치게 특별하다.[265]

한편 이런 비용은 행정규제에 관한 의무를 위반한 부작위에 대하여 행해지는 '대집행 비용'이나 '공과(公課)'의 형식으로 부과될 것이다.

(2) 교환가치의 손실

그런데 환경은 일단 오염되거나 훼손되고 나면 그로 인한 환경부하를 제거하려고 아무리 노력해도 그에 대한 완전한 제거, 즉 완전한 원상회복은 불가능하고 환경부하의 나머지가 남게 된다. 논란의 대상은 이러한 잔여 환경부하로 인한 손해에 대하여 재정적으로 보상해야 하는가 여부이다. 시장(市場)의 문법으로 말하면, 이 논제는 환경오염이나 훼손이 발생한 피침해물에 붙는 "오명손해(汚名損害; stigma damage)" 혹은 "교환가치의 손실분"에 대하여도 책임을 인정할 것인가 여부가 될 것이다.

경찰법에서는 이 부분에 대해서는 책임을 추궁하지 않지만, 다음과 같은 이유에서 이를 인정해야 한다고 본다.[266] 상술한 바와 같이 환경침해는 '리스크'적 특성을 가지고 있고, 또한 국민의 환경에 대한 의무는 환경침해의 회피·감소·제거라고 하는 소극적 측면에 머무는 것이 아니라 적극적으로 환경보호·보전·보장에 나서야 한다는 행위의무이기도 하기 때문이다.

그러나 원인자가 부담해야 할 책임의 범위는 여기까지이다. 일설에 의하면, 잔여 환경부하로 인한 '손해'를 넘어 잔여 환경부하로 인하여 발생한 환경재의 부족분에 대한 대가까지도 원인자에게 부담시켜야 하며 이때 그 대가는 국민들이 환경침해에 나서지 않도록 하는 데 필요한 경제적 유인으로 작용할 정도의 액수로 책정되어야 한다고 하는데, 이는 환경가치를 지나치게 두둔하는, 균형을 잃은 주장으로 사료된다.[267]

---

265) Cf. 제393조(손해배상의 범위) ① 채무불이행으로 인한 손해배상은 통상의 손해를 그 한도로 한다. ② 특별한 사정으로 인한 손해는 채무자가 그 사정을 알았거나 알 수 있었을 때에 한하여 배상의 책임이 있다.
266) 同旨, 한귀현, 49.
267) Cf. 한귀현, 49.

Ⅳ. 원인자책임원칙의 한계와 공동부담의 원칙

1. 원인자책임원칙의 한계

원인자책임의 원칙은 여러 가지 측면에서 한계를 가지고 있다. 원인자를 추적하기 위해서는 고도의 지식과 정보가 필요한데 이는 그에 따르는 비용이 소요됨을 의미한다. 또한 과학기술이 고도화되면 될수록 환경침해를 일으키는 원인의 '복합성'은 배증할 것이어서 원인자를 찾아 오염기여율을 밝혀 응분의 몫을 부담케 하는 것이 불가능해질 수도 있다. 이런 상황에서 원인자책임의 원칙을 강조하면, 동 원칙은 모두가 함께 져야 할 책임을 정치경제적 교섭력이 부족한 누군가에게 전가하는 데 이용될 수도 있게 된다. 말하자면 애초에 불가능한 것을 추구해 예측치 못한 방향으로 가게 되는 것이다. 그리고 이 원칙 하에서 원인자는 비용을 부담함으로써 책임을 이행하게 되는데, 이것이 재정적 부담만 감당할 수 있다면 얼마든지 환경을 훼손할 수 있다는 그릇된 인상을 줄 수도 있다. 이는 동 원칙의 정당성에 치명적 위협이다.

2. 대안으로서 공동부담의 원칙

원인자책임의 원칙이 이와 같은 한계를 가지고 있다면, 이를 원형 그대로 고집할 것이 아니라 대안으로 보충해야 한다는 발상이 나올 법하다. 이런 배경(생태계와 기술의 양 측면에서 나타나는 환경문제의 복잡성)하에 탄생한 공동부담의 원칙은 국가, 공공단체, 생산자, 소비자 등이 환경오염의 예방·감소·제거를 위한 비용을 함께 부담해야 한다는 원칙이다.

환경침해는 경제활동에 의하여 야기되는 것이 통례이므로 관점을 달리해 보면 사회의 유지·발전을 위하여 불가피한 측면도 가지고 있다. 그렇다고 한다면 그 책임은 원인자에게만 돌릴 것이 아니라 그 활동으로 인하여 직·간접적으로 혜택을 받은 사람들까지도 함께 나누어 부담하는 것이 마땅하다는 것이 공동부담원칙의 정당화 근거이다.

또한 우리 헌법은 국가와 국민의 일반적 환경보호의무를 규정하고 있는데, 이는 환경책임에 관한 한 일종의 "종결규칙(closure rule)", 즉 실정법이 예측하지 못한 사태가 발생해서 적용할 법규범이 부재할 때 작동이 예정된 원칙("국가최종책임의 원칙")으로 기능해야 한다. 따라서 동 원칙에 의할 때 환경보호의 책임주체는 일반 대중 또는 그들을 구성원으로 하는 법인격, 즉 국가이며 환경침해의 예방·감소·제거에 필요한 비용은 조세에서 지출하게 한다(이처럼 국가와 사회 사이의 협동을 구현한다는 점에서 동 원칙은 후술하는 협동의 원칙의 일환(一環)이라고 볼 수 있다).

그러나 공동부담의 원칙은 원인자책임원칙을 대체하는 것이 아니라 **보완**하는 데 그쳐야 한다. 원인자책임의 원칙이 처한 한계 상황을 극복하기 위하여 창안된 만큼, 공동부담의 원칙은

① 원인자 확정이 지난(至難)하거나 ② 책임의 양정이나 분배가 불가능하거나 ③ 확정된 원인자가 소요 비용을 감당할 수 없는 경우에 한하여 작용하는 것이다. 이는 대강의 얼개이고, 양 원칙 사이의 구체적인 구획획정은 결국 입법자의 몫으로 남는다고 봐야 한다. 입법자가 공동부담의 원칙을 적용한 예로는 환경세, 환경보호조치를 보조하는 환경보조금 내지 세제상의 혜택, 환경폐기물처리설비의 비용충당을 위한 부과금 등이 있다.

제5절 | 협동의 원칙

Ⅰ. 협동원칙의 의의 및 한계

1. 협동원칙의 의의 및 배경

협동의 원칙이란 환경보전을 달성하기 위하여 국가와 사회가 협동해야 한다는 원칙이다.[268] 협동의 원칙이 등장하게 된 배경에는, 환경보전이라는 과업이 국가의 역량만으로 결코 달성할 수 없을 뿐만 아니라 그 과업의 특성상 국가와 사회, 정부와 시장이 협력해야만 실현할 수 있다는 깨달음이 자리하고 있다. 전술한 생태적·과학기술적 특성과 가치관련성이 맞물리면서 드러나는 환경문제의 복합구조는 환경문제의 해결은 고사하고 환경보전에 관한 구체적 목표의 설정, 그 자체가 난제임을 보여주고 있다. 이는 다시 환경보호법률의 제정 시 '불확정개념'과 '일반조항'을 양산하게 하고, 집행 시에는 사실의 확정 그 자체를 어렵게 한다. 환경법의 과소집행이나 집행부재는 이러한 환경문제의 복잡성으로부터 유래하는 것이다. 특히 환경문제의 리스크적 성격과 이에 대한 기술적 회피가능성의 한계를 인식하면서 사람들은 환경문제에 있어서 행정청에 의한 일방적 사실규명이나 행정청 단독의 질서 형성에 대한 의구심을 갖게 된다. 따라서 환경보전은 국가와 사회의 적극적이고 능동적인 소통과 협력을 절실히 필요로 하게 되고, 그런 만큼 정부, 지자체, 사업자, 일반 국민 등 관계자 모두에게는 협동의 원칙을 통하여 협력과 참여의 의무가 부여되는 것이다. 그리하여 환경문제에 관한 한 이제 바야흐로 법률에 의한 일방적 명령으로부터 소통과 참여, 그리고 교섭에 기초한 상호협력으로의 전환이 필요하게 되고, 이러한 노력은 개인의 자유와 사회적 필요 사이에 새로운 균형점을 창출하게 될 것이다.

---

268) 한귀현, 54; 홍준형a, 28.

2. 협동원칙의 한계

협동원칙은 환경보호라는 목적을 효과적으로 구현하기 위하여 고안된 원칙이지만, 오용 내지 남용될 경우 집행부재의 결과를 초래할 수 있다. 가령 정부와 산업계 사이에 맺어지는 공법상 계약이나 부문협정의 예에서 볼 수 있는 바와 같이, 이들이 환경침해의 감소·회피조치를 그 내용으로 담고 있지만 권력적 행정작용과 같은 수준의 법적 구속력을 갖고 있지 못하기 때문에 산업계의 준수가 항상 보장되는 것은 아니다. 또한 환경보호의 영역에서는 사법부의 판결에 의하여 관철될 수 있는 개인의 이익이 흠결되기 일쑤이다. 따라서 환경법에 있어서 국가작용의 중점은 법적 규율의 질서법적 집행에 놓여야 한다. 이것이 환경보호의 영역에서 협동이 법집행을 대신해서는 안 되는 이유이다.[269]

이런 사정으로 인하여 협동의 원칙은 헌법에 의하여 획정된 한계 내에서 작용하여야 한다. 헌법적 한계로 상정할 수 있는 후보는 법치국가(법치행정)의 원리, 환경보호의 제1차적 책임소재와 관련 있는 사회국가의 원리, 이해관계인을 포함한 국민의 절차적 참여권과 관련 있는 민주주의의 원리, 국민의 환경권, 생명·건강권에 대한 국가의 기본권보호의무 등이다.[270]

요컨대, 현대국가에서 환경보호는 국가과제로서 자리매김되어 있지만, 그렇다고 해서 그것을 국가만의 과제라고 단정할 수는 없을 것이다. 하지만 환경보호에 대한 제1차적 책임은 여전히 국가에 있고, 이것이 협동의 원칙에 대한 한계로서 작용하게 됨을 부정할 수는 없다.

Ⅱ. 협동원칙의 법적 근거

우리 헌법은 제35조 제1항 후단에서 국가와 국민의 환경보호의무를 천명하고 있다. 환경정책기본법은 이를 구체화하기 위하여 국가 및 지방자치단체의 책무(§4), 사업자의 책무(§5), 국민의 권리와 의무(§6)를 명시하고, 나아가 동법 제5조와 제6조는 보다 구체적으로 사업자와 국민이 국가·지자체의 환경보전시책에 '협력'해야 함을 규정하고 있다. 국제법도 이 원칙을 수용하고 있는데 대표적으로는 「리우선언」 원칙 10이 있다.[271] 비교법적으로는 독일에서는 협동

---

269) 이를 협동에 대한 "집행의 우위"라고 한다. 한귀현, 59.
270) *Id.* 58-59.
271) "환경문제는 관심을 지닌 시민 모두가 적절한 수준으로 참여할 때 최선으로 다루어진다. 국내적 차원에서 각 개인은 자신이 거주하는 지역사회에 유해한 영향을 주는 물질과 실태에 관한 정보를 포함하여 공공기관이 보유하고 있는 환경정보를 쉽게 이용할 수 있어야 하고 의사결정과정에 참여할 수 있는 기회를 보장받아야 한다. 모든 국가는 정보를 쉽게 이용할 수 있도록 널리 보급함으로써 대중의 자각과 참여를 촉진하고 권장해야 한다. 피해에 대한 배상과 구제책을 포함하여 사법적 절차나 행정적 절차를 효과적으로 이용할 수 있어야 한다."

의 원칙을 환경법의 4대 원칙으로 꼽는 데 이론(異論)이 없고, 유럽연합과 영국에서는 협동의 원칙을 참여의 원칙으로 보고 있다.

Ⅲ. 협동의 사회적 편익

민관 협동은 그 구체적 실현 노력에 따라서 환경보호영역에서 발견되는 현저한 환경법 집행부재의 문제를 경감할 수도 있는데, 이는 여러 나라에서 목격되고 있다. 그도 그럴 것이 환경문제 해결에 필요한 전문적인 지식과 정보는 정부 영역이 아니라 민간부문에 있는 마당에 국가에게 사회의 도움을 외면한 채 일방적 결정으로 환경문제를 해결할 능력이 있다고 볼 수는 없다. 사정이 이렇다고 한다면 국가는 '협동'을 통하여 민간에 존재하는 전문적 지식과 정보를 이용해 보다 합리적으로 민간의 행위를 규율하고 조종할 필요가 있다. 만약 국가가 이런 협동을 운영체제에서 사상(捨象)한 채 일방적으로 정한 기준을 강요한다면 이것이 사회와 경제에 가져올 부담은 결코 작지 않을 것이다.

반면, 민관협동이 가져올 장처는 실로 헤아리기 어렵다. 민간의 기술적 전문지식의 전파뿐만 아니라 민관 사이의 합의나 요해(了解)에 의하여 환경법에 내재하는 법적 불안정성은 감소·제거될 것이고, 법적 쟁송은 회피될 것이며, 행정(과정)이 신속화·간소화되어 각종 거래비용이 절감될 것이고, 이런 점들은 경제활동이나 행정활동 양면에서의 실용성을 대폭 증가시킬 것이다. 국가가 수범자인 국민에게 서비스가 되지 않는 한 국가는 '권위(authority)'로서 인정될 수 없다. "공법의 유연화"는 이와 같이 환경문제를 포함한 새로운 사회문제에서 비롯된 사회적 인식의 변화로부터 시작된 측면이 있다.

Ⅳ. 협동원칙의 규범내용

협동의 원칙을 구현하는 노력은 민간(사회·시장)부문의 협력을 이끌어내면서도 국가책임의 원칙을 훼손시키지 않는 것이 중요하다. 모순관계에 있는 두 가지 요구를 동시에 만족시키는 대표적인 방법으로는 환경정책의 형성 및 집행과정에 있어 (이해관계인을 포함한) 국민에게 충분한 정보 및 참여 기회를 보장하고 확대하는 것이다.

1. 협동의 주체

국가는 환경보호의 영역에 있어서 관련된 사회와 시장의 다양한 주체 및 집단과 협력해야 한다. 따라서 협동의 주체는 한편으로는 국가(입법부와 행정부)와 지방자치단체, 다른 한편으로는 사회의 제 세력, 즉 자연인, 법인, 기업, 이익단체, 시민단체, 전문가기관 등이 포함되며, 그 중에서도 정부와 기업 사이의 협동이 중요한 의미를 갖는다. 협동의 형식으로는 국가와 사회 사이의 **수직적 협동**, 국가내부(국가와 지자체 사이)에서의 **수평적 협동**, 그리고 양자의 성격을 함께 갖는 **사회내부**(사인상호간)에서의 **협동**도 필요하다. 후자의 협동이 원활해지기 위해서는 환경보호라는 공익을 목적으로 한 국가의 비권력적 행정작용이 요구되게 될 것이다.[272]

2. 협동의 구현형식

협동의 원칙을 구현하는 형식으로는 협동에 참가하는 참여자의 자격, 권한, 이들이 참여해 이루어지는 의사형성 및 결정과정의 절차가 법적으로 제도화된 제도적 협동과 제도화되지 아니한 비제도적 협동으로 대별된다.[273]

(1) 제도적 협동

제도적 협동의 예로는 공·사법상 계약, 청문절차에의 참여권, 환경보호관련 공무수탁사인, 환경정책위원회(환경정책기본법 §58)와 같은 민관합동 형태의 심의·자문기구, 환경보전에 관한 조사연구, 기술개발 및 교육·홍보, 생태복원 등의 업무를 하는 환경보전협회(환경정책기본법 §59)와 같은 법인형태의 협회 등이 있다.

(2) 비제도적 협동

비제동적 협동의 예로는 ① 법률, 법규명령, 조례를 대체하는 합의, 행정행위를 대체하는 합의 등에서 볼 수 있는 권력적 행정작용을 대체하는 협동과 ② 신청전의 사전절충, 결정안(決定案)의 사전전달, 행정행위에 의한 법집행과의 관계에서 이루어지는 개선합의 등에서 볼 수 있는 법집행과 관련한 협동이 있다.

V. 정보공개 및 참여의 원칙

1. 의의

민관 사이의 협동을 정당화하기 위해서는 충분한 정보교환을 전제로 협동과정의 투명성이 확보되어야 하고 이해관계인의 광범위한 참가가 보장되어야 한다. 이에 정보공개 및 참여보장

---

272) 한귀현, 55.
273) *Id.* 55-6.

이 강조되고 있는데, 전술한 환경문제의 특성을 고려하면 그 중요성은 두말할 필요가 없다. 이런 배경 아래, 정보공개 및 참여의 원칙을 독자적인 환경법원칙으로 거론하는 견해도 있지만,[274] 그보다는 협동의 원칙을 실현하기 위한 하위의 수단적 원칙으로 파악하는 것이 환경법의 통일성이나 체계정합성 차원에서 바람직하다고 본다. 정보공개 및 참여는 환경행정에 있어서 국민의 의미 있는 협력을 이끌어내기 위한 주된 수단이고 이런 점에서 협동의 원칙의 실효성을 확보해주는 역할을 해주기 때문이다. 다른 한편, 정보공개 및 참여는 국민의 권리보호라는 측면에서도 큰 의의를 가진다. 환경문제에 대한 정부의 조치는 국민, 특히 인근주민의 권익에 큰 영향을 미치므로 이들의 권익보호를 위해서도 환경행정에 대한 국민의 참여와 환경정보에 대한 국민의 접근이 보장되어야 한다.

2. 법적 근거 및 규범내용

정보공개 및 참여의 원칙의 주된 내용으로는, 환경상 조치에 관련된 정보의 공개, 환경오염시설의 설치에 대한 의견진술이나 협의, 환경오염시설의 감시, 환경계획의 수립에 대한 주민의 참여 등이 거론된다. 유념할 점은 공개 및 참여의 대상이 되는 정보와 활동에는 원칙적으로 공공기관뿐만 아니라 사업자의 정보와 활동도 포함된다는 점이다.

정보공개 및 참여에 관하여 일반적인 법적 근거로는 「공공기관의 정보공개에 관한 법률」과 「행정절차법」을 들 수 있지만, 환경정보 및 환경절차에의 참여에 관한 특별한 규율은 이루어지고 있지 않다. 이는 「환경정보법(Umweltinformationsgesetz, UIG)」을 제정한 독일이나 「긴급상황 대처계획 및 지역주민의 알권리에 관한 법률(Emergency Planning and Community Right-to-Know Act, EPCRA)」을 제정한 미국에 비하면 부족한 입법상황이다. 또한 환경행정에의 참여권이 선진국과 달리 환경단체에 대하여 거의 인정되지 않고 있는 점도 지적할 만한 점이다.

하지만 「환경정책기본법」이 기본적인 사항을 규정하고 있는 점은 최소한의 입법조치로서 환영할 일이다. 동법에 의하면, "환경부장관은 모든 국민에게 환경보전에 관한 지식·정보를 보급하고, 국민이 환경에 관한 정보에 쉽게 접근할 수 있도록 노력해야" 하며(§24①), "환경부장관은 환경보전에 관한 지식·정보의 원활한 생산·보급 등을 위하여 환경정보망을 구축하여 운영할 수" 있다(동조 ②). 동법은 또한 국가 및 지자체에 대하여 환경보전에 관한 교육 등을 통하여 국민들이 환경보전에 참여하고 일상생활에서 이를 실천할 수 있도록 필요한 시책을 수립·추진할 의무를 부과하고(§25), 민간 환경단체 등의 환경보전활동을 촉진시키고 정보공개 및 참여의 원칙이 실질화될 수 있도록 국가 및 지자체에게 정보제공 등의 시책을 강구하도록

---

274) 박균성·함태성, **환경법**, 79 (2019).

하고 있다(§26). 또한 「환경영향평가법」은 "환경영향평가등의 대상이 되는 계획 또는 사업에 대하여 충분한 정보 제공 등을 함으로써 환경영향평가등의 과정에 주민 등이 원활하게 참여할 수 있도록 노력하여야 한다."라고 규정하여 정보공개 및 참여의 원칙을 환경영향평가의 기본원칙으로서 명시하고 있다(§4iii). 동법은 나아가 환경영향평가서 초안에 대한 공고·공람, 설명회·공청회 개최 등에 관하여 규정함으로써 환경영향평가과정에 이해관계인이 참여할 수 있도록 하고 있다(§§13, 25 등).

제6절 | 환경정의

I. 환경정의 개념의 도입

2019년 환경보호법률 개정사항 중 가장 큰 주목을 요하는 점은 아마 환경정책기본법에 "환경정의"라는 개념이 새롭게 규정되었다는 사실일 것이다. 국회는 2019.1.15. 동법의 일부개정을 통하여 "환경정의"를 제2조(기본이념)에 규정하였는바, 즉 "국가와 지방자치단체는 ……, 환경오염 또는 환경훼손으로 인한 피해에 대하여 공정한 구제를 보장함으로써 환경정의를 실현하도록 노력한다."라고 명시한 것이다. 이에 그치지 않고 동법 제15조는 국가환경종합계획을 수립할 때 "환경정의 실현을 위한 목표 설정과 이의 달성을 위한 대책"이 동 계획에 포함되어야 함을 규정하고 있다(§15iv).

주지하듯이, '환경정의'는 매우 논쟁적인 개념이다. 그것이 무엇을 의미하는가에 관하여는 다종다양한 관념이 제시되고 있어서 그 개념의 중핵(中核)에 대해서조차 사회구성원 다수가 일치하지 못하고 있다. 이것이 그동안 환경정의라는 개념이 실정환경법률에 등장하지 못했던 까닭이다. 사정이 이러함에도 불구하고 개정 법률은 "환경보전 뿐 아니라 환경적 혜택과 부담의 공평한 분배, 환경정책결정과정에서의 실질적 참여 보장, 환경오염 피해 구제의 공정성 확보 등의 환경정의 실현이 중요한 점을 고려하여" 환경정의를 기본이념 등의 규정에 명시하기에 이른 것이다.[275]

---

275) 2019.1.15. 법률 제16267호로 일부개정된 환경정책기본법의 제정·개정이유, 국가법령정보센터 http://www.law.go.kr/LSW/lsRvsRsnListP.do?lsId=000173&chrClsCd=010202&lsRvsGubun=all 참조(2020.1.2. 최후 방문).

Ⅱ. 환경정의의 의의

1. 환경정의의 논의 배경

환경정의는 환경재와 환경부재(環境負財)의 분배와 관련된 개념이다. 1990년대 초 미국에서는, 국가의 환경위험, 대표적으로는 환경혐오시설이 저소득 소수자 거주지역에 불균형적으로 분배되어 있다는 불평등문제에 대한 처방을 마련하고 이를 실행하고자 하는 움직임이 '환경정의'라고 하는 기치 아래 활발히 전개되었다. 이에 발맞추기 위하여 빌 클린턴 대통령은 연방정부에 대하여 환경정책의 수립 시에 환경정의의 측면을 고려하도록 명령하는 집행명령 제12898호(Exexcutive Order No. 12898)를 내린 바 있다.[276]

다른 한편, 공해활동에 대한 규제는, 환경법에 대한 경제적 분석이 설명하듯이, 산업체로 하여금 생산활동에 따르는 환경비용을 '내부화'하도록 함으로써 일반국민이 부담하는 환경비용을 절감해주는 효과가 있는바, 이는 환경법의 긍정적인 분배효과를 추론케 한다. 환언하면, 환경오염의 주범은 고소득계층인 반면 그로 인한 피해는 저소득계층에 집중되기 쉽기 때문에, 환경오염에 대한 규제는 이런 불균형을 교정하는 데 일조할 것이라는 것이다. 그러나 환경법에 대한 심층분석의 결과는 환경법이 '**역진적**' 분배효과를 가질 수 있음을 말하고 한다. 환경개선으로 인한 혜택은 개선방법에 따라 달라지고, 환경개선에 드는 비용의 부담은 그 부과형식에 따라 달라지기 때문이라는 것이다.[277]

자원의 이용으로 인한 환경파괴나 환경위험은 일종의 문화적인 현상이다. 그것은 우리에게 물질적 풍요를 가져온 경제시스템이 가져온 불가피한 부산물로서, 우리가 그런 경제시스템을 포기하지 않는 한, 우리가 반드시 지불해야 할 비용인 것이다. 그렇다고 한다면 이 비용과 위험은 국민전체가 공평하게 부담해야 한다.

그런데 환경비용 및 환경위험을 국민의 일부가 과도하게 부담하도록 사회체제가 형성되어 있다면 이는 우리의 정의 관념에 반하는 것이 된다. 또한 환경비용·위험의 분배에 관한 결정

---

276) 홍준형a, 21.
277) 환경규제의 분배적 효과에 관해서는 Richard J. Lazarus, "Pursuing Environmental Justice: The Distributional Effects of Environmental Protection," *Northwestern University Law Review*, vol. 87, 787 (1993). 이정전, **녹색경제학** (1994)에 의하면, 환경오염의 경우에는 고소득계층보다는 저소득계층이 그 피해를 더 크게 입으며, 반대로 환경이 개선될 경우에는 이로 인한 혜택은 장기적으로는 저소득계층보다는 고소득계층이 더 많이 누리게 되므로 환경오염과 이에 대처한 각종 환경시책들은 저소득계층을 사실상 더 가난하게 만들면서 빈부의 격차를 확대하는 경향이 있다고 한다. 또한 환경개선을 위한 비용부담의 측면에서 보면, 일반소득세나 재산세를 재원으로 하는 경우에는 고소득계층의 조세저항이 예상되고, 오염자가 부담하는 경우에는 소비자에 전가되는 경우가 많으며 전가되지 않는다 하더라도 고용감소로 이어져 저임금 노동자가 직격탄을 맞을 수 있다고 한다. 그리하여 정부는 환경오염을 너무 억제하는 데에만 급급하지 말고 사실상의 소득분배구조를 악화시키지 않는 방향으로 앞으로의 환경정책을 펴나가야 한다고 한다. 아래 註 279 및 그 본문 참조.

에 의하여 불이익을 받는 사회집단이나 계층이 그 결정과정으로부터 소외되고 있다면 이는 공정의 관념에도 부합하지 않는 것이 될 것이다. 이런 사정이 환경정의라는 관념이 등장하게 된 배경이다.

2. 환경정의의 의의

이와 같이, 환경정의는 환경법의 분배적 효과에 관한 문제제기라 할 수 있다. 다시 말해, 환경보호비용 및 환경위험의 분배에 있어서 환경법이 각 사회집단이나 계층에게 미치는 효과를 분석하여 이를 분배적 정의 관념에 부합하도록 교정하는 노력을 지도하는 이념이 환경정의인 것이다.[278]

이러한 총론적 개념 규정과 달리, 환경정의의 규범내용이 구체적으로 무엇인가에 관하여는, 분배적 정의에 관하여 무수한 이론이 각축(角逐)하듯이, 견해의 불일치가 심하다. 미국의 논의에 의하면, 환경정의를 실현하기 위해서 대표적으로 두 가지 시책이 제시되고 있는 듯하다. ① **후견적 접근법**은 환경적 부정의를 겪고 있는 것으로 파악된 사람들을 위하여 이를 상쇄할 수 있는 후견적 지원책이 강구되어야 한다는 것이고, ② **자율적 접근법**은 환경적 부정의를 초래한 정책결정과정을 이해관계의 당사자들이 과소대표(過小代表; under-representation)되지 않도록 재구성해야 한다는 것이다. 전자는 정부의 재정이 뒷받침되어야 실현가능하고, 후자는 자칫 공적 결정의 공백상태를 초래할 수 있다.

III. 환경정의의 규범내용 및 법적 지위

1. 환경정의의 규범내용

개정 환경정책기본법은 "(환경)피해에 대하여 공정한 구제를 보장함으로써 환경정의를 실현"한다고 규정하고 있는바, 일견 후견적 접근법을 취한 것으로 보인다. 하지만 환경피해에 대한 공정한 구제로는 사후적 손실보상이나 손해배상뿐만 아니라 사전적 조치도 이를 상정할 수 없는 것은 아니다. 이러한 추론은 동 법률의 개정이유에 의하여 뒷받침되는데, 동 이유에 의하면 입법자들은 "환경보전 뿐 아니라 환경적 혜택과 부담의 공평한 분배, 환경정책결정과정에서의 실질적 참여 보장, 환경오염 피해 구제의 공정성 확보 등" 여러 가지 측면에서 환경

---

278) 환경정의의 의의에 관하여 우선은, Gerald Torres, "Introduction: Understanding Environmental Racism," *University of Collorado Law Review*, vol. 63, 839 (1992); 이시경, "환경규제 정책수단 선택의 쟁점과 기준," **한국행정학보**, 제30권 제1호, 113-127 (1996, 봄).

정의 실현을 상정한 것으로 보이기 때문이다. 또한 전술한 바와 같이 환경정의라고 하는 개념은 일의적으로 정의할 수 없는 불확정개념이다. 따라서 환경정의의 규범내용은 현재 섣불리 단정할 수 없고, 결국 향후의 정부의 실무관행과 법원의 판례의 발전에 맡겨져 있다고 할 수 있을 것이다.

2. 환경정의의 한계 및 법적 지위

(1) 환경정의의 한계

환경정의의 관점은 환경법이 역진적(逆進的) 분배효과를 가질 수 있음을 밝혀냈지만, 환경정의의 관념에 대한 천착이 이런 진단을 넘어 처방까지 제시할 수 있는 것으로 보이지는 않는다. 환경정의에 대한 연구들은 다음과 같은 개선책을 제시하고 있는바, 즉 환경오염을 억제하는 데에만 급급하지 말고 사실상의 소득분배구조를 악화시키지 않는 방향으로 환경정책을 펴나가야 하는데, 이를 위해서는 ① 환경개선을 위한 투자비를 되도록이면 누진성이 강한 일반소득세나 재산세로부터 조달해야 하고, ② 환경오염규제로 인한 실업의 문제에 대한 정책적 배려가 필요하다고 한다.[279]

그러나 입법자나 정부에게 환경문제 해결을 위한 법령을 제정·집행하면서 그 분배적 효과에 대한 이런 세심한 배려를 요구하는 것은 무리일지 모른다. 환경법은 분배적 정의의 구현이 아니라 환경침해의 규율을 존재이유로 삼기 때문이다. 요컨대 환경오염 억제대책이나 개선대책, 그리고 이를 위한 환경법은 분배의 문제를 해결하기 위한 효과적인 도구가 되기 어렵다.[280] 빈부격차의 문제는 저소득층의 환경을 개선함으로써 해결하기보다는 근본적으로 소득분배의 형평이라는 별개의 목적 아래 적극적인 소득재분배과정을 통해서 직접 해결할 문제일 것이다.

다만, 환경법의 역진성이 두드러지게 나타나는 환경혐오시설의 입지결정은 환경법이 환경정의의 실현에 기여할 수 있는 영역으로 보인다. 논쟁적 요소들을 갖는 환경정의에 대한 '실체적' 개선책과 달리, 여기서 환경법은 그 결정에 의하여 영향을 받는 당사자들에게 그 결정과정에의 참여권과 알권리를 실질적으로 보장함으로써 그들이 환경위험을 강요받는 상황을 개선할 수 있기 때문이다.[281] 환경법은 이로써 민주주의 가치에 봉사할 뿐만 아니라 환경보호와 분배적

---

279) 이정전(註 277), 385-421 참조. 그러나 이런 노력이 경주된다고 하더라도, 결국 환경오염 억제대책이나 개선대책들은 빈부의 격차를 좁히기 위한 효과적인 도구가 되기에는 어려움이 있다. *Id.*
280) 상정할 수 있는 방안으로는 환경영향평가를 함에 있어 대상사업이나 계획의 사회경제적 효과에 관하여 조사하게 하는 것이나 환경혐오시설의 설치시 제공될 반대급부를 현실화하는 것 등이 상정될 수 있다. 후자의 예로는 「폐기물처리시설설치촉진 및 주변지역의 지원에 관한 법률」을 들 수 있다.
281) 알권리에 관하여는 Robert Abrams & Douglas H. Ward, "Prospects for Safer Communities: Emergency

정의 사이의 어려운 정책선택을 정치과정에 참여한 주민들에게 맡길 수 있는 것이다.

(2) 환경정의의 법적 지위

환경정의를 환경법의 일반원칙 중 하나로 거론하는 견해가 있지만,[282] 현재의 입법상태로는 환경정의를 환경법을 관통하는 원칙 중 하나로 간주할 수는 없다고 본다. 환경정의라는 관념이 담고 있는 가치지향에 관하여 국민들 사이에 찬반의 견해들이 분분할 뿐만 아니라 그 규범내용에 관하여도 아직 실무관행과 판례가 축적되지 않아 이런 견해불일치를 극복할 수 없기 때문이다. 따라서 환경정의는 적어도 당분간은 지속가능발전원칙의 한 축인 사회적 형평을 통하여 환경법의 집행과 해석에 영향을 미치는 것이 바람직할 것으로 생각된다.

Response, Community Right to Know, and Prevention of Chemical Accidents," *Harvard Environmental Law Review*, vol. 14, 135 (1990).
282) 홍준형a, 21.

제1절 | 환경법형식의 발전 및 선택

Ⅰ. 환경법형식의 발전

'환경보전'을 위하여 사용되는 법적 수단은 여러 가지다. 환경보전을 위한 법적 수단이 이와 같이 다양화된 것은, 환경보호라는 정책목표를 효과적·효율적으로 달성하는 데 필요한 정책수단을 다방면으로 강구한 결과이다. 요컨대 환경보전의 법적 수단은 환경보전을 위하여 고안·채택된 정책수단의 법형식인 것이다.

주지하듯이 정책수단은 지난 수십 년 동안 규제의 합리화 차원에서 비약적으로 발전해왔으며, 이에 발맞추어 다양한 법형식이 개발되었다. 이런 법형식의 발전을 가장 극명하게 볼 수 있는 분야는 아마도 환경법일 것이다. 환경법은 신생 법분야로서 법체계가 정립되어 있지 않았기 때문에 새로운 정책수단을 적용할 여지가 많았다. 또한 국민들의 관심은 뜨겁게 달아오르고 있었지만, 새로운 규제에 대한 저항도 만만치 않았다. 근본적으로는 환경에 대한 관심이 증가하고 있는 중에도 우리 국민은 여전히 성장을 갈망하고 있었다. 이런 정책환경 속에서 경제성장과 환경보호라는 상충하는 목표를 동시에 달성해야 하는 상황이 다양한 정책수단을 시도하게 만들었고, 그에 따라 환경법 형식도 다양화될 수 있었던 것이다.

이런 현상에 대해서는, 규제개혁 일반에 대한 평가와 마찬가지로, 긍정적 시선과 부정적 시선이 교차한다. 규제개혁의 미명 아래 마땅히 존재해야 할 규제가 완화되어 결국 국민 대다수의 희생으로 소수 기업들을 이롭게 할 뿐이라는 우려가 작지 않다. 그럼에도 불구하고 저자는 환경법 형식의 다양화를 긍정적인 것으로 평가한다. 여러 선택지를 마련한 후 각 상황에 맞게 취사선택할 수 있도록 하는 것은 규제자에게나 피규제자에게나 좋은 일이다. 그에 따를 수 있는 규제 본연의 공공성 상실이라는 리스크를 잊지 않고 법형식의 선택에 있어 이를 최소화하는 노력을 기울이면 된다.

환경법 형식은 사법적 형식과 공법적 형식으로 나뉜다. 전자는 환경침해를 (국민들에게 이미 배분되어 있는) 인격권과 재산권, 그리고 환경권에 대한 침해로 포섭하고, 이를 법원을 통하여 사후적으로 교정하는 것이다. 후자는 정부가 환경침해로 이어질 수 있는 행위를 사전에 규율하는 것이다. 이는 피규제자의 입장에서는 새로운 규제이고 추가비용이 되는 것이므로 저항이 있는 것은 당연한 일이다. 공법적 형식이 보다 배려적이고 효율적인 방향으로 발전하게 된 이유가 여기에 있다.

II. 환경법형식의 선택

환경법형식이 수범자를 배려하는 방향으로 발전해왔다면, 환경법형식의 선택 기준도 수범자에게 정향되어야 할 것이다. 선택의 기준은 ① 경제성 기준과 ② 공공성 기준으로 대별할 수 있고, 전자는 다시 비용효과성, 혁신유인성, 행정비용효과성으로 분류된다.

우리가 오염자부담의 원칙을 선택할지 여부를 고민한다고 하자. 동 원칙은 경제적으로 효율적이지만, 이를 선택하게 되면 경우에 따라서는 수범자들의 규제저항이 강력하게 일어날 수도 있다(가령 「한강수계 상수원수질개선 및 주민지원 등에 관한 법률」이 수익자부담의 원칙을 채택한 것은 오염원인자인 상류지역 주민들의 강력한 규제저항을 고려한 결과였다). 규제저항은 규제비용을 유발하는데 이 비용이 충분히 크다면 오염자부담원칙의 효율성은 그 만큼 상쇄될 것이다. 그런데 이런 규제비용의 다소(多少)(＝규제저항의 정도)는 그 규제수단이 얼마나 수범자들의 가치관에 부합하느냐 여부에 달려 있다. 국민들이 가진 정의(正義)관념이나 혹은 법관념에 부합하지 않으면 아무리 효율적인 수단이라 하더라도 그들의 저항에 직면하게 될 것이다. 그리하여 환경법형식의 선택은 이 두 가지 기준을 최대한 만족시킬 수 있는 정도에 따라 결정될 것이다.

경제학적 연구결과에 따르면, 오직 효율성 기준에 의해서 규제수단을 선택한다면 다음과 같은 결론에 도달한다고 한다. 즉, ① **명령통제 수단보다는 경제적 유인수단**을 선택하되, ② **보조금은 그 사용을 자제**하고, ③ **거래가능배출권보다는 환경세**를 선택해야 한다는 것이다.[283]

---

283) 경제학자들의 이러한 연구결과는, 환경보호의 목표는 정치체에 의해 주어진 것으로 받아들이고, 오로지 그 목표를 달성할 수 있는 수단 중 가장 비용효과적인 것이 어느 것이겠는가에 치중해 얻어진 것이다. 그리고 이때 채용하는 효율성 기준이라는 것은 채택되는 규제수단으로 인해 얻을 수 있는 총편익이 총비용을 초과하여야만 한다는 '칼도－힉스 기준'이다. 이 기준은 새로운 정부개입으로 인해 순편익을 얻게 되는 피규제자, 말하자면 규제게임에서의 승자가 그 순편익으로 정부개입으로 인해 負(－)의 순편익을 얻게 되는 피규제자, 말하자면 규제게임에서의 패자를 보상하기에 충분한 편익을 얻게 된다면 ─ 실제로 보상이 일어나는지 여부에 관계없이 ─ 사회전체적으로는 효율적인 선택이라는 것이다. 바로 이 칼도－힉수 효율성이 경제학자

그러나 이는 어디까지나 효율성만을 고려할 때 그렇다는 것이지, 우리가 중시하는 다른 가치, 즉 공정성, 형평성, 생물다양성, 그 밖의 다양한 공적 가치를 고려하면 다른 결론에 도달할 수 있음에 유의해야 한다.

제2절 | 사법적 형식

민사법상 환경보호의 법적 수단으로 기능할 수 있는 것은 크게 손해배상청구권과 유지(또는 "방지")청구권이다. 우리 민법은 이들을 이원적(二元的)으로 규정하고 있어 해석상 많은 문제를 야기하고 있다. 즉, 민법은 물권편에 유지청구의 근거 규정(§217)을 마련하면서 손해배상에 대한 규정을 두지 않고, 또한 불법행위에 기하여는 손해배상만을 청구할 수 있도록 규정하고 있다. 그 결과 유지청구는 환경침해에 고의·과실이 없더라도 위법성과 인과관계가 있고 수인한도(또는 "참을 한도")를 넘으면 즉시 청구할 수 있는 반면, 손해배상청구는 일반불법행위의 요건, 즉 위법성, 고의·과실, 인과관계를 갖추어야 하는 것이다("이원설"). 한편, 유지청구는 손해배상에 비하여 제한적으로 인용되고 있는데, 그 근거로 수인한도론과 위법성단계설 등이 주장되고 있다.

한편, 유지청구나 손해배상청구제도 모두 환경침해를 상정하고 창설된 것이 아니기 때문에, 환경문제에 효과적으로 대응하기 위하여 법리를 대폭적으로 수정·변경하려는 시도가 여러 가지 있다. 이 중에는 재산권과 인격권을 기본축으로 하는 근대 민법의 기본 틀을 유지하면서 위법성, 고의·과실, 인과관계의 개념을 수정하려는 이론이 있는 반면, 헌법상 환경권 규정에 입각하여 환경권을 새로운 축으로 받아들이려는 시도("환경권설")가 있다. 환경권이 재산권과 같은 선상에서 인정받기 위해서는 많은 세월이 필요하리라 본다.

민사법상 환경보호와 관련된 논점과 관련된 여러 이론 및 법조문을 도식적으로 요약하면 다음과 같다.

들이 정부개입의 형태, 즉 규제수단을 평가하는 기초이다. 칼도-힉스 기준은 사회통합이 완성된 형태로 이루어진 사회에서 정치체에 의해 추진될 수 있는 기준이다. 사회통합이 불안한 경우에는 파레토 기준이 채택되어야 할 것이다. 왜냐하면 사회통합이 불안한 만큼 피규제자 내지 수범자들의 규제저항 내지 규범저항이 거세게 일어나 이로 인한 비용이 더욱 커질 것이기 때문이다. 자세한 것은 Jonathan Baert Wiener, "Global Environmental Regulation: Instrument Choice in Legal Context," *Yale Law Journal* vol. 108, 677 (1999).

(1) 유지청구 및 손해배상청구에 관련된 법체계 구성
- 일원설: 이원설

(2) 손해배상청구
① 고의·과실
- 방지의무위반설: 예견가능성설(통설·판례); 신수인한도론; 환경권설
② 위법성
- 수인한도론(통설·판례): 신수인한도론; 환경권설
③ 인과관계(원고의 확정)
- 개연성설: 신개연성설(통설·판례); 위험영역설
④ 복수원인자의 책임(피고의 확정)
- 연대책임설: 분할책임설(시장점유율이론); 민법 §760 ①, ②
⑤ 자연재해와 공동원인의 환경오염
- 공동불법행위유추설: 민법 §393 유추적용설; 자연력제감설(판례)
⑥ 일괄청구 및 일률청구
⑦ 손해배상범위 및 (환경피해의 잠복성과 관련한) 시효·제척기간
⑧ 집단소송
⑨ 민법 제758조에 의한 손해배상(오염시설의 점유자·소유자의 책임)

(3) 유지청구
① 유지청구의 근거
- 물권적 청구설: 인격권설; 환경권설; 불법행위설
② 위법성
- 수인한도론(통설·판례): 신수인한도론; 환경권설

(4) 계약상의 책임(토양이 오염된 토지의 양도인의 책임)
- 적극적 채권침해의 법리, 하자담보책임

(5) 환경분쟁과 대안적 분쟁해결제도(Alternative Dispute Resolution)
- 환경분쟁조정제도

(6) 공법과의 관계
① 공법규정이 민사상 청구의 근거가 되는지 여부
② 환경침해행위가 행정법에 의하여 허용된 경우 민사상 청구 허용 여부

이상의 논의는 환경침해를 상정하고 그 특성에 대응하기 위하여 전개된 것이다. 따라서 수정·변경된 법리를 일반화하거나 확대적용하는 것은 곤란하다. 특히, '환경'이란 말로 포장한 재산권의 행사를 환경이익을 보호하기 위한 주장으로 오인해서는 안 된다. 이와 같은 "유사환경권" 또는 "사이비 환경권" 주장은 환경이란 슬로건을 내걸고 있지만 본질적으로 자신의 재산권을 만끽하기 위하여 타방의 재산권 행사를 제한해 달라는 이기적 주장이고 따라서 진정한 환경분쟁과 달리 "재산권 대 재산권의 충돌"이라는 분쟁구조를 가지고 있다.[284] 그러므로 이 같은 분쟁은 민법에서 발전된 순수한 재산권 법리에 의하여 해결하여야 할 것이다.

제3절 | 공법적 형식

I. 환경사법의 한계와 포괄적 행정규제의 필요성

환경문제에 관한 공법적 규율의 필요성은 사법적 수단의 한계에서 비롯된다. 해석을 통한 사법이론의 수정이 환경문제를 해결하는 데 기여하였지만, 삼권분립 하에서 법원의 적극적 해석에는 한계가 있기 마련이다. 환경사법의 한계는 두 차원, 즉 '법원의 제도적 취약성'과 '소송의 비합리성'으로 요약할 수 있다.

먼저 법원이 제도로서 가지고 있는 취약성에 관하여 보면, 법원은 대립 당사자의 이익충돌에 익숙하기 때문에 "다중심적 사회문제(polycentric social problem)," 즉 여러 부류의 사람들이 복잡다기하게 얽혀 있는 환경문제를 해결하기에 적절하지 않다는 것이다. 환경문제의 피해자는 불특정다수인데, 법원이 소제기자만을 위하여 손해배상이나 유지 판결을 내릴 수 있는지도 의문이다. 대다수의 피해자가 관련된 경우(소위 "대량 피해(mass–injury)" 사건)에는 법원이 행정적으로 이를 감당할 수 있는 역량이 있는지, 그리고 보다 근본적으로 제도적 측면에서 법원이 이런 종류의 일에 관여하는 것이 적절한지에 관하여 의문이 생긴다.[285] 또한 환경사법은 소송을 전제로 한 것이기 때문에 환경침해를 사전에 예방한다기보다는 사후에 진압한다.

---

284) 자세한 것은 제4편 환경구제법 부분을 참고하라.

285) "대량 피해" 사건은 관련 개개인의 개인적 이익에 관련되어 있을 뿐만 아니라 보다 큰 차원에서 사회적·경제적 이익과 관계되기 때문에 그 사건에서의 판결은 필연적으로 사회구성원 사이에 부의 재분배효과를 가져온다. 따라서 일반적으로 정책결정기관이 아니라 권리수호기관으로 인식되고 있는 법원이 이와 같은 일을 결정하는 것은 적절하지 않다는 생각이 들게 된다. 환언하면 일반적인 민사소송은 그 소송과 관계된 양당사자에게만 영향을 끼치는 데 반하여, 환경사건에서의 판결은 소송과 관련된 사람들에 대해서만이 아니라, 보다 큰 범주의 사회적 활동을 제어함으로써 사회가 나아갈 방향이나 사회의 가치선택에 깊은 영향을 끼치고 나아가 '사회계층간의 힘의 분배구조'를 바꾸게 마련이다.

다음으로 소송 자체의 비합리성이 야기하는 문제점을 보자. 환경소송의 경우에는 소송 자체의 문제점이 환경침해의 특성과 만나 확대·증폭된다. 자연과학적 불확실성으로 인하여 야기되는 문제를 입증하기 위해서 엄청난 소송비용이 들고, 비용이 많이 든다고 해서 모든 손해를 포섭할 수 있는 것도 아니다. 예컨대 공공자원에 대한 피해는 재산이나 인체에 대한 피해로 파악하기 어려울 뿐만 아니라 재산이나 인체에 대한 원격(遠隔)손해와 누적(累積)손해도 이를 전보하기 힘들다.[286] 또한 유지판결을 제한적으로 인정하고 있는 현상황에서는 생태계 보존을 위한 원상회복의 청구를 인정하기 어렵다. 나아가, 소송 결과 자체의 불확실성은 민사소송이 기업들로 하여금 환경에 미치는 영향을 고려하게 하여 친환경적으로 만든다는 제도의 기본취지를 흔든다. 이와 같은 이유로 환경문제의 사법적 대응은 필연적으로 과잉 또는 과소한 규제 수준에 이르게 된다는 진단이다.[287]

이상의 환경사법의 효과성에 관한 회의는 환경리스크의 평가와 관리를 (비용편익분석 등을 통하여) 보다 합리적으로 할 수 있는 행정부에 맡겨야 한다는 주장으로 이어졌는데, 그 결과 탄생한 것이 포괄적 행정규제, 즉 환경행정법이다.

Ⅱ. 환경행정법 형식의 발전단계

우리나라의 환경행정법은, 헌법상 환경권을 정점으로 하여 70여 개의 환경부 소관 법률과 여타 행정부처 소관의 수십 개의 법률로 구성되어 있다. 환경부 소관 법률은 환경침해행위를 물, 대기, 토양 등 분할된 매체별로 규제하고 있다(매체별 분할법체계). 이들 환경행정법은 다양한 형식으로 나타나는데, 이 형식들은 시장을 전제로 당사자들의 조정·협상을 보조하는 것(환경행정법 제1·2단계)에서 시작하여 정부의 직접적 개입(환경행정법 제3단계)을 거쳐 다시 시장기제(환경행정법 제4단계)로, 그리고 궁극적으로는 경제와 환경의 통합을 도모하는 방향(환경행정법 제5단계)으로 발전하고 있다. 이를 발전 단계별로 구분하면 다음과 같다.

---

286) 자연자원의 침해에 대한 사법적 구제의 가능성에 관해서는, Faith Halter & Joel T. Thomas, "Recovery of Damages by State for Fish and Wildlife Losses Caused by Pollution," *Ecologoy Law Quarterly* vol. 10, 5 (1982).

287) 환경문제의 사법적 대응이 '과소규제(underregulation)'로 이어진다는 문헌으로는 N. William Hines, "Nor Any Drop to Drink: Public Regulation of Water Quality," *Iowa Law Review* vol. 52, 186 (1966), 과잉규제(overregulation)로 이어진다는 문헌으로는 Peter Huber, "Safety and the Second Best: The Hazards of Public Risk Management in the Courts," *Columbia Law Review* vol. 85, 277 (1985).

1. 환경행정법의 제1단계 형식: 소송에 기초한 규제

환경행정법의 일단계는 '소송에 기초한 규제방법'인데, 미국의 「종합환경조치, 보상, 책임법(Comprehensive Environmental Response, Compensation, Liability Act; CERCLA)」이나 독일의 「환경책임법(Gesetz über die Umwelthaftung)」이 대표적인 예이다.[288] 이는 환경침해에 관하여 민법상 책임원리를 입법적으로 대폭 수정하여 '엄격책임'을 인정하는 것이다. 예컨대 토양이 오염된 토지와 어떠한 형태의 관련을 맺고 있거나 맺었던 거의 모든 당사자들에게 오염된 토지의 정화의무를 부과하는 것이다. 이와 같은 입법들은 사법원리의 수정이라는 점에서 환경사법에 가깝다고 할 수 있으나 의무를 강제하기 위한 다양한 공법적 수단을 가지고 있어 환경법특유의 종합법이라고 할 수 있다.

우리나라에는 사법이론을 입법적으로 수정한 환경정책기본법과 토양환경보전법상 무과실책임, 연대책임의 특칙이 있을 뿐이었는데, 근자에 「환경오염피해 배상책임 및 구제에 관한법률」이 제기되어 어느 정도 완성도를 갖추게 되었다. 이 같은 수정입법은 사법의 틀과 소송을 전제로 하기 때문에 앞서 살핀 환경사법의 한계가 여전히 남는다. 그러나 이 같은 방식은환경사법과 환경공법을 이론적으로 연결하는 '가교(架橋)'의 역할을 하는 점에서 그 의미가 남다르다.

한편, 헌법상 환경권도 이 형식에 속한다고 할 수 있다. 실제로 환경문제로 인하여 제기되는 민사소송의 경우 그 권원으로서 헌법상 환경권을 많이 들고 있는데 현재로서는 그 구체적효력이 정면으로 인정되고 있지 않다. 다만, 판례는 헌법상 환경권에 기한 구제로 통하는 문을 완전히 봉쇄하지는 않은 것으로 보인다.

2. 환경행정법의 제2단계 형식: 정보공개에 의한 규제

환경행정법의 이단계는 '정보공개에 의한 규제'이다. 이것은 '환경 위험이나 리스크에 관련된 정보'를 일반대중에게 공개함으로써 미시적으로는 이해관계 당사자로 하여금 조정과 협상을 원활하게 하고, 거시적으로는 환경과 국민의 건강에 영향을 미치는 경제활동에 관한 국민적 의사를 결정하는 정치과정을 촉발하고 합리화하는 데 그 목적이 있다.

이 형식에 속하는 예로는 환경계획 및 환경영향평가 등이 있다. 환경계획은 앞으로 펼쳐질환경정책을 미리 국민들에게 알리는 것으로 그 수립과정에서 각종 환경정보가 국민들로부터

---

288) 미국의 CERCLA와 독일의 환경책임법에 대한 문헌으로는 Jeffrey Miller & Graig Johnston, *The Law of Hazardous Waste Disposal and Remediation* (1996); 오석락, "환경책임법 시안," **환경법연구** 제15권, 157 (1993).

수집되고 또 국민에게 알려지게 되어 있는바, 국민들은 그 과정에서 자신의 생각과 이해관계를 반영시킬 수 있는 기회를 얻게 된다. 이런 정부와 국민 사이의 소통 및 상호작용이 환경보호에 긍정적으로 기여하는 것은 물론이다. 우리나라에는 "국가환경종합계획"(환경정책기본법 §14), "영향권별 환경관리계획"(동법 §39), 부문별 환경계획으로서 "자연환경보전기본계획"(자연환경보전법 §8), "자원순환기본계획"(자원순환기본법 §11) 등이 있고, 그 외에도 국토계획·도시계획 등과 같이 다른 부문계획의 일환으로 수립되는 환경계획(국토기본법 §2, 국토계획법 §6), 산림계획이나 하천기본계획(하천법 §25) 등과 같은 다른 부문계획의 일부로서 추진되는 계획 등이 있다.

하지만 제2단계 법형식을 체현한 대표적인 예는 환경영향평가법상의 환경영향평가이고, 「공공기관의 정보공개에 관한 법률」도 부수적으로 이 기능을 수행하고 있다고 볼 수 있다.[289] 환경영향평가법은 환경영향평가대상사업의 사업계획을 수립할 때 환경영향을 미리 예측·분석하여 환경영향을 저감할 수 있는 방안을 강구하도록 강제하고 있다. 미국에서의 환경영향평가는 환경영향평가절차를 지키면 족한 절차적 규율인 데 반하여, 우리나라의 환경영향평가제도는, 평가대상 사업의 인·허가를 담당하는 행정부처, 즉 승인기관과 환경부가 환경영향평가의 결과를 놓고 협의하도록 함으로써 실체적 규율도 겸하고 있는 점이 특색이다.

3. 환경행정법의 제3단계 형식: 명령통제방식에 의한 규제

환경행정법의 제3단계 형식은 일반 국민 또는 행정부처에게 '명령통제방식'에 의하여 공법적 의무를 부과하는 것으로 환경행정법의 본령을 이룬다고 하겠다.

명령통제방식에는 여러 가지의 수단이 있는데, 먼저 전술한 **환경계획**을 들 수 있다. 전술한 여러 계획 중 마스터플랜으로 기능하는 것은 일반적으로 행정기관 상호간의 관계에 있어서는 일정한 법적 구속력을 가지나 국민에 대한 직접적인 법적 효력은 없다. 그러나 계획이 커버하는 영역이 작을수록, 가령 도시계획 결정은 국민의 권리·의무에 직접적인 영향을 끼치게 되어 있다.

---

289) 미국은 공공기관에 대해서뿐만 아니라 일반 기업에 대해서도 보유하고 있는 위험물질에 관한 정보를 공개하도록 하는 법률, 즉 「비상계획 및 공동체의 알권리법(The Emergency Planning and Community Right-to-Know Act)」을 가지고 있을 뿐만 아니라 증권거래 관련법들을 이용하여 기업들로 하여금 잠재적인 환경책임을 공시하도록 하고 있다. 이에 관한 문헌으로는 Brenda J. Nordenstam & Joseph F. DiMento, "Right-to-Know: Implications of Risk Communication Research for Regulatory Policy," *U.C. Davis Law Review* vol. 23, 333 (1990), 기업의 환경책임에 관한 문헌으로는 Elizabeth A. G. Geltman, "Disclosure of Contingent Environmental Liabilities by Public Companies Under Federal Securities Laws," *Harvard Environmental Law Review* vol. 16, 129 (1992) 참조.

두 번째 수단은 환경기준의 설정이다. **환경기준**은 바람직한 환경조건의 유지라는 환경행정의 목표를 수량화한 것으로, 오염물질 총량의 증대현상을 막을 수 없었던 '농도규제'를 대신하기 위하여 나타난 개념이다. 현재 환경기준은 단지 '행정목표'에 그친다고 보는 것이 일반적이나, 환경영향평가에 있어 평가기준으로 작용할 수 있고, 행정개별법이 허가를 할 때 환경요소를 고려하도록 규정한 경우 그 허가기준으로 고려될 수 있으며, 민사법상 수인한도를 결정함에 있어 일응의 판단기준이 된다는 점에서 규범적 의미를 갖는다 할 것이다.[290]

환경기준을 달성하기 위한 대표적인 수단은 세 가지가 있는데, ① 특정기술을 채택하도록 하는 방법, ② 배출허용기준을 설정하고 이를 준수하도록 하는 방법, ③ 일정 구역의 사업장에서 배출되는 오염물질을 총량으로 규제하는 총량규제가 그것이다. 특정기술의 강제는 우리나라에서 채용되지 않다가 2018년에 비로소 「환경오염시설의 통합관리에 관한 법률」의 제정을 통하여 **"최적가용기법"**이 도입되었고, 배출허용기준의 설정은 우리나라에서 오염물질의 배출을 억제하는 대표적인 수단이다. **배출허용기준**은 배출시설에서의 오염물질의 배출을 일정한 기준에 따라 규제하는 것인데, 이 기준은 사업주체에 대하여 법적 구속력을 가지기 때문에 그 위반 시에는 아래에서 보는 각종 하명처분 및 배출부과금 등의 규제조치가 뒤따른다. **총량규제**는 오염상태가 환경기준을 초과하여 주민의 건강·재산이나 동식물의 생육에 심각한 위해를 끼칠 우려가 있다고 인정되는 구역의 사업장을 대상으로 하여 배출가능한 오염물질의 총량을 제한하는 것으로, 이는 경제활동을 아예 원천봉쇄할 수 있기 때문에 신중을 기해야 한다. 우리나라에서는 대기환경보전법(§22), 물환경보전법(§4) 및 그 특별법인 4대강수계법률, 그리고 「해양환경관리법」에 터 잡아 실시되고 있다.

세 번째 수단은 직접적 규제수단으로 현재 가장 높은 비중을 점하고 있다. **신고·등록·표시제, 인·허가제** 등은 배출시설 또는 방지시설을 설치하거나 변경할 때 신고하거나 허가를 받도록 함으로써 환경보전의 관점에서 일정한 조건을 충족한 것만을 허용하여 환경을 보전하려는 것이다. 작위·부작위·수인 등의 의무를 부과하는 **하명처분**도 주요수단인데, 대기환경보전법, 수질환경보전법, 소음진동관리법 등은 사업자에게 당해 사업의 배출시설에서 나오는 오염물질이 배출허용기준에 적합하도록 배출시설·방지시설을 운영할 의무를 부과하고 배출허용기준을 초과할 경우 개선명령을 명할 수 있도록 규정하고 있다. 또한 이와 같은 하명처분을 이행하지 않을 때에는 상대방에게 의견진술·청문 등의 기회를 제공하고 **제재명령**이나 **조치**를 명할 수 있는데, 대기환경보전법, 수질환경보전법, 유해화학물질관리법 등에 규정된 조업정지명령, 시설이전명령, 허가취소, 위법시설 폐쇄조치 등이 그 예이다. 이러한 처분에 불응하는

---

290) 同旨, 김동희b, 518.

사업장에 대해서는 전기·수도의 공급을 거부할 수 있고, 징역·벌금과 같은 **행정형벌**과 과태료와 같은 **행정질서벌**을 부과할 수 있다. 한편, 조업정지처분을 내려야 할 때 당해 배출시설이 병원과 같이 공익적 목적에 제공되고 있고 그 조업정지가 공익에 현저한 지장을 초래하는 경우에는 **과징금**으로 갈음할 수 있다. 한편, 이와 같은 권력적 행정작용에 부수하여 비권력적인 **행정지도** 등이 유력한 행정수단으로 고려되고 있다.

네 번째 수단은 **지역·지구의 지정**이다. 그린벨트의 예에서와 같이 토지의 효율적 이용을 위하여 설정된 국토이용관리법·도시계획법상의 지역·지구가 실제로 환경보전의 기능도 수행하고 있음은 주지의 사실이다. 자연환경보전법은 야생생물특별보호구역, 자연생태계특별보호구역, 해양생태계특별보호구역 등을 내용으로 하는 **생태계보전지역**을 지정하고, 그 관리기본계획을 수립·시행하도록 하고 있다(동법 §§18–19). 또한 환경정책기본법은 환경오염이 심각하거나 생태계의 변화가 현저한 지역을 **특별대책지역**으로 지정하고(동법 §38), 그 지역의 환경보전을 위한 특별종합대책을 수립하도록 하고 있다. 이들 지역·지구로 지정된 지역 안에서는 토지이용과 시설설치를 제한할 수 있어 그 효과는 매우 크다.

4. 환경행정법의 제4단계 형식: 경제적 유인수단

환경행정법의 제4단계 형식은 일반 국민에 대하여 공법상 의무 이행을 강제하는 대신에, "경제적 유인책(economic instruments)"을 사용하여 국민으로 하여금 자발적으로 이행하도록 하는 것이다. 명령통제방식은 개별기업의 구체적 사정을 감안하지 않고 획일적 기준을 강요하기 때문에 경제적으로 효율적이지 못하다. 경제적 유인책은 시장기제를 통하여 환경오염을 효율적으로 해결하기 위한 것으로 경제적 유인책으로 피규제자들의 자발적 협조를 얻어내고 환경오염방지기술을 개발하도록 유도하는 장점이 있다.

이에 환경정책기본법은 정부에게 "자원의 효율적인 이용을 도모하고 환경오염의 원인을 일으킨 자가 스스로 오염물질의 배출을 줄이도록 유도하기 위하여 필요한 경제적 유인수단을 마련"할 것을 명하고 있다(§32). 현행 대기환경보전법(§35)과 물환경보전법(§41)상의 **배출부과금**제도, 대기환경보전법(§37)상의 **과징금**제도, 「환경개선비용 부담법」, 「먹는물관리법」, 4대강수계법, 「지하수법」, 자연환경보전법상 시행되고 있는 각종 **부담금**(공과금)제도, 「자원의 절약과 재활용촉진에 관한 법률」상의 **생산자책임재활용**제도, 폐기물관리법상의 **예치금환불제** 등이 이 유형에 속한다.

하지만 경제적 유인수단의 대표적인 예는 「수도권 대기환경개선에 관한 특별법」(§18)과 「온실가스 배출권의 할당 및 거래에 관한 법률」에 의하여 도입·시행되고 있는 **배출권거래제**, 현재로서는 그 예를 찾아보기 힘든 목적세로서의 **환경세**, 그리고 환경정책기본법(§§54 – 56), 폐기물관리법(§57) 등에 규정된 정부에 의한 **보조금지원**제도이다. 앞으로 규제개혁의 기치 아래 규제형식의 중점이 명령통제방식에서 경제적 유인책으로 조금씩이나마 이행해 갈 것으로 보인다.

자율환경관리제도도 경제적 유인수단의 일종으로 볼 수 있다. 이는 정부와 민간이 파트너로서 바람직한 환경목표의 달성을 위하여 자율적인 협정을 체결함으로써 환경오염을 최소화하고 환경개선을 도모하는 것으로 전술한 협동의 원칙을 실현하는 법형식이다. 이는 민관이 동반자관계를 만들어 기업의 자율성과 다양성을 최대한 활용함으로써 최소비용으로 오염을 관리하는 것인데, 기업이 이에 나설 수 있도록 정부가 인센티브를 제공해야 한다는 점에서 경제적 유인수단의 일종으로 평가된다. 「환경기술 및 환경산업 지원법」상의 **녹색기업지정**제도, 「환경친화적 산업구조로의 전환촉진에 관한 법률」상의 **환경경영체제인증**제도, 「환경기술개발 및 지원에 관한 법률」상의 **환경라벨링**제도가 여기에 속한다.

5. 환경행정법의 제5단계 형식: 통합오염관리방안에 의한 규제

환경행정법의 제5단계 형식은 "통합오염관리방안(integrated pollution control)"이다. 현행 대기환경보전법, 물환경보전법, 토양환경보전법은 매체가 분할되어 있다는 전제하에 각 매체로 배출되는 오염물질을 규제하고 있다. 그런데 이와 같은 배출구(排出口)를 통한 오염물질의 배출을 규제하는 매체별 접근법은 환경이 물, 공기, 토양, 그리고 생물계로 이루어진 '하나의 시스템'이라는 사실을 간과하고 있다. 오염물질은 최초로 배출된 매체에 머물러 있지 않고 매체를 전전순환하기 때문에, 매체별로 배출구를 아무리 단속하여도 이미 나온 오염물질은 다른 형태로 변하여 다른 매체를 오염시키고 따라서 종합적인 환경질 개선효과 면에서는 제한적일 수밖에 없다.

이러한 배경에서 탄생한 통합오염관리방식은 어떤 산업공정의 작동이 있기 전에 그 공정에 따른 위해도를 지역의 환경용량과 비교하여 종합적으로 평가하고 통합적 의사결정에 따라 하나의 통합된 허가를 발부하는 것으로 요약된다. 우리나라는 2015년에 이를 위하여 「환경오염시설의 통합관리에 관한 법률」을 제정함으로써 그 첫 발걸음을 내딛었다. 동법은 종래 매체별 인허가제를 통합·간소화하고 업종특성 및 "최적가용기법"에 근거한 맞춤형 배출기준을 설정할 수 있도록 하는 등 획기적인 시도를 하고 있다. 그러나 가장 이상적으로 평가되는 통합오염관리방식은 환경용량 등 기초적 사실에 대한 데이터가 구비되어야 작동가능한 방식이므로 이 방식이 착근하기 위해서는 많은 노력이 경주되어야 할 것이다.

제 **4** 장 │ 환경윤리와 환경정책

제1절 │ 환경윤리

Ⅰ. 왜 환경윤리·환경철학인가?

환경에 관한 책 중 아마 레이첼 카슨(Rachel Carson)의 『침묵의 봄(Silent Spring)』보다 더 큰 영향을 끼친 책은 없을 것이다. 이 책은 1962년에 출판되어 환경문제의 경종(警鐘)을 울린, 말하자면 환경운동의 효시라 할 수 있는 책이기도 하지만, 그와 같은 연혁적(沿革的) 가치 외에도 환경문제를 보는 '또 하나의 창'을 열었다는 점에서 더욱 의의가 크다. 바로 '생태적(生態的) 관점'이 그것이다. 카슨 주장의 요지는, 당시 농민들이 만병통치약으로 무분별하게 사용하고 있던 DDT와 같은 살충제를 퇴출시키지 않으면 결국 봄이 와도 새가 울지 않는 죽음의 봄이 도래한다는 것이었다. 제2차 세계대전을 치른 후 가파른 상승세를 보인 인구증가와 그에 따른 식량수요의 증가는 산업화에 따른 농민수의 감소추세와 함께 상승작용을 일으켜 농약의 폭발적 사용을 부추기는 상황이었다.

인체나 농작물에 악영향 없이 해충만을 제거할 수 있는 농약의 개발만이 관심사의 전부였던 당시, 카슨은, 생태계에서 일어나고 있는 현실(존재론적 측면)을 대중에게 알림으로써, 바로 이런 단견(斷見) 내지 근시안(近視眼)에 머문 과학자 또는 대중에게 길게 보는 눈을 제공하였고 (인식론적 측면), 이러한 관점은 다시 그 이전에 공론화되지 않았던 여러 가지의 정치적·윤리적 문제를 끌어냈던 것이다(가치론적 측면).

화학적 합성물인 농약이 가져오는 혜택은 일견(一見) 분명하다. DDT와 같은 살충제(insecticide)는 말라리아, 티푸스 등의 질병을 옮기는 모기와 같은 곤충을 죽이는 데 꽤 효과적이었고, 농약(pesticide)은 작황을 개선시킴으로써 농민들이 저가로 농작물을 공급하게 해주었다. 요컨대 농약은 보건과 농업 측면에서 제기되는 여러 문제를 일거에 해결해주었고 경제적이며 기술적으로 실현가능한 해답이었던 것이다. 그러나 그 당시에는 그 이외의 문제, 즉 생태적, 정치적, 윤리적 질문은 아예 제기조차 되지 않았다. 즉 먹이사슬에 포함되어 있는 다른 생물체에 농약이 어떤 영향을 끼치는지, 농약의 사용과 관련해 불거져 나오는 리스크 문제에 대해서는 도대체 누가 결정해야 하는지, 농약이 가져온 혜택이 그에 따르는 리스크를 감수할 정도인지 등의 문제에 관해서는 아무도 문제의식을 갖고 있지 않았던 것이다. 이런 상황에서 카슨의 『침묵의 봄』은 생태적 관점을 제기함으로써 과학계, 산업계, 농업계, 나아가 일반 대중들로 하여금 농약 사용이 가져오는 장기적이고 생태적인 효과를 최초로 성찰하게 하였다.

흔히 농약으로 통칭되는 이러한 화학물질은 대부분, 장기간 효과를 지속하기 위해 환경에서 용해되지 않도록 제조된다. 가령 DDT는 물에서는 녹지 않고 지방에서 녹게 되어 있다. 따라서 DDT는 생태계에 장기간 남아 있을 뿐만 아니라 살아있는 유기체의 지방 조직에 쌓여 농축된다. 그 결과, 물속의 극소량의 DDT도 플랑크톤과 같은 미생물에 축적되고, 플랑크톤을 먹고 사는 작은 물고기에 더욱 축적되며, 다시 이것을 먹고 사는 큰 물고기에 축적되는 등, 소위 "생물학적 증폭(biological amplication)" 과정을 거치면서 먹이사슬의 꼭지점에 이르러서는 그 축적의 정도가 인간의 신체·생명에 위해가 되는 수준에 이르게 되는 것이다. 그래서 농약이 극심하게 사용되었던 제2차 세계대전 후의 몇 십 년 동안은, 먹이사슬의 맨 꼭대기에 있는 큰 새들이 심한 위협에 노출되었다. 오늘날조차도, PCB, 수은, 납 등의 유독물질이 비슷한 생물학적 증폭과정을 거치면서 물고기들을 인간이 먹을 수 없을 정도로 오염시키고 있다. 그러나 문제의 심각성은, 이와 같은 생물종에 대한 피해가 유일한 것이 아니라는 사실이다. 과학적 증거에 의해 밝혀진 바에 의하면, 농약은 해충으로부터 작물을 보호하는 데 효과적이지도 않았다고 한다.[291] 1940년대 이후 농약의 사용은 10배 증가했는데, 작황 손실의 비율은 오히려 증가했다는 것이다. 농약은 해충과 함께 익충도 죽였을 뿐만 아니고 내성이 강한 해충이 계속 출현했기 때문이다.

『침묵의 봄』의 경고에도 불구하고 여전히 인류가 이제껏 그래 왔듯이 생태위기를 극복할 것이라고 생각하는 사람들이 많다. 농약사용을 옹호하는 사람들, 특히 화학회사와 농민들은 이와 같은 생태학적 문제 제기를 단순한 또 다른 과학적·기술적 도전에 불과한 것이라고 생각할 것이다. 불행하게도, 과학이 바로 문제를 해결해 줄 것이라는 기술낙관론(techno-optimism)은, 인류의 종말을 받아들일 수밖에 없는 운명으로 받아들이는 비관론과 큰 차이가 없어 보인다. 왜냐하면 낙관론자이든 비관론자이든, 세상의 일원(一員)으로서 세상의 운명에 관해 결정할 수 있는 권한을 스스로 포기하고 있기 때문이다.[292] 과학과 기술의 발전에 의지

---

291) Des Jardin, 3.
292) Id. 4.

하는 것은 솔깃한 제안이지만, 환경문제는 과학과 기술의 문제로 치부할 수 있을 만큼 그리 간단한 문제가 아니다. 환경문제는 가장 근원적인 질문 — 인간 존재로서 우리는, 무엇을 소중히 하여야 하는지, 도대체 어떤 존재인지, 어떤 삶을 살아야 하는지, 영속할 수 있는 세상은 어떤 것인지, 자연 속에서 우리의 위치는 무엇인지 등 — 을 제기하고 있기 때문이다. 진실로, 우리는 우리를 둘러싼 다양한 형태의 생명을 보존할 윤리적 책임을 지고 있는가? 이름 모를 곤충을 그저 해충이라 규정하고 이를 없애버리는 것이 무에가 그리 잘못되었다는 것인가? 이런 질문에 대해 어떤 대답을 하건, 그 대답은 부지불식간에 어떤 '철학적 토대'를 깔고 있다.

　법률가가 제기하는 질문도 마찬가지다. 농약을 사용하려는 사람들은, 사용 전에 그 안전성을 입증해야 하는가, 아니면 위험성을 경고하는 사람들이 그것을 입증해야 하는가? 이런 질문에 대한 대답은 필연적으로 윤리적이거나 정치철학적 문제를 수반하게 되어 있다. 이런 문제는 환경문제에 대한 해결책을 과학·기술전문가에게 일임한다고 해서 피할 수 있는 것이 아니다. 왜냐하면 **전문가의 결정**이라는 것이 결코 이런 문제와는 관련 없는, **객관적이거나 가치중립적인 것이 아니기 때문**이다. 이런 문제에 관한 전문가들의 결단이 그들의 과학적 판단의 '전제(assumption)'가 되고 있기 때문이다. 따라서 우리가 세상에 관해서 기여할 바가 있다고 믿고 있고 그런 만큼 우리의 생각을 분명히 이야기해야 한다고 생각한다면, 환경문제에 관해서도 우리의 생각을 말할 수 있어야 한다.

Ⅱ. 과학기술낙관주의

　환경문제는 복잡다단한 문제이다. 환경문제는 과학적으로도 하나의 관점에서 하나의 학문 분야로 해결될 수 없는 문제이거니와 과학적 복잡성을 뛰어넘는 더 복잡한 문제이다. '가치'의 문제를 제기하지 않는 환경문제는 없거니와 그런 만큼 철학적 성찰이 절실한 문제인 것이다(농약 오염만 하더라도 농학, 생물학, 화학, 약학, 경제학, 정치학, 그리고 법학에 이르기까지 걸리지 않는 영역이 없다). 사정이 이러함에도 기술적인 해결책을 기대하면서 과학과 기술에만 의지하는 것은, 문제를 있는 그대로 바라보는 것이라기보다는 문제를 너무나 좁고 편협하게 인식하는 것이다. 『침묵의 봄』이 웅변한 생태학적 인식의 필요성은 바로 이와 같은 **편협한 인식방법**에 내재한 위험성이었다.

　먼저 과학은 지식에 대한 접근법인데, 여타의 방법과 대비하여 과학을 차별화하는 것은, 그 접근이 자세하고, 정확하고, 기술될 수 있다는 점이다. 이렇게 되기 위해 과학은, 과학자들에게, 가정을 최소화하고, 선입견을 제거하게 하고, 결과를 검증하고, 결론은 오직 증거에 의해 뒷받침될 수 있는 것에 한정하도록 요구한다. 이런 의미에서 과학적 방법은 불편부당하고, 정확하고, 합리적인 결과를 보장하는 것을 목적으로 하는 윤리를 가지고 있다. 그리고 과학적 실행이 이와 같은 윤리에 부합하는 한, 우리는 그 결과의 합리성에 대해 확신할 수 있다.

그러나 유감스럽게도, 과학적 방법은 과학적 실천에 영향을 미칠 수 있는 **숨겨진 가정**을 가지고 있다. 과학적 사고의 전형(典刑)이라 말할 수 있는 물리학에 의하면, 어떤 사물에 대한 확실한 이해는, 먼저 이 사물(가령 물리적 객체)을 가능한 가장 간단한 요소(예컨대 원자나 전자)로 환원한 후 이러한 요소들 사이에 작용하는 힘(예컨대 중력이나 자기장)을 조사함으로써 가능하다. 그러나 이러한 방법은 여타의 영역에서는 적합하지 않다. 경제학, 사회학, 정치학과 같은 사회과학이 만일 '사회'를 단지 자기이익이란 힘에 의해 기계적으로 움직여지는 '개인의 단순한 집합'으로 환원한다면, 이것은 아마도 실재를 왜곡하는 결과를 초래할 것이다. 환경문제에 있어보다 의미 있는 것은, 물리학의 모델이 특히 생태계의 연구에 있어서는 실재에 대한 인식을 오도할 가능성이 많다는 생물학자들의 언명일 것이다. 물리학이 보여주는 **환원주의적 경향**은 생태계 내에 존재하는 복잡한 관계를 무시하고 왜곡할 수 있다. 가령 동물의 생태를 유전자만으로 혹은 환경적 조건만으로 설명하려는 시도는 비록 관점은 다르지만 동물의 생태를 자연의 법칙 — 불변의, 결정적인, 기계적인 자연의 법칙 — 에 의해 설명하려는 점에서는 동일하다. 따라서 동물 행태에 대한 기계적 모델에 입각한 야생동물 관리정책은 기계적 모델을 채택하지 아니한 정책과 비교할 때 사뭇 다른 제안과 결과를 가져올 것이다. 이런 점에서 볼 때 과학이 스스로 내세우는 객관성에 대한 헌신에도 불구하고, 과학의 실천은 항상 불편부당한 것은 아니다.

과학은 방법이나 절차가 아니라 "정보 또는 사실의 통일체"라는 주장이 있다.[293] 물론 사실은 객관적인 까닭에, 그리고 과학이 사실을 발견하는 것에 지나지 않는다면, 과학적 지식은 분명 객관적이다. 그러나 설사 사실이 세심하게 설계되고 오로지 방법론적인 것으로 검증된 절차를 통해 밝혀진다고 하더라도, 그러한 사실이 결코 전체 그림을 보여주지 못하는 것을 명심할 필요가 있다. 어떤 정보가 우리에게 완벽한 설명을 제시하지 못한다면, 비록 그 정보가 과학적으로 얻어진 것이라 하여도 이것에만 의존하는 것은 현명한 것이 못된다. 전체 그림을 얻는데 가장 큰 장애가 되는 것은 아마도, 정답을 제공할 수 없는 과학의 무기력이 아니라 적절한 질문을 제기함에 있어 과학이 갖고 있는 내재적 한계일 것이다. 자연과학적 발견이나 지식에 의지하기 전에 우리가 유념하여야 할 것은, 과학자들이 실제로 제기하는 질문이 무엇이건 간에 바로 그 질문이 과학의 영역 밖에 있는 요소에 의해 결정된다는 사실이다.

혹자의 지적대로, "우리가 얻는 답은 우리가 제기한 질문에 달려 있는 것"이다.[294] 기후변화 시대의 에너지정책을 생각해보자. 이제까지는 에너지 문제를 '공급'의 문제로 규정짓고, 현실을 암울하게 보았다. 에너지는 고갈될 것이고, 새로운 에너지원을 찾아야 한다고 말이다. 이를

---

293) *Id.* 7.
294) *Id.*

위해 객관적이고 중립적인 과학과 기술이 필요하다. 과학적 사실에 터 잡아 여러 대안을 탐색하고 그 중 가장 합리적인 하나를 선택해야 하기 때문이다. 그러나 만약 에너지 문제를 '수요'의 문제로 파악한다면 매우 다른 해결책이 강구될 것이다. 우리의 질문은 에너지 사용에 집중될 것이다. 에너지 사용에 낭비는 없는가, 에너지 효율은 적절한가, 적절한 기술이 사용되고 있는가, 그리하여 나중에는 에너지 사용에 에너지원을 맞출 수 있는가, 아니면 에너지원에 우리의 생활패턴을 맞출 것인가라고 하는 궁극의 질문을 하게 될 것이다. 이처럼 질문을 달리하면, 정책의 내용은 천양지차(天壤之差)가 된다. 이런 질문으로부터 나온 정보는 비록 전기라는 에너지원이 여타의 대안에 비해 안전하고 효율적이라고 하더라도 전기로 가구난방을 하는 것은 비합리적이라는 결론을 지지하게 된다. 이 얼마나 다른 결론인가! 모두 다 똑같이 객관적이고 중립적인 두 가지 세트의 사실로부터 완전히 다른 정책적 제안이 제출되는 것이다. 하나의 정책제안은 새로운 발전소를 건립하는 것이지만, 다른 정책제안은 보다 적절한 기술개발에 강조점을 두고 있다. 이러한 상황에서는, 과학적 사실 그 자체는 결코 우리가 어떤 대안을 선택해야 하는지에 관해 말해주지 않는다.

다른 한편, 우리가 제기하는 질문은 우리가 소중히 여기는 것에 달려있다. '사실'로부터 사고하는 것과 '가치'로부터 사고하는 것이 다르거니와, 철학자들은 '존재'가 '당위'를 규정하지 않음을 이미 오래전에 인지하였다. 세상이 어떻다는 것이 세상이 어떠해야 한다는 것을 말해주지 않는 것이다. 사실에 대한 진술과 가치에 대한 진술이 다르다는 것을 받아들이는 것만으로도 과학과 기술에 대한 지나친 의존을 경계해야 한다고 말할 수 있다. 과학자들이 어떤 질문을 하는가에 따라 그 대답이 결정되듯이, 과학자들이 어떤 것을 소중히 여기는가에 따라 그 질문이 결정된다. 과학자들의 질문이 어떤 측면에 한정되어 있으면 그 대답 또한 편협하게 되고, 그 결과 그 대답에 의존한 정책 또한 편협한 정책이 된다.

그렇다면 과학자들은 자신의 질문을 어디서 구할까? 과학적 질문은 많은 부분 과학적 연구를 지원하는 사람들에 의해 형성된다. 에너지정책의 예로 돌아가 보자. 핵에너지에 관한 여러 지식과 정보는 미국 정부, 특히 국방부에 의해 지원되어진 연구의 결과이다. 따라서 핵에너지에 관해 우리가 가지고 있는 지식은, 사뭇 다른 맥락에서 (내려진 정치적 결정에 의해) 제기된 질문에 대한 대답이었다. 농약에 관한 연구도 양차대전 중 화학무기에 관한 연구로 시작되었다고 한다.[295]

이상의 설명이 과학적 지식에 대한 폄훼를 목적으로 하지 않는다는 것을 우리는 잘 알고 있다. 중요한 것은, 환경문제에 대한 우리의 결정은 우리가 사용할 수 있는 정보와 기술에 달

---

295) *Id.* 8.

려있는데, 이러한 정보와 기술은 과학자들이 갖는 질문에 달려 있다는 사실이다. 만약 핵폭탄이나 핵에너지에 과거 반세기 이상 동안 쓰여진 돈이 태양광·열 연구에 사용되었다면 아마 현재의 지구는 사뭇 다른 모습일 것이다.

마지막으로 중요한 것은, 과학이 객관적이고 가치중립적인 방법을 지향하고 있다고 하더라도 그리고 그로 인한 발견이 합리적이고 진실된 것이라 하더라도, 그 '실제의 사용'은 그렇지 않을 수 있다는 사실이다. 이를 인정한다면 적어도 환경문제가 기술적인 문제이기 때문에 이것이 윤리적 문제는 일으키지 않는다고 생각하면 안 된다. 과학의 객관성이라는 신화는 이 문제를 가리는 경향이 있다. 환경철학의 가장 중요한 역할 중 하나가 바로 환경정책 속에 숨겨진 '가치가정(value assumptions)'을 들추어내는 것이다.[296] 따라서 우리는 때로는 과학과 기술속에 암묵적으로 내재한 가치가정을 살펴보아야 할 것이다.

하지만 환경윤리나 철학에 대한 지나친 기대도 마찬가지로 금물이다. 환경윤리나 철학은, 그것이 과학이나 기술에 대해서 무심한 채 진공 속에서 진행된다면, 아마도 환경문제를 해결하는 데 기여할 것이 없을 것이다. 우리가 어떻게 세상을 이해하는가, 따라서 무엇을 어떻게 소중히 여길 것인가의 중요한 부분은 과학이 우리에게 세상에 대해 이야기하는 것에 의해 형성될 것이다. 따라서 우리는 환경문제를 해결함에 있어 의미 있는 진전을 기대한다면 과학과 윤리가 모두 중요한 것임을 인식하여야 할 것이다. 요컨대 "윤리 없는 과학은 맹목이고, 과학 없는 윤리는 공허하다."[297]

Ⅲ. 환경윤리의 개관

환경윤리는 인간 존재와 자연 환경 사이의 도덕적 관계를 체계적으로 설명하는 학문이다. 환경윤리는 도덕규범이 자연세계에 대한 인간의 행태를 통어(通御)할 수 있고, 또한 하고 있다고 가정한다. 그래서 환경윤리의 이론은 그 도덕규범이 무엇인지, 다시 말해, 인간이 누구에게 또는 무엇에게 도덕적 책임을 부담하는가를 설명하고, 나아가 이러한 책임이 어떻게 정당화되는가를 보여주려 한다. 환경윤리의 여러 이론들은 제각각 다른 대답을 하고 있다.

인간의 자연환경에 대한 책임은 '간접적'이라고 생각하는 철학자들이 있다. 가령 자원을 보

---

296) 앞서 사전배려의 원칙에서, 리스크평가 시 동물실험의 결과를 고려해 인간에 무해한 정도를 산출할 때, 흰쥐에 대한 위해도를 종차(種差)를 고려해 1/10, 개체차(個體差)를 고려해 다시 1/10로 할인하는 것이 좋은 예이다. 인간과 흰 쥐가 서로 다른 종(種)이지만 어째서 20분의 1 혹은 9분의 1이 아니라 10분의 1로 할인해야 하는가는 과학적 입증의 대상인 사실이 아니라 과학자들이 합의한 약속으로, 그런 점에서 일종의 가정이다. 위험회피적인 성향이나 생명중시적 성향이 강한 사람들은 20분의 1 혹은 더 크게 할인하려고 할 것이다.
297) Des Jardin, 9.

존해야 할 책임은 다른 인간에 대하여 지고 있는 책임으로 이해해야만 가장 잘 이해될 수 있다고 생각하는 것이다. 이러한 인간중심적 윤리(anthropocentric ethics)는 인간만이 도덕적 가치를 가질 수 있다고 본다. 따라서 우리가 자연에 '관해서' 책임을 지고 있다고 말해질 수 있더라도 우리는 자연 세계에 '대해서' 직접적인 책임을 지고 있다고 보지는 않는다. 환경운동의 초기에 불거져 나온, 대기 및 수질오염, 독성 폐기물, 농약의 남용 등에 관련된 논쟁은 인간중심적 윤리의 관점 때문에 나온 것이다. 농약에 오염된 식품, 오염된 음용수 등은 인간의 복지에 직접적인 위협을 가한다. 따라서 인간중심적 환경윤리는 기존의 윤리원칙을 새로운 사회문제, 즉 환경문제에 적용한, 말하자면 일종의 '응용윤리(applied ethics)'일 뿐이다.

인간중심적 윤리의 '확대'는, 미래세대를 우리의 도덕적 책임의 대상으로 간주하면서 생겨났다. 이 접근법 또한 여전히 인간중심적인 윤리의 '연장'이다. 인간만이 도덕적으로 의미가 있으나, 다만 아직 존재하지 아니한 인간에 대해서까지 우리의 책임을 확대한 것이기 때문이다. 자원보전, 핵폐기물처리 등 초기 환경운동이 초점을 맞춘 환경문제는 바로 이 윤리적 관점에서 제시된 것이라 볼 수 있다. 인간중심적 윤리는 중시하는 측면에 따라서 경제적 관점, 문화·사회적 관점, 과학적 관점으로 나눠볼 수 있다. 후술하는 공리주의와 선호경제학은 경제적 관점을, 기술낙관주의는 과학적 관점을, "환경정의(environmental justice)"는 문화·사회적 관점을 채택한 것이다.[298]

일군의 철학자들의 생각에는, 이제 인간은 인간뿐만 아니라 자연적 대상에 대하여도 직접적인 책임을 져야 한다. 이와 같은 비인간중심적 윤리(non-anthropocentric ethics)는 동물과 식물과 같은 자연적 대상에 대해서도 도덕적 자격을 인정한다. 이러한 윤리는 앞서 본 바와 같이 기존의 윤리원칙을 자연적 대상에게까지 확대적용하거나 이들을 포함하는 원칙으로 교정할 것을 주장하는 것이다. 동물에 대한 윤리적 대우, 멸종위기에 처한 동식물 보호 등은 바로 이러한 비인간중심적 윤리의 중심 주제로 널리 알려져 있다.

이상이 개체에 대한 윤리적 관심이었다면, 전체론적 윤리(holistic ethics)는 한 단계 더 나아가 '생물종', '인구' 또는 '생태계'와 같이 집합체 내지는 전체에 초점을 맞춘다. 전체론적 윤리는 우리는 개체보다는 그 개체가 구성원으로 있는 전체 또는 구성원 사이의 관계 자체에 대해 도덕적 책임을 갖는다고 한다. 따라서 전체론적 환경윤리는 개별 동물의 선별적 사냥은, 그 종의 개체수가 위험에 처하지 않는 한, 이를 허용한다. 생태학에서 영향을 받은 이러한 전체론은 개체주의적 윤리(individualistic ethics)보다 더 많은 철학적 문제를 제기한다. 예컨대 도덕적 자격을 취득하기 위해 필요하다고 일반적으로 받아들여지는, 살아있고, 고통을 느끼고, 의

---

298) 환경·생태적 관점, 경제적 관점, 문화·사회적 관점, 과학적 관점에 관해서는, Bell & et al., 52-56.

식이 있는 등의 자격 요건은 이러한 대상에게는 적용되지 않는다. 그래서 전체론적 윤리는 환경문제 해결을 위해서는 보다 근본적인 문제, 즉 존재론·인식론과 같은 형이상학이나 정치철학에 관련된 문제를 숙고해야 한다고 역설한다.

Ⅳ. 도덕다원주의

이상에서 살펴본 이론 중에서 어느 입장이 윤리적·철학적으로 가장 타당한가? 이에 대한 판단은 개개인의 몫이지만, 우리가 하나의 공동체로서 이에 관한 매듭을 지어놓지 않는다면 우리 공동체는 결국 구성원 사이의 불일치나 반목을 피할 수 없게 된다. 하지만 이 문제에 관하여 쉽게 합의에 이를 것을 기대할 수도 없다. 각 입장의 토대와 강조점이 다르기 때문에 그들 사이의 접점을 찾기가 어려운 것이다. 이런 사정으로 인하여 논자들은 다시 메타윤리(meta-ethics)상의 논제로 전장(戰場)을 옮기게 된다. 도대체 도덕에서의 참은 존재하는가, 존재한다면 인식할 수 있는가, 있다면 그 방법은 무엇인가 등의 논점들이 등장하는 것이다. 여기에 이르게 되면, 형이상학적 논쟁이 그러하듯이, 이제 논자들 사이의 일치는 무망(無望)한 것이 된다.

하지만 그렇다고 해서 상대주의(relativism)나 회의주의(skepticism)로 후퇴할 수는 없다.[299] 비록 환경윤리에서 하나의 정답을 찾을 수 없지만, 그렇다고 해서 각자도생(各自圖生)만이 남아 있는 유일한 선택지는 아니다. 논자들 모두가 공감하는 점도 있기 때문이다.

앞서의 논의가 시사(示唆)하듯이, 환경철학자들은 자신이 속한 학파에 상관없이 모두 고전경제학(classical economics)이나 그 저변에 깔려 있는 선호공리주의(preference utilitarianism)를 배격한다.[300] 시장환경주의(market environmentalism)의 주장대로 소비자 수요만이 환경의 가치를 결정하도록 놓아둘 수는 없다는 것이다. 자연계가 경배의 대상은 아닐지라도 그렇다고 해서 시장에서 표출되는 소비자의 단기적 선호를 충족시키기 위한 자원만도 아니라는 것이다. 그들이 내놓는 각각의 처방에서도 공통점은 발견된다. 자연생태계의 역량에 한계가 있음을 인정한다. 생명체라면 무엇이든 그 생명을 유지하는 데 필수적인 대기, 물, 토양, 식량 등을 생산해내는 역량에도, 폐기물이나 오염물질을 동화시키고 혼돈이나 파괴로부터 회복하는 역량에

---

299) 가치상대주의 또는 회의주의는 윤리문제에 관한 한 객관적인 판단을 내릴 수 있는 가능성을 부정하는 입장이다. 윤리적 판단이라는 것은 결국 단순한 견해 또는 개인적 느낌의 문제이므로 윤리적 논란에 관해서는 객관적·합리적 대답을 기대할 수 없다는 것이다. 그래서 이들에게 윤리적 문제, 가령 "무엇이 옳고 무엇이 그른가?"의 문제는 그 문제를 "누가 결정해야 하는가?"의 문제일 뿐이다. 왜냐하면 윤리적 문제에 대한 답은 답변자의 느낌, 문화, 종교 등에 따라 달라질 것이기 때문이다.

300) 그들이 제공하는 배격의 이유는 그들이 속한 학파에 따라서 다르다. 중요한 인간의 가치가 무시된다거나 미래세대의 이익을 왜곡한다거나 소외된 소수자들의 선호들이 시장에서 체계적으로 배제된다거나 식물, 동물, 기타 자연계 구성물에 합당한 존중이 결여된다거나, 착목하는 강조점은 각기 다르다. 하지만 공통점은 역시 경제학적 세계관이나 가치체계가 철학적으로나 윤리적으로 바람직하지 않다는 데 있다. Des Jardin, 251.

도, 한계는 있다는 것이다. 따라서 인간은 오만을 버리고 보다 겸손하게 자연생태계를 대하여 그것이 한계를 넘는 혼란에 빠지지 않도록 해야 한다는 데 견해의 일치를 보인다.

그럼에도 불구하고 환경윤리이론들 사이의 불일치는 여전히 난제(難題)이다. 상술한 바와 같이 환경윤리는 미소하기 그지없는 징그러운 벌레의 운명에 대한 쓸데없는 걱정이 아니다. 그것은 개인으로서 그리고 공동체로서 우리는 어떻게 살아가야 하는가 하는 삶의 방식에 관한 근저적(根底的)인 고민이다. 환경윤리에 관한 관점이 지금처럼 분기(分岐)한 채로 지속된다면, 우리의 윤리, 그 자체의 토대마저 흔들릴 수 있다. 그렇다고 한다면 개인의 관점은 개인의 선택에 맡기더라도 공동체로서는 이들의 관점들을 어떤 식으로든 결집해내서 매듭을 지어야 할 것이다. 실체적 일괄타결이 아니라면 사안별로 선택할 수 있도록 절차적 합의만이라도 타결해야 한다. 절차나 과정에 관한 합의는 당장은 논점을 회피하는 불충분한 우회로로 보일 테지만, 거기에는 과정 중의 숙고심의와 경험적 성숙이 점증적으로나마 일치의 범위를 넓혀갈 것이라는 기대가 내포되어 있다.

도덕다원주의(moral pluralism)는 이런 생각을 체화(體化)한 이론이다.[301] 다원주의는 윤리에 있어 정당한 접근법이 여럿 존재할 수 있음을 받아들이고 타당한 이론은 오직 하나 뿐이라는 일원주의(monism)에 반대한다. 뿐만 아니라 다원주의는 도덕이나 윤리에 있어서는 아예 정답이란 있을 수 없다고 주장하는 도덕상대주의나 회의주의에 대해서도 반대한다. 대신에 다원주의는 하나의 정합적인 원리의 체계로는 담아낼 수 없는 다수의 정답들이 존재할 수 있음을 전제로, 여하히 이들을 조화롭게 엮어낼지를 고민한다. 앞서 여러 종류의 환경윤리이론들을 개관하면서, 우리는 그들이 착목하는 이슈가 다름을 보았다. 이들 이슈들이 다양한 만큼 그들이 중시하는 가치들도 다양해진다. 이들이 각기 중시하는 환경가치들은 비록 그 정도에는 차이가 있을지 모르나 모두 환경보호를 위하여 무시할 수 없는 것들이다. 그럼에도 불구하고 각 입장이 그 이론적 강미(强美)를 지키기 위해 자신의 이론에서 중핵을 이루는 가치 이외의 가치들을 외면된다면 이는 본말이 전도된 접근이 될 것이다. 그리하여 다원주의는 각 이론들이 중시하는 가치들 중 '기본적인 것'과 '주변적인 것'을 구별해 낸다든지,[302] 생명체 사이의 이익상충을 해결하는 데 필요한 '최소한의 의무'를 찾아낸다든지,[303] 각 이론들의 '도덕감정상의 교집합'을 찾는다든지[304] 등의 이론적 노력을 경주해서 다양한 가치들 속에서나마 통일성 또는 일

---

301) 이하는, Christopher Stone, "Moral Pluralism and the Course of Environmental Ehtics," 10 *Environmental Ethics* 139－154 (1988); do, *Earth and Other Ethics: The Case for Moral Pluralism* (1987) 참조.
302) Donald VanDeVeer, "Interspecific Justice," 22 *Inquiry* 55－70 (1979 summer).
303) Paul Taylor, *Respect for Nautre* (1986), 특히 ch. 4.
304) J. Baird Callicott, *In Defense of the Land Ethics* (1989), 특히 ch. 5.

관성을 도출해내려 한다. 우리가 본 환경윤리이론들 중 어느 것도 모든 이슈에 대하여 타당한 결론을 제시할 순 없지만, 그 각각은 특정한 상황에선 수긍할 수 있는 해결책을 제시할 수 있다. 다원주의의 입장은 넓게는 윤리 일반, 좁게는 환경윤리의 이런 특수성을 인정하면서 최선의 해법을 찾고자 하는 것이다.

다행스럽게도 이런 도덕다원주의는 우리의 민주적 정치문화와 자연스럽게 연결된다. 환경문제는 우리가 어떻게 살아야 하는가라는 근원적인 문제를 제기한다. 이 문제에 관해 철학적으로 세밀히 따져 대답해야 한다고 생각한다면 환경문제에 대해서도 마찬가지다. 사실의 문제는 차치하고 '가치'의 문제에 관해서라면 단 하나의 정답(正쬶)은 없다. 따라서 가치의 문제는 모두가 함께 숙고하고 심의한 후 의견을 하나로 모아야 한다. 환경문제 또한 마찬가지다. 환경문제의 해결책은, 정치의 장에서 결정되어야 하고, 과학실험실이나 회사의 이사회나, 정부의 관료가 결정해서는 안 된다. 따라서 환경문제의 윤리적·철학적 해결책은 주로 시민들이 공공정책의 토론의 장에 보다 적극적으로 참여할 수 있도록 권한과 능력을 부여하는 방향으로 모아져야 하는 것이다.

[참고자료]
이상의 개관적 이해를 토대로 환경윤리를 대표하는 두 가지 관점, 즉 인간중심적 관점을 대표하는 경제(학)적 관점과 비인간중심적 관점을 대표하는 생태(학)적 관점을, 양 입장을 대표하는 저자들로부터 직접 들어본다.

1. 생태적 관점
알도 레폴드, 모래군의 열두 달(1968)[305]

■ 윤리의 단계

생태적으로 볼 때, 윤리란 존재를 위한 분투에서의 행위의 자유에 부여된 제한이다. 철학적으로는, 윤리란 반사회적 행위로부터 사회적 행위를 분별하는 것이다. 이는 동일한 것에 대한 두 가지의 다른 정의이다. 그것은 협력적 방식을 발전시키려는 상호의존적인 개인이나 그룹들의 지향에 그 기원을 두고 있다. 생태론자들은 이것을 공생(symbioses)이라고 부른다. 정치학과 경제학은 원초적인 완전자유경쟁이 윤리적 내용의 협력적 메커니즘에 의해 부분적으로 대체된 진보된 공생(에 관한 학문)이다.

협력적 메커니즘의 복잡성은 인구의 조밀성과 도구의 효율성과 더불어 증가되어 왔다. 예를 들면 고대의 방망이와 돌의 반사회적 사용을 정의하는 것이 자동차시대의 탄알과 광고판의 반사회적

---

305) Aldo Leopold, *A Sand County Almanac* (1968).

사용을 정의하는 것보다 더 단순했었다.

최초의 윤리는 개인들 간의 관계를 다루었다. 모세의 십계명이 그 예이다. 그 이후에는 나아가 개인과 사회와의 관계를 다루었다. 황금률은 개인을 사회에 통합시키고자 하는 반면, 민주주의는 사회조직을 개인에 통합시키고자 한다.

아직 인간과 토지의 관계 그리고 그 위에서 자라는 동물과 식물과 사람과의 관계를 다룬 윤리는 없다. **토지는 아직 오디세이의 노예소녀들과 같은 재산이다.** 토지관계는 특권을 가지지만 의무는 부담하지 않고, 여전히 철저히 경제적이다.

내가 그 증거들을 올바르게 읽은 것이라면, 인간의 환경 안에 있는 이러한 제3의 요소에 대해서 윤리를 확장할 때 조우하는 것은 진화적 가능성과 생태적 필요성이다. 그것은 일련의 과정을 구성하는 세 번째 단계이다. 앞의 두 단계는 이미 취해졌다. 에스겔과 이사야시대 이후 개별 사상가들은 토지의 약탈은 부당할 뿐만 아니라 잘못된 것이라고 주장해왔다. 그러나 사회는 아직까지도 그들의 믿음을 확인하지 못했다. 나는 현재의 보전운동이 그러한 확인의 단초라고 생각한다.

도덕률은, 보통사람이 사회적인 필요의 궤적을 인식하기에는 너무나 새롭고 복잡한 생태적 상황에 대응하기 위해 필요한, 혹은 그와 같은 사회적인 필요의 궤적을 인식하기에는 너무나 지체된 대응책들을 보유하기 위해 필요한, 하나의 지침으로 간주될 수 있다. 동물적 본능들은 그러한 상황에 부합하는 데 있어서의 개인을 위한 척도들이다. 윤리는 일종의 만들어가는(in-the-making) 공동체의 본능일 수도 있다.

■ 공동체 개념

지금까지 발전되어 온 모든 윤리들은 하나의 전제에 기초하고 있다. 개인은 상호의존적인 부분들로 이루어진 공동체의 구성원이라는 것이다. 그의 본능은 공동체내의 그의 자리를 위해서 경쟁하도록 하지만, 한편 그의 윤리는 (아마도 경쟁할 공간이 존재할 수 있기 위해) 협동하도록 한다.

토지에 관한 윤리는 공동체의 범위를 토양, 물, 식물과 동물을 포섭하도록, 또는 그 모두를 아우르도록 넓힌다. (계약의 주체를 확대하는 것을 생각해보라)

이것은 간단하게 들린다. 우리는 이미 자유의 땅과 용기의 고향에 대한 의무를 향한 우리의 사랑을 노래하지 않았는가? 그렇다, 그러나 우리는 무엇과 누구를 사랑하는가? 분명, 그것은 우리가 강 하류로 어지럽게 내보내고 있는 토사는 아니다. 단지 터빈을 돌리고, 바지선을 띄우고, 오물을 운반하는 것 외에는 다른 작용이 없다고 우리가 생각하는 물도 분명 아니다. 분명, 우리가 눈 한번 깜짝이 않고도 전멸시킬 수 있는 식물들도 아니다. 분명, 우리가 이미 그들의 가장 거대하고 가장 아름다운 다수의 종들을 멸종시켜버렸던, 동물들도 아니다. 토지윤리는 물론 이들 '자원들'의 변화와 경영, 그리고 사용을 금할 수는 없다. 그러나 그것은 그것들이 지속적으로 존재할 권리와, 적어도 어느 정도까지는 자연적 상태에서 지속적으로 존재할 권리를 보장한다.

간단히 말하면, 토지윤리는 호모사피엔스를 대지공동체에 대한 **정복자**에서 대지의 **평범한 구성원**이자 시민으로 변화시키는 것이다. 토지윤리는 동료 구성원들에 대한 존중을 내포하며, 또한 공동체 자체에 대한 존중을 포함한다.

우리는 (바라건대) 인류 역사 속에서 정복자의 역할이란 마침내는 자멸적이라는 것을 배워왔다. 왜냐고? 그러한 역할에 있어서, 정복자는 무엇이 공동체의 시계를 가게하고, 공동체의 삶에 있어 무엇이 그리고 누가 가치가 있고, 무엇이 그리고 누가 무가치한지를 그 권위에 의해서 알고 있다는 것이 내재되어 있기 때문이다. 언제나, 그는 아무 것도 모른다는 것이 밝혀지게 되고, 이는 그의 정복이 왜 종국적으로 그 자신을 파멸시키는가에 대한 이유가 된다.

생명공동체에서도, 마찬가지의 상황이 존재한다. 아브라함은 토지가 무엇을 위해 존재하는지를 정확하게 알았다. 그것은 아브라함의 입속으로 우유와 꿀을 떨어뜨리게 하기 위한 것이었다. 오늘날에는, 우리가 생각했던 이러한 전제들에 대한 확신은 우리가 교육을 받은 정도만큼 정반대가 되었다.

오늘날, 보통 시민들은 과학이 무엇이 공동체의 시계를 돌아가도록 하는가를 안다고 생각하고 있지만, 반면 과학자들은 마찬가지로 그들이 알 수 없다는 것을 믿고 있다. 그는 생명의 메커니즘은 고도로 복잡해서 그 작용이 절대로 완전하게 이해될 수 없음을 알고 있다.

■ 토지 피라미드

토지와 관련된 경제학을 보완하고 선도할 윤리는 생명메커니즘으로서의 토지에 관한 정신적 이미지의 존재를 전제하고 있다. 우리는 우리가 보고, 느끼고, 이해하고, 사랑하고, 또는 아니면 그에 대한 믿음을 가질 수 있는 것들에 대하여서만 윤리적일 수 있다.

보전교육에서 일반적으로 차용된 이미지는 "자연의 조화"이다. 이러한 말의 형상은, 여기서 상론하기에는 너무 긴 이유로, 우리가 토지메커니즘에 대해 아는 것이 얼마나 없는가를 정확하게 설명할 수가 없다. 한층 더 진리에 가까운 이미지는 생태학에서 채용된 '생명 피라미드'이다. 나는 먼저 토지의 상징으로서 피라미드를 스케치하고, 그 후 토지의 이용과 관계된 함의들을 전개해 나가려 한다.

식물들은 태양으로부터 에너지를 흡수한다. 이러한 에너지는 층을 이루는 피라미드에 의해 대표되어질 수 있는 biota라고 불리는 순환을 통해서 흐른다. 바닥층은 토양이다. 식물층은 토양에 의존하고, 곤충층은 식물에 의존하고, 조류와 설치류층은 곤충류층에 의존하고, 그밖에 다양한 동물군들을 통해 광범위한 육식동물로 구성된 정점까지 이른다.

층의 구분은 그들이 어디에서 왔는가, 또는 그들이 어떻게 생겼는가가 아니라, 그들이 무엇을 먹는가에 더 가깝다. 각각의 연속되어지는 층은 아래층에게 먹이와 그 밖의 서비스에 대해 의존하고 있고, 각각은 차례대로 그 윗층에 대해 먹이와 서비스를 공급한다. 윗층으로 나아가면서, 각각의 연속되는 층은 수적으로 감소한다. 따라서 각각의 육식동물에는 수백의 먹이와 수천의 먹이의 먹이들과, 수만의 곤충들과 셀 수 없이 많은 식물들이 존재한다. 체계의 피라미드형태는 꼭대기에서부터 아래까지의 수적인 증가를 나타낸다. 사람은 잡식성인 곰, 너구리, 다람쥐와 함께 중간층을 점하고 있다.

먹이와 서비스에 대한 종속적 연결선들을 먹이사슬이라고 부른다. 따라서 토양-참나무-사슴-인디언의 연결은 지금은 토양-옥수수-소-농부로 전면적으로 전환된 사슬이다. 우리 자신을 포함하여 각각의 종들은 수백 개의 사슬에서의 연결고리가 된다. 사슴은 참나무외의 다양한 식물들을 먹고, 소는 옥수수외의 수많은 식물들을 먹는다. 이렇게 양자는 수백 개의 사슬에서의 연결고리가 된다. 피라미드는 너무 복잡해서 무질서하게 보이는 사슬들의 엉킴이지만, 시스템의 안정성은 그것이 고도로 조직화된 구조임을 보여주고 있다. 그 작용은 다양한 부분들의 협동작용과 경쟁에 의존한다.

처음에는, 생명의 피라미드는 낮고 납작했었고, 먹이사슬은 짧고 단순했었다. 진화는 연결고리를 이으면서 한 층 한 층 더해 왔다. 사람은 피라미드의 크기와 복잡함에 더해진 수많은 것들 중의 하나이다. 과학은 우리에게 많은 의문을 남겼지만, 적어도 하나의 분명한 것을 남겼다. 진화의 방향은 생명을 정교하도록 그리고 다양화하도록 되어 있다는 것이다.

따라서 토지는 단순한 토양이 아니다. 그것은 토양, 식물, 동물의 순환고리를 타고 흐르는 에너지의 원천이다. 먹이사슬은 에너지를 고양시키는 생명의 터널이다. 죽음과 부패는 그것을 토양으로 되돌린다. 순환은 닫혀 있지 않다. 어떤 에너지는 부패 속에서 사라지고, 어떤 에너지는 대기로부터의 흡수에 의해서 풍부해지고, 어떤 에너지는 토양, 토탄과 오래된 숲 속에 저장된다. 그러나 그것은 천천히 증가하며 회전하는 생명의 온축(蘊蓄)과 같은 지속적인 순환이다. 언제나 물의 침식작용에 의한 순손실이 있었지만, 그것은 보통 미소한 양이며 바위의 부식에 의해서 상쇄되어진다. 그것은 바다에 퇴적되어지며, 지질시대 동안에 새로운 대지와 새로운 피라미드를 형성할 정도로 상승한다.

위를 향한 나무 수액의 흐름이 복잡한 세포조직에 달려있는 것처럼, 에너지의 상승기류의 속도와 성질은 식물과 동물공동체의 복잡한 구조에 달려있다. 이러한 복잡함이 없이는 통상의 순환은 아마도 일어나지 않을 것이다. 구조는 구성요소인 종들의 고유한 종류들과 작용뿐만 아니라 그 고유한 개수도 의미한다. 토지의 복잡한 구조와 에너지복합체로서의 그 유연한 작용 사이의 상호의존성은 그 기본적인 특성들 중의 하나이다.

순환의 일부분에 변화가 일어난 경우, 다른 많은 부분들은 그에 자신을 적응시켜야 한다. 변화는 에너지의 흐름을 반드시 방해하거나 전환시키지는 않는다. 진화는 자기촉진적인 변화의 긴 과정이며, 그 순수한 결과는 흐름의 메커니즘을 정교하게 해왔으며 그 순환을 길게 만들어 왔다. 그러나 진화적 변화는 항상 서서히 그리고 국지적으로 이루어졌다. 인간의 도구의 발명은 전례없는 폭력, 속도와 범위의 변화를 가능토록 해왔다.

역사와 생태학이 결합된 증거는 하나의 일반적인 추론을 뒷받침하는 것으로 보인다. 사람이 만든 변화가 덜 폭력적일수록 피라미드에서의 성공적인 적응의 가능성은 더욱 커진다.

… 사물이 생명공동체의 완전성, 안전성과 아름다움을 보전하려 할 때, 그것은 옳은 것이다. … 그 반대로 가려 할 때에는 옳지 않다.

2. 경제적 관점

윌리엄 박스터, 사람인가 아니면 펭귄인가: 최적 오염을 위한 사례(1974)[306]

최근, 과학자들은 식품에 있는 DDT의 사용이 펭귄들에게 해를 끼칠 것이라고 보고하였다. 여기서의 논의를 위해 그러한 전제를 다툴 수 없는 과학적 사실로 받아들이도록 하자. 과학적 사실은 종종 펭귄에게 해를 끼친다는 사실의 단순한 진술로부터 올바른 함의 — 그래서 DDT의 농업적 사용을 중단해야 한다는 — 가 나오는 것처럼 주장되어진다. 그러나 나의 기준(공리주의적 틀에 기초한)이 채택되어진다면 그러한 결론이 명백하게 뒤따르지는 않는다.

나의 가치기준은 인간에 정향(定向)된 것이지 펭귄을 향한 것은 아니다. 간단히 말하자면, 펭귄이나 사탕수수, 또는 자연적 경이로움에 대한 위해와는 무관한 것이다. 나의 가치기준에 의하면, 한 발 더 나아가서 다음과 같이 말해야 한다. 펭귄은, 인간이 펭귄이 바위 위를 걸어 다니는 것을 보고 즐길 수 있기 때문에, 중요한 것이다. 그리고 더 나아가 인간의 복지는 펭귄을 방치하는 것보다는 DDT의 사용을 중단하는 것에 의해 덜 피해를 입게 될 것이다. 요컨대, 환경문제에 대한 나의 생각은, 나의 가치기준과 마찬가지로, 인간중심적인 것이 될 것이다. 나는 펭귄들의 이익을 위해서 펭귄을 보호하는 데는 관심이 없다.

이러한 태도에 대한 반대로서, 만일 사람들이 사람만이 유일하게 중요한 개체를 의미하고, 다른 것들은 중요하지 않은 것처럼 행동한다면 매우 이기적인 것이라고 말할 수 있을지 모른다. 그것은 분명 이기적인 것이다. 그러나 나는 몇 가지 이유들로 인해 그것은 **단지 분석 위한 설득력 있는 시발점**이라고 생각한다. 첫째, 다른 이유들은 사람들이 진짜로 생각하고 행동하는 방식, 말하자면 현실에 부합하지 않는다.

둘째, 이러한 태도는 인간이 아닌 식물과 동물에 대한 대량멸종의 전조가 되지는 않는다. 왜냐하면 사람들은 분명히 식물과 동물에 다양한 방식으로 의존하고 있고, 또한 식물과 동물은 사람들이 그것들에 의존하기 때문에, 그리고 의존하는 만큼 보전될 것이기 때문이다.

셋째, 인간에게 좋은 것, 예를 들면 깨끗한 공기는 다양한 관점에서 펭귄이나 소나무에게도 유익하다. 이러한 관점에서 볼 때, 인간은 동·식물의 생명을 위한 대리인이 된다.

넷째, 나는 어떻게 우리가 다른 체계를 다스릴 수 있는지를 알지 못한다. 우리의 결정은 사적이거나 아니면 집합적이다. Mr. Jones가 사적으로 자유로이 행위할 수 있는 한, 그는 그가 바라는 대로 다른 형태의 생명에 대하여도 그러한 기호를 제공할지도 모른다. 즉, 그는 겨울에 새들에게 먹이를 주고 그 자신은 덜 먹을 수도 있고, 곰의 식욕이 곰이 먹으려고 할지도 모르는 자신의 살점보다 더 중요하다는 이유로 다가오는 북극곰을 몰아내는 것을 포기할 수도 있다. 간단히 말하면, 나의 기본 전제는 경쟁관계에 있는 생물체에 대한 사적인 이타주의를 배제하는 것이 아니다. 그러나 곰의 배고픔과 관계없이, Mr. Smith의 비열함과 관계없이, Mr. Jones가 Mr. Smith를 곰의 먹이로 주려는 것은 허용할 수 없다.

---

306) William F. Baxter, *People or Penguins: The Case for Optimal Pollution* (1974).

다른 한편, 우리가 집합적으로 행위하는 한, 오직 사람만이 집합적 의사결정에서의 참여의 기회를 부여받을 수 있다. 펭귄은 투표를 할 수 없고 참정권의 주체일 수도 없고, 소나무는 더욱 더 그러할 것이다. 각각의 개인은 원한다면 사탕수수에 이익이 되도록 투표를 마음대로 할 수 있다. 보전주의자들로부터 들려오는 더욱 극단적 주장들 중 다수는, 그들은 특별히 지명된 사탕수수의 대표들이며, 고로 그들의 선호가 '자연'과의 유대감을 즐기지 않는 다른 사람들의 선호보다 더 중요하게 평가되어야 한다는 암묵적인 주장에까지 이른다. DDT의 농업적 사용이 펭귄에게 해를 끼치기 때문에 즉각 중단해야 한다는 단순한 주장은 이러한 유형에 해당한다.

다섯째, 만일 북극곰이나 소나무나 펭귄이 사람과 마찬가지로 수단이라기보다는 목적으로 간주되어야 한다면, 만일 그것들이 사회를 조직하는 계산에 있어 중요하게 여겨져야 한다고 한다면, 그 각각이 얼마로 계산되어져야 하는가를, 그리고, 이들 생명체가 어떻게 그들의 선호를 표현하도록 하여야 하는가를, 누군가가 말해주어야 한다. 만일 그 대답이, 어떤 이들이 대리권을 보유한다는 것이라면, 나는 어떻게 그러한 대리권자들이 선정되어지는가를 알고 싶다. 자기 스스로를 임명한다는 것은 나에게는 설득력이 없다.

여섯째, 그리고, 앞서의 논의를 정리하기 위해, 논의 중인 몇몇 환경적 이슈를 지적하겠다. 그것들은 어떻게 목적을 달성할 수 있을지에 대한 매우 복잡하고 기술적인 문제들을 야기하고 있지만, 궁극적으로는 '우리는 무엇을 **해야 하는가**'라는 규범적인 문제를 제기한다. '**해야 한다**'에 관한 문제는 인간의 마음과 세계에 있어서만 고유한 것이고, 그것들은 인간외의 상황에 적용하는 경우는 의미가 없다.

나는, 그렇게 해야 하는 이유가, 묵시적이든 혹은 명시적이든, 인간에게 도움이 되는 것이 아니라면, 우리가 "자연의 조화"를 존중해야 한다든지, "자연을 보호"해야 한다는 제안을 거부한다.

나는 우리가 회귀해야 하는 자연의 "옳은" 또는 "도덕적으로 올바른" 상태가 있다는 사고를 거부한다. "자연"이라는 말은 어떠한 규범적인 함의도 가지지 않는다. 지구의 지표가 뒤틀리게 융기하도록 하고 산과 바다를 형성하도록 하는 것이 "옳은" 또는 "옳지 못한" 것이었을까? 최초의 양서류가 태초의 늪으로부터 기어 올라오도록 하였던 것이 "옳은" 것이었을까? 식물이 그 자신을 재생산하고 산소가 더 많아지도록 대기의 구성을 변화시킨 것이 "옳지 못한" 것이었을까? 동물들이 산소를 들이마시고 식물을 먹음으로써 이산화탄소가 더 많아지도록 대기를 변화시킨 것은 "옳지 못한" 것이었을까? 그것들은 의미없는 질문들이기 때문에 이러한 질문들에 있어서는 어떠한 대답들도 주어질 수 없다.

이러한 것들은 모두, 장황하게 느껴질 정도로 명백해 보이지만, 환경과 오염에 관한 오늘날의 많은 논의들은 그와 같은 비규범적인 현상들에 대한 묵시적인 규범적 가정들에 의존하고 있다. 즉, DDT에 의해 펭귄에 위해를 끼치는 것은 옳지 못하지만, 갈비를 굽기 위해 소를 도살하는 것은 그렇지 않다. 사탕수수목들을 산업매연으로 죽이는 것은 옳지 못하지만 가난한 사람들을 위해 사탕수수를 잘라서 집을 짓는 것은 그렇지 않다. 누구나 자기가 좋아하는 방식으로 자기의 이상향에 대한 정의(定義)를 내릴 권리를 가지고 있지만, 인류의 이기적인 필요와 관계된 것이 아니라면,

다른 것에 도덕적 우위를 점하는 정의는 어디에도 없다.

자연적 상태에 대한 규범적 정의는 존재하지 않는다는 사실로부터, 인간의 필요와 관련지어서가 아니라면, 깨끗한 공기나 깨끗한 물에 대한 규범적 정의는 — 고로 오염된 공기에 관한 [규범적] 정의도 존재하지 않고 오염 자체에 대한 [규범적] 정의도 — 존재하지 않는다는 결론이 나온다. 대기의 "옳은" 구성은 그 안에 먼지도 좀 있고, 납도 있고, 황화수소도 들어 있는 것이며, 그양의 정도는 인간구성원들의 가능한 최대 만족을 심사숙고하면서 추구하는 합리적으로 조직된 사회가 필요로 하는 수준일 것이다.

우리의 환경문제의 해결을 향한 첫 번째 그리고 가장 근본적인 단계는 우리의 목표는 깨끗한 공기나 물이라기보다는 오염의 적정한 상태라는 분명한 인식이다. 그러한 단계는 바로 인간의 만족에 있어서의 가능한 극대치를 산출할 오염의 정도를 어떻게 정의하고 도달할 것인가라는 문제를 제시한다.

낮은 오염의 정도는 인간의 만족을 높이는 것이지만, 음식과 주거지와 교육과 음악 또한 그러하다. 낮은 오염수준을 얻기 위해 우리는 이러한 다른 것들을 적게 보유하는 비용을 치러야만 한다.

제2절 | 공리주의적 전통, 경제학, 그리고 환경정책

I. 공리주의적 전통, 경제학, 그리고 환경정책

환경보호법률이 제정되기 전에는, 오로지 개인만이 자신의 신체·재산이 오염에 의하여 침해되었음을 입증함으로써 환경오염에 대한 법적인 대응을 할 수 있었다. 이는 국가가 개인에게, 그것도 피해를 입은 개인에게 환경보전의 책임을 지게 하는 공공정책(말하자면 환경부문에서의 자유방임정책)을 채택했음을 의미한다. 그러나 이런 정책으로는 환경보호에 성공할 수 없다. 국가는 오염자에게 피소(被訴)가능성이라는 '반유인(disincentive)'을 제공했지만, 이는 소송능력이 인정되지 않은 멸종위기의 동식물은 말할 것도 없고 인간을 위해서도 턱없이 부족한 정책이다. 기껏해야 법익을 침해당한 개인만이 소송에서 복잡다단한 사실을 입증해야만 극히 제약된 보상을 받을 수 있다면, 환경보전에 필요한 만큼의 소송이 제기될 리 없기 때문이다.

환경보호법률의 제정은 이러한 상황을 반전(反轉)시킨다. 이제 (피해자가 아니라) 가해자가 법률이 정한 기준이 잘못되었다는 주장과 입증을 해야 책임을 면할 수 있다. 법률이 정한 기준은 도덕적 최소한이어서, 무슨 행위든 적어도 이를 만족시켜야 비로소 행할 수 있게 된다. 1970년대부터 세계적으로 수많은 환경보호법률이 제정된 것은 주지의 사실이다. 도덕적 최소한이 만들어져야 할 만큼 당시 환경문제가 심각하게 대중의 마음을 파고들었던 것이다.

하지만 과유불급(過猶不及)이라! 1980년대 말부터 신자유주의의 광풍이 본격적으로 휘몰아치면서, 환경보호법률에 대해서도 모진 비판이 제기되기 시작했다. 비판의 제1논거는 환경보호법률이 헌법이 보장한 개인의 '기본권', 구체적으로 재산권을 침해한다는 것이었다. 국가는 기본권을 보호해야 할 의무가 있고, 이것이 불가능하면 최소한 정당한 보상은 해주어야 한다. 정부규제로 인하여 재산권 가치의 손실이 생긴 경우에도 마찬가지다(가령 습지가 있는 토지를 보유한 사람이 이를 매립해 농지로 만들려고 하는데 습지보호법이 이를 막는다면, 경우에 따라서는 정부가 그 토지 사용의 손실을 보상해야 하는 것이다). 아무리 고상한 환경보호법률이라고 해도 이런 헌법적 기본 틀 아래 있고 그 적용 예외가 될 수 없다.[307] 비판의 제2논거는 환경보호법률이 규제의 '결과'를 충분히 고려하지 못한 것으로 개인과 기업에 과도한 비용을 지불케 한다는 것이다. 어느 나라건 간에 생각이 다른 다양한 사람들이 함께 사는데, 환경이 반드시 야생이나 종다양성의 보호만을 위해 제공되어야 한다는 것은 편협한 정책이라는 것이다. 대중이 지향하는 여러 목표들을 최소비용으로 최대한 만족시켜야 한다는 것이다.

이런 비판을 정당화하는 대표적 논변이 바로 공리주의이고 선호경제학이다. 그리고 우리가 아는 작금의 정부정책이나 그 결과물인 정부규제(행정법)의 태반이 여기에 터 잡고 있고 환경정책이나 환경규제도 예외가 아니다. 환경법은 형성중인 법이다. 환경윤리 부분에서 보았듯이, 환경법은 환경윤리로부터 수혈 받고 있지만, 환경윤리에는 문자 그대로 다종다양한 생각들이 경쟁하고 있어 이에 관하여 수범자들 사이에 공감대의 폭이 그리 넓지 않다. 그런 까닭에 환경법은 그 내용을 환경윤리뿐만 아니라 정치과정으로부터도 지속적으로 공급받고 있다. 환경정책과 그것이 터 잡고 있는 공리주의와 경제학을 살펴봐야 할 이유가 여기에 있다. 오늘날 정치과정과 그 결과물인 정책은 공리주의와 경제학에 의존하기 때문이다. 그리하여 환경법이라는 옷감은 여러 가지 실올로 구성되어 있는데 공리주의적 색채를 띤 실올이 많은 부분을 차지하고 있는 것이다. 다른 한편, 환경윤리이론 중에는 환경문제의 근저에 공리주의라고 하는 윤리이론이 자리한다고 하는 주장이 있다.[308] 이것이 환경정책, 공리주의와 환경경제학을 살

---

307) 이에 관해서는 제2편 환경헌법에서 상술(詳述)하기로 한다.
308) 뜨거운 논란에 휩싸인 탈원전(脫原電)정책을 살펴보자. 원전옹호론자들이 내세우는 제1논거는 소비자의 전력수요이다. 기업은 대표적인 소비자인데 이들의 수요는 특별하다. 경제성장을 계속하고 일자리를 늘리기 위해서 필수적이기 때문이다. 따라서 값싼 원자력발전을 포기해선 안 된다. 그런데 이런 주장에는 매우 많은 가정(假定)이 숨겨져 있다. 우선, '소비자 수요(consumer demand)'와 '사회적 필요(social needs)'를 동일시하는 가정이 있다. 사람들이 필요로 하는 것은 시장에서만 표출되는 게 아닌데도 말이다. 다음으로, 석탄이나 재생에너지가 아닌 원자력으로 그 수요를 만족시켜야 하는 이유를 제시해야 하는데, 이때 비용편익분석이 사용된다. 원자력발전이 가장 비용효과적이라고 하는데, 이를 뒷받침하기 위해서는 안전에 관한 다수의 가정들이 전제되어야 한다. 비용편익분석은 원자력발전이 채택된 이후에도 사용된다. 즉 원자력발전소의 부지를 선정하는 과정에서, 각 대안들에 대하여 행해지는 것이다. 전력수요의 진원지인 도시와 그로부터 멀리 떨어진 지방을 비교해보라. 지가(地價), 인건비, 만일의 경우 리스크에 처할 사람 수까지 지방이 저렴한 비

펴볼 또 하나의 이유이다.

공리주의는 우리에게 "최대 다수의 최대 행복(the greatest good for the greatest number)"을 만들어내라고 말한다.[309] 따라서 공리주의는 두 가지 요소를 가지고 있다. 하나는 행복, 즉 '선(the good)'에 관한 설명이고, 다른 하나는 모든 행위의 장단(長短)을 바로 그 선의 조건에서 판단하라는 규칙이다. 환언하면 어떤 행위의 윤리적 가치를 판단할 때 그 행위가 가져올 결과를 보라는 것이다. 그 행위가 좋은 결과를 최대화하는 경향이 있다면, 그것은 윤리적으로 옳은 행위다. 그렇지 않다면 윤리적으로 그른 행위다. 공리주의는 가치를 두 가지로 분류하는데, 그 하나는 그 자체로 가치가 있는 것, 즉 "선"이고, 다른 하나는 선과의 관계로 인하여 가치 있다고 인정되는 것들이 있다. 그리하여 모든 행위나 결정은 선(내재적 가치)을 만들어내는 데 얼마나 쓸모(도구적 가치)가 있는지, 즉 그 행위나 결정이 가진 "효용(utility)"이라는 조건으로 판단한다.

이처럼 공리주의에서 윤리적 판단은 '선'을 중심으로 해서 돌아가므로, 이를 어떻게 방어할 것인가가 공리주의의 가장 큰 도전이 된다. 행복은 당연히 객관적이고 보편적이어야 한다. 행복의 내용이 사람마다 그 각 사정에 따라 달라져서는 안 되고 언제나 모든 사람들에게 공통해야 하는 것이다. 그런 객관적이고 보편적인 선의 척도로 거론된 후보로 '쾌락(pleasure)'[310]과 '욕구(desires)'의 충족, 즉 '행복(happiness)'이 있다. 그런데 사람에 따라서는 가령 마약으로부터 오는 쾌락을 혐오하는 사람도 있다. 마약의 예가 보여주듯이, 쾌락은 윤리적 판단의 기준으로 삼기에 부족한 측면이 많다. 반면 행복은 이런 난점을 피해갈 수 있을 뿐 아니라 업그레이드된 버전의 행복, 즉 '선호'는 개개인에게 무엇이 행복인지에 관한 판단을 맡긴다. 각 개인은 자신의 행복에 관한 최고의 판단자이기 때문이다. 현재의 자유시장경제이론과 공공정책 결정이론은 이와 같이 '선호'를 척도로 받아들이는 "선호공리주의(preference utilitarianism)"와 긴밀히 관련되어 있다. 기실, 경제학은 정책분석가, 정부의 의사결정자, 그리고 사적 영역의 전문가들이 가장 많이 사용하는 공통 수단이다. 이는 선호공리주의가 환경정책, 그리고 환경법에 중대한 영향을 끼치고 있음을 의미하는 것이다.

용이 든다. 반면, 도시는 송전거리가 짧아 전력손실이 작다. 하지만 결국 지방이 선택되는 것은 주지의 사실이다.

309) Jeremy Bentham, *Introduction to the Principles of Morals and Legislation* (1789). 공리주의의 장단공과에 관해서는 우선: J.J.C. Smart & Bernard Williams, *Utilitarianism: For and Against* (1973).
310) 이는 "쾌락주의적 공리주의(hedonistic utilitarianism)"의 척도이다.

Ⅱ. 환경문제는 경제문제인가?

환경에 관한 토론을 할 때 주된 역할을 하는 학문은 단연코 경제학이다. 예컨대 다수의 환경문제는 근본적으로는 경제문제 그 자체로 보이기도 할 정도다. 기실, '희소자원의 배분', '리스크와 편익의 분배,' '이익의 상충', '욕구되는 재화의 생산' 등, 환경문제에 자주 등장하는 주제어는 환경문제의 다수가 경제문제임을 방증한다. 이런 까닭에 환경파괴는 시장실패 또는 정부실패의 전형으로 취급된다. 이를 뒷받침하는 실례도 적지 않다. 대표적으로, 2차대전 후 소련에서 생긴 끔찍한 환경파괴는 중앙집권적 계획경제의 실패가 빚어낸 결과였다.

그런데 환경문제를 시장의 실패로 보고 이에 대한 경제(학)적 해법을 고안하려는 것은 이론적으로뿐만 아니라 실제적으로도 매우 솔깃한 제안이다. 그 예시로 환경오염을 생각해보자. 물이나 공기 오염으로 인하여 불쾌한 기분을 경험해보지 않은 사람은 없을 것이다. 따라서 환경오염은 그 문제성보다는 그 해법에 관하여 의견이 갈린다. 모든 사람이 청정한 물을 원한다고는 하지만, 어느 정도 청정해야 청정한 것인가? 완전히 순수한 물은 실험실에서나 찾을 수 있고, 자연계에는 어느 곳에도 존재하지 않는다. 그렇다면 관점을 바꿔 어째서 청정한 물을 찾는지를 자문해봐야 한다. 청정한 물을 찾는 것은 인간이 이를 소비하기 위해서다. 그렇다고 한다면 기준은 청정이 아니라 안전이어야 하지 않나? 인간이 소비하기에 안전하면 그것이 청정한 거다. 하지만 얼마나 안전해야 안전한 것인가? 이를 결정하기 위해서 우리는 리스크를 확인하고 평가한다. 그리고 안정성의 정도를 확정하기 전에, 리스크와 그에 부수하는 편익 사이에 균형점을 찾는다. 기실, 리스크와 편익 사이에 균형을 잡는 것은 우리가 매일 하는 일이다. 자동차 운전, 패스트푸드 섭취, 휴대전화 사용 등 문자 그대로 우리의 일상(日常)이다. 그래서 어떤 리스크가 감내할 정도라면, 다시 말해 그 리스크가 가져올 편익이 비용을 웃돌면, 우리는 그것을 안전하다고 판단할 수 있다. 이런 사고의 흐름은 오염문제를 경제문제로 보는 것이 왜 솔깃한 제안인지를 보여준다. 경제적 관점으로 보아야 최소비용으로 최대편익을 얻을 수 있으며 자원을 효율적으로 배분할 수 있다. 그렇다고 한다면 오염도 전무(全無)보다는 최적 수준으로 관리해야 할 테다.

추가자료에 있는 박스터(William F. Baxter)의 『사람인가 아니면 펭귄인가: 최적오염을 위한 사례(1974)』는 이런 사고방식을 대표한다. 그에 따르면, 환경문제는 자원이 효율적으로 배분되지 않아 생기는 것이고, "이런 점에서 적어도 환경문제는 경제학 문제이고 따라서 경제적 분석을 적용하면 더 나은 통찰을 얻을 수 있다."[311] 이런 결론을 도출하는 데 전제된 가정은 지극히 경제학적이다. 즉, 모든 가치의 원천은 인간이므로 모든 정책은 인간중심적이어야 하고,

---

311) William F. Baxter, *People or Penguins: The Case for Optimal Pollution* 17 (1974).

인간은 타인에게 해를 끼치지 않는 한 자유롭다는 것이다.[312] 특이한 것이 있다면, 낭비는 나쁜 것이라는 가정인데, 어떤 자원이 인간의 만족을 위해 할 수 있는 만큼 충분히 생산에 사용되지 않으면 그 자원은 낭비된 것이라는 가정이다.

이상을 전제로 박스터는 다음과 같이 환경오염에 대한 경제적 분석을 제시한다. 대기나 물에 관하여 "본래 좋은 상태(naturally good state)"라고 하는 것이 존재하는 것은 아니므로 청정한 공기나 순수한 물에 대한 규범적 정의도 없다. 따라서 인간의 필요를 참조하지 않고는 오염에 대한 정의도 내릴 수 없다. 요컨대 청정한 대기란 그것이 무엇이건 인간이 수용할 수 있다고 판단한 것일 뿐이다. 지나치게 많은 오염이 수용불가의 판정을 받듯이, 지나치게 적은 오염도 마찬가지 평가를 받는다. 그렇다고 한다면 사회는 리스크의 적절한 균형점, 즉 오염의 최적수준을 찾아야 한다. 최적수준이란, "합리적으로 조직된 사회가 사려 깊고 식견 있게 그 구성원의 가능한 최대만족을 추구할 수 있도록 해주는 수준"이다. 자유롭고 경쟁적인 시장이 이 최적수준을 찾아줄 것임은 물론이다. 주지하듯이 모든 결정은 상쇄효과가 있다. 이게 되면, 저게 안 된다. 모든 행위에는 다른 행위를 하지 못하는 비용, 즉 기회비용이 따른다. 오염도 마찬가지여서 오염을 줄이는 데 사용되는 자원은 다른 좋은 데 사용되지 못한다. 그렇다고 한다면, 우리는 한정된 자원을 효율적으로 사용하기 위하여 용처(用處) 사이의 절충을 해야 한다. 시장에 맡겨놓으면 시장은 필요한 절충을 계속할 것이다. 절충이 가져온 편익이 그로 인한 추가비용을 웃도는 한 말이다. 그래서 오염의 최적수준은 오염감축을 위한 그 다음 수준의 절충이 총 만족의 감소를 결과하는 바로 그 수준이 된다.

여기 어떤 마을의 음용수가 당국이 정한 오염수준을 약간 넘었다고 가정하자. 이 수준을 낮추기 위해선 일정한 비용이 소요되는데, 그 만큼의 세금은 도로건설, 도서(圖書)의 확충, 전염병 예방에 사용될 수 없다. 이 마을은 이런 상황이 발생할 것을 예견하고 그로 인한 편익이 비용을 상회할 때만 어떤 정책을 추구하기로 결정했다고 하자. 만약 마을 주민들이 더욱 깨끗한 물을 다른 용처보다 선호한다면, 그들은 오염수준을 낮출 것을 결정할 것이며, 이는 마을 주민에게 다른 대안을 채택했을 때보다 더 큰 만족을 가져다 줄 것이다. 주민 중 한 사람이 오염된 음용수로 인한 발병률의 증가를 경고하면서, 마을 주민들은 더욱 더 깨끗한 물을 원하게 된다. 그들은 이제 또 다른 용처를 포기하고 오염관리에 더 큰 예산을 쓰기로 결정할 것이

---

312) "나의 가치기준은 인간에 정향(定向)된 것이지 펭귄을 향한 것은 아니다. 간단히 말하자면, 펭귄이나 사탕수수, 또는 자연적 경이로움에 대한 위해와는 무관한 것이다. 나의 가치기준에 의하면, 한 발 더 나아가서 다음과 같이 말해야 한다. 펭귄은, 인간이 펭귄이 바위 위를 걸어 다니는 것을 보고 즐길 수 있기 때문에, 중요한 것이다. 그리고 더 나아가 인간의 복지는 펭귄을 방치하는 것보다는 DDT의 사용을 중단함으로써 덜 피해를 입게 될 것이다. 요컨대, 환경문제에 대한 나의 생각은, 나의 가치기준과 마찬가지로, 인간중심적인 것이 될 것이다. 나는 펭귄들의 이익을 위해서 펭귄을 보호하는 데는 관심이 없다." *Id.* 5.

다. 하지만 이런 깨끗한 음용수를 위한 절충은 언젠가는 멈춰질 것이다. 물만 먹고 살 수 없는 데다가 조금 더 나아진 수질이 그 비용만큼의 값을 하지 못한다고 생각하기 때문이다. 그럼에도 이를 추진하면 마을 주민의 만족 수준은 떨어진다.

고전경제학에 의하면 마을 주민들의 다양한 욕구 사이에 형성된 이러한 균형점이야말로 공공정책결정이 추구해야 할 목표이다. 바로 이 균형점이 최적수준의 오염수준이고 마을주민의 최대만족이 되는 것이다. 사람들이 자유롭게 재화와 서비스를 교환할 기회를 가질 때, 경쟁이 선택할 수 있는 다양한 대안들을 만들어 낼 때, 사람들이 자신의 복지를 최대화하기 위해 노력할 때, 다시 말해 자유롭고 개방적이며 경쟁적인 시장이 작동할 때, 그들의 욕구만족은 최대화될 것이라는 것이다. 그리하여 고전경제학자들은 어떤 사회이든 그 경제가 자유시장의 원리에 따라 작동하도록 되어 있다면 모든 환경문제는 해결될 것이라고 주장한다.

Ⅲ. 경제학의 한계와 사정

선호공리주의와 경제학, 그리고 이에 터 잡은 공공정책은 여러 가지 측면에서 도전받고 있다. 요컨대 경제학적 분석은 환경문제를 해결하기에 부족한 여러 가지 한계를 가지고 있다. 첫째로 지적할 점은, 경제학적 분석이 그것이 사용하는 수식과 달리 '객관적'이지 않다는 사실이다. 앞서 과학기술의 객관성에 대한 비판이 여기 그대로 적용된다. 경제학적 분석은 여러 가지 '가정'을 전제로 전개되는데, 이러한 가정의 설정은 연구자의 **가치편향성**에 의하여 영향을 받게 마련이다. 그렇다면 한다면, 경제학적 분석은 '가치중립적'이라 할 수 없다. 상술한 바와 같이, 경제학은 공리주의적 윤리에 봉사하고, 이를 위한 수단은 선호공리주의의 그것이다. 따라서 공리주의의 한계는 경제학의 한계이기도 하다.

먼저, '측정'의 문제를 보자. 최대 다수의 최대행복을 추구하기 위해서 공리주의는 좋은 것들을 상호 비교해서 측정하고 계량해야 하는데, 기실 이것이 지난(至難)하다. 무게와 길이를 비교할 수 없듯이, 질적으로 서로 다른 가치들을 비교할 수 없다는 것이다. 이런 가치들 사이에 나타나는 '**통약불능성**(incommensurability)' 또는 '비교불능성(incomparability)'은 공공정책 결정에 있어 결정적인 역할을 하는 비용편익분석의 정당성을 송두리째 부정해버린다. '하나의 잣대(single metric)'로 수많은 변수를 비교해 계량한다는 것은 불가능하기 때문이다. '모든' 종류의 욕구들이 질적으로 동일하다고 가정하지 않는 한 말이다. 깨끗한 공기를 호흡함으로써 얻는 나의 기쁨과 흡연으로부터 얻는 너의 기쁨이 질적으로 똑같다고 볼 수는 없다. 그렇다면 이 둘을 무슨 잣대로 어떻게 측정할 수 있는가? 욕구와 달리, 선호는 순위가 매겨지는 것이므로 비교가 가능하다고 선호공리주의자들은 항변하지만, 다른 욕구를 가진 두 사람은 어떻게 비교할 수 있는가? 더군다나, 그들도 인정하는 '내재적 가치'라는 것은 본래 서로 비교할 수 없는 것이 아닌가?

이런 까닭에, 선호공리주의자들은 '선'을 측정가능한 다른 무엇으로 바꾸어 계량한다. 공중보건(public health)의 향상이라는 것은 좋은 것이다. 그런데 여러 종류의 오염대책들이 공중보건에 기여하는 정도를 측정하기 위해서는, 건강 그 자체의 가치를 측정할 수 없기 때문에, 공중보건의 대체물, 즉 기대수명, 유아사망률, 부상률, 일인당 의료비지출 등이 필요하게 된다(앞서 본 박스터도 오염의 최적수준을 논하면서, 청정과 안전이라고 하는 측정불가의 '질적' 문제를 리스크의 발생가능성이라고 하는 측정가능한 '양적' 문제로 치환하였다). 이런 지표들이 공중보건에 관한 의미 있는 정보를 제공하지만, 그렇다고 해서 그것들이 공중보건의 전모(全貌)를 보여주진 못한다.[313] 이것이 '환원(reduction)'에 따르는 문제점이다. 좋은 것의 대표적 대체물이 '돈'임을 생각하면 이는 심각한 문제다. 우리가 가진 가치들 중에는 가령 반달가슴곰, 우정, 민주주의와 같이 그것에 관한 시장이 형성되지 않은 가치가 있을 뿐만 아니라 보다 근본적으로는 가치들 모두가 돈으로 환산될 수 있다거나 환산되어야 한다는 데 대하여 이론(異論)이 많다. 그리고 돈으로 집은 살 수 있어도 가정은 살 수 없다고 하는데, 돈이라는 척도로 비교하기 위해서 가정을 집으로 대체한다면 제대로 된 비교분석이 될 리 없다. 기실, 이것이 환경보호법률이 '비용편익분석'을 받을 때 일어나는 현상이다.

경제학은 공공정책을 결정할 때 전문가가 아니라 시장에서 표출된 사람들의 욕구를 보고 결정하라고 하고 그것은 "**지불용의액**(willingness to pay; WTP)"을 통해 알 수 있다고 한다. 그렇게 하는 것이 경제적일 뿐 아니라 윤리적이라고까지 이야기한다. 근거로는, 첫째, 시장에 의존한 해법은 인간 본성, 즉 '이기적인 인간상'에 부합한다. 둘째, 전문가에 대한 의존은 개인의 자유에 대한 위협인 반면, 시장이야말로 개인의 '자유'를 진흥시킨다. 셋째, 시장이 작동하려면 개인에게 재산권과 그 이전의 자유를 보장해주어야 하므로, 시장 존중은 결국 개인의 '재산권'을 보호하는 것이다. 대기나 물이 오염되는 것도 그것에 재산권이 설정되지 않아서이다. '이기적 본성', '개인의 자유', '재산권', 이 모든 것이 적어도 윤리학내에서는 그 당위성 여부에 관하여 논란이 있는 가정이다.

보다 근본적인 도전은 공리주의적 판단의 '**임시성**(臨時性)' 내지 '의존성(依存性)'이다.[314] 어떤 행위이든 그 자체로 옳거나 그른 것은 없고 그것이 가져올 무언가에 대한 결과에 따라 변한다는 것이다. 그리고 그 무언가는 그때 그때 변하는 그 행위 이외의 다른 사정에 의존한다.

---

313) 이런 지표들은 문제의 행위나 그에 대한 대책으로부터 영향 받는 모든 사람들이 아니라 직접적인 영향권 내의 사람들에 대한 것이다. 여기에는 미래세대나 타국의 사람들은 물론 동식물에 대한 고려는 전무하다.
314) Des Jardins, 26.

그리하여 어떤 행위에 나설 것인가 여부는 그 행위 자체에 대한 평가가 아니라 그 행위자의 통제 범위 밖에 있는 다른 사정에 의하여 결정될 테다. 그렇다고 한다면 행위자는 자신의 행위에 관하여 사전(事前)에 판단할 수도 없고, 그런 조건 속의 행위자를 상찬하거나 비난할 수는 더더욱 없다. 이런 일들을 예견하면서 그것을 야기하는 사고방식을 선택할 수는 없다.

우리의 윤리의식 속에는 어떤 원칙에 기초한 행위를, 그 결과에 상관없이, 옳다고 하는 경우가 있다. "약속은 지켜져야 한다."라거나 "친구를 배신해선 안 된다."라는 원칙은 우리의 통상적인 사고방식 속에 자리 잡고 있다. 이런 원칙에 반한 행위는 그것이 가져올 편익에 상관없이 비난받아 마땅하다고 생각하는 것이 통례이다. 약속은 그것을 지킬 만한 가치가 있어야 지키는 것이라고 가르치진 않는다.[315] 공리주의나 경제학은 이러한 윤리적으로 중요한 사태를 설명하지 못한다. 신념이나 가치를 욕구나 선호와 혼동하고 있기 때문이다.[316] 말하자면, 공리주의는 잘 해야 미완성의 이론일 뿐이다(그럼에도 불구하고 오늘날 미국을 비롯한 서구사회, 그로부터 영향 받은 후발국에 있어서 공리주의는 비공식적이지만 공공정책의 윤리이론이 되었다.[317] 환경정책

---

315) 여기서 비용편익분석과 "비용효과분석(cost effectiveness analysis)"을 비교하는 것은 의미가 있다. 가령 한 아기가 다양한 치료법이 있는 병이 걸렸다고 하자. 비용효과분석은 다양한 치료법 중 어느 것이 가장 비용이 적게 드는지를 살핀다. 반면 비용편익분석은 아이의 건강이 치료에 드는 비용을 치를 만큼 가치가 있는지를 묻는다. 유감스럽게도, 우리는 때때로 이런 질문을 하게 되지만, 이런 사고방식이 우리가 통상 사용하는 것은 아닐 것이다.

316) 사고프는 환경문제에 대한 경제적 분석의 대부분이 '욕구'·'선호'와 '신념'·'가치' 사이의 혼동에 의존하고 있다고 비판한다. 시장은 신념이나 가치를 측정하거나 계량할 수 없고 환경문제는 신념이나 가치가 관련된 문제인데, 이에 대하여 경제적 분석을 한다는 것은 요점을 놓친 것이고 문제를 왜곡하는 것이라고 한다. 사고프에 따르면, 욕구나 선호는 전적으로 개인적이고 주관적이어서 그에 대한 평가가 있을 수 없다. 그것을 원하는 정도는 지불용의액에 의하여 측정될 수 있지만, 지불용의액은 그것이 옳은지 그른지에 관하여 아무런 단서도 주지 않는다. 그냥 주어진 것일 뿐이다. 반면에, 신념은 합리성에 터 잡은 평가를 받게 되어 있고 근거에 의하여 지지되어야 한다는 점에서 객관적이다. 어떤 믿음이 참인지 여부는 그것에 대한 지불용의액의 다과(多寡)가 말해주지 않는다. 어떤 환경주의자가 어떤 국립공원을 그 미적 가치나 역사적 의미 때문에 보존해야 한다고 한다면, 이는 단지 그 사람의 욕구를 표현한 것이 아니라 (지불용의액이 아니라) 이성에 기초하여 타인에 의하여 수용되거나 거부되어야 하는 공공재에 관한 확신을 말한 것이다. 경제적 분석은 이런 성격의 신념을 고려할 수 없는 사고방식이기 때문에, 거기서 신념은 무시될 수밖에 없다는 것이 사고프의 진단이다. 그런데 신념이나 가치를 욕구나 선호로 환원하는 것은 인간의 본성을 심각하게 왜곡하는 것이기도 하다. 인간을 언제나 자신의 욕구를 채우고자 혈안이 된 '소비자'로만 대우한다. 하지만 사람은 생각하고 고민하고 추론하는 존재이기도 하다. 그럼에도 불구하고 경제적 분석은 이런 신념과 가치를 단지 개인적 기호의 문제로 환원한다. 이는 심각한 후폭풍을 결과하는데, 그것이 민주적 정치과정을 위협한다는 것이다. 시장은 우리를 항상 소비자로만 대우하기 때문에 시민으로서의 우리의 삶을 무시하게 된다. 우리는 소비자로서 욕구를 만족시키려 하지만, 시민으로서 우리는 목표와 포부를 갖는다. 이는 우리의 삶에 의미를 부여하는 것이고, 국민으로서 우리 모두가 상징하는 것을 정의하는 것이다. 우리의 사회는 민주적인 사회이다. 우리가 집단적으로 공공선이나 공익에 관하여 일치를 추구한다는 의미에서 민주적인 것이다. 우리의 정치시스템은 개인적 이익뿐만 아니라 공공의 이익을 위한 자리도 마련해두고 있다. 경제적 분석은 바로 이런 공적 영역을 무시함으로써 민주적 정치제도를 훼손한다. Mark Sagoff, "Economic Theory and Environmental Law," *Michigan Law Review* vol. 79, 1393-1419 (1981); do, *The Economy of the Earth* (1990).

도 예외가 아니어서 환경문제는 공리주의적 관점에서 논의되고 있는 것이 엄연한 현실이다. 나아가 이것이 일반 국민들이 공유하는 공통의 공중철학이 되어가고 있다). 이런 한계를 염두에 두지 않고 경제적 분석에 나선다면 그것은 문제를 분석하는 것이 아니라 왜곡하는 것이다.

Ⅳ. 지속가능경제학

근자에 시장에 기초한 고전경제학의 대안으로 "지속가능경제학"이 발전하고 있다. 이는 환경문제와 그에 대한 대응책으로서의 고전경제학의 한계를 의식하고 고안된 것이다. 지속가능경제학은 고전경제학과 같이 자유나 효용을 이념으로 하지만 현재와 미래의 우울한 현실(환경현실을 포함한)을 전제로 한 채 이를 진흥시키려 한다는 점에서 차이가 있다.

현재의 경제적 대응방식은 인류의 빈곤이라는 문제에 적절한 해법을 제시하지 못하고 있다. 말하자면 작금의 경제학은 세계적으로 8할 이상의 재화를 사용하는 4분의 1 정도의 사람들을 위해 작동하고 있다고 해도 과언이 아니다. 빈부격차는 나날이 심화하고 있다. 다른 한편, 세계인구는 계속 증가하고 있고 이는 기본적 필요를 충족시키지 못하는 사람들이 늘어날 것임을 의미한다. 세계 인구를 지탱하기 위한 경제활동은 지구상의 자연자원에 전적으로 의존한다. 현재도 지구환경이 시달리고 있는데 미래는 오죽하겠는가? 이런 현실 인식과 함께 지속가능경제학은 그 과정에서 환경을 파괴하지 않고 지구 인구를 부양할 수 있는 경제시스템을 고안하려고 한다.

지속가능경제학의 목표는 전술(前述)한 '지속가능발전의 원칙'의 그것과 같다. 즉 "미래세대가 자신의 필요를 충족시킬 능력을 훼손하지 않고 현 세대의 필요를 만족시키는 것"이 그 목표다. 이 목표를 위해서 지속가능경제학은 '발전(development)'과 '성장(growth)'을 구분한다. 성장이 "더해진 재료의 흡수와 첨가를 통한 자연적인 크기의 증가"라면, 발전은 "잠재력의 팽창과 실현" 또는 "더 나은 상태로의 점증적 변화"을 말한다. 따라서 지구생태계는 성장할 수는 없고 발전할 수 있을 뿐이며, "그 하부시스템인 경제는 종국에는 성장을 멈춰야 하나 발전은 계속할 수 있다."[318]

고전경제학이 수요와 공급의 법칙에 따라 재화를 생산하고 배분하는 데 진력했다면, 지속가능경제학은 자원이 이 과정을 통해 흘러가는 **속도**에 관심을 기울인다. 기실, 생산과정에 투입되는 모든 요소는 지구의 **생산역량**(과 부산물의 흡수역량)으로부터 나온다. 그렇다고 한다면,

---

317) Des Jardins, 27.
318) Herman E. Daly, "Sustainable Growth: An Impossibility Theorem," in Herman E. Daly & Kenneth N. Townsend, *Valuing the Earth: Economics, Ecology, and Ethics* 267 – 268 (1993).

자원이 현재의 경제시스템을 통해 흘러가는 속도가 지구의 능력을 초월할 수 있다는 것은 시스템 자체의 불안정성을 증명하는 것이 아니겠는가? 이런 시각에서 지속가능경제학은 장기적으로 **지속가능한 속도로 자원이 사용되는 경제시스템**을 발전시키려 한다. 이를 위해서, 선형적인 고전경제학 모델이 아니라 순환적인 생태계 모델과 조화로운 경제시스템이 필요한 것이다.

이런 전환은 경제적인 측면만 아니라 사회적으로도 중대한 함의를 가진다. 소비자 수요는 생산 결정에 있어 더 이상 절대적 요소가 아니다. 재생가능자원과 관련된 생산결정은 그 자원의 보충속도에 의해 제약될 것이고, 재생불가 자원과 관련된 생산결정은 대안이 개발되는 속도에 의하여 제약될 것이다. 제품에 대한 책임은 제품의 수명을 넘어 연장될 것이고, 오염의 최적수준은 소비자의 지불용의액에 의해서가 아니라 지구의 동화역량에 의하여 결정될 것이다.

지속가능경제학이 그리는 사회상은 매우 급진적이다. 하지만 고전경제학이 지난 수세기 동안 만들어낸 것이 지구상 대다수 인구의 빈곤과 환경파괴라고 한다면, 오히려 지속가능경제학의 해법이 공리주의의 목표에 부합하는 것이 아닐까? 지속가능경제학이 그 목표, 즉 지속가능발전을 이룰 수 있는 실천적 방책을 제시할 책임이 있다면, 그 비판자들은 위 질문에 답해야만 한다.

V. 의무론과 법적 사고양식

의무론은 원칙에 기초한 행동을 강조하는 윤리이론으로 공리주의의 대척점에 자리한다. 의무와 권리는 의무론의 중심 개념이다.[319] 의무론의 효시인 칸트는 "누구든 자기가 통제할 수 있는 것에 대해서만 책임진다."라는 윤리(학)의 근본 '격률(maxim)'로부터 출발한다. 이는 윤리학의 초점이 자기 자신이 <u>스스로 통제할 수 있는 것</u>, 즉 자신의 **행위를 지휘하는 준칙**에 맞추어져야 함을 의미한다. 우리가 합리적인 존재이고 우리의 행위가 본능이나 환경에 의하여 조건 지워진 것이 아니라고 가정한다면, 우리의 행위는 우리가 자유롭게 선택하고 의도해서 나온 것이고 따라서 그것에 대하여 책임 있다고 할 수 있다. 그러므로 윤리학은 그런 행위를 지도하는 준칙이 어떠해야 하는가에 관심을 집중해야 하는 것이다.

그런데 우리의 행위가 윤리적으로 옳은지 여부는 어떻게 알 수 있는가? 우리의 행위를 지도한 준칙이 합리적이라면 우리는 윤리적으로 행동한 것이 된다. 그리고 그 준칙이 다른 모든 사람들에 의하여 수용가능한 것임이 밝혀지면, 그것은 합리적인 것이 된다. 요컨대 합리적인 행위준칙은 **정언적이고 보편적이어야** 한다. 이런 논리에 의하여 다음과 같은 '근본적인 윤리적

---

319) 의무론의 대표적 저술로는 Immanuel Kant, *Grundlegung zur Metaphysik der Sitten* (1785).

의무', 즉 칸트의 "정언명법"이 탄생하였다. 즉 "네 의지의 준칙이 언제나 동시에 보편적 입법의 원리가 되도록 행위하라."[320] 이 정언명법은 여러 가지 다른 방식으로 표현될 수 있다. 우리는 인간을 '수단'이 아니라 '목적'으로 대우해야 하고, 따라서 인간을 우리의 목적을 위해 사용될 대상으로 대해서는 안 되며, 각자 자신의 목적을 추구하고 스스로 결정을 내리는 합리적이고 자율적인 존재로 대우해야 한다. 그러나 우리뿐만 아니라 다른 사람들도 마찬가지로 우리를 그렇게 대우해야 하므로, 정언명법은 우리의 '근본적인 윤리적 권리'를 세우는 것이기도 하다. 다른 모든 사람들과 같이, 나도 목적으로 대우받을 권리가 있는 것이다. 이렇게 해서 의무론은 결국 타인을 존대할 의무와 그런 대접을 받을 평등하고 자유로운 권리에 강조점을 두게 된다.

의무론은 공리주의에 대하여 또 다른 비판적 관점을 제공한다. 즉 공리주의는 우리의 윤리적 삶에서 **원칙**이 수행하는 역할을 너무나 경시한다. 의무론에서는 정언명법에 맞게 행동하는 것이 원칙에 기초해 행동하는 것이 된다. 가령 타인의 권리를 언제 어디서나 존중하는 것이 정의의 원칙에 부합하게 행동하는 게 되는 것이다. 반면, 공리주의는 타인에 대한 의무를 수행하고 타인의 권리를 존중하는 것이 선이 되려면 그렇게 하는 것이 좋은 결과를 가져와야 한다. 하지만 칸트에게 이것은 불의(不義)의 예시일 뿐이다. 따라서 의무론에서는 **권리가 사회적 효용을 잠재운다.** 내게 어떤 좋은 것에 대한 권리가 있다면 그것을 부인하는 것은, 그 부인이 아무리 큰 사회적 편익을 가져다준다 해도, 잘못이 된다.[321] 의무론은 법률가에게는 매우 친숙한 사고방식이다. 법적 사고의 양식은 이미 정해 놓은 규준에 터 잡아 그 후에 발생한 일에 대하여 평가하는 것이기 때문이다.

의무론은 공리주의만큼이나 서구의 윤리사상과 정치사상에 심대한 영향을 미쳤다. 의무론

---

320) "Handle so, daß die Maxime deines Willens jederzeit zugleich als Prinzip einer allgemeinen Gesetzgebung gelten könne."("Act in such a way that the maxim of your will can always be considered a principle of general legislation.") Immanuel Kant, Ausgabe der Preußischen Akademie der Wissenschaften, Berlin 1900 ff., AA V, 30 / KpV, A 54 (§ 7 Grundgesetz der reinen praktischen Vernunft). 칸트에 따르면, 이 정언명법은 여러 가지 다른 방식으로 표현될 수 있다. 가령 "인간을 '수단'이 아니라 '목적'으로 대우하라."는 명제가 그 예인데, 이는 다시 인간의 자율성을 존중하라는 것으로 이어진다. 스스로 자신의 행로를 결정할 수 있는 자율성을 인정하는 것이야말로 인간을 목적으로 대우하는 것이기 때문이다.

321) 원칙에 터 잡은 행위를 강조하는 입장은 환경윤리 안에서도 쉽게 발견할 수 있다. "생명은 존중되어야 한다."라고 하는 것이 대표적인 예인데, 어떤 국책사업이 아무리 큰 사회적 편익을 가져다주어도 종위기에 직면한 생물을 영원히 멸종시켜서는 안 된다는 이야기는 이제는 익히 들어 익숙하기까지 하다. 만약 생물에게 권리가 인정된다면, 아주 간단하게 논의는 종식될 것이다. 결과만 보면 의무론이 꼭 환경보호에 도움이 되는 것은 아니다. 가령 환경규제가 재산권을 유명무실하게 한다는 주장(소위 수용유사침해이론)에 있어서는 권리가 정부의 환경보호활동을 제약한다. 내게 재산권이 있다면, 정부가 이를 정당한 보상없이 취거해 가는 것은, 그것이 아무리 많은 사람에게 도움이 된다고 해도, 잘못이다.

은 **시민적 자유**를 정초한 주된 이론이기도 한 것이다. 하지만 의무론도 비판으로부터 자유롭지 않다. 무엇보다 구체적인 사건에서 실체적 가치판단을 내리는 데 큰 도움이 못 된다. 내가 타인을 그들이 원하는 대로 하도록 내버려 두는 한, 내가 내리는 선택에 대하여 판단을 내릴 수 있는 구체적 기준을 제시하지 못하는 것이 된다. 의무론은 무엇이 좋은 것인지 혹은 가치가 있는지에 관하여 충분한 설명을 제시하지 못한다. 아무리 지나친 소비를 하더라도 타인의 권리를 침해하지 않는다면 생태적으로 건전한 생활양식을 사는 것과 비교해서 좋을 것도 없고 나쁠 것도 없다. 그렇다고 한다면, 그런 영역에서의 가치는 단지 개인적 선택의 문제가 될 뿐이다. 그리하여 권리는 욕구의 강한 표현으로 전락하게 된다. 절실히 원하는 것을 정당화하기 위하여 권리라는 옷을 입히는 것이니 말이다. 오늘날 목도하게 되는 각종 권리의 분출이 이를 웅변한다. 사회가 이익집단들에 의하여 사분오열(四分五裂)되면서 그들은 더 큰 공익을 외면한 채 자신의 권리라는 갑옷을 만들어 각자도생의 길을 찾고 있다. 그리고 환경윤리적으로 볼 때, 의무론은 인간중심적인 윤리다. 인간이 합리적이기 때문에 인간을 목적으로 대해야 한다면, 그렇지 못한 생물은 수단으로 대해도 무방한 것이 된다.

이상에서 살펴본 공리주의와 의무론은 근대의 정치체제에 심대한 영향을 미쳤다. 공리주의는 민주주의의 요체인 '다수결주의'를 정당화하는 강력한 논변을 제시한다. 최대다수의 최대행복을 도모하기 위해서는 구성원 각인의 투표에 의하여 확인된 다수자의 의지를 따르게 하는 다수결주의가 안성맞춤이기 때문이다.[322] 민주주의가 다수자의 독재로 치닫는 것을 방지해주는 '기본권'은 칸트주의에 의할 때 가장 잘 설명된다. 권력을 쥔 다수자는 반대파를 제압할 때 '국익'이나 '국민의 뜻'을 들먹이는데, 이때 소수자들은 자유롭고 평등한 도덕적 행위자로서 대

---

[322] 한편, 공리주의가 강력한 정당화 근거를 제공하는 대상은 '다수결주의'이지 '민주주의'가 아니라는 유력한 견해가 있다. 오히려, 공리주의, 선호공리주의, 그리고 이에 근거해 중요한 사회적 결정을 시장에 맡기자는 시장주의는 민주주의의 참여적 본성에 반하는 것으로 우리의 민주적 정치과정에 위협이 된다는 것이다. 왜냐하면 시장주의는 모든 신경을 우리가 하나의 소비자로서 갖는 욕구의 충족에만 기울이기 때문에, 우리가 집합체인 시민으로서 가지는 목표나 포부를 무시하게 된다는 것이다. 우리가 가진 신념이나 가치는 욕구와 선호와 달리 가격을 매길 수 없고 그것이 우리 공동체에 가지는 의미에 터 잡아 간직하게 되는 것이다. 시장은 이런 공적 가치를 평가할 수도 없고 내부화할 수도 없다. 결국 경제적 분석이 전제로 하는 민주주의에서 우리의 대표는 투표권자의 수요를 수동적으로 추종할 뿐이다. 경쟁하는 수요들 앞에서 다수자를 만족시키기 위한 균형점을 찾아야 하기 때문이다. Mark Sagoff, *Economy of the Earth: Earth, Philosophy, Law, and the Environment*, 28 – 29 (1988). 하지만 우리는 시장에서 소비할 뿐만 아니라 시민으로서 공적 포럼에서 공동체가 지향해야 할 가치를 논한다. 여기서 우리는 각자의 생각을 교환하며 함께 그 장단을 고민하며 서로에게서 배워 결국 일치를 이룬다. 우리는 개인적 자유에 헌신하고 있지만 우리가 좋은 삶에 관하여 함께 고민하고 추구하게 하는 정치시스템에 대해서도 헌신해 온 것이다. 자연경제학자인 오툴은 "공유지나 그 속에 있는 자연자원에 대하여 시민들 모두가 각자가 가진 몫으로부터 혜택을 보고 있다고 생각하는 것은 흔히 있는 오해"라고 했지만, Ronald O'Toole, *Reforming the Forest Service* 189 (1988), 이는 그야말로 우리 정치사회의 진면목에 대하여 눈을 감고 있는 것이다.

우받을 권리를 내세워 최소한의 보호를 확보할 수 있는 것이다. 자유민주주의 혹은 입헌민주주의는 모두 공리주의와 의무론의 '조화로운' 영향 속에서 자라났다고 볼 수 있다. 다시 강조하거니와, 경제학적 분석은 어디까지나 이런 큰 틀 속에서 그 한계와 사정을 염두에 둔 채 자리매김되어야 한다.

제3절 | 환경문제를 위한 경제학적 분석틀

I. 자원의 희소성과 시장경제체제

1. 자원부족과 사회의 효용함수

인간이 만들어낸 제도 중 가장 합리적인 것으로 시장(市場)을 꼽는 데 이론을 다는 사람은 많지 않다. 인간이 합리적으로 자신의 이익을 추구하면 "보이지 않는 손(invisible hands)"인 시장에 의하여 모든 문제가 해결되고 공익이 증진된다니 말이다.[323] 그렇다고 한다면, 환경문제도 시장이 해결할 수 있을까? 전술한 바와 같이, 경제학적 관점에서 본 환경문제의 본질은 희소한 공유자원에서 만나게 되는 인간의 이기심이다. 따라서 환경문제를 해결하기 위한 방책은 크게 두 가지로 나뉜다. 하나는 희소한 공유자원을 가능한 한 효율적으로 사용하는 것이고, 다른 하나는 인간의 이기심을 제어하는 것이다. 환경문제에 대한 경제학적 접근은 전자에 치중한 접근이다.

경제학은 자원의 부족을 인간 사회의 주된 문제라 본다. 인간은 다종다양한 욕구를 가지고 있고 이를 만족시키기 위해 자연자원(토지 등), 자본(공장, 재고, 지식 등), 노동을 동원한다.[324] 그런데 이들은 인간의 욕구를 충족시키기에는 턱없이 부족하다. 따라서 개인의 관점에서나 개인들로 구성된 사회의 관점에서나 문제는 어떻게 하면 부족한 자원으로 욕구를 최대한 만족시킬 것인가이다. 경제학의 모델들은 한 사회의 욕구나 선호는 개인적인 것(선호의 '개인성')이고, 개인들이 선호만족(＝효용)으로부터 얻을 수 있는 복지들을 직접적으로 비교할 수 있는 방법은 없다(선호의 '통약불능성')고 가정한다. 가령 정부가 어떤 자원을 갑에게서 을에게로 이전할 때, 그로 인한 을의 효용 증가분을 계량해서 이를 갑의 효용 손실분과 비교하는 것은 불가능하다는 것이다. 이런 가정들은 중요한 결론으로 이어지는데, 즉 사회는 그 자체의 효용함수를

---

323) "오직 자기만의 이득을 의도한" 개인이 "보이지 않는 손에 인도되어 … 공익을 증진한다." A. Smith, *The Wealth of Nations*, 423 (Modern Library, New York, 1937); Hardin(註10), 1244.
324) 이하의 설명은 M&S, 23 이하 참조.

가질 수 없다는 것이다. 다시 말해 사회는 그 자체의 효용함수를 가지고 있어서 이를 통하여 그 사회의 총 효용을 극대화할 자원배분을 찾을 가능성이 없다는 것이다.[325] (반면, 개인은 그 자신만의 효용함수를 가지고 있어서 다양한 재화와 서비스에 대한 자신의 욕구를 최대한 만족시키기 위하여 주어진 자원을 어떻게 배분해야 하는지 알고 있다.) 다른 한편, 시장은 실제로 사회의 구성원인 개개인의 지불용의액을 결집함으로써 그 사회 전체의 집합적인 지불용의액을 반영하는 시장수요곡선을 만들어 낸다. 그리하여 경제학은 그 가격조절기능에 의하여 사회 구성원들의 효용을 최대화시키는 시장기구에 자원배분을 맡기는 것이 최선이라고 주장한다.

2. 자원배분의 평가기준

효율성(efficiency)이란 주어진 비용과 자원으로 최대한의 효용을 얻을 수 있는 상태를 말한다. 설명의 편의상 여기 빵과 사과만을 생산하는 사회가 있다고 가정하자(환경법을 공부하는 사람은 빵과 사과를 휴대폰과 청정공기로 대체해 생각해볼 수 있다).

[그림 1-1]은 주어진 토지, 노동, 자본의 조건 하에서 생산될 수 있는 빵·사과의 생산량의 다양한 조합을 보여준다. 가로축은 빵의, 세로축은 사과의 생산량을 각각 보여주고, ab곡선상의 점들, 즉 a, c, d, e, f, b는 토지·노동·자본의 다양한 조합에 의하여 생산될 수 있는 최대량을 나타낸다. 모든 자원을 총동원해 사과만을 생산한다면(점a), 사과 100개가 생산되고, 찬가지로 빵만을 생산한다면(점b), 100개의 빵이 생산된다. 점d에서는 사과와 빵을 75개씩

▌그림 1-1 생산가능곡선 (출전: M & S, 45)

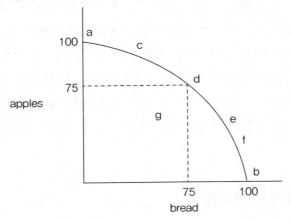

---

325) 자세한 것은 애로우의 "불가능성 정리(Impossibility Theorem)"를 보라. Kenneth Arrow, *Social Choice and Individual Values* (1951).

생산할 수 있다. 사과를 증산하기 위해서는 빵의 감산이, 빵을 증산을 위해서는 사과의 감산이 필요하다. 빵은 사과의 생산을 위한, 사과는 빵의 생산을 위한 기회비용이다. 그래프의 기울기는 더 큰 증산에는 더 큰 감산이 필요함을 보여준다.

이런 조건 하에서 이 사회는 어떤 비율로 빵과 사과를 생산해야 하는가? 만약 이 사회 자체가 가령 양자를 동등하게 선호하는 사회후생함수를 가지고 있다면, 점d가 될 것이다. 전술한 바와 같이 경제학은 개인의 선호만을 고려하지만, 이 경우에도 만약 이 사회에서는 생산된 것을 구성원 모두에게 평등하게 나누어 배분하고 구성원 모두가 양자를 동등하게 선호한다고 가정한다면 최적생산점은 점d가 될 것이다. 하지만 실제로는 구성원들이 천차만별의 선호를 가지기 때문에, 빵과 사과의 생산량 조합의 변화는, 평등한 비율로 구성원들에게 배분된다고 하여도, 구성원 사이에 엇갈리는 결과를 가져온다.

이런 상황에서 경제학은 자원배분의 바람직함을 평가하는 두 가지 기준, 즉 "파레토 효율"과 "칼도－힉스 효율"을 가지고 있다. 먼저, 다른 사람에게 손해가 가지 않고서는 어떤 사람에게도 이득이 되는 변화를 만들어 낼 수 없는 자원배분 상태는 파레토 효율적이다. 즉 **파레토 효율**의 상태에서 어느 일방의 이익을 증가시키기 위한 거래가 이루어지는 경우에는 그것은 필연적으로 다른 누군가의 이익을 감소시키는 결과를 가져오게 되는 것이다. 다른 한편, **칼도－힉스 효율**은 파레토 효율보다는 약간 완화된 개념이다. 이 기준에 의하면, 어떤 거래를 통해서 얻을 수 있는 총가치의 증가분이 그로 인해 생긴 총손실을 모두 전보할 수 있는 경우, (실제로 전보가 이루어지지 않는다 하더라도) 그 거래는 효율적이다. [그림 1－1]에서 점g에서 점a으로의 변화의 경우, 파레토 효율 기준에 의하면 빵을 선호하는 사람의 효용의 감소를 가져오기 때문에 효율적이지 않다고 보는 반면, 칼도－힉스의 효율 기준에 의하면 더 많은 양의 사과를 생산함으로써 얻을 수 있는 이익으로 빵 선호자의 효용의 감소분을 전보해 줄 수 있을 때 그러한 자원배분의 변화도 효율적이라고 본다. 칼도 힉스의 기준이 일응 더 현실에 적합한 기준이라고 볼 수 있지만 문제는 현실에서 실제로 그러한 전보가 이루어지지 않기 때문에 결국 어느 기준을 택하는가 하는 것은 가치판단의 문제이다. 대부분의 이론적 논의에서는 파레토 기준을 사용하지만, 대부분의 정책결정에서는 칼도－힉스 기준을 사용한다. 이는 환경정책도 예외가 아니다.

3. 시장경제체제와 완전경쟁

시장경제체제에서의 정부의 역할은 재산권을 설정해주고(물권법), 재산권의 교환을 가능케 하는 계약을 그 내용대로 성사시키며(계약법), 침해된 재산권을 보전해주는 것이다(불법행위법).

정부가 이상의 역할만 하면, 완전경쟁시장은 가장 효율적인 자원배분을 달성한다는 것이 경제학의 주장이다. 완전경쟁시장이라 함은 다음의 조건들이 충족되어야 한다. ① 소비자와 생산자는 완전한 정보를 가지고, ② 모든 재화와 자원들이 거래가능하며, ③ 시장에는 충분히 많은 수의 수요자와 공급자가 존재하고, ④ 재화의 생산 혹은 소비에 있어서 외부비용이나 외부편익이 존재하지 않는다. 즉, 생산자는 생산과정에 소요되는 모든 비용을 부담하고 소비자는 자신이 구매하는 재화로부터 발생하는 모든 편익에 대한 가격을 지불한다.

이와 같은 완전경쟁시장에서는 수요곡선과 공급곡선이 만나는 점에서 균형이 달성된다. 수요곡선상의 모든 점들은 각 가격체계 하에서 소비자의 효용이 극대화되는 점들의 궤적을 나타내고, 공급곡선상의 모든 점들은 공급자의 이윤이 극대화되는 점들의 궤적을 나타낸다. 이러한 곡선이 만나는 E점은 수요자와 공급자 모두에게 효용이 극대화되는 점이다. 환언하면, 완전경쟁 하에서 시장 균형은 수요와 공급이 일치함으로써 ① 소비자의 효용극대화, ② 생산자의 이윤극대화, ③ 자원의 효율적인 배분·사용이 달성된다는 것이다. 여기서 효율적인 자원배분이란, 사회적 잉여가 최대화되도록 하는 자원배분을 말하는 것으로, 수요곡선과 공급곡선이 만나는 균형점에서 사회적 잉여가 최대가 된다. [그림 1−2]에서 보듯이, 점P*, 점P₁, 점E를 순차로 연결한 삼각형이 생산자 잉여(＝이윤, a)를, 점P*, 점Ph, 점E를 순차로 연결한 삼각형이 소비자 잉여(b)를, 점P₁, 점Ph, 점E를 순차로 연결한 삼각형이 양자의 합인 사회적 잉여(a+b)를 각각 나타낸다. 점E에서 생산자 잉여와 소비자 잉여, 그리고 사회적 잉여가 최대화됨을 알 수 있다.

▌그림 1−2 (출전: M & S, 50)

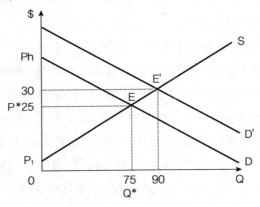

그리하여 후생경제학은 다음과 같은 두 가지 정리를 제시하고 있다.

제1정리: 완전경쟁 상태에서 소비자와 기업들의 각자의 효용 및 이윤극대화 추구행위는 파레토 효율적인 자원배분상태를 가져온다.

제2정리: 초기 자원배분 상태를 적절하게 조절해주고 시장 시스템이 제대로 작동하는 경우에는 어떤 파레토 효율적인 자원배분상태도 달성할 수 있다.

한편, 이상에서 본 시장은 문자 그대로 이념형으로서의 시장이다. 현실에 있어서는 완전경쟁시장을 찾는 것은 거의 불가능할 뿐만 아니라 우리가 사는 세상의 시장은, '정보의 비대칭성,' '독점,' '외부효과,' '공공재' 등으로 실패하게 되어 있다. 또한 시장기구 자체는 계약 곡선상의 여러 가지 파레토 효율적인 자원배분들 중에서 어느 점을 택할 것인가에 대한 해답을 제공하지 않는다는 점에 유의해야 한다.

Ⅱ. 시장 실패: 외부효과와 공공재

1. 외부효과의 문제

(1) 외부효과의 의의와 특징

'외부효과'란 어떤 경제주체의 행동이 제3자에게 의도하지 않은 이득이나 손해를 가져다주는데도 이에 대한 대가를 받지도 지불하지도 않을 때 발생한다. 외부효과의 당사자들 사이에는 거래관계가 성립되지 않은 것이고, 이는 외부효과가 시장기구를 통하지 않고 발생하는 것임을 의미한다. 말하자면 외부효과는 시장(거래관계)의 바깥에서 생기는 현상이고, 이것이 '외부'효과로 명명(命名)된 까닭이다.

외부효과의 원인은 재산권이 설정되지 않거나 실현되지 않은 데서 찾을 수 있다. 예컨대 공해문제의 경우, 만일 '환경'이라는 재화에 대하여 오염되기 전에 재산권이 설정되어 있으면 배출기업은 인근 주민으로부터 그 권리를 매입하지 않는 한 생산활동을 할 수 없을 것이다. 환경에 재산권이 설정되면, 종래 외부효과였던 공해로 인한 피해가 거래관계 속으로 '내부화'되어버린다. 그런데 재산권이 설정되지 않아 외부효과가 거래관계 바깥에 그대로 남는다면, 이제 그 외부효과의 존부는 거래당사자들의 의사결정에 아무런 영향을 미치지 못한다. 왜냐하면 기업은 자신이 주민에게 주고 있는 피해에 대해 어떠한 대가도 지불할 필요가 없기 때문이다.

외부효과는 해로운 것("외부불경제")만이 아니라 이로운 것("외부경제")도 있으며, 생산과정에서만이 아니라 소비과정에서도 생길 수 있다. 생산과정에서 생기는 이로운 외부효과의 예로는, 과수원 주인의 식수(植樹)로 인하여 인근 양봉업자가 얻게 된 꿀 생산량 증가를 들 수 있다. 이 경우 과일나무를 더 심은 것은 과일 증산을 위한 것이었지 꿀 증산을 위한 것이 아니었다. 양봉업자는 생각지 않은 꿀의 증산이라는 부수입을 얻었음에도 불구하고 과수원 주인에게 사례하지 않기 때문에 외부효과가 생겨난 것이다. 생산과정에서 발생하는 해로운 외부효과의 예로는 제조업체들이 방출하는 오염물질을 들 수 있다. 경제적 관점에서 보면, 환경오염을 포함한 공해의 본질은 외부효과이고, 그런 이상 이를 내부화해야만 문제해결을 기대할 수 있다. 그렇지 않으면, 이로운 외부효과를 만드는 사람은 굳이 더 만들려 하지 않을 것이고, 해로운 외부효과를 만드는 사람은 자진해서 줄이지 않을 것이다. 요컨대 자유로운 시장기구에 맡겼을 때, 외부경제는 사회적 최적수준보다 더 적게 만들어지는 반면, 외부불경제는 더 많이 만들어지는 결과가 나타나게 된다.

(2) 외부효과의 경제적 분석

공해를 경제적으로 분석해보자. 기업은 자원, 자본, 노동을 투입하여 제품을 생산하는데, 자원, 자본, 노동을 동원하는 데 드는 비용은 이 기업이 직접 감당해야 할 '사적(私的)' 생산비용이 된다. 그런데 이 기업이 생산과정에서 오염물질을 배출하면 인근 주민은 그로 인해 피해를 입게 된다. 이 기업이 이 피해를 배상하게 되면 배상액은 이 기업의 사적 생산비용에 추가될 것이지만, 공해에 대한 배상은 특단의 사정이 없는 한 실현되지 않는 게 통례이다. 이와 같이 인근주민의 피해가 외부효과로 남게 되면, 그 피해는 이 기업의 사적 생산비용으로 계상되지 않지만, 사회적으로 보면 그 피해는 인근주민이 감내한 추가적 비용이 된다. 이는 그 기업이 생산활동을 위해 직접 지출하는 비용보다 더 큰 비용을 사회가 부담함을 의미한다. 그리하여 [그림 1-3]에서 볼 수 있듯이, 생산활동의 부산물로서 공해물질이 방출되는 경우에는, 사회전체의 관점에서 본 해당 생산활동의 '사회적' 한계비용(SMC)은 기업이 인식하는 사적 한계비용(PMC)보다 더 커진다. 즉,

$$PMC < SMC$$

의 관계가 성립하게 된다. 반면, 기업의 해당 생산활동으로부터 생기는 한계편익에 있어서는 사회가 누릴 수 있는 사회적 한계편익(SMB)과 기업이 누릴 수 있는 사적 한계편익(PMB)에 차이가 없다. 소비에서의 외부성이 있을 때는 양자의 괴리가 생길 수 있으나 이 사안의 경우는 생산에서만 외부성이 나타나기 때문이다. 한편, 기업은 생산수준을 결정함에 있어 사회적 한계비용이 아닌 사적 한계비용을 기준으로 판단한다. 이상을 종합하면 다음과 같은 관계가 성립하게 된다.

$$SMB = PMB = PMC < SMC$$

■그림 1-3 (출전: M & S, 56)

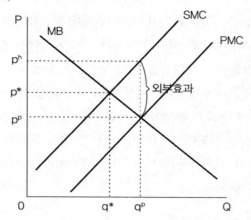

이런 과정을 거쳐 기업은 사회적 최적수준(q^*)보다 더 많은 양(q^p)(사적 최적수준)을 생산하게 되고, 이 수준의 생산량에서 사회적 한계편익, 즉 SMB($=p^p$)은 사회적 한계비용, 즉 SMC ($=p^h$)를 밑돌게 된다. 이로써 해당 회사 차원에서는 PMB=PMC라고 하는 효율적인 생산결정이 내려졌지만, 사회적 차원에서는 SMB < SMC라고 하는 자원배분의 비효율성이 생기게 된다. 어떤 상품 한 단위에서 나오는 사회적 한계편익이 100원어치밖에 되지 않는데 그것을 생산하는데 드는 사회적 한계비용이 150원이나 된다고 한다면 이것은 사회적으로 비효율적인 자원배분이 이루어졌음을 의미한다. 이와 같이 해로운 외부성을 수반하는 생산활동은 사회적 최적수준(q^*)보다 더 많이(q^p) 이루어지는 경향이 있음을 알 수 있는데, 완전경쟁을 가정하고 있는 경우에도 이러한 결과가 일어나고 있음에 유의할 필요가 있다. 즉 완전경쟁의 상황이 충족되고 있다고 하더라도 외부성이 존재하면 시장기구에 의한 자원배분이 효율적이지 않을 수 있는 것이다. 결론적으로, 환경오염에 대한 경제학적 분석에 의하면, 환경오염은 정부통제가 없는 상태에서 공해물질의 과다배출 때문에 생겨나는 것임을 알 수 있다.

(3) 외부효과에 대한 대응

외부효과에 대한 경제학의 대응은 명령통제, 경제적 유인수단과 합병(M&A)이 있다. **명령통제방식**은 정부가 직접 개입하여 기업으로 하여금 생산수준을 [그림 1-3]에서 q^*수준으로 줄이도록 강제하는 방법으로, 환경보호법률이 취하는 방식이다. 이는 바람직한 배출량의 수준을 직접통제로 달성하므로 확실한 방법이지만, 행정비용이 많이 소요될 뿐만 아니라 상황 변화에 탄력적으로 적응할 수 없고 기업이 자발적으로 기술개발에 나서게 하는 유인을 제공하지 못한다는 결점이 있다.

경제적 유인책은 [그림 1-3]에서 볼 수 있는 사적 한계비용(PMC)과 사회적 한계비용(SMC)의 차이만큼의 부과금("배출부과금") 혹은 세금("환경세")을 부과하는 방법이다. 이는 기업의 사적 한계비용곡선을 사회적 한계비용곡선과 일치하게 함으로써 기업들이 사회적인 최적수준의 생산활동에 이르게 하는 것이다. 이 방법은 제대로만 시행된다면 기업들의 자발적인 오염감축 노력을 촉진할 수 있고 행정비용과 같은 부대비용을 최소화할 수 있지만, 실제에 있어 부과금 요율을 산정하는 데 어려움이 있다는 문제점을 가진다.

합병은 오염자와 피해자가 법적으로 하나의 인격을 갖는 것을 말한다. 가령 공해배출기업과 영농기업이 접하고 있는 경우 두 기업이 합병하면, 자연스럽게 외부효과가 내부화된다. 하지만 외부효과가 어떤 특정 기업에만 나타나는 것은 아니거니와 합병에 이르는 데도 적지 않은 '거래비용'이 든다는 점에 유의해야 한다.[326]

2. 공공재의 문제

(1) 공공재의 의의 및 특징

한 집단의 구성원 누군가를 위해, 혹은 누군가에 의해 생산되는 즉시, 그 집단의 구성원 모두가 그것을 소비하는 혜택을 누릴 수 있는 재화나 서비스를 '공공재'라고 부른다. 공공재는 앞에서 본 외부효과 중 이로운 외부효과가 공급측면에서 나타나는 재화라고 볼 수 있다. 대표적인 것으로 국방서비스, 경찰서비스, 재산권이 설정되지 않은 상태의 맑은 공기 등의 환경자원, 공평한 소득분배 등을 들 수 있다. (순수)공공재는 소비의 비경합성(non-rivalry)와 배제불가능성(non-excludability)을 그 특징으로 하고 있는데, 이로 인해 적정한 공공재의 공급이 시장기구를 통해서는 이루어질 수 없게 된다.

(2) 공공재의 시장수요곡선 및 균형의 달성

사적 재화에 대한 시장수요곡선은 개인들의 수욕곡선을 수평으로 더함으로써 구할 수 있는 반면, 공공재의 경우에는 개별 소비자의 수요곡선을 수직방향으로 더해야 시장수요곡선을 구할 수 있다. 왜냐하면 사재(私財)의 경우에는 모든 소비자가 동일한 가격에 직면하고 각자가 수요하는 양은 서로 다르게 됨에 비해, 공공재의 경우에는 모든 사람들이 동일한 양의 공공재를 소비하게 되는 반면 이에 대해 지불하고자 하는 (조세)가격은 서로 다르기 때문이다. [그림

---

326) "거래비용"이란 이해당사자가 서로 이익이 되는 거래를 자발적으로 체결하는 과정에서 소요되는 일체의 비용을 말한다. 계약서를 작성하는 데 드는 비용과 같이 직접적인 비용은 물론이고 상대방을 찾고 그와 교섭하고 교섭결과를 집행하는 데 드는 시간, 비용 같은 것들도 모두 포함하는 폭넓은 개념이다. 우선은, 김건식, "불법행위법과 법경제학: 과실책임원칙을 중심으로," **민사판례연구** ⅩⅤ, 403, 410 (1993).

1-4]에서 개별 수요곡선들의 높이(L, K)는 각 수준의 공공재에 대한 각 개인의 지불용의액을 뜻하므로 시장수요곡선의 높이(J=L+K)는 각 수준에 대해 그 사회의 구성원 모두가 함께 지불할 용의가 있는 가격을 뜻하게 되고 그것이 공급곡선과 일치하는 점에서 균형을 이루게 된다.

▌그림 1-4

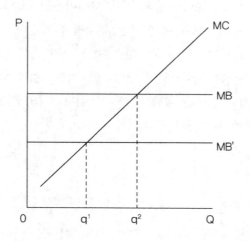

(3) 무임승차의 문제 및 전략적 행위

위의 설명은 사회 구성원 모두가 공공재에 대한 자신의 선호를 진실하게 표출한다는 것을 전제로 한 것이다. 그러나 현실에서는 각 구성원들의 입장에서 보면 자신이 표출하는 선호의 양에 관계없이 항상 일정한 양의 공공재가 공급되고 각 구성원들은 그로부터 배제됨이 없이 이를 향유할 수 있기 때문에 사람들은 공공재에 대한 수요를 일부러 줄여서 표출하려는 유인을 갖게 된다. '무임승차'의 문제가 바로 이것인데, 문제는 사회 구성원 모두가 이러한 전략적 태도를 취하고 그들 간의 협상과 거래가 이루어지지 않는 경우에는 공공재가 전혀 공급되지 않는 결과가 생길 수 있다는 데 있다.

게임이론으로 무임승차의 문제를 분석해보자. 한 마을에 살고 있는 A와 B는 마을 주변에 오염방지시설을 설치할지 말지를 놓고 고민하고 있다. 두 사람은 오염방지시설 설치비용을 천만 원씩 부담하거나 전혀 협조하지 않는 두 가지 전략을 가지고 있다. 두 사람이 각각 천만 원씩 부담해서 완전한 시설을 갖춘다면 각자에게 돌아가는 이익, 즉 방지하는 오염피해액은 1천 5백만 원이다. 그 중 한 사람만 천만 원을 부담해 불완전한 오염방지시설을 갖추면 각자 7백 5십만 원어치씩의 오염피해액을 줄일 수 있다. 만약 둘 다 비용을 부담하지 않는다면 오염 피해는 조금도 줄일 수 없고 따라서 각자에게 돌아가는 혜택도 0이 된다. 이를 보수행렬로 정리해보면 다음과 같다.

		B의 전략	
		협 조	이 반
A의 전략	협 조	(500, 500)	(-250, 750)
	이 반	(750, -250)	(0, 0)

이 보수행렬은 우리가 익숙한 "죄수의 딜레마(prisoner's dilemma)" 게임과 동일한 구조를 가지고 있다. A의 입장에서 생각해보자. B가 협조할 경우, 자신도 협조하면 500(1500-1000) 만원의 이득을, 자신이 이반하면 750만원의 이득을 보게 된다. B가 이반할 경우, 자신이 협조 하면 -250(750-1000)만원의 이득을, 자신도 이반할 경우 0원의 이득을 보게 된다. 따라서 A 는 이반을 선택하게 된다. B의 입장에서 생각해보아도, A와 똑같은 전략을 갖게 된다. 결국, 이 게임에서는 오염방지시설 설치에 비용을 부담하지 않는 것이 양쪽 모두에게 '우월전략'이 되고, 오염방지시설의 미설치가 이 게임의 균형이다. 이 결과보다는 양편이 협력해 완벽한 오 염방지시설을 갖추는 것이 두 사람 모두에게 더 큰 이득을 가져다주는데도 말이다. 하지만 두 사람이 대화와 협조를 통해서 상호이득이 되는 해결책을 적극적으로 모색하지 않는 이상, 결 국 아무런 오염방지시설은 설치되지 않고 각자가 500만원씩의 잠재적 순 이득을 희생하고 마 는 결과가 되는 것이다. 정부의 개입이 필요한 것은 바로 이러한 상황에서다.

Ⅲ. 공공재와 외부효과에 대한 시장적 해결책: 코즈정리

외부효과와 공공재의 문제에서 우리는, 시장이 실패할 수 있으며 시장이 실패할 때에는 정부의 개입이 필요함을 배웠다. 그런데 로널드 코즈(Ronald Coase)는 자신의 논문, "The Problem of Social Cost"에서 '재산권'이 명확하게 설정되고 '거래비용'이 없다면 정부의 개입 이 없어도 당사자들의 자발적인 협상과 거래를 통해 외부효과를 내부화할 수 있음을 논증한 바 있다. 이를 "코즈정리(Coase Theorem)"라 한다. 코즈가 거래비용이 없는 비현실적 상황을 상정 한 것은 이를 논의의 출발점으로 삼아 거래비용이 엄존(儼存)하는 현실에서 어떤 사회적 합의가 필요한지, 어떤 원칙에 따라 권리관계를 결정해야 하는지에 관한 결론을 도출하기 위해서였다.

코즈정리는 두 가지를 골자(骨子)로 한다. 첫째, 영(零)의 거래비용 하에서는 당사자들의 자발적인 교환 및 거래를 통하여 외부효과는 내부화되고, 항상 자원의 효율적 배분이 달성 된다. 둘째, 위의 경우 당사자들의 자발적 교환·거래에 의한 자원배분 결과는 재산권구조의 내용, 즉 법이 누구에게 권리를 인정하는가에 관계없이 항상 동일하다. 전자를 "효율성 주장

(efficiency claim)", 후자를 "중립성 주장(neutrality or invariance claim)"이라고 부른다. 영의 거래비용이라는 가정 하에 이 두 가지 주장이 성립한다는 것이 곧 코즈정리이다.[327]

코즈정리는 경제(학)뿐만 아니라 법(학)에 대해서도 여러 가지 중대한 이론적 함의를 주고 있다. 가령, '효율성 주장'은 명령통제의 대명사였던 정부 혹은 행정법이 코즈정리로 인해 당사자들의 자발적 교섭을 돕는 조력자의 역할도 담당할 수 있음을 함의하고, '중립성 주장'은 어떤 행위에 대한 사회적 비난가능성은 일의적(一義的)으로 정해지는 것이 아니라 사회적 상황에 따라 변할 수 있음을 함의한다(이는 '위법성'에 대한 기존의 관념을 성찰하는 기회를 제공한다). 코즈는 위 논문의 결론에서 경제문제 그리고 법적인 권리관계의 설정에 관하여 인식의 획기적인 변환을 요구하면서 글을 맺고 있는데, 작금의 정책현실은 그 바람이 이루어졌음을 보여준다.

1. 코즈정리의 내용

효율성 주장과 중립성 주장을 풀어 설명하면, 외부효과가 발생하는 경우에도 거래비용이 영이고 누구에게 권리가 있는가가 명확히 정해져 있다면 양 당사자들의 자발적인 거래에 의하여 효율적인 자원배분이 달성될 수 있다는 것이다. 그리고 자원배분의 효율성이라는 결과는 오염자에게 배출권을 인정하든 피해자에게 환경권을 인정하든 관계없이 항상 성립한다는 것이다.

여기 하천을 두고 생산활동을 하는 기업과 그로 인해 피해를 입고 있는 인근 주민이 있다고 가정해보자. 오염물질의 배출을 방지하는 시설을 설치하는 비용은 9만원이고 생산수준과 그로 인한 인근주민의 피해는 아래 [표 1-2]와 같다고 가정하자.

▌표 1-2 생산수준과 인근주민의 피해와의 관계

생산수준	인근주민의 피해규모(만원)	생산 1단위 증가 시 피해증가액(만원)
1	1	1
2	3	2
3	6	3
4	10	4

---

327) 이에 관한 코즈 논문의 부분을 옮겨 보면 다음과 같다.
"It is necessary to know whether the damaging business is liable or not for damage caused since without the establishment of this initial delimination of rights there can be no market transaction to transfer and recombine them. But the ultimate result (which maximises the value of production) is independent of the legal position if the pricing system is assumed to work without cost."

(1) 인근주민에게 환경권이 인정되는 경우

이 경우, 기업은 생산활동을 하기 위해서 오염물질 배출로 인해 인근주민이 입은 피해에 대하여 배상해야 한다. 그리하여 기업은 생산수준을 결정함에 있어 인근주민이 입게 되는 피해증가분(＝손해배상금의 증가액)을 고려하지 않을 수 없게 된다. 따라서 만일 생산 1단위를 늘림으로써 얻을 수 있는 한계이익이 2만원이라면 [표 1－2]에서 생산수준은 결코 2단위를 초과할 수 없다. 왜냐하면 2단위에서 3단위로 생산을 증대시켜 얻을 수 있는 한계이익은 2만원인데, 그로 인한 한계비용, 즉 손해배상금의 증가액은 3만원이기 때문이다. 또한 만일 생산을 1단위 늘림으로써 얻는 이익이 5만원이라면, 기업은 생산을 4단위 이상으로 늘리면서 오염방지시설을 설치하려 할 것이다. 왜냐하면 4단위 이상으로 생산을 늘리는 경우 총손해배상액은 10만원 이상으로 늘어나므로 9만원을 들여 오염방지시설을 설치하는 편이 더 이롭기 때문이다. 물론 생산 1단위 증가에 따른 이익이 3만원 이하의 경우라면 기업은 결코 3단위를 초과하여 생산하지 않을 뿐만 아니라 공해방지시설을 설치하지 않고 인근주민에게 피해배상을 해 줄 것이다.

(2) 기업에게 배출권을 부여하는 경우

기업에게 배출권을 부여하는 것은 인근주민의 피해에 대한 기업의 배상책임을 인정하지 않음을 의미한다. 그런데 이 경우에도 자원배분의 결과, 즉 생산 단위의 결정이나 오염방지시설의 설치 여부는 앞의 경우와 동일하다. 어째서인가? 이제 인근 주민은 피해배상을 받을 수 없기 때문에 생산 증가에 따른 오염물질 배출을 감수할 수밖에 없다. [표 1－2]에서 볼 수 있듯이 기업이 생산수준을 2단위에서 3단위로 증가하면 인근주민은 3만원의 피해를 추가로 입게 된다. 현재 기업이 3단위의 생산을 한다고 가정하자. 이 경우, 기업이 생산수준을 3단위에서 2단위로 줄이는 데 합의해준다면 인근주민은 3만원 한도까지는 기업에게 기꺼이 사례금을 지급할 용의가 있을 것이다. 더 나아가, 기업이 생산수준을 2단위에서 1단위로 한 단위 더 줄여준다면, 주민은 추가로 2만원까지는 기업에게 지불하려고 할 것이다. 그렇다고 한다면, 생산수준을 한 단위 줄이기 위해 인근주민이 기업에게 기꺼이 지불하려고 할 최대금액은, 기업의 입장에서 보면 증산(增産)결정으로 인해 생기는 기대소득의 감소액, 즉 일종의 기회비용이 된다. 왜냐하면 기업의 입장에서 보면 증산결정은 증산하지 않을 때 인근주민으로부터 받을 수 있는 사례금의 포기를 의미하기 때문이다.

결론적으로, [표 1－2]의 마지막 열에서 생산수준이 1단위 증가할 때 인근주민이 입게 되는 피해증가액은, 인근주민의 환경권이 인정되는 경우에는 기업이 생산수준을 1단위 늘릴 때마다 추가로 지불해야 하는 손해배상금의 증가액이 되나, 기업의 배출권이 인정되는 경우에는 기업이 생산수준 1단위를 늘릴 때마다 추가로 포기해야 할 기대소득의 감소액이 된다. 따라서 생산수준을 1단위 늘림에 따른 비용의 증대라는 면에서는 양자 간에 차이가 없다. 그러므로 기업이 생산수준을 결정할 때 [표 1-2]의 마지막 열은 어느 경우든 증산에 따른 한계비용으로서 동일하게 기업의 의사결정에 영향을 준다. 그리하여 만일 생산수준을 1단위 증가시켜 얻을 수 있는 이익이 2만원이라면, 환경권을 인정하는 경우이건 배출권을 인정하는 경우이건 생산수준은 결코 2단위를 초과할 수 없다. 왜냐하면 생산수준을 3단위로 늘림으로써 얻을 수 있는 한계이익은 2만원인데 그로 인해 포기해야 할 기대소득의 감소분은 3만원이기 때문이다. 만일 증산으로 인해 얻을 수 있는 이익이 5만원이라면 어떻게 될까? 이때도 앞의 경우와 동일하게 생산은 4단위 이상으로 늘어나며 오염방지시설이 설치될 것이다. 왜냐하면 생산을 4단위 이상으로 늘릴 때 포기해야 할 기대소득은 4만원인데 이익의 증가는 5만원이기 때문에 당연히 기업은 4단위 이상을 생산하려 할 것이고, 반면 인근주민의 입장에서는 4단위 이상의 생산으로 인해 발생하는 피해가 10만원인데 오염방지시설 설치비용은 9만원이므로, 스스로 이를 설치할 것이다. 차이가 있다면 인근주민에게 환경권이 있는 경우에는 기업이, 기업에게 배출권이 있는 경우에는 인근주민이, 각각 오염방지시설을 설치한다는 점이다. 하지만 누구에게 권리가 설정되든 오염방지시설이 설치된다는 점에는 소장(消長)이 없다.

요약하면, 누구에게 권리를 인정하는가에 관한 법적 결정은 오염방지시설의 설치 여부나 생산수준의 결정 등과 같은 '자원배분'의 결과에는 영향을 미치지 못한다. 물론, 법이 어느 입장을 택하느냐는 '소득분배'에는 결정적인 영향을 주게 된다. 여기서 주목해야 할 점은 위의 두 가지 경우 모두에서 당사자들의 자발적인 교환·거래(손해배상이나 사례금의 지불)에 의해 결과하는 자원배분은 항상 효율적이라는 것이다.[328] 생산의 증가로 인한 한계편익이 2만원인 경우 생산수준은 2단위, 그 한계편익이 5만원인 경우 오염방지시설의 설치가 이루어진다는 자원배분의 결과는 각각의 경우 사회적 관점에서 보아도 가장 효율적인, 즉 주어진 비용과 편익의 조건 속에서 사회적 총생산을 극대화하는 결과가 된다. 이상의 예에서 우리는 코즈정리가 성립하는 영의 거래비용 하에서는 법의 자원배분에 대한 중립성주장과 자원배분에 있어서의 효율성주장이 동시에 성립됨을 볼 수 있다.

2. 코즈정리의 한계

코즈정리는, 코즈 자신은 그의 논문에서 명백히 밝히지는 않았지만, 다음과 같은 일련의 가

---

328) 따라서 자원배분의 효율성이라는 경제적 잣대에 의하여 환경문제를 해결하려고 하면 자칫 소득불균형을 초래할 수 있다. 이러한 점에서 환경윤리의 중요성은 아무리 강조하여도 지나치지 않다고 하겠다.

정 하에서만 성립할 수 있다. 이들 가정 중 세 가지가 특히 중요하므로 차례로 살펴보자.

1) 자발적인 교환은 당사자 모두에게 이익이 된다.
2) 당사자들간의 교환·거래에 있어 전략적 행위가 존재하지 않는다.
3) 당사자들은 완전경쟁시장 하에서 활동하고 있고 각자는 효용 내지 이윤극대화의 논리에 따라 움직인다.
4) 거래비용은 영이다.
5) 부의 효과(wealth effect)는 존재하지 않는다.

(1) 부의 효과

개인이 재화나 서비스를 획득하기 위해 지불할 수 있는 최대 금액은 그의 현재소득 또는 부(富)의 수준에 의해 영향을 받으나, 어떤 가치 있는 재화나 서비스를 포기하는 것을 조건으로 요구할 수 있는 최소금액은 현재소득이나 부의 수준에 의해 제약을 받지 않는다. 이것이 "부의 효과(wealth effect)" 혹은 "소득효과"이다. 결국 부의 효과가 존재한다면 법이 누구에게 권리를 주느냐에 따라 영의 거래비용 하에서도 자원배분은 달라질 수 있다.

(2) 거래비용

거래비용이 0이 아닌 경우 누구에게 권리를 부여할 것인가에 관한 결정은 자원배분에 직접적인 영향을 미치게 된다. 현실 세계에서는 어김없이 거래비용이 존재하고, 이 경우 당사자들의 자발적인 협상만으로는 문제해결을 도모할 수 없다. 거래비용은 당사자들이 만나서 상호이익이 되는 자발적 교환 및 거래행위를 할 때 드는 비용, 즉 거래성립, 유지, 감독비용을 의미한다. 거래비용의 존재는 권리의 자발적인 조정과 교환이 그만큼 매끄럽게 진행되지 못함을 함의한다.[329] 기실, 거래 자체에 '협상비용'이 들 뿐 아니라 거래 성립 후에도 약속불이행이 생기면 '소송비용'이 들어간다. 당연한 얘기겠지만 거래비용은 거래의 필요성을 느끼는 자, 즉 비용을 부담하고서라도 협상, 거래를 하고자 하는 자가 부담하는 것이 통례이다.

[그림 1-5]는 인근주민에게 환경권이 부여되어 기업이 자신의 생산활동을 위해서는 주민에게 피해를 배상해야 하는 경우이다. 이때 거래비용은 협상과 거래를 통해서라도 생산활동을 계속해야 하는 기업의 부담이 될 것이다. 이는 기업가의 한계편익에 반영되어 거래비용만큼 생산단위당 한계이익이 줄어든다. 이는 그림에서 MB가 MB'으로 변화된 것으로 나타나는데 이러한 상황에서 균형산출량은 q^1이 된다.

---

329) 김일중, "법과 경제의 접목: 경제학도가 본 진화과정," **미국 사회의 지적 흐름: 법**, 188 (미국학연구소 편).

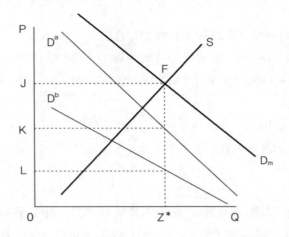

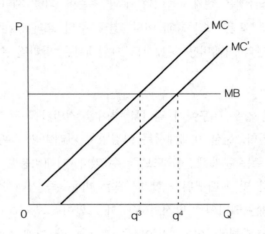

[그림 1-6]은 기업에게 오염물질 배출권이 부여되어 있는 경우이다. 이때 인근주민은 거래비용을 부담하고서라도 기업과의 협상을 통해 오염물질배출의 감소를 위해 노력할 것이다. 이때 거래비용이 없는 경우와 달라지는 점은 주민이 기업의 생산감소에 대해 기꺼이 지불하려고 하는 사례금액은 생산단위당 한계피해액으로부터 거래비용을 차감한 만큼이 된다는 것이다. 왜냐하면 주민이 지불하고자 하는 사례금은 어떤 경우든 자신이 입고 있는 한계피해액을 넘을 수가 없고, 만일 이것이 요구되는 경우라면 주민은 오염감소를 위해 노력하기보다는 그냥 오염피해를 감수하는 선택을 할 것이기 때문이다. 따라서 협상과정에서 주민이 이미 부담한 비용은 주민에게 마찬가지의 피해로 인식될 것이므로 결국 주민이 기꺼이 지불하고자 하는 금액은 단위당 오염피해액(MC)에서 거래비용만큼을 차감한 것(MC')이다. 이때 균형산출

량은 [그림 1-6]에서 볼 수 있듯이 q^4가 된다. 이는 앞에서 주민에게 환경권이 부여된 경우의 균형점인 q^1과는 상당한 차이가 있음을 알 수 있다. 결론적으로 보면, 거래비용이 소요되는 경우에는 코즈의 중립성 주장이 더 이상 타당할 수 없게 된다.

요약하면, '권리부여 결정'은, 거래비용이 존재하지 않는 경우에, 자원배분의 '효율성'에 아무런 영향을 미치지 않는 반면, 소득분배의 '형평성'에는 큰 영향을 미친다. 다른 한편, 권리부여 결정은, 거래비용이 존재하는 현실에서는, 형평성은 물론이고 효율성 측면에서도 큰 차이를 만든다. 이 경우 권리배분 방식의 결정은 결국 그 사회 구성원들 사이의 사회적 합의의 내용에 따라서 결정될 수밖에 없다. 잊지 말아야 할 것은 거래비용이 존재하는 현실에서는 권리배분의 방식이 자원배분의 결과에 영향을 미친다는 사실이다. 그리하여 경제학자들 사이에는 거래비용이 영인 상황에서 가장 높은 가격을 지불할 용의가 있는 사람에게 권리를 부여해야 한다는 주장 또는 최소비용으로 위험을 회피할 수 있는 사람("최소비용회피자(the cheapest cost avoider)")가 손해배상책임을 지도록 해야 한다는 주장이 유력하게 제시되고 있다.

(3) 전략적 행위

당사자들이 교섭과정에서 전략적으로 행동하여 교섭결과에 영향을 미치려고 하는 경우에는 코즈정리는 성립할 수 없다. 다수(多數)의 경제주체들이 거래에 참여하고 거래대상물이 공공재인 경우가 있는데, 이때 전술한 '무임승차'의 문제가 생기기도 하고, 협상과정에서 경제주체가 자신의 선호를 과장하거나("버티기 문제(hold-out problem)") 기회주의적 협상태도를 보여 비효율적인 거래가 이루어지는 경우("기회주의 문제(opportunism problem)")도 있다. 이와 같이 유리한 결과를 얻기 위하여 전략적 행위를 하는 경우라면 자원배분의 결과, 즉 합의의 최종 결과는 일률적으로 확정지울 수 없고 양 당사자의 교섭력, 교섭전략의 우열 등에 의해 상이한 결과가 나올 수 있다.

3. 코즈정리의 의의

형평성에 대한 고려의 결핍은 코즈정리만의 문제가 아니라 경제학 일반이 가지는 한계이기도 하다. 이상의 문제점과 한계로 인해 코즈정리는 그 발상의 획기적 전환에도 불구하고 실제로 현실에 적용되기에 어려운 점이 많다.[330] 그럼에도 불구하고 코즈정리는 법(학)에 다음과 같은 엄청난 통찰을 제공했다.

---

330) 코즈정리의 실제 적용례에 관해서는 John P. Dwyer, "The Use of Market Incentives in Controlling Air Pollution: California's Marketable Permits Program," *Ecology Law Quarterly* vol. 20, 103 (1993).

첫째, 소위 외부효과라고 통칭되어 오던 사회 구성원들 사이에 발생하는 유해한 효과가 가지는 "상호성(reciprocal nature of externality)"에 대한 지적이다. 코즈는 이를 다음과 같이 예시(例示)한다.[331] 병원 옆 빌딩에서 사탕제조자가 내는 기계소음으로 인하여 의사의 의료역량이 떨어지고 있다. 전통적인 법관념(法觀念)은 이 사태에 대하여 어렵지 않게 결론을 내릴 것이다. 즉 사탕제조자가 의사에게 피해를 입혔다고 말이다. 이에 대한 코즈의 독창적인 통찰은 이런 생각이 문제의 상호성을 완전히 간과하고 있다는 것이었다. 사탕제조자의 소음이 의사를 가해했음은 분명하나, 그렇다고 해서 우리가 그 소음을 방지하면 우리는 사탕제조자를 가해하게 될 것이라는 것이다. 기실 사탕제조자가 소음을 내는 것은 의사를 가해하기 위해서가 아니라 자신의 생계를 보살피기 위해서였지 않은가? 실제 우리가 우리의 삶을 영위하기 위하여 살다보면 그 행위가 무엇이든 누군가에게는 피해가 간다. 위의 예에서 의사가 입은 피해와 사탕제조자가 입을 피해 중 어느 것이 큰 것인가는 철저히 경험적 문제이다. 전체 사회후생의 관점에서 보면 우리가 추구해야 할 목표는 위 두 가지 불행한 결과 중 더 큰 피해를 회피하는 것이 되어야 할 것이라는 것이 코즈정리의 함의이다.

현대와 같이 산업화되고 도시화된 사회에서는 사회 구성원들의 상호관련성과 상호작용의 폭이 크게 증대하기 마련이다. 이러한 상황에서는 쌍방 혹은 일방에 유리한 상호작용도 증대하나, 반면에 쌍방 혹은 일방에 유해한 상호작용(예컨대 공해, 각종사고, 근린폐해)도 증대한다. 이런 상황에서 이들 현상에 대한 바람직한 태도는 이런 문제를 산업화, 도시화에 따라 불가피하게 발생·증대하는 사회적 비용의 문제로 보아야 한다는 것이다. 다시 말해 이에 대하여 정사선악(正邪善惡) 판단을 내리는 것보다는 사회적 비용을 최소화하는 방안을 모색하는 선에서 유연한 자세를 견지하고 사회 구성원 모두가 이의 합리적 축소를 위해 노력해야 한다는 것이다. 후술하는 바와 같이, 코즈의 이러한 통찰은 **법에 있어서 '위법성' 판단이 사회변화에 따라 변할 수 있고 또 그래야 함**을 함의한다.[332] 환경침해 논쟁을 불러일으키는 인간의 활동은 오염물질이라는 부산물을 배출하지만 사회에게 효용을 가져다주기도 한다. 따라서 오염물질을 발생시키는 경제활동을 억제하는 것만이 능사는 아닐 것이다. 환경침해와 관련하여 코즈가 제시하는 요점은 문제의 행위에 대한 사회적 평가를 할 때, 선입견을 버리고 사회적 비용의 관점에서 평가해야 한다는 것이다. 말하자면 인간의 활동에는 명암이 함께 존재하는데 구체적 사정을 고려하지 않고 일률적으로 평가하는 것은 절감할 수 있는 사회적 비용을 치르게 한다는 것이다. 우리 판례가 개발한 '수인한도론'은 상호성에 관한 코즈의 통찰이 반영된 대표적인 예이다.[333]

---

331) Coase(註249), 2 이하.
332) 아래 제4편, 제2장, 제1절, Ⅲ. 3. 위법성 참조.

둘째, 자발적 교환의 장인 시장을 통한 자원배분에 있어서 **거래비용**의 중요성에 대한 지적이다. 영의 거래비용을 전제로 한 코즈정리는, 기실 코즈 자신이 밝힌 바와 같이, 우리에게 하나의 유용한 통찰을 제공하고 거래비용이 존재하고 있는 현실세계를 분석하기 위한 하나의 시발점에 불과하다. 코즈 메시지의 핵심은 거래비용이 영(0)일 때 어떤 법원칙, 정책을 택하든 자원배분에는 영향을 줄 수 없다는 것이 아니라, 거래비용이 존재하는 현실세계에서는 어떤 법원칙을 택하는가, 누구에게 권리를 부여할 것인가에 관한 법적 판단이 곧 자원배분에 직접적인 영향을 줄 수 있다는 데 있다.[334] 결국 **법원이나 입법부의 결정은 단순한 법적 결정에 그치는 것이 아니라 곧 경제적 결정**이 되는 것이다.[335] 거래비용의 존재와 관련하여 이 점을 강조한 것이 코즈의 진정한 기여이다.

셋째, 종래에는 외부효과가 존재하여 시장실패가 발생하는 경우 정부가 개입하는 것(즉, 정부의 직접규제나 조세, 보조금정책)이 당연하고 또한 항상 바람직한 것으로 생각하는 피구(Pigou)류의 발상이 지배적이었다. 그러나 코즈는 이러한 발상에 대하여 근본적인 이의를 제기한다. 즉 사회 구성원 사이의 상호작용의 폭이 넓어지고 빈도가 높아져 발생하는 공해, 각종사고 등의 문제를 해결하기 위한 방안으로서 반드시 정부개입만이 능사가 아니라는 것이다. 외부효과로 인한 시장실패를 시정하기 위해 정부개입을 주장하지만 '정부실패'도 존재할 수 있고 그로인한 폐해는 시장실패로 인한 것 못지 않으며 경우에 따라서는 훨씬 심각한 결과를 초래할 수도 있다는 것이다. 결국 정부나 시장이나 모두 불완전한 메커니즘이고, 이를 통한 문제해결에는 각각 나름의 비용(자원배분이나 소득분배에서의 후퇴)이 발생할 수 있기 때문에, 문제는 어느 쪽이 상대적으로 덜 불완전한가, 어느 쪽이 보다 적은 비용으로 보다 효과적으로 문제해결을 할 수 있는가를 기준으로 결정할 문제라는 것이다. 결국 **시장과 정부의 선택은 사안별**(case-by-case)**로 결정할 문제**가 된다. 이로써 환경문제 해결에 있어서 사법(私法)의 역할이 새롭게

---

333) 아래 제4편 제2장, 제1절, Ⅲ. 3. (1) 수인한도론 및 위법성단계설 참조.
334) 코즈는 "The Problem of Social Cost"에서 밝힌 경제원리와 법과의 관계를 1993년 논문 "Law and Economics at Chicago"에서 다음과 같이 밝히고 있다.
"나는 경제체제가 어떻게 운용되는가를 분석함에 있어서 연구의 질을 향상시키고 싶었다. 거래비용이 0이 아닐 때 비로소 법은 경제의 성과를 가름하는 핵심적인 요인이 된다. 거래비용이 0이라면 아무리 법이 변해도 민간의 경제주체들이 자발적으로 생산량을 극대화시키기 위해서 각종 계약행위를 할 것이다. 그러나 만약 거래비용이 매우 크다면 자발적으로 재산에 관한 법을 재조정하는 계약행위가 일어나지 않을 것이다. 왜냐하면 그런 계약행위로부터 기대되는 순익이 상대적으로 크지 않기 때문이다. 따라서 이러한 상황에서 개인들이 갖게 되는 권리란 대체로 법에 의하여 부여될 터인즉, 결국 법이 경제를 조정하는 역할을 하게 될 것이다."
Ronald Coase, "Law and Economics at Chicago," *Journal of Law & Eocnomics* vol. 36, 239 (1993).
335) 이와 같은 상황에서 정부뿐만 아니라 시장과 기업이 문제의 해결 형태를 잘 파악하기 위해서는 무엇보다도 거래비용의 속성을 잘 파악해야 하며, 일단 제반 거래비용이 파악된 후에는 향후 거래가 일어날 때 장애가 발생되는 정도를 극소화시킬 수 있는 방향으로 재산권을 설정해야 한다. 김일중(註329), 188-189.

조명되는데, 후술하는 바와 같이,[336] 공유(公有)인 환경을 개개인에게 분배하고 여기에 재산권을 설정해주면, 각 개인의 재산권 실현에 의하여 환경문제가 해결될 수 있게 된다는 것이다.

넷째, 마지막으로 코즈 논문의 가장 큰 기여 내지 의의는 법과 경제라는 두 가지 체계를 하나의 시스템 속에 결합시켜 이러한 통일시스템의 기본이론을 수립하려고 노력했다는 데 있다. 코즈의 논문에서는 **법과 경제의 통일적 인식**이 나타나고 있다. 법과 제도는 더 이상 외생변수가 아니라, 법−경제라는 단일시스템 속의 내생변수로 새롭게 인식되고 있다. 코즈 논문에서의 법적 권리는 경제에서의 가격과 마찬가지로 이제 내생화되어 가변적이 되었고 법−경제시스템이 봉사하려는 목적을 달성하기 위한 정책변수로 전환되었다. 다만 법−경제시스템의 기본구성원리를 구축하려는 코즈의 시도는 아직 1단계 성공밖에 거두지 못하고 있다고 생각되는데, 그 이유는 그가 구상하는 시스템의 궁극목표가 효율성 분석을 중심으로 하는 국부의 극대화(wealth maximization)에 한정되어 있기 때문이다. 효율성 분석의 시도로서 그의 연구는 성공적이었으나 법−경제 시스템이 추구하여야 할 또 하나의 가치인 정의, 특히 소득분배 문제를 둘러싼 배분적 정의의 문제에 대한 법−경제의 통일이론의 구축은 그의 연구에서 시도되지 않았다.

Ⅳ. 권리의 분배 및 보호방식

상술한 대로, 시장질서를 규율하는 사법(私法)이 환경문제 해결에 기여할 수 있는 역할은 코즈정리로 인하여 새롭게 조명되기 시작하였다. 즉 사법도 환경문제를 해결할 수 있음이 이론적으로는 밝혀진 것이다. 환경문제는 경제(학)적으로 보면 외부효과의 문제이고 외부효과는 재산권의 실현으로 해결할 수 있으니, 마찬가지로 환경문제도 재산권의 실현으로 해결할 수 있다는 것이다. 외부효과는 재산권이 설정되지 않거나 실현되지 않아서 생기는데, 예컨대 공해문제의 경우에, '깨끗한 환경'이라는 재화에 대한 배타적 지배권이 법적으로 성립되어 있으면 배출기업은 대가를 치르고 인근 주민으로부터 그 권리를 매입하지 않고서는 생산활동을 할 수 없다. 그렇게 되면 종래 외부효과였던 공해로 인한 피해는 거래관계 속에 내부화되어 버린다. 다시 말해 공유지의 비극에서 본 바와 같이, 공유지를 나누어 마을 구성원에게 나누어 주면, 각 구성원은 이제 자신의 소유가 된 분배된 필지를 애지중지할 것이고, 혹여 다른 구성원이 이를 침해하면 그 행위를 중지시키든지 그에 대하여 손해배상을 청구할 것이다. 이런 과정을 거치면서 타인의 필지를 해하는 행위는 줄어들게 되고 결국 필지 전체가 안전하게 보호될 것이라는 이야기다.

---

336) 아래 4. 유지청구와 손해배상청구 참조.

칼라브레시(Calabresi)와 멜라메드(Melamed)는 이와 같은 역할을 할 민법체계에 관한 유용한 분석틀을 제시한 바 있다. 두 사람은 국가가 그 구성원들의 권리관계를 규율하기 위하여 내려할 결정에 관하여 다음과 같이 설명하고 있다.[337]

1. 권리분배방식의 결정과 기준

국가가 직면하게 되는 첫 번째 과제는 "권리의 부여(entitlement)"이다. 합리적인 개인들은 각자 자신의 이익을 추구하기 때문에 그들 사이의 이해관계는 필연적으로 대립할 수밖에 없다. 이와 같이 대립되는 이해관계를 가지는 다수 당사자간의 다툼의 해결을 국가에 대해 호소하는 경우 국가가 가장 먼저 해야 할 일은 어느 쪽 당사자의 손을 들어 줄 것인가를 결정하는 것이다. 만약 그러한 결정이 내려지지 않는다면, 우리의 삶에 필요한 재화나 용역 나아가서는 인간의 삶 자체가 "힘이 곧 정의"라는 원칙에 의해 분배되고 결정될 것이다. 따라서 법이 해야 하는 가장 기본적인 역할은 대립되는 당사자 중에서 누구에게 지배적인 권한을 부여할 것인가를 결정하는 것이다. 소음을 낼 수 있는 권리를 줄 것인가, 아니면 조용한 생활을 유지할 수 있는 권리를 줄 것인가, 오염물질을 배출할 수 있는 권리를 부여할 것인가, 아니면 깨끗한 공기를 마실 수 있는 권리를 부여할 것인가 등의 결정이 그것이고, 이러한 것이 바로 첫 번째 내려야 할 법적 결정이 된다.

그런데 어떤 기준에 의하여 오염권 혹은 환경권을 설정하게 되는 것일까? 칼라브레시와 멜라메드는 두 가지 기준, 즉 '경제적 효율성'과 '배분적 정의'를 제시한다. 경제적으로 효율성이 달성될 수 있도록 권리관계를 설정한다는 것은 현재의 자원배분상태에서 다른 사람의 효용을 감소시키지 않고서는 자신의 효용을 더 이상 증가시킬 수 없는 상태, 즉 파레토 효율이 달성되는 상태가 유지되도록 권리관계를 설정하는 것이다. 이는 사회적으로나 개인적으로나 주어진 노력에 대해서 최대의 산출을 얻을 수 있도록 하는 자원의 배분이다. 두 사람은 이 부분에서 거래비용이 존재하지 않는 경우에는 당사자들의 자발적인 협상에 의해 효율성을 달성할 수 있다는 코즈정리를 요약해서 설명하고 있다.

하지만 그렇다고 해서 초기의 권리관계의 설정과는 무관하게 동일한 형태의 자원배분만이 존재하게 된다는 것은 아니다. 공장을 운영하는 갑돌이가 자신의 공장에서 나오는 소음을 발생시킬 수 있는 권리를 갖기 위해 얼마를 지불할 용의가 있는지 혹은 을순이가 조용한 환경을 누리기 위해 기꺼이 얼마를 지불할 용의가 있는지는 각자의 소득이나 부가 얼마나 되는가와

---

337) Guido Calabresi & A. Douglas Melamed, "Property Rules, Liability Rules, and Inalienability: One View of the Cathedral," *Harvard Law Review* vol. 85, 1089 (1972).

밀접한 관련을 가지며, 종국적으로 결정되는 소음발생량은 위의 변수들의 변화에 따라 달라지게 된다. 갑돌이로 하여금 소음을 발생시킬 수 있는 권리를 가지도록 하는, 그래서 을순이는 조용함을 갑돌이로부터 살 수밖에 없는 사회에서는 권리관계가 반대로 설정된 사회의 경우보다 갑돌이가 을순이에 비해서 더 부유하게 될 것이다. 또한 갑돌이와 을순이가 각각 어느 정도의 수준으로 소음의 발생, 혹은 조용함을 원하는가 하는 것은 그들의 부의 정도와 비례하게 된다. 물론 이는 사회적 거래비용이 존재하지 않는다는 가정하에서의 설명이고, 만약 거래비용이 존재하는 경우에는 그 설명이 달라지게 된다.

자원을 어떤 식으로 분배하는 것이 정의롭고 형평의 원리에 부합하는 것인가에 대해서는 사회마다 다른 기준을 가지고 있어서 이를 일률적으로 설명하기는 힘들다. 어떤 사회에서는 재화를 모든 사람들에게 균등하게 배분하는 것이 정의로운 것이라고 생각하는 반면에, 어떤 사회에서는 카스트제도와 같은 계급에 따라 분배되는 것이 정의롭다고 느낄 수 있다. 마찬가지로 조용한 환경을 선호하는 사람이 소음을 발생시키는 사람보다 더 부유한 것이 정의롭다고 보는 사회가 있는 반면에, 어떤 사회에서는 소음을 발생시키면서도 생산활동을 하는 사람이 그렇지 않은 사람보다 더 부유해야 마땅하다고 판단할 수도 있다.

2. 권리보호방식의 결정과 기준

국가가 내려할 두 번째 결정은 "권리보호방식"과 권리의 "양도가능성"에 관한 것이다. 양도가능성을 인정할 것인가 여부도 결국 권리를 보유하고 있는 사람을 어떻게 보호할 것인가 하는 문제와 관련되어 있기 때문에 두 번째의 법적 결정은 권리보호방식에 관한 것이라고 볼 수 있다. 어떤 주어진 분쟁 상황에서 국가는 어느 쪽 당사자가 이기도록 할 것인가를 결정해야 할 뿐 아니라 그 당사자에게 어떠한 종류의 권리보호수단을 제공할 것인지도 결정해야 한다. 승자와 패자가 어떠한 모습으로 서로의 관계를 형성할 것인가는 주로 이 결정과 관련이 있다.

권리보호방식에는 크게 세 가지의 유형이 있는데 "재산권규칙(property rule)," "책임규칙(liability rule)," "양도불가규칙(inalienability)"이 그것이다.[338] **재산권규칙**에 의하면, 권리를 그 소유자로부터 배제하고자 하는 사람은 자발적 거래에서 쌍방이 합의한 값을 소유자에게 지불하고 권리를 매수해야만 한다. 다시 말해 타인의 권리를 매수하지 못하면 그 권리를 침해할 수 없다는 것이다. 이는 정부의 개입이 가장 적게 이루어지는 권리보호방식이다. 일단 초기의 권리배분의 내용만 결정되고 나면, 국가는 그 값을 결정하기 위해 노력할 필요가 없다. 권리의 소유자는 자신이 그 권리를 어느 정도의 가치로 평가하는지를 공시하게 되고 매수인이 그

---

338) *Id.* 이에 관한 국내 문헌으로는 박세일, **법경제학**, 124－133 (1997); 김일중(註329).

에 상응하는 가격을 제시하지 않는 이상 그 권리의 양도를 거부할 수 있다. 그 권리에 대한 정당한 가격은 이 과정에서 양자의 교섭력에 의하여 자율적으로 정해지게 된다.

책임규칙에 의하면, 누구든지 객관적으로 정해진 값을 치를 용의가 있다면 타인의 권리를 침해할 수 있다. 다시 말해 손해배상만 하면 타인의 권리를 침해할 수 있다는 것이다. 이는 정부가 한 단계 더 개입하는 권리보호방식이다. 초기의 권리분배가 결정되어야 할 뿐 아니라, 그 권리의 양도나 침해가 국가에 의해 결정된 가치를 기준으로 해서 이루어지게 된다.

마지막으로 **양도불가규칙**에 의하면, 해당 권리의 양도나 침해가 허용되지 않는다. 국가는 초기에 누가 권리를 가질 것인가, 그 권리가 수용당하거나, 침해된 경우 그에 대한 보상을 얼마로 책정할 것인가 뿐만 아니라 모든 상황에서 그 권리의 양도 자체를 금지할 수도 있다. 이는 권리를 보호할 뿐 아니라 관점이나 상황에 따라서는 주어진 권리 자체의 내용을 제한하거나 규제하는 기능을 가질 수도 있는 것이다.

주의할 점은 대부분의 재화에 대한 권리는 위 세 가지 규칙에 의하여 보호된다는 사실이다. 우리의 민법 하에서는, 을순이가 갑돌이의 집을 사고자 하는 경우라면 갑돌이의 집에 대한 권리는 재산권규칙에 의해 보호되고 있는 것이고, 정부가 갑돌이의 집을 강제로 수용하고자 하는 경우라면 이는 책임규칙에 의해 보호되는 것이며, 갑돌이가 알콜중독이라면 양도불가규칙이 적용될 수 있는 것이다.

3. 재산권규칙과 책임규칙의 관계

그렇다면 세 가지 규칙은 각각 어떤 상황에서 작동하게 될까? 먼저 양도불가규칙은 그것이 개인적으로뿐만 아니라 사회적으로도 너무나 귀중해서 보유자에게 아무리 큰 대가가 제시된다고 하더라도 타인으로의 양도나 타인에 의한 침해를 용납할 수 없는 권리에 대하여 제공된다. 대표적으로 생명, 그 자체에 대한 권리, 혹은 인신(人身)의 일부, 즉 장기에 대한 권리가 그 예가 될 것이다. 양도불가규칙이 적용되는 경우가 비교적 분명한 반면, 재산권규칙과 책임규칙이 각각 어떤 상황에서 적용되는지는 분명하지 않다. 그 이전에 먼저 살펴보아야 할 논점이 있다. 도대체 어째서 재산권규칙 외에 책임규칙이 필요하게 된 것인가? 국가는 초기 권리분배에만 관여하고 그 후 모든 권리의 이전은 당사자들의 자발적 협상에 일임할 수 있었을 텐데, 어째서 책임규칙을 필요로 하게 되었는가가 의문이다.

이에 대한 답은 경제적 효율성에서 찾을 수 있다. 협상을 통해서 권리를 재분배하는 데 너무나 많은 비용이 드는 경우가 있기 때문에, 일방이 가지는 권리를 타방에게 이전하는 것이 모두에게 이익이 됨에도 불구하고 그것이 실현되지 못하는 상황이 발생한다. 이런 경우 권리가 가지는 가치에 대한 집단적인 평가시스템이 마련되어 있다면, 권리의 이전이 더욱 용이하게 일어날 것이다. 가령 어떤 한 지역이 1,000명의 소유자에 의해 균등하게 분할·소유되고 있다고 치자. 각 소유자들은 자신의 지분에 해당하는 토지가 각각 8,000원의 가치를 가지는 것으로 평가하고 있다. 한편, 이 토지에 만일 공원이 건설된다면 이는 그 인근의 1,000명의 주민들에게 각자 10,000원 어치의 효용 증가를 가져다준다고 가정해 보자. 이런 상황이라면, 그 토지가 팔백만원과 일천만원 사이의 어떤 가격으로 매매되어 공원이 건설되는 것이 그 토지의 소유자들과 인근주민들 모두에게 현재 상태보다 더 바람직할 것이다. 하지만 현실에서는 이러한 결과가 실현되지 않는 경우가 많다. 왜냐하면 토지의 소유자들 중에는 매수인이 기꺼이 더 지불하려고 하는 200만원의 일부를 얻기 위하여 자신의 토지에 대한 가격을 10,000원 이상으로 호가(呼價)하는 일이 발생하고, 그 결과 전체토지의 가격이 일천만원 이상이 되어 결국 그 토지에 대한 거래는 일어나지 않게 된다. 요컨대 토지의 매도인은 자신의 토지에 대한 주관적인 평가를 감추려는 유인을 갖게 되고, 시장기구만으로는 이 문제를 해결할 수 없게 되는 것이다.[339]

이러한 상황이 발생하는 경우에는 재산권규칙에서 책임규칙으로 넘어갈 필요가 있게 된다. 국가가 인위적으로 개입하여 각각의 토지에 대한 가치를 평가하여 이를 그 소유자들에게 강제하면 앞에서 본 '버티기'의 문제는 해결된다. 물론 책임규칙으로 넘어가는 것이 문제가 없거나 완전한 정당성을 가지는 것은 아니다. 어떤 토지의 소유자가 인근의 다른 사람보다 높은 가격을 요구한다고 해서 이것이 반드시 그가 자신의 선호에 대해서 거짓말을 하거나 무임승차를 하려고 한다고 단정할 수 없기 때문이다. 그래서 책임규칙의 정당성은 결국 시장기구에 의한 문제해결능력의 부재(不在) 혹은 지나친 비용에서 찾아야 한다.

4. 유지청구와 손해배상청구

재산권규칙과 책임규칙의 선택은 환경침해에 대한 사법적(私法的) 구제수단인 유지청구를 언제 인용할 것인가와 밀접한 관련이 있다. 후술하는 바와 같이, 우리 법원의 실무는 환경침

---

339) 매수인의 입장에서도 동일한 설명이 가능하다. 가령 매도인들이 합의해서 자신들의 진정한 선호대로 팔백만원을 호가한 경우라 하더라도 거래는 일어나지 않을 수 있다. 매수인인 인근주민들 중에는 다른 사람들이 충분히 자신들의 선호를 밝힐 것을 기대하고 그에 '무임승차'하기 위해서, 그 공원의 건설이 자신에게는 5,000원 정도의 가치밖에 없으므로 그 이상 지불할 수 없다고 주장하며 자신의 진정한 선호를 숨길 가능성이 있는 것이다. 이 경우도 마찬가지로 시장기구만으로는 문제를 해결할 수 없게 된다. 이 경우, 국가가 그 공원의 건설로 인한 효용을 평가하여 이를 세금의 형태로 일률적으로 시민들에게 부과하게 되면 무임승차의 문제를 해결할 수 있다. 이 경우 세금의 합계가 보상해주어야 하는 금액의 합계보다 큰 경우라면 공원은 건설되게 된다.

해행위에 대한 유지청구를 엄격하게 심사하고 있는데, 이런 태도를 양 규칙의 선택에 관한 경제학적 해명에 의하여 이해할 수 있는 것이다.[340]

재산권규칙은 이해당사자 사이의 사전협상의 가능성이 높은 경우, 즉 거래비용이 적은 경우에 적용되는 규칙인데, 유지결정은 재산권규칙이 적용되는 경우에 발해질 수 있다. 반면 책임규칙은 이해당사자의 숫자가 매우 많고 그들 각각의 상황이 서로 달라 사전협상의 가능성이 없거나 거래비용이 큰 경우에 적용되는 규칙인데, 손해배상결정은 책임규칙이 적용되는 경우에는 발해질 수 있다. 두 가지 규칙을 사안 유형에 따라 선별·적용하면 거래비용이 최소화되는 한편, 자원배분의 왜곡도 막을 수 있다. 예컨대 거래비용이 적은 경우에 재산권규칙을 적용하는 것은, 협상가능성이 높은 만큼 향후 확실한 억지력을 제공하여 당사자들이 협상테이블에 나아가게 하고 그럼으로써 당사자 사이의 거래·협상을 원활하게 하여 효율적 자원배분을 가능하게 한다고 보는 것이다.

양자 중 어느 규칙이 적용될지는 구체적인 상황에 의존하겠지만, 대체로 다음과 같이 유형화할 수 있다. 첫째, '경제침범'의 경우와 같이 일방이 아무런 권한 없이 타방의 재산권을 '직접침해'한 경우, 둘째, 물리적 침범은 없지만 다양한 방법으로 타인의 토지사용을 방해한 경우, 즉 타인의 재산권을 '간접침해'하는 경우, 그리고 셋째, 단순한 '사고'로 토지의 사용이 방해된 경우이다.

직접침해는 그로 인해 해당 자원의 '소유권 자체'에 관한 갈등이 생긴 것이고, 이 경우 예외 없이 재산권규칙이 적용되어 손해배상은 물론 침해의 재발을 막는 유지청구가 허용되며, 나아가 미국에서는 징벌적 배상도 인정한다. 이와 같이 재산권규칙 하에서는 침해자가 피침해자의 토지를 사용하기 위해서는 사전협상에 나서지 않을 수 없다. **간접침해**는 소유권 자체에 관한 갈등은 없고 오직 해당 자원의 '사용'에 관한 갈등이 생긴 것이고, 이 경우 피침해자는 일반적으로 손해배상청구권을 갖고 예외적으로 유지청구권이 인정된다. 따라서 자원의 사용에 대한 갈등이 있는 경우에는 양 규칙 모두 적용될 수 있고 양자 사이의 선택은 미해결 상태로 남게 된다. **단순 사고**의 경우는 소유권에 대한 갈등으로 볼 수 없는데, 왜냐하면 갈등이 되기 위해 필요한 의도가 사고에는 존재하지 않기 때문이다. 사고의 경우 가해자와 피해자 사이에 협상가능성이 전무하기 때문에 책임규칙이 적용되고 피해자는 손해배상으로 만족할 수밖에 없다.

환경침해 논란이 제기되는 대부분의 분쟁은 소유권 자체에 대한 갈등이라고 보기 어렵다. 재산권으로 포섭할 수 있는 경우는 환경을 운위할 필요가 없는데다 환경이라는 것은 주인 없

---

340) 이하의 설명은, 拙稿, "유지청구 허용 여부에 관한 소고," **민사판례연구 XXII**, 註55−64 및 그 본문 87−88 (2000)에 의존하였다.

는 공공자원이기 때문이다. 따라서 환경분쟁은 대개 재산권에 대한 '간접침해' 또는 '사고'이다. 그렇다고 한다면 양 규칙 중 어느 것으로 환경분쟁을 규율할지는 불분명한 상태이고, 이에 대한 규명이 과제가 된다. 이 논제에 대한 기존의 논의를 종합하면, 대체로 다음과 같이 정식화할 수 있다.

> 거래비용의 원칙: 민간끼리의 협상이 가능한 경우, 즉 거래비용이 낮은 경우에는 재산권규칙을 이용하여야 하고, 거래비용이 높은 경우에는 책임규칙를 적용하여야 한다.[341]
> 지속성의 예외: 인지(隣地)환경에 대한 직접적인 침해가 잦아질 위험이 존재할 때에는 거래비용에 관계없이 재산권규칙을 사용해야 한다.[342]

거래비용은 생산에 직접 투입되지 않는 비용이므로 "소소익선(小小益善)"이다. 그 중요성을 이해하기 위하여 「유조선의 원유유출」 사례와 「공장에서의 폐수방출」 사례를 비교해보자.[343] 이 두 사례의 차이는 일견 사고 의도의 유무로 보이지만, 이는 양자를 가르는 본질적 차이가 아니다. 안전이란 전형적인 경제재이므로 이를 얻기 위해서는 비용이 드는데, 두 사례 모두 사고 방지에 필요한 충분한 비용을 들이지 않았다는 점에서는 동일하기 때문이다.[344] 요컨대 충분한 비용이 필요함에도 의도적으로 이를 지출하지 아니한 것이다. 두 사례를 구분케 하는 본질적 차이는 바로 사고리스크에 대하여 사전협상이 얼마나 가능한가, 즉 거래비용의 차이다. (폐수방출에서와 같이) 소유권에 대한 간접침해에 의한 피해는 계속적이고 확실한 반면, (유조선 사고에서와 같이) 사고로 인하여 발생하는 피해는 단속적(斷續的)이고 확률적인데,[345] 이와 같은 피해의 기본 특성상의 차이가 피해 계산과 보상수준과 관련된 협상에 영향을 끼치고, 그 결과 후자의 경우에 거래비용이 엄청나게 발생되어, 결국 사고의 경우에는 사고방지를 위한 당사자간 사전협상이 거의 불가능하게 되고 사후 해결만이 가능하게 된다. 이와 같은 이유로 사고의 경우에는 책임규칙이 권리보호방식(=책임부과방식)으로 기능하게 되는 것이다.

그러나 거래비용이 재산권규칙과 책임규칙의 적용가능성 및 범위를 결정하는 유일한 기준은 아니다. 소유권에 대한 간접침해인지 사고인지 여부는 매우 상대적인 것이어서, 처음에 사

---

341) Richard Posner, *Economic Analysis of Law*, 70 (4th ed. 1992).
342) Richard Epstein, "Holdouts, Externalities, and the Single Owner: One More Salute to Ronald Coase," *Journal of Law and Economics* vol. 36, 553 – 586 (1993). 엡스틴이 이렇게 보는 이유는 거래비용이 높다는 이유로 계속하여 손해배상만을 허용하면 가해자가 피해지를 구입하기보다는 손해배상을 택하게 될 것이므로, 가해자는 피해지를 지속적으로 침해하게 될 것이라고 보기 때문이다. 따라서 이와 같은 경우에는 비록 거래비용이 높더라도 유지청구를 허용하여 가해자가 피해지를 구입하도록 하여야 한다는 것이다.
343) 김일중(註329), 213 – 217.
344) *Id.* 214 ("결국 정화비용 때문에 매일 폐수를 그대로 낙동강에 방출하는 공장 주인과 똑같이 비용 때문에 원유의 방출을 방지할 수 있는 시설을 구입하지 않는 유조선 주인의 인센티브에는 큰 차이가 없다").
345) Landes & Posner, *The Economic Structure of Tort Law*, 42 (1987).

고로 발생하는 피해도 반복되면 그때부터는 소유권에 대한 간접침해가 된다. 가령 격리된 땅을 통과하던 폐기물 처리 트럭이 실수로 폐기물을 쏟게 되었는데, 돌이켜보니 그렇게 그 지역에 폐기물을 갖다 버리는 것이 비용효과적이라고 판단되었다고 하자. 처음 실수로 방출한 사건은 '사고'가 되지만, 향후 실수가 반복된다면 이는 더 이상 사고가 아니고 그 과정에서 생기는 트럭 회사와 지역 소유주 사이의 갈등은 책임규칙으로 처리할 수 없게 된다.[346] 여기서 소위 "지속성(持續性)"의 개념이 등장한다. 일정한 침해가 지속적이면 그 지속의 정도에 따라 그 침해의 성격도 사고에서 간접침해로, 간접침해에서 직접침해로 격상될 수 있는 것이다. 따라서 일반적인 경우에는 사고로 평가되어 책임규칙이 적용되어야 할 침해도 그것이 지속적이어서 소유권에 대한 직접 침해로 인정될 수 있다면 재산권규칙이 적용되어야 한다.

이상을 정리하면, 환경침해가 일어났을 때 그 침해가 위법하다고 판단되어 법이 어떤 형태로든지 개입해야 할 경우에는, 먼저 그 침해에 관련된 당사자 사이의 거래비용을 살펴 그것이 작은 경우에는 재산권규칙을 적용하고 큰 경우에는 책임규칙을 적용하되(거래비용의 원칙), 책임규칙을 적용해야 한다고 판단되면 지속성의 관점에서 그 침해행위를 다시 살펴 그것이 반복적으로 일어나 어느 정도 지속성이 인정되면 재산권규칙을 적용해야 한다(지속성의 예외). 이런 원칙과 예외를 적용함에 있어 유념할 점은, 분쟁을 유형화하여 미리 적용 규칙을 정할 것이 아니라 사안별로 세밀히 살펴야 한다는 것이다. 일시적인 피해라 하더라도 그것이 상당 기간 계속된다면, 그것이 계속되는 특정 시점에서 볼 때 그 피해는 향후 지속적인 것이 되고, 이렇게 되면 주민들은 현재까지 발생한 피해에 대한 배상뿐만 아니라 향후 되풀이될 침해에 대한 유지를 청구할 수 있기 때문이다. 만약 법원이 유지청구를 받아들인다면 협상이 보다 수월하게 열리게 될 것이다.

V. 비용편익분석

1. 정부개입의 한계 및 비용편익분석의 의의

공공재 혹은 외부효과의 문제를 해결하기 위한 정부의 역할은 무엇이어야 하는가? 이에 대한 코즈의 답은 결국 공공재나 외부효과의 대상이 되는 재화를 시장체제 안에 편입시켜 그에 대한 정당한 대가를 지불토록 하는 것으로 요약할 수 있다. 그렇게 함으로써 비경합성과 배제불가능성의 문제를 해결하고 사재(私財)와 마찬가지로 시장기구에 의해 가장 바람직한 자원배분을 달성할 수 있다는 것이다. 이는 법적으로 말하면 공공재를 나눈 후, 이에 대하여 권

---

346) 김일중(註329), 215.

리를 부여한 후 사회 구성원들에게 배분하는 것이다. 가령 맑은 공기에 대해서 권리를 부여하는 것인데, 이는 다름 아닌 '환경권'을 인정하는 것이다. 하지만 공기와 같은 불가량물(不可量物)을 단위로 나누어 여기에 가격을 매기는 것은 불가능에 가깝다. 따라서 현실적인 대안으로 '오염권'이 거론되고 있다. 사회가 견딜 수 있는 오염의 총량을 계산해 상정하고 이를 오염배출권으로 나누어 오염자들에게 배분한 후 거래하도록 하는 '거래배출권제도'가 그 좋은 예이다.

한편, 이로운 외부효과를 생산하는 생산자에 대해서는 그 만큼 '보조금'을 지급하는 방법을 생각해 볼 수도 있다. 또한 피구가 제안한 바와 같이, 해로운 외부효과를 발생시키는 주체에 대해서는 그만큼의 '세금'("피구세") 또는 '과징금'을 부과해서 개인적 비용과 사회적 비용을 일치시키는 방법을 생각해 볼 수도 있다. 경우에 따라서는 정부가 원하는 수준까지 직접 공해배출량을 줄일 것을 지시하는 행위규제와 같은 '명령통제'의 방식을 사용할 수도 있는데, 우리가 가진 개별 환경행정법상의 허가, 신고, 행위규제 조항은 모두 이 범주에 속한다. 한편, '비용편익분석'은 정부의 명령통제를 합리화하기 위한 고안된 것이다. 또한 공적 재화를 정부가 '직접소유'하면서 관리하는 방법도 대안으로 생각하지 못할 바 아니다. 정부 소유의 국립공원이 그 좋은 예이다.

그러나 정부개입이 항상 능사는 아니다. 시장실패 만큼이나 혹은 그 이상 정부실패가 발생하기 때문이다. 특히 명령통제방식의 정부개입은 여러 측면에서 살펴봐야 한다. 정부가 행정법규를 통해 직접 국민의 행동거지를 통제할 때 결정해야 할 문제는 다종다양할 뿐만 아니라 방대하다. 첫째 '관할선정'의 문제인데, 이는 어느 정도 단계의 정부가 개입할 것인가의 문제이다. 지방자치단체의 대응으로 충분한지, 아니면 중앙정부가 개입해야 하는지, 아니면 동아시아 혹은 전 지구적 차원의 대응이 필요한지를 결정해야 하는 것이다. 폐광문제, 대기오염의 문제, 산성비의 문제, 오존층 파괴의 문제 등 각 의제의 특성에 따라 이를 결정해야 할 것이다.

다음으로 결정해야 할 것은 '규제대상'이다. 어떤 공공재를 생산할 것인가, 또 얼마만큼 생산할 것인가, 혹은 어떤 종류의 외부효과에 대해서 어느 정도까지 개입할 것인가의 문제이다. 효율만을 생각한다면, 정부의 개입이 오히려 비효율을 더 심화시킬 수 있다는 점에 유의해야 한다. 경제주체들의 선호의 정도에 대한 완전한 정보가 없기 때문이다. 다음으로 정부가 결정하여야 할 것은, 개입을 하는 경우에도 어떤 수단을 선택할 것인가, 즉 '규제수단'의 선택이다. 어느 경우에 세금으로, 어느 경우에 행위규범으로, 어는 경우에 형사적 제재로 해야 하는지를 결정하여야 한다.

가장 근본적인 고민거리는, 이러한 문제들이 다 해결된다고 하더라도 정부 시스템 혹은 그 바탕이 되는 의회제도나 관료제 자체가 과연 이러한 공공재나 외부효과의 문제를 해결하기에 본질적으로 적합하게 구성되고 운영되는가이다. 관료제 자체는 원래 공익을 추구하도록 설계되었지만, 관료는 의도적으로건 무의식적으로건 자신의 영향력 확대를 위해 정책을 결정할 유인을 가지며, 경우에 따라서는 이익단체의 로비에 의해 정치적인 의사결정과정이 구조적으로 왜곡되는 경우도 발생하게 된다. 이런 문제 상황에 대비하기 위하여 고안된 대책이 **비용편익분석**이다.

혼동해서는 안 될 개념으로 **비용효과분석**이 있다. 사회적 합의에 의해 경우에 따라서는 정책이 경제적 효율성이 아닌 그보다 더 고차원적인 가치의 추구를 목적으로 삼는 경우도 있다. 이 경우 경제적 효율성의 측면에서 보면 비효율적인 정책이긴 하지만 절대적으로 보호해야 하는 어떤 가치의 추구라는 면에서 정당성을 가질 수 있다. 비용편익분석이 목적 자체에 대한 분석이라면, 비용효과분석은 목적은 주어진 것이고 이를 전제로 어떤 수단을 사용해야 그 목적을 효과적으로 달성할 수 있는지를 살피는 것이다.

2. 비용편익분석의 기본틀

비용편익분석은 이론적으로 공공정책의 선택을 지도할 명확한 목적과 이를 달성하기 위한 분석틀을 가지고 있다.[347] 그럼에도 불구하고 이 방법의 사용에 관한 논란이 있는 것은, 후술하는 바와 같이, 그 분석이 실제로는 평가자의 주관에 의해 좌우될 수 있기 때문이다. 여기서는 비용편익분석이 어떻게 작동하는지에 관하여 간략히 살피기로 한다. 어떤 정책대안의 비용과 편익은 한 회계연도가 아니라 다년간에 걸쳐 발생할 뿐 아니라 여러 측면에서 불확실성이 존재한다. 설명의 편의상 먼저 가장 간단한 사례를 통해 비용편익분석의 작동 메커니즘을 살펴보자.

경제학은 사회 구성원들이 아끼는 모든 재화(·서비스)에 대한 '순사회편익(social net surplus)'을 극대화하는 것을 정부정책의 역할로 본다. 여기서 순사회편익은 소비자의 지불용의액과 총사회비용의 차이다. 완전경쟁시장에서는 시장기구 그 자체가 순사회편익을 최대화한다. 하지만 편익과 비용 중에는, 외부효과에서 보았듯이, 시장가격에 반영되지 않는 경우가 있고, 이때 시장기구는 효율적 자원배분에 실패해 순사회편익을 최대화하지 못한다. 정부는 이런 시장실패를 교정해야 하고 시장 부재 시에는 직접 자원을 배분해야 한다. 그런데 비용편익분석은 이러한 정부개입이 순사회편익에 미치는 영향을 측정해 정부개입의 장단(長短)을 평가하려는 것

---

347) 이하의 설명은, M&S, 81 - 101을 요약한 것이다. 두 저자의 견해임을 밝혀야 할 필요가 있을 때만 인용하기로 한다.

이다. 이를 위해서 정부개입이 재화에 대한 소비자의 '지불용의액'과 재화 생산에 소요되는 '총사회비용'에 미치는 영향을 직접 측정하고 비교할 필요가 있는데, 비용편익분석은 바로 이 역할을 수행하는 것이다.

비용편익분석은 이렇게 수행된다. 즉, 어떤 문제에 대한 (현상유지를 포함한) 모든 대안들을 찾아낸 후 그들 대안이 가져오는 영향을 결정한다. 유리한 영향은 편익으로, 불리한 영향은 비용으로 고려된다. 그 다음, 각 대안의 비용과 편익의 가치를 금전으로 계산함으로써 각 대안의 순편익을 도출한다.

여기 한 공장이 과수원 인근에서 대기오염물질을 배출하고 있고, 이로 인해 과수(果樹)들이 고사하면서 과수원은 아무런 수익을 얻지 못하고 있다. 이 사태에 대하여 당국은 네 가지 대안, 즉 '현상유지', 오염방지를 위한 '기본시설의 설치', 오염방지를 위한 '고도시설의 설치', '공장폐쇄'를 찾아낸다. [표 1−3]에서 보듯이, 현상을 유지하면 공장은 추가비용 없이 100만원의 수익을 얻지만, 과수원은 과수의 고사로 생산이 전무하게 된다. 이때 사회적 순편익은 100만원이다. 공장이 기본시설을 설치한다면, 이를 위하여 추가비용 12.5만원이 소요되지만 공장의 생산은 그대로 유지되며, 과수원은 이로써 48만원의 수익을 얻게 된다. 따라서 사회적 순편익은 135.5만원(48+100−12.5)이다. 공장이 고도시설을 설치한다면, 이를 위하여 추가비용 60만원이 소요되지만 공장의 생산은 그대로 유지되며, 과수원은 이로써 100만원의 수익을 얻게 된다. 따라서 사회적 순편익은 140만원(100+100−60)이다. 공장폐쇄는 공장의 생산을 중단하지만, 과수원의 수익은 120만원으로 늘어나, 결국 사회적 순편익은 120만원이 된다. 결국 순편익의 조건에서는 고도화된 오염방지시설을 설치하는 것이 이 사례의 최적점이 된다.

이 사례는 비용편익분석의 개념에 대한 이해를 위해 지나칠 정도로 간소하게 만들어진 것으로, 실제 비용편익분석은 매우 복잡하고 어렵다. 사례에서는 제한된 정책대안만을 고려했고,

┃표 1−3 비용편익분석　　　　　　　　　　　　　　　　　　　　　　(단위 만원)(출전: M&S, 83)

정책 대안	편 익		비 용	순편익
	과수원	공장		
대안 A: 현상 유지	0	100	0	100
B: 기본 오염방지시설	48	100	12.5	135.5
C: 고도 오염방지시설	100	100	60	140
D: 오염배출 금지	120	0	0	120

관련성 있는 영향도 오직 공장과 과수원에 대한 것만을 살폈으며, 그런 영향 또한 쉽게 계량할 수 있는 것이었다. 실제에 있어서 수많은 정책 대안들, 그로부터 영향 받는 무수한 이해당사자들, 그들에게 미치는 여러 가지 측면에서의 영향들을 생각하면, 그 복잡다단함을 어렵지 않게 짐작할 수 있다.

기실, 환경정책의 영향은 그 정책을 수행하는 데 드는 직접 비용[348] 외에, 경제에 미치는 영향, 국민 건강에 미치는 영향,[349] 환경의 여가적·생태적·미적 가치에 미치는 영향,[350] 생태계에 존재하는 종다양성에 미치는 영향 등을 모두 고려해야 한다. 이 경우, 가령 종다양성에 대한 영향을 계량할 때 위협받는 생물종의 "사용가치(use value)"뿐 아니라 그것의 "선택가치(option value)"나 "존재가치(existence value)"를 계량할 때 겪게 될 어려움을 상상해보라.[351] 이

---

348) 위 사례에서는 기본설비와 고도설비의 구입 및 설치비용, 운영비용(인건비, 처리화학물질 구입비, 가동연료비, 일반관리비, 폐기물처리비용, 감가상각비 등) 등이 들어갈 것이다. 만약 인근 시설이 공장이 아니고 화력발전소라면, 수력발전이 대안으로 고려될 것이다. 수력발전의 경우는, 건설, 운영, 유지비용이 직접 비용이 된다. 수력발전에 필요한 자원은 기회비용에 따라 값이 매겨질 테다. 대부분의 자원의 기회비용은 시장가격에 정확히 반영되어 있는데, 수력발전에 사용되는 부지와 같은 특별한 자원의 경우, 기회비용은 반드시 그것의 현재 시장가격인 것은 아니다. 만약 정부가 그 부지를 다른 용도로 사용할 계획이 있고 이 경우 시장가보다 더 높은 순사회편익이 기대된다면, 기회비용은 바로 그 순사회편익이 될 테다. 하지만 이 정도를 비용편익분석의 난점이라 할 수 없다. 거기에는 훨씬 복잡한 문제가 곳곳에 숨어 있기 때문이다.

349) 환경정책의 건강적 측면에서의 편익은 건강의 향상과 의료비용의 감소, 그리고 치사율의 하락으로 나타난다. 다른 자원과 마찬가지로 생명이나 수족(手足)의 가치의 경제적 척도는 지불용의액이다. 하지만 사람들에게 직접 상해나 죽음을 피하기 위하여 얼마를 지불할 용의가 있는지 물어보는 것은 신뢰할 만한 방법은 아니다. 가장 많이 수용되는 방법은 건강리스크에 직면한 사람들의 실제 행동으로부터 추론하는 것인데, 상이(相異)한 직업리스크를 가진 직업에 종사하는 사람들이 받는 임금의 차이에 관한 데이터나 주거지나 안전장비의 사용에 관한 선택에 관한 데이터가 추론에 많이 사용된다. M&S, 85 – 86.

350) 환경오염이나 대규모 국책사업은 자연자원의 사용을 교란해 중대한 후생손실을 초래한다. 청정공기나 야생습지, 수려한 풍광 등은 공공재이므로 그들을 사용해 얻을 수 있는 사회적 가치를 반영할 시장가격이 형성되어 있지 않다. 오염비용은 공기가 질적으로 상이한 지역의 집값을 비교해 측정한다. 여가기회는 "가상평가법(contigent valuation method; CVM)"을 사용하는데, CVM은 자연자원 이용자에 대한 설문조사, 즉 그들이 특정한 국립공원에서의 여가기회를 얻기 위하여 얼마를 지불할 용의가 있는가를 조사해 그 가치를 측정하는 것이다. 이용자들이 전략적 답변을 할 가능성을 배제할 수 없어, "여행비용법(travel cost method; TCM)"이나 "특성감안가격모형(hedonic price model)"이 대안으로 사용되기도 한다. 생태계 영향도 평가해야 하는데, 비용편익분석이 원래 인간중심적인 방법이어서 이 또한 지불용의가 있는 경우에 한하여 평가될 것이다. 이 경우, 여가수요나 미적 선호에 대한 분석, 자연의 질 저하의 가능성과 그로 인한 손실, 야생에서 추출한 제품에 대한 수요, 고고학적 영향이나 역사적 영향에 대한 사람들의 관심 등을 고려해 평가한다고 한다. M&S, 86 – 87.

351) 환경영향은 불확실하고 때로는 불가역적이기 때문에 사회 구성원 중에는 이런 심각한 환경피해의 리스크를 회피·감소하는 데 돈을 지불할 용의를 가진다. 사용을 전제로 하는 '사용가치'와 달리, '선택가치'는 미래의 어떤 시점에 특정한 환경적 즐거움(environmental amenity)에 대한 접근을 보장해주는 선택권을 위하여 개인이 지불하려고 하는 돈의 최대 액수를 말한다. 나아가, 사람들은 가령 남극 곰을 어떤 방식으로도 사용하지 않고 사용할 가능성도 없지만 그것이 보존되는 데 돈을 지불할 용의가 있을 수 있다. 이를 '존재가치'라 하는데, 이는 다른 누군가나 미래 세대가 해당 환경적 즐거움에 접근할 수 있다는 사실로부터 얻는 기쁨을 반영하는 것일 테다. 선택가치나 존재가치를 측정하기 위해서는 CVM이 사용된다. M&S, 87.

에 더하여, 환경문제의 단골메뉴인 극미한 '리스크'를 계량해야 한다면, '객관적인' 비용편익분석이 가능하기는 한 것인가 하는 의구심이 생길 수밖에 없다.

3. 장기간의 비용편익과 현재가

환경정책이나 환경프로젝트는 장기간에 걸쳐 비용과 편익을 발생시킨다. 경우에 따라서 비용과 편익이 나타나는 기간이 달라질 수 있는데, 가령 비용은 10년에 걸쳐 들어가는 반면, 편익은 100년에 걸쳐 나타나는 것이다. 기간의 정도는 또한 정책이나 프로젝트마다 달라질 수 있다.

[표 1-4]는 앞의 과수원 사례를 변형한 것으로, 여기서 공장과 과수원은 비용과 편익을 8년에 걸쳐 얻게 된다. 아무런 환경정책이 시행되지 않을 때 공장은 매년 12.5만원의 이득을 얻고, 과수원은 과수의 고사로 아무런 소득을 올리지 못한다. 정부가 공장에게 기본시설 설치를 명하면, 공장은 첫해에 설치비용으로 8.5만원, 매년 관리비용으로 0.5만원을 지출해야 한다. 따라서 공장은 첫 해에는 3.5만원(12.5-8.5-0.5=3.5)의 이득을, 그 다음부터 12만원의 이득을 얻는다. 한편 기본시설의 설치로 과수원은 매년 6만원의 소득을 올린다. 만약 정부가 공장에게 고도시설 설치를 명하면, 공장은 첫해에 설치비용으로 52만원, 매년 관리비용으로 1만원을 지출해야 한다. 따라서 공장은 첫 해에 40.5만원의 순손실을 입고, 그 다음해부터는 11.5만원의 이득을 얻는다. 과수원은 고도시설의 설치로 12.5만원의 이득을 얻는다. 정부가 공장폐쇄를 명하면 과수원은 매년 15만원의 이득을 얻는다. [표 1-4]는 8년 동안 각 정책대안에 따라 생기는 공장과 과수원의 순편익을 나타내고 있다. 여기서 정부가 선택해야 할 정책대안은 순편익 총계가 140만원으로 가장 큰 고도시설의 설치가 될 것이다.

하지만 지금 손 안에 있는 1만원과 8년 후에 받게 될 1만원이 동등한 가치일 수 없다. 왜냐하면 손 안의 1만원을 은행에 예치하면 이자가 발생해 8년 후에는 1만원보다 큰 금액이 될 것이기 때문이다. 따라서 8년 후의 1만원을 손 안의 1만원과 비교하기 위해서는 이를 할

▌표 1-4 장기간 순편익 (단위: 만원)(출전: M&S, 88)

정책대안	1년차	2년차	3년차	4년차	5년차	6년차	7년차	8년차	총 계
A	12.5	12.5	12.5	12.5	12.5	12.5	12.5	12.5	100
B	9.5	18	18	18	18	18	18	18	135.5
C	-28	24	24	24	24	24	24	24	140
D	15	15	15	15	15	15	15	15	120

인해야 한다. 환언하면, [표 1-4]에 거시한 일련의 순편익을 제대로 비교하기 위해서는 이를 모두 할인해 '현재가'로 환산해야 한다. 이때 사용하는 할인의 비율을 '할인율'이라 한다. 할인율이 5%라고 한다면, 1년 후에 만원이 되려면 현재 얼마를 투자해야 하는가? 1년 후에 만원을 만들기 위하여 현재 투자해야 할 금액을 "PV1"이라고 한다면, PV1$(1+0.05)$=1만원이 될 것이다. PV1를 지금 투자하면 5% 이자율로 인하여 지금부터 1년 후 1만원이 되므로, PV1=1만원$/(1+0.05)$=9,524원이 된다. 이는 1년 후 만원의 현재가가 9524원임을 말한다. 2년 후의 만원의 현재가, 즉 PV2=PV1$/(1+0.05)$=1만원$/(1+0.05)^2$이다. 따라서 매년 발생하는 1만원을 n년 동안 다 합산한 순현재가는 다음과 같다.

$$\text{NPV} = 1만원 + 1만원/(1+0.05) + 1만원/(1+0.05)^2 + \cdots + 1만원/(1+0.05)^n$$

이상을 염두에 두고 [표 1-4]를 할인율 5%로 할인해 현재가로 표시하면 [표 1-5]가 된다. 미래가치를 할인하여 현재가로 환산하면, 정부가 선택해야 할 정책대안은 (현재가로 환산하기 전과 달리) 순편익 총계의 현재가가 108.6만원으로 가장 큰 기본시설의 설치가 된다.

할인율이 높을수록 미래가치보다 현재가치가 더 중시된다. 미래에 발생하는 이득의 가치가 할인율에 비례해 그만큼 감소하게 되기 때문이다. 환경정책은 일반적으로 초기비용이 높은 경우가 많으므로 할인율이 큰 경우에는 환경정책의 비용편익분석 결과가 부정적으로 나타나게 된다. 비용은 단기간에 지출되는 반면, 편익은 장기간에 걸쳐 나타나기 때문이다. 우리의 사례에서 할인율을 5%로 했지만, 이를 3% 이하로 낮추면, 선택될 정책대안은 기본시설 설치에서 고도시설 설치로 바뀌게 된다. 할인율을 낮춤으로써 환경친화적 정책대안이 선택되게 된 것이다. 할

▌표 1-5 장기간 순편익의 현재가　　　　　　　　　　　　　(단위: 만원)(출전: M&S, 90)

정책대안	1년차	2년차	3년차	4년차	5년차	6년차	7년차	8년차	현재가
A 미래가치	12.5	12.5	12.5	12.5	12.5	12.5	12.5	12.5	100
현재가치	12.5	11.3	10.8	10.3	9.8	9.3	8.9	8.5	81.4
B 미래가치	9.5	18	18	18	18	18	18	18	135.5
현재가치	9.5	16.3	15.5	14.8	14.1	13.4	12.8	12.2	108.6
C 미래가치	−28	24	24	24	24	24	24	24	140
현재가치	−28	21.8	20.7	19.7	18.8	17.9	17.1	16.2	104.2
D 미래가치	15	15	15	15	15	15	15	15	120
현재가치	15	13.6	13.0	12.3	11.7	11.2	10.7	10.2	97.7

인율이 지나치게 낮으면 먼 미래에 실현될 순편익이 큰 프로젝트에 경도될 것이고, 그 반대의 경우면, 낮은 비용이지만 그로 인한 순편익이 조기(早期)에 실현될 프로젝트를 선호될 것이다.

따라서 할인율을 어떻게 정할 것인가가 문제가 되는데, 사적인 사업의 할인율로는 자본수익률(일반적으로 이자율)을 사용하는 것이 타당하다는데 이론(異論)이 없다. 공적 사업의 할인율에 대해서는 사적 부문의 수익률을 사용해야 한다는 견해[352]와 사회전체의 "시간선호율(rate of time preference)"을 반영해야 하므로 미래소비를 위하여 현재소비를 희생할 수 있는 비율을 사용해야 한다는 견해가 대립한다.[353] 근자에 기후변화에 대한 대응 방식에 관하여 뜨거운 논쟁이 벌어졌는데, 논의의 초점이 결국 할인율을 무엇으로 할 것인가에 모아졌다는 사실은 시사(示唆)하는 바가 크다. 위험회피적인 사람은 낮은 할인율을, 위험감수적인 사람은 높은 할인율을 선호하는바, 위험을 회피할 것인지 여부나 회피하는 경우 어느 정도 회피할 것인지는 모두 정답이 있는 문제가 아니다. 여기서도 비용편익분석의 '주관적 성격'이 또 다시 드러난다.

4. 불확실한 비용편익과 기대값

비용편익분석을 어렵게 하는 또 하나의 요소는 불확실성이다. 환경정책이나 프로젝트는 날씨와 같이 원래 무작위적인 요소에 좌우될 뿐 아니라 이런 요소들에 대한 우리의 이해도 불완전하다. 앞서 환경문제의 특성으로 리스크적 성격을 거론했거니와 환경정책이나 프로젝트는 이런 불확실성을 여하히 다루느냐에 성패가 좌우된다. 환경정책이나 환경프로젝트의 비용편익분석에 있어서도 그것의 시행 이후의 사건전개를 정확히 예측할 수 있어야 한다. 그래야만 당해 환경정책이나 프로젝트가 끼치는 영향을 정확히 가늠할 수 있고 그래야만 그 각각의 영향에 따르는 비용·편익을 계량할 수 있기 때문이다. 그런데 미래에 벌어질 사건을 정확히 예측한다는 것은 불가능하다. 그렇다고 한다면 그 사건이 벌어질 수 있는 '개연성'을 측정해서 그 사건이 가져오는 비용·편익을 이로써 제약해야 한다. 이렇게 해서 나온 값을 "기댓값(expected value)"이라 한다. 기실, 불확실성이 제기하는 문제는 앞서 본 할인율에 동반하는 문제와 유사하다. 할인율을 여하히 정하느냐에 따라 정책대안의 선택이 좌우되듯이, 불확실성을 여하히 평가하느냐에 따라 그 선택이 변한다. 할인율이 해당 정책대안이 가져오는 순편익의 현재가를 결정

---

352) 공적 자금은 그곳에 사용되지 않았다면 사적 영역에서 소비되거나 투자되었을 것이므로 사적 영역의 수익률을 사용해야 한다는 것이고, 주로 장기국채의 이자율이 거론된다. M&S, 91.

353) 자세한 내용은, R. Tresch, *Public Finance: A Normative Theory* 486-507 (1981); M&S, 91. 한편, 구체적으로 사용되어야 할 할인율에 관해서는 세대간 효과가 있는 프로젝트나 정책에 대해선 1-2%를 사용해야 한다는 학설이 유력하다. Daniel A. Farber & Paul A. Hemmersbaugh, "The Shadow of the Future: Discount Rates, Later Generations, and the Environment," *Vanderbilt Law Review* vol. 46, 267 (1993) 참조.

하듯이, 불확실성에 대한 평가치가 그것의 기댓값을 결정한다.

[표 1-5]의 사례에서 우리는 네 가지 정책대안을 확인했는데, 가령 기본시설을 설치한 이후에 벌어질 사건을 고려하면, 더 많은 선택지가 확인된다. 즉, [표 1-6]에서 볼 수 있듯이, 기본시설 혹은 고도시설을 설치하는 경우에도 중국으로부터 북서풍을 타고 도래하는 미세먼지의 정도에 따라 과수원의 수확(收穫)도 등락하는 것이다. 현재 아무런 조치를 취하지 않으면, 과수는 고사할 것이고 따라서 미세먼지는 결과에 아무런 영향도 미치지 못한다. 공장폐쇄시에도 오염물질이 전무하게 되므로 미세먼지는 결과에 아무런 영향도 미치지 못한다. 다른 한편, 오염방지시설을 설치하면 미세먼지는 오염물질과 상승효과를 일으켜 과수원의 편익에 영향을 미친다. '기본시설'을 설치할 경우, ① 미세먼지가 극미하면, 과수원의 수확(=편익)에는 영향이 없지만, ② 미세먼지가 소량이면, 기본시설이 걸러내고 남은 오염물질과 상승작용을 일으켜 과수원의 편익이 소폭 감소하고, ③ 미세먼지가 다량이면, 그 상승효과가 커서 편익이 대폭 감소한다. 한편, '고도시설'을 설치할 경우, 오염물질을 걸러내는 능력이 높기 때문에 ④ 미세먼지가 소량이어도 상승작용이 일어나지 않아 과수원의 편익에는 영향이 없고, ⑤ 미세먼지가 다량인 경우에만 상승작용이 일어나 과수원의 편익이 중폭 감소한다. 미세먼지의 발생할 확률은 극미한 경우 60%, 소량일 경우 30%, 다량일 경우 10%가 된다. 한편, 공장의 편익(100만원)과 오염방지시설의 설치비용(12.5만원과 60만원)은 미세먼지와 무관하므로 확실하다. [표 1-6]는 이상을 담은 것이다. 미세먼지의 발생가능성을 고려한 채 과수원의 편익을 계산하면, 이 기댓값은 발생가능성을 고려하지 않을 때와 비교해 편익이 감소하지만 고도시설 설치가 정책대안으로 선택될 것임을 알 수 있다.

▌표 1-6 비용편익분석 (단위: 만원)(출전: M&S, 95)

정책 대안	미세먼지 발생 가능성		편 익	기대값	총기대값
A 현상 유지					100
B 기본시설 설치	극미한 미세먼지	60%	135.5	81.3	131.66
	소량의 미세먼지	30%	130.7	39.21	
	다량의 미세먼지	10%	111.5	11.15	
C 고도시설 설치	극미·소량의 미세먼지	90%	140	126	138
	다량의 미세먼지	10%	120	12	
D 오염배출 금지					120

5. 리스크 회피 성향과 인지심리학의 발견

　이상에서 기댓값의 의미를 살펴보았는데, 기실 사람들은 이처럼 기댓값을 산정해 이에 따라 행동하지 않는다. 리스크가 있는 경우, 그 개연성을 과대평가해 그 프로젝트를 회피하거나 혹은 그 개연성을 과소평가해 피해야 할 프로젝트를 감내한다. 요컨대 리스크에 중립적인 사람은 희귀하다. 그 결과, 현실에서의 의사결정은 계산된 기댓값이 지시하는 대로 내려지지 않고, 리스크에 대한 결정자의 성향에 따라 소심하거나 무모한 결정이 내려진다. 우리의 사례에서 제시된 정책대안은 불확실성에 있어 큰 차이가 있다. 현상유지나 공장폐쇄는 확실한 것인 반면, 기본시설 설치나 고도시설 설치는 불확실하다. 기댓값은 있을 수 있는 결과들의 평균값일 뿐이지, 실제로 어떤 결과가 나타날지는 아무도 모른다. 기댓값을 최대화하는 정책대안을 선택함으로써 순사회편익이 최대화된다는 것은 리스크에 중립적인 사람에게나 통하는 얘기다. 대부분의 사람들은 리스크를 회피하는 성향이 있어서 기댓값이 크지만 불확실한 선택지보다는 기댓값은 작지만 확실한 선택지를 선호한다고 한다. 예컨대 95만원의 현찰과 50% 당첨 확률의 200만원 짜리 복권 중 전자를 선택하는 것이다. 후자의 기댓값이 100만원이므로 양자의 차이는 5만원인데, 이것이 전자를 선택한 사람이 리스크를 회피하기 위하여 포기할 용의가 있는 금액, 즉 "리스크 프레미엄(risk premium)"이 된다. 경제학자들은 리스크 프레미엄을 측정해서 이를 의사결정 분석에 통합시키는 방법을 연구해냈다. 즉 각 프로젝트의 리스크 프레미엄을 계산한 후 이를 그 각 프로젝트의 비용에 추가계상하고, 장기간 편익이 생기는 프로젝트의 경우에는 그 프로젝트의 리스크적 성격에 대한 사회적 평가를 반영할 수 있도록 할인율을 조정하는 것이다.[354]

　소심한 결정은 대개 비전문가에 의하여 내려지기 때문에, 리스크 중립성의 결여가 전문가의 눈에는 '주먹구구식 사고방식(heuristics)'과 '편견(biases)'이 불러온 비합리성으로 보이게 마련이다. 하지만, 근자의 유력한 연구에 의하면, 보통사람에게서 볼 수 있는 리스크 회피 성향은 그들이 해당 사건의 객관적 데이터로부터 합리적인 추론을 못해서 나타나는 것이 아니라 전문가들이 중시하지 않는 다른 요소에 착목하기 때문이라고 한다.[355] 가령 자가운전에 의한 여행이 비행기탑승에 의한 여행보다 더 위험함에도 불구하고 사람들은 후자의 리스크를 훨씬 크다고 느끼는데, 이는 비행기 안전에 관한 지나친 규제로 이어져 결국 모든 사람이 경제적

---

354) 그러나 공공정책 결정에 리스크 프레미엄을 반영시켜서는 안 된다는 연구도 있다. 왜냐하면 정부정책의 순편익은 불특정 다수인에게 널리 분산되므로 리스크 프레미엄이 영에 수렴할 것이기 때문이다. M&S, 97.

355) 대표적으로 Amos Tversky & Daniel Kahneman, "Judgment under Uncertainty: Heuristics and Biases," *Science* vol. 185, no. 4157, 1124－1131 (Sep. 27, 1974). 이런 연구의 법적 함의에 관해서는 Gillette & Krier, "Risks, Courts, and Agencies," *University of Pennsylvania Law Review* vol. 138, 1027 (1990).

손해를 본다는 주장이 있다. 이런 주장은 이제까지 살펴본 비용편익분석에 의하여 나온 객관적이고 과학적인 데이터에 근거해 제기되지만, 위의 유력한 연구에 따르면 이런 주장은 보통 사람이 중시하는 요소를 고려하지 아니한 잘못이 있다고 한다. 기실, 자가운전과 비행기탑승은 질적으로 상이한 행위인데, 비용편익분석은 이를 하나의 잣대로 계량하고 비교하여 결론을 도출한다. 즉, 비행기 추락에 의한 죽음과 자가운전 중 사고에 의한 죽음을 동일한 평면에서 비교하는 것이다. 하지만 사람들은 양자를 동일하다고 생각지 않는다. 사태에 대한 통제불능의 정도, 사건 발생 시의 참혹함의 정도, 사건 발생 후 사태수습의 정도 등에서 양자는 큰 차이가 있다. 일반인이 끔찍하거나 미지(未知)의 리스크에 대하여 혐오하는 것은 기댓값을 계산하지 못해서가 아니라 이런 질적 측면에서의 차이에 착안하기 때문이다. 요컨대 일반인이 무지해서가 아니라 중시하는 것이 전문가와 다른 것이다. 비용편익분석은 이런 측면을 모두 담지 못하는 한계가 있다.

6. 리스크편익분석

우리가 사는 세상은 인체에 해로운 수많은 화학합성물로 가득 차 있다. 이들이 불러오는 리스크는 극미해서 일반인들은 그 유해성을 가늠하기 어렵다.[356] 환경법과 정책은 이런 극미한 리스크를 다루는 만큼, 그에 합당한 합리적인 의사결정의 방식을 세워야 한다. 리스크편익분석은 그 대표례다. 리스크편익분석(risk-benefit analysis; "RBA")은 비용편익분석의 하위 개념으로서, 정책당국자로 하여금 정책대안을 체계적으로 평가해서 환경리스크를 감축할 수 있도록 하는 기법이다. 리스크편익분석은 유해물질에 대한 허가나 규제 시에 사용되는 정책도구이기 때문에 특히 환경법 연구자의 이해가 기대된다.

리스크편익분석은 "어떤 건강상의 리스크를 규제하는 최선의 정책은 무엇인가?"라는 질문에 대하여 비용편익분석과 동일하게 공리주의적 틀 안에서 사회적 순편익을 최대화하는 정책을 찾으려 한다. 리스크를 줄이는 정책의 비용도 비용편익분석에서와 마찬가지로 오염감축시설과 직장안전프로그램으로 인해 인상된 생산비용, 소비자후생이나 생산자잉여의 희생분 등이 있다. 차이가 있다면, 낮아진 사망률로 대표되는 리스크 감소의 편익을 계산하는 방식이 특별하다는 것이다. 기실, 건강리스크를 계량하는 것은 간단하지 않다. 유해물질에 노출되는 정도, 그 유해의 정도를 둘러싼 불확실성으로 인해 건강리스크 평가는 극히 복잡하다.

---

356) 미국에서 죽음의 확률을 100만분의 1만큼 높이는 행동으로 거론되는 것으로는, 담배 1.4개비의 흡연, 반 리터의 와인 음주, 50마일 자가운전이나 원자로로부터 반경 5마일 이내의 지역에서 50년 동안 거주하기, 마이애미 물을 1년 동안 마시기 등이 있다. M&S, 98. 환경법은 이런 극미 리스크를 다루기 때문에 법제정과 집행에 있어 불필요한 사회적 비용이 생기지 않도록 신중해야 한다.

리스크 감축으로 인한 편익을 계량하는 것은 ① 배출평가, ② 노출평가, ③ 조사량 – 반응 평가, ④ 최종평가의 네 단계를 거치게 된다. 배출평가에서는 의심되는 해당 유해물질의 환경에 배출되는 양과 이를 정책대안들이 감축하는 정도를 측정한다. 노출평가에서는 고려중인 정책대안 아래에서 인간이 해당물질에 노출되는 수준을 측정한다. 조사량 – 반응평가에서는 노출단위당 건강리스크를 측정한다. 최종평가는 가장 어려운 단계로서 각종 연구결과(병리학, 역학, 독성학, 생물학적 연구결과)를 기반으로 추론하여 해당 리스크를 평가하는데, 대체로, 노출평가에서 얻은 각종 정책대안들의 노출 수준(가령, 노출되는 사람의 수)과 조사량 – 반응평가 단계에서 얻은 노출 단위당 건강리스크(가령, 노출 시 발암 확률), 그리고 부정적 건강효과의 평가치(대개는 인명의 값)를 곱하여 각 정책대안의 편익을 계량해낸다. 그리하여 각 정책대안의 순편익(=편익 – 비용)이 계산되고 그 중 가장 순편익이 큰 정책대안이 선택된다.

PART_ 02

환경헌법

제 1 장 │ 환경법의 헌법적 기초

제1절 │ 헌법과 환경보호

Ⅰ. 헌법의 의의

헌법은 국가의 구성과 운영의 기본원리를 정하고 국민의 기본권을 보장하는 국가의 기본법이다. 이는 헌법이 개인과 (개인들로 구성된) 국가공동체 사이 그리고 개인과 개인 사이의 기본적 관계를 규율하고 있음을 말한다. 그래서 헌법에는 자연이나 환경을 위한 자리가 없었다. 자연과 환경은 언제나 똑같이 그 자리에 균형이 잘 잡힌 채로 있을 뿐, 사람들 사이의 관계에 아무런 영향을 미치지 않는 것으로 받아들여졌다. 이와 같이 자연과 환경은 오랜 동안 헌법적 논의의 대상이 아니었다.

Ⅱ. 환경보호의 헌법적 보장

1. 환경보호의 법제화

근래의 기후변화 현상이 증명하듯이, 자연은 더 이상 인간을 위하여 균형 상태로 존재하지 않는다. 국가가 그래 왔듯이, 환경도 인간과 인간사회에 엄청난 영향을 끼치기 시작한 것이다. 급기야는 환경을 보호·관리하지 않는 한 인간도 생존할 수 없고 국가도 존속할 수 없게 되었다. 이제는 환경을 법적으로 보호·관리해야 한다는 데에는 이론이 있을 수 없다.

그런데 환경을 법적으로 규율하는 것과 환경보호를 헌법적으로 보장하는 것, 즉 "헌법화(constitutionalization)"하는 것은 엄연히 별개의 문제이다. 환경에 영향을 미치는 것은 인간의 활동이므로, 환경보호도 기실 이에 대한 규율로 이루어지기 마련이다. 그렇다고 한다면 환경보호를 '공익'의 한 부류로 보아 공익보호를 위한 규제의 일환으로 환경침해행위를 법률로써 규율하면 될 일이기 때문이다.[1]

2. 환경보호의 헌법화의 필요성

그럼에도 불구하고 우리 헌법이 환경보호를 국민의 기본권의 형식으로 수용한 데에는 이유가 있다. 기후변화와 같은 지구적 규모의 환경문제, 황사나 미세먼지 등의 월경오염이나 월경 자연자원의 이용 등에서 볼 수 있듯이 환경문제는 국가간 긴장을 촉발하는 이슈, 즉 국가의 '안보' 이슈가 될 정도에 이르렀다. 또한 일반적인 환경문제가 가진 특성, 즉 심각성, 광범위성, 복잡성은 '장기적' 차원에서 모든 국민을 환경침해로부터 보호할 것을 결단하는 국가공동체의 결연하고 조율된 정치적 행동을 요구하게 되었다. 다시 말해 환경보호는 정치적으로 최상의 층위에서 그것을 보장하는 문서를 필요로 할 만큼 중요해진 것이다.

3. 헌법화의 이점

환경보호의 헌법화란 ① 정치사회가 환경보호의 중요성을 최고 형식의 법규범으로 승인하는 것이다. 헌법은 **최고의 법규범**이고 거기에 수록된 가치는 모든 법률, 행정입법, 판결에서 존중받아야 한다. 의회는 환경보호 법률을 제정하여야 하고, 정부는 환경을 보호하기 위하여 환경에 영향을 끼치는 행위나 작용을 적극적으로 규율할 수 있는 권력행사에 대한 정당성을 확보하게 되며, 사법부는 환경관련 법령을 심사하는 데 있어 실체적인 법해석 원칙을 제공받게 되는 것이다.[2] ② **장기적 관점**에서 필요한 환경보호조치 역시 가능하게 한다. 장기적인 환경보호를 위해서는 분절적인 입법만으로는 부족하다. 안정적이고 강력한 정당성을 확보한 헌법적 원리를 바탕으로 한 입법이 요구되는 것이고, 오직 그럴 때 원리에 터 잡은 조화로운 환경법체계가 성립할 수 있다. ③ 환경 이슈가 제기되는 그때그때마다 입법을 위한 과반수를 확보해야 하는 수고를 덜 수 있다.[3] 헌법화를 통해 **정치과정의 변덕으로부터 절연**되어 입법을 지도하는 원리로서 자리매김할 수 있게 된다. ④ 헌법의 경계 안에서 이루어지는 각종 환경보호조치 사이에 매끄러운 조율을 가능하게 한다. 환경보호를 헌법화함으로써 그렇지 않았다면

---

1) 우리 헌법도 "국민의 모든 자유와 권리는 국가안전보장·질서유지 또는 공공복리를 위하여 필요한 경우에 한하여 법률로써 제한할 수 있"다고 규정하여 일반적 법률유보조항을 갖고 있다(헌법 §37② 전단).

2) Richard O. Brooks, "A Constitutional Right to a Healthful Environment," *Vermont Law Review* vol. 16, 1063, 1106 – 1107 (1992).

3) E. Brandl & H. Bungert, "Constitutional Entrenchment of Environmental Protection: A Comparative Analysis of Experiences Abroad," *Harvard Environmental Law Review vol. 16*, 3 (1992).

분절적으로 이루어졌을 환경보호조치를 **통합·조정**하는 계기를 마련할 수 있다. 말하자면 헌법 규정은 환경법과 정책을 지휘하는 포괄적인 기본틀을 제공하는 것이다. ⑤ **시민의 참여를 조성**할 수 있게 된다. 헌법규정은 시민의 알 권리와 참여권을 정초하고 환경보호에 관한 문화적·교육적 역할을 담당하여, 시민들이 참여할 수 있는 동기를 부여한다. 그리고 헌법규정은 모범적 시민상을 상징적으로 규정하는 효과가 있어 시민의 공론을 모으고 행동을 안내하는 역할 역시 수행한다.[4] ⑥ **국가간 환경보호조치의 조율**을 촉진한다. 주지하다시피 대부분의 환경문제는 월경적일 뿐만 아니라, 유럽연합의 예에서 볼 수 있듯이 각국의 헌법과 국제법 사이의 상호의존성은 점증하는 추세에 있다.

4. 비교법적 검토 및 우리 헌법의 규정

2000년을 기준으로 세계적으로 100개 이상의 국가가 환경보호를 헌법화한 것으로 알려져 있다.[5] 이는 지구적 차원에서 환경보호의 절박함에 대한 공감의 수준을 보여주는 수치이다. 물론 헌법화되어 있다 하더라도 그 의미에 관해서는 불확정성이 존재하는바, 그 해석은 헌법상 관련규정의 문언이나 문장구조 및 헌법 전체 체계 내에서의 위치 등에 따라 달라질 것이다.

우리 헌법은 환경보호를 기본권 형식으로 규정함과 동시에 국가와 국민의 의무로도 규정하고 있다. 이에 관해서는 후술한다.

제2절 | 헌법의 지도이념

I. 헌법의 지도이념의 의의

우리 헌법의 '지도이념(regulative idea)'은 자유민주주의이다. 헌법의 지도이념이란 국가의 존재방식과 가치질서의 기본에 관한 국민적 합의이다. 그것은 헌법이 지향하는 이념이자, 헌법이 개별 규정들의 단순한 집합을 넘어 법규범의 유기적인 체계로서 작동할 수 있도록 헌법의 규정을 총체적으로 지도·규율하는 기본원리이다. 헌법은 국법체계의 정점(頂點)에 위치한 최고규범이다. 따라서 헌법의 지도이념은 일반성의 측면에서 가장 높은 층위에 있고 그런 만큼 규율밀도는 낮을 수밖에 없다. 다시 말해 헌법의 지도이념은 헌법 전문과 본문 중에 일반·추

---

4) Tim Hayward, *Constitutional Environmental Rights*(이하, "CER"), Introduction (2005).
5) Hayward, CER, 22.

상적으로 배어있는 것이다.

헌법의 지도이념이 가지는 규범적 의의는, ① 개개의 헌법규정을 이념적으로 규율함으로써 헌법이 일관되고 통합적인 법체계이자 가치질서로 작동하게 하고, ② 입법권의 범위와 한계를 정하고 입법정책을 향도하며, ③ 대통령과 행정부처가 법과 정책을 집행하는 과정을 통어(通御)하고, ④ 사법부(법원과 헌법재판소)가 헌법과 법령을 해석함에 있어 기준으로서 기능하는 데 있다.[6]

따라서 헌법의 지도이념은 우리 헌법상 국민의 환경권과 환경보호의무의 내용 및 효력을 규율하고, 이를 구체화하는 의회의 환경보호 입법을 향도하며, 행정부 및 사법부에 의한 환경법 해석 및 집행을 지도하고 그 한계를 설정한다. 다시 말해 헌법상 환경권은 자유민주주의라는 우리 헌법의 지도이념이 마련해놓은 기본틀 안에서 작동하게 되는 것이다.

Ⅱ. 헌법의 여건

환경문제를 비롯하여 정치사회에서 발생하는 각종 문제는 대립·경쟁하는 '가치'의 '상충'이 빚어내는 갈등이다. "나는 어떻게 살아야 하는가?" 또는 "우리 공동체는 어떤 모습이어야 하는가?"에 관하여 사람들은 저마다 자기 나름의 생각이 있고 이들 생각들은 일치하지 않는다. 이처럼 생각이 다른 것은 사람마다 아끼는 가치가 상이(相異)하기 때문인데, 기실, 오늘날 벌어지는 사회문제, 특히 각종 정부정책을 둘러싸고 일어나는 분쟁은 이런 불일치로 인하여 생기는 갈등이다. 환경문제도 예외가 아니어서 환경 이슈에 관련된 시각의 차이는 모두 대립하는 가치 — 가령 개발 *v.* 보전, 보전(保全; conservation) *v.* 보존(保存; preservation), 시장가치 *v.* 비시장가치 — 가 상충하여 발생하는 문제이다.

헌법은 이처럼 상이한 가치관을 가진 사람들이 자유롭고 평등한 도덕적 행위자로서 하나의 국가공동체 내에서 평화롭게 살아갈 수 있도록 이에 필요한 국가의 존재방식과 가치질서에 관하여 합의한 사회계약이다. 헌법의 지도이념은 이렇게 탄생한 헌법을 관통하는, 각각의 부분을 엮어 일체를 이루게 하는 핵심가치이자 기본원리이다.

---

6) 憲決 1996.4.25. 92헌바47은 "헌법의 기본원리는 헌법의 이념적 기초인 동시에 헌법을 지배하는 지도원리로서 입법이나 정책결정의 방향을 제시하며 공무원을 비롯한 모든 국민·국가기관이 헌법을 존중하고 수호하도록 하는 지침이 되며, 구체적 기본권을 도출하는 근거로 될 수는 없으나 기본권의 해석 및 기본권제한입법의 합헌성 심사에 있어 해석기준의 하나로서 작용한다. 그러므로 이 사건 심판대상조항의 위헌 여부를 심사함에 있어서도 우리 헌법의 기본원리를 그 기준으로 삼아야 할 것"이라고 판시하였다.

Ⅲ. 자유민주주의

우리 헌법의 지도이념은 자유민주주의(liberal democracy)이다. 환경이나 생태계만을 생각하는 사람들로 구성된 사회라면 근본생태주의(deep ecology)나 사회적 생태주의(social ecology) 혹은 여성생태주의(feminist ecology)를 지도이념으로 삼을 수도 있을 것이다. 혹은 경제체제를 중심으로 헌법이념을 생각한다면 "시장환경주의(market environmentalism)"나 생태마르크시즘(eco-marxism)을 떠올릴 수도 있다. 그런데 우리 헌법은 다양한 가치가 상쟁하는 여건 하에서 개개인이 스스로 삶의 방식을 선택할 수 있는 자유를 보장하는 한편으로, 우리 사회가 그 의사를 결정하는 방식에 관하여서는 민주주의를 받아들여 자유민주주의를 채택하고 있다. 아무리 환경보호가 중요하다고 하더라도 그것 역시 자유민주주의라고 하는 헌법의 이념에 의하여 지도되어야만 한다.

1. 자유주의

자유민주주의의 한 축인 자유주의는 가치의 다원성(多元性)과 통약불능성(通約不能性)을 전제로 한다. 사람들이 간직한 다종다양한 가치는 어떤 더 크고 보다 포괄적인 하나의 가치로 환원시킬 수 없으며(다원성) 하나의 잣대로 평가하여 서열화할 수 없다(통약불능성). 이는 사람들이 동일한 사물, 사건, 관계 등을 받아들이고 평가하는 방식, 즉 가치판단방식이 저마다 다를 수 있음을 의미한다. 종교적 다원성이 종교의 자유를 가능하게 하였듯이, 가치의 다원성과 통약불능성은 자유주의를 가능하게 하며, 자유주의는 다시 자유민주주의(liberal democracy)의 토대가 된다.

자유주의가 **인간을 목적으로 대하고 그 자율성을 존중하는 것**은 사람들로 하여금 저마다 자신이 원하는 가치와 삶의 방식을 추구할 수 있도록 하기 위함이다. 우리 헌법은 이를 위하여 자유주의를 기본원리로 명시하고 각종 기본권을 천명하고 있다. 환경권이 효과적으로 구현되기 위해서는 그것이 자유민주주의를 지탱하는 확립된 기본권과 함께 '헌법'에 수록되어야 한다.[7]

2. 민주주의

가치의 다원성과 통약불능성은 가치판단에 있어서 오직 하나의 '정답'이 있을 수 없음을 함의한다. 좌우의 이념 대립, 낙태의 허용 여부, 핵 리스크에 대한 안전성 논란 등 각종 사회적

---

7) Hayward, *CER*, 2.

논제에 참여한 사람들이 합의에 이르지 못하는 것은 각각의 논제에 대하여 실천이성에 터 잡은 추론이나 심의가 부족해서가 아니다. 사람들이 저마다 다른 가치관을 가지고 있고 또한 자신의 가치판단방식의 우월함을 믿고 있기 때문이다. 유감스럽지만 가치는 다원적일 뿐만 아니라 이를 통약하는 것은 불가능하다.

경쟁하는 가치(판단방식)들이 통약불능이라면 그 중 어느 하나의 '선택'은 불가피하다. 개인의 선택을 그의 자율에 맡긴다면(자유주의), 사회는 이런 개인의 선택을 결집해 사회의 선택으로 만들어내는 의사결집의 방식이 필요하게 된다. 이때 가치의 통약불능성을 수용한다는 것은 이 선택을 전문가에게 맡길 수 없음을 의미한다. 가치의 통약불능성이란 가치판단에 있어서 모두에게 타당한 하나의 정답이 있을 수 없음을 뜻하기 때문이다.

우리 헌법은 이러한 **사회적 선택을 결정하는 방식으로 민주주의를 채택**하고 있다. 민주주의는 기본적으로 국가공동체의 의사를 다수결로써 결정하는 '다수'의 지배(*democracy*)를 의미한다. 다시 말해 가치관의 상쟁이 빚어내는 도덕적 불확정성을 사회는 감내할 수 없기 때문에 다수자(多數者)의 의사를 가지고 이를 매듭짓는 것이다. 사회구성원들은 이로써 일인독재로부터 벗어나게 된다. 심의민주주의의 경우, 구성원들의 선호의 결집(結集)보다는 그들 사이의 숙고(熟考)와 심의(審議)를 강조하는 경향이 보이기도 하지만 그럼에도 불구하고 그 개념의 중핵이 다수의 지배에 있음은 부정할 수 없다.

3. 자유민주주의

(1) 자유민주주의의 의의

다수결주의는 자칫하면 소수자(少數者)에 대한 "다수자의 전제(tyranny of the majority)"로 변질될 위험이 있다. 자유주의는 국가가 민주적으로 구성·운영될 때 야기될 수 있는 다수자의 전제를 방지하고 소수자의 권리를 보호하기 위하여 존재한다. 말하자면 민주주의가 국가의 구성·운영에 있어 '견인차'로서 작동하는 이념이라면, 자유주의는 그 탈선을 막는 '향도'로서 작동하는 이념이다.[8] 그리하여 헌법재판소는 자유민주적 기본질서를 "모든 폭력적 지배와 자의적 지배 … 를 배제하고, 다수의 의사와 자치·자유·평등의 기본원칙에 바탕한 법치국가적 통

---

8) 자유민주주의의 독일식 버전인 "민주적 법치국가(demokratische Rechtsstaat)"는 자유민주주의와 달리 견인차 이념이 법치국가이고 향도 이념이 민주주의다. 말하자면 방점이 민주주의가 아니라 법치국가에 찍혀 있다. 이에는 나치스 독일에서 발생한, 실패한 민주주의의 뼈저린 역사적 경험이 반영되어 있다. 독일에서 헌법재판소의 영향력이 큰 것도 이런 배경에서 이해할 수 있다. Ernst-Wolfgang Böckenförde가 정확히 지적했듯이, 독일의 헌법재판이 성공한 것은, 이차대전에서의 패전과 나치의 유대인 학살에 대한 반성이 독일 사회를 유례없을 정도로 동질화(同質化)시켰기 때문이다. Ernst-Wolfgang Böckenförde, *State, Society and Liberty* (J.A. Underwood trans., Oxford: Berg, 1991).

치질서"라고 판시하였다.[9] 요컨대 우리 헌법의 지도이념인 자유민주주의는 국민의 자유와 권리를 평등하게 존중하면서 다수의 의사에 의거한 국민의 자기결정을 토대로 국가를 구성·운영하는 것을 말한다.

(2) 자유민주주의의 구현

자유민주주의를 구현하기 위해서는 여러 하위 원리와 제도가 필요하다. 헌법재판소에 의하면, "기본적 인권의 존중, 권력분립, 의회제도, 복수정당제도, 선거제도, 사유재산제와 시장경제를 골간으로 하는 경제질서 및 사법권의 독립 등"이 자유민주주의를 구체화한 것이다(憲決 1990.4.2. 89헌가113(全裁)).

환경법과 관련해 특히 주목을 요하는 것은, '기본적 인권의 존중'과 '사유재산제와 시장경제를 골간으로 하는 경제질서'이다. 인간의 존엄성 존중을 바탕으로 하는 기본적 인권의 보장은 자유민주주의 개념의 중핵이다. 특히 정치적 기본권은 민주주의를 지탱하는 기둥이고, 고전적 기본권, 즉 생명·자유·재산권은 자유주의의 초석이다. 그런데 우리 헌법은 자유경쟁에 입각한 시장경제질서를 골간으로 하면서도 소득의 적정한 배분, 경제력 남용의 방지, 경제의 민주화 등 사회정의의 실현을 지향하는 사회국가적 요소를 가미하고 있다. 여기서 주의할 점은 사회국가적 요소가 자유민주주의를 전제로 하고 있다는 점이다.

(3) "녹색국가"

환경주의자 중에는 자유민주주의를 대체하기 위하여 다양한 환경적·생태적 대안을 제시하는 경우가 있다.[10] 이는 오늘날 비등점을 향해 치닫고 있는 환경문제에 대하여 갖게 된 심각한 문제의식의 발로로서, 가령 에커슬리는 생태적 문제를 관리하는 데 있어 노정되는 자유민주주의 및 그 주역인 국민국가의 한계를 비판하고 녹색민주국가(green democratic state)를 대안으로 제시하고 있다.[11]

녹색민주국가는 ① 문화적 다양성과 점증하는 지구적 생태문제에도 불구하고 정당성을 유지함과 동시에 ② 자연보호를 흔쾌히 받아들일 수 있는 헌법구조를 가지고 있는 국가를 말한다. 녹색민주국가는 "생태적 책임을 떠안는 국가성(ecological responsible statehood)"이 녹아들어 있는 방식으로 국가를 통치하는 관행을 축적하고자 한다. 통치이데올로기인 생태민주주의는 녹색민주국가의 역할을 생태계의 후견인이자 초국경적 민주주의의 촉진자로 규정한다.

---

9) 憲決 1990.4.2. 89헌가113(全裁). 이는 독일연방헌법재판소의 견해이기도 하다. 동재판소는 자유민주주의를 "모든 폭력적 지배와 자의적 지배를 배제하고, 그때그때의 다수의 의사와 자유 및 평등에 의거한 국민의 자기결정을 토대로 하는 법치국가적 통치질서"라고 판시하였다. BVerfGE 2, 1[12]; BVerfGE 12, 45[51].
10) 우선은 Tim Hayward, *Ecological Thought: An Introduction*, ch. 5 "Ecological Politics" (1994).
11) Robyn Eckersley, *The Green State: Rethinking Democracy and Sovereignty* (2004)

녹색국가나 생태민주주의는 환경적 측면에서만 보면 여러 장점을 가지고 있지만, 우리 헌법이 이를 수용할 수는 없다. 자유민주주의라고 하는 지도이념에 부합하지 않기 때문이다. 적어도 현 체제 하에서는 인간을 중심으로 국가가 구성되고 운영될 수밖에 없고, 환경보호노력도 그 한계 내에서 이루어져야 하는 것이다.

Ⅳ. 형식적 법치주의와 실질적 법치주의

1. 형식적 법치주의

(1) 형식적 법치주의의 의의

민주주의는 형식적 법치주의를 파생한다. 형식적 법치주의는 시민의 자유와 권리를 보장하기 위하여 국가작용을 의회가 제정한 '법률'에 구속되도록 한다. 헌법 제37조 제2항은 "국민의 모든 자유와 권리는 국가안전보장·질서유지 또는 공공복리를 위하여 필요한 경우에 한하여 법률로써 제한"할 수 있다고 규정하고 있는바, 따라서 공공의 안녕·질서유지를 위하여 국민의 자유와 권리를 제한하는 공권력의 발동은 반드시 법률에 터 잡아야 하고, 이때의 법률은 국회가 제정한 형식적 법률이어야 하며, 예외적으로 법률에서 구체적으로 범위를 정하여 위임한 경우에 한하여 위임입법의 형식을 띨 수 있을 따름이다. 여기서 법률이라 함은 국민에 의하여 민주적으로 선출된 의회가 제정한 가장 민주적인 형식의 법규범을 말한다.

환경보호를 위한 국가작용도 국민의 권리의무에 영향을 미치는 한 법률에 그 바탕을 두어야 함은 물론이다.

(2) 법치행정의 원리

형식적 법치주의는 민주성을 실현하기 위하여 여러 하위 원리를 두고 있다. 즉, 국민의 권리의무를 규율하는 법규를 새로이 제정하는 것은 국민의 대표인 입법부의 전권이고(**법률의 법규창조력**), 법률의 형식으로 표현된 국가의사는 법적으로 다른 모든 국가작용(행정·사법)보다 상위에 있고 특히 행정은 법률에 저촉될 수 없으며(**법률의 우위**), 국민의 권리의무에 영향을 미치는 행정권의 발동에는 법률의 근거를 요한다(**법률의 유보**). 국민의 자유 및 재산의 범위를 획정하는 것은 오로지 입법권에만 유보하고, 행정권은 단지 그 획정된 범위 내에서만 활동할 수 있게 하는 것이다.

형식적 법치주의가 의회에서 제정된 법률에 이러한 지위를 부여하는 것은 공적 영역에서 각 개인의 도덕적 판단이 상쟁하면서 생길 폐해가 너무 크기 때문에 이를 방지하기 위해서다.

형식적 법치주의는, 가치관이 상이한 사람들이 상호작용하는 공공영역을 규율해야 할 규범에 관하여 개개인의 실천적 가치판단을 차단할 힘을 의회제정법에 부여하고, 나아가 무엇이 그런 법률에 해당하는가에 관한 인정 기준을 실체적인 도덕상의 판단과는 독립해서 설정한다. 요컨 대 국가 안에서 공동생활의 편의를 누리기 위해서는 가치의 상쟁을 잠재울 어떤 '매듭'을 필요 로 하는데, 형식적 법치주의는 그 매듭으로서 민주적 절차를 거친 다수자의 결정, 즉 법률을 선택한 것이다.

의회제정법에 이러한 규범력을 부여하는 것은 의회가 국민에 의하여 직접 선출된 대표들 로 구성되어 있고 법률의 제정 과정에 국민의 목소리가 반영되기 때문이다.[12] 의회는 민주적 정통성의 측면에서 행정부나 사법부에 비하여 우위에 있다. 법규명령이나 행정규칙, 행정청의 개별 결정이 법률에 비하면 부족한 규범력을 가지는 것도 그 각 제정자와 제정과정이 민주적 정통성의 측면에서 법률보다 열위에 있기 때문이다.

2. 실질적 법치주의

형식적 법치주의가 법규범 제정과정의 민주화라면, 실질적 법치주의는 법규범 내용의 자유 화이다. 형식적 법치주의가 국민의 권리를 절차적으로 보장하는 것이라면, 실질적 법치주의는 국민의 권리를 실체적으로 보장하는 것이다. 그리하여 판례는 "오늘날의 법치주의는 국민의 권리·의무에 관한 사항을 법률로써 정해야 한다는 형식적 법치주의에 그치는 것이 아니라 그 법률의 목적과 내용 또한 기본권 보장의 헌법이념에 부합되어야 한다는 실질적 적법절차를 요구하는 법치주의를 의미"한다고 한다.[13] 실질적 법치주의는 구체적으로 법령이나 국가작용 의 내용이 헌법, 그 중에서도 특히 기본권 규정에 부합할 것을 요구한다.

환경보호를 위한 법령 및 국가작용 역시 헌법에 부합해야 함은 물론이다. 우리 헌법은 적 극적으로는 환경법이 담아야 할 내용(헌법상 환경권)을, 소극적으로는 환경법이 담아서는 안 될 내용(헌법상 제약)을 함께 규정하고 있다고 할 수 있다.

(1) 환경권과 환경법을 위한 헌법상의 기본원리

헌법은 모든 국민의 "건강하고 쾌적한 환경에서 생활할 권리"를 보장하면서, 그 "내용과 행사"에 관한 사항은 법률에 유보하고 있다(§35①). 따라서 의회는 환경보호에 관하여 광범위 한 입법재량을 가지고 있으나, 그렇다고 해서 적법절차를 통과한 법률이면 무슨 내용이든 담

---

12) 자세한 것은 拙稿, "행정의 고유권한: 경찰권 발동의 법적 근거에 관한 단상을 글감으로 하여," **서울대학교 法 學** 제59권 제4호, 1, 11 – 14 (2018. 12.).
13) 憲決 1992.2.25. 90헌가69, 91헌가5, 90헌바3(병합)(全裁).

을 수 있는 것은 아니다. 국민 개개인은 헌법상 건강하고 쾌적한 환경에서 생활할 권리를 가지는 만큼 사실상 이를 형해화(形骸化)하는 입법이나 입법부작위는 위헌의 멍에를 지게 될 것이다. 자세한 내용은 후술한다.

(2) 환경권과 환경법에 대한 헌법상의 제약

환경보호가 아무리 중요하더라도 환경법의 목적과 내용은 기본권을 보장하는 헌법의 이념에 부합되어야 한다. 그런데 헌법상 기본권에는 환경권만이 있는 게 아니고, 표현의 자유, 일반적 행동의 자유, 경제활동의 자유, 재산권 등 다양한 기본권이 있으며, 국가는 개인이 가지는 불가침의 인권을 확인하고 보장할 의무를 진다(헌법 §10).

환경법 실무상 주로 문제가 되는 것은 입법부작위나 과소규제(過小規制)가 아니라 환경보호에 지나치게 치우친 나머지 국민의 다른 기본권이나 다른 공익을 침해하는 경우이다.

가. 공익에 의한 환경권의 제한

환경권이 다른 공익(국가안전보장·질서유지·공공복리)과 충돌할 경우에는 기본권제한의 법리에 따라 해결해야 한다. 따라서 환경권의 제한은 국가안전보장·질서유지·공공복리를 위하여 필요한 경우에 한하여 비례의 원칙에 따라 이루어져야 한다. 그러나 환경권의 내용과 행사는 법률에 유보되어 있기 때문에, 다른 공익에 의한 환경권 제한이 문제가 될 가능성은 매우 낮다. 환경권을 구체화하는 법률을 제정할 때 의회는 부여받은 광범위한 입법재량을 행사하여 환경권과 여러 공익을 조화롭게 보호할 수 있기 때문이다.[14]

나. 환경권과 다른 기본권의 충돌과 경합

환경권이 여타의 기본권과 충돌할 경우에는 기본권충돌에 관한 법리에 따라 해결해야 한다. 기본권 충돌이란 다수의 기본권 주체들이 각자 자신의 목표를 실현하기 위하여 상충(相衝)하는 기본권의 적용을 국가에 대하여 요구하는 것이다. 환경권은 대개, 아래에서 보는 바와 같이, 재산권과 충돌한다. 판례는 **이익형량의 원칙**에 입각하여 **규범조화적 해석**을 도모함으로써 이 충돌을 해결하려 한다. 즉 두 기본권이 서로 충돌하는 경우에는 "헌법의 통일성을 유지하기 위하여 상충하는 기본권 모두가 최대한으로 그 기능과 효력을 나타낼 수 있도록 하는 조화로운 방법이 모색되어야 할 것"이고, 결국은 이익형량의 원칙에 따라 두 기본권 사이에 적정한 비례를 유지해야 한다(憲決 1991.9.16. 89헌마165).

---

14) 기본권 제한에 관한 이론 중 "이중기준론"이 있다. 이는 경제적 자유에 대한 정신적 자유의 우월적 지위를 인정하여 그 제한을 특히 엄격하게 해야 한다는 이론이다. 우선은 長谷部恭男, 比較不能な價値の迷路, 第7章 それでも基準は二重である! (1999) 참조.

기본권 사이의 위계(位階)를 정하는 것은 쉽지 않지만, 판례는 소수의 사례에서 이를 시도하고 있다. 즉 기본권들의 우열은 쉽사리 단정할 성질의 것은 아니지만(憲決 1999.6.24. 97헌마265), 인간 존엄성 실현에 불가결하고 근본적인 자유는 더욱 강하게 보호되어야 하는 반면, 인간의 존엄성 실현에 있어서 부차적이고 잉여적인 자유는 공익상의 이유에 따라 보다 더 광범위한 제한이 가능하다(憲決 1999.4.29. 94헌바37등). 그리하여 판례는 혐연권이 흡연권보다(憲決 2004.8.26. 2003헌마457), 학생의 학습권이 교원의 수업권보다 상위의 기본권이라 판단한 바 있다(大判 2007.9.20. 2005다25298).

한편 일각에서는 **재산권 등에 대한 환경권우위론**(優位論)을 제기하기도 하지만,[15] 의문이다. 환경권우위 주장을 보면 대개 환경침해로 말미암아 생명이나 건강에 위험이 초래되는 경우를 거론한다. 그런데 이 경우 재산권과 상충하는 것은 엄밀히 말하면 환경권이 아니라 생명권이나 건강권으로 보아야 한다. 왜냐하면 환경권과 생명·건강권이 경합하는 경우와 같이 단일의 기본권 주체가 국가에 대하여 동시에 여러 기본권의 적용을 주장하는 **기본권의 경합**의 경우에, 판례는 "사안과 가장 밀접한 관계가 있고 또 침해의 정도가 큰 주된 기본권을 중심으로" 그 침해 여부를 살피기 때문이다(憲決 1998.4.30. 95헌가16). 그런데 환경권이 생명·건강권과 경합하지 않는 경우라면 환경권이 고전적 기본권 중 하나인 재산권보다 우위에 있다고 단언하기 어렵다. 재산권이 생명권이나 자유권과 함께 최초의 인권 반열에 오를 수 있었던 것은, 그것이 재산 또는 경제활동의 밑바탕이 될 뿐만 아니라 신앙(종교)의 자유의 초석으로서 인식되었기 때문이다. 다시 말해 재산권은 인간의 가장 근저적(根底的)인 자유인 정신적 자유를 가능하게 하는 것으로 인식되었던 것이다.[16]

① 자유권

모든 국민은 인간으로서의 존엄과 가치를 가지며, 행복을 추구할 권리를 가진다. 따라서 모든 국민은 자신이 원하는 행동은 무엇이든 자유로이 할 수 있고 자신이 원하지 않는 행동은 하지 않을 수 있는 일반적 행동자유권을 가진다.[17] 환경권을 실현하기 위한 환경법은 자유권과 상충할 가능성이 있는데, 환경법은 환경을 침해할 소지가 있는 행동을 제약하기 때문이다. 그러나 환경법이 모든 국민을 대상으로 중립적이고 평등하게 규제하는 한 자유권 침해가 문제될 가능성은 희소하다. 국가와 국민은 환경보전을 위하여 노력해야 할 헌법상 의무를 지고

---

15) 소위 "그린벨트" 사건의 결정인 憲決 1998.12.24. 89헌마214 등(全裁)에서 재판관 이영모의 반대의견("모든 국민이 건강하고 쾌적한 환경에서 생활할 수 있는 환경권(헌법 제35조)은 인간의 존엄과 가치·행복추구권의 실현에 기초가 되는 기본권이므로 사유재산권인 토지소유권을 행사하는 경제적 자유보다 우선하는 지위에 있다."); 권영성, 646 – 647.

16) 자세한 것은, James M. Buchanan, *Property as a Guarantor of Liberty* (1993) 참조.

17) 憲決 1993.5.13. 92헌마80은 일반적 행동자유권을 행복추구권의 한 내용으로 본다.

있기 때문이다(헌법 §35①).

다른 한편, 환경법이 특정한 활동에 대하여 규제한다면, 당해 환경규제는 헌법상 환경권 규정만으로는 부족하고 헌법에서 요구한 기본권 제한의 요건을 충족시켜야 한다. 즉 국가안전 보장·질서유지 또는 공공복리를 위하여 필요해야 하고 공익이 필요한 정도와 자유가 침해되는 정도 사이에 비례의 원칙이 지켜져야 하며 그러한 경우에도 자유의 본질적 내용을 침해해서는 안 된다. 그런데 이와 같은 논점이 제기되는 경우는 환경규제가 대체로 자유권보다는 재산권을 제약하는 경우이다.

② 재산권

환경법은 환경침해의 우려가 있는 국민의 활동을 제약함으로써 결과적으로 그들의 재산권을 제한하게 되며, 때로는 특정한 사람들의 재산권을 사실상 수용하는 결과를 초래하기도 한다. 그런데 재산권은 생명·자유권과 함께 우리 헌법이 보장하는 가장 고전적인 기본권이다(헌법 §23①, 제1문). 재산권의 내용과 한계는 법률에 유보되어 있고(동항 제2문) 그 행사 또한 공공복리에 적합해야 하지만(동조 ②), 국가가 국민의 재산권을 수용·사용하거나 제한하려면 공공필요가 있어야 하고 적법절차에 따라야 하며 정당한 보상을 지급해야 한다(동조 ③). 따라서 환경법도 헌법상 재산권을 존중해야 한다.

헌법재판소는 대표적인 환경보전을 위한 지역·지구제인 '개발제한구역', 즉 "그린벨트" 사건에서 다음과 같은 중요한 결정을 한 바 있다(憲決 1998.12.24. 89헌마214 등(全裁)). 요컨대, 특정한 지역·지구제로 인하여 토지를 종래의 목적으로도 사용할 수 없게 되는 경우 보상규정이 없는 한, 당해 규정은 토지소유자의 재산권을 과도하게 침해하는 것으로 위헌이 된다.

첫째, 헌법상의 재산권은 토지소유자가 이용가능한 모든 용도로 토지를 자유로이 최대한 사용할 권리를 보장하는 것을 의미하지는 않으며, 입법자는 중요한 공익상의 이유로 토지를 일정 용도로 사용하는 권리를 제한할 수 있다.

둘째, 토지의 개발이나 건축은 합헌적 법률로 정한 재산권의 내용과 한계내에서만 가능한 것일 뿐만 아니라 토지재산권의 강한 사회성 내지는 공공성으로 말미암아 이에 대하여는 다른 재산권에 비하여 보다 강한 제한과 의무가 부과될 수 있으나, 그렇다 하더라도 다른 기본권을 제한하는 입법과 마찬가지로 비례성원칙을 준수해야 하고 재산권의 본질적 내용인 사용·수익권과 처분권을 부인해서는 안 된다.

셋째, 개발제한구역을 지정하여 그 안에서는 건축물의 건축 등을 할 수 없도록 하고 있는 도시계획법 제21조는 헌법 제23조 제1항, 제2항에 따라 토지재산권에 관한 권리와 의무를 일반·추상적으로 확정하는 규정으로서 재산권을 형성하는 규정인 동시에 공익적 요청에 따른 재산권의 사회적 제약을 구체화하는 규정인바, 개발제한구역의 지정으로 인한 개발가능성의 소멸과 그에 따른 지가의 하락이나 지가상승률의 상대적 감소는 토지소유자가 감수해야 하는 사회적 제약의 범주에 속하는 것으로 보아야 한다. 구역지정 당시의 상태대로 토지를 사용·수익·처분할 수 있는 이상, 구역지정에 따른 단순한 토지이용의 제한은 원칙적으로 재산권에 내재하는 사회적 제약의 범주를 넘지 않는다.

넷째, 개발제한구역 지정으로 인하여 토지를 종래의 목적으로도 사용할 수 없거나 또는 더 이상 법적으로 허용된 토지이용의 방법이 없기 때문에 실질적으로 토지의 사용·수익의 길이 없는 경우에는 토지소유자가 수인해야 하는 사회적 제약의 한계를 넘는 것으로 보아야 하며, 이 경우에도 아무런 보상없이 이를 감수하도록 하고 있는 한, 비례의 원칙에 위반되어 당해 토지소유자의 재산권을 과도하게 침해하는 것으로서 헌법에 위반한다.

다섯째, 입법자가 도시계획법 제21조를 통하여 국민의 재산권을 비례의 원칙에 부합하게 합헌적으로 제한하기 위해서는, 수인의 한계를 넘어 가혹한 부담이 발생하는 예외적인 경우에는 이를 완화하는 보상규정을 두어야 한다. 재산권의 침해와 공익간의 비례성을 다시 회복하기 위한 방법은 헌법상 반드시 금전보상만을 해야 하는 것은 아니며 지정의 해제 또는 토지매수청구권 제도와 같이 금전보상에 갈음하거나 기타 손실을 완화할 수 있는 제도를 보완하는 등 여러 가지 다른 방법을 사용할 수 있다.

한편 판례는 재산권의 본질적 내용인 사적 유용성(有用性)이 전면 부인되는 경우로 '자연보전지구' 지정과 '자연환경지구' 지정을 예시하고 있다.[18] 전자의 경우는 자연경관과 생태계를 그대로 보존하는 것을 주된 목적으로 삼고 있으므로 토지소유자가 산림을 경제적으로 활용할 수 있는 일체의 행위가 금지되며, 후자의 경우는 동 지구 안에 위치하는 '나대지'의 경우에도 기존 건축물의 증축·개축만 허용될 뿐 신축을 할 수 없으므로 나대지 소유자에게는 구역지정으로 인하여 토지의 이용이 사실상 폐지되는 효과가 발생한다.

③ 소급입법에 의한 환경규제

헌법은 소급입법에 의한 재산권 박탈을 금하고 있다(헌법 §13②). 그런데 환경법 중에는 과거에 벌어진 환경오염행위에 대해서까지 책임을 묻는 경우가 있다. 이는 행위자가 행위 당시 예측할 수 없었던 책임을 부과하는 것으로, 자칫하면 신뢰보호의 원칙에 반하고 법적 안정성을 깨뜨릴 우려가 있다.[19]

판례는 소급입법에 의한 책임추궁의 위헌성을 심사하기 전 선결문제로서 토양환경보전법

---

18) 憲決 2003.4.24. 99헌바110, 2000헌바46(병합)(全裁). 이 사건은 자연공원법 제4조에 의한 국립공원지정이 가져온 토지재산권 제한의 위헌성을 다룬 것인데, 위헌결정의 정족수가 모자라 합헌결정을 선고한 사례이다.
19) 憲決 2004.7.15. 2002헌바63은 소급입법에 의한 재산권 박탈이 위헌이라는 이유로 신뢰보호와 법적 안정성을 들고 있다. 大判 1993.5.11. 92누14984도 마찬가지다.

이 법 제정 이전의 토양오염에 대해서도 소급하여 적용된다고 판시하였다.[20] 이어서 판례는 소급입법을 '진정(眞正)소급입법'과 '부진정(不眞正)소급입법'으로 나누고,[21] 후자는 재산권을 박탈하는 소급입법에 해당하지 않는다고 본다.[22] 어쨌거나 소급입법의 위헌성 여부 판단에서 요점은 소급입법으로 침해되는 기득권과 그로 인해 얻을 수 있는 공익을 비교형량하는 것이다.[23]

그런데 구 토양환경보전법 제10조의3 제3항은 오염된 토지의 소유자·점유자·운영자, 양수자, 인수자에게도 토양오염에 대한 책임을 부담시키고 있는바, 특히 동 조항 시행 이전의 양수자에게까지 이러한 책임을 부담시켜 오염원인자의 인적 범위를 시적으로 확장하였다. 憲決 2012.8.23. 2010헌바28은 토양오염이 과거에 시작되어 위 조항의 시행 당시 계속되고 있는 상태라면 이는 종료되지 않고 진행과정에 있는 사실에 해당하므로 위 조항은 부진정소급입법으로서 종래의 법적 상태를 신뢰한 자들에 대한 신뢰보호의 문제를 발생시킬 뿐, 헌법상 소급입법금지원칙에 위배되지 않는다고 판시한 후, 동 조항은 "예측하기 곤란한 중대한 제약을 사후적으로 가하고 있으면서도, 그로 인한 침해를 최소화할 다른 제도적 수단을 마련하고 있지 않으므로" 동 조항이 추구하는 공익만으로는 신뢰이익에 대한 침해를 정당화하기 어렵다고 결정한 바 있다. 기실, 환경오염책임법제가 정비되기 이전의 토양오염에 대해서는 민법상 불법행위에 해당하는 선까지만 책임을 부담한다는 데 대하여 일반적인 신뢰가 존재하였고, 폐기물에 대한 공법적 규제가 시작된 1970년대 이전에는 자신이 직접 관여하지 않은 토양오염에 대해서 공법상의 책임을 부담할 수 있음을 예측하기 어려웠다. 요컨대 소급입법의 위헌 소

---

20) 大判 2009.12.24. 2009두12778. 이는 동법의 부칙에서 별다른 경과규정을 두지 않은 점과 동법이 심각해지는 토양오염에 대하여 강력하게 대처하기 위하여 제정되었다는 입법배경에 터 잡은 해석이다.

21) 진정소급입법은 이미 종료된 사실관계 또는 법률관계에 새로운 법률을 적용하게 하는 입법이고, 부진정소급입법은 현재 진행중인 사실관계 또는 법률관계에 새로운 법률을 작용하게 하는 입법이다. 이러한 해석론에 대해서는, 진정·부진정소급입법 모두 과거의 사건을 규율한다는 점에서는 아무런 차이가 없는데 양자를 구별하는 근거가 의문시되고, 진정·부진정소급입법의 구별이 객관적으로 명확한 것이 아니어서 조작적이거나 자의적일 수 있다는 비판이 제기되고 있다. 헌법재판소 역시 이러한 구별에 신중한 태도를 보이고 있다(憲決 1995.10.26. 94헌바12). 이 판례에서 헌법재판소는 "소급입법을 진정·부진정으로 나누는 척도는 개념상으로는 쉽게 구분되나 사실상 질적 구분이 아닌 양적 구분으로, 단순히 법기술적 차원으로 이루어질 가능성이 있으나 현재로서는 이를 대체할 새로운 대안을 찾기 어려우므로 종전의 구분을 유지하도록 한다."라고 결정한 바 있다.

22) 진정소급입법은 개인의 신뢰보호와 법적 안정성을 내용으로 하는 법치국가원리에 의하여 특단의 사정이 없는 한 헌법적으로 허용되지 않는 것이 원칙이고, 다만 일반적으로 국민이 소급입법을 예상할 수 있었거나 법적 상태가 불확실하고 혼란스러워 보호할 만한 신뢰이익이 적은 경우와 소급입법에 의한 당사자의 손실이 없거나 아주 경미한 경우 그리고 신뢰보호의 요청에 우선하는 심히 중대한 공익상의 사유가 소급입법을 정당화하는 경우 등에는 예외적으로 진정소급입법이 허용된다고 보고 있다(憲決 1989.3.17. 88헌마1, 憲決 1989.12.18. 89헌마32·33, 憲決 1996.2.16. 96헌가2 등). 이에 반하여 부진정소급입법은 원칙적으로 허용되지만, 소급효를 요구하는 공익상의 사유와 신뢰보호의 요청 사이의 교량과정에서 신뢰보호의 관점이 입법자의 형성권에 제한을 가하게 된다고 본다(憲決 1989.3.17. 88헌마1, 憲決 2008.7.31. 2005헌가16 등).

23) 이창희, **세법강의**, 58 (2018).

지를 없애려면, 재산권 보장에 관하여 형성된 국민 개개인의 '신뢰 보호'와 안전하고 지속가능한 토양환경의 확보라는 '공공필요'를 균형 있게 반영하여 세밀하게 조정된 제도를 설계하여야 한다. 잠재적 책임자에 관하여 세부적인 면책규정을 두는 것은 좋은 예시이다.

제 **2** 장 │ 환경보호의 헌법적 보장형식

상술한 바와 같이 환경이라는 가치 혹은 환경보호라는 목표를 헌법화하는 것에는 다양한 규범적 의의가 있다. 그런데 어떤 가치나 목표를 헌법화하는 경우에도 다양한 형식이 있을 수 있다.[24] 주관적 권리로 규정하는 방식과 국가의 객관적 법질서의 구성요소로 규정하는 방식으로 대별할 수 있다.[25]

제1절 │ 객관적 법규범 형식

환경보호를 객관적 법질서의 구성요소로 규정하게 되면, 이는 헌법에 의하여 헌법의 경계 내에서 인정되는 법규범이 되므로 입법·행정·사법을 직접적으로 구속하게 된다. 하지만 환경 보호로 얻게 되는 이익을 개인의 권리로 규정하지는 않기 때문에 개인이 그에 기하여 소(訴)를 제기하기는 힘들다. 오히려, 환경보호를 객관적 법규범으로 규정하게 되면, 이는 사회 전체 가 나갈 방향, 즉 사회정책이 되므로 국민 개개인이 자신의 기본권을 행사하는 데 제약요소로서 작용한다. 따라서 국민이 국가의 환경보호활동으로 얻게 되는 이익은 (국가에 대하여 주장할 수 있는) 권리가 아니라 (국가의 행정작용으로 얻게 된) 반사적 이익으로서의 성격을 띠게 되는

---

24) 미국의 주헌법이 환경보호를 헌법화한 형식은 다양하다. 즉 주정부 헌법들은 그 규정형식에 따라 공공정책규 정형식, 권리선언형식, 공공신탁규정형식, 재정지원규정형식, 주의회권한제한형식 등으로 구분된다. 자세한 것 은 Brooks(註2), 1104; Robert A. McLaren, "Comment, Environmental Protection Based on State Constitutional Law: A Call for Reinterpretation," *University of Hawaii Law Review* vol. 1, 123, 128-148 (1990) 참조. 규정형식 이외에도 권리의 정의, 권리의 주체, 창설된 의무의 내용, 또는 권리실현방식의 차이에 따라 주헌법의 환경권 규정을 유형화하는 것이 가능하다. Brooks(註2), 1104.
25) 우선은 Tobias P. van Reenen, "Constitutional Protection of the Environment: Fundamental (Human) Right or Principle of State Policy?," *South African Journal of Environmental Law and Policy vol. 4*, 269 (1997) 참조.

것이다. 객관적 법규범으로 규정하는 형식으로는 헌법 전문의 이념, 헌법상 국가목표, 헌법상 국가의 의무, 헌법상 제도보장 등이 있다.

I. 헌법 전문의 이념

헌법 전문(前文)에 추상적 이념으로 환경 또는 환경보호를 천명할 수도 있다. 어떤 목표나 가치를 전문에 삽입하는 것, 즉 전문화(前文化)는 그 목표나 가치를 최고 층위의 일반성을 띤 법규범으로 만드는 것인데, 규범밀도는 일반성과 반비례의 관계가 있으므로 낮아질 수밖에 없다. 따라서 구체적 사건에서 국민 개개인의 권리·의무를 정하는 재판규범으로서 사용될 가능성은 그 만큼 낮아지는 것이 일반적이다.

그런데 프랑스헌법은 환경보호를 전문에 수록하면서도 구체적 내용을 담는 새로운 방식을 선보이고 있다. 즉 프랑스는 2005년 환경헌장을 헌법 전문에 편입시키는 헌법개정을 하였는데, 환경헌장은 1975년 이후 제정된 환경 관련 법률에 나타난 기본 원칙을 확인하고 있는 10개 조항으로 구성되어 있다. 이 헌장의 헌법적 효력은 헌법재판과 행정법원의 일반재판을 통해 확인되고 있다.[26]

II. 헌법상 국가목표

환경보호는 국가목표조항((Staatszielbestimmung)의 형식으로 헌법화될 수도 있다.[27] 가령 독일 기본법 제20a조(자연적 생활기반의 보호)는 "국가는, 장래의 세대에 대한 책임 하에, 헌법적 질서의 테두리 내에서 입법을 통해, 그리고 법률과 법에 정해진 바에 따라 집행 및 사법을 통해 자연적 생활기반과 동물을 보호한다."라고 규정하고 있다. 국가목표조항은 일차적으로 입법부를 향하고 있지만, 법적 구속력을 가지고 있기 때문에 모든 국가기관을 구속한다. 따라서 국가목표조항이 행정부와 사법부에서 해석지침이 되는 것은 물론이다. 그리고 국가목표조항에 의하여 부과된 국가과제를 실현하는 방법과 시기는 입법자에 위임되어 있기는 하나, 국가목표 조항에 반하는 법률은 위헌이 된다. 이렇게 볼 때 국가목표조항은 국민에게 주관적 권리를 부여하지 않는 점을 제외하고는 기본권이 가지고 있는 대부분의 기능을 수행한다.[28]

---

26) 전훈, "환경법 기본원칙의 헌법적 수용: 2005년 프랑스 환경헌장의 내용과 시사점," **환경법연구** 제39권 제2호, 119 (2017).
27) 국가목표조항에 관한 국내문헌으로는 고문현, **헌법상 환경조항에 관한 연구**, 27 – 33 (서울대학교 박사학위 논문, 1999).
28) 환경권 조항을 폐지하고 국가목표조항으로 개정하자는 목소리로는, 정극원, "헌법체계상의 환경권," **헌법학연구** 제15권 제2호, 423 (2009); 한국헌법학회, 2006년 헌법개정연구회의 최종보고서 [헌법개정연구], 22면.

III. 헌법상 의무

일반적으로 권리는 항상 의무를 동반하지만 의무는 권리를 동반하지 않을 수 있다(이를 권리와 의무의 "기우뚱한 관계"라 한다). 환경보호를 국민의 주관적 공권으로 규정하게 되면, 개인은 국가를 상대로 자신의 이익을 위하여 국가의 작위나 부작위를 요구할 수 있는 권리를 가지고 국가는 그에 상응한 의무를 부담하게 된다. 다시 말해 국민 모두에게 주관적 공권을 부여하면, 이는 국가가 국민 개개인에게 그에 상응하는 의무를 지게 됨을 의미하는 것이다.[29]

반면, 헌법이 국가의 의무만을 규정하면, 국가는 의무를 부담하지만 그 의무가 향하는 대상은 국민 개개인이 아니고 국민 전체가 되는바, 국민 개개인은 이런 국가의 의무를 이행하라고 청구할 수는 없게 된다. 다시 말해 주관적 공권의 대응물로서의 의무는 시도 때도 없이 제기되는 국민 개개인의 청구에 대하여 일일이 응답해야 하는 것이므로 국가로서는 어떤 부담을 지게 될지 미리 예측할 수 없게 된다. 반면, 국가의 의무만을 규정하는 경우에는, 국가는 이런 국민 개개인의 청구에 의하여 좌우되지 않고 국민의 선호, 국가의 재정, 국제 정세 등을 고려하면서 당해 의무의 이행 정도를 계획하고 조정할 수 있게 되는 것이다.

IV. 헌법상 제도보장

기본권이 주관적 공권인 반면, 제도보장은 객관적 법규범이다. 제도보장은 지방자치제도나 직업공무원제도와 같은 "객관적 제도를 헌법에 규정하여 당해 제도의 본질을 유지하려는 것으로서, 헌법제정권자가 특히 중요하고도 가치가 있다고 인정되고 헌법적으로 보장할 필요가 있다고 생각하는 국가제도를 헌법에 규정함으로써 장래의 법발전, 법형성의 방침과 범주를 미리 규율하려는" 것이다(憲決 1997.4.24. 95헌바48).

제도보장은 기본권과 결부되어 나타나기도 하지만 이는 우연적인 것일 뿐, 개념상 기본권과 연계되어 있는 것은 아니다. 또한 기본권의 보장은 '최대한 보장의 원칙'이 적용되는 것임에 반하여, 제도보장은 "기본권보장의 경우와 달리 그 본질적 내용을 침해하지 아니하는 범위 안에서 입법자에게 제도의 구체적인 내용과 형태의 형성권을 폭넓게 인정한다는 의미에서 '최소한 보장의 원칙'이 적용될 뿐"이다(憲決 1997.4.24. 95헌바48). 말하자면 입법권은 제도보장에 관하여 보다 큰 입법형성의 재량을 가지는 것이다.

정치공동체에 따라서는 환경보호체제가 역사적·전통적으로 확립되어 있을 수 있어서 이를

---

29) 이를 "권리의무의 대응관계 명제"라고 한다. 김도균, **권리의 문법**, 7 (2008).

헌법에 제도보장으로 규정할 수도 있을 것이다.[30] 하지만 제도보장은 기본권보장보다 개인의 이익보호에 있어 약한데, 이는 개인이 제도보장 그 자체만을 근거로 국가를 상대로 소를 제기할 수 없기 때문이다. 제도보장이 입법·행정·사법 모두를 직접 구속하는 법규범이지만, 개인의 권리를 보장하는 규범이 아니기 때문에 제도보장의 침해만을 이유로 헌법소원을 제기할 수는 없다.[31]

제2절 | 주관적 권리 형식

우리 헌법은 국민이 환경보호를 통해 얻을 수 있는 이익을 주관적 공권으로 규정하고 있다. 주관적 권리 형식은 헌법적 명령을 담을 수 있는 가장 엄격한 형식이다. 특히 실체적 기본권으로 보장되면, 환경에 대한 사회적 관심과 그 중요성을 그만큼 인정해주는 게 되고 다른 사회적 기본권에 비견할 수 있는 지위를 획득하게 된다. 그리하여 단기적인 경제적 이익에 휘둘리기 십상인 의회의 의사결정과정에서도 그만큼 더 큰 비중으로 다루어지게 된다. 국가의 환경보호의무와의 차이점은 환경권이 국민 개개인에게 국가의 의무이행 실패에 대한 법적 구제수단을 제공할 수 있다는 점에 있다. 요컨대 주관적 권리 형식은 국가로부터 더 큰 배려를 기대할 수 있게 한다. 따라서 주관적 권리 형식으로 보장하기 위해서는 개인적 차원의 근거가 더욱 필요하고 그런 만큼 더욱 엄격한 요건이 요구된다. 즉, 더욱 강력한 정당화가 필요한 것이다.

Ⅰ. 비교헌법적 고찰

그런데 2000년을 기준으로 환경보호를 헌법화하고 있는 100여 개의 나라 중 절반 정도가 헌법상 환경권을 규정하고 있다고 한다.[32] 여기서 착목해야 할 점은 부국강병을 자랑하는 선

---

30) 학설 중에는 소비자보호운동의 보장(헌법 제124조)을 제도보장으로 보는 견해가 있다. 성낙인, 953. 마찬가지로 환경보호운동과 관련된 시회적 체계를 제도보장으로 인정하는 방안도 상정할 수 있을 것이다.
31) 하지만 제도보장의 내용에 따라서는 특정 기본권이 간접적으로 강화되는 경우가 있다. 이 경우에 보장된 제도의 변화에 대해서는 헌법소원이 제기될 수 있다. 憲決 1994.12.29. 94헌마201은 "지방자치단체의 폐치·분합에 관한 것은 지방자치단체의 자치행정권 중 지역고권의 보장문제이나, 대상주민들은 그로 인하여 인간다운 생활공간에서 살 권리, 평등권 … 환경권 등을 침해받게 될 수도 있다는 점에서 기본권과도 관련이 있어 헌법소원의 대상이 될 수 있다."고 판시하였다.
32) Hayward, CER, 3.

진국 대부분, 즉 프랑스를 제외한 선진 7개 국가(G7)(미국, 일본, 독일, 영국, 이탈리아, 캐나다, 호주)와 중국이 헌법에 환경권을 수록하고 있지 않다는 사실이다. 또한 헌법상 환경권을 규정한 국가에서도 환경권의 효력과 지위는 공고히 확립된 고전적 기본권, 즉 생명·자유·재산권과 같지 않다는 점이다. 기실, 헌법상 환경권을 규정한 국가들 중에는 헌법이 상징적 혹은 장식적 지위에 그치는 헌법 현실을 가진 경우가 태반이다. 반면, 헌법의 규범력을 존중하는 국가는 환경권의 형식으로 헌법화하는 데 대하여 원칙에 터 잡은 반대를 하고 있다.[33] 선진국의 헌법 현실은 우리 헌법에 수록된 환경권 규정에 수많은 논점이 도사리고 있음을 시사한다.

Ⅱ. 절차적 기본권 방식과 실체적 기본권 방식

한편, 헌법에 환경권을 수록하는 경우에도 다양한 형식이 가능하다. 환경권의 내용에 관하여 국민들 사이에 불일치가 나타나는 것은 상술한 바이고, 이런 사정으로 인하여 환경권을 순수히 절차적 기본권으로 헌법화하는 방식도 상정할 수 있다.[34] 절차권으로서의 환경권은 국민이 환경에 영향을 미치는 결정에 관한 정보를 입수할 수 있고 그 결정과정에 참여할 수 있는 권리를 말한다.[35] 절차권으로서의 환경권에는 환경정보접근권이나 재판받을 권리 혹은 환경결정참가권 등이 상정될 수 있다.

하지만 절차권으로서의 환경권은 국가에 대하여 무언가를 요구하는 데 필요한 권원은 되지 못한다. 절차에 참여할 수 있는 기회가 주어지는 한 그 절차 끝에 나온 결과에 대해서는 비록 그것이 환경보호를 위해서 필요한 수준 이하라고 하더라도 수용할 수밖에 없다.

---

33) 독일에서도 환경권을 기본권으로 규정하자는 주장이 있었으나 여러 비판에 부딪쳐 국가목표조항으로 제정되기에 이르렀다. 제기된 비판으로는, ① 현실적으로 실현성이 없는 것을 약속하지 않는 것이 헌법의 신뢰를 위하여 오히려 바람직하고, ② 독일기본법상 기본권으로 명문화할 때 발생하는 문제들을 고려하지 않을 수 없으며, ③ 환경권의 내용과 그 보호 정도를 헌법적으로 규정한다는 것은 불가능하고, ④ 환경권은 개인적 법익을 보호하기 위한 목적으로서보다는 전체의 법익을 보호하기 위한 목적으로서 중요한 의미를 가지고 있는 것이며, ⑤ 이미 환경권을 기본권으로 명시하고 있는 각주의 헌법현실을 본다고 하더라도 사회국가적 임무부과의 수준을 넘지 못하고 있고, ⑥ 국민의 높은 환경의식을 고려할 때 환경기본권에 대한 희망과 기대가 실현되지 못하는 경우에 국민의 좌절과 환경정책의 퇴보를 가져올 수 있으며, ⑦ 법적으로 무의미한 선언적 규정을 규정함으로써 주관적이고 독단적인 해석논쟁을 초래할 뿐 아니라, 이에 관한 정치적 분쟁해결을 결국 법원에 전가하게 되는 결과가 될 뿐이라는 근거 등을 들 수 있다. 고문현, "환경헌법에 관한 연구," 9면 (환경법학회 발표 논문, 1999).
34) 절차권으로서의 환경권("environmental right")에 관해서는 Dinah Shelton, "Human Rights, Environmental Rights and the Right to Environment," *Stanford Journal of International Law* vol. 28, 103, 117−121 (1991−1992).
35) 이에 관해서는 Joseph L. Sax, "The Search for Environmental Rights," *Journal of Land Use & Environmental Law* vol. 6, 93 (1990).

Ⅲ. 고전적 기본권 방식과 사회적 기본권 방식

따라서 실체권으로서의 환경권의 헌법화가 요구되는데, 여기에는 고전적 기본권 방식과 사회적 기본권 방식이 있다. 전자를 대표하는 것은 UN세계인권선언의 규정과 미국에서 시도된 연방헌법의 해석론이었다. 후자는 미국의 다수의 주(州)헌법과 우리 헌법의 규정방식이다.

1. 생명·자유권의 외연으로서의 환경권

1948년 세계인권선언은 인권으로서의 환경권을 자유·평등권과 함께 규정하고 있다.[36] 즉 인간은 "존엄과 행복한 삶을 허용하는 환경 속에서 자유, 평등 그리고 적당한 삶의 조건에 대한 기본권"을 가진다고 규정하였다.[37] 이것이 환경권 규정인지 아니면 일반적인 사회적 기본권 규정인지에 관해서는 견해가 갈릴 수 있다.

미국에서는 헌법개정을 통해 연방헌법에 환경권 규정을 수록하려는 시도가 실패하자, 환경론자들은 연방헌법상 명문의 규정이 없어도 해석상 환경권이 인정된다고 주장하였다.[38] 그 첫 번째 해석론은 연방 수정헌법 제5조와 제14조는 적법절차 없이 생명·자유·재산권을 박탈당하지 않는다고 규정하는데, 이 중 생명권(right to life)은 환경이 파괴될 경우 보장될 수 없기

---

36) 환경권이 인권의 일종으로 인정되면, 어떤 한 나라의 환경문제는 더 이상 그 나라만의 문제가 아니라 국제적인 문제가 된다. 즉, 국제인권법상 국가는 타국(他國)에 대한 관계에서 인권을 — 그 주체가 내국인이건 외국인이건 관계없이 — 존중하여야 할 의무를 지기 때문이다. 따라서 환경권을 인권으로 인정하는 것은 국제사회가 어떤 나라의 환경정책에 개입할 수 있는 길을 열어주는 의미가 있다. 예를 들면, 브라질이 아마존 밀림을 개발하는 것은 브라질이라는 한 국가의 입장에서는 경제개발을 도모하는 의미가 있다고 하겠으나, 지구 전체적인 관점에서는 엄청난 환경훼손행위이기 때문에 이를 막으려는 노력이 선진국을 중심으로 펼쳐지고 있다. 브라질은 브라질 영토 내에 있는 자원의 개발 여부에 대한 결정은 주권의 범위에 속하는 것이므로 선진국의 개입 노력을 내정간섭이자 주권침해라고 주장한다. 이런 상황에서 환경권을 인권의 일종으로 이론구성하면, 선진국들은 아마존 밀림에 사는 원주민들에게는 원시밀림이라는 환경에서 살 권리가 있고 이 권리는 인권이기 때문에 브라질은 국제사회에 대한 관계에서 이러한 인권을 보호할 의무를 부담하고 따라서 원시밀림 개발은 더 이상 브라질만의 문제가 아니라고 주장할 수 있게 되는 것이다. 자세한 것은 William A. Shutkin, "International Human Rights Law and the Earth: The Protection of Indigenous Peoples and the Environment," *Virginia Journal International Law* vol. 31, 479, 503 (1991); James McClymonds, "The Human Right to a Healthy Environment: An International Legal Perspective," *New York Law School Law Review* vol. 37, 583 (1992); Hong Sik Cho, The Public Trust Doctrine and Global Commons, 193 – 204 (J.S.D. dissertation, University of California, Berkeley, Boalt Hall School of Law, 1995) 참조.

37) Universal Declaration of Human Rights, G.A. Res. 217A, U.N. GAOR, 3rd Sess., Pt I, Resolutions, at 71, U.N. Doc. A/810 (1948)("fundamental right to freedom, equality and adequate conditions of life, in an environment of a quality that permits a life of dignity and well – being").

38) 예컨대, Pearson, "Note, Toward a Constitutionally Protected Environment," *Virginia Law Review* vol. 56, 458 (1970); Bernard S. Cohen, "The Constitution, the Public Trust Doctrine, Environment," *Utah Law Review* vol. 1970, 388 (1970) 참조.

때문에 환경보호는 양 조항이 보호하는 기본적 권리이며, 자유권도 오염된 환경으로부터의 자유를 포함한다는 것이다. 두 번째 해석론은 연방 수정헌법 제9조가 보호하는 헌법에 열거되지 않았어도 부인되거나 경시되지 않는 국민의 권리에 환경권이 포함된다는 것이다. 세 번째 해석론은 소위 "반영이론(penumbra approach)"이라는 것인데, 연방헌법에 명시적으로 규정된 권리에 대한 보장은 그 권리의 주변적 권리가 헌법에 의하여 보호되지 않으면 실효성을 잃게 되며 이들 주변적 혹은 반영적 권리는 헌법상 명시적으로 규정된 권리에게 생명력과 실체를 제공해준다는 것이다.[39] 이는 미연방대법원이 프라이버시권을 인정하면서 제시한 이론으로서, 이에 의할 때 환경권도 주변적 권리로서 인정해야 한다는 것이다. 두 번째 해석론이 헌법에 열거되지 않은 어떤 권리의 헌법적 보장 여부를 판단함에 있어 특별한 제한 없이 사회의 법관념에 기하여 결정하는 데 반해, 이 반영이론은 헌법에 열거된 권리가 묵시적으로 암시하는, 혹은 그 열거된 권리 속에 함축된 권리에 한하여 헌법적 보장의 가능성을 부여한다.[40] 많은 학자들이 환경권은 생명과 자유의 가치에 대하여 규정한 수정헌법 제5조와 제9조의 반영(半影)에 속하여 헌법상 보장되어야 한다고 주장하였다.[41] 왜냐하면 위 헌법상 열거된 생명과 자유를 유의미하게 행사하고 누리기 위해서는 사람이 건강하게 생존할 수 있어야 하고 이를 위해 환경의 보호는 필수적이기 때문이다.

그러나 세 가지 해석론은 일련의 소송에서 사법자제론을 견지한 연방법원에 의하여 모두 배척당하였다.[42] 즉, 수정헌법 제9조에 기한 환경권 주장에 대해서는 이는 기본적으로 정책결

---

39) 반영이론은 *Griswold v. Connecticut* 381 U.S. 479 (1965) 판결의 다수의견이 채택한 이론이다. 미연방대법원은 이 사건에서 산아조절 기구나 약품의 사용을 금지하는 코넷티컷주 법률을 위헌이라고 판결하면서 비록 프라이버시(Privacy)권이 미 연방헌법에 의하여 명시적으로 규정되어 있지 않지만 수정헌법 제1, 3, 4, 5, 9조가 Privacy권을 묵시적으로 보장한다고 판시하고, 혼인관계는 헌법이 보장하는 프라이버시의 범주에 속하는 바 이러한 혼인관계에 있어서의 자유스러운 결정을 침해하는 위 법률은 위헌이라고 판결하였다.

40) 반영이론은 헌법상 열거되지 않은 어떤 권리의 헌법적 보장 여부를 따질 때 그 권리에 대하여 형성된 사회의 전통이나 법관념을 보지 않는다. 즉, 그 권리에 대하여 헌법상 열거된 권리와 같은 정도의 법관념이 형성되어 있다 하더라도, 그것이 헌법상 열거된 권리에 의하여 암시되거나 그 권리와 상호보완 관계에 있지 않으면 헌법적 보장을 받지 못하는 것이다. 요컨대 반영적 권리가 헌법적 보장을 받을 수 있기 위하여서는 그 권리의 존재가 헌법상 열거된 권리의 보장을 유의미하게 하는 데 필요해야 한다. 381 U.S. 483.

41) Esposito, *Air and Water Pollution: What to Do While Waiting for Washington*, Harvard C.R.−C.L. *Law Review* vol. 5, 32, 47 (1970); Pearson(註38), 459−460; William D. Kirchick, *The Continuing Search for a Constitutionally Protected Environment*, Environmental Affair vol. 4, 515, 526 (1975).

42) *Ely v. Velde*, 451 F.2d 1130, 1139 (4th Cir. 1971); *Hagedorn v. Union Carbide Corp.*, 363 F. Supp. 1061, 1064 (N.D. W. Va. 1973); *Tanner v. Armco Steel Corp.*, 340 F. Supp. 532, 535 (S.D. Tex. 1972); *Pinkney v. Ohio Environmental Protection Agency*, 375 F. Supp. 305 (N.D. Ohio 1974); *DeShaney v. Winnebago County Dep't of Social Servs.*, 489 U.S. 189 (1989). 이 사건들은 현재 우리나라에서 진행되어 온 환경소송과 비교해보았을 때 소송이 일어나게 된 원인 및 전개과정 등, 그 사실관계의 측면에서 매우 유사하다. 자세한 것은, 拙稿, "미국 헌법상의 환경권(상)," **법조** 제479호, 74 (1996); do, "미국 헌법상의 환경권(하)," **법조** 제480호, 62 (1996) 참조.

정이어서 원고는 담당 재판부에 대하여 사실상 입법행위를 주문하고 있고 미 연방헌법은 이러한 입법행위를 입법부의 소관 사항으로 규정하고 있으므로 원고의 청구를 받아들일 수 없다고 판시하였다. 수정헌법 제14조에 입각한 환경권 주장에 대하여서는 첫째, 환경권을 인정하는 것은 수정헌법 제14조의 문면, 기원, 역사적 탄생배경에 반하므로 환경권을 인정하는 것은 헌법제정권자의 뜻에 반하는 것이고 둘째, 동조는 원고 주장의 환경권이 침해되었는지, 침해된 경우 어떤 구제책을 마련하여야 하는지에 대하여 아무런 기준도 제시하지 않고 있으며, 셋째, 사법심사 과정은 경제적 가치와 환경적 가치 사이에서 취사선택을 해야 하는, 그래서 기본적으로 정치적인 문제인 환경문제를 처리하는 데 유난히 부적합하고, 마지막으로, 환경분쟁이 재판의 대상이 되는 한 그것은 불법행위법(nuisance)의 영역에 속한다고 판시하였다.[43]

요컨대 환경보호를 위하여 기존의 기본권에 대한 창조적 해석 시도는 사법적극주의에 의존하는 경향이 있으나 이는 삼권분립의 원칙상 문제가 있을 수밖에 없다. 설사 고전적 기본권이 환경보호에 도움이 된다하더라도 그것은 파생적 결과일 뿐, 이들 기본권의 존재이유는 다른 데 있다.

2. 사회적 기본권의 일종으로서의 환경권

우리 헌법은 환경권을 사회적 기본권의 일종으로 규정하고 있다. 사회적 기본권은 심화되는 자본주의 경제체제의 모순에 대응하여 인간의 실질적 평등을 구현하기 위하여 도입된 기본권이다. 기실, 자유주의 사회에서 볼 수 있는 인간의 사회적·경제적 궁핍은 그 개인만의 문제라기보다는 자본주의 경제시스템 자체에 내재하는 부조리 때문이기도 하다. 사회적 기본권의 도입 배경에는 이런 자유주의 사회의 한계를 극복하기 위해서는 국가적 배려가 필요하다는 사회주의적 이념이 자리하고 있다. 그런 의미에서 보면 사회적 기본권은 사회적·경제적 약자를 위한 생존의 권리를 헌법화한 것이다. 그런데 이들에 대한 국가적 배려의 원천은 결국 유산자의 수입이기 때문에 사회적 기본권의 헌법화는 이들의 자유와 재산에 대한 실질적 제한이 된다. 이것이 사회적 기본권과 고전적 기본권(생명·자유·재산권) 사이의 갈등·대립의 근본 원인이다.[44]

사정이 이렇다 보니, 사회적 기본권은 고전적 기본권과 여러 측면에서 다르다. 고전적 기본권은 전(前)국가적 권리로서 **국가권력에 대한** 방어적 성격의 소극적 권리인 반면, 사회적 기본권은 후(後)국가적 권리로서 **국가의 배려를 요구**하는 적극적 권리이다. 이는 양자의 본성에

---

43) 340 F.Supp. 536-537.
44) 이것이 미국에서 환경권을 수록하기 위한 연방헌법 개정운동이 실패한 주된 이유이다. 다른 한편, 주(州)헌법 개정작업은 순조로웠는데, 그 이유는 연방정부 차원보다 주정부 차원에서 국민적 합의를 이루기 쉬웠기 때문이다. McLaren(註24), 127.

▮ 표 2-1 고전적 기본권과 사회적 기본권 비교[45]

	생명·자유·재산권	사회적 기본권
이념	자유주의	사회주의
태동시기	미국 독립 이후의 근대	1차 대전 이후의 현대
주체	인간	국민
내용	제한적 법률유보	형성적 법률유보
법적 성격	소극적 방어권	적극적 청구권
효력	• 입법·행정·사법권 구속 • 강한 규범력 • 원칙적인 대사인적 효력	• 입법·행정·사법권 구속 • 약한 규범력 • 예외적 대사인적 효력

관한 차이로서 [표 2-1]에서 보는 바와 같이 여러 측면의 상이함으로 이어진다. 대표적으로 양자의 법적 효력을 보면, 사회권은 국가의 배려를 필요로 하므로 기본적으로 입법·행정권를 향하고 있는 반면, 자유권은 국가의 간섭으로부터의 자유를 보장하는 것이므로 입법·행정권 뿐만 아니라 사법권에도 정향(定向)되어 있다. 구체적 사건의 재판에 있어서 고전적 기본권의 규범력이 사회적 기본권보다 강한 까닭이 여기에 있다.

어쨌거나 사회적 기본권의 성패는 긴장관계에 있는 고전적 기본권과의 사이에서 조화의 균형점을 찾아내 달성하는 것에 달려 있다. 자유는 최소한의 생존조건이 충족되지 않는 한 의미가 없다. 그러한 자유가 사회의 일부 계층에만 허용된다면 이는 만인의 자유가 아니라 그들만의 '특권'이 된다. 역으로, 사회적·경제적 약자에 대한 국가의 배려가 특정 계층의 특별한 희생에만 기반해서도 안 된다. 자유의 희생을 최소화하면서 만인의 평등을 도모하는 지혜를 찾아야 한다.

헌법은 자유와 평등의 최적(最適)조합의 발견과 선택을 기본적으로 입법부에게 맡기고 있다. 입법부는 광범위한 형성재량을 가지지만, 구체적 문제 상황에 즉응하여 국가 재정상태를 염두에 두고 인간의 존엄과 가치의 구현을 궁극의 기준으로 삼아 입법을 해야 한다. 환경권에 터 잡은 환경보호도 마찬가지다. 자세한 내용은 후술한다.

---

45) Cf. 성낙인, 1382.

제 **3** 장 | 헌법상 환경권

헌법상 환경권에 관해서는 여러 권의 책으로 다루어도 모자랄 만큼 수많은 논점이 있다. 환경권의 주체가 인간에 국한되는가 아니면 동물 또는 생태계 자체도 이 권리의 주체가 될 수 있는가, 정부는 환경을 침해하지 않으면 의무를 다하는 것인가, 아니면 적극적 환경보호조치를 취해야 하는가, 헌법상 환경권이 국가에 대해서뿐만 아니라 일반 사인에 대해서도 인정되는가,[46] 인정된다면 사인 상호간의 관계에도 직접 적용되는가 아니면 사법의 일반조항을 통하여 간접 적용되는가, 그리하여 환경권의 사적(私的) 권리성을 적극적으로 인정해야 하는가, 사적 권리성을 인정하면 권리침해 시에 구제방법은 무엇인가, 환경권과 재산권의 갈등을 여하히 수습할 것인가 등 수많은 고민을 해결하여야 한다.

제1절 | 환경권의 의의

I. 연혁

우리 헌법상 환경권의 역사는 일천(日淺)하다. 우리나라가 경제개발에 본격적으로 박차를 가하기 시작한 1960년대 이래로 환경문제는 급격히 심화되었고, 1980년대 들어서면서 환경문제를 헌법적 차원에서 다루어야 한다는 공감대가 형성되었다. 그 결과, 기본권으로서 환경권이 1980년 헌법에 최초로 수록되기에 이르렀다. 현행 헌법도 제35조에서 환경권을 다음과 같이 규정하고 있다.

---

46) 이 논점에 관해서는 Esposito(註41), 48－49 참조.

"제35조 ① 모든 국민은 건강하고 쾌적한 환경에서 생활할 권리를 가지며, 국가와 국민은 환경보전을 위하여 노력하여야 한다.

② 환경권의 내용과 행사에 관하여는 법률로 정한다.

③ 국가는 주택개발정책 등을 통하여 모든 국민이 쾌적한 주거생활을 할 수 있도록 노력하여야 한다."

우리 헌법에 이와 같은 환경권이 수록된 것은 종래의 고전적 기본권, 나아가 시민법적(市民法的) 기본권만으로는 현대산업사회의 환경문제에 대처할 수 없다는 문제의식의 발로였다.[47] 과학기술이 발전함에 따라 자연의 본질적 가치에 대한 인식이 바뀌고 환경보호를 위한 포괄적 조치가 인류의 생존과 발전에 필수불가결하다는 것을 깨달았지만, 기존의 기본권으로는 이를 해결할 수 없다는 문제의식이 그 밑바탕을 이룬다. 그리하여 개인에게 환경에 관한 일정한 권리를 보장하고 그 침해에 대한 법적 구제책을 마련함으로써 환경문제를 해결해야겠다는 필요성을 느끼게 된 것이다.[48]

II. 환경권의 개념

1. 광의의 환경

헌법상 환경권이 명시되어 있지만, 그 환경권의 개념과 성격에 관하여는 확립된 정설이 없다. 憲決 2008.7.31. 2006헌마711(全裁)은 "건강하고 쾌적한 환경에서 생활할 권리를 보장하는 환경권의 보호대상이 되는 환경에는 자연환경뿐만 아니라 인공적 환경과 같은 생활환경도 포함하므로(환경정채기본법 제3조), 일상생활에서 소음을 제거·방지하여 '정온한 환경에서 생활할 권리'는 환경권의 한 내용을 구성한다"라고 판시하였다. 학설은 대체로 환경권을 넓게 파악한다. 즉 환경이 오염되거나 불결한 환경으로 말미암아 건강을 훼손당하거나 훼손당할 우려가 있는 자가 책임이 있는 공권력이나 제3자에 대하여 그 원인을 예방 또는 배제해 줄 것을 요구할 수 있는 소극적 권리(협의의 환경권)뿐 아니라 청정한 환경에서 건강하고 쾌적한 생활을 누릴 수 있는 적극적 권리(광의의 환경권) 역시 포괄하는 넓은 의미로 보고 있다.[49]

하지만 광의의 환경권이 그 구성요소가 다종다양한 개별·구체적 사건에서 어떤 결과를 지

---

47) 헌법은 그것을 관통하는 자연관(自然觀)의 차이에 따라 세 가지 발전단계, 즉 뉴톤주의적 헌법, 다윈주의적 헌법, 생태학적 헌법으로 구분할 수 있다. 작금의 상황이 생태주의적 헌법으로의 전환을 요구한다는 견해로는 Brooks(註2), 1063 이하.

48) 환경권 보장의 필요성을 주장한 철학자, 생태학자, 역사학자, 자연주의자, 법학자 등의 여러 가지 이론에 관하여는 Roderick F. Nash, *The Rights of Nature: A History of Environmental Ethics*, 13–32 (1990) 참조.

49) 권영성, 644; 성낙인, 1447; 허영, 490–492.

시할 것인지는 여전히 미지수이다. 뒤에서 다루게 될 구체적 논점에 대해서는 응답자가 가진 헌법, 권리, 환경, 자연, 건강에 대한 관념의 차이에 따라 여러 가지 답변이 가능하기 때문이다. 프라이버시(privacy)권이 그랬던 것과 같이 환경권도 특정한 사건 속의 구체적 상황을 벗어나 일반적으로 정의하기란 어렵다. 이는 헌법상 환경권 규정이 불확정개념으로 구성되어 있기 때문인데, 다른 헌법상 기본권과 마찬가지로 앞으로 입법부·행정부의 헌법관행과 사법부의 헌법해석에 의하여 그 구체적 의미나 내용이 구체화될 수밖에 없다.

2. 사회적·문화적 환경권

환경권을 협의로 보는 견해는 광의설을 택하는 경우 환경권의 외연이 확장되는 것에 선을 긋기 어렵다는 우려에 바탕을 두고 있다.[50] 실제로 환경권의 개념에 문화적·교육적 환경 등에 대한 권리 역시 포함시키는 학설이 있는데,[51] 이는 환경권을 지나치게 확장한 견해이다.

전술한 바와 같이, 환경이라는 개념 자체는 모든 것을 포괄하는 성질이 있다. 그렇기에 환경권도 또한 언어관용상 '환경'이란 접미사를 붙일 수 있는 경우라면 이에 대해서도 마찬가지로 포괄해야 하는 것으로 생각하기 쉬울지도 모른다. 하지만 이와 같이 인간을 둘러싼 모든 인위적 환경을 환경권으로 포섭한다면, 환경권은 국민으로 하여금 국가를 상대로 인간이 삶을 영위하는 데 필요한 것, 나아가 삶의 질을 향상시키기 위한 것이라면 무엇이든 요구할 수 있게끔 한다고 받아들여질 것이다. 그런데 이와 같은 환경권의 과다확장은 환경권의 규범성 측면에서 결코 바람직하지 않다. 국가가 국민들의 모든 요구를 들어줄 수는 없는 것이 자명(自明)한 마당에, 이처럼 감당불가의 요소까지 모두 포괄하는 것으로 환경권을 인식하게 되면 환경권의 규범력은 도리어 그만큼 떨어질 것이고, 그 결과 정작 반드시 보장해야 할 환경권의 골자, 즉 자연환경에 대한 보호필요성마저도 희석될 수밖에 없기 때문이다. 말하자면, "과유불급"이고 "Less is more."이다.

판례 중에는 "교육환경"이나 "교육환경권"을 언급하는 것이 있는데(大判 1995.9.15. 95다23378), 여기서 말하는 교육환경은 "능력에 따라 균등하게 교육을 받기" 위한 조건(헌법 §31①)을 말하는 것이 아니라 '생활환경'의 한 측면을 강조한 것에 불과하다. 생활환경은 생활하는 사람의 목적에 따라 여러 측면을 가질 수 있음에 유념해야 한다. 요컨대 헌법상 "교육을 받을 권리"를 주장해야 할 대상이 있고, 다른 한편으로 환경권을 주장해야 할 상황이 있는 것이다.

"문화적 환경(권)"은 더욱 문제이다. 우리 헌법은 '문화국가'의 원리를 채택하고 있을 뿐(憲

---

50) Pearson은 환경권 개념을 정의하는 어려움을 인정하면서도 일응 환경권을 국민을 비합리적인 환경침해로부터 보호하는 권리로 규정하였다. Pearson(註38), 473.
51) 정재황, 534-535.

決 2004.5.27. 2003헌가1 등), 문화적 기본권을 명시(明示)하고 있지 않다. 국가는 문화국가의 원리에 따라 인간의 정신적·창조적 활동영역을 보호하고 발전시키며 개인이 문화적 생활을 구현할 수 있도록 노력해야 하지만, 이를 국민 개개인의 주관적 공권으로서 보호하고 있는 것은 아니다. 이런 여건에서 "문화적 환경"을 내세우고 이런 내용을 환경권을 통해 실현하고자 한다면 이는 문자 그대로 환경권의 남용이 될 수밖에 없다.

3. 생명권·신체를 훼손당하지 않을 권리·보건권과의 관계

생명·신체의 건강을 환경권의 본질적 내용으로 보고 이에 대하여 결정적인 위협을 주는 제한은 환경권의 본질적 내용을 침해한다고 보는 견해가 있다.[52] 그러나 환경권은 생명권과 다른 개념이고, 보건권과도 구별되는 개념이다.

인권의 역사를 보면, 인권이 가진 대의와 환경보호가 '실제적으로' 연결되어 왔음을 알게 된다. 인권유린과 환경파괴가 함께 목도되었으며, 환경운동가들은 대개 인권침해의 희생자들이었다. 기실, 물리적 환경에 대한 심각한 침해는 인권운동가들에 대한 억압과 정보접근권의 부인을 종종 동반하는 것이었다.[53] 이는 일종의 사회병리 증상으로, 특정한 정치적이고 사회경제적 조건 하에서 환경과 인권이 함께 위협받아 왔음을 증명한다. 이런 것들이 각종 지역적 이슈, 가령 난개발, 먹는 물 오염, 유해폐기물 투기 등의 이슈에서 환경주의자들과 인권운동가 사이의 연대를 촉진했던 것이다. 실제로 환경권과 고전적 자유권, 특히 생명권은 겹치는 측면이 있다. 환경에 대한 위협이 곧 생명·건강·가계(家計)·복지에 대한 위협이기도 하다는 점은 우리가 주변에서 손쉽게 경험하는 비근한 예이다.

그러나 그럼에도 불구하고 양자는 상이한 개념이다. 양자가 서로에게 있어서 각자의 목표를 달성하는 데 도움이야 되겠지만, 양자의 목표가 항상 함께 하는 것은 아니다. 양자의 연대는 실제적인 것이지 원리적인 것이 아니다. 다시 말해 생명권과 신체를 훼손당하지 않을 권리의 근거와 환경보호 사이에 내적인 규범적 연관성은 존재하지 않는다. 쾌적한 환경이 인간의 생명이나 신체의 완전성을 지키는 데 도움이 되는 것은 분명하지만, 그렇다고 해서 환경권이 인간의 생명이나 건강을 그 개념적 구성요소로 가지는 것은 아니다. 그래서 심각한 환경침해로 인하여 생명·건강이 위협받는 경우, 이를 생명·건강권에 대한 침해로 포섭해야지 환경권 침해로 포섭할 것이 아니다. 이는 (사안과 가장 밀접한 관계가 있고 또 침해의 정도가 큰 주된 기본권을 중심으로 그 침해 여부를 살피는) 기본권의 경합에 관한 법리가 적용된 결과이기도 하다. 그러나 그것보다 더욱 중요하게는, 환경권이 생명·건강권과 구별되는 독자적 기본권으로 자리

---

52) 권영성, 651.
53) Hayward, CER, 9–13.

매김하기 위하여 서로 차별화할 수 있는 개념적 골자를 가질 수 있어야 하기 때문이다. 그 결과, 국민의 생명·건강에 그다지 영향을 미치지 않는 환경공해라 할지라도 환경권의 본질적 내용(이에 관해서는 후술 참조)을 침해할 수 있는 가능성은 열려 있어야 한다.[54]

이런 논리는 보건에 대한 권리에 대해서도 동일하게 적용된다. 쾌적한 환경이 '보건에 관한 권리'의 전제조건이기도 하지만 그렇다고 해서 양 개념의 내포와 외연이 반드시 일치해야 할 필연성은 생기지 않는다. 또한 어떠한 환경침해가 국민의 생명·건강에 심대한 영향을 미쳐서 '보건에 관한 권리'의 본질적 내용까지 침해한다 하더라도 환경권의 관점에서는 그에 대한 평가가 다를 수 있는 것이다.

4. 환경권의 본질적 내용

그렇다고 한다면 헌법상 환경권을 여타의 기본권과 구별되게 하는 본질적 구성요소는 무엇인가? 이는 앞으로의 입법·행정부의 헌법관행과 사법부의 헌법해석에 달린 문제이지만, 적어도 다음의 세 가지 조건이 충족되도록 환경권이 관념화되어야만 헌법상 환경권이 실질적으로 보장된다고 할 수 있을 듯하다.[55] 첫째, 환경에 관한 결정은 그 결정에 따르는 위험과 혜택에 관한 충분한 정보를 제공받은 국민에 의하여 이루어져야 하고, 둘째, 국민은 국가로부터 환경적 위험에 대한 최소한의 실체적인 보호를 받아야 하며, 셋째, 국가는 자연환경을 보호하여 미래의 잠재력을 보존하는 데 전념하여야 한다.

Ⅲ. 환경권에 대한 헌법상 보장의 의의

우리 헌법의 환경권은 국민 개개인에게 인정된 실체적 권리이다. 상술한 대로 주관적 권리 형식은 환경가치에 대한 최강의 헌법적 헌신결정이다. 왜냐하면 주관적 공권이란 국민 개개인에게 국가에 대하여 자신을 위하여 무언가(작위 또는 부작위)를 청구할 수 있도록 수권(授權)하

---

54) 同旨, 허영, 494. 수면에 대한 인간의 필요성을 부인할 수 없지만, 그렇다고 해서 수면권이란 기본권이 있다고 단정할 수는 없다. 왜냐하면 인권침해로 볼 정도로 심한 수면부족을 일으키는 상황이 발생하면, 이미 승인되어 있는 인권, 즉 고문 받지 않을 인권의 위반으로 포섭할 수 있기 때문이다. 수면권을 이미 승인된 다른 인권과 별개의 인권으로 인정받기 위해서는 그 독자성을 뒷받침할 만한 정당화근거가 있어야 한다. 다른 한편, 시민적 권리나 정치적 권리는 환경보호에 있어서 중요한데, 이들 권리가 환경친화적 정치질서를 조성하는 데 도움이 되기 때문이다. 하지만 그렇다고 해서 이들 권리의 내용을 환경권의 개념요소로 볼 수는 없다. 그것들은 다른 기본권의 보장에도 도움이 되기 때문이다. 보건의 권리와 같은 사회적 기본권은 환경권과 보다 가까운 관련성을 가질 것이다. 양자는 인간의 복지나 역량조성과 직접적으로 관련되어 있고 서로에게 도움이 되니 말이다. Hayward, CER, 11-13. 요컨대 이들 사례가 보여주는 것은 환경권이 독자의 기본권으로 인식되기 위해서는 다른 기본권과 구별되는 독자적인 개념요소가 있어야 한다는 점이다.
55) 이는 조셉 삭스의 견해다. Sax(註35).

는 것이기 때문이다.

국가의 환경보호의무만을 규정하는 방식과 달리, 환경권은 국민에게 국가의 의무이행 실패에 대한 법적 구제수단을 제공한다. 환경권을 인정받음으로써 국민 개개인은 공해활동을 감시, 제한하고 환경 피해를 보전받을 수 있는 중요한 수단을 얻게 된다. 환경을 파괴하고 환경에 피해를 입히는 활동에는 정부 역시 관련되어 있다. 국가적으로 필요한 대형 공공사업은 정부가 주도하여 추진하여 왔고 이러한 공공사업은 그 부산물로서 환경에 피해를 입혀온 것이 사실이다. 산업사회가 성숙할수록 그들의 활동영역이 확대되어 정부의 역할을 대신하는 경우에도, 정부가 직접적인 공해활동에 참여하는 것은 아니지만 각종 인·허가, 관급계약, 정부보조금 등의 간접적 형식을 통하여 그들의 공해활동에 개입하여 온 것이 사실이다. 헌법상 환경권은 이러한 정부나 거대 사기업에 대한 강력한 견제수단을 국민에게 제공한다. 정부의 공해활동 혹은 그에 대한 인·허가는 민법상 불법행위법이나 환경행정법에 기하여 규제될 수 있지만, 이들만으로는 급변하는 환경침해활동에 대응하기에 부족한 면이 있다. 이런 상황은 포괄적 환경보호이론을 요구하게 되는데 헌법상 환경권은 포괄적 환경보호를 위한 권원(權原)으로 작용할 수 있는 것이다.

제2절 │ 환경권의 법적 성격

Ⅰ. 사회적 기본권

환경권의 성격에 관해서는 다양한 견해가 존재한다. 각설은 환경문제 혹은 환경보호의 특정한 국면에 착안하여 이론을 구성하고 있다. 다수설은 이런 측면 모두를 반영하기 위하여 환경권을 '종합적 기본권'이라 파악한다. 그러나 환경권은 사회적 기본권의 성격을 가진다고 보아야 할 것이다.

1. 학설

(1) 자유권설

자유권설은 환경권을 환경침해로 인하여 생명·자유·재산에 피해가 생기거나 생길 우려가 있는 경우에 그 침해의 예방 및 배제를 청구할 수 있는 권리라고 본다. 환경권을 생명·자유·재산의 침해로부터 자유로울 수 있는 권리, 즉 자유권으로 보면, 이는 환경권 고유의 개념적 골자를 부정함으로써 결국 기본권으로서의 독자성을 부정하는 것으로 귀결된다. 말하자면 환경권은 단지 자유권에 대한 침해의 형태가 특별한 어떤 유형을 지칭하는 것, 즉 물, 대기, 토양 등과 같은 환경매체를 통해 생명·자유·재산이 침해되는 경우에 그 생명권·자유권·재산권을 특별히 환경권이라 부르는 것에 다름 아니다.

(2) 사회권설

사회권설에 따르면, 환경권은 우리 헌법의 조문체계상 사회적 기본권의 범주에 위치해 있고, 국민이 국가에 대하여 건강하고 쾌적한 환경을 요구할 수 있는 권리로서 국가의 재정능력에 따라 그 보호정도가 결정되는 권리이므로 사회적 기본권에 해당한다.[56]

(3) 복합적 권리설

상술한 대로 환경보호는 여러 기본권과 함께 목표를 공유하면서 도움을 주고받는 "자연적 친연성(natural affinity)"을 가지고 있다.[57] 복합적 권리설은 환경보호와 다른 기본권 사이의 친연성(親緣性) 중 특정한 측면들에 착안하여 이론을 구성한다. 그리하여 제1설은 환경권을 인격권(생명·건강을 유지한 채 자유롭게 인격을 발휘할 수 있는 권리)과 생존권(국가에 의한 생활배려를 청구할 수 있는 권리)의 결합으로 보고 그 구체적 효력을 인정해야 한다고 하고, 제2설은 자유권(위법하게 환경이익을 침해당하지 않을 자유권)과 생존권(쾌적한 환경에서 생활할 수 있게 해줄 것을 국가에 청구할 수 있는 권리)의 결합으로 본다. 제2설은 생존권으로부터 비롯되는 청구권으로서 국가가 환경침해자에 대하여 공법적 규제를 해줄 것을 청구할 권리와 국가에 대하여 쾌적한 환경을 조성해줄 것을 청구할 권리를 든다. 제3설은 환경권을 자유권적 성격을 내포한 생존권적 기본권으로 본다. 이에 따르면 환경권은 행복추구권에서 파생된 생존권적 기본권이므로 그로부터 추상적 권리인 환경보호보장청구권이 인정되고 동시에 자유권적 성격도 가지므로 구체적 권리인 환경침해배제청구권 역시 인정된다고 한다. 요컨대 복합적 권리설은 환경권이 가진 소극적 측면과 적극적 측면 양쪽 모두를 포괄하기 위한 이론구성이다. 국가의 침해에 대한 방어적 측면에서는 구체적 효력을, 국가의 배려를 요구하는 적극적 측면에서 추상적 효력을, 각각 인정하는 것이다.

(4) 종합적 권리설

다수설인 종합적 권리설은 환경권이 인간의 존엄성 존중을 그 이념적 기초로 하여 여러 가지 성격을 아울러 가진 종합적 기본권이라고 본다. 이는 환경권이 환경보호와 친연성을 가진

---

56) 정재황, 534. Cf. 성낙인, 1384는 환경권이 경제생활과 직결되는 문제로만 볼 수 없고, 자유권으로서의 속성 또한 도외시할 수 없기 때문에 그 본질상 사회권의 예에 반드시 포함될 수 있을지 의문이라고 한다.

57) Michael R. Anderson, "Human Rights Approaches to Environmental Protection: An Overview," in Alan E. Boyle and Michael R. Anderson (eds.), *Human Rights Approaches to Environmental Protection* 2-3 (1996).

모든 기본권을 그 구성요소로 갖는다는 발상이다.[58] 그래서 환경권은 오염되거나 불결한 환경을 예방·배제해 달라고 청구할 수 있는 권리라는 점에서 청구권이자, 오염된 환경에서는 인간다운 생활을 할 수 없게 되므로 인간다운 생활권이기도 하고, 오염된 환경은 건강을 침해한다는 점에서 보건에 관한 권리이며, 오염된 환경은 인간의 존엄성을 침해하고 불행하게 한다는 점에서는 행복추구권에 해당하므로, 결국 환경권은 종합적 기본권이라는 것이다.[59] 생각건대 종합적 권리설은 환경권의 주된 성격을 사회적 기본권으로 보면서도 동시에 개별적인 사안에서 구체적 효력을 인정해야 할 현실적 필요성을 적극적으로 수용하기 위한 이론구성으로 보인다.

2. 판례

憲決 2008.7.31. 2006헌마711(全裁)은 다수설과 마찬가지로 다음과 같이 판시한 바 있다.

> 환경권은 건강하고 쾌적한 생활을 유지하는 조건으로서 양호한 환경을 향유할 권리이고, 생명·신체의 자유를 보호하는 토대를 이루며, 궁극적으로 '삶의 질' 확보를 목표로 하는 권리이다. 환경권을 행사함에 있어 국민은 국가로부터 건강하고 쾌적한 환경을 향유할 수 있는 자유를 침해당하지 않을 권리를 행사할 수 있고, 일정한 경우 국가에 대하여 건강하고 쾌적한 환경에서 생활할 수 있도록 요구할 수 있는 권리가 인정되기도 하는바, 환경권은 그 자체 종합적 기본권으로서의 성격을 지닌다.

3. 비판과 소결

그러나 이러한 다수설 및 판례의 태도에는 동의할 수 없다. 그 종합적 성격을 강조하는 것은 환경권의 규범력을 강화하고자 하는 의도에서 출발한 것이겠지만, 오히려 이를 약화시키고 심지어 그 독자성마저 부정하게 되는 결과를 초래할 것이기 때문이다. 또한 권리란 원래 복합적 구조를 가지는 것이기도 하다.

첫째, 전술한 대로, 환경권은 친연성을 가진 고전적·사회적 기본권과 상호부조(相互扶助)의 관계에 있다. 하지만 양자가 항상 동일한 목표를 지향하는 것은 아니다. 양자가 서로에게 도움을 주고받는 것은 실제적인 것이지 원리적인 것이 아니며, 따라서 양자 사이에 내적인 규범논리적 관련성은 없다. 이와 같이 양자가 경합하는 것이 우연이라고 한다면, 환경권이 겹치는

---

58) 허영, 489("환경권은 많은 기본권의 실효성확보를 위해서 그 보장이 불가피한 일종의 '기본권의 전제조건의 보호'로서의 의미를 가지는 … 종합적인 기본권").
59) 권영성, 646.

다른 기본권을 개념요소로 가진다고 볼 수는 없다.

둘째, 우리는 공익을 중시한다. 건전한 사회가 되려면 공익이라는 기초체력이 저변에 깔려 있어야 한다고 믿는다. 하지만 공익권이라고 하는 기본권이 존재해야 한다고 주장하지는 않는다. 기실, 인간의 존엄성, 자유권, 사회권 등 이런 저런 기본권이 모두 제대로 구현되면 공익을 실현하는 데 있어 도움이 될 것이고 그렇다고 한다면 그 모든 기본권을 포괄하는 공익권을 상정할 수 있을 텐데도 말이다. 환경권을 종합적 기본권이라고 주장하는 것은 마치 공익권을 주장하는 것과 동일한 논리로 보인다. 그런데 공익권을 주장하면 무엇이 문제인가? 권리는 "으뜸패(trump)"로서의 규범력을 가지기 때문이다. 즉, 어떤 주장(claim)이 권리(right)로 인정되는 순간, 그 주장 속에 담긴 가치지향은 그 사회에 속한 나머지 구성원들의 상충하는 주장을 잠재우는 힘을 가지게 된다.[60] 권리와 공익을 구별하는 이유는 무엇인가? 으뜸패를 모든 개인의 모든 가치지향에 인정할 수는 없기 때문이다. 권리란 오랜 세월 축적된 경험과 숙고의 결과, 그 권리에 담긴 가치·이익만큼은 권리자 이외의 사람들에 의하여 영향 받음 없이 오롯이 권리자의 처분에 맡겨져야 한다는 인류의 판단에 터 잡는 것이다. 그러나 우리 사회에 무엇이 좋은가에 관한 판단, 즉 공익판단은 다르다. 이는 사람마다 그리고 시대와 장소에 따라 달라왔고 다르며 앞으로도 다를 것이기 때문이다. 자유민주주의는 이 두 가지 측면을 온전히 담고 있다. 즉, 사회가 나아가야 할 방향에 관한 결정을 구성원들의 다수결로 정함으로써 일인 군주의 독재로부터 벗어나는 한편, 다수결로써도 건드릴 수 없는 기본권을 개인에게 인정함으로써 다수자의 전제로부터도 벗어난다. 모든 사항을 권리로 규정하면 모든 종류의 전제의 공포로부터 벗어날 수야 있겠지만, 공동생활의 편의를 누릴 기회는 전무(全無)하게 될 것이다. 개인의 권리만이 인정되는 체제는 다름 아닌 무정부주의이다. 따라서 공익의 영역(정치과정)과 권리의 영역(사법과정)은 모두 필요하며 양자 사이에는 적절한 균형이 정립되어야 한다.

셋째, 쾌적한 환경은 다른 기본권과 마찬가지로 인간의 자아실현을 위한 기본적 조건이다. 하지만 그것만으로는 다른 기본권과 차별화되는 독자의 기본권성을 인정받기에 부족하다. 가령 수면에 대한 필요성을 부인하는 사람은 없지만 수면권이라고 하는 별개의 기본권이 있다고 말하는 학자는 없다. 왜냐하면 인권남용·침해가 될 정도로 심한 수면부족을 일으키는 상황은 이미 확립되어 있는 다른 기본권 위반이 되기 때문이다. 수면방해가 강요된다면 고문 받지 않을 기본권 침해로, 공항소음 때문에 잠을 이루지 못한다면 민법상 인격권 침해로, 각각

---

60) 권리의 으뜸패 기능에 관하여는 Ronald Dworkin, *Taking Rights Seriously*, 91-92 (1977); 김도균(註29), 66, 213. 한 사람을 킹콩에게 제물로 바치면 마을 전체가 평화롭게 살 수 있다. 시도 때도 없이 내려와 인명을 살상하고 재물을 약탈하도록 두는 것보다는 정해진 시간에 한 사람씩 바치는 것이 마을 전체를 위하여 좋은 것이다. 이런 상황에서 제물로 바쳐질 운명에 처한 사람에게 생명권이 인정된다면, 마을 구성원 모두가 만장일치의 결정을 내렸더라도 권리자는 이를 잠재울 수 있는 힘을 인정받은 것이 된다.

포섭되는 것이다. 환경권도 역시 기본권으로 인식해야 하는 상황에 있어서, 이미 확립된 기본권 침해로 포섭될 가능성이 크다. 이와 같이 환경문제는 거의 항상 다른 기본권 이슈를 동반하지만, 그것과 독립된 독자적인 기본권으로서의 환경권을 주장하기 위해서는 환경권으로써만 보호되는 가치나 이익이 있어야 한다. 전술한 바와 같이 정치적 기본권이나 사회적 기본권이 환경보호를 위하여 기여하는 것은 분명하다. 예컨대 보건권의 실현을 위해서는 쾌적한 환경을 요구하게 될 것이다. 그러나 환경권이 독자적 기본권으로 인정되기 위해서는 이런 기존의 기본권을 활성화하는 것만으로는 부족한 무언가가 있어야 한다.

넷째, 환경권이 헌법상 기본권으로 규정된다고 해서 환경보호가 저절로 이루어지는 것은 아니다. 환경권이 실효성을 획득하기 위해서는 그에 상응한 의무가 상정될 수 있어야 한다. 그리하기 위해서는 환경권의 내용과 보호범위가 획정되어야 하며 사법부의 판결로써 의무이행을 명령할 수 있을 정도로 여러 요소에 대한 정식화가 필요하다.

다섯째, 환경권을 종합적 기본권으로 보는 견해는 헌법의 체계성에 부정적 영향을 끼친다. 우리 헌법은 자유권과 사회적 기본권을 구분하여 규정하고 있는바, 이런 헌법체계를 존중한다면 기본권의 자유적 내용과 사회적 내용을 원칙적으로 분리하여 각각 자유권과 사회적 기본권에 귀속시켜야 한다는 것이다.[61] 가령 교육을 받을 권리 역시 그것이 침해되지 않아야 하므로 자유권적 성격(보다 적확히는 '소극적' 성격)이 있고 따라서 이를 종합적 기본권으로 이해하는 등의 입장은, 자유권과 사회적 기본권을 서로 구분하여 보장하고 있는 우리 헌법의 해석으로서는 받아들일 수 없다는 것이다.[62]

결론적으로, 헌법상 환경권은 앞서 본 '본질적 내용'이라고 하는 실체를 가진 사회적 기본권의 일종으로 보아야 한다.

II. 추상적 권리

환경권은 추상적 권리이다. 자유권은 국가로부터의 어떠한 배려 없이도 그 자체만으로 국가권력의 침해 배제를 보장하고, 입법·행정·사법권을 구속하며, 구체화입법 없이도 바로 재

---

61) 한수웅, "헌법소송을 통한 사회적 기본권 실현의 한계," **인권과 정의** 제245호, 72 (1997.1.).
62) 권리는 원래 복합적 구조를 가진다. 이는 권리의 개념적 구조에 대한 분석 결과 나온 결론이다. W. N. Hohfeld, "Some Fundamental Legal Conceptions as Applied in Judicial Reasoning," *Yale Law Journal* vol. 23, 16 (1913). 가령 어떤 물건에 대한 소유권은 타인에 대한 방해배제청구권, 물건을 사용할 자유권, 증여할 수 있는 형성권, 소유자의 동의 없이 그 물건을 타인이 팔거나 처분할 수 있는 타인의 형성권으로부터의 면제권이 결합되어 구성된다. 자유권도 청구권(claim-right)으로서의 권리를 요소로 가지는데, 상대방으로 하여금 자유권을 침해할 수 있는 행위의 금지 혹은 부작위를 요구할 권리를 개념요소로 하는 것이다. 자세한 것은 김도균(註29), 301-303.

판규범으로서 효력을 가지는 반면, 환경권은 그 내용과 행사가 법률에 유보된 만큼 국가의 급부능력을 고려한 적극적 배려를 통해 실현될 수 있을 뿐이다. 하지만 그럼에도 불구하고 환경권이 헌법상 보장된 이상, 국가권력은 작위·부작위, 기타 여하한 형태로도 앞서 본 환경권의 본질적 내용을 침해할 수는 없다.

1. 학설

(1) 입법방침설

입법방침설 또는 프로그램적 권리설에 의하면, 환경권은 국가가 지향하는 이념을 헌법에 선언한 것으로 입법자를 향한 입법에 대한 지침을 제시한 것이다. 그리하여 국민 개개인의 관점에서 본 환경권은 말하자면 '상징적 권리'에 불과하므로 국가의 입법에 의하여 구체화될 때 비로소 국가에 대하여 환경보호를 요구할 수 있는 공권이 발생할 따름이다. 이때 그러한 공권의 내용을 어떻게 설계할 것인가는 입법재량에 속한다. 환경권의 보장과 실현에는 그 본성상 국가의 적극적 배려가 필요하고 국가의 배려는 국가의 재정상태에 의존할 수밖에 없으므로 환경권의 내용과 행사가 입법부 결정에 유보되는 것은 지극히 당연하다. 그렇다고 한다면 헌법상 환경권 규정만으로는 그 권리를 구체화시키기에는 부족하고 따라서 이를 근거로 법원에 소구할 수는 없다. 하지만 입법방침설은 환경보호를 '권리'로 명시한 헌법의 문언에 반하다는 치명적 약점을 가지고 있다.

(2) 법적 권리설

법적 권리설에 의하면 환경권은 헌법상 '권리'로 규정되어 있는 만큼 국민 개개인이 국가에 대하여 요구할 수 있는 법적 권리이고 따라서 국가는 **환경권보장의 법적 의무**를 진다. 법적 권리설 안에서도 권리로서의 규범력의 범위와 강도(強度)에 대하여 다음과 같이 견해가 갈린다.

가. 추상적 권리설

추상적 권리설에 따르면, 국민은 헌법의 문언에 따라 국가에 대하여 추상적 권리로서 환경권을 가지고, 국가는 입법·행정·사법작용에 의하여 이를 구체화할 추상적 의무를 진다. 비록 환경권을 보장하는 수단이 부족하지만 그렇다고 해서 환경권의 권리성이 부정된다고 볼 수 없다. 왜냐하면 이러한 점은 권리실현을 위하여 국가의 작위가 필요한 재판청구권이나 청원권 역시 마찬가지이기 때문이다. 하지만 환경권을 구체화하는 입법이 없는 상황에서 헌법상 환경권 규정만을 근거로는 소송을 통한 권리구제를 주장할 수 없다.

나. 원칙규범설

원칙규범설에 따르면 환경권은 국민에게 주관적 권리를 부여하기는 하지만, 이 권리는 일정한 형량을 거친 후에 비로소 확정적인 권리가 될 수 있다. 다시 말해 환경권은 제반 조건 하에서 여러 요소를 형량한 후 다양한 범위와 정도로 실현될 수 있다고 보는 것이다.[63] 그러나 헌법상 기본권은 고전적 자유권이건 현대적 사회권이건 불문하고 비록 정도의 차이가 있을 수 있지만 개별적 사건에서의 형량을 통하여 구체화되지 않는 것은 없다. 왜냐하면 헌법관행과 판례가 충분히 축적되어 확정적인 것처럼 보이는 기본권이라 하더라도 구체적 사건에서는 상대방이 항변할 때 의존하는 다른 (혹은 같은) 기본권이나 공익사항과의 비교형량을 피할 수 없기 때문이다. 따라서 원칙규범설은 환경권이 추상적 권리임을 다르게 설명한, 말하자면 추상적 권리설의 다른 모습이다.

다. (불완전한) 구체적 권리설

구체적 권리설에 의하면 환경권은 법적 권리이고 그 실현을 위한 국가의 구체적인 의무도 존재한다. 헌법재판소가 설치되고 여기에 국가의 입법부작위위헌확인소송을 제기할 수 있는 마당에, '최소한의 환경'을 요구할 수 있는 범위 안에서 구체적 권리성을 인정할 수 있지 않겠느냐는 것이다. 행정권의 작위·부작위에 의한 환경권 침해에 대하여는 행정소송에 의한 권리구제 역시 받을 수 있다고 한다. 그리하여 환경권이 비록 자유권에 버금갈 정도의 구체적 권리라고는 할 수 없어도 참정권이나 청구권적 기본권 정도의 불완전한 구체적 권리성을 가지고 있다고 본다.

2. 판례

판례는 환경권을 ① 추상적 권리로 보고, 추상적이라도 권리인 이상, ② 그 본질적 내용을 침해하면 소송을 통해 권리구제를 청구할 수 있다고 본다. 大決 1995.5.23. 94마2218은 환경권을 입법에 의하여 구체적 내용이 확정되는 추상적 권리로 본다.

> 헌법 제35조 제1항은 환경권을 기본권의 하나로 승인하고 있으므로, 사법의 해석과 적용에 있어서도 이러한 기본권이 충분히 보장되도록 배려하여야 하나, 헌법상의 기본권으로서의 환경권에 관한 위 규정만으로서는 그 보호대상인 환경의 내용과 범위, 권리의 주체가 되는 권리자의 범위 등이 명확하지 못하여 이 규정이 개개의 국민에게 직접으로 구체적인 사법상의 권리를 부여한 것이라고 보기는 어렵고, 사법적 권리인 환경권을 인정하면 그 상대방의 활동의 자유와 권리를 불가피하게 제약할 수밖에 없으므로, 사법상의 권리로서의 환경권이 인정되려면 그에 관한

---

63) 이준일, **헌법학강의**, 313 – 315 (홍문사, 2013).

명문의 법률규정이 있거나 관계 법령의 규정취지나 조리에 비추어 권리의 주체, 대상, 내용, 행사방법 등이 구체적으로 정립될 수 있어야 한다.

그것은 환경의 보전이라는 이념과 산업개발 등을 위한 개인활동의 자유와 권리의 보호라는 상호 대립하는 법익 중에서 어느 것을 우선시킬 것이며 이를 어떻게 조정 조화시킬 것인가 하는 점은 기본적으로 국민을 대표하는 국회에서 법률에 의하여 결정하여야 할 성질의 것이라고 보아야 할 것이기 때문이다.

한편 憲決 2008.7.31. 2006헌마711(全裁)은 환경권의 내용과 행사는 입법부의 결정에 맡겨져 있지만, 헌법상 환경권이 규정되어 있는 만큼 최소한 본질적 내용은 보장되어야 한다고 판시하였다.

환경권의 내용과 행사는 법률에 의해 구체적으로 정해지는 것이기는 하나(헌법 제35조 제2항), 이 헌법조항의 취지는 특별히 명문으로 헌법에서 정한 환경권을 입법자가 그 취지에 부합하도록 법률로써 내용을 구체화하도록 한 것이지 환경권이 완전히 무의미하게 되는데도 그에 대한 입법을 전혀 하지 아니하거나, 어떠한 내용이든 법률로써 정하기만 하면 된다는 것은 아니다. 그러므로 일정한 요건이 충족될 때 환경권 보호를 위한 입법이 없거나 현저히 불충분하여 국민의 환경권을 과도하게 침해하고 있다면 헌법재판소에 그 구제를 구할 수 있다고 해야 할 것이다.

3. 소결

다음과 같은 근거를 종합해 볼 때, 추상적 권리설을 취하는 판례의 태도가 타당하다.

(1) 헌법규정의 문언과 형식

현행 헌법의 환경권 규정의 문언은 헌법상 환경권이 추상적 권리임을 명정(明定)하고 있다. 헌법 제35조 제1항은 "모든 국민은 건강하고 쾌적한 환경에서 생활할 권리"를 가진다고 명시하고 있고, 제2항은 "환경권의 내용과 행사에 관하여는 법률로 정한다."라고 규정하고 있기 때문이다. 더 이상의 확실한 표현을 생각하기 어려울 정도로 명확한 표현으로 말이다. 제1항은 환경권의 권리성(權利性)을, 제2항은 그 내용과 행사가 형성적으로 법률에 유보되어 있음을, 각각 표현하고 있다. 비록 추상적이지만 그럼에도 불구하고 그 권리성을 천명했기 때문에 이를 부인하는 입법은 입법재량의 일탈·남용이 된다.

미국에는 헌법규정의 문언을 기초로 하여 당해 헌법규정의 구체적 효력 유무를 판단하는 "직접효력의 법리(doctrine of self-execution)"가 판례에 의하여 정립되어 있다.[64] 이에 의하면

---

64) 이에 관하여는 拙稿(註42), 미국 헌법상의 환경권(하), Ⅲ.B.1. 이하; Oliver A. Pollard, Ⅲ, "Note, A

구체적 효력이 있는 헌법규정은 "후속 입법을 필요로 하지 않고 즉시 효력을 가지는 규정"을 말한다. 헌법규정이 그에 의할 때 규정된 권리를 실현할 수 있고 부과된 의무를 집행하기에 충분한 규칙을 제공한다면 구체적 효력이 있는 반면, 헌법규정이 그 규정에 법적 효력을 주는 규칙을 제공하지 않고 단지 원칙만을 명시하고 있다면 그 헌법규정은 구체적 효력이 없다.[65] 이에 의할 때 우리 헌법상 환경권 규정은 국민에게 환경권을 수여하고 있으나 적용가능한 구체적 세칙(細則), 즉 권리의 주체, 대상, 내용, 행사방법뿐만 아니라 그 집행에 관한 조직, 절차, 방법, 재원조달 등에 관한 규칙을 제시하고 있지 않으며, 명시적으로 그런 사항을 후속 입법행위에 유보하고 있다.

헌법상 환경권의 구체적 권리성 여부를 논하는 실익은 국민 개개인이 헌법상 환경권 침해를 이유로 직접 헌법 규정에 의거하여 권리구제를 청구할 수 있는지 여부를 판가름하는 데 있다. 미국의 주(州)헌법들 중 우리 헌법과 유사한 내용의 환경권 규정을 가지고 있는 경우에, 이들 규정에 대하여 해당 주(州)대법원은 예외 없이 우리 판례와 같은 추상적 권리설을 취하고 있다.[66] 즉 '직접효력의 법리'에 따라 주헌법상 환경관련 조항은 그에 관한 후속 수권법이 제정되지 않는 한 즉시 효력을 발휘하지 않고 따라서 이에 기한 권리구제도 받을 수 없다는 것이 미국의 판례이다.

미국의 판례에서 더욱 주목할 점은, 비록 주헌법의 환경권 조항이 권리구제 소송에서는 구체적 효력을 가지지 못하지만,[67] 주(州)의회가 주헌법상 환경보호규정(그 규정형식을 불문한다)의 내용에 반하는 법안을 통과시킬 경우에는 그 헌법규정이 구체적 효력을 발휘한다고 보는 점이다.[68] 요컨대 주헌법상 환경관련규정은 이에 기하여 적극적으로 권리구제를 청구할 수는

Promise Unfulfilled: Environmental Provisions in State Constitutions and the Self−Execution Question," *Virginia Journal of Natural Resources Law* vol. 5, 351 (1986); Lynda L. Butler, "State Environmental Programs: A Study in Political Influence and Regulatory Failure," *William & Mary Law Review* vol. 31, 823 (1991) 참조. 동 원칙에 대한 비판에 대해서는 拙稿(註42), 미국 헌법상의 환경권(하), Ⅳ. 참조.

65) *Black's Law Dictionary*, 1360 (6th ed. 1990). 이는 다수의 판례에 의하여 확인되는 바이기도 하다. 가령 State *ex rel.* City of Fulton v. Smith, 194 S.W.2d 302, 304 (Mo. 1964) 참조.

66) 자세한 것은 拙稿(註42), 미국 헌법상의 환경권(하), Ⅲ. 이하 참조. 한편, 환경권을 헌법상의 권리로 규정한 여러 국가들은 그 규정형식과 마찬가지로 그 효력에 관하여도 각기 다른 입장을 가지고 있다. 이에 관해서는 Ernst Brandl & Hartwin Bugert, "Constitutional Entrenchment of Environmental Protection: A Comparative Analysis of Experiences Abroad," *Harvard Environmental Law Review* vol. 16, 1 (1992) 참조.

67) 주헌법상 환경조항이 구체적 효력이 없음을 판시한 주대법원 판결로는 Robb *v.* Shockoe Slip Foundation, 324 S.E.2d 674 (Va. 1985); Commonwealth *v.* National Gettysburg Battlefield Tower, Inc., 311 A.2d 588, 594−595 (Pa. 1973).

68) 예를 들면 Pederson *v.* Moser 사건에서 워싱턴 주대법원은 주헌법에 선언된 환경정책에 반하는 주법(州法)을 위헌이라고 선언하면서 모든 주헌법상의 규정은 그 규정에 반하는 법률의 집행을 배제하는 경우에 한하여 구체적 효력을 가진다고 판시하였다. 99 Wash. 2d 456, 662 P.2d 866 (1983).

없지만, 소극적으로 이에 반하는 법률이나 행위를 무효화시키는 경우에 있어서는 구체적 효력을 발휘한다.[69]

(2) 사법부의 기관적 역량

미국의 '직접효력의 법리'는 소극적인 형식("… 할 수 없다.") 또는 금지적인 형식("… 해서는 안 된다.")의 헌법규정 이외의 헌법조항 대부분에 대하여 구체적 효력을 부인하는데, 그 이유는 크게 두 가지다.

첫째는 헌법규정의 구체적 효력을 인정할 때 사법부가 겪게 되는 현실적인 어려움이다. 추상적 원칙이나 기본정책을 선언한 헌법규정의 경우에 이런 추상적인 원칙이나 정책의 천명만으로는 구체적인 사실관계에서 제기된 문제를 해결하기에는 역부족인 것이 사실이다. 따라서 사법부가 적용가능한 세칙을 만들어야 하고 경우에 따라서는 직접 집행도 해야 하는데, 이러한 작업은 사법부의 조직·예산상 감당하기 어려운 것이다.[70]

나아가, 불완전한 헌법적 명령을 법원의 판결로써 실행하는 것은 현실적으로 지난할 뿐만 아니라 바람직하지도 않다. 환경문제는 거시적 관점에서 국가의 계획을 수립하고 이를 입체적·종합적으로 집행할 필요가 있을뿐더러 국가가 수행해야 할 책무는 개개의 분쟁·사건 하나만 있는 것이 아니므로 국정 전반을 염두에 두면서 국정의제마다 균형 있게 대응해야 한다. 그런데 사법부의 조직이나 법관의 사고방식은 이러한 일에 적합하지 않다.[71] 그리고 헌법규정 자체가 구체적인 사항을 법률에 유보하는 경우는 헌법 스스로가 입법부로 하여금 구체적 사안에 적용가능한 세칙을 만들도록 미리 정한 것이다.

(3) 사법부의 민주적 정통성

두 번째 이유는 정치적인 것이다. 어떤 헌법규정은 입법부에 대한 단순한 일반추상적 지시에 불과하여 사법부가 이러한 규정에 입각하여 권리를 구제하기 위하여서는 입법부가 그 규정에 숨을 불어넣는 법, 이른바 수권법을 제정해야 하는 경우가 많다. 기실 "헌법은 본래 기본법적 원리들의 선언"이다.[72] 이러한 경우, 즉 구체적인 절차나 예산, 집행인력에 관한 규정이

---

69) 자세한 것은 McLaren(註24), 149.
70) 반론으로는, Butler(註64), 851.
71) 미연방대법원은 연방헌법규정의 직접효력 유무에 관한 최초의 사건인 Prigg *v.* Pennsylvania, 41 U.S. (16 Pet.) 539 (1842)에서 미연방헌법 제4조 제2항 [3]의 후문의 직접효력을 부인하면서, 후속입법의 도움 없이는 위 헌법규정만으로 다양한 사건에 대처할 수 없다고 판시한 바 있다. 41 U.S. (16 Pet.) 614. 위 사건에서 미연방대법원은 위 사건의 사실관계가 제기하는 여러 가지 구체적 문제에 관하여 스스로 그 해결책을 제시할 수도 있었지만, 입법부에 의한 해결이 바람직함을 인정한 것이다. 자세한 것은, José L. Fernandez, "State Constitutions, Environmental Rights Provisions, and the Doctrine of Self-Execution: A Political Question?," *Harvard Environmental Law Review* vol. 333, 337 (1993) 참조.
72) O'Neill *v.* White, 22 A.2d 25, 26 (Pa. 1941).

전무한 상태에서 사법부가 권리구제를 명하는 판결을 내리면 이는 곧 입법부에 대하여 권리구제에 필요한 입법행위를 하라고 명령하는 것이거나 혹은 입법행위 자체를 사법부 스스로 하는 것이 된다. 프로그램적 규정이 대표적인 경우인데, 이 경우에 이러한 헌법규정의 취지에 반하여 사법부가 그 구체적 효력을 인정하여 그 규정에 의거한 권리구제 청구를 받아들이게 되면 실질적으로는 입법행위가 되어 삼권분립원칙에 정면으로 반하게 된다. 또한 그런 사건에서 담당 재판관이 구체적 문제에 대한 해결책을 사용가능한 모든 법이론을 통하여 추론했다고 가정한다 하더라도 이를 집행할 예산과 집행인원 등을 뒷받침할 수는 없으며, 이런 모든 요소들을 재판관 스스로가 고안하려고 하는 것은 삼권분립원칙에 어긋나는 것이다.[73]

또한 정부의제 중에 어느 것이 얼마나 중요한가, 가령 '일자리'와 '환경보호' 중 어느 것이 중한가는 가치판단이 필요한 지극히 정치적인 문제로서 국민의 의사를 대표하는 의회에서 민주적 숙의와 토론을 거쳐 결정되는 것이 민주주의 이념에 부합한다.[74] 어떤 이슈에 관한 정치적 대화와 타협이 어려운 경우에, 어려운 정치적 선택을 피하고 이득을 챙기기 위하여 그 결정을 행정부나 사법부에 떠넘기는 소위 "상징적 입법"을 하는 경우가 있는데,[75] 이런 입법은 민주주의 이념에 반하는 것으로서 부득이한 경우에만 허용되는 것으로 제한해야 한다. 이는 추상적 입법의 경우에 사법부의 자제가 요구되는 또 다른 이유이기도 하다.[76]

요컨대, 환경권을 구체적 권리로 본다면 사법부가 헌법 제35조에 기초한 각종 소송에서 판결로써 환경권의 세부 내용을 확정해야 하는데, 이는 사법부로서는 감내하기 힘든 정치적 부담이 되고, 그럼에도 불구하고 사법부가 그 책임을 자임하면 이는 국가의사결정 원리인 민주주의와 삼권분립에 반하게 된다.

(4) 국민의 법관념

사법부는 대통령이나 의회와 같이 민주적 정통성(democratic legitimacy)을 갖지 못하고 행정부와 같은 집행력도 갖고 있지 않다. 사법부는 국민이나 타부(他府)가 그 해석의 정당성

---

73) Fernandez(註71), 338.
74) Louisiana 州대법원의 Save Ourselves, Inc. *v.* Louisana Envtl. Control Comm'n(452 So. 2d 1152 (La. 1984).) 참조. 이에 관한 평석으로는 Nelea A. Absher, "Constitutional Law and the Environment: Save Ourselves, Inc. *v.* Louisiana Environmental Control Commission," *Tulane Law Review* vol. 59, 1557 (1985).
75) John Dwyer, "Pathology of Symbolic Legislation," *Ecology Law Quarterly* vol 17, 233 (1990).
76) 이는 미국의 주헌법의 규정형식과 관련한 연혁에 의하여 뒷받침된다. 즉 미국의 판례는 주헌법규정은 특별한 사정이 없는 한 그것이 효력을 가지려면 입법부의 입법행위가 뒷받침되어야 한다는 추정을 하고 있었다. 그 후 주헌법규정은 보다 구체적인 형식으로 변화하기 시작했고, 주헌법규정이 입법행위가 있어야 효력을 발휘한다는 추정은 더 이상 설득력이 없게 되어 1948년에 이르러서는 주헌법규정은 직접효력을 갖는다는 추정으로 바뀌었고 이는 지금까지도 그대로 유효하다. 요컨대 사법부의 구체적 효력 유무의 판단이 입법관행에 큰 영향을 미친다는 사실을 주목해야 한다. 이에 관해서는 Robert F. Williams, "State Constitutional Law Processes," *William & Mary Law Review* vol. 24, 169, 201–203 (1983); Pollard(註64), 364–365 참조.

(justification)을 인정할 때에만 권위를 가질 수 있다. 사법부의 판단은 국민의 법감정이나 사회의 법문화에 부합하지 않는 한 국민의 지지를 받을 수 없고, 타부의 지지 또한 기대할 수 없다. 그렇다고 한다면 사법부가 어떤 법적 권리를 판결로써 실현하려 한다면 적어도 그 권리는 오랜 시간을 걸쳐 형성되고 발전되어 그 사회의 구성원들이 일반적으로 받아들인 가치관에 부합해야 한다. 만약 사법부가 새로운 해석을 시도하여 기존 헌법상의 권리에 관하여 일반적으로 형성된 사회통념과 배치되는 방향으로 가게 되면, 그 시도는 기존의 권리를 판결로 실현시키는 데 토대가 되었던 사법부 판단의 정당성 자체마저도 손상시킬 수 있게 된다. 국민의 법률관념, 법문화 또는 사회통념으로 표현되는 국민의 지지에 의하여 확립된 정당성만이 법원의 판단의 실효성을 보장할 수 있는 것이다.

이런 관점에서 본다면 헌법상의 환경권 규정이 구체적 효력을 인정받기 위해서는 사법부가 그 추상적 규정에 의거하여 구체적 해결책을 제시함에 있어 의지할 수 있는 국민들의 환경이나 환경권에 대한 법관념이 확고히 형성되어 있어 이를 사법적(司法的)으로 정의하는 데 무리가 없어야 한다.[77] 우리 사회가 환경문제의 심각성에 대하여는 어느 정도의 공감대를 형성한 것이 사실이지만, 환경보호에 어느 정도 힘을 기울여야 하는지, 보다 근본적으로는 보호의 대상인 '환경'이 무엇인지에 관한 기본 관념조차 정립되어 있지 않은 것이 현재의 실정이다. 고전적 기본권에 대한 국민의 법관념과 비교해보라! 우리 사회에서 공기, 물, 생태계 등 환경으로 표현되는 것들이 마음대로 쓸 수 있는 자유재가 아니라는 사상이 점차 호응을 받고 있지만 마치 동산(動産)에 대하여 소유권을 인정하듯이 환경에 대하여도 이와 유사한 일정한 권리가 인정되어야 한다고까지는 생각하지 않는다.

이러한 상태에서 추상적인 환경권 규정을 판결로 실현하려 드는 것은 적어도 사회 구성원 중 이러한 해석에 반대하는 사람들에 대하여는 판결의 정당성을 도(賭)하는 결과가 될 수밖에 없다. 그뿐만이 아니다. 자칫하면 국민의 선거에 의하여 구성되지 않았고 국민에게 직접 정치적 책임을 지지도 않는 비정치적 기관인 사법부가 권력분립의 원칙을 무시하고 법형성기능을 지나치게 발휘하여 입법부나 행정부와의 사이에 심각한 분쟁을 불러일으킨다는 비난이 쏟아질 우려가 크다.

---

77) 이런 이유 때문에 Oregon 주대법원 판사 린드(Hans A. Linde)는 "새로운 권리는, 그것이 헌법적 지위를 얻을 만하고 비록 모든 세부사항까지는 아니라도 그 내용의 의미가 국민들에 의하여 이해되고 있다고 널리 인정된 이후에만, 비로소 헌법 속에 놓여야 하고 그럼으로써 통상적인 입법적 토론으로부터 벗어나야 한다."라고 주장하였다. Hans A. Linde, "Future Directions in State Constitutional Reform," *Oregon Law Review* vol. 67, 65, 70 (1988).

(5) 법적 안정성

사법부의 결정이 사안별(case by case)로 이루어지는 점을 고려하면, 사법부에 의한 환경권 내용 결정은 법적 안정성에 대한 저해요소이기도 하다. 추상적인 내용에 대하여 입법적인 여과 없이 구체적 효력이 인정된다면, 헌법상 보장된 다른 권리에 영향을 미칠 수밖에 없다.[78] 사법부, 즉 헌법재판소와 법원의 구성원들은 한 사람 한 사람이 헌법기관으로서 그 누구로부터도 명령·통제받지 않으며 오로지 '법과 양심'에 따라 판결한다. 물론 그들은 다른 구성원들의 결정을 염두에 두면서 사법부 전체의 통일성을 기하기 위하여 스스로의 행위를 조정할 것이다. 하지만 우리가 오랜 기간 목격해 온 헌법재판소와 법원의 긴장관계를 보면, 구성원들 스스로의 행위조정에는 한계가 명확하다. 또한 사법부의 결정은 본질적으로 일이 터진 후에 수습하는 사후적(ex post)인 성격을 가진다. 국민의 입장에서는 새로운 사건이 생길 때마다 사법부의 결정을 받아야하기 때문에 예측가능성이 떨어지고 그 만큼 삶의 설계가 어려워진다.

환경침해적인 국가작용에 대해서는 그 대부분을 고전적 기본권, 즉 인간의 존엄과 가치, 행복추구권·일반적 행동의 자유, 생명권·신체의 자유, 사생활의 비밀과 자유, 재산권 등으로 제어할 수 있는바, 그렇다고 한다면 상술한 난점을 무릅쓰고 환경권을 구체적 권리로 볼 실익이 그리 크지 않을 것이다. 다시 강조하거니와 다수설이 환경권에 내재되어 있다고 주장하는 자유권적 요소는 고전적 기본권에 귀속시켜야 하고 이를 환경권을 특징짓는 요소로 볼 수 없다.[79]

(6) 정립된 환경법체계

앞서 우리나라의 환경법 발전사를 통하여 본 바와 같이, 최초의 환경법의 등장부터 현재에 이르기까지 우리 환경법체계가 정비되는 과정과 그 결과는 어느 선진국에 비해도 부끄럽지 않은 국민과 나라의 업적이다. 이는 국민의 성숙된 환경보호의식이 추동하고 환경법학계와 실무계의 선진제도에 대한 연구가 뒷받침한 결과이다. 이제는 어지간한 환경문제는 제정법에 의한 해결이 가능해서 굳이 헌법상 환경권에 의지할 필요가 없으며, 정치과정의 순발력도 뛰어나 예측치 못한 환경문제가 발생하면 입법·행정적 대응이 이루어진다. 그리하여 거의 모든 환경침해적 활동은 각종 환경행정법규에 의하여 규율되고 행정심판·소송을 통하여 교정되며, 물권법과 불법행위법 등 사법 분야에서도 환경문제에 대응하기 위한 법리가 나날이 발전을 거듭하고 있다. 그리하여 요즈음은 환경규제가 지나쳐 이를 개혁해야 한다는 것이 주된 논점으로 제기될 정도이다.

---

78) 환경권 규정의 다른 기본권과의 충돌을 극복할 수 있는 방안에 관하여는 Butler(註64), 854 – 60; Richard J. Tobin, "Some Observations on the Use of State Constitutions to Protect the Environment," *Environmental Affair* vol. 3, 473, 482 – 485 (1974).
79) 조홍석, "헌법상의 환경권 논쟁," **헌법학연구** 제2집, 204, 212(1996)

이와 같은 환경법 체계의 정비는 헌법상 추상적 규정에 터 잡은 사법부의 법형성작용을 부정적으로 보게 하는 또 하나의 근거가 된다. 기실, 환경정책적 판단은 변화하는 사회의 가치관과 수많은 새로운 정보를 수용해야 가능한데, 이 과정이 "법관법(judge-made law)"에 의하여 수행되는 것은 바람직하지 않다. 현재 제정·시행되고 있는 환경관련 공·사법은 발전을 거듭하여 수많은 새로운 정보에 즉응하고 현시대의 정신적·물질적 변화를 뒷받침하는 데 부족함이 없다. 그럼에도 불구하고 사법부가 개별적 사건에서 추상적 법이론에 터 잡아 구체적 타당성을 도모한 해결책을 내놓는 것은 일관된 법집행을 해하고 환경관련 법체계의 정비과정에 혼선을 초래할 우려가 크다.[80]

(7) 요약

요컨대 입법부의 입법행위로 환경권의 내용이 구체화되지 않는 한, 사법부가 헌법상 환경권 규정만으로 구체적 사건을 처리하는 데 기준이 될 재판규범을 안출해내는 것은 현실적으로 지난(至難)할 뿐만 아니라 가능하다고 하더라도 사법부의 약한 민주적 정통성과 부족한 기관적 역량에 비추어보면 바람직하지도 않다. 현재 환경권에 관한 우리 국민의 법관념 아래에서는 헌법상의 추상적인 환경권의 의미와 내용을 사법적으로 확정하기에 시기상조이고 따라서 사법부는 이에 관한 적절한 입법이 있을 때까지 자제적 태도를 취하여 판단의 정당성을 지키는 것이 바람직하다고 하겠다. 결론적으로, 헌법상 환경권을 추상적 권리로 새기는 것은, (그 권리성을 통하여) 사법부에게 본질적 내용을 지킬 수 있는 기회를 허용함과 동시에 (그 추상성을 통하여) 입법부에게 급변하는 사회에 적응할 수 있는 입법재량을 확보해주는 것으로서 타당한 해석이다.

제3절 | 환경권의 주체

I. 자연인

환경권은 성질상 자연인인 국민에게만 인정된다. 따라서 법인에게는 인정되지 않는다. 한편 환경권을 사회권의 일종으로 보는 한 외국인에게는 인정되지 않는 것이 원칙이다. 다만 환

---

80) 사법부의 적극적 개입은 잠재적으로 소유권의 행사가 제한될 위험에 처해 있는 이해당사자들과 자연보호론자 사이에 분쟁을 촉발하는 계기를 제공하여 자연스럽게 흘러가는 법제정과정을 소용돌이 속으로 몰아넣을 수 있고 이렇게 되면 정상적인 정책결정과정이나 입법과정이 왜곡될 수 있다. Steven M. Jawetz, "The Public Trust Totem in Public Land Law: Ineffective And Undesirable Judicial Intervention," *Ecology Law Quarterly* vol. 10, 455, 473-474 (1982).

경권의 내용과 행사가 입법부에 의한 법률에 유보되어 있는 만큼 외국인에게 인정될 여지가 전무한 것은 아니다.

Ⅱ. 미래세대

미래세대야말로 환경권의 주체라는 견해가 있다. 환경은 미래세대로부터 잠시 빌린 것이란 구호가 이를 웅변한다. 그러나 아직 태어나지 않은 인간은 권리능력이 없다고 보아야 한다. 그렇게 보아야 하는 것은, 미래세대는 자신의 선호 혹은 도덕관념을 표현할 방법이 없기 때문이다. 미래세대의 대표자를 자임하는 사람은 자신의 선호를 미래세대의 그것인 마냥 포장하여 말할 뿐이다. 요컨대 미래세대는 현세대에게 어떤 주장도 할 수 없고 따라서 그들의 권리주체성은 부인되어야 마땅하다. 판례도 마찬가지 태도이다.[81]

Ⅲ. 동물 및 자연 그 자체

大決 2006.6.2. 2004마1148, 1149는 "천성산 일원에 서식하고 있는 도롱뇽목 도롱뇽과에 속하는 양서류로서 자연물인 도롱뇽 또는 그를 포함한 자연 그 자체로서는 소송을 수행할 당사자능력을 인정할 수 없다"고 판시하였다. 이는 동물과 자연 그 자체가 기본권의 주체가 될 수 없음을 전제로 하고 있는 판결이다.

제4절 | 환경권의 효력

Ⅰ. 대국가적 효력

헌법 제35조 제1항이 명시한 대로, 모든 국민은 환경권을 가지며 국가는 환경보전의무를 진다. 환경권은 기본권인 동시에 국가권력에 대한 객관적 규범 내지 가치질서로서의 의미를 가지며, 객관적 가치질서로서의 환경권은 입법·행정·사법의 모든 국가기능의 방향을 제시하는 지침으로서 작용하므로 국가기관에게 기본권의 객관적 내용을 실현할 의무를 부여한다(憲

---

81) 서울行判 2001.7.25. 2000구12811은 새만금사업과 관련하여 처분 당시 태어나지 않거나 18세 미만으로 미성년자이었던 원고들("미래세대")이 농림수산부장관의 고유수면매립면허처분과 새만금간척종합개발사업시행인가처분에 대하여 취소를 구한 소송에서 원고적격을 부인하였다.

決 1995.6.29. 93헌바45). 따라서 헌법상 환경권은 국가에 대하여 **직접적용되어** 모든 국가권력, 즉 **입법·행정·사법권을 구속**하는 효력이 있다. 국가권력의 환경권 보호의무는 (환경권이 추상적 권리이므로) 의회입법에 의한 구체화가 예정된 **추상적 의무**이다. 다만 환경권은 추상적이어도 엄연히 권리이므로 그 **본질적 부분**을 침해할 수 없으며, 이 부분에 관한 한 국가권력은 **구체적 의무**를 진다.

그리하여 입법부는 환경권의 내용과 행사에 관하여 구체적인 입법으로 정할 의무를 지고 있지만, 이에 대해서는 광범위한 입법재량을 가진다. 물론 입법재량에도 일정한 한계가 따른다. 헌법재판소는 입법부작위에 의한 환경권 침해의 가능성을 인정하고 있다. 즉, 헌법 제35조 제2항의 취지는 헌법상 환경권을 입법자가 그 취지에 맞게 법률로써 내용을 구체화하도록 한 것이지 환경권이 완전히 무의미하게 되는데도 그에 대한 입법을 전혀 하지 않거나, 어떠한 내용이든 법률로써 정하기만 하면 된다는 것은 아니다. 그러므로 일정한 요건이 충족될 때 환경권 보호를 위한 입법이 없거나 현저히 불충분하여 국민의 환경권을 과도하게 침해하고 있다면 헌법재판소에 그 구제를 구할 수 있다고 보아야 한다(憲決 2008.7.31. 2006헌마711(全裁)).

헌법에 반하는 입법부작위가 성립하기 위해서는, 헌법에서 기본권 보장을 위하여 ① 법률에 명시적으로 입법위임을 하였음에도 입법자가 이를 이행하지 아니한 경우이거나 ② 헌법해석상 특정인에게 구체적인 기본권이 생겨 이를 보장하기 위한 국가의 행위의무 내지 보호의무가 발생했음이 명백함에도 불구하고 입법자가 아무런 입법조치를 취하지 아니한 경우에 해당해야 한다. 憲決 2017.12.28. 2016헌마45는, 소음진동관리법상 생활소음 규제기준과 관련한 입법부작위와 관련하여, "헌법 제35조 제1항, 제2항만으로는 헌법이 독서실과 같이 정온을 요하는 사업장의 실내소음 규제기준을 마련하여야 할 구체적이고 명시적인 입법의무를 부과하였다고 볼 수 없고, 다른 헌법조항을 살펴보아도 위와 같은 사항에 대한 명시적인 입법위임은 존재하지 아니한다. 환경권의 내용과 행사는 법률에 의해 구체적으로 정해지므로(헌법 제35조 제2항), 입법자는 환경권의 구체적인 실현에 있어 광범위한 형성의 자유를 가진다. 정온을 요하는 사업장의 실내소음 규제기준을 마련할 것인지 여부나 소음을 제거·방지할 수 있는 다양한 수단과 방법 중 어떠한 방법을 채택하고 결합할 것인지 여부는 당시의 기술 수준이나 경제적·사회적·지역적 여건 등을 종합적으로 고려하지 않을 수 없으므로, 독서실과 같이 정온을 요하는 사업장의 실내소음 규제기준을 만들어야 할 입법의무가 헌법의 해석상 곧바로 도출된다고 보기도 어렵다. 결국 독서실과 같이 정온을 요하는 사업장의 실내소음 규제기준을 제정하여야 할 입법자의 입법의무를 인정할 수 없다"고 판시하였다.

행정부도 마찬가지다. 환경보호를 위해 제정된 법률의 수권범위 내에서 광범위한 행정재량을 가지지만, 재량행사 시 환경에 대한 고려를 해야 하며 특히 환경권의 본질적 내용을 침해해서는 안 된다. 환경에 대한 합당한 고려를 결할 때에는 재량권의 일탈·남용이 될 것이다. 大判 2017.3.15. 2016두55490은 환경의 훼손이나 오염을 발생시킬 우려가 있는 개발행위에 대한 행정청의 허가와 관련하여 재량권의 일탈·남용 여부를 심사할 때에는 "해당지역 주민들의 토지이용실태와 생활환경 등 구체적 지역 상황과 상반되는 이익을 가진 이해관계자들 사이의 권익 균형 및 환경권의 보호에 관한 각종 규정의 입법 취지 등을 종합하여 신중하게 판단"해야 한다고 판시하고 있다. 다른 한편, 판례는 헌법상 환경권에 터 잡아 행정소송상 원고적격을 주장하는 것을 허용하지 않고 있다. 원고적격이 인정되기 위해서 헌법상 환경권만으로는 부족하고 소제기자의 개별·구체적 환경이익을 보호하는 취지가 근거·관련법률의 해석상 인정되어야 한다.

사법부도 법률해석 시 헌법상 환경권의 취지를 고려하고 반영한 헌법합치적 해석을 해야 한다. 환경권의 본질적 내용을 침해하는 내용의 법률이나 국가작용은 모두 위헌이다.

한편, 어떤 헌법규정이 직접적용 가능한가 여부와 그 헌법규정에 의거하여 직접 국가배상을 청구할 수 있는지 여부는 별개의 문제임에 주의해야 한다. 먼저, 헌법상 환경권 규정이 국가에 대하여 구체적 효력이 인정된 후에라야 비로소 그에 기한 국가배상청구가 가능한지 여부에 관하여 논할 수 있다. 다음으로, 헌법상 환경권이 국가에 대한 구체적 효력을 인정받는다 하더라도 그에 입각하여 항상 국가배상청구소송을 제기할 수 있는 것은 아니다. 국가권력이 환경권을 침해하면, 이는 일단 국가배상청구권의 원인이 되겠지만, 만약 의회가 국가배상과 같은 효과의 다른 구제책을 마련해 놓은 경우와 같이 특별한 사정이 있는 경우에는 국가배상청구권이 제한될 수 있다.[82]

---

82) 미연방대법원은 Bivens *v.* Six Unknown Named Agents 사건에서 이점을 분명히 하였다. 403 U.S. 388 (1971). 이 사건에서 원고는 6명의 연방 마약수사관에 대하여 그들이 불법적인 수색을 함으로써 원고의 수정헌법 제4조의 권리를 침해하였다는 이유로 손해배상청구소송을 제기하였다. 이 사건에서의 논점은 수정헌법 제4조가 민사상 손해배상청구의 근거가 될 수 있는가였는데, 미연방대법원은 연방수사관에 의한 수정헌법 제4조의 위반은 민사상 "손해배상청구의 법률원인(a cause of action for damages)"이 된다고 하면서, 그러나 의회가 손해배상판결과 같은 효과의 다른 구제책을 마련하여 놓은 경우와 같이 특별한 사정이 있는 경우에는 이러한 민사상의 손해배상청구권은 제한될 수 있다고 판시한 바 있다. Bivens, 403 U.S. 396. 이와 같이 헌법상 보장된 제도나 권리의 침해를 근거로 민사상 손해배상청구를 제기할 수 있다는 법리를 "Bivens doctrine"이라고 하는데 이 법리는 제정법에 의하여 제한될 수 있다. 이에 관해서는 "Note, Bivens Doctrine in Flux: Statutory Preclusion of a Constitutional Cause of Action," *Harvard Law Review* vol. 101, 1251 (1988) 참조.

Ⅱ. 대사인적 효력

1. 대사인적 효력의 필요성

헌법상 환경권은 사회적 기본권의 일종인 만큼 **원칙적으로 국가**에 대한 권리이다. 그러나 환경을 훼손하는 주체, 특히 소위 공해(公害)를 일으키는 주체는 거대자본으로 무장한 대기업인 경우가 많고 이들은 공권력에 버금가는 영향력을 행사하기 때문에 이들에 대해서도 환경권의 효력이 미치도록 할 현실적인 필요성이 있다. 또한 헌법 제35조 제1항은 모든 국민에게 환경권뿐만 아니라 환경보전의무를 부과하고 있고 또한 성질상 사인 상호간에도 직접 적용될 수 있는 점 역시 고려되어야 할 것이다.

2. 직접적용의 문제점

하지만 환경권의 대사인적 효력이 제한 없이 확장되는 것도 문제이다. 대등한 사인 간의 관계에 대해서까지 환경권의 효력이 미친다면, 인격권과 재산권이라는 양대 기본축(基本軸)에 의하여 형성된 사법(私法)질서가 흔들릴 수 있기 때문이다. 현재 국민의 환경관(環境觀)과 과학기술의 수준에서 보면, 환경의 특정한 측면에 관한 구체적 입법이 제정되지 않는 한, 아쉽지만 환경권을 재산권에 상응할 정도의 구체적 권리로 관념할 수는 없다는 점에 유념해야 한다. 다시 말해, 자유민주주의의 헌법이 그 골자로서 보장하고 있는 사유재산권과 같은 방식으로, 즉 동산이나 부동산에 대하여 소유권이 인정되고 그것이 침해되었을 경우 여러 가지 법적 구제책이 보장되듯이 물, 공기, 자연경관 등에 대하여 국민 개개인이 일정한 '지분권(持分權)'을 가지고 있는 마냥 환경권이 보장되고 있다고는 볼 수 없다.[83] 이러한 상황에서 환경권을 마치 재산권이 행사되듯이 인정하게 될 경우 "만인의 환경권의 만인의 환경권에 대한 투쟁"이 전개되든지 아니면 이른바 생태전체주의(eco-totalitarianism) 또는 생태막시즘(eco-marxism)이 탄생하게 될 것이다.

3. 판례

이런 문제점을 의식해서인지 大決 1995.5.23. 94마2218은 "사법상의 권리로서의 환경권이

---

83) 브룩스는 그 헌법을 관통하는 자연관의 차이에 따라 헌법을 세 가지 발전단계, 즉 뉴톤주의적 헌법, 다원주의적 헌법, 생태학적 헌법으로 구분하고 이에 따라 현재 논의되고 있는 헌법상의 환경권 문제를 분석하고 설명하였다. 저자는 현재의 헌법을 다원주의적 헌법으로 보며, 생태주의적 헌법이 도래하기까지는 상당한 시간이 필요하다고 본다. 자세한 것은 Brooks(註2), 1068.

인정되려면 그에 관한 명문의 법률규정이 있거나 관계 법령의 규정취지나 조리에 비추어 권리의 주체, 대상, 내용, 행사방법 등이 구체적으로 정립될 수 있어야 한다."라고 판시하였다. 이는 환경권에 관한 한 그 존재, 내용 및 행사에 관한 모든 사항을 제정법에 의한다고 하는 **제정법준거주의**(制定法準據主義)를 천명하고 있는 것이다.[84] 따라서 헌법상 환경권이 대사인적 효력을 발휘하기 위해서는 의회를 통한 **제정법의 매개**가 필요하다. 즉 의회가 제정한 환경보호법률이 명시적으로 그 주체, 대상, 내용, 행사방법 등을 구체적으로 정립하여 그것이 사인 사이에도 행사될 수 있는 사권(私權)을 수여한 것임이 분명한 경우에만 사권으로서의 환경권이 성립하는 것이다.

그런데 명문의 법률규정이 없음에도 불구하고 '관계 법령의 규정취지나 조리'에 의하여 환경권을 인정한 유일무이한 판례가 하급심에서 나온 바 있다. 즉 청주地判 1998.2.26. 97카합 613은 문장대의 온천개발사업에 대한 공사중지가처분 사건에서 "비록 개개 국민에게 구체적인 사법상 권리로서의 환경권을 인정한 명시적인 법률규정이 없다 하더라도, **식수에 관한 환경이익**에 대하여는 헌법 제35조 제1항의 정신에 따른「환경정책기본법」및「먹는물관리법」의 위 각 규정 취지에 비추어, 또한 식수오염의 피해가 인간생존에 대한 근원적인 위협을 의미한다는 점에서 조리에 비추어도, 오염되지 않은 식수를 음용할 구체적인 사법상 권리로서의 환경권이 예외적으로 인정된다고 보아야" 한다고 판시한 것이다.[85]

이 판결에서 주목할 점은 다음과 같다. 첫째, 위 판결은 제정법준거주의를 존중하고 있다. 사법상(私法上) 환경권을 인정한 명문의 법률규정이 없는 상황에서 동 판결은 헌법상 환경권 규정으로부터 직접 사법상 환경권을 추론하지 않고 환경정책기본법과 먹는물관리법이라고 하는 관계 법령의 규정취지로부터 사법상 환경권을 추론해내고 있기 때문이다. 둘째, 위 판결은 헌법상 환경권 규정이 사법관계에 적용되지 않고 적용되는 경우에도 사법(私法)상 일반규정을 통하여 **간접적용**됨을 분명히 하고 있다. 왜냐하면 위 판결은 헌법상 환경권을 직접 적용하지 않고 '조리'를 통하여 사법상 환경권을 도출해내고 있기 때문이다. 셋째, 사안의 특수성이다. 개천물이나 개천변의 천층(淺層) 지하수를 음용하면서 거주하고 있는 신청인들의 식수원이 온천개발사업으로 인하여 오염되고 그들의 생존에 심각한 위협을 초래할 것이 명백하였던 것이다. 다시 말해 단순한 환경침해가 아니라 인근주민의 '생존'이 걸린 예외적인 사실관계의 사건이었다. 이는 위 판결이 사법상 환경권을 인정한 배경에는 고전적 기본권, 즉 생명권이 자리하고 있었다는 추측을 가능케 한다.

---

84) 제정법준거주의는 "환경권법률주의"라고도 한다. 정재황, 536.
85) 이 판결은 대전고등법원에서 원고가 패소하였는데(대전高判 1999.8.19. 98나2783), 대법원에서 파기환송되었고(大判 2001.7.27. 99다53001), 파기환송 후 피고가 항소를 취하하여 확정되었다.

4. 소결: 제정법준거주의 및 간접적용

헌법상 환경권은 국가권력을 직접 구속하고 그 결과 국가는 환경권보호의 추상적 의무를 부담한다. 다만 환경권의 본질적 부분에 관한 한 국가는 구체적 의무를 진다. 한편, 헌법상 환경권은 사법(私法)상 효력은 없다. 헌법상 환경권이 대사인적 효력을 발휘하기 위해서는 의회의 제정법의 매개가 필요한데, '제정법의 명문이나 규정취지' 및 '조리'에 비추어 환경권의 주체, 대상, 내용, 행사방법 등이 구체적으로 정립되어 그것이 사인 사이에도 행사할 수 있는 사권임이 분명한 경우에 비로소 사권으로서의 환경권이 성립하는 것이다. 따라서 헌법상 환경권은 사법관계에 적용되는 경우에도 제정법과 조리(민법 §2)를 통하여 간접적으로 적용될 뿐이다.

한편, 환경침해가 발생한 경우에, 의회제정법상 명문의 규정이 없는 한, 원용 가능한 고전적 기본권, 즉 생명·자유·재산권을 우선적으로 적용하는 것이 안전하다. 관련 법률의 규정취지와 조리에 의하여, 특히 조리에 의하여 환경권을 인정하는 데 따르는 위험성 때문이다. 사람에게 당연히 보장되어야 할 권리가 무엇인가는, 도덕 일반에서와 마찬가지로 사람마다 생각이 다르다. 사람이 여하히 살아가야 하는가에 관한 근원적인 선(善)의 관념이 다양한 이상, 기본권에 관해서도 이런 저런 사고방식이 존재하는 것은 당연하다. 그렇다고 한다면, 어째서 법관이, 이와 같은 다양한 권리론 앞에서 정답을 찾을 수 있는 것인가, 또한 객관적인 정답이 없다면, 어째서 법관에게 그 결정권을 부여하는 것이 정당한가라는 문제가 제기될 수밖에 없다.

제5절 | 환경권의 내용

환경권의 내용과 행사는 헌법 제35조 제2항에 의하여 형성적으로 법률에 유보되어 있는바("제정법준거주의"), 후속하여 제정된 환경보호법률에 의하여 결정된다. 요컨대 본서 제3편 환경행정법에서 다루는 내용이 그 주된 내용을 이루며, 본편 제5장에서 논하는, 우리 민법상 판례에 의하여 인정된 개별 환경권, 즉 일조권, 조망권, 경관권 등 및 본서 제4편 환경구제법에서 논하는 환경침해에 대한 유지청구권과 불법행위청구권이 이러한 환경행정법의 배경이 된다.

Ⅰ. 보호대상인 환경의 범위

1. 환경 개념의 상대성

환경권의 보호대상인 환경으로 상정할 수 있는 것은 사람, 동·식물과 같은 생명계, 자연 그 자체, 비생명계인 인공환경(문화·제도 포함)으로 대별할 수 있다. 그런데 환경권의 대상이 되는 환경이라고 하는 개념은 자연과학의 발전과 가치관의 변화에 따라 변할 수 있는 상대적 개념이다. 다시 말해 보호의 대상이 되는 환경은 사회의 변화에 따라 필연적으로 변화하는 개념이므로 환경권은 정지된 어느 한 시점에 있어서의 환경을 영속시키는 것을 목적으로 하는 것은 아니다(서울地判 1995.9.7. 94카합6253("봉은사사건")). 자연과학과 기술이 발전함에 따라 외부환경이 인간의 생명과 건강에 영향을 미치는 기제나 과정이 새롭게 밝혀지기도 하고 자연환경의 경제적 가치가 새롭게 조명되기도 하며, 소득수준의 향상과 자연에 대한 태도를 포함한 가치관의 변화에 따라 수용가능한 외부조건이 변화하게 된다(환경재는 소위 "정상재(normal goods)"로서 소득수준에 비례해 그 수요가 결정된다). 이는 과거에 환경적 측면에서 문제시되지 않던 행위가 새롭게 환경법적 규율의 대상이 될 수 있는 가능성을 뜻한다.

2. 제정법준거주의

이와 같은 상황은 환경권의 대상이 국민의 대표인 의회에서 결정되어야 함을 의미한다. 다행히도 우리 헌법은 환경권의 내용과 행사를 법률에 유보하고 있는 만큼, 헌법상 환경권이 보장하는 환경은 개별 환경보호법률이 보호하는 대상이다. 그런데 환경보호를 위하여 제정된 법률, 즉 환경법체계의 정점에 위치한 환경정책기본법에 의하면, 환경법이 보호하는 환경에는 "자연환경"뿐만 아니라 "생활환경"도 포함된다. 주의할 점은, 환경의 의미와 범위가 개별법마다 다소간 다를 수 있다는 것이다.[86] 자세한 내용은 후술한다.

3. 사회적·문화적 환경(권)

한편 전술한 바와 같이 사회적 환경이나 문화적 환경은 헌법상 환경권이 보호하는 환경에 포함되지 않음에 주의해야 한다.[87] 大判 2005.11.25. 2004두6822 등(건축허가신청반려처분취소)은 "무분별한 유흥업소 및 숙박시설 등 청소년유해업소의 난립이나 주택가로의 유입 및 이에

---

86) 예컨대 환경정책기본법은 "환경오염"과 "환경훼손"을 각각 정의하고 있는 데 반해(§3iv, v), 환경분쟁조정법은 "환경피해"를 정의하고 있는바(§2i), 후자가 전자를 포함하는 것으로 단정할 수 없다.
87) Cf. 성낙인, 1447.

따른 향락문화의 확산과 범죄의 증가 등 날로 심각해지고 있는 교육환경과 주거환경의 저하를 막고 주민 대다수가 보다 쾌적한 환경에서 생활할 수 있게 하는 것은, 국가나 지방자치단체의 의무인 동시에 모든 국민의 당연한 권리이자 의무로서 이와 같은 사회적 환경의 보호는 자연환경의 보호 못지않게 중요한 가치"라고 판시하였고, 하급심 판결 중에도 "역사적·문화적 유산인 문화적 환경, 사람이 사회적 활동을 하는 데 필요한 사회적 시설 등 사회적 환경," 그리고 사회적·문화적 환경에 포함되는 교육환경도 환경권의 내용인 환경에 포함된다고 하는 것이 있다(부산高決 1995.5.18. 95카합5("부산대사건"); 서울地決 1995.9.7. 94카합6253("봉은사사건")).

그러나 위 판결들이 말하는 교육적·문화적·사회적 환경에 의하여 국민들이 누리게 되는 사회·경제적 이익은 환경권의 보호대상인 환경이 아니다. 가령 건전한 교육을 저해하는 요소가 제거된 상태를 유지할 것을 요구하는 경우에, 그 주장자는 이를 '교육환경권'으로 인식하고 그 보호를 주장하겠지만, 이와 같은 이익은 결국 당해 부동산을 자신의 목표에 공여하는 데 장애가 되는 타인의 재산권이나 (일반적 행동의) 자유권의 행사를 제동하기 위한 것으로 헌법상 환경권과 이를 구체화하는 실정법이 보호하는 환경적 이익과는 무관하다.[88] 이들은 다른 사회적 기본권(교육을 받을 권리 또는 문화적 기본권)에 의하여 보호될 수 있을 뿐이다.

4. "비진정 환경권" 분쟁

환경권침해 주장 중에는, '환경'이란 구호를 내걸고는 있지만 기실은 공공자원으로서의 환경보호보다는 자신의 재산권 향유를 위하여 타인의 재산권 제한을 요구하는 경우가 적지 않다. 이러한 "유사(類似) 환경권" 내지 "비진정(非眞正) 환경권" 주장은 진정(眞正) 환경권 분쟁과 달리 공공자원의 이용·보호와 직접적인 관련을 가지고 있지 않으며, "재산권 대 공익"의 대결이 아닌, "재산권 대 재산권"의 대결이라는 분쟁구조를 가진다. 헌법상 환경권은 자신의 자유·재산권을 향유하기 위한 권리주장을 뒷받침하기 위하여 존재하는 것이 아님을 유념해야 한다.[89]

Ⅱ. 환경권의 본질적 내용

환경권의 본질적 내용에 관하여는 다양한 견해가 있을 수 있다. 결국, 입법·행정부의 헌법관행과 사법부의 헌법해석에 의하여 그 윤곽이 밝혀질 것이다. 하지만 헌법에 명문으로 환경

---

88) 同旨, 김홍균, 31.
89) 자세한 내용은, 拙稿, "유지청구 허용 여부에 관한 소고," **민사판례연구** ⅩⅩⅡ, 38 이하 (2000) 참조.

권을 규정한 이상, 그 입법취지를 감안하여 전술한 최소한의 내용, 즉 ① 국민의 실질적 환경결정 참여권, ② 환경위험에 대한 국가에 의한 최소한의 실체적 보호, ③ 자연환경에 대한 국가의 최소한의 보전은 보장되어야 한다고 본다. 국가가 입법·행정작용을 통하여 이를 보장하지 않으면 환경권 침해로 위헌의 책임을 면하지 못하게 된다.

Ⅲ. 환경권의 구체적 내용

환경권의 구체적인 내용으로 학설은 공해예방청구권, 공해배제청구권, 쾌적한 주거생활권 등을 들고 있다.

1. 국가의 환경침해에 대한 방어권

(1) 환경보전청구권

이는 공해예방청구권이라고도 한다. 국가·공공단체 또는 기업·사인이 개발사업 등 각종 경제활동을 행함에 있어 자연환경과 생활환경을 침해함으로써 환경오염·훼손을 유발하지 않도록 국가가 환경영향평가를 포함하여 환경침해행위에 대한 사전·사후적 규제조치를 취해 줄 것을 요구할 수 있는 권리를 말한다.

주의할 점은 환경법의 구체적 내용을 여하히 구성할 것인가는 입법부의 광범위한 입법재량에 맡겨져 있지만(제정법준거주의), 전술한 본질적 내용을 존중해야 하는 점에서 그 재량에도 일정한 한계가 있다는 점이다. 따라서 환경보전청구권의 구체적 내용도 일응 입법부의 결정에 맡겨져 있지만 환경권의 본질적 내용이 침해되는 사정이 존재하는 경우, 즉 생활환경의 측면에서 중대한 환경위험이 새롭게 발견되거나 자연환경의 측면에서 유일한 생물종 서식지가 합리적 근거 없이 파괴될 위험에 처했음에도 불구하고 입법부(·행정부)가 환경권 보호를 위한 입법(행정입법)에 착수하지 않거나 그 입법이 현저히 불충분하여 국민의 환경권을 과도하게 침해하거나 침해할 우려가 있다면 헌법재판소에 그 구제를 구할 수 있다고 해야 한다(憲決 2008. 7.31. 2006헌마711(全裁)). 또한 그러한 입법이 준비되는 기간 중이더라도 기존의 행정쟁송수단을 이용하여 이를 다투는 것 역시 가능하다고 본다.[90] 행정부나 사법부도 환경행정을 집행하거나

---

90) 환경권의 본질적 내용에 관해서 인정되는 환경보전청구권은, 관점을 달리하면 환경권의 본질적 내용에 부합하는 환경을 조성해 달라는 청구권으로도 인식될 수 있으므로 그 부분에 한하여 **쾌적한 환경조성청구권(생활환경조성권)**이 인정된다고 할 수도 있을 것이다. 가령 허영, 492. 그러나 환경권의 본질적 내용은 헌법에 의하여 이미 국민에게 주어진 것으로 본다면, 남는 문제는 이 본질적 내용이 국가의 작위·부작위에 의하여 침해되는 것을 방지·배제하는 것이 될 것이다. 이렇게 이론 구성하는 것이 더욱 자연스럽다.

재판업무를 수행함에 있어서, 마찬가지로 환경권의 본질적 내용을 존중해야 할 의무가 있다.

(2) 환경회복청구권

이는 공해배제청구권이라고도 하는데, 국가·공공단체 또는 기업·사인의 행위로 말미암아 수인한도를 초과할 정도로 환경오염·훼손이 발생한 경우에 국가에 대하여 이를 배제해 줄 것을 요구할 수 있는 권리를 말한다. 공해배제청구권의 구체적 내용도 입법부의 형성재량의 소관이지만 환경권의 본질적 내용이 침해될 사정이 존재하는 경우에는 재량의 여지는 수축하거나 전무하게 되어 국가는 마땅한 입법·행정·사법작용을 시행해야 한다. 이와 같은 점은 환경보전청구권과 마찬가지이다.

(3) 사인에 대한 청구권

공해예방청구권이나 공해배제청구권의 구체적 내용은 후속하는 환경영역별 개별환경법에 의하여 정해지게 되지만 원칙적으로는 국가에 대한 청구권이다. 그런데 해당 법률이 개인에게 해당 환경침해활동을 야기한 자에 대하여 직접 환경보전·회복청구권을 행사할 수 있는 주관적 사권(私權)을 제공한다면 이에 기하여 사인에 대해서도 후술할 민사상 유지청구소송이나 손해배상청구소송을 제기할 수 있게 된다. 이용가능한 민사소송의 종류와 내용은 당해 법률에 따라 결정될 것이다. 자세한 것은 후술하는 본서 제4편을 참조하라.

Ⅳ. 쾌적한 주거생활권

헌법 제35조 제3항은 "국가는 주택개발정책 등을 통하여 모든 국민이 쾌적한 주거생활을 할 수 있도록 노력하여야 한다."라고 규정하고 있다. 위 조항은 쾌적한 주거생활에 관하여 이를 명백히 "국가는 … 노력하여야 한다."라고 규정하여 국가의 의무로서 규정하고 있는데, 통설은 이를 "쾌적한 주거생활권"이라고 새기고 있다. 추측컨대 "모든 국민이 … 할 수 있도록"에 착목한 것이 그 원인으로 보인다.

1. 쾌적한 주거생활권의 의의

학설은 쾌적한 주거생활권을 인간다운 생활에 필수적인 쾌적한 주거생활을 확보할 수 있도록 국가에 대하여 일정한 배려와 급부를 요구할 수 있는 권리를 말한다고 한다. 그런데 이는 헌법규정의 문언에 반하는 해석이거니와 설사 이를 권리로 볼 수 있다고 하더라도 헌법상 환경권의 내용 중 하나로 볼 수 있는가에 관해서는 의문이다. 쾌적한 주거생활은 그 근거규정인 헌법 제35조 제3항에 의할 때 국가가 '주택개발정책 등'을 통하여 제공하여야 하는데, 주택개발정책 등은 환경보호나 보전과는 전혀 어울리지 않기 때문이다. 또한 후술하는 바와 같이 쾌적한 주거생활권은 국가의 급부에 전적으로 의존하는 전형적인 사회적 기본권이다. 헌법제정자들이 환경권과 쾌적한 주거생활에 관하여 '환경'이란 단어의 확장성으로 인하여 양자를 혼동한 범주오류를 범한 것이 아닌가 생각된다. 요컨대 쾌적한 주거생활권을 환경권의 내용으로 새기는 것에는 의문의 여지가 있다.[91]

2. 쾌적한 주거생활권의 법적 성격

학설은 쾌적한 주거생활권을 인간다운 생활을 확보하기 위한 청구권적 기본권인 동시에 사회적 기본권의 하나라고 새긴다.[92] 국민은 주택개발정책을 적극적으로 시행하여 쾌적한 주거생활을 보장해 줄 것을 요구할 수 있고 국가는 이에 대한 의무를 진다는 것이다. 하지만 이를 기본권 중 하나로 보는 것은 헌법규정의 문언에 반하는 것이며, 기본권으로 인정한다 하더라도 사회적·문화적 환경권을 구체화한 것으로 보아야 하는데, 전술한 바와 같이 사회적·문화적 환경권은 이를 환경권의 내용으로 볼 수 없다. 합리적인 기본권 분류체계의 관점에서 본다면, 쾌적한 주거생활권은 주택복지의 차원에서 도모되는 '인간다운 생활권'의 개념요소로 볼 수 있으며, 헌법상 조문의 위치도 제35조(환경권)보다는 제34조(인간다운 생활권)에 자리했어야 했다. 결론적으로 쾌적한 주거생활권은 환경권의 내용으로 새길 수 없으며 국가의 의무일 따름이다.

제6절 | 환경권의 제한과 한계

환경권에 대한 제한과 한계는 전술한 본편 제1장 제2절 Ⅳ. 2. (2) "환경권과 환경법에 대한 헌법상의 제약"에서 이미 살핀 바와 같다. 요약하면, 환경권도 헌법의 지도이념인 자유민주주의와 그 하위 이념인 실체적 법치국가의 이념에 의하여 제약된다. 따라서 고전적 기본권(생명·자유·재산권)에 의한 제약을 받으며, 다른 기본권과 마찬가지로 국가안전보장·질서유지·공공복리를 위하여 필요한 경우에는 법률로써 제한할 수 있다(헌법 §37② 전문). 이 경우 환경권과 공익을 비교형량하여 환경권 제한 여부 및 정도·범위를 결정해야 한다. 하지만 환경권을 제한하는 경우에도 환경권의 본질적 내용을 침해해서는 안 된다(헌법 §37② 후문).

---

91) Cf. 권영성, 649; 허영, 492; 성낙인, 1448.
92) 권영성, 649.

제7절 | 환경권의 침해와 구제

환경침해에 대한 법적 구제는 공법상 구제와 사법상 구제로 대별된다. 공법상 구제수단으로는 항고소송(취소소송·무효확인소송·부작위위법확인소송)과 국가배상청구소송이 있고, 사법상 구제수단으로는 유지청구소송과 불법행위에 기한 손해배상청구소송이 있다. 자세한 내용은 후술하는 본서 제4편 "환경구제법"을 보라.

제 4 장 | 국가의 환경보호의무

헌법은 제35조에서 국민의 환경권을 천명함과 동시에 "국가와 국민은 환경보전을 위하여 노력해야 한다."라고 규정하여 국가와 국민의 환경보호의무 역시 명정하고 있다.

제1절 | 환경보호의무의 의의

헌법이 국민의 환경권을 규정하면 국가의 환경권 보호의무는 당연히 따라오게 된다. 그럼에도 불구하고 헌법이 국가의 환경보전의무를 따로 명시적으로 규정하고 있는 것에는 큰 의의가 있다고 하겠다. 즉, 국가의 환경보전의무의 헌법화는 국민의 환경권에 상응하는 범위를 넘어서 그보다 더 넓은 의무를 정초하는 의미가 있다.

헌법이 국가뿐만 아니라 국민의 환경보전의무까지를 규정한 것은 환경보전의무는 국가뿐만 아니라 국민 모두가 부담한다는 것을 명시함으로써 국민의 환경보전의식을 고취하고 국가의 환경정책의 수립과 집행의 토대를 강화하며, 국가와 국민 사이의 권리의무관계뿐 아니라 사인 사이의 관계에서도 권리와 의무를 상호부담함을 강조하는 의미가 있다.

제2절 | 환경보호의무의 법적 성격

국가는 개인이 가지는 불가침의 기본적 인권을 확인하고 이를 보장할 의무를 지며 기본권은 권리일 뿐만 아니라 공동체의 객관적 가치질서로서의 성격 역시 가지므로, 헌법상 환경권을 규정하는 것만으로도 국가의 환경권 보호의무는 충분히 정초된다. 그럼에도 불구하고 헌법이 환경권과 함께 국가의 환경보호의무 역시 규정한 것은 환경권의 중요성을 강조하는 의미도 있겠으나 그보다는 환경권의 내용과 행사가 형성적으로 법률에 유보된 만큼 입법 상황에 따라 흔들릴 수 있는 환경권의 내용에 좌우되지 않고 국가가 환경보전의무에 전념하도록 한 것이 크다.

따라서 국가의 **환경권보호의무**는 환경권이 추상적 권리이므로 이에 상응해 **추상적 의무**이나, 국가의 **환경보호의무**는 **구체적 의무**에 해당한다. 국가의 환경보호의무는 구체화된 환경권보호의무를 수행함으로써 달성될 수도 있다.

한편 헌법재판소는 이상의 입장에 터 잡아 다음과 같은 일련의 결정을 내렸다(다만 헌법재판소는 국가의 환경권보호의무와 환경보호의무의 구별에 관하여 주목하지 않는 것으로 보인다). 즉, 憲決 2017.12.28. 2016헌마45는 국가의 환경(권)보호의무에 관하여 "국가가 국민의 기본권을 적극적으로 보장해야 할 의무가 인정된다는 점, 헌법 제35조 제1항이 국가와 국민에게 환경보전을 위하여 노력해야 할 의무를 부여하고 있는 점, 환경침해는 사인에 의해서 빈번하게 유발되므로 입법자가 그 허용 범위에 관해 정할 필요가 있다는 점, 환경피해는 생명·신체의 보호와 같은 중요한 기본권적 법익침해로 이어질 수 있다는 점 등을 고려할 때, 일정한 경우 국가는 사인인 제3자에 의한 국민의 환경권 침해에 대해서도 적극적으로 기본권 보호조치를 취할 의무를 진다"라고 판시하였다.

헌법재판소는 기본권보호의무를 다하였는지 여부에 대한 심사기군으로서 '과소보호금지원칙'을 제시하고 있는바, 憲決 2019.12.19. 2018헌마730은, "국가가 국민의 건강하고 쾌적한 환경에서 생활할 권리에 대한 보호의무를 다하지 않았는지 여부를 헌법재판소가 심사할 때에는 국가가 이를 보호하기 위하여 적어도 적절하고 효율적인 최소한의 보호조치를 취하였는가 하는 이른바 '과소보호금지원칙'의 위반 여부를 기준으로 삼아야 한다. 그런데 어떠한 경우에 과소보호금지원칙에 미달하게 되는지에 대해서는 일반적·일률적으로 확정할 수 없다. 이는 개별 사례에 있어서 관련 법익의 종류 및 그 법익이 헌법질서에서 차지하는 위상, 그 법익에 대한 침해와 위험의 태양과 정도, 상충하는 법익의 의미 등을 비교 형량하여 구체적으로 확정해야 한다"라고 하면서, 공직선거의 선거운동 시 확성장치 사용에 따른 소음 규제기준의 부재에 대하여 "기본권의 과소보호금지원칙에 부합하면서 선거운동을 위해 필요한 범위 내에서 합리적인 최고출력 내지 소음 규제기준을 정할 필요가 있"음을 이유로 헌법불합치 결정을 선고하였다.

제3절 | 환경보호의무의 주체

헌법상 환경보호의무의 주체는 국가뿐만 아니라 국민 개개인도 포함된다. 국가는 입법·행정·사법부와 지방자치단체를 모두 포괄하며, 국민은 자연인인 개인뿐 아니라 사업자와 같은 단체(법인과 비법인 사단·재단)도 모두 포함한다. 환경권의 주체가 자연인인 것과 대조되는 부분이다.

제4절 | 환경보호의무의 대사인적 효력

국가가 환경을 침해하면 이는 국가의 환경보호의무를 위반한 것이다. 그런데 사인에 의하여 환경이 침해된 경우에는 국가의 환경보호의무가 촉발되는가? 사적 영역보다 공적 영역에서 발생하는 환경침해에 대하여 국가가 규율할 의무가 좀 더 분명해지는 것은 기본권의 성립 연혁에 비추어 보았을 때 분명하다. 그러나 헌법 제10조의 규정에 의하면, 국가는 개인이 가지는 불가침의 기본적 인권을 확인하고 이를 보장할 의무를 지며 기본권은 공동체의 객관적 가치질서로서의 성격을 가지므로, 적어도 생명·신체의 보호와 같은 중요한 기본권적 법익 침해에 대해서는 그것이 국가가 아닌 제3자로서의 사인에 의해서 유발된 것이라고 하더라도 국가는 적극적인 보호의 의무를 진다고 보아야 한다(憲決 1997.1.16. 90헌마110등). 여기에 헌법 제35조 제1항이 국가와 국민에게 환경보전을 위하여 노력하여야 할 의무를 부여하고 있고, 환경침해는 사인에 의해서 빈번하게 유발되며, 환경피해는 생명·신체의 보호와 같은 중요한 기본권적 법익 침해로 이어질 수 있다는 점 등을 고려하면, 일정한 경우 국가는 사인인 제3자에 의한 국민의 환경권 침해에 대해서도 적극적으로 기본권 보호조치를 취할 의무를 진다고 보아야 할 것이다(憲決 2008.7.31. 2006헌마711(全裁)).

물론, 이와 같이 국가는 환경권에 대한 보호의무를 지지만, 그렇다 하더라도 그것을 입법자가 어떻게 실현해야 할 것인가는 원칙적으로 권력분립과 민주주의의 원칙에 따라 국민에 의해 직접 민주적 정통성을 부여받고 국민에 대하여 정치적 책임을 지는 입법자의 입법재량에 속하는 것이고, 사법부는 이를 제한적으로만 심사할 수 있을 따름이다(憲決 1997.1.16. 90헌마110등). 따라서 국가가 기본권 보호의무를 다하지 않았는지를 사법부가 심사할 때에는 국가가 국민의 기본권적 법익 보호를 위하여 적어도 적절하고 효율적인 최소한의 보호조치를 취했는가 하는 소위 **"과소보호금지 원칙"**의 위반여부를 기준으로 삼아야 한다. 그렇다고 한다면 국가가 환경권을 보장한다고 하면서 환경권의 본질적 내용에 해당하는 것을 보장하지 않는 경우, 이는 과소보호금지 원칙에 반하는 것으로 보아야 하고 이에 대하여 사법부는 적극적으로 기본권 보호조치에 나서야 한다.

제5절 | 환경보호의무의 내용

헌법이 국가의 환경보전의무를 명시한 만큼 국가의무의 내용과 범위는 법률에 의하여 구체화되는 국민의 환경권에 대응하는 의무의 그것보다 무겁고 광범위하다. 국가는 환경보전의무 이행을 위하여 환경정책의 기본사항을 정하고 국민의 권리·의무와 국가의 책무를 명확히 함으로써 환경오염과 환경훼손을 예방하고 환경을 적정하고 지속가능하게 관리·보전함으로써 모든 국민이 건강하고 쾌적한 삶을 누릴 수 있도록 해야 한다(환경정책기본법 §1). 환경의 질적인 향상과 그 보전을 통한 쾌적한 환경의 조성 및 이를 통한 인간과 환경 간의 조화와 균형의 유지는 국민의 건강과 문화적인 생활의 향유 및 국토의 보전과 항구적인 국가발전에 반드시 필요한 요소이다. 이에 비추어 국가, 지방자치단체, 사업자 및 국민은 환경을 보다 양호한 상태로 유지·조성하도록 노력하고, 환경을 이용하는 모든 행위를 할 때에는 환경보전을 우선적으로 고려하며, 지구환경상의 위해(危害)를 예방하기 위하여 공동으로 노력함으로써 현 세대의 국민이 그 혜택을 널리 누릴 수 있게 함과 동시에 미래의 세대에게 그 혜택이 계승될 수 있도록 하여야 한다(동법 §2). 결국 국가는 이런 기조 하에 입법·행정·사법작용을 통하여 환경보호의무를 수행해야 할 것이다.

한편, 앞서 본 바와 같이 국가는 헌법 제35조 제3항에서 규정한 바에 따라 쾌적한 주거환경에서 생활할 권리를 보장해야 할 의무를 부담한다. 이는 국민의 의무가 아니라 국가만의 의무이며, 환경보전의무의 내용이라기보다는 인간다운 생활권에 대응하는 의무라고 보아야 한다.

제 **5** 장 | 사법상 환경권

사법(私法)상 인정되어 온 환경권으로는 일조권, 조망권, 경관권이 있다. 이는 민법상 명문의 규정이 없음에도 불구하고 판례 및 학설상 인정되고 논의되는 권리이다.

제1절 | 일조권

Ⅰ. 개관

일조이익은 조망이익과 함께, 사회 공동생활을 영위하는 가운데 누리는 생활이익의 대명사이다. 토지 및 건물의 소유자나 임차인 등 거주자가 종전부터 향유하던 일조이익이 객관적인 생활이익으로서 가치가 있다고 인정되면 법적인 보호의 대상이 된다(大判 2008.4.17. 2006다35865(全合)). 이런 생활이익은 물권이나 인격권으로 포섭된다. 판례는 일조권이라는 용어 대신, 일조이익을 사용하는데 이는 그것이 별도의 권리가 아니라 물권이나 인격권으로 포섭된다고 보기 때문이다.

침해행위는 적극적 태양을 띠는 것이 아니라 건축물의 축조와 같은 소극적 태양을 띤다. 즉, 인근에 건물이나 구조물 등이 신축됨으로 인하여 햇빛이 차단되어 생기는 그늘(日影)이 증가함으로써 해당 토지에서 종래 향유하던 일조량이 감소하는 일조방해가 발생한 경우 일조이익이 문제가 된다. 관점에 따라서는 새로운 건축행위 역시 정상적인 토지의 사용일 수 있으므로, 사회통념상 해당 토지·건물의 소유자·거주자의 수인한도를 넘는 일조방해가 발생한 경우에 한하여 그 건축행위는 위법한 가해행위로 평가된다.

Ⅱ. 일조의 법적 성격

일조이익은 물권(토지소유자나 건물소유자 등)이나 인격권(임차인 등 거주자)으로 포섭하는 것이 통례이다. 통상 일조침해는 건물축조의 선후가 그 기준이 된다고 하는데, 이는 일조권이 이미 향유하고 있는 일조이익을 대상으로 하기 때문이다. 그러나 나중에 들어선 건물이라고 해도 일조침해의 피해자가 될 수 없는 것은 아니다. 왜냐하면, "토지이용의 선후관계" 부분에서 후술하는 바와 같이 비록 나중에 건물을 축조한 사람이라고 해도 "마땅히" 누릴 일조를 미리 지은 건물에 의하여 누리지 못한다면 일조권의 침해가 성립할 수 있기 때문이다.

Ⅲ. 가해자

원칙적으로 신축건물의 건축주(도급인)가 가해자가 되고, 가해건물의 시공자(수급인)는 불법행위자가 되지 않는다. 이는 시공자에게는 고의·과실 혹은 위법성이 없거나 기대가능성이 없다고 보기 때문이다. 그러나 수급인이 스스로 또는 도급인과 서로 의사를 같이 하여 타인이 향수하는 일조를 방해하려는 목적으로 건물을 건축한 경우, 당해 건물이 건축법규를 위반하였고 그로 인하여 타인이 향유하는 일조를 방해하게 된다는 것을 알거나 알 수 있었는데도 과실로 이를 모른 채 건물을 건축한 경우, 도급인과 사실상 공동 사업주체로서 이해관계를 같이 하면서 건물을 건축한 경우 등 특별한 사정이 있는 때에는 공동불법행위자가 될 수 있다(大判 2005.3.24. 2004다38792).

국가·지자체의 건축허가 또는 택지조성사업의 인·허가가 공동불법행위로 인정될 수 있는가? 법률전문가가 아닌 공무원에게 위법성 심사까지 기대하기는 어려우며, 담당 공무원은 건축허가신청이 소정의 법규에 배치되지 않는 이상 건축허가를 거부할 수 없고 피해건물의 일조권 등이 침해받지 않도록 조건을 부가하거나 행정지도를 할 법률상 근거 역시 없다는 것이 판례의 입장이다(大判 2010.6.24. 2008다23729). 공법상 적법한 행정처분을 한 이상 고의·과실·위법성이 있다고 보기 어렵다.

Ⅳ. 성립요건

1. 개관

좁은 국토에서 건물 상호간 어느 정도의 일조방해는 불가피한 측면이 있다. 따라서 그 일조방해의 정도가 사회통념상 일반적으로 인용되는 수인한도를 넘는 경우에만 사법상 위법한 가해행위로 평가된다. 입증책임은 피해자(원고)에게 있다.

사회통념상 수인한도를 넘었는지 여부는 "피해의 정도, 피해이익의 성질 및 그에 대한 사회적 평가, 가해 건물의 용도, 지역성, 토지이용의 선후관계, 가해방지 및 피해회피의 가능성, 공법적 규제의 위반 여부, 교섭 경과 등 모든 사정을 종합적으로 고려하여 판단"하여야 한다(大判 1999.1.26. 98다23850). 실무상 피해의 정도와 지역성이 주된 요소로 고려되고 토지이용의 선후관계나 공법적 규제의 위반 여부는 다소 부수적 요소로 고려된다.

2. 수인한도의 판단요소

(1) 피해의 정도

피해의 정도에 관하여 선험적 기준은 존재하지 않으므로 어떠한 기준을 설정하더라도 이는 법정책적 기준일 따름이다. 직사광선의 차단으로 인한 일조방해는 가해건물의 건축 상황이나 절기에 따라 다르게 나타난다. 가해건물의 골조가 완성되면 일조방해가 고정되고, 이 상태에서 동지일을 기준으로 일조방해 정도를 측정한다. 피해 정도의 산출은 컴퓨터 연산에 의한 감정에 의존하는 것이 실무이다. 일반적인 주거나 공동주택의 경우 거실 창을 기준으로 그 면적의 50% 이상 직사광선이 비치면 피해가 없는 것으로 평가된다. 도시의 일반적인 주거지역에서는 9시부터 15시까지 사이에 연속 2시간의 일조가 확보되거나 8시부터 16시까지 사이에 최소한 도합 4시간의 일조가 확보되면, 이러한 정도의 피해는 도시의 일반주거지역에서 수인하여야 하는 것으로 보는 것이 판례이다(大判 1999.1.26. 98다23850).

(2) 지역성

일조방해행위가 수인한도를 넘었는지를 판단하기 위한 지역성은 그 지역의 토지이용 현황과 실태를 바탕으로 지역의 변화 가능성과 변화의 속도 그리고 지역주민들의 의식 등을 감안하여 결정하여야 할 것이고, 바람직한 지역 정비로 토지의 경제적·효율적 이용과 공공의 복리증진을 도모하기 위한 「국토의 계획 및 이용에 관한 법률」 등 공법에 의한 지역의 지정은 그 변화 가능성 등을 예측하는 지역성 판단의 한 요소가 된다(大判 2011.2.24. 2010다13107).[93]

---

93) 일반상업지역으로 고층건물의 건축이 예상되던 곳에서 수인한도 내라고 판단한 예로는 大判 2002.12.10. 2000다72213; 반면 상업지역에 건물이 건축되었다는 사정만으로 일조방해를 부정하여서는 안 된다고 판단한 예로는 大判 2011.2.24. 2010다13107.

(3) 토지이용의 선후관계

나중에 건축한 사람의 일조 피해 주장은 인정되기 어렵다는 것이 실무이다. 가해건물의 방해가 예견 가능했고 이를 방지할 방법도 없다는 것이다.[94] 그러나 "마땅히" 누릴 이익을 보호하기 위한 것이라고 보면 이 경우도 그렇게 볼 것만은 아니다. 소음사건에서의 판결을 참고할 수 있을 것이다.[95]

(4) 공법적 규제의 준수 여부

건축법 제53조 및 동 시행령 제86조는 일조 등의 확보를 위하여 건축물의 높이와 이격거리를 제한하고 그 구체적인 것을 각 자치단체의 조례에 위임하고 있으며, 서울시 등의 건축조례에는 일조 확보를 위한 높이제한과 거리제한이 있고, 일조시간에 대한 기준은 제시되지 않고 있다. 공법적 규제의 위반 여부는 사법상 손해배상 청구에 있어서 위법성 판단의 하나의 자료가 된다. 공법상 기준을 충족하는 경우에도 수인한도를 초과한다고 판단될 수 있고(大判 1999.1.26. 98다23850; 大判 2000.5.16. 98다56997), 그 반대의 경우도 있을 수 있다. 완공 후 제정된 공법적 규정도 기준이 될 수 있을 것이다.

하지만 공법상 규정에 대한 더 높은 존중이 필요하다고 본다. 왜냐하면 수인한도 초과 여부에 관하여 모두가 동의할 수 있는 선험적 기준은 존재하지 않기 때문이다. 그렇다고 한다면 수인한도 판단의 기준을 정하는 문제는 '조정문제(coordination problem)'의 일종이 되는데, 이때 공법상 기준은 공표되어 있는 만큼, 특단의 사정이 없는 한, 이를 존중하는 것이 공동생활의 편의를 누리는 데 유익하기 때문이다.[96]

---

94) 원고들이 아파트를 분양받은 시점에, 일반상업지역에 피고의 고층 주상복합건물이 들어설 것을 알고 있었거나 알 수 있었음을 고려하여 수인한도 내라고 판단한 예로는 大判 2002.12.10. 2000다72213.

95) 종래, 일조권은 "종래 향유하던 일조량"으로, 일조권에 대한 보호는 "종래의 기득권에 대한 보상적인 의미"를 가진다고 보아 왔는데, 발상을 전환해 생각해보면 일조권은 '마땅히' 향유하여야 할 일조량으로 볼 수도 있다. 일조권을 이와 같이 본다면 종래 누려오던 일조량은 인접지 소유자의 권리행사 유보가 가져온 반사적 이익에 불과할 수도 있으며 그렇다고 한다면 일조권 주장은 새로운 국면을 맞이하게 된다. 이제 논의의 초점은 '마땅히' 향유하여야 할 일조량을 정하는 기준의 설정에 맞추어져야 할 것이다. 이렇게 된다면 일조에 영향을 미칠 수 있는 공법상 각종 건축규제가 민사소송에서도 결정적인 기준이 될 것이다. 大判 2005.1.27. 2003다49566; 서울高判 2008.5.15. 2007나75466에 의하면, 환경기준은 행정이 추구해야 할 목표지향점을 나타내는 자료로서 그 기준의 위반 여부가 바로 사법상의 위법 여부를 결정하는 것은 아니지만 사법상 중요한 하나의 기준이 된다고 한다. 자세한 것은 拙稿, "상린관계의 법정책: 항공기소음을 글감으로 하여," **서울대학교 法學** 제50권 제3호, 285, 301–304, 327 (2009).

96) 조정문제의 예로는 대통령 선거에 출마할 수 있는 나이를 40세로 정한 것 혹은 음주운전의 기준인 혈중알콜농도를 0.05%로 설정한 것 등이 있다. 또한 공공재의 공급을 위해 제정된 각종 행정법규나 심지어는 재산권 규칙 역시 조정문제를 해결하기 위한 일환으로 본다. 바로 이러한 경우 사람들이 따를 수 있는 규칙을 설정해 둠으로써 사람들 사이의 상호작용을 조정하는 것이야말로 '실정법(實定法)'이 가진 대표적 기능이라 할 수 있다. 가령 재산권 제도에 관하여 보면, 무엇이 누구에게 귀속하는가에 관하여 선험적으로 정당한 유일의 규

(5) 토지에 대한 일조침해

특별한 사정이 없는 한, 나대지(裸垈地)에 대해서는 일조침해가 위법한 것으로 평가되지 않는다는 입장이 있다. 일조의 침해가 이웃 토지의 이용이나 본질적인 내용을 침해하지는 않기 때문이라는 것이 그 근거이다. 특별한 경우로는 나대지에 농작물이 식재된 경우를 상정할 수 있다(그런데 이 경우에도 피해토지가 농지가 아니라 주거나 상업지역 또는 당해 토지의 지목이 전답이 아닌 경우에는 수인한도를 넘는 침해로 볼 수 없다는 견해도 있다. 당해 토지의 용도가 농작물의 식재에 한정되는 것은 아니기 때문이라고 한다). 그러나 이런 태도는 문제이다. 일조침해는 결국 피해토지의 교환가격의 하락을 가져오기 마련이며, 또한 일조침해와 관련된 당사자의 이해관계는 일조침해를 토지소유권에 대한 침해로 파악함으로써 이론적으로 깔끔하게 정리될 수 있기 때문이다.

(6) 기타

그 외에도 경제적·기술적 측면에서 본 일조침해의 회피가능성, 양 건물의 공익성, 건축 시 당사자 사이에 벌어진 각종 사정(합의 유무나 보상 노력 유무 등)이 수인한도를 초과하는지 여부를 판단함에 있어 고려된다.

V. 손해

1. 법적 성격 및 내용

재산상 손해와 정신적 손해로 대별할 수 있다. 일조침해를 물권의 침해로 본다면, 손해는 재산권 침해에 따른 재산상 손해와 그 재산상 손해에 기초한 위자료가 된다. 그런데 판례는 재산상 손해를 배상하면 정신적 피해는 보상되는 것으로 보기 때문에, 특별한 사정이 없는 한 정신적 손해는 배상받을 수 없을 것이다. 일조침해를 인격권 침해로 본다면 그 손해는 정신적 손해, 즉 인격권 침해에 따른 위자료로 보게 된다.

칙체계는 존재하지 않을 것이다. 그렇다고 해서 재화의 소유에 대한 판단을 각 개인에게 맡길 수는 없는 노릇이다. 가치의 상쟁이 벌어질 것이 분명하기 때문이다. 그렇다면 상정할 수 있는 선택지 중에서 어느 하나의 규칙체계를 선택하는 것이 그 사회뿐만 아니라 구성원에게도 마땅하고 유리한 것이 된다. 자세한 것은 *id.* 311–313.

2. 재산상 손해

가해건물 골조완성 시점을 기준으로 삼아 토지나 건물의 시가차액, 즉 교환가치의 하락분이 재산상 손해로 평가된다. 일조감소에 관한 감정과 함께, 또는 별도로 시가감정을 거치는 것이 실무이다. 일반적으로 가해건물이 공법상 규정을 준수한 점 등을 고려하여 책임을 제한하고 있다(大判 2005.3.24. 2004다38792). 영업수익의 감소, 광열비 지출의 증가, 치료비 발생·증가도 배상의 대상이 될 수 있다. 그러나 일조침해와의 인과관계 입증 곤란, 액수의 증명 곤란 등으로 실제로는 인정되지 않는 것이 실무이다. 그런데 이러한 손해는 교환가치의 하락분에 이미 반영된 것으로 보아야 할 것이다.

3. 위자료

물권침해에 따른 재산상 손해를 원인으로 한 정신적 고통은 소유권자만이 주장할 수 있다. 인격권 침해에 대한 위자료는 피해건물의 거주자만이 청구할 수 있다. 거주소유자에 대해서는 양 권리가 실체적 경합관계에 있다는 것이 서울중앙지법의 환경전담부 실무이다. 재산상 손해를 원인으로 하는 정신적 고통은 그 손해가 전보되면 치유되는 것이 통상의 경우이므로 이러한 위자료는 통상의 손해에 해당하지 아니한다. 따라서 위자료를 인정받기 위해서는 그 물권의 침해에 따른 손해가 전보되어도 치유되지 않는 정신적 고통을 가질 ① 특별한 사정이 있어야 하고 ② 이를 가해자가 알았거나 알 수 있었어야 한다(大判 1991.6.11. 90다20206). 실무상 인정되는 예는 드물 것이다.

Ⅵ. 소멸시효

소멸시효의 기산점이 문제되는데, 이는 결국 가해건물의 일조방해가 언제 성립되어 종료하는가의 문제로 이어진다. 불법행위가 계속적으로 행해지는 결과 손해도 역시 계속적으로 발생하는 경우에는, 특별한 사정이 없는 한 그 손해는 날마다 새로운 불법행위에 기하여 발생하는 손해로서 그 각 손해를 안 때로부터 개별적으로 소멸시효가 진행된다고 보는 것이 판례이다(大判 1999.3.23. 98다30285). 일조방해로 인한 재산상 손해는 가해 건물이 완성될 때 일회적으로 발생하므로 소멸시효도 원칙적으로 그때부터 진행한다는 데에는 이견이 없다. 그러나 건물 거주자가 입게 되는 정신적 손해와 관련해서는 견해대립이 있었다. 大判 2008.4.17. 2006다35865(全合)의 다수의견은 정신적 손해의 경우에도 재산상 손해와 마찬가지로 가해건물이 준공되거나 외부골조공사가 완료된 시점을 소멸시효의 기산점이라고 판단하였다. 이는 그 시점

이후에 건축행위에 따른 일영의 증가는 더 이상 발생하지 않게 되고 따라서 토지 소유자 등은 그 시점에서 현재 또는 장래 발생 가능한 재산상 손해나 정신적 손해를 예견할 수 있기 때문이다.

Ⅶ. 조망, 사생활 침해와 일조 침해의 관계

실무상 일조피해에 따른 손해배상을 구하면서 조망과 사생활침해를 함께 청구하는 경우가 있다. 여기에서의 조망피해는 특별한 장소를 바라보는 이익을 뜻하는 협의의 조망이익과는 달리 인근 토지에 건물이 신축되어 발생하는 시야 차단으로 인한 폐쇄감이나 압박감 등의 생활이익 침해를 의미한다(大判 2014.2.27. 2009다40462). 이 경우 수인한도를 정함에 있어 일조, 조망, 사생활침해를 종합적으로 고찰하느냐(종합적 고찰론) 아니면 각 요인별로 고찰하느냐(개별적 고찰론)를 결정하여야 한다. 일조향유권과 조망향유권, 안온한 사생활향유권 모두가 별개의 권리들이므로 개별적 고찰론이 이론적으로 타당하고 판례의 입장이기도 하다.

Ⅷ. 복수건물에 의한 일조침해(복합일영)의 문제

여러 건물이 개별적으로는 수인한도를 넘는 일조피해를 일으키지 않지만 서로 결합하여 수인한도를 넘는 일조피해를 야기하는 경우의 문제이다. 각 가해건물의 소유주가 공동불법행위책임을 지는가의 문제이기도 하다. 가해건물이 동시에 축조되는 경우에는 공동불법행위책임을 부담할 것이다. 왜냐하면 건물이 모두 완성된다면 일조피해가 발생할 것을 예견할 수 있다고 보는 것이 합리적이기 때문이다. 하급심 실무례도 마찬가지이다.[97] 기존 건물로 인한 일조방해의 정도가 수인한도를 넘지 않고 있었는데 상당한 기간이 경과한 후 타인 소유의 인접건물이 신축되고 그 기존건물과 신축건물로 인하여 생긴 일영이 결합하여 피해건물에 수인한도를 넘는 일조방해가 발생한 경우에, 大判 2010.6.24. 2008다23729는 특별한 사정이 없는 한 신축된 인접건물 소유자를 상대로 불법행위책임을 물을 수 있는지는 별론으로 하고 기존 건물 소유자에게는 불법행위책임을 물을 수 없다고 보았다.[98]

---

97) 서울중앙地判 2001.4.26. 99가합34203.
98) 이 판결에서는 이와 같은 전제에서, 그 후 기존 건물 소유자가 건물을 철거하고 그 지상에 가해건물을 신축함으로 인하여 이미 기존 건물과 인접건물로 인하여 생긴 일조방해의 정도가 더욱 심화되는 결과가 발생하였다 하더라도 기존 건물로 인하여 당초 발생하던 일조방해의 범위 내에서는 불법행위책임을 물을 수 없다고 판시하였다.

제2절 | 조망권

I. 조망권 내지 조망이익

수려한 경관 등을 바라보는 조망이익을 생활이익으로서 보호할 수 있는지에 관하여는 견해가 갈린다. 조망이익은 ① 조망의 대상과 조망자 사이에 차단물이 존재하지 않는다는 우연한 사실에 의한 것으로서 일종의 반사적 이익이라는 부정설과 ② 어떤 경관을 조망할 이익 자체가 인격권 내지 법적으로 보호되는 이익이라는 긍정설, 그리고 ③ 원칙적으로는 반사적 이익에 불과하나 예외적으로 일정한 요건을 충족한 경우에 한하여 그 권리성을 인정하되 예외적 요건의 존재에 대한 입증책임은 조망권을 주장하는 사람에게 있다는 절충설이 대립한다.

일반적으로 조망은 풍물을 바라보는 자에게 미적 만족감과 정신적 편안함을 부여하는 점에 있어서 생활상 적지 않은 가치를 가지고 있는데, 어느 토지나 건물의 소유자가 종전부터 향유하고 있던 조망, 조용하고 쾌적한 환경 등이 그에게 있어 하나의 생활이익으로서의 가치를 지닌다고 객관적으로 인정된다면 법적 보호의 대상이 될 수 있다(大判 1999.7.27. 98다47528). 또한 이에 더하여 조망이익은 원칙적으로 특정한 장소가 그 장소로부터 외부를 조망함에 있어 특별한 가치를 가지고 있고 그와 같은 조망이익의 향유를 하나의 중요한 목적으로 하여 그 장소에 건물이 건축된 경우와 같이 그 조망이익이 사회통념상 독자의 이익으로 승인되어야 할 정도로 중요성을 가져야 비로소 인정된다(大判 2004.9.13. 2003다64602). 이런 요건에 더하여 수인한도를 넘는 것 역시 요구된다.[99] 다만 大判 2007.6.28. 2004다54282는 그러한 경우에도 조망의 이익은 주변에 있는 객관적 상황의 변화에 의하여 저절로 변용 내지 제약을 받을 수밖에 없고 그 이익의 향유자가 이러한 변화를 당연히 제약할 수 있는 것도 아니라고 하면서, 보통의 지역에 인공적으로 특별한 시설을 갖춤으로써 누릴 수 있게 된 조망이익은 법적으로 보호받을 수 없다고 판시한 바 있다.

---

99) 大判 2007.6.28. 2004다54282에 따르면 수인한도 초과 여부에 관하여는 "조망의 대상이 되는 경관의 내용과 피해건물이 입지하고 있는 지역에 있어서 건조물의 전체적 상황 등의 사정을 포함한 넓은 의미에서의 지역성, 피해건물의 위치 및 구조와 조망상황, 특히 조망과의 관계에서의 건물의 건축·사용목적 등 피해건물의 상황, 주관적 성격이 강한 것인지 여부와 여관·식당 등의 영업과 같이 경제적 이익과 밀접하게 결부되어 있는지 여부 등 당해 조망이익의 내용, 가해건물의 위치 및 구조와 조망방해의 상황 및 건축·사용목적 등 가해건물의 상황, 가해건물 건축의 경위, 조망방해를 회피할 수 있는 가능성의 유무, 조망방해에 관하여 가해자 측이 해의(害意)를 가졌는지의 유무, 조망이익이 피해이익으로서 보호가 필요한 정도 등 모든 사정을 종합적으로 고려하여 판단하여야 한다."

Ⅱ. 시야 차단으로 인한 폐쇄감 내지 압박감

앞서 본 조망이익과 구별되는 생활이익으로 시야 차단으로 인한 폐쇄감이나 압박감 등의 생활이익이 문제되는 경우가 있다. 이는 인접 토지에 건물 등이 건축되어 발생한다. 이 경우에도 불법행위가 되려면 수인한도를 넘어야 한다. 실무상, 피해 건물의 거실이나 창문의 안쪽으로 일정 거리 떨어져서 거실 등의 창문을 통하여 외부를 보았을 때 창문의 전체 면적 중 가해 건물 외에 하늘이 보이는 면적비율을 나타내는 이른바 '천공률'이나 그중 가해 건물이 외부 조망을 차단하는 면적비율을 나타내는 이른바 '조망침해율'과 함께 피해 건물의 구조, 공법상 규제 위반 여부 등 모든 사정을 고려하여 수인한도 초과 여부를 판단한다(大判 2014.2.27. 2009다40462).

Ⅲ. 구제수단

조망이익이 법적 보호가치 있는 조망이고 수인한도를 초과하는 경우라 하더라도 건물건축 금지청구나 건물철거청구는 인정되지 않으며 손해배상으로서 위자료 청구만이 인정된다.

제3절 | 경관권

일본에서는 앞서 본 조망권과 별도로 경관이익을 법률상 보호의 대상이 되는 생활이익으로 보고 있다.[100] 양자의 구분에 관하여는 견해가 대립하는데, 구분하는 입장에서는 조망이익을 개인이 특정의 장소에서 좋은 경치나 풍경을 향유할 수 있는 개인적 이익으로, 경관이익을 객관화·광역화된 가치 있는 자연상태(자연적·역사적·문화적 경관)를 형성하고 있는 경치나 풍경을 향유할 수 있는 이익으로 설명한다.[101] 경관은 환경보전의 측면이 강하다.

그런데 大判 2007.6.28. 2004다54282는 앞서 본 조망권에 관한 사안에서 "어느 토지나 건물의 소유자가 종전부터 향유하고 있던 경관이나 조망이 그에게 하나의 생활이익으로서의 가치를 가지고 있다고 객관적으로 인정된다면" 법적인 보호의 대상이 될 수 있다고 설시한 바

---

100) 대표적인 판례로는 東京高決 昭和 53.9.18. 判時 97호, 61.
101) 조망은 어떤 지점으로부터 바라보는 것의 양호함이고 따라서 개별적이고 사익적이다. 반면, 경관이란 어떤 일정한 장소적 범위의 시각적 조화이고 따라서 지역적이고 공익적이다. 環境法判例百選, 別冊 ジュリスト No. 171, 65-69 사건, 특히 67 사건 (2004) 참조.

있다. 양자를 구분하지 않고 같거나 유사한 개념으로 사용하고 있는 것으로 보인다.

한편, 경관에 관한 공법인 「경관법」이 2007년부터 제정되어 시행 중에 있다. 경관법에서는 "자연, 인공요소 및 주민의 생활상 등으로 이루어진 일단의 지역환경적 특징"이 경관이라고 정의하면서 경관계획의 수립, 경관사업의 시행, 경관협정의 체결 등을 규정하고 있다. 「자연환경보전법」이나 「국토의 계획 및 이용에 관한 법률」 등에서도 '경관'이라는 용어를 사용하고 있으나 위 법률의 입법목적과 문언 및 취지에 비추어 보면 위 법률이 개별적 환경권으로서 경관이익을 규정하는 것이라고 보기는 어렵다. 위 법률의 보호 객체로서 경관이익은 결국 특정인의 권리라기보다 해당 지역의 미적 가치를 국가가 보호함에 따라 그 지역 주민이 얻게 되는 반사적 이익으로 보인다. 당해 법률에서 경관 침해에 관한 이의제기의 기회를 마련해 두고 있는 경우 이를 구제의 수단으로 사용할 수는 있겠으나 그렇지 않은 경우에는 판례에 따라 법적 보호의 대상이 되는 조망이익에 포섭되지 않는 한 별도로 사법상 구제의 대상이 되기는 쉽지 않을 것으로 보인다.

PART_ 03

환경행정법

제 1 장 | 환경정책기본법

제1절 | 환경정책기본법 개설

I. 환경정책기본법의 연혁

환경법의 역사는 기능적으로 보면 물권법으로까지 올라간다. 하지만 이는 물권법이 부수적으로 환경보호에 기여했다는 것이지 동법이 환경보호를 위하여 제정되었다고 할 수는 없다. 우리나라에서 환경법은 공해법으로 시작해서 단일 환경법 시대를 거쳐 오늘의 복수 환경법 시대에 이르고 있지만, 본격적인 환경법은 복수 환경법 시대를 개막한 환경정책기본법의 제정에서부터라고 할 수 있다. 단일 환경법 시대의 환경보전법은 경제성장에 치중한 사회분위기로 말미암아 여전히 상징적 입법에 머물렀던 것이다.

1990년 제정되고 이듬해부터 시행된 환경정책기본법은 환경법 발전의 초석이 되었는데, 이는 그 기본법적 지위로 말미암아 환경보전에 관한 국민의 권리·의무와 국가의 책무를 명확히 하는 동시에 환경정책의 기본이념과 방향을 정립하고 환경분야별 개별법에 공통된 사항을 규정함으로써 향후 우리나라 환경정책과 환경법 발전의 토대를 구축했기 때문이다.[1]

환경정책기본법은 제정 이후 여러 차례 개정되었는데, 그 방향은 동법에는 문자 그대로 환경보전에 관한 법과 정책에 관한 기본적인 사항만을 규정하고 이를 실행하기 위한 구체적 내용, 형식, 절차에 관한 사항은 개별 환경법에 규정하는 방식으로 맞추어져 왔다. 이런 방식으로 개정하다보니, 개별 환경법에서의 발전은 다시 환경정책기본법에 환류되어 그 규정에 반영될 필요가 생기게 되었고 현재의 환경정책기본법은 이런 과정이 연속되어 나타난 결과라 할 수 있을 것이다.

---

1) 홍준형a, 160.

II. 환경정책기본법의 성격

1. 기본법적 성격

(1) 기본법의 개념

환경정책기본법은 명칭이 말하듯이 '기본법'이다. 기본법이란 국가의 중요한 분야에 대하여 국가의 지도이념, 기본 정책목표 및 정책수단, 그리고 이행체제에 관한 기본적 사항을 규정한 법률로서, 일반법률과 비교하여 특별한 지위와 법적 효과가 인정되는 법률형식이다.[2] 기본법은 행정국가화하는 시대의 흐름을 반영하는 것으로, 사회구조와 국민의식의 변화에 따라 국가적 과제에 본격적으로 대응하기 위하여 제정된다. 따라서 기본법은 당해 부문의 **기본적 사항**, 즉 당해 법률분야의 정책, 제도, 시책에 관한 이념, 방침, 원칙, 계획과 이를 실현하기 위한 제도나 조직 등의 이행체제를 규정한다. 어떤 법이 이런 사항을 규정하고 있다면, 이는 그 명칭에 '기본법'을 명시하건 그렇지 않건 기본법이다("실질적 의미의 기본법").

(2) 매개법

이런 사항을 규율하고 있기 때문에 기본법은 헌법과 개별 법률 사이를 연결시킬 목적으로 헌법의 이념을 구체화하는 역할에 충실하면서도 헌법을 보완하는 "매개법"으로서의 성격을 가진다고 한다. 기본법은 매개법이기 때문에 상위법인 헌법의 내용에 반하는 내용을 가질 수 없고, 하위법인 개별 법률이 헌법과 기본법의 틀 안에서 각 영역에 특화된 개별구체적 내용을 담는 것을 막을 수 없다. 다만 기본법은 헌법의 이념을 구체화하는 데에만 그치지 않고 이를 합리적 범위에서 보완하는 역할도 한다. 헌법이 규정하지 않았지만 필요한 내용을 추가적으로 규정함으로써 헌법의 규정 내용이 더욱 풍부하게 구현되도록 돕는 것이다.

(3) 우월적 지위

기본법은 이런 특징을 가지기 때문에 당해 행정분야의 관련 법률과의 관계에서, 입법형식의 측면에서는 동위(同位)의 지위를 가지나 실질에 있어서는 당해 분야에서 모법(母法)과 같은 우월적 지위를 가진다고 할 수 있다. 그 결과, 기본법은 당해 분야에서 관련 법률의 입법·집행을 지도하고 정부에 의한 기본정책 시행을 인도하게 된다.

환경정책기본법은 이러한 기본법의 성격에 정확히 부합하는, 말하자면 대표적인 기본법이

---

2) 기본법에 관하여는 박영도, **기본법의 입법모델연구** (한국법제연구원, 2006); 박정훈, "입법체계상 기본법의 본질에 관한 연구," **법조** 제58권 제12호, 272 (2009); "우기택, "기본법과 체계정당성에 관한 연구," **법제**, 38 (2016.9.) 참조.

다. 동법은 제1조 목적 조항에서부터 헌법상 환경권 조항을 구체화하고 실현하기 위한 내용을 담고 있을 뿐 아니라 후술하는 바와 같이 기본법의 특징이 되는 규율 사항을 명문으로 규정하고 있기 때문이다. 그리하여 적어도 환경정책기본법에 관한 한 여타의 개별 환경법과의 관계에서 우월적 지위를 인정하는 것이 합리적이다.[3] (동법은 후술하는 바와 같이 순수한 정책입법에 머물지 않고 규제사항을 함께 규정하고 있다.)

이상은 환경정책에 관한 다른 법령 등을 제정하거나 개정하는 경우 환경정책기본법의 목적과 기본이념에 부합하도록 하여야 한다는 조문에 의하여 뒷받침될 수 있을 것이다(§6의2).

2. 정책법적 성격

기본법은 그 내용적 측면에서 볼 때, 일반성의 층위가 높아 규율밀도가 낮은 것이 특징이다. 이는 일반적이고 추상적 사항을 규정하고 있다는 것이고, 따라서 규정 내용은 프로그램적이거나 훈시적인 것이 대부분이다. 그렇다 보니, 기본법은 국민의 권리·의무에 직접 관련되는 규정을 두지 않고, 권리·의무에 관하여 규정할 필요가 있는 경우에도 구체적인 규정은 개별법에 맡기고 그 대강이나 방향성을 제시하는 것으로 그치는 것이 일반적이다. 환경정책기본법도 이런 성격을 가지고 있는, 말하자면 작용법이라기보다는 정책법적 성격을 가지고 있다.

(1) 환경행정의 지도·조정

기본법의 이러한 추상적 성격은 입법부나 행정당국에게 큰 재량을 허여하고 있는바, 부처간의 이해관계로 인하여 기본법을 구체적으로 시행하는 실시법률의 단계에서 협의·조정이 제대로 이루어지지 않으면 그 취지가 퇴색될 우려도 있다. 하지만 어떤 법률에 '기본법'이란 명칭이 부여되는 순간, 그 기본법은 당해 분야에만 적용되는 것이 아니라 행정 전(全) 분야에 규범력을 행사하기 때문에, 다른 행정부처도 기본법의 규율내용에 대하여 합당한 존중을 부여할 것이 기대된다. 기실, 동법은 환경부의 환경정책만을 규율하는 것이 아니라 국가와 지자체의 환경뿐만 아니라 기타 모든 정책을 규율한다. 가령 동법은 환경과 경제를 통합적으로 고려할 것을 규정하고 있는바(§9), 이는 정부부처 전체를 대상으로 하는 규정이다.

따라서 기본법에 규정되어 있는 프로그램적 규정이나 정책적 촉구로서의 성격을 가지는 규정, 가치질서에 대한 입법자의 의지를 담은 규정들은 비록 법규로서 관철될 수 없지만 이런 한정된 범위에서나마 입법·행정·사법부 모두에 대하여 규범력을 발휘함으로써 환경정책을

---

3) 한편, 일본의 입법정책 실무에서는 "기본법 우월성의 원칙"이라는 공인된 입법관행이 확립되어 있다고 한다. 박정훈(註2) 참조.

공유하게 하며, 정부 각 부문의 다양한 정책들과 사이에 상충하는 가운데 상호조정될 수 있는 가능성을 확보하는 것이다. 다른 한편, 기본법의 지도·조정기능은 기본법이 담당하는 당해 영역에서 주로 발휘될 것임은 물론이다. 기본법은 당해 행정분야의 '기본'을 정한 법률이기 때문에 그 분야에 속한 하위(下位) 분야는 당연히 기본법의 규율에 복종해야 한다.

환경정책기본법은 이러한 정책법적 성격을 갖고 있는바, 환경정책이 추진되는 과정에서 지켜져야 할 기본사항이 망라적으로 규정되어 있다. 이런 기본 이념, 방침, 원칙, 이행방식과 체제는 환경행정의 하위 부문, 즉 대기, 물, 토양, 폐기물, 자연보전 등의 분야 전체를 지도한다. 따라서 각 분야를 담당하는 부서는 환경행정 전체가 하나의 통합체로서 작동할 수 있도록 정책내용과 제도운영을 환경정책기본법에 부합하게 해나가야 한다. 이는 일관성 있는 환경행정을 가능하게 하고 그럼으로써 환경보전정책의 계속성을 담보한다. 이는 또한 국민에게 국가환경정책과 행정의 방향과 내용을 전달해주는 결과도 가져오는바, 국민은 이제 환경문제가 제기될 때 우선 헌법과 함께 환경정책기본법의 규율내용을 보게 될 것이고 국민의 기대와 관심은 다시 환경행정에 환류되어 공무담당자의 실무에 반영될 것이다.

(2) 국민의 권리·의무 규정

그런데 환경정책기본법은 법정책만을 규정하고 있지 않고 이와 함께 작용법적 성격을 가지고 있는 규제사항까지도 일부 가지고 있다. 대개 규제규정을 가지고 있는 기본법은 그것이 입법취지를 반감함으로써 기본법적 성격이 희석되는데, 환경정책기본법에서는 이런 현상이 보이지 않는다고 평가된다. 왜냐하면 가령 무과실책임(§44)이나 환경기준(§12), 그리고 특별대책지역(§38)은 국민의 권리·의무에 직·간접적 영향을 주는 규정이지만, 그 규율의 대상이 기본적이고 일반적인 사항이어서 기본법에 오르기에 적절하기 때문이다.

(3) 조직법·절차법적 성격

기본법은 기본정책과 시책에 관한 기본적인 지침·방향뿐만 아니라 그것을 추진하기 위한 여러 제도를 포함한 이행체제를 구축한다. 이는 기본법이 당해 분야에 관한 정부의 권한과 활동의 규준·절차·조직에 관하여 개괄적으로 규정하는 조직법적 성격을 가지고 있음을 의미한다. 환경정책기본법은 이행체제에 관한 규정을 최소화하고 있는바, 이는 이행체제에 관한 사항을 개별 환경법에 위임하는 것으로 보인다. 다만 환경상태의 조사·평가체제(§22), 환경정책위원회(§58) 및 환경보전협회(§59)에 관하여는 규정하고 있다.

Ⅲ. 환경정책기본법의 개요

환경정책기본법은 환경법 총칙에 해당하는 내용을 담고 있다. 즉 제1장은 총칙이란 제명 아래 목적, 기본이념, 정의, 국가 및 지자체의 책무, 사업자의 책무, 국민의 권리·의무, 환경법의 일반원칙, 환경보전시책의 보고에 관하여 규율하고, 제2장은 환경계획의 수립이라는 제명 아래, 환경기준, 기본적 시책, 자연환경의 보전 및 환경영향평가, 분쟁조정 및 피해구제, 환경개선특별회계의 설치를 규율하고, 제3장은 법제상, 제정상의 조치를, 제4장은 환경정책위원회와 환경보전협회를, 제5장은 보칙을 규정하고 있는 것이다.

제2절 ｜ 환경정책기본법의 목적, 기본이념 및 기본개념

Ⅰ. 환경정책기본법의 목적

환경정책기본법은 [표 3-1] 환경법규의 현황에서 볼 수 있듯이 환경부 소관 70개 환경보호법률과 타부처 소관의 환경관령법령을 지휘하는 기본법이다. 요컨대 환경법의 '총칙'에 해당하는 것으로 환경법의 기본사항을 규정하고 있는 것이다. 이는 상위법(上位法)인 헌법(특히 헌법상 환경권 규정)을 토대로 하여 환경보전의 이념과 원리, 그리고 기본적 법정책 및 법적 수단을 규정하고, 하위법인 개별 환경법 전부를 통솔하고 있다. 하위 환경법은 개별 환경영역을 규율하는 '매체(媒體)특화적' 환경법(가령 대기환경보전법)뿐만 아니라 환경보전의 법정책을 구현하는 법적 수단을 구체화하는 법률(가령 환경영향평가법)도 포함한다.

환경정책기본법 제1조는 "환경보전에 관한 국민의 권리·의무와 국가의 책무를 명확히 하고 환경정책의 기본이 되는 사항을 정하여 환경오염과 환경훼손을 예방하고 환경을 적정하고 지속가능하게 관리·보전함으로써 모든 국민이 건강하고 쾌적한 삶을 누릴 수 있도록 함을 목적으로 한다."라고 규정함으로써 환경법의 의의와 목적을 분명히 하고 있다.

1. 환경법의 목적

이를 분설하면, 첫째, "모든 국민이 건강하고 쾌적한 삶을 누릴 수 있도록 함을 목적으로 한다."는 것은 환경정책기본법을 포함한 모든 환경법의 궁극적 목적이 국민의 건강하고 쾌적한 삶이라는 것을 의미한다. 따라서 환경법에 관한 법정책목표와 수단의 선택과 실행, 다시 말해 환경법의 제정·집행·적용·해석은 모두 이 궁극적 목적에 정향되어 수행되어야 한다.

물론 "얼마나 건강해야 건강한가?"라든지 "얼마나 쾌적해야 쾌적한 것인가?"의 문제는 위 규정에도 불구하고 미결(未決)인 채 남겨져 있고 그 결정은 결국 입법부의 몫이라고 새겨야 하지만. 그렇다고 해서 입법부에게 무한의 입법재량이 주어진다는 것은 아니다. 헌법상 기본 권 규정과 함께 위 규정이 내포하는 목적의 골자가 있을텐데 이에 반하는 내용을 담을 수는 없기 때문이다.

2. 환경법의 형식

둘째, "환경보전에 관한 국민의 권리·의무와 국가의 책무를 명확히 하고 환경정책의 기본 이 되는 사항을 정"한다는 것은 전술한 환경법의 궁극적 목적을 달성하기 위하여 채택해야 할 환경법의 형식을 규정하는 의미가 있다. 즉 환경법도 법의 일종이기 때문에 국민의 권리나 국 가의 책무를 명확히 규정하는 규칙(=법규)이나 환경법이 지향하는 가치를 규정하는 원리(=법 정책목표)로 표현될 수밖에 없다. 뒤집어 생각하면, 환경보전에 관한 국민의 권리·의무와 국가 의 책무를 규정하는 법률이라면 환경법이라 할 수 있고, 따라서 그것은 환경정책기본법의 규 율을 받게 된다. 요컨대 환경정책기본법은 환경보전 분야에 대한 통일적인 기준을 정립하는 것으로 그 분야에 관한 입법이라면 이를 고려하지 않으면 안 된다.

법이 법공동체 구성원의 이익을 보호하는 방법으로는 ① 구성원에게 권리를 부여하는 방 법, 권리를 부여하는 대신 ② 국가나 국민의 의무를 규정하는 방법이 있고, 국가나 국민의 의 무를 규정함에 있어서도 ⓐ 해야 할 행위의 구체적인 내용과 방식을 규정하는 방식(규칙)과 ⓑ 추상적인 지향점을 지시하는 방식(원리)이 있다. 제1조의 위 부분은 환경정책기본법이 환 경보전을 위하여 이 모든 방식을 전부 사용할 것임을 말하고 있는 것이다.

하지만 후술하는 바와 같이 동법의 규정 내용을 살펴보면, 동법은 기본법이기 때문에 국민 의 '구체적' 권리를 규정하기보다는 국가환경행정이 환경정책을 수행함에 있어 염두에 두어야 할 가치와 원리(환경보전의 법정책목표), 그리고 이를 구현하기 위한 수단과 절차(환경보전의 법 정책수단)을 주로 규정하고 있음을 알게 된다. 환경보전에 관한 국민의 구체적 권리는 개별 환 경법에서 규정하고 있다.

3. 환경법의 내용

셋째, "환경오염과 환경훼손을 예방하고 환경을 적정하고 지속가능하게 관리·보전함으 로써"라고 하는 것은 환경법이 수행해야 할 **기능** 내지 **역할**, 환언하면 환경법의 내용을 규 정하는 의미가 있다. 이는 전술한 환경법의 궁극적 목적에 대해서는 그 목표를 달성하기 위한 수단의 의미를 갖지만, 하위 수단들에 대해서는 그것을 지도할 목표로서의 의미를 갖는다.

따라서 환경법의 내용은 사전적으로는 환경오염·훼손의 예방이고 사후적으로는 환경의 적정관리·보전하는 것이다. 후술하는 각종 개별 환경법은 환경오염과 환경훼손을 예방하고 환경을 지속가능하게 관리·보전하기 위하여 제정되고 집행되는 것이다. 특히 "지속가능하게 관리·보전"한다는 것은 '지속가능발전의 원칙'을 명시한 것으로 이는, 후술하는 바와 같이, 모든 환경법을 지도할 지도이념으로 작용하게 된다. 따라서 환경법은 사전적 측면과 사후적 측면을 지속가능성의 관점에서 조화롭게 도모하는 것이다.

Ⅱ. 환경정책기본법의 기본이념

동법은 지속가능발전을 환경법의 기본이념으로 규정하고 있다. 지속가능발전은 전술한 환경법의 목적규정(§1)에 천명되어 있는데, 동법 제2조 제1항은 이를 구체화하여 "환경의 질적인 향상과 그 보전을 통한 쾌적한 환경의 조성 및 이를 통한 인간과 환경 간의 조화와 균형의 유지는 국민의 건강과 문화적인 생활의 향유 및 국토의 보전과 항구적인 국가발전에 반드시 필요한 요소임에 비추어 국가, 지방자치단체, 사업자 및 국민은 환경을 보다 양호한 상태로 유지·조성하도록 노력하고, 환경을 이용하는 모든 행위를 할 때에는 환경보전을 우선적으로 고려하며, 기후변화 등 지구환경상의 위해(危害)를 예방하기 위하여 공동으로 노력함으로써 현 세대의 국민이 그 혜택을 널리 누릴 수 있게 함과 동시에 미래의 세대에게 그 혜택이 계승될 수 있도록 하여야 한다."라고 규정하고 있다. 이는 '지속가능발전'을 규정한 것으로 그 내용 및 효력, 그리고 법적 논점에 대해서는 제1편에서 이미 상술(詳述)한 바와 같다.

동법은 지속가능발전의 내용으로 세대간 형평뿐만 아니라 세대내 형평까지도 포괄하고 있는바, 즉 동조 제2항은 "국가와 지방자치단체는 지역간, 계층간, 집단 간의 환경 관련 재화와 서비스의 이용에 형평성이 유지되도록 고려한다."라고 규정하고 있는 것이다. 마지막으로 동법 제9조는 환경과 경제의 통합적 고려에 관하여 규정하는데, 즉 정부에게 "환경과 경제를 통합적으로 평가할 수 있는 방법을 개발하여 각종 정책을 수립할 때에 이를 활용"하고(§9①) "환경용량의 범위에서 산업 간, 지역 간, 사업 간 협의에 의하여 환경에 미치는 해로운 영향을 최소화하도록 지원"할 것을 명하고 있다(동조 ②). 동법은 또한 자원의 절약과 순환적 사용을 촉진하고 있는바, 즉 국가와 지자체에게는 "자원과 에너지를 절약하고 자원의 재사용·재활용 등 자원의 순환적 사용을 촉진하는 데 필요한 시책을 마련"할 것을(§10①), 사업자에게는 "경제활동을 할 때 … 국가 및 지방자치단체의 시책에 협력"할 것을(동조 ②), 각각 명하고 있다.

동법은 이로써 지속가능발전의 세 가지 축(3E), 즉 환경(environment), 경제(economy), 형평(equity) 모두를 포괄하는 규정을 갖게 되었다.

Ⅲ. 환경정책기본법의 용어정의

동법은 환경법에서 사용되는 주요 용어의 뜻을 정의하고 있다. "환경," "자연환경," "생활환경," "환경오염," "환경훼손," "환경보전," "환경용량," "환경기준"을 정의하고 있는데, 앞의 다섯 가지 용어에 관하여는 이미 상술하였다.

"환경보전"이라 함은 "환경오염 및 환경훼손으로부터 환경을 보호하고 오염되거나 훼손된 환경을 개선함과 동시에 쾌적한 환경 상태를 유지·조성하기 위한 행위"를 말하는바, 환경보전은 사전예방적인 환경보호와 사후진압적인 환경개선 및 현상유지적인 쾌적한 환경상태의 유지·조성 모두를 포함하는 넓은 개념이다(§3vi). 따라서 보전(conservation)은, 자연상태에 인위적인 변화를 야기하는 일체의 행위를 허용하지 않고 있는 그대로 지키는 것을 의미하는 보존(preservation)과 구별되는 개념이다.

"환경용량"은 "일정한 지역에서 환경오염 또는 환경훼손에 대하여 환경이 스스로 수용, 정화 및 복원하여 환경의 질을 유지할 수 있는 한계"를 말한다(§3vii). 환경용량은 환경기준을 설정하거나 총량관리를 시행할지 여부를 결정하는 데 고려해야 할 중요 요소이다.

한편 "환경기준"에 관하여는 뒤에서 상술한다.

제3절 | 국민과 국가의 권리와 책무

환경정책기본법은 국민과 국가의 권리와 책무를 규정하고 있다. 국민과 국가의 환경권 및 환경보호의무에 관하여는 제2편에서 이미 상술한 바 있으므로 여기서는 간략하게 규정내용만을 살핀다.

우선 국가에게는 "환경오염 및 환경훼손과 그 위해를 예방하고 환경을 적정하게 관리·보전하기 위하여 환경계획을 수립하여 시행할 책무"를(§4①), 지자체에게는 "관할 구역의 지역적 특성을 고려하여 국가의 환경계획에 따라 그 지방자치단체의 환경계획을 수립하여 이를 시행할 책무"를 부과하고 있다(동조 ②). 동법은 또한 국가와 지자체에게 "지속가능한 국토환경 유지를 위하여 제1항에 따른 환경계획과 제2항에 따른 지방자치단체의 환경계획을 수립할 때에는 「국토기본법」에 따른 국토계획과의 연계방안 등을 강구"할 의무를 부과하고(동조 ③),

이를 위하여 환경부장관이 "제3항에 따른 환경계획과 국토계획의 연계를 위하여 필요한 경우에는 적용범위, 연계방법 및 절차 등을 국토교통부장관과 공동으로 정할 수 있"도록 수권하고 있다(동조 ④).

다음으로, 환경정책기본법은 사업자에게 "그 사업활동으로부터 발생하는 환경오염 및 환경훼손을 스스로 방지하기 위하여 필요한 조치를 하여야 하며, 국가 또는 지방자치단체의 환경보전시책에 참여하고 협력하여야 할 책무"를 부과하고 있다(§5).

마지막으로, 동법은 헌법에 규정된 환경에 관한 국민의 권리와 의무를 구체화하고 있는바, 즉 모든 국민은 건강하고 쾌적한 환경에서 생활할 권리를 가짐을 천명하고(§6①), "국가 및 지방자치단체의 환경보전시책에 협력"하고(동조 ②), "일상생활에서 발생하는 환경오염과 환경훼손을 줄이고, 국토 및 자연환경의 보전을 위하여 노력하여야" 할 의무를 명시하고 있다.

제4절 | 환경법의 일반원칙

환경정책기본법은 "오염원인자 책임원칙"(§7), "수익자 부담의 원칙(§7의2)", "사전배려의 원칙"(§8), "지속가능발전의 원칙"(§9)을 명시적으로 규정하고 있고, 협동의 원칙은 명시적으로 규정하고 있지 않으나, 앞서 본 국가와 사업자, 국민의 환경보호책무에 관한 규정(§§4-6)과 정부에게 매년 주요 환경보전시책의 추진상황에 관한 보고서를 민의의 전당인 국회에 제출할 것으로 명하는 규정(§11), 환경부장관에게 "모든 국민에게 환경보전에 관한 지식·정보를 보급하고, 국민이 환경에 관한 정보에 쉽게 접근할 수 있도록 노력"할 것을 명하는 규정(§24①)을 둠으로써 이를 보장하고 있다고 평가된다. 각 원칙의 법적 성격, 내용, 효력에 관하여 이미 제1편에서 상술(詳述)한 바 있다.

제5절 | 환경기준

환경정책기본법상 "환경기준"이란 "국민의 건강을 보호하고 쾌적한 환경을 조성하기 위하여 국가가 달성하고 유지하는 것이 바람직한 환경상의 조건 또는 질적인 수준"을 말하는데(§3viii), 동법은 환경기준의 설정과 유지에 관하여 규정하고 있다. 먼저 행정법상 행위형식의 일종인 '기준설정'과 '환경기준'에 관한 일반론을 살펴본 후 환경정책기본법상의 관련규정을 보기로 한다.

Ⅰ. 기준의 설정

1. 기준설정의 의의

환경정책기본법은 환경기준의 설정을 국가의 의무로 규정하고 있다(§12①). "기준설정"이란 법령이나 행정결정에 의하여 기준을 설정하고 이를 규제나 기타 행정조치의 근거로 삼는 것을 말하는바,[4] 따라서 환경정책기본법상의 기준설정은 국가가 일정한 기준을 정하고 그것에 소정의 법적 효과를 결부시킴으로써 환경보전을 도모하는, 환경보전정책의 유력한 수단이자 환경행정의 행위형식이다. 행정행위나 공법상 계약, 행정지도 등과 같은 반열에 오를 정도는 아니지만 환경법 분야에서는 앞으로 그 중요성이 더욱 강화될 전망이다. 이러한 배경에서 환경부장관은 결정된 환경기준 및 그 설정의 근거를 공표하여야 하며(§12의2), 환경기준의 적절성을 유지하기 위하여 5년의 범위에서 이에 대한 평가를 실시해야 하고(§12의3①), 그 결과를 국회 소관 상임위원회에 보고해야 한다(§12의3②). 국가 및 지방자치단체는 환경기준의 설정 또는 변경 시에 그 평가 결과를 반영하여야 한다(§12의3②).

2. 기준설정의 법형식

기준을 설정하는 법형식은 **법률**에 의하는 방식, **법규명령**에 의하는 방식, **행정규칙**에 의하는 방식으로 분류된다. 상위법의 형식을 취하면 취할수록 구속력이 강화될 것이지만 개정의 어려움으로 인하여 기술진보 등 상황변화에 즉응할 수 있는 유연성은 떨어진다. 환경정책기본법상 환경기준은 대통령령으로(§12②), 지역환경기준은 조례로(동조 ③), 대기환경보전법이나 물환경보전법상의 배출허용기준은 환경부령으로 각각 규정하게 되어 있다(대기환경보전법 §16①; 물환경보전법 §32①). 법률은 물론 법규명령 형식으로 제정된 환경기준은 외부효를 가지고 있어 규제자인 행정청이나 피규제자인 사인은 물론 법원까지도 구속한다. 따라서 이런 법규명령에 의하여 환경기준을 제정하려면 근거법률의 수권이 있어야 함은 물론이다.[5]

3. 행정규칙 형식의 환경기준

(1) 환경행정의 실제

그런데 실제 행정상 가장 많이 이용되는 기준설정 형식은 행정규칙이고 많은 논점을 만들고

---

4) 환경기준에 관하여는 한귀현, 214-219; 홍준형a, 49-64 참조.
5) 한귀현, 217.

있다. 기실, 환경법만 하더라도 환경행정상 여러 측면(채택해야 할 기술기준, 측정절차·방법이나 방지조치의 기준 등)에서 각종 규율이 행정규칙의 형식으로 행하지고 있다. 가령 소음·진동관리법은 운행차의 소음허용기준을 정하고 수시로 운행차를 점검하게 되어 있는데(§36①i), 이 경우 점검의 기준·소음 측정방법과 그 밖에 필요한 사항을 환경부장관의 고시로 정하게 되어 있다(소음진동관리법 시행규칙 §41②). 기실 사업자의 사업수행에 직접적인 영향을 주는 행정규제들은 환경부가 만든 시행규칙이나 고시에 규정된 별표 속의 내용에 의하여 좌우되는 것이 현실이다.

(2) 행정규칙 형식의 환경기준의 법규성

행정규칙은 그 제정형식이나 규율내용 면에서 행정조직 내부에 정향된 규칙이므로 국민의 권리·의무에 영향을 미치는 법규적 효력이 없는 것이 원칙이다. 그러나 행정실제에 있어서 국민이 체감하는 행정규칙의 사실상의 구속력은 법규명령과 다름이 없다. 그리하여 행정청의 고도의 전문성이 요구되는 분야에서나 행정규칙에 대한 국민의 신뢰를 보호하고 모든 국민을 법적으로 평등하게 대우한다는 견지에서나 행정규칙의 법규적 효력을 인정하려고 하는 노력이 경주되고 있다.

가령 독일 연방행정법원은 "뷜판결(Whyl-Urteil)"에서 행정규칙 형식의 환경기준을 "규범구체화적 환경기준"과 "규범해석적 환경기준"으로 분류한 뒤 전자에 대해서는 행정청에 의한 당해기준의 제정·적용과정에서 충분한 조사가 이루어졌고 자의적 평가가 개입하지 않았다면 수권규범에 의하여 설정한 한계 내에서 법원을 구속하는 효력을 인정한 바 있다.[6] 이는 행정입법을 "입법적 규칙(legislative rule)"과 "해석적 규칙(interpretive rule)"으로 분류하고 전자에 대하여 법규적 효력을 인정하는 한편, 후자에 대한 심사에 있어서는 행정청이 충분한 근거에 터 잡아 나름의 합리적 판단을 내린 경우라면 행정청의 결정을 존중하는 미국의 판례이론을 상기시킨다.[7]

이외에도 행정규칙 형식의 환경기준에 대하여 법규적 효력을 인정하려는 이론적 시도는 여러 방향에서 시도되어 왔다. 가령, 행정청에는 법원에 의하여 사후심사될 수 없는 판단여지가 인정될 수 있는바 그렇다면 그 논리의 연장으로 환경기준의 법규성을 인정해야 한다는 견해("판단여지설"), 행정규칙은 관련 전문가가 미리 한 감정이라는 견해("선취된 전문가감정설"),

---

6) BVerwGE 72, 300ff. 동 판결에 관하여는 홍준형a, 52.
7) 입법적 규칙과 해석적 규칙의 의미와 차이에 관하여는 Breyer, Stewart, Sunstein & Spitzer, *Administrative Law and Regulatory Policy: Problems, Text, and Cases*, 277-283 (2002). 한편, 미국연방법원은 행정청의 사실인정과 정책결정에 대하여는 엄격히 심사하고 행정청이 내린 법해석을 존중하는 입장을 취한다. 전자는 "엄격심사법리(hard look doctrine)"로서 *Citizens to Preserve Ovreton Park v. Volpe*, 401 U.S. 402 (1971)에서, 후자는 "쉐브론 법리(Chevron doctrine)"으로서 *Chevron U.S.A. Inc. v. Natural Resources Defense Council, Inc.* 467 U.S. 837 (1984)에서 천명된 바 있다.

행정규칙은 논란의 여지가 있는 영역에서 행정청이 일응 조정한 결과로서 이를 사후심사하는 것은 현명한 것이 될 수 없다는 견해("표준화의 여지설") 등이 제시되어 왔다.[8]

4. 사적 환경기준

환경규제에 민감한 사업자들이 사적인 단체(협회나 전문단체)를 만들어 자신들에게 적용될 환경기준을 스스로 제정하는 경우가 있다. 이러한 단체는 공무수탁사인이 아니며 민법상 (권리능력 없는) 사단 또는 재단일 텐데, 이들이 자율적으로 제정한 기준이 환경법상 효력을 인정받을 수는 없을 것이다. 다만 이러한 사법상의 규율장치가 법규나 행정규칙에 의하여 편입되어 있는 경우에는 구속력을 가질 가능성이 있다.[9]

Ⅱ. 환경기준의 의의 및 종류

1. 환경기준의 개념

환경기준은 대개 쾌적한 환경을 유지하기 위해 필요한 환경상의 조건을 수치화해 나타낸 것으로, 국가 또는 지자체의 관할 영역에서 환경보전의 노력을 통하여 달성하려고 하는 정책목표라 할 수 있다. 환경정책기본법은 환경기준의 설정·유지의무를 국가에 대하여 부과하고 있는바, 이를 위반한다고 해서 국민의 권리·의무에 직접적 영향은 없다. 따라서 특별한 사정이 없는 한 국민은 국가를 상대로 하여 국가의 환경기준 설정·유지의무 위반을 이유로 민사상·행정상 소제기를 할 수는 없다 할 것이다.

반면, **배출허용기준**은 배출을 규제하기 위하여 설정된 기준으로 배출구에서 배출되는 환경오염물질의 농도를 수치화한 것으로, 오염물질 배출원(排出源)을 겨냥한 법적 허용한도이다(배출허용기준에 위반하면 위반자에게는 곧바로 소정의 법적 효과가 발생한다). 따라서 배출허용기준은 그 자체가 목적이라기보다는 환경보전을 위하여 준수해야 하는 수단적 성격의 기준인 반면, 환경기준은 환경보전의 목표 그 자체를 수치화한 것이다. 요컨대 환경기준은 규제기준인 배출허용기준의 전제이자 기초이며, 따라서 전자가 이상적으로 되면 후자도 엄격해지게 된다.

---

8) 한귀현, 218.
9) 독일의 경우, 편입결정은 법규나 행정규칙이 사적 규율장치를 참조하라고 지시함으로써 이루어지는데, 이때 참조지시는 "정태적 참조지시"여야 하며, 행정권의 사적 단체에의 위양을 의미하는 "동태적 참조지시"일 수는 없다. 일반인들은 사적 단체가 제정한 기준에 접근할 가능성이 떨어지므로, 행정청이 참조지시를 할 때에는 현재 형태의 기준을 공포할 필요가 있다. 법규나 행정규칙에의 편입결정이 없으면 사적 기준은 해석에서 고려할 수 있는 참고자료일 뿐이다. 한귀현, 219.

2. 환경기준의 종류

광의의 환경기준은 환경보전과 관련된 기준 전부를 말하는데, 여기에는 위에서 본 협의의 환경기준과 배출허용기준이 속한다. 우리 환경법상 협의의 환경기준은 매체별로 설정되어 있다. 대기분야에서는 "대기환경기준"(환경정책기본법 시행령 §2 별표), 물분야에서는 "수질 및 수생태계환경기준"(동 별표) 및 "먹는물의 수질기준"(「먹는물관리법」 §5③ 동법 시행규칙 §2 별표1), 소음·진동분야에서는 "소음환경기준"(동 별표), 토양분야에서는 "토양오염 우려기준 및 대책기준"(토양환경보전법 §4의2 및 §16)이 있다.

배출허용기준으로는 대기분야에서 "대기오염물질의 배출허용기준"(대기환경보전법 §16①, 동법 시행규칙 §15 별표8), "제작차배출허용기준"(동법 §46①, 동법 시행규칙 §62 별표17), "운행차배출가스허용기준"(동법 §57, 동법 시행규칙 §78 별표21), 물분야에서 "수질오염물질의 배출허용기준"(물환경보전법 §32①, 동법 시행규칙 §34 별표13), "공공폐수처리시설의 방류수수질기준,"(동법 §12③, 동법 시행규칙 §26 별표10), 소음분야에서 "공장소음·진동의 배출허용기준"(소음진동관리법 §7①, 동법 시행규칙 §8① 별표5)이 있다.

환경기준은 잣대의 종류에 따라 성과기준과 기술기준으로 나뉜다. **성과기준**(performance standard)은 피규제자가 달성해야 할 목표만을 정하고 그 실현방법의 선택은 피규제자에게 맡기는 기준이다. 환경질기준(환경정책기본법상의 환경기준), 농도기준(대기환경보전법·물환경보전법상의 배출허용기준), 총량기준(대기환경보전법상의 총량관리)이 이에 속한다.

기술기준(technology standard)은 피규제자가 환경오염을 방지·제거하기 위하여 채택해야 할 기술에 관한 기준이다. "최고시연기법(Best Demonstrated Technology)", "합리적가용기법 (Reasonable Available Control Technololgy)", "달성가능최저배출률(Lowest Achievable Emission Rate)", "최적가용기법(Best Available Control Technology; 「환경오염시설의 통합관리에 관한 법률」 §24①)" 등이 그 예이다.

3. 환경기준의 기능 및 조건

(1) 환경기준의 기능

환경정책기본법은 물론 개별 환경법에는 불확정개념이 다수 포함되어 있다. 환경법은 "건강하고 쾌적한 환경," "환경에 미치는 해로운 영향," "적정 … 관리," "적절한 조치" 등 헤아릴 수 없이 많은 불확정개념으로 점철되어 있다고 해도 과언이 아니다. 불확정개념은 환경법의 일천한 역사, 환경문제의 자연과학적 불확실성이나 가치관련성으로 말미암아 불가피하게 채용될 수밖에 없지만, 실제 사건에 있어서의 논란은 그것에 관한 해석에 관하여 생기는 것이다. 이는 법의 예측가능성을 떨어뜨려 국민의 권익보호에 문제를 야기한다.

따라서 환경법상 불확정개념을 가급적이면 확정화할 필요가 있다. 물론, 환경법은 가치관의 변화에 순응해야 할 필요가 있고 과학기술의 발전은 환경법의 발전에 새로운 계기를 부여하므로 환경법의 지나친 구체화는 바람직하지 않은 측면도 있다. 이런 두 가지 상충하는 필요를 동시에 만족시킬 수 있는 수단이 환경기준이다. 추상적 목표는 불확정적인 채로 그대로 놔두고, 당시의 과학기술이나 경제여건을 반영한 환경기준을 정한다면, 환경법의 발전가능성을 열어놓은 채 법적 안정성도 기할 수 있는 것이다. 이와 같이 환경기준은 **불확정개념**을 **보충**하고 **구체화**하는 기능을 담당한다.

(2) 환경기준의 조건

이런 기능을 담당해야 하므로, 환경기준은 구체적이면서 일반적으로 적용가능한 형태로 제시되어야 한다. 환경기준이 기준치나 한계치 형식의 측정가능한 크기로 제시되는 이유가 여기에 있다. 또한 환경기준은 적어도 기준 설정 당시에 해당 환경오염물질의 유해성이나 해당 대책의 기술성에 대한 과학적 전문지식을 반영하여야 하고, 나아가 해당 환경오염물질이 가져오는 리스크의 중대성이나 발생개연성에 대한 정책적 평가를 포함하는 것이어야 한다.[10]

Ⅲ. 환경기준의 유지

1. 환경기준의 설정

환경정책기본법은 "생태계 또는 인간의 건강에 미치는 영향 등을 고려하여 환경기준을 설정"할 것과, "환경 여건의 변화에 따라 그 적정성이 유지"되도록 할 것을 국가의 의무로 규정하고 있다(§12①). 환경기준은 대통령령으로 정하게 되어 있다(동조 ②). 한편, 특별시·광역시·특별자치시·도·특별자치도(이하 "시·도")는 해당 지역의 환경적 특수성을 고려하여 필요하다고 인정할 때에는 해당 시·도의 조례로 일반 환경기준보다 확대·강화된 별도의 환경기준(이하 "지역환경기준")을 설정 또는 변경할 수 있고(동조 ③), 이 경우 특별시장·광역시장·특별자치시장·도지사·특별자치도지사(이하 "시·도지사")는 지역환경기준을 지체없이 환경부장관에게 통보해야 한다(동조 ④). 환경문제는 지역에 따라 다른 양상으로 나올 수 있는데 지역환경기준은 시·도지사로 하여금 지역특성을 고려한 별도의 기준을 만들도록 하기 위하여 고안된 것이다.

---

10) 한귀현, 216.

2. 환경기준의 유지

국가 및 지자체는 환경에 관계되는 법령을 제정 또는 개정하거나 행정계획의 수립 또는 사업의 집행을 할 때에는 환경기준이 적절히 유지되도록 다음 사항을 고려하여야 한다(§13).

1. 환경 악화의 예방 및 그 요인의 제거
2. 환경오염지역의 원상회복
3. 새로운 과학기술의 사용으로 인한 환경오염 및 환경훼손의 예방
4. 환경오염방지를 위한 재원(財源)의 적정 배분

3. 환경상태의 조사 · 평가 등

환경기준을 설정 · 유지하기 위하여는 환경현황에 대한 정확한 파악과 측정이 필요하다. 이를 위하여 환경정책기본법은 국가 및 지자체에게 다음 사항을 상시 조사 · 평가할 것을 명하고 있다(§22①).

1. 자연환경 및 생활환경 현황
2. 환경오염 및 환경훼손 실태
3. 환경오염원 및 환경훼손 요인
4. 기후변화 등 환경의 질의 변화
5. 그 밖에 국가환경종합계획등의 수립 · 시행에 필요한 사항

국가 및 지방자치단체는 이러한 조사 · 평가를 적정하게 시행하기 위한 연구 · 감시 · 측정 · 시험 및 분석체제를 유지하여야 한다(동조②).

Ⅳ. 환경기준의 법적 효력

1. 국가 및 지자체에 대한 효력

환경정책기본법은 환경기준의 설정은 국가의 의무로, 환경기준의 유지는 국가 및 지자체의 의무로 각각 규정하고 있다. 따라서 국가는 환경기준이 적절히 유지되도록 최대한 노력해야 하지만, 그 밖의 다양한 의무를 부담할 뿐만 아니라 재정적 한계가 있기 때문에 결국 다른 의무와 함께 조화롭게 이를 이행해야 할 것이다. 동법은 어디까지나 '정책'법임을 잊어서는 안 된다. 이런 의미에서 환경기준의 적정유지 의무는 환경정책목표를 강하게 제시한 것으로 볼 수 있을 것이다.

大判 2001.10.23. 99다36280[19모2][12변]은 부산지역 환경운동단체 회원 200명이 국가 및 부산광역시를 상대로 낙동강 등 상수원 수질오염으로 인한 손해배상청구 사건에서 환경기준은 국민 일반의 건강을 보호하여 공공일반의 전체적인 이익을 도모하기 위한 것이지 국민 개개인의 안전과 이익을 직접적으로 보호하기 위한 것이 아니라는 이유로 국가의 손해배상책임을 부인하였다. 요컨대 국가의 환경기준의 적정유지 의무는 사익보호성이 없다는 것이다.

2. 국민에 대한 효력

환경정책기본법은 환경기준에 관한 국민의 의무를 규정하고 있지 않다. 따라서 환경기준은 국민의 구체적인 권리·의무에 대하여 직접적 효력을 가지지 않는다. 그리하여 일정한 지역의 환경이 환경기준을 초과할 정도로 악화되더라도 그것이 당해 지역의 주민에 대한 어떤 환경규제의 발효점이 되는 것은 아니다. 반면, **배출허용기준**은 국민에 대하여 법규적 효력을 갖고 그 위반 시에는 제재가 가해지는 것이 일반적이다. 하지만 배출허용기준이 항상 이런 성격을 가진 것은 아니다. 가령 「실내공기질 관리법」은 실내공기질 기준을 규정하고 있는데, 이는 순수한 권고기준에 그치고 있다(§6). 따라서 개별 법률의 규정을 보고 그 각 기준의 성질을 판단하여야 한다.

또한 환경기준을 순수한 정책적 의미만 보유한 "정책(행정)기준"으로 볼 수만도 없다. 왜냐하면 비록 한정된 범위에서이지만 정부에 대한 구속력은 갖고 있고, 이는 법적 분쟁에서 문제 맥락에 따라 사인에 대해서도 일정한 규범력을 발휘할 수 있기 때문이다. 가령 환경기준은 환경민사사건에서 가해자 행위의 위법성 판단에 큰 영향을 미친다. 환경기준은 다음의 경우에 일정한 범위에서 규범력을 갖고 있다.[11]

(1) 사법상 효력

환경기준은 환경관련 민사소송(유지청구소송과 손해배상청구소송)에서 가해행위의 위법성과 책임, 손해의 정도를 결정함에 있어 결정적인 영향을 미치는 "수인한도"의 판단에 고려되는 중요한 요소이다. 大判 2008.8.21. 2008다9358, 9365는 "차량이 통행하는 도로에서 유입되는 소음 때문에 인근 주택의 거주자에게 사회통념상 일반적으로 수인할 정도를 넘어서는 침해가 있는지 여부는, 주택법 등에서 제시하는 주택건설기준보다는 환경정책기본법 등에서 설정하고 있는 환경기준을 우선적으로 고려하여 판단하여야 한다."라고 판시하였다.

그러나 환경기준을 초과했다고 해서 곧바로 수인한도를 넘는 위법성이 인정되는 것이 아

---

11) 김홍균, 77-80; 박·함, 260-262.

니다. 大判 2016.11.25. 2014다57846은 "도로소음을 규제하는 행정법규는 인근 주민을 소음으로부터 보호하는 데 주요한 목적이 있기 때문에 도로소음이 이 기준을 넘는지는 일반적으로 사회통념에 비추어 참아내야 할 정도를 정하는 데 중요하게 고려해야 한다. 그러나 도로변지역의 소음에 관한 환경정책기본법의 소음환경기준을 넘는 도로소음이 있다고 하여 바로 참을 한도를 넘는 위법한 침해행위가 있어 민사책임이 성립한다고 단정할 수 없다."라고 판시한 것이다. 판례에 의하면 수인한도 초과 여부를 결정할 때, "구체적으로 소음으로 인한 피해의 성질과 정도, 피해이익의 공공성, 가해행위의 종류와 태양, 가해행위의 공공성, 가해자의 방지조치 또는 손해 회피의 가능성, 공법상 규제기준의 위반 여부, 지역성, 토지이용의 선후관계 등 모든 사정을 종합적으로 고려하여 판단하여야 한다."

(2) 공법상 효력

가. 특별대책지역·대기환경규제지역의 지정요건

환경정책기본법은 환경오염·환경훼손 또는 자연생태계의 변화가 현저하거나 현저하게 될 우려가 있는 지역과 환경기준을 자주 초과하는 지역을 특별대책지역으로 지정·고시할 수 있도록 환경부장관에게 수권하고 있다(§38①). 대기환경보전법은 환경기준을 초과하였거나 초과할 우려가 있는 지역으로서 대기질의 개선이 필요하다고 인정되는 지역을 대기환경규제지역으로 지정할 수 있도록 환경부장관에게 수권하고 있다(§18①).

나. 엄격 배출허용기준의 근거

대기환경보전법은 특별대책지역에 대하여, 그 지역의 대기오염방지를 위하여 필요하다고 인정되면 엄격한 배출허용기준을 정할 수 있도록 환경부장관에게 수권하고 있다(§16③, ⑥). 이는 물환경보전법에서도 마찬가지다(§32③, ⑥).

다. 배출시설 등의 설치제한의 근거

배출시설로부터 나오는 특정대기유해물질이나 특별대책지역의 배출시설로부터 나오는 대기오염물질로 인하여 환경기준의 유지가 곤란하거나 주민의 건강·재산, 동식물의 생육에 심각한 위해를 끼칠 우려가 있다고 인정되면 시·도지사는 특정대기유해물질을 배출하는 배출시설의 설치 또는 특별대책지역에서의 배출시설 설치를 제한할 수 있다(대기환경보전법 §23⑧). 이는 물환경보전법에서도 마찬가지다(§33⑦).

라. 대기오염경보의 근거

대기환경보전법은 대기오염도가 대기에 관한 환경기준을 초과하여 주민의 건강·재산이나 동식물의 생육에 심각한 위해를 끼칠 우려가 있다고 인정되면 시·도지사가 그 지역에 대기오염경보를 발령할 수 있도록 수권하고 있다(§8①).

마. 총량관리의 근거

대기환경보전법은 대기오염 상태가 환경기준을 초과하여 주민의 건강·재산이나 동식물의
생육에 심각한 위해를 끼칠 우려가 있다고 인정하는 구역 또는 특별대책지역 중 사업장이 밀
집되어 있는 구역의 경우에는 그 구역의 사업장에서 배출되는 오염물질을 총량으로 규제할
수 있도록 환경부장관에게 수권하고 있다(§22①).

바. 환경영향평가에서의 고려요소

「환경영향평가법」은 환경영향평가를 하려는 자에게 환경보전목표를 설정하고 이를 토대로
환경영향평가를 실시하도록 하고 있는데(§5), 이때 환경기준은 고려해야 할 요소 중 하나이다.
환경기준은 또한 전략환경영향평가와 환경영향평가 시 평가항목 등을 결정할 때 고려사항이
다(§11④, §24⑤).

제6절 | 환경계획

Ⅰ. 환경계획 일반론

1. 환경계획의 의의 및 한계

(1) 계획의 의의

오늘날 행정국가화 경향이 강화되면서 '기획(planning)'과 '계획(plan)'의 필요성이 증대되고
있다. 기획과 계획의 범위와 필요성은 국가기능의 함수이다. 경찰국가가 공공의 안녕과 질서
유지에 치중하여 위험방지에 전념했다면, 오늘날의 국가는 규제국가이자 복지국가이므로 위험
방지뿐만 아니라 사회형성 및 급부 임무를 담당하고 있다. 이는 우리 헌법에 의하여 명령되고
있는 바인데, 가령 환경행정 그리고 그 구체적 수단으로서의 환경계획의 필요성은 헌법상 국
민의 환경권과 국가의 환경보호의무로부터 도출된다.

(2) 계획의 한계

계획에는 여러 가지 법적 한계가 있다. 계획은 주지하듯이 국민의 자유권을 제한할 가능성
이 있고 행정부가 계획을 하는 경우에는 한계를 유월(逾越)해 입법부 권한을 침해할 수도 있
으며 지방자치원칙을 훼손할 수도 있다. 계획 설정 시 국민의 참여가 보장되지 않으면 참정권

이, 계획대로 지켜지지 않으면 국민의 신뢰나 재산권이 보호되지 않을 수도 있다.[12]

계획은 또한 현실적 조건에 의하여 그 틀이 잡히는데 국가의 다양한 책무와 한정된 국가자원, 국민들 사이의 이해관계의 충돌이 현실적 제약조건이 된다. 기실 국가는 다양한 책무를 수행해야 하고, 가용한 정보, 지식, 재원은 턱없이 부족하다. 수많은 계획들이 생산되면 이들이 얽히고설킬 것은 불문가지이고 그 결과는 가늠하기 어렵다. 그래서 계획의 실효성이 기대에 미치지 못한다는 평가가 나온다. 그리고 계획에 이해관계를 가진 당사자들의 참여기회가 충분히 주어지지 않는 문제도 있고, 계획에 대한 사법심사도 부족하다. 계획국가는 신기루란 말이 과장만은 아니다.

(3) 환경계획의 필요성

하지만 특히 환경문제에 있어서는 계획이 무의미하다고 할 수는 없다. 환경문제는 복잡하기 그지없는 문제로서 명령이나 금지, 인허가와 같이 분절적·즉응적으로 내려지는 조치로는 소기의 성과를 거둘 수 없기 때문이다. 상술한 한계를 염두에 두고 여러 조치들을 종합적 마스터플랜 하에 정서(整序)하고 조정하여야 한다. 특히 환경보전에 필요한 사전배려의 경우는 사려깊은 환경계획이 필요하다. 또한 얽히고설킨 이해관계를 조정할 수 있어야 환경문제를 해결할 수 있다. 기관간에도 손발이 맞아야 한다. 따라서 하부의 기획은 상부의 계획에 적응해야 하고 상부의 기획 시 하부기획의 주체가 참가할 수 있어야 한다.

2. 환경계획 개념 및 종류

(1) 개념

다양한 계획을 하나의 개념으로 정의하기 어렵다. 개념적 요소를 간추려보면 관련분야, 계획의 작성자, 계획수범자, 내용, 시간표, 결과와 법적 기속 등이 있다. 이 요소들 내용의 변화 및 조합에 따라 계획이 다양화된다.

기획은 계획의 설정을 목표로 하는 행위로서 미래의 상태를 예견해 목표를 설정하고 그 실현에 필요한 행위나 수단을 사전에 고안해내는 행위를 말한다. **계획**은 이런 행위의 산출물이다. 기획은 목표를 설정하고 수단을 선택함으로써 수행되는바, 따라서 기획의 중심은 당연히 입법부가 되어야 한다. 입법부야말로 국민의 대표로서 기획의 중핵이 되는 자치적 기준을 세울 수 있기 때문이다. 정부는 의회의 대리인으로서 의회가 만든 계획의 틀 안에서 기획을 할 수 있을 뿐이다. (모든 법률은 기획의 결과임을 잊어서는 안 된다.) 따라서 행정청은 법률규정이나

---

12) 행정계획에 관하여는 하르트무트 마우러(박수혁 역), **독일행정법**, 337 이하 (2010) 참조.

정부지침을 집행하거나 입법부와 정부가 세운 기본 틀과 목적의 한계 내에서 스스로 하위 목표를 설정하고 수단을 선택할 수 있을 뿐이다.

하지만 기획의 실제를 보면 기획, 계획, 집행, 하위 기획, 하위 계획이 상호작용하면서 서로 경계를 넘나들고 교차하고 있다. 이상적으로 볼 때 이런 난마 같은 과정은 상위 결정이 하위결정에 반영되되 거기에 그치지 않고 하위 결정의 결과가 상위로 올라가는 환류라는 과정요소가 더해져서 위계와 소통이 모두 가능한 정서된 과정으로 될 필요가 있다.

(2) 종류

계획은 다양한 기준에 의하여 분류될 수 있다. 법률의 근거에 터 잡았는지 여부에 따라 법정계획·비법정계획으로 분류되고, 기획의 주체에 따라 국가계획·지방계획으로 나뉘며, 기획의 대상영역에 따라 환경계획·경제계획·국방계획 등으로 분류된다. 환경정책기본법상의 시·도 혹은 시·군·구의 환경보전계획은 지방계획이다.

환경계획의 종류로는 포괄적 환경보전계획, 종합적 환경보호계획, 매체별 환경보호전문계획이 있다. 한편, 다른 영역의 계획에 있어서도 환경보호가 그 요소로 잡힐 수 있는바, 이것도 다른 종류의 환경계획으로 볼 수 있을 것이다.

포괄적 환경보전계획은 국가가 환경보전을 위하여 경제·사회활동의 모든 면을 설계하고 조정·통제하는 방안이다. 자연자원의 고갈이나 생태적 위기를 극복하기 위해서는 포괄적 계획이 필요하고, 기후변화와 같은 문제는 심지어 지구적 차원의 공조가 필요하다. 하지만 사회공학과 같이 완전한 통제를 하는 것은 불가능할 뿐만 아니라 장려할 만한 것도 못된다. 전술한 현실적 제약조건에다가 환경 특유의 자연과학적 불확실성으로 실효성에 문제가 있을 수밖에 없는 반면, 경제활동의 자유를 지나치게 제약할 가능성이 있다. 따라서 포괄적 환경보전계획을 시도하려고 한다면, 비구속적 성질로 하여 향도적 기능에 만족해야 할 것이다. 우리나라에는 그 예를 찾아볼 수 없다.

종합적 환경보호계획은 환경보호만을 목적으로 하는 독자적 계획모델로서, 전술한 문제점이 없는 것은 아니지만 영역이 한정된 만큼 다소나마 완화될 수 있다. 내부적으로 다양한 환경이익 사이에 조정이 필요하고, 외부적으로는 다른 영역의 종합계획과의 조정도 필요하다. 대상 영역이 광범위한 만큼 규율밀도는 떨어질 수 밖에 없고 그런 만큼 권고적 기능에 머물 필요가 있다. 환경정책기본법상의 "국가환경종합계획"이 이에 해당한다(§14).

환경보호전문계획은 매체별로 형성되는 계획으로서 우리 환경법에는 "대기환경개선 종합계획"(대기환경보전법 §11), "국가 물환경관리기본계획"(물환경보전법 §23의2), "토양보전기본계획"(토양환경보전법 §4) 등이 있다.

3. 법적 효력 및 계획재량

(1) 계획의 법적 효력

계획은 다양한 법형식을 취할 수 있고 계획의 법적 효력은 일단은 그것이 취한 법적 형식에 따라 정해진다(실제는 해당 계획의 실정법상 효력은 한 걸음 더 나아가 개별검토가 필요하다). 법률, 법규명령, 행정규칙, 행정행위, 사실행위의 형식이 동원될 수 있고 그 각 형식의 법적 효력에 따라 해당 계획의 법적 성격이 결정된다. 정부가 "안내"의 형태로 정보를 제공하는 암시적 계획은 사실행위로 간주된다. 개별계획의 법적 형식은 해당 계획의 법적 전제조건, 보호대상의 범위와 성질에 의하여 결정될 것이다.

계획은 구속력에 따라 지시적 계획(indicative plan), 명령적 계획(imperative plan), 유인적 계획(influential plan)으로 분류될 수 있다. **지시적 계획**은 예산을 포함한 각종 자료를 제시하는 계획으로 해당 영역의 결정에 필요한 정보를 제공하는 것이 목적이다.

명령적 계획은 계획의 수범자를 법적으로 구속한다. 예산은 대표적 명령적 계획이다. 각종 종합계획은 법률로 확정되고, 건설계획은 조례로 확정되는 경우가 많으며, 계획확정결의는 행정행위로 설정되며 그로써 국민에게 권리·의무가 생긴다. 명령적 계획에서의 논점은 구속력이 행정청에 대해서만 미치는지 아니면 사인에게도 미쳐 의무를 만들어내는지 여부이다.

유인적 계획은 전(前) 2자의 중간 형태로서 명령이 아닌 인센티브(보조금, 조세감면 혜택 등)를 사용해 계획의 목적에 부합하는 행위와 관계를 만들어내려는 계획이다. 이는 현대행정국가의 적절한 사회형성수단으로 평가된다. 경제적 유인책을 제공함으로써 계획 일반에 따른 법적·현실적 문제점을 피하고 소기의 목적을 달성하려는 것이다. 유인적 계획은 계획자의 구속의지에 따라 다양한 평가가 가능한데, 가령 면세혜택이 법률에 규정된 경우라면 그에 관하여 법적 효력이 발생한다고 하겠다.

요약하면, 계획의 법적 성격은 개별 계획마다 평가되어야 한다. 계획입안자에 의하여 내용뿐 아니라 구속도 결정되는 것이다. 그리하여 어떤 계획의 법적 효력은 개별적으로 판단해야 하는데, 가령 행정부 내부에서만 기속력이 있는 행정계획이라고 해서 국민과 무관하다고 단정해서는 안 된다. 가령 도시계획의 경우, 건축 허가 시에는 해당 계획과의 일치 여부가 검토되어야 하고 그 범위에서 법규적 효력을 가질 수 있기 때문이다.

(2) 계획재량

환경계획은 법규범을 집행·실현하는 것이 아니라 정책방향을 제식하고 구체화하는 것으로 일종의 환경행정의 청사진이다. 따라서 환경계획을 입안하는 데는 광범위한 계획재량이 인정된다. 하지만 계획재량이 무제약인 것은 아니다. 大判 2007.1.23. 2004두12603에는 계획재량의 행사는 두 가지 요건, 즉 정당한 이익형량과 비례의 원칙의 충족이 필요하다. 따라서 행정 주체가 계획을 입안함에 있어서 이익형량의 고려대상에 포함시켜야 할 사항을 누락하거나 정 당성과 객관성을 결여한 이익형량을 한 경우에는 당해 계획결정은 재량권을 일탈·남용한 위 법한 처분으로 판단될 것이다. 또한 행정목적을 달성하기 위한 수단은 목적 달성에 유효·적 절하고 최소한의 침해를 가져오는 것이어야 하고 침해가 의도하는 공익을 넘어서는 안 된다. 대부분의 계획결정에서 환경이익은 중요한 고려요소임을 잊어서는 안 된다.

4. 환경계획과 손실보상

(1) 환경계획의 수립과 손실보상

환경계획은 국민의 재산권 행사에 적지 않은 부담을 준다. 환경계획의 수립과정에 위법이 있다면 국가배상법 제2조에 따라 손해배상 여부가 결정된다. 적법한 행정계획으로 인하여 국 민의 재산권이 제한되는 경우에는, 공공복리를 위하여 필요하고 적합한 것으로 정당한 사회적 제약으로 인정된다면 손실보상청구권은 인정되지 않을 것이고, 특정한 사람에게 "특별한 희 생"을 강요하는 것으로 인정된다면 손실보상이 주어져야 한다.

특별희생으로 인정되는 경우에도 관련 법률이 손실보상 규정을 두지 않은 경우에 어떻게 처리해야 하는지에 관하여 논란이 있다. 손실보상 규정이 없다고 하더라도 해당 환경계획 자 체가 위법해지는 것은 아니므로 국가배상청구로 해결할 수는 없다. 손실보상청구권이 인정된 다면, 헌법 제23조 제3항이 근거가 될 수밖에 없다.

(2) 환경계획의 변경과 손실보상

계획은 사회의 특정 영역에서 이상적인 상태를 만들어내려는 것인데 언제 어디서나 통용 되는 이상적 상태란 존재할 수 없다. 수범자가 원하는 것이 변하기 때문이다. 그러므로 계획 은 고정되어 있으면 죽은 것이고 그렇다고 해서 너무 유연하게 되면 무의미하다. 따라서 고정 성과 유연성 사이의 적절한 균형의 정립이 필요하다. '계획변경'의 문제가 제기되는 까닭이다.

다른 한편 계획이 공표되면 국민은 이에 기초해 자신의 삶을 설계하고 영위해 나간다. 따 라서 계획의 보장은 국민의 삶에 큰 영향을 미치는데, 이런 까닭에 계획의 보장을 청구할 수 있는지 여부가 문제된다. 그 수단으로 계획존속청구권이나 계획실행청구권, 적응보조청구권 등이 논의되는데, 이런 권리를 인정하는 명문의 규정은 우리나라에 존재하지 않는다. 통설은 법해석을 통해서는 이런 권리를 인정할 수 없다고 한다.[13] 따라서 남는 수단은 손해배상청구 권인바 이는 국가배상법의 일반 법리에 의하여 처리될 것이다.

---

13) 김철용, **행정법** I, 328 (2006).

Ⅱ. 환경정책기본법상의 환경계획

1. 국가환경계획

(1) 국가환경종합계획의 수립

환경정책기본법은 환경부장관에게 관계 중앙행정기관의 장과 협의하여 국가 차원의 환경보전을 위한 종합계획(이하 "국가환경종합계획") 20년마다 수립하도록 명하고 있다(§14①). 환경부장관은 국가환경종합계획을 수립하거나 변경하려면 그 초안을 마련하여 공청회 등을 열어 국민, 관계 전문가 등의 의견을 수렴한 후 국무회의의 심의를 거쳐 확정한다(동조 ②). 환경부장관은 수립·변경된 국가환경종합계획을 인터넷 홈페이지 등을 통하여 공개해야 한다(§20).

(2) 국가환경종합계획의 내용

국가환경종합계획에는 다음 각 호의 사항이 포함되어야 한다(§15).

1. 인구·산업·경제·토지 및 해양의 이용 등 환경변화 여건에 관한 사항
2. 환경오염원·환경오염도 및 오염물질 배출량의 예측과 환경오염 및 환경훼손으로 인한 환경의 질(質)의 변화 전망
3. 환경의 현황 및 전망
4. 환경정의 실현을 위한 목표 설정과 이의 달성을 위한 대책
5. 환경보전 목표의 설정과 이의 달성을 위한 다음 각 목의 사항에 관한 단계별 대책 및 사업계획
   가. 생물다양성·생태계·생태축(생물다양성을 증진시키고 생태계 기능의 연속성을 위하여 생태적으로 중요상 지역 또는 생태적 기능의 유지가 필요한 지역을 연결하는 생태적 서식공간을 말한다.)·경관 등 자연환경의 보전에 관한 사항
   나. 토양환경 및 지하수 수질의 보전에 관한 사항
   다. 해양환경의 보전에 관한 사항
   라. 국토환경의 보전에 관한 사항
   마. 대기환경의 보전에 관한 사항
   바. 물환경의 보전에 관한 사항
   사. 수자원의 효율적인 이용 및 관리에 관한 사항
   아. 상하수도의 보급에 관한 사항
   자. 폐기물의 관리 및 재활용에 관한 사항
   차. 유해화학물질의 관리에 관한 사항
   카. 방사능오염물질의 관리

타. 기후변화에 관한 사항

파. 그 밖에 환경의 관리에 관한 사항

6. 사업의 시행에 드는 비용의 산정 및 재원 조달 방법

7. 직전 종합계획에 대한 평가

8. 제1호부터 제6호까지의 사항에 부대되는 사항

(3) 국가환경종합계획의 시행 및 정비

환경부장관은 수립 또는 변경된 국가환경종합계획을 지체 없이 관계 중앙행정기관의 장에게 통보하여야 한다(§16①). 관계 중앙행정기관의 장은 국가환경종합계획의 시행에 필요한 조치를 하여야 한다(동조 ②). 환경부장관은 환경적·사회적 여건 변화 등을 고려하여 5년마다 국가환경종합계획의 타당성을 재검토하고 필요한 경우 이를 정비하여야 한다(§16의2①). 또한, 환경부장관은 동조 제1항에 따라 국가환경종합계획을 정비하려면 그 초안을 마련하여 공청회 등을 열어 국민, 관계 전문가 등의 의견을 수렴한 후 관계 중앙행정기관의 장과의 협의를 거쳐 확정한다(동조 ②). 환경부장관은 제1항 및 제2항에 따라 정비한 국가환경종합계획을 관계 중앙행정기관의 장, 시·도지사 및 시장·군수·구청장에게 통보하여야 한다(동조 ③).

2. 지방환경계획

(1) 시·도의 환경계획

환경계획은 지역적 특성을 반영하여야 한다. 이에 환경정책기본법은 지방환경계획에 대하여도 규정하고 있는바, 동법은 우선 시·도지사에게 국가환경종합계획(제16조의2 제1항에 따라 정비한 국가환경종합계획을 포함한다.)에 따라 관할구역의 지역적 특성을 고려하여 해당 시·도의 환경계획(이하 "시·도 환경계획")을 수립·시행할 것을 명하고 있다(§18①). 시·도지사는 시·도 환경계획을 수립하거나 변경하려면 그 초안을 마련하여 공청회 등을 열어 주민, 관계 전문가 등의 의견을 수렴하여야 한다(동조 ②). 한편, 환경관리는 국가 전체의 관점에서 체계성과 정합성을 기할 필요가 있는바, 환경부장관은 영향권별 환경관리(§39)를 위하여 필요한 경우에는 해당 시·도지사에게 시·도 환경계획의 변경을 요청할 수 있으며(§18④), 이를 위하여 시·도지사는 대통령령으로 정하는 바에 따라 물, 대기, 자연생태 등 분야별 환경 현황에 대한 공간환경정보를 관리하여야 한다(동조 ⑤). 시·도지사는 수립·변경된 시·도 환경계획을 인터넷 홈페이지 등을 통하여 공개해야 한다(§20). 또한, 시·도지사는 시·도 환경계획을 수립하거나 변경하려는 경우 환경부장관의 승인을 받아야 하며(§18의2①), 이를 위하여는 미리 관계 중앙행정기관의 장과 협의하여야 한다(동조 ②). 그리고 시·도지사는 제1항에 따른

승인을 받으면 지체 없이 그 주요 내용을 공고하고 시장·군수·구청장에게 통보하여야 한다(동조 ③).

(2) 시·군·구의 환경계획

환경정책기본법은 또한 시장·군수·구청장에게 국가환경종합계획, 시·도 환경계획에 따라 관할 구역의 지역적 특성을 고려하여 해당 시·군·구의 환경계획(이하 "시·군·구 환경계획"이라 한다)을 수립·시행할 것을 명하고 있다(§19①). 지방환경관서의 장 또는 시·도지사는 제39조에 따른 영향권별 환경관리를 위하여 필요한 경우에는 해당 시장·군수·구청장에게 시·군·구 환경계획의 변경을 요청할 수 있다(동조 ③). 시장·군수·구청장은 시·군·구 환경계획의 수립 또는 변경하려면 초안을 마련하여 공청회 등을 열어 주민, 관계 전문가 등의 의견을 수렴하여야 한다. 다만, 대통령령으로 정하는 경미한 사항을 변경하려는 경우에는 그러하지 아니하다(동조 ④). 또한, 환경계획의 수립·변경에 활용할 수 있도록 대통령령으로 정하는 바에 따라 물, 대기, 자연생태 등 분야별 환경 현황에 대한 공간환경정보를 관리하여야 한다고 규정하고 있다(동조 ⑤). 마찬가지로 시·군·구 환경계획을 수립하거나 변경하려는 경우 시·도지사의 승인을 받아야 하며(19의2①), 이를 위하여 미리 지방환경관서의 장과 협의하여야 한다(동조 ②). 마지막으로 시장·군수·구청장은 제1항에 따른 승인을 받으면 지체 없이 그 주요 내용을 공고하여야 한다(동조 ③). 환경부장관·시·도지사 및 시장·군수·구청장은 수립·변경 또는 정비된 국가환경종합계획, 시·도 환경계획 및 시·군·구 환경계획을 인터넷 홈페이지 등을 통하여 공개해야 한다(§20).

(3) 영향권별 환경계획

행정상 권역과 자연적 영향권은 다르기 때문에(소위 "범위의 불일치(unmatched scale)"의 문제), 행정상 권역별 계획과 별개로 영향권별 계획을 만들 필요가 있다. 이에 환경정책기본법은 환경부장관에게 환경오염의 상황을 파악하고 그 방지대책을 마련하기 위하여 대기오염의 영향권별 지역, 수질오염의 수계별 지역 및 생태계 권역 등에 대한 환경의 영향권별 관리를 할 것을 명하고 있다(§39①). 지방자치단체의 장은 관할 구역의 대기오염, 수질오염 또는 생태계를 효과적으로 관리하기 위하여 지역의 실정에 따라 환경의 영향권별 관리를 할 수 있다(§39②).

(4) 분야별 환경계획

한편, 개별 환경법은 그 각 보호부문에 특화된 환경계획, 즉 전술한 '환경보호전문계획'을 수립할 것을 명하고 있다. 그 예로는 앞서 본 환경보호전문계획의 예시에 더하여, 자연환경보전법은 "자연환경보전기본계획"(§8)과 "생태·경관보전지역관리기본계획"(§14), 자원순환기본법은 "자원순환기본계획"(§11)이 있다.

Ⅲ. 개발계획 및 개발사업에서의 환경적 고려

환경정책기본법은 환경계획의 실효성을 제고하기 위하여 국가와 지자체장에게 토지의 이용 또는 개발에 관한 계획을 수립할 때에는 국가환경종합계획, 시·도 환경계획 및 시·군·구 환경계획(이하 "국가환경종합계획등")과 해당 지역의 환경용량을 고려할 것을 명하고 있다(§21 ①). 관계 중앙행정기관의 장, 시·도지사 및 시장·군수·구청장은 토지의 이용 또는 개발에 관한 사업의 허가 등을 하는 경우에는 국가환경종합계획등을 고려하여야 한다(동조 ②).

Ⅳ. 환경친화적 계획기법 등의 작성·보급

앞서 환경요소가 다른 영역에 관한 계획에 반영된 것을 환경계획의 일종으로 볼 수 있다고 하였는데, 환경정책기본법은 이를 상정한 규정을 마련하였다. 즉 동법은 정부가 환경에 영향을 미치는 행정계획 및 개발사업이 환경적으로 건전하고 지속가능하게 계획되어 수립·시행될 수 있도록 환경친화적인 계획기법 및 토지이용·개발기준(이하 "환경친화적 계획기법등")을 작성·보급할 수 있도록 수권하고 있다(§23).

제7절 | 환경보전을 위한 기반구축 및 기본적 법적 수단

Ⅰ. 환경보전을 위한 소통 및 지원수단

환경문제는 전술한 바와 같이 가치관련성과 과학기술성을 특징으로 하는바, 국민에게 정보와 지식을 보급하고 민간의 환경보전활동을 활성화하는 등 국민과의 소통을 강화할 필요가 있다. 특히 리스크문제에 관한 한 국민과의 소통(소위 "리스크 소통(risk communication)")은 아무리 강조해도 지나치지 않다. 이는 환경보전을 위한 유력한 정책수단이자 환경법의 제2단계 형식이기도 하다.

1. 환경정보의 보급

이에 환경정책기본법은 환경부장관에게 모든 국민에게 환경보전에 관한 지식·정보를 보급하고, 국민이 환경에 관한 정보에 쉽게 접근할 수 있도록 노력할 것을 명하고 있다(§24①). 그리하여 환경부장관은 환경보전에 관한 지식·정보의 원활한 생산·보급 등을 위하여 환경정보망을 구축하여 운영할 수 있으며(동조 ②), 환경부장관이 관계 행정기관의 장에게 환경정보망 구축·운영에 필요한 자료의 제출을 요청할 경우 관계 행정기관의 장은 특별한 사유가 없으면 요청에 따라야 하며(동조 ③), 위 환경정보망을 효율적으로 구축·운영하기 위하여 필요한 경우에는 전문기관에 환경현황 조사를 의뢰하거나 환경정보망의 구축·운영을 위탁할 수 있다(동조 ④).

2. 환경보전에 관한 교육

동법은 또한 국가 및 자자체에게 환경보전에 관한 교육과 홍보 등을 통하여 국민의 환경보전에 대한 이해를 깊게 하고 국민 스스로 환경보전에 참여하며 일상생활에서 이를 실천할 수 있도록 필요한 시책을 수립·추진할 것을 명하고 있다(§25).

3. 환경단체에 대한 지원

동법은 국가 및 자자체에게 민간환경단체 등의 자발적인 환경보전활동을 촉진하기 위하여 정보의 제공 등 필요한 시책을 마련할 것을 명하고 있다(§26①). 국가 및 지방자치단체는 민간환경단체 등이 경관이나 생태적 가치 등이 우수한 지역을 매수하여 관리하는 등의 환경보전활동을 하는 경우 이에 필요한 행정적 지원을 할 수 있다(동조 ②). 이를 대표하는 예로는 자연환경국민신탁에 의한 자연환경자산 취득 및 보전·관리에 대한 국가 및 지자체의 지원이 있다(「문화유산과 자연환경자산에 관한 국민신탁법」 §§1, 3, 9-16).

4. 환경과학기술의 진흥

동법은 또한 국가 및 지자체에게 환경보전을 위한 실험·조사·연구·기술개발 및 전문인력의 양성 등 환경과학기술의 진흥에 필요한 시책을 마련할 것을 명하고 있다(§28).

Ⅱ. 국제협력 및 지구환경보전

환경문제에 따라서는 기후변화문제와 같이 지구적 차원의 대응을 통해서만 해결의 실마리를 찾을 수 있는 것이 있다. 이에 환경정책기본법은 국가 및 지방자치단체에게 지구 전체의 환경에 영향을 미치는 기후변화, 오존층의 파괴, 해양오염, 사막화 및 생물자원의 감소 등으로부터 지구의 환경을 보전하고, 미세먼지·초미세먼지 등 대기오염물질의 장거리이동을 통하여 발생하는 피해를 방지하기 위하여 지구환경의 감시·관측 및 보호에 관하여 상호 협력하는 등 국제적인 노력에 적극 참여할 것을 명하고 있다(§27). 이를 체계적으로 추진하기 위하여 환경부장관은 국제환경협력센터를 지정할 수 있다(§27의2).

Ⅲ. 환경보전을 위한 규제행정수단

환경보전을 위해서는 국민의 활동을 규제할 필요가 있다. 이에 동법은 기본적 규제수단의 근거를 마련하고 있다(§30).

1. 환경규제를 위한 물적·법적 조치

(1) 환경보전시설의 설치·관리

국민의 행위를 규제하기 위해서는 국가 및 지방자치단체에게 환경오염을 줄이기 위한 녹지대(綠地帶), 폐수·하수 및 폐기물의 처리를 위한 시설, 소음·진동 및 악취의 방지를 위한 시설, 야생동식물 및 생태계의 보호·복원을 위한 시설, 오염된 토양·지하수의 정화를 위한 시설 등 환경보전을 위한 공공시설의 설치·관리에 필요한 조치를 취할 것을 명하고 있다(§29).

(2) 환경보전을 위한 규제

동법은 나아가 정부에게 환경보전을 위하여 대기오염·수질오염·토양오염 또는 해양오염의 원인이 되는 물질의 배출, 소음·진동·악취의 발생, 폐기물의 처리, 일조의 침해 및 자연환경의 훼손에 대하여 필요한 규제를 할 것을 명하고 있다(§30①). 동법은 이를 위하여 환경부장관 및 지자체의 장에게 환경오염의 원인이 되는 물질을 배출하는 시설이 설치된 사업장으로서 2개 분야 이상의 배출시설이 설치된 사업장에 대하여 관계 법률에 따라 출입·검사를 하는 경우에는 이를 통합적으로 실시하고(동조 ②) 사업자가 환경보전을 위한 관계 법령을 위반한 것으로 밝혀져 행정처분을 한 경우 그 사실을 공표할 수 할 수 있도록 수권하고 있다(동조 ③ 본문). 다만, 사업자의 영업상 비밀에 관한 사항으로서 공표될 경우 사업자의 정당한 이익을 현저히 침해할 우려가 있다고 인정되는 사항은 예외이다(동항 단서).

(3) 배출허용기준의 예고

동법은 국가에게 환경오염에 관한 배출허용기준을 정하거나 변경할 때에는 이를 해당 기관의 인터넷 홈페이지 등을 통하여 사전에 알릴 것을 명하고 있다(§31).

(4) 특별대책지역의 지정과 특별종합대책의 수립

가. 특별대책지역의 지정

환경보전을 위한 "특별대책지역"이란 환경오염·환경훼손 또는 자연생태계의 변화가 현저하거나 현저하게 될 우려가 있는 지역과 환경기준을 자주 초과하는 지역으로 환경부장관이 관계 중앙행정기관의 장과 시·도지사와 협의하여 지정·고시하는 지역을 말한다(§38 ①). 현재 고시된 지역으로는 대기보전 특별대책지역인 (i) 울산광역시 울산·미포 및 온산국가산업단지, (ii) 전라남도 여수시 여천국가산업단지 및 확장단지(「대기보전특별대책지역 지정 및 동지역내 대기오염저감을 위한 종합대책 고시」 §2)와 수질보전 특별대책지역인 (i) 팔당·대청호 상수원 수질보전 특별대책지역(「팔당·대청호 상수원보전 특별대책지역 지정 및 특별종합대책」)이 있다.

나. 특별종합대책의 수립 및 행위제한

환경부장관은 특별대책지역으로 지정하면, 해당 지역의 환경보전을 위한 특별종합대책을 수립하여 관할 시·도지사에게 이를 시행하게 할 수 있다(환경정책기본법 §38①). 동법은 또한 환경부장관이 특별대책지역의 환경개선을 위하여 특히 필요한 경우에는 대통령령으로 정하는 바에 따라 그 지역에서 토지이용과 시설 설치를 제한할 수 있도록 수권하고 있다(동조 ②). 그 밖에도 특별대책지역에서는 일반 배출허용기준보다 엄격한 배출허용기준이 적용되고(대기환경보전법 §16⑥; 물환경보전법 §32⑥), 총량관리도 할 수 있다(대기환경보전법 §22).

(5) 영향권별 환경관리

전술한 바대로 행정구역과 자연적 영향권은 일치하지 않는 "범위의 불일치"의 문제가 있다. 이에 환경정책기본법은 영향권별 환경관리를 별도로 규정하고 있다. 이에 의하면 환경부장관은 환경오염의 상황을 파악하고 그 방지대책을 마련하기 위하여 대기오염의 영향권별 지역, 수질오염의 수계별 지역 및 생태계 권역 등에 대한 환경의 영향권별 관리를 하여야 하며(§39①), 지자체의 장은 관할 구역의 대기오염, 수질오염 또는 생태계를 효과적으로 관리하기 위하여 지역의 실정에 따라 환경의 영향권별 관리를 할 수 있다.

2. 경제적 유인수단

동법은 또한 정부에게 자원의 효율적인 이용을 도모하고 환경오염의 원인을 일으킨 자가 스스로 오염물질의 배출을 줄이도록 유도하기 위하여 필요한 경제적 유인수단을 마련할 것을 명하고 있다(§32). 이는 규제개혁 차원의 조치이다.

3. 환경영향평가

환경정책기본법은 환경영향평가제도의 근거규정을 마련하고 있다. 즉 동법은 국가에게 환경기준의 적정성을 유지하고 자연환경을 보전하기 위하여 환경에 영향을 미치는 계획 및 개발사업이 환경적으로 지속가능하게 수립·시행될 수 있도록 전략환경영향평가, 환경영향평가, 소규모 환경영향평가를 실시할 것을 명하고 있다(§41).

4. 리스크 문제에 대한 시책

(1) 화학물질의 관리 및 방사성 물질에 의한 환경오염의 방지

동법은 정부에 대하여 화학물질과 방사성 물질에 의한 환경오염과 건강상의 위해를 예방하기 위하여 화학물질 및 방사성 물질을 적정하게 관리하기 위한 시책을 마련할 것을 명하고 있다(§§33 − 34).

(2) 과학기술의 위해성 평가

환경호르몬이나 유전자변형유기체에서 볼 수 있듯이, 과학기술은 인간에게 편익도 주지만 예상치 못한 리스크를 야기한다. 이에 환경정책기본법은 정부에게 과학기술의 발달로 인하여 생태계 또는 인간의 건강에 미치는 해로운 영향을 예방하기 위하여 필요하다고 인정하는 경우 그 영향에 대한 분석이나 위해성 평가 등 적절한 조치를 마련할 것을 명하고 있다(§35).

(3) 환경성 질환에 대한 대책

동법은 또한 국가 및 지자체에게 환경오염으로 인한 국민의 건강상의 피해를 규명하고 환경오염으로 인한 질환에 대한 대책을 마련할 것을 명하고 있다(§36).

5. 국가시책의 친환경성 제고

환경보전정책이 성공하기 위하여 관련 부문이 함께 동참해서 보조를 맞출 필요가 있다. 이에 환경정책기본법은 국가 및 지자체에 대하여 ① 교통부문의 환경오염·훼손을, ② 에너지 이용에 따른 환경오염·훼손을, ③ 농림어업부문의 환경오염·훼손을, 각각 최소화하기 위하여 친환경적인 체계와 시책을 마련할 것을 주문하고 있다. 따라서 국가 및 지자체는 교통부문에서는 환경친화적인 교통체계 구축에 필요한 시책을 마련하여야 하고, 에너지 부문에서는 에너지의 합리적·효율적 이용과 환경친화적인 에너지의 개발·보급에 필요한 시책을, 농림어업부문에서는 환경친화적인 농림어업의 진흥에 필요한 시책을 마련하여야 한다(§37).

제8절 | 자연환경의 보전

환경정책기본법은 국가와 국민 모두에게 자연환경의 보전이 인간의 생존 및 생활의 기본임에 비추어 자연의 질서와 균형이 유지·보전되도록 노력하여야 할 것을 명하고 있다(§40).

제9절 | 분쟁조정 및 피해구제

환경정책기본법은 제4절에서 환경분쟁에 관한 시책, 즉 분쟁조정, 피해구제, 무과실책임에 관한 규정을 두고 있다.

Ⅰ. 분쟁조정

동법은 국가 및 지방자치단체에게 "환경오염 또는 환경훼손으로 인한 분쟁이나 그 밖에 환경 관련 분쟁이 발생한 경우에 그 분쟁이 신속하고 공정하게 해결되도록 필요한 시책"을 마련할 것을 명하고 있다(§42). 사건이나 분쟁의 해결은 사법부의 소관이다. 환경분쟁도 예외가 아니어서 분쟁당사자들은 당사자간 타협에 실패하면 법원의 문을 두드리게 되는데, 민사법은 환경분쟁을 예정하고 탄생·발전한 게 아니어서 실체법적으로나 절차법적으로나 이런 저런 한계점을 노출하고 있는 게 현재의 실정이다. 동법 제2장 제4절은 이런 문제의식을 갖고 있음을 보여주는 것으로서, 정부로 하여금 그에 대한 대책을 마련할 것을 주문하고 있는 것이고, 동법 제42조는 분쟁절차의 문제점을 해결하는 법정책을 마련하라는 주문이다. 동조가 정부에게 명한 것은 "신속하고 공정한" 분쟁해결인바, 환경분쟁에 관한 "대안적 분쟁해결절차(ADR)"를 담고 있는 「환경분쟁조정법」은 이를 위하여 제정된 법률이다.

Ⅱ. 피해구제

환경정책기본법은 국가 및 지방자치단계에게 "환경오염 또는 환경훼손으로 인한 피해를 원활하게 구제하기 위하여 필요한 시책을 마련"할 것을 명하고 있다(§43). 이는 전술한 문제상황에 대응하기 위하여 정부에게 실체법적 법정책을 마련할 것을 주문하는 것인바, 그동안 동법 제44조의 무과실책임·연대책임 규정과 「토양환경보전법」상의 무과실책임·연대책임 규정이 민사법 분야에서 이 역할을 담당했었다.

하지만 민사적 구제는 환경피해를 구제하는 데 한계가 있다. 「허베이 스피리트호 유류오염사고 피해주민의 지원 및 해양환경의 복원 등에 관한 특별법」, 「가습기살균제 피해구제를 위한 특별법」이나 「석면피해구제법」 등은 모두 이런 한계를 깨닫고 공적 자금으로 그 피해를 구제하기 위하여 제정된 법률이다. 가령 석면피해구제법은 국가로 하여금 석면피해구제기금을 조성해 석면피해자의 피해구제에 나서게 하기 위하여 제정된 법률이다. 석면피해자는 이로써 석면피해인정을 받으면 국가로부터 구제급여를 받을 수 있는 길이 열린 것이다. 근자에 제정된 「환경오염피해 배상책임 및 구제에 관한 법률」은 한걸음 더 나아가 민사법적 특칙과 공법적 구제를 통합한 종합적인 피해구제법으로서 환경오염피해구제에 획기적 전환점을 마련할 것으로 기대되고 있다.

Ⅲ. 무과실책임의 원칙

1. 환경정책기본법상 무과실책임의 의의

(1) 관련 규정의 내용

환경정책기본법은 "환경오염 또는 환경훼손으로 피해가 발생한 경우에는 해당 환경오염 또는 환경훼손의 원인자가 그 피해를 배상하여야 한다."라고 규정하여 환경오염·훼손피해에 대한 무과실책임의 원칙을 명시하고 있다(§44①). 동법은 또한 "환경오염 또는 환경훼손의 원인자가 둘 이상인 경우에 어느 원인자에 의하여 제1항에 따른 피해가 발생한 것인지를 알 수 없을 때에는 각 원인자가 연대하여 배상하여야 한다."라고 규정하여 환경오염·훼손 피해에 대한 연대책임의 원칙을 규정하고 있다. 한편, 토양환경보전법은 "토양오염으로 인하여 피해가 발생한 경우 그 오염을 발생시킨 자는 그 피해를 배상하고 오염된 토양을 정화하는 등의 조치를 하여야 한다."라고 규정하여 토양오염의 경우 무과실책임을 강화하고 있다(§10의3). 따라서 토양오염의 경우에는 피해배상뿐 아니라 토양정화에 대해서도 오염원인자는 무과실책임을 지게 된다.

(2) 무과실책임의 의의

환경정책기본법상의 무과실책임 규정과 연대책임 규정이 제정된 것은 정부가 기존의 민사법만으로는 환경오염피해를 구제하는 데 한계가 있음을 깨달았기 때문이다. 기실, 이런 깨달음은 다수의 환경관련 법률에서 무과실책임의 특칙의 제정으로 결과하였다. 「원자력손해배상법」(§3), 「유류오염손해배상보장법」(§5), 「광업법」(§75), 「수산업법」(§82)은 그 예이다.

환경정책기본법상의 무과실책임은 몇 차례 개정되었는데, 그 개정 시마다 무과실책임이 그 요건 또는 규율범위 측면에서 강화되어 왔다. 지금의 규정으로 개정되기 전 구(舊)「환경정책기본법」 제31조는 "사업장 등에서 발생되는 환경오염으로 인하여 피해가 발생한 때에는 당해 사업자는 그 피해를 배상하여야 한다."라고 규정하여 무과실책임의 원칙이 적용되기 위해서는 '사업장' '사업자'라는 요건을 충족시켜야 했다. 개정법은 사업자를 '원인자'로 대체하여 환경피해의 구제 폭을 넓혔다는 평가를 받는다. 하지만 이 개정은 비판도 받고 있는데, 민법상 대원칙인 자기책임의 원칙을 무색하게 하고, 보다 포괄적 내용의 불확정개념을 사용함으로써 법적 리스크를 키웠다는 것이 그것이다.

동법상 무과실책임은 위험책임의 법리를 실정화한 것으로 평가되고 있는바, 환경오염피해자는 이로써 가해자의 책임요건(고의·과실)을 입증할 필요 없이 손해배상을 받을 수 있게 되었다.

2. 환경정책기본법상 무과실책임의 사법상 효력

환경정책기본법과 토양환경보전법 양법(兩法)상의 무과실책임의 원칙은 해석상 많은 논점을 제시하고 있다. 그 중 첫 번째는 양법상의 무과실책임의 원칙이 **민사책임에도 적용되는지** 여부이다.

환경정책기본법의 전신인 구(舊)환경보전법은 제60조 제3항에 민법규정과의 연계(連繫)에 관한 규정을 두고 있었던 데 반하여,[14] 현행 환경정책기본법은 그와 같은 규정을 두고 있지 않다. 이를 근거로 하여 환경정책기본법 제44조는 효력규정이라기보다는 하나의 방침규정이라고 보는 견해가 있으나(방침규정설),[15] 연계규정이 없어졌다는 이유만으로 그 실체법적 효력

---

14) 환경보전법 제60조 제1항 "사업장 등에서 발생되는 오염물질로 인하여 사람의 생명 또는 신체에 피해가 발생한 때에는 당해 사업자는 그 피해를 배상하여야 한다."라고 규정하였고, 제3항은 "제1항의 규정에 의한 피해의 배상에 관하여 이 법에 규정한 것을 제외하고는 민법의 규정에 의한다. 다만, 민법 이외의 법률에 다른 규정이 있을 때에는 그 규정에 의한다."라고 규정하고 있었다.

15) 손윤하, **환경침해와 민사소송**, 66, 318 (2005); 유지태, "환경책임법입법론," **공법연구** 제20집, 316; 이은영, **채권각론**, 714 (1993).

을 부인할 것은 아니다(효력규정설).[16] 법률을 입안할 때에는 가능한 한 적은 수의 법조문에 압축된 언어로 간결하게 하는 것이 원칙인바, 그렇다고 한다면 위 연계규정이 없어진 것은 그 실체법적 효력을 부인하기 위해서라기보다는 너무나 당연한 것을 구태여 확인할 필요성을 느끼지 않았기 때문인 것으로 봐야 한다. 다만 현재의 규정은 개정 전의 규정이 "사업장 등에서 발생되는 환경오염"으로 한정적으로 규정한 것과 비교해보면 아무런 제약조건이 없어서 그 적용범위가 지나치게 광범위하고, 결국 무과실책임의 무한확대로 귀결하는 것이 아닌가 하는 우려를 야기할 수 있다. 하지만 그럼에도 불구하고 동 규정은 환경문제의 심각성을 인지하고 이에 대한 특단의 조치가 필요하다는 의회의 결정을 체현한 것으로 보아야 한다. 동 규정의 문언이 이론의 여지없이 명확하게 표현되어 있기 때문이다.

大判 2018.9.13. 2016다35802도 동 규정을 "민법의 불법행위 규정에 대한 특별 규정으로서, 환경오염 또는 환경훼손의 피해자가 그 원인을 발생시킨 자에게 손해배상을 청구할 수 있는 근거규정"라고 판시한 바 있다.

3. 무과실책임의 요건

환경정책기본법 제44조 제1항은 다른 조건의 부가(附加) 없이 "환경오염 또는 환경훼손으로 피해가 발생한 경우에는 해당 환경오염 또는 환경훼손의 원인자가 그 피해를 배상하여야 한다."라고 규정하고 있다.

(1) 환경오염 또는 환경훼손

무과실책임이 부과되기 위해서는 환경오염 또는 환경훼손이 있어야 한다. "환경오염 또는 환경훼손"은 환경정책기본법상의 환경오염과 환경훼손을 말한다. 전술한 바와 같이 동법은 '환경,' '환경오염,' '환경훼손'에 대한 정의 규정을 두고 있는바, 환경오염과 환경훼손은 바로 이것을 말한다.

동법은 "환경오염"을 "사업활동 및 그 밖의 사람의 활동에 의하여 발생하는 대기오염, 수질오염, 토양오염, 해양오염, 방사능오염, 소음·진동, 악취, 일조 방해, 인공조명에 의한 빛공해 등으로서 사람의 건강이나 환경에 피해를 주는 상태"로(§3iv), "환경훼손"을 "야생동식물의 남획(濫獲) 및 그 서식지의 파괴, 생태계질서의 교란, 자연경관의 훼손, 표토(表土)의 유실 등으로 자연환경의 본래적 기능에 중대한 손상을 주는 상태"로(§3iv), 각각 정의하고 있는바, 무과실책임이 발동하기 위하여는 위 정의에서 열거한 피해의 범주에 포섭되어야 한다.

---

16) 同旨 김홍균, 86-87; 박·함, 153; 오석락, **환경소송의 제문제**, 77 (1996); 이상규, 242 (1998).

동 정의 규정들은 그 개념에 해당하는 것을 열거하고 있는데, 이것이 제한적 열거("열거설")인지 아니면 예시적 열거인지("예시설")가 논란의 대상이 된다. 예시설의 근거는 동 정의 규정이 "빛공해 '등'으로서"라고 규정하고 있다는 점이다. 즉 이는 동 규정이 **함축적 방식**(connotation)의 규정임을 보여주는바 그렇다고 하면 거기에 열거된 것들과 함께 특징을 공유하는 것이라면 동 규정이 포섭하는 것이라고 보아야 한다는 것이다. 문언에 치중한 해석으로 결코 가볍게 볼 수 없다.

하지만 열거설의 논거도 튼실하다. 첫째, 동 정의 규정들은 개정을 거듭하며 거기에 속하는 대상의 범위를 넓혀 왔는데, 만약 동 규정이 예시적 열거라면 이런 노력을 기울일 필요가 없었을 것이다. 둘째 「환경분쟁조정법」(§2i)과 「환경오염피해 배상책임 및 구제에 관한 법률」은 비슷한 정의 규정을 두고 있다. 가령 「환경오염피해 배상책임 및 구제에 관한 법률」은 "환경오염피해"를 "시설의 설치·운영으로 인하여 발생되는 대기오염, 수질오염, 토양오염, 해양오염, 소음·진동, 그 밖에 대통령령으로 정하는 원인으로 인하여 다른 사람의 생명·신체(정신적 피해를 포함한다) 및 재산에 발생된 피해(동일한 원인에 의한 일련의 피해를 포함한다)"로 정의하고(§2i), 동법 시행령은 "대통령으로 정하는 원인"을 "진동이 그 원인 중 하나가 되는 지반침하(광물 채굴이 주된 원인인 경우는 제외한다)" 그리고 「화학물질관리법」 제2조 제13호에 따른 화학사고"로 규정하고 있다(동법 시행령 §2). (환경분쟁조정법도 동일한 방식이다.) 이와 같이 각 환경보전법률은 그 입법취지에 맞게 적용대상을 명시적으로 한정하고 있는데, 그렇다고 한다면 환경정책기본법상의 정의도 한정적으로 보아야 한다. 셋째, 무과실책임은 사법(私法)의 근간인 과실책임의 원칙을 부정하는 것으로 그 해석과 적용에 있어 신중을 기해야 할 필요가 있다.

생각건대 예시설이 타당하다고 본다. 환경정책기본법 제44조가 유사한 정의 규정을 두고 있는 다른 환경보전법률에서와 같이 **지시적 방식**(denotation)으로 규정하고 있지 않은데 이런 문언상의 명백한 차이를 무시하는 것은 해석의 범위를 넘는 월권이라고 보기 때문이다. 또한 환경정책기본법은 다른 법률과 달리 '기본법'이기 때문에 환경상황의 추이에 따라 무과실책임의 적용범위가 확대될 가능성을 열어놓을 필요도 있다. 다만 열거설이 우려하는 바는 충분히 존중받을 만한 것이므로, 법원은 동조를 확대적용하려고 할 때 신중을 기해야 할 것이다.

한편, 방사능에 오염된 고철을 타인에게 매도하는 등으로 '유통'시킴으로써 거래상대방이나 전전취득한 자가 방사능오염으로 피해를 입은 사건에서, 大判 2018.9.13. 2016다35802는 위 유통행위가 환경오염에 해당한다고 판시하였다. 이 사건에서 대법원은, 환경정책기본법에 의하면 환경은 자연환경과 생활환경을 말하고(§3i), 그 중 생활환경은 사람의 일상생활과 관계되는 환경을 가리키는 것으로 폐기물도 포함되며(§3iii), 환경오염은 사업활동과 그 밖의 사람의 활동에 의하여 발생하는 대기오염, 수질오염, 토양오염, 해양오염, 방사능오염, 소음·진동, 악취, 일조 방해, 인공조명에 의한 빛공해 등으로서 사람의 건강이나 환경에 피해를 주는 상태를 말하는바(§3iv), 이런 규정의 내용과 체계에 비추어보면, "환경오염 또는 환경훼손으로 인한 책임이 인정되는 경우는 사업장에서 발생되는 것에 한정되지 않고, 원인자는 사업자인지와 관계없이 그로 인한 피해에 대하여 환경정책기본법 제44조 제1항에 따라 귀책사유를 묻지 않고 배상할 의무가 있다."라고 판시하였다. 요컨대 이 판결은 피고가 방사능에 오염된 고철을 타인에게 매도함으로써 환경오염의 원인을 발생시켰다고 본 것이다.

그 이외에 판례가 무과실책임이 예정한 환경오염에 해당한다고 본 사례로는 원전냉각수 순환 시 발생하는 온배수의 배출(大判 2003.6.27. 2001다734) [21모2], 도로건설공사에 따른 소음·진동(大判 2003.9.5. 2001다68358("양돈장 사건")) [13모1][14모2][15모1][19모1], 철로건설에 따른 소음·진동(大判 2017.2.15. 2015다23321)[18모1][21모1] 등이 있다.

(2) 피해의 발생

무과실책임이 적용되는 피해는 환경에 일어난 피해가 아니라 환경오염 및 환경훼손으로 인한 피해여야 한다. 동법 개정으로 인하여 개정전 규정상의 "사업장 등"의 요건이 사라졌기 때문에 사업장 등에서의 활동으로 피해가 발생할 필요는 없지만, 환경오염·훼손과 피해 사이에 인과관계가 있어야 한다.

무과실책임이 적용되는 피해의 범위에는 특별히 규정하는 바가 없기 때문에 민사법의 일반법리에 따라야 한다. 따라서 개인적 법익인 개인의 건강이나 생명은 물론 재산적 이익까지 포함되고 신체적 건강뿐 아니라 정신적 건강도 포함된다.[17] 문제는 개인적 법익에 의하여 포섭되지 않는 자연자원 자체의 피해에 대하여 무과실책임을 적용할지 여부이다.

우리가 환경정책기본법을 제정하면서 참고한 미국의 환경법, 가령 「종합환경대응보상책임법(CERCLA)」상의 책임자는 자연자원 자체의 피해에 대하여도 책임을 진다. 또한 우리의 무과실책임 규정은 환경훼손을 원인으로 한 피해도 보호하고 있는바 여기서 환경훼손은 '자연환경'의 "본래적 기능에 중대한 손상을 주는 상태"를 말한다. 이는 자연자원 자체에 대한 피해에 대한 무과실책임의 적용가능성을 시사한다.[18]

하지만 현재의 규정하에서는 무과실책임을 지게 되는 원인자가 자연자원 자체에 생긴 피해에 대하여도 책임을 진다고 새길 수는 없다. 이를 위해서는 입법부의 중대한 결심이 필요한데 그것을 표현한 명문의 규정이 존재하지 않기 때문이다. 이는 아이러니한 측면이 있는데, 동법이 보호하려는 것은 환경인데, 정작 환경 자체에 생긴 피해는 구제할 수 없기 때문이다.

---

17) 자세한 내용은 본서 제4편 환경구제법 관련부분을 참조하라.
18) 同旨, 김홍균, 89.

적어도 현재의 무과실책임 규정 하에서는 원인자의 고의·과실이 없는 경우에도 그에게 피해배상의 책임을 부과하는 것으로 간접적으로나마 자연자원을 보호하는 선에서 만족해야 할 것 같다.

(3) 원인자

제44조 제1항은 무과실책임을 지는 자로 "환경오염 또는 환경훼손의 원인자"를 지시하고 있다. 동법은 '원인자'에 대한 별도의 정의 규정을 두고 있지 않아 논란의 대상이 되고 있다. 가령 토양환경보전법도 "원인자"라는 개념을 사용하면서 이에 대하여 무과실책임을 부과하고 있는데, 이 개념이 환경정책기본법상의 원인자와 동일한 것인지 여부가 미해결로 남아 있다.

생각건대 "환경오염 또는 환경훼손의 원인자"라 함은 "자기의 행위 또는 사업활동으로 환경오염 또는 환경훼손의 원인을 발생시킨 자"로 새기는 것이 합리적이다.[19] 이는 "오염원인자 책임원칙"을 규정한 동법 제7조의 내용을 원용한 것이다. 오염원인자 책임원칙은 공·사법을 가리지 않고 적용되는 원칙이고 무과실책임은 동 원칙을 구현하는 수단적 책임원칙으로 볼 수 있는데다가 환경정책기본법이 정합적 체계임을 전제로 해석할 때 이렇게 새기는 것이 동법의 문언과 체계에 부합하는 해석이라고 보는 것이다. 이상을 염두에 두고 원인자의 개념요소를 분설(分說)하기로 한다.

가. "자기의 행위 또는 사업활동으로"

"자기의 행위 또는 사업활동으로"라 함은 자기 스스로 직접 행한 행위나 혹은 자기의 계산으로 이런 저런 방법(타인의 고용 포함)을 동원하여 행한 사업활동을 말한다. 개별 환경법, 가령 대기환경보전법이나 물환경보전법상의 사업자, 즉 사업장의 운영·관리 등을 통하여 사업활동을 하는 자가 전형적인 예이지만, 원인행위가 영리를 목적으로 할 필요는 없다. 타인의 명의를 빌려 사업활동을 한다면 명의대여자가 아니라 명의차용자가 원인자이다. 행위로 인한 이익의 귀속 여부는 원인자 여부에 관한 판단에 있어 중요한 요소가 된다. 사용자와 피용자가 관여한 경우, 피용자는 자기의 행위로 원인을 발생시킨 자가 되고 사용자는 사업활동으로 원인을 발생시킨 자가 된다. 그러나 회사의 종업원이 환경오염이나 환경훼손에 대한 아무런 인식 없이 회사에서 제공한 매뉴얼대로 공정의 일부만을 담당했다면, 사용자만을 원인자로 보아야 한다.

나. "환경오염 또는 환경훼손의 원인 발생"

여기서 환경오염 또는 환경훼손이라 함은 전술한 바와 같이 환경정책기본법상의 환경오염

---

19) 同旨, 김홍균, 87.

과 환경훼손을 말한다. 원인자는 이러한 환경오염 또는 환경훼손의 원인을 발생시킨 자인데, 여기서 원인의 발생이라 함은 자기의 행위·사업활동과 환경오염·훼손 사이에 인과관계가 있어야 함을 의미한다고 새긴다.

어느 정도 인과관계가 있어야 원인의 발생에 해당되는가에 관해서는 의견이 분분할 것이다. 동조가 "환경을 오염한 자"라거나 "환경훼손을 야기한 자"라는 표현 대신 그 "원인을 발생시킨 자"라는 표현을 사용한 점에 비추어보면 직접적인 원인에만 한정할 것은 아니다. 일설은 원인자를 "환경오염 또는 환경훼손으로부터 피해발생이라는 연속적인 인과과정에 참여하거나 요인을 제공한 자"라고 보는데, 의문이다.[20] 결과와 조건관계에 있는 요소들은 무한히 많기 때문에 인과관계의 연쇄고리는 무한히 확장될 수 있을 텐데, 거기에 '참여'한 것만으로 무과실책임을 지우는 것은 지나친 처사이다. 따라서 본조의 인과관계는 '상당한 원인을 제공한 경우'로 한정해야 한다("상당인과관계설"). 상당성 판단에는 결과에 대한 기여의 정도가 중요한 요소가 될 것이다.

4. 무과실책임의 효과

이상의 요건이 충족되면, 일반불법행위책임의 경우와 달리, 환경침해로 인한 손해배상책임의 경우에는 가해자의 고의나 과실에 대한 입증을 필요로 하지 않는다(多數說).[21] 大判 2018.9.13. 2016다35802도 같은 취지다. 즉 위 사건에서 그 원인자가 방사능오염 사실을 모르고 유통시켰더라도 피해자에게 피해를 배상할 의무가 있다고 판시한 것이다.

그러나 천재지변과 전쟁 등 불가항력적 사유에 의한 환경오염의 경우에는 면책된다고 본다. 무과실책임 규정이 정한 것은 고의·과실을 묻지 않는다는 것이지 위법성을 묻지 않는다는 것은 아니기 때문이다.[22] 제3자의 행위로 인한 환경오염에 대해서는 인과관계가 존재하지 않는 것이므로 당연히 책임을 물을 수 없다.

동조에 기한 손해배상청구권은 민법상 불법행위 규정(§750)에 의한 청구권이나 토양환경보전법상의 무과실책임 규정(토양환경보전법 §10의3)에 기한 청구권과 법조경합의 관계에 있다는 것이 판례이다. 大判 2008.9.11. 2006다50338은 "환경정책기본법 제31조 제1항은 불법행위에 관한 민법 규정의 특별 규정이라고 할 것이므로 환경오염으로 인하여 손해를 입은 자가 환경정책기본법에 의하여 손해배상을 주장하지 않았다고 하더라도 법원은 민법에 우선하여 환경

---

20) 박·함 278.
21) 同旨, 이상규, 242; 황진호, "환경오염에 대한 손해배상," 제38회 변호사연수회 심포지엄 II 자료, 82, 85 (1996).
22) Cf. 전경운, "환경침해피해의 사법상 구제원리," **환경법연구** 제25권 제2호, 385 (2003).

정책기본법을 적용하여야" 한다고 판시하였다.[23] 손해배상의 범위 등 나머지 논점에 관하여는 제4편 환경구제법에서 상술하기로 한다.

Ⅳ. 공동불법행위책임

제1편에서 보았듯이, 환경문제는 인과관계가 보통의 사건에서와 같이 판명하게 입증되지 않는 것이 상례이다. 특히 다수의 사람들이 공동으로 오염물질을 배출하여 환경피해를 야기한 경우에 책임의 귀속주체를 밝히는 것은 지극히 어려운 일이다.

1. 민법상 공동불법행위책임

이러한 경우에 우선 민법의 공동불법행위책임이 적용될 수 있는바, 동법 제760조 제1항은 "수인이 공동의 불법행위로 타인에게 손해를 가한 때에는 연대하여 그 손해를 배상할 책임이 있다."라고 규정하고 있다. 동조의 연대책임이 적용되기 위해서는 공동불법행위가 성립하여야 하는데 이를 위해서는 각각의 행위가 독립하여 불법행위의 요건을 갖추어야 할 뿐 아니라 각 행위자 사이에 행위의 "관련공동성(關聯共同性)"이 필요하고 나아가 오염을 야기한 행위는 각각 손해 전체에 대하여 인과관계를 가지고 있어야 한다.[24] 한편 동조 제2항은 "공동 아닌 수인의 행위 중 어느 자의 행위가 그 손해를 가한 것인지를 알 수 없는 때에도 전항과 같다."라고 규정하고 있어 공동불법행위가 아니라 하더라도 인과관계가 불명하면 공동불법행위책임과 같은 동일한 결과가 생긴다.

한편, 환경정책기본법은 민법과 달리 공동불법행위 규정을 두지 않고 곧바로 원인불명 상태로 복수원인자가 경합하는 경우에 관해서만 규정하고 있다. 즉 동법은 "환경오염 또는 환경훼손의 원인자가 둘 이상인 경우에 어느 원인자에 의하여 피해가 발생한 것인지를 알 수 없을 때에는 각 원인자가 연대하여 배상하여야 한다."라고 규정하고 있는 것이다(§44②). 추측컨대 동법은 환경오염피해는 애당초 원인자가 여럿이고 원인이 밝혀지는 경우가 드물다는 데 착안하여 이렇게 입법한 것이 아닌가 생각된다.

---

23) 동 판결은 "하지만 당해 사건의 소송과정에서 환경정책기본법 제31조 제1항에 의한 책임 여부에 대하여 당사자 사이에 전혀 쟁점이 된 바가 없었고 원심도 그에 대하여 당사자에게 의견진술의 기회를 주거나 석명권을 행사한 바 없었음에도 원심이 환경정책기본법 제31조 제1항에 의한 손해배상책임을 인정한 것은 법원의 석명의무 위반이라고" 판시하였다.

24) 그동안 판례와 학설은 공해소송에 대하여 민법 제760조를 적용해왔고, 또 그 해석에 있어서도 비교적 넉넉한 태도를 견지해서 환경피해에 대한 공동불법행위책임을 넓게 인정해왔다. 이에 관하여는 '제4편, 제2장, 제2절, Ⅲ. 3. 복수원인자의 경합' 부분을 참조하라.

2. 환경정책기본법상 공동불법행위책임의 요건

그렇다고 한다면 환경정책기본법은 환경피해자에게 민법의 규정보다 더 강화된 보호를 제공하고 있지 않은가 하는 의문이 생긴다. 차이점이 있다면, 전자는 '원인자'를, 후자는 '행위'를 규정하고 있다는 것이다. 따라서 원인자를 넓게 인정한다면, 환경피해자는 그만큼 넓은 범위의 손해배상책임자를 가질 수 있게 된다. 가령 大判 1991.7.26. 90다카26607이 판시한 바와 같이 일정 지역의 공장들이 각종 유해가스나 분진 등 오염물질을 배출한다면 이들 공장주들은 환경오염에 원인을 발생시킨 자로서 공동불법행위책임을 부담하게 된다.

그런데 오염물질을 배출한 공장 중에서 소량을 배출한 공장이 있다면, 이 공장도 공동불법행위책임의 원인자인가? 소량 배출자에게 그 배출량이 아무리 작다고 하더라도 공동불법행위책임을 적용해 발생한 손해 전부에 대하여 연대책임을 지우는 것은 지나친 감이 있다. 일본의 「大氣汚染防止法」 제25조의2에 의하면 "해당 손해의 발생에 관해 그 원인이 되는 정도가 현저하게 작다고 인정되는 사업자가 있을 때는, 재판소는 그 사람의 손해배상 액수를 정함에 있어서, 그 사정을 참작할 수 있다."라고 규정하고 있는바, 환경정책기본법의 해석에도 참고할 만한 비교법적 자료이다.[25]

3. 환경정책기본법상 공동불법행위책임의 효과

공동불법행위자의 책임은 부진정연대책임이다. 따라서 책임자 중 누구라도 피해액 전부에 대하여 배상할 책임이 있다. 이를 면하기 위해서는 자신의 행위가 손해 전체가 아니라 그 일부에 대하여만 기여했음을 입증해야 한다. 공동불법행위자의 한사람이 그 손해의 전부를 배상하였을 때에는 다른 공동불법행위자에게 그 부담할 책임에 따라 구상권을 행사할 수 있다(大判 1983.5.24. 83다카208). 나머지 논점은 제4편 제2장 제2절 Ⅲ. 3. 복수원인자의 경합 부분에서 상술한다.

제10절 | 환경개선특별회계의 설치, 법제상·재정상의 조치 및 환경정책위원회

환경정책기본법은 환경개선사업의 재원확보·관리에 관한 사항을 규정하고($$45–53), 법제상·제정상·기타 행정상 조치를 취할 수 있도록 근거조항을 마련하고($$54–57), 중요한 환경행정사항에 관하여 심의·자문을 수행하는 환경정책위원회를 설치하고 있다($$58–59).

---

25) 김홍균, 95.

▌표 3-1 환경부 소관 법률 현황('22.01)

☐ 법률 현황(총 79개, 환경부 75개, 기상청 4개)

실·국	법률명
정책기획 (3개)	① 지속가능발전법 ② 환경교육의 활성화 및 지원에 관한 법률 ③ 환경정책기본법
자연환경 (15개)	① 국립공원공단법 ② 생물자원관의 설립 및 운영에 관한 법률 ③ 국립생태원의 설립 및 운영에 관한 법률 ④ 남극활동 및 환경보호에 관한 법률 ⑤ 독도 등 도서지역의 생태계보전에 관한 특별법 ⑥ 동물원 및 수족관 관리에 관한 법률 ⑦ 문화유산과 자연환경자산에 관한 국민신탁법 ⑧ 백두대간보호에 관한 법률 ⑨ 생물다양성 보전 및 이용에 관한 법률 ⑩ 습지보전법 ⑪ 야생생물 보호 및 관리에 관한 법률 ⑫ 유전자원의 접근·이용 및 이익 공유에 관한 법률 ⑬ 자연공원법 ⑭ 자연환경보전법 ⑮ 환경영향평가법
자원순환 (9개)	① 건설폐기물의 재활용촉진에 관한 법률 ② 수도권매립지관리공사의 설립 및 운영 등에 관한 법률 ③ 자원의 절약과 재활용촉진에 관한 법률 ④ 폐기물관리법 ⑤ 폐기물의 국가 간 이동 및 그 처리에 관한 법률 ⑥ 폐기물처리시설 설치촉진 및 주변지역지원 등에 관한 법률 ⑦ 자원순환기본법 ⑧ 전기·전자제품 및 자동차의 자원순환에 관한 법률 ⑨ 공공폐자원관리시설의 설치·운영 및 주민지원 등에 관한 특별법
환경경제 (8개)	① 녹색제품 구매촉진에 관한 법률 ② 녹색융합클러스터의 조성 및 육성에 관한 법률 ③ 한국환경공단법 ④ 한국환경산업기술원법 ⑤ 환경개선비용 부담법 ⑥ 환경기술 및 환경산업 지원법 ⑦ 환경분야 시험·검사 등에 관한 법률 ⑧ 환경오염시설의 통합관리에 관한 법률
대기환경 (4개)	① 대기환경보전법 ② 미세먼지 저감 및 관리에 관한 특별법 ③ 대기관리권역의 대기환경 개선에 관한 특별법 ④악취방지법
기후변화 (1개)	① 온실가스 배출권의 할당 및 거래에 관한 법률
환경보건 (12개)	① 가습기살균제 피해구제를 위한 특별법 ② 생활화학제품 및 살생물제의 안전관리에 관한 법률 ③ 석면안전관리법 ④ 석면피해구제법 ⑤ 소음·진동관리법 ⑥ 실내공기질 관리법 ⑦ 인공조명에 의한 빛공해 방지법 ⑧ 잔류성오염물질 관리법 ⑨ 환경보건법 ⑩ 환경오염피해 배상책임 및 구제에 관한 법률 ⑪ 화학물질관리법 ⑫ 화학물질의 등록 및 평가 등에 관한 법률
물통합 (11개)	① 금강수계 물관리 및 주민지원 등에 관한 법률 ② 낙동강수계 물관리 및 주민지원 등에 관한 법률 ③ 먹는물관리법 ④ 물관리기본법 ⑤ 수도법 ⑥ 영산강·섬진강수계 물관리 및 주민지원 등에 관한 법률 ⑦ 지하수법 ⑧ 토양환경보전법 ⑨ 한강수계 상수원수질개선 및 주민지원 등에 관한 법률 ⑩ 한국수자원공사법 ⑪ 하천편입토지 보상 등에 관한 특별조치법
물환경 (4개)	① 가축분뇨의 관리 및 이용에 관한 법률 ② 물의 재이용 촉진 및 지원에 관한 법률 ③ 물환경보전법 ④하수도법
수자원 (6개)	① 댐건설 및 주변지역지원 등에 관한 법률 ② 댐 주변지역 친환경 보전 및 활용에 관한 특별법 ③ 물관리기술 발전 및 물산업 진흥에 관한 법률 ④ 수자원의 조사·계획 및 관리에 관한 법률 ⑤ 친수구역 활용에 관한 특별법 ⑥ 하천법
감사(1개)	① 환경범죄 등의 단속 및 가중처벌에 관한 법률
중조위(1개)	① 환경분쟁 조정법
기상청 (4개)	① 기상법 ② 기상관측표준화법 ③ 기상산업진흥법 ④ 지진·지진해일·화산의 관측 및 경보에 관한 법률

* 밑줄은 타 부처와 공동법률(7개)

제 **2** 장 | 환경영향평가법

제1절 | 환경영향평가제도 개설

Ⅰ. 환경영향평가의 개념 및 의의

환경영향평가제도는 환경에 영향을 미치는 계획 또는 사업을 수립·시행할 때에 해당 계획과 사업이 환경에 미치는 영향을 미리 예측·평가하고 환경보전방안 등을 마련하도록 하는 제도이다(§1). 이러한 환경영향평가는 비단 우리나라뿐만 아니라 전세계적으로 널리 채택된 보편적인 환경보호수단이다. 물론 각 나라마다 도입배경과 시기, 법체계, 사회적 여건 등에 따라 그 구체적인 운영의 면에서는 상이한 점도 많지만, 큰 줄기에서 보면 각국의 환경영향평가제도는 공통적으로 ① 개발에 따른 환경영향에 대한 사전예방의 기능을 수행하고 ② 관련 정보를 공개하고 이해관계자를 참여하게 함으로써 의사결정과정의 민주적 정통성을 확보하고 국민과 이해당사자의 합리적인 의사결정에 기여하며, ③ 사회적 합의가능성을 제고하고 개발과 환경을 둘러싼 갈등을 예방하는 역할을 담당한다.

Ⅱ. 환경영향평가의 도입배경 및 연혁

1. 환경문제의 특성과 전통적 행정법수단의 한계

환경행정은 규제행정의 대표적인 분야이다. 여타의 규제행정이 그러하듯이, 환경행정에서도 행정목표를 달성하기 위하여 전형적으로 구사되는 행정법수단은 명령·통제수단이다. 환경오염 방지시설의 설치, 배출허용기준 설정 등 사후관리적인 해결방식에 치중하는 것이다. 그러나 이것만으로는 복잡다단한 환경문제에 제대로 대응할 수 없을 뿐만 아니라 환경문제를 사전에 예방할 수는 더더욱 없다.

　환경오염은 대규모로 광범위하게 나타나 수많은 피해자를 만들지만 환경매체를 통하여 간접적으로 진행되는 침해이기에 피해자 개인이 인과관계를 규명하기는 어렵고 그 피해의 태양도 다양하게 나타난다. 더군다나 이러한 오염은 최선의 기법을 동원하는 경우에도 장기간에 걸쳐 계속 발생하며, 그 피해 역시 자연스레 누적되는 양상을 보이게 된다. 가해자와 피해자가 손쉽게 식별되고 경험칙이 형성되어 인과관계 파악에 어려움이 없는 사회적 위험에 대응하기 위하여 설계된 기존의 명령·통제 방식은 환경문제에 대처할 수단으로는 역부족인 경우가 많다.

　또한 환경가해자는 대개 대규모 기업 혹은 기업집단, 심지어는 국가인바, 이들은 피해자 개개인에 비하여 월등한 사회경제적 지위를 가지고 관련 정보와 지식을 독점하며 환경침해를 통하여 막대한 이익을 얻는 반면, 환경피해자들은 왜소하고 개별화된 개개인이어서 피해만을 감내해야 하는 경우가 다반사이다. 이러한 환경가해자와 피해자 사이의 영향력의 차이는 특히 환경문제의 근인(根因)인 개발사업과 관련하여 행정당국이 내리는 결정이 민의를 반영하지 못하는 결과를 초래해왔다. 그 결과, 오늘날 우리가 목도하는 난개발, 과잉개발, 생태축 단절이 생기게 된 것이다.

2. 환경영향평가의 원형

　이러한 한계를 극복하기 위하여 환경행정에서는 기존의 하명을 기반으로 한 명령·통제 기법 외에 새로운 행정법수단이 도입되어 왔다. 배출부담금, 환경세나 배출권거래제 등의 경제적 유인수단, 에너지등급 부착제와 같은 정보제공을 통한 방식 등이 그 예이다. 환경영향평가 제도 역시 새로운 행정법수단 중 하나로, 정보제공을 통하여 행정목표를 달성하고자 하는 환경행정법의 제2단계 형식에 해당한다.

　환경영향평가제도는 미국에서 1969년 국가환경정책법(National Environmental Policy Act; NEPA)에서 처음 도입·시행된 데에서 비롯되었으며, 이 제도가 환경오염의 사전예방 및 관리수단으로서 대단히 효과적이라는 평가에 따라, 일본(1972년), 캐나다(1973년), 호주와 독일(1974년) 등을 필두로 하여 현재에는 100여 개 국가가 이 제도를 도입·시행하기에 이르렀다.[1] 처음 도입된 미국제도의 원형(原型)은 개발계획을 결정하기에 앞서, 환경에 대한 영향을 사전에 조사·예측하고, 대안책을 검토하여 그 선택과정의 정보를 투명하게 공표함으로써 사람들에게 의견표명의 기회를 부여하고 이러한 결과가 모두 감안된 상태로 최종적인 의사결정에 나아갈 수 있도록 하는 절차였다.

---

1) 환경부, 함께 만들어가는 녹색세상: 환경영향평가제도, 29-31 (2016).

3. 환경영향평가제도의 연혁

우리나라에서도 공해문제가 심각해지고 국토의 난개발로 말미암아 환경훼손이 나날이 심화되자 이에 대한 유력한 대응책으로서 환경영향평가제도가 제시되었고, 비교법적으로 볼 때 상당히 이른 1977년에 「환경보전법」 개정을 통하여 도입의 근거가 마련되었다. 환경보전법에서는 "사전협의"라는 이름으로 도시의 개발이나 산업입지의 조성, 에너지개발 등 환경에 영향을 미치는 계획에 관하여서는 미리 보건사회부 장관과 협의하도록 규정하였다. 1980년 이윽고 환경청이 발족하여 환경영향평가서 작성에 관한 규정을 제정함으로써 우리나라에서 환경영향평가제도가 본격적으로 시행되었으며, 1981년 및 1986년의 환경보전법 개정으로 환경영향평가 대상사업이 지속적으로 확대되었다.[2]

1990년에는 환경청이 환경부로 승격하게 된다. 그에 따라 「환경정책기본법」이 제정되었으며, 환경영향평가제도 역시 그 법적 근거가 환경보전법에서 환경정책기본법으로 변경되게 된다. 제도의 내용 면에서는 주민의견수렴 및 사후관리제도에 대하여 보완 및 강화가 이루어졌다. 이후에도 환경영향평가제도는 지속적으로 강화되어, 1993년에는 독자적인 법적 근거로 「환경영향평가법」이 제정되어 환경영향평가제도의 대상범위, 시기, 협의절차 등에 관하여 구체적인 사항이 규정되었으며, 협의내용의 실효성을 확보하기 위한 벌칙이 신설되는 등 사후규제적 요소가 강화되었다.

1999년에는 환경정책기본법에 "사전환경성검토제도"가 도입되었다. 그 이유는 기존의 환경영향평가제도가 사업에 대한 환경영향을 평가하여 그 실시 여부 및 방법에 관하여 민주적 의사결정에 이바지한다는 본래의 취지에서 일탈하여 사업의 실시를 전제로 하여 그저 체면치레 수준의 저감대책을 모색하는 것에 불과하게 되어, 결과적으로 개발에 대하여 면죄부를 부여할 뿐이라는 비판이 지속적으로 제기되었기 때문이다. 그 후 사업의 시행에 앞서 사전환경성검토가 이루어지고, 사업의 시행에 임하여 환경영향평가를 하는 식으로 이원적으로 운영되던 우리나라의 환경영향평가제도는 2011년 환경영향평가법 및 환경정책기본법의 개정을 통하여 사전환경성검토제도가 "전략환경영향평가" 및 "소규모 환경영향평가"로 개편되어 기존의 환경정책기본법에서 환경영향평가법으로 수용됨으로써 통합이 이루어지게 된다. 또한 위 개정을 통하여 환경영향평가서 작성의 전문성을 제고하기 위하여 "환경영향평가사"라는 국가자격제도가 신설되었다.

---

2) *Id.* 19 – 23.

Ⅲ. 환경영향평가의 종류와 기능

1. 사전절차형 환경영향평가

환경영향평가제도는 두 가지 형태로 대별된다. 첫째는 사전절차형 내지는 의사결정형이다. 좁게는 사업승인권자, 넓게는 국민 전반에게 환경영향평가의 결과를 게시함으로써, 정치적 의사결정 과정에서 해당 사업의 기술적·경제적 측면뿐만 아니라 환경에 미치는 영향 역시 종합적으로 고려될 수 있도록 하여 사업의 규모와 방향이 정해지도록 지원하는 제도이다.

사전절차형 환경영향평가의 주된 기능은 사업과 환경에 관한 정보의 제공이며, 이를 통해 사회적 합의가 원만하게 형성되도록 이바지하고 국민의 환경의식을 제고한다. 사전절차형은 환경영향평가를 통해 대상사업이 가지는 환경적 폐해를 있는 그대로 알림으로써, 이해당사자나 인근주민, 나아가 국민이 "바른 정보에 터 잡은 결정"을 내릴 수 있도록 돕는 역할에 그치고 나머지는 정치과정에 맡겨버리는 것이다. 말하자면 정확한 정보를 제공함으로써 환경적으로 바른 결정으로 유도하는 기능을 하는 것이다. 그럼에도 불구하고 허가결정이 내려지면 그 또한 민주적 의사결정의 결과로 수용해야 함을 전제로 한다. 사전절차형의 전형(典型)은 미국의 제도이며 환경영향평가의 본래적인 모습이라고 할 수 있는바, 민주주의가 성숙한 선진국에 어울리는 유형이다.

2. 사후관리형 환경영향평가

다른 한편 사후관리형 환경영향평가도 존재하는데, 우리나라의 제도가 이에 해당한다. 사후관리형은 특정 사업에 대한 인·허가 여부를 환경영향평가 결과와 결부시킴으로써 동 사업으로 인한 환경훼손적 영향을 최소화하는 형태이다. 그 결과, 사전절차형과 같이 의사결정 지원기능을 한다기보다는 해당 사업의 내용에 대한 환경적 관리기능을 담당한다고 하겠다. 실질적으로 행정주체가 해당 사업의 환경에 대한 악영향을 저감하도록 요구한다는 측면에서 기존의 명령통제식 행정수단과 유사한 기능을 수행한다. 차이가 있다면, 기존의 명령통제는 사후에 교정하는 데 치중한다면, 환경영향평가는 개발사업을 사전에 검토하여 부정적인 환경영향을 예방하는 데 있다. 정치문화가 성숙하지 못한 나라가 도입할 수 있는 형태이며, 꾸준히 개선이 이루어지고 있지만 연혁적으로는 우리나라 제도 역시 여기에 속한다.[3]

---

3) 拙稿, "환경영향평가절차의 이행방안에 관한 소고," **환경영향평가정책연구회 자료집**, 2 (1999).

Ⅳ. 환경영향평가의 한계

환경영향평가제도는 사전예방을 실천하고 지속가능한 발전을 모색함에 있어서 가장 이상적인 수단으로 평가받으며, 그 때문에 전 세계적으로 널리 채택된 제도이다. 그러나 환경영향평가제도에도 한계점은 존재한다.[4]

1. 대상사업의 한정성

무엇보다도 인간의 활동 전부를 평가의 대상으로 삼을 수 없다는 현실적인 한계이다. 인간사회가 가지는 시간, 재화, 노력에는 한계가 존재하므로 환경영향평가를 어느 정도 범위로 실시할 것인지는 각 사회의 수준에 따라 결정될 수밖에 없다.

2. 정보부족과 환경문제의 불확실성

또한 환경문제는 대표적인 리스크인 만큼, 이를 대상으로 한 환경영향평가는 완벽할 수가 없다. 사업의 시행 여부를 놓고 판단을 내려야 할 때, 최선의 노력을 기울이더라도 얻어지는 자료는 제한될 수밖에 없고 이를 토대로 한 의사결정 또한 불완전하다. 경우에 따라서는 평가의 근거가 되는 정보가 부족해서라기보다 문제 자체의 불확실성 때문에 이러한 현상이 발생하기도 한다. 이와 같은 상황에서 환경영향평가는 오히려 결과를 왜곡할 수도 있다.

3. 환경가치의 객관화 불가능성

뿐만 아니라 환경은 객관적 평가의 대상으로 삼기에는 지나치게 정성적(定性的)인 측면을 많이 가지고 있다. 생태계의 보존이 가진 가치를 계량하기란 어떤 의미에서는 불가능에 가까우며, 극단적인 경우 판단자 개개인의 주관적 선호나 윤리적 정당화비용에 불과하다고 평가절하당하기까지 한다. 이를 극복하기 위하여 환경에 대한 평가방법론을 보다 정치하게 발전시키고 관련 전문가를 육성한다 하더라도 한계에 봉착할 수밖에 없다. 이는 비단 환경영향평가뿐만 아니라 환경문제 전반을 대하는 우리 사회가 가진 자세의 문제점이기도 하다.

---

4) 환경부(註1), 26 - 28.

4. 환경과 개발 사이의 판단 기준 부재

보다 근본적으로는 환경과 개발 사이에서 균형점을 찾는 것은 기본적으로 가치판단의 문제이고, 그렇다고 한다면 환경영향을 객관적으로 평가해 그 균형점을 찾는 데 사용하겠다는 발상 자체가 문제일 수 있다. 가치판단의 문제에 관해서는 모두를 납득시킬 수 있는 정답은 존재하지 않기 때문이다. 가치가 다원화되고 있는 오늘날의 사회에서는 더더욱 그러하다. 개발행위는 환경피해를 야기하지만 무시할 수 없는 편익 또한 가져다준다는 부정할 수 없는 사실을 앞에 두고 당사자 모두가 자신만의 가치관에 따라 독자적 판단을 내리고 있는 상황이 환경영향평가가 수행되고 있는 현실세계임을 잊어서는 안 된다.

제2절 | 우리나라 환경영향평가제도의 특징 및 체계

Ⅰ. 과거의 문제점과 현행 제도의 특징

연혁적으로 볼 때, 우리 제도는 절차법적 제도가 아니라 규제법적 제도로 운용되어 왔음은 전술한 바와 같다. 그런데 현행 환경영향평가제도는 한편으로는 사후규제적 측면에서 실효성 확보를 위한 보완책을 강구하면서, 다른 한편으로는 퇴색된 사전예방적 요소를 되살리는 시도를 하고 있다.

우리 제도는 과거에 환경에 대한 악영향을 방지하기 위한 방안을 정하고 당해 사업이 이를 충실히 따를 때에 한하여 그 사업을 승인·허가하도록 하는 규제법적 제도로 운영되어왔다. 우리 제도는 사전예방적 수단이라기보다는 환경적으로 건전하고 지속가능한 사업으로 유도하기 위한 사후관리적 수단이었다. 게다가 실제에 있어서 우리 제도는 "개발행위의 면죄부"라는 비난이 비등할 만큼 많은 문제점을 노정시켜왔다.

대표적인 문제점은 환경영향평가가 개발사업 초기의 의사결정과정에 시행되지 않고 실시계획의 승인 직전에 이행되도록 되어 있었다는 점이다. 이와 같은 환경영향평가 실시 시기의 지연(遲延) 문제는, 환경영향평가에서 사업계획 자체의 대안(代案)이 제시되기보다는 사업계획의 실시를 전제로 하는 보완책이 제시되는 것에 그치는 결과를 초래하였다. 그 결과 환경영향평가에서 고려되는 대안의 대상과 범위는 지나치게 제한되어 버린다. 즉 "사업포기(no action alternative)"[5]와 같은 대안은 전혀 고려하지 않고 오로지 보완대책만을 고려하도록 함으로써, 국민들의 의사는 개발 여부의 결정에 반영되는 것이 아니라 개발을 전제로 그 보완대책을 마련하는 데 반영되었을 뿐이다. 심지어는 규제법적인 제도로서도, 환경영향평가 그 자체의 누락, 의견수렴의 미흡, 환경영향평가서의 부실작성, 협의사항의 미준수 등 실효성이 담보되지 않는 운용이 이루어져왔다.

연혁상 노출된 위와 같은 난점이 우리나라의 현행 환경영향평가제도의 밑바탕을 이룬다. 즉, 절차적 요소의 강화와 규제적 실효성 확보 노력은 현행 환경영향평가제도의 특징이라고 할 수 있으며, 여전히 우리나라 환경영향평가제도가 극복해야할 과제이기도 하다. 환경영향평가법에 관한 해석론을 전개함에 있어서 이와 같은 특징을 숙지하는 것은 두 말할 나위 없이 중요하다.

Ⅱ. 환경영향평가제도의 체계

현행 환경영향평가법은 환경영향평가를 크게 전략환경영향평가, 환경영향평가, 소규모 환경영향평가의 세 가지로 나누어 규정하고 있다.[6]

"전략환경영향평가"는 환경에 영향을 미치는 상위계획을 수립할 때에 환경보전계획과의 부합 여부 확인 및 대안의 설정·분석 등을 통하여 환경적 측면에서 해당 계획의 적정성 및 입지의 타당성 등을 검토하는 제도이다(§2i). 기존의 환경영향평가제도가 노정하였던 여러 문제점을 해결하기 위해 도입된 환경정책기본법상 사전환경성검토제도를 승계한 제도이다. 특히 영향평가의 시기를 사업시행에 임박한 실시계획의 단계에서 사업시행 여부를 정하는 행정계획 단계로 앞당김으로써 우리 환경영향평가제도에 절차법적 요소를 도입한 것은 주목할 부분이다. 향후 그 운영에 따라서 환경영향평가제도의 성패가 좌우될 것으로 생각된다.

"환경영향평가"는 환경에 영향을 미치는 실시계획·시행계획 등의 허가 등을 할 때에 해당 사업이 환경에 미치는 영향을 미리 조사·예측·평가하여 해로운 환경영향을 피하거나 제거 또는 감소시킬 수 있는 방안을 마련하는 제도이다(§2ii). 사업의 실시계획을 앞두고 이루어지며, 당해 사업의 인·허가와 밀접한 관련성을 가지는 기존의 규제법적 환경영향평가제도에 해당한다. 추상적 단계에서 이루어지는 행정계획의 경우 항고소송의 대상적격을 갖추지 못하는 경우가 많기 때문에 그 자체를 놓고 다투어지기 힘든 반면, 실시계획의 경우 실무상 항고소송의 대상적격이 인정되고 있으므로 그에 따라 사법심사의 면에 있어서 자주 다루어질 환경영향평가 유형이다. 그 해석론을 전개할 때, 이 제도가 실체법적 규제의 성격을 가진다는 점을 충분히 감안할 필요가 있다.

---

5) 김홍균, 128은 이를 "비시행대안"이라 부른다.
6) 환경영향평가법은 이 셋을 묶어 "환경영향평가등"으로 지칭한다.

"소규모환경영향평가"는 환경보전이 필요한 지역이나 난개발이 우려되어 계획적 개발이 필요한 지역에서 개발사업을 시행할 때에 입지의 타당성과 환경에 미치는 영향을 미리 조사·예측·평가하여 환경보전방안을 마련하는 제도이다(§2iii). 과거의 사전환경성검토의 또 다른 측면으로, 기존의 환경영향평가의 대상에 포함되지는 않지만 환경보전이 필요한 지역에 해당한다든지, 난개발의 우려가 제기되는 등의 특정한 사유가 존재할 때 환경영향평가를 실시할 수 있도록 하여 규제법적 측면에서 실효성을 제고하려고 한 것이다.

[표 3-2]는 세 제도를 간략히 비교한 것인데, 전략환경영향평가는 기존의 환경영향평가와 달리 행정계획의 수립시에 실시하며 해당사업의 필요성, 적정성, 타당성을 검토한다는 측면에서 본래 환경영향평가제도의 절차법적 요소를 도입하여 환경영향평가제도를 보완하는 한편, 소규모 영향평가는 소규모 개발사업이더라도 환경보전의 필요성이나 난개발의 우려 등 그 지역의 특성상 환경영향평가가 필요한 경우에는 이를 거치도록 하여 규제법적 측면에서 기존의 환경영향평가제도를 보완한다고 할 수 있다.

▌표 3-2 환경영향평가법상 환경영향평가 종류 및 비교

구 분	전략환경영향평가	환경영향평가	소규모 환경영향평가
주체	행정기관의 장	사업자	사업자
대상	행정계획	대규모 개발사업	소규모 개발사업(생태·경관보전지역, 자연보전지역, 습지보호지역 등)
시기	행정계획 수립시	사업의 실시계획 수립시	사업 승인 전
검토대상	필요성, 적정성, 타당성	오염저감대책	오염저감대책
성격	절차법적 성격이 강함	규제법적 성격이 강함	규제법적 성격이 강함

┃그림 3-1 환경영향평가법상 환경영향평가 흐름도

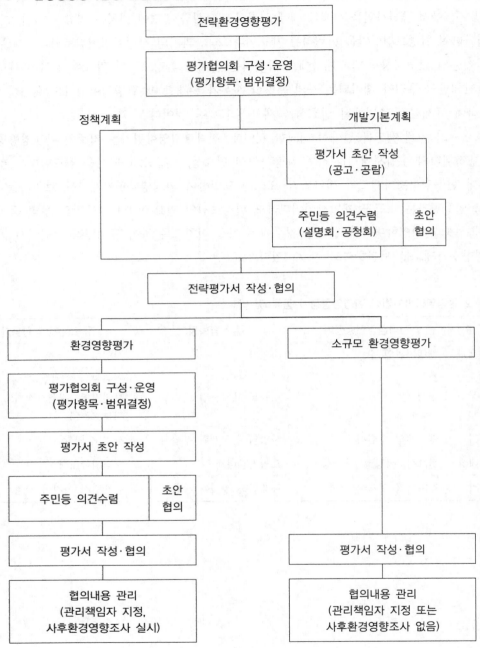

▌그림 3-2 환경영향평가법의 체계

제1장 총칙	제1조~ 제8조	- 목적, 정의 - 국가 등의 책무 - 환경영향평가등의 기본원칙 - 환경보전목표의 설정 - 대상지역, 분야, 평가항목 - 환경영향평가협의회
제2장 전략환경영향평가	제9조~ 제21조	- 대상 - 초안에 대한 의견 수렴 - 협의
제3장 환경영향평가	제22조~ 제42조	- 대상 - 초안에 대한 의견 수렴 - 평가서의 협의, 재협의 변경협의 - 협의 내용의 이행 및 관리 - 시·도의 조례에 따른 환경영향평가
제4장 소규모 환경영향평가	제43조~ 제49조	- 대상 - 평가서의 작성 및 협의요청, 검토 - 협의 내용의 반영 - 협의 내용 이행의 관리·감독
제5장 환경영향평가등에 관한 특례	제50조~ 제52조	- 개발기본계획과 사업계획의 통합수립, 환경영향 평가의 협의절차에 관한 특례 - 약식절차의 완료에 따른 평가서의 작성
제6장 환경영향평가의 대행 제6장의2 환경영향평가기술자의 육성	제53조~ 제62조의4	- 환경영향평가업의 등록 - 준수사항, 권리의무의 승계 - 보고·조사, 등록 취소 - 대행 비용의 산정기준 - 환경영향평가기술자
제7장 환경영향평가사	제63조~ 제65조	- 환경영향평가사 시험 - 준수사항, 자격취소 등
제8장 보칙 제9장 벌칙	제66조~ 제76조	- 환경영향평가서등의 공개 - 협의 위반사실의 공표 - 청문 - 환경영향평가협회 - 권한의 위임 및 위탁 - 벌칙·과태료(양벌규정) 등

제3절 | 환경영향평가법 총칙

I. 환경영향평가법 개관

환경영향평가법은 [그림 3-2]에서 볼 수 있듯이, 제1장 총칙을 필두로 하여 전략환경영향
평가(제2장), 환경영향평가(제3장), 소규모 환경영향평가(제4장), 환경영향평가등에 관한 특례(제
5장), 환경영향평가의 대행(제6장), 환경영향평가사(제7장) 순으로 규율하고 있다. 전략환경영향
평가는 환경영향평가에 앞서서 이루어진다는 점에서, 소규모 환경영향평가는 소규모 개발사업
이더라도 예외적인 경우에 환경영향평가를 실시하도록 하여 기존의 환경영향평가를 보완한다
는 면에서 적절한 규율 순서라고 할 수 있다. 또한 환경영향평가의 전문성 제고를 위하여 환경
영향평가에 있어서 평가의 대행을 허용하는 대신 그 실효성을 확보하기 위하여 평가의 대행에
관하여 국가자격인 환경영향평가사를 도입하고 그에 기반한 자격요건 제한을 가하고 있다.

II. 환경영향평가법의 목적

환경영향평가법은 환경에 영향을 미치는 계획 또는 사업을 수립·시행할 때에 해당 계획과
사업이 환경에 미치는 영향을 미리 예측·평가하고 환경보전방안 등을 마련하도록 하여 친환
경적이고 지속가능한 발전과 건강하고 쾌적한 국민생활을 도모함을 목적으로 한다(§1). 이를
분설하면, 환경영향평가법은 ① 보전과 개발의 조화, ② 친환경적이고 지속가능한 발전, ③
건강하고 쾌적한 환경조성을 추구하는 데 그 목적이 있다.

한편, 환경행정법의 최상위법인 환경정책기본법은 국가에게 환경기준의 적정성을 유지하고
자연환경을 보전하기 위하여 환경에 영향을 미치는 계획 및 개발사업이 환경적으로 지속가능
하게 수립·시행될 수 있도록 전략환경영향평가, 환경영향평가, 소규모 환경영향평가를 실시할
것을 명하고(§41①), 그 각 평가의 대상, 절차 및 방법 등에 관한 사항은 따로 법률로 정하도록
규정하고 있는데(동조 ②), 그 결과 탄생한 법률이 바로 환경영향평가법이다.

III. 국가등의 책무

환경영향평가법은 국가, 지방자치단체 및 사업자로 하여금 정책이나 계획을 수립·시행하
거나 사업을 시행할 때에 환경오염과 환경훼손을 최소화하기 위하여 필요한 방안을 마련하도

록 규정하고 있다(§3①). 나아가 국가, 지방자치단체 및 사업자뿐만 아니라 일반국민에게도 환경영향평가등의 중요성을 인식하고 동법에서 정하고 있는 절차가 적절하고 원활하게 추진될 수 있도록 노력하도록 규정하고(동조 ②), 환경부장관에게 환경영향평가제도의 객관성, 과학성, 예측가능성을 제고하기 위하여 평가지침, 작성기준 및 점검목록 등을 작성·보급할 것을 명하고 있다(동조 ③).

Ⅳ. 기본원칙

환경영향평가법 제4조는 환경영향평가제도를 시행함에 있어서 준수해야하는 기본원칙을 천명하고 있다. 이는 크게 지속가능한 발전의 원칙, 협동의 원칙, 과학·기술성의 원칙으로 나눠볼 수 있다.

1. 지속가능발전의 원칙

지속가능한 발전에 관하여 규율하고 있는 「지속가능발전법」에 따르면 지속가능한 발전이란 지속가능성에 기초하여 경제의 성장, 사회의 안정과 통합 및 환경의 보전이 균형을 이루는 발전을 뜻한다(§2ii). 환경영향평가법 제4조 제1호는 "환경영향평가등은 보전과 개발이 조화와 균형을 이루는 지속가능한 발전이 되도록 하여야 한다."라고 규정함으로써 지속가능한 발전을 직접적으로 언급하고 있다. 동조 제5호는 환경영향평가를 실시함에 있어서 계획 또는 사업이 특정 지역 또는 시기에 집중될 경우에는 이에 대한 **누적적 영향**을 고려하도록 하고 있는바, 이는 누적적 영향을 간과하지 않도록 함으로써 경제성장과 환경보전이 균형을 이루도록 하는 취지로 볼 수 있을 것이다.[7] 동조 제6호는 계획 또는 사업으로 인한 환경적 위해가 어린이, 노인, 임산부, 저소득층 등 환경유해인자의 노출에 민감한 집단에게 미치는 사회·경제적 영향을 고려하도록 명시적으로 규정하고 있는데, 이는 전형적으로 사회적 형평을 고려하라는 내용으로서 지속가능한 발전의 3대 축 중 하나에 해당한다.

---

7) 한 개의 개별사업의 환경적 영향은 공간적·시간적 규모의 한정으로 심각하지 않을 수 있으나, 반복되는 여러 개의 사업의 영향은 장기간에 걸쳐 지역의 경계를 넘어 축적될 것이며 그 결과는 심각한 누적 영향으로 나타나게 된다. 이러한 경우에 대비한 것이 **누적영향평가**인데, 이는 누적된 환경영향을 체계적으로 분석하고 평가하는 과정이며, 지역·국가규모의 계획과 관리정책을 계획할 경우에는 이와 같은 문제를 조사할 필요가 있다. 환경변화 원인의 다양성, 축적되는 경로의 다양성, 시간적·공간적으로 다양한 영향들을 고려해야 하기 때문에 누적영향평가의 실행은 쉽지 않다. 하지만 10년 혹은 50년 주기의 누적 영향을 검토·분석하고 예측하기 위한 누적영향평가 기법의 도입은 지속가능발전을 위하여 필수적인 것이다. 환경부(註1), 27.

2. 협동의 원칙

동조 제3호는 환경영향평가에 있어서 계획 또는 사업에 대하여 충분한 정보 제공 등을 함으로써 환경영향평가등의 과정에 주민 등이 원활하게 참여할 수 있도록 규정하고 동조 제4호는 환경영향평가등의 결과는 지역주민 및 의사결정권자가 이해할 수 있도록 간결하고 평이하게 작성하도록 요구하는데, 이는 주민이 충분한 정보를 제공받은 상태에서 숙고를 통하여 정치적 의사결정과정에 참여할 수 있도록 보장함으로써 민주성과 협동의 원칙을 실현한다고 할 수 있다.

3. 과학·기술성의 원칙

그 외에 환경보전방안 및 그 대안은 과학적으로 조사·예측된 결과를 근거로 하여 경제적·기술적으로 실행할 수 있는 범위에서 마련하도록 하고 있는 제2호의 규정은 과학적으로 조사·예측된 결과를 요구한다는 점에서 과학·기술성의 원칙 및 경제적·기술적으로 실행할 수 있는 범위에서 보전방안 및 대안을 마련하도록 한다는 점에서 (지속가능발전의 3대 축 중 하나인) 경제성의 원칙을 규정하는 것이다.

V. 환경보전목표의 설정

환경영향평가등을 하려는 자는 다음의 기준, 계획 또는 사업의 성격, 토지이용 및 환경 현황, 계획 또는 사업이 환경에 미치는 영향의 정도, 평가 당시의 과학적·기술적 수준 및 경제적 상황 등을 고려하여 환경보전목표를 설정하고 이를 토대로 환경영향평가등을 실시하여야 한다(§5).

1. 「환경정책기본법」 제12조에 따른 환경기준
2. 「자연환경보전법」 제2조 제14호에 따른 생태·자연도(生態·自然圖)
3. 「대기환경보전법」, 「물환경보전법」 등에 따른 지역별 오염총량기준
4. 그 밖에 관계 법률에서 환경보전을 위하여 설정한 기준

Ⅵ. 환경영향평가등의 대상지역

1. 대상지역 설정의 의의

환경영향평가등은 "계획의 수립이나 사업의 시행으로 영향을 받게 되는 지역으로서 환경 영향을 과학적으로 예측·분석한 자료에 따라 그 범위가 설정된 지역"에 대하여 실시하여야 한다(§6).

환경영향평가의 대상지역은 환경영향평가의 성패를 좌우하는 결정적 요소 중의 하나이다. 사업자는 대상지역을 설정함에 있어 자신의 사업이 우호적 평가를 받을 수 있도록 환경영향 이 작은 지역이거나 주민저항이 미미한 지역을 대상지역으로 설정하려고 할 것인데, 이를 그 대로 두고서 환경영향평가를 실시하게 되면 환경영향평가는 개발사업의 면죄부가 될 뿐이다. 동법이 대상지역을 설정함에 있어 과학적 예측·분석에 의할 것을 정한 이유가 여기에 있다. 다시 말해 환경영향평가 대상지역은 환경영향평가등이 실시되는 지역적 한계일 뿐만 아니라 원칙적으로 주민의견 수렴절차에 있어서 수렴대상이 되는 주민의 범위를 결정하는 기준으로 도 작용한다. 또한 판례는, 본서 제4편 환경구제법 부분에서 상술하는 바와 같이, 해당 지역 내의 주민이 환경이익을 침해받을 것으로 추정하여 그들에게 원고적격을 인정하는 태도를 취 하고 있다.

2. 대상지역 설정의 주체

전략환경영향평가의 경우 환경영향평가 대상지역을 결정하는 주체는 전략환경영향평가 대 상계획을 수립하려는 행정기관의 장이다(§11①i). 이에 대한 견제를 위하여 동조에서는 그에 관하여 환경영향평가협의회의 심의를 거치도록 하고 있다.

환경영향평가에서 환경영향평가 대상지역을 결정하는 주체는 사업자 또는 승인기관의 장 이다(§24①i, ②). 사업자가 허가·인가·승인·면허 또는 결정 등(이하 "승인등")을 받지 않아도 되는 경우 사업자는 스스로 환경영향평가 대상지역을 정할 수 있으며, 이로 인하여 발생할 문 제점을 억제하기 위하여 전략환경영향평가와 마찬가지로 환경영향평가협의회의 심의를 거치 도록 하고 있다(동조 ①). 사업자가 허가·인가·승인·면허 또는 결정 등을 받아야하는 경우, 환경영향평가 대상지역을 결정하는 것은 승인기관의 장이며(동조 ②), 마찬가지로 환경영향평 가협의회의 심의를 거쳐야 한다(동조 ④).

다른 한편, 환경부장관도 (i) 승인등을 받지 아니하여도 되는 사업자가 환경영향평가협의 회의 심의를 거치기 곤란한 부득이한 사유가 있거나 특별히 전문성이 요구된다고 판단하여 환경영향평가항목등을 정하여 줄 것을 요청한 경우나 (ii) 승인등을 받아야 하는 사업자가 환경영향평가협의회의 심의를 거치기 곤란한 부득이한 사유가 있거나 특별히 전문성이 요구된다고 판단하여 승인기관을 거쳐 환경영향평가항목등을 정하여 줄 것을 요청한 경우에는 환경영향평가 대상지역을 결정할 수 있다(동조 ③).

Ⅶ. 환경영향평가등의 분야 및 평가항목

1. 환경영향평가분야 및 환경영향평가항목

환경영향평가등은 계획의 수립이나 사업의 시행으로 영향을 받게 될 자연환경, 생활환경, 사회·경제 환경 등의 분야(이하, "환경영향평가분야")에 대하여 실시하여야 한다(§7①). 또한 환경영향평가분야의 세부 평가항목(이하, "환경영향평가항목") 및 평가방법 등은 대통령령으로 정하도록 하고 있다(§7②).

현재 ① 전략환경영향평가는 도시의 개발에 관한 계획 등 17개 분야 115개 계획을 대상사업으로, 대안 및 입지대안, 환경보전계획과의 부합성 등을 평가항목으로, ② 환경영향평가는 도시의 개발사업 등 17개 분야 81개 사업을 대상사업으로, 대기환경, 물환경, 자연생태환경 등 21개 항목을 평가항목으로, ③ 소규모 환경영향평가는 개발제한구역 등 9개 분야 21개 사업을 대상사업으로, 자연생태환경, 대기질, 수질, 친환경적 자원순환 등 8개 항목을 평가항목으로, 각각 정하고 있다.

2. 스코핑 절차

전략환경영향평가 및 환경영향평가에서는 대상사업의 특성에 따라 집중할 평가항목 및 범위를 결정하는 스코핑(scoping) 절차를 거쳐 이에 따라 결정된 평가항목 및 범위에 따라 환경영향평가를 실시하도록 규정하고 있다(§11①iv, §24①iii, §24②). 이는 결정된 평가항목 및 범위 이외의 평가항목 및 범위에 관하여서는 환경영향평가의무를 면제해주는 대신 결정된 평가항목·범위에 대하여서는 허위이거나 부실한 평가서 작성이 이루어진 경우 그 책임을 엄격하게 묻기 위함이다. 이를 통하여 환경영향평가제도를 간소화함과 동시에 내실화를 도모할 수 있다. 즉, 모든 항목에 대하여 동일한 수준으로 평가를 실시함으로써 발생하는 비효율성 및 경직성을 불식시키는 한편, 중요한 항목에 관하여서 집중적이고 세밀한 평가를 수행하도록 하여 환경영향평가제도의 운영실태를 개선하고자 하는 것이다.

3. 환경영향평가항목의 결정주체

환경영향평가에 있어서 사업자가 승인등을 받아야하는 경우 평가항목 및 범위를 결정하는 주체는 승인기관의 장(§24②), 전략환경영향평가나 사업자가 승인등을 받지 않아도 되는 환경영향평가의 경우 그 주체는 각각 대상계획을 수립하려는 행정기관의 장 및 사업자(§11①, §24①)라는 점에서 그 한계점이 지적되기도 하지만 이에 대해서는 모두 환경영향평가협의회의 심의를 거치도록 하여 보완하고 있다(§11①, §24①, §24④).

Ⅷ. 환경영향평가협의회

환경영향평가법은 환경부장관, 계획 수립기관의 장, 계획이나 사업에 대하여 승인등을 하는 기관의 장(이하 "승인기관의 장")이나 실시계획·시행계획 등의 승인등을 받지 아니하여도 되는 사업자에 대하여 다음의 사항에 관하여 심의를 수행하는 환경영향평가협의회를 구성·운영하도록 하고 있다(§8①).

1. 전략환경영향평가와 환경영향평가에서의 평가 항목·범위 등의 결정에 관한 사항
2. 환경영향평가 협의내용의 조정에 관한 사항
3. 환경영향평가를 약식절차에 따라 실시할 것인지 여부
4. 약식절차에 따른 환경영향평가에서 의견 수렴 내용 및 협의 내용 조정에 관한 사항
5. 전략환경영향평가에서 개발기본계획을 수립하려는 행정기관의 장이 책임질 수 없는 사유로 설명회나 공청회가 정상적으로 진행되지 못하는 등 대통령령으로 정하는 사유가 있는 경우 설명회나 공청회를 생략할지 여부(동법 시행령 §3i),
6. 환경영향평가등을 수행하는 자 또는 환경영향평가업자가 환경영향평가서등을 거짓 또는 부실로 작성하였는지 여부(동법 시행령 §3ii)

이와 같은 환경영향평가협의회는 환경영향평가분야에 관한 학식과 경험이 풍부한 자로 구성하되, 주민대표, 시민단체 등 민간전문가가 포함되어야만 한다(§8②). 그 외 구체적인 환경영향평가협의외의 구성 및 운영 등에 관한 사항은 대통령령으로 정하도록 위임하고 있다(동조 ③).

제4절 │ 전략환경영향평가

Ⅰ. 개관

종래의 환경영향평가제도는 대부분 사업계획이 확정된 이후 구체적인 실시계획 단계에서 주로 오염저감방안을 모색하는 등 환경훼손 및 침해를 경감하는 데 주안점을 두었다. 이러한 모습의 환경영향평가는 입지선정의 타당성 또는 상위(上位) 계획과의 연계성 등을 고려한 친환경적인 개발을 유도하는 데 한계가 있었다. 또한 사업계획이 확정된 이후에 사업의 실시단계에서 환경영향평가를 거침으로서 사업이 지연되거나 최악의 경우 취소됨으로써 사회적 갈등과 경제적 손실을 야기하는 측면도 존재하였다.

이와 같은 한계를 극복하기 위하여 의사결정의 상위단계인 정책·계획·프로그램(Policy·Plan·Program) 단계에서 미리 환경에 미칠 수 있는 영향에 대한 전략적 접근이 요구되었으며, 이러한 영향을 평가하는 과정을 전략환경영향평가(Strategic Environmental Assessment; SEA)라고 한다.[8] 즉, 전략환경영향평가는 개별사업 수준을 뛰어넘어 의사결정의 상위단계에서부터 사전예방을 보다 강화하여 개발과 환경보전이 조화될 수 있는 지속가능한 발전을 추구하기 위한 핵심적인 수단으로 도입된 것이다. 환경영향평가법은 전략환경영향평가를 "환경에 영향을 미치는 계획을 수립할 때에 환경보전계획과의 부합 여부 확인 및 대안의 설정·분석 등을 통하여 환경적 측면에서 해당 계획의 적정성 및 입지의 타당성 등을 검토하여 국토의 지속가능한 발전을 도모하는 것"으로 정의하고 있다(§2i).

Ⅱ. 전략환경영향평가의 주체

전략환경영향평가의 주체는 전략환경영향평가의 대상이 되는 계획을 수립하려는 행정기관의 장이다(§9). 대상계획을 수립하려는 행정기관의 장은 전략환경영향평가를 실시함에 있어서 전략환경영향평가서를 작성할 때 환경영향평가업자에게 그 작성을 대행하게 할 수 있으나(§53 ①), 그때에는 전략환경영향평가서의 작성에 참여하는 환경영향평가업자의 기술·경영능력 등의 사업수행능력을 평가하여야 한다(동조 ②).

---

8) 환경부(註1), 34.

Ⅲ. 전략환경영향평가의 대상

1. 전략환경영향평가 대상계획

전략환경영향평가의 대상은 강학상 행정계획에 해당한다. 이는 환경영향평가의 경우 그 대상이 강학상 처분의 대상에 해당하는 실시계획인 경우가 많다는 점에서 구분된다. 환경영향평가법 제9조 제1항에서는 전략환경영향평가를 실시해야하는 계획에 대하여 다음과 같이 개괄적으로 규정하고 있다.

1. 도시의 개발에 관한 계획
2. 산업입지 및 산업단지의 조성에 관한 계획
3. 에너지 개발에 관한 계획
4. 항만의 건설에 관한 계획
5. 도로의 건설에 관한 계획
6. 수자원의 개발에 관한 계획
7. 철도(도시철도를 포함한다)의 건설에 관한 계획
8. 공항의 건설에 관한 계획
9. 하천의 이용 및 개발에 관한 계획
10. 개간 및 공유수면의 매립에 관한 계획
11. 관광단지의 개발에 관한 계획
12. 산지의 개발에 관한 계획
13. 특정 지역의 개발에 관한 계획
14. 체육시설의 설치에 관한 계획
15. 폐기물 처리시설의 설치에 관한 계획
16. 국방·군사 시설의 설치에 관한 계획
17. 토석·모래·자갈·광물 등의 채취에 관한 계획
18. 환경에 영향을 미치는 시설로서 대통령령으로 정하는 시설의 설치에 관한 계획

이와 같은 전략환경영향평가 대상계획은 그 계획의 성격에 따라 정책계획과 개발기본계획으로 크게 구분된다. **정책계획**은 "국토의 전 지역이나 일부 지역을 대상으로 개발 및 보전 등에 관한 기본방향이나 지침 등을 일반적으로 제시하는 계획"이다(§9②i). **개발기본계획**은 국토의 일부 지역을 대상으로 하는 계획으로서 (가) 구체적인 개발구역의 지정에 관한 계획 혹은 (나) 개별 법령에서 실시계획 등을 수립하기 전에 수립하도록 하는 계획으로서 실시계획 등의 기준이 되는 계획이다(§9②ii).

개발기본계획의 경우 평가서의 작성 및 협의에 앞서 전략환경영향평가서의 초안을 작성하여야하며(§12) 작성된 초안을 공고·공람하고 설명회를 개최하는 등 주민의견 수렴절차를 거쳐야하는(§13) 반면, 정책계획의 경우 바로 평가서의 작성 및 협의를 진행할 수 있다는 점에서 차이점이 있다. 구체적으로 어떠한 종류의 행정계획이 전략환경영향평가 대상계획에 해당하고, 그 중에서도 정책계획 혹은 개발기본계획에 해당하는지에 관하여서는 환경영향평가법 제10조의2에서 규정하는 절차를 거쳐 대통령령으로 정하도록 하고 있어, **열거주의**를 택하고 있다고 할 수 있다. 환경영향평가법 시행령 제7조 제2항 및 별표2에 따르면 현재 17개 분야, 115개 행정계획이 전략환경영향평가 대상계획으로 지정되어 있다.

2. 전략환경영향평가 대상계획의 결정 절차

행정기관의 장은 소관 전략환경영향평가 대상계획에 대하여 5년마다 전략환경영향평가 실시 여부를 결정하고 그 결과를 환경부장관에게 통보하여야 한다(§10의2①, 시행령 §7의2①). 이를 환경영향평가제도의 실시 여부를 결정하는 "스크리닝(Screening)" 제도를 도입한 것으로 보는 견해도 존재한다.[9]

행정기관의 장이 전략환경영향평가를 실시하지 아니하기로 결정하려는 경우, 그 사유에 대하여 관계 전문가 등의 의견을 청취하여야 하고, 환경부장관과 협의를 거쳐야 한다(§10의2②). 이때 환경부장관은 전략환경영향평가가 필요하다고 판단되면 해당 계획에 대한 전략환경영향평가 실시를 요청할 수 있다(§10의2③). 이때 **환경부장관의 실시 요청에 법적 기속력**이 인정되는지 여부가 문제될 수 있겠지만, 규정의 법문언상 기속력을 인정하기는 힘들 것으로 보인다. 동법 제10조의2 제2항은 행정기관의 장에게 환경부장관으로부터의 재가가 아니라 그와의 '협의'를 거칠 것을 명하고 있고, 제3항은 환경부장관에게 전략환경영향평가 실시를 요청할 수 있다고 규정할 뿐 요청받은 행정기관의 장이 이에 응할 의무를 규정하고 있지 않기 때문이다.

이와 같이 현재의 법문언상으로는 전략환경영향평가의 실시여부가 행정계획의 소관 행정기관의 장에게 권한이 주어져있는 상태인데, 이는 문제이다. 전략환경영향평가의 운용이 소극적으로 흐를 위험성이 존재하기 때문이다.

3. 예외

위와 같은 절차를 거쳐 대통령령으로 규정된 전략환경영향평가 대상계획에 해당하더라도,

---

9) 김홍균, 110.

일정한 경우에는 그에 대하여 전략환경영향평가를 실시하지 않을 수 있다(§10), 첫째, 국방부장관이 **군사상 고도의 기밀보호**가 필요하거나 군사작전의 긴급한 수행을 위하여 필요하다고 인정하여 환경부장관과 협의한 계획이고(동조 i), 둘째, 국가정보원장이 **국가안보**를 위하여 고도의 기밀보호가 필요하다고 인정하여 환경부장관과 협의한 계획이 그에 해당한다(동조 ii).

Ⅳ. 전략환경영향평가의 시기

승인등을 받지 아니하여도 되는 전략환경영향평가 대상계획을 수립하려는 행정기관의 장은 해당 계획을 확정하기 전에(§16①), 승인등을 받아야 하는 전략환경영향평가 대상계획을 수립하는 경우에는 승인기관의 장이 해당 계획에 대하여 승인등을 하기 전에(§16②) 환경부장관에게 그 협의를 요청하여야 한다. 그 구체적인 방법은 환경영향평가서의 제출이며(시행령 §22 ①), 시기에 관해서는 구체적인 전략환경영향평가 대상계획의 종류에 따라 개별적으로 규정되어 있다(동조, 별표2). 대체적으로 전략환경영향평가는 어떤 개발사업의 기본계획이나 구상단계에서 이루어지도록 규정하고 있다고 할 수 있다. 이는 전략환경영향평가가 기존의 환경영향평가의 단점, 즉 사업의 시행이 결정된 후 구체적인 실시계획 단계에서 이루어짐으로써 발생하는 문제를 해결하기 위하여 사업의 시행 자체를 **사전예방적으로 검토**하기 위하여 고안된 제도이기 때문이다. 이를 위해서는 전략환경영향평가가 적어도 특정한 **행정계획이 수립·확정되기 이전**에 앞서서 실시될 필요가 있다.

Ⅴ. 전략환경영향평가의 절차

1. 전략환경영향평가의 평가항목 및 범위 결정

전략환경영향평가 대상계획에 대한 평가항목·범위의 결정절차는 "**스코핑**(scoping)"제도를 도입한 것으로 볼 수 있다.[10] 스코핑은 평가항목·범위 등을 일률적으로 정하지 않고 개발 사업마다 일정한 절차를 거쳐 정하는 것을 말한다. 환경영향평가법은 스코핑 시 환경·생태적 가치가 보호될 수 있도록 자세한 결정기준을 제시하고 스코핑 결과도 공개하도록 하고 있다.

(1) 평가항목·범위의 결정

전략환경영향평가 대상계획을 수립하려는 행정기관의 장은 전략환경영향평가를 실시하기

---

10) 同旨, 홍준형a, 192.

전에 평가준비서를 작성하여 환경영향평가협의회의 심의를 거쳐 다음 네 가지의 "전략환경영향평가항목등"을 결정하여야 한다(§11① 본문). 다만 개발기본계획에 해당하는 경우 사업계획 면적이 6만 제곱미터 미만인 경우에는 환경영향평가협의회의 심의를 생략할 수 있다(동항 단서, 시행령 §8).

1. 전략환경영향평가 대상지역
2. 토지이용구상안
3. 대안
4. 평가 항목·범위·방법 등

(2) 평가항목·범위결정의 기준

이 경우 행정기관의 장은 전략환경영향평가항목등을 결정함에 있어서 다음의 사항을 고려해야 한다(§11④).

1. 해당 계획의 성격
2. 상위계획 등 관련 계획과의 부합성
3. 해당 지역 및 주변 지역의 입지 여건, 토지이용 현황 및 환경 특성
4. 계절적 특성 변화(환경적·생태적으로 가치가 큰 지역)
5. 그 밖에 환경기준 유지 등과 관련된 사항

결정된 전략환경영향평가항목등은 결정된 날부터 20일 이내에 전략환경영향평가 대상지역을 관할하는 시·군·구 또는 전략환경영향평가 대상계획을 수립하려는 행정기관의 정보통신망 및 환경영향평가 정보지원시스템에 14일 이상 게시하여야 한다(동항, 시행령 §10①). 공개된 전략환경영향평가항목등에 대하여 주민 등이 의견을 제출한 경우에는 행정기관의 장은 이를 검토하여 정책계획의 경우에는 전략환경영향평가서에, 개발기본계획의 경우에는 전략환경영향평가서 초안에 그 내용을 반드시 포함시켜야 한다(시행령 §10②).

(3) 약식전략환경영향평가

전략환경영향평가 대상계획을 수립하려는 행정기관의 장은 해당 계획이 입지 등 구체적인 사항을 정하고 있지 않거나 정량적인 평가가 불가능한 경우에는 평가 항목·범위·방법 등의 사항을 간략하게 하는 약식전략환경영향평가 실시를 결정할 수 있다(§11의2①).

그림 3-3 전략환경영향평가의 절차도

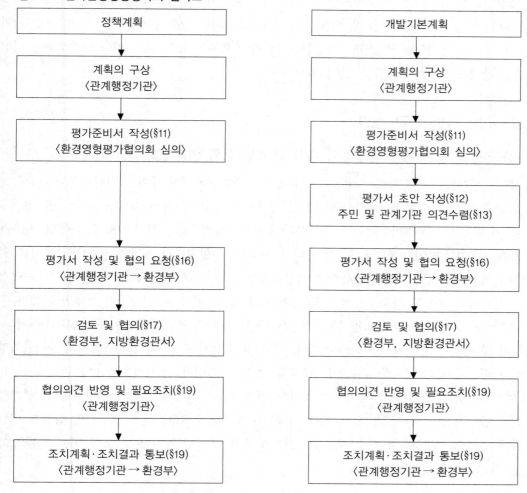

<table>
<tr><td>정책계획</td><td>개발기본계획</td></tr>
<tr><td>계획의 구상
〈관계행정기관〉</td><td>계획의 구상
〈관계행정기관〉</td></tr>
<tr><td>평가준비서 작성(§11)
〈환경영형평가협의회 심의〉</td><td>평가준비서 작성(§11)
〈환경영형평가협의회 심의〉</td></tr>
<tr><td></td><td>평가서 초안 작성(§12)
주민 및 관계기관 의견수렴(§13)</td></tr>
<tr><td>평가서 작성 및 협의 요청(§16)
〈관계행정기관 → 환경부〉</td><td>평가서 작성 및 협의 요청(§16)
〈관계행정기관 → 환경부〉</td></tr>
<tr><td>검토 및 협의(§17)
〈환경부, 지방환경관서〉</td><td>검토 및 협의(§17)
〈환경부, 지방환경관서〉</td></tr>
<tr><td>협의의견 반영 및 필요조치(§19)
〈관계행정기관〉</td><td>협의의견 반영 및 필요조치(§19)
〈관계행정기관〉</td></tr>
<tr><td>조치계획·조치결과 통보(§19)
〈관계행정기관 → 환경부〉</td><td>조치계획·조치결과 통보(§19)
〈관계행정기관 → 환경부〉</td></tr>
</table>

2. 전략환경영향평가서 초안의 작성 및 제출

개발기본계획을 수립하는 행정기관의 장은 제11조에 따라 결정된 전략환경영향평가항목등에 맞추어 전략환경영향평가서 초안을 작성하여야 한다(§12① 본문). 행정기관 외의 자가 제안하여 수립되는 개발기본계획의 경우에는 개발기본계획을 제안하는 자가 전략환경영향평가서 초안을 작성하여 개발기본계획을 수립하는 행정기관의 장에게 제출하여야 한다(동항 단서).

개발기본계획을 수립하는 행정기관의 장은 이렇게 작성된 평가서 초안을 ① 환경부장관, ② 승인을 받아야하는 계획의 경우에는 승인기관의 장, ③ 지방환경관서의 장, ④ 전략환경영향평가 대상지역을 관할하는 특별시장·광역시장·도지사·특별자치도지사, ⑤ 전략환경영향평가 대상지역을 관할하는 시장·군수·구청장에게 제출하여 그 의견을 들어야 한다(§12②, 시행령 §12①). 이들 평가서 초안을 제출받은 자는 초안이 접수된 날로부터 30일 이내에 해당 계획으로 예상되는 환경영향 및 환경보전방안 등에 대한 의견을 개발기본계획을 수립하려는 행정기관의 장에게 통보할 수 있다(시행령 §12②).

3. 주민 등의 의견 수렴

(1) 초안의 공고·공람, 설명회의 개최 및 주민 등의 의견제출

개발기본계획을 수립하려는 행정기관의 장은 개발기본계획에 대한 전략환경영향평가서 초안을 공고·공람하고 설명회를 개최하여 해당 평가 대상지역 주민의 의견을 들어야 한다(§13① 본문). 구체적으로 개발기본계획을 수립하려는 행정기관의 장은 천재지변 등 특별한 사유가 없으면 환경영향평가법 제12조 제2항에 따라 전략환경영향평가서 초안을 제출한 날부터 10일 이내에 일간신문 및 전략환경영향평가 대상지역을 주된 보급지역으로 하여 발행되는 지역신문에 각각 1회 이상에 걸쳐 ① 개발기본계획의 개요, ② 전략환경영향평가서 초안에 대한 공람 기간 및 장소, ③ 전략환경영향평가서 초안에 대한 의견(공청회 개최에 대한 의견 포함)의 제출시기 및 방법에 관하여 공고하여야 한다. 또한 20일 이상 40일 이내의 범위에서 전략환경영향평가 대상지역의 주민 등이 초안을 공람할 수 있게 하여야 한다(시행령 §13①).

위 주민 등은 전략환경영향평가서 초안의 공람기간이 시작된 날부터 전략환경영향평가서 초안의 공람기간이 끝난 후 7일 이내에 개발기본계획을 수립하려는 행정기관의 장에게 해당 계획의 수립으로 예상되는 환경영향, 환경보전방안 및 공청회 개최 요구 등에 대한 의견을 제출할 수 있다(시행령 §14).

(2) 공청회의 개최

이에 따라 ① 공청회 개최가 필요하다는 의견을 제출한 주민이 30명 이상인 경우 또는 ② 공청회 개최가 필요하다는 의견을 제출한 주민이 5명 이상이고 전략환경영향평가서 초안에 대한 의견을 제출한 주민 총수의 50퍼센트 이상인 경우에는, 개발기본계획을 수립하려는 행정기관의 장은 공청회를 반드시 개최하여야 한다(§13① 단서, 시행령 §16).

(3) 전문가의 의견 청취

한편 개발기본계획이 생태계의 보전가치가 큰 지역, 환경훼손 또는 자연생태계의 변화가 현저하거나 현저하게 될 우려가 있는 지역 등으로서 ① 국토의 계획 및 이용에 관한 법률상 자연환경보전지역, ② 자연공원법상 자연공원, ③ 습지보전법상 습지보호지역 및 습지주변관리지역, ④ 환경정책기본법상 특별대책지역을 포함하는 경우에는 관계 전문가 등 평가 대상지역의 주민이 아닌 자의 의견도 들어야 한다(§13②, 시행령 §17).

(4) 예외 상황 및 그 대응 조치

만약 ① 설명회가 주민 등의 개최 방해 등의 사유로 개최되지 못하거나 개최되었더라도 정상적으로 진행되지 못한 경우에 해당하거나 ② 공청회가 주민 등의 개최 방해 등의 사유로 2회 이상 개최되지 못하거나 개최되었더라도 정상적으로 진행되지 못한 경우에는 행정기관의 장은 설명회나 공청회를 생략할 수 있다(§13③ 본문, 시행령 §18①).

행정기관의 장은 설명회를 생략한 경우에는 일간신문과 지역신문에 설명회를 생략하게 된 사유 및 설명자료 열람방법 등을 각각 1회 이상 공고하고 전략환경영향평가 대상지역을 관할하는 시·군·구 또는 개발기본계획을 수립하려는 행정기관의 정보통신망 및 환경영향평가 정보지원시스템에 설명회를 생략하게 된 사유 및 설명자료 등을 게시하여야 하며, 공청회를 생략한 경우에는 공청회를 생략하게 된 사유, 의견제출 시기 및 방법, 설명자료 열람방법 등을 일간신문과 지역신문에 각각 1회 이상 공고하여야 한다(§13③ 단서, 시행령 §18②).

(5) 의견수렴 결과 및 반영 여부의 게시

이렇게 주민등의 의견을 수렴한 결과 및 그 반영 여부는 개발기본계획을 수립하려는 행정기관의 장이 제16조 제1항 또는 제2항에 따른 전략환경영향평가서의 협의 요청 이전에 전략환경영향평가 대상지역을 관할하는 시·군·구 또는 개발기본계획을 수립하려는 행정기관의 정보통신망 및 환경영향평가 정보지원시스템에 14일 이상 게시해야 한다(§13④, 시행령 §19).

4. 전략환경영향평가서의 작성 및 협의 요청

(1) 전략환경영향평가서의 작성 및 협의 요청의 대상·시기

승인등을 받지 아니하여도 되는 전략환경영향평가 대상계획을 수립하려는 행정기관의 장은 해당 계획을 확정하기 전에 전략환경영향평가서를 작성하여 환경부장관에게 협의를 요청하여야 한다(§16①). 승인등을 받아야 하는 전략환경영향평가 대상계획의 경우에는, 이를 수립하는 행정기관의 장은 전략환경영향평가서를 작성하여 승인기관의 장에게 제출하여야 하며, 승인기관의 장은 해당 계획에 대하여 승인등을 하기 전에 환경부장관에게 협의를 요청하여야 한다(동조 ②). 이때 승인기관의 장은 전략환경영향평가서를 제출받은 날부터 10일 이내에 협의를 요청하여야 한다(시행령 §22④). 각 전략환경영향평가 대상계획 별로 구체적인 협의 요청 시기는 별도로 명확하게 규정되어 있다(시행령 §22② 별표 2).

(2) 전략환경영향평가서의 내용

이러한 전략환경영향평가서에는 ① 전략환경영향평가항목등의 결정내용 및 조치내용, ② 공개된 전략환경영향평가항목등에 대하여 제시된 주민 등의 의견 검토내용, ③ 개발기본계획 및 입지에 대한 대안·대상지역·계획의 적정성·입지의 타당성·환경영향평가협의회 심의내용이 포함되어야 한다(시행령 §21①i, ii, iii). 나아가 개발기본계획의 경우, 환경영향평가법 제12조 제2항에 따라 관계 행정기관의 장이 제시한 의견 또는 동법 제13조에 따라 수렴된 주민등의 의견이 타당하다고 인정할 때에는 전략환경영향평가서의 작성주체는 해당의견을 평가서에 반영하여야 하는바(§16③), 구체적으로는 전략환경영향평가서에 전략환경영향평가서 초안에 대한 주민, 관계 행정기관의 의견 및 이에 대한 반영 여부를 포함시키도록 규율하고 있다(시행령 §21①iv).

5. 전략환경영향평가서의 검토

(1) 환경부장관의 자료요청

환경부장관은 제16조 제2항에 따라 협의를 요청받은 경우에는 (i) 협의대상 여부 등 형식적 요건에 관한 사항, (ii) 주민 등의 의견 수렴 절차 이행 및 주민의견 반영에 관한 사항, (iii) 전략환경영향평가서 내용의 타당성 여부 등을 검토하여야 한다(§17①, 시행령 §23①). 이때 환경부장관은 필요한 경우 한국환경연구원 등 전략환경영향평가에 필요한 전문성을 갖춘 기관으로서 대통령령으로 정하는 기관 또는 관계 전문가의 의견을 듣거나 현지조사를 의뢰할 수 있고, 관계 전문가에게 현지조사를 의뢰하거나 그 의견을 들을 수 있고, 관계 행정기관의 장에게 관련 자료의 제출을 요청할 수 있다(§17②). 관계 행정기관의 장 중에서도 특히 대상계획을 수립하려는 행정기관의 장(승인등을 받아야 하는 계획의 경우에는 승인기관의 장)은 이러한 환경부장관의 자료제출 요청이 있는 경우 특별한 사유가 없으면 이에 따라야 한다(시행령 §24).

(2) 환경부장관의 보완요청

환경부장관은 전략환경영향평가서를 검토한 결과 전략환경영향평가서를 보완할 필요가 있는 경우, 즉 평가서가 환경영향평가법 시행령 제21조 소정의 사항이 포함되어 있지 않거나 동조에서 위임한 사항을 규정한 하위법령인 「환경영향평가서등 작성 등에 관한 규정」에 따라 작성되지 않은 경우에는 전략환경영향평가 대상계획을 수립하려는 행정기관의 장에게 전략환경영향평가서의 보완을 요청하거나 보완을 전략환경영향평가 대상계획을 제안하는 자 등에게 요구할 것을 요청할 수 있다(§17③ 본문, 시행령 §23②). 이 경우 보완 요청은 두 차례만 할 수 있다(§17③ 단서). 또한, ① 환경부장관은 해당 전략환경영향평가 대상계획을 축소·조정하더라도 그 계획의 추진으로 환경훼손 또는 자연생태계의 변화가 현저하거나 현저하게 될 우려가 있는 경우나 ② 해당 전략환경영향평가 대상계획이 국가환경정책에 부합하지 아니하거나 생태적으로 보전가치가 높은 지역을 심각하게 훼손할 우려가 있는 경우에는 해당 전략환경영향평가 대상계획의 규모·내용·시행시기 등을 재검토할 것을 주관 행정기관의 장에게 통보할 수 있다(§17⑤).

(3) 환경부장관의 평가서 반려

나아가 환경부장관은 보완 요청을 하였음에도 불구하고 (i) 요청한 내용의 중요한 사항이 누락되는 등 전략환경영향평가서가 적정하게 작성되지 아니하여 협의를 진행할 수 없다고 판단하는 경우나 (ii) 전략환경영향평가서가 거짓으로 작성되었다고 판단하는 경우에는 전략환경영향평가서를 반려할 수 있다(§17④). 그 중에서도 전략환경영향평가서가 거짓으로 작성되었다는 사유로 전략환경영향평가서를 반려하려는 경우에는 사전에 전문위원회의 검토 및 환경영향평가협의회의 심의를 거쳐야 한다(시행령 §23④).

6. 협의내용의 통보

환경부장관은 협의를 요청받은 날부터 30일 이내에 주관 행정기관의 장[11]에게 협의 내용을 통보하여야 한다. 다만 부득이한 사정이 있을 때에는 그 기간을 40일로 연장할 수 있다(§18①, 시행령 §25). 통보기간을 연장하는 경우에는 환경부장관은 협의기간이 끝나기 전에 주관 행정기관의 장에게 그 사유와 연장한 기간을 통보하여야 한다(§18②).

실무상 이러한 협의는 **동의, 부동의, 조건부 동의**의 세 가지 양태로 나타나는바, 그 법적 근거는 환경영향평가법 제17조 제6항 및 시행령 제23조 제6항의 위임에 따라 제정된 행정규칙인 「환경영향평가서 등에 관한 협의업무 처리규정」 제17조 제2항이다.[12]

---

11) 전략환경영향평가 대상계획을 수립하려는 행정기관의 장, 승인등을 받아야 하는 계획의 경우에는 승인기관의 장; 환경영향평가법 §17③.
12) 「환경영향평가서 등에 관한 협의업무 처리규정」 제17조(협의내용의 결정)
　② 협의기관장은 법 제18조에 의한 협의내용은 전략환경영향평가서에 제시된 환경보전계획과의 부합성, 계획의 적정성, 입지의 타당성 등에 따라 다음 각 호의 어느 하나에 따라 협의내용을 결정하는 것을 원칙으로 한다.
　　1. 동의
　　　가. 당해 계획에서 수립된 입지의 타당성이나 계획의 적정성으로 인하여 환경적인 측면에서 이의가 없는 경우를 말한다.
　　2. 조건부 동의
　　　가. 정책계획수립시 환경보전계획과의 부합성, 상위계획과의 연계성·일관성 등이 미흡하여 추가로 검토하는 조건으로 계획수립에 동의하는 것을 말한다.

한편 협의 중 조건부 동의와 구분해야하는 것으로 **조건부 협의**가 있다. 즉, 환경부장관은 (i) 보완하여야 할 사항이 경미한 경우 또는 (ii) 해당 계획을 수립·결정하기 전에 보완이 가능한 경우에는 보완을 요구하는 대신 해당 계획에 관련 내용을 반영할 것을 조건으로 주관 행정기관의 장에게 협의 내용을 통보할 수 있다(§18③).

7. 협의내용의 이행

(1) 주관 행정기관의 장의 협의내용 이행

주관 행정기관의 장은 제18조에 따라 통보받은 협의 내용을 해당 계획에 반영하기 위하여 필요한 조치를 하거나 전략환경영향평가 대상계획을 제안하는 자 등에게 필요한 조치를 할 것을 요구하여야 하고(§19①), 협의 내용에 대한 조치를 한 날 또는 조치계획을 확정한 날부터 30일 이내에 그 조치결과 또는 조치계획을 환경부장관에게 통보하여야 한다(동항, 시행령 §26 ①). 만약 협의 내용을 해당 계획에 반영하기 곤란한 특별한 사유가 있을 때에는 내용 및 사유를 환경부장관에게 제출하여야 하며,[13] 환경부장관과 협의한 후 해당 계획을 승인하거나 확정하여야 한다(§19②, 시행령 §26②).

(2) 협의내용 이행의 실효성 확보수단

환경영향평가법은 전략환경영향평가의 실효성을 확보하기 위하여 위와 같은 조치결과 및 조치계획을 전략환경영향평가 대상계획을 수립하는 자는 성실히 이행하도록 원론적인 규정을 두고 있다(§19③). 그 외에도 환경부장관은 조치결과 또는 조치계획의 이행 여부를 확인하기 위하여 필요한 경우에는 주관 행정기관의 장에 대하여 협의 내용의 이행 여부 및 이행 상황 등을 확인할 수 있고(시행령 §27①), 확인 결과 협의 내용을 이행하지 아니한 사항에 대해서는 주관 행정기관의 장에게 그 이행을 위하여 필요한 조치를 할 것을 요청할 수 있으며, 그 경우 주관

    나. 개발기본계획수립시 상위계획과의 연계성, 대안 설정·분석의 적정성이 미흡하여 추가로 검토하는
        조건으로 계획수립에 동의하는 것을 말한다.
    다. 입지의 타당성 검토시 자연환경의 보전, 생활환경의 안정성, 사회·경제 환경과의 조화성 등 제시한
        내용이 주변환경에 악영향이 있거나 악화될 우려가 있는 경우 별도의 환경대책을 마련하도록 협의
        한다.
  3. 부동의
    가. 당해 계획이 관련법령에 저촉되거나 환경상 상당한 문제점이 있어 계획을 축소·조정하더라도 그
        계획의 수립이 환경적 측면에서 바람직하지 않은 경우를 말한다.
    나. 저촉되는 법령·지침 등과 당해 계획의 수립으로 인한 환경상 영향을 명기하여 그 규모·내용·시행
        시기 등에 대한 재검토를 하도록 협의한다.
13) 환경부장관은 제출받은 날부터 20일 이내에 제출받은 내용에 대한 타당성을 검토하여 그 결과를 주관 행정기
   관의 장에게 통보하여야 한다(시행령 §26②).

행정기관의 장은 특별한 사유가 없으면 이에 따르도록 의무를 부과하고 있다(시행령 §27②, ③).

(3) 협의내용 이행의 한계 및 판례

그러나 행정법령에서 빈번하게 등장하는 타 행정기관과의 협의 및 심의의 성질을 자문을 거치라는 정도에 불과한 것으로 보는 판례의 태도를[14] 감안할 때 이러한 원론적 규정 및 조치 결과 또는 조치계획에 대한 관리·감독권만으로는 부실한 전략환경영향평가서 작성을 방지하고 협의내용에 대한 충실한 이행을 기하기에는 부족한 면이 많다.

8. 재협의 및 변경협의

(1) 재협의

개발기본계획에 관하여, (i) 대상지역을 협의 내용에 반영된 규모보다 30퍼센트 이상 증가시키는 경우와 (ii) 통보된 협의 내용에서 원형대로 보전하거나 제외하도록 한 지역의 10퍼센트 이상 토지이용계획을 변경하는 경우로서 변경되는 면적이 1만제곱미터 이상인 경우에는, 개발기본계획을 수립하는 행정기관의 장은 환경영향평가법 제11조부터 제19조까지의 규정에 따라 전략환경영향평가를 다시 실시하여야 한다(§20①, 시행령 §28①). 다만, (i) 전략환경영향평가 대상계획이 환경부장관과 협의를 거쳐 확정된 후 취소 또는 실효된 경우로서 협의 내용을 통보받은 날부터 5년이 경과되지 않은 경우와 (ii) 전략환경영향평가 대상계획이 환경부장관과 협의를 거친 후 지연 중인 경우로서 협의 내용을 통보받은 날부터 5년이 경과되지 않은 경우에는 재협의를 생략할 수 있다(§20②, 시행령 §28의2).

(2) 변경협의

한편 주관 행정기관의 장은 환경영향평가법 제16조부터 제18조까지의 규정에 따라 협의한 개발기본계획에 대하여 재협의에 해당하지 아니하는 변경을 하려는 경우로서 대통령령으로 정하는 사항을 변경하려는 경우에는 미리 환경부장관과 변경 내용에 대하여 협의를 하여야 한다(§21①). 마찬가지로 제16조부터 제18조까지의 규정에 따라 협의된 정책계획을 변경하는 경우로서 협의 내용을 통보하면서 정책계획의 협의 내용을 변경할 때 미리 협의기관의 장의 의견을 듣도록 정한 사항을 변경하는 경우에는 환경부장관과 변경 내용에 대하여 협의를 하여야 한다(§21②). 이와 같은 변경협의에는 환경영향평가법 제16조부터 제19조까지의 규정이 준용된다(§21③).

---

14) 大判 1992.8.14. 91누11582; 大判 1997.9.26. 96누10096; 大判 2000.10.13. 99두653 등.

제5절 | 환경영향평가

Ⅰ. 환경영향평가의 주체

1. 환경영향평가의 주체

환경영향평가법은 "환경영향평가 대상사업"을 하려는 자(이하 "사업자")에게 환경영향평가를 실시할 것을 명하고 있다(§22①). 그래서 동법상 환경영향평가의 수행 주체는 "사업자"이다. 사업자는 환경영향평가서 초안 및 환경영향평가서를 작성함에 있어서 이를 환경영향평가업자로 하여금 대행하게 할 수 있다(§53①). 그러나 이는 어디까지나 대행에 불과하므로, 여전히 환경영향평가의 주체는 사업자이고 그에 대한 행정적·법적 책임을 면할 수 있는 것은 아니다.

2. 환경영향평가서 작성의 대행

이와 같은 환경영향평가서 작성의 대행을 인정하는 것은 환경영향평가 실시의 전문성을 제고하는 한편으로 전문성을 갖추고 사업자와 분리된 제3자가 환경영향평가서를 작성할 수 있도록 함으로써 평가의 객관성과 신뢰성을 확보하기 위함이라고 할 수 있겠지만, 대행할 자를 선정하는 것은 여전히 사업자이므로 환경영향평가업자는 사업자에게 종속될 우려가 크다.

따라서 환경영향평가법은 환경영향평가업에 관하여 등록제도(§54), 자격요건(§55), 준수사항(§56), 등록 취소 등 행정처분(§58), 보고 및 조사(§60), 평가대행비용의 산정기준(§62) 등에 관하여 상세한 규정을 마련하고, 나아가 환경영향평가기술자(제6장의2) 및 국가자격인 환경영향평가사(제7장)에 관한 상세한 규정을 마련하여 전문인력의 양성 및 적정한 직무수행을 위한 규제를 병행하고 있다.

특히 사업자가 환경영향평가업자와 환경영향평가서등의 작성에 관한 대행계약을 체결하는 경우에는 해당 환경영향평가등의 대상이 되는 계획이나 사업의 수립·시행과 관련되는 계약과 분리하여 체결할 것을 요구하고(§53⑤iv), 환경영향평가서등과 그 작성의 기초가 되는 자료 및 환경영향 예측·분석 결과를 거짓으로 작성하거나 평가에 영향을 미치는 중요한 자료를 누락하는 등 부실하게 작성하도록 요구하는 것을 금지하고 있는 것은(§53⑤v), 환경영향평가업자의 독립성을 확보하고 적정한 환경영향평가의 시행을 담보하기 위한 것이라고 할 수 있다. 전자를 위반하는 경우 과태료 부과의 대상이 되고, 후자의 경우 형사처벌의 대상이다. 이 외에도 환경부고시를 통하여 대행할 때 필요한 비용의 산정기준을 상세하게 마련하도록(§62) 규정하여 부실평가를 봉쇄하고 평가의 내실화를 도모하고 있다.

Ⅱ. 평가대상사업의 종류 및 범위

1. 평가대상사업의 종류

환경영향평가법 제22조는 다음과 같은 환경영향평가의 대상이 되는 사업을 규정하고 있다.

1. 도시의 개발사업
2. 산업입지 및 산업단지의 조성사업
3. 에너지 개발사업
4. 항만의 건설사업
5. 도로의 건설사업
6. 수자원의 개발사업
7. 철도(도시철도를 포함한다)의 건설사업
8. 공항의 건설사업
9. 하천의 이용 및 개발 사업
10. 개간 및 공유수면의 매립사업
11. 관광단지의 개발사업
12. 산지의 개발사업
13. 특정 지역의 개발사업
14. 체육시설의 설치사업
15. 폐기물 처리시설의 설치사업
16. 국방·군사 시설의 설치사업
17. 토석·모래·자갈·광물 등의 채취사업
18. 환경에 영향을 미치는 시설로서 대통령령으로 정하는 시설의 설치사업

전반적으로 열거주의를 택하면서도 환경에 영향을 미치는 시설로서 대통령령으로 정하는 시설을 설치하는 사업의 경우에는 상황에 즉응하여 확대할 수 있는 가능성을 마련해놓아 **포괄적 열거주의**를 택하였다고 할 수 있다.[15] 현재 이 규정에 따라 대통령령으로 정해진 시설로는 가축분뇨의 관리 및 이용에 관한 법률 제2조 제8호 또는 제9호에 따른 처리시설 또는 공공처리시설을 들 수 있다(시행령 §31①).

---

15) 반면 미국 National Environmental policy Act(NEPA) §102(c)에서는 포괄주의를 택하고 있다("major federal actions significantly affecting the quality of the human environment").

2. 평가대상사업의 범위

환경영향평가 대상사업의 구체적인 종류, 범위 등은 대통령령으로 정하도록 하고 있다(§22 ②). 이러한 위임에 따라 환경영향평가법 시행령 제31조 제2항 별표3에서는 세부사항을 정하고 있는바, 구체적인 **사업유형**과 더불어 면적, 용량 등의 **규모**를 기준으로 평가대상사업을 특정하는 모습을 확인할 수 있다. 환경영향평가의 대상은 대개 대규모 개발사업이다.

한편 특별시·광역시·도·특별자치도 또는 인구 50만 이상의 시는 환경영향평가 대상사업의 종류 및 범위에 해당하지 아니하는 사업이더라도 대통령령으로 정하는 범위 안의 사업에 대하여 지역 특성 등을 고려하여 환경영향평가를 실시할 필요가 있다고 인정하면 해당 시·도의 조례로 정하는 바에 따라 그 사업을 시행하는 자로 하여금 환경영향평가를 실시하게 할 수 있다(§42①). 그에 따라 환경영향평가를 실시하는 경우에는 환경영향평가 분야 및 세부 항목, 환경영향평가서의 작성 및 의견 수렴과 환경영향평가서의 협의 및 협의 내용의 관리 등의 절차, 그 밖에 필요한 사항을 해당 시·도의 조례로 정하도록 하고 있다(§42③).

▌표 3-3 환경영향평가 대상사업의 구체적인 종류 및 범위

사업구분	사업의 종류 및 범위
도시의 개발 사업(13)	① 25만㎡ 이상의 도시개발사업 ② 30만㎡ 이상인 도시정비사업(주거환경개선 제외) ③ 도시·군 계획시설사업(운하, 20만㎡ 이상 유통업무설비, 20만㎡ 이상 주차장시설, 15만㎡이상 시장) ④ 30만㎡ 이상 주택건설 또는 대지조성사업 ⑤ 30만㎡ 이상 택지개발사업 또는 보금자리주택지구조성사업 ⑥ 20만㎡ 이상 공동집배송센터 조성사업 ⑦ 20만㎡ 이상 여객터미널설치공사 ⑧ 20만㎡ 이상의 물류터미널 개발사업 또는 물류단지개발사업 ⑨ 30만㎡ 이상의 학교시설 설치공사 ⑩ 하수처리시설 10만㎥/일 ⑪ 20만㎡ 이상의 마을정비구역조성 사업 ⑫ 25만㎡ 이상의 혁신도시개발사업 ⑬ 25만㎡ 이상의 역세권개발사업
산업입지 및 산업단지의 조성사업(7)	① 산업단지개발사업 ② 중소기업단지조성사업 ③ 자유무역지정 ④ 공장설립 ⑤ 공업용지조성사업 ⑥ 산업기술단지조성사업 ⑦ 연구개발특구 조성사업(전부 15만㎡ 이상)
에너지 개발사업(8)	① 해저에너지개발사업 ② 에너지개발 목적 광업 30만㎡ 이상사업 ③ 전원개발사업(1만kW 발전소, 댐 및 저수지 건설 수반 시 3천kW 댐발전소, 10만kW 태양력 등 발전소, 3만kW 해양소수력발전소, 345kV 이상 지상송전선로 10km, 765kV 옥외변전소, 회처리장 30만㎡ 이상, 저탄장 5만㎡ 이상) ④ 전기설비설치(③과 유사) ⑤ 1만kW 열발생설비 설치사업 ⑥ 저유시설 10만kℓ ⑦ 석유비축시설 10만kℓ ⑧ 가스사업 설치공사 10만kℓ

항만의 건설사업(6)	① 어항시설 건설사업 또는 어항개발사업(외곽시설 길이 300m 또는 3만㎡ 이상 공유수면매립, 계류시설 3만㎡ 이상 매립, 15만㎡ 이상 또는 3만㎡ 이상 매립) ② 항만법에 의한 시설(외곽시설 길이 300m 또는 3만㎡ 이상 공유수면매립, 계류시설 3만㎡ 이상 매립, 15만㎡ 이상 또는 3만㎡ 이상 매립) ③ 준설사업 면적 10만㎡ 이상 또는 준설량 20만㎥ 이상 ④ 신항만건설사업(①과 동일) ⑤ 항만재개발사업 30만㎡ 이상 또는 외곽시설·계류시설·항만시설(①과 동일) ⑥ 마리나항만시설(①과 동일)
도로의 건설사업(1)	① 도로건설사업(㉠ 4km 신설, ㉡ 2차로 이상 10km 확장, ㉢ 신설과 확장 → (신설구간 길이의 합/4km)+(확장구간 길이의 합/10km)≥1 ㉣ 도시/비도시지역에 걸쳐있는 경우 도로의 신설 → (비도시구간 길이의 합/4km)+(도시구간 길이의 합/4km)≥1
수자원의 개발사업(3)	① 댐 만수면적 200만㎡ 이상 또는 총저수용량 2천만㎥ 이상 ② 하구둑 만수면적 200만㎡ 이상 또는 총저수용량 2천만㎥ 이상 ③ 저수지·보 또는 유지 만수면적 200만㎡ 이상 또는 총저수용량 2천만㎥ 이상
철도 건설(3)	① 철도/고속철도 4km 이상이거나 철도시설면적 10만㎡ 이상 ② 도시철도/도시철도 4km 이상이거나 철도시설면적 10만㎡ 이상 ③ 궤도사업(삭도 길이 2km 이상, 궤도 4km 이상 또는 궤도시설 10만㎡ 이상)
공항의 건설사업(1)	① 공항 또는 육상비행장 신설, 500m 이상 활주로 또는 공항개발사업 20만㎡ 이상
하천의 이용 및 개발사업(1)	① 하천구역, 홍수관리구역에서의 하천공사 중 공사구간이 하천중심 길이로 10km 이상
개간·공유 수면 매립사업(2)	① 무역항·연안항·신항만·자연환경보전지역 매립 3만㎡ 이상, 그 외 지역 30만㎡ 이상 ② 간척사업 또는 개간사업 중 100만㎡ 이상
관광단지의 개발사업(6)	① 관광사업 30만㎡ 이상 ② 관광지 및 관광단지조성 30만㎡ 이상 ③ 온천개발 30만㎡ 이상 ④ 공원사업 10만㎡ 이상 ⑤ 유원지 시설설치 10만㎡ 이상 ⑥ 공원시설 면적합계가 10만㎡ 이상
산지의 개발사업(3)	① 산지에서 시행되는 사업(묘지 등 25만㎡ 이상, 초지조성 30만㎡ 이상, 그 밖의 사업 산지전용허가 20만㎡ 이상), ② 임도설치(8km 이상, 생태자연도 1등급 권역에서 임도 설치) ③산림복지단지에 조성되는 사업(시설별 산지전용면적합 20만㎡ 이상)
특정지역의 개발사업(9)	① 1~12, 14~17 범위 사업 중 「지역개발 및 지원에 관한 법률」에 따른 사업 ② 지역개발사업 20만㎡ 이상 ③ 주한미군시설사업 ④ 평택 국제화계획지구 개발사업 ⑤ 평택시개발사업 ⑥ 행정중심복합도시 건설사업 ⑦ 경제자유구역개발사업 ⑧ 기업도시개발사업 ⑨ 친수구역조성사업
체육시설의 설치사업(5)	① 체육시설설치공사 25만㎡ 이상 ② 경륜 또는 경정 시설 25만㎡ 이상 ③ 청소년수련시설 30만㎡ 이상 ④ 청소년수련지구조성 30만㎡ 이상 ⑤ 경마장 설치 25만㎡ 이상

폐기물처리시설· 분뇨처리시설 및 가축분뇨 처리시설 설치(2)	① 폐기물처리시설(㉠ 폐기물매립시설 30만m² 이상 또는 매립용적 330만m³ 이상 ㉡ 지정폐기물 처리시설 5만m² 이상 또는 매립용적 25만m³ 이상 ㉢ 소각시설 100톤/일 이상) ② 처리용량 100톤/일 이상의 분뇨처리시설, 가축분뇨처리시설·공공처리시설, 폐기물중간처분시설·재활용시설로서 음식물류 폐기물처리시설
국방· 군사시설의 설치사업(4)	① 국방·군사시설 33만m² 이상(골프장등 체육을 위한 시설은 25만m² 이상) ② 군사기지 안의 비행장 신설, 500m 활주로 또는 면적 20만m² 이상 사업 ③ 군사시설 설치사업(비행장 신설, 500m 활주로 또는 면적 20만m² 이상) ④ 해군기지 안에서 시행되는 15만m² 이상 또는 공유 수면 3만m² 이상 매립사업
토석·모래· 자갈·광물 등의채취사업(7)	① 하천·홍수관리구역 내 채취사업(상수원보호구역 2만m² 이상, 상수원보호구역 5km 이내 5만m² 이상 ② 산지에서 토석·광물채취 10만m² 이상 ③ 채석단지 지정 ④ 해안(육지 쪽 1km 이내, 바다 쪽 10km 이내)에서 광물채취사업(단위구역 당 광물채취면적 강원·경북 2만m² 이상, 그 외 지역 3만m² 이상) ⑤ 골재채취예정지 25만m² 이상이거나 채취량 50만m³ 이상 ⑥ 해안 골재채취 25만m² 이상이거나 채취량 50만m³ 이상 ⑦ 골재채취단지의 지정

3. 대상성에 관한 논점

환경영향평가 대상사업의 구체적인 종류를 특정하고, 거기에 대해 규모를 기준으로 실시 여부를 판가름하는 현행 제도 하에서는 특정한 사업이 그 필요성에도 불구하고 아직 대상사업으로 규정되지 않아 환경영향평가가 이루어지지 않거나, 규정되어 있더라도 요구되는 규모에 미달되어 환경에 미치는 위해성이 큼에도 불구하고 환경영향평가가 누락될 우려가 존재한다.

(1) 명칭과 실질

평가대상사업에 해당하는지 여부는 해당 사업의 공식적 명칭에 의하여 결정될 것이 아니라 그 실질을 보고 결정해야 한다. 가령 서울高決 2006.9.11. 2006루122는 해당 사업의 명칭이 "주택건설사업"이라 하더라도 '대지조성사업'으로서의 성질도 아울러 가지고 있다면, 이는 환경영향평가법령이 정한 환경영향평가 대상사업에 해당한다고 판시한 바 있다.

(2) 사업분할 및 연접개발

과거 사전환경섬검토 제도 하에서는 이른바 "사업분할(segmentation)"이 빈번하게 문제화되었다.[16] 개발사업의 분할이란 환경영향평가 등 행정규제의 대상이 되지 않도록 하기 위하여 해당 개발사업을 여러 개로 쪼개어 규모를 축소시키는 것을 지칭한다. 이는 소위 "연접(連接)

---

16) 김홍균, 122는 이를 "토막치기"라 부른다.

개발," 즉 이미 허가를 받은 개발사업과 연접한 지역에 추가로 추진되는 개발사업에 있어서 사전환경성검토와 같은 행정규제가 필요한지 여부로 다루어져왔다.

이에 대하여 大判 2006.12.22. 2006두14001[13변][17모1]은 기존 개발사업과 추가개발사업 사이에 그 사업주체나 사업시기가 동일한 경우는 물론, 서로 상이한 경우에도 개별 단위사업이 한 곳에 집중하여 총량적·누적적으로 그 지역의 환경용량을 초과하여 환경에 악영향을 초래할 우려가 있는 경우에는 사전환경성검토의 협의 대상사업에 해당한다고 보았다. 또한 大判 2008.11.13. 2007두19317은 환경영향평가에 관하여서도 국토계획법 제87조에 따라 도시계획시설사업인 도로의 건설이 분할되어 시행되더라도, 전체의 실시계획에 비추어 환경영향평가 대상사업에 해당하는지 여부를 결정하여야 한다고 판시하였다.

전술한 바와 같이, 환경영향평가법 제4조 제5호에서 환경영향평가등에 관하여 계획 또는 사업이 특정 지역 또는 시기에 집중될 경우에는 이에 대한 누적적 영향을 고려하여 실시하는 것이 원칙임을 선언한 것은 이러한 탈법적인 사업분할 관행과도 연관성이 깊다. 다만 위 규정은 어디까지나 원칙을 선언한 규정이기 때문에, 규모에 관한 규정을 악용하여 환경영향평가를 회피하는 사업분할 시도에 대하여 명시적인 금지 규정을 신설하는 것이 입법적으로는 바람직하다고 하겠다. 그러한 예로는 환경영향평가법 시행령 제31조 제2항 별표3 비고 제4.나.항이 있다. 이에 의하면, "사업의 승인등을 할 당시에 평가대상사업에 해당되나 평가 대상규모 미만이어서 환경영향평가를 하지 않은 사업이 동일 영향권역에서 사업계획의 변경으로 그 사업규모가 평가 대상규모에 이르거나, 그 사업규모와 신규로 승인등이 된 사업규모(사업자가 같은 경우만 해당한다)의 합이 평가대상규모에 이른 경우"에는 "그 사업 전체에 대하여 환경영향평가를 하여야" 한다.

4. 환경영향평가의 예외

원칙적으로 환경영향평가 대상사업에 해당하더라도, (i) 재난 및 안전관리 기본법에 따른 응급조치를 위한 사업, (ii) 국방부장관이 군사상 고도의 기밀보호가 필요하거나 군사작전의 긴급한 수행을 위하여 필요하다고 인정하여 환경부장관과 협의한 사업, (iii) 국가정보원장이 국가안보를 위하여 고도의 기밀보호가 필요하다고 인정하여 환경부장관과 협의한 사업에 대해서는 환경영향평가가 제외된다(§23).

Ⅲ. 환경영향평가의 내용

1. 환경영향평가 항목 및 범위

(1) 환경영향평가 분야별 세부항목

환경영향평가는 계획의 수립이나 사업의 시행으로 영향을 받게 될 자연환경, 생활환경, 사회·경제 환경 등의 분야에 대하여 실시해야 하고, 그 세부 평가항목 및 평가방법은 대통령령으로 정한다(§7). 동법 시행령 제2조 제1항 별표 1에 따르면, 환경영향평가는 아래 [표 3-4]에서 볼 수 있듯이 ① 자연생태환경 분야, ② 대기환경 분야, ③ 수환경 분야, ④ 토지환경분야, ⑤ 생활환경 분야, ⑥ 사회환경·경제환경 분야에 걸쳐서 21개 항목에 관하여 실시하여야 한다.

▌표 3-4 환경영향평가의 분야별 세부항목

분야	세부항목
1. 자연생태환경 분야	동·식물상, 자연환경자산
2. 대기환경 분야	기상, 대기질, 악취, 온실가스
3. 수환경 분야	수질, 수리·수문, 해양환경
4. 토지환경 분야	토지이용, 토양, 지형·지질
5. 생활환경 분야	친환경적 자원 순환, 소음·진동, 위락·경관, 위생·공중보건, 전파장해, 일조장해
6. 사회환경·경제환경 분야	인구, 주거(이주), 산업

(2) 스코핑제도

만약 모든 환경영향평가가 분야 및 세부항목 전부에 대하여 진행되어야 한다면 이는 매우 비효율적일 것이다. 도시의 상업지역에서 이루어지는 개발사업의 경우 자연환경자산과는 무관하며, 반면 자연공원 지역 안에서 이루어지는 환경영향평가 대상사업의 경우 그로 인해 영향을 받을 인구나 산업은 상상하기 힘들기 때문이다. 환경영향평가의 분야 및 항목이 매우 광범위한 만큼 개별 개발사업의 특성에 따른 '선택과 집중'은 불가결하다.

이러한 점을 감안하여 환경영향평가법은 환경영향평가에 관하여도 스코핑 제도를 의무화하고 있다. 즉, 승인등을 받지 아니하여도 되는 사업자는 환경영향평가를 실시하기 전에 평가준비서를 작성하여 환경영향평가서 초안 작성을 완료하기 전까지 환경영향평가협의회의 심의를 거쳐 (i) 환경영향평가 대상지역, (ii) 환경보전방안의 대안, (iii) 평가 항목·범위·방법 등 (이하 "환경영향평가항목등")을 결정하여야 한다(§24①, 시행령 §32①). 승인등을 받아야 하는 사업자의 경우 환경영향평가를 실시하기 전에 평가준비서를 작성하여 승인기관의 장에게 환경영향평가항목등을 정하여 줄 것을 요청하여야 한다(§24②).

기본적으로 스코핑의 주체는 사업자 또는 승인기관의 장이지만, 환경부장관 역시 예외적으로 스코핑 절차를 주관할 수 있다. 즉, (i) 승인등을 받지 아니하여도 되는 사업자가 환경영향평가협의회의 심의를 거치기 곤란한 부득이한 사유가 있거나 특별히 전문성이 요구된다고 판단하여 환경영향평가항목등을 정하여 줄 것을 요청한 경우 또는 (ii) 승인등을 받아야 하는 사업자가 환경영향평가협의회의 심의를 거치기 곤란한 부득이한 사유가 있거나 특별히 전문성이 요구된다고 판단하여 승인기관을 거쳐 환경영향평가항목등을 정하여 줄 것을 요청한 경우에는 환경부장관은 환경영향평가항목등에 대하여 결정할 수 있다(§24③). 승인기관의 장이나 예외적인 사유로 요청을 받은 환경부장관은 30일 이내에 환경영향평가협의회의 심의를 거쳐 환경영향평가항목등을 결정하여 사업자에게 통보하여야 한다(§24④, 시행령 §32②).

이와 같이 사업자, 승인기관의 장, 환경부장관이 환경영향평가항목등을 결정할 때에는 (i) 전략환경영향평가항목등, (ii) 해당 지역 및 주변 지역의 입지 여건, (iii) 토지이용 상황, (iv) 사업의 성격, (v) 환경 특성, (vi) 계절적 특성 변화(환경적·생태적으로 가치가 큰 지역) 등을 고려하여야 한다(§24⑤). 환경영향평가항목등이 결정되면 승인기관의 장 또는 환경부장관은 결정 내용을 결정된 날부터 20일 이내에 공개하여야 하며, 해당 시장·군수·구청장 또는 승인기관장등이 운영하는 정보통신망 및 환경영향평가 정보지원시스템에 14일 이상 그 내용을 게시하여야 한다(§24⑦, 시행령 §33①). 또한 이에 대한 주민 등의 의견수렴을 하여야 하며, 승인기관의 장 또는 환경부장관은 공개된 환경영향평가항목등에 대하여 주민 등이 의견을 제출한 경우에는 이를 검토하여 환경영향평가서 초안 또는 약식평가서에 그 내용을 포함시켜야 한다(§24⑦, 시행령 §33②).

2. 환경영향평가대상지역

환경영향평가는 "계획의 수립이나 사업의 시행으로 영향을 받게 되는 지역으로서 환경영향을 과학적으로 예측·분석한 자료에 따라 그 범위가 설정된 지역"에 대하여 실시하여야 한다(§6). 환경영향평가에서 환경영향평가 대상지역을 결정하는 주체는 사업자 또는 승인기관의 장이다(§24①i, ②). 사업자가 승인등을 받지 않아도 되는 경우 사업자는 스스로 환경영향평가 대상지역을 정할 수 있으며, 이로 인하여 발생할 문제점을 억제하기 위하여 전략환경영향평가와 마찬가지로 환경영향평가협의회의 심의를 거치도록 하고 있다(§24①). 한편 사업자가 승인

등을 받아야하는 경우, 환경영향평가 대상지역을 결정하는 것은 승인기관의 장이며(§24②), 마찬가지로 환경영향평가협의회의 심의를 거쳐야 한다(§24④). 환경영향평가대상지역은 평가가 실시되는 지역적 한계를 획정할 뿐만 아니라 의견수렴절차에서 수렴대상이 되는 주민의 범위를 정하는 기준이기도 하다. 이에 관하여 대법원은 해당 지역 내 주민에 대해서는 대상이 되는 개발사업에 관하여 원고적격의 요건인 법률상 이익을 가진다고 추정하는 태도임은 앞서 본 바와 같다.

3. 환경영향평가서의 내용

환경영향평가서의 작성방법, 협의 요청시기 및 제출방법 등은 대통령령으로 정한다(§27③). 그에 따라 환경영향평가법 시행령 제46조 제1항에서는 환경영향평가서에 포함되어야할 사항에 대하여 구체적으로 규정하고 있다. 각 사항별 작성방법 및 그 밖에 환경영향평가서의 작성 등에 필요한 사항은 환경부장관이 정하여 고시한다(시행령 §46②). 그에 따라 제정된 환경부 고시인 「환경영향평가서등 작성 등에 관한 규정」에서는 환경영향평가서의 내용 등에 대하여 상세한 규정을 두고 있다.

Ⅳ. 환경영향평가의 절차

1. 평가준비서의 작성

사업자는 환경영향평가를 실시하기 전에 평가준비서를 작성하여 환경영향평가협의회의 심의를 거쳐 환경영향평가항목등을 결정하거나 승인기관의 장에게 이를 정해줄 것을 요청하여야 한다(§24②). 평가준비서는 환경영향평가항목등을 결정함에 있어서 기초자료로 큰 의미를 가지는바, 환경영향평가 시작단계에서부터 만반의 준비를 갖추도록 함으로써 제도의 내실을 꾀하는 의의가 있다.

▌그림 3-4 환경영향평가의 절차도

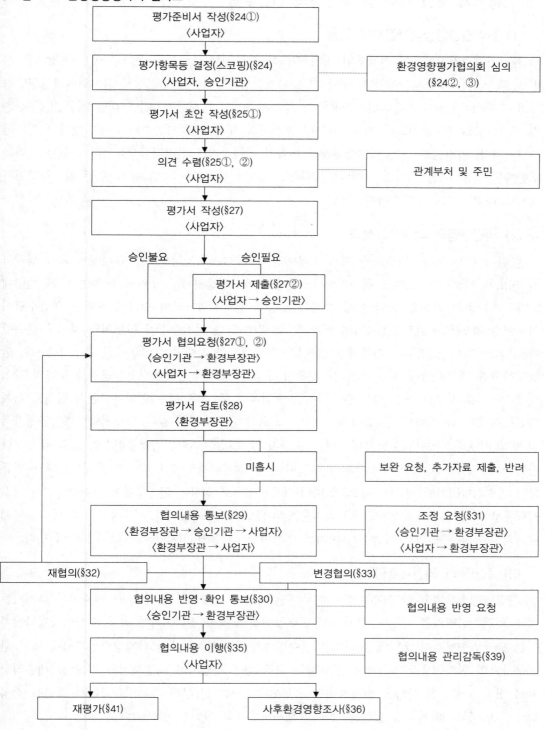

평가준비서 작성(§24①)
〈사업자〉

평가항목등 결정(스코핑)(§24)
〈사업자, 승인기관〉 ┄┄┄ 환경영향평가협의회 심의
(§24②, ③)

평가서 초안 작성(§25①)
〈사업자〉

의견 수렴(§25①, ②)
〈사업자〉 ┄┄┄ 관계부처 및 주민

평가서 작성(§27)
〈사업자〉

승인불요   승인필요

평가서 제출(§27②)
〈사업자 → 승인기관〉

평가서 협의요청(§27①, ②)
〈승인기관 → 환경부장관〉
〈사업자 → 환경부장관〉

평가서 검토(§28)
〈환경부장관〉

미흡시 ┄┄┄ 보완 요청, 추가자료 제출, 반려

협의내용 통보(§29)
〈환경부장관 → 승인기관 → 사업자〉
〈환경부장관 → 사업자〉 ┄┄┄ 조정 요청(§31)
〈승인기관 → 환경부장관〉
〈사업자 → 환경부장관〉

재협의(§32)   변경협의(§33)

협의내용 반영·확인 통보(§30)
〈승인기관 → 환경부장관〉 ┄┄┄ 협의내용 반영 요청

협의내용 이행(§35)
〈사업자〉 ┄┄┄ 협의내용 관리감독(§39)

재평가(§41)   사후환경영향조사(§36)

2. 평가서 초안 작성 및 주민등의 의견수렴

(1) 전략환경영향평가절차의 준용

환경영향평가항목등이 결정되면 이에 기초하여 평가서 초안을 작성하고 이를 바탕으로 주민 등의 의견을 수렴하여야한다. 이와 같은 환경영향평가의 의견수렴절차에는 전략환경영향평가의 규정(§12, §13)이 준용된다. 그에 따라 평가서초안의 관계행정기관에 대한 제출 및 의견수렴, 공고·공람 및 공청회의 개최, 의무적 공청회의 개최, 개발기본계획이 생태계의 보전가치가 큰 지역, 환경훼손 또는 자연생태계의 변화가 현저하거나 현저하게 될 우려가 있는 지역을 포함하는 경우 주민 이외의 자에 대하여서도 이루어지는 의견 수렴 등이 모두 환경영향평가에서도 마찬가지로 수행되어야 한다.

(2) 의견수렴의 의제 및 생략

한편 충분한 의견수렴절차가 미리 이루어진 경우에는 환경영향평가 단계에서 이를 생략하여 제도를 간소화는 조치도 취해져있다. 첫째로 환경영향평가서 초안에 대하여 다른 법령에 따라 주민 등의 의견을 20일 이상 수렴하는 등 환경영향평가법의 절차에 준하여 의견수렴이 이루어진 경우에는 환경영향평가법 제25조 제1항에 의한 의견수렴이 이루어진 것으로 간주한다(§25③). 또 다른 경우는 전략환경영향평가 절차에서 의견수렴이 이루어진 경우이다. 즉, 환경영향평가 대상사업에 대한 개발기본계획이 수립될 당시에 전략환경영향평가서 초안의 작성 및 의견 수렴 절차를 거친 경우에는 일정한 요건을 모두 갖춘 경우 환경부장관의 협의를 거쳐 의견수렴 절차를 생략할 수 있다(동조 ⑤). 그 요건이란 다음과 같다; (i) 전략환경영향평가서의 협의 내용을 통보받은 날부터 3년이 지나지 않고, (ii) 전략환경영향평가의 협의 내용보다 사업규모가 30퍼센트 이상 증가되지 않으며, (iii) 전략환경영향평가의 협의 내용보다 사업규모가 환경영향평가법 제22조 제2항에 따라 대통령령으로 정하는 환경영향평가 대상사업의 최소 사업규모 이상 증가되지 않고, (iv) 폐기물소각시설, 폐기물매립시설, 하수종말처리시설, 공공폐수처리시설 등 주민의 생활환경에 미치는 영향이 큰 시설의 입지가 추가되지 않아야 한다.

(3) 주민등의 의견재수렴

환경영향평가에 관한 의견수렴이 이루어진 이후에 사업계획에 다시 큰 변경이 이루어지는 경우 의견수렴절차를 규정한 취지가 유명무실해질 우려가 있다. 이에 따라 환경영향평가법에서는 환경영향평가서 초안에 대하여 의견수렴절차를 거친 후 해당 환경영향평가서에 대한 환경부장관의 협의내용을 통보받기 전까지의 기간 중에 사업자가 대상사업의 변경 등 대통령령으로 정하는 중요한 사항을 변경하려는 경우에는 다시 처음부터 환경영향평가서 초안을 작성하여 주민 등의 의견수렴 절차를 재차 진행하도록 의무화하고 있다(§26).

3. 평가서의 작성, 제출 및 협의요청

(1) 평가서의 작성 및 제출

환경영향평가 협의요청의 방식은 사업자 혹은 승인기관의 장이 환경부장관에게 환경영향평가서를 제출하는 방식으로 이루어진다(§27①, ②). 평가서의 작성주체는 사업자이다. 평가서 작성업무에 관하여 환경영향평가업자로 하여금 대행할 수 있도록 규정하고 있음은 전술한 바이다.

승인등을 받지 아니하여도 되는 사업자는 환경영향평가서를 작성하여 제출함으로써 환경부장관에게 협의를 요청하여야 하며, 사업자로부터 환경영향평가서의 제출을 받은 승인기관의 장은 환경영향평가 대상사업에 대한 승인등을 하거나 환경영향평가 대상사업을 확정하기 전에 평가서를 제출하고 환경부장관에게 협의를 요청하여야 한다. 이때 승인기관의 장은 환경영향평가서에 대한 의견을 첨부할 수 있다.

(2) 협의요청의 시기

환경영향평가법은 협의요청의 시기에 관하여 다음과 같이 정하고 있다. 승인기관장등은 환경영향평가 대상사업에 대한 승인등을 하거나 환경영향평가 대상사업을 확정하기 전에 환경부장관에게 협의를 요청하여야 한다(§27①). 환경영향평가 대상사업의 구체적인 종류, 범위 등을 정한 환경영향평가법 시행령 제31조 제2항 별표3에서는 대상사업의 구체적인 종류에 따라 별도로 협의요청의 시기를 규정하고 있다(이에 의하면, 대부분 경우에 해당 개발사업의 실시계획의 인가 전에 협의요청을 하여야 한다). 이러한 협의요청시기에 대하여, 大判 2008.11.13. 2007두19317은 이를 해당 개발사업이 환경영향평가 대상사업에 해당하는지 여부를 판단하기 위하여 대상사업의 규모를 판단하는 데 있어서 기준이 되는 시점(時點)이라고 판시한 바 있다. 또한 승인등이 필요한 경우, 사업자로부터 환경영향평가서를 제출받은 승인기관의 장은 환경영향평가서를 제출받은 날부터 10일 이내에 환경부장관에게 환경영향평가서에 대한 협의를 요청하여야 한다(시행령 §47③).

(3) 환경영향평가서 등의 공개

환경부장관은 다른 법령에 따라 공개가 제한되는 경우를 제외하고는 환경영향평가법 제70조 제3항에 따른 정보지원시스템 등을 이용하여 환경영향평가등의 평가서 초안 및 평가서, 사후환경영향조사서, 약식평가서, 환경영향평가 변경협의에 따른 환경보전방안의 서류(이하 "환경영향평가서등")를 공개할 수 있다(§66①, §53①).

4. 평가서의 검토·보완

(1) 평가서의 검토

환경부장관은 환경영향평가의 협의를 요청받은 경우에는 주민의견 수렴 절차 등의 이행 여부 및 환경영향평가서의 내용 등을 검토하여야 한다(§28①). 검토해야할 사항은 (i) 협의대상 여부 등 형식적 요건에 관한 사항, (ii) 주민 등의 의견 수렴 절차 이행 및 주민의견 반영에 관한 사항, (iii) 환경영향평가서 내용의 타당성 여부이다(동법 시행령 §48①). 이때 환경부장관은 반드시 한국환경연구원의 의견을 들어야하며, 항만의 건설사업 등 해양환경에 영향을 미치는 사업의 경우에는 해양수산부장관의 의견 역시 들어야 한다(§28② 단서). 그 외에 필요에 따라서 환경영향평가에 필요한 전문성을 갖춘 기관으로서 대통령령으로 정하는 기관 또는 관계 전문가의 의견을 듣거나 현지조사를 의뢰할 수 있고, 사업자 또는 승인기관의 장에게 관련 자료를 제출하도록 요청할 수 있다(§28② 본문). 이 경우 승인기관의 장은 특별한 사유가 없으면 이에 따라야 한다(시행령 §48④).

(2) 평가서의 보완

이러한 검토의 결과 환경부장관은 환경영향평가서 또는 사업계획 등의 보완·조정을 요청하거나, 환경영향평가서를 반려하는 권한도 가지고 있다(§28③, ④). 검토의 결과, (i) 환경영향평가서가 제46조에 따른 작성 내용·방법 등에 따라 작성되지 아니하였거나, (ii) 환경영향평가 대상사업의 시행으로 환경에 해로운 영향을 미칠 우려가 있어 사업계획 등의 조정이나 보완이 필요한 경우에는 환경부장관은 승인기관의 장에게 환경영향평가서 또는 사업계획 등의 보완·조정을 요청하거나 보완·조정을 사업자등에게 요구할 것을 요청할 수 있다(§28③, 동법 시행령 §48②). 이 경우 보완·조정의 요청은 두 차례만 할 수 있으며, 요청을 받은 승인기관장 등은 특별한 사유가 없으면 이에 따라야 한다(§28③).

(3) 평가서의 반려

한편 ① 제3항에 따라 보완·조정의 요청을 하였음에도 불구하고 요청한 내용의 중요한 사항이 누락되는 등 환경영향평가서 또는 해당 사업계획이 적정하게 작성되지 아니하여 협의를 진행할 수 없다고 판단되는 경우이거나 ② 환경영향평가서가 거짓으로 작성되었다고 판단되는 경우에는 환경부장관은 환경영향평가서를 반려할 수 있다(§28④). 이 경우 환경부장관은 사전에 전문위원회의 검토 및 환경영향평가협의회의 심의를 거쳐야 한다(시행령 §48⑤).

(4) 재검토 통보 및 조정요청

또한 ① 해당 환경영향평가 대상사업을 축소·조정하더라도 해당 환경영향평가 대상사업이 포함된 사업계획의 추진으로 환경훼손 또는 자연생태계의 변화가 현저하거나 현저하게 될 우려가 있는 경우나 ② 해당 환경영향평가 대상사업이 포함된 사업계획이 국가환경정책에 부합하지 아니하거나 생태적으로 보전가치가 높은 지역을 심각하게 훼손할 우려가 있는 경우에는, 환경부장관은 해당 환경영향평가 대상사업의 규모·내용·시행시기 등을 재검토할 것을 승인기관장등에게 통보할 수 있다(§28⑤). 사업자나 승인기관의 장은 제5항에 따라 통보받은 재검토 내용에 대하여 이의가 있으면 환경부장관에게 재검토 내용을 조정하여 줄 것을 요청할 수 있다. 이 경우 조정 요청의 절차 및 조정 여부의 결정 등에 관하여는 제31조를 준용한다(§28⑥).

5. 협의내용의 통보

환경부장관은 환경영향평가의 협의를 요청받은 날부터 45일 이내에 승인기관장등에게 협의 내용을 통보하여야 한다. 다만, 부득이한 사정이 있을 때에는 그 기간을 연장할 수 있으며 이때에는 60일 이내에 통보를 하여야 한다(§29①, 시행령 §50). 협의 내용 통보기간을 연장하는 경우, 협의기간이 끝나기 전까지 승인기관장등에게 그 사유와 연장한 기간을 통보하여야 한다(§29②). 승인등이 필요한 대상사업의 경우 협의내용을 통보받은 승인기관의 장은 이를 지체없이 사업자에게 통보하여야 한다(§29③). 전략환경영향평가와 마찬가지로 환경부장관의 협의 내용 통보는 **동의, 조건부 동의, 부동의**의 세 가지 유형으로 이루어진다. 그 법적 근거는 「환경영향평가서 등에 관한 협의업무 처리규정」 제17조 제3항이다.[17]

---

17) 「환경영향평가서 등에 관한 협의업무 처리규정」 제17조(협의내용의 결정)
　　③ 협의기관장은 법 제29조에 따른 협의내용은 환경영향평가서에 제시된 환경영향 및 저감방안 등을 고려하여 협의내용을 결정하는 것을 원칙으로 한다.
　　　1. 동의
　　　　가. 평가서의 내용 등이 제6조에 따른 검토사항을 충족하고 있으며, 해당사업의 시행으로 인한 환경영향이 경미하거나 그에 대한 적정한 저감방안이 강구되어 있어 환경적인 측면에서 이의가 없는 것을 말한다.
　　　2. 조건부 동의
　　　　가. 해당사업의 시행으로 인한 환경영향의 저감을 위하여 평가서에 제시된 환경보전방안 등이 충분하지 아니한 것으로 판단되어 환경영향의 저감을 위한 추가적인 조치를 취하도록 의견을 제시하는 것을 말한다.
　　　3. 부동의
　　　　가. 해당사업의 시행으로 인한 환경영향이 환경보전상 상당한 문제점이 있다고 판단되어 해당 사업의 규모·내용·시행시기 또는 위치에 대하여 변경·조정 등의 사업계획을 재검토하도록 의견을 제시하는 것을 말한다.
　　　　나. 부동의는 「환경영향평가법」에 따른 전략환경영향평가 등을 실시하지 않아 계획의 적정성과 입지의 타당성이 검토되지 않은 경우에 원칙적으로 적용한다.

한편 협의 중 조건부 동의와 구분해야하는 것으로 **조건부 협의**가 있다. 즉, 환경부장관은 (i) 보완·조정하여야 할 사항이 경미한 경우이거나 (ii) 해당 사업계획 등에 대한 승인등을 하거나 해당 사업을 시행하기 전에 보완·조정이 가능한 경우에는 해당 사업계획 등에 관련 내용을 반영할 것을 조건으로 승인기관장등에게 협의 내용을 통보할 수 있다(§29④).

6. 협의내용의 반영 등

사업자나 승인기관의 장은 환경부장관으로부터 협의내용을 통보받았을 때에는 그 내용을 해당 사업계획 등에 반영하기 위하여 필요한 조치를 하여야 한다(§30①). 승인등이 필요한 사업계획의 경우 승인기관의 장은 승인등을 하려면 협의 내용이 사업계획 등에 반영되었는지를 확인하여야 하고, 협의 내용이 사업계획 등에 반영되지 아니한 경우 이를 반영하게 하여야 한다(§30②).

승인기관의 장 또는 사업자는 사업계획 등에 대하여 승인등을 하거나 확정을 하였을 때에는 협의 내용의 반영 결과를 환경부장관에게 통보하여야 한다(§30③). 이러한 통보는 협의 내용을 반영한 대상사업 또는 그 사업계획의 승인등을 하거나 그 사업계획을 확정한 날부터 30일 이내에 하여야 한다(시행령 §51). 환경부장관은 통보받은 결과에 협의 내용이 반영되지 아니한 경우 승인기관장등에게 협의 내용을 반영하도록 요청할 수 있다. 이 경우 승인기관장등은 특별한 사유가 없으면 이에 따라야 한다(§30④).

7. 협의내용에 대한 조정요청

사업자나 승인기관의 장은 제29조에 따라 환경부장관으로부터 통보받은 협의 내용에 대하여 이의가 있으면 환경부장관에게 협의 내용을 조정하여 줄 것을 요청할 수 있다. 이 경우 승인등을 받아야 하는 사업자는 승인기관의 장을 거쳐 조정을 요청하여야 한다(§31①). 한편 환경영향평가 대상지역 내에 거주하고 있는 주민등에게는 이러한 조정요청권한이 없다. 위 조정요청을 하려는 자는 협의내용을 통보받은 날부터 90일 이내에 (i) 조정요청의 내용 및 사유, (ii) 변경하려는 협의내용, (iii) 협의내용의 변경에 따른 환경영향의 분석의 사항을 포함한 서류를 제출하여야 한다(시행령 §52). 조정요청을 받은 경우 환경부장관은 30일 이내, 부득이한 사유가 있는 경우 40일 이내에 환경영향평가협의회의 심의를 거쳐 조정 여부를 결정하고 그 결과를 사업자나 승인기관의 장에게 통보하여야 한다(§31②, 시행령 §53). 승인기관장등은 협의 내용의 조정을 요청한 경우, 그에 대한 통보를 받기 전에는 조정 요청과 관련된 내용을 사업계획 등에서 제외시키는 경우를 제외하고는 그 사업계획 등에 대하여 승인등을 하거나 확정을 하여서는 안 된다(§31③).

8. 재협의

환경부장관이 환경영향평가에 대한 협의내용을 통보한 이후 긴 세월이 흘러 여건이 변하거나 사업계획이 크게 변경되는 경우 그 협의내용의 실효성은 담보되기 힘들다. 이러한 경우에 대비하여 환경영향평가법은 다음의 사유가 발생하는 경우에 승인기관장등으로 하여금 환경부장관에게 재협의를 요청하도록 하고 있다(§32).

1. 사업계획 등을 승인하거나 사업계획 등을 확정한 후 대통령령으로 정하는 기간 내에 사업을 착공하지 아니한 경우. 다만, 사업을 착공하지 아니한 기간 동안 주변 여건이 경미하게 변한 경우로서 승인기관장등이 환경부장관과 협의한 경우는 그러하지 아니하다.
2. 환경영향평가 대상사업의 면적·길이 등을 협의 내용에 반영된 사업·시설 규모의 30퍼센트 이상으로 증가시키거나 최소 환경영향평가 대상규모 이상으로 늘리는 경우
3. 제29조 또는 제31조에 따라 통보받은 협의 내용에서 원형대로 보전하거나 제외하도록 한 지역을 개발하거나 그 위치를 변경하려는 규모가 해당 사업의 최소 환경영향평가 대상규모의 30퍼센트 이상인 경우
4. 공사가 7년 이상 중지된 후 재개되는 경우 등의 사유가 발생하여 협의 내용에 따라 사업계획 등을 시행하는 것이 맞지 아니하는 경우

이러한 재협의에 대해서는 제24조부터 제31까지의 규정이 준용된다(§32③).

9. 변경협의

사업자는 협의통보가 이루어진 사업계획 등을 변경하는 경우에 해당하지만 재협의까지 이르지 않는 경우에는 사업계획 등의 변경에 따른 환경보전방안을 마련하여 이를 변경되는 사업계획 등에 반영하여야 한다(§33①). 승인등을 받아야 하는 사업자의 경우에 이러한 환경보전방안에 대하여 미리 승인기관의 장의 검토를 받아야 한다(동조 ②). 제1항에 따른 환경보전방안의 반영 여부에 대한 확인·통보에 관하여서는 환경영향평가 협의내용의 반영 여부에 대한 확인·통보 규정인 동법 제30조 제2항 내지 제4항의 규정이 준용된다(§33④). 따라서 승인기관의 장은 사업계획 등에 대하여 승인등을 하려면 환경보전방안이 사업계획 등에 반영되었는지를 확인하여야 하고, 사업계획 등에 반영되지 아니한 경우에는 이를 반영하게 하여야 한다. 또한 승인기관장등은 사업계획 등에 대하여 승인등을 하거나 확정을 하였을 때에는 환경보전방안의 반영 결과를 환경부장관에게 통보하여야 하고, 환경부장관은 통보받은 결과에 환경보전방안이 반영되지 아니한 경우 승인기관장등에게 환경보전방안을 반영하도록 요청할 수 있다. 이 경우 승인기관장등은 특별한 사유가 없으면 이에 따라야 한다.

나아가 (i) 협의기준(§2v)을 변경하거나, (ii) 사업·시설 규모가 협의 내용에 반영된 사업·시설 규모의 10퍼센트 이상 증가되는 경우, (iii) 사업·시설 규모의 증가가 소규모 환경영향평가 대상사업에 해당되거나, (iv) 보전하거나 제외하도록 한 지역의 5퍼센트를 초과하여 토지이용계획을 변경하거나, 해당 지역 중 변경되는 면적이 1만m2 이상인 경우, (v) 협의내용에 포함된 부지면적의 15퍼센트 이상의 면적을 토지이용계획으로 변경하거나, (vi) 협의내용 통보 시 사업장 안에 입지를 제한한 건축물 또는 그 밖의 공작물에 관한 사항이나 그 밖에 협의 내용의 변경 시 미리 협의기관의 장의 의견을 듣도록 정한 사항을 변경하는 경우, (vii) 협의내용보다 배출되는 오염물질이 30퍼센트 이상 증가하거나 새로운 오염물질이 배출되는 경우에는 환경부장관의 의견을 반드시 듣도록 규정하고 있다(§33③, 시행령 §55②).

10. 사전공사 및 승인등의 금지

사업자는 환경영향평가 협의·재협의 또는 변경협의의 절차를 거치지 않거나 절차가 끝나기 전(공사가 일부 진행되는 과정에서 재협의 또는 변경협의의 사유가 발생한 경우에는 재협의 또는 변경협의의 절차가 끝나기 전)에는 환경영향평가 대상사업의 공사를 시작할 수 없다(§34① 본문). 다만 (i) 환경영향평가 협의를 거쳐 승인등을 받은 지역으로서 재협의나 변경협의의 대상에 포함되지 아니한 지역에서 시행되는 공사이거나 (ii) 착공을 준비하기 위한 현장사무소 설치공사 또는 다른 법령에 따른 의무를 이행하기 위한 공사 등 환경부령으로 정하는 경미한 사항에 대한 공사의 경우에는 예외적으로 허용된다(동항 단서). 승인기관의 장 역시 협의·재협의 또는 변경협의의 절차가 끝나기 전에 사업계획 등에 대한 승인등을 하여서는 안 되며(§34②), 승인등을 받아야 하는 사업자가 사전공사의 금지를 어기고 공사를 시행하였을 때에는 해당 사업의 전부 또는 일부에 대하여 공사중지를 명하여야 한다(동조 ③). 환경부장관은 승인등을 받지 아니하여도 되는 사업자가 이를 위반하였을 때 공사중지, 원상복구 또는 그 밖에 필요한 조치를 할 것을 명령하는 한편, 승인등을 받아야하는 사업자인 경우 승인기관의 장에게 공사중지, 원상복구 또는 그 밖에 필요한 조치를 명할 것을 요청할 수 있다. 이 경우 승인기관장등은 특별한 사유가 없으면 이에 따라야 한다(동조 ④).

한편, 大判 2014.3.13. 2012두1006은 사업자가 공사시행 금지규정을 위반하였다고 하여 승인기관의 장이 내린 사업계획 등에 대한 승인 등의 처분이 위법하게 된다고는 볼 수 없다고 판시하였다.

Ⅴ. 환경영향평가 이후의 관리

1. 개설

우리나라의 환경영향평가는 실질적으로 오염저감방안을 요구하는 등, 규제법적 성질이 강하다는 점, 그럼에도 불구하고 환경영향평가 실시주체는 사업자라는 점을 감안할 때 그 실효성을 확보하기 위해서는 평가 실시 이후 형성되는 공론 및 정치과정에 맡길 수 없고 **사후관리**를 빈틈없이 수행하여야 한다. 이를 위하여 환경영향평가법은 사업자에게 협의내용 이행의무를 부과하고, 사후환경영향조사를 실시하도록 하며, 사업자가 지는 환경영향평가법상의 의무에 관하여 사업자가 변경되는 경우에도 승계가 이루어지도록 하고 있다. 한편 사업승인기관은 사업자가 협의내용을 충실하게 이행하는지 여부에 관하여 감독하여야 하며, 이를 위해서 동법은 사업자에 대한 시정조치 권한, 공사중지명령 권한까지도 부여하고 있다.

2. 사업자의 의무

(1) 협의내용 이행의무

사업자는 사업계획 등을 시행할 때에 사업계획 등에 반영된 협의 내용을 이행하여야 한다(§35①). 사업자는 협의 내용을 성실히 이행하기 위하여 협의내용을 적은 관리대장에 그 이행상황을 기록하여 공사현장에 갖추어 두어야 하고(§35②), 협의내용이 적정하게 이행되는지를 관리하기 위하여 협의내용 관리책임자를 지정하여 환경부장관 및 승인기관의 장에게 통보하여야 한다(§35③). 또한 사업자는 사업을 착공. 준공, 3개월 이상의 공사중지 또는 3개월 이상 공사를 중지한 후 재개("사업착공등")하려는 경우에는 환경부장관 및 승인기관의 장에게 그 내용을 통보하고, 그 내용을 통보받은 승인기관의 장은 7일 이내에 해당내용을 ① 평가 대상지역을 관할하는 시·군·구의 인터넷 홈페이지에 게시하거나 ② 평가 대상지역을 관할하는 시·군·구의 지역신문에 1회 이상 공고하는 방법으로 평가 대상지역 주민에게 공개하여야 한다(§37①②, 동법 시행령§55의4).

(2) 사후환경영향조사 의무

한편 사업자는 해당 사업을 착공한 후에 그 사업이 주변 환경에 미치는 영향을 조사하기 위하여 사후환경영향조사를 실시하고 그 결과를 환경부장관 및 승인기관의 장에게 통보하여야 한다(§36①). 사후환경영향조사 결과, 주변 환경의 피해를 방지하기 위하여 조치가 필요한 경우에는 지체 없이 그 사실을 환경부장관 및 승인기관의 장에게 통보하고 필요한 조치를 취하여야 한다(동조 ②). 환경부장관은 위와 같은 통보를 받으면 사후환경영향조사의 결과 및 조치의 내용 등을 검토하여 그 내용의 검토를 완료한 날부터 7일 이내에 환경영향평가 정보지원시스템에 게시하는 방법으로 공개하여야 한다(동조 ③). 검토에 있어서 필요한 경우 환경부장관은 관계 전문가 또는 국립환경과학원, 국립생물자원관, 한국환경정책·평가연구원, 한국환경공단, 국립생태원의 의견을 듣거나 현지조사를 의뢰할 수 있다. 사업자 또는 승인기관의 장에게 관련 자료의 제출을 요청할 수 있음은 물론이다(동조 ④).

(3) 사업자 의무의 승계

이와 같은 사업자의 의무는 사업자가 사업을 양도하거나 사망한 경우 또는 법인이 합병한 경우에 그 양수인이나 상속인 또는 합병 후 존속하는 법인이나 합병에 따라 설립되는 법인에게 승계된다(§38①). 종전 사업자의 의무를 승계한 사업자는 협의 내용의 이행 상황과 승계 사유 등 환경부령으로 정하는 사항을 승계받은 날부터 30일 이내에 승인기관의 장과 환경부장관에게 통보하여야 한다.(동조②).

3. 협의내용의 관리 · 감독

(1) 승인기관의 관리 · 감독

승인기관의 장은 승인등을 받아야 하는 사업자가 협의 내용을 이행하였는지를 확인하여야 한다(§39①). 즉, 협의내용 이행의 관리·감독을 1차적으로 담당하는 것은 승인기관이다. 또한 승인기관의 장은 사업자에게 협의내용의 이행에 관련된 자료를 제출하게 하거나 소속 공무원으로 하여금 사업장에 출입하여 조사하게 할 수 있다. 이와 같은 조사권한은 환경부장관에게도 주어져 있다(동조 ②). 한편 승인기관장등은 해당 사업의 준공검사를 하려는 경우에는 협의내용의 이행 여부를 확인하고 그 결과를 환경부장관에게 통보하여야 하며, 이 경우 승인기관장등은 필요하면 환경부장관에게 공동으로 협의내용의 이행 여부를 확인하여 줄 것을 요청할 수 있다(동조 ③).

(2) 승인기관의 조치명령 · 공사중지명령

사업자가 협의내용을 이행하지 않았을 경우, 승인기관의 장은 그 이행에 필요한 조치를 명할 의무가 있다(§40①). 그 뿐만 아니라 승인기관의 장은 승인등을 받아야 하는 사업자가 이와 같은 조치명령조차도 이행하지 않아 해당 사업이 환경에 중대한 영향을 미치는 경우에는 그 사업의 전부 또는 일부에 대한 공사중지명령을 내릴 의무 역시 지고 있다(동조 ②).

이에 비하여 환경부장관은 2차적인 감독권한을 가진다. 환경부장관은 협의내용에 협의기준(§2v)에 관한 내용이 포함되어 있으면 협의기준의 준수 여부를 확인하여야 하고(동조 ③), 사업자에게 협의내용의 이행에 관련된 자료를 제출하게 하거나 소속 공무원으로 하여금 사업장에 출입하여 조사하게 할 수 있는 권한 역시 가지고 있다(§39②). 나아가 (i) 협의내용의 이행을 관리하기 위하여 필요하거나 (ii) 사후환경영향조사의 결과 및 조치의 내용 등을 검토한 결과 주변 환경의 피해를 방지하기 위하여 필요한 경우, 환경부장관은 승인등을 받지 아니하여도 되는 사업자에게 공사중지, 원상복구 또는 그 밖에 필요한 조치를 할 것을 명령하거나, 승인기관의 장에게 공사중지, 원상복구 또는 그 밖에 필요한 조치를 할 것을 명령하도록 요청할 수 있다. 이 경우 승인기관장등은 특별한 사유가 없으면 이에 따라야 한다(§40④). 위와 같이 승인기관의 장이 조치명령 또는 공사중지명령을 하거나 사업자가 조치를 하였을 때에는 지체 없이 그 내용을 환경부장관에게 통보하여야 한다(동조 ⑤).

(3) 과징금

환경영향평가법은 환경부장관 또는 승인기관의 장이 원상복구할 것을 명령하여야 하는 경우에 해당하나, 그 원상복구가 주민의 생활, 국민경제, 그 밖에 공익에 현저한 지장을 초래하여 현실적으로 불가능할 경우에는 원상복구를 갈음하여 총 공사비의 3퍼센트 이하의 범위에서 과징금을 부과할 수 있도록 수권하고 있다(§40의2). 만약 과징금이 체납된 경우 국세 체납처분의 예 또는 「지방세외수입금의 징수 등에 관한 법률」에 따라 징수한다(동조 ③).

4. 재평가

환경영향평가 협의 당시 예측하지 못한 사정이 발생하여 주변 환경에 중대한 영향을 미치는 경우에 환경영향평가법 제40조에 따른 조치나 조치명령으로는 환경보전방안을 마련하기 곤란한 경우, 또는 환경영향평가서등과 그 작성의 기초가 되는 자료를 거짓으로 작성한 경우에는 환경부장관은 승인기관장등과의 협의를 거쳐 한국환경연구원의 장 또는 관계 전문기관의 장에게 재평가를 하도록 요청할 수 있다(§41①). 한국환경정책·평가연구원의 장 또는 관계 전문기관의 장은 재평가의 요청을 받았을 경우에는 해당 사업계획 등에 대하여 재평가를 실시하고 그 결과를 1년 이내에 환경부장관과 승인기관장등에게 통보하여야 한다(동조 ②, 시행령 §57). 즉, 재평가의 실시주체는 한국환경정책·평가연구원 또는 관계 전문기관이다. 환경부장관이나 승인기관장등은 재평가 결과를 통보받으면 재평가 결과에 따라 환경보전을 위하여 사업자에게 필요한 조치를 하게 하거나 다른 행정기관의 장 등에게 필요한 조치명령을 하도록 요청할 수 있다. 특히, 환경영향평가서등과 그 작성의 기초가 되는 자료를 거짓으로 작성한 경우에는 사업자는 재평가기관에 환경영향평가대행업체의 선정 등 환경부령으로 정하는 대행계약의 체결에 필요한 업무를 위탁하여야 하는바, 환경영향평가서 작성 등에 필요한 비용은 사업자가 부담하여야 한다(§41④).

제6절 | 소규모 환경영향평가

소규모 환경영향평가는 특정한 개발사업의 승인등에 앞서 이루어지며 규제법적 요소가 강하다는 측면에서 환경영향평가와 유사하다. 그러나 비교적 대규모 개발사업을 그 대상으로 하는 환경영향평가와 달리, 소규모 환경영향평가는 특히 환경에 대한 고려가 필요한 특정 지역에서 이루어지는 소규모 개발사업을 대상으로 한다. 하지만 주민의견 수렴, 사후환경영향조사, 재협의, 재평가 등의 절차는 환경영향평가와 다르지 않게 규정되어 있다.

Ⅰ. 소규모 환경영향평가의 대상

소규모 환경영향평가의 대상은 (i) 보전이 필요한 지역과 난개발이 우려되어 환경보전을 고려한 계획적 개발이 필요한 지역으로서 대통령령으로 정하는 지역(이하, "보전용도지역")에서 시행되는 개발사업과 (ii) 환경영향평가 대상사업의 종류 및 범위에 해당하지 아니하는 개발사업으로서 대통령령으로 정하는 개발사업이다(§43①). 소규모 환경영향평가의 대상에도 마찬가지로 예외사유가 존재하는데, (i) 재난 및 안전관리 기본법 제37조에 따른 응급조치를 위한 사업, (ii) 국방부장관이 군사상 고도의 기밀보호가 필요하거나 군사작전의 긴급한 수행을 위하여 필요하다고 인정하여 환경부장관과 협의한 개발사업, (iii) 국가정보원장이 국가안보를 위하여 고도의 기밀보호가 필요하다고 인정하여 환경부장관과 협의한 개발사업이 바로 그것이다(§43②). 환경영향평가의 경우와 동일하다고 할 수 있다.

Ⅱ. 소규모 환경영향평가의 절차

1. 평가서의 작성 및 협의 요청

승인등을 받아야 하는 사업자는 소규모 환경영향평가 대상사업에 대한 승인등을 받기 전에 소규모 환경영향평가서를 작성하여 승인기관의 장에게 제출하고(§44①), 승인기관장등은 소규모 환경영향평가 대상사업에 대한 승인등을 하거나 대상사업을 확정하기에 앞서서 환경부장관에게 소규모 환경영향평가서를 제출하여 소규모 환경영향평가에 대한 협의를 요청하여야 한다(동조 ②). 예외적으로 소규모 환경영향평가 대상사업이 환경부장관과 협의를 거쳐 확정되거나 승인등을 받고 취소 또는 실효된 경우로서 협의 내용을 통보받은 날부터 5년이 경과되지 않은 경우 및 소규모 환경영향평가 대상사업이 환경부장관과 협의를 거친 후 지연 중인 경우로서 협의 내용을 통보받은 날부터 5년이 경과되지 않은 경우에는 소규모 환경영향평가서의 작성 및 협의요청을 생략할 수 있다(동조 ③).

2. 평가서의 검토

환경부장관은 소규모 환경영향평가의 협의를 요청받은 경우에는 협의 요청 절차의 적합성과 소규모 환경영향평가서의 내용 등을 검토한 후 협의를 요청받은 날부터 대통령령으로 정하는 기간 이내에 협의 내용을 승인기관장등에게 통보하여야 한다(§45①). 이에 대해서는 전략환경영향평가에 관한 제17조 제2항이 준용된다. 그에 따라 환경부장관은 소규모 환경영향평가서의 검토를 위하여 필요하면 한국환경연구원이나 관계 전문가에게 현지조사를 의뢰하거나 그 의견을 들을 수 있고, 관계 행정기관의 장에게 관련 자료의 제출을 요청할 수 있다(동조 ②, §17②). 환경부장관은 소규모 환경영향평가서를 검토한 결과 소규모 환경영향평가서 또는 사업계획 등을 보완·조정할 필요가 있는 등 대통령령으로 정하는 사유가 있는 경우에는 승인기관장등에게 소규모 환경영향평가서 또는 해당 사업계획의 보완·조정을 요청하거나 보완·조정을 사업자 등에게 요구할 것을 요청할 수 있다(§45③). 이 경우 보완·조정의 요청은 두 차례만 할 수 있으며, 요청을 받은 승인기관장등은 특별한 사유가 없으면 이에 따라야 한다. 이와 같은 보완·요청을 하였음에도 불구하고 요청한 내용의 중요한 사항이 누락되는 등 소규모 환경영향평가서 또는 해당 사업계획이 적정하게 작성되지 아니하여 협의를 진행할 수 없다고 판단되는 경우에는 환경부장관은 소규모 환경영향평가서를 반려할 수 있다(동조 ④). 환경부장관은 ① 해당 소규모 환경영향평가 대상사업을 축소·조정하더라도 해당 소규모 환경영향평가 대상사업이 포함된 사업계획의 추진으로 환경훼손 또는 자연생태계의 변화가 현저하거나 현저하게 될 우려가 있거나 ② 해당 소규모 환경영향평가 대상사업이 포함된 사업계획이 국가환경정책에 부합하지 아니하거나 생태적으로 보전가치가 높은 지역을 심각하게 훼손할 우려가 있는 경우에는 해당 소규모 환경영향평가 대상사업의 규모·내용·시행시기 등을 재검토할 것을 승인기관장등에게 통보할 수 있다(동조⑤).

III. 실효성 확보 방안

1. 협의내용의 반영

사업자나 승인기관의 장은 소규모 환경영향평가 협의내용을 통보받았을 때에는 이를 해당 사업계획에 반영하기 위하여 필요한 조치를 하여야 한다(§46①). 이에 관하여서는 환경영향평가의 협의내용 반영에 관한 환경영향평가법 제30조 제2항 내지 제4항이 준용된다. 승인기관의 장은 사업계획 등에 대하여 승인등을 하려면 협의 내용이 사업계획 등에 반영되었는지를 먼저 확인하고, 협의 내용이 사업계획 등에 반영되지 아니한 경우에는 이를 반영하게 하여야 한다. 또한 승인기관장등은 사업계획 등에 대하여 승인등을 하거나 확정을 하였을 때에는 협의 내용의 반영 결과를 환경부장관에게 통보하여야 하며, 환경부장관은 통보받은 결과에 협의 내용이 반영되지 않은 경우 승인기관장등에게 협의 내용을 반영하도록 요청할 수 있다. 이 경우 승인기관장등은 특별한 사유가 없으면 이에 따라야 한다(§46②, §30②, ③, ④).

2. 변경협의

사업자가 소규모 환경영향평가에 따라 협의한 사업계획 등을 변경하는 경우로서 원형대로 보전하도록 한 지역 또는 개발에서 제외하도록 한 지역을 추가로 개발하는 등 대통령령으로 정하는 사유가 존재하는 경우 사업계획 등의 변경에 따른 환경보전방안을 마련하여 이를 변경하는 사업계획 등에 반영하여야 한다(§46의2①). 승인등을 받아야 하는 사업자는 이 경우에 환경보전방안에 대하여 미리 승인기관의 장의 검토를 받아야 한다. 소규모 환경영향평가의 변경협의에 대하여서도 환경영향평가의 협의내용 반영에 관한 환경영향평가법 제30조 제2항 내지 제4항이 준용된다(동조 ②).

3. 사전공사의 금지 및 사업착공 등의 통보

사업자는 소규모 환경영향평가 협의절차 또는 변경협의 절차를 거치지 아니하거나 절차가 끝나기 전(공사가 일부 진행되는 과정에서 변경협의의 사유가 발생한 경우에는 변경협의의 절차가 끝나지 전)에는 소규모 환경영향평가 대상사업에 관한 공사를 착공할 수 없다(§47①). 승인기관의 장 역시 소규모 환경영향평가 협의절차 또는 변경협의 절차가 끝나기 전에는 소규모 환경영향평가 대상사업에 대한 승인등을 내려서는 안 된다(동조 ②). 사전공사 금지를 위반할 경우 이에 대해서는 환경영향평가에서의 사전공사 금지에 관한 환경영향평가법 제34조 제3항 및 제4항이 준용된다. 승인기관의 장은 승인등을 받아야 하는 사업자가 사전공사 금지를 어기고 공사를 시행하였을 때에는 해당 사업의 전부 또는 일부에 대하여 공사중지를 명하여야 하고, 환경부장관은 사업자가 사전공사 금지를 위반한 공사를 시행하였을 때에는 승인등을 받지 아니하여도 되는 사업자에게 공사중지, 원상복구 또는 그 밖에 필요한 조치를 할 것을 명령하거나 승인기관의 장에게 공사중지, 원상복구 또는 그 밖에 필요한 조치를 명할 것을 요청할 수 있다. 이 경우 승인기관장등은 특별한 사유가 없으면 이에 따라야 한다(동조 ③, §34③, ④).

소규모 환경영향평가 대상사업에 대한 사업착공등의 통보에 관하여는 제37조가 준용되므로, 사업자는 사업을 착공 또는 준공하거나 3개월 이상 공사를 중지하려는 경우에는 환경부장관 및 승인기관의 장에게 그 내용을 통보하여야 하며, 승인기관의 장은 해당 내용을 평가 대상지역 주민에게 대통령령으로 정하는 방법에 따라 공개하여야 한다(§48, §37).

4. 협의내용 이행의 관리·감독

사업자는 개발사업을 시행할 때에 그 사업계획에 반영된 소규모 환경영향평가의 협의내용을 이행하여야 한다(§49①). 소규모환경영향평가의 협의내용 이행의 확인·통보, 자료제출·조사 및 조치명령에 관하여서는 환경영향평가에 관한 제39조 및 제40조를 준용하도록 하고 있다(동조 ②).

제7절 ┃ 환경영향평가등에 관한 특례

Ⅰ. 개발기본계획과 사업계획의 통합 수립 등

개발기본계획과 환경영향평가 대상사업에 대한 계획을 통합하여 수립하는 경우에는 전략환경영향평가와 환경영향평가를 통합하여 검토할 수 있다. 이 경우 전략환경영향평가 또는 환경영향평가 중 하나만을 실시할 수 있다(§50①). 또한 전략환경영향평가 대상계획에 대한 협의시기와 환경영향평가 대상사업에 대한 협의시기가 같은 경우에는 환경영향평가만을 실시할 수 있다. 이 경우 전략환경영향평가항목등을 포함하여 환경영향평가서를 작성하여야 한다(§50②).

Ⅱ. 약식절차

약식절차는 환경영향이 적은 사업에 대하여 평가서 초안과 평가서를 통합한 약식평가서에 의하여 의견수렴과 협의요청을 함께 실시하는 간이화된 평가절차이다(§51①).

1. 약식절차 대상사업 여부의 결정

승인등을 받지 아니하여도 되는 사업자는 환경영향평가항목등을 결정할 때에 환경영향평가협의회의 심의를 거쳐 약식절차에 따라 환경영향평가를 실시할 수 있는지 여부를 결정한다

(동조 ②). 승인등을 받아야하는 사업자의 경우, 승인기관의 장 또는 환경부장관에게 환경영향평가항목등을 결정하여 줄 것을 요청할 때에 약식절차에 따라 환경영향평가를 실시할 수 있는지 여부를 결정하여 줄 것을 함께 요청할 수 있다(동조 ③). 요청을 받은 승인기관의 장이나 환경부장관은 환경영향평가협의회의 심의를 거쳐 약식절차에 의한 환경영향평가 실시 여부를 결정하고 대통령령으로 정하는 기간 내에 그 결과를 사업자에게 통보하여야 한다(동조 ④).

2. 협의

약식절차에 따라 환경영향평가로 실시가 결정되는 경우 사업자는 대통령령으로 정하는 바에 따라 약식평가서를 작성하여 의견 수렴 및 협의 요청을 동시에 진행할 수 있다(§51①).

3. 약식절차의 완료에 따른 평가서의 작성 등

승인등을 받지 아니하여도 되는 사업자는 약식절차를 마치면 제출된 의견과 협의 내용 등이 포함된 환경영향평가서를 다시 작성하여야 한다. 다만, 제출된 의견과 협의 내용이 다른 경우에는 환경부장관의 의견을 들어야 한다(§52①). 승인등을 받아야 하는 사업자의 경우 약식절차에 따라 의견수렴 절차와 협의 절차를 마치면 제출된 의견과 협의 내용 등이 포함된 환경영향평가서를 다시 작성하여 승인기관의 장에게 제출하여야 한다. 다만, 제출된 의견과 협의 내용이 다른 경우에는 승인기관의 장을 거쳐 환경부장관의 의견을 들어야 한다(동조 ②). 환경부장관은 40일 이내에 환경영향평가협의회의 심의를 거쳐 승인기관의 장과 사업자에게 그 의견을 통보하여야 한다(동조 ③).

제8절 | 환경영향평가에 대한 사법적 통제

환경영향평가제도는 사전예방을 실천하고 지속가능한 발전을 모색함에 있어서 가장 이상적인 수단으로 평가된다. 따라서 환경영향평가절차가 본래의 취지대로 이행될 수 있도록 하는 것은 적정한 환경수준을 확보하고 지속가능한 발전을 실현하는 데 필수적이라 할 것이다. 그러나 이제까지의 실정은 환경영향평가제도가 명실상부하게 운영되어 왔다고 할 수 없다. 환경영향평가절차가 본래 취지대로 이행되도록 하기 위해서는 그 과정에서 실제로 일어나는 문제점을 파악하는 것이 선행되어야 한다. 먼저 환경영향평가절차의 구성을 파악하고 그 구성단계마다 있을 수 있는 문제점을 상정한 후 그 단계에서 개입할 수 있는 법적 수단이 무엇인지를

■ 그림 3-5 환경영향평가제도 이행상의 문제점 분류도

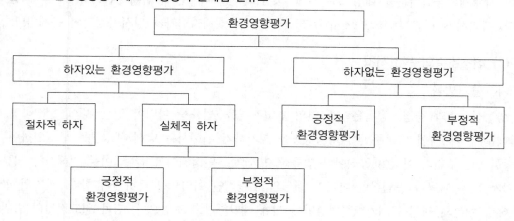

살펴보는 것이 가장 효과적인 방안으로 생각된다.

　우리나라에서 환경영향평가가 제대로 구현되지 않는 모습은 실로 천태만상이라고 할 수 있겠지만, 환경영향평가의 모든 과정을 통틀어 상정할 수 있는 환경영향평가제도 이행상의 문제점을 분류하면 [그림 3-5]와 같을 것이다.

　환경영향평가제도에 대한 법적 통제는 [그림 3-5]에서 나타난 각각의 문제 상황에 대응하여 모색되어야 할 것이다.

Ⅰ. 환경영향평가에 하자가 존재하는 경우

　환경영향평가에 하자가 발생하는 것을 막기 위해 수많은 개정이 이루어져왔다. 대행업자 자격요건의 엄격화, 대행업자에 대한 행정관리의 철저화, 환경영향평가서 허위작성에 대한 민·형사상 책임의 엄격 추구 등이 바로 그것이다. 그러나 이러한 방안은 하자있는 환경영향평가에 기하여 내려지는 행정행위, 그리고 개발사업의 추진 여부 자체에는 별 영향을 미치지 못한다. 이러한 까닭으로 환경영향평가 자체에 대한 사법적 통제의 필요성, 즉 하자있는 환경영향평가에 대한 사법심사(司法審査)를 강화해서 그 이후의 절차가 진행되지 않도록 할 필요가 있다. 이러한 사법심사는 행정심판 또는 행정소송의 형식을 띠게 될 것이다.

1. 당사자적격

　하자있는 환경영향평가에 대한 사법심사의 가능성을 탐색함에 있어 먼저 논해야 할 논점은 당사자적격의 문제이다. 환경영향평가의 하자를 이유로 제기되는 행정소송은 주로 승인기

관의 사업계획승인처분을 대상으로 하여 그 위법성을 다투는 승인처분취소청구소송이 될 것이다. 따라서 이러한 취소소송에서 누가 원고가 될 적격자인가가 당사자적격의 문제이다.

(1) 취소소송의 원고적격

가. 근거법률

행정심판법과 행정소송법은 청구인의 원고적격을 '법률상 이익이 있는 자'에 한정하고 있기 때문에, 제3자인 인근주민이 행정쟁송을 제기하기 위해서는 당해 행정활동으로 인하여 침해당한 인근주민의 이익이 공권이나 법률상 이익으로 인정되어야 한다. 이를 위해서는 처분의 근거가 되는 법규가 공익뿐만 아니라 개인의 주관적인 이익도 보호하여야 한다. 과거의 판례는 해당 처분의 직접 근거가 된 법률만이 이에 해당한다고 보았으나, 점차 원고적격의 범위를 넓혀왔다. 즉 처분의 직접 근거가 되는 법률뿐만 아니라 그 법률에 의하여 원용되는 법률 역시 처분의 근거 법률에 포함하며, 나아가 처분의 근거가 되는 법률의 전체 취지에 비추어 보호되는 이익까지도 법률상 이익이라고 보고 있다.[18]

大判 2006.12.22. 2006두14001[19모1][20모1]은 "행정처분의 직접 상대방이 아닌 제3자라 하더라도 당해 행정처분으로 인하여 법률상 보호되는 이익을 침해당한 경우에는 그 처분의 취소나 무효확인을 구하는 행정소송을 제기하여 그 당부의 판단을 받을 자격이 있다 할 것이며, 여기에서 말하는 법률상 보호되는 이익이라 함은 당해 처분의 근거 법규 및 관련 법규에 의하여 보호되는 개별적·직접적·구체적 이익이 있는 경우를 말하고, 공익보호의 결과로 국민 일반이 공통적으로 가지는 일반적·간접적·추상적 이익이 생기는 경우에는 법률상 보호되는 이익이 있다고 할 수 없다."라고 판시하였다.[19]

나. 환경영향평가 대상지역 안의 주민

이에 따라서 판례는 환경영향평가의 대상이 되는 개발사업에 관하여 환경영향평가법 역시 처분의 근거법률로 보고, 개발사업으로 인하여 직접적이고 중대한 환경피해를 입으리라고 추정되는 환경영향평가 대상지역 안의 주민에게는 환경영향평가 대상사업을 승인하는 처분의 취소를 구할 수 있는 원고적격을 인정하기에 이르렀다.[20]

---

18) 大判 1998.9.22. 97누19571[21모3], 환경영향평가법도 근거법규에 포함된다는 판결로는 大判 2005.5.12. 2004두14229[13변][15변].
19) 유사한 판결로는 大判 2004.8.16. 2003두2175[13변][15변], 大判 2005.5.12. 2004두14229[13변] 등.
20) 大判 1998.9.4. 97누19588("영광원자력발전소 사건")은 "환경영향평가법은 평가의 대상이 되는 개발사업이 환경을 해치지 않는 방법으로 시행되도록 함으로써 개발사업과 관련된 환경공익을 보호하려는 데에 그치는 것이 아니라 환경영향평가 대상지역 안의 주민들의 환경침해를 받지 아니하고 쾌적한 환경에서 생활할 수 있는 개별적인 이익까지도 이를 보호하고 있다."라고 판시하면서 환경영향평가법을 개발사업 승인처분의 근거법률로

다. 환경영향평가 대상지역 바깥의 주민

환경영향평가법을 문제되는 개발사업의 근거법률로 보아 환경영향평가 대상지역 안의 주민에 대하여서는 원고적격을 인정하는 판례의 변경은 처분이 직접적으로 근거하는 법규만을 따지던 종전의 태도에 비하면 진일보한 것이지만, 불합리한 측면이 있다. 전술한 바와 같이 환경영향평가 대상지역을 설정하는 주체는 사업자 또는 사업자와 같은 입장에 서 있는 경우가 많은 승인기관의 장이기 때문이다. 이들의 자의적 판단이 개입될 여지가 있는 환경영향평가 대상지역에 대하여 원고적격 유무를 판가름하는 강력한 규범력을 부여할 수는 없다.

이에 대해서는 두 가지 측면에서 이론적 해결책이 강구되고 있다. 그 하나는 대상지역을 최종적으로 결정하는 주체는 사업자나 환경부장관이 아니라 법원이어야 한다는 주장("법원결정설")이다. 법원이 원고적격 유무를 판단함에 있어 환경영향평가 대상사업의 시행으로 인하여 영향을 받게 되는 지역 안의 주민인지 여부를 판단해야 한다는 것이다.[21]

하지만 대상지역을 법원이 결정한다는 것은 사실상으로나 법률상으로나 적절하지 않다고 본다. 소송의 실제상 법원이 소송자료나 증거자료를 종합해 대상지역의 설정이 적절한지 여부를 가늠하는 데에서 나아가 이상적인 대상지역을 스스로 결정하는 것까지 기대할 수는 없다. 또한 환경영향평가법은 대상지역을 사업자가 결정하는 경우에도 환경영향평가협의회의 심의를 거치도록 하고 있으며(§24①), 환경부장관이나 승인기관의 장이 내린 대상지역 결정을 법원이 무시하고 백지상태에서 대상지역을 새로이 결정한다는 것은 동법의 목적이나 동법이 설계한 환경영향평가체계에도 부합하지 않는다. 법원에게 기대되는 바는 사업자나 정부에 의하여 설정된 대상지역을 어느 정도 존중할 것인가를 합리적으로 결정하는 것이어야 할 것이다.

두 번째 해결책은 大判 2006.12.22. 2006두14001[19모1][20모1]을 통하여 정초가 마련되었다. 이 사건에서 대법원은 "그 행정처분의 근거 법규 또는 관련 법규에 그 처분으로써 이루어지는 행위 등 사업으로 인하여 환경상 침해를 받으리라고 예상되는 영향권의 범위가 구체적으로 규정되어 있는 경우에는, 그 영향권 내의 주민들에 대하여는 당해 처분으로 인하여 직접적이고 중대한 환경피해를 입으리라고 예상할 수 있고, 이와 같은 환경상의 이익은 주민 개개인에 대하여 개별적으로 보호되는 직접적·구체적 이익으로서 그들에 대하여는 특단의 사정이 없는 한 환경상 이익에 대한 침해 또는 침해 우려가 있는 것으로 **사실상 추정**되어 법률상

삼고 환경영향평가 대상지역 안의 주민에게 환경영향평가 대상사업을 승인하는 처분의 취소를 구할 원고적격을 인정하였다. 그 외에도 大判 1998.4.24. 97누3286; 大判 1998.9.22. 97누19571("남대천양수발전소 사건"); 大判 2001.7.27. 99두2970[13모2][19모1] 등.

21) 김향기, "행정소송의 원고적격에 관한 연구," **환경법연구** 제31권 제2호, 252 (2009); 김연태, "환경행정소송상 소송요건의 문제점과 한계: 원고적격과 대상적격을 중심으로," 서울대학교 환경·에너지법정책센터(편), **환경피해에 대한 권리구제를 위한 법리와 법정책·제도 연구**, 154, 156-158 (2010).

보호되는 이익으로 인정됨으로써 원고적격이 인정되며, 그 영향권 밖의 주민들은 당해 처분으로 인하여 그 처분 전과 비교하여 **수인한도를 넘는 환경피해를 받거나 받을 우려**가 있다는 자신의 환경상 이익에 대한 침해 또는 침해 우려가 있음을 **증명**하여야만 법률상 보호되는 이익으로 인정되어 원고적격이 인정된다."라고 판시하였다.[22]

판례의 태도에 대해서는 원고적격 유무라는 소송요건의 문제를 본안(本案)에 관한 증명책임에 의하여 해결하려는 것은 한편으로는 환경법분야의 입증곤란으로 원고적격의 부인을 가져오고 다른 한편으로는 남소를 야기할 수 있다는 비판이 제기된 바 있다.[23]

라. 일반국민, 전문가 및 환경운동가

환경영향평가 대상지역 내의 주민에게 원고적격을 인정한 大判 1998.9.22. 97누19571 [14모1]은 일반국민, 산악인, 학자, 환경보호단체에 대하여 원고적격을 인정하지 않았다. 또한 새만금판결(大判 2006.3.16. 2006두330)은 헌법이나 환경정책기본법에 규정된 **환경권**에 관한 규정만으로는 해당 사업의 승인처분에 관한 구체적 권리가 부여된 것으로 볼 수 없다고 하면서 원고적격을 인정하지 않았다.

그런데 환경영향평가법은 환경영향평가 대상사업이 "생태계의 보전가치가 큰 지역, 환경훼손 또는 자연생태계의 변화가 현저하거나 현저하게 될 우려가 있는 지역 등으로서 대통령령으로 정하는 지역을 포함하는 경우에는 관계 전문가 등 평가대상지역의 주민이 아닌 자의 의견도 들어야 한다"고 규정하고 있는바(§25②, §13②), 이에 터 잡아 관계 전문가 등에게 원고적격을 인정할 수 있는가가 논점이 된다. 부정설은 이 조항의 취지를 관계 전문가 등 주민이 아닌 자의 개별적 환경이익까지 보호하려는 데 있다고 볼 수 없다고 한다.[24] 생각건대 동 조항의 문언 및 문장구조상 동 조항의 강조점은 "주민이 아닌 자"가 아니라 "관계 전문가"에게 놓인 것으로 보이고, 그렇다고 한다면 동 조항의 취지는 전문가의 전문적 식견을 구하는 데 있지 주민이

---

22) 한편, 大判 2006.3.16. 2006두330(全合)("새만금판결")[14모1][17모1][19모1][20모1][21모3][15변]도 동지의 판결을 내리고 있다. 즉 시행인가처분의 근거법규 또는 관련법규인 구 공유수면매립법 및 구 환경보전법 등의 관련 규정의 취지는, 공유수면매립과 농지개량사업시행으로 인하여 직접적이고 중대한 환경피해를 입으리라고 예상되는 환경영향평가 대상지역 안의 주민들이 전과 비교하여 수인한도를 넘는 환경침해를 받지 아니하고 쾌적한 환경에서 생활할 수 있는 개별적 이익까지도 보호하려는 데 있다고 하면서, 위 주민들이 공유수면매립면허처분 등과 관련하여 갖고 있는 위와 같은 환경상의 이익은 주민 개개인에 대하여 개별적으로 보호되는 직접적·구체적 이익으로서 그들에 대하여는 특단의 사정이 없는 한 환경상의 이익에 대한 침해 또는 침해우려가 있는 것으로 사실상 추정된다고 판단하였다. 또한 환경영향평가 대상지역 밖의 주민이더라도, 공유수면매립면허처분 등으로 인하여 그 처분 전과 비교하여 수인한도를 넘는 환경피해를 받거나 받을 우려가 있는 경우에는, 공유수면매립면허처분 등으로 인하여 환경상 이익에 대한 침해 또는 침해우려가 있다는 것을 입증함으로써 그 처분 등의 무효확인을 구할 원고적격을 인정받을 수 있다고 판단한 것이다.
23) 김연태(註21), 162−164; 김홍균, 155; 홍준형a, 253.
24) 홍준형b, 387.

아닌 자에게 개별구체적 환경이익을 인정하는 데 있지 않을 것이다. 부정설에 찬동한다.

마. 사업분할 및 연접개발에서의 원고적격

전술한 바와 같이 사업분할이나 연접개발은 사업자가 환경영향평가를 피하기 위하여 시도하는 것인데, 그 결과 환경영향평가는 실시되지 않고 대상지역은 설정되지 않는다. 이 경우 원고는, 원고적격을 인정받기 위해서 환경상의 이익에 대한 침해 또는 침해 우려를 '입증'해야 하는 큰 부담을 지게 된다. 이는 불합리의 극치이다. 사업자의 위법한 행위가 개재되어 환경영향평가 자체가 실시되지 않았는데, 원고의 입증부담은 오히려 환경영향평가가 실시된 경우보다 무거워졌으니 말이다. 大判 2006.12.22. 2006두14001[13변][17모1]은 "사전환경성검토협의 대상면적 미만으로 이미 허가를 받은 개발사업지역과 연접한 지역에 추가로 개발사업을 하고자 하는 연접개발이 사전환경성검토협의 대상사업에 해당하는지 여부를 판단함에 있어서, 위 연접개발에 관하여 규정한 위 비고 제7항은 사업주체가 동일한 경우는 물론 사업주체나 사업시기를 달리하는 경우에도 그 적용이 있다고 해석함이 상당하다."라고 전제한 후,[25] 사전환경성검토가 실시되지 아니한 사안에서 "사전환경성검토대상지역 내에 포함될 **개연성**이 **충분**하다고 보이는 주민들"에게 원고적격을 인정한 바 있다.

2. 처분성

(1) 처분성의 의의

항고소송의 대상은 처분이다. 처분은 "행정청이 행하는 구체적 사실에 관한 법집행으로서의 공권력의 행사 또는 그 거부와 그 밖에 이에 준하는 행정작용 및 행정심판에 대한 재결"이다(행정소송법 §2①i). (처분개념에 관하여는 본서 제4편 환경구제법에서 상술한다.) 따라서 환경이익

---

25) [별표2] '사전환경성검토대상 및 협의요청시기'의 2. 가. (2)항 및 비고 제7항 등 관계 규정에 의하면, "관계 행정기관의 장은 환경기준의 적정성 유지 및 자연환경의 보전을 위하여 환경에 영향을 미치는 행정계획을 수립·확정하거나 개발사업의 허가 등을 하고자 할 경우에는 환경악화의 예방 및 그 요인의 제거, 환경오염지역의 원상회복 등의 사항에 관하여 당해 행정계획 및 개발사업의 확정·허가 등을 하기 전에 환경부장관 또는 지방환경관서의 장과 환경영향의 검토에 관한 협의(이하 '사전환경성검토협의'라고 함)를 하여야 하고, 국토의 계획 및 이용에 관한 법률 제6조 제3호의 규정에 의한 농림지역에서의 사업계획 면적이 7,500m² 이상인 개발사업은 그 사전환경성검토협의 대상사업의 하나인데, 다만 사전환경성검토협의 대상면적 미만으로 이미 허가를 받은 개발사업지역과 연접한 지역에 추가로 개발사업을 하고자 하는 경우(이하 '연접개발'이라고 함) 그 추가개발사업의 허가를 신청하는 날을 기준으로 최근 10년 이내에 이미 허가를 받은 개발사업면적과 당해 허가를 신청한 사업계획면적의 합이, ① 허가를 받아 추가로 개발하고자 하는 사업계획면적이 최소 사전환경성검토협의 대상면적의 30% 이상이고 이미 허가를 받은 개발사업면적과의 합이 최소 사전환경성검토협의 대상면적 이상이 되는 때, ② 허가를 받아 추가로 개발하고자 하는 사업계획면적과 이미 허가를 받은 개발사업면적의 합이 최소 사전환경성검토협의 대상면적의 130% 이상이 되는 때에는 추가로 개발하고자 하는 사업 역시 사전환경성검토협의대상에 포함"된다.

을 침해당한 인근주민 또는 일반 국민이 사업자의 개발사업에 대하여 내려진 허가 등의 취소를 구하기 위해서는 해당 행정활동이 '처분'에 해당해야 한다. 그 이외의 경우에는 국가배상 등을 통하여 위법한 행정활동으로 인한 손해만을 배상받을 수 있을 뿐이다.

(2) 판례의 태도 및 한계

판례는 처분을 "국민의 구체적인 권리·의무에 직접적 변동을 초래하는 행위"로 보고 있다 (大判 1993.10.6. 93누6331).[26] 환경문제를 법원 판결을 통하여 해결하기 어려운 것은, 많은 경우에 당해 환경문제를 근본적으로 해결할 수 있는 초기(初期)의 행정활동이 이 처분 개념에 포섭되지 않기 때문이다. 실제로 환경적으로 큰 영향을 끼치는 사업, 예컨대 원자력발전소, 다목적댐, 중화학공장 등을 건설하는 경우에는 매우 복잡하고 긴 절차를 거쳐야 하는데 현행법의 해석상 처분에 해당하는 것은 이 절차를 모두 거치고 난 후에 발하여지는 최종처분이라는 것이 판례의 태도이다. 그에 따라 개발사업을 행정쟁송으로 다투려 할 경우, 최종처분이 발해진 이후에는 이미 사업은 상당한 정도로 진척되기 때문에, 이러한 쟁송은 현실적으로 무모하다는 판정("사정판결")을 받기 쉽다. 그렇다고 최종처분에 이르기 전에 행정쟁송을 제기하려고 해도 그 이전 단계에서는 처분성이 인정되지 않는다.

(3) 환경영향평가 및 그 구성요소의 처분성

환경영향평가에 관하여 보면, 환경영향평가를 거쳐 이루어지는 실시계획에 대한 허가·인가·승인·면허 또는 결정 등은 전형적인 처분에 해당하여 대상적격을 인정하는 데 무리가 없다. 그러나 문제는 이 단계에 이르게 되면 전술한 대로 시의적절한 사법상 구제를 받기 어렵다는 데 있다. 권리구제의 실효성을 기하기 위해서는 환경영향평가를 이루는 각각의 요소 그 자체, 즉 환경영향평가서의 작성이나 제출, 협의기관과 승인기관간 협의 등에 대하여 처분성이 인정될 수 있는가를 살펴볼 필요가 있다.

가. 환경영향평가 대상지역의 설정행위

대상지역의 설정은 이해관계자의 법적 지위에 작지 않은 영향을 미친다. 가령 지역 내에 거주하는 주민은 원고적격을 인정받는 데 있어 우월적 지위에 서게 된다. 그런데 설정행위 자체를 따로 떼어내서 독립적인 행정소송의 대상으로 삼기는 어렵다고 본다.[27]

먼저, 승인등을 받지 않아도 되는 경우 사업자 스스로가 대상지역을 정하게 되므로 사업자의 대상지역 설정을 행정쟁송으로 방법으로 다툴 수는 없다. 환경영향평가협의회의 심의를 거

---

26) 유사한 판례로는 大判 2007.10.11. 2007두1316[15변].
27) 同旨, 홍준형a, 258–259.

쳐야 하지만 그렇다고 해도 대상지역 설정자는 여전히 사업자이다.

전략환경영향평가나 승인등을 받아야 하는 경우, 대상지역의 설정자는 승인기관의 장이며, 일정한 예외 상황에서의 설정자는 환경부장관이다. 하지만 이 경우에도 설정행위 자체를 다투기 어렵다고 본다. 왜냐하면 그 행위만으로는 소제기자의 환경상 이익에 대한 침해 또는 침해 우려가 발생할 여지가 없기 때문이다. 다시 말해 대상지역의 결정은 국민의 권리·의무에 영향을 미칠 수 있는 최종행위에 이르는 과정을 구성하는 행정부 내부행위에 불과한 것으로 판단된다.

나. 환경영향평가서 작성행위

환경영향평가법상 평가서 작성주체가 사업자인 경우에는, 설사 사업자가 환경영향평가대상 사업임에도 불구하고 평가서 자체를 작성하지 않았다든지, 평가서를 부실하게 작성하는 등의 하자가 존재하더라도 민간인에 불과한 사업자를 상대로 행정소송을 제기할 수는 없다.

다. 환경영향평가서의 수리

가장 이른 시기로 사법심사를 앞당기는 방법은 환경부가 하자가 있음에도 불구하고 환경영향평가서를 수리(受理)하는 행위를 '처분'으로 보는 것이다. 환경영향평가법은 승인등을 받지 아니하여도 되는 사업자는 환경부장관에게 협의를 요청할 경우 환경영향평가서를 작성·제출하여야 하며 승인등을 받아야 하는 사업자는 환경영향평가서를 작성하여 승인기관의 장에게 제출하여야 한다고 규정하고 있는바(§27②), 문제는 환경영향평가서의 제출이 '수리를 요하는 제출'인가 여부이다.

이에 관하여 판례는 '수리'란 신고를 유효한 것으로 판단하고 법령에 의하여 처리할 의사로 이를 수령하는 수동적 행위를 말하는바, '수리를 요하는 신고'인 경우에는 신고가 관련 규정의 모든 요건에 맞는 신고라 하더라도 이에 대한 행정청의 수리처분이 있어야만 신고한 대로 해당 행위를 할 수 있다고 보고 있다(大判 2011.9.8. 2009두6766). 반면, '수리를 요하지 않는 신고'의 경우에는 수리행위의 처분성을 부정하는바, 즉 大判 2001.5.29. 99두10292는 "사업계획의 승인을 얻은 자는 규정된 기한 내에 사업시설의 착공계획서를 제출하고 그 수리 여부에 상관없이 설치공사에 착수하면 되는 것이지, 착공계획서가 수리되어야만 비로소 공사에 착수할 수 있다거나 그 밖에 착공계획서 제출 및 수리로 인하여 사업계획의 승인을 얻은 자에게 어떠한 권리를 설정하거나 의무를 부담케 하는 법률효과가 발생하는 것이 아니므로 행정청이 사업계획의 승인을 얻은 자의 착공계획서를 수리하고 이를 통보한 행위는 그 착공계획서 제출사실을 확인하는 행정행위에 불과하고 그를 항고소송이나 행정심판의 대상이 되는 행정처분으로 볼 수 없다."라고 판시하고 있다.

환경영향평가서의 제출과 수리는 그 이후에 벌어질 여러 단계의 환경영향평가절차의 시작점으로서 종당에는 승인등 처분으로 이어지고, 전술한 바와 같이 환경침해적인 사업은 이를 조기에 중단시키는 것이 환경보전을 위하여 최선임을 고려하면, 환경영향평가서의 제출을 위판례들이 말하는 '수리를 요하는 신고'로 볼 수도 있을 것이다.

라. 협의내용의 통보

다음으로, 환경부의 협의내용 통보를 처분으로 보고 하자있는 평가서에 근거한 협의내용 통보의 위법성을 주장하는 방안도 생각해볼 수 있다. 전술한 바와 같이 환경부장관은 협의를 요청받은 경우에는 주민의견 수렴 절차 등의 이행 여부 및 환경영향평가서의 내용 등을 검토하고(§28①), 정해진 기간 이내에 승인기관장에게 협의내용을 통보해야 하며(§29①), 사업자나 승인기관의 장은 통보받은 협의 내용을 해당 사업계획 등에 반영하기 위하여 필요한 조치를 해야 한다(§30①). 이를 통해 환경영향평가법상 협의가 쌍방간의 의사조정이 아니라 환경부장관의 일방적인 심사임을 알 수 있다.[28] 나아가 사전공사 시행금지(§34), 조치명령(§40①), 공사중지(동조 ②)와 같은 법적 효과가 따르고 협의내용에 불복이 있는 경우에 대한 조정요청 절차역시 마련되어 있다(§31).

이러한 협의내용의 통보는, 사업자 입장에서 보면, 그의 "구체적인 권리·의무에 직접적 변동을 초래하는 행위"임에 틀림없으며, 또한 인근 주민들의 입장에서 보면 협의내용의 통보가 미진한 경우에는 그들의 환경상 이익을 침해하는 행위가 될 것이다. 따라서 협의내용의 통보는 이를 처분으로 보아야 한다.[29]

한편 大判 2000.10.13. 99두653은 구 「택지개발촉진법」에서 "건설부장관이 택지개발예정지구를 지정함에 있어 미리 관계중앙행정기관의 장과 협의를 하라고 규정한 의미는 그의 **자문**을 구하라는 것이지 그 의견을 따라 처분을 하라는 의미는 아니라"고 판시하였다. 부산高判 2007.6.29. 2006누5540은 마찬가지로 종전의 사전환경성 검토상의 협의에 대하여 "사전환경성검토에 대한 협의를 하라고 규정한 의미는 그의 자문을 구하라는 것이지 그 의견을 따라 처분을 하라는 의미는 아니라고 할 것"이라고 판시한 바 있다.

그러나 이 판례를 현행 환경영향평가법상의 협의에 그대로 적용할 수는 없다고 본다. 전술한 대로 동법상의 협의의 통보는 관련 규정으로 인하여 명백하게 국민의 권리의무에 구체적 변동을 초래하기 때문이다. 뒤에서 다시 상술한다.

---

28) 조현권, 246.
29) 同旨, 김홍균, 158. Cf. 홍준형a, 261.

3. 위법성

환경영향평가에 절차상 하자가 있거나 실체적 하자가 있는 경우, 이를 이유로 하여 환경부
장관의 평가서 수리, 협의내용 통보 또는 승인기관의 승인처분에 대한 항고소송을 제기할 수
있는지가 문제이다. 이는 곧 환경영향평가상의 하자가 곧바로 위 각 처분의 위법성을 구성하
는지 여부를 묻는 것이다.

(1) 절차적 하자

환경영향평가상 절차적 하자는 다양하다. 이를 대별하면, 환경영향평가가 행해져야 함에도
완전히 누락되어 행해지지 않은 경우와 의견수렴절차 등 환경영향평가의 세부적인 절차에 하
자가 존재하는 경우로 나눠볼 수 있다.

가. 환경영향평가 자체의 누락

환경영향평가를 실시해야 함에도 불구하고 누락시키고 승인등 처분이 이루어진 경우, 판례
는 해당 처분이 위법할 뿐만 아니라(大判 2001.6.29. 99두9902[13모2]) 그 하자의 정도가 중대·
명백하여 당연무효에 해당한다고 한다. 즉 大判 2006.6.30. 2005두14363[18모1]은 "환경영향
평가를 거쳐야 할 대상사업에 대하여 환경영향평가를 거치지 아니하였음에도 불구하고 승인
등 처분이 이루어진다면, 사전에 환경영향평가를 함에 있어 평가대상지역 주민들의 의견을 수
렴하고 그 결과를 토대로 하여 환경부장관과의 협의내용을 사업계획에 미리 반영시키는 것 자
체가 원천적으로 봉쇄되는바, 이렇게 되면 환경파괴를 미연에 방지하고 쾌적한 환경을 유지·
조성하기 위하여 환경영향평가제도를 둔 입법 취지를 달성할 수 없게 되는 결과를 초래할 뿐
만 아니라 환경영향평가대상지역 안의 주민들의 직접적이고 개별적인 이익을 근본적으로 침
해하게 되므로, 이러한 행정처분의 하자는 법규의 중요한 부분을 위반한 중대한 것이고 객관
적으로도 명백한 것이라고 하지 않을 수 없어, 이와 같은 행정처분은 당연무효이다."라고 판
시하였다.

나. 환경영향평가의 세부절차상 하자

반면 환경영향평가는 이루어졌는데 그 세부적인 절차에 하자가 있는 경우가 있다. 가령,
설명회나 공청회를 개최하지 않았다든지, 주민의 의견제출 기회가 봉쇄되었다든지, 협의가 이
루어지지 않았다든지 등의 하자가 발생한 경우이다. 이 경우에는, 하자가 생긴 해당 절차가
종국적 처분을 형성하기 위한 절차인지 여부, 다시 말해 협의의 행정절차에 해당하는지 여부
에 따라 결론이 갈린다(여기서 종국 처분은 논자의 견해에 따라 평가서 수리, 협의내용의 통보, 승인
등을 모두 포함할 수도 있고 일부만을 지시할 수도 있다).

환경영향평가법상의 절차를 평가서 작성에 포함되는 내부적 절차에 불과하다고 보는 견해("내부절차설")는, 어쨌든 평가서의 작성 및 제출이 이루어진 이상 비록 평가서의 작성절차에 하자가 있다 하더라도 이러한 절차상의 하자는 승인처분의 적법성에 영향을 미치는 하자가 아니라고 보게 된다.

반면 협의의 행정절차에 해당한다고 보는 견해("행정절차설")는, 일련의 절차에 존재하는 하자는 곧 절차상 하자있는 행정행위의 효력 문제로 귀결된다고 본다. 특히 절차적 하자만 존재하는 경우, 즉 일련의 절차상 하자는 존재하지만 평가서 자체는 충실하게 작성된 경우에는 그럼에도 불구하고 절차상의 하자만을 이유로 처분을 취소할 것인지가 문제될 것이다.

일반적으로 재량행위의 경우에는 절차상의 하자가 독자적인 취소사유가 된다는 데 이론의 여지가 없는 반면, 기속행위의 경우에는 소정의 절차를 거쳤더라도 어차피 동일한 처분을 하게 되므로 독자적인 취소사유가 될 수 없다는 주장도 제기된다. 그러나 우리나라 행정소송법 제30조 제3항에서는 "신청에 따른 처분이 절차의 위법을 이유로 취소되는 경우"를 규정하고 있고, 판례도 절차상의 하자를 **독자적 취소사유**로 인정하고 있다.[30] 행정절차법의 입법 취지를 고려하면 기속행위의 경우에도 절차적 하자를 독자적 취소사유로 하는 것이 타당할 것으로 보인다.

판례를 보면, 가령 서울行判 2013.3.19. 2012구합31311은 주민설명회와 공청회가 무산되었지만 그 이후 서면으로나마 주민들의 의견을 수렴하였고 그 결과를 일부 반영하여 환경영향평가 보완서를 작성·제출한 사안에서 절차상 하자가 있다고 할 수 없다고 판시하여 절차적 하자에 관하여 비교적 관대한 태도를 보이고 있다.[31]

하지만 환경영향평가에 있어서는 절차적 하자에 관하여 엄격한 태도가 요구된다. 전술한 대로 이 제도는 본래 사전절차형으로 기획된 것인즉, 주민들에게 정확한 정보를 제공함으로써 주민들이 그에 터 잡아 자신들의 환경적 운명을 스스로 결정할 수 있도록 하는 데 제도의 목적이 있고, 우리나라의 환경영향평가제도도 초기의 규제적 성격에서 탈피하여 전략환경영향평가를 도입하는 등으로 환경영향평가 본연의 모습을 취해가고 있다. 또한 앞서 본 바와 같이 환경문제는 객관적 정답이 존재하지 않는 문제이어서 무엇보다 이해관계가 있는 사람들 모두가 함께 참여해 공론을 모아가는 것이 중요하다.

---

30) 大判 1994.5.9. 84누116; 大判 1991.7.9. 91누971("식품위생법 제64조, 같은 법 시행령 제37조 제1항 소정의 청문절차를 전혀 거치지 아니하였거나 거쳤다고 하여도 그 절차적 요건을 제대로 준수하지 아니한 경우에는 가사 영업정지사유 등 위 법 제58조 등 소정사유가 인정된다 하더라도 그 처분은 위법하여 취소를 면할 수 없다.").
31) Cf. 김홍균, 164.

다행인 것은 이런 우려를 반영해 절차적 하자를 눈여겨보는 판례들이 나타나고 있다는 점이다. 가령 大判 2009.9.24. 2009두2825[13모2][19모1]도 비록 방론에서였지만 "사전환경성검토협의를 거쳐야 할 대상사업에 대하여 사전환경성검토협의를 거치지 아니하였음에도 승인 등 처분이 이루어진다면 환경파괴를 미연에 방지하고 쾌적한 환경을 유지·조성하기 위하여 사전환경성검토협의 제도를 둔 입법 목적을 달성할 수 없게 되는 결과를 초래할 뿐만 아니라 사전환경성검토협의 대상지역 안의 주민들의 직접적이고 개별적인 이익을 근본적으로 침해하게 되므로, 이러한 행정처분의 하자는 법규의 중요한 부분을 위반한 중대한 것이라고 하지 않을 수 없다."라고 판시하였다. 서울行判 2003.12.24. 2003구합30071은 "관련 행정청이 협의를 얻지 못한 잘못은 단순한 절차 흠결이 아니라 이 사건 인가처분을 위법하게 하는 하자라고 보지 않을 수 없다."라고 하면서 동 인가처분의 취소를 명하였다.[32]

(2) 실체적 하자

가. 실체적 하자의 태양 및 법적 효과

실체적 하자의 사례 역시 천차만별이다. 지역 주민 등의 의견을 반영하지 않은 채 최종환경영향평가서를 작성한 경우[33], 작성과정에 사업자나 주민의 부당한 영향이 미친 경우, 중요한 평가항목을 누락하거나 왜곡된 사실을 전제로 평가대상을 평가하는 경우 등을 사례로 들 수 있을 것이다. 이는 대개 환경영향평가 자체가 부실하게 이루어진 경우라고 할 수 있는데, 환경영향평가가 부실하게 이루어진 경우 이에 기한 처분을 다툴 수 있는가에 관하여는 다툼이 없을 것으로 보인다. 환경영향평가에 실체적 하자, 즉 실체법상의 위법사유가 있는 경우에는 그 위법성은 환경영향평가에 기반한 처분의 취소 또는 무효원인이 되는 것으로 이는 법률에 의한 행정의 원리의 당연한 귀결이다.

나. 판례의 태도 및 심리순서

그런데 판례는 일단 환경영향평가 절차를 거친 이상 "비록 그 환경영향평가의 내용이 다소 부실하다 하더라도, 그 부실의 정도가 환경영향평가제도를 둔 입법 취지를 달성할 수 없을 정도여서 환경영향평가를 하지 아니한 것과 다를 바 없는 정도의 것이 아닌 이상 그 부실은 당해 승인 등 처분에 재량권 일탈·남용의 위법이 있는지 여부를 판단하는 하나의 요소로 됨에

---

32) 한편, 서울行判 2010.4.23. 2008구합29038은 대상지역 주민들 일부에 대해 의견수렴 절차를 거치지 않은 경우 위법하다고 보았지만, 그 하자가 중대·명백하다고 볼 수 없어 취소사유에 불과하고 해당 처분을 취소하는 것이 오히려 현저히 공공복리에 적합하지 않다고 보아 사정판결을 하였다.

33) 환경영향평가 자체를 누락한 사업의 승인처분은 무효라고 설시한 판례로는 大判 2006.6.30. 2005두14363[13모][17모1][19모1], 공람·공고, 주민설명회 등 주민 의견수렴 절차를 거치지 아니한 채 이루어진 사업계획승인 처분은 위법하다고 판단한 사례는 大判 2011.11.10. 2010두22832[18모1][19모1].

그칠 뿐, 그 부실로 인하여 당연히 당해 승인 등 처분이 위법하게 되는 것이 아니"라는 입장이다(大判 2001.6.29. 99두9902[13모2]).[34]

그리하여 大判 2004.12.9. 2003두12073 등에서 확인할 수 있는 법원의 태도를 보면, 환경영향평가를 거쳐야 할 대상사업에 대하여 처분이 이루어진 경우에 법원은 ① 환경영향평가절차가 제대로 진행되었는지를 확인한 다음, ② 환경영향평가서를 기초로 환경영향평가의 내용이 부실한지 여부를 판단하여 환경영향평가가 부실하다면, ③ 그 부실의 정도가 환경영향평가를 실시하지 아니한 것과 다를 바 없는 정도로 심각하여 환경영향평가제도를 둔 입법 취지를 전혀 달성할 수 없을 정도에 이렀는지 여부를 보고, 그렇지 않다면 ④ 그 부실로 인하여 당해 처분에 재량권 일탈·남용의 위법이 있는지 여부를 심리하게 된다.

다. 판례의 한계

판례의 태도에 따를 때 법원이 실체적 하자를 이유로 인·허가를 취소하는 경우는 희귀할 것이 예상되는바, 이는 법원의 "심사포기선언"과 다를 바 없다.[35] 환경영향평가가 본래의 취지대로 이행되기 위해서는 법원이 환경영향평가에 대한 내용적 통제를 적극적으로 해야 할 필요가 있다.[36] 법원은 환경영향평가의 부실의 정도를 신중히 들여다보고 그것이 중대하여 승인등의 의사결정에 영향을 미칠 가능성이 있다면, 해당 결정의 위법성을 인정해야 할 것이다.

라. 대안 탐색의 필요성

환경영향평가의 실체적 하자로서 가장 눈여겨보아야 할 태양은 대안에 대한 탐색의 부재이다. 우리나라에서 대안에 관한 관심이 부족한 반면, 미국의 국가환경정책법은 당해 개발행위에 대한 대안의 모색과 분석이 환경영향평가 전체의 중핵이라고 보고 있다. 미국에서 최초로 안출된 당시의 환경영향평가는 당해 개발행위에 대한 대안을 모색함으로써 정책결정과정에 도움을 줄 수 있다는 데 그 의의를 두었다. 이것은 선택된 대안이 환경적으로 가장 유리한 것이어야 한다는 것을 의미하는 것이 아니라 선택할 수 있는 대안을 제시하고 그 가능성을 탐색함으로써 정책과정을 보다 합리화하고 향상시킬 수 있다는 것을 의미한다. 이 경우의 대안은 개발행위의 목적을 달성하기 위한 대안뿐만 아니라 개발행위의 포기라는 대안 역시 포함한다. 이때 만약 가능한 대안이 있음에도 불구하고 그것을 고려하지 않거나, 제시된 대안을 거부하게 된 이유를 밝히지 않으면 그 환경영향평가는 부적절한 것이 된다. 우리나라에서도 환경영향평가서 작성에 있어 대안설정 및 평가를 보다 진지하게 다루도록 강제할 필요성이

---

34) 유사한 취지를 설시한 판결로는, 大判 1998.9.22. 97누19571[14모2], 大判 2006.3.16. 2006두330 [18모1][19모1][15변], 大判 2006.3.16. 2006두330[20모1] 등.

35) 김홍균, "새만금 소송의 의의와 과제," **저스티스** 81호, 108, 109 (2004).

36) 함태성, "환경영향평가제도에 대한 법원의 심사," **환경법연구** 제24권 제1호, 232, 233 (2002).

있으며, 대안설정 및 평가를 제대로 하지 못한 경우는 이를 실체적 하자로 보아 그 후의 행정활동에 영향을 끼치는 것으로 보고 이에 대한 사법적 통제를 가할 필요가 있다.

II. 환경영향평가에 하자가 없는 경우

환경영향평가를 사전적이고 절차적인 제도로 파악할 경우에는 절차적 · 실체적 하자가 없이 이루어진 환경영향평가는 다툴 여지가 전혀 없고 사법심사가 개재될 여지도 없다. 환경영향평가를 사후적이고 규제적 수단으로 보는 경우에만, 환경관리적 차원에서 환경영향평가 결과를 행정과정에 반영하여 해당 사업을 친환경적으로 관리할 필요성이 생기는 것이다. 환경영향평가가 문자 그대로 절차적 수단인 미국과 달리 우리나라에서는 환경영향평가가 사후적인 관리수단으로서의 의미도 가지고 있기 때문에 환경부와 승인기관은 사업시행자가 사업을 시행함에 있어 환경영향평가 결과를 반영하도록 노력할 필요가 있다. 그런 의미에서 환경영향평가법상의 이른바 협의는 매우 중요한 제도적 의미를 가진다.

1. 긍정적 평가결과

절차적 · 실체적인 면에서 적절하게 이루어진 하자없는 환경영향평가 결과, 당해 사업의 환경성이 긍정적으로 평가된 경우, 환언하면 그 사업의 시행으로 인하여 환경에 미치는 영향이 없거나 긍정적인 영향을 미치는 경우, 그리고 환경에 부정적인 영향을 미치더라도 그 정도가 미약하여 이를 무시할 수 있어 그 사업을 추진하는 결정을 할 수 있다고 판단되는 경우에는 환경법이 개입할 여지는 없다.

2. 부정적 평가결과

이 경우에는 환경영향평가결과를 여하히 사업계획에 반영되도록 할 것인가가 문제이다. 다시 말해 ① 환경부가 평가결과를 반영하도록 협의를 진행하지 않거나[37] ② 승인기관이 환경부와의 협의 내용을 무시하고 사업승인을 하거나[38] ③ 사업자가 협의 내용을 이행하지 않을 경우에 이를 어떻게 통제할 것인가가 문제인 것이다.

[37) 가령, 사업자가 협의절차가 끝나지 않았음에도 공사를 하는 경우(§34①)에 환경부장관이 사업자에게 공사중지, 기타 필요한 조치명령을 하지 않거나 승인기관의 장에게 공사중지, 기타 필요한 조치명령을 할 것을 요청하지 않는 경우(동조 ④)도 또 다른 유형의 환경부의 부작위가 될 것이다.

[38) 또한 승인기관이 환경부의 요청이 있었음에도 공사중지 등 조치를 명하지 아니한 경우도 또 다른 형태의 승인기관의 부작위가 될 것이다.

(1) 행정적 통제

환경부장관과 승인기관의 장이 협의를 함에 있어 의견이 충돌하여 원만히 협의가 진행되지 않는 경우는 그리 많지 않을 것으로 추측되지만, 그런 경우에 대비하여 법적 장치를 마련하는 것이 필요하다. 개발부처인 승인기관과 환경부는 존재 이유를 달리하므로 개발사업을 보는 시각이 사뭇 다르기 때문이다. 상정할 수 있는 대응방안은 차관회의 또는 국무회의를 통하여 환경부와 승인기관 사이의 충돌을 조정하는 것이다. 그러나 양 회의에서 조정된다면 개발위주로 조정될 가능성이 농후할 것이다. 따라서 국가적 차원에서 중대한 환경적 이익이 걸린 사안의 조정을 담당하는 대통령 직속 환경위원회를 구성하고 환경적 안목을 가진 전문가들의 참여를 균형있게 보장하는 방안을 생각해볼 수 있을 것이다.

(2) 사법적 통제

협의가 제대로 진행되지 않을 경우의 사법적 통제를 논하기 위해서는 먼저 협의 내지 협의내용의 통보의 법적 성격을 규명해야 한다. **협의 또는 협의내용의 통보**에 처분성을 인정할 것인가에 관하여는 세 가지 견해가 대립한다.

가. 학설의 대립

처분성긍정설은 협의의 제도적 취지와 관련 규정의 문언을 근거로 하여 협의는 승인기관의 장에게 적어도 직무상 또는 사실상의 구속력을 갖고 나아가 어느 정도의 법적 구속력을 가진다고 한다.[39] **처분성부정설**은 협의는 구속력이 없다고 하면서도 환경부장관의 부정적인 의견에도 불구하고 인·허가를 하고자 할 때에는 다시 협의를 거쳐 신중하게 인·허가 처분을 내려야 하고, 그렇지 아니한 경우에는 위법한 것으로 보아야 한다고 한다.[40] 이는 협의의 처분성을 부정하되 인·허가 처분에 이르는 절차 중 중요한 요소로 보는 것이다. **사례별 판단설**은 협의는 그 내용이 단순한 권고로부터 구체적 행위의무의 부과에 이르기까지 다양할 수 있어 일률적으로 처분성 유무를 정할 수 없고, 협의내용의 불이행에 대하여 법적 제재가 따르기는 하지만 이는 협의가 처분이므로 그 내용적 구속력 자체에 따른 것이 아니라 환경영향평가법이 그 제도의 실효성을 담보하기 위하여 특칙을 둔 데 따른 것이라고 한다.[41]

생각건대, 현행 환경영향평가법상의 관련 **규정의 문언**을 보면, 협의 또는 협의내용의 통보가 사업자뿐만 아니라 승인기관의 장에 대하여 법적 구속력을 가진다는 점은 부정할 수 없다고 본다. 즉 동법에 의하면, "승인기관장등은 환경영향평가 대상사업에 대한 승인등을 하거나

---

39) 김홍균, 167; 함태성, **사전환경성검토제도의 법적 과제**, 47 (한국법제연구원, 2004.11.)
40) 박균성, "환경영향평가의 하자와 사업계획 승인처분의 효력," **행정판례연구** Ⅶ, 379, 385, 386 (2002).
41) 홍준형a, 261.

환경영향평가 대상사업을 확정하기 전에 환경부장관에게 협의를 요청하여야"하고(§27①), 환경부장관은 "승인기관장등에게 협의내용을 통보하여야" 하며(§29①), "사업자는 사업계획 등을 시행할 때에 사업계획 등에 반영된 협의내용을 이행하여야" 하며(§35①), 승인기관의 장은 "승인등을 받아야 하는 사업자가 협의 내용을 이행하지 아니하였을 때에는 그 이행에 필요한 조치를 명하여야" 하며(§40①), "승인등을 받아야 하는 사업자가 제1항에 따른 조치명령을 이행하지 아니하여 해당 사업이 환경에 중대한 영향을 미친다고 판단하는 경우에는 그 사업의 전부 또는 일부에 대한 공사중지명령을 하여야" 하고(동조 ②),[42] 환경부장관은 "협의 내용에 협의기준에 관한 내용이 포함되어 있으면 협의기준의 준수 여부를 확인하여야" 한다(동조 ③). 이런 명백한 문언에다가 실효성을 확보하기 위한 각종 규정(§34, §40④, ⑤, §40의2), 협의가 쌍방간 의사의 조정이 아니라 환경부장관의 일방적인 심사의 형태로 진행되는 실무관행, 마지막으로 사업자나 승인기관의 장이 협의내용에 대하여 이의신청을 할 수 있도록 한 것을 종합해보면, 협의에 대하여 충분히 법적 구속력을 인정할 수 있고, 그렇다고 한다면 협의는 "국민의 구체적인 권리·의무에 직접적 변동을 초래하는 행위," 즉 처분이 아니라고 할 수는 없을 것이다.

또한 환경영향평가법이 협의를 이처럼 강력하게 규정한 **취지**는 환경전담부처인 환경부의 전문성이 승인등 절차에 반영되어 환경훼손을 사전에 차단하기 위한 것으로 새겨야 하는데, 그럼에도 불구하고 협의를 그저 거치기만 하면 충분한 요식행위로 보고 법적 구속력을 인정하지 않는 것은 이러한 제도의 취지에 반하는 불합리한 해석이 된다.[43]

마지막으로 협의를 단순히 절차로 보면 승인기관의 처분이 있을 때까지 기다려야만 사법심사를 청구할 수 있고 이와 같은 결과는 사전예방적 측면에서 바람직하지 않으므로 가능한 이른 시기에 사법심사를 제기할 수 있도록 하여야겠다는 **현실적 필요성**도 고려해야 한다.

나. 판례

大判 2001.7.27. 99두2970[13모2][19모1]은 환경부장관과의 협의를 거쳤으나 그 내용을 전혀 반영하지 않고 오히려 정반대의 처분을 한 사건에 관해서 그 처분을 위법하다고 볼 수 없다고 판단한 바 있다. 그러나 동 판결은 개정전 환경영향평가법의 규정을 전제로 한 것임에 유의해야 한다. 환경영향평가법은 사전예방적 측면이 강화되는 방향으로 개정되어 왔음은 전술한 바와 같다.

한편, '처분' 개념에 관하여 판례는 전술한 바와 같이 기본적으로는 "행정처분은 행정청의 공법상 행위로서 특정사항에 대하여 법규에 의한 권리의 설정 또는 의무의 부담을 명하거나

---

42) 환경영향평가법 제73조 제1호는 공사중지명령을 이행하지 아니한 자는 "5년 이하의 징역 또는 5천만원 이하의 벌금에 처한다."라고 규정하고 있다.
43) 함태성, "환경영향평가제도에 대한 법원의 심사," **환경법연구** 제24권 제1호, 232, 248 (2002).

기타 법률효과를 발생하게 하는 등 국민의 권리의무에 직접 관계가 있는 행위"라고 판시하고 있으나(大判 1983.2.22. 81누283), 처분개념을 넓게 본 판례도 있음을 놓쳐서는 안 된다. 大判 1984.2.14. 82누370은 "행정소송제도의 목적 또는 사법권에 의한 국민의 권리보호의 기능도 충분히 고려하여 합목적적으로 판단되어야 할 것"이라고 판시한 바 있다. 이런 판례가 '권리구제의 실효성' 측면에서 제기된 문제의식을 반영한 결과임은 물론이다.

제 3 장 | 대기환경보전법

제1절 | 대기환경과 대기환경보전법제

Ⅰ. 대기환경의 현황

1. 개설

우리나라는 경제성장과 민주주의를 동시에 이룩한 나라로 세계적으로 유명하다. 특히 초고속·압축적인 경제성장은 인류 역사상 전무후무한 일로 기록될 것이다. 하지만 그 부작용도 작지 않고, 이를 극복하지 않으면 경제성장은 퇴색할 수밖에 없다. 앞으로는 환경의 시대가 도래할 것이기에 때문에 더더욱 그러하다.

경제성장의 어두운 단면은 대기환경에서 두드러지게 나타난다. 급속히 진행된 산업화는 대기오염물질이라는 부산물을 대기 속에 쏟아냈고, 그 결과 우리 민족이 일찍이 겪어보지 못한 대기오염에 시달리고 있다. 산업화가 진행되면서 그와 함께 산업구조도 변화했는데 이에 맞추어 대기오염의 주된 물질도 변화해왔다. 근자에는 삼한사온 대신에 "삼한사미(三寒四微)"라는 신조어가 유행이다. 사흘간 한파가 이어지다 물러나면 나흘간 미세먼지가 기승을 부린다는 뜻으로 최근 겨울날씨를 비유하는 말이다. 얼마나 미세먼지가 심하게 다가왔으면, 이런 신조어가 자연스럽게 유통되겠는가!

이는 환경정책의 관점에서도 결코 무시하지 못할 두 가지 의제를 상기시킨다. 최근 **기후변화**로 북극 한랭기단이 한반도까지 밀고 내려오면서 겨울철 강력한 한파가 발생하고, 한파가 끝날 때쯤이면 중국발 **미세먼지**가 포함된 온난기단이 밀려오면서 삼한사미가 일상화되고 있다. 오늘날 한반도의 대기환경을 묘사하는 말로 이만한 말이 있을 수 없다.

따지고 보면 기후변화나 중국발 미세먼지나 모두 산업화가 고도화되면서 생긴 현상이다.

우리나라 환경부가 매년 발행하는 환경백서를 보면 그동안 우리나라 대기정책이 삼은 정책목표의 변화상을 볼 수 있다. 전술한 대로 대기정책의 목표는 한반도의 대기환경 현황에 대응하는 것이고 대기현황, 특히 주요 대기오염물질의 종류와 오염도는 우리나라의 산업구조를 반영한다.

2. 대기환경 여건

대기환경에 영향을 주는 주원인은 에너지 사용이다. 에너지 사용은 인구증가 및 소득수준에 비례하는바, 우리나라의 경우는 인구는 정체되어 있다고 할 수 있으나 소득수준이 꾸준히 늘고 있어 여전히 증가추세이다. 대기환경이 특히 문제되는 수도권의 현황을 보면, 수도권은 국토면적의 12%에 불과하지만, 그 안에 우리나라 인구의 약 절반이 살고 있고, 전국 대기오염물질 배출시설의 42%, 자동차 등록 대수의 45%가 집중되어 있다. 인구밀도는 17,000명/km^{2}로서 6,000명/km^{2}인 동경, 5,000명/km^{2}인 런던보다 월등히 높다.[1] 이와 같이 수도권에는 인구가 집중되어 있고, 그에 따라 에너지 사용량이 증가하고 있으며, 자동차 역시 날로 늘어나는 추세이다. 여기에 최근에는 중국으로부터 미세먼지가 서풍, 북서풍을 타고 유입되면서 수도권 대기질에 영향을 주고 있는 실정이다.

3. 대기오염도

수도권의 대기오염도를 보면, 서울시의 미세먼지(PM10) 연평균농도는 2001년 71$\mu g/m^3$에서 2013년 44$\mu g/m^3$으로 개선이 되고 있기는 하나 여전히 동경(21$\mu g/m^3$)의 두 배 수준으로 높다. 이산화질소(NO2)의 연평균 농도는 2001년 37ppb에서, 2013년 33ppb로 개선되었지만 동경(19ppb)보다 나쁘다.

4. 오염물질 발생량 현황

오염물질의 배출원과 배출량을 파악해야 오염물질 저감을 위한 세부대책을 마련할 수 있다. 2015년을 기준으로 전국 총배출량을 보면, 미세먼지(PM10)는 약 23만톤, 미세먼지(PM2.5)는 약 10만톤, 질소산화물(NOX)은 약 115만톤, 황산화물(SOX)은 약 35만톤, 휘발성유기화합물(VOCS)은 10만톤이다.[2] 미세먼지(PM10)는 비산먼지 부문에서 80% 이상 배출되었고, 입자

---

1) 환경부, **수도권 대기환경 개선 대책 그 성과와 미래**, 3 (2014.7.)
2) http://airemiss.nier.go.kr/mbshome/mbs/airemiss/index.do (2019.1.22. 최종방문).

가 더 작아 인체에 보다 해로운 미세먼지(PM2.5)는 자동차 등 "이동오염원(=선오염원(line source))" 부문에서 약 50%, 비산먼지 부문에서 약 42%가 배출되었다. 질소산화물은 오존을 생성하며, 대기중에서 2차 반응을 일으켜 미세먼지 농도를 높이는 오염물질인데, 자동차 등 이동오염원 부문에서 약 70%가 배출되었고 발전·제조업 등 "점오염원(point source)"과 상업·주거시설과 같은 "면오염원(area source)" 부문에서 각각 15%가 배출되었다. 황을 함유한 연료 사용시설에서 주로 나오는 황산화물은 점오염원 부문에서 약 52%, 면오염원 부문에서 25%가 배출되었다. 휘발성유기화합물은 생활주변의 도장시설, 세탁시설, 주유소, 유기용제 사용시설 등의 면오염원에서 77%가 배출되었다.

5. 오염물질 발생량 향후 전망 및 인체 건강의 피해

에너지 사용량이 증가함에 따라 오염물질 발생량은 꾸준히 늘어날 것으로 예상된다. 이에 따라 대기오염도 또한 높아질 수밖에 없다. 문제는 현재의 오염도와 미래 예측치 모두 세계보건기구에서 정한 권고기준을 크게 초과하고 있다는 사실이다. 한 연구에 의하면 2024년 오염도 예측결과를 가지고 건강피해를 분석한 결과, 조기사망자가 1만9,9958명, 호흡기질환으로 인한 입원환자가 최대 1만1,4447명에 이를 것으로 예상된다.[3]

6. 향후 대책

이에 환경부는 여러 가지 대책을 강구하고 있다. 가령 수도권 대기환경 개선을 위하여 2015년부터 2024년 동안의 10년을 계획한 「제2차 기본계획」을 보면, "맑은 공기로 건강한 100세 시대 구현"을 목표로 삼아, 자동차관리, 배출시설관리, 생활오염원 관리, 과학적 관리기반 구축 등 4대 분야별 추진대책을 마련하였다. 이를 보면, 인체 위해성 관리를 위하여 관리 대상 오염물질에 미세먼지(PM2.5), 오존(O3)을 추가하고 고농도 오염지역을 집중관리하며, 생활주변 오염원관리를 위하여 생활주변 휘발성유기화합물, 미세먼지(PM2.5) 배출원 관리를 강화하고, 사전예방관리를 위하여 2024년까지 운행자동차의 20%를 친환경자동차로 보급하고 사업장 총량제와 교통수요관리를 강화하는 등 산업·생활 부문 오염최소화를 추진하며, 과학적 관리기반의 구축을 위하여 배출목록의 정교화 및 미세먼지(PM2.5) 측정망을 확충하고 미세먼지·오존을 대상으로 한 예·경보제를 조기에 시행하는 것을 목표로 하고 있다.

---

3) 임종한, **국민건강 위해성을 고려한 대기질 개선효과 분석** (2012); 환경부(註1), 5.

Ⅱ. 대기환경보전법의 연혁 및 주요 내용

1. 대기환경보전법제

이러한 문제와 그에 상응한 정책을 추진하기 위해서는 이를 뒷받침하는 법체계가 필요한 것은 두말할 필요가 없다. 우리나라에는 대기환경보전을 위한 실정법으로, 「대기환경보전법」, 「실내공기질 관리법」, 「수도권 대기환경개선에 관한 특별법」이 있다. 대기환경보전법은 환경보전법이 6개 법률로 분법화된 1990년 제정되어 여러 차례 개정을 거쳐 현재에 이르고 있다.

2. 대기환경보전법의 체계 및 골자

대기환경을 관리·보전하기 위해서는 우선 대기의 오염도를 알아야 한다. 대기체는 어지간한 오염물질의 배출을 수용할 수 있는 환경용량을 가지고 있기 때문에 대기오염 배출의 정도가 그 환경용량 범위 내라면 굳이 이를 규제할 필요가 없다. 따라서 대기환경보전을 위한 첫 번째 과제는 국민이 어느 정도 깨끗한 대기를 원하는가를 파악해서 대기에 대한 환경기준을 정하는 것이다. 환경기준이란 "국민의 건강을 보호하고 쾌적한 환경을 조성하기 위하여 국가가 달성하고 유지하는 것이 바람직한 환경상의 조건 또는 질적인 수준"을 말한다(환경정책기본법 §3viii).

그 다음은 우리의 대기환경이 환경기준을 충족시키고 있는지 여부 및 그 정도를 파악하여 그에 비례한 조치를 취할 채비를 갖추어야 한다. 이를 위하여 대기환경보전법은 상시측정에 필요한 측정망과 측정결과의 공유를 가능케 하는 전산망, 대기오염 경보시스템을 규정하는 등 측정체제를 구성하고 있다. 대기환경개선종합계획, 장거리이동대기오염물질 피해방지 종합대책, 국제협력 등은 보다 체계적인 대기환경관리를 위하여 필수적인 요소이다(§§1-15).

이렇게 얼개가 만들어지면 본격적으로 대기환경오염활동에 대한 규제에 착수해야 한다. 이를 위해서는 무엇보다 규제·관리의 필요성이 있는 대기오염물질을 지정하고 그에 대한 배출허용기준을 마련하며, 오염원을 파악하여 대기오염물질의 배출을 그 기준 이하로 관리해야 한다. 대기오염의 주역도 역시 점오염원인 사업장인바, 동법은 주로 사업장규제에 초점을 맞추고 있다. 고체연료 사용의 규제, 저유황 연료유·청정연료의 공급·사용 확대, 특별대책지역 지정·관리, 대기관리권역 지정·관리 등이 주된 수단이다(§§16-40).

한편 비산먼지나 휘발성유기화합물의 주된 오염원은 상업·주거시설과 같은 면오염원 부문이다. 동법은 그 배출을 관리하기 위하여 연료용 유류 황함유기준을 정하고 연료의 제조 및 사용 등을 규제하고 있다(§§41-45).

선오염원인 자동차배출은 사업장배출과 함께 대기오염에 대한 기여도가 큰 반면, 자동차 대수가 점증하는 추세일 뿐만 아니라 감축여력도 작지 않아서 그에 대한 규제의 필요성이 절실하다. 대기환경보전법은 자동차의 제작단계에서부터 자동차의 운행까지 상정가능한 규제의 국면마다 필요한 규제조치를 규정하고 있다(§§46 – 75).

대기환경보전법 제5~6장은 정부의 재정적·기술적 지원, 대기환경보전행정에 필요한 인적·물적 인프라 및 벌칙과 과태료를 규정하고 있다(§§76의2 – 95).

제2절 | 대기환경보전법 총칙

Ⅰ. 대기환경보전법의 목적

대기환경보전법은 "대기오염으로 인한 국민건강이나 환경에 관한 위해를 예방하고 대기환경을 적정하고 지속가능하게 관리·보전하여 모든 국민이 건강하고 쾌적한 환경에서 생활할 수 있게 하는 것을 목적"으로 한다(§1). 동조에 의하면 최상위 목표는 모든 국민에게 건강하게 쾌적한 환경을 제공하여 거기서 생활할 수 있게 하는 것이고, 이를 위한 수단은 ① 대기오염으로 인한 국민건강이나 환경에 관한 위해를 예방하고, ② 대기환경을 적정하고 지속가능하게 관리·보전하는 것이다. 대기오염으로 인한 위해 예방과 대기환경 적정관리는 다시 하위 목표가 되어 하위 수단, 즉 대기오염 측정, 조사, 사전예방, 사후정화 등의 수단을 거느리게 된다.

이상과 같은 최상위목표 – 최상위수단, 상위목표 – 상위수단, …, 하위목표 – 하위수단, 최하위목표 – 최하위수단으로 이어지는 목표 – 수단 계층제가 우리 대기환경보전법의 6장 95조의 규정이 만들어내는 대기환경보전의 법체계이다. [표 3 – 5]는 이를 보여주는 대기환경보전법의 체계도이다.

■ 표 3-5 대기환경보전법 체계도

```
                              대기환경보전법
```

제1장 총칙 (제1조~제15조)	제2장 사업장 규제 (제16조~제40조)	제3장 생활환경 규제 (제41조~제45조)	제4장 자동차 등 규제 (제46조~제76조)	제5·6장 보칙·벌칙 (제76조의2~제95조)
-목적 및 정의 -상시측정 등 -환경위성 관측망의 구축·운영 -측정망 설치계획 -대기오염물질 심사평가 -대기오염도 예측발표 -국가 대기질통합관리센터 -대기오염 경보 -기후·생태계 변화유발물질 배출억제 -대기순환 장애의방지 -대기환경개선 종합계획 수립 -장거리이동대기오염물질 피해방지 종합대책, 위원회, 국제협력	-배출허용기준 -대기오염물질 배출원·배출량 조사 -총량규제 -배출시설 설치허가·신고 및 사업장의 분류 -방지시설의 설치 -가동개시 신고 -배출시설 및 방지시설 운영 -측정기기 부착 -개선명령·조업정지 -배출부과금 -허가의 취소 등 및 과징금 -위법시설에 대한폐쇄조치 -비산배출시설의설치신고 등 -자가측정 -환경기술인	-연료용 유류 황함유기준 -연료의 제조와 사용 규제 -비산먼지 규제 -휘발성유기화합물 규제	-제작차 배출허용기준 및 인증·검사 -결함확인검사 및결함의 시정 -운행차 배출허용기준 -저공해자동차 운행 -공회전 제한 -저감장치 인증 등 -운행차 수시점검, 정기·정밀검사 및 검사업무 대행 -운행차의 개선명령·자동차의 운행정지 -확인검사대행자 -자동차연료·첨가제 제조기준 -자동차연료·첨가제 사전검사 -연료·첨가제 제조·공급·판매 중지 -선박 배출허용기준	-자동차 온실가스 배출허용기준 -자동차 온실가스 배출량 보고, 표시 -냉매의 관리 -환경기술인 교육 -자동차환경협회 설립 -재정적·기술적 지원 -보고 및 검사 -행정처분기준 -청문 및 수수료 -권한의 위임·위탁 -벌칙 및 과태료

Ⅱ. 주요 개념의 정의

1. 대기오염

대기환경보전법은 대기오염에 대한 정의규정을 두고 있지 않다. 세계보건기구(WHO)는 대기오염을 "대기중에 인위적으로 배출된 오염물질이 한 가지 또는 그 이상 존재하여 오염물질의 양, 농도 및 지속시간이 어떤 지역의 불특정다수인에게 불쾌감을 일으키거나 해당지역에 공중보건상 위해를 끼치고, 인간이나 동·식물의 활동에 해를 주어 생활과 재산을 향유할 정당한 권리를 방해하는 상태"로 규정하고 있다.

위 정의에서 착안해야 할 요점으로는 먼저, 대기오염은 오염물질의 양, 농도, 지속시간의 함수라는 점을 들 수 있다. 양만 많다고 해서, 농도만 높다고 해서 대기오염으로 되는 것은 아니고, 이 두 변수가 지속시간과 결합해야 대기오염이 발생한다. 둘째로, 대기오염으로 평가되는 결과도 광범위하다. 즉 공중보건상 위해뿐 아니라 불특정다수인에게 불쾌감을 주는 것과 인간이나 동·식물의 활동에 해를 주어 생활과 재산을 향유할 정당한 권리를 방해하는 상태도 역시 대기오염의 결과로 평가받는다. 대기오염의 범위가 넓어질 수밖에 없는 까닭이다. 다시 강조하거니와 소득수준이 높아질수록 대기오염에 대한 규제수요는 더욱 커질 것이다.

2. 대기환경기준

대기환경기준은 대기오염 피해로부터 국민의 건강을 보호하기 위한 정책목표임과 동시에 현재의 대기질 상태를 평가하는 기준이다. 일반적으로 대기환경기준은 인체와 동식물에 해로운 영향을 유발하는 노출량을 기준으로 하여 장·단기 기준치가 설정되는 것이 세계적인 추세이며, 세계 각국은 WHO의 권고치를 기준으로 하여 각국의 실정에 맞게 아황산가스, 이산화질소, 오존, 먼지 등과 같이 대기오염상태를 대표할 수 있는 물질에 대해 기준을 정하여 정책목표로 활용하고 있다.

환경정책기본법상 환경기준은 사람의 건강을 보호하고, 쾌적한 생활환경을 유지하기 위해 설정된다. 환경기준은 우리나라 **환경정책의 목표치**로서, 환경개선을 위하여 **오염 정도를 판단·예측하고 대책을 강구하는 척도**로 사용된다. 대기환경보전법은 환경부장관에게 대기 중에 존재하는 물질의 위해성을 ① 독성, ② 생태계에 미치는 영향, ③ 배출량, ④ 환경정책기본법상의 환경기준에 대비한 오염도의 기준에 따라 심사·평가할 수 있도록 수권하고 있는데(§7), 이는 환경법상 환경기준의 역할을 잘 보여주는 예이다.

대기환경기준으로는 수년 내에 달성하고자 하는 단기목표치와 수십 년에 걸쳐 달성하기 위한 장기목표치가 있다.[4] 상황에 따라서는 대기오염에 감수성이 강한 집단의 질병을 예방하고 사망을 줄이기 위한 중간적 목표도 설정될 수 있다. 대기환경기준은 1978년 최초로 이산화황에 대한 기준이 설정된 이래 현재까지 5회에 걸쳐 항목이 추가되었고 기준 또한 점차 강화되어 왔다.

---

4) 단기목표치는 설정 당시의 국가오염도 수준, 사회·경제적 상황 및 건강에 대한 국민의 관심도에 따라, 그리고 알려진 지식과 정보에 터 잡아 설정되며, 대기오염으로 인하여 인간 건강에 문제가 발생하지 않도록 하는 데 그 궁극적 목적이 있다. 장기목표치는 건강문제보다 대기질에 초점을 맞추어 설정되고 불확실하더라도 대기질에 악영향을 줄 수 있는 가능성이 있다면 이를 고려하여 설정하는 기준치이다. 환경부, **대기환경보전법 해설**, 12 (2018).

3. 대기오염물질 및 발생원

(1) 대기오염물질

가. 대기오염물질

"대기오염물질"이란 대기 중에 존재하는 물질 중 대기환경보전법 제7조에 따른 심사·평가 결과 대기오염의 원인으로 인정된 가스·입자상물질로서 환경부령으로 정하는 것을 말한다(§2i). 대기오염을 발생시키는 원인물질인 대기오염물질은 매연, 먼지, 가스 및 악취 등 여러 가지가 있는데, 생성과정에 따라 발생원에서 대기 중으로 직접 배출되는 황화합물, 질소산화물 등과 같은 1차 대기오염물질과, 1차 오염물질이 대기 중에서 일련의 화학적 반응을 거쳐 부차적으로 발생하는 오존 등과 같은 2차 오염물질로 분류되는 한편, 물리적 성상에 따라서는 가스와 입자상(粒子狀) 물질로 분류된다.

"가스"는 "물질이 연소·합성·분해될 때에 발생하거나 물리적 성질에 의해서 발생되는 기체상(狀) 물질(§2iv)"로서 황산화물, 질소산화물, 오존 등이 그 예이며, "입자상 물질"은 "물질이 파쇄·선별·퇴적·이적(移積)될 때, 그 밖에 기계적으로 처리되거나 연소·합성·분해될 때에 발생하는 고체상 또는 액체상의 미세한 물질"(§2v)을 말한다.

대기오염물질은 그 나라의 경제수준, 오염저감기술, 측정·분석기술수준 등에 따라 지정·관리되고 있는 구체적인 물질의 숫자가 다른데, 우리나라의 경우 대기환경보전법에서 "대기오염물질"이라 함은 "대기오염의 원인이 되는 가스·입자상물질로서 환경부령으로 정하는 것"으로 규정하고 있으며, 환경부령에서는 총 64종의 대기오염물질과 35종의 특정대기유해물질을 지정·관리하고 있다.

▌표 3-6 대기오염물질의 특징, 발생원 및 인체 영향

구 분	특 징	발생원	인체영향
아황산가스 (SO_2)	• 물에 잘 녹음 • 무색의 자극성 있는 불연성 가스 • 산성비 원인물질 • 미세먼지(황산염)로 전환	황을 함유한 연료의 연소 금속제련공정 등	점막을 자극: 콧물, 담기침, 호흡곤란 초래, 기관지염, 폐수종, 폐렴 등 유발 가능
일산화탄소 (CO)	무색, 무취의 유독성 가스	• 수송부분, 산업공정, 미수송부분의 연료연소시 탄소성분의 불완전연소 • 산불, 화재 등 자연발생	혈액속 산소운반역할 저해

이산화질소 (NO₂)	• 적갈색의 반응성이 큼 • 오존생성 전구물질 • 산성비 원인 • 잎에 흑갈색 반점	• 자동차, 파워플랜트 • 화학물질 제조공정	• 눈, 코 등 점막자극 • 만성기관지염, 폐렴, 폐출혈, 폐수종 발병
오존 (O₃)	• 농작물 수확량 감소 • 잎의 고사	질소산화물과 휘발성 유기화합물(VOCs) 등이 자외선과 광화학반응으로 생성	• 가슴통증, 기침, 메스꺼움, 목자극, 소화불량 유발 • 심장질환, 폐기종 및 천식 악화, 폐활량 감소
미세먼지 (PM10/PM 2.5)	• 고체, 액적의 혼합상태 • 시정을 악화 • 식물 신진대사 방해 • 건축물 퇴적되어 부식	• 배출원 직접배출 • 가스상 물질의 반응 • 황사, 해염, 산불 등 자연 발생	• 천식등 호흡기 질병 악화 • 폐기능의 저하를 초래
납 (Pb)	실온에서 청백색의 광택을 내는 매우 연한 금속	금속공정(철 제련, 비철제련, 배터리 제조 등)	간장, 신장, 신경계통 영향발작, 지적 성장력 부진, 행동장애 등
벤젠	향긋한 냄새로 휘발성 강함 안정적인 분자구조	• 석탄 및 석유 연소 • 주유소 • 자동차 배출가스	• 단기노출시 졸음, 두통 및 눈 귀 피부 영향 • 고농도 노출시 의식장애

출전: 환경부, "대기환경보전법 해설," 12-13 (2018)

나. 유해성대기감시물질, 기후·생태계 변화유발물질, 특정대기유해물질 등

"유해성대기감시물질"이란 대기오염물질 중 대기환경보전법 제7조에 따른 심사·평가 결과 사람의 건강이나 동식물의 생육에 위해를 끼칠 수 있어 지속적인 측정이나 감시·관찰 등이

▌표 3-7 주요 대기오염물질 종류

종 류	내 용
대기오염물질	대기오염의 원인이 되는 가스·입자상물질 또는 악취물질(61종)
유해성대기감시물질	사람의 건강이나 동식물의 생육에 위해를 끼칠 수 있어 측정이나 감시·관찰 등이 필요한 물질(43종)
특정대기유해물질	사람의 건강·재산이나 동·식물의 생육에 직접 또는 간접으로 위해를 줄 우려가 있는 물질(35종)
지정악취물질	황화수소 등 자극성 있는 기체상물질이 사람의 후각을 자극하여 불쾌감과 혐오감을 주는 냄새(22종, 악취방지법)
휘발성유기화합물	탄화수소류중 벤젠, 휘발유 등 휘발성이 큰 물질(37종)
기후·생태계변화유발물질	기후온난화 등으로 생태계의 변화를 가져올 수 있는 온실가스 6종과 염화불화탄소, 수소염화불화탄소 등 기체상물질(8종)

출전: 환경부, "대기환경보전법 해설," 2 (2018)

필요하다고 인정된 물질로서 환경부령으로 정하는 것"을 말한다(§2i의2). [표3－7]에서 볼 수 있듯이, 대기환경보전법 시행규칙은 43종의 물질을 유해성대기감시물질로 지정하고 있다(§2의 2, 별표1의2).

"기후·생태계 변화유발물질"이란 지구 온난화 등으로 생태계의 변화를 가져올 수 있는 기체상물질(氣體狀物質)로서 온실가스와 환경부령으로 정하는 것을 말한다(§2ii). 동법 시행규칙은 8종을 지정하고 있다.

"특정대기유해물질"이란 유해성대기감시물질 중 제7조에 따른 심사·평가 결과 저농도에서도 장기적인 섭취나 노출에 의하여 사람의 건강이나 동식물의 생육에 직접 또는 간접으로 위해를 끼칠 수 있어 대기 배출에 대한 관리가 필요하다고 인정된 물질로서 환경부령으로 정하는 것을 말한다(§2ix). 동법 시행규칙은 35종을 지정하고 있다.

"휘발성유기화합물"이란 탄화수소류 중 석유화학제품, 유기용제, 그 밖의 물질로서 환경부장관이 관계 중앙행정기관의 장과 협의하여 고시하는 것을 말한다(§2x). 현재 37종이 고시되어 있다.

다. 가스, 입자상물질, 먼지, 매연, 검댕이

대기환경보전법은 일상생활에서 널리 쓰이는 용어를 기술적으로 정의하고 있는바, 동법에서 사용되는 이들 용어는 바로 이렇게 정의된 용어임에 주의해야 한다.

먼저 "가스"와 "입자상물질"은 전술한 바와 같고, "먼지"란 "대기 중에 떠다니거나 흩날려 내려오는 입자상물질"을 말하고(§2vi), "매연"이란 "연소할 때에 생기는 유리(遊離) 탄소가 주가 되는 미세한 입자상물질"을 말하며(§2vii), "검댕이"란 "연소할 때에 생기는 유리(遊離) 탄소가 응결하여 입자의 지름이 1미크론 이상이 되는 입자상물질"을 말한다(§2viii).

(2) 대기오염물질 발생원

가. 점오염원, 면오염원, 선오염원

대기오염물질의 발생원으로는, ① 자연적 발생원과 ② 인위적 발생원이 있다. 전자는 황사, 산불, 화산 등과 같이 인간의 활동과 관계없이 오염물질을 발생시키는 원천이고 후자는 산업활동이나 인간의 활동 등에 의해 오염물질을 발생시키는 원천이다. 문제가 되는 것은 인위적 배출원이며, 인위적 발생원은 다시 점(點)오염원, 면(面)오염원, 선(線)오염원으로 구분된다. 점오염원은 발전소나 대규모 공장과 같이 하나의 시설이 대량의 오염물질을 배출하는 것을 말하며, 면오염원이란 주택과 같이 일정면적 내에 소규모 발생원이 다수 모여 오염물질을 발생시킴으로써 해당지역 내에 오염문제를 일으키는 것을 말하고, 선오염원(이동오염원)은 자동차, 기차, 비행기, 선박 등과 같이 이동하면서 오염물질을 연속적으로 배출하는 것을 말한다.

나. 대기오염물질배출시설 및 대기오염방지시설

"대기오염물질배출시설"이란 "대기오염물질을 대기에 배출하는 시설물, 기계, 기구, 그 밖의 물체로서 환경부령으로 정하는 것"을 말한다(§2xi). 대기오염배출에 대한 규제는 이 시설을 중심으로 이루어지는데, 동법 시행규칙은 현재 26개 종류의 시설을 지정하고 있다. "대기오염방지시설"은 "대기오염물질배출시설로부터 나오는 대기오염물질을 연소조절에 의한 방법 등으로 없애거나 줄이는 시설로서 환경부령으로 정하는 것"을 말한다(§2xii).

다. 자동차 및 원동기

"자동차"란 「자동차관리법」 제2조 제1호에 규정된 자동차 중 환경부령으로 정하는 것과 「건설기계관리법」 제2조 제1항 제1호에 따른 건설기계 중 환경부령으로 정하는 것을 말한다(§2xiii). 자동차 외에 "원동기"와 "선박"도 대기환경보전법이 규제하는 오염원이다.

Ⅲ. 대기환경보전의 구체적 목표

대기환경보전법은 전술한 바와 같이 제1조에서 "대기오염으로 인한 국민건강이나 환경에 관한 위해를 예방하고 대기환경을 적정하고 지속가능하게 관리·보전하여 모든 국민이 건강하고 쾌적한 환경에서 생활할 수 있게 하는 것"을 목적으로 하고 있는 외에, 두 가지 구체적 정책목표를 제시하고 있다. 하나는 기후변화와 관한 것이, 다른 하나는 황사와 미세먼지에 관한 것이다.

1. 기후·생태계 변화유발물질 배출억제

기후변화는 전 세계의 모든 국가가 다함께 손을 맞춰 대응하지 않으면 안 될 인류가 직면한 최대현안이다. 이러한 문제의식에 터 잡아, 대기환경보전법은 정부에게 기후·생태계 변화유발물질의 배출을 줄이기 위하여 국가 간에 환경정보와 기술을 교류하는 등 국제적인 노력에 적극 참여할 것을 명하고 있다(§9①). 이를 위하여 환경부장관은 다음의 사업을 추진해야 한다(동조 ②).

1. 기후·생태계 변화유발물질 배출저감을 위한 연구 및 변화유발물질의 회수·재사용·대체물질 개발에 관한 사업
2. 기후·생태계 변화유발물질 배출에 관한 조사 및 관련 통계의 구축에 관한 사업
3. 기후·생태계 변화유발물질 배출저감 및 탄소시장 활용에 관한 사업
4. 기후변화 관련 대국민 인식확산 및 실천지원에 관한 사업

5. 기후변화 관련 전문인력 육성 및 지원에 관한 사업

6. 그 밖에 대통령령으로 정하는 사업

동법은 또한 환경부장관에게 기후·생태계 변화유발물질의 배출을 줄이기 위하여 위 사업의 일부를 전문기관에 위탁하여 추진할 수 있도록 하고, 그에 필요한 재정적·기술적 지원이 가능하도록 수권하고 있다(동조 ③).

2. 장거리이동대기오염물질 피해방지

연간 황사발생 일수는 1980년대 평균 3.2일, 1990년대 5.8일, 2000년대 10.1일로 지속적으로 증가하였다가, 2010년대 접어들어 5.7일로 다소 감소하는 경향을 보이고 있다. 환경부는 장거리이동 대기오염 문제인 황사로 인한 피해를 예방하고 체계적으로 방지하기 위한 노력이 필요하다는 인식하에 2007년 대기환경보전법 전부개정에 임하여 황사 피해방지에 관한 규정을 신설하였다. 즉, 5년마다 "황사피해방지 종합대책"을 수립하고, 황사피해방지에 관한 사항을 심의·조정하기 위해 환경부 및 14개 관계부처로 구성된 "황사대책위원회"를 설치·운영하며(§14), 황사피해방지를 위한 국제협력(§15)을 규정한 것이다. 나아가 2015년에는 황사뿐만 아니라 장거리 이동을 통하여 국가간에 영향을 미치는 대기오염물질을 "장거리이동대기오염물질"로 정의하여 관리범위를 확대하였으며(§2xxii), 기존 "황사피해방지 종합대책" 및 그 위원회를 "장거리이동대기오염물질피해방지 종합대책" 및 "장거리이동대기오염물질대책위원회"로 확대·변경하고 장거리이동대기오염물질피해 방지 등을 위한 국제협력체제를 정비하였다.

Ⅳ. 대기환경보전을 위한 기본제도 및 수단

1. 대기환경보전을 위한 상시측정

모든 정책수단을 강구함에 있어서 가장 기본이 되는 것은 현황을 정확하게 파악하는 것이다. 이를 위해 대기환경보전법은 대기오염의 정도를 측정할 수 있도록 국가측정망 및 지자체 측정망으로 구성된 대기오염물질 측정체계를 마련하였다. 이에 의하면, 환경부장관은 전국적인 대기오염 및 기후·생태계 변화유발물질의 실태를 파악하기 위하여 측정망을 설치하고 대기오염도 등을 상시 측정하여야 한다(§3①). 특별시장·광역시장·특별자치시장·도지사 또는 특별자치도지사(이하 "시·도지사")는 해당 관할구역 안의 대기오염 실태를 파악하기 위하여 측정망을 설치하여 대기오염도를 상시 측정하고, 그 측정 결과를 환경부장관에게 보고하여야 한다(동조 ②). 동법은 대기오염도에 관한 정보에 국민이 쉽게 접근할 수 있게 하기 위하여 환경부

장관이 국가측정망 및 지방측정망에 따른 측정결과를 전산처리하는 전산망을 구축·운영할 수 있도록 수권하고 있다(동조 ③). 나아가 동법은 환경부장관에게 환경위성 관측망 역시 구축·운영할 수 있도록 수권하고 있다(§3의2①).

합리적이고 계획적인 측정망 설치를 위하여, 환경부장관은 측정망의 위치와 구역 등을 구체적으로 밝힌 측정망설치계획을 결정하여 고시하고 그 도면을 누구든지 열람할 수 있게 해야 한다(§4①). 동법은 환경부장관과 시·도지사에게 측정망 설치에 필요한 토지·건축물 또는 그 토지에 정착된 물건에 대한 수용·사용권을 수권하고 있다(§5).

2. 대기오염물질의 배출원 및 배출량 조사

대기환경보전을 위한 정책을 수립하고 이를 추진하기 위한 계획을 세우기 위해서는 대기오염의 현황, 즉 대기오염물질의 배출원과 배출량을 파악하는 게 무엇보다 중요하다. 대기환경보전법은 이를 위해 필요한 조치를 취할 것을 환경부장관에게 명하고 있는바, 이에 의하면, 환경부장관은 동법 제11조에 따른 "대기환경개선 종합계획", 환경정책기본법 제14조에 따른 "국가환경종합계획"과 「대기관리권역의 대기환경개선에 관한 특별법」 제9조에 따른 권역별 대기환경관리 기본계획을 합리적으로 수립·시행하기 위하여 전국의 대기오염물질 배출원(排出源) 및 배출량을 조사하여야 한다(§17①). 시·도지사 및 지방 환경관서의 장도 또한 관할구역의 배출시설 등 대기오염물질의 배출원 및 배출량을 조사하여야 한다(동조 ②). 환경부장관과 시·도지사는 대기오염물질의 배출원과 배출량 조사를 위하여 관계기관의 장에게 필요한 자료의 제출이나 지원을 요청할 수 있고, 이 경우 요청받은 관계기관의 장은 특별한 사유가 없으면 따라야 한다(동조 ③).

3. 대기오염물질에 대한 위해성평가 및 대기오염도 예측·발표

대기환경보전법은 대기환경을 보전하고 국민의 건강을 보호하기 위하여 환경부장관에게 대기 중에 존재하는 물질의 위해성을 심사·평가할 수 있는 권한을 부여하고 있다(§7). 또한 동법은 환경부장관에게 대기오염이 국민의 건강·재산이나 동식물의 생육 및 산업활동에 미치는 영향을 최소화하기 위하여 대기예측 모형 등을 활용하여 대기오염도를 예측하고 그 결과를 방송사·신문사·통신사를 이용하는 등 적정한 방법을 사용하여 일반인이 알 수 있도록 발표할 것을 명하고 있다(§7의2①, ②). 동법은 대기오염도를 과학적으로 예측·발표하고 대기질 통합관리 및 대기환경 개선정책을 체계적으로 추진하기 위하여 환경부장관에게 국가대기질통합관리센터를 운영하거나 국공립연구기관 등 전문기관을 통합관리센터로 지정·위임할 수 있도록 수권하고 있다(§7의3).

4. 대기오염에 대한 경보제도

(1) 대기오염경보 발령의 요건

대기오염도가 대기에 관한 환경기준을 초과하면 국민에게 알려주어서 국민이 그 피해를 최소화할 수 있도록 해야 할 것이다. 대기환경보전법은 시·도지사에게 대기오염도가 환경정책기본법에 따른 대기에 관한 환경기준(이하 "환경기준")을 초과하여 주민의 건강·재산이나 동식물의 생육에 심각한 위해를 끼칠 우려가 있다고 인정되면, 그 지역에 대기오염경보를 발령할 수 있도록 수권하고 있다(§8① 전문). 대기오염경보의 사유가 없어지면 시·도지사는 이를 즉시 해제해야 한다.

대기법상 대기오염경보 발령대상물질은 미세먼지(PM10, PM2.5)와 오존이며, 2015년부터는 경보대상물질에 대해서 예보도 실시하고 있다.[5]

(2) 대기오염경보 발령의 효과

시·도지사는 대기오염경보가 발령된 지역의 대기오염을 긴급하게 줄일 필요가 있다고 인정하면 기간을 정하여 그 지역에서 자동차의 운행을 제한하거나 사업장의 조업 단축을 명하거나, 그 밖에 필요한 조치를 할 수 있다(§8②). 운행제한 또는 조업단축 등을 명령받은 자는 정당한 사유가 없으면 따라야 한다(동조 ③). 대기오염경보의 대상지역, 대상오염물질, 발령기준, 경보단계 및 경보단계별 조치 등에 필요한 사항은 시행령으로 정한다(동조 ④).

5. 대기환경개선 종합계획

대기환경을 개선하기 위해서는 장기적 관점에서 상황을 평가하고 대책을 마련하여야 한다. 이를 위해서 종합계획이 필요함은 두말할 나위 없다. 이에 대기환경보전법은 환경부장관에게 대기오염물질과 온실가스를 줄여 대기환경을 개선하기 위하여 대기환경개선 종합계획(이하 "종합계획")을 10년마다 수립하여 시행할 것을 명하고 있다(§11①). 종합계획에는 다음의 사항이 포함되어야 한다(동조 ②).

---

5) 오존은 주로 질소산화물(NOx)과 휘발성유기화합물(VOCs) 등이 태양광선과 광화학반응을 하여 생성되며, 농도가 높을 경우 시정장애, 인체 및 동·식물, 재산상의 피해가 발생하게 된다. 특히 1990년 이후 자동차의 급증으로 대도시의 오존오염도가 단기환경기준(0.1ppm/시간)을 초과하는 사례가 빈번해지고 있다. 고농도 오존오염의 발생이 전구물질(NOx, VOCs 등)과 함께 태양광선, 기온역전, 무풍상태 등 적절한 기상여건이 형성될 때 발생되고 있으며, 오존의 전구물질인 질소산화물, 휘발성유기화합물의 저감은 미세먼지 종합대책에 반영되어 추진된다. 오존경보제는 1995년 서울을 시작으로 계속 확대하여 2016년 현재 17개 시·도, 총 64개 권역에서 운영하고 있다. 환경부(註4), 15-16.

1. 대기오염물질의 배출현황 및 전망

2. 대기 중 온실가스의 농도 변화 현황 및 전망

3. 대기오염물질을 줄이기 위한 목표 설정과 이의 달성을 위한 분야별·단계별 대책

3의2. 대기오염이 국민 건강에 미치는 위해정도와 이를 개선하기 위한 위해수준의 설정에 관한 사항

3의3. 유해성대기감시물질의 측정 및 감시·관찰에 관한 사항

3의4. 특정대기유해물질을 줄이기 위한 목표 설정 및 달성을 위한 분야별·단계별 대책

4. 환경분야 온실가스 배출을 줄이기 위한 목표 설정과 이의 달성을 위한 분야별·단계별 대책

5. 기후변화로 인한 영향평가와 적응대책에 관한 사항

6. 대기오염물질과 온실가스를 연계한 통합대기환경 관리체계의 구축

7. 기후변화 관련 국제적 조화와 협력에 관한 사항

8. 그 밖에 대기환경을 개선하기 위하여 필요한 사항

환경부장관은 종합계획을 수립하는 경우에는 미리 관계 중앙행정기관의 장과 협의하고 공청회 등을 통하여 의견을 수렴하여야 한다(동조 ③). 종합계획이 수립된 날부터 5년이 지나거나 종합계획의 변경이 필요하다고 인정되면 환경부장관은 그 타당성을 검토하여 변경할 수 있고, 이 경우 미리 관계 중앙행정기관의 장과 협의하여야 한다(동조 ④).

6. 대기관리권역

(1) 대기관리권역의 의의와 요건

가. 대기관리권역의 개념 및 의의

대기오염은 인구가 집중된 대도시에서 심하게 발생한다. 그런데 서울과 같은 대도시지역의 대기오염을 해결하기 위해서는 수도권지역 전체에 대한 광역적 대기관리가 요구된다. 나아가, 환경기준을 초과하거나 초과할 우려가 있는 지역으로까지 관리의 범위를 확대하여 체계적인 대기환경개선 대책을 추구할 필요가 있다. 이러한 필요에 부응하기 위하여 2019년 4월 2일 제정되고 다음 해 4월 3일부터 시행된 「대기관리권역의 대기환경개선에 관한 특별법」(이하, "대기관리권역법")은 대기오염이 심각하다고 인정되는 지역 및 인접지역 등의 대기질의 개선을 위하여 해당 지역을 "대기관리권역"으로 지정하고 있다(§2).

한편, 대기관리권역 외에 대기환경보전을 위한 규제지역으로는 환경정책기본법 제38조에 따라 지정·관리하고 있는 "특별대책지역"이 있는데 주로 오염이 심한 산업단지를 대상으로 하고 있다. 현재 울산·미포·온산지역과 여천지역 2개 지역이 특별대책지역으로 지정·관리되고 있다. '특별대책지역'으로 지정되면, 엄격 및 특별배출허용기준의 설정, 신규배출시설 설치

의 제한, 휘발성유기화합물의 억제 및 방지시설의 설치 등 대기개선대책이 추진된다.

나. 대기관리권역의 지정요건

대기관리권역법에 의하면, 대기관리권역으로 지정되기 위해서는 ① 대기오염이 심각하다고 인정되거나 ② 해당 지역에서 배출되는 대기오염물질이 ① 대기오염이 심각하다고 인정되는 지역의 대기오염에 크게 영향을 미친다고 인정되어야 한다(§2 i).

▎표 3-8 대기오염지역 관리제도 비교

구 분		특별대책지역	대기관리권역
법률		• 환경정책기본법 제38조	대기관리권역의 대기환경개선에 관한 특별법
지정 요건		• 환경의 오염 및 훼손이 현저하거나 환경기준 초과빈도가 큰 지역	• 대기오염이 심각하다고 인정되는 지역 • 해당 지역에서 배출되는 대기오염물질이 대기오염이 심각하다고 인정되는 지역의 대기오염에 크게 영향을 미친다고 인정되는 지역
형식		• 환경부고시	특별법
지정 지역		• 울산·미포·온산 산단('86) • 여수 여천 산단('96)	수도권(서울특별시, 인천광역시, 경기도 수원시 등), 중부권(대전광역시, 세종특별자치시, 충청북도 청주시 등), 남부권(광주광역시, 전라남도 목포시 등) 및 동남권(부산광역시, 대구광역시, 울산광역시 등)의 총 4개 권역에서 전국 15개 광역시도 [별표1]
지정 절차		• 환경부가 중앙행정기관 및 시·도지사와 협의, 특대지역 지정 및 대책 고시	환경부(시행령 제2조)에 의한 지정
책 무	국가	• 환경보전을 위한 특별종합대책 수립 • 배출허용기준 강화 가능(대기법 제16조 제5항)	대기관리권역의 대기환경개선을 위한 종합적인 시책을 수립·시행
	지자체	• 환경보전을 위한 특별종합대책 시행	• 관할 구역의 사회적·환경적 특성을 고려하여 대기환경개선을 위한 세부 시책을 수립·시행
	사업장	• 오염물질 총량제 가능(대기법 제22조) • 배출시설 입지 제한(시행령 제13조)	• 사업활동으로 인한 대기오염을 막기 위하여 필요한 조치를 적극 마련 • 국가나 지방자치단체가 시행하는 대기환경보전시책에 적극 협조

출전: 환경부, "대기환경보전법 해설," 21-22 (2018)

(2) 대기관리권역 지정의 효과

대기관리권역법은 환경부 장관으로 하여금 대기관리권역의 대기질 개선을 위하여 관계 중앙행정기관의 장과 관할 시·도지사의 의견을 들어 5년마다 권역별 대기환경관리 기본계획을 수립하도록 하며(§9), 권역 내 시·도지사는 기본계획의 이행을 위한 세부 시행계획을 수립하여 환경부 장관의 승인을 받고, 매년 추진실적을 환경부 장관에게 보고하도록 한다(§10). 또한, 대기관리권역별로 대기환경관리위원회와 실무위원회를 두도록 하고 있다(§§12, 13).

그 외에도 사업장 오염물질의 총량관리(§§15–25), 사업장설치의 허가, 특정경유자동차에 대한 배출가스저감장치의 부착 및 운행제한(§§26, 29), 노후 건설기계 저공해화 계획의 수립·시행 등을 규정하고 있다(§31).

제3절 | 사업장 대기오염물질의 배출규제

I. 개설

대기오염의 주된 원천은 사업장이다. 대기환경보전법은 규제대상인 사업장을 그 배출시설에서 나오는 오염물질 발생량에 따라 다섯 가지 종류로 분류하고 각각에 맞는 규제를 시행하고 있다. 동법은 다음으로 사업장에 의한 대기오염물질의 배출을 규제하기 위하여 배출허용기준을 정하고 있다. 배출허용기준은 규제발동의 방아쇠 역할을 하는 것으로 이 기준을 초과하면 소정의 여러 조치가 발동되는 것이다. 또한 농도규제만으로는 소기의 규제목표를 달성할 수 없을 때에는 총량규제를 실시해야 한다. 무엇보다 중요한 것은 대규모배출이 예정되어 있는 배출시설의 진입규제와 사후관리이다. 이를 위하여 배출시설의 설치 시 허가를 받게 하고 방지시설을 설치하게 한 후 배출시설의 가동을 개시할 때에는 이를 신고하게 한다. 배출시설을 운영할 때에도 측정기기를 부착하게 하고 적법운영 등의 일정한 의무를 부과하여 대기오염배출을 관리한다. 그럼에도 불구하고 배출시설에서 나오는 오염물질의 정도가 배출허용기준을 초과한다고 인정되면 배출부과금을 징수하고 나아가 개선명령, 조업정지명령 등을 내리거나 과징금을 부과한다. 이런 조치로도 효과가 없으면, 배출시설의 설치허가를 취소하거나 배출시설의 폐쇄를 명할 수 있다.

Ⅱ. 사업장의 종류

1. 사업장의 분류

대기환경보전법은 배출시설의 효율적인 설치 및 관리를 위하여 그 배출시설에서 나오는 오염물질 발생량에 따라 사업장을 1종부터 5종까지로 분류할 것을 환경부장관에게 명하고 있다(§25①). 동법 시행령 제13조는 사업장의 분류기준을 다음과 같이 정하고 있다.

종 별	오염물질발생량 구분
1종사업장	대기오염물질발생량의 합계가 연간 80톤 이상인 사업장
2종사업장	대기오염물질발생량의 합계가 연간 20톤 이상 80톤 미만인 사업장
3종사업장	대기오염물질발생량의 합계가 연간 10톤 이상 20톤 미만인 사업장
4종사업장	대기오염물질발생량의 합계가 연간 2톤 이상 10톤 미만인 사업장
5종사업장	대기오염물질발생량의 합계가 연간 2톤 미만인 사업장

비고: "대기오염물질발생량"이란 방지시설을 통과하기 전의 먼지, 황산화물 및 질소산화물의 발생을 환경부령으로 정하는 방법에 따라 산정한 양을 말한다.

2. 사업장 분류의 효과

대기환경보전법은 사업장의 종류에 따라 상이한 내용의 규제를 가하고 있다. 대표적인 예로는 총량규제가 있는데, 후술하는 바와 같이, 현재는 1종에서 3종까지의 사업장에 대하여만 시행하고 있다(§22). 그 밖에도 자가측정의 대상·항목 및 방법(§39④)이나 환경기술인의 자격기준(§40⑤) 등은 사업장의 종류에 따라 각각 다르게 설정되어 있다.

Ⅲ. 배출허용기준

1. 배출허용기준의 의의 및 총량규제

(1) 배출허용기준의 개념

대기에 관한 환경기준이 정책목표로서의 의미를 지닌다면, 배출허용기준은 개별적인 오염원에 대해 법적 규제기준으로서 환경기준이라는 목표를 달성하기 위한 정책수단이다. 배출허용기준은 오염물질배출시설이 오염물질을 배출할 수 있는 최대허용량 또는 최고허용농도인바, 환경기준, 현재의 오염물질 배출수준, 처리기술과 사회경제적 여건을 고려하여 설정된다. 배출허용기준은 개별적인 오염물질배출시설의 오염물질 배출을 관리하는 판단 기준으로서 이를 초과하여 오염물질을 배출할 경우에는 부과금 부과나 개선명령, 조업정지 등의 제재를 받게 된다. 요컨대 오염물질배출시설의 권리·의무를 정하는 기준이다. 우리나라에서는 61개 대기오염물질 중 28개 물질에 대하여 배출허용기준이 설정되어 있는데 그 기준은 1991년 이후 점차 강화되고 있다.

(2) 농도규제의 실효성 및 총량규제

배출허용기준은 기체상(狀) 물질의 경우는 ppm, 입자상 물질의 경우는 mg/Sm^3으로 평가·측정되는 점에서 농도기준의 성질을 가지고 있다. 농도규제는, 총량규제와 달리, 배출허용기준으로 책정된 농도기준만 준수하면 무한대로 오염물질을 배출할 수 있도록 허용한다. 따라서 배출허용기준이 준수된다 하더라도 그것이 환경질의 악화를 막을 수 없다는 점에서 그 실효성에 한계가 있다는 문제점이 제기되어 왔다. 배출허용기준은 후술할 배출부과금 부과의 기준점으로도 작용하고 있는바, 이 제도 아래에서도 기준 이하로만 배출하면 부과금을 회피할 수 있는 문제가 있다. 또한 농도규제는 규제를 회피할 여러 가지 탈법의 기회를 제공한다는 지적도 있다.[6]

기실, 먼저 환경용량을 평가하고 이에 맞추어 배출원별로 배출총량을 할당한 후 당해 배출원의 생산공정을 이에 맞게 조정하도록 하는 대기환경보전법 제22조 소정의 총량규제가 총체적인 면에서 대기환경의 질을 보전하는 데 가장 합리적인 규제일 것이다. 하지만 총량규제는 환경총량에 대해서는 물론 오염원별로 정확한 배출량 및 기여도 등을 파악해야 하는 등 그 규제의 설계 자체에 큰 비용이 소요되고 수범자의 규제저항이 심할 것인 만큼 배출에 관한 데이터와 규제경험이 축적되는 상황을 보아가면서 차차 시도해나가는 것이 현명하다. 지금 총량규제를 시작한다면, 대기오염상태가 환경기준을 초과하여 급기야 생활환경에 중대한 위해를 발생케 하는 지역이나 사업장이 밀집해 있어 특별한 대책이 필요한 지역에서부터 시작해야 할 것이다.

2. 배출허용기준의 종류

(1) 일반배출허용기준

대기오염물질배출시설(이하 "배출시설")에서 나오는 대기오염물질(이하 "오염물질")의 배출허용기준은 시행규칙으로 정하게 되어 있다(§16①). 환경부장관은 이 시행규칙을 정할 때 관계중앙행정기관의 장과 협의해야 한다(동조 ②). 배출허용기준의 고저(高低)에 따라 배출시설을 가

---

6) 홍준형a, 285.

진 기업이 지는 경제적 부담이 달라지기 때문이다. 한편, 동법 시행규칙 제15조 별표8은 질소산화물, 황산화물, 먼지 등 20여 개의 대기오염물질에 대하여 배출허용기준을 설정하고 있으며, 규제물질의 수는 매년 증가하는 추세이다.

한편, 수도권의 대기오염을 관리하기 위한 「수도권 대기환경개선에 관한 특별법」이 폐지되고 권역별 관리를 위한 특별법인 「대기관리권역의 대기환경개선에 관한 특별법」이 제정되었다. 동법은 대기관리권역의 대기질에 대한 개선을 위하여 필요하다고 인정되면 그 시·도 또는 대도시의 조례로 제1항에 따른 배출허용기준보다 강화된 배출허용기준(기준 항목의 추가 및 기준의 적용 시기를 포함한다)을 정할 수 있다(§16③). 시·도지사 또는 대도시 시장은 제3항에 따른 배출허용기준을 설정·변경하는 경우에는 조례로 정하는 바에 따라 미리 주민 등 이해관계자의 의견을 듣고, 이를 반영하도록 노력하여야 하며(동조 ④), 제3항에 따른 배출허용기준이 설정·변경된 경우에는 지체 없이 환경부장관에게 보고하고 이해 관계자가 알 수 있도록 필요한 조치를 하여야 한다(동조 ⑤).

(2) 엄격·특별배출허용기준

대기환경보전법은 ① 지역환경기준의 유지를 위하여, ② 대기관리권역과 ③ 대기보전특별대책지역에 대해서는 일반적인 배출허용기준보다 강화된 기준을 설정할 수 있도록 하고 있다.

환경정책기본법은 해당 지역의 환경적 특수성을 고려하여 필요한 경우에는, 특별시·광역시·도·특별자치도(이하 "시·도")에게 시·도의 조례로 일반 환경기준보다 확대·강화된 별도의 "지역환경기준"을 설정할 수 있도록 수권하고 있는데(환경정책기본법 §12③), 바로 이 지역환경기준의 유지가 곤란하다고 인정되거나 「대기관리권역의 대기환경개선에 관한 특별법」 제2조 제1호에 따른 대기관리권역의 대기질에 대한 개선을 위하여 필요하다고 인정되면 그 시·도 또는 대도시의 조례로 제1항에 따른 배출허용기준보다 강화된 배출허용기준(기준 항목의 추가 및 기준의 적용 시기를 포함한다)을 정할 수 있다(대기환경보전법 §16③).

그리고 환경부장관은 환경오염·환경훼손 또는 자연생태계의 변화가 현저하거나 현저하게 될 우려가 있는 지역과 환경기준을 자주 초과하는 지역을 환경보전을 위한 "특별대책지역"으로 지정할 수 있는데(환경정책기본법 §38), 이에 따라 설정된 "대기보전특별대책지역"의 대기오염방지를 위하여 필요하다고 인정하면, 이미 설치된 배출시설에 대해서는 "엄격배출허용기준"을, 새로이 설치되는 배출시설에 대해서는 "특별배출허용기준"을 설정할 수 있다(대기환경보전법 §16⑥).

현재 울산·온산특별대책지역과 여수특별대책지역에 대해서는 엄격 및 특별배출허용기준이 적용되고 있다.

3. 배출허용기준의 법적 성격 및 관련 논점

(1) 배출허용기준의 법적 성질

배출허용기준은 국가뿐만 아니라 국민에 대해서도 구속력을 갖는 '법규'로서, 그 준수 여하에 따라 국민의 권리의무가 구체적으로 결정된다. 다시 말해 배출허용기준은 사업자가 배출시설에서 배출할 수 있는 오염물질의 최대허용농도로서 이를 위반하면 그 배출행위는 위법한 것이 되어 소정의 법적 효과가 발생한다. 그리하여 대기환경보전법에 따르면, 이를 초과해 오염물질을 배출한 사업자는 배출부과금을 부과받을 뿐만 아니라 개선명령, 조업정지, 폐쇄명령 또는 허가취소 등의 제재를 받게 되고, 심지어 행정벌에 처해지기까지 한다(§89iii).

배출허용기준은 민사사건에서 위법성이나 수인한도 초과 여부의 판단시에 중요한 고려요소가 된다. 大判 2001.2.9. 99다55434는 불법행위 성립요건으로서의 위법성은 관련 행위 전체를 일체로만 판단하여 결정하여야 하는 것은 아니고, 문제가 되는 행위마다 개별적·상대적으로 판단하여야 할 것이므로 어느 시설을 적법하게 가동하거나 공용에 제공하는 경우에도 그로부터 발생하는 유해배출물로 인하여 제3자가 손해를 입은 경우에는 그 위법성을 별도로 판단하여야 하고, 이러한 경우의 판단 기준은 그 유해의 정도가 사회생활상 통상의 수인한도를 넘는 것인지 여부라고 판시하였다. 그리고 판례는 수인한도의 초과 여부를 결정함에 있어 모든 사정을 참작하는데, 이러한 모든 사정에는 행정법적 규제의 준수 여부가 포함됨은 물론이다. 하지만 행정법적 규제의 준수 여부는 어디까지나 여러 요소 중 하나에 해당할 뿐이다. 大判 1991.7.23. 89다카1275는 "공장에서 배출된 오염물질(아황산가스)의 농도가 환경보전법에 의하여 허용된 기준치 이내라 하더라도 그 유해의 정도가 통상의 수인한도를 넘어 인근 농장의 관상수를 고사케 하는 한 원인이 되었다면 그 배출행위로 인한 손해배상책임을 면치 못한다."라고 판시하였다.[7]

(2) 포괄위임원칙 위반 여부

헌법 제75조는 "대통령은 법률에서 구체적으로 범위를 정하여 위임받은 사항과 법률을 집행하기 위하여 필요한 사항에 관하여 대통령령을 발할 수 있다"라고 규정하는데, 여기서 '구체적으로 범위를 정하여 위임받은 사항'이라 함은, 법률에 이미 대통령령 및 부령으로 규정될

---

7) 판례가 이런 태도를 취하는 것은 배출허용기준을 대기질 보호를 위한 최소한도의 기준으로 보기 때문인 것으로 추측된다. 하지만 수인한도를 어느 수준으로 정하느냐에 관하여 단 하나의 정답이 있다고는 볼 수 없다. 그렇다고 한다면 수인한도의 설정은 일종의 "조정문제"의 해결이라고 볼 수 있고 그런 만큼 민사사건에서도 대기환경보전법의 배출허용기준을 존중할 필요가 있다. 자세한 것은 拙稿, "상린관계의 법정책: 항공기소음을 글감으로 하여," **서울대학교 法學** 제50권 제3호, 285, 295-297, 300, 305 (2009) 참조.

내용 및 범위의 기본사항이 구체적이고 명확하게 규정되어 있어서 누구라도 당해 법률 그 자체로부터 대통령령 및 부령에 규정된 내용의 대강을 예측할 수 있어야 한다는 의미이다. 그런데 대기환경보전법 제16조는 배출허용기준을 하위 법령에 위임하면서 환경부령으로 정한다는 것 이외에는 아무런 실체적·절차적 요건을 규정하고 있지 않다. 따라서 절차적으로는 행정절차법상 입법예고에 관한 규정이나 법제업무운영규정 등에 의한 통제를 제외하고는 환경부장관에 일임되어 있고, 실체적으로는 배출기준 설정시 고려하여야 할 추상적 목표마저도 전혀 제시하지 않아 헌법상 환경권 규정이나 환경정책기본법 및 동법의 목적 규정만이 작용하고 있을 뿐이다. 생각건대 배출기준의 설정에 깊은 이해관계를 가지는 이해관계인의 절차적 참여권이 보장되어야 하고,[8] 배출기준 설정시 고려해야 할 최소한의 고려요소를 입법해두는 것이 바람직하다.

그런데 憲決 2009.10.29. 2008헌바122는 수질오염물질의 배출허용기준에 관하여 "배출허용기준은 수시로 변화하는 수질 및 복잡다단한 여건, 다양한 규율 대상 간의 관계 등을 복합적으로 고려하여 정해져야 할 뿐만 아니라 배출허용기준의 설정은 고도의 전문성과 과학성이 요구되는 영역으로, 수질환경보호라는 공익을 보다 효과적으로 달성하기 위해서는 배출허용기준을 전문성을 갖춘 행정부에 위임하여 변화하는 상황에 유동적으로 대처하도록 할 필요성"이 인정되고, 또한 "법의 관련 규정 및 수질환경에 관한 일반법인 환경정책기본법의 규정 등을 종합적으로 고려할 때, 수범자인 수질오염물질을 배출하는 사업자로서는 [법과 시행규칙]에서 정해질 배출허용기준이 해당지역의 수질등급에 상응하는 수질환경기준을 유지하기에 충분한 정도를 상한으로 하고, 환경상의 위해발생 가능성 및 건강상의 위해발생 가능성이 없다고 판단되는 정도를 하한으로 하여 설정될 것이며, 그 기준치는 수소이온농도, 생물학적 산소요구량, 부유물질량, 용존산소량, 대장균군수 등의 생활환경기준과 카드뮴, 비소 등 중금속과 페놀 등의 오염원을 기준으로 하여 정해질 것이라는 점을 충분히 예측할 수 있"으므로 포괄위임입법금지원칙에 위배되지 아니한다고 판시하였다.[9]

---

8) 홍준형a, 284.
9) 이 결정은 배출부과금에 관한 위임도 포괄위임입법금지원칙에 반하지 않는다고 판시하였다. 이 결정은 이전의 헌재결정과 결을 같이 하는 것으로 보인다. 즉 憲決 1995.10.30. 91헌바1은 "이러한 예측가능성의 유무는 당해 특정조항 하나만을 가지고 판단할 것은 아니고 관련 법 조항 전체를 유기적·체계적으로 종합 판단해야 하며, 각 대상법률의 성질에 따라 구체적·개별적으로 검토해야 한다. 처벌법규나 조세법규와 같이 국민의 기본권을 직접적으로 제한하거나 침해할 소지가 있는 법규에서는 구체성·명확성의 요구가 강화되어 그 위임의 요건과 범위가 일반적인 급부행정법규의 경우보다 더 엄격하게 제한적으로 규정되어야 하는 반면, 규율대상이 지극히 다양하거나 수시로 변화하는 성질의 것일 때에는 위임의 구체성·명확성의 요건이 완화된다 할 것이다"라고 판시하였다.

4. 총량규제

(1) 총량규제의 의의

위와 같이 살펴본 허용기준 준수를 골자로 하는 농도규제 아래에서는 농도기준인 배출허용기준을 준수하는 한 배출하는 오염물질의 양에는 제한이 없게 되므로 지역환경용량에 맞는 관리가 어렵게 되는 문제가 발생한다. 총량규제는 이러한 농도규제의 문제점을 해결하기 위한 대안으로서, 특정지역의 대기환경용량과 총배출량을 산출하고 이를 기초로 사업장의 규모에 따라 대상오염물질의 삭감률을 정해주거나 배출허용총량을 할당해 주는 제도이다.

(2) 총량규제의 연혁 및 법적 근거

총량규제는 2003년에 제정된 구 「수도권 대기환경개선에 관한 특별법」에 도입되어 그 제도적 토대가 마련되었다. 이후 「대기관리권역의 대기환경개선에 관한 특별법」이 제정되면서 기본계획에 의한 총량관리대상 오염물질의 배출허용총량의 할당기준 수립(§9②viii)과 그에 따라 5년마다 할당된 배출허용총량 관리, 신규 사업장설치 및 기존사업장 변경의 허가, 측정기기 부착, 배출량 산정결과의 전산관리, 총량초과과징금과 허가의 취소, 벌칙 등을 규정하고 있다.

대기환경보전법 제22조 제1항은 대기오염상태가 환경기준을 초과하여 주민의 건강·재산이나 동식물의 생육에 심각한 위해를 가져올 우려가 있다고 인정하는 구역 또는 특별대책지역 중 사업장이 밀집되어 있는 구역의 경우에는 그 구역의 사업장에서 배출되는 오염물질을 총량으로 규제할 수 있도록 하고 있다. 총량규제를 실시할 때에는 총량규제지역, 총량규제 대기오염물질, 대기오염물질 저감계획 및 그 밖에 총량규제구역의 대기관리를 위하여 필요한 사항을 고시해야 한다(동법 시행령 §24).

(3) 총량규제 운영 현황

대기환경보전법 제22조에서는 "대기오염 상태가 환경기준을 초과하여 주민의 건강·재산이나 동식물의 생육에 심각한 위해를 끼칠 우려가 있다고 인정하는 구역 또는 특별대책지역 중 사업장이 밀집되어 있는 구역의 경우에는 그 구역의 사업장에서 배출되는 오염물질을 총량으로 규제할 수 있다"고 규정하고 있으며, 그 구체적인 항목과 방법, 그 밖에 필요한 사항은 환경부령으로 정하고 있다(동법 시행규칙 §24).[10]

한편, 「대기관리권역의 대기환경개선에 관한 특별법」에 의하면, 5년마다 수립되는 대기환

---

10) 제24조(총량규제구역의 지정 등) 환경부장관은 법 제22조에 따라 그 구역의 사업장에서 배출되는 대기오염물질을 총량으로 규제하려는 경우에는 다음 각 호의 사항을 고시하여야 한다. 1. 총량규제구역 2. 총량규제 대기오염물질 3. 대기오염물질의 저감계획 4. 그 밖에 총량규제구역의 대기관리를 위하여 필요한 사항

경관리 기본계획에서 대기관리권역의 배출원별 대기오염물질 배출허용총량(§9②iv), 권역 내 사업장에 대한 총량관리대상 오염물질의 배출허용총량 및 그 할당의 기준(동항 viii)을 정하도록 규정하고 있다. 대기관리권역에서 대통령령으로 정한 총량관리대상 오염물질의 배출량 기준을 초과하는 사업장을 설치하거나 이에 해당하는 사업장으로 변경하려는 자는 환경부 장관으로부터 설치 및 변경의 허가를 받아야 한다(§15①).[11] 환경부 장관은 만약 위 사업장 설치 및 변경으로 인하여 지역배출허용총량의 범위를 초과하게 되면 이를 허가하여서는 안 되고, 다만 그 불가피성이 인정되는 경우는 그렇지 않다(§16). 환경부 장관은 배출허용총량의 할당기준에 따라 연도별 총량관리대상 오염물질의 배출허용총량을 할당하는데(§17①), 그 구체적인 할당시기·절차·방법은 환경부령으로 정하고 있다(동법 시행규칙 §§11−14). 한편 배출허용총량을 할당받은 사업자는 배출허용량을 초과하는 총량관리대상 오염물질을 배출해서는 안 되며 오염물질의 배출량을 자동으로 측정할 수 있는 기기를 부착·가동하여 배출량을 산정하고, 그 결과를 기록·보존할 뿐 아니라 이를 환경부 장관에게 제출하여야 한다(동법 §17④−⑥).

(4) 배출권거래제

총량규제 하에서는 할당받은 배출량을 초과하는 경우 아예 배출 자체가 불가능하게 되어 있으므로 사업을 확장하거나 공장을 증설하려는 사업자는 타인의 할당량을 구입해야 한다. 이는 할당받은 양만큼의 배출이 가능하다는 의미에서 배출권으로 불리는데, 할당량이 남는 사람과 할당량이 부족한 사람 사이에서 배출권이 거래된다면 거래당사자 모두에게 도움이 될 것이다. 배출권거래제가 자리를 잡기 위해서는 여러 가지 기술적·제도적 장벽을 극복해야 하는바, 현재는 배출권거래제가 본격적으로 실시되지 않고 있다고 한다.[12]

Ⅳ. 배출시설과 방지시설의 설치·운영

1. 개설

배출사업장에 대한 관리는, [그림 3−6] 배출시설관리체계도에서 볼 수 있듯이, 우선 사업

---

11) 사업장설치의 허가를 받아야 하는 자의 배출량 기준은 동법 시행령 별표2가 아래와 같이 규정하고 있다.
　　법 제15조에 따라 사업장 설치의 허가를 받아야 하는 자의 배출량 기준은 최근 2년 동안 1회 이상 다음 각 호의 구분에 따른 배출량을 초과한 경우를 말한다.
　　1. 연간 질소산화물 배출량: 4톤
　　2. 연간 황산화물 배출량: 4톤
　　3. 연간 먼지 배출량: 0.2톤
12) 김홍균, 349.

▌그림 3-6 배출시설관리체계도

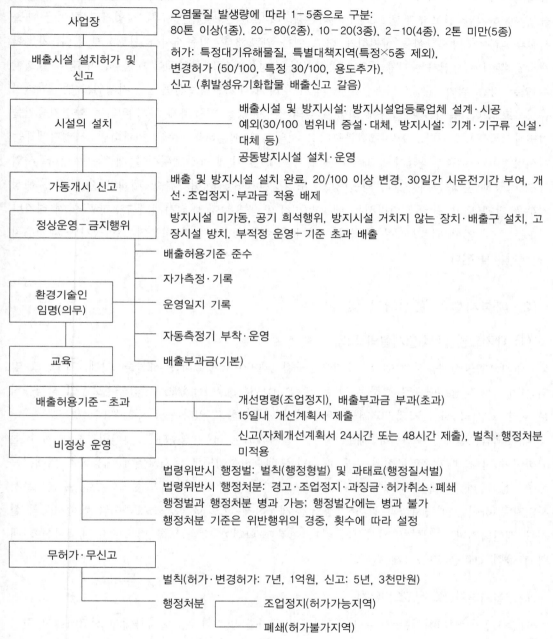

| 사업장 | 오염물질 발생량에 따라 1-5종으로 구분:
80톤 이상(1종), 20-80(2종), 10-20(3종), 2-10(4종), 2톤 미만(5종) |

배출시설 설치허가 및 신고
허가: 특정대기유해물질, 특별대책지역(특정×5종 제외),
변경허가 (50/100, 특정 30/100, 용도추가),
신고 (휘발성유기화합물 배출신고 같음)

시설의 설치
배출시설 및 방지시설: 방지시설업등록업체 설계·시공
예외(30/100 범위내 증설·대체, 방지시설: 기계·기구류 신설·대체 등)
공동방지시설 설치·운영

가동개시 신고
배출 및 방지시설 설치 완료, 20/100 이상 변경, 30일간 시운전기간 부여, 개선·조업정지·부과금 적용 배제

정상운영－금지행위
방지시설 미가동, 공기 희석행위, 방지시설 거치지 않는 장치·배출구 설치, 고장시설 방치, 부적정 운영－기준 초과 배출

환경기술인 임명(의무)
- 배출허용기준 준수
- 자가측정·기록
- 운영일지 기록

교육
- 자동측정기 부착·운영
- 배출부과금 (기본)

배출허용기준－초과
- 개선명령(조업정지), 배출부과금 부과(초과)
- 15일내 개선계획서 제출

비정상 운영
- 신고(자체개선계획서 24시간 또는 48시간 제출), 벌칙·행정처분 미적용
법령위반시 행정벌: 벌칙(행정형벌) 및 과태료(행정질서벌)
법령위반시 행정처분: 경고·조업정지·과징금·허가취소·폐쇄
행정벌과 행정처분 병과 가능; 행정벌간에는 병과 불가
행정처분 기준은 위반행위의 경중, 횟수에 따라 설정

무허가·무신고
- 벌칙(허가·변경허가: 7년, 1억원, 신고: 5년, 3천만원)
- 행정처분
  - 조업정지(허가가능지역)
  - 폐쇄(허가불가지역)

출전: 환경부, "대기환경보전법 해설," 25 (2018)

장을 오염물질 발생량에 따라 1종부터 5종까지 분류하고, 이들이 배출시설을 설치할 때 허가를 받게 하거나 신고하게 함으로써 시작한다. 허가나 신고를 받은 후, 사업자로 하여금 배출시설과 더불어 방지시설을 설치하게 하고 이를 완료한 후 가동개시를 신고하게 한다. 가동이 개시된 후에는 사업자는 배출시설과 방지시설을 정상적으로 운영해야 하는데, 이 경우 발생할 수 있는 각종 위법·탈법행위를 사전에 막기 위하여 대기환경보전법은 금지행위를 범주화하여 규정하고 있다. 동법은 사업자에 의한 시설의 정상운영을 가능하게 하기 위하여 환경기술인을 임명하도록 하고 있다. 그럼에도 불구하고 사업자가 배출허용기준을 초과하면, 사업자에게는 개선명령이나 배출부과금이 부과되고 사업자는 15일 내에 개선계획서를 제출해야 한다. 사업자가 비정상 운영을 하다 적발되면 경고·조업정지·과징금·허가취소·폐쇄와 같은 각종 행정처분을 받게 되고 경우에 따라서는 행정벌(벌칙 및 과태료)이 내려지게 된다. 한편 아예 허가나 신고를 하지 않고 배출시설을 운영하는 자에게는 벌칙의 적용과 더불어 조업정지나 폐쇄조치가 내려지게 된다.

2. 배출시설의 설치허가 및 신고

(1) 대기오염물질배출시설의 의의

"대기오염물질배출시설"이란 "대기오염물질을 대기에 배출하는 시설물, 기계, 기구, 그 밖의 물체로서 환경부령으로 정하는 것"을 말한다(대기환경보전법 §2xi). 대기환경보전법 시행규칙은 현재 27개의 시설을 대기오염물질배출시설로 규정하고 있다(동법 시행규칙 §5 별표3).

대기오염물질배출시설(이하 "배출시설")을 설치하고자 하는 경우에는 설치허가를 받거나 신고하여야 한다. 대기오염물질의 주요 배출원은 배출시설이므로 대기오염에 대응하기 위해서는 배출시설을 적정하게 관리해야 한다. 배출시설의 설치허가·신고제도는 그 주된 수단으로서 사업자로 하여금 배출시설과 관련된 정보를 제공하게 하고 행정청으로 하여금 배출시설의 설치를 제한하거나 적정한 방지시설의 설치 여부를 확인할 수 있도록 함으로써 배출시설에 대한 효율적 관리를 가능하게 한다.

(2) 설치허가 및 신고의 요건

배출시설을 설치하려는 자는 시·도지사의 허가를 받거나 시·도지사에게 신고하여야 한다(§23①). 허가를 받은 자가 허가를 받은 사항 중 중요한 사항을 변경하려면 변경허가를 받아야 하고 그 밖의 사항을 변경하려면 변경신고를 하여야 한다(동조 ②). 또한 설치신고를 한 자가 신고한 사항을 변경하려는 경우 역시 변경신고를 해야 한다(동조 ③). 대기환경보전법 시행령에 의하면, 현재 (ⅰ) 특정대기유해물질이 환경부령으로 정하는 기준 이상으로 발생되는 배출시설과 (ⅱ) 환경정책기본법에 따라 지정·고시된 특별대책지역에 설치되는 배출시설의 경우에만 시·도지사의 허가를 받아야 할 뿐, 그 이외의 경우에는 시·도지사에 대한 신고로써 의무를 다하게 된다(동법 시행령 §11①, ②). 이와 같이 제한된 경우에 한하여 설치허가를 받도록 하고 있기 때문에 대기오염물질 배출시설의 설치는 사실상 신고제로 움직인다고 볼 수 있다. 설치허가나 설치신고를 하려는 자는 배출시설 설치허가신청서나 배출시설 설치신고서를 제출해야 하는데 다음의 서류를 첨부해야 한다(동조 ③). 이러한 서류는 당해 배출시설이 배출허용기준 이하로 오염물질을 배출할 수 있음을 증명하기 위한 것이다.

1. 원료(연료를 포함한다)의 사용량 및 제품 생산량과 오염물질 등의 배출량을 예측한 명세서
2. 배출시설 및 방지시설의 설치명세서
3. 방지시설의 일반도(一般圖)
4. 방지시설의 연간 유지관리 계획서
5. 사용 연료의 성분 분석과 황산화물 배출농도 및 배출량 등을 예측한 명세서(법 제41조 제3항 단서에 해당하는 배출시설의 경우에만 해당한다)
6. 배출시설설치허가증(변경허가를 신청하는 경우에만 해당한다)

그리하여 허가 또는 변경허가의 기준은 ① 배출시설에서 배출되는 오염물질을 배출허용기준 이하로 처리할 수 있어야 한다는 것과(대기환경보전법 §23⑤ⅰ) ② 다른 법률에 따른 배출시설 설치제한에 관한 규정을 위반하지 않아야 한다는 것이다(동항 ⅱ). 배출시설의 입지제한은 시·도지사가 배출시설로부터 나오는 특정대기유해물질이나 특별대책지역의 배출시설로부터 나오는 대기오염물질로 인하여 환경기준의 유지가 곤란하거나 주민의 건강·재산, 동식물의 생육에 심각한 위해를 끼칠 우려가 있다고 인정하면 내릴 수 있는바(§23⑥), 대기환경보전법 외에 「국토의 이용 및 개발에 관한 법률」 등 각종 개별법에서 규정하고 있으므로 배출시설 설치하고자 하는 자는 이를 사전에 확인할 필요가 있다. 나아가, 허가 또는 변경허가를 하는 경우에 대통령령으로 정하는 바에 따라 주민의 건강인 주변환경의 보호 및 배출시설의 적정 관리 등을 위하여 필요한 조건(이하 "허가조건")을 붙일 수 있다(동조 ⑨). 동법 시행령은 허가 조건으로, ① 배출구 없이 대기 중에 직접 배출되는 대기오염물질이나 악취, 소음 등을 줄이기 위하여 필요한 조치 사항, ② 배출시설의 법 제16조나 제29조 제3항에 따른 배출허용기준 준수 여부 및 방지시설의 적정한 가동 여부를 확인하기 위하여 필요한 조치 사항을 들고 있다(동법 시행령 §11⑦). 다만, 이는 어디까지나 허가 또는 변경허가의 시행에 필요한 최소한도의 것이기에, 부당한 의무의 부과로 이어져서는 안 된다(동법 §23⑨ 단서).

(3) 설치허가 및 신고의 법적 성격

설치신고의 법적 성질에 관해서는 이를 '자기완결적 신고'로 볼 수 없다. 전술한 바와 같이 동법 시행령이 배출시설 설치신고서에 첨부할 서류를 자세히 규정하고 있고, 시·도지사가 이 신고서를 수리한 경우에 배출시설 설치신고증명서를 신청인에게 발행해주어야 하기 때문이다.[13] 첨부서류의 내용을 보면, 구비해야 할 조건이 상당한데, 서류심사를 제대로 한다면, 기실 허가절차와 대동소이한 효과가 생길 것으로 기대된다. 그렇다고 한다면, 만약 신청인이 소정의 요건을 충족한 채 신고를 하였음에도 불구하고 행정청이 정당한 이유 없이 이를 수리하지 않는 경우, 신청인은 행정청의 '수리거부'를 일종의 행정처분으로 이론구성하여 행정쟁송을 제기할 수 있다고 본다.

설치허가의 법적 성질에 관해서는 '특허'가 아니라 '허가'에 해당하는바, 大判 2013.5.9. 2012두22799 [17모2][19모3]는 설치허가를 강학상 '기속재량행위,' 즉 원칙상으로는 기속행위이지만 예외적으로 특별한 사정이 있는 경우 공익을 고려하여 거부할 수 있는 행위로 보고 있는 듯하다.[14] 즉 "배출시설 설치허가와 설치제한에 관한 규정들의 문언과 그 체제·형식에 따르면," 환경부장관은 배출시설 설치허가 신청이 대기환경보전법에서 정한 "허가기준에 부합하고, … 허가제한사유에 해당하지 아니하는 한 원칙적으로 허가를 하여야" 하지만,[15] "배출시설의 설치는 국민건강이나 환경의 보전에 직접적으로 영향을 미치는 행위라는 점과 대기오염으로 인한 국민건강이나 환경에 관한 위해를 예방하고 대기환경을 적정하고 지속가능하게 관리·보전하여 모든 국민이 건강하고 쾌적한 환경에서 생활할 수 있게 하려는 대기환경보전법의 목적 등을 고려하면, 환경부장관은 [배출시설 설치의 제한 사유에 준하는] 사유로서 환경기준의 유지가 곤란하거나 주민의 건강·재산, 동식물의 생육에 심각한 위해를 끼칠 우려가 있다고 인정되는 등 중대한 공익상의 필요가 있을 때에는 허가를 거부할 수 있다"고 판시하고 있다.

(4) 설치허가 및 신고의 효력

가. 허가를 받거나 신고를 한 사업자의 권리·의무

설치(변경)허가를 받거나 설치(변경)신고를 한 사업자는 그에 따른 대기환경보전법상의 각종 권리와 의무의 주체가 된다. 사업자의 의무는, 후술하는 바와 같이, 방지시설설치의무, 가동개시신고의무, 정상운영의무, 측정의무, 환경기술인 임명의무 등이 있다.

---

13) 김홍균, 350.
14) 同旨, 김홍균, 350-351; 홍준형, 290.
15) 동 판결이 주목한 문언과 체제·형식은 추측컨대 동법 및 동법 시행령이 허가대상의 배출시설, 허가신청 시 제출해야 할 첨부서류 등을 구체적으로 규정하고 있는 점을 말하는 것으로 보인다.

나. 권리·의무의 승계

만약 허가를 받거나 신고를 한 사업자가 배출시설이나 대기오염방지시설(§2xii)을 양도하거나 사망한 경우 또는 사업자인 법인이 합병한 경우에는 그 양수인이나 상속인 또는 합병 후 존속하는 법인이나 합병에 따라 설립되는 법인은 (변경)허가·(변경)신고에 따른 사업자의 권리·의무를 승계한다(§27①). 또한 「민사집행법」에 따른 경매, 「채무자회생 및 파산에 관한 법률」에 따른 환가, 「국세징수법」·「관세법」 또는 「지방세징수법」에 따른 압류재산의 매각 등 절차에 따라 사업자의 배출시설 및 대기오염방지시설을 인수한 자는 (변경)허가·(변경)신고 등에 따른 종전 사업자의 권리·의무를 승계한다. 이 경우 종전 사업자에 대한 허가 등은 그 효력을 잃는다(§27③). 배출시설이나 방지시설을 임대차하는 경우 임차인은 대기환경보전법상 각종 규정상의 사업자로 본다(동조 ②).

한편, 배출시설 및 방지시설의 설치에 대한 허가는, 물건의 객관적 사정에 착안하여 행해지는 '**대물적 처분**'의 성격을 가지는바,[16] 판례는 대물적 처분은 시설물의 이전과 함께 자동적으로 이전된다는 입장이다. 즉 大判 1986.7.22. 86누203은 대물적(對物的) 허가의 성질을 갖는 경우, 그 사업의 양도도 가능하고 이 경우 양수인은 양도인의 지위를 승계하게 됨에 따라 양도인의 위 허가에 따른 권리의무가 양수인에게 이전되는 것이므로 만약 양도인에게 그 허가를 취소할 위법사유가 있다면 허가관청은 이를 이유로 양수인에게 응분의 제재조치를 취할 수 있다고 판시하였다. 요컨대 대물적 처분의 경우에는 **양도인의 귀책사유는 양수인에게 그 효력이 미치게 되는 것**이다. 그렇다고 한다면, 대기환경보전법 제27조 제1항에 의하여 승계되는 사업자의 권리·의무에는 허가에 따른 조건이나 기한은 물론, 위반의 횟수와 같은 귀책사유도 포함된다고 보아야 한다.

그런데 후술하는 **배출부과금**에 관하여는 견해가 갈린다. **승계긍정설**은 배출부과금도 주관적 사정을 고려하지 않고 내려지는 대물적 처분인 만큼 승계되어야 한다고 한다.[17] 승계부정설은 배출부과금은 무허가배출시설에 대해서도 부과되는 만큼 승계되는 권리·의무에 포함되지 않는다고 한다.[18] 하지만 허가·신고된 배출시설뿐만 아니라 무허가배출시설에 대해서도 배출부과금이 부과된다고 하는 실무가 배출부과금의 성질에 영향을 미친다고 보기는 어렵다. 배출부과금의 부과가 처분 상대방의 주관적 사정을 고려하지 않고 처분의 대상인 시설의 **객관적 사실**에 착안하여 이루어지는 행정행위라고 하는 점에는 변함이 없기 때문이다. 승계긍정설에 따를 때 배출시설·방지시설의 양수인이 불측(不測)의 손해를 입을 수 있지만, 승계를 인정

---

16) 이것이 통설이다. 조현권, 220; 김홍균, 353.
17) 김홍균, 354는 일단 허가받은 배출시설의 경우에는 시설의 이전과 함께 배출부과금도 승계된다고 한다.
18) 조현권, 222.

하는 실무관행이 정착하면 양수인은 양수 전에 그 시설에 부과된 배출부과금이 있는지 여부를 조사하게 될 것이다. 이렇게 되면 양도인은 배출시설·방지시설의 가치를 더 인정받고 싶어서라도 배출부과금을 받지 않으려고 노력할 텐데, 이는 친환경적 시설운영을 촉진하는 일종의 유인책으로서 대기환경보전을 위해서도 바람직하다.

(5) 무허가 설치행위

허가나 변경허가를 받지 아니하거나 거짓으로 허가나 변경허가를 받아 배출시설을 설치 또는 변경하거나 그 배출시설을 이용하여 조업하면, 7년 이하의 징역 또는 1억원 이하의 벌금에 처한다(§89i).

(6) 허가 등의 의제

배출시설 설치의 (변경)허가를 받거나 (변경)신고를 한 경우에는 그 배출시설에 관련된 물환경보전법 또는 소음·진동관리법상의 배출시설의 설치 (변경)허가 또는 (변경)신고를 한 것으로 본다(§24①). 이 경우 시·도지사는 허가(신고) 권한이 있는 관계 행정기관의 장과 협의하여야 한다(동조 ②).

(7) 비산배출시설의 설치신고

대기오염물질에 대한 규제는 굴뚝 등 배출구에서 나오는 오염물질에 대한 것이다. 그런데 이러한 배출구 없이 대기 중에 대기오염물질을 직접 배출(이하 "비산배출")하는 공정 및 설비 등의 시설(이하 "비산배출시설")을 설치·운영하는 경우가 있다. 배출구가 없지만 배출효과에 있어 배출구가 있는 경우와 차이가 없다면 마땅히 이를 규제할 필요가 있는바, 대기환경보전법은 이와 같은 비산배출시설을 설치·운영하려는 자에게 환경부령으로 정하는 바에 따라 환경부장관에게 신고할 것을 명하고, 신고한 사항 중 환경부령으로 정하는 사항을 변경하는 경우에 변경신고를 할 것을 명하고 있다(§38의2①, ②). (변경)신고를 한 자는 환경부령으로 정하는 시설관리기준을 지켜야 하고(동조 ③), 시설관리기준의 준수 여부 확인을 위하여 국립환경과학원 등으로부터 정기점검을 받아야 한다(동조 ④). 시설관리기준을 위반한 경우, 환경부장관은 비산배출되는 대기오염물질을 줄이기 위한 시설의 개선 등 필요한 조치를 명할 수 있다(동조 ⑤).

3. 방지시설의 설치

(1) 대기오염방지시설의 의의

대기오염방지시설은 "대기오염물질배출시설로부터 나오는 대기오염물질을 연소조절에 의한 방법 등으로 없애거나 줄이는 시설로서 환경부령으로 정하는 것"을 말한다(§2xii). 현재 동법 시행규칙은 중력집진시설, 관성력집진시설, 원심력집진시설, 연소조절에 의한 시설 등 총 15종의 시설 및 이 "시설 등과 같은 방지효율 또는 그 이상의 방지효율을 가진 시설로서 환경부장관이 인정하는 시설"을 규정하고 있다(대기환경보전법 시행규칙 §6 별표4).

(2) 방지시설의 설치의무

대기환경보전법은 (변경)허가를 받은 자 또는 (변경)신고를 한 자(이하 "사업자")에게 해당 배출시설을 설치하거나 변경할 때에는 그 배출시설로부터 나오는 오염물질이 배출허용기준 이하로 머물도록 대기오염방지시설(이하 "방지시설")을 설치할 것을 명하고 있다(§26①). 방지시설의 설치나 변경은 「환경기술 및 환경산업 지원법」 제15조에 따른 환경전문공사업자가 설계·시공하여야 하나 예외적으로 사업자 스스로 설계·시공할 수도 있다(§28). 한편 동법은 환경부장관이 연소조절에 의한 시설 설치를 지원하거나 업무의 효율적 추진을 위하여 연소조절에 의한 시설의 설치 지원 업무를 관계 전문기관에 위탁할 수 있도록 수권하고 있다(§26③). 사업자가 방지시설을 설치하지 아니하고 배출시설을 설치·운영한 경우, 시·도지사는 배출시설의 설치허가 또는 변경허가를 취소하거나 배출시설의 폐쇄를 명하거나 6개월 이내의 기간을 정하여 배출시설 조업정지를 명할 수 있다(§36iv).

(3) 방지시설 설치의무의 예외

다만 배출시설의 기능이나 공정에서 오염물질이 항상 배출허용기준 이하로 배출되는 경우나 혹은 그 밖에 방지시설의 설치 외의 방법으로 오염물질의 적정처리가 가능한 경우에는 방지시설을 설치하지 않을 수 있다(대기환경보전법 §26① 단서, 동법 시행령 §14). 그러나 이 경우, 배출시설의 공정을 변경하거나 사용하는 원료나 연료 등을 변경하여 배출허용기준을 초과할 우려가 있는 경우 또는 동법 시행규칙이 규정하는 경우에는 방지시설을 설치해야 한다(대기환경보전법 §26②). 동법 시행규칙은 (i) 배출허용기준의 강화, (ii) 부대설비의 교체·개선, (iii) 배출시설의 설치허가·변경허가 또는 설치신고나 변경신고 이후 배출시설에서의 새로운 대기오염물질의 배출 등의 사유로 배출허용기준을 초과할 우려가 있는 경우를 규정하고 있다(동법 시행규칙 §29).

(4) 공동방지시설의 설치

산업단지나 그 밖에 사업장이 밀집된 지역의 사업자는 배출시설로부터 나오는 오염물질의 공동처리를 위하여 공동 방지시설을 설치할 수 있다(§29①). 사업자가 공동방지시설을 설치·운영할 때에는 그 시설의 운영기구를 설치하고 대표자를 두어야 한다(동조 ②). 공동 방지시설의 배출허용기준은 동법 제16조에 따른 일반 배출허용기준과 다른 기준을 정할 수 있다(동조 ③).

4. 배출시설과 방지시설의 운영

(1) 배출시설 등의 가동개시 신고의무

사업자는 배출시설이나 방지시설의 설치를 완료하거나 배출시설의 변경을 완료하여 그 배출시설이나 방지시설을 가동하려면 환경부령으로 정하는 바에 따라 미리 시·도지사에게 가동개시 신고를 하여야 한다(§30①). 배출시설이나 방지시설 운영 초기에 시설의 개선이 필요한 경우가 있어 가동개시일부터 30일까지 시운전기간을 부여하고 있는데 시운전기간에는 개선명령, 조업정지명령 및 배출부과금을 적용하지 아니한다.

(2) 배출시설 및 방지시설의 정상운영의무

가. 배출시설 및 방지시설의 정상가동의무

배출시설을 운영하는 사업자는 배출시설과 방지시설을 정상적으로 가동할 의무를 부담한다. 이들 시설을 가동하는 데에는 적지 않은 비용이 들기 때문에 비정상가동은 사업자에게 피할 수 없는 유혹이 된다. 그리하여 대기환경보전법은 사업자에게 배출시설 및 방지시설의 정상가동을 명하는 한편 다음의 행위를 금지하고 있다(§31①).

1. 배출시설을 가동할 때에 방지시설을 가동하지 아니하거나 오염도를 낮추기 위하여 배출시설에서 나오는 오염물질에 공기를 섞어 배출하는 행위. 다만, 화재나 폭발 등의 사고를 예방할 필요가 있어 환경부장관 또는 시·도지사가 인정하는 경우에는 그러하지 아니하다.
2. 방지시설을 거치지 아니하고 오염물질을 배출할 수 있는 공기 조절장치나 가지 배출관 등을 설치하는 행위. 다만, 화재나 폭발 등의 사고를 예방할 필요가 있어 환경부장관 또는 시·도지사가 인정하는 경우에는 그러하지 아니하다.
3. 부식(腐蝕)이나 마모(磨耗)로 인하여 오염물질이 새나가는 배출시설이나 방지시설을 정당한 사유 없이 방치하는 행위
4. 방지시설에 딸린 기계와 기구류의 고장이나 훼손을 정당한 사유 없이 방치하는 행위
5. 그 밖에 배출시설이나 방지시설을 정당한 사유 없이 정상적으로 가동하지 아니하여 배출허용기준을 초과한 오염물질을 배출하는 행위

나. 배출시설 및 방지시설의 운영상황 기록의무

사업자는 조업을 할 때에는 환경부령으로 정하는 바에 따라 그 배출시설과 방지시설의 운영에 관한 상황을 사실대로 기록하여 보존하여야 한다(동조 ②).

(3) 측정기 부착 및 자가측정의무

배출시설에서 배출되는 오염물질의 양과 정도에 대한 측정은 이후에 취하게 될 대기환경보전법상 여러 규제조치의 전제조건이 된다. 이를 위하여 대기환경보전법은 측정기 부착과 자가측정에 관하여 규정하고 있다.

가. 측정기 부착의 의의

굴뚝자동측정기기에 의한 자동측정제도(Tele-Monitoring System)는 대형 배출사업장에 자동측정기기를 설치하여 오염물질을 실시간 측정함으로써 방지시설의 공정개선을 통한 오염물질 배출감소 유도, 사업장의 방지시설 가동상태 상시 감시, 자동측정자료에 기초한 배출부과금 부과 등을 목적으로 도입된 제도이다. 이 제도는 1988년 최초로 대기오염이 극심한 울산·온산특별대책지역 사업장을 대상으로 삼아 시작되었다. 현재 자동측정기기 부착대상은 대기배출시설 1-3종 사업장이고, 측정항목은 먼지, SO2 등 7개 항목이며, 배출부과금은 30분 평균측정값이 배출허용기준을 초과하면 부과하고, 행정처분은 연속 3회 또는 1주에 8회 이상 배출허용기준을 초과할 경우에만 부과된다. 이 제도는 상시감독을 통한 대기오염방지뿐 아니라 총량규제를 전제로 한 배출권거래제가 착근하는 데 필수적인 조건이 된다.

나. 측정기 부착의무

사업자는 배출시설에서 나오는 오염물질이 제16조와 제29조 제3항에 따른 배출허용기준에 맞는지를 확인하기 위하여 측정기기를 부착하는 등의 조치를 하여 배출시설과 방지시설이 적정하게 운영되도록 하여야 한다(§32①). 사업자는 이렇게 부착된 측정기기에 대하여 다음의 행위를 해서는 안 된다(동조 ③).

1. 배출시설이 가동될 때에 측정기기를 고의로 작동하지 아니하거나 정상적인 측정이 이루어지지 아니하도록 하는 행위
2. 부식, 마모, 고장 또는 훼손되어 정상적으로 작동하지 아니하는 측정기기를 정당한 사유 없이 방치하는 행위(제1항 본문에 따라 설치한 측정기기로 한정한다)
3. 측정기기를 고의로 훼손하는 행위
4. 측정기기를 조작하여 측정결과를 빠뜨리거나 거짓으로 측정결과를 작성하는 행위

사업자는 위 금지행위 외에, 측정기기로 측정한 결과의 신뢰도와 정확도를 지속적으로 유지할 수 있도록 환경부령으로 정하는 측정기기의 운영·관리기준을 지켜야 한다(동조 ④). 이를 지키지 않는 사업자는 환경부장관 또는 시·도지사로부터 기간을 정하여 측정기기가 기준에 맞게 운영·관리되는 데 필요한 조치명령을 받을 수 있으며(동조 ⑤), 조치명령을 지키지 않는 경우에는 해당 배출시설의 전부 또는 일부에 대한 조업정지 명령을 받을 수 있다(동조 ⑥).

대기환경보전법은 환경부장관에게 사업장에 부착된 측정기기와 연결하여 그 측정결과를 전산 처리할 수 있는 전산망을 운영할 수 있도록 수권하고 있으며(동조 ⑦), 이 경우 환경부장관은 전산 처리한 결과를 주기적으로 인터넷 홈페이지 등을 통하여 공개해야 한다(동조 ⑧). 동법은 측정기 기 관리대행업 제도를 만들어 측정기기의 부착과 운영의 정상화를 도모하고 있다(§§32의2, 32의3).

다. 자가측정의무

사업자가 배출시설을 운영할 때에는 나오는 오염물질을 자가측정하거나 「환경분야 시험·검사 등에 관한 법률」 제16조에 따른 측정대행업자에게 측정하게 하여 그 결과를 사실대로 기록하고, 환경부령으로 정하는 바에 따라 보존하여야 한다(§39①).

(4) 환경기술인의 임명의무

대기환경보전법은 사업자에게 배출시설과 방지시설의 정상적인 운영·관리를 위하여 환경 기술인을 임명할 것을 명하고 있다(§40①). 환경기술인은 그 배출시설과 방지시설에 종사하는 자가 대기환경보전법 또는 동법에 따른 명령을 위반하지 아니하도록 지도·감독하고, 배출시 설 및 방지시설의 운영결과를 기록·보관하여야 하며, 사업장에 상근하는 등 환경부령으로 정 하는 준수사항을 지켜야 하며(동조 ②), 사업자는 환경기술인이 이런 사항을 철저히 지키도록 감독해야 한다(동조 ③). 사업자 및 배출시설과 방지시설에 종사하는 자는 배출시설과 방지시설 의 정상적인 운영·관리를 위한 환경기술인의 업무를 방해하여서는 아니 되며, 그로부터 업무수 행을 위하여 필요한 요청을 받은 경우에 정당한 사유가 없으면 그 요청에 따라야 한다(동조 ④).

5. 배출시설 사업자의 의무이행을 위한 규제조치

(1) 개설

배출시설을 운영하는 사업자는 전술한 여러 종류의 의무를 이행하여야 한다. 대기환경보전법 은 사업자가 자신의 의무를 이행하지 않는 경우에 대비하여 각종 규제조치를 마련하고 있다. 개 선명령, 조업정지명령, 배출금의 부과, 허가의 취소, 과징금의 부과, 사용중지 및 폐쇄명령이 그것 이다. 대기환경보전법은 이들 규제조치를 규정하면서 "… 명할 수 있다."라는 형식을 취함으로써 규제조치를 재량행위로 규정하고 있으나, 후술하는 바와 같이 재량권이 수축하여 개선명령이나 조업정지명령을 발해야만 하는 경우에 이를 행하지 않으면 재량권의 일탈·남용으로 위법에 이르 게 됨을 유의해야 한다.[19] 배출금의 부과는 후술하고 여기서는 나머지 조치를 살펴도록 한다.

---

19) 同旨, 김홍균, 130.

(2) 개선명령 및 조업정지명령

환경부장관 또는 시·도지사는 배출시설의 가동개시 신고를 한 후 조업 중인 배출시설에서 나오는 오염물질의 정도가 배출허용기준을 초과한다고 인정하면 대통령령으로 정하는 바에 따라 기간을 정하여 사업자에게 그 오염물질의 정도가 배출허용기준 이하로 내려가도록 필요한 조치를 취할 것(이하 "개선명령")을 명할 수 있다(§33).

개선명령을 받은 자가 개선명령을 이행하지 아니하거나 기간 내에 이행은 하였으나 검사 결과 배출허용기준을 계속 초과하면, 환경부장관 또는 시·도지사는 해당 배출시설의 전부 또는 일부에 대하여 조업정지를 명할 수 있다(§34①).

(3) 긴급규제명령

또한 환경부장관 또는 시·도지사는 대기오염으로 주민의 건강상·환경상의 피해가 급박하다고 인정하면 환경부령으로 정하는 바에 따라 즉시 그 배출시설에 대하여 조업시간의 제한이나 조업 정지, 그 밖에 필요한 조치를 명할 수 있다(동조 ②). 이러한 긴급규제명령과 관련하여 주민이 이 규정을 근거로 하여 시·도지사에게 배출시설에 대한 조업정지 등 필요한 조치를 취하라고 요구할 수 있는 행정개입청구권이 인정될 수 있는지 여부가 문제된다. 대기환경보전법 제34조 제2항의 규정내용을 살펴보면, 주관적 공권의 성립요건인 강행규범성과 사익보호규범성 중 후자만이 인정되는 것으로 보인다. 왜냐하면 동 조항은 주민의 건강상·환경상의 피해를 저감·방지하기 위하여 규정된 것임이 문언상 명백하지만, 마찬가지로 규정형식이 "… 할 수 있다"는 가능규정으로 되어 있음 역시 명백하기 때문이다. 그러나 비록 동 조항이 가능규정으로 규정되어 있다 하더라도 당해 사건의 구체적 사정이 급박하게 전개되어 행정청의 재량권을 전무한 상태로 수축시켜 다른 선택의 여지가 없을 정도로 절실하게 긴급규제명령을 요구한다면, 이 경우에 한하여 동 조항은 강행규범성을 획득한다고 새겨야 한다. 따라서 주민의 행정개입청구권은 위와 같은 경우에 한하여 인정될 수 있다고 본다.[20] 한편 大判 1989.10.24. 88누9312는 "특별한 사유가 없는 한 이를 허가할 수 있다."라고 규정되어 있어 규정형식상 재량권을 부여한 것으로 보이는 조항에 터 잡아 일반국민의 문서열람 및 복사신청에 응해야 할 행정청의 의무를 인정한 바 있다.

(4) 허가의 취소 등

시·도지사는 사업자가 전술한 의무를 이행하지 아니한 경우에는 배출시설의 설치허가 또는 변경허가를 취소하거나, 배출시설의 폐쇄를 명하거나, 6개월 이내의 기간을 정하여 배출시설 조업정지를 명할 수 있다(§36 전문). 구체적으로 대기환경보전법 제36조는 20가지의 요건을

---

20) 同旨, 홍준형a, 305 – 307.

적시하고 있다. 이는 예시적 열거로서 여기에 해당하지 않더라도 그에 버금가는 사유로서 대기환경보전을 위하여 필요한 경우에는 허가의 취소 등의 조치를 취할 수 있는 것으로 본다.

한편, 20가지의 사유 중 다음의 경우에 해당하면 시·도지사는 배출시설의 설치허가 또는 변경허가를 취소하거나 폐쇄를 명하여야 한다(§36 후문).

1. 거짓이나 그 밖의 부정한 방법으로 허가·변경허가를 받은 경우
2. 거짓이나 그 밖의 부정한 방법으로 신고·변경신고를 한 경우
10. 측정기기의 운영·관리기준을 지키지 않아 조치명령을 받은 사업자가 이를 이행하지 않아 받은 조업정지명령(§32⑥)을 이행하지 아니한 경우
11. 배출허용기준을 초과하여 개선명령을 받은 사업자가 이를 이행하지 않거나 이행 후 검사결과 배출허용기준을 계속 초과하여 받은 조업정지명령(§34)을 이행하지 아니한 경우
18. 조업정지 기간 중에 조업을 한 경우
19. 배출시설 허가를 받거나 신고를 한 후 특별한 사유 없이 5년 이내에 배출시설 또는 방지시설을 설치하지 아니하거나 배출시설의 멸실 또는 폐업이 확인된 경우
20. 배출시설을 설치·운영하던 사업자가 사업을 하지 아니하기 위하여 해당 시설을 철거한 경우

(5) 과징금 처분

과징금이란 행정법상 의무 위반자가 당해 위반행위로 경제적 이익을 얻게 되는 경우에 당해 의무위반행위로 인한 불법적 이익을 박탈하기 위하여 그 이익의 액수에 상응하여 과해지는 행정상 제재금을 말한다.[21] 한편 大判 2004.3.12. 2001두7220은 과징금에 관하여 법령위반행위의 억지를 위한 행정상 제재금으로서의 성격뿐만 아니라 부당이득환수의 측면 역시 가지고 있다고 보았다.

그런데 대기환경보전법은 과징금의 다른 면을 보여주고 있다. 즉 조업정지처분을 받게 되면 그 조업정지로 인하여 주민의 생활, 대외적인 신용·고용·물가 등 국민경제, 그 밖에 공익에 현저한 지장을 줄 우려가 있는 시설이 있는바, 대기환경보전법은 시·도지사가 이러한 공공시설, 즉 「의료법」에 따른 의료기관의 배출시설, 사회복지시설 및 공동주택의 냉난방시설, 발전소의 발전설비, 「집단에너지사업법」에 따른 집단에너지시설, 「초·중등교육법」 및 「고등교육법」에 따른 학교의 배출시설, 제조업의 배출시설 등의 경우에는 조업정지처분에 갈음하여 매출액에 100분의 5를 곱한 금액을 초과하지 아니하는 범위에서 과징금을 부과할 수 있다. 다만, 매출액이 없거나 매출액의 산정이 곤란한 경우로서 대통령령으로 정하는 경우에는 2억원을 초과하지 아니하는 범위에서 과징금을 부과할 수 있도록 수권하고 있다(§37①). 따라서 대

---

21) 김동희(하), 602.

기환경보전법상의 과징금은 공익배려적 측면을 함께 가지고 있다고 할 것이다. 한편, 이와 같은 특징이 있다하더라도 과징금 액수가 억지력을 발휘하고 부당이득환수 효과를 충분히 거둘 수 있도록 산정되어야 함은 마찬가지이다.

한편, 조업정지처분 부과 여부는 전술한 바와 같이 재량의 일탈·남용에 해당하지 않는 한 시·도지사의 재량에 맡겨져 있고 과징금부과의 선택도 또한 시·도지사의 재량에 위임되어 있는바, 따라서 시·도지사는 과징금부과에 관하여 '결정재량권'과 '선택재량권'을 모두 갖는다고 할 것이다(大判 2015.6.24. 2015두39378).

그러나 이러한 공공시설에 해당하더라도 (i) 방지시설(§26)을 설치해야 하는 자가 방지시설을 설치하지 않고 배출시설을 가동한 경우, (ii) 동법 제31조에 규정된 바, 배출시설과 방지시설을 운영할 때 금지되는 행위를 한 경우, (iii) 배출허용기준을 초과해서 받은 개선명령을 이행하지 않은 경우 또는 (iv) 과징금 처분을 받은 날부터 2년이 경과되기 전에 제36조에 따른 조업정지처분 대상이 되는 경우에 해당하면 조업정지처분에 갈음하여 과징금을 부과할 수 없다(§37②).

(6) 위법시설에 대한 폐쇄조치

이상은 허가를 받거나 신고를 한 배출시설에 대한 조치에 관한 것이다. 대기환경보전법은 시·도지사로 하여금 동법 소정의 절차와 요건에 맞게 허가를 받지 않거나 신고를 하지 아니하고 배출시설을 설치하거나 사용하는 자에게 그 배출시설의 사용중지를 명할 것을 규정하고 있다(§38 전문). 그런데 그 배출시설을 개선하거나 방지시설을 설치·개선하더라도 그 배출시설에서 배출되는 오염물질의 정도가 배출허용기준 이하로 내려갈 가능성이 없다고 인정되는 경우 또는 설치장소가 다른 법률에 따라 그 배출시설의 설치가 금지된 경우에는 시·도지사는 그 배출시설의 폐쇄를 명하여야 한다(§38 후문).

한편, 大判 2022.1.27. 2021두38536[22변]은 특정 건축물이 대기환경보전법의 개정으로 인해 '특정대기유해물질이 기준이상으로 발생되는 배출시설'에 해당하게 됨으로써 국토계획법상 용도지역 안에서 건축제한규정에 부적합하게 되었다고 해도, 동법 시행령 제93조 제5항의 특례규정에 해당한다면, 위의 건축제한규정에 터잡아 대기환경보전법 제23조에 따른 허가를 받지 못하게 하거나 동법 제38조의 폐쇄명령 요건에 해당한다고 볼 수 없다고 판시하였다.

6. 배출부과금

(1) 배출부과금의 의의 및 성격

배출부과금은 오염물질 배출행위에 대하여 금전적 급부의무를 부과함으로써 배출자 스스로 오염물질을 줄여나가도록 하는 경제적 유인제도로서 우리나라에서는 1983년 도입된 이래

대기환경보전법(§35)과 물환경보전법(§41) 등에서 시행하고 있다. 배출부과금은 금전적 제재를 가하여 행정상 의무이행을 확보하려 한다는 점에서 과징금과 유사하지만, 과징금과 달리 불법 이익의 박탈보다는 법규준수를 확보하려는 데 중점을 두고 있다.[22] 또한 후술하는 기본부과금 은 배출허용기준의 준수 여부와 무관하게 부과되는바, 이는 환경법상 오염원인자부담의 원칙 에 입각하여 오염물질을 배출한 경우에 배출자로 하여금 오염된 환경의 처리비용을 부담하도 록 하는 원인자부담금의 성격을 갖기도 한다.[23] 대기환경보전법은 배출부과금을 환경개선특별 회계의 세입으로 한다고 규정하고 있기도 하다(§35⑦). 이러한 성격 때문에 배출부과금은 개선 명령이나 조업정지명령 등과 함께 병과(倂科)될 수 있다.

(2) 배출부과금의 종류

가. 기본부과금

배출부과금에는 기본부과금과 초과부과금의 두 종류가 있다. 기본부과금은 "대기오염물질 을 배출하는 사업자가 배출허용기준 이하로 배출하는 대기오염물질의 배출량 및 배출농도 등 에 따라 부과되는 금액"을 말한다(§35②i). 기본부과금은 현재 황산화물과 먼지 그리고 질소산 화물 3개 항목에 대하여 부과하고 있다(대기환경보전법 시행령 §23①). 이는 배출허용기준을 위 반하지 않았음에도 불구하고 부과되므로 오염원인자부담원칙을 구현하는 경제적 유인수단으 로서의 성격이 강하다.

나. 초과부과금

초과부과금은 "배출허용기준을 초과하여 배출하는 경우 대기오염물질의 배출량 및 배출농 도 등에 따라 부과되는 금액"을 말한다(§35②ii). 초과부과금은 황산화물, 암모니아, 황화수소, 이황화탄소, 먼지, 불소화합물, 염화수소, 염소, 시안화수소 등 9개 항목에 대하여 부과하고 있다. 초과부과금은 위반정도 및 위반 횟수 등에 따라 배출부과금이 가중되어 부과되므로 규 제적 성격이 강하다.

(3) 배출부과금의 의무부담자 및 산정

가. 배출부과금의 의무부담자

대기환경보전법은 시·도지사가 (i) 대기오염물질을 배출하는 사업자 또는 (ii) (변경)허가를 받지 않거나 (변경)신고를 하지 않고 배출시설을 설치·변경한 자를 대상으로 하여 대기오염물 질로 인한 대기환경상의 피해를 방지하거나 줄이기 위하여 배출부과금을 부과·징수할 수 있

---

22) 김동희(하), 603.
23) 박균성(하), 836.

도록 수권하고 있다(§35①).

나. 배출부과금의 산정

시·도지사가 배출부과금을 부과할 때에는 다음의 사항을 고려하여야 하는바(동조 ③), 배출부과금의 산정방법과 산정기준 등 필요한 사항은 동법 시행령이 정한다(동법 ④).

1. 배출허용기준 초과 여부
2. 배출되는 대기오염물질의 종류
3. 대기오염물질의 배출 기간
4. 대기오염물질의 배출량
5. 제39조에 따른 자가측정(自家測定)을 하였는지 여부
6. 그 밖에 대기환경의 오염 또는 개선과 관련되는 사항으로서 환경부령으로 정하는 사항

한편 동법이 배출부과금 산정의 기준이 되는 배출허용기준 초과 배출량과 배출부과금의 산정 방법과 기준 및 그 세부 사항을 시행령에 위임한 것은 포괄위임입법금지의 원칙에 위배되지 않는다는 것이 판례의 입장이다(大判 2009.12.10. 2009두14705 [16모3]).

① 기본부과금의 산정방법

기본부과금은 배출허용기준 이하로 배출하는 오염물질배출량(이하 "기준이내배출량")에 오염물질 1킬로그램당 부과금액, 연도별 부과금산정지수, 지역별 부과계수 및 농도별 부과계수를 곱한 금액으로 한다(동법 시행령 §28①).

② 초과부과금의 산정방법

초과부과금은 배출허용기준을 초과하여 배출하는 것인 만큼, 개선계획서를 제출하고 개선하는 경우와 그 이외의 경우를 나누어 부과금을 산정하도록 되어 있다. 전자의 경우에는 오염물질 1킬로그램당 부과금액, 배출허용기준초과 오염물질배출량, 지역별 부과계수, 연도별 부과금산정지수를 곱하여 산정하고(동법 시행령 §24①i), 후자의 경우에는 오염물질 1킬로그램당 부과금액, 배출허용기준초과 오염물질배출량, 배출허용기준 초과율별 부과계수, 지역별 부과계수, 연도별 부과금산정지수, 위반횟수별 부과계수를 곱하여 산정한다(동항 ii).

한편, 판례는 공동방지시설을 설치한 경우에도, 사업자들 상호간의 내부관계를 정한 '공동방지시설의 운영에 관한 규약' 등을 근거로 배출부과금을 부과할 수는 없다고 본다.[24]

---

24) 大判 1996.3.22. 선고 95누18000 [15모3]는 배출부과금은 사업자가 배출한 오염물질처리비용 상당액을 한도로 부과하여야 하는 것이므로, 공동방지시설로부터 기준초과 오염물질 등이 배출되어 배출부과금을 부과하는 경우에도 법령에 특별한 규정이 없는 한 행정청은 각 사업장별로 사용된 원료의 양, 제품생산량, 공정 등에 의하여 각 사업자가 실제로 배출한 오염물질 등의 양을 합리적으로 산정한 다음 각 사업자에게 각자 배출한 오

(4) 배출부과금의 감면 등

배출부과금은 대기오염물질의 배출을 저감·방지하기 위한 경제적 유인책의 성격을 가지고 있는 만큼 법령이나 환경부장관의 지시에 협조한 경우에는 배출부과금의 부과면제나 감면을 고려할 수 있다. 대기환경보전법은 동법 시행령이 정하는 연료를 사용하거나 최적의 방지시설을 설치한 사업자에 대하여 배출부과금의 부과를 면제하고, 시행령으로 정하는 배출시설을 운영하는 사업자에 대하여는 배출부과금을 감면할 수 있도록 하고 있다(§35의2①, ②).

(5) 배출부과금의 조정 등

배출부과금은 금전적 부담을 부과하는 데다가 여러 변수에 따라 그 액수가 변화할 가능성이 있어, 민원의 대상이 되기 쉽다. 이에 대기환경보전법은 (i) 개선기간 만료일 또는 명령이행 완료예정일까지 개선명령, 조업정지명령, 사용중지명령 또는 폐쇄명령을 이행하였거나 이행하지 아니하여 초과부과금 산정의 기초가 되는 오염물질 또는 배출물질의 배출기간이 달라진 경우[25], (ii) 배출부과금 부과 후 오염물질 등의 배출상태가 처음에 측정할 때와 달라졌다고 인정하여 다시 측정한 결과 오염물질 등의 배출량이 처음에 측정한 배출량과 다른 경우, (iii) 사업자가 과실로 확정배출량을 잘못 산정하여 제출하였거나 시·도지사가 시행령 제30조에 따라 조정한 기준이내배출량이 잘못 조정된 경우에는 이를 다시 산정·조정하여 그 차액을 부과하거나 환급할 수 있도록 시·도지사에게 수권하고 있다(§35의3①, 동법 시행령 §34).

한편, 大判 1996.12.23. 95누14312 [16모3]는 배출시설 허가를 받은 보일러 3대 중 평소 1대만을 가동하여 온 경우에 3대 전부를 가동시켜 측정한 배출오염물질을 기준으로 배출부과금을 산정해서는 안 된다고 판시하였다. 왜냐하면 "배출부과금 산정의 기준이 되는 배출허용기준 초과 오염물질배출량은 사업자가 조업에 제공하기 위하여 실제로 가동하는 배출시설로 인하여 배출되는 오염물질의 양을 그와 같은 방법에 의하여 산정하는 것이지 조업을 위한 실제 가동 여부와 관계없이 당해 사업장에 설치된 배출시설을 모두 가동하여 최대의 부하량이 걸린 상태에서 배출되는 오염물질의 최대량을 가리키는 것은 아니"기 때문이다.

염물질 처리비용에 상당하는 금액만을 부과하여야 한다고 판시하였다.
25) 大判 2009.12.10. 선고 2009두14705 [16모3]는, 개선명령 이행완료 예정일 이전에 조기 이행을 이유로 배출기간의 단축을 통한 배출부과금의 조정이 인정됨에도 불구하고 개선명령 이행완료 예정일 이전에 그러한 절차를 취하지 않는 이상, 법령에서 정한 배출기간의 종기를 기준으로 배출부과금을 부과해야 한다고 판시하였다.

제4절 | 생활환경상의 대기오염물질 배출규제

Ⅰ. 개설

생활환경상의 대기오염물질의 배출규제는 세 가지 부분으로 구성된다. 연료사용의 규제, 비산먼지의 규제, 휘발성유기화합물의 규제가 바로 그것이다. 일상생활을 뒷받침하는 연료로는 석유와 같은 화석연료가 주로 사용되는데, 화석연료가 연소될 때 발생되는 아황산가스는 대기오염의 주범이자 산성비의 원인이 된다. 먼지는 근자에 국민의 주목을 끄는 대표적 공해로서 비산먼지에 대한 규제의 중요성이 부각되는 이유이다. 휘발성 유기화합물질은 유기용제의 사용확대와 자동차운행 증대로 인하여 대기오염의 중요한 원인이 되고 있다.

Ⅱ. 연료사용에 대한 규제

대기 중 아황산가스를 저감시키기 위해서는 청정연료나 황함유량이 적은 연료를 사용하게 하거나 경우에 따라서는 특정 연료의 제조·사용을 금지해야 한다. 이를 위하여 대기환경보전법은 전술한 배출허용기준을 이용한 배출가스 농도규제 외에 연료제조·사용에 대한 다양한 규제를 가지고 있다. 서울 등 대도시 지역의 아황산가스의 오염도가 획기적으로 개선된 것은 연료사용에 대한 규제 덕분이다.

1. 황함유기준에 의한 연료사용의 규제

현행 연료사용에 대한 규제의 내용을 살펴보면, 환경부장관이 황의 함유기준을 정하고, 일정한 지역 및 시설에 대하여는 황함유기준을 초과하는 연료를 공급, 판매하거나 사용하는 것을 제한하거나 금지하고 있다.

그리하여 대기환경보전법은 환경부장관이 연료용 유류 및 그 밖의 연료에 대하여 관계 중앙행정기관의 장과 협의하여 그 종류별로 황의 함유 허용기준(이하 "황함유기준")을 정하고 황함유기준이 정해진 연료(이하 "저황유(底黃油)")에 대하여는 그 공급지역과 사용시설의 범위를 정할 수 있도록 수권하고 있다(§41①, ②). 저황유의 공급지역과 사용시설(대기배출시설)의 범위는 대기환경보전법 시행령 별표10의2에서 규정하고 있는바, 경유는 우리나라 전 지역에서 황함유량이 0.1% 이하, 중유는 특별시·광역시 등 59개 시·군에 황함유량이 0.3% 이하, 그 외 104개 시·군에 0.5% 이하의 각 연료를 공급·사용하도록 하고 있다.

황함유기준이 정해진 공급지역 또는 사용시설에 연료를 공급·판매하거나 동지역 또는 시설에서 연료를 사용하려는 자는 황함유기준을 초과하는 연료를 공급·판매하거나 사용해서는 안 된다(§41③). 시·도지사는 황함유기준이 정해진 공급지역 또는 사용시설에 황함유기준을 초과하는 연료를 공급·판매하거나 사용하는 자에 대하여 그 연료의 공급·판매 또는 사용을 금지 또는 제한하거나 필요한 조치를 명할 수 있다(§41④). 한편, 황함유기준을 초과하는 연료를 사용하는 배출시설로서 배출시설 설치의 (변경)허가를 받거나 (변경)신고를 한 경우에는 황함유기준을 초과하는 연료를 공급·판매하거나 사용할 수 있다(§41③ 단서).[26]

2. 연료의 제조·사용 등의 규제

대기환경보전법은 환경부장관 또는 시·도지사에게 특정한 연료의 사용으로 인한 대기오염을 방지하기 위하여 특히 필요하다고 인정하면 관계 중앙행정기관의 장과 협의하여 그 연료를 제조·판매하거나 사용하는 것을 금지 또는 제한하거나 필요한 조치를 명할 수 있도록 수권하고 있다(§42 본문).

(1) 고체연료의 사용금지

이에 따라 동법 시행령에서는 연료사용으로 인한 대기오염을 방지하기 위하여 별표11의2에 해당하는 지역에서는 석탄류, 코크스(다공질 고체 탄소 연료), 땔나무와 숯 등 고체연료의 사용을 제한하고 있다(동법 시행령 §42①). 다만, 제조공정상 고체연료를 사용하여야 하는 주물·제철공장 등의 용해로와 연소과정에서 발생하는 오염물질이 제품 제조공정 중에 흡수·흡착 등의 방법으로 제거되어 오염물질이 현저하게 감소하는 시멘트 소성로 등의 시설에 대해서는 고체연료 사용을 인정하고 있다(동조 ②). 현재 서울특별시, 6개 광역시, 경기도 13개 지역 등 20개 지역이 고체연료 사용금지지역으로 지정된 상태이다.

(2) 청정연료의 공급

한편 동법 시행령은 환경부장관 또는 시·도지사에게 저황유 및 고체연료 사용규제에도 불구하고 대기오염이 개선되지 않는 경우에 대비하여 별표11의3에 따른 지역 및 시설(난방시설, 발전소 등)에 대해서는 액화천연가스(LNG) 및 액화석유가스(LPG) 등 청정연료만을 사용하게 할 수 있도록 수권하고 있다(동법 시행령 §43①). 에너지 및 전력수급상의 사유로 산업통상자원부장관이 환경부장관과 협의한 화력발전소의 발전시설의 경우나 청정연료 사용 시보다 대기

---

26) 동법 시행령 제41조는 환경부장관이 인정하는 폐열을 사용하는 시설이나 최적의 방지시설을 설치하여 부과금을 면제받은 시설 등에 대하여도 예외를 인정하고 있다.

오염물질을 적게 배출하는 경우 등에 대해서는 천정연료 외의 연료사용을 인정하고 있다(동조 ③). 청정연료사용 의무화는 1988년 수도권지역의 공동주택 등에 대하여 시행한 이래, 2017년 현재 전국 32개 시의 업무용 빌딩, 공동주택 및 발전소로 확대·적용하고 있다.

Ⅲ. 비산먼지의 규제

1. 비산먼지의 의의

먼지란 "대기 중에 떠다니거나 흩날려 내려오는 입자상물질"로서, 산업공정 중에 배출되는 "공정먼지"와 생활상의 "비산먼지"로 구분된다. 공정먼지는 산업공정의 연료 연소시 발생되는 것이 대부분으로 주로 배출구를 통하여 배출되며 전술한 '사업장의 대기오염물질 배출규제'의 대상이 된다.[27] 비산먼지는 굴뚝과 같은 일정한 배출구 없이 대기 중에 직접 배출되는 먼지를 말하는바, 건설공사장, 시멘트공장, 골재공장 등에서 배출되는 먼지가 대표적인 사례이다. 전술한 바와 같이 근자에 먼지의 폐해에 대한 국민의 체감도가 점증하고 있으므로 이에 대한 규제수요가 큰 편이다. 현재 대기환경보전법이 규제하는 대상사업은 건설업, 제1차 금속제조업 등 11개 사업으로, 사업시행 전에 시장·군수·구청장에게 신고하여야 하며, 비산먼지의 발생을 억제하기 위한 시설을 설치하거나 필요한 조치를 하도록 하고 있다.

2. 비산먼지 발생에 대한 규제

가. 비산먼지 발생자의 신고 및 시설조치의무

"비산먼지"를 발생시키는 사업으로서 대통령령으로 정하는 사업을 하거나 변경하려는 자는 환경부령으로 정하는 바에 따라 특별자치시장·특별자치도지사·시장·군수·구청장에게 신고하고 비산먼지의 발생을 억제하기 위한 시설을 설치하거나 필요한 조치를 하여야 한다(§43 ①). 현재 신고된 비산먼지 발생사업장은 42,628개소('16년 기준)이고, 이중 건설업이 84%에 해당하는 35,875개소로 가장 많다. 비산먼지 발생억제를 위한 시설로는 이송시설 밀폐, 방진망 설치, 세륜·세차시설의 정비·확대 등이 있다.

한편, 대기환경보전법은 비산먼지의 발생을 억제하기 위한 시설을 설치하지 않거나 필요한 조치를 하지 않은 자에 대하여 300만원 이하의 벌금에 처한다고 규정하고 있는데, 大判 2008.11.27. 2008도7438[18모3]은 비산먼지의 발생을 억제하기 위한 시설을 설치하였으나 이

---

27) 박·함, 396-397.

를 가동하지 아니한 자도 여기에 해당한다고 판시하였다.

한편 건설업을 도급에 의하여 시행하는 경우에는 최초수급인(발주자로부터 최초로 공사를 도급받은 자)이 비산먼지 발생사업 신고를 해야 하고 신고를 할 때에는 시설조치의무의 이행을 위한 사항까지 포함하여 신고하도록 규정하고 있다(동법 시행규칙 §58). 그런데 大判 2016. 12.15. 2014도89089[21모1]는 동법 시행규칙 제58조는 신고의무에 관해서만 의무자가 최초수급인임을 제1항에서 명시하고 시설조치의무에 관해서는 따로 의무자를 규정하지 않은 채 단지 제4항에서 시설조치에 관한 기준만을 규정하고 있기는 하지만, 시설조치의무자와 신고의무자를 달리 볼 것은 아니라고 판시하였다. 이는 "여러 단계의 도급을 거쳐 시행되는 건설공사의 특성을 고려하여 사업장 내의 비산먼지 배출 공정을 효과적으로 관리·통제하고 책임 소재를 명확하게 할 목적으로 하도급에 의하여 공사를 하는 경우에도 비산먼지 배출 신고의무 및 시설조치의무는 최초수급인이 부담하도록" 한 것이다.

나. 비산먼지 발생자에 대한 규제조치

특별자치시장·특별자치도지사·시장·군수·구청장은 비산먼지의 발생을 억제하기 위한 시설의 설치 또는 필요한 조치를 하지 아니하거나 그 시설이나 조치가 적합하지 아니하다고 인정하는 경우에는 그 사업을 하는 자에게 필요한 시설의 설치나 조치의 이행 또는 개선을 명할 수 있고(§43④), 이에 따르지 않는 자에게는 사업중지, 시설사용중지·제한을 명할 수 있다(동조 ⑤).

Ⅳ. 휘발성유기화합물의 규제

1. 휘발성유기화합물의 의의

휘발성유기화합물(Volatile Organic Compounds: 이하 "VOCs")은 국가와 지역에 따라 정의나 범위가 조금씩 다르나 일반적으로 상온·상압에서 가스형태로 대기에 배출되는 탄화수소류의 물질을 말한다. 대기환경보전법에서는 "탄화수소류 중 석유화학제품, 유기용제, 그 밖의 물질로서 환경부장관이 관계 중앙행정기관의 장과 협의하여 고시하는 것"으로 정의하고 있고, "휘발성유기화합물 지정고시(환경부 고시 제2015-181호)"에서는 벤젠, 휘발유 등 37개 물질을 규제대상으로 하고 있다. VOCs는 자동차와 주유소, 산업단지의 제조시설과 유기용제사용시설 등에서 주로 배출되는데 유기용제류가 전 배출량의 60.64%를 차지하고 있다.[28]

---

28) 환경부(註4), 30.

2. 휘발성유기화합물의 규제

우리나라는 1995년 12월 개정 대기환경보전법에서 처음으로 VOCs에 대한 규제기준을 마련하게 되었는데, 특별대책지역이나 대기관리권역에서 휘발성유기화합물을 배출하는 시설을 설치하고자 하는 경우 관할 시·도지사에게 신고하도록 하고, 환경부령에서 정한 설치기준에 적합한 휘발성유기화합물질의 배출을 억제 또는 방지하는 시설을 설치·운영하도록 하고 있으며, 2008년부터는 주유소의 주유시설에 대해 유증기 회수시설을 설치하도록 하였다. 그 밖에 VOCs 배출을 줄이기 위해 전국에 공급되는 페인트에 대한 VOCs 함량기준을 설정하는 등 VOCs 관리를 강화하고 있다.

(1) 휘발성유기화합물 배출시설 설치자의 의무

가. 신고의무

VOCs 배출시설 설치자는 그 시설을 (i) 특별대책지역, (ii) 대기관리권역, (iii) 그 밖에 VOCs 배출로 인한 대기오염을 개선할 필요가 있다고 인정되는 지역으로서 환경부장관이 관계중앙행정기관의 장과 협의하여 지정·고시하는 지역(이하 "휘발성유기화합물 배출규제 추가지역")에 설치하려는 자는 시·도지사 또는 대도시 시장에게 신고해야 한다(§44①). 신고사항을 변경하려면 변경신고를 해야 한다(동조 ②).

나. 피해방지조치 및 검사·측정·기록·보존의무

VOCs 배출시설 설치자는 VOCs의 배출을 억제하거나 방지하는 시설을 설치하는 등 VOCs의 배출로 인한 대기환경상의 피해가 없도록 조치하여야 한다(동조 ⑤). VOCs의 배출을 억제·방지하기 위한 시설의 설치 기준 등에 필요한 사항은 환경부령으로 정하며(동조 ⑥), 시·도 또는 대도시는 조례로 더욱 강화된 기준을 정할 수 있다(동조 ⑦). VOCs 배출시설 설치신고를 한 자는 VOCs의 배출을 억제하기 위하여 VOCs를 배출하는 시설에 대하여 VOCs의 배출 여부 및 농도 등을 검사·측정하고, 그 결과를 기록·보존하여야 한다(동조 ⑬).

다. 휘발성유기화합물 배출시설 설치자에 대한 규제조치

시·도지사 또는 대도시 시장은 피해방지조치의무(동조 ⑤)를 위반하거나 적정 기준(동조 ⑥, ⑦)을 지키지 아니한 자에게 VOCs를 배출하는 시설 또는 그 배출의 억제·방지를 위한 시설의 개선 등 필요한 조치를 명할 수 있다(§44⑨). 나아가서, VOCs를 배출하는 시설을 설치·운영하는 자가 설치 및 변경의 신고, 피해방지조치의무를 다하지 않거나 적정기준에 미치지 않는 경우, 그리고 그에 따른 조치명령을 이행하지 않는 경우 6개월 이내의 기간을 정하여 해당 시설의 조업정지를 명할 수 있다(동조 ⑩).

라. 권리·의무의 승계

VOCs 배출시설 설치자가 VOCs를 배출하는 시설 및 VOCs 배출을 억제하거나 방지하는 시설을 양도하는 경우 또는 설치자가 사망하거나 설치자인 법인이 합병한 경우에는 그 양수인이나 상속인 또는 합병 후 존속하는 법인이나 합병에 따라 설립되는 법인이 신고 또는 변경신고에 따른 설치자의 권리·의무를 승계한다(§45의2①). 동 시설 등을 임대차하는 경우에 임차인은 설치자로 본다(동조 ②).

(2) 도료의 휘발성유기화합물 함유기준 등

가. 함유기준의 설정

대기환경보전법은 환경부장관에게 도료(塗料)에 대한 VOCs의 함유기준(이하 "휘발성유기화합물함유기준")을 정할 수 있도록 수권하고 있다. 이 경우 환경부장관은 관계 중앙행정기관의 장과 협의하여야 한다(§44의2①).

나. 휘발성유기화합물함유기준 초과 도료 공급·판매금지

도료를 제조하거나 수입하여 공급하거나 판매하는 자 또는 그 밖에 도료를 공급하거나 판매하는 자는 휘발성유기화합물함유기준을 초과하는 도료를 공급하거나 판매해서는 안 된다(§44의2②). 이 규정에도 불구하고 휘발성유기화합물함유기준을 초과하는 도료를 공급하거나 판매하는 경우에는 환경부장관은 그 도료의 공급·판매중지 또는 회수 등 필요한 조치를 명할 수 있다(동조 ③, ④).

(3) 기존 휘발성유기화합물 배출시설에 대한 규제

가. 신고 및 피해방지조치의무

특별대책지역, 대기관리권역 또는 휘발성유기화합물 배출규제 추가지역으로 지정·고시될 당시 그 지역에서 휘발성유기화합물을 배출하는 시설을 운영하고 있는 자는 특별대책지역, 대기관리권역 또는 휘발성유기화합물 배출규제 추가지역으로 지정·고시된 날부터 3개월 이내에 VOCs 배출시설 설치자와 같은 신고를 하여야 하며, 특별대책지역, 대기관리권역 또는 휘발성유기화합물 배출규제 추가지역으로 지정·고시된 날부터 2년 이내에 VOCs 배출시설 설치자와 같은 피해방지조치를 하여야 한다(§45①).

휘발성유기화합물이 추가로 고시된 경우 특별대책지역, 대기관리권역 또는 휘발성유기화합물 배출규제 추가지역에서 그 추가된 휘발성유기화합물을 배출하는 시설을 운영하고 있는 자는 그 물질이 추가로 고시된 날부터 3개월 이내에 VOCs 배출시설 설치자와 같은 신고를 하여야 하며, 그 물질이 추가로 고시된 날부터 2년 이내에 VOCs 배출시설 설치자와 같은 피해방지조치를 하여야 한다(동조 ②).

나. 의무불이행에 대한 규제조치

시·도지사 또는 대도시 시장은 위 기간에 규정된 조치를 하지 아니한 경우 피해방지조치 의무를 위반하는 자에게 VOCs를 배출하는 시설 또는 그 배출의 억제·방지를 위한 시설의 개선 등 필요한 조치를 명할 수 있다(§45⑤, §44⑦⑨).

(4) 휘발성유기화합물 배출 억제·방지시설 검사

휘발성유기화합물의 배출을 억제하거나 방지하는 시설의 제작자와 설치자는 환경부령으로 정하는 검사기관으로부터 검사를 받아야 하고 변경신고를 한 경우도 같다(§45의3①). 환경부장관은 휘발성유기화합물의 배출을 억제·방지하기 위하여 제1항에 따른 검사기관의 검사업무에 필요한 지원을 할 수 있다(동조 ②).

제5절 │ 자동차·선박 등의 배출가스 규제

Ⅰ. 개설

우리나라는 산업화가 고도화되고 국민소득이 증대하면서 자동차의 대수가 지속적으로 증가하였다. 이에 따라 자동차 배출가스가 우리나라 대기오염에 기여하는 정도도 점증하였는바, 2014년의 전국 대기오염배출량 중 일산화탄소(CO)는 47.3%, 질소산화물(NOx)은 31.8%, 미세먼지(PM10)는 10.2%가 자동차에서 배출되고 있고 서울 등 대도시 지역에는 자동차 배출가스의 기여도가 전국 평균에 비해 훨씬 높게 나타나고 있다. 따라서 자동차에서 배출되는 오염물질에 대한 관리는 대도시지역의 대기오염 저감(低減) 노력의 중핵을 이룬다고 하겠다. 대기환경보전법은 자동차배출가스에 대한 관리를 제작차 관리, 운행차 관리 및 자동차연료 품질규제로 분류하여 규정하고 있다. 동법은 또한 선박에 관한 배출허용기준을 정하고 있으나 항공기나 기차에 대해서는 아무런 규정을 두지 않고 있다.

Ⅱ. 제작차에 대한 규제

1. 제작차의 배출허용기준 및 인증

자동차에서 배출되는 오염물질을 줄이기 위해서는 우선 제작단계에서 자동차의 설계 및 구조가 오염물질 저감에 적합하도록 규제해야 하는바, 대기환경보전법은 이를 위해 제작차 배출허용기준을 설정·관리하고 있다. 그리하여 동법은 자동차(원동기 및 저공해차를 포함)를 제작·수입하려는 자(이하 "자동차제작자")에게 그 자동차(이하 "제작차")에서 나오는 오염물질(대통령령으로 정하는 오염물질만 해당; 이하 "배출가스")이 환경부령으로 정하는 허용기준(이하 "제작차배출허용기준")에 맞도록 제작하여야 할 의무를 부과하고 있다(§46①). 다만, 저공해자동차제작자는 환경부령으로 정하는 별도의 허용기준("저공해자동차배출허용기준")에 맞도촉 제작하여야 한다(동조 단서). 자동차제작자는 제작차에서 나오는 배출가스가 환경부령으로 정하는 기간(이하 "배출가스보증기간") 동안 제작차배출허용기준에 맞게 성능을 유지하도록 제작하여야 한다(동조 ③).

한편, 자동차제작자가 자동차를 제작하려면 미리 환경부장관으로부터 그 자동차의 배출가스가 배출가스보증기간에 제작차배출허용기준(저공해자동차배출허용기준을 포함한다)에 맞게 유지될 수 있다는 인증을 받아야 한다(§48①). 인증내용을 변경하는 경우에는 변경인증을 받아야 한다(동조 ②). 자동차제작자는 인증받은 내용과 다르게 배출가스 관련 부품의 설계를 고의로 바꾸거나 조작하는 행위를 하여서는 아니 된다(§46④). 이 조항은 2015년 폭스바겐 배출가스 조작과 인증서류 위조사건을 계기로 2016년 개정법률에 의하여 신설된 것이다. 동법은 이를 위반한 자는 7년 이하의 징역 또는 1억원 이하의 벌금에 처할 것을 명하고 있다(§89vi의2).

제작차 배출허용기준은 1978년 환경보전법 시행령 제정시 최초로 도입된 이래 수차례 걸쳐 강화되어 왔다. 2011년에 대기환경보전법 시행규칙을 개정하여 2014년부터 적용할 제작차 배출허용기준 중 경유자동차에 대한 기준은 유럽에서 2014년도부터 적용되는 EURO − Ⅵ 수준으로 강화하고, 2017년 9월부터 실도로(實道路) 배출가스 인증시험을 도입하였으며, 휘발유 승용차는 미국 캘리포니아에서 시행중인 평균배출량관리제도(FAS)를 지속적으로 강화하여 자동차 제작사별로 오염물질 평균배출량을 관리할 수 있도록 한 바 있다.[29]

2. 제작차의 배출허용기준 검사, 판매정지 및 출고정지 등

환경부장관은 인증을 받아 제작한 자동차의 배출가스가 제작차배출허용기준에 맞는지를 확인하기 위하여 대통령령으로 정하는 바에 따라 검사를 하여야 한다(§50①). 환경부장관은 검사 결과 불합격된 자동차의 제작자에게 그 자동차와 동일한 조건으로 환경부장관이 정하는 기간에 생산된 것으로 인정되는 같은 종류의 자동차에 대하여는 판매정지 또는 출고정지를 명할 수 있고, 이미 판매된 자동차에 대하여는 배출가스 관련 부품의 교체를 명할 수 있다(동조 ⑦). 자동차제작자가 배출가스 관련 부품의 교체 명령을 이행하지 아니하거나 위 검사 결과 불합격된 원인을 부품 교체로 시정할 수 없는 경우에는 환경부장관은 자동차제작자에게 대통령령으로 정하는 바에 따라 자동차의 교체, 환불 또는 재매입을 명할 수 있다(동조 ⑧).

---

29) *Id.* 32.

3. 자동차의 평균배출량 및 평균배출허용기준을 초과한 자동차제작자에 대한 상환명령

대기환경보전법은 자동차제작자에게 그가 제작하는 자동차에서 나오는 배출가스를 차종별로 평균한 값(이하 "평균 배출량")이 환경부령으로 정하는 기준(이하 "평균 배출허용기준")에 적합하도록 자동차를 제작할 것을 명하고 있다(§50의2①). 평균 배출허용기준을 적용받는 자동차를 제작하는 자는 매년 2월 말일까지 환경부령으로 정하는 바에 따라 전년도의 평균 배출량 달성 실적을 작성하여 환경부장관에게 제출하여야 한다(동조 ②).

자동차제작자는 해당 연도의 평균 배출량이 평균 배출허용기준 이내인 경우 그 차이분 중 환경부령으로 정하는 연도별 차이분에 대한 인정범위만큼을 다음 연도부터 환경부령으로 정하는 기간 동안 이월하여 사용할 수 있다(§50의3①). 이는 초과달성한 부분만큼을 다음 연도에 사용할 수 있도록 허용함으로써 기술개발에 대한 유인을 제공하기 위함이다. 반면에, 환경부장관은 해당 연도의 평균 배출량이 평균 배출허용기준을 초과한 자동차제작자에 대하여 그 초과분이 발생한 연도부터 환경부령으로 정하는 기간 내에 초과분을 상환할 것을 명할 수 있다(동조 ②). 상환명령을 받은 자동차제작자는 초과분을 상환하기 위한 계획서(이하 "상환계획서")를 작성하여 환경부장관에게 제출해야 한다(동조 ③).

4. 결함확인검사 및 결함의 시정

대기환경보전법은 자동차제작자에게 배출가스보증기간 내에 운행 중인 자동차에서 나오는 배출가스가 배출허용기준에 맞는지에 대하여 환경부장관의 검사(이하 "결함확인검사")를 받을 것을 명하고 있다(§51①). 환경부장관은 결함확인검사에서 검사 대상차가 제작차배출허용기준에 맞지 아니하다고 판정되고, 그 사유가 자동차제작자에게 있다고 인정되면 그 차종에 대하여 결함을 시정하도록 명해야 하나, 자동차제작자가 검사 판정 전에 결함사실을 인정하고 스스로 그 결함을 시정하려는 경우에는 결함시정명령을 생략할 수 있다(동조 ④). 결함시정명령을 받거나 스스로 자동차의 결함을 시정하려는 자동차제작자는 그 자동차의 결함시정에 관한 계획을 수립하여 환경부장관의 승인을 받아 시행하고, 그 결과를 환경부장관에게 보고하여야 한다(동조 ⑤). 결함시정계획이 이행되지 않는 경우 그 사유가 결함시정명령을 받은 자 또는 스스로 자동차의 결함을 시정하려는 자에게 있다고 인정되면 환경부장관은 기간을 정하여 재차 결함시정명령을 내려야 한다(동조 ⑥). 만약 결함시정계획을 수립·제출하지 아니하거나 환경부장관의 승인을 받지 못한 경우에는 결함을 시정할 수 없는 것으로 본다(동조 ⑦). 그에 따라, 환경부 장관은 결함시정명령을 이행하지 아니하거나 결함을 시정할 수 없는 것으로 보는 경우에는, 자동차제작자에게 대통령령으로 정하는 바에 따라 자동차의 교체, 환불 또는 재매입을 명할 수 있다(동조 ⑧).

결함의 시정은 통상 "리콜(recall)"로 불리는 것으로, 대기환경보전법은 본조를 통하여 배출가스가 배출허용기준에 맞는지 여부를 리콜의 사유로 정하고 있는 것이다.

배출가스 보증기간 제도는 제작차에서 나오는 배출가스가 일정기간 동안 제작차 배출허용기준을 유지하도록 하고, 보증기간내 기준을 초과할 경우 제작사에게 결함 시정을 하도록 하는 제도로서 1991년 제도도입 이후 여러 차례에 걸쳐 기간을 확대하여 왔다. 2015년에는 대기환경보전법 시행규칙을 개정하여 2016년부터 적용할 배출가스 보증기간을 경유자동차(중·소형 승용차 및 화물차 등)의 경우 10년 16만km로, 휘발유자동차(중·소형 승용차 및 화물차 등)의 경우 15년 24만km 등으로 신설한 바 있다.[30]

5. 부품의 결함시정

대기환경보전법은 배출가스보증기간 내에 있는 자동차의 소유자 또는 운행자에게 환경부장관이 산업통상자원부장관 및 국토교통부장관과 협의하여 환경부령으로 정하는 배출가스관련부품(이하 "부품")이 정상적인 성능을 유지하지 아니하는 경우 자동차제작자를 상대로 그 결함을 시정할 것을 요구할 수 있는 권리를 수여하고 있다(§52①). 결함의 시정을 요구받은 자동차제작자는 지체 없이 그 요구사항을 검토하여 결함을 시정하여야 한다. 다만, 자동차제작자가 자신의 고의나 과실이 없음을 입증한 경우에는 그렇지 않다(동조 ②). 환경부장관은 부품의 결함을 시정하여야 하는 자동차제작자가 정당한 사유 없이 그 부품의 결함을 시정하지 아니한 경우에는 환경부령으로 정하는 기간 내에 결함의 시정을 명할 수 있다(동조 ③). 본조가 규정한 결함시정요구권은 자동차 소유자·운행자가 자동차제작자에 대하여 민사소송상 소구할 수 있는 사권(私權)으로서의 성질을 가짐에 유의해야 한다.

6. 인증의 취소

대기환경보전법은 환경부장관에게 (i) 거짓이나 그 밖의 부정한 방법으로 인증을 받은 경우나 (ii) 제작차에 중대한 결함이 발생되어 개선을 하여도 제작차배출허용기준을 유지할 수 없는 경우에 해당하는 경우에는 그 인정을 취소할 것을 명하고 있고, (iii) 제50조 제7항에 따른 자동차의 판매 또는 출고 정지명령을 위반한 경우나 (iv) 제51조 제4항이나 제6항에 따른 결함시정명령을 이행하지 아니한 경우에 해당하는 경우에는 인증을 취소할 수 있도록 수권하고 있다(§55).

---

30) *Id.* 33.

7. 과징금 처분

대기환경보전법은 환경부장관에게 다음에 해당하는 경우에는 그 자동차제작자에 대하여 매출액에 100분의 5를 곱한 금액을 초과하지 아니하는 범위에서 과징금을 부과할 수 있도록 수권하고 있다. 이 경우 과징금의 금액은 500억원을 초과할 수 없다(§56).

1. 제48조 제1항을 위반하여 인증을 받지 아니하고 자동차를 제작하여 판매한 경우
2. 거짓이나 그 밖의 부정한 방법으로 제48조에 따른 인증 또는 변경인증을 받은 경우
3. 제48조 제1항에 따라 인증받은 내용과 다르게 자동차를 제작하여 판매한 경우

Ⅲ. 운행차에 대한 규제

1. 운행차의 배출허용기준 및 수시점검

자동차 운행과정에서 나오는 배출가스를 줄이기 위해 소유자로 하여금 정기적인 정비·점검을 유도하기 위해 운행차 배출허용기준을 설정·운영할 필요가 있다. 대기환경보전법은 자동차의 소유자에게 그 자동차에서 배출되는 배출가스가 환경부령으로 정하는 운행차 배출가스허용기준(이하 "운행차배출허용기준")에 맞게 운행하거나 운행하게 할 것을 명하고 있다(§57). 이와 같은 취지에서 환경부령으로 정하는 자동차의 배출가스 관련 부품을 탈거·훼손·해체·변경·임의설정하거나 요소수 등과 같은 촉매제를 사용하지 아니하거나 적게 사용하여 그 기능이나 성능이 저하되는 행위를 하거나 그 행위를 요구해서는 안 된다고 규정하고 있다. 다만, 자동차의 점검 및 튜닝, 폐차, 그리고 교육·연구 목적으로 환경부령으로 정한 사유에 해당하는 경우를 예외로 한다(§57의2).

운행차 배출허용기준은 사용연료와 차종에 따라 규제항목 및 규제기준이 구분되어 있는데 휘발유 또는 가스사용자동차의 경우에는 일산화탄소 및 탄화수소를, 경유사용자동차의 경우에는 매연을 각각 규제하고 있다. 한편, 「수도권 대기환경개선에 관한 특별법」은 수도권에서 운행되는 특정 경유자동차에 대해서는 대기환경보전법 소정의 운행차 배출허용기준보다 강화된 기준을 설정·적용할 수 있도록 하고 있는데, 기준을 만족하지 못하는 차량은 배출가스저감장치를 부착하거나 저공해엔진으로 개조 또는 교체해야 할 의무가 있다(수도권대기환경개선에 관한 특별법 §25④).

환경부장관, 특별시장·광역시장·특별자치시장·특별자치도지사·시장·군수·구청장은 자동차에서 배출되는 배출가스가 운행차배출허용기준에 맞는지 확인하기 위하여 도로나 주차장 등에서 자동차의 배출가스 배출상태를 수시로 점검하여야 한다(§61①).

2. 저공해자동차의 운행 등

대기환경보전법은 시·도지사 또는 시장·군수가 관할 지역의 대기질 개선 또는 기후·생태계 변화유발물질 배출감소를 위하여 필요하다고 인정하면 그 지역에서 운행하는 자동차 중 차령(車齡)과 대기오염물질 또는 기후·생태계 변화유발물질 배출정도 등에 관하여 환경부령으로 정하는 요건을 충족하는 자동차의 소유자에게 그 시·도 또는 시·군의 조례에 따라 그 자동차에 대하여 다음 각 호의 어느 하나에 해당하는 조치를 하도록 명령하거나 조기에 폐차할 것을 권고할 수 있도록 수권하고 있다(§58①).

1. 저공해자동차로의 전환 또는 개조
2. 배출가스저감장치의 부착 또는 교체 및 배출가스 관련 부품의 교체
3. 저공해엔진(혼소엔진을 포함한다)으로의 개조 또는 교체

한편, 배출가스보증기간이 경과한 자동차의 소유자는 해당 자동차에서 배출되는 배출가스가 운행차배출허용기준에 적합하게 유지되도록 배출가스저감장치를 부착 또는 교체하거나 저공해엔진으로 개조 또는 교체할 수 있다(동조 ②). 국가나 지방자치단체는 저공해자동차의 보급, 배출가스저감장치의 부착 또는 교체와 저공해엔진으로의 개조 또는 교체를 촉진하기 위하여 예산의 범위에서 필요한 자금을 보조하거나 융자할 수 있다(동조 ③). 환경부장관은 위 경비를 지원받은 자동차의 소유자에게 환경부령으로 정하는 기간의 범위에서 해당 자동차의 의무운행 기간을 설정할 수 있다(동조 ④). 이 경우 의무운행 기간을 충족하지 못한 경우 지원된 경비의 일부를 회수할 수 있다(동조 ⑩).

대기환경보전법은 저공해자동차 또는 배출가스저감장치를 부착하거나 저공엔진으로 개조 또는 교체한 자동차에 대하여 외부에서 식별이 가능하도록 표지를 부착하게 할 수 있도록 규정하고, 이렇게 표지를 부착한 자동차에 대하여서는 주차료 감면 등 필요한 지원을 할 수 있도록 수권하고 있다(동조 ⑪, ⑫, ⑬).

3. 공회전의 제한

대기환경보전법은 시·도지사가 자동차의 배출가스로 인한 대기오염 및 연료 손실을 줄이기 위하여 필요하다고 인정하면 그 시·도의 조례가 정하는 바에 따라 터미널, 차고지, 주차장 등의 장소에서 자동차의 원동기를 가동한 상태로 주차하거나 정차하는 행위를 제한할 수 있도록 수권하고 있다(§59①). 시·도지사는 대중교통용 자동차 등 환경부령으로 정하는 자동차에 대하여 시·도 조례에 따라 공회전제한장치의 부착을 명령할 수 있고 이 경우 예산의 범위에서 필요한 자금을 보조하거나 융자할 수 있다(동조 ②, ③).

4. 운행차의 배출가스 검사

운행차에 대한 철저한 정비·점검을 통한 배출가스 저감을 위하여 대기환경보전법은 운행차에 대한 배출가스 검사를 세 종류, 즉 수시검사, 정기검사 및 정밀검사로 나누어 시행하도록 하고 있다.

가. 수시검사

수시검사는 지자체가 운행차에서 나오는 배출가스가 허용기준에 맞는지를 확인하기 위하여 도로나 주차장 등에서 불시에 검문하는 식으로 점검하는 검사이다(§61①). 자동차 운행자는 위 점검에 협조해야 하며 이에 응하지 않거나 기피 또는 방해해서는 안 된다(동조 ②). 환경부장관과 지자체장은 운행차에 대한 점검 결과 그 배출가스가 운행차배출허용기준을 초과하는 경우에는 환경부령으로 정하는 바에 따라 자동차 소유자에게 개선을 명할 수 있다(§70①). 개선명령을 받은 자는 환경부령 소정의 기간 이내에 전문정비사업자에게 정비·점검 및 확인검사를 받아야 한다(동조 ②). 개선명령을 받은 자동차 소유자가 위 확인검사를 위 기간 이내에 받지 아니하는 경우에는 10일 이내의 기간을 정하여 해당 자동차의 운행정지를 명할 수 있다(§70의2①).

나. 정기검사

정기검사는 자동차 소유자가 당해 자동차에서 배출되는 배출가스가 운행차 배출허용기준에 맞는지 여부를 검사대행자에게 검사받는 것으로서, 일정 기간이 경과한 차량(1년에서 4년)은 차종에 따라 6개월에서 2년마다 정기적으로 실시하여야 하며, 자동차관리법에 따른 안전검사시 함께 실시하도록 하고 있다(§62).

다. 정밀검사

정밀검사는 대기관리권역과 인구 50만 이상의 도시지역 중 대통령령으로 정하는 지역(광주광역시 등 9개 도시)의 자동차 소유자에게 시·도의 조례가 정하는 바에 따라 운행차 배출허용기준에 맞는지에 관하여 검사대행자에게 검사를 받도록 하는 것으로, 일정 기간이 경과한 차량(2년에서 4년)은 차종에 따라 1년에서 2년마다 정기적으로 검사를 실시하도록 하고 있다(§63①). 저공해 자동차 등 환경부령에서 정한 자동차에 대해서는 정밀검사를 면제하고 있다(동조 ②).

Ⅳ. 자동차연료·첨가제 등에 규제

자동차용 연료의 품질은 자동차 배출가스와 밀접한 관련을 갖고 있다. 이에 대기환경보전법은 자동차 연료·첨가제 또는 촉매제의 제조기준을 설정하고(§74①), 제조기준에 맞는지 여부에 대하여 사전에 검사를 받도록 하고 있다(동조 ②), 동법은 또한 제조기준에 맞지 않는 연료·첨가제 또는 촉매제의 공급·판매 또는 사용 등을 금지하고 있고(동조 ⑥i), 제조기준에 관한 검사를 받지 아니하거나 검사받은 내용과 다르게 제조된 연료·첨가제 또는 촉매제의 공급·판매 또는 사용 역시 금지하고 있다(동조 ⑥ii). 동법은 또한 환경부장관에게 공급·판매 또는 사용이 금지되는 자동차연료·첨가제 또는 촉매제를 제조한 자에 대해서는 제조의 중지 및 유통·판매 중인 제품의 회수를(§75①), 공급·판매 또는 사용이 금지되는 자동차연료·첨가제 또는 촉매제를 공급하거나 판매한 자에 대하여는 공급이나 판매의 중지를, 각각 명할 수 있도록 수권하고 있다(동조 ②).

한편, 대기환경보전법은 환경부장관에게 긴급규제명령을 내릴 수 있도록 수권하고 있는바, 환경부장관은 연료·첨가제 또는 촉매제로 환경상의 위해가 발생하거나 인체에 매우 유해한 물질이 배출된다고 인정하면 그 제조·판매 또는 사용을 규제할 수 있다(§74 ⑦).

V. 선박 등 비도로이동오염원에 대한 관리

대기환경보전법은 선박소유자로 하여금 선박의 디젤기관에서 배출되는 대기오염물질 중 대통령령으로 정하는 대기오염물질을 배출할 때 환경부령으로 정하는 허용기준에 맞게 배출할 것을 명하고 있다(§76①). 환경부는 지금까지 상대적으로 관리가 미흡했던 항공기, 철도, 농기계 등 비도로이동오염원에 대하여 배출허용기준을 설정하는 등 관리를 강화해 나갈 계획이라고 한다.[31]

---

31) *Id.* 37.

제 4 장 | 물환경보전법

제1절 | 물환경과 물환경보전법제

I. 물의 가치와 특성

물은 모든 생명의 원천이다. 지구에 최초의 생물이 탄생할 수 있었던 것도, 현재와 같이 다종다양한 생물들이 생존할 수 있는 것도 모두 물이 존재하기 때문이다. 물은 숙주인 지구의 생명를 지탱하는 피와 같아서 그것에 기생하는 인간의 생존은 물의 건강 여하에 달려 있다.

인간은 생존뿐만 아니라 생계마저도 물에 의존해 왔다. 농경사회가 가능했던 것은 수자원의 뒷받침이 있었기 때문이며 오늘날 최첨단기술의 상징인 반도체의 생산에서도 깨끗한 물이 필수적인 요소가 된다. 나아가 오늘날 물은 문자 그대로 경제재이다. "돈을 물처럼 쓴다"는 표현은 옛말이 되었다. 물은 한정된 자원일 뿐만 아니라 공장에서 생산되는 생산품의 지위에 오르게 되었다.

현대인의 삶에서 물이 가지는 가치를 생각해보면, 이제 강·호소·연안 등 '공공수역(public water)'의 중요성은 아무리 강조해도 지나치지 않을 것이다. 공공수역은 인간이 그로부터 상수(上水)를 얻고 거기로 하수(下水)를 배출하며 거기서 여가를 보낼 수 있게 해주는 귀중한 자원일 뿐 아니라 수생물이 서식하는 수생태계의 터전이다. 또한 공공수역은 경제력이 있든 없든 사회적 지위가 높든 낮든 모든 이에게 열려 있어야 하고, 그런 만큼 그 보호의 필요성은 배증한다.

Ⅱ. 물환경정책과 물환경보전법제

1. 물환경정책의 목표

물환경정책의 목표는 헌법상 보장된 환경권을 물환경 측면에서 구현하는 것으로 세 가지 세부목표로 구분된다.[1] 첫째는 상수원을 청정하게 보전함으로써 국민건강을 보호하는 것이고, 둘째는 상수원뿐 아니라 모든 하천의 수질을 수생태계가 유지될 수 있는 수준으로 보전하는 것이며, 셋째, 하천과 물은 생활환경의 일부를 구성하는 요소이므로 물환경을 쾌적하게 만들어 국민들이 자연을 체감할 수 있도록 하는 것이다.

이런 정책목표는 결국 물환경에 관한 목표기준(이하 "물환경목표기준")을 통해 계량적 목표로 표현되는바, 국가는 이러한 물환경목표기준을 유지하기 위하여 각종 계획을 수립하고 법제를 정비하여 국민의 활동을 유도·규제하고 수질개선자금을 정부 재정에서 투자하는 것이다 (§10의2).

2. 물환경보전을 위한 환경부 소관 법률의 체계

물환경을 보전하기 위한 정부의 정책과 행정은 물환경보전을 위하여 마련된 법체계에 의하여 만들어진 기본 틀 안에서 이루어지고 수행된다. 현행 물환경보전을 위한 법체계의 최정점에는 헌법상 환경권·환경보호의무 규정이 있고, 그 바로 밑에 물환경보전을 포함한 환경보전정책을 총괄·지휘하는 환경정책기본법이 자리하고 그 밑에 물환경보전을 위하여 제정된 다수의 법률이 자리한다. 현재 환경부 소관법률 중 물환경과 관련 있는 법률로는 「물환경보전법」을 필두로 하여, **음용수관련법**으로는 「수도법」과 「먹는물관리법」, 수질오염을 관리하는 **오염규제법**으로는 「하수도법」, 「가축분뇨의 관리 및 이용에 관한 법률」(이하 "가축분뇨법") 및 「물의 재이용 촉진 및 지원에 관한 법률」이 포진하고, 그 아래 4대 수계(水界)에 특화된 **4대강수계법**, 즉 「금강수계물관리 및 주민지원 등에 관한 법률」, 「낙동강수계물관리 및 주민지원 등에 관한 법률」, 「영산강·섬진강수계 물관리 및 주민지원 등에 관한 법률」, 「한강수계상수원 수질개선 및 주민지원 등에 관한 법률」 (이하, 이를 총칭하여 "4대강수계법")이 있다.

3. 물환경의 관리체계

과거에는 수량(水量)은 국토부가, 수질(水質)은 환경부가 관할하였는데, 문재인 정부에 들어

---

1) 환경부, 2003년 **환경백서**, 364.

서서 수량·수질 모두를 환경부가 관리하게 되었다. 경제개발에 박차를 가하던 시대에는 물은 수자원일 뿐 거기에 수질이나 수생태계와 같은 관념이 개입할 여지는 없었다. 요컨대 과거의 물정책은 수자원개발에 초점을 맞추어 왔었던 것이다. 그런데 경제성장과 함께 환경의식이 자라고 소득성장이 궤도에 오르면서 삶의 질에 대한 국민의 관심이 높아지기 시작했다. 이는 더 이상 물정책이 수자원개발에만 집중될 수 없고 수질과 수생태계에 대한 배려까지도 포함해야 함을 의미한다. 그리하여 이런 추세가 계속되다가 이제는 급기야 물정책의 중점이 물환경보전에 놓이게 된 것이 아닌가 하는 생각마저 들게 되었다. 그리하여 과거의 관할 분리로 인하여 겪었던 불협화음은 이제 환경부가 수량과 수질을 동시에 관리함으로써 사라지게 되었고 이로써 우리나라 물환경정책은 새로운 도약의 계기를 맞이하게 되었다.

한편, 물환경관리는 전통적으로 지표수(地表水)관리와 지하수(地下水)관리로 나뉘어 이루어져왔다. 지표수가 지하수에 비하여 인간의 삶에 영향을 미치는 정도가 큰 만큼, 물환경의 관리·보전의 중점이 지표수에 놓여져 있음은 물론이다.

(1) 지하수관리

지하수관리는 광천지하수 관리, 온천지하수 관리, 농업용지하수 관리, 일반지하수 관리로 분류되는바, ① **광천지하수 관리**는 「먹는물관리법」에 터 잡아 먹는 샘물의 허가, 먹는 물 수질기준 관리, 수질개선부담금의 업무를, ② **온천지하수 관리**는 「온천법」에 근거하여 온천지구 지정 및 온천개발 허가의 업무를, ③ **농업용지하수 관리**는 「농어촌발전특별조치법」에 의하여 농업용수개발 업무를, ④ **일반지하수 관리**는 「지하수법」에 의하여 지하수개발 및 지하수 수질보전의 업무를, 그 각 소관업무로 두고 있다.

(2) 지표수관리

지표수관리는 치수(治水)관리, 수질보전, 이수(利水)관리 및 하천·육수(陸水)생태계관리로 분류된다. ① **치수관리**는 「댐건설 및 주변지역지원 등에 관한 법률」 및 「자연재해법」에 의하여 수자원개발, 홍수통제 및 방재의 업무를, ② **수질보전**은 상술한 환경부 소관 물환경보전을 위한 법률에 의하여 물환경목표기준설정, 오염배출규제, 상수원토지규제 등의 업무를, ③ **이수관리**는 「수도법」에 의하여 수도정책결정, 광역상수도 및 지방상수도 관리의 업무를, ④ **하천·육수생태계관리**는 「하천법」 및 「소하천정비법」에 의하여 하천정비, 소하천정비 및 하천환경관리의 업무를, 그 각 소관업무로 두고 있다.

물환경보전을 위해서는 특히 **수질보전**이 중요한데, 이 정책목표는 세 가지 하위 정책목표, 즉 공공수역관리정책, 오염원관리정책, 수질오염감시정책에 의하여 추진된다. ① **공공수역관리정책**은 다음과 같은 정책수단을 통하여 수행되는바, 즉 물환경목표기준의 설정, 4대강 수질보전, 호소수질보전, 상수원보호 오염총량관리, 하천환경관리, 지하수 수질보전, 통합물관리대책, 수질환경정책지원시스템이 그것이다. ② **오염원관리정책**은, 본장의 연구대상인 물환경보전법에 의하여 추진되는바, 그 정책수단으로는 생활하수관리, 산업폐수관리, 가축분뇨관리, 비점오염원관리, 환경기초시설의 확충 등이 있다. ③ **수질오염측정 및 감시(모니터링)**는 이상의 정책들을 수행하기 위한 기반이 되는 것으로서, 수질측정망의 설치, 지도·단속, 수질오염사고에 대한 대응, 수질오염공정시험방법의 설정·공시를 통하여 수행된다.

Ⅲ. 물환경보전법 개설

1. 물환경보전법의 연혁

물환경에 관한 법은 1961년 수도법, 1963년 공해방지법으로 거슬러 올라가지만, 물환경보전법의 역사는 1990년 환경보전법이 분법화되어 「수질환경보전법」이 제정되면서 본격적으로 시작하였다. 1991년에는 「오수·분뇨 및 축산폐수의 처리에 관한 법률」이 제정되어 폐기물관리법과 수질환경보전법이 산발적으로 규율하던 오수, 분뇨 및 축산폐수에 관한 사항을 체계적으로 관리하기 시작하였다.

1991년 "낙동강 페놀오염사고"는 국민 모두에게 물환경보전법의 중요성을 알렸는데, 이를 계기로 하여 1993년 물관리대책을 효율적으로 추진하기 위해 "맑은물 공급 종합대책"이 수립되고 이는 1996년에 "물관리 종합대책"으로 발전하였다. 이후에도 물과 관련한 사회적 관심의 강도는 점증하였는데 이는 지속적으로 생기는 물문제 때문이었다. 즉 1990년 후반 들어 시화호문제, 새만금호문제, 4대강 식수원 오염문제 등 환경현안이 끊이질 않았다. 특히 국민의 식수원으로 사용되는 4대강의 수질악화는 국민의 관심을 집중시키기에 충분하였다.

물문제가 국민의 관심을 끌면서 물환경보전법도 개정에 개정을 거듭해왔고 그와 함께 전술한 물환경정책을 수행하기 위한 다양한 법제도가 도입되어 오늘에 이르고 있다. 현행법상 물환경에 관한 일반법은 「물환경보전법」인데, 이는 전신인 「수질환경보전법」과 「수질 및 수생태계 보전에 관한 법률」이 진화(進化)되어 나온 산물이다. 즉 「수질환경보전법」은 수질관리에 치중되어 왔다면, 「수질 및 수생태계 보전에 관한 법률」은 수생태계 측면까지 고려하여 보다 종합적인 성격의 법률이었다. 현행 「물환경보전법」은 2017년 보전의 대상을 수질 및 수생태계에서 물환경 전반으로 확대하기 위하여 개정된 법률로서 그 골자는 수생태계를 더욱 건강하게 보전하기 위하여 필요한 **수량관리** 및 하천구조물 개선까지를 포괄할 수 있도록 법체계를 정비하는 것이다. 이는 그동안의 수질 중심의 물환경관리가 가지는 한계점을 보완하여 다양하게 변화하는 물환경정책 수요를 반영할 수 있도록 하는 것이기도 하다. 요컨대 개정 「물환경보전법」은 수질과 수생태계뿐만 아니라 수량까지도 법정책의 대상으로 삼아 수생태계에 대한 보다 합리적인 보전·관리를 도모하는 것이라 할 수 있다.

2. 물환경보전법의 주요골자 및 개정사항

(1) 물환경보전법의 구성 및 내용

물환경보전법은 총 8장 140개의 조문으로 구성되어 있다. 동법의 주요골자는 크게 다섯 부분으로 나누어 볼 수 있는데, 총칙(§§1-7), 공공수역의 수질 및 수생태계 보전(§§9-31), 점오염원의 관리(§§32-52), 비점오염원의 관리(§§53-59), 기타수질오염원의 관리, 폐수처리업, 보칙 및 벌칙 등(§§60-82)이 그것이다.

총칙은 환경부장관에게 수질오염총량관리의 기본방침을 수립할 것을, 총량관리가 필요한 지역의 관할 지자체에게 기본·시행계획을 수립·시행할 것을 각각 명하고, 오염부하량을 초과하여 배출할 경우 사업장에 대하여 개선조치명령이나 초과과징금을 부과할 것을 수권하고 있으며, 또한 지자체 또는 수계구간별 오염부하량이 초과할 경우 도시개발사업 등이 제한될 수 있음을 규정하고 있다.

공공수역 수질 및 수생태계 보전 부분은 오염원조사 및 계획수립 등에 의한 수계영향권별 수질·수생태계의 보전을 규정하고, 정기조사·측정 및 중점관리저수지 등에 의한 호소 수질·수생태계 보전을 규정하고 있다.

점오염원의 관리 부분은 수질환경의 주된 오염원인 폐수배출시설에 대한 허가·신고제를 규정하고 사업자에게 수질오염방지시설 정상운영 및 배출허용기준 준수의무를 부과하고 있으며, 또한 폐수처리구역내에서 발생하는 폐수의 공동처리를 위한 국가·지자체의 공공폐수처리시설 설치 기본계획의 수립 및 그 설치·운영에 필요한 부담금의 부과에 대하여 규정하고 있다.

비점오염원의 관리 부분은 대규모 도시개발이나 산업단지의 조성 시 비점오염원 저감시설의 설치의무를 규정하고 환경부장관에 의한 관리지역 지정 및 관리대책 수립을 규정하고 있다. **기타수질오염원의 관리** 부분은 점오염원이나 비점오염원으로 관리되지 않는 수질오염물질을 배출하는 시설의 설치신고에 관하여 규정하고, 폐수수탁처리자의 적정관리를 위한 폐수처리업 등록제에 관하여 규정하고 있다.

(2) 물환경보전법의 개정사항

2017년에 개정된 「물환경보전법」의 새로운 내용을 보면, 관리대상을 물환경 전반으로 확대한다는 의미에서 법명을 「수질 및 수생태계 보전에 관한 법률」에서 「물환경보전법」으로 변경했음은 전술한 바이고, 그 외에 오염총량초과부과금제도를 오염총량초과과징금제도로 전환하고, 수생태계 연속성 조사를 실시하여 단절·훼손된 경우 연속성 확보에 필요한 조치를 실시하고(§22의2) 수생태계 보전을 위하여 필요한 유량을 산정·고시하고 미달시 관계기관에 협조를 요청할 수 있도록 수권하고(§22의3), 물환경종합정보망 구축·운영(§5) 및 수생태계 현황 조사계획의 수립·고시(§9의3)의 근거를 마련하고, 계획수립의 체계를 개선하고(§23의2, §§24-27), 특정수질유해물질의 배출량의 조사제도를 도입하였다(§§46의2-3).

2021년에 개정된 「물환경보전법」의 주된 내용은, 시·도지사로 하여금 해당 지역에 적용되는 강화된 폐수배출시설 수질오염물질 배출허용기준을 설정할 수 있도록 하고 있는바, 그 절차적 정당성을 확보하기 위하여 주민 등 이해관계자의 의견 청취를 의무화하는 것(§32)과 「기후위기 대응을 위한 탄소중립·녹색성장 기본법」과의 정합성을 확보하기 위한 것이다.

제2절 | 물환경보전법 총칙

Ⅰ. 물환경보전법의 기본법적 지위 및 목적

물환경보전법은 물환경을 관리·보전하는 일반법으로서, 물환경보전에 관하여 다른 법률로 정한 경우를 제외하고는 동법이 정하는 바에 따라야 한다고 규정하고 있다(§8①). 그런데 물환경보전법은 물환경보전에 관하여 다른 법률을 제정하거나 개정하는 경우에는 동법에 부합되도록 하여야 함을 명시하고 있으므로(동조 ②), 결국 동법은 물환경보전에 관한 한 기본법의 지위를 누린다고 하겠다.

한편 동법은 "수질오염으로 인한 국민건강 및 환경상의 위해(危害)를 예방하고 하천·호소(湖沼) 등 공공수역의 물환경을 적정하게 관리·보전함으로써 국민이 그 혜택을 널리 누릴 수 있도록 함과 동시에 미래의 세대에게 물려줄 수 있도록 함을 목적으로" 한다(§1). 이를 분설하면, 동법은 ① 수질오염의 저감·방지, ② 공공수역의 관리·보전, ③ 물환경 혜택의 향유를 구체적인 목표로 하고 있다.

Ⅱ. 국가 및 국민의 물환경보전의무

물환경보전법은 헌법 및 환경정책기본법에서 천명된 환경보전의무를 물환경의 맥락에서 재확인하고 있다. 즉 동법은 국가와 지방자치단체에 대하여 "물환경의 오염이나 훼손을 사전에 억제하고 오염되거나 훼손된 물환경을 적정하게 보전할 수 있는 시책을 마련하여 하천·호소 등 공공수역의 물환경을 적정하게 관리·보전함으로써 모든 국민이 건강하고 쾌적한 환경에서 생활할 수 있도록 하여야" 할 책무를 부과하고(§3①), 동시에 국민에 대하여도 "일상생활이나 사업활동에서 수질오염물질의 발생을 줄이고, 국가 또는 지방자치단체가 추진하는 물환경 보전을 위한 시책에 적극 참여하고 협력하여야" 할 의무를 부과하고 있다(동조 ②).

Ⅲ. 주요 개념의 정의

1. 물환경 및 공공수역

"물환경"이란 "사람의 생활과 생물의 생육에 관계되는 물의 질(이하 "수질") 및 공공수역의 모든 생물과 이들을 둘러싸고 있는 비생물적인 것을 포함한 수생태계(이하 "수생태계")를 총칭"하여 말하는 것이다(§2i). 이는 연속된 물순환의 흐름 속에 있는 모든 형태의 물에 영향을 주거나 받는 자연환경 및 인위적 환경 모두를 말하는 것이다. 개정전의 법률에 존재하지 않았던 물환경에 대한 정의를 개정법률이 신설한 것은 물환경보전법이 수질뿐만 아니라 수생태계를 포함한 물환경 전반을 관리·보전한다는 점을 명확히 하기 위함이다.

"공공수역"이라 함은 "하천, 호소, 항만, 연안해역, 그 밖에 공공용으로 사용되는 수역과 이에 접속하여 공공용으로 사용되는 환경부령으로 정하는 수로"를 말하는바(§2ix), 환경부령으로 정하는 수로는 지하수로, 농업용 수로, 하수관로, 운하를 말한다(동법 시행규칙 §5). 한편, "호소"란 "다음의 어느 하나에 해당하는 지역으로서 만수위(滿水位) 구역 안의 물과 토지"를 말한다(물환경보전법 §2xiv).

가. 댐·보(洑) 또는 둑(「사방사업법」에 따른 사방시설은 제외한다) 등을 쌓아 하천 또는 계곡에 흐르는 물을 가두어 놓은 곳

나. 하천에 흐르는 물이 자연적으로 가두어진 곳

다. 화산활동 등으로 인하여 함몰된 지역에 물이 가두어진 곳

2. 오염원

공공수역을 오염시키는 오염원은 여러 종류가 있다. 먼저 배출수의 종류에 따라 **생활하수, 가축분뇨, 산업폐수, 광산폐수**로 나눌 수 있는데, 가장 큰 비중을 차지하는 생활하수는 하수도법에 의하여, 가축분뇨는 가축분뇨법에 의하여, 인간과 환경에 가장 큰 위해를 끼칠 수 있는 산업폐수는 물환경보전법에 의하여 관리·규제되고 있다. "하수"란 "사람의 생활이나 경제활동으로 인하여 액체성 또는 고체성의 물질이 섞이어 오염된 물(이하 "오수")과 건물·도로 그 밖

의 시설물의 부지로부터 하수도로 유입되는 빗물·지하수"를 말하는데 농작물의 경작으로 인한 것을 제외한다(하수도법 §2i). 과거 축산폐수로 불리던 "**가축분뇨**"란 "가축이 배설하는 분(糞)·요(尿) 및 가축사육 과정에서 사용된 물 등이 분·요에 섞인 것"을 말한다(가축분뇨법 §2ii). 물환경보전법이 주된 규율대상으로 하는 산업폐수는 비록 양은 생활하수보다 적지만 위해성은 더 높다. "**폐수**"란 "물에 액체성 또는 고체성의 수질오염물질이 섞여 있어 그대로는 사용할 수 없는 물"을 말한다(물환경보전법 §2iv).

(1) 점오염원

물환경보전법이 착목하는 오염원의 종류는 점오염원, 비점오염원, 기타수질오염원이고 동법은 각각에 상응한 규제체계를 체현하고 있다. 먼저 "점오염원(點汚染源)"은 "폐수배출시설, 하수발생시설, 축사 등으로서 관거(管渠)·수로 등을 통하여 일정한 지점으로 수질오염물질을 배출하는 배출원"을 말한다(§2ii). 점오염원은 오염물질이 배출되는 곳이 고정되어 있어 그 배출경로와 수량을 용이하게 측정할 수 있는 오염원인바, 규제의 주된 대상인 만큼 법적 논점도 많다. 생활하수, 산업폐수, 가축분뇨 등은 고정배출구가 있다는 점에서 점오염원에 해당한다. 도시하수로 인한 오염은 생활하수가 그 대부분을 차지하므로 결국 하수처리장의 증설로 해결하게 된다.

(2) 비점오염원

"비점오염원(非點汚染源)"은 "도시, 도로, 농지, 산지, 공사장 등으로서 불특정 장소에서 불특정하게 수질오염물질을 배출하는 배출원"을 말한다(§2iii). 빗물, 농경지배출수, 노면배수 등이 대표적인 비점오염원인데, 배출구가 고정되어 있지 않기 때문에 그 관리가 어렵다. 특히, 소규모 농가에서 나오는 오염물질 배출은 그 관리가 매우 어렵다. 비점오염원에 대한 관리는 2005년 구수질환경보전법 개정법률에서 처음으로 도입되었는바, 즉 현재와 같이 점오염원, 비점오염원, 기타수질오염원의 분류를 전제로 하여 그 각각에 대한 법적 규율을 달리하는 체제가 출범하면서 도입된 것이다. 비점오염원은 전체 수질오염물질 발생량의 약 30%를 차지하므로 이에 대하여 법적 규율을 할 필요가 있었다. 후술하는 바와 같이 비점오염원에 대한 규율체계는 점오염원과 비교해서 손색이 없을 정도가 되었다.

(3) 기타수질오염원

"기타수질오염원"이란 "점오염원 및 비점오염원으로 관리되지 아니하는 수질오염물질을 배출하는 시설 또는 장소로서 환경부령으로 정하는 것"을 말하는바(§2iii), 동법 시행규칙에 의하면 수산물 양식시설, 골프장, 운수장비정비 또는 폐차장시설, 농축수산물 단순가공시설, 사진

처리 또는 X−Ray시설, 금은판매점의 세공시설이나 안경점, 복합물류터미널시설이 여기에 포함된다(동법 시행규칙 §2 별표1).

3. 오염물질

(1) 수질오염물질

"수질오염물질"은 "수질오염의 요인이 되는 물질"로서 그것이 공공수역에 배출되게 되면 거기서 부영양화, 조화현상, 지하수오염 등을 유발하여 결국 인간의 건강과 생태계에 악영향을 끼치는 물질을 말한다(물환경보전법 §2vii). 동법 시행규칙은 구리와 그 화합물을 필두로 하여 59종의 수질오염물질을 규정하고 있다(동법 시행규칙 §3, 별표2).

(2) 특정수질유해물질

"특정수질유해물질"이란 "사람의 건강, 재산이나 동식물의 생육(生育)에 직접 또는 간접으로 위해를 줄 우려가 있는 수질오염물질로서 환경부령으로 정하는 것"을 말한다(물환경보전법 §2viii). 동법 시행규칙은 구리와 그 화합물을 필두로 하여 30여 종의 특정수질유해물질을 규정

표 3−9 특정수질유해물질

1. 구리와 그 화합물	17. 1, 1−디클로로에틸렌
2. 납과 그 화합물	18. 1, 2−디클로로에탄
3. 비소와 그 화합물	19. 클로로포름
4. 수은과 그 화합물	20. 1, 4−다이옥산
5. 시안화합물	21. 디에틸헥실프탈레이트(DEHP)
6. 유기인 화합물	22. 염화비닐
7. 6가크롬 화합물	23. 아크릴로니트릴
8. 카드뮴과 그 화합물	24. 브로모포름
9. 테트라클로로에틸렌	25. 아크릴아미드
10. 트리클로로에틸렌	26. 나프탈렌
11. 삭제 (2016.5.20.)	27. 폼알데하이드
12. 폴리클로리네이티드바이페닐	28. 에피클로로하이드린
13. 셀레늄과 그 화합물	29. 페놀
14. 벤젠	30. 펜타클로로페놀
15. 사염화탄소	31. 스티렌
16. 디클로로메탄	32. 비스(2−에틸헥실)아디페이트
	33. 안티몬

출전: 물환경보전법 시행규칙 제4조 별표 3

하고 있다(동법 시행규칙 §4, 별표3). 이 목록은 새로운 화합물(chemical compound)이 계속 출시함에 따라 커져가고 있다.

Ⅳ. 물환경보전을 위한 기본제도

1. 물환경종합정보망의 구축 및 운영

물환경보전법은 환경부장관에게 후술하는 수질의 상시측정 결과(동법 §9), 수생태계 현황 조사 및 수생태계 건강성 평가 결과(§9의3), 오염원 조사 결과(§23)를 수집해 폐수배출시설에서 발생하는 폐수의 오염도 및 배출량, 그 밖에 환경부령으로 정하는 정보에 국민이 쉽게 접근할 수 있도록 국가 물환경종합정보망을 구축·운영할 것을 명하고 있다(§5①). 이를 위하여 환경부장관은 관계 행정기관 및 「공공기관의 운영에 관한 법률」 제4조에 따른 공공기관 등에 대하여 전산망의 구축·운영에 필요한 자료의 제공을 요청할 수 있다. 이 경우 요청을 받은 기관의 장은 특별한 사유가 없으면 그 요청에 따라야 한다(동조 ②). 물환경보전법은 시·도지사가 관할구역의 물환경 정보에 대하여 지역 물환경종합정보망을 구축·운영할 수 있도록 수권하고 있으며, 이 경우 시·도지사는 환경부장관과 협의하여 지역 물환경종합정보망을 국가 물환경종합정보망과 연계할 수 있다(동조 ③).

2. 민간의 물환경보전활동에 대한 국가·지자체의 지원

(1) 민간의 물환경보전활동에 대한 지원

물환경보전법은 국가와 지자체의 민간에 의한 물환경활동에 대한 지원을 수권하고 있다. 즉 국가와 지자체는 지역주민이나 민간단체의 자발적인 물환경보전활동이나 그 오염 또는 훼손 감시활동을 지원할 수 있다(§6①). 지자체는 민간단체의 설립 또는 운영에 필요한 비용의 전부 또는 일부를 지원할 수 있는바, 이 경우 지원기준 및 대상 등에 필요한 사항은 조례로 정한다(동조 ②).

(2) 물환경 연구·조사 활동에 대한 지원

물환경보전법은 또한 국가 또는 지방자치단체가 기업, 대학, 민간단체, 정부출연연구기관 및 국공립연구기관 등에서 실시하는 물환경에 대한 연구·조사 활동을 지원할 수 있도록 수권하고 있다(§6의2).

(3) 친환경상품에 대한 지원

물환경보전법은 정부가 물을 절약하거나 세제 등의 합성화합물 사용을 줄이거나 그 밖에 수질오염물질의 발생을 줄여 하천·호소 등의 수질오염을 예방할 수 있는 제품의 생산자·판매자 또는 소비자에게 보조금 등을 지원하거나 기술개발 및 관련 산업을 진흥하기 위한 시책을 마련할 수 있도록 수권하고 있다(§7).

제3절 | 공공수역의 물환경보전

I. 공공수역의 의의

"공공수역"이라 함은 "하천, 호소, 항만, 연안해역, 그 밖에 공공용으로 사용되는 수역과 이에 접속하여 공공용으로 사용되는 환경부령으로 정하는 수로"를 말하는바(§2ix), 환경부령으로 정하는 수로는 지하수로, 농업용 수로, 하수관로, 운하를 말한다(동법 시행규칙 §5).

공공수역의 중요성은 아무리 강조해도 지나치지 않다. 공공수역의 물은 우리의 상수원이자 각종 운송·통상의 통로이며, 국민의 여가선용의 주된 장소이다. 따라서 위 정의에 포섭되는 수역과 수로는 그것이 누구의 소유이든 관계없이 공공수역에 해당하고 따라서 거기에는 물환경보전법의 관련 규정이 적용된다.

II. 공공수역 물환경보전의 총칙

물환경보전법은 공공수역의 물환경보전정책을 수행하기 위한 기본제도와 공공수역 수질보전을 위한 관리·규제체계를 규정하고 있다. 여기서는 전자만을 설명하고 후자는 별도로 논한다.

1. 수질측정 및 수생태 현황조사

(1) 수질의 상시측정

물환경보전법은 환경부장관에게 하천·호소, 그 밖에 환경부령으로 정하는 공공수역(이하 "하천·호소등")의 전국적인 수질 현황을 파악하기 위하여 측정망을 설치하여 수질오염도를 상시측정할 것과 수질오염물질의 지정 및 수질의 관리 등을 위한 조사를 전국적으로 할 것을 명하고 있다(§9①). 또한 동법은 시·도지사, 인구 50만 이상 대도시(이하 "대도시")의 장 또는 수면관리자가 관할구역의 수질 현황을 파악하기 위하여 측정망을 설치하여 수질오염도를 상시 측정하거나, 수질의 관리를 위한 조사를 할 수 있도록 수권하고 있으며, 이 경우 상시측정 또는 조사 결과를 환경부장관에게 보고해야 한다(동조 ②).

(2) 측정망 설치계획

물환경보전법은 환경부장관에게 측정망을 설치하려는 경우에는 측정망 설치계획을 결정하여 고시할 것을 명하고 있다(§9의2①). 시·도지사, 대도시의 장 및 수면관리자가 측정망을 설치하려는 경우에는 측정망 설치계획을 수립하여 환경부장관의 승인을 받아야 하고(동조 ②, ④), 측정망 설치계획을 (변경)승인 받은 경우에는 측정망 설치계획을 결정하여 고시해야 한다(동조 ③). 측정망 설치계획이 결정·고시된 경우에는 「하천법」에 따른 하천공사 등의 허가, 하천의 점용허가, 하천수의 사용허가, 「도로법」에 따른 도로의 점용허가, 「공유수면 관리 및 매립에 관한 법률」에 따른 공유수면의 점용·사용허가를 받은 것으로 의제된다(동조 ⑥).

(3) 수생태계 현황조사 및 건강성 평가

물환경보전법은 환경부장관에게 수생태계 보전을 위한 계획수립, 개발사업으로 인한 수생태계의 변화 예측 등을 위하여 수생태계의 현황을 전국적으로 조사할 것을 명하고 있고(§9의3①), 시·도지사 또는 대도시의 장에게는 수생태계 실태 파악 등을 위하여 필요한 경우 관할구역의 수생태계 현황을 조사할 수 있도록 수권하고 있다(동조 ②). 환경부장관은 위 조사 결과를 바탕으로 수생태계 건강성을 평가하고, 그 결과를 공개하여야 한다(동조 ③).

한편, 환경부장관은 위 수생태계의 현황을 조사하려는 경우에는 수생태계 현황 조사계획을 수립하여 고시하여야 하고 이를 변경할 경우에도 같다(§9의4①). 시·도지사 또는 대도시의 장은 수생태계의 현황을 조사하려는 경우에는 수생태계현황 조사계획을 수립하여 환경부장관의 승인을 받아야 하며, 환경부장관은 동 조사계획을 (변경)승인하는 경우에는 고시해야 한다(동조 ②, ③).

(4) 타인토지출입권

물환경보전법은 환경부장관, 시·도지사, 대도시의 장 또는 수면관리자가 수질의 상시측정, 수생태계 현황조사 시 필요한 경우에는 소속 공무원 또는 조사자로 하여금 타인의 토지에 출입하고, 특히 필요한 경우에는 그 토지의 나무, 흙, 돌 또는 그 밖의 장애물을 변경하거나 제거하게 할 수 있도록 수권하고 있다. 이 경우 토지의 소유자 또는 점유자는 정당한 사유없이 이를 방해하거나 거부할 수 없다(§10①). 타인의 토지에 출입하는 경우에는 출입하려는 날의 3일 전까지 해당 토지의 소유자 또는 점유자에게 통지하여야 하며, 장애물을 변경·제거하려는 경우에는 토지 소유자 또는 점유자의 동의를 받아야 한다(동조 ②). 토지의 소유자 또는 점유자의 부재나 주소불명 등으로 위 통지를 하거나 동의를 받을 수 없는 경우에는 관할 지자체장에게 그 사실을 통지하여야 한다(동조 ③). 해뜨기 전 또는 해진 후에는 해당 토지의 소유자 또는 점유자의 승낙 없이 택지 또는 담으로 둘러싸인 타인의 토지에 출입할 수 없으며(동조 ④), 타인의 토지에 출입하려는 사람은 그 권한을 표시하는 증표를 지니고 이를 관계인에게 내보여야 한다(동조 ⑤).

2. 물환경목표기준

환경정책기본법상 환경기준은 사람의 건강을 보호하고, 쾌적한 생활환경을 유지하기 위해 설정된다. 환경기준은 우리나라 **환경정책의 목표치**로서, 환경개선을 위하여 **오염 정도를 판단·예측하고 대책을 강구하는 척도**로 사용된다. 물환경보전법은 환경부장관에게 하천·호소등의 이용목적, 물환경 현황 및 수생태계 건강성, 오염원의 현황 및 전망 등을 고려하여 동법 제22조에 따른 '수계영향권별' 및 제28조 제1항에 따른 조사·측정 대상이 되는 '호소별' 물환경목표기준을 결정하여 고시할 것을 명하고 있는바(§10의2①), 이는 환경법상 환경기준의 역할을 잘 보여주는 예이다. 환경부장관은 (i) 물환경목표기준의 달성 여부, (ii) 하천·호소등의 수질오염으로 사람이나 생태계에 피해가 우려되는 경우에 그 위해성에 대한 평가의 결과를 공개해야 한다(동조 ②).

Ⅲ. 공공수역의 물환경보전

1. 공공시설의 설치·관리

(1) 공공시설의 설치

물환경보전법은 환경부장관이 공공수역의 수질오염을 방지하기 위하여 특히 필요하다고 인정할 때에는 시·도지사, 시장·군수·구청장으로 하여금 관할구역의 **하수관로, 공공폐수처리시설**, 「하수도법」에 따른 **공공하수처리시설**(이하 "공공하수처리시설") 또는 「폐기물관리법」의 **폐기물처리시설**(이하 "폐기물처리시설") 등의 설치·정비 등을 하게 할 수 있도록 수권하고 있다(§12①).

동법은 또한 「국토의 계획 및 이용에 관한 법률」에 따른 공업지역 중 환경부령으로 정하는 지역 또는 「산업입지 및 개발에 관한 법률」에 따른 산업단지 중 환경부령으로 정하는 단지의 소재지를 관할하는 지자체장에게 그 공업지역 또는 산업단지에서 배출되는 오수·폐수

등을 일시적으로 담아둘 수 있는 **완충저류시설**(緩衝貯留施設)을 설치·운영할 것을 명하고 있다 (§21의4①). 이에 따라 완충저류시설을 설치·운영하여야 하는 지방자치단체의 장은 추진일정 및 설치장소 등을 포함한 완충저류시설 설치·운영계획을 수립하여 환경부장관과 협의하여야 한다(동조 ②). 환경부장관은 예산의 범위에서 완충저류시설의 설치·운영에 필요한 비용의 전부 또는 일부를 지원할 수 있다(동조 ③).

(2) 방류수수질기준의 설정

공공시설에서 배출되는 방류수는 공공수역의 물환경에 큰 위협이 될 수 있으므로 물환경보전법은 공공시설에서 배출되는 물의 수질기준(이하 "방류수 수질기준")을 정하여 이를 준수하도록 하고 있다. 이 경우, 공공폐수처리시설의 방류수 수질기준은 관계 중앙행정기관의 장과의 협의를 거쳐 환경부령으로 정하고, 공공하수처리시설 또는 폐기물처리시설에서 배출되는 방류수 수질기준은 「하수도법」 또는 「폐기물관리법」에 각각 따른다(동조 ②).

(3) 개선조치의 명령

환경부장관은 공공폐수처리시설에서 배출되는 물의 수질이 위 방류수 수질기준을 초과하는 경우에는 해당 시설을 설치·운영하는 자에게 그 시설의 개선 등 필요한 조치를 하게 할 수 있다(동조 ③).

(4) 국토계획 등에의 반영

시·도지사, 시장 또는 군수는 「국토기본법」에 따라 도종합계획 또는 시·군종합계획을 작성할 때에는 공공수역의 수질오염을 방지하기 위한 공공하수처리시설, 「하수도법」 제2조 제10호의 분뇨처리시설(이하 "분뇨처리시설") 등의 설치계획을 해당 종합계획에 반영하여야 한다 (§13). 특별시장·광역시장·특별자치시장·특별자치도지사·시장 또는 군수는 「국토의 계획 및 이용에 관한 법률」 제18조에 따라 도시·군기본계획을 수립할 때에는 공공하수처리시설·분뇨처리시설 등의 설치계획을 종합하여 해당 도시·군기본계획에 반영해야 한다(§14).

(5) 공공수역의 점용 및 매립 등에 따른 수질오염 방지

공공수역에 대한 점용 또는 매립을 허가하거나 인가하려는 행정기관은 공공수역의 수질오염을 방지하기 위하여 필요한 조건을 붙일 수 있다(§18).

2. 수질오염사고의 신고 및 수질오염 경보제

(1) 수질오염사고의 신고

사고는 안전하고 건강한 수질의 유지·관리에 치명적인 영향을 미칠 수 있으므로 사고가 발생한 경우 이에 대응하는 체제가 필수적이다. 이에 물환경보전법은 수질오염사고의 신고 및 대응에 관한 여러 조항을 규정하고 있다. 먼저, 동법은 유류, 유독물, 농약 또는 특정수질유해물질을 운송 또는 보관 중인 자가 해당 물질로 인하여 수질을 오염시킨 때에는 지체 없이 지방환경관서, 시·도 또는 시·군·구 등 관계 행정기관에 신고할 것을 명하고 있다(§16).

(2) 수질오염방제센터의 운영

물환경보전법은 환경부장관에게 공공수역의 수질오염사고에 신속하고 효과적으로 대응하기 위하여 수질오염방제센터(이하 "방제센터")를 운영할 것을 명하고 있다(§16의3①). 방제센터는 (i) 공공수역의 수질오염사고 감시, (ii) 방제조치의 지원, (iii) 수질오염사고에 대비한 장비, 자재, 약품 등의 비치 및 보관을 위한 시설의 설치·운영, (iv) 수질오염방제기술 관련 교육·훈련, 연구개발 및 홍보, (v) 수질오염사고 발생 시 수질오염물질의 수거·처리 사업을 수행한다(동조 ②).

(3) 수질오염방제정보시스템의 구축·운영

물환경보전법은 방제센터가 전국 하천·호소의 수질 정보를 실시간으로 수집·분석·관리하고 수질오염사고 발생 시 신속히 관계 행정기관에 알릴 수 있는 수질오염방제정보시스템을 구축·운영할 수 있도록 수권하고 있다(§16의4).

(4) 수질오염경보제

물환경보전법은 환경부장관 또는 시·도지사가 수질오염으로 하천·호소의 물의 이용에 중대한 피해를 가져올 우려가 있거나 주민의 건강·재산이나 동식물의 생육에 중대한 위해를 가져올 우려가 있다고 인정될 때에는 해당 하천·호소에 대하여 수질오염 경보를 발령할 수 있도록 수권하고 있다(§21).

3. 공공수역에서의 행위제한 (1): 공공수역에의 배출, 투기 등의 금지

(1) 금지행위의 요건

물환경보전법은 공공수역을 보전하기 위하여 누구든지 정당한 사유 없이 다음의 행위를 해서는 안 된다고 규정하고 있다(§15①).

1. 공공수역에 특정수질유해물질, 「폐기물관리법」에 따른 지정폐기물, 「석유 및 석유대체연료 사업법」에 따른 석유제품·가짜석유제품·석유대체연료 및 원유(석유가스는 제외한다. 이하 "유류"), 「화학물질관리법」에 따른 유독물질(이하 "유독물"), 「농약관리법」에 따른 농약(이하 "농약")을 누출·유출하거나 버리는 행위

2. 공공수역에 분뇨, 가축분뇨, 동물의 사체, 폐기물(「폐기물관리법」에 따른 지정폐기물은 제외한다) 또는 오니(汚泥)를 버리는 행위

3. 하천·호소에서 자동차를 세차하는 행위

4. 공공수역에 환경부령으로 정하는 기준 이상의 토사(土砂)를 유출하거나 버리는 행위

가. 행위의 주체

제15조 제1항이 규정하는 금지행위의 주체로서 동법은 "누구든지"라고 규정하고 있는바, 따라서 모든 사람이나 법인은 공적(公的) 성격 유무를 막론하고 여기에 포함된다고 본다. 따라서 전술한 하수관로, 공공폐수처리시설, 공공하수처리시설 또는 폐기물처리시설을 설치·운영하는 자에 국한하지 않으며, 후술하는 점오염원이나 기타수질오염원의 설치·관리자도 여기에 포함된다. 하급심 판례 중에는 물환경보전법 제33조의 배출시설의 설치허가를 받은 자를 제외하고 있는데, 의문이다.[2] 물환경보전법이 제3장(§§32-59)에서 점오염원을 별도로 엄격하게 관리하고 있으나 그럼에도 불구하고 법의 흠결이 있을 수 있는바, 이런 경우를 대비하기 위해서라도 동조의 '누구든지'는 문언 그대로 해석할 필요가 있다. 다만 제3장의 규정과 본조가 경합해서 적용할 경우에는 특별법우선의 원칙에 따라 전자가 적용된다고 본다.

나. 정당한 사유

정당한 사유에 관하여는 논점이 있다. 먼저 '**환경행정법상 책임**'의 소재 및 유무는 원칙적으로 원인자책임의 원칙에 의하여 정해져야 하는바, 동조에서 열거된 행위, 즉 누출·유출·투기 및 세차 행위를 벌인 자가 그 의사능력, 행위능력 및 과실 유무를 묻지 않고 환경행정법상의 책임을 져야 한다. 특히 동조가 금지하는 행위는 경찰행정법상 위해의 방지를 위해서도 금지되어야 하는 행위로서 이 경우 **경찰행정법상의 책임**을 인정하기 위해서는 그 행위자의 의사능력, 행위능력 및 과실 유무를 필요로 하지 않는다. 이러한 일반 법리를 배경에 두고 생각해 보면, 어떤 행위자가 동조가 열거한 행위를 하면 환경행정법상의 책임은 일응 발생하고, 다만 그 행위자가 정당한 사유의 존재를 주장·입증한 경우에 한하여 환경행정법상의 책임을 면하는 것으로 보아야 한다. 다시 말해 행정당국이 행위자가 당해 행위에 이름에 있어 정당한 사유가 없음을 주장·입증할 필요는 없는 것이다.

---

2) 인천地判 1997.1.16. 96누1932. 학설로는 김홍균, 444 참조.

'**환경형법상의 책임**'에 관하여는 견해의 대립이 있다. 정당한 사유를 위법성 조각사유로 보는 견해("위법성설")[3]와 구성요건에 해당한다고 보는 견해("구성요건설")가 그것이다.[4] 이 견해 대립은 동조 제1항 제1호를 위반하여 특정수질유해물질 등을 누출·유출하거나 버린 자는 3년 이하의 징역 또는 3천만원 이하의 벌금, 동항 제2호를 위반하여 분뇨·가축분뇨 등을 버린 자는 1년 이하의 징역 또는 1천만원 이하의 벌금에 각각 처한다는 동법 제77조의 벌칙 조항에 관계된 것이다. 생각건대 행정벌이 당해 행정법상의 목적을 달성하기 위하여 부과되는 것인 만큼 앞서 본 배경 법리에 비추어 볼 때 이를 구성요건 요소로 보는 것보다는 위법성 조각사유로 보는 것이 합리적이다. 위법성설에 찬성한다.

다. 금지되는 행위

동조가 금지하는 행위는 불확정개념으로 표현되어 있어 구체적 사건에서 논란이 예상된다.

① 특정수질유해물질, 지정폐기물, 유류, 유독물질 및 농약 누출·유출·투기

공공수역에의 누출·유출·투기가 공공수역에 직접 그런 행위를 하는 것을 포섭하는 데 대하여는 이론이 있을 수 없으나, 공공수역이 아닌 곳에 특정수질유해물질을 누출·유출·투기하였음에도 이것이 이런저런 경로를 통하여 종국에는 공공수역으로 흘러들어간 경우의 처리에 관하여는 당연히 견해가 갈릴 수 있다.

생각건대 환경행정법상의 책임은 전술한 바와 같이 의사능력, 행위능력, 과실 유무를 묻지 않는 것이니 만큼 엄격히 해석할 필요가 있는바, 위와 같은 '**간접누출·유출·투기**'도 동조가 금지하는 행위에 속한다고 보아야 한다.[5] 그리하여 어떤 특정수질유해물질을 하수관로에 버린 경우라 하더라도 그 하수관로가 공공폐수처리시설에 연결되어 있지 않거나 연결된 경우라도 연결된 당해 공공폐수처리시설에서 당해 특정수질유해물질을 처리할 수 없는 경우라면, 다른 정당한 사유가 존재하지 않는 한 공공수역에로의 간접누출·유출·투기에 해당한다고 보아야 한다.[6] 구리 등 특정수질유해물질을 직접 유출하지 않더라도 동 물질을 용출시키는 간접물질을 누출·유출한 경우에도, 이를 정당화하는 특단의 사정이 존재하지 않는 한 물환경보전법 제15조 제1호가 금하는 공공수역에로의 간접누출·유출·투기에 해당한다고 본다[15모2]. 또한 특정수질유해물질의 누출·유출·투기가 배출허용기준을 초과했는지 여부는 요건이 아님에 유의해야 한다.

---

3) 조현권, 482.
4) 김홍균, 444.
5) 同旨, 조현권, 483; 김홍균, 444-445.
6) 同旨, 조현권, 483; 김홍균, 445.

한편 판례는 누출·유출·투기를 넓게 인정해 전형적인 행위뿐 아니라 비전형적인 행위도 여기에 포섭시키고 있다. 大判 1990.9.14. 90도1348은 오래된 빌딩을 부순 건축물폐재류로 하천을 매립하여 고수부지를 조성한 행위를 정당한 사유 없이 공공수역에 산업폐기물을 버리는 행위에 해당한다고 판시하였다. 위 판례가 시사하듯이, 물환경보전법 위반과 폐기물관리법 위반이 중첩해서 일어날 수 있는바, 이 경우 양자의 관계는 '법조경합'이라고 본다.

② 분뇨, 가축분뇨, 동물의 사체, 폐기물 또는 오니의 투기

분뇨란 분(糞)과 요(尿)를 아울러 일컫는 말로, 분뇨를 규율하는 법률인 「하수도법」에 의하면 "수거식 화장실에서 수거되는 액체성 또는 고체성의 오염물질(개인하수처리시설의 청소과정에서 발생하는 찌꺼기를 포함한다)"을 말한다(하수도법 §2ii). 가축분뇨란 가축의 분과 요를 아울러 일컫는데, 가축분뇨를 규율하는 「가축분뇨법」에 의하면 "가축이 배설하는 분·요 및 가축사육 과정에서 사용된 물 등이 분·요에 섞인 것"을 말한다(가축분뇨법 §2ii). 「가축분뇨법」은 축산폐수란 개념을 더 이상 사용하지 않는다. 폐기물이란 「폐기물관리법」에 따른 지정폐기물을 제외한 폐기물을 말하는데, 폐기물을 규율하는 폐기물관리법에 의하면 "쓰레기, 연소재(燃燒滓), 오니(汚泥), 폐유(廢油), 폐산(廢酸), 폐알칼리 및 동물의 사체(死體) 등으로서 사람의 생활이나 사업활동에 필요하지 아니하게 된 물질"을 말한다(폐기물관리법 §2i). 오니(汚泥)란 "더러운 흙, 특히 오염물질을 포함한 진흙"을 말한다.

이상의 대상을 버리는 행위란 "물리적·화학적 또는 생물학적 방법에 의하여 분뇨를 안전하게 처리함이 없이 분뇨인 상태 그대로 버리는 것"을 말하고(大判 1984.12.11. 84도1738), "분뇨인 상태"라 함은 "분뇨 그 자체뿐만 아니라 수질오염으로 인하여 국민건강 및 환경상 위해를 초래할 정도의 분뇨가 함유된 폐수"도 포함한다(大判 2008.9.25. 2008도6298).

③ 하천·호소에서 자동차를 세차하는 행위

어느 정도 자동차를 씻어야 여기서 말하는 '세차'에 해당하는가가 문제가 될 것이다. 판례의 경향에 터 잡아 생각건대, 자동차의 타이어를 씻기 위하여 하천이나 호소의 물가를 운행한다면, 이 또한 세차하는 행위에 해당한다고 본다. 한편 물환경보전법은 이에 위반한 자는 1천만원 이하의 과태료를 부과하도록 규정하고 있다(§82③i).

④ 기준 이상의 토사의 유출·투기

동법 시행규칙에 의하면 동호에서의 토사(土砂)란 육상에서 행해지는 「건설산업기본법」 제2조 제4호에 따른 건설공사로 인한 토사로서 누적강우량이 20밀리미터 미만일 경우에 유출되거나 버려지는 토사인바, 그 양이 (i) 1천킬로그램 이상의 토사량이나 (ii) 토사 유입 후의 부유물질 농도에서 토사 유입 전의 부유물질 농도를 뺀 값이 리터당 100밀리그램 이상이 되게 하는 토사량에 해당하여야 한다(동법 시행규칙 §26의2①).

(2) 방제조치 및 그 이행명령

전술한 금지행위로 인하여 공공수역이 오염되거나 오염될 우려가 있는 경우에는 그 행위자, 행위자가 소속된 법인 및 그 행위자의 사업주(이하 "행위자등")는 해당 물질을 제거하는 등 환경부령으로 정하는 바에 따라 오염을 방지·제거하기 위한 조치(이하 "방제조치")를 취해야 한다(동조 ②). 행위자등이 방제조치를 하지 아니하는 경우에는 시·도지사는 그 행위자등에게 방제조치의 이행을 명할 수 있다(동조 ③).

여기서 행위자의 사업주라 함은 "자기의 사업활동을 위하여 자기의 영향력 내에 있는 행위자를 이용하는 자로서 그 행위자의 [제15조] 제1항 제1호 또는 제2호에서 정한 행위로 인하여 공공수역이 오염되거나 오염될 우려가 있는 경우의 사업자"를 가리킨다(大判 2011.12.13. 2011두2453 [17모3]).

(3) 대집행

시·도지사는 (i) 방제조치만으로는 수질오염의 방지 또는 제거가 곤란하다고 인정되는 경우, (ii) 방제조치 명령을 받은 자가 그 명령을 이행하지 않는 경우, (iii) 방제조치 명령을 받은 자가 이행한 방제조치만으로는 수질오염의 방지 또는 제거가 곤란하다고 인정되는 경우에는 해당 방제조치의 대집행을 하거나 시장·군수·구청장으로 하여금 대집행을 하도록 할 수 있다(동조 ④). 시장·군수·구청장이 대집행을 하는 경우에는 「한국환경공단법」에 따른 한국환경공단(이하 "한국환경공단")에 지원을 요청할 수 있고(동조 ⑤), 한국환경공단이 지원을 마쳤을 때에는 그 지원에 든 비용을 지급해야 한다(동조 ⑥).

4. 공공수역에서의 행위제한 (2): 상수원 수질보전을 위한 통행제한

(1) 통행제한의 대상지역

물환경보전법은 전복, 추락 등의 사고 발생 시 상수원을 오염시킬 우려가 있는 물질을 수송하는 자동차를 운행하는 자에 대하여 다음에 해당하는 지역 또는 그 지역에 인접한 지역 중에서 환경부령으로 정하는 도로·구간의 통행을 금지하고 있다(§17 ①).

1. 상수원보호구역
2. 특별대책지역
3. 「한강수계 상수원수질개선 및 주민지원 등에 관한 법률」 제4조, 「낙동강수계 물관리 및 주민지원 등에 관한 법률」 제4조, 「금강수계 물관리 및 주민지원 등에 관한 법률」 제4조 및 「영산강·섬진강수계 물관리 및 주민지원 등에 관한 법률」 제4조에 따라 각각 지정·고시된 수변구역
4. 상수원에 중대한 오염을 일으킬 수 있어 환경부령으로 정하는 지역

(2) 통행제한의 대상물질

위 "상수원을 오염시킬 우려가 있는 물질"은 (i) 특정수질유해물질, (ii) 「폐기물관리법」에 따른 지정폐기물, (iii) 유류, (iv) 유독물, (v) 「농약관리법」에 따른 농약 및 원제(原劑), (vi) 「원자력안전법」에 따른 방사성물질 및 방사성폐기물이다(§17 ②).

(3) 통행제한을 위한 조치의 내용

경찰청장은 자동차의 통행제한을 위하여 필요하다고 인정할 때에는 (i) 자동차 통행제한 표지판의 설치 또는 (ii) 통행제한 위반 자동차의 단속의 조치를 취해야 한다(동조 ③).

5. 공공수역에서의 행위제한 (3): 낚시행위 제한

낚시행위는 그 하나하나의 행위는 문제가 되지 않지만 그것들이 쌓이게 되면 수질에 무시할 수 없는 영향을 끼치는 행위로서 규제가 필요하다. 이에 물환경보전법은 지자체장이 수면관리자와 협의 하에 하천·호소의 이용목적 및 수질상황 등을 고려하여 대통령령으로 정하는 바에 따라 낚시금지구역 또는 낚시제한구역을 지정할 수 있도록 수권하고 있다(§20①). 동법은 또한 지자체장이 낚시제한구역 및 그 주변지역의 오염 방지를 위한 쓰레기 수거 등의 비용에 충당하기 위하여 낚시제한구역에서 낚시행위를 하려는 사람으로부터 조례로 정하는 바에 따라 수수료를 징수할 수 있도록 수권하고 있다(동조 ③). 낚시제한구역에서 낚시행위를 하려는 사람은 낚시의 방법, 시기 등 환경부령으로 정하는 사항을 준수하여야 한다(동조 ②).

6. 공공수역에서의 행위제한 (4): 오염된 공공수역에서의 행위제한

환경부장관은 하천·호소등이 오염되어 수산물의 채취·포획이나 물놀이, 그 밖에 대통령령으로 정하는 행위를 할 경우 사람의 건강이나 생활에 미치는 피해가 크다고 인정할 때에는 해당 하천·호소등에서 그 행위를 금지·제한하거나 자제하도록 안내하는 등 환경부령으로 정하는 조치를 할 것을 시·도지사에게 권고할 수 있다(§21의2①). 권고를 받은 시·도지사는 특별한 사유가 없으면 권고에 따른 조치를 하여야 한다(동조 ②). 환경부장관은 시·도지사의 조치가 미흡하여 사람의 생명·신체에 위험이 발생할 수 있는 경우에는 관계 행정기관과 협의하여 필요한 조치를 할 수 있다(동조 ③).

7. 공공수역에서의 행위제한 (5): 상수원의 수질개선을 위한 특별조치

환경부장관은 상수원의 수질오염이, (i) 상수원의 수질오염으로 먹는물 수질관리기준(「수도법」 제26조에 따른 수질기준)의 충족이 어려울 것으로 예상되는 경우나 (ii) (i)의 수질관리기준에서 정하고 있지 아니한 오염물질로 인하여 주민의 건강에 중대한 위해를 가져올 우려가 있다고 인정되는 경우에는 수질오염을 발생시키는 오염원에 대하여 오염물질의 배출금지 등 특별조치를 명할 수 있다(§21의3).

8. 공공수역에서의 행위제한 (6): 조류에 의한 피해예방

근자에 조류(藻類)에 의한 수질오염현상이 극심한바 2016년 개정된 「물환경보전법」은 환경부장관이 조류의 발생 등으로 인하여 하천·호소등의 물환경에 중대한 영향을 미친다고 인정하는 경우에는 수질오염을 발생시키는 오염원에 대하여 위 특별조치를 명할 수 있으며, 조류의 발생 등으로 인한 피해를 예방하기 위한 조치를 공공수역관리자 또는 관계 중앙행정기관의 장에게 요청하거나 하천·호소등을 수원(水源)으로 하는 취수시설 또는 정수시설의 관리자에게 명할 수 있도록 수권하고 있다(§21의5①). 이 요청 또는 명령을 받은 자는 특별한 사유가 없으면 이에 따라야 한다(동조 ②). 환경부장관은 예산의 범위에서 위 조치에 필요한 비용의 일부를 지원할 수 있다(동조 ④).

9. 공공수역 물환경보전을 위한 권고조치

(1) 특정 농작물의 경작 변경 권고

물환경보전법은 행위규제만 하는 것이 아니라 협력적 환경행정도 함께 추구하고 있는바, 동법은 시·도지사 또는 대도시의 장이 공공수역의 물환경 보전을 위하여 필요하다고 인정하는 경우에는 하천·호소 구역에서 농작물을 경작하는 사람에게 경작대상 농작물의 종류 및 경작방식의 변경과 휴경(休耕) 등을 권고할 수 있도록 수권하고 있다(§19①). 시·도지사 또는 대도시의 장은 위 권고에 따라 농작물을 경작하거나 휴경함으로 인하여 경작자가 입은 손실에 대해서는 대통령령으로 정하는 바에 따라 보상할 수 있다(동조 ②).

(2) 물환경 보전조치의 권고

환경부장관은 수질의 상시측정(§9) 또는 수생태계 현황조사(§9의3) 결과, 방치할 경우 하천·호소등의 물환경에 중대한 위해를 끼칠 우려가 있다고 판단될 때에는 공공수역을 관리하는 자(이하 "공공수역관리자")에게 물환경 보전을 위하여 필요한 조치를 할 것을 권고할 수 있다

(§19의2①). 환경부장관은 위 권고를 이행하는 데 드는 비용의 일부를 예산의 범위에서 지원할 수 있다(동조 ②).

(3) 배출시설 등에 대한 기후변화취약성 조사 및 권고

환경부장관은 폐수배출시설, 비점오염저감시설, 공공폐수처리시설을 대상으로 기후변화에 대한 시설의 취약성 등을 조사하고, 조사 결과 기후변화에 취약한 시설에 대해서는 시설 개선 등을 권고할 수 있다(§19의4①). 환경부장관은 위 권고를 이행하는 폐수배출시설, 비점오염저 감시설, 공공폐수처리시설에 대하여 예산의 범위에서 필요한 비용 또는 경비의 일부를 지원할 수 있다(동조 ③).

10. 수변생태구역의 매수 · 조성

물환경보전법은 규제 · 권고에 그치지 않고 환경부장관이 직접 청정한 물환경을 만들기 위한 조성행정에 나설 수 있도록 수권하고 있다. 동법 제19조의3에 의하면, 환경부장관은 하천 · 호소등의 물환경보전을 위하여 필요하다고 인정할 때에는 대통령령으로 정하는 기준에 해당하는 수변습지 및 수변토지(이하 "수변생태구역")를 매수하거나 환경부령으로 정하는 바에 따라 생태적으로 조성 · 관리할 수 있다(§19의3).

Ⅳ. 국가 및 수계영향권별 물환경보전

2017년에 개정된 「물환경보전법」은 수생태계에 초점을 맞춘 새로운 규정을 도입하였다. 그동안 수질 중심의 물환경관리를 펼쳐왔지만, 그것만으로는 수생태계를 건강하게 보전하는 데 한계가 있음을 깨달아, 유량관리와 하천구조물 개선까지를 환경정책의 대상으로 포괄하게 된 것이다. 여기서 살펴볼 물환경보전법 제2장 제2절 국가 및 수계영향권별 물환경보전(§§22 – 27의2)에 관한 규정들은 개정 법률의 요체이다.

1. 물환경관리계획 및 관리대책

물환경보전법은 환경부장관 또는 지자체장에게 국가물환경관리기본계획 및 수계영향권별 물환경관리계획에 따라 물환경 현황 및 수생태계 건강성을 파악하고 적절한 관리대책을 마련할 것을 명하고 있다(§22①). 이를 위하여 우선 환경부장관은 면적 · 지형 등 하천유역의 특성을 고려하여 수계영향권을 대권역, 중권역, 소권역으로 구분하여 고시하여야 한다.

(1) 국가 물환경관리기본계획의 수립

물환경보전법은 환경부장관에게 공공수역의 물환경을 관리·보전하기 위하여 다음 사항이 포함된 국가 물환경관리기본계획을 10년마다 수립할 것을 명하고 있다(§23의2①, ②).

1. 물환경의 변화 추이 및 물환경목표기준
2. 전국적인 물환경 오염원의 변화 및 장기 전망
3. 물환경 관리·보전에 관한 정책방향
4. 「기후위기 대응을 위한 탄소중립·녹색성장 기본법」 제2조 제1호의 기후변화에 대한 물환경 관리대책
5. 그 밖에 환경부령으로 정하는 사항

환경부장관은 국가 물환경관리기본계획이 수립된 날로부터 5년이 지나거나 계획의 변경이 필요한 경우 그 타당성을 검토하여 계획을 변경할 수 있다(동조 ③).

(2) 대권역 물환경관리계획의 수립

물환경보전법은 유역환경청장에게 관계 시·도지사 및 수계관리위원회와 협의하여 국가물환경관리기본계획에 따라 대권역별로 대권역물환경관리계획(이하 "대권역계획")을 10년마다 수립할 것을 명하고 있다(§24①, ③). 대권역계획에는 다음 사항이 포함되어야 한다(동조 ②).

1. 물환경의 변화 추이 및 물환경목표기준
2. 상수원 및 물 이용현황
3. 점오염원, 비점오염원 및 기타수질오염원의 분포현황
4. 점오염원, 비점오염원 및 기타수질오염원에서 배출되는 수질오염물질의 양
5. 수질오염 예방 및 저감 대책
6. 물환경 보전조치의 추진방향
7. 「기후위기 대응을 위한 탄소중립·녹색성장 기본법」 제2조 제1호에 따른 기후변화에 대한 적응대책
8. 그 밖에 환경부령으로 정하는 사항

(3) 중권역 물환경관리계획의 수립

물환경보전법은 지방환경관서의 장에게 (i) 관할 중권역이 물환경목표기준에 미달하거나 (ii) 4대강수계법에 따른 관계 수계관리위원회에서 중권역의 물환경 관리·보전을 위하여 중권역계획의 수립을 요구하는 경우에 대권역계획에 따라 중권역별로 중권역 물환경관리계획(이하 "중권역계획")을 수립할 것을 명하고 있다(§25①).

(4) 소권역 물환경관리계획의 수립

물환경보전법은 지자체장이 대권역계획 및 중권역계획에 따라 소권역별로 소권역 물환경관리계획(이하 "소권역계획")을 수립할 수 있도록 수권하고 있다(§26①). 이 수권에도 불구하고 환경부장관 또는 시·도지사는 관계 지자체장의 의견을 들어 소권역계획을 수립할 수 있다(§27 ①). 시·도지사 및 시장·군수·구청장은 환경부장관 또는 시·도지사가 수립한 소권역계획을 성실히 이행해야 한다(동조 ③).

2. 오염원 및 수생태계 연속성 조사

(1) 오염원 조사

수계영향권별로 관리대책을 마련하기 위해서는 먼저 오염원 조사가 필요하다. 이에 물환경보전법은 환경부장관에게 수계영향권별로 오염원의 종류, 수질오염물질 발생량 등을 정기적으로 조사할 것을 명하고 있다(§23).

(2) 수생태계 연속성 조사

가. 수생태계 연속성의 조사

개정 물환경보전법은 위의 물환경관리대책이 수생태계의 건강한 보전에 기여할 수 있도록 수생태계에 대한 조사도 할 수 있도록 수권하고 있다. 즉 환경부장관은 공공수역의 상류와 하류 간 또는 공공수역과 수변지역 간에 물, 토양 등 물질의 순환이 원활하고 생물의 이동이 자연스러운 상태(이하 "수생태계 연속성")의 단절·훼손 여부 등을 파악하기 위하여 수생태계 연속성 조사를 실시할 수 있다(§22의2①).

나. 수생태계 연속성 확보 조치

개정 물환경보전법은 환경부장관에게 수생태계 연속성 조사 결과 수생태계 연속성이 단절되거나 훼손되었을 경우에는 관계 중앙행정기관의 장과 협의하여 수생태계 연속성의 확보에 필요한 조치를 취할 것을 명하고 있는바, 이 경우 환경부장관은 관계 기관의 장 또는 관련 시설의 관리자 등에게 수생태계 연속성의 확보를 위한 협조를 요청할 수 있다(동조 ②). 수생태계 연속성 조사의 방법·절차 및 수생태계 연속성 확보를 위한 조치 및 협조 요청 등에 관한 사항은 환경부령으로 정한다(동조 ③).

3. 환경생태유량의 확보

(1) 수생태계 건강성

"수생태계 건강성"이란 "수생태계를 구성하고 있는 요소 중 환경부령으로 정하는 물리적·화학적·생물적 요소들이 훼손되지 아니하고 각각 온전한 기능을 발휘할 수 있는 상태"를 말한다(§2xv의2).

(2) 환경생태유량의 확보

개정 물환경보전법은 환경부장관이 수생태계 건강성 유지를 위하여 필요한 최소한의 유량(이하 "환경생태유량")을 확보하기 위하여 하천의 대표지점에 대한 환경생태유량을 국토교통부장관과 공동으로 정하여 고시할 수 있도록 수권하고 있다(§22의3①). 물에는 최소수량이 확보되어야만 수생태계가 살아날 수 있는데, 그동안의 수질관리만으로는 수량에 관한 최소한의 조치조차 취할 수 없었던 점에 대한 반성적 고려의 결과로 동 조항이 만들어진 것이다.

이에 따라 국토교통부장관은 「하천법」에 따른 하천유지유량을 정할 때 환경생태유량을 고려해야 하고(동조 ②), 환경부장관은 「소하천정비법」의 "소하천", 그 밖의 건천화(乾川化)된 지류(支流) 또는 지천(支川)의 대표지점에 대한 환경생태유량을 정하여 고시할 수 있다(동조 ③). 환경부장관은 나아가 하천 또는 소하천 등의 유량이 환경생태유량에 현저히 미달하는 경우에는 관계기관의 장 등에게 환경생태유량의 확보를 위한 협조를 요청할 수 있다(동조 ④).

4. 수생태계 복원계획

물환경보전법은 수생태계를 관리·보전하기 위한 노력의 일환으로 수생태계 복원계획을 규정하고 있다. 즉 환경부장관, 시·도지사 또는 시장·군수·구청장은 상시측정 및 수생태계 현황 조사 결과, 수질 개선이 필요한 지역 또는 수생태계 훼손 정도가 상당하여 수생태계의 복원이 필요한 지역을 대상으로 수생태계 복원계획(이하 "복원계획")을 수립하여 시행할 수 있다(§27의2①). 복원계획을 수립·변경할 경우 관계 중앙행정기관의 장 및 관할 지자체장과 협의해야 한다(동조 ③). 한편, 환경부장관은 위 지역 가운데 복원계획의 수립이 반드시 필요하다고 인정하는 경우에는 시·도지사 또는 시장·군수·구청장에게 복원계획을 수립하여 시행하도록 명할 수 있다(동조 ②).

Ⅴ. 호소의 물환경보전

1. 호소의 의의

호소는 생태계의 보고로서 그 보호필요성이 높은데, 수질오염으로 인한 부영양화와 산성화 현상이 호소에 나타나고 있다. 이에 물환경보전법은 호소의 수질보전을 제2장 제3절에서 별도로 규정하고 있다. 물환경보전법상의 "호소"란 다음의 어느 하나에 해당하는 지역으로서 "만수위(滿水位) 구역 안의 물과 토지"를 말한다.

> 가. 댐·보(洑) 또는 둑(「사방사업법」에 따른 사방시설은 제외한다) 등을 쌓아 하천 또는 계곡에 흐르는 물을 가두어 놓은 곳
> 나. 하천에 흐르는 물이 자연적으로 가두어진 곳
> 다. 화산활동 등으로 인하여 함몰된 지역에 물이 가두어진 곳

2. 호소의 정기조사·측정 및 분석

물환경보전법은 환경부장관 및 시·도지사에게 호소의 물환경 보전을 위하여 호소와 그 호소에 유입하는 물의 이용상황, 물환경 현황 및 수생태계 건강성, 수질오염원의 분포상황 및 수질오염물질 발생량 등을 대통령령으로 정하는 바에 따라 정기적으로 조사·측정 및 분석할 것을 명하고 있다(§28①). 환경부장관 및 시·도지사는 위 조사·측정 및 분석 결과에 따라 물환경 현황 및 수생태계 건강성에 대한 수계별 지도를 제작하고, 변화추이 등을 분석한 결과를 작성하여 그 지도 및 결과를 국민에게 공개하여야 한다(동조 ②).

3. 호소에서의 행위제한

(1) 양식어업 면허의 제한

관계 행정기관의 장은 상수원호소에 대해서는 가두리식 양식어장을 설치하는 양식어업에 대한 면허를 하여서는 아니 된다(§30). 여기서 "상수원호소"란 "상수원보호구역 및 수질보전을 위한 특별대책지역 밖에 있는 호소 중 호소의 내부 또는 외부에 「수도법」에 따른 취수시설을 설치하여 그 호소의 물을 먹는 물로 사용하는 호소"를 말한다(§2ⅹⅵ).

(2) 호소안의 쓰레기 수거·처리

수면관리자는 호소 안의 쓰레기를 수거하고, 해당 호소를 관할하는 지자체장은 수거된 쓰레기를 운반·처리하여야 한다(§31①). 여기서 "수면관리자"란 "다른 법령에 따라 호소를 관리

하는 자"를 말한다(§2xv). 수면관리자 및 지자체장은 위 쓰레기의 운반·처리 주체 및 쓰레기의 운반·처리에 드는 비용을 분담하기 위한 협약을 체결하여야 한다(동조 ②).

4. 중점관리저수지의 관리

(1) 중점관리저수지의 지정

물환경보전법은 특별히 관리가 필요한 호소를 위하여 별도의 규정을 두고 있다. 즉 동법은 환경부장관이 중앙행정기관의 장과 협의를 거쳐 다음에 해당하는 저수지를 중점관리저수지로 지정하고, 저수지관리자와 그 저수지의 소재지를 관할하는 시·도지사로 하여금 해당 저수지가 생활용수 및 관광·레저의 기능을 갖추도록 그 수질을 관리하게 할 수 있도록 수권하고 있다(§31의2①).

1. 총저수용량이 1천만세제곱미터 이상인 저수지
2. 오염 정도가 대통령령으로 정하는 기준을 초과하는 저수지
3. 그 밖에 환경부장관이 상수원 등 해당 수계의 수질보전을 위하여 필요하다고 인정하는 경우

(2) 중점관리저수지의 수질개선

물환경보전법은 환경부장관에게 중점관리저수지의 관리자와 그 저수지의 소재지를 관할하는 시·도지사로 하여금 중점관리저수지의 수질 오염 방지 및 수질 개선에 관한 대책을 세우고 이를 추진하게 할 것을 명하고 있다(§31의3①). 중점관리저수지의 소재지를 관할하는 시·도지사는 중점관리저수지에 대한 수질 오염 방지활동 실적과 수질개선 계획의 추진결과에 대한 보고서를 작성하여 매년 환경부장관에게 제출하여야 하며(동조 ②), 환경부장관은 예산의 범위에서 중점관리저수지의 관리와 수질개선에 드는 비용의 전부 또는 일부를 지원할 수 있다(동조 ③).

제4절 | 점오염원의 관리

물환경에 있어서 점오염원은 대기환경에서와 마찬가지로 주된 오염원인바, 물환경보전을 위한 규제행정의 촛점은 점오염원에 맞춰져 있다. 점오염원은 오염물질이 배출되는 곳이 고정되어 있어 그 배출경로와 수량을 용이하게 측정할 수 있으므로 이에 대한 규제가 비교적 수월하며 규제의 주된 대상인 만큼 법적 논점도 많다.

'점오염원'은 "폐수배출시설, 하수발생시설, 축사 등으로서 관거(管渠)·수로 등을 통하여 일

정한 지점으로 수질오염물질을 배출하는 배출원"으로 정의되고 있는데(§2ii), 이 중 폐수배출시설에서 나오는 산업폐수는 대표적인 점오염원이며 그 규제는 물환경 보전정책 및 행정의 근간이 된다. 기실, 보통사람은 수질을 오염시키고 싶어도 '오염역량'을 가지고 있지 않다. 사업장과 같은 생산력을 가지고 있지 않기 때문이다. 실제로 사업장의 폐수배출시설에서 배출되는 폐수는 독성과 오염도에 있어서 인간 및 수생태계에 치명적이다.

점오염원에서 발생된 오·폐수는 오염원별로 환경기초시설 또는 자체 처리시설에서 정화처리되고 있다. 즉 생활하수는 공공하수처리시설 또는 오수처리시설에 의하여, 산업폐수는 공공폐수처리시설 또는 개별 공장의 자체 수질오염방지시설에서 처리하고 있다. 그리하여 물환경보전법은 점오염원의 관리 부분(동법 제3장)에서 먼저 사업장 폐수, 즉 산업폐수를 규율하고(제1절), 다음으로 공공폐수처리시설을 규율하고 있다(제2절). 또 다른 점오염원인 생활하수 및 가축분뇨에 대한 관리는 「하수도법」 및 「가축분뇨의 관리 및 이용에 관한 법률」에 의하도록 규정하고 있다(§52).

제1항 산업폐수의 배출규제

I. 개설

산업폐수배출시설의 종류와 규모는 물환경보전법에 따라 지정·관리되고 있다. 폐수배출시설의 종류는 공정단위시설로 분류되고 있는바, 현재는 82개의 공정단위시설로 분류되고 있다. 폐수배출시설의 규모는 1일 폐수배출에 따라 1~5종으로 구분하여 관리하고 있으며, 1종은 하루 폐수배출량이 2,000m^3/일 이상, 2종은 700~2,000m^3/일, 3종은 200~700m^3/일, 4종은 50~200m^3/일, 5종은 50m^3/일 미만이다.

산업폐수배출 사업장은 산업발전에 따라 꾸준히 증가하는 추세를 보이고 있다. 2014년 12월 말 기준으로 폐수배출업소는 50,965개이다. 이중 5종 사업장이 46,262개소로 90.8%, 4종 사업장이 2,433개소로 4.8%, 1종 사업장이 363개소로 0.7%를 차지하고 있다.[7]

수질환경의 주된 오염원인 산업폐수배출시설에 대한 규제로는 ① 배출허용기준의 설정, ② 배출시설 및 방지시설에 대한 설치허가·신고제도, ③ 배출허용기준 준수 여부에 대한 지도·점검 및 규제명령, ④ 배출부과금제도, 마지막으로 사업장이 집중된 지역의 산업폐수의 공동처리를 위한 ⑤ 공공폐수처리시설의 설치·운영 등이 있다.

---

7) 환경부, **환경백서** 2017, 297.

이를 개관하면 산업폐수를 배출하려고 하는 사업자는 배출시설을 설치하기 전에 동시설에 대한 허가 신청·신고를 한 후, 배출시설과 함께 방지시설을 설치하고 이를 완료한 후 가동개시를 신고해야 한다. 가동이 개시된 후에는 사업자는 배출시설과 방지시설을 정상적으로 운영해야 하는데, 이 경우 발생할 수 있는 각종 위법·탈법행위를 사전에 막기 위하여 물환경보전법은 금지행위를 범주화하여 규정하고 있다. 동법은 사업자가 시설을 정상적으로 운영할 수 있도록 하기 위하여 '환경기술인' 제도를 두고 있는데, 그럼에도 불구하고 사업자가 배출허용기준을 초과하면, 사업자에게는 개선명령이나 배출부과금이 부과되고 사업자는 개선계획서를 제출해야 한다. 사업자가 비정상운영을 하다 적발되면 경고·조업정지·과징금·허가취소·폐쇄와 같은 각종 행정처분을 받게 되고 경우에 따라서는 행정벌(벌칙 및 과태료)이 내려지게 된다. 한편 아예 허가나 신고를 하지 않고 배출시설을 운영하는 자에게는 벌칙과 조업정지나 폐쇄조치가 내려지게 된다. [그림 3-7]은 배출시설관리체계를 도식화한 것이다.

▌그림 3-7 배출시설관리체계

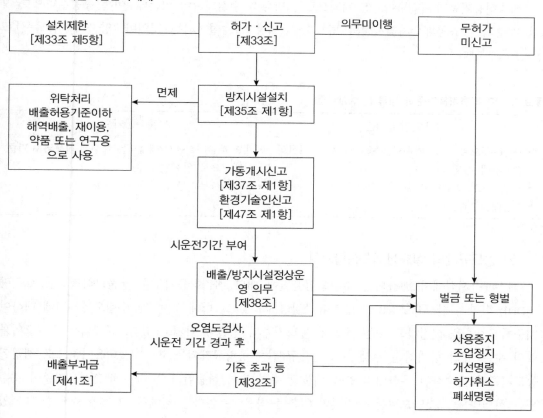

Ⅱ. 배출허용기준

1. 배출허용기준의 의의 및 총량규제

(1) 배출허용기준의 개념

전술한 물환경목표기준이 정책목표로서의 의미를 지닌다면(§10의2), "배출허용기준"은 사업장이나 시설 단위의 개별적인 오염원에 대한 법적 규제기준으로서 물환경목표기준이란 목표를 달성하기 위한 정책수단이다. 물환경보전법상 배출허용기준은 그것을 초과할 경우 각종 명령통제적 규제수단이 발동하게 되는, 말하자면 권력적 행정규제의 방아쇠 역할을 하게 된다. 환언하면 배출허용기준은 법적 구속력을 가지고 있어 배출시설의 권리·의무를 정하는 기준이다. 배출허용기준은 배출시설이 오염물질을 배출할 수 있는 최대허용량 또는 최고허용농도인바, 물환경목표기준, 현재의 오염물질 배출수준, 처리기술과 사회경제적 여건을 고려하여 설정된다.

배출허용기준과 구별해야 할 개념으로는 방류수 수질기준이 있는데, 이는 공공수역으로 직접 배출되는 공공폐수처리시설의 방류수를 대상으로 설정되는 것인바, 양자의 비교는 [표3-10]과 같다.

▌표 3-10 배출허용기준과 방류수 수질기준

방류수 수질기준	배출허용기준
• 공공수역으로 직접 배출되는 공공폐수처리시설의 방류수에 적용되는 기준 • 상대적으로 엄격한 기준 • 기본배출부과금의 기준	• 개별 배출시설에서 배출되는 폐수에 적용되는 기준 • 상대적으로 완화된 기준 • 초과배출부과금의 기준

(2) 농도규제의 실효성 및 총량관리

폐수배출시설에서 배출되는 수질오염물질에 대한 배출허용기준은 생물화학적 산소요구량(BOD), 화학적 산소요구량(COD), 부유물질량(SS) 및 그 밖에 50여 개 수질오염물질에 대하여 배출허용기준을 설정하고 있는 점에서 농도기준의 성질을 가지고 있다. 규제되는 수질오염물질의 수는 매년 증가하는 추세이다. 농도규제는, 총량규제와 달리, 배출허용기준으로 책정된 농도기준만 준수하면 무한대의 양을 배출할 수 있도록 허용한다. 따라서 배출허용기준이 준수된다 하더라도 그것만으로는 환경질의 악화를 막을 수 없다는 점에서 그 실효성에 한계가 있다는 문제점이 있다. 배출허용기준은 후술할 배출부과금 부과의 기준점으로도 작용하고 있는

바, 이 제도 아래에서도 기준 이하로만 배출하면 부과금을 회피할 수 있다는 문제가 있다. 또한 농도규제는 규제를 회피할 여러 가지 탈법의 기회를 제공하기도 한다.

기실, 먼저 환경용량을 평가하고 이에 맞추어 배출원별로 배출총량을 할당한 후 당해 배출원의 생산공정을 이에 맞게 조정하도록 하는 물환경보전법 제4조 이하 소정의 총량관리가 총체적인 대기환경의 질을 보전하는 데 합리적인 규제일 것이다. 하지만 전술한 바와 같이, 총량관리는 환경총량에 대해서는 물론 오염원별로 정확한 배출량 및 기여도 등을 파악해야 하는 등 그 규제의 설계 자체에 큰 비용이 소요되고 수범자의 규제저항이 심할 것인 만큼 배출에 관한 데이터와 규제경험이 축적되는 상황을 봐가면서 차차 시도해나가는 것이 현명할 것이다. 총량관리에 관해서는 뒤에서 자세히 보기로 한다.

2. 배출허용기준의 종류

(1) 일반배출허용기준

폐수배출시설(이하 "배출시설")에서 배출되는 수질오염물질의 배출허용기준은 환경부장관이 중앙행정기관의 장과 협의한 후 동법 시행규칙(환경부령)으로 정하여야 하는바(§32①, ②), 이로써 정해지는 배출허용기준은 전국적으로 적용되는 일반배출허용기준이다. 동법 시행규칙에 의하면, 배출허용기준은 지역과 배출량에 따라 구분되어 설정된다(§34, 별표13). 즉 지역은 환경정책기본법 시행령 별표1 제3호에 따른 수질 및 수생태계 환경기준에 의하여 구분되는 "청정지역," "가지역," "나지역," "특례지역"으로 구분하고, 배출량은 1일 폐수배출량 2천m³ 이상 시설 및 미만 시설로 구분한 후 그 각각의 조합에 대응한 배출허용기준이 마련되어 있다.

(2) 엄격·특별배출허용기준

물환경보전법은 ① 지역환경기준의 유지를 위하여, ② 특별대책지역에 대해서는 일반적인 배출허용기준보다 강화된 기준을 설정할 수 있도록 하고 있다.

환경정책기본법은 해당 지역의 환경적 특수성을 고려하여 필요한 경우에는 조례로 일반환경기준보다 확대·강화된 별도의 지역환경기준을 설정할 수 있도록 수권하고 있는데(환경정책기본법 §12③), 바로 이 지역환경기준의 유지가 곤란하다고 인정되면 시·도 또는 대도시는 조례로 엄격배출허용기준을 설정·적용할 수 있도록 하고 있다(물환경보전법 §32③). 다만 이것이 가능한 것은, 배출시설의 설치 허가·신고(§33), 배출시설 등의 가동시작 신고(§37), 배출허용기준을 초과한 사업자에 대한 개선명령(§39), 배출부과금(§41), 허가의 취소 등(§42), 과징금처분(§43)에 관한 환경부장관의 권한이 대통령령으로 정하는 바에 따라 시·도지사에게 위임된 경우에 한한다. 한편, 시·도지사 또는 대도시의 장은 위와 같이 배출허용기준이 설정·변경된 경우에는 미리 주민 등 이해관계자의 의견을 듣고 이를 반영하도록 노력하여야 한다(§32④).

그리고 환경부장관은 환경오염·환경훼손 또는 자연생태계의 변화가 현저하거나 현저하게 될 우려가 있는 지역과 환경기준을 자주 초과하는 지역을 환경보전을 위한 "특별대책지역"으로 지정할 수 있는데(환경정책기본법 §38), 이에 따라 설정된 "특별대책지역"의 수질오염을 방지하기 위하여 필요하다고 인정하면, 이미 설치된 배출시설에 대해서는 "엄격배출허용기준"을, 새로이 설치되는 배출시설에 대해서는 "특별배출허용기준"을 설정할 수 있다(물환경보전법 §32⑥). 현재 엄격·특별배출허용기준이 설정된 지역은 「팔당호 상수원 수질보전 특별대책지역」과 「대청호 상수원 수질보전 특별대책지역」이다.[8]

3. 배출허용기준의 면제

이상에서 설명한 배출허용기준은 (ⅰ) 폐수무방류배출시설(§33① 단서)이나 (ⅱ) 환경부령으로 정하는 배출시설 중 폐수를 전량 재이용하거나 전량 위탁처리하여 공공수역으로 폐수를 방류하지 않는 배출시설에 대하여 적용하지 않는다(§32⑧). "폐수무방류배출시설"이란 "폐수배출시설에서 발생하는 폐수를 해당 사업장에서 수질오염방지시설을 이용하여 처리하거나 동일 폐수배출시설에 재이용하는 등 공공수역으로 배출하지 아니하는 폐수배출시설"을 말한다(§2xi).

4. 배출허용기준의 법적 성격 및 포괄위임금지원칙 위반 여부

물환경보전법상의 배출허용기준은 전술한 대기환경보전법상의 그것과 동일한 성격의 것이므로 거기서의 논의가 여기서도 그대로 적용된다. 요약하면, 물환경보전법상의 배출허용기준은 국가뿐만 아니라 국민에 대해서도 구속력을 갖는 '법규'로서, 그 준수 여하에 따라 국민의 권리의무가 구체적으로 결정된다. 다시 말해 배출허용기준은 사업자가 배출시설에서 배출할 수 있는 오염물질의 최대허용농도로서 이를 위반하면 그 배출행위는 위법한 것이 되어 소정의 법적 효과가 발생한다. 그리하여 물환경보전법에 따르면, 이를 초과해 오염물질을 배출한 사업자는 배출부과금을 부과받을 뿐만 아니라 개선명령, 조업정지, 폐쇄명령 또는 허가취소 등의 제재를 받게 된다.

---

8) 이는 환경부고시 제2018-6호 「팔당·대청호 상수원수질보전 특별대책지역 지정 및 특별종합대책」에 터 잡아 제정된 한강유역환경청고시 제2019-4호 「팔당호 상수원 수질보전 특별대책지역 특별배출허용 기준」 및 금강유역환경청고시 제2018-2호 「대청호 상수원 수질보전 특별대책지역 특별배출허용 기준 고시」에 의하여 설정된 것이다.

물환경보전법 제32조는 배출허용기준을 하위 법령에 위임하면서 환경부령으로 정한다는 것 이외에는 아무런 실체적·절차적 요건을 규정하고 있지 않다. 따라서 절차적으로는 행정절차법상 입법예고에 관한 규정이나 법제업무운영규정 등에 의한 통제를 제외하고는 환경부장관에 일임되어 있고, 실체적으로는 배출기준 설정시 고려해야 추상적 목표마저도 전혀 제시하지 않아 헌법상 환경권 규정이나 환경정책기본법 및 동법의 목적 규정만이 작용하고 있을 뿐이다. 생각건대 배출기준의 설정에 깊은 이해관계를 가지는 이해관계인의 절차적 참여권이 보장되어야 하고,[9] 배출기준 설정시 고려해야 할 최소한의 고려요소를 입법해두는 것이 바람직하다.

그런데 憲決 2009.10.29. 2008헌바122는 수질오염물질의 배출허용기준에 관하여 "배출허용기준은 수시로 변화하는 수질 및 복잡다단한 여건, 다양한 규율 대상 간의 관계 등을 복합적으로 고려하여 정해져야 할 뿐만 아니라 배출허용기준의 설정은 **고도의 전문성과 과학성**이 요구되는 영역으로, 수질환경보호라는 공익을 보다 효과적으로 달성하기 위해서는 배출허용기준을 전문성을 갖춘 행정부에 위임하여 **변화하는 상황에 유동적으로 대처하도록 할 필요성**"이 인정되고, 또한 "법의 관련 규정 및 수질환경에 관한 일반법인 환경정책기본법의 규정 등을 종합적으로 고려할 때, 수범자인 수질오염물질을 배출하는 사업자로서는 [법과 시행규칙]에서 정해질 배출허용기준이 해당지역의 수질등급에 상응하는 수질환경기준을 유지하기에 충분한 정도를 상한으로 하고, 환경상의 위해발생 가능성 및 건강상의 위해발생 가능성이 없다고 판단되는 정도를 하한으로 하여 설정될 것이며, 그 기준치는 수소이온농도, 생물학적 산소요구량, 부유물질량, 용존산소량, 대장균군수 등의 생활환경기준과 카드뮴, 비소 등 중금속과 페놀 등의 오염원을 기준으로 하여 정해질 것이라는 점을 충분히 예측할 수 있"으므로 포괄위임입법금지원칙에 위배되지 아니한다고 판시하였다.[10]

Ⅲ. 배출시설 및 방지시설의 설치·운영

1. 설치허가 및 신고의 요건

(1) 폐수배출시설

물환경보전법은 대표적인 오염원인 폐수배출시설의 설치 자체를 규제하고 있다. 동법에 의하면 "폐수배출시설"이란 "수질오염물질을 배출하는 시설물, 기계, 기구, 그 밖의 물체로서 환

---

9) 홍준형a, 284.
10) 이 결정은 배출부과금에 관한 위임도 포괄위임입법금지원칙에 반하지 않는다고 판시하였다.

경부령으로 정하는 것"을 말한다. 다만 「해양환경관리법」 제2조 제16호 및 제17호에 따른 선박 및 해양시설은 제외한다(§2x). 주의할 점은 폐수배출시설은 수질오염물질을 **배출**하는 시설이므로 수질오염물질을 **발생**시키기만 하는 시설은 여기에 해당하지 않는다는 점이다.[11]

그런데 설치허가 및 신고의 대상이 되는 폐수배출시설은 폐수를 배출하는 **공정단위별 시설**로서(동법 시행규칙 §6), 폐수를 배출하는 공정단위가 다르면 별개의 배출시설이므로 새로운 허가를 받아야 한다.[12] 구 환경보전법 아래에서 내려진 大判 1984.9.25. 84도1563은 "오염물질 배출시설의 설치허가를 받고자 하는 경우에 설치할 시설물은 한 가지라도 그 배출오염물질이 여러가지로서 다르게 분류되는 경우에는 분류된 **각 오염물질 배출부분에 대해서 마다** 그 설치 허가를 받아야 하며 여러가지 오염물질의 배출 중 한 가지 배출부분에 대한 허가신청에 기한 그 허가만으로는 허가신청이나 허가되지 아니한 나머지 배출부분에 대하여서까지 그 효력이 미치는 것은 아니라"고 판시하였다.

동법 시행규칙에 의하면, ① 특정수질유해물질·중금속이 포함된 폐수를 배출하는 시설의 경우는 하루 최대 폐수량이 $0.01m^3$ 이상인 시설이, ② 특정수질유해물질·중금속이 포함되지 아니한 폐수를 배출하는 시설의 경우는 하루 최대 폐수량이 $0.1m^3$ 이상인 시설이, 각각 폐수배출시설에 해당한다(동법 시행규칙 §6 별표4). 여기서 "1일 최대 폐수량"은 연중 폐수가 가장 많이 발생되는 날을 기준으로 사업장의 모든 시설에서 배출되는 폐수를 합산하여 산정하고, 위탁처리·재이용하거나 폐수배출공정 중의 방지시설에서 처리되는 폐수를 모두 포함하여 산정한다(예외 있음). 동법 시행규칙은 폐수배출시설을 석탄 광업시설 등 82개로 분류하고 있다.

가. 공공수역으로의 배출 여부

실무상 두 가지 논점이 제기되었는바, 첫 번째 논점은 폐수배출시설에 해당하기 위하여 '공공수역'으로의 배출이 요구되지 않는다는 점이다. 따라서 폐수를 전량 위탁처리함으로써 공공수역에 폐수를 배출하지 아니하는 업체의 시설도 위 요건에 부합하면 여기에 해당한다.[13]

나. 규제명령이 적용되는 배출시설의 범위

두 번째 논점은 조업정지 등의 규제명령이 내려질 때, 그 명령이 적용되는 대상이 폐수를

---

11) 창원地判 2015.9.6. 2015노315는 "발생된 폐수가 밀폐된 정반에 가두어져 수분은 증발하고 납 등 고체 성분은 정반에 남아 있을 뿐 납 성분이 함유된 폐수가 외부 하천·호소 등 공공수역으로 배출되지 않을 것이 명백한 경우에는 폐수가 '배출'되는 것이 아니라 단지 '발생'한다고 볼 수밖에 없고, 이 경우에는 폐수배출시설에 해당한다고 볼 수 없다"고 판시하였다.

12) 김홍균, 457.

13) 김홍균, 455. 개정 전(前) 구법하에서는 폐수배출시설에 해당하기 위해서 '공공수역'으로의 배출이 요구되었는데, 구법하에서 내려진 大判 2005.10.28. 2003도5192는 수질오염물질이 포함된 액체를 재사용하는 시설이 폐수배출시설에 해당한다고 판시하였다.

직접 배출하는 특정한 부분시설인지("특정시설설") 아니면 폐수배출시설로 규정된 시설 전체인지("전체시설설")이다. 가령 동법 시행규칙은 (병상의 수가 「의료법」에 따른 종합병원 규모 이상인) '병원시설'은 폐수배출시설로 규정하고 있는데 수술실·처치실 및 병리실이 없는 병원과 한약을 끓이는 시설이 없는 한방병원은 제외한다. 이는 수술실·처치실 및 병리실이 폐수를 만드는 오염원임을 보여주는 것이다. 그런데 병원시설에 대한 조업정지가 내려진 경우, 동 처분이 폐수를 만들어내는 당해 수술실 등에 대해서만 적용되는가 아니면 병원시설 전체에 대하여 적용되는가 하는 것이 여기서의 논점이 된다. 전체시설설이 다수설이나,[14] 특정시설설에 찬동한다. 물환경보전법은 물환경보전을 위하여 존재하는 만큼 물환경보전에 필요한 범위 내에서 규제처분이 작용한다고 보아야 하기 때문이다. 이렇게 새기는 것은 국민의 권익을 보호하는 것이거니와 특정시설은 시설 전체의 부분에 불과하지만 그 정지가 시설 전체에 미치는 영향이 적지 않을 것이기 때문에 규제의 실효성 측면에서도 모자람이 없다고 보는 것이다. 요컨대 국민의 권익보호와 규제의 실효성의 조화를 모색하는 것이다.

(2) 설치허가를 받아야 하는 배출시설

물환경보전법 시행령은 설치허가를 받아야 하는 배출시설을 다음과 같이 **제한적으로 열거**하고 있는바, 이에 해당하지 않는 배출시설은 설치신고만으로 의무를 면하게 된다(동법 시행령 §31①, ②).

1. 특정수질유해물질이 환경부령으로 정하는 기준 이상으로 배출되는 배출시설
2. 「환경정책기본법」 제38조에 따른 "특별대책지역"에 설치하는 배출시설
3. 법 제33조 제8항에 따라 환경부장관이 고시하는 배출시설 설치제한지역에 설치하는 배출시설
4. 「수도법」 제7조에 따른 "상수원보호구역"에 설치하거나 그 경계구역으로부터 상류로 유하거리(流下距離) 10킬로미터 이내에 설치하는 배출시설
5. 상수원보호구역이 지정되지 아니한 지역 중 상수원 취수시설이 있는 지역의 경우에는 취수시설로부터 상류로 유하거리 15킬로미터 이내에 설치하는 배출시설
6. 법 제33조 제1항 본문에 따른 설치신고를 한 배출시설로서 원료·부원료·제조공법 등이 변경되어 특정수질유해물질이 제1호에 따른 기준 이상으로 새로 배출되는 배출시설

위 각 호에 해당하는 배출시설 중 폐수를 전량 위탁처리하는 경우로서 위탁받은 폐수를 처리하는 시설이 위 제2호부터 제3호까지의 규정에서 정하는 지역 또는 구역 밖에 있는 경우에는 설치신고로 족하다. 그리고 위 제2호부터 제5호까지에 해당하는 배출시설 중 특정수질유해

---

14) 조현권, 410; 김홍균, 455.

물질이 위 제1호에 따른 기준 이상으로 배출되지 아니하는 배출시설로서 배출되는 폐수를 전량 공공폐수처리시설 또는 공공하수처리시설에 유입시키는 경우도 같다.

배출시설의 설치(변경)허가나 설치신고를 하려는 자는 그 각 신청서나 신고서에 다음의 서류를 첨부하여 환경부장관에서 제출해야 한다(동법 시행령 §31⑤).

1. 배출시설의 위치도 및 폐수배출공정흐름도
2. 원료(용수를 포함한다)의 사용명세 및 제품의 생산량과 발생할 것으로 예측되는 수질오염물질의 내역서
3. 방지시설의 설치명세서와 그 도면. 다만, 설치신고를 하는 경우에는 도면을 배치도로 갈음할 수 있다.
4. 배출시설 설치허가증(변경허가를 받는 경우에만 제출한다)

(3) 설치허가의 기준

배출시설에 대한 허가 또는 변경허가의 기준은 다음과 같으나, 골자는 배출되는 오염물질이 배출허용기준 이하로 처리되어야 한다는 것이다(물환경보전법 §33⑪).

1. 배출시설에서 배출되는 오염물질을 제32조에 따른 배출허용기준 이하로 처리할 수 있을 것
2. 다른 법령에 따른 배출시설의 설치제한에 관한 규정에 위반되지 아니할 것
3. 폐수무방류배출시설을 설치하는 경우에는 폐수가 공공수역으로 유출·누출되지 아니하도록 대통령령으로 정하는 시설 전부를 대통령령으로 정하는 기준에 따라 설치할 것

(4) 설치허가·신고의 법적 성격

물환경보전법상의 설치신고는, 전술한 대기환경보전법상의 신고와 마찬가지로, 행정청의 '수리'를 전제로 하고 있다는 점에서 자기완결적 신고로 볼 수 없다.[15] 전술한 바와 같이 물환경보전법은 허가대상시설을 제한적으로 열거하고 있기 때문에, 설치신고를 받을 때 요건을 갖추고 있는지 여부를 엄격히 심사할 필요가 있다. 그리하여 동법 시행령은 전술한 바와 같이 배출시설 설치신고서에 첨부할 서류를 자세히 규정하고 있고, 환경부장관은 이 신고서를 수리한 경우에 배출시설 설치신고증명서를 신청인에게 발행해주어야 하고(동법 시행령 §31⑥), (변경)신고를 받은 날로부터 환경부령으로 정하는 기간 내에 신고수리 여부를 신고인에게 통지하여야 하며(동법 §33④), 위 기간 내에 신고수리 여부를 신고인에게 통지하지 아니하면, 그 기간이 끝난 날의 다음날에 신고를 수리한 것으로 본다(동조 ⑤). 그렇다고 한다면, 만약 신청인이 소정의 요건을 충족한 채 신고를 하였음에도 불구하고 행정청이 정당한 이유없이 이를 수리

---

15) 同旨, 김홍균, 456.

하지 않으면, 신청인은 행정청의 '수리거부'를 일종의 행정처분으로 이론구성하여 행정쟁송을 제기할 수 있다고 본다.

설치허가의 법적 성격에 관해서는 강학상 '특허'가 아니라 '허가'에 해당하는바, 대기환경보전법상의 설치허가와 마찬가지로, 원칙상으로는 기속행위이지만 예외적으로 특별한 사정이 있는 경우 공익을 고려하여 거부할 수 있는 행위, 즉 강학상 '기속재량행위'로 보아야 한다.[16] 대기환경보전법상의 설치허가에 관한 大判 2013.5.9. 2012두22799는, 환경부장관은 배출시설 설치허가 신청이 법에서 정한 "허가기준에 부합하고, … 허가제한사유에 해당하지 아니하는 한 원칙적으로 허가를 하여야" 하지만, 환경부장관은 "[배출시설 설치의 제한 사유에 준하는] 사유로서 환경 기준의 유지가 곤란하거나 주민의 건강·재산, 동식물의 생육에 심각한 위해를 끼칠 우려가 있다고 인정되는 등 중대한 공익상의 필요가 있을 때에는 허가를 거부할 수 있다"고 판시하고 있다.

2. 설치허가 및 신고의 효력

(1) 허가를 받거나 신고를 한 사업자의 권리·의무

설치(변경)허가를 받거나 설치(변경)신고를 한 사업자는 그에 따른 물환경보전법상의 각종 권리와 의무의 주체가 된다. 사업자의 의무는, 후술하는 바와 같이, 방지시설 설치의무, 가동개시신고의무, 정상운영의무, 측정의무, 환경기술인 임명의무 등이 있다.

(2) 권리·의무의 승계

만약 허가를 받거나 신고를 한 사업자가 배출시설이나 후술하는 수질오염방지시설(§2xii)을 양도하거나 사망한 경우 또는 사업자인 법인이 합병한 경우에는 그 양수인이나 상속인 또는 합병 후 존속하는 법인이나 합병에 따라 설립되는 법인은 (변경)허가·(변경)신고에 따른 사업자의 권리·의무를 승계한다(§36). 여기서 논점은 배출부과금 납부의무가 승계되는지 여부인데, 이에 관해서는 후술한다.

3. 배출시설의 설치제한

환경부장관은 상수원보호구역의 상류지역, 특별대책지역 및 그 상류지역, 취수시설이 있는 지역 및 그 상류지역의 배출시설로부터 배출되는 수질오염물질로 인하여 환경기준을 유지하기 곤란하거나 주민의 건강·재산이나 동식물의 생육에 중대한 위해를 가져올 우려가 있다고

---

16) 同旨, 김홍균, 457.

인정되는 경우에는 관할 시·도지사의 의견을 듣고 관계 중앙행정기관의 장과 협의하여 배출시설의 설치나 변경을 제한할 수 있다(§33⑦). 배출시설의 설치를 제한할 수 있는 지역의 범위는 대통령령으로 정하고, 환경부장관은 지역별 제한대상 시설을 고시하여야 한다(동조 ⑧). 이는 토지이용을 제한함으로써 수질오염을 방지하고자 하는 제도이나 재산권에 대한 심대한 제한이므로 신중을 기해야 한다.

4. 폐수무방류배출시설의 특례

배출시설의 설치제한에도 불구하고, 환경부령으로 정하는 특정수질유해물질을 배출하는 배출시설의 경우 배출시설의 설치제한지역에서 폐수무방류배출시설로 하여 이를 설치할 수 있다(동조 ⑨). "폐수무방류배출시설"이란 "폐수배출시설에서 발생하는 폐수를 해당 사업장에서 수질오염방지시설을 이용하여 처리하거나 동일 폐수배출시설에 재이용하는 등 공공수역으로 배출하지 아니하는 폐수배출시설"을 말한다(§2xi). 폐수무방류배출시설의 설치허가 또는 변경허가를 받으려는 자는 폐수무방류배출시설 설치계획서 등 환경부령으로 정하는 서류를 환경부장관에게 제출하여야 하며(§34①), 환경부장관은 폐수무방류배출시설 및 폐수를 배출하지 아니하고 처리할 수 있는 수질오염방지시설 등의 적정 여부에 대하여 환경부령으로 정하는 관계 전문기관의 의견을 들어야 한다(동조 ②).

5. 무허가 설치행위

허가나 변경허가를 받지 아니하거나 거짓으로 허가나 변경허가를 받아 배출시설을 설치 또는 변경하거나 그 배출시설을 이용하여 조업하면, 7년 이하의 징역 또는 7천만원 이하의 벌금에 처한다(§75i). 물환경보전법은 무허가설치행위를 가장 중하게 벌하고 있다.

6. 다른 법률에 따른 변경신고의 의제

변경신고를 한 경우에는 그 배출시설에 관련된 (i) 토양환경보전법에 따른 특정토양오염관리대상시설의 변경신고, (ii) 대기환경보전법에 따른 배출시설의 변경신고를 한 것으로 본다(§33의2①). 「대기환경보전법」(§24①)과 달리, 물환경보전법에는 오직 변경신고에 대하여만 의제규정을 두고 있다.

Ⅳ. 방지시설의 설치 등

1. 방지시설의 설치

배출시설에 대한 (변경)허가를 받은 자 또는 (변경)신고를 한 자(이하 "사업자")가 해당 배출시설을 설치하거나 변경할 때에는 그 배출시설로부터 배출되는 수질오염물질이 배출허용기준 이하로 배출되게 하기 위한 수질오염방지시설(폐수무방류배출시설의 경우에는 폐수를 배출하지 아니하고 처리할 수 있는 수질오염방지시설을 말한다. 이하 같다)을 설치하여야 한다(§35①).

2. 방지시설의 면제

수질오염방지시설(이하 "방지시설")의 설치의무는 다음에 해당하는 배출시설(폐수무방류배출시설은 제외한다)의 경우에는 면제된다(§35① 단서, 동법 시행령 §33).

1. 배출시설의 기능 및 공정상 수질오염물질이 항상 배출허용기준 이하로 배출되는 경우
2. 법 제62조 제3항에 따른 폐수처리업자 또는 환경부장관이 인정하여 고시하는 관계 전문기관에 환경부령으로 정하는 폐수를 전량 위탁처리하는 경우
3. 폐수를 전량 재이용하는 등 방지시설을 설치하지 아니하고도 수질오염물질을 적정하게 처리할 수 있는 경우로서 환경부령으로 정하는 경우

방지시설을 설치하지 아니하고 배출시설을 사용하는 자는 폐수의 처리, 보관방법 등 배출시설의 관리에 관하여 환경부령으로 정하는 사항(이하 "준수사항")을 지켜야 하는데(동조 ②) 준수사항을 위반하였을 때에는 허가·변경허가를 취소하거나 배출시설의 폐쇄, 배출시설의 전부·일부에 대한 개선 또는 6개월 이내의 조업정지를 명할 수 있다(동조 ③).

3. 공동방지시설의 설치

사업자는 배출시설(폐수무방류배출시설은 제외한다)로부터 배출되는 수질오염물질의 공동처리를 위한 공동방지시설(이하 "공동방지시설")을 설치할 수 있다. 이 경우 각 사업자는 사업장별로 해당 수질오염물질에 대한 방지시설을 설치한 것으로 본다(동조 ④). 사업자는 공동방지시설을 설치·운영할 때에는 해당 시설의 운영기구를 설치하고 대표자를 두어야 한다(동조 ⑤).

Ⅴ. 배출시설과 방지시설의 운영

1. 배출시설 등의 가동시작 신고의무

사업자는 배출시설 또는 방지시설의 설치를 완료하거나 배출시설의 변경을 완료하여 그 배출시설 및 방지시설을 가동하려면 환경부령으로 정하는 바에 따라 미리 환경부장관에게 가동시작 신고를 하여야 하고 신고한 가동시작일을 변경할 때에는 변경신고를 하여야 한다(§37①).

가동시작 신고를 한 사업자는 환경부령으로 정하는 기간 이내에 배출시설(폐수무방류배출시설은 제외한다)에서 배출되는 수질오염물질이 배출허용기준 이하로 처리될 수 있도록 방지시설을 운영하여야 한다(동조 ②). 환경부장관은 환경부령 소정의 기간 이내에 배출시설 및 방지시설의 가동상태를 점검하고 수질오염물질을 채취한 후 환경부령으로 정하는 검사기관으로 하여금 오염도검사를 하게 하여야 한다(동조 ③).

2. 배출시설 및 방지시설의 정상운영의무

(1) 배출시설 및 방지시설의 정상가동의무

가. 비정상 가동행위의 금지

배출시설을 운영하는 사업자 또는 방지시설을 운영하는 자는 배출시설과 방지시설을 정상적으로 가동할 의무를 부담한다. 수질오염물질의 배출을 억제할 수 있도록 이들 시설을 가동하는 데에는 적지 않은 비용이 들기 때문에 비정상가동은 사업자 등에게 피할 수 없는 유혹이 된다. 그리하여 물환경보전법은 사업자와 방지시설 운영자에게 배출시설 및 방지시설의 정상가동을 명하고 다음의 행위를 금하고 있다(§38①).

1. 배출시설에서 배출되는 수질오염물질을 방지시설에 유입하지 아니하고 배출하거나 방지시설에 유입하지 아니하고 배출할 수 있는 시설을 설치하는 행위
2. 방지시설에 유입되는 수질오염물질을 최종 방류구를 거치지 아니하고 배출하거나 최종 방류구를 거치지 아니하고 배출할 수 있는 시설을 설치하는 행위
3. 배출시설에서 배출되는 수질오염물질에 공정(工程) 중 배출되지 아니하는 물 또는 공정 중 배출되는 오염되지 아니한 물을 섞어 처리하거나 제32조에 따른 배출허용기준을 초과하는 수질오염물질이 방지시설의 최종 방류구를 통과하기 전에 오염도를 낮추기 위하여 물을 섞어 배출하는 행위. 다만, 환경부장관이 환경부령으로 정하는 바에 따라 희석하여야만 수질오염물질을 처리할 수 있다고 인정하는 경우와 그 밖에 환경부령으로 정하는 경우는 제외한다.
4. 그 밖에 배출시설 및 방지시설을 정당한 사유 없이 정상적으로 가동하지 아니하여 제32조에 따른 배출허용기준을 초과한 수질오염물질을 배출하는 행위

① 예시적 열거

정상가동의무에 관하여는 여러 가지 논점이 있다. 첫째, 동항의 비정상 가동행위는 '예시적 (例示的)'으로 열거된 것이라는 점이다("예시설"). 이는 동항 제4호가 그 밖의 새로운 유형의 탈법행위도 비정상 가동행위로 포섭될 수 있음을 명시하고 있는 점에서 판명해지는 것이다.[17)]

② 비정상배출시설의 설치

둘째, 비정상 가동행위는 백양백태로 이루질 것이고, 법은 이를 규제하기 위하여 개정을 거듭하고 있다. 그런 까닭에 규정이 복잡하게 표현되어 있고 그런 만큼 논점이 많다.

제1호와 제2호에는 수질오염물질을 비정상적으로 배출하는 행위(이하 "비정상배출")뿐만 아니라 그런 행위로 나아갈 수 있도록 돕는 시설을 설치하는 행위(이하 "비정상배출시설 설치")까지도 금지시킴으로써 추상적 위험에도 대비하고 있다는 점이다. 비정상배출시설을 설치하면 족하고 실제 이를 가동하여 비정상 배출행위에 이를 필요는 없다. 제1호와 제2호에 해당하면 각종 규제명령이나 허가의 취소 등 처분을 받게 될 뿐만 아니라 5년 이하의 징역 또는 5천만 원 이하의 벌금에 처하게 된다(§76iii).

제1호는 '방지시설을 거치지 않는' 비정상배출 및 비정상배출시설 설치행위를 말하는데, 전술한 방지시설의 설치의무가 면제되는 경우(§35① 단서)도 여기에 해당할 수 있음에 유의해야 한다. 가령 위탁처리업자에게 전량을 위탁해서 처리하는 경우(동법 시행령 §33ii)에는 방지시설의 설치의무가 면제되지만, 그럼에도 불구하고 당해 시설에 설치된 집수조(배출시설)에 비밀배출관을 연결하여 오염물질을 무단 방류한다면 여기에 해당한다고 본다.[18)]

제2호는 '방지시설의 최종 방류구를 거치지 않는' 비정상배출 및 비정상배출시설 설치행위를 말하는데, 여기서의 골자는 최종 방류구의 통과 여부임에 주의해야 한다. 가령 배출허용기준 초과 여부를 측정할 수 있는 최종방류구를 통과하는 한 방지시설 중 어느 일부과정을 거치지 않도록 하는 시설을 설치하거나 미가동 등 정상적인 가동과정을 거치지 아니한 경우는 (배출허용기준을 초과한 수질오염물질의 배출이라는 결과가 있는 경우에 한하여) 제4호에 규정된 기타 비정상가동행위에 해당할 수 있을 뿐 제2호에는 해당되지 않는다.[19)]

③ 희석행위

제3호는 수질오염물질을 물로써 희석(稀釋)하여 배출하는 행위를 말한다. 물로 희석하는 행위는 다양한 방식으로 이루어질 수 있는바, 제3호가 복잡하게 표현된 것은 이런 방식 모두를 포섭하기 위함이다. 따라서 어떤 가동행위가 본호에 포섭될지 여부는 그 가동행위가 당해 시

---

17) 同旨, 홍준형a, 390.
18) 조현권, 474; 김홍균, 460.
19) 조현권, 474-475; 김홍균, 460.

설의 '자연스러운' 혹은 '원래 설계된' 공정에 따른 것인지 여부에 달린다고 본다.

한편, 제3호 단서의 수질오염물질의 희석처리가 인정되는 경우는 (i) 폐수의 염분이나 유기물의 농도가 높아 원래의 상태로는 생물화학적 처리가 어려운 경우나 (ii) 폭발의 위험 등이 있어 원래의 상태로는 화학적 처리가 어려운 경우를 말한다(동법 시행규칙 §48①).

④ 정당한 사유

제4호는, 제1호에서 제3호의 사유와 달리, '배출허용기준을 초과한 수질오염물질의 배출'이라는 결과를 요건으로 요구하는바, 말하자면 **구체적 위험**을 요건으로 한다고 하겠다.

제4호에서는 **정당한 사유**의 유무가 논점이 된다. 학설은 구 「수질환경보전법 시행령」 제9조에 규정된 사유를 참고하고 있는데, 이들 사유는 '정당한' 사유로 보기에는 지나치게 넓은 것이 아닌가 생각된다.[20] 즉 ① 배출시설·방지시설을 개선·변경·보수하기 위하여 부득이한 경우, ② 배출시설·방지시설의 주요기계장치 등의 돌발적 사고로 인하여 적정운영을 할 수 없는 경우, ③ 단전·단수로 배출시설·방지시설을 적정운영할 수 없는 경우, ④ 천재지변, 화재 기타 불가항력적인 사유로 배출시설·방지시설을 적정운영할 수 없는 경우, ⑤ 오염물질을 생물화학적 방법에 의하여 처리하는 경우 기후변동 또는 이상물질 유입 등으로 인하여 방지시설을 적정운영할 수 없는 경우를 거시하고 있다. 생각건대 ①, ②의 사유를 정당한 사유로 보는 것은 지나치게 관대한 것으로 판단되며, ①의 경우는 일시적 위탁처리를 강구해야 하고 ②의 경우는 돌발적 사고에 대한 사업자의 지배가능성 유무를 따져보아야 한다고 본다.

한편, 청주地判 2014.7.18. 2014노46은 방지시설의 개선이나 보수 등을 위하여 수질오염물질이 함유된 폐수를 방지시설 밖으로 내보내는 경우라고 하더라도 수질보전법령에 따라 사전에 계선계획서를 제출하고 폐수처리업 등록을 한 자에게 위탁 처리하는 등 수질보전법령에 따른 절차를 거쳤다고 볼 만한 사정이 없는 한 달리 볼 것은 아니라 판시하였다. 또한 大判 1992.12.8. 92도2517은 배출시설 및 방지시설의 개선·변경이나 고장 또는 수리를 위하여 비정상운영신고를 하였다고 하여도 그 가동을 중단할 필요없이 기존시설의 정상운영이 가능한 경우에는 정상운영할 의무가 있다고 판시하였다.

나. 폐수무방류배출시설의 비정상 가동행위의 금지

폐수무방류배출시설의 설치허가 또는 변경허가를 받은 사업자는 다음 각 호의 어느 하나에 해당하는 행위를 하여서는 안 된다(§38②).

---

20) 김홍균, 460. 한편, 물환경보전법 시행규칙 제70조의2(공공폐수처리시설의 운영·관리의 예외)가 규정하는 정당한 사유는 동법 제38조 제1항 제4호의 '정당한 사유'를 해석하는 데 참조할 수 있을 것이다.

1. 폐수무방류배출시설에서 배출되는 폐수를 사업장 밖으로 반출하거나 공공수역으로 배출하거나 배출할 수 있는 시설을 설치하는 행위
2. 폐수무방류배출시설에서 배출되는 폐수를 오수 또는 다른 배출시설에서 배출되는 폐수와 혼합하여 처리하거나 처리할 수 있는 시설을 설치하는 행위
3. 폐수무방류배출시설에서 배출되는 폐수를 재이용하는 경우 동일한 폐수무방류배출시설에서 재이용하지 아니하고 다른 배출시설에서 재이용하거나 화장실 용수, 조경용수 또는 소방용수 등으로 사용하는 행위

(2) 배출시설 및 방지시설의 운영상황 기록의무

사업자 또는 방지시설을 운영하는 자는 조업을 할 때에는 환경부령으로 정하는 바에 따라 그 배출시설 및 방지시설의 운영에 관한 상황을 사실대로 기록하여 보존하여야 한다(동조 ③).

3. 자가측정의무 및 측정기 부착의무

배출시설에서 배출되는 오염물질의 양과 정도에 대한 측정은 이후에 취하게 될 물환경보전법상의 여러 규제조치의 전제조건이 된다. 이를 위하여 물환경보전법은 자가측정 및 측정기 부착과 관련한 자세한 규정을 두고 있다.

(1) 자가측정

물환경보전법은 먼저 사업자에게 그가 운영하는 배출시설 및 방지시설을 적정하게 운영하기 위하여 배출되는 수질오염물질을 스스로 측정하거나 측정대행업자로 하여금 측정하게 할 수 있도록 수권하고 있다(§46).

(2) 측정기 부착의무

다른 한편 동법 시행령 소정의 폐수배출량 이상의 사업장을 운영하는 사업자, 동 시행령 소정의 처리용량 이상의 방지시설을 운영하는 자, 동 시행령 소정의 처리용량 이상의 공공폐수처리시설 또는 공공하수처리시설을 운영하는 자는 배출되는 수질오염물질이 배출허용기준(§32), 방류수 수질기준(§12③, 「하수도법」 §7)에 맞는지를 확인하기 위하여 적산전력계, 적산유량계, 수질자동측정기기 등 대통령령으로 정하는 기기(이하 "측정기기")를 부착하여야 한다(§38의2①). 측정기기를 부착한 사업자 등(이하 "측정기기부착사업자등")은 "측정기기 관리대행업자"(§38의6)에게 측정기기의 관리업무를 대행하게 할 수 있다(§38의2③). 측정기기부착사업자등은 금지행위를 해서는 안 되고, 측정기기의 운영·관리기준을 지켜야 하며(§38의3), 동 기준을 준수하지 않을 경우에는 환경부장관의 조치명령·조업정지 명령이 내려질 수 있다(§38의4). 한

편, 물환경보전법은 측정기기 관리대행업자에 대하여는 엄격한 평가와 감독을 가능하게 하는 여러 규정을 마련하고 있다(§§38의5 – 38의10).

(3) 특정수질유해물질 배출량 조사 및 조사결과의 검증

특정수질유해물질은 특별한 규제·관리가 필요할 만큼 독성 및 오염도가 심하다. 이에 물환경보전법은 배출시설의 설치허가를 받은 자 중 동법 시행규칙 소정의 자로 하여금 매년 사업장에서 배출되는 특정수질유해물질의 종류, 취급량·배출량 등을 조사하여 그 결과를 환경부장관에게 제출할 것을 명하고(§46의2①), 환경부장관으로 하여금 그 결과를 검증하도록 하고 있다(동조 ②). 환경부장관은 검증을 마친 경우에는 그 결과를 사업장별로 공개해야 한다(§46의3).

나아가 동법은 환경부장관 또는 지자체의 장이 특정수질유해물질의 배출 저감 노력을 촉진하기 위하여 배출시설을 설치·운영하는 자 또는 이들로 구성된 단체와 협약을 체결할 수 있도록 수권하고 있다(§46의4①). 이 경우 환경부장관 또는 지자체의 장은 협약을 체결한 자에게 그 협약의 자발적 이행에 필요한 지원을 할 수 있다(동조 ②).

4. 환경기술인의 임명의무

물환경보전법은 사업자에게 배출시설과 방지시설의 정상적인 운영·관리를 위하여 환경기술인을 임명할 것을 명하고 있다(§47①). 환경기술인은 그 배출시설과 방지시설에 종사하는 자가 물환경보전법 또는 동법에 따른 명령을 위반하지 아니하도록 지도·감독하고, 배출시설 및 방지시설이 정상적으로 운영되도록 관리해야 하며(동조 ②), 사업자는 환경기술인이 이런 사항을 철저히 지키도록 감독해야 한다(동조 ③). 사업자 및 배출시설과 방지시설에 종사하는 자는 배출시설과 방지시설의 정상적인 운영·관리를 위한 환경기술인의 업무를 방해하여서는 아니 되며, 그로부터 업무수행상 필요한 요청을 받은 경우에 정당한 사유가 없으면 이에 응하여야 한다(동조 ④).

Ⅵ. 배출시설 사업자의 의무이행을 위한 규제조치

1. 개설

배출시설을 운영하는 사업자는 전술한 여러 종류의 의무를 이행해야 한다. 물환경보전법은 사업자가 자신의 의무를 이행하지 않는 경우에 대비하여 각종 규제조치를 마련하고 있다. 개선명령, 조업정지명령, 배출금의 부과, 허가의 취소, 과징금의 부과, 사용중지 및 폐쇄명령이 그것이다. 물환경보전법은 이들 규제조치를 규정하면서 "… 명할 수 있다."라는 형식을 취함으로써 규제조치를 재량행위로 규정하고 있으나, 재량권이 수축하여 개선명령이나 조업정지명령을 발해야 할 경우에 이를 행하지 않으면 재량권의 일탈·남용으로 위법에 이르게 됨을 유의해야 한다.[21] 배출금의 부과는 후술하고 여기서는 나머지 조치를 살피도록 한다.

2. 개선명령 및 조업정지명령

물환경보전법은 환경부장관이 가동시작 신고를 한 후 조업 중인 배출시설에서 배출되는 수질오염물질의 정도가 배출허용기준을 초과한다고 인정할 때에는 기간을 정하여 사업자에게 그 수질오염물질의 정도가 배출허용기준 이하로 내려가도록 필요한 조치를 할 것(이하 "개선명령")을 명할 수 있도록 수권하고 있다(§39).

한편 개선명령의 이행 여부는 사업자의 개선노력에 의하여 배출허용기준을 넘는 오염물질의 배출량이 감소되었는지 여부에 달려 있다. 그리하여 서울高判 1996.12.18. 96구9067은 노후된 목재제재시설 1대를 폐쇄하였다고 하더라도 배출기준초과 오염물질의 배출이 오로지 동 제재시설의 가동에 따른 것으로 볼 아무런 자료가 없고, 제재시설의 폐쇄를 전후하여 생산량에 있어서도 현저한 변동이 없었을 경우, 제재시설의 가동 중단만으로 개선명령을 이행한 것이라고 볼 수 없다고 한다.

개선명령을 받은 자가 개선명령을 이행하지 아니하거나 기간 이내에 이행은 하였으나 검사 결과가 배출허용기준을 계속 초과할 때에는 환경부장관은 해당 배출시설의 전부 또는 일부에 대한 조업정지를 명할 수 있다(§40).

3. 허가의 취소, 폐쇄명령 및 장기 조업정지명령

물환경보전법은 환경부장관에게 사업자 또는 방지시설을 운영하는 자가 "거짓이나 그 밖의 부정한 방법으로 (변경)허가를 받았거나 (변경)신고를 한 경우에는 배출시설의 설치(변경)허가를 취소하거나 그 폐쇄를 명할 것을 명하고 있고(§42①ii), 그 이외에 전술한 사업자의 각종 의무를 위반한 경우에는 설치(변경)허가를 취소하거나 배출시설의 폐쇄 또는 6개월 이내의 조업정지를 명할 수 있도록 수권하고 있다(§42①i, iii-xv, ②).

---

21) 大判 1995.9.26. 94누14544 [18모3].

4. 과징금

(1) 과징금의 의의와 성격

과징금이란 행정청이 행정법상 의무 위반자가 당해 위반행위로 경제적 이익을 얻게 되는 경우에 당해 의무위반행위로 인한 불법적 이익을 박탈하기 위하여 그 이익의 액수에 상응하여 과해지는 행정상 제재금을 말한다.

과징금의 유형으로는 ① 행정법규 위반에 대한 제재 및 위반으로 얻어진 경제적 이익 환수를 위한 과징금(「독점규제 및 공정거래에 관한 법률」상의 과징금), ② 영업정지처분에 갈음하여 부과되는 과징금(「여객자동차 운수사업법」상의 과징금), ③ 행정법령 위반에 대한 금전적 제재로서의 과징금(「부동산 실권리자명의 등기에 관한 법률」상의 과징금)이 있다. 가장 많이 활용되는 과징금은 영업정지처분에 갈음하는 과징금으로 보이는데, 이 경우의 과징금은 공익성이 강한 사업분야에서 사업의 영업정지처분으로 인한 사업이용자의 불편 등을 줄이기 위하여 내려지는 금전적 제재이다.

벌금(罰金)과 유사하나, 과징금은 행정법규를 위반한 자에 대하여 행정기관이 형벌과 별도로 부과하는 행정적 제재라는 점에서 사법부가 결정하여 부과하는 형벌인 벌금과 구별된다. 憲決 1994.6.30. 92헌마38은 "과징금은 행정상 제재금이고 범죄에 대한 국가의 형벌권의 실행으로서의 과벌이 아니므로 행정법규 위반에 대하여 벌금이나 범칙금 이외에 과징금을 부과하는 것은 이중처벌 금지의 원칙에 반하지 않는다."라고 판시하였다.

과태료(過怠料)와도 유사하나, 과태료는 행정청에 대한 협조의무 위반에 대하여 부과되거나 경미한 형사사범에 대한 비범죄화 차원에서 부과하는 것으로서 과태료 부과대상은 벌금 등 형벌의 부과대상으로 하지 않는 것이 원칙이고, 또한 과태료는 행정청에서 일차로 부과하기는 하지만 궁극적으로는 사법기관의 과태료재판(비송사건)으로 연결된다. 이에 반하여 과징금은 행정청의 행정처분의 일종으로서 불복시 행정소송으로 이어진다.

(2) 과징금의 요건

사업자등이 전술한 물환경보전법상의 의무를 위반하면 그에 상응한 규제조치가 취해져야 하지만, 그 규제조치로 인하여 비롯되는 공익(公益)상 난점을 극복하기 위하여 규제조치 대신 과징금을 내려야 할 경우가 있다.

이런 차원에서 물환경보전법은 환경부장관이 (i) 의료기관의 배출시설, (ii) 발전소의 발전설비, (iii) 학교의 배출시설, (iv) 제조업의 배출시설 등을 설치·운영하는 사업자에 대하여 조업정지처분을 갈음하여 3억원 이하의 과징금을 부과할 수 있도록 수권하고 있다. 과징금처분은 조업정지가 주민의 생활, 대외적인 신용, 고용, 물가 등 국민경제 또는 그 밖의 공익에 현저한 지장을 줄 우려가 있다고 인정되는 경우에 한하여 내릴 수 있다(§43①). 그러나 사업자등의 위반행위의 정도가 심한 경우에는 조업정지를 명해야 한다(동조 ②).

한편 과징금의 액수를 결정할 때에는 비례의 원칙을 존중해야 하며, 이에 반하면 재량권의 일탈·남용이 될 수 있다.[22]

5. 위법시설에 대한 폐쇄조치

이상은 허가를 받거나 신고를 한 배출시설에 대한 조치에 관한 것이다. 물환경보전법은 환경부장관에게 허가를 받지 아니하거나 신고를 하지 아니하고 배출시설을 설치하거나 사용하는 자에 대하여 해당 배출시설의 사용중지를 명할 것을 명하고 있다(§44). 다만, 해당 배출시설을 개선하거나 방지시설을 설치·개선하더라도 그 배출시설에서 배출되는 수질오염물질의 정도가 배출허용기준 이하로 내려갈 가능성이 없다고 인정되는 경우 또는 그 설치장소가 다른 법률에 따라 해당 배출시설의 설치가 금지된 장소인 경우에는 환경부장관은 그 배출시설의 폐쇄를 명하여야 한다(동조 단서).

6. 명령의 이행보고의무

이상에서 살펴본 개선명령·조업정지명령·사용중지명령 또는 폐쇄명령을 받은 자가 그 명령을 이행하였을 때에는 지체 없이 이를 환경부장관에게 보고하여야 한다(§45①).

Ⅶ. 배출부과금

1. 배출부과금의 의의 및 성격

물환경보전법상의 배출부과금은 전술한 대기환경보전법상의 배출부과금과 그 의의 및 법적 성격이 동일하다. 배출부과금은 오염물질 배출행위에 대하여 금전적 급부의무를 부과함으로써 배출자 스스로 오염물질을 줄여나가도록 하는 경제적 유인제도이다. 배출부과금은 금전

---

22) 大判 2001.2.9. 2000두6206은 "과징금은 비록 제재적 성격을 가진 것이기는 하여도 기본적으로는 [공정거래법] 위반행위에 의하여 얻은 불법적인 경제적 이익을 박탈하기 위하여 부과되는 것이고, [동법]은 이를 고려하여 과징금을 부과함에 있어서는 위반행위의 내용과 정도, 기간과 횟수 외에 위반행위로 인하여 취득한 이익의 규모 등도 아울러 참작하도록 규정하고 있는 것이므로 불공정거래행위에 대하여 부과되는 과징금의 액수는 당해 불공정거래행위의 구체적 태양 등에 기하여 판단되는 그 위법성의 정도뿐만 아니라 그로 인한 이득액의 규모와도 상호 균형을 이룰 것이 요구되고, 이러한 균형을 상실한 경우에는 비례의 원칙에 위배되어 재량권의 일탈 남용에 해당할 수 있다."라고 판시하였다.

적 제재를 가하여 행정상 의무이행을 확보하려 한다는 점에서 **과징금**과 유사하지만, 과징금과 달리 불법이익의 박탈보다는 법규준수를 확보하려는 데 중점을 두고 있다. 또한 후술하는 기본부과금은 배출허용기준의 준수 여부와 무관하게 부과되는바, 이는 환경법상 오염원인자부담의 원칙에 입각하여 오염물질을 배출한 경우에 배출자로 하여금 오염된 환경의 처리비용을 부담하도록 하는 원인자부담금의 성격을 갖기도 한다. 물환경보전법은 배출부과금을 환경개선특별회계의 세입으로 한다고 규정하고 있기도 하다(§41⑥).

이상에서 본 바와 같이 배출부과금은 개선명령이나 조업정지명령 등과는 다른 목적과 법적 근거에 따라 내려지는 독립처분이므로 그들과 함께 병과(倂科)될 수 있고, 그들이 취소되더라도 배출부과금 부과처분의 효력이 당연히 상실되는 것은 아니다(부산高判 1996.4.17. 94구2640).

2. 배출부과금의 종류

(1) 기본배출부과금

배출부과금에는 기본배출부과금과 초과배출부과금의 두 종류가 있다. 기본배출부과금은 (가) 배출시설(폐수무방류배출시설은 제외)에서 배출되는 폐수 중 수질오염물질이 배출허용기준 이하로 배출되나 방류수 수질기준을 초과하는 경우 또는 (나) 공공폐수처리시설 또는 공공하수처리시설에서 배출되는 폐수 중 수질오염물질이 방류수 수질기준을 초과하는 경우에 부과된다(§41①i). 이는 배출허용기준을 위반하지 않았음에도 부과되므로 오염원인자부담원칙을 구현하는 경제적 유인수단으로서의 성격이 강하다. 기본배출부과금의 부과대상이 되는 수질오염물질은 현재 (i) 유기물질과 (ii) 부유물질이다(동법 시행령 §42).

(2) 초과배출부과금

초과배출부과금은 (가) 수질오염물질이 배출허용기준을 초과하여 배출되는 경우 또는 (나) 폐수무방류배출시설에서 나온 수질오염물질이 공공수역에 배출되는 경우에 부과된다(동조 ①ii). 초과배출부과금은 위반정도 및 위반 횟수 등에 따라 배출부과금이 가중되어 부과되므로 규제적 성격이 강하다. 초과배출부과금의 부과대상이 되는 수질오염물질은 현재 유기물질, 부유물질, 카드뮴 및 그 화합물 등을 포함한 19종이다(동법 시행령 §46).

한편, 부산高判 2015.1.16. 2014누441[20모1]은, 초과배출부과금 부과처분은 "수질오염물질로 말미암은 수질오염 및 수생태계 훼손을 방지 또는 감소시키기 위한 행정행위로서 엄정성을 확보할 필요가 있는 점, 초과배출부과금 부과처분은 배출허용기준을 초과하여 수질오염물질을 배출한 것에 대한 제재적 성격을 띠고 있는 침익적 행정행위인 점 등을 종합하면, 행정청은 배출허용기준을 초과하여 수질오염물질을 배출한 사업자 등에게 위 관련 법령이 정한 산정기준과 산정방법에 따라 산출되는 초과배출부과금을 부과하여야 하는 것이지, 행정청에게 그 부과 여부 및 금액 산정에 관한 재량의 여지가 없으므로, 초과배출부과금 부과처분은 행정청의 재량을 허용하지 아니하는 기속행위라고 보아야 한다"라고 판시하였다.

3. 배출부과금의 의무부담자 및 산정

물환경보전법은 환경부장관이 (i) 수질오염물질을 배출하는 사업자(공공폐수처리시설, 공공하수처리시설 중 환경부령으로 정하는 시설을 운영하는 자 포함) 또는 (ii) (변경)허가를 받지 않거나 (변경)신고를 하지 않고 배출시설을 설치·변경한 자를 대상으로 하여 수질오염물질로 인한 수질오염 및 수생태계 훼손을 방지하거나 감소시키기 위하여 배출부과금을 부과·징수하도록 명하고 있다(§41 ①). 따라서 생활폐수를 배출하는 사람들은 배출부과금의 대상이 아니다. 한편, 배출시설 및 방지시설의 임차인은 배출부과금 부과에 있어서 사업자로 의제된다(§36③).

가. 무허가·무신고시설

그런데 무허가·무신고시설에 대하여는 동법 제44조가 환경부장관에게 사용중지를 명하도록 규정하고 있어서 동 시설에 대한 배출부과금 부과와 모순되는 것이 아닌가 하는 의문이 있다. 생각건대 사용중지를 명하는 경우에도 그 이전까지 배출행위는 있었을 테고, 나아가 사용중지명령에도 불구하고 배출행위를 계속하는 경우도 있을 수 있으며 규제처분과 배출부과금은 병과될 수 있는 것이기 때문에 모순은 없다고 사료된다.[23]

나. 공동방지시설

공동방지시설에 대하여 배출부과금을 부과할 때 대상이 되는 자는 공동방지시설의 대표자나 운영기구가 아니라 동 시설을 공동으로 사용하는 개별 사업자이다. 大判 1994.5.10. 93누23763은 사업자들이 공동방지시설을 설치하고 그 운영을 조합에 맡긴 경우에 "운영기구인 조합은 각 사업자를 위하여 그들이 하여야 할 행위를 대행해 주는 지위에 있을 뿐 조합이 사업자로 되는 것은 아니므로, 사업자가 배출허용기준을 초과하는 오염물질 등을 배출하면서 조업을 하게 되어 그 사업자에게 배출한 오염물질처리비용에 상당한 배출부과금의 납부를 명할 경우에는 배출시설을 통하여 오염물질 등을 배출하면서 조업을 한 **각 사업자에게 부과하여야** 하는 것이지 공동방지시설의 운영기구인 조합에게 부과할 것은 아니"라고 판시하였다. 이 경우 행정청은 "각 사업장별로 사용된 원료의 양, 제품생산량, 공정 등에 의하여 각 사업자가 실

---

23) Cf. 김홍균, 465.

제로 배출한 오염물질 등의 양을 합리적으로 산정한 다음 각 사업자에게 각자 배출한 오염물질처리비용에 상당하는 금액만을 부과하여야 하고, 다른 사업자가 배출한 오염물질처리비용에 상당하는 부분까지 연대하여 납부할 것을 명할 수 없다." 大判 1996.3.22. 95누18000은 나아가 배출부과금은 **법령에 근거하여** 부과되어져야 하며 공동방지시설을 설치한 사업자들 상호간의 내부관계를 정한 것에 불과한 "공동방지시설의 운영에 관한 규약"에 근거하여 배출부과금을 부과할 수 없다고 판시하였다. 그러나 大判 2017.11.29. 2014두13232[18모3]는 입장을 바꾼 것으로 보인다. 동 판결은 공동방지시설설치에 관한 동법 제35조 및 동법 시행규칙 제45조의 규정취지를, 배출부과금 산정에서의 편의와 적정성을 도모하려는 것으로 보고, 행정청이 사업자들이 제출한 '공공방지시설의 운영에 관한 규약'에서 정해진 '사업장별 배출부과금 부담비율'에 근거하여 각 사업자들에게 배출부과금을 부과하였다면, 그 규약에서 정한 분담기준이 현저히 불합리하다는 등 특별한 사정이 없는 이상, 이러한 배출부과금 부과처분이 위법하다고 볼 수 없다고 판시하였다.

다. 배출부과금의 산정

환경부장관이 배출부과금을 부과할 때에는 다음의 사항을 고려하여야 하는바(동조 ②), 배출부과금의 산정방법과 산정기준 등 필요한 사항은 동법 시행령이 정하고 있다(동법 ①).

1. 배출허용기준 초과 여부
2. 배출되는 대기오염물질의 종류
3. 대기오염물질의 배출 기간
4. 대기오염물질의 배출량
5. 제46조에 따른 자가측정 여부
6. 그 밖에 수질환경의 오염 또는 개선과 관련되는 사항으로서 환경부령으로 정하는 사항

한편 동법이 배출부과금 산정의 기준이 되는 배출허용기준 초과 배출량과 배출부과금의 산정 방법과 기준 및 그 세부 사항을 시행령에 위임한 것은 포괄위임입법금지의 원칙에 위배되지 않는다는 것이 판례의 입장이다(大判 2009.12.10. 2009두14705).

① 기본배출부과금의 산정방법

기본배출부과금은 수질오염물질 배출량과 배출농도를 기준으로 하여 산정되는데, 그 금액은 다음의 계산식에 따라 산출한다(동법 시행령 §41①).

기준 이내 배출량×수질오염물질 1킬로그램당 부과금액×연도별 부과금산정지수×사업장별 부과계수×지역별 부과계수×방류수수질기준초과율별 부과계수

② 초과배출부과금의 산정방법

초과부과금은 배출허용기준을 초과하여 배출하는 것인 만큼, ① 배출허용기준을 경미하게 초과하여 개선명령을 받지 아니한 측정기기부착사업자등에게 부과하는 경우 또는 개선계획서를 제출하고 개선하는 경우와 ② 그 이외의 경우를 나누어 부과금을 산정하도록 되어 있다(동법 시행령 §45①).

라. 배출허용기준을 초과한 경우

초과배출부과금은 수질오염물질 배출량 및 배출농도를 기준으로 다음 계산식에 따라 산출한 금액에 사업장의 규모에 따라 정해진 일정한 금액을 더한 금액으로 한다(동법 시행령 §45① 본문, ③).

기준초과배출량×수질오염물질 1킬로그램당 부과금액×연도별 부과금산정지수×지역별 부과계수×배출허용기준초과율별 부과계수×배출허용기준 위반횟수별 부과계수

마. 배출허용기준을 경미하게 초과하거나 개선계획서를 제출한 경우

사업자가 배출허용기준을 경미하게 초과하거나 개선계획서를 제출한 경우에는 배출허용기준초과율별 부과계수와 위반횟수별 부과계수를 적용하지 아니하고, 사업장의 규모에 따라 정해진 일정한 금액을 더하지 않는다(동법 시행령 §45① 단서).

4. 배출부과금의 감면

배출부과금은 수질오염물질의 배출을 저감·방지하기 위한 경제적 유인책의 성격을 가지고 있는 만큼 필요한 경우에는 배출부과금의 부과면제나 감면을 고려할 수 있다. 물환경보전법은 방류수 수질기준 이하로 배출하는 사업자에 대해서는 부과하지 아니하며, 대통령령으로 정하는 양 이하의 수질오염물질을 배출하는 사업자 및 다른 법률에 따라 수질오염물질의 처리비용을 부담한 사업자에 대해서는 배출부과금을 감면할 수 있도록 하고 있다(§41 ③ 전문). 이 경우 다른 법률에 따라 처리비용을 부담한 사업자에 대한 배출부과금의 감면은 그 부담한 처리비용의 금액 이내로 한정한다(동항 후문).

5. 배출부과금의 승계

전술한 바와 같이, 물환경보전법 제36조는 (변경)허가 및 (변경)신고에 따른 사업자의 권리·의무의 승계에 관하여 규정하고 있는데, 이 경우 배출부과금이 승계되는 사업자의 권리·의무에 포함되느냐가 논란의 대상이다. "승계부정설"은 허가·신고에 따른 사업자의 권리·의무를 허

가·신고에 붙여진 '조건'으로 보는바, 배출부과금의 부과는 대인적 하명이므로 배출부과금은 승계되지 않는다고 한다.[24] 이에 반하여 **"승계긍정설"**은 사업자의 권리·의무를 허가·신고에 따른 '효력'으로 이해하고 배출부과금 납부의무와 같은 공법상 의무가 여기에 포함된다고 새긴다.[25]

생각건대 배출부과금의 부과가 처분의 상대방의 주관적 사정을 고려하지 않고 처분의 대상인 시설의 **객관적 사실**에 착안하여 행해지는 행정행위라는 점에서 긍정설에 찬성한다. 승계긍정설에 따를 때 배출시설·방지시설의 양수인이 불측(不測)의 손해를 입을 수 있지만, 승계를 인정하는 실무관행이 정착하면 양수인은 양수 전에 그 시설에 부과된 배출부과금이 있는지 여부를 조사하게 될 것이다. 이렇게 되면 양도인은 배출시설·방지시설의 가치를 더 인정받고 싶어서라도 배출부과금을 받지 않으려고 노력할 텐데, 이는 친환경적 시설운영을 촉진하는 일종의 인센티브로서 물환경보전을 위해서도 바람직하다.

한편 大判 1986.7.22. 86누203은 대물적(對物的) 허가의 성질을 갖는 경우, 그 사업의 양도도 가능하고 이 경우 양수인은 양도인의 지위를 승계하게 됨에 따라 양도인의 위 허가에 따른 권리의무가 양수인에게 이전되는 것이므로 만약 양도인에게 그 허가를 취소할 위법사유가 있다면 허가관청은 이를 이유로 양수인에게 응분의 제재조치를 취할 수 있다고 판시하였다.

제2항 공공폐수처리시설

Ⅰ. 공공폐수처리시설의 설치

1. 공공폐수시설설치의 주체

수질오염이 악화되어 환경기준을 유지하기 곤란하거나 물환경보전을 위하여 필요하다고 인정되는 지역은 개별 사업장에 수질오염물질의 처리를 맡길 수 없고 고도의 시설을 갖추고 공동으로 처리해야 한다. 이에 물환경보전법은 국가·지자체 및 한국환경공단에게 수질오염이 악화되어 환경기준을 유지하기 곤란하거나 물환경보전에 필요하다고 인정되는 지역의 각 사업장에서 배출되는 수질오염물질을 공동으로 처리하여 배출하기 위하여 공공폐수처리시설을 설치·운영할 수 있도록 하고 국가와 지자체는 (i) 한국환경공단, (ii) 「산업입지 및 개발에 관한 법률」 제16조 제1항에 따른 산업단지개발사업의 시행자, (iii) 「사회기반시설에 대한 민간

---

24) 조현권, 222, 224, 452.
25) 김홍균, 474.

투자법」 제2조 제7호에 따른 사업시행자, (iv) 이들에 준하는 공공폐수처리시설의 설치·운영 능력을 가진 자로서 대통령령으로 정하는 자에게 공공폐수처리시설을 설치하거나 운영하게 할 수 있도록 수권하고 있다(물환경보전법 §48① 전문).

2. 공공폐수처리시설의 종류

공공폐수처리시설의 종류로는 산업단지나 공업지역에 설치되는 ① 산업단지 공공폐수처리시설, 농공단지에 설치되는 ② 농공단지 공공폐수처리시설, 하천 및 호소의 수질을 보전하기 위하여 폐수종말처리가 필요하다고 인정하여 지정되는 지역에 설치되는 ③ 기타 공공폐수처리시설이 있다(동조 ②, 동법 시행령 §61).

3. 공공폐수처리시설 기본계획

환경부장관은 위 공공폐수처리시설을 설치(변경을 포함한다)할 때에는 기본계획을 수립하여야 하며(§49①), 위 공공폐수처리시설을 설치·운영하는 자(이하 "시행자")가 공공폐수처리시설을 설치(변경을 포함)하려는 경우에는 대통령령으로 정하는 바에 따라 공공폐수처리시설 기본계획을 수립하여 환경부장관의 승인을 받아야 한다(동조 ②). 기본계획의 승인을 받은 후 공공폐수처리시설을 설치하려는 자는 환경부령으로 정하는 바에 따라 그 기본설계 및 실시설계에 승인 내용을 반영하여야 한다(동조 ⑤). 시행자는 공공폐수처리시설 기본계획을 수립하는 데 필요한 경우에는 공공폐수처리구역의 원인자에 대하여 필요한 보고 또는 자료 제출을 요구할 수 있다. 이 경우 원인자는 특별한 사유가 없으면 이에 따라야 한다(§49의7).

4. 공공폐수처리시설 비용부담계획

환경부장관이 공공폐수처리시설 기본계획을 수립하였을 때에는 해당 사업에 드는 비용부담에 관한 계획(이하 "비용부담계획")을 수립하고 원인자에게 통지하여야 하며(§49의2①), 시행자가 공공폐수처리시설 기본계획의 승인을 받았을 때에는 비용부담계획을 수립하여 환경부장관의 승인을 받아야 하고(동조 ②), 승인을 받았을 때에는 이를 원인자에게 통지하여야 한다(동조 ④).

5. 공공폐수처리시설 설치 부담금의 부과 및 징수

물환경보전법은 사업자 또는 그 밖에 수질오염의 원인을 직접 야기한 자(이하 "원인자")에게 공공폐수처리시설의 설치·운영에 필요한 비용의 전부 또는 일부를 부담할 것을 명하고 있다

(물환경보전법 §48① 후문). 그리하여 "시행자"는 그 시설의 설치에 드는 비용의 전부 또는 일부에 충당하기 위하여 원인자로부터 공공폐수처리시설의 설치 부담금(이하 "공공폐수처리시설 설치 부담금")을 부과·징수할 수 있다(§48의2①). 원인자에게 부과되는 공공폐수처리시설 설치 부담금은 각 원인자의 사업의 종류·규모 및 오염물질의 배출 정도 등을 기준으로 하여 정하고(동조 ③), 공공폐수처리시설 설치 부담금의 총액은 시행자가 해당 시설의 설치와 관련하여 지출하는 금액을 초과하여서는 안 되며(동조 ③), 국가와 지방자치단체는 중소기업자의 생산활동과 투자의욕이 위축되지 아니하도록 세제상 또는 금융상 필요한 지원 조치를 할 수 있다(동조 ④). 국가가 시행자인 경우에 공공폐수처리시설 설치 부담금는 환경개선특별회계의 세입으로 한다(§49의5). 한편, 시행자는 설치부담금을 내야할 자가 납부기한까지 내지 않는 경우에는 10일 이상의 기간을 정하여 독촉하여야 하고 가산금을 부과하여야 하며(§49의6①), 그럼에도 불구하고 그 기한까지 내지 않으면 국세 또는 지방세 체납처분의 예에 따라 징수할 수 있다(동조 ②).

6. 권리·의무의 승계와 수용 및 사용

물환경보전법은 공공폐수처리시설의 설치를 원활하게 하기 위하여 여러 규정을 두고 있다. 공공폐수처리시설 설치 부담금의 징수대상이 되는 공장 또는 사업장 등을 양수한 자는 당사자 간에 특별한 약정이 없으면 양수 전에 이 법에 따라 양도자에게 발생한 공공폐수처리시설 설치 부담금에 관한 권리·의무를 승계한다(§49의3). 한편, 大判 2013.2.14. 2011두12672[16모2]에 의하면, 위 조항의 "공장 또는 사업장 등을 양수한 자'는 배출시설 등을 양도·양수한 사람만을 의미하고, 경매를 통하여 공장 또는 사업장 등의 소유권을 이전받은 사람은 포함하지 않는다. 시행자는 공공폐수처리시설 설치에 필요한 토지·건물 또는 그 토지에 정착된 물건이나 토지·건물 또는 물건에 관한 소유권 외의 권리를 수용하거나 사용할 수 있다(§49의4).

Ⅱ. 공공폐수처리시설의 운영·관리

1. 공공폐수처리시설의 사용료의 부과·징수

물환경보전법은 공공폐수처리시설의 운영·관리를 위하여 시행자가 공공폐수처리시설의 운영에 드는 비용의 전부 또는 일부를 충당하기 위하여 원인자로부터 공공폐수처리시설의 사용료(이하 "공공폐수처리시설 사용료")를 부과·징수할 수 있도록 수권하고 있다(§48의3①). 원인자에게 부과되는 공공폐수처리시설 사용료는 각 원인자의 사업의 종류·규모 및 오염물질의 배출 정도 등을 기준으로 하여 정하고(동조 ②), 징수한 공공폐수처리시설 사용료는 공공폐수처리시설에 관한 용도 외에는 사용할 수 없으며(동조 ③), 국가가 시행자인 경우에는 환경개선특별회계의 세입으로 한다(§49의5). 공공폐수처리시설 사용료를 내야 할 자가 이를 내지 아니하면 국세 체납처분의 예 또는 「지방행정제재·부과금의 징수 등에 관한 법률」에 따라 징수될 수 있다(§49의6②).

2. 공공폐수처리시설 운영자의 정상운영의무

(1) 공공폐수처리시설의 정상가동의무

공공폐수처리시설을 운영하는 자는 강우·사고 또는 처리공법상 필요한 경우 등 환경부령으로 정하는 정당한 사유 없이 다음에 해당하는 행위를 하여서는 안 된다(§50①).

1. 제51조 제2항에 따른 폐수관로로 유입된 수질오염물질을 공공폐수처리시설에 유입하지 아니하고 배출하거나 공공폐수처리시설에 유입시키지 아니하고 배출할 수 있는 시설을 설치하는 행위
2. 공공폐수처리시설에 유입된 수질오염물질을 최종 방류구를 거치지 아니하고 배출하거나 최종 방류구를 거치지 아니하고 배출할 수 있는 시설을 설치하는 행위
3. 공공폐수처리시설에 유입된 수질오염물질에 오염되지 아니한 물을 섞어 처리하거나 방류수 수질기준을 초과하는 수질오염물질이 공공폐수처리시설의 최종 방류구를 통과하기 전에 오염도를 낮추기 위하여 물을 섞어 배출하는 행위

(2) 공공폐수처리시설의 적정운영의무

공공폐수처리시설을 운영하는 자는 환경부령으로 정하는 유지·관리기준에 따라 그 시설을 적정하게 운영하여야 한다(§50②). 시행자는 공공폐수처리시설의 관리상태를 점검하기 위하여 5년마다 해당 공공폐수처리시설에 대하여 기술진단을 하고, 그 결과를 환경부장관에게 통보하여야 한다(§50의2①). 시행자는 기술진단의 결과 관리상태가 적정하지 아니한 때에는 개선계획 수립 및 시행 등 필요한 조치를 하여야 한다(동조 ③).

(3) 배수설비 등의 설치 및 관리의무

시행자는 사업장의 폐수를 공공폐수처리시설로 유입시키기 위하여 폐수관로를 설치·관리하여야 한다(§51①). 공공폐수처리구역에서 배출시설을 설치하려는 자 및 폐수를 배출하려는 자 중 대통령령으로 정하는 자는 해당 사업장에서 배출되는 폐수를 폐수관로로 유입시켜야 하며, 이에 필요한 배수관거 등 배수설비를 설치·관리하여야 한다(동조 ②).

(4) 환경부장관의 평가 및 개선명령

환경부장관은 공공폐수처리시설의 운영·관리에 관한 평가를 정기적으로 실시할 수 있으며 (동조 ③), 공공폐수처리시설이 위 유지·관리기준에 맞지 아니하게 운영·관리되고 있다고 인정할 때에는 기간을 정하여 해당 시설을 운영하는 자에게 그 시설의 개선 등 필요한 조치를 할 것을 명할 수 있다(동조 ④).

제3항 생활하수 및 가축분뇨의 관리

물환경보전법은 생활하수 및 가축분뇨의 관리는 「하수도법」 및 「가축분뇨의 관리 및 이용에 관한 법률」에 따르도록 규정하고 있다(§52).

제5절 | 비점오염원의 관리

Ⅰ. 개설

"비점오염원(非點汚染源)"이란 "도시, 도로, 농지, 산지, 공사장 등으로서 불특정 장소에서 불특정하게 수질오염물질을 배출하는 배출원"을 말한다(물환경보전법 §2ii). 비점오염원은 점오염원에 대하여 상정된 개념으로 농지에 살포된 농약, 축사에서의 유출물, 도로상 오염물질, 도시지역의 먼지와 쓰레기, 지표상 퇴적오염물질 등이 빗물과 함께 유출되어 수질오염을 유발하는 것을 말한다.[26] 우리가 비점오염원에 의한 오염물질로는 늘상 볼 수 있는 예로는 주거지역 및 상업지역에서 나뒹구는 오염물질 등, 나지에 쌓인 가축분뇨, 하천 근처에 방목하는 가축의 배설물, 도로·주차장에 쌓이는 타이어마모 물질, 낙하된 적재물, 자동차 배기가스 등, 산업단지 및 공업지역의 각종 야적장의 오염물질, 대형트럭에서 나오는 분진 및 폐기물 등, 농촌지역의 농약, 퇴비, 토사 등 농업활동에 따라 발생되는 오염물질 등이 있는바, 이들이 빗물과 함께 하천으로 흘러들어가 수질오염을 야기하는 것이다.

이와 같이 "비점오염원의 수질오염물질이 섞여 유출되는 빗물 또는 눈 녹은 물 등"을 "강우유출수(降雨流出水)"라고 한다(물환경보전법 §2v). 강우유출수는 "불투수층," 즉 "빗물 또는 눈 녹은 물 등이 지하로 스며들 수 없게 하는 아스팔트·콘크리트 등으로 포장된 도로·주차장, 보도

---

26) 환경부(註7), 302.

등"으로 인하여 지하로 스며들지 않고 하천까지 흘러 들어감으로써 물환경을 오염시키게 된다.

물환경보전에 최대위협이 산업폐수를 배출하는 점오염원인 것은 부정할 수 없는 사실이지만, 그렇다고 해서 비점오염원에 대한 규제·관리를 소홀히 할 수는 없다. 청정수질에 대한 국민의 관심과 수요가 증대하는 데 반해 비점오염원의 오염기여도는 점차 증대하는 추세이기 때문이다. 즉 BOD 기준으로 비점오염원이 4대가 수계에 미치는 오염부하는 2003년 전체의 52.6%였는데, 2012년에는 66.4%로 점차 증가하는 추세에 있으며, 개발면적 증가 및 도시화 지역 확대 등으로 2020년에는 72.1%로 증가할 전망이다.[27]

비점오염원 관리의 중요성을 인지한 정부는 "4대강 비점오염원관리 종합대책"을 2004년에 수립하여 ① 제도개선, ② 비점오염물질 처리시설 시범설치 및 관리, ③ 조사·연구 및 홍보의 분야에서 국가차원의 체계적 관리를 시작하였고, 2012년에는 "제2차 비점오염원관리 종합대책(2012－2020)을 마련하여 현재 도시·농촌·산림 등 토지이용별 특성에 맞는 비점오염 저감대책을 추진 중이다. 이하의 물환경보전법 규정들은 이런 비점오염원 저감대책의 법제화라고 할 수 있다.

Ⅱ. 비점오염원의 설치

1. 비점오염원 설치의 신고의무

물환경보전법은 비점오염원을 관리하기 위하여 먼저 비점오염원에 의한 오염을 유발할 가능성이 있는 자로 하여금 이를 신고하게 명하고 있다. 즉 다음에 해당하는 자는 환경부장관에게 신고해야 하고 신고 사항을 변경하려는 경우에도 또한 같다(§53①).

1. 대통령령으로 정하는 규모 이상의 도시의 개발, 산업단지의 조성, 그 밖에 비점오염원에 의한 오염을 유발하는 사업으로서 대통령령으로 정하는 사업을 하려는 자
2. 대통령령으로 정하는 규모 이상의 사업장에 제철시설, 섬유염색시설, 그 밖에 대통령령으로 정하는 폐수배출시설을 설치하는 자
3. 사업이 재개(再開)되거나 사업장이 증설되는 등 대통령령으로 정하는 경우가 발생하여 제1호 또는 제2호에 해당되는 자

비점오염원 설치신고의 대상이 되는 자는 시행령이 정하는 규모와 업종에 해당하는 사업에 해당하는바 폐수를 배출할 가능성이 높은 자라고 판단된다.

---

27) *Id.*

2. 비점오염저감시설 설치의무

비점오염저감시설은 비점오염원 관리의 중핵이다. 물환경보전법은 비점오염원 설치의 신고를 할 때에는 신고의무자로 하여금 비점오염저감시설 설치계획을 포함하는 비점오염저감계획서 등을 제출하게 하고(§53②), 신고 후에는 신고를 한 자(이하 "비점오염원설치신고사업자")로 하여금 환경부령 소정의 시점까지 환경부령 소정의 기준에 따라 비점오염저감시설을 설치하도록 규정하고 한다(동조 ③ 본문). 다만 (i) 비점오염원설치신고 사업자의 사업장의 강우유출수의 오염도가 배출허용기준 이하인 경우, (ii) 강우유출수가 완충저류시설(§21의4)에 유입되어 처리되는 경우 등에는 비점오염저감시설의 설치의무가 면제된다(§53③ 단서).

Ⅲ. 비점오염원설치신고사업자의 운영

1. 비점오염원설치신고사업자의 정상운영의무

물환경보전법은 비점오염원설치신고사업자에게 시설을 정상적으로 운영할 의무를 부여하고 있다. 즉 비점오염원설치신고사업자는 사업을 하거나 시설을 설치·운영할 때에는 (i) 비점오염저감계획서의 내용을 이행해야 하고, (ii) 비점오염저감시설을 환경부령 소정의 설치기준에 맞게 유지하는 등 환경부령으로 정하는 바에 따라 관리·운영해야 하며, (iii) 그 밖에 비점오염원을 적정하게 관리하기 위하여 환경부령으로 정하는 사항을 준수해야 한다(§53④).

2. 환경부장관의 개선명령

환경부장관은 위 준수사항을 지키지 아니한 자에 대해서는 대통령령으로 정하는 바에 따라 기간을 정하여 비점오염저감계획의 이행 또는 비점오염저감시설의 설치·개선을 명할 수 있다(§53⑤).

3. 권리·의무의 승계

비점오염원설치신고사업자의 권리·의무에 관하여는 물환경보전법 제36조가 준용된다.

Ⅳ. 상수원의 수질보전을 위한 비점오염저감시설 설치

물환경보전법은 국가 또는 지자체에게 비점오염저감시설을 설치하지 아니한 도로가 (ⅰ) 상수원보호구역, (ⅱ) 상수원보호구역으로 고시되지 아니한 지역의 경우에는 취수시설의 상류·하류 일정 지역으로 환경부령으로 정하는 거리 내의 지역, (ⅲ) 특별대책지역, (ⅳ) 4대강수계법에 따라 지정·고시된 수변구역 또는 (ⅴ) 상수원에 중대한 오염을 일으킬 수 있어 환경부령으로 정하는 지역인 경우에는 비점오염저감시설을 설치할 것을 명하고 있다(§53의2①).

Ⅴ. 비점오염원 관리 종합대책의 수립

물환경보전법은 환경부장관에게 비점오염원의 종합적인 관리를 위하여 비점오염원 관리 종합대책(이하 "종합대책")을 관계 중앙행정기관의 장 및 시·도지사와 협의하여 대통령령으로 정하는 바에 따라 5년마다 수립할 것을 명하고 있다(§53의3①). 이 종합대책에는 비점오염원의 현황과 전망, 비점오염물질의 발생 현황과 전망, 비점오염원 관리의 기본 목표와 정책 방향, 비점오염물질 저감을 위한 세부 추진대책 등이 포함되어야 한다(동조 ②). 환경부장관은 종합대책을 수립한 경우에는 이를 관계 중앙행정기관의 장 및 시·도지사에게 통보하여야 하고(동조 ③), 관계 중앙행정기관의 장 또는 시·도지사에게 종합대책 중 소관별 이행사항의 점검에 필요한 자료의 제출을 요청할 수 있으며, 이 경우 자료제출을 요청받은 관계 중앙행정기관의 장 및 시·도지사는 특별한 사유가 없으면 이에 따라야 한다(동조 ④). 환경부장관은 이에 따라 점검한 결과를 종합하여 매년 평가하고, 그 결과를 비점오염원 관리 정책의 수립 및 집행에 반영하여야 한다(동조 ⑤).

Ⅵ. 비점오염원 관리지역의 지정 및 관리대책, 시행계획의 수립

환경부장관은 비점오염원에서 유출되는 강우유출수로 인하여 하천·호소등의 이용목적, 주민의 건강·재산이나 자연생태계에 중대한 위해가 발생하거나 발생할 우려가 있는 지역에 대해서는 관할 시·도지사와 협의하여 비점오염원관리지역으로 지정할 수 있다(§54). 환경부장관은 관리지역을 지정·고시하였을 때에는 관리목표, 관리대상 수질오염물질의 종류 및 발생량, 관리대상 오염물질의 발생 예방 및 저감 방안 등을 포함하는 비점오염원관리대책(이하 "관리대책")을 수립해야 하며(§55①), 이를 시·도지사에게 이를 통보하여야 한다(동조 ②). 관리대책을 통보받은 시·도지사는 다음 사항이 포함된 관리대책의 시행을 위한 계획(이하 "시행계획")을 수립하여 환경부령으로 정하는 바에 따라 환경부장관의 승인을 받아 시행하여야 한다.

1. 관리지역의 개발현황 및 개발계획
2. 관리지역의 대상 수질오염물질의 발생현황 및 지역개발계획으로 예상되는 발생량 변화
3. 환경친화적 개발 등의 대상 수질오염물질 발생 예방
4. 방지시설의 설치·운영 및 불투수층 면적의 축소 등 대상 수질오염물질 저감계획
5. 그 밖에 관리대책을 시행하기 위하여 환경부령으로 정하는 사항

시·도지사는 전년도 시행계획의 이행사항을 평가한 보고서를 작성하여 매년 3월 31일까지 환경부장관에게 제출하여야 하며(동조 ②), 환경부장관은 제출된 평가보고서를 검토한 후 관리대책 및 시행계획의 원활한 이행을 위하여 필요하다고 인정되는 경우에는 관계 시·도지사에게 시행계획의 보완 또는 변경을 요구할 수 있으며, 이 경우 관계 시·도지사는 특별한 사유가 없으면 이에 따라야 한다(동조 ③). 환경부장관은 시행계획의 수립·시행에 필요한 경비를 지원할 수 있으며(§57), 비점오염원의 관리 및 저감에 필요한 기술을 개발·보급하기 위하여 전문연구기관에 연구·개발을 추진하게 하고, 재정적 지원을 할 수 있다(§57의2).

Ⅶ. 농업지역의 비점오염원 관리

1. 농약잔류허용기준

물환경보전법은 환경부장관이 수질 또는 토양의 오염을 방지하기 위하여 필요하다고 인정할 때에는 수질 또는 토양의 농약잔류허용기준을 정할 수 있도록 수권하고 있다(§58①). 환경부장관은 수질 또는 토양 중에 농약잔류량이 위 기준을 초과하거나 초과할 우려가 있다고 인정할 때에는 농약의 제조 금지·변경 또는 그 제품의 수거·폐기 등 필요한 조치를 관계 행정기관의 장에게 요청할 수 있으며 관계 행정기관의 장은 특별한 사유가 없으면 이에 따라야 한다(동조 ②).

2. 고랭지 경작지에 대한 경작방법의 권고

물환경보전법은 지자체장이 공공수역의 물환경 보전을 위하여 환경부령으로 정하는 해발고도 이상에 위치한 농경지 중 환경부령으로 정하는 경사도 이상의 농경지를 경작하는 사람에게 경작방식의 변경, 농약·비료의 사용량 저감, 휴경 등을 권고할 수 있도록 수권하고 있다(§59①). 지자체장이 위 권고에 따라 농작물을 경작하거나 휴경함으로 인하여 경작자가 입은 손실에 대해서는 대통령령으로 정하는 바에 따라 보상할 수 있다(동조 ②).

제6절 | 기타수질오염원의 관리

Ⅰ. 개설

"기타수질오염원"이란 "점오염원 및 비점오염원으로 관리되지 아니하는 수질오염물질을 배출하는 시설 또는 장소로서 환경부령으로 정하는 것"을 말한다(§2ⅲ). 물환경보전법 시행규칙에 의하면 기타수질오염원으로는 수산물 양식시설, 골프장, 운수장비 정비 또는 폐차장 시설, 농축수산물 단순가공시설, 사진 처리 또는 X-Ray 시설, 금은판매점의 세공시설이나 안경점, 복합물류터미널 시설이 있다. 기타수질오염원은 오염부하나 독성의 측면에서 산업폐수에 미치지 못하지만, 방치해도 무방할 정도는 아니다. 물환경보전법은 기타수질오염원에 대한 설치신고제도를 두어 관리하고 골프장에 대하여 특별규정을 두고 있다.

Ⅱ. 기타수질오염원의 설치자의 의무 및 개선명령 등

물환경보전법은 기타수질오염원 설치신고자에게 여러 의무를 부여하고 있다. 즉 기타수질오염원을 설치하거나 관리하려는 자는 환경부장관에게 신고해야 하고(§60①), 환경부령으로 정하는 바에 따라 수질오염물질의 배출을 방지·억제하기 위한 시설을 설치하는 등 필요한 조치를 해야 한다(동조 ⑥). 환경부장관은 수질오염물질의 배출을 억제하기 위한 시설이나 조치가 적합하지 아니하다고 인정할 때에는 환경부령으로 정하는 바에 따라 기간을 정하여 개선명령을 할 수 있고(동조 ⑦), 기타수질오염원 설치신고를 한 자가 위 개선명령을 위반한 때에는 조업을 정지시키거나 해당 기타수질오염원의 폐쇄를 명할 수 있다(동조 ⑧). 권리·의무의 승계(§36) 및 위법시설에 대한 폐쇄조치에 관한 규정(§44)은 기타수질오염원에 대하여 준용한다(§60⑨).

Ⅲ. 골프장의 농약 사용 제한

물환경보전법은 골프장을 설치·관리하는 자가 골프장의 잔디 및 수목 등에 「농약관리법」 제2조 제1호에 따른 농약 중 맹독성 또는 고독성(高毒性)이 있는 것으로서 대통령령으로 정하는 농약(이하 "맹·고독성 농약")을 사용하는 것을 금지하고 있다(§61①). 환경부장관은 골프장에 대하여 맹·고독성 농약의 사용 여부를 확인하여야 한다(동조 ②).

Ⅳ. 물놀이형 수경시설의 신고 및 관리

물환경보전법은 제61조의2 소정의 물환경형 수경시설을 설치·운영하려는 자에게 환경부장관 또는 시·도지사에게 신고할 것을 명하고 있다. 이에 따라 물놀이형 수경시설을 운영하는 자는 환경부령으로 정하는 수질 기준 및 관리 기준을 지켜야 하며, 환경부령으로 정하는 바에 따라 정기적으로 수질 검사를 받아야 한다(§61의2②).

제7절 │ 수질오염총량관리

Ⅰ. 총량관리의 의의

물환경보전법은 전술한 바와 같이 '물환경의 보전'이라는 최고 정책목표를 달성하기 위하여 제정된 법인바, 이를 달성하기 위한 정책수단이자 하위 정책목표로서 수질오염의 저감·방지를 두고 있다. 동법은 수질오염을 저감·방지하기 위한 정책수단으로서 오랜 기간 배출수의 농도규제를 채택해왔다. 하지만 경제성장과 더불어 수질오염물질의 배출량이 증대해왔음은 물론이고 국민의 삶의 질에 대한 수요가 커져감에 따라 농도규제만으로는 국민의 물환경에 대한 관심과 요구를 충족시킬 수 없음이 드러나게 되었다. 이에 동법은 총량관리라는 야심찬 정책을 도입하게 되었다.

기실, 수질오염물질별로 배출허용기준을 설정하고 사업자가 배출하는 폐수의 농도를 이 기준에 맞추게 하는 농도규제방식은 수질오염물질의 배출량을 제한할 수 없다는 근본적 약점 외에도 여러 가지 문제점이 있었다. 즉 '농도'에 대한 엄격한 규제와 '배출량'에 대한 규제미비라고 하는 규제방식은 배출시설을 운영하는 사업자에게 배출량 자체를 줄이기 위한 기술개발을 유도할 아무런 인센티브를 제공하지 못하고, 배출시설마다 가지고 있는 나름의 특징과 배출역량의 차이를 고려하지 않음으로써 초래되는 규제저항과 사회적 비용의 증대 등 여러 문제점을 가지고 있었다. 총량관리는 이런 농도규제의 문제점을 극복하기 위하여 시작되었는데, 물환경보전법상의 총량관리 규정은 과거 4대강 수계를 위하여 제정된 특별법인 "4대강수계법"에 의하여 4대강 수계에 대해서만 제한적으로 실시되던 총량관리를 모든 공공수역에 확대할 수 있는 근거를 마련하기 위한 것이다.

Ⅱ. 총량관리지역의 지정

물환경보전법은 환경부장관이 다음에 해당하는 지역에 대하여 동법 제22조 제2항 소정의 수계영향권별로 배출되는 수질오염물질을 총량으로 관리할 수 있도록 수권하고 있는바(§4①), 환경부장관은 어떤 지역을 오염총량관리지역으로 결정하면 이를 고시해야 한다(동조 ②).

1. 제10조의2 제2항 및 제3항에 따라 물환경의 목표기준 달성 여부를 평가한 결과 그 기준을 달성·유지하지 못한다고 인정되는 수계의 유역에 속하는 지역
2. 수질오염으로 주민의 건강·재산이나 수생태계에 중대한 위해를 가져올 우려가 있다고 인정되는 수계의 유역에 속하는 지역

한편 이미 4대강수계법의 적용을 받는 지역의 경우는 4대강수계법의 해당 규정이 정하는 바에 따라야 한다.

Ⅲ. 오염총량목표수질의 고시·공고 및 오염총량관리기본방침의 수립

물환경보전법은 환경부장관에게 위에 따라 지정·고시된 지역(이하 "오염총량관리지역")의 수계이용상황 및 수질상태 등을 고려하여 수계구간별로 오염총량관리의 목표가 되는 수질(이하, "오염총량목표수질")을 정하여 고시할 것을 명하고 있다(§4의2①). 환경부장관은 오염총량목표수질을 달성·유지하기 위하여 관계 시·도지사 및 관계기관과의 협의를 거쳐 대통령령으로 정하는 사항을 포함하는 오염총량관리에 관한 기본방침(이하 "오염총량관리기본방침")을 수립하여 관계 시·도지사에게 통보하여야 한다(동조 ②).

Ⅳ. 오염총량관리기본계획 및 시행계획의 수립·시행

1. 오염총량관리기본계획의 수립·시행

물환경보전법은 오염총량관리지역을 관할하는 시·도지사에게 오염총량관리기본방침에 따라 다음의 사항을 포함하는 기본계획(이하 "오염총량관리기본계획")을 수립하여 환경부장관의 승인을 받을 것을 명하고 있다(§4의3①).

1. 해당 지역 개발계획의 내용
2. 지방자치단체별·수계구간별 오염부하량(汚染負荷量)의 할당
3. 관할 지역에서 배출되는 오염부하량의 총량 및 저감계획
4. 해당 지역 개발계획으로 인하여 추가로 배출되는 오염부하량 및 그 저감계획

환경부장관은 동법 시행규칙이 정하는 승인기준에 따라 오염총량관리기본계획의 승인 여부를 결정해야 한다(동조 ②).

2. 오염총량관리시행계획의 수립·시행

오염총량관리지역 중 오염총량목표수질이 달성·유지되지 아니하는 지역을 관할하는 지자체장은 오염총량관리기본계획에 따라 시행계획(이하 "오염총량관리시행계획")을 수립하여 대통령령으로 정하는 바에 따라 환경부장관 또는 시·도지사의 승인을 받은 후 이를 시행하여야 한다(§4의4①). 이에 따라 오염총량관리시행계획을 시행하는 지자체장(이하 "오염총량관리시행 지자체장")는 환경부령으로 정하는 바에 따라 오염총량관리시행계획에 대한 전년도의 이행사항을 평가하는 보고서를 작성하여 지방환경관서의 장에게 제출하여야 한다. 이 경우 시장·군수는 관할 도지사를 거쳐 제출하여야 한다(동조 ②). 지방환경관서의 장은 위 보고서를 검토한 후 오염총량관리시행계획의 원활한 이행을 위하여 필요하다고 인정되는 경우에는 오염총량관리시행 지자체장에게 필요한 조치나 대책을 수립·시행하도록 요구할 수 있고, 이 경우 그 오염총량관리시행 지자체장은 특별한 사유가 없으면 이에 따라야 한다(동조 ③). 지자체장이 특별한 사유 없이 이행하지 아니하는 경우에는 환경부장관 또는 관계 중앙행정기관의 장은 재정적 지원의 중단이나 삭감, 그 밖에 필요한 조치를 할 수 있다(§4의8③).

V. 오염부하량의 할당

이상에서 본 바와 같이 총량관리지역이 지정되고, 오염총량목표수질의 결정·고시되고, 나아가 오염총량관리의 기본방침, 기본계획 및 시행계획이 수립되면, 이제 시설별로 오염부하량을 할당하는 일이 남는다.

1. 환경부장관 및 지자체장의 오염부하량 할당 및 배출량 지정

물환경보전법은 환경부장관이 오염총량목표수질을 달성·유지하기 위하여 필요하다고 인정되는 경우에는 (i) 동법 제12조 제3항 소정의 방류수 수질기준, (ii) 동법 제32조 소정의 배출허용기준, (iii) 하수도법 제7조에 따른 방류수 수질기준이나 (iv) 가축분뇨법 제13조에 따른 방류수 수질기준 중 어느 하나의 기준을 적용받는 시설 중 대통령령으로 정하는 시설에 대하여 환경부령으로 정하는 바에 따라 최종방류구별·단위기간별로 오염부하량을 할당하거나 배출량을 지정할 수 있도록 수권하고 있다(§4의5①). 오염총량관리시행 지자체장은 위 시설을 제외한 시설 중 환경부령으로 정하는 시설에 대하여 환경부령으로 정하는 바에 따라 최종방류구별·단위기간별로 오염부하량을 할당하거나 배출량을 지정할 수 있다(동조 ②).

2. 오염부하량 할당 및 배출량 지정의 절차

오염부하량의 할당은 피할당사업자의 경제적 이해관계와 직결되어 있기 때문에 엄격한 기준에 따라 공정하게 하여야 한다. 이를 위하여 환경부장관 또는 오염총량관리시행 지자체장은 미리 이해관계자의 의견을 들어야 하고, 이해관계자가 그 내용을 알 수 있도록 필요한 조치를 하여야 한다(동조 ③).

3. 오염할당사업자의 의무

오염부하량을 할당받거나 배출량을 지정받은 시설을 설치·운영하는 자(이하 "오염할당사업자등")는 대통령령으로 정하는 바에 따라 오염부하량 및 배출량을 측정할 수 있는 기기를 부착·가동하고 그 측정 결과를 사실대로 기록하여 보존하여야 한다(동조 ④).

Ⅳ. 오염할당사업자의 의무이행 확보수단

1. 초과배출자에 대한 조치명령

환경부장관 또는 오염총량관리시행 지자체장은 할당된 오염부하량 또는 지정된 배출량(이하 "할당오염부하량등")을 초과하여 배출하는 자에게 수질오염방지시설의 개선 등 필요한 조치를 명할 수 있다(§4의6①). 조치명령을 받은 자는 개선계획서를 환경부장관 또는 오염총량관리시행 지자체장에게 제출한 후 조치명령을 이행하여야 한다(동조 ②). 환경부장관 또는 오염총량관리시행 지자체장은 조치명령을 받은 자가 그 명령을 이행하지 아니하거나 이행기간 내에 이행을 하였으나 검사결과 할당오염부하량등을 계속 초과하는 경우에는 그 시설의 전부 또는 일부에 대하여 6개월 이내의 기간을 정하여 조업정지를 명하거나 시설의 폐쇄를 명할 수 있다. 다만, 수질오염방지시설을 개선하는 등의 조치를 하더라도 할당오염부하량등 이하로 내려갈 가능성이 없다고 인정되는 경우에는 시설의 폐쇄를 명하여야 한다(동조 ④).

2. 오염총량초과과징금

물환경보전법은 환경부장관 또는 오염총량관리시행 지자체장이 할당오염부하량등을 초과하여 배출한 자로부터 과징금(이하 "오염총량초과과징금")을 부과·징수하도록 명하고 있다(§4의7①). 오염총량초과과징금은 오염물질을 초과 배출하여 지출하지 아니하게 된 오염물질의 처리비용, 즉 초과배출이익에 초과율별 부과계수, 지역별 부과계수 및 위반횟수별 부과계수를 각각 곱하여 산정한다(동조 ②).

3. 오염총량관리지역 지자체에 대한 지원 및 제재

물환경보전법은 국가가 오염총량관리시행계획을 수립·시행하는 지방자치단체에 오염총량관리에 필요한 비용의 일부를 지원할 수 있도록 수권하고 있다(§4의8①). 동법은 또한 관계 행정기관의 장으로 하여금 할당된 오염부하량을 초과하거나 특별한 사유없이 오염총량관리기본계획 또는 오염총량관리시행계획을 수립·시행하지 않는 지자체의 관할구역에서는 도시개발사업의 시행, 산업단지의 개발, 관광지 및 관광단지의 개발 등의 승인·허가를 하지 못하도록 금지하고 있다(동조 ②).

Ⅶ. 오염총량관리를 위한 기관간 협조 및 조사·운영반의 운영

물환경보전법은 환경부장관이 오염총량관리의 시행에 필요한 자료를 효율적으로 활용하기 위한 정보체계를 구축하기 위하여 관계 중앙행정기관, 지방자치단체, 「공공기관의 운영에 관한 법률」 제4조에 따른 공공기관 등 관계기관의 장에게 필요한 자료를 제출하도록 요청할 수 있도록 수권하고 있다. 이 경우 관계기관의 장은 특별한 사유가 없으면 이에 따라야 한다(§4의9①). 동법은 또한 환경부장관이 오염총량관리 대상 오염물질 및 수계구간별 오염총량목표수질의 조정, 오염총량관리의 시행 등에 관한 검토·조사 및 연구를 위하여 관계 전문가 등으로 조사·연구반을 구성·운영할 수 있도록 수권하고 있다(동조 ②).

제8절 | 폐수처리업

물환경보전법은 폐수의 위탁처리를 가능하게 하는 폐수처리업제도를 창설하고, 제6장(§§62－66)에서 폐수처리업의 등록, 결격사유, 등록취소, 권리의무의 승계, 과징금 처분 등을 규정하고 있다.

제 **5** 장 │ 토양환경보전법

제1절 │ 개설

Ⅰ. 토양환경의 중요성

토양은 물·대기와 함께 지구상 생물이 생존할 수 있게 하는 가장 기본적인 조건이다. 토양이 물·대기와 함께 자연적 생태기능을 유지함으로써 지구상 생물은 무생물과 더불어 평형상태를 유지하며 생존할 수 있는 것이다. 따라서 우리는 토양을 이용하되, 그 능력이 감내할 정도로 이용하여야 한다. 자연을 남용하면 그 결과는 결국 인간에게 돌아오게 된다. 자연이 인간생존의 기본조건이기 때문이다.

토양은 단순한 돌과 흙의 집합물이 아니라 그 속의 동물, 식물, 미생물들이 균형을 유지하며 생존해야 그 비옥도를 유지할 수 있는 매우 복잡한 하나의 생태계이다.[1] 이와 같은 토양환경은 사람을 포함한 지구상에 존재하는 수많은 생물이 생존하고 생활하는 데 바탕이 될 뿐만 아니라 우리 인류의 생존의 기반인 각종 농산물의 식재원(植栽源)이자 가축의 생육원(生育源)이다. 따라서 토양환경을 건강하게 보전하는 것은 인류의 생존번영에 필수적이라고 할 것이다.

Ⅱ. 토양오염의 개념 및 특성

1. 토양오염의 정의

토양환경침해는 토양 생태계에 해로운 각종 물질이 토양에 누적됨으로써 "토양 본래상태

---

1) 폴 엘리히(노웅희 역), **環境論**, 253; 김철용, "수질토양보전법제," **환경법연구** 제4권, 68 (1982).

의 기능을 상실"[2]하게 하는 상태를 말한다. 토양환경보전법은 토양환경침해라는 용어 대신 토양오염이라는 용어를 사용하는바, 토양오염을 "사업활동 그 밖의 사람의 활동에 의하여 토양이 오염되는 것으로서 사람의 건강·재산이나 환경에 피해를 주는 상태"라고 정의하고 있다(§2i). 그런데 이 정의는 "사람의 활동"을 전제로 한 개념이기 때문에 환경에 피해를 주는 활동자체에 전혀 개입하지 아니한 사람을 포섭하지 못한다. 토양환경의 보호에 만전을 기하기 위해서는, 비록 환경에 피해를 주는 활동 자체에는 관여하지 않았지만 발생한 결과에 대하여 책임을 부과해야 할 사람이 있다. 가령 토양오염을 야기한 회사의 전략적 투자자나 환경에 직접 피해를 주는 행위 이후에 벌어진 사태와 이러저러한 관련을 가진 사람이 그들이다. 이러한 범주의 사람들을 포섭해야 할 경우에는 토양오염 대신에 '토양환경침해'라는 용어를 사용하기로 한다.[3]

2. 토양오염의 원인과 경로

토양에 해로운 유해물질은 다양한 경로를 통하여 토양에 쌓이는데, 주원인이 되는 물질은 아래 그림에서 볼 수 있듯이, i) 산업원료를 채취·투여하여 제품을 생산, 사용 그리고 폐기하는 과정에서 환경에 배출되는 유해물질과 ii) 매연·분진·도시하수·공장폐수와 폐기물 등에

▎그림 3-8 토양오염의 원인

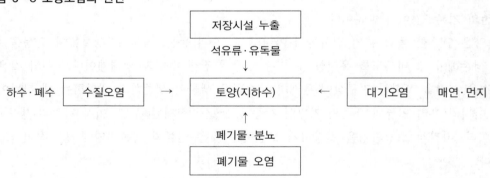

출전: 환경부, 1997 환경백서, 73.

---

2) 환경부, 1997 **환경백서**, 74. 토양은 한정된 자정능력을 가지고 있으며, 이를 초과하여 오염물질이 유입되면 자연계의 물질순환기능과 유해물질의 유입에 대한 여과·완충·자연조절과 같은 생태적 기능을 상실하게 되고 이는 결국 먹이사슬을 통하여 국민보건상 피해를 야기하게 된다. 같은 면.
3) 환경침해는 일반적으로 "환경을 침해하는 위법행위"를 의미하고, 통상 환경오염, 환경파괴, 공해라는 용어와 구별하지 않고 함께 혼용된다. 그러나 환경오염, 공해, 환경파괴라는 용어는 "오염," "공," "파괴"라는 낱말이 담고 있는 의미로 말미암아 다양한 형태로 자행되는 환경에 대한 공격을 포섭하지 못하고 그 공격의 태양을 한계지우는 문제가 있다. 이에 비하면, 상대적인 차이지만, 침해라는 단어가 보다 포괄적인 의미를 담고 있다.

함유된 각종 유해화학물질 또는 중금속이다.[4] 정도의 차이는 있지만 농약 및 화학비료 사용도 토양환경침해에 기여하는 것은 물론이다. 이와 같이 오염된 토양에 잔존한 오염물질은 결국 지하수나 먹이사슬을 통하여 인체에 피해를 주게 된다.

3. 토양오염의 특성

(1) 토양오염의 자연적 특성

토양오염은 일반적 환경오염과 마찬가지로 오염과 그로 인한 피해가 간접적·장기적·만성적·잠복적·누적적으로 발생하는 특징을 가지고 있다. 수질오염이 많은 국민을 피해자로 만들고 그 피해가 발생하면 정도가 심한데 비하여(낙동강 페놀사건은 좋은 예이다), 토양오염은 피해지역이 한정되어 피해자의 수가 한정되고, 주로 급성(急性)보다는 만성적(慢性的)인 질병, 예컨대 미나마타병이나 이따이이따이병을 일으킨다. 이와 같은 특성으로 인하여 그동안 토양오염 문제는 대기오염, 수질오염, 산업폐기물관리 등 다른 환경문제에 비하여 상대적으로 소홀히 다루어졌다.[5] 토양오염을 수질오염이나 대기오염과 구별하게 하는 특징으로는, 토양오염 여부를 감지하기 힘들고 오염물질이 토양에 오랫동안 쌓여서 일어나기 때문에 오염되기까지 오랜 시간이 걸리지만, 일단 오염되면 오염물질이 자연적으로 제거되지 않고 원상회복이 곤란하며 일부 회복되는 경우라도 긴 시간과 많은 비용이 소요된다는 것을 들 수 있다. 따라서 토양환경을 보전하기 위해서는 사전에 오염을 방지하는 것이 무엇보다 중요하겠지만, 더 나아가 오염된 토양을 찾아 이를 정화하는 노력을 부단하게 기울이는 것 또한 그에 못지않게 중요한 것이다.

(2) 토양오염의 법률적 특성

토양은 법률적인 측면에서도 물 또는 대기와 구별된다. 즉, 토양은 오염 또는 침해의 흔적이 남아 그 원인자(原因者)를 추적하기에 상대적으로 수월하다. 이는 법률적 측면에서 매우 중요한데, 현재의 과학 수준이 원인자를 추적할 수 있되 정확한 인과관계를 증명하거나 그 기여도를 분별하기에는 부족하여 책임 소재를 분명히 하기가 어렵기 때문이다. 토양환경침해의 이같은 특징은 결국 많은 법적 쟁점을 제시하고 이 중에는 기존 법이론으로 해결할 수 없는 문제도 있기 때문에 때로는 특별한 법률의 제정이 요청되기도 한다. 우리나라의 토양환경보전법

---

4) 환경부(註2), 73. 카드뮴, 구리, 수은 등 중금속 및 그 화합물은 폐금속광산, 금속제련소, 도금공장 등에서 나오는 공장폐수와 산업폐기물, 그리고 폐기물매립장에서 용출되는 침출수가 그 주요 발생원이고, 페놀 및 유류는 주유소와 안료, 도료, 유기용제를 제조하거나 취급하는 공장에서 발생되고 있다. *Id.* 74.
5) *Id.* 73.

이 바로 그러한 결과물이라고 할 수 있다.

환경부가 1996년 토양환경보전법을 시행하면서 실시한 토양오염도의 조사결과에 의하면 우리나라의 토양은 일부지역을 제외하고는 대체로 농산물을 재배할 수 있는 안전한 토양이라고 한다.[6] 일부 지역이 문제가 되는 까닭은, 예컨대 금속광산이나 제련소 주변지역에서와 같이, 환경문제를 소홀히 하던 1970년대 이전에 오염방지시설을 거치지 않은 채 배출된 분진, 광재 등 각종 오염물질이 주변토양에 장기간 축적되었기 때문이라고 한다.

그러나 앞으로 토양오염에 대한 대책을 일관성 있게 꾸준히 추진하지 않는다면 위와 같은 검사 결과는 과거 한 때의 이야기가 될 뿐이다. 오히려 토양오염은 이를 감지하기 어려워서 토양오염이 심각한 지역이 잠복해 있을 가능성을 배제할 수 없다. 예컨대 미군부대가 주둔하는 지역의 토양오염은 미국국내에서는 벌써 그 문제의 심각성을 인식하고 법률적 측면에서 대처방안이 논의되고 있는 실정이다.[7] 뿐만 아니라 갈수록 고도화되는 산업발전의 정도와 그에 따른 변화된 생활상을 생각하면, 토양환경침해를 예방하고 교정할 수 있는 법체계를 더욱 확고히 해야 한다.

제2절 | 토양환경보전법의 개요

I. 토양환경보전법의 의의

우리나라 환경법의 총칙에 해당하는 환경정책기본법은 토양오염을 환경오염의 한 가지 유형으로 열거하고(§3iv), 환경보전을 위하여 정부가 토양오염물질의 배출을 규제하여야 한다고 규정하고 있다. 토양환경보전법은 이에 따라 제정된 개별 대책법 중의 하나로서, 이 법의 제정은 전국토의 토양환경을 법적 규율의 대상으로 삼은 점에 의의가 있다.

토양환경보전법은 오염의 방지와 오염된 환경의 개선이라는 환경보전의 두 가지 수단을 모두 규율하고 있다. 환경개선비용부담법은 오염된 환경의 개선에 관하여 규율하고 있지만 오염된 환경의 개선에 관하여 원칙적으로 국가 및 지방자치단체에 개선책무를 지우고 오염원인자인 사업자 또는 국민은 오직 그에 소요되는 비용만을 부담하도록 규정하고 있는데 반하여,

---

6) 환경부(註2), 75. 이는 1997년의 평가로서 토양환경보전법이 시행되기 전, 다시 말해 토양오염에 대한 통제가 전무하던 시절의 상태에 대한 평가이다. 토양환경보전법이 시행된 후 토양상태가 개선되었는지 아니면 그 후에 계속된 경제발전으로 악화되었는지는 불분명하다.

7) 예컨대 Richard A. Wegman & Harold G. Bailey, Jr., "The Challenge of Cleaning Up Military Wastes When U.S. Bases Are Closed," *Ecology Law Quarterly* vol. 21, 865 (1994).

토양환경보전법은 국가가 오염원인자에게 개선사업을 직접 시행할 것을 명령할 수 있도록 규정한 점에 진일보한 측면이 있다. 그러나 토양환경보전법은 토양오염물질 및 토양오염유발시설의 범위가 좁고, 방사성물질에 의한 토양오염(§3)과 토양오염과 직접적인 관계가 있는 지하수 오염에 관하여 별도의 법률로 규율함으로써 결국 통일적 규율이 좌절되었다는 평가를 받고 있다.[8]

Ⅱ. 토양환경보전법 입법연혁

1963년 제정된 「공해방지법」은 대기·하천오염 등으로 인한 보건위생상의 위해를 방지하기 위하여 입법되었기 때문에 토양오염 관련사항은 동법에 반영되지 않았다. 1977년 제정된 「환경보전법」은 처음으로 약간의 토양오염방지에 관한 규정을 두었고, 그 후 환경정책기본법 시대로 들어오면서 환경보전법 규정이 매체별로 분리 독립된 개별대책법에 자세히 규정되었는데 토양환경에 대한 단일법은 제정되지 않았고, 「수질환경보전법」이 농지의 토양오염에 관하여, 「광산보안법」이 폐광산의 토양오염에 관하여 규율하는 데 그쳤다. 그런데 이처럼 개별 법률에서 단편적으로 이를 규제하는 것만으로는 토양오염에 대하여 효과적인 대처가 어려웠다. 산업화가 고도화되면서 토양오염물질의 사용량증가와 폐기물매립지등 토양오염유발시설에 의한 토양오염의 요인이 계속 증가하고 있고 금속광산지역 등의 토양오염이 심화되고 있었던 것이다. 이에 정부는 토양오염의 사전예방 및 오염된 토양의 개선 등에 관한 종합적인 관리체제를 마련함으로써 토양보전을 보다 체계적이고 적극적으로 추진하기 위하여 「토양환경보전법」을 1995년 1월 5일 제정하고, 1996년 1월 6일부터 시행하기 시작하였다. 정부가 뒤늦게나마 토양오염은 그 개선 및 복원이 어렵고 지하수오염을 유발하며 토양미생물뿐만 아니라 생태계에 지속적으로 악영향을 미친다는 점을 깨달은 데 따른 대응책이었다.

Ⅲ. 토양환경보전법의 목적

토양환경보전법은 토양오염으로 인한 국민건강 및 환경상의 위해(危害)를 예방하고, 오염된 토양을 정화하는 등 토양을 적정 관리함으로써 토양생태계를 보전하고, 자원으로서의 토양가치를 높이며, 모든 국민이 건강하고 쾌적한 삶을 누릴 수 있게 함을 목적으로 한다(§1). 이를 분설(分說)하면, 토양환경보전법의 최상위 목표는 국민이 건강하고 쾌적한 삶을 누릴 수 있도

---

8) 이외에도 토양오염에 관계된 민사상 분쟁해결에 도움이 될 수 있는 구체적 기준을 제시하지 못하고 있다. 박상열, "토양오염과 법적 문제," **토양환경** 1 – 1, 3, 4 (1996.9.).

█ 그림 3-9 토양환경보전법의 목적

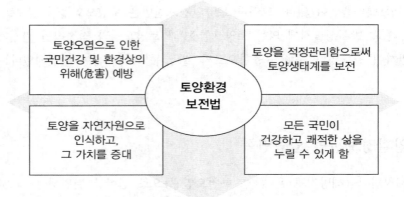

출전: 환경부, 토양환경보전법 업무편람, 2(2016)

록 하는 것이고, 이를 달성하기 위한 하위 목표는 ① 토양오염으로 인한 국민건강 및 환경상
의 위해를 예방하고, ② 토양의 적정관리를 통해 토양생태계를 보전하고, ③ 토양을 자연자원
으로 인식하여 그 가치를 높이는 것이다.

Ⅳ. 토양환경보전법의 기본개념

1. 토양오염

토양환경보전법 제2조는 동법에서 사용되는 법률개념을 정의하고 있다. "토양오염"의 정의
는 전술하였는데, 실무상 몇 가지의 논점이 있다. 동법은 "토양"에 관하여 별도의 정의규정을
두고 있지 않지만, 토양은 일반적으로 "암석이 기계적·화학적 풍화와 함께 생물의 작용을 받
아 세립질의 흙 물질로 변한 것"을 말한다.

그런데 이러한 사전적 정의에도 불구하고 토양환경보전법상 "토양"의 개념에 관한 정의가
없기 때문에, 실무상 토양 여부가 다투어지는 경우가 있다. 가령, 골재채취법상 "골재"에 해당
하는 암석파쇄물을 공사 목적으로 이동하는 경우, 오염 여하에 따라 토양환경보전법상 금지되
는 "오염토양의 투기, 누출 또는 유출"에 해당하는지 여부가 문제될 수 있다. 토양환경보전법
상 토양이 오염된 경우, 동법 소정의 정화방법을 사용하여 정화해야만 하기 때문이다. 환경부
실무에 의하면, 비용절감을 위하여 오염된 토양을 폐기물로 처리하여 반출하고 굴착된 지역은
외부 토사를 반입하여 성토해서는 안 된다.[9] 생각건대, 암석파쇄물이 토양으로부터 분리될 당

---

9) 환경부, **토양환경보전법 업무편람**, 5 (2016).

시 오염되지 않았는데 그 후 이런저런 이유로 오염된 경우에는 토양으로 보지 않는 것이 합리적이다. 따라서 그 후의 처리는 폐기물관리법에 의해 규율되어야 한다. 반면, 토양으로부터 분리될 시점에 이미 오염된 경우에는, 이를 분리반출해서는 안 되고 토양환경보전법에 따라 정화방법을 사용해 정화해야 한다. 이렇게 새기는 것이 토양환경보전이라는 공익과 사인의 경제적 이익을 조화롭게 보호하는 것이라 본다.

비교법적 검토 결과, 미국, 영국 등의 경우는 토양보호법상 토양을 별도로 정의하지 않고 있으나 독일과 네덜란드의 경우 토양보호법상 토양의 정의를 규율하고 있다. 독일 연방토양보호법 제2조 제1항은 "토양이라 함은 지각의 상층부로서 제2항에 언급된 토양의 기능을 수행하는 주체이며, 액체성분(토양용액)과 가스성분(토양기체)을 포함한다. 지하수와 하상(강바닥)은 제외한다."라고 규정하고 있다. 네덜란드 토양보호법 제1조는 "토양"을 "지구의 견고한 부분과 그 속에 포함된 액체성분, 가스성분 및 유기체"로 정의하고, 동법 시행령은 "준설 물질은 토양에 해당하지 않는다."라고 명시하고 있다.

2. 토양오염물질

"토양오염물질"이란 "토양오염의 원인이 되는 물질로서 환경부령으로 정하는 것"을 말하는데(§2ii), 시행규칙은 카드뮴 및 그 화합물을 비롯하여 23개 물질 및 기타 위 물질과 유사한 토양오염물질로서 토양오염의 방지를 위하여 특별히 관리할 필요가 인정되어 환경부장관이 고시하는 물질을 규정하고 규제하고 있다. 환경부장관이 고시할 수 있게 한 것은 새롭게 토양오염물질로 판명된 물질이 있을 경우 이에 대한 재빠른 대응을 가능하게 하기 위해서다.

3. 토양오염관리대상시설 및 특정토양오염관리대상시설

"토양오염관리대상시설"이란 "토양오염물질의 생산·운반·저장·취급·가공 또는 처리 등으로 토양을 오염시킬 우려가 있는 시설·장치·건물·구축물(構築物) 및 그 밖에 환경부령으로 정하는 것"을, "특정토양오염관리대상시설"이란 "토양을 현저하게 오염시킬 우려가 있는 토양오염관리대상시설로서 환경부령으로 정하는 것"을 말한다(§2iii, iv). 토양환경보전법은 토양오염관리대상시설을 주된 규율대상으로 하여 규제체계가 구성·운영되고 있다.

4. 토양정화 및 토양정밀조사

"토양정화"란 "생물학적 또는 물리적·화학적 처리 등의 방법으로 토양 중의 오염물질을 감소·제거하거나 토양 중의 오염물질에 의한 위해를 완화하는 것"을, "토양정밀조사"란 "제4조의2에 따른 우려기준을 넘거나 넘을 가능성이 크다고 판단되는 지역에 대하여 오염물질의 종류, 오염의 정도 및 범위 등을 환경부령으로 정하는 바에 따라 조사하는 것"을 말한다(§2v, vi). 토양정화는 토양오염에 대한 사후관리의 대표적 수단이고 토양정밀조사는 이를 위한 사전조치인데, 토양정화는 물론이고 토양정밀조사도 이를 수행하는 데 엄청난 비용이 지출된다.

5. 정화책임자

토양환경보전법은 정화책임자를 중심으로 토양환경의 공법상 정화책임과 사법(私法)상 책임을 구성하고 있다. "정화책임자"란 동법 제10조의4 제1항에 의하여 다음의 하나에 해당하는 자로서 토양정밀조사, 오염토양의 정화 또는 오염토양 개선사업의 실시를 해야 한다.

1. 토양오염물질의 누출·유출·투기(投棄)·방치 또는 그 밖의 행위로 토양오염을 발생시킨 자
2. 토양오염의 발생 당시 토양오염의 원인이 된 토양오염관리대상시설의 소유자·점유자 또는 운영자
3. 합병·상속이나 그 밖의 사유로 제1호 및 제2호에 해당되는 자의 권리·의무를 포괄적으로 승계한 자
4. 토양오염이 발생한 토지를 소유하고 있었거나 현재 소유 또는 점유하고 있는 자

6. 토양관련전문기관

"토양관련전문기관"이란 동법 제23조의2에 따라 토양환경평가, 위해성평가, 토양정밀조사, 토양오염도검사를 수행하는 기관을 말한다. 토양관련전문기관이 되려는 자는 대통령으로 정하는 바에 따라 검사시설, 장비 및 기술능력을 갖추어 환경부장관 또는 특별시장·광역시장·특별자치시장·도지사·특별자치도지사(이하 "시·도지사")의 지정을 받아야 한다.

V. 토양환경보전법의 기본틀

토양환경보전법은 토양오염관리를 토양오염의 사전방지뿐만 아니라 오염토양의 사후관리로 구분하고 있다. [그림 3-10]에서 볼 수 있듯이, 전자는 토양오염의 확산·심화를 방지하기 위하여 토양보전기본계획을 수립하고 토양오염도를 측정하며 토양측정망을 설치·운영하는 것, 후자는 오염된 토양을 정화하고 이를 검증하는 것을, 주된 내용으로 한다. 토양오염도 이를 일으킬 개연성이 높은 오염원에 대한 관리로써 방지하고 관리해야 하는바, 오염원관리는

기본계획수립 기준설정·운영등		조사 및 설계		토양정화 및 검증		기술 개발 및 지원	
국 가	지자체	정부	민 간	정부	민 간	정부	민 간
• 토양보전 기본계획 수립 • 토양오염 물질 항목 및 기준설정	• 지역토양 보전계획 수립 • 토양오염 물질 항목 및 기준설정	• 토양측정망 운영 • 토양오염 실태조사	• 토양오염 검사 • 토양환경 평가 • 위해성 평가 • 오염토양 신고 등	• 정화결과 확인 • 오염원인 자가 없는 경우 정화 • 대집행 등	• 오염원인자 정화실시 • 토양오염조 사기관의 정화검증	• 오염토양 정화방법 등 제시 • 신기술 개발시 지원	• 자체정화 기술개발

출전: 환경부, 토양환경보전법 업무편람, 13(2016)

오염의 개연성이 높고 환경상 위해가 심한 물질을 상시 취급하는 시설을 토양오염관리대상시설로 지정하여 등록·관리하는 한편, 폐기물매립지 등 비점오염원은 토양측정망에 포함시켜 일반 관리하고 있다. 토양오염의 판단기준을 토양오염대책기준과 토양오염우려기준으로 구분하여 설정하되, 대상지역은 농경지와 공장·산업지역으로 구분하고 있다.

제3절 | 토양환경보전을 위한 법정책수단

I. 토양환경보전기본계획

1. 토양환경보전기본계획의 수립·시행주체

토양환경보전법은 토양환경보전을 위하여 환경부장관으로 하여금 10년마다 토양보전에 관한 기본계획(이하, "기본계획")을 수립·시행할 것을 명하고 있다(§4①). 환경부장관은 기본계획을 수립할 때에는 관련 있는 중앙행정기관의 장과 협의해서 정부의 다른 정책과 조화를 도모해야 한다(동조 ②). "시·도지사"는 기본계획에 따라 관할구역의 지역 토양보전계획(이하, "지역계획")을 수립하여 환경부장관의 승인을 받아 시행해야 한다. 지역계획을 변경할 때도 마찬가지다(동조 ④).

2. 토양환경보전기본계획의 개념 및 내용

기본계획은 토양환경 및 그 보전에 관한 전문적·기술적 판단을 기초로 하여 토양보전을 달성하기 위하여 서로 관련되는 행정수단을 종합·조정함으로써 장래의 일정한 시점에 건강하고 쾌적한 토양환경을 구현하기 위한 계획활동의 기본틀과 일반적 기준을 설정하는 것이다. 토양환경보전법은 기본계획에 다음의 사항을 포함할 것을 명한다(§4③).

> 1. 토양보전에 관한 시책방향
> 2. 토양오염의 현황, 진행상황 및 장래예측
> 3. 토양오염의 방지에 관한 사항
> 4. 토양정화 및 정화된 토양의 이용에 관한 사항
> 5. 토양정화와 관련된 기술의 개발 및 관련 산업의 육성에 관한 사항
> 6. 토양정화를 위한 기술인력의 교육 및 양성에 관한 사항
> 7. 그 밖에 토양보전에 필요한 사항

동법은 위 사항과 같이 추상적인 정책(행정)목표·절차·사항만을 규정하고 있을 뿐이므로 환경부장관은 구체적인 기본계획을 입안·결정할 때 비교적 광범위한 형성의 자유를 가진다. 다만 환경부장관이 갖는 이와 같은 형성의 자유는 무제한적인 것이 아니라 그 기본계획에 관련되는 자들의 이익을 공익과 사익 사이에서는 물론이고 공익 상호간과 사익 상호간에도 정당하게 비교·교량하여야 한다는 제한이 있으므로, 환경부장관이 기본계획을 입안·결정함에 있어서 이익형량을 전혀 행하지 아니하거나 이익형량의 고려 대상에 마땅히 포함시켜야 할 사항을 누락한 경우 또는 이익형량을 하였으나 정당성과 객관성이 결여된 경우, 그 계획결정은 형량에 하자가 있어 위법하게 된다(大判 2011.2.24. 2010두21464).

Ⅱ. 토양오염조사체계

1. 개관

기본계획을 수립하고 이에 맞추어 토양환경보전을 위한 행정을 하기 위하여는 먼저 토양오염현황을 파악하고 있어야 한다. 토양환경보전법은 토양오염조사를 종합적으로 진행하기 위한 체계를 수립하고 있는바, 토양오염기준의 설정, 토양오염도 측정 및 토양측정망의 설치·운영이 그것이다.

2. 토양오염기준의 설정

토양오염의 정도를 파악하고 평가하기 위해서는 토양오염의 기준이 설정되어야 한다. 동법은 토양오염의 정도를 '우려기준'과 '대책기준'으로 나누어 규제하고 있으며, 우려기준이란 "사람의 건강·재산이나 동물·식물의 생육에 지장을 줄 우려가 있는 토양오염의 기준"이다(§4의2). 다음과 같이 토양오염물질 22개 항목에 대하여 1지역, 2지역 및 3지역으로 토양의 용도를 구분하고, 지역별로 우려기준을 설정하고 있다. 우려기준을 초과하는 지역, 그 밖의 토양오염 사고 등으로 인하여 우려기준을 넘을 가능성이 큰 지역에 대해서는 토양오염관리대상시설의 개선 또는 이전, 해당 오염물질의 사용제한 또는 사용중지, 오염토양의 정화 등의 명령이 내려진다. 토양오염우려기준은 1지역, 2지역 또는 3지역 별로 상당히 차이가 나는데, 토양환경보전법은 '지목'을 기준으로 획일적 기준을 설정하고 있어 실무상 불합리한 기준 적용이라는 주장이 제기되고 있다.[10]

▌표 3-11 토양오염우려기준

(단위: mg/kg)

물 질	1지역	2지역	3지역
카드뮴	4	10	60
구리	150	500	2,000
비소	25	50	200
수은	4	10	20
납	200	400	700
6가크롬	5	15	40
아연	300	600	2,000
니켈	100	200	500
불소	400	400	800
유기인화합물	10	10	30
폴리클로리네이티드비페닐	1	4	12
시안	2	2	120

---

10) 특히, 종래에는 개발 중인 부지와 같이 지목이 부여되어 있지 않은 토지에 대한 토양오염우려기준 적용 여부가 다투어지기도 하였는데, 최근 이를 고려하여 토양환경보전법 시행규칙 별표3에 다음과 같이 제7호를 추가하는 것으로 개정이 이루어졌다. "7. 「공간정보의 구축 및 관리 등에 관한 법률」에 따른 지목이 등록되어 있지 않은 토지에 대하여 법 제11조 제3항, 제14조 제1항, 제15조 제1항 또는 같은 조 제3항 각 호에 따른 토양정밀조사의 실시나 오염토양의 정화 등을 명하는 경우 토양오염우려기준은 「국토의 계획 및 이용에 관한 법률」, 「공유수면 관리 및 매립에 관한 법률」 등 관계 법령에 따른 개발행위 허가 또는 실시계획 인가 등의 관계 서류를 통하여 확인할 수 있는 토지의 용도에 부합하는 지목을 기준으로 한다. 다만, 관계 서류를 통하여 그 용도를 확인할 수 없는 경우에는 1지역에 해당하는 지목을 기준으로 한다."

페놀	4	4	20
벤젠	1	1	3
톨루엔	20	20	60
에틸벤젠	50	50	340
크실렌	15	15	45
석유계총탄화수소(TPH)	500	800	2,000
트리클로로에틸렌(TCE)	8	8	40
테트라클로로에틸렌(PCE)	4	4	25
벤조(a)피렌	0.7	2	7
1,2-디클로로에탄	5	7	70

출전: 토양환경보전법 시행규칙 별표3

▌표 3-12 토양오염우려기준 설정 대상 지역

구 분	토양오염우려기준 설정 대상 지역
1지역	「공간정보의 구축 및 관리 등에 관한 법률」에 따른 지목이 전·답·과수원·목장용지·광천지·대(「공간정보의 구축 및 관리 등에 관한 법률 시행령」 제58조 제8호 가목 중 주거의 용도로 사용되는 부지만 해당한다)·학교용지·구거(溝渠)·양어장·공원·사적지·묘지인 지역과 「어린이놀이시설 안전관리법」 제2조 제2호에 따른 어린이 놀이시설(실외에 설치된 경우에만 적용한다) 부지
2지역	「공간정보의 구축 및 관리 등에 관한 법률」에 따른 지목이 임야·염전·대(1지역에 해당하는 부지 외의 모든 대를 말한다)·창고용지·하천·유지·수도용지·체육용지·유원지·종교용지 및 잡종지(「공간정보의 구축 및 관리 등에 관한 법률 시행령」 제58조 제28호 가목 또는 다목에 해당하는 부지만 해당한다)인 지역
3지역	「공간정보의 구축 및 관리 등에 관한 법률」에 따른 지목이 공장용지·주차장·주유소용지·도로·철도용지·제방·잡종지(2지역에 해당하는 부지 외의 모든 잡종지를 말한다)인 지역과 「국방·군사시설 사업에 관한 법률」 제2조 제1호 가목부터 마목까지에서 규정한 국방·군사시설 부지

출전: 토양환경보전법 시행규칙 제1조의5 별표3

대책기준은 "우려기준을 초과하여 사람의 건강 및 재산과 동물·식물의 생육에 지장을 주어서 토양오염에 대한 대책이 필요한 토양오염의 기준"을 말한다(§16). 대책기준은 오염의 정도가 사람의 건강 및 재산과 동·식물의 생육에 지장을 주어 토지의 이용중지, 시설의 설치금지 등 규제조치가 필요한 정도의 나쁜 오염상태를 말하는 반면, 우려기준은 대책기준의 약 40% 정도로 더 이상 오염이 심화되는 것을 예방하기 위한 오염수준을 가리키는 기준이다.[11]

---

11) 김홍균, 796; 홍준형b, 885.

(단위: mg/kg)

물 질	1지역	2지역	3지역
카드뮴	12	30	180
구리	450	1,500	6,000
비소	75	150	600
수은	12	30	60
납	600	1,200	2,100
6가크롬	15	45	120
아연	900	1,800	5,000
니켈	300	600	1,500
불소	800	800	2,000
유기인화합물	—	—	—
폴리클로리네이티드비페닐	3	12	36
시안	5	5	300
페놀	10	10	50
벤젠	3	3	9
톨루엔	60	60	180
에틸벤젠	150	150	1,020
크실렌	45	45	135
석유계총탄화수소(TPH)	2,000	2,400	6,000
트리클로로에틸렌(TCE)	24	24	120
테트라클로로에틸렌(PCE)	12	12	75
벤조(a)피렌	2	6	21
1, 2-디클로로에탄	15	20	210

출전: 토양환경보전법 시행규칙 별표7

한편, 토양환경보전법은 방사성 물질에 의한 토양오염 및 그 방지에 관하여는 적용되지 않으며, 오염된 농지를 「농지법」 제21조에 따른 토양의 개량사업으로 정화하는 경우에는 제15조의3 오염토양의 정화 및 제15조의6 토양정화의 검증을 적용하지 않는다. 농민에게 지나친 부담을 주는 것을 피한 것이다.

3. 토양환경 정보체계의 구축

(1) 토양환경 정보시스템의 구축·운영

토양환경의 보전을 위하여는 국민이 관련정보를 공유하는 것이 반드시 필요하다. 이를 위하여 개정된 「토양환경보전법」은 다음의 정보에 국민이 쉽게 접근할 수 있도록 정보시스템을 구축·운영할 것을 명하고 있다.

1. 제4조의4에 따른 토양오염관리대상시설 등 조사 결과

1의2. 제4조의5에 따른 토양오염 이력정보

2. 제5조에 따른 상시측정, 토양오염실태조사, 토양정밀조사 결과

3. 제23조의2에 따른 토양관련전문기관 지정현황

4. 제23조의7에 따른 토양정화업 등록현황

5. 제26조의3에 따른 특정토양오염관리대상시설 설치현황 등

6. 그 밖에 환경부령으로 정하는 정보

(2) 토양오염 이력정보의 작성·관리

환경부장관은 토양오염이 발생하였거나 후술하는 동법 제5조에 따른 상시측정, 토양오염실태조사, 토양정밀조사를 실시한 토지에 대하여 토지의 용도, 토양오염관리대상시설의 설치현황, 오염 정도, 정화 조치 여부 등 토양오염 이력정보를 작성하여 관리하여야 한다(§4의5).

4. 토양오염관리대상시설 등의 조사

환경보전행정의 첫 걸음은 토양오염의 현황 파악이다. 이를 위하여 토양환경보전법은 토양오염 실태에 대한 전반적인 혹은 구체적인 조사를 명하고 있다. 즉 환경부장관은 ① 기본계획과 지역계획, ② 후술하는 동법 제6조의2의 표토침식방지 및 복원대책, ③ 동법 제18조의 토양보전대책지역에 관한 계획을 합리적으로 수립·승인하기 위하여, 그리고 ④ 후술하는 동법 제5조의 토양오염도 측정을 효율적으로 수행하기 위하여 다음 사항에 관한 조사(이하, "토양오염관리대상시설 등의 조사")를 정기적으로 시행하여야 한다(§4의4①).

1. 토양오염관리대상시설의 분포현황
2. 제5조 제4항에 따른 토양정밀조사
3. 제10조의4 제1항에 따른 토양정밀조사, 오염토양의 정화 또는 오염토양 개선사업의 실시현황

환경부장관은 이 토양오염관리대상시설 등의 조사를 위하여 관계 기관의 장에게 필요한 자료의 제출을 요청할 수 있으며, 이 경우 요청을 받은 관계 기관의 장은 특별한 사유가 없으면 그 요청에 따라야 한다(§4의4②). 환경부장관은 조사의 방법, 대상, 절차 등에 필요한 사항은 환경부령으로 정한다(§4의4③).

5. 토양오염도의 측정 등

토양오염도 측정은 전국적인 토양오염 실태 및 오염추세를 파악하여 토양오염예방 등 토

양보전정책 수립의 기초자료로 활용되며, 토양측정망과 토양오염실태조사로 구분된다. 이는 토양환경보전계획과 같은 추상적 계획뿐 아니라 후술하는 토양오염에 대한 규제활동에 있어서 필수적인 요소이다. 토양환경보전법은 이를 위하여 물리적 시설이나 규제·관리 프로그램을 준비하는 등 다양한 조치를 취하고 있다.

(1) 토양오염도 측정망설치 및 상시측정

중앙행정기관인 환경부장관은 전국적인 토양오염 실태를 파악하기 위하여 측정망을 설치하고, 토양오염도를 "상시측정"하여야 한다(§5①). 환경부장관은 측정망의 위치·구역 등을 구체적으로 밝힌 측정망설치계획을 결정하여 고시하고, 누구든지 그 도면을 열람할 수 있게 하여야 한다. 측정망설치계획을 변경하였을 때에도 또한 같다(§6).

토양 측정망은 전국적인 토양오염 실태를 파악하기 위하여 설치하는 측정망으로, 환경부(7개 지방환경관서)에서 조사하며, 시료채취는 농경지는 3~4월, 기타지역은 5~6월에 실시하고, 시료분석은 3~12월에 시행한다.

▌표 3-14 토양측정망 조사항목

지 목		조사항목
전, 답, 과수원, 임야, 목장용지, 공원, 유원지, 체육용지, 하천부지, 학교용지, 종교용지	중금속(8)	Cd, Cu, As, Hg, Pb, Cr^{+6}, Zn, Ni
	일반항목(2)	CN, 유기인[1]
	토양산도(1)	pH
도로, 대(垈), 공장용지, 철도용지, 잡종지	중금속(8)	Cd, Cu, As, Hg, Pb, Cr^{+6}, Zn, Ni
	일반항목(11)	PCBs, CN, 페놀류, 벤젠, 톨루엔, 에틸벤젠, 크실렌, TPH, 불소, TCE, PCE[2]
	토양산도(1)	pH

비고
1] 유기인은 전, 답, 과수원, 체육용지에 한함
2] PCBs, 페놀류, TCE, PCE : 공장용지, 잡종지에 한함
3] 조사지점 주변에 토양오염원이 있을 경우 지목 구분 없이 당해 오염원으로부터 발생될 수 있는 토양오염물질을 추가로 조사
4] 토양오염우려기준 초과지역은 토양정밀조사 실시
출전: 환경부, 토양환경보전법 업무편람, 16(2016)

(2) 토양오염실태조사

시·도지사 또는 시장·군수·구청장(이하 "지자체장")은 관할구역 중 토양오염이 우려되는 해당 지역에 대하여 토양오염실태를 조사(이하 "토양오염실태조사")하여야 한다. 이 경우 시장·군수·구청장은 토양오염실태조사의 결과를 시·도지사에게 보고하여야 하며, 시·도지사는 그가 실시한 토양오염실태조사의 결과와 시장·군수·구청장이 보고한 토양오염실태조사의 결과를 환경부장관에게 보고하여야 한다(§5②).

토양오염실태조사의 대상 지역 선정기준, 조사 방법 및 절차와 그 밖에 필요한 사항은 환경부령(시행규칙)으로 정하는데(§5③), 이에 의하면 토양오염실태조사를 할 때에는 공장·산업지역, 폐금속광산, 폐기물매립지역, 사격장 및 폐받침목 사용지역 주변 등 토양오염의 가능성이 큰 장소를 선정하여 조사하여야 한다(동 시행규칙 §3①). 측정망은 고정적인데 반하여 토양오염실태조사는 매년 지점을 달리하여 실시한다.

▌그림 3-11 **토양오염실태조사의 운영 체계**

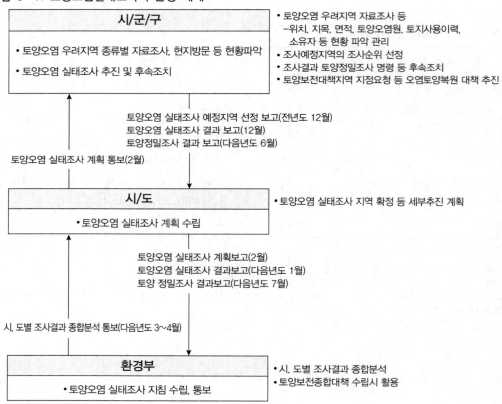

출전: 환경부, 토양환경보전법 업무편람, 19(2016)

▌표 3-15 토양측정망과 토양오염실태조사 비교

구 분	토양측정망	토양오염실태조사
목적	전국의 토양오염추세 파악	지역의 토양오염실태 파악
법적근거	토양환경보전법 제5조(토양오염도 측정 등) 토양환경보전법 시행규칙 제2조 (토양오염도 측정망의 설치) ※ 토양측정망 설치계획 변경(환경부고시)	토양환경보전법 시행규칙 제3조 (토양오염실태조사) ※ 토양오염실태조사지침(환경부예규)
설치지점	토지이용 용도별 중심(16개 지목)	토양오염원 중심(16개 시·도)
측정주기	매년 1회	매년 1회
주체	환경부(지방환경관서)	지방자체단체
조사지점	1,521지점(조사지점 고정)	2,000지점 이상(조사지점 변경)
조사항목	21항목 (중금속 8, 일반 12, 토양 pH)	토양오염물질 중 오염가능성이 높은 물질 및 토양 pH

출전: 환경부, 토양환경보전법 업무편람. 14(2016)

토양오염실태조사의 결과 토양오염우려기준을 초과하면, 엄청난 비용이 소요되는 토양정밀조사(§5④) 및 오염토양의 정화명령으로 귀결될 수 있음에 유의해야 한다(§15①, ③).

(3) 조사결과의 법적 효과

상시측정의 결과 우려기준을 넘는 지역(§5④i) 및 토양오염실태조사의 결과 우려기준이 넘는 지역(§5④ii)에 대하여는 세 가지 법적 효과가 발생한다. 첫째, 전술한 바와 같이, 환경부장관과 지자체장은 토양보전을 위하여 필요하다고 인정하면 해당 지역에 대하여 **토양정밀조사**를 할 수 있고(§5④), 둘째, 지자체장은 해당 지역의 정화책임자에 대하여 기간을 정하여 토양관련전문기관으로부터 토양정밀조사를 받도록 명할 수 있으며(§15①), 셋째, **상시측정, 토양오염실태조사 및 토양정밀조사**의 결과 우려기준을 넘는 경우에는 제15조 제3항 소정의 **토양오염방지조치명령**을 내릴 수 있다. 이에 관하여는 후술한다.

(4) 토양정밀조사

가. 토양정밀조사의 의의

토양정밀조사란 상시측정이나 토양오염실태조사 결과, 당해 지역이 우려기준을 넘거나 넘을 가능성이 크다고 판단되는 지역에 대하여 오염물질의 종류, 오염의 정도 및 범위 등을 환경부령으로 정하는 바에 따라 조사하는 것을 말한다(§2vi).

나. 토양정밀조사의 대상

환경부장관, 시·도지사 또는 시장·군수·구청장은 토양보전을 위하여 필요하다고 인정하면 다음 경우의 어느 하나에 해당하는 지역에 대하여 토양정밀조사를 할 수 있다(§5④).

1. 제1항에 따른 상시측정(이하 "상시측정"이라 한다)의 결과 우려기준을 넘는 지역
2. 토양오염실태조사의 결과 우려기준을 넘는 지역
3. 다음 각 목의 어느 하나에 해당하는 지역으로서 환경부장관, 시·도지사 또는 시장·군수·구청장이 우려기준을 넘을 가능성이 크다고 인정하는 지역
   가. 토양오염사고가 발생한 지역
   나. 「산업입지 및 개발에 관한 법률」 제2조 제5호에 따른 산업단지(농공단지는 제외한다)
   다. 「광산피해의 방지 및 복구에 관한 법률」 제2조 제4호에 따른 폐광산(廢鑛山)의 주변지역
   라. 「폐기물관리법」 제2조 제8호에 따른 폐기물처리시설 중 매립시설과 그 주변지역
   마. 그 밖에 환경부령으로 정하는 지역

다. 토양정밀조사의 이행주체 및 기간

시·도지사 또는 시장·군수·구청장은 토양환경보전법 제5조 제4항 제1호(상시측정의 결과 우려기준을 넘는 지역) 또는 제2호(토양오염실태조사 결과 우려기준을 넘는 지역), 동법 제11조 제3항(토양오염 신고에 따른 관할 지자체 조사결과 우려기준 초과)에 해당하는 지역의 정화책임자에 대하여 대통령령으로 정하는 바에 따라 기간을 정하여 동법 제23조의2 소정의 토양관련전문기관(이하, "토양관련전문기관")으로부터 토양정밀조사를 받도록 명할 수 있다(§15①, §11③). 이행기간은 통상 토양오염지역의 범위 등을 감안하여 6개월 범위에서 정해지는데, 부득이한 경우 6개월 범위에서 1회 이행기간 연장이 가능하다(시행령 §9).

라. 조사절차 및 조사내용

토양정밀조사는 기초조사, 개황조사, 상세조사의 순서로 3단계로 실시하고, 대상지역을 광산·제련소 활동 관련지역, 사격장, 폐기물 매립 및 재활용지역, 유류 및 유독물 등 저장시설, 오염사고지역, 산업지역 및 기타지역으로 구분하여 그 각 지역에 맞는 세부내용을 적용해서 실시해야 한다. 조사할 항목으로는 토양측정망 운영 및 토양오염실태조사 결과 토양오염우려기준을 초과하는 토양오염물질 및 토양 pH, 그리고 토양측정망 및 토양오염실태조사 지점외의 지역으로서 우려기준을 초과하거나 초과할 가능성이 있다고 판단되는 토양오염물질 및 토양 pH가 있다. 토양정밀조사시 검토사항은 아래 표에 거시된 내용과 같다.

항 목	검토사항
조사목적	조사의 배경과 목적
조사내용	조사대상 지역, 조사기간, 시료채취현황(개황·상세조사 기간 구분), 조사항목
토양정밀조사결과 및 종합의견	• 주변지역의 실태(거주인구, 가구 수, 농경지 현황 등) 요약 기술 • 오염원의 규모(종류, 발생량, 적치량, 용량 등)와 위치를 지도에 표시 • 종합적인 토양오염상태 및 조사자 의견: 오염원의 종류·규모, 오염물질의 종류, 오염정도, 오염기간, 오염원의 유출경로(시설물 배관상태, 과거 배관교체 이력, 시설물 주변 관리상태 등, 토질 및 지하수 흐름 등에 따른 확산), 오염범위(조사지점과 오염범위의 적절성) 및 주변 토지이용실태, 특이사항(건축물·시설물 등 현장여건에 따라 조사 및 정화가 곤란한 구역 등) 등 • 오염토양 정화대상량 산정·제시(오염물질 종류별 대상량 제시) • 현장여건(정화가 가능한 지역)에 따른 오염토양 정화대상량 산정
대책 방안	• 토양 등의 오염범위, 오염정도를 감안, 대상지역의 토양오염방지를 위한 사업추진 필요성과 구체적인 방법 제시 • 특정토양오염관리대상시설 등 오염을 유발할 가능성이 있는 시설이 있을 경우 적정관리방안 제시 • 부지특성(토성, 부지특성, 향후 개발계획), 오염물질 및 농도특성(오염종류, 오염규모, 심도 및 농도분포), 정화의 신속성(공기 준수 가능 여부), 현장 적용성(정화지역의 지형적 특성, 선정된 공법의 현장 적용 가능 여부), 정화공법의 효율성(오염물질별 처리 효율성 2차 오염물질의 발생여부), 시공의 경제성(선정된 공법의 경제성 분석) 등을 비교하여 오염토양 정화방법 제시
향후 대책계획	오염토양 정화과정과 정화 이후 오염확산 방지를 위한 방안 제시

출전: 환경부, 토양환경보전법 업무편람, 50(2016)

마. 보고 및 관리

국립환경과학원 및 유역(지방)환경청장, 시·도지사(시장·군수·구청장 포함)가 토양정밀조사를 실시한 경우에는 조사 완료 후 20일 이내에 그 결과를 환경부장관에게 보고해야 하고, 토양오염조사기관이 토양정밀조사 명령을 받은 경우에는 조사 완료 후 7일 이내에 그 결과보고서를 토양오염원인자와 관할 시장·군수·구청장에게 통보해야 한다. 시·도지사는 정밀조사결과 토양오염우려기준을 초과한 지점의 관리대장을 작성·비치·관리해야 한다. 시·도지사 및 시장·군수·구청장은 관리 중인 정밀조사 지역에 대해 토지이용계획 또는 지목이 변경되는 경우 토양오염우려기준 초과여부를 확인하고, 이를 초과할 경우 추가 정밀조사 및 오염토양 정화 등 필요한 조치를 수행해야 한다.

(5) 조사결과의 공개

상시측정, 토양오염실태조사 및 토양정밀조사의 결과는 공개하여야 한다(§5⑤).

6. 표토의 침식현황 조사

환경부장관은 표토(表土)의 침식으로 인한 토양환경의 실태를 파악하기 위하여 다음 경우의 어느 하나에 해당하는 지역에 대하여 표토의 침식 현황 및 정도에 대한 조사를 할 수 있다(§6의2①). 이 조사의 절차와 방법 등에 관하여는 환경부령으로 정한다(동조 ③).

1. 「수도법」 제7조에 따라 지정·공고된 상수원보호구역
2. 「한강수계 상수원수질개선 및 주민지원 등에 관한 법률」 제4조, 「낙동강수계 물관리 및 주민지원 등에 관한 법률」 제4조, 「금강수계 물관리 및 주민지원 등에 관한 법률」 제4조 및 「영산강·섬진강수계 물관리 및 주민지원 등에 관한 법률」 제4조에 따라 각각 지정·고시된 수변구역

표토는 토양환경에 미치는 영향이 크기 때문에 그 관리를 강화하기 위하여 본조가 신설되었다. 특히 여타의 규정이 토양의 질의 관리에 치중하고 있는 데 반해 이 규정은 토양의 양을 관리한다는 점에서 주목할 만하다.[12] 환경부장관은 위 조사 결과 표토의 침식 정도가 환경부령으로 정하는 기준을 초과하는 경우에는 이에 대한 대책을 수립하여 시행하여야 한다(동조 ②).

7. 국유재산 등에 대한 토양정밀조사 및 토양정화

토양오염은 사유재산에서만 발생하는 것이 아니다. 국유재산에서 발생한 토양오염이라고 해서 규제관리의 필요성이 떨어지는 것은 아니다. 이에 토양환경보전법은 환경부장관으로 하여금 다음 경우의 어느 하나에 해당하는 경우에는 토양오염의 확산을 방지하기 위하여 토양정밀조사를 한 후 토양정화를 할 수 있도록 규정하고 있다(§6의3①).

1. 「국유재산법」 제2조 제1호에 따른 국유재산으로 인하여 우려기준을 넘는 토양오염이 발생하여 토양정화가 필요한 경우로서 국가가 제10조의4 제1항에 따른 정화책임자인 경우
2. 제15조 제3항 단서(정화책임자를 알 수 없거나 정화책임자에 의한 토양정화가 곤란하다고 인정하는 경우)에 따라 토양정화를 하는 경우로서 긴급한 토양정화가 필요하다고 시·도지사 또는 시장·군수·구청장이 요청하는 경우
3. 제19조 제3항(그 정화책임자가 존재하지 아니하거나 정화책임자에 의한 오염토양 개선사업의

---

12) 김홍균, 797.

실시가 곤란하다고 인정하는 경우)에 따라 오염토양 개선사업을 하는 경우로서 긴급한 토양 정화가 필요하다고 특별자치시장·특별자치도지사·시장·군수·구청장이 요청하는 경우

환경부장관은 이 경우 중앙관서의 장, 시·도지사 또는 시장·군수·구청장 및 정화책임자와 토양정화의 시기, 면적, 및 비용 등에 관하여 미리 협의하여야 하며(동조 ②), 토양정화의 시기 및 기간, 토양정화 대상 토지의 소재지, 그 소유자의 성명 및 주소 등이 포함된 토양정화 계획을 수립하고 이를 고시해야 한다(동조 ③). 토양정밀조사 또는 토양정화에 소요된 비용은 나중에 해당 정화책임자에게 구상할 수 있다(동조 ④).

8. 토지 등의 수용 및 사용 등

토양오염상시측정, 토양오염실태조사, 토양정밀조사 등은 모두 국민의 권익에 영향을 미칠 수 있는 '행정조사'에 해당한다. 행정조사는 적정한 행정결정을 내리기 위하여 필수적인 정확하고 충분한 정보를 수집하는 활동이지만, 이에 따르는 국민의 권익침해가능성을 최소화하는 것이 조사활동 만큼이나 중요하다. 토양오염에 대한 관리도 모두 국민의 권익을 보호하기 위해서이기 때문이다. 이에 토양환경보전법은 적법한 조사를 가능하게 하는 제반 규정을 두고 있다.

(1) 토지 등의 수용 및 사용

환경부장관, 시·도지사 또는 시장·군수·구청장은 '상시측정', '토양오염실태조사', '토양정밀조사', '측정망 설치', '표토의 침식 현황 및 정도에 대한 조사', '국유재산 등에 대한 토양정화'를 위하여 필요한 경우에는 해당 지역 또는 구역의 토지·건축물이나 그 토지에 정착된 물건을 수용 또는 사용할 수 있다(§7).

(2) 타인 토지에의 출입 등

환경부장관, 시·도지사, 시장·군수·구청장(§23의2 소정의 토양관련전문기관 포함)은 상시측정, 토양오염실태조사, 토양정밀조사, 표토침식 현황 및 정도에 대한 조사와 위해성평가(§15의5①)를 위하여 필요하면 소속 공무원 또는 직원으로 하여금 타인의 토지에 출입하여 그 토지에 있는 나무·돌·흙이나 그 밖의 장애물을 변경 또는 제거하게 할 수 있다(§8①). 동법은 타인 토지에의 출입에 따르는 피조사자의 권익침해 가능성을 사전봉쇄하기 위하여 피조사자를 위한 다양한 규정을 두고 있다(동조 ②-⑥).

(3) 손실보상

국가·지방자치단체 또는 토양관련전문기관은 제8조 소정의 타인 토지에의 출입 등에 따른

행위로 인하여 타인에게 손실을 입혔을 때에는 대통령령으로 정하는 바에 따라 그 손실을 보상하여야 한다(§9).

Ⅲ. 토양환경평가

1. 토양환경평가의 연혁 및 의의

토양환경보전법이 본격적으로 시행되면서, 기업들은 토양환경오염이 가져오는 엄청난 책임을 인식하기 시작하였다. 특히 기업인수합병과 관련하여 기업을 잘못 인수하면 인수된 기업의 잠재된 환경책임으로 인하여 낭패를 볼 우려가 있음을 인지하기 시작한 것이다. 이런 환경책임의 잠재적 위험은 경제활성화에 지장을 초래하고 국민경제에 부담이 된다. 이런 까닭에 일정한 요건을 갖추면, 자신이 기여하지 않은 토양오염으로 인한 책임으로부터 완전히 벗어나게 하는 면책규정의 필요성이 대두되었다. 토양환경평가는 이런 필요에 즉응하기 위한 제도이다.

동조의 입법연혁을 보면, 동법이 제10조의4에서 오염토양의 배상책임 및 정화책임을 지는 정화책임자의 범위를 대폭 확대해 토양오염관리대상시설의 부지나 그 밖에 토양오염의 우려가 있는 토지를 양수한 자를 포함하게 되고, 이것이 양수인에게 가혹한 측면이 있기 때문에 이를 완화하기 위하여 선의·무과실의 양수인을 면책시키는 예외규정(§10의4②)을 마련하였는 바, 이를 제도적으로 뒷받침하기 위하여 토양환경평가제도(§10의2)를 마련하였음을 알 수 있다. 즉, 토양오염관리대상시설이나 토지를 양수하기 전에 토양환경평가를 실시하고 그 결과 문제가 없다는 평가결과를 신뢰하고 양수한 사람을 면책시켜주자는 것이다. 이는 토양환경평가제도를 법제화함으로써 양수인은 피인수토지의 토양오염 없음을 진단한 토양환경평가결과를 신뢰하고 안전하게 당해 시설을 인수할 수 있게 함으로써 이 분야의 법적 리스크를 평가할 수 있는 기반을 마련하여 거래를 원활하게 하는 효과를 기하려 한 것이다.

토양환경평가는, 토양오염조사와 달리, 개개인이 직접, 자발적으로 토양오염조사를 실시하도록 하기 위해 고안된 제도이다. 이는 가령 토지거래에 관여하는 사람들 사이의 토양오염에 대한 배상·정화의무 등 법적 책임관계를 명확히 하는 기초가 된다. 토양환경평가로 인하여 드러난 오염도 및 오염기여도는 그 평가 당시의 토양오염의 정도를 나타내는 것으로 "법률상 추정"되어 거래 시 (오염정화비용을 감안한) 가격 산정에 고려될 것이고, 거래 이후에도 각종 법적 책임의 기초가 될 것이다. 이는 토양환경평가가 토양오염의 가능성이 있는 토지의 거래, 영업의 양수·양도, 기업의 인수·합병, 기업의 신용평가 등 다양한 분야에 따르는 법적 리스크를 방지·감소시키는 유용한 수단임을 의미한다.

2. 토양환경평가의 주체 및 대상

토양오염의 우려가 있는 다음 중 하나에 해당하는 시설이 설치되어 있거나 설치되어 있었던 부지, 그 밖에 토양오염의 우려가 있는 토지를 양도·양수 또는 임대·임차하는 경우에 양도·양수인·임대인 또는 임차인은 해당 부지와 그 주변지역, 그 밖에 토양오염의 우려가 있는 토지에 대하여 토양환경평가기관으로부터 토양오염에 관한 평가를 받을 수 있다(§10의2①). 이 경우 양도·양수에는 「민사집행법」에 따른 경매, 「채무자 회생 및 파산에 관한 법률」에 따른 환가(換價), 「국세징수법」·「관세법」 또는 「지방세징수법」에 따른 압류재산의 매각, 그 밖에 이에 준하는 절차에 따라 인수하는 경우를 포함한다.

1. 토양오염관리대상시설
2. 「산업집적활성화 및 공장설립에 관한 법률」 제2조 제1호에 따른 공장
3. 「국방·군사시설 사업에 관한 법률」 제2조 제1항에 따른 국방·군사시설

3. 토양환경평가의 항목, 절차 및 방법

토양환경평가의 항목은 토양환경보전법 제2조 제2호의 토양오염물질과 토양환경평가를 위하여 필요해서 대통령령으로 정하는 오염물질이다. 토양환경평가는 "기초조사"(자료조사, 현장조사 등을 통한 토양오염 개연성 여부 조사)와 "개황조사"(시료의 채취 및 분석을 통한 토양오염 여부 조사), "정밀조사"(시료의 채취 및 분석을 통한 토양오염의 정도와 범위 조사)로 구분하여 실시해야 하는데, 그 방법으로는 토양환경평가의 항목인 오염물질의 오염도 등을 조사·분석 및 평가하고 대상 부지의 이용현황을 살피고, 토양오염관리대상시설에 해당하는지 여부 등을 조사한다(§10의2③).

4. 토양환경평가의 법적 효과

위 각 시설이 설치되어 있거나 설치되어 있었던 부지, 그 밖에 토양오염의 우려가 있는 토지를 양수한 자가 양수 당시 "토양환경평가를 받고 그 부지 또는 토지의 오염 정도가 우려기준 이하인 것을 확인한 경우에는 토양오염 사실에 대하여 선의이며 과실이 없는 것으로 추정"된다(§10의2②). 선의·무과실이 인정되면, 오염토양의 정화책임자로 인정되지 않는다. 한편, 여기서 '선의'라는 것은 토양오염 사실에 대하여 몰랐다는 의미의 '부지(不知)'를 의미한다. 따라서 무과실도 바로 이 '부지'에 이르게 된 데 있어서 과실이 없음을 의미한다.

개정전 법률은 "토양환경평가 결과는 그 평가 당시의 토양오염의 정도를 나타내고 있는 것

으로 추정된다."라고 규정하고 있어 토양환경평가를 실시한 결과 토양오염사실이 밝혀진 경우에 양수인에게 선의·무과실을 이유로 한 오염원인자 책임의 면책을 인정할 수 있는지 여부에 관하여 견해가 갈린 바 있다.[13] 토양환경보전법은 법개정을 통하여 "오염 정도가 우려기준 이하인 것을 확인한 경우에" "토양오염 사실에 대하여 선의·무과실"이 법률상 추정되는 것으로 확정적으로 규정함으로써 논란을 배제하려고 하고 있다. 현 규정 아래에서는 선의·무과실이 추정되기 위해서는 토양환경평가를 실시하여 그 오염 정도가 우려기준 이하임을 확인해야 하는 것은 분명해졌다.

그런데 양수 당시의 토양환경평가 결과, 그 오염 정도가 우려기준 이상임을 확인한 경우에 양수인은 정화책임자로서 동법 제10조의4의 정화책임을 무조건 지게 되는가 하는 문제에 관해서는 여전히 견해가 갈릴 수 있다. 이 경우, 대립하는 두 가지 학설을 상정할 수 있다. **양수인책임설**은 오염정도가 우려기준 이상임을 확인한 경우, 토양오염이 발생한 토지를 양수한 사람의 책임을 인정하여야 한다는 주장인데, 왜냐하면 당해 양수인은 그와 같은 상황을 파악하고 양수대금에서 동 책임에 해당하는 부분(토양정화·복원비용)을 공제할 기회를 얻을 것이기 때문이다. **양수인면책설**은 당해 양수인은 자신의 행위에 의하지 않은 부분에 관하여 면책된다는 주장인데, 왜냐하면 동법 제10조의2는 누구의 행위에 의하여 토양오염이 야기되었는지 알 수 없는 경우에 대비하기 위한 것인데, 이 경우는 토양환경평가에 의하여 원인야기자와 그 기여부분이 밝혀진 경우이기 때문이라는 것이다. 앞으로의 거래관행이 여하히 형성될지 두고 볼 일이지만, 오염된 사실이 밝혀지면 오염정화비용을 공제하고 인수대금이 정해질 것으로 예상하는 것이 합리적인 만큼, 양수인책임설이 타당하다고 본다.

5. 토양환경평가의 의무화

토양환경평가제도의 유용성에 착안해 동 제도를 의무화하자는 견해가 있다. 이는 기본적으로 동 규제가 가져올 편익과 비용을 비교해 해결하여야 할 문제이지만, 당사자 본인이 자신과 관련된 제반사항의 최고 판단자임을 고려하면 당사자의 자율적 결정에 맡기는 것이 타당할 것이다. 그렇지 않으면 토양오염가능성이 전무한 토지의 경우에도 토양환경평가를 하여야 하고, 이때 생기는 비용은 당사자에게는 불필요한 비용이 될 수 있으며, 또한 오염가능성 유무에 관한 판단은 국가가 대신해 줄 수 없기 때문이다. 더욱이 우리 법은 오염원인자의 법적 책임을 매우 엄격하게 규정하고 있는데, 이는 당사자의 유인을 자극하기에 충분한 제도적 장치

---

13) 김성균·이비안, "낙후산업지역(Brownfield) 개발 관련 입법 동향 분석 및 대안의 모색," **환경법연구** 제30권 제1호, 98 (2008).

라고 보여진다. 토양관련전문기관 및 전문가의 부족 등 우리나라의 조건도 의무화 주장에 불리하다. 마지막으로 토양환경평가가 비록 임의사항으로 규정되어 있지만 향후 법적 리스크를 제거하기 위하여 토지거래에서 필수적인 과정이 될 것이라는 전망도 유력하게 제시되고 있다.[14]

Ⅳ. 토양관련전문기관, 토양정화업 및 토양정화공제조합

오염된 토양의 정화작업의 전문성과 신뢰성을 키우기 위하여 토양정화가 필요할 경우 오염부지의 정화를 안심하고 의뢰할 수 있도록 국가가 공인하는 토양관련전문기관을 지정하고 토양정화업등록제도를 도입할 필요성이 대두되어 법률개정을 통해 양 제도가 도입되었다. 토양관련전문기관은 토양환경영향평가, 위해성평가, 토양오염조사를 담당하는바, 동 업무는 국민 건강 및 환경상의 위해를 예방하는 데 중요하고 고도의 전문성이 요구될 뿐만 아니라 토양 관련조사나 평가가 부실하게 이루어질 경우 초래될 수 있는 사회적·경제적 손실이 막중하므로 이에 대한 엄격한 관리가 필요하다. 또한 토양정화는 위탁정화를 원칙으로 하는 만큼 토양정화업의 중요성도 두말할 필요가 없다. 이에 토양환경보전법은 제3장의2를 신설하여 토양관련전문기관의 지정 등을 규율하고, 토양정화업의 등록요건 등을 규정하고 있다. 동법은 나아가 특정토양오염관리대상시설의 설치자·운영자 및 토양정화업자에게 오염토양의 정화를 보증하고 토양정화에 드는 재원을 확보하기 위하여 환경부장관의 허가를 받아 토양정화 공제조합을 설립하고 토양정화를 위한 공제사업 등을 할 수 있도록 수권하고 있다(§10의5 이하).

제4절 | 토양오염에 대한 규제와 관리

Ⅰ. 개설

토양환경보전법은 제11조에서 제15조의8에 이르는 규정들을 통하여 토양오염에 대한 강력한 규제를 가하고 있다. 동법은 오염원인자를 중심으로 토양오염을 규제하고 있는바, 토양오염에 대한 정화 및 개선사업은 오염원인자 부담 하에 시행하도록 하고 오염으로 인한 피해에 대하여는 무과실책임원칙을 채택하고 있다. 토양오염의 원인자에 대한 규제를 개관하면, 동법

---

14) 김홍균, 800.

은 [그림 3-12]가 보여주듯이, 우선 규제대상인 토양오염물질과 그에 대한 규제기준, 즉 우려기준과 대책기준을 정한 후 토양오염의 정도가 이 기준을 넘을 때 규제를 발동한다. 토양오염에 대한 규제는 특정토양오염관리대상시설에 대한 규제와 그 밖의 비점오염원에 대한 규제로 나뉜다고 볼 수 있다. 전자에 대한 규제는 오염의 개연성이 높고 환경상 위해가 심한 물질을 상시 취급하는 시설, 즉 특정토양오염관리대상시설을 지정하여 등록·관리하는 것이고, 후자는 이에 속하지 않는 비점오염원을 토양측정망에 포함시켜 일반 관리하거나 그 밖의 토양오염실태조사나 토양환경평가, 토양오염신고에 의하여 토양오염 사실이 발견될 때 규제조치를 발동하는 것으로, 말하자면 토양환경보전법은 토양오염에 대한 이원적 관리체계를 채택하고 있다.[15]

그리하여 동법은 오염원인자로 하여금 토양오염을 방지·제거·개선하도록 하고 있는바, ① 국가는 특정토양오염관리대상시설이 설치된 토지와 그 주변지역에 대하여 토양관련전문기관이 정기적으로 토양오염검사를 실시하게 하고, 그 밖의 지역에 대하여 환경부장관 및 시·도지사로 하여금 상시측정 및 토양오염실태조사 또는 토양정밀조사를 실시하게 함으로써 오염된 토양을 찾아내게 하며, ② 그 결과, 우려기준(제1단계 기준)을 초과하는 지역에 대해서는,

▌그림 3-12 토양환경관리체계 2

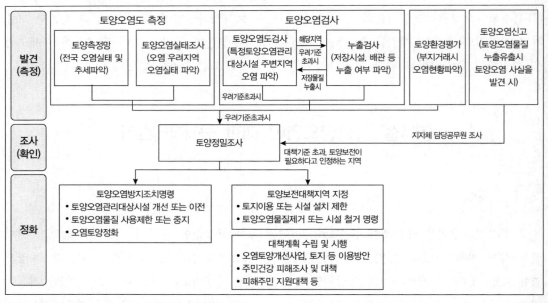

출전: 환경부, 토양환경보전법 업무편람, 13(2016)

---

15) 홍준형a, 519.

더 이상의 토양오염 심화를 방지하기 위하여 오염원인자에게 토양오염물질의 사용제한 또는 사용중지, 오염방지시설의 설치 또는 개선, 오염된 토양의 정화조치(§15), 토양오염관리대상시설의 개선 또는 이전 등을 명할 수 있도록 하고, ③ 대책기준(제2단계 기준)을 초과하는 지역(토양보전대책지역)에 대해서는, 엄청난 비용이 드는 오염토양개선사업의 전부 또는 일부의 실시를 토양원인자에게 명할 수 있도록 하고 있다.

II. 일반 토양오염에 대한 규제

1. 토양오염의 발견 및 신고 접수

토양환경보전법은 앞서 살핀 대로 토양오염을 발견하기 위한 다양한 측정 및 조사체계를 구축하고 있지만 급격히 벌어진 토양오염 사태에도 대응하여야 한다. 이에 동법은 이런 사태가 벌어졌을 때 다음의 하나에 해당하는 경우에 지체없이 관할 특별자치시장·특별자치도지사·시장·군수·구청장에게 신고할 의무를 부과하고 있다(§11①).

1. 토양오염물질을 생산·운반·저장·취급·가공 또는 처리하는 자가 그 과정에서 토양오염물질을 누출·유출한 경우
2. 토양오염관리대상시설을 소유·점유 또는 운영하는 자가 그 소유·점유 또는 운영 중인 토양오염관리대상시설이 설치되어 있는 부지 또는 그 주변지역의 토양이 오염된 사실을 발견한 경우
3. 토지의 소유자 또는 점유자가 그 소유 또는 점유 중인 토지가 오염된 사실을 발견한 경우

신고는 토양오염의 악화·확대를 방지하기 위한 필수적인 요소이기 때문에, 신고의무를 이행하지 아니한 사람에 대해서는 동법은 무거운 벌칙을 규정하고 있다. 즉 생산, 운반, 저장, 취급, 가공, 처리 과정에서의 오염물질 누출, 유출 사실을 신고하지 않은 경우 1년 이하의 징역 또는 1천만 원 이하의 벌금에 처하고(§30), 토양오염 신고대상을 발견하고도 그 사실을 신고하지 아니한 자에게는 300만 원 이하의 과태료를 부과하고 있다(§32).

관할 특별자치시장·특별자치도지사·시장·군수·구청장은 위 **신고**를 받거나 **직접** 토양오염물질이 누출·유출된 사실을 **발견**하거나 그 밖에 토양오염이 발생한 사실을 알게 된 경우에는 아래에서 보는 토양오염규제조치를 발동할 수 있다(§11②).

2. 발견·신고된 토양오염에 대한 규제조치

(1) 토양오염의 조사

관할 특별자치시장·특별자치도지사·시장·군수·구청장은 위 신고의 접수나 직접 발견 기타 토양오염이 발생한 사실을 알게 된 경우에는 소속공무원으로 하여금 해당토지에 출입하여 **오염원인과 오염도에 관한 조사**를 하게 할 수 있다(§11②). 이 조사를 하게 한 경우 특별자치시장·특별자치도지사·시장·군수·구청장은 조사 사실을 지방환경관서의 장에게 지체없이 알려야 하며(§11⑥), 이 조사를 위하여 타인의 토지에 출입하려는 공무원은 그 권한을 나타내는 증표를 지니고 이를 관계인에게 보여주어야 한다(§11⑤).

(2) 토양정밀조사 및 오염토양의 정화조치

관할 특별자치시장·특별자치도지사·시장·군수·구청장이 위 조사를 한 결과 오염도가 우려기준을 넘는 토양(이하 "오염토양")에 대하여는 대통령령으로 정하는 바에 따라 기간을 정하여 정화책임자에게 토양관련전문기관에 의한 **토양정밀조사**의 실시, 오염토양의 **정화조치**를 할 것을 명할 수 있다(§11③). 토양관련전문기관은 위 토양정밀조사를 하였을 때에는 조사 결과를 관할 특별자치시장·특별자치도지사·시장·군수·구청장에게 지체 없이 통보하여야 한다(§11④). 위 조치명령을 받은 자가 그 명령을 이행하였을 때에는 환경부령으로 정하는 바에 따라 지체 없이 이를 "지자체장"에게 보고하여야 한다. 이 경우 지자체장은 환경부령으로 정하는 바에 따라 명령 이행 상태를 확인하여야 한다(§15의2①). "지자체장"은 위 조치명령을 받은 자가 이행완료 보고를 하였을 때는 해당 이행완료보고서를 지방환경관서의 장에게 환경부령으로 정하는 바에 따라 통보하여야 한다(§15의2②).

Ⅲ. 특정토양오염관리대상시설에 대한 규제

1. 개설

(1) 특정토양오염관리대상시설

토양환경보전법은 "토양오염물질의 생산·운반·저장·취급·가공 또는 처리 등으로 토양을 오염시킬 우려가 있는 시설·장치·건물·구축물(構築物) 및 그 밖에 환경부령으로 정하는 것"을 토양오염관리대상시설로 삼고(§2iii) 이 중 "토양을 현저하게 오염시킬 우려가 있는 토양오염관리대상시설로서 환경부령으로 정하는 것"을 특정토양오염관리대상시설로서 특별히 관리하고 있다(§2iv).

■ 표 3-17 특정토양오염관리대상시설

종류	대상범위
1. 석유류의 제조 및 저장시설	「위험물안전관리법 시행령」별표 1의 제4류 위험물중 제1·제2·제3·제4석유류에 해당하는 인화성액체의 제조·저장 및 취급을 목적으로 설치한 저장시설로서 총 용량이 2만리터 이상인 시설(이동탱크저장시설을 제외한다)
2. 유해화학물질의 제조 및 저장시설	「화학물질관리법」제28조에 따른 유해화학물질 영업의 허가를 받은 자가 설치한 저장시설 중 별표 1에 따른 토양오염물질을 저장하는 시설[유기용제류의 경우는 트리클로로에틸렌(TCE), 테트라클로로에틸렌(PCE), 1,2-디클로로에탄 저장시설에 한정한다]
3. 송유관 시설	「송유관안전관리법」제2조 제2호의 규정에 의한 송유관시설중 송유용 배관 및 탱크
4. 기타 위 관리대상시설과 유사한 시설로서 특별히 관리할 필요가 있다고 인정되어 환경부장관이 관계 중앙행정기관의 장과 협의하여 고시하는 시설	

비고: 제1호의 규정에 의한 석유류의 제조 및 저장시설의 용량산출은 다음 각호의 규정에 의한다.
1. 동일한 부지안의 특정토양오염관리대상시설에 대하여는 각 시설의 용량을 합산한다.
2. 부지가 연접되고 특정토양오염관리대상시설의 설치자가 동일한 특정토양오염유발시설에 대하여는 각 시설의 용량을 합산한다.
출전: 토양환경보전법 시행규칙 별표 2

토양오염관리대상시설은 포괄주의에 의하여 동 정의가 포섭할 수 있는 시설을 규율대상으로 하고 있는 데 반하여, 특정토양오염관리대상시설은 열거주의에 의하여 환경부령에서 특정토양오염관리대상시설을 정하도록 규정하고 있다(동법 §2iv, 시행규칙 §1의3, 별표2). 주유소가 대표적인 특정토양오염관리대상시설이다. 특정토양오염관리대상시설이 분명한 반면, 토양오염관리대상시설에 해당하는지 여부는 불분명하다. 토양오염관리대상시설에 해당하면 그 설치자는 그에 따르는 의무를 부담하여야 하므로, 무엇이 이에 해당하는지 여부는 중요한 문제가 된다. 동법은 토양을 오염시킬 우려가 있는 시설·장치·건물·건축물 등을 규정하고 있는데, 폐기물매립지, 폐광지역, 제련소, 화학공장, 매립·소각시설, 미군기지 등 토양오염 가능성이 큰 시설 및 그 부지가 동 시설에 포함될 수 있을 것이다.[16]

'토양오염관리대상시설'은 토양오염물질을 직접 생산 또는 처리하는 시설 등에 한정되는 것이 아니라 토양을 오염시킬 우려가 있는 시설 등이라면 토양오염물질을 포함하거나 배출하는 물품 등을 생산 또는 처리하는 시설 등도 포함한다. 大判 2010.2.11. 2009두20137(토양정밀조사등명령취소)은, 자동차타이어에 포함된 산화아연은 자동차의 운행 중 마모되는 타이어의 입자에 포함되어 있다가 물에 씻겨 토양에 스며들 수 있으므로 택시차고지로서 세차장 및 정

---

16) 김홍균, 804. Cf. 창원地判 2008.12.18. 2007구합3204.

비소를 갖춘 시설은 비록 그 자체로 아연을 생산 또는 처리하는 시설이 아니라 하더라도 토양 오염관리대상시설이라고 보았다.

한편, 위 정의 규정은 2014년 개정된 내용인데, 그 전과 달리 "부지와 토양오염이 발생한 장소"를 제외하고 있다. 이는, 후술하는 바와 같이, 정화책임자가 부담하는 책임이 엄혹하기 때문에 그 범위를 이론의 여지가 없이 확정할 필요가 있기 때문이다.[17] 따라서 개정법에서는 토양오염의 원인이 되는 시설만이 토양오염관리대상시설에 해당하게 되었다. 한편 후술하는 '정화책임자'의 범위에는 토양오염이 발생한 토지를 소유하고 있었거나 현재 소유 또는 점유하고 있는 자가 포함된다(§10의4①iv). 여러 가지 예외사유(동조 ②)가 인정되기는 하나, 토양오염과 관련한 토지에는 여전히 법적 리스크가 존재함을 유의해야 한다.

(2) 특정토양관리대상시설의 설치·운영자

특정토양오염관리대상시설과 관련한 법적 의무의 주체인 설치자에는 설치자 외에 운영자도 포함된다. 설치자는 당해시설을 자기의 계산으로 설치한 자를 의미하므로 시설을 타인에게 위임하여 설치한 경우에는 위임자가 설치자이다. 토지를 양수한 사람 또는 특정토양오염관리대상시설을 운영하는 회사를 인수한 사람이 당해 시설의 운영을 포기한 경우에는 설치 또는 운영이라는 요건을 요구하는 규정의 문면에 반하므로 설치자로 볼 수 없다.

(3) 특정토양오염관리대상시설의 규제체계

특정토양오염관리대상시설은 토양의 주된 오염원이기 때문에 동법은 이에 대하여 집중 관리하고 있다. 규제의 내용을 개관해보면, [그림 3-13]에서 볼 수 있듯이, 특정토양오염관리대상시설은 설치시 신고하고 토양오염방지시설을 설치해야 하고 토양오염도 검사 시 일정요건이 충족되면 각종 규제조치를 이행해야 할 의무가 있다.

---

17) 개정전 "부지와 토양오염이 발생한 장소"는 토양오염물질을 생산·운반·저장·취급·가공 또는 처리함으로써 토양을 오염시킬 우려가 있는 시설·장치·건물·구축물이 설치되어 있는 부지를 포함하므로, 이러한 부지를 양수한 자는 토양환경보전법 제10조의4 소정의 '정화책임자'로 보게 된다. 大判 2009.12.24. 2009두12778(정화조치명령처분취소)("한국철강부지사건") 참조. 오염원인자가 지게 되는 책임은 실로 막대한데, 부지를 매수하는 사람은 토양오염에 관한 문제의식이 없을 수 있고 이 경우 말할 수 없는 낭패를 보게 되는 것이다. 어쨌거나 개정법은 부지를 토양오염관리대상시설에 포함시키지 않고 있다.

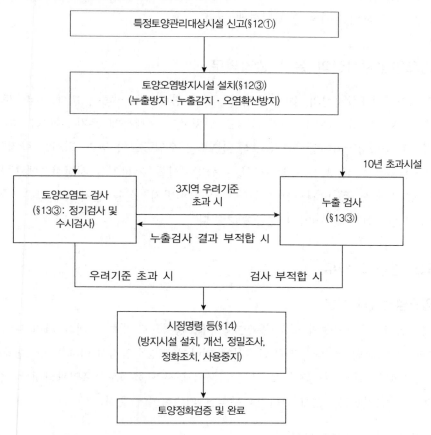

출전: 환경부, 토양환경보전법 업무편람, 21(2016)

2. 특정토양오염관리대상시설의 신고의무

특정토양오염관리대상시설을 설치하려는 자는 대통령령으로 정하는 바에 따라 그 시설의 내용과 토양오염방지시설의 설치계획을 관할 특별자치시장·특별자치도지사·시장·군수·구청장에게 신고하여야 한다. 신고한 사항 중 환경부령으로 정하는 내용을 변경(특정토양오염관리대상시설의 폐쇄 포함)할 때에도 또한 같다(§12①). 「위험물안전관리법」 및 「화학물질관리법」과 그 밖에 환경부령으로 정하는 법령에 따라 특정토양오염관리대상시설의 설치에 관한 허가를 받거나 등록을 한 경우에는 위 신고를 한 것으로 본다. 이 경우 허가 또는 등록기관의 장은 환경부령으로 정하는 토양오염방지시설에 관한 서류를 첨부하여 그 사실을 그 특정토양오염관리대상시설이 설치된 지역을 관할하는 지자체장에게 통보하여야 한다(§12②). 특정토양오염관리대상시설을 신고하지 않고 설치하거나 거짓으로 신고한 사람은 1년 이하의 징역 또는

1천만원 이하의 벌금에 처하며, 특정토양오염관리대상시설의 변경(폐쇄)신고를 하지 않은 사람에게는 200만 원 이하의 과태료를 부과하게 된다.

3. 토양오염방지시설의 설치·관리의무

특정토양오염관리대상시설의 설치·운영자는 대통령령으로 정하는 바에 따라 토양오염을 방지하기 위한 시설(이하 "토양오염방지시설")을 설치하고 적정하게 유지·관리하여야 한다(§12③). 이는 특정토양오염관리대상시설의 부식, 산화 및 오염물질의 누출, 확산을 방지하기 위한 시설로, 그 종류로는 부식 및 산화방지시설, 누출방지시설, 지하매설 저장시설에 대한 누출감지시설, 오염물질 확산 등 방지시설이 있다. 토양오염방지시설을 설치하지 않은 사람은 1년 이하의 징역 또는 1천만 원 이하의 벌금에 처한다.

4. 토양오염검사 의무

(1) 토양오염검사의 신청

특정토양오염관리대상시설의 설치·운영자는 대통령령으로 정하는 바에 따라 토양관련전문기관으로부터 그 시설의 부지와 그 주변지역에 대하여 토양오염검사(이하 "토양오염검사")를 받아야 한다. 동시설의 설치·운영자는 토양오염검사신청서에 특정토양오염관리대상시설의 도면을 첨부하여 토양관련전문기관에 검사 및 분석을 의뢰하여야 한다.

(2) 토양오염검사의 면제 신청

다만, 토양시료(試料)의 채취가 불가능하거나 토양오염검사가 필요하지 아니한 경우로서 대통령령으로 정하는 요건에 해당하여 지자체장의 승인을 받은 경우에는 토양오염검사를 받지 아니한다(§13①). 이 승인을 신청하는 자는 토양관련전문기관의 의견을 첨부하여야 한다. 다만, 여러 개의 같은 종류의 저장시설 중 일부 시설을 폐쇄하는 경우에는 토양관련전문기관의 의견을 첨부하지 아니할 수 있다(§13②). 특정토양오염관리대상시설을 사용하지 않고 휴지(休止)하는 경우에도 검사를 받아야 한다. 다만, 저장시설에 1년 이상 토양오염물질을 저장하지 아니한 경우 등 토양관련전문기관이 토양오염검사가 필요하지 아니하다고 인정하는 경우에는 면제신청을 할 수 있다(동법 시행령 §8의2①iii).

(3) 토양오염도검사와 누출검사

가. 토양오염도검사

토양오염검사는 토양오염도검사와 누출검사로 구분하여 한다. 특정토양오염관리대상시설의 설치·운영자는 오염 정도의 파악을 위해 토양관련전문기관으로부터 정기적으로 토양오염도 검사를 받아야 한다(§13③). 정기 검사 외에도 시설의 사용을 종료 혹은 폐쇄하는 경우 또는 운영자나 저장 오염물질을 변경하는 경우에는 3개월 전부터 사용종료, 폐쇄 혹은 변경일 전일까지의 기간 동안에 토양오염도 검사를 받아야 한다. 특정토양오염관리대상시설에서 토양오염물질이 누출된 사실을 알게 된 때에도 지체 없이 토양오염도 검사를 받아야 한다. 특정토양오염관리대상시설의 토양오염검사를 받지 않은 자에게는 200만 원 이하의 과태료를 부과하게 된다.

▌표 3-18 토양오염도검사 주기

설치 경과년도	토양오염방지시설을 설치한 경우		토양오염방지 시설을 설치하지 않은 경우
	저장시설 설치~15년	15년~	
검사 주기	최초 검사 후 5년마다 1회	2년마다 1회	매년 1회

출전: 환경부, 토양환경보전법 업무편람, 32(2016)

나. 누출검사

누출검사는 저장시설 또는 배관이 땅속에 묻혀 있거나 땅에 붙어 있어 누출 여부를 눈으로 확인할 수 없는 시설로서 환경부령으로 정하는 바에 따라 지자체장이 인정하는 경우에만 실시한다(§13③). 누출검사대상시설은 설치 후 10년이 경과한 날로부터 6개월 이내에 토양관련전문기관으로부터 누출검사를 받아야하며, 그 후 매 8년이 되는 날의 90일 이내에 누출검사를 받아야한다.

▌표 3-19 누출검사 주기

설치 경과년도	누출검사대상시설 설치~10년	누출검사대상시설 설치 10년~
검사 주기	10년 경과 후 1회	8년마다 1회

출전: 환경부, 토양환경보전법 업무편람, 39(2016)

또한 토양오염도검사 결과 토양오염우려기준(시행규칙 별표3의 3지역에 적용되는 기준) 이상으로 토양이 오염된 사실이 확인되었을 때에는 토양오염도검사 결과를 통보받은 날로부터 30일 이내에 누출검사를 받아야한다. 특정토양오염관리대상시설에서 토양오염물질이 누출된 사실을 알게 된 때에도 지체 없이 토양오염도검사와 함께 누출검사를 받아야 한다.

(4) 토양관련전문기관의 검사결과 통보 및 결과보존

검사 및 분석을 의뢰받은 토양관련전문기관은 검사신청서를 받은 날부터 7일 이내에 시료 채취 또는 누출검사를 실시하여야 하고, 시료채취일로부터 14일 이내에 이화학적 분석을 실시하여야 한다. 토양오염검사 종료 후에는 7일 이내에 특정토양오염관리대상시설의 설치·운영자, 관할 지자체장 및 소방서장에게 검사결과를 통보하여야 한다. 검사 결과를 통보받은 설치·운영자는 검사결과를 5년간 보존하여야하며, 이 경우 「전자문서 및 전자거래기본법」 제2조 제1호에 따른 전자문서로 보존할 수 있다(§13④). 특정토양오염관리대상시설의 검사결과를 보존하지 않은 자에게는 200만 원 이하의 과태료를 부과하게 된다.

(5) 정밀한 토양오염검사

관할 지자체장은 위에서 본 토양관련전문기관으로부터 통보받은 토양오염검사 결과를 토대로 정밀한 검사가 필요하다고 인정되는 경우에는 ① 유역환경청 또는 지방환경청, ② 시·도 보건환경연구원에 토양오염검사를 의뢰할 수 있다(§13⑥, 시행규칙 §17의2).

5. 특정토양오염관리대상시설에 대한 규제명령

(1) 규제명령의 요건 및 내용

지자체장의 규제명령이 발동되기 위해서는 특정토양오염관리대상의 설치·운영자가 다음 중 어느 하나의 경우에 해당하면 특정토양오염관리대상의 설치·운영자에 대하여 대통령령으로 정하는 바에 따라 기간을 정하여 ① 토양오염방지시설의 설치·개선, ② 그 시설의 부지 및 주변지역에 대한 토양관련전문기관에 의한 토양정밀조사, 또는 ③ 오염토양의 정화조치를 할 것을 명할 수 있다(§14①).

1. 토양오염방지시설을 설치하지 아니하거나 그 기준에 맞지 아니한 경우
2. 제13조 제3항에 따른 토양오염도검사 결과 우려기준을 넘는 경우
3. 제13조 제3항에 따른 누출검사 결과 오염물질이 누출된 경우

지자체장은 위 요건 중 어느 하나가 충족되면 이 경우 위 조치 중 하나만을 명할 수도 있고 여러 조치를 함께 명할 수도 있다. 당해 사건의 상황이 엄중함에도 해당 행정청이 위 조치

를 명하지 않는 경우, 이 부작위는 인인(隣人)의 환경이익에 대한 침해를 방기하는 것으로 위법을 면치 못할 것이다.[18] 한편 토양관련전문기관은 위 토양정밀조사를 하였을 때에는 조사결과를 지체 없이 특정토양오염관리대상시설의 설치·운영자 및 관할 지자체장에게 통보해야 한다(§14②). 오염토양의 정화조치에 관하여는 후술한다.

특정토양오염관리대상시설의 현재의 설치·운영자가 토양오염에 전혀 기여한 바가 없는 경우, 이들에 대하여 정화조치명령을 내릴 수 있는가가 핵심이 되는 논제이다. 오염원인자 책임의 원칙이나 자기책임의 원칙상 오염에 대한 기여가 전무한 현재의 설치·운영자에 대하여, 동인들이 적어도 당해 토양오염관리대상시설을 설치·운영한 이후에도 토양오염물질의 누출이 계속된 경우가 아닌 한 동 명령을 내릴 수 없다고 하는 견해가 있다. 반론은 행정법상의 책임이 원칙적으로 '행위'책임이라기보다는 '상태'책임이고 현재의 설치·운영자에 대해서도 동 명령을 내릴 수 있는 것으로 규정한 토양환경보전법의 문언을 근거로 들 수 있다. 생각건대 단순히 오염된 토양 위에 특정토양오염관리대상시설을 설치·운영하고 있다는 것만으로 책임을 묻는 것은 당사자에게 지나치게 가혹한 결과로 보인다. 따라서 적어도 현재의 설치·운영자가 당해 특정토양오염관리대상시설을 설치·운영한 이후에도 토양오염물질의 누출이 계속된 경우에 한하여 책임을 물을 수 있다고 보는 것이 합리적이다.[19] 다만, 이 경우 입증책임은 당해 시설의 설치·운영자가 진다고 보아야 한다. 왜냐하면 당해 시설을 지배하고 있는 자가 설치·운영자이므로 증거에의 접근성에서 행정청보다 월등히 우월한 지위에 있기 때문이다. 또한 이렇게 새기는 것이 토양환경보전법의 문언에도 부합한다. 이에 관해서는 오염원인자의 배상·정화책임 부분에서 상술한다.

(2) 사용중지명령

그런데 지자체장은 특정토양오염관리대상시설의 설치·운영자가 위 명령을 이행하지 않거나 그 명령을 이행하였더라도 그 시설의 부지 및 그 주변지역의 토양오염의 정도가 동법 제15조의3 제1항에 따른 정화기준 이내로 내려가지 아니한 경우에는 ④ 그 특정토양오염관리대상시설의 사용중지를 명할 수 있다(§14③).

(3) 명령의 이행완료 보고

위 조치명령 또는 중지명령을 받은 자가 그 명령을 이행하였을 때에는 환경부령으로 정하는 바에 따라 지체 없이 이를 "지자체장"에게 보고하여야 한다. 이 경우 "지자체장"은 환경부령으로 정하는 바에 따라 명령 이행 상태를 확인하여야 한다(§15의2 ①).

---

18) 同旨, 김홍균, 806.
19) 同旨, *id*; 황창식, "기업의 인수·합병과 토양오염," **환경문제연구총서** Ⅸ, 129-130 (2001).

Ⅳ. 토양오염방지조치

여기서 [그림 3-12] 토양환경관리체계를 다시 보자. 토양오염에 대한 관리 혹은 규제는 위 그림에서 볼 수 있듯이, 토양오염의 발견(·측정), 토양오염의 조사(·확인), 오염토양에 대한 정화의 세 가지 단계로 구성된다. 그리하여 토양오염을 발견하면, 이에 대하여 규제조치가 필요한지 여부를 결정하기 위하여 그 토양오염이 우려기준을 초과하는 여부를 확인하기 위하여 토양정밀조사를 실시하고, 그 결과 우려기준이나 대책기준을 초과하면 정화에 들어가는데, 우려기준을 초과하면 토양오염방지조치명령이 내려지게 되고(§15), 대책기준을 초과하면 토양보전대책지역 지정과 대책계획수립 및 시행이 내려지게 된다(§18). 여기서는 우려기준을 초과한 경우 내려지는 토양오염방지조치명령을 살핀다.

1. 오염토양관리실무의 3대 기본원칙

환경부 토양환경보전실무에 있어서 확립된 3대 기본원칙이 있다. 첫째, 오염토양은 **반드시 정화**하여야 하고, 둘째, 정화토양의 재사용을 통한 **자원으로서의 토양가치를 유지**해야 하며, 셋째, **오염발생 부지 내 정화**를 통한 전국토의 오염토양 분산·확산 억제가 그것이다.

2. 토양정밀조사명령

토양오염방지조치가 시행되기 위하여는 토양정밀조사가 선행되어 그로부터 우려기준을 초과한 오염물질의 종류, 범위 및 양이 확인된 경우에 한하여 토양오염방지조치를 시행한다. 그리하여 지자체장은 ① 제5조 제4항 제1호 소정의 상시측정의 결과 우려기준을 넘거나 또는 ② 동항 제2호 소정의 토양오염실태조사의 결과 우려기준을 넘는 지역의 정화책임자에 대하여 대통령령으로 정하는 바에 따라 기간을 정하여 토양관련전문기관으로부터 토양정밀조사를 받도록 명할 수 있다(§15①). 이에 따라 토양정밀조사를 수행한 토양관련전문기관은 정화책임자 및 관할 지자체장에게 조사결과를 지체 없이 통보하여야 한다(§15②).

3. 토양오염방지조치명령의 요건과 내용

지자체장은 상시측정, 토양오염실태조사 또는 토양정밀조사의 결과 **우려기준을 넘는 경우**에는 대통령령으로 정하는 바에 따라 기간을 정하여 다음의 조치를 하도록 정화책임자에게 명할 수 있다.[20] 다만, 정화책임자를 알 수 없거나 정화책임자에 의한 토양정화가 곤란하다고 인정하는 경우에는 "지자체장"이 오염토양의 정화를 실시할 수 있다(§15③). 오염토양의 정화에 관하여는 후술한다.

1. 토양오염관리대상시설의 개선 또는 이전
2. 해당 토양오염물질의 사용제한 또는 사용중지
3. 오염토양의 정화

한편, 토양환경보전실무에 의하면, 위 조치 중 **시설개선·이전, 사용제한, 사용중지 명령**은 토양오염도검사(누출검사) 결과 **오염원의 지속적 누출 및 누출개연성이 확인된 경우**에 부과할 수 있고, **오염토양의 정화 명령**은 토양정밀조사로부터 우려기준 이상의 오염이 확인된 경우에 부과할 수 있다.[21]

한편, 환경부장관은 제5조에 따른 토양오염도 측정 결과 우려기준을 넘는 경우에는 관할 "지자체장"에게 위와 같은 조치명령을 할 것을 요청할 수 있다(§15⑥). "지자체장"은 환경부장관의 요청을 받았을 때에는 토양오염방지조치명령을 하여야 하며, 그 조치명령의 내용 및 결과를 환경부령으로 정하는 바에 따라 환경부장관에게 보고하여야 한다(§15⑦).

4. 명령의 이행완료 보고

위 조치명령 또는 중지명령을 받은 자가 그 명령을 이행하였을 때에는 지체 없이 이를 "지자체장"에게 보고하여야 한다. 이 경우 "지자체장"은 관계공무원으로 하여금 서류 및 현장조사를 통하여 지체 없이 그 명령의 이행 상태를 확인하여야 한다(§15의2①).

V. 오염토양의 정화

먼저 강조할 것은 오염토양에 대한 정화조치는 물론이고 토양정밀조사 자체에도 엄청난 비용이 든다는 사실이다. 이는 국민의 입장에선 권익침해를 의미하므로 오염토양의 정화조치는 법치행정의 원칙에 따라 명해져야 한다. 가령 오염토양의 정화 시 어느 정도 정화해야 하는지에 관하여는 의견이 갈릴 수 있으므로 이 또한 그 기준과 방법, 기타 토양정화의 시작부터 끝까지 생길 수 있는 논점에 관하여 미리 정할 필요가 있다. 동법 제15조의3 및 동법 시행

---

20) 지자체장은 정화책임자에게 토양오염방지조치의 명령을 할 때에는 토양오염물질 및 시설의 종류·규모 등을 감안하여 2년의 범위에서 그 이행기간을 정하여야 하며, 공사의 규모·공법 등으로 인하여 부득이하게 제1항의 이행기간 내에 조치명령을 이행하기 어려운 사유가 있는 자에 대해서는 매회 1년의 범위에서 2회까지 그 이행기간을 연장할 수 있다(동법 시행령 §9의2).
21) 환경부, **토양환경보전법 업무편람**, 67 (2016).

령·시행규칙은 이를 규정하고 있다. [그림 3−14]와 [그림 3−15]는 토양정화업무의 흐름과 절차를 각각 보여주고 있다.

▌그림 3−14 토양정화업무 흐름도

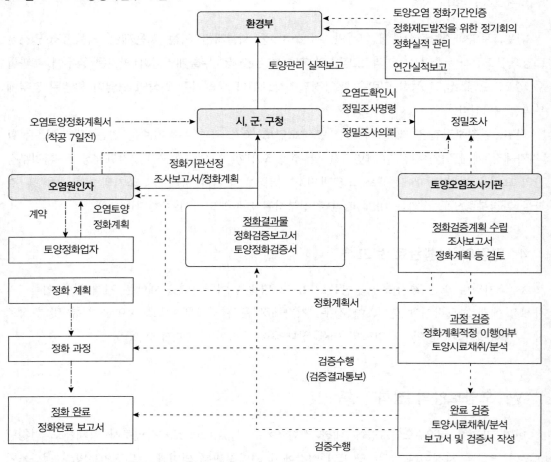

출전: 환경부, 토양환경보전법 업무편람, 68(2016)

▌그림 3-15 오염토양 정화단계별 행정절차

절차	행위자	대상자	비고
조치명령 (법 §15③)	관할 지자체장	오염원인자	오염지역의 위치, 범위 등 포함
타당성 평가/설계	오염원인자	토양정화업자 토양오염조사기관 등	원인자는 토양정화업자를 선정 하여 토양정화를 진행
오염토양 정화계획서 제출 (시행규칙 §19의6)	오염원인자	관할 지자체장	공사 착공일 7일 전에 제출
오염토양 정화공사 (법 §15의3)	오염원인자	토양정화업자	계획변경시 지자체에 신고 최초 정화기간: 2년 이내(2회에 걸쳐 각 1년 이내 연장가능
토양정화 검증 (법 §15의6)	오염원인자	토양오염조사기관	오염토양의 규모 및 오염정도에 따라 과정검증, 완료검증 실시
토양정화 완료	오염원인자	관할 지자체장	정화완료보고서, 토양정화 검증서를 관할지자체에 제출

출전: 환경부, 토양환경보전법 업무편람, 69(2016)

1. 오염토양정화의 책임자와 책임발생의 요건

토양환경보전법 제10조의4에서 정한 요건에 해당하는 정화책임자는 오염토양의 정화를 하여야 한다. 이에 관하여는 뒤에서 상술(詳述)한다. 해당 토지에 다음의 사태가 벌어지면 정화책임자는 그 토양에 대하여 오염토양의 정화의 책임을 지게 된다.

1. 토양오염의 신고 등으로 오염도 조사를 실시한 결과 우려기준을 넘는 토양(법 §11③)
2. 특정토양오염관리대상시설의 부지 및 부지 주변의 토양오염도 검사 결과 우려기준을 초과하는 토양 및 누출검사결과 오염물질의 누출이 확인된 토양(법 §14①)
3. 토양오염도 상시측정 또는 토양오염실태조사 및 정밀조사 결과 우려기준을 넘는 토양(법 §15 ① 및 ③)
4. 대책기준을 초과하는 지역이나 기타 토양보전대책지역으로 지정되어 토양보전대책에 관한 계

획이 수립된 경우 그 계획에 포함된 오염토양 개선사업의 전부 또는 일부의 대상이 된 토양 (법 §19①)

2. 오염토양 정화의 기준 및 방법

(1) 오염토양 투기금지의 원칙

오염토양의 정화에는 예측치 못한 엄청난 비용이 소요된다. 당사자라면 누구나 이 책임을 회피하려고 할 것이다. 따라서 토양환경보전법은 오염토양의 투기를 금지하고 있다. 즉 누구든지 ① 오염토양을 버리거나 매립하는 행위, ② 보관, 운반 및 정화 등의 과정에서 오염토양을 누출·유출하는 행위, ③ 정화가 완료된 토양을 그 토양에 적용된 것보다 엄격한 우려기준이 적용되는 지역의 토양에 사용하는 행위를 해서는 안 된다(§15의4). ①의 행위를 한 사람은 2년 이하의 징역 또는 2천만원 이하의 벌금에 처하고, ②·③의 행위를 한 사람은 1년 이하의 징역 또는 1천만원 이하의 벌금에 처한다.

(2) 정화기준·방법 법정(法定)의 원칙

오염토양은 대통령령으로 정하는 정화기준 및 정화방법에 따라 정화해야 한다(§15의3①). 시행령 제10조에 의하면 오염토양의 정화기준은 동법 제4조의2에 따른 우려기준으로 하며(동법 시행령 §10①), 오염토양의 정화방법은 다음과 같다(동법 시행령 §10②).

1. 미생물이나 식물을 이용한 오염물질의 분해·흡수 등 생물학적 처리
2. 오염물질의 차단·분리추출·세척처리 등 물리·화학적 처리
3. 오염물질의 소각·분해 등 열적 처리

(3) 정화위탁의 원칙

오염토양은 토양정화업자에게 위탁하여 정화하여야 한다. 다만 유기용제류(有機溶齊類)에 의한 오염토양 등 시행령으로 정하는 종류와 규모에 해당하는 오염토양은 정화책임자가 직접 정화할 수 있다(§15의3②). 시행령은 군부대시설안의 오염토양 또는 군사활동으로 인한 오염토양으로서 그 양이 50세제곱미터 미만인 것과 유기용제 또는 유류에 의한 오염토양으로서 그 양이 5세제곱미터 미만인 것을 직접 정화의 대상으로 정하고 있다(동법 시행령 §11).

(4) 현장정화의 원칙

가. 원칙

오염토양을 정화할 때에는 오염이 발생한 해당 부지에서 정화하여야 한다(§15의3③). 오염

발생 부지 내 정화를 원칙으로 하는 것은 전국토의 오염토양 분산·확산 억제를 위해서다.

나. 반출정화의 예외

부지의 협소 등 시행규칙으로 정하는 불가피한 사유로 그 부지에서 오염토양의 정화가 곤란한 경우에는 토양정화업자가 보유한 시설로 오염토양을 반출하여 정화할 수 있다. 동 시행규칙 제19조는 토양오염물질 운송차량의 전복 등 긴급한 사고로 인한 오염토양으로서 즉시 처리하여야 하는 경우나 오염토양의 양이 5세제곱미터 미만으로서 현장에서 정화하는 때에는 정화효율이 현저하게 저하되는 경우 등을 열거하고 있다. 이 경우 오염토양을 반출하여 정화하려는 자는 오염토양반출정화계획서를 관할 특별자치시장·특별자치도지사·시장·군수·구청장에게 제출하여 적정통보를 받아야 한다(동조 ④). 특별자치시장·특별자치도지사·시장·군수·구청장장은 이에 따라 제출된 오염토양반출정화계획서에 관한 반출정화의 예외에 해당하는지, 오염토양의 반출·정화계획이 적정한지를 검토한 후 그 적정 여부를 오염토양반출정화계획서를 제출한 자에게 통보하여야 한다(동조 ⑤). 위 적정통보를 받은 자는 오염토양을 반출·운반·정화하거나 정화된 토양을 사용할 때마다 토양 인수인계서를, 환경부장관이 오염토양의 반출·운반·정화 또는 사용 과정을 전산처리하기 위하여 만든 "오염토양 정보시스템"에 입력하여야 한다(동조 ⑥, ⑨).[22]

(5) 오염토양 정화자의 행위제한

오염토양을 정화하는 자는 다음 오염토양에 다른 토양을 섞어서 오염농도를 낮추는 행위나 오염토양을 반출하여 정화하는 경우 등록한 시설의 용량을 초과하여 오염토양을 보관하는 행위를 하여서는 아니 된다(동조 ⑦).

3. 토양정화의 검증

오염토양의 위탁처리의 원칙은 토양정화의 전문성이 있는 토양정화업자로 하여금 오염토양을 정화하도록 함으로써 토양정화에 만전을 기하기 위한 것이다. 그러나 정화책임자가 토양정화를 위탁함으로써 자신의 책임을 다한 것으로 하게 되면, 정화위탁은 오히려 정화책임자가 그 책임을 회피하는 수단으로 전락할 수 있다. 토양정화업의 영세성을 감안하면 이러한 우려는 결코 과장된 것이 아니다. 그리하여 토양환경보전법은 정화책임자가 오염토양을 정화하기

---

22) 한편, 환경부장관은 오염토양을 반출하여 정화하거나 정화된 토양을 재활용하기 위하여 토양정화에 필요한 시설을 일정 지역에 집중시켜 효율적으로 토양정화를 할 필요가 있다고 인정되는 경우에는 국유재산 중 환경부장관이 관리하는 토지를 토양관리단지로 지정할 수 있다(§15의7).

위하여 토양정화업자에게 토양정화를 위탁하는 경우에는 제23조의2 제2항 제2호 소정의 토양오염조사기관으로 하여금 정화과정 및 정화완료에 대한 검증을 하게 할 것을 규정하고 있다(§15의6① 본문). 다만, 토양정밀조사를 한 결과 오염토양의 규모가 작거나 오염의 농도가 낮은 경우 등 오염토양이 시행령으로 정하는 규모 및 종류에 해당하는 경우에는 정화과정에 대한 검증을 생략할 수 있다(§15의6① 단서).

한편, 정화책임자가 위와 같이 토양오염조사기관으로 하여금 오염토양의 정화과정 및 정화완료에 대한 검증을 하게 할 때에는 오염토양정화계획을 작성하여 관할 특별자치시장·특별자치도지사·시장·군수·구청장에게 제출하여야 한다(§15의6②). 또한 토양정화업자가 정화과정 및 정화완료에 대한 검증을 받는 경우 토양관련전문기관에 의한 검증이 완료되지 아니한 상태에서 오염토양을 반출하여서는 아니 된다(§15의6⑤).

4. 위해성평가

(1) 위해성평가에 기반한 오염토양관리의 의의

현행법은 토양오염이 발생한 경위나 토양오염이 발생한 부지의 특수성을 고려하지 않고 토양오염우려기준을 초과하면 무조건 토양환경보전법 소정의 토양정화를 하도록 규정되어 있다. 이는 전술한 바와 같이 정화책임자에게는 자칫 현실을 무시한 경직된 규제로 인하여 불필요한 비용을 초래하는 것으로 인식될 수 있다. 반면, "위해성평가(risk assessment)"에 기반한 오염토양정화제도는 토양오염지역을 정화하기 전에 위해성평가를 실시하고 당해 부지의 실질적 위해 정도에 따라 토양정화의 범위, 시기 및 수준을 결정할 수 있도록 함으로써 토양정화의 합리성을 제고하려는 제도이다. 그런데 미국, 독일에서는 이미 위해성평가를 포함하는 "위해성(risk)"의 정도에 기반한 오염부지관리를 하고 있으나 토양환경보전법은 토양오염우려기준을 초과하는 경우에는 오염토양을 정화를 하는 것을 원칙으로 하고 다만 예외적으로 위해성평가를 실시하도록 하고 있다. 이에 위해성평가에 기반한 오염토양정화가 적극적으로 연구되어야 한다는 견해가 제기되고 있다.[23] 그러나 실무상 위해성평가가 정화의 면제로 이해되는 경향이 있는 것이 사실이므로 이런 위험성을 염두에 두면서 제도개선책을 마련해야 할 것이다.

(2) 위해성평가의 요건

환경부장관과 지자체장은 위해성평가기관(§23의2②i에 따라 지정됨)으로 하여금 오염물질의 종류 및 오염도, 주변 환경, 장래의 토지이용계획과 그 밖에 필요한 사항을 고려하여 위해성

---

23) 이에 관한 연구로는 김도형, "위해도 기반의 오염부지관리를 위한 법제화 방안에 관한 연구," 한양대학교 박사학위 논문 (2019) 참조.

평가, 즉 해당 부지의 토양오염물질이 인체와 환경에 미치는 위해의 정도를 평가하게 할 수 있다(§15의5①). 위해성평가는 제한적으로 허용되고 있는데, 다음의 하나에 해당하는 경우에만 실시할 수 있다(§15의5②).

1. 국유재산 등에 대하여 토양정화를 하려는 경우(§6의3)
2. 정화책임자를 알 수 없거나 정화책임자에 의한 토양정화가 곤란하다고 인정하여 시·도지사 또는 시장·군수·구청장이 오염토양을 정화하려는 경우(§15③ 단서)
3. 정화책임자가 존재하지 아니하거나 정화책임자에 의한 오염토양 개선사업의 실시가 곤란하다고 인정되어 특별자치시장·특별자치도지사·시장·군수·구청장이 오염토양 개선사업을 하려는 경우(§19③)
4. 자연적인 원인으로 인한 토양오염이라고 대통령령으로 정하는 방법에 따라 입증된 부지의 오염토양을 정화하려는 경우(제15조의3 제3항 단서에 따라 오염토양을 반출하여 정화하는 경우는 제외한다)
5. 그 밖에 위해성평가를 할 필요가 있는 경우로서 대통령령으로 정하는 경우[24]

(3) 위해성평가의 효과

환경부장관과 지자체장은 위해성평가 결과를 토양정화의 범위, 시기 및 수준 등에 반영할 수 있다(§15의5①). 지자체장 및 정화책임자가 위해성평가의 결과를 토양정화의 시기, 범위 및 수준 등에 반영하려는 경우에는 환경부장관에게 미리 검증을 받아야 한다(동조 ③). 위해성평가의 항목·방법 및 그 밖에 필요한 사항과 위해성평가 결과의 검증 절차와 방법 등은 환경부령으로 정한다(동조 ④).

Ⅵ. 토양보전대책지역의 지정·관리

1. 개설

이제까지의 논의는 토양오염우려기준 초과 시의 규제체계에 관한 것이라면, 여기서는 토양오염우려기준은 물론 토양오염대책기준을 초과한 경우의 규제체계를 살펴보려고 한다. 대책기준은 "우려기준을 초과하여 사람의 건강 및 재산과 동·식물의 생육에 지장을 주어서 토양오염에 대한 대책을 필요로 하는 토양오염의 기준"을 말한다(§16). 토양오염대책기준을 초과하는

---

[24] 현재 시행령으로 인정된 예외는 "도로, 철도, 건축물 등 시설물 아래의 오염토양(국가, 지방자치단체 또는 「공공기관의 운영에 관한 법률」 제4조에 따른 공공기관이 정화책임자인 경우로 한정한다)을 정화하려는 경우로서 환경부장관이 환경부령으로 정하는 바에 따라 위해성평가가 필요하다고 인정하는 경우"뿐이다(동법 시행령 §11의2④).

지역은 토양오염대책지역으로 지정되고 "오염토양개선사업"을 실시하여야 한다. 오염토양개선 사업은 실로 개인이 감당할 수 없을 정도의 비용이 소요되는 것이어서, 토양오염이 대책기준을 초과하지 않도록 사전에 방지하는 것이 중요하다. 그럼에도 불구하고 일부 지역에서 대책기준을 초과하는 사태가 발생하면, 정부는 과감한 대책을 강구해야 한다. 사람의 생명·건강에 중대한 위해를 끼치기 때문이다.

2. 토양보전대책지역의 지정

환경부장관은 ① 대책기준을 넘는 지역이거나 ② 대책기준을 넘지 않더라도 특별자치시장·특별자치도지사·시장·군수·구청장이 관할구역 중 특히 토양보전이 필요하다고 인정하는 지역에 대해서는 관계 중앙행정기관의 장 및 관할 시·도지사와 협의하여 토양보전대책지역(이하 "대책지역")으로 지정할 수 있다(§17① 본문). 다만 동법 시행령으로 정하고 있는 지역, 즉 ① 재배작물중 오염물질함량이 「식품위생법」 제7조의 규정에 의한 중금속잔류허용기준을 초과한 면적이 1만제곱미터 이상인 농경지 ② 중금속·유류 등 토양오염물질에 의하여 토양·지하수 등이 복합적으로 오염되어 사람의 건강에 피해를 주거나 환경상의 위해가 있어 특별한 대책이 필요한 지역에 대해서는 환경부장관은 해당 지역에 대하여 대책지역으로 지정하여야 한다(§17① 단서). 환경부장관이 대책지역을 지정할 때에는 그 지역의 위치, 면적, 지정 연월일, 지정 목적과 그 밖에 동법 시행규칙으로 정하는 사항을 고시하여야 한다.

3. 토양보전대책계획의 수립·시행

특별자치시장·특별자치도지사·시장·군수·구청장은 대책지역에 대하여는 토양보전대책에 관한 계획(이하 "대책계획")을 수립하여 관할 시·도지사와의 협의를 거친 후 환경부장관의 승인을 받아 시행하여야 한다(§18①). 대책계획에 포함되어야 할 사항은 ① 오염토양 개선사업, ② 토지 등의 이용방안, ③ 주민건강 피해조사 및 대책, ④ 피해주민에 대한 지원 대책, ⑤ 그 밖에 해당 대책계획을 수립·시행하기 위하여 필요하다고 인정하여 동법 시행규칙으로 정하는 사항이다(동조 ②). 특별자치시장·특별자치도지사·시장·군수·구청장은 위 피해주민에 대한 지원대책에 소요되는 비용의 일부를 그 정화책임자에게 부담하게 할 수 있다(동조 ③). 환경부장관은 대책계획을 승인할 때에는 관계 중앙행정기관의 장과 협의하여야 하며, 대책계획을 승인하였을 때에는 이를 관계 중앙행정기관의 장에게 통보하고 필요한 조치를 하여 줄 것을 요청할 수 있다. 이 경우 관계 중앙행정기관의 장은 특별한 사유가 없으면 이에 따라야 한다(동조 ⑥). 특별자치시장·특별자치도지사·시장·군수·구청장은 대책계획의 시행 결과를 환경부장관에게 보고하여야 한다(§18의2).

4. 오염토양 개선사업

토양환경보전법은 특별자치시장·특별자치도지사·시장·군수·구청장에게 위 ① 오염토양 개선사업의 전부 또는 일부의 실시를 그 정화책임자에 대하여 명할 수 있는 권한을 부여하고 있다. 이 명령을 이행하지 아니하는 경우, 특별자치시장·특별자치도지사·시장·군수·구청장은 대집행을 하고 그 비용을 정화책임에게 징수할 수 있다(§24v). 이 경우 특별자치시장·특별자치도지사·시장·군수·구청장은 토양보전을 위하여 필요하다고 인정하면 환경부령으로 정하는 토양관련전문기관으로 하여금 오염토양 개선사업을 지도·감독하게 할 수 있다(§19①).

정화책임자가 오염토양 개선사업을 하려는 경우에는 오염토양 개선사업계획을 작성하여 특별자치시장·특별자치도지사·시장·군수·구청장의 승인을 받아야 한다. 승인받은 사항 중 환경부령으로 정하는 중요사항을 변경하려는 경우에도 또한 같다(동조 ②). 그런데 정화책임자가 존재하지 아니하거나 정화책임자에 의한 오염토양 개선사업의 실시가 곤란하다고 인정할 때에는 특별자치시장·특별자치도지사·시장·군수·구청장이 그 오염토양 개선사업을 할 수 있다(동조 ③). 특별자치시장·특별자치도지사·시장·군수·구청장이 오염토양 개선사업을 하는 경우로서 기술 부족, 사업비 과다 등의 사유로 그 실시가 곤란한 경우에는 특별자치시장·특별자치도지사·시장·군수·구청장의 요청에 따라 환경부장관 또는 시·도지사는 그 사업에 대하여 기술적·재정적 지원을 할 수 있다(동조 ⑤).

5. 토지이용 등의 제한 및 행위제한

대책지역의 토양오염 상태는 사람이 거주할 수 없을 정도로 심각할 것으로 예측된다. 상황이 이러하기 때문에 토양환경보전법은 대책지역 안에서 그 지정 목적을 해할 우려가 있다고 인정되는 토지이용 또는 시설설치를 제한할 수 있도록 특별자치시장·특별자치도지사·시장·군수·구청장에게 수권하고 있고(§20), 각종 토양오염물질의 투기행위를 금지하고 있다(§21). 대책지역에서 금지되는 행위로는 「물환경보전법」 제2조 제8호에 따른 특정수질유해물질, 「폐기물관리법」 제2조 제1호에 따른 폐기물, 「화학물질관리법」 제2조 제7호에 따른 유해화학물질, 「하수도법」 제2조 제1호·제2호에 따른 오수·분뇨 또는 「가축분뇨의 관리 및 이용에 관한 법률」 제2조 제2호에 따른 가축분뇨의 토양투기이다(§21①). 또한 대책지역에서 그 지정 목적을 해할 우려가 있다고 인정되는 동법 시행령 소정의 시설을 설치해서는 안 되고(동조 ②), 이와 같이 금지되는 행위 또는 시설의 설치로 인하여 토양이 오염되었거나 오염될 우려가 있다고 인정하는 경우에는 해당 행위자 또는 시설의 설치자에게 토양오염물질의 제거나 시설의 철거를 명할 수 있다(동조 ③). 이 명령을 이행하지 아니하는 경우, 특별자치시장·특별자치도지사·시장·군수·구청장은 대집행을 하고 그 비용을 명령위반자에게 징수할 수 있다(§24v).

6. 대책지역의 지정해제

환경부장관은 대책지역이 ① 대책계획의 수립·시행으로 토양오염의 정도가 제15조의3 제 1항에 따른 정화기준, 즉 우려기준 이내로 개선된 경우, ② 공익상 불가피한 경우, ③ 천재지변이나 그 밖의 사유로 대책지역으로서의 지정 목적을 상실한 경우에 그 지정을 해제하거나 변경할 수 있다(§22①).

제5절 | 토양오염의 법적 책임

토양오염의 법적 책임에 관하여는 헌법과 환경정책기본법, 토양환경보전법, 「환경오염피해 배상책임 및 구제에 관한 법률」 및 민법에 의하여 규율된다. 토양환경보전법은 토양오염으로 인하여 피해가 발생한 때 피해를 배상하고 오염된 토양을 정화할 책임의 소재에 대하여 동법 제10조의3과 제10조의4에서 규정하고 있다. 제10조의3은 토양오염으로 인한 책임이 무과실책임을 명정하고, 제10조의4는 정화책임자를 중심으로 토양오염에 따르는 책임을 구체적으로 규정하고 있다. 즉 토양환경보전법 제10조의4에서 정한 요건에 해당하는 정화책임자는 토양정밀조사, 오염토양의 정화 또는 오염토양개선사업의 실시(이하 "토양정화 등")를 하여야 한다.

제1항 토양오염책임에 관한 특별 원칙

환경침해를 민법상 불법행위로 구성하고 그에 대한 책임을 추궁하기 위해서는 고의·과실, 인과관계에 대한 입증이 요구된다. 그러나 환경침해에서는, 계속성, 광역성, 간접성, 지위의 비호환성, 가해자의 수익성 등, 그 특수성으로 말미암아 민법의 일반 법리로는 '손해의 공평한 분담'이라는 손해배상제도의 이상을 실현할 수 없다. 특히 토양오염은 육안으로 쉽게 식별될 수 없고 인과관계도 복잡하기 때문에 오염원인자의 주관적인 주의의무 위반 여부를 따지기 어렵다. 이런 사정에서 배상책임의 요건으로 과실을 요구하는 것은 오염원인자의 배상책임에 대한 면죄부로 작용할 가능성이 농후하다. 따라서 민법상 과실책임·자기책임(自己責任)의 원칙은 환경오염으로 인한 피해에 관한 한 그 교정이 불가피하다. 이와 같은 이유로 토양환경보전법은 환경정책기본법의 그것과는 별도로 토양환경오염에 관한 무과실책임을 비롯한 특칙을 규정하고 있다.

I. 오염원인자비용부담의 원칙

환경정책기본법 제7조는 "자기의 행위 또는 사업활동으로 환경오염 또는 환경훼손의 원인을 발생시킨 자는 그 오염·훼손을 방지하고 오염·훼손된 환경을 회복·복원할 책임을 지며, 환경오염 또는 환경훼손으로 인한 피해의 구제에 드는 비용을 부담함을 원칙으로 한다."라고 규정하여 오염원인자비용부담의 원칙을 선언하고 있다. 이 원칙은 제1편 환경법 총론에서 살핀 바와 같이 원리와 규칙의 구분에 있어서 '원리'에 해당한다고 본다.

한편, 이 원칙은 민법상 불법행위책임에 관한 자기책임주의와 그 궤를 같이 하는 것으로 오염된 환경의 회복이나 피해의 구제 측면에서는 특별한 의미가 없다. 다만, 오염의 방지를 위한 정책을 설계하는 데 있어 그 의미를 찾을 수 있을 뿐이다. 그런데 「환경개선비용부담법」이 오염원인자에 대하여 단지 비용부담책임만을 지우는 것에 그치는 반면, 환경정책기본법과 토양환경보전법은 나아가 오염원인자에게 직접 토양오염을 방지·제거·회복시켜야 할 책임까지 지우는 데 그 특색이 있다(토양환경보전법 §15).

II. 무과실책임의 원칙

1. 무과실책임의 성격과 효력

환경정책기본법은 무과실책임의 원칙을 "환경오염 또는 환경훼손으로 피해가 발생한 경우에는 해당 환경오염 또는 환경훼손의 원인자가 그 피해를 배상하여야 한다."라고 규정하고 있는 반면(§44①), 토양환경보전법은 "토양오염으로 인하여 피해가 발생한 경우 그 오염을 발생시킨 자는 그 피해를 배상하고 오염된 토양을 정화하는 등의 조치를 하여야 한다."라고 규정하여 토양오염의 경우 무과실책임을 구체화함과 동시에 강화하고 있다(§10의3). 따라서 토양오염의 경우에는 피해배상뿐 아니라 토양정화에 대해서도 오염원인자는 무과실책임을 지게 된다. 이 원칙은 '규칙'에 속한다.

(1) 무과실책임의 법적 성격

토양환경보전법상의 무과실책임의 원칙은 해석상 많은 논점을 제시하고 있다. 먼저, 제10조의3의 성격에 관하여는 견해가 갈린다. 우선, 제10조의4 규정이 공법상 책임을 규정한다는 데 대하여는 이론(異論)이 없다. 따라서 이를 근거로 하여 민사상 청구를 할 수는 없다.[25]

반면 제10조의3에 관하여는 동조는 사법상 책임만을 규정한 것이라는 견해("배상책임설"

---

25) 同旨, 김홍균, 812.

),[26] 한 걸음 더 나아가 민법 규정과 달리 동조는 배상책임뿐만 아니라 오염된 토양을 정화하는 등의 조치를 할 의무를 새로이 부담시키는 것이므로 토양오염으로 인한 피해자는 동 조항을 근거로 오염원인자에게 손해배상과 함께 토양정화의 이행을 요구할 수 있다는 견해("**이행책임설**"),[27] 마지막으로 동조는 토양오염으로 인한 민사상 책임과 행정법상 책임 모두를 규정하는바, 즉 제10조의3은 "피해를 배상하고 오염된 토양을 정화하는 등의 조치를 하여야 한다."라고 규정하고 있는바 앞부분은 민사상 손해배상책임을, 뒷부분은 토양환경보전법상의 정화책임을 규정하고 있다는 견해가 있다("**혼합책임설**").[28]

생각건대 혼합책임설이 타당하다. 이행책임설은 지나친 감이 있다. 민법은 불법행위의 경우에 '금전배상의 원칙'을 채택하고 있는데, 제10조의3이 이런 대원칙을 변경하는 것이라면 보다 분명한 표현이 필요할 것이다. 동조의 표현을 보면, "오염된 토양을 **정화하는 등의 조치를 하여야 한다**"고 규정하고 있는데, 이는 제10조의4가 공법상 책임인 토양정밀조사, 오염토양의 정화 또는 오염토양 개선사업의 실시를 거시하면서 이를 "토양정화등"이라 약칭한다고 한 것과 조응(調應)한다. 이런 문언의 의미를 뒷받침하는 것은 동조의 개정이유이다. 동조는 2014. 3. 24. 법률 제12522호로 현재의 상태로 개정되었는데, 개정 당시에 공표된 제안이유는 "토양오염에 따른 사법상의 손해배상책임과 공법상의 토양정화책임 간의 법적 영역을 명확히 구분하도록 함(§10의3)."으로 명시하고 있다. 따라서 혼합책임설이 타당하다.[29] 따라서 민사상 청구

---

26) 김홍균, 810.
27) 박·함, 환경법(제8판), 637. 大判 2016.5.19. 2009다66549(손승)[17모2][19변]의 다수의견에 대한 대법관 김용덕의 보충의견도 같은 입장이다("구 토양환경보전법 제10조의3 제1항 본문이 토양오염원인자에 대하여 오염토양에 대한 정화의무를 부담시킨 것은 바로 이러한 토양오염의 위험성을 반영한 것으로서 그 의무는 토양오염의 위험에 노출된 현재의 토지 소유자에 대하여 직접 부담하는 민사법적인 의무로 봄이 타당하다.").
28) 홍준형a, 541.
29) 다만, 혼합책임설도 이를 채택할 때 해석상 난점이 있다. 동조를 공법상의 토양정화책임에 대해서도 규정한 것으로 보면, 이는 토양환경보전법상의 정화책임(가령 §10의4의 "정화책임자"의 책임)이 '상태책임'이 아니라 '행위책임'이라는 것을 추론하게 하기 때문이다. 토양환경보전법상의 책임은 공중의 질서와 안녕에 위험이 될 수 있는 위험에 대응하기 위하여 부과되는 경찰책임으로서의 성격이 있고, 경찰책임의 법리상 상태책임은 지배권자의 '귀책사유와 무관하게' 현재의 물건의 상태로 인하여 경찰상 위해가 발생한 경우에 인정된다. 따라서 상태책임인 경우에는 과실 유무를 언급하는 것은 난센스가 된다. 반면, 행위책임도 경찰책임의 법리상 행위자의 의사능력, 행위능력이나 과실 여부를 묻지 않는 것이 원칙이다. 하지만 원칙이기 때문에 예외가 있을 수 있는 바, 그렇다고 한다면 원칙에 해당하는지 예외에 해당하는지를 분명히 할 필요가 있게 된다. 따라서 제10조의3으로 돌아가 생각해보건대, 동조가 공법상 책임까지 함께 규정한 것이라고 한다면, 이는 앞서의 논리에 의하여 토양환경보전법상의 정화책임이 행위책임임을 추론케 하는 것이 된다. 그런데 제10조의4를 비롯해 토양환경보전법상의 정화책임은 행위책임만으로는 볼 수 없고 오히려 상태책임적인 요소가 강하다. 한편, 본문에서 언급한 개정 당시의 공표된 제안이유를 보면, "현행법은 토양오염의 피해에 대한 무과실책임을 실현하고 토양오염을 신속히 치유하여 국민 건강 및 환경상의 위해를 예방하기 위해 토양오염에 대한 책임자를 특정하고 그에 대한 책임이행을 확보할 수 있도록, 오염원인자의 범위를 직접 오염유발자와 더불어 토양오염유발시설의 소유자·점유자·운영자 및 양수자까지 확장하여 이들에게도 **1차적인 무과실의 정화책임을 부과**하고 있으나, …"라

를 할 때, 별도의 청구권원(물권이나 인격권)이 없는 한, 제10조의3에 규정된 "오염된 토양을 정화하는 등의 조치"를 근거로 하여 그 내용의 유지청구를 할 수는 없다고 본다.

(2) 무과실책임 원칙의 민사상 효력

다음의 논점은 토양환경보전법 제10조의3 소정의 무과실책임의 원칙이 민사책임에도 적용되는지, 다시 말해 구체적 효력이 있는지 여부다. 과거 토양환경보전법은 강학상 공법(公法)에 속하므로 사법상 효력이 없다는 견해가 있었다. 그러나 현재는 학설과 판례 공히 사법상 구체적 효력을 인정하고 있다. 전술한 바와 환경정책기본법상의 무과실책임 규정이 민사상 구체적 효력이 있음은 전술한 바와 같거니와,[30] 제10조의3 소정의 무과실책임 규정도 또한 같다.[31] 후자의 규정이 전자의 규정보다 명확하고, 그 적용 범위도 좁기 때문에 무과실책임의 지나친 확대를 우려할 필요도 없기 때문이다. 大判 2012.1.26. 2009다76546은 동조의 사법상 구체적 효력을 인정하였고,[32] 大判 2016.5.19. 2009다66549(손승)[17모2][19변]도 동조의 구체적 효력을 전제로 판시하고 있다.

2. 무과실책임 원칙의 요건

토양환경보전법 제10조의3 제1항은 "토양오염으로 인하여 피해가 발생한 경우 그 오염을 발생시킨 자는 그 피해를 배상하고 … 하여야 한다."라고 규정하고 있는바, 이를 분설한다.

(1) 토양오염 활동

무과실책임을 지게 되는 사람은 토양오염을 발생시킨 자이다. 여기서 토양오염이란 동법 제2조 제1호의 정의 규정에서 말하는 토양오염, 즉 "사업활동이나 그 밖의 사람의 활동에 의하여 토양이 오염되는 것으로서 사람의 건강·재산이나 환경에 피해를 주는 상태"를 말한다. 그런데 이런 의미의 토양오염은 여러 가지 물질에 의하여 일어날 수 있기 때문에, 무과실책임의 대상이 되는 토양오염은 동법 제2조 제2호가 정한 토양오염물질로 인한 토양오염만을 의미한다고 새긴다.[33] 토양오염 활동을 넓게 해석하면 환경보호에는 기여할 것이지만 반면에 산업활동을 위축시킬 수 있기 때문에 적절한 조화점을 찾는 것이 중요하기 때문이다.[34]

고 되어 있다. 이에 의하면 당시의 입법자에게는 행위책임과 상태책임의 구별에 대한 인식이 없었던 듯하다.
30) 大判 2001.2.9. 99다55434(양돈장사건).
31) 同旨, 김홍균, 810; 박·함, 637.
32) 大判 2012.1.26. 2009다76546은 "법의 목적을 달성하기 위하여 법 제10조의3 제1항에서 토양오염으로 인하여 발생한 피해를 배상하고 오염된 토양을 정화할 책임에 대하여 무과실책임을 규정하고…"라고 판시하였다.
33) 同旨, 김홍균, 811.
34) 독일의 입법례를 참고할 만하다. 독일은 환경책임법 제1조에서 규정된 96가지의 시설에 대하여만 무과실책임을 인정하고 있다. 근래에 제정된 「환경오염피해 배상책임 및 구제에 관한 법률」은 이를 참조하였다. 독일의

가. 사업활동과의 관련성

토양오염은 주로 사업활동에 의하여 야기되지만 사업활동에 국한할 필요는 없고 그 밖의 사람의 활동에 의한 것이면 족하다. 민법상 어떤 활동의 책임은, 그것이 자기의 행위로 인정되는 사람에게 귀속되는데, '자기의 행위'라 함은 '자기 스스로 직접' 행한 행위나 이런 저런 방법(타인의 고용이나 장치의 설치 등)을 동원하였지만 결국 '자기의 계산으로' 행한 활동을 포함한다. '자기의 계산'이라 함은 그 활동으로 인한 손익(損益)이 자기에게 귀속되는 것을 말한다. 판례는 "자기의 행위 또는 사업활동을 위하여 자기의 영향을 받는 사람의 행위나 물건으로 환경오염을 야기한 자"를 환경오염의 원인자로 본다(大判 2017.2.15. 2015다23321). 그래서 피고용인이 사용자의 지시에 따라 행동한 결과 토양오염이 발생했다면 사용자와 피고용인 모두가 오염원인자로 된다.

한편 사람의 활동에 의한 것이면 족하고 그 활동의 주체가 사업자여야 한다거나 그 활동이 사업장에서 이루어져야 하는 것은 요건이 아니다. 방사능에 오염된 고철을 타인에게 매도하는 등으로 유통시킴으로써 거래상대방이나 전전취득한 자가 방사능오염으로 피해를 입은 사건에서, 大判 2018.9.13. 2016다35802는 위 유통행위가 환경오염에 해당한다고 판시하였다. 이 사건에서 대법원은, 환경정책기본법에 의하면 환경은 자연환경과 생활환경을 말하고(§3i), 그 중 생활환경은 사람의 일상생활과 관계되는 환경을 가르키는 것으로 폐기물도 포함되며(§3iii), 환경오염은 사업활동과 그 밖의 사람의 활동에 의하여 발생하는 대기오염, 수질오염, 토양오염, 해양오염, 방사능오염, 소음·진동, 악취, 일조 방해 등으로서 사람의 건강이나 환경에 피해를 주는 상태를 말하는바(§3iv), 이런 규정의 내용과 체계에 비추어보면, "환경오염 또는 환경훼손으로 인한 책임이 인정되는 경우는 사업장에서 발생되는 것에 한정되지 않고, 원인자는 사업자인지와 관계없이 그로 인한 피해에 대하여 환경정책기본법 제44조 제1항에 따라 귀책사유를 묻지 않고 배상할 의무가 있다."라고 판시하였다.

나. 자기소유의 토지에 대한 오염

토양오염 활동은 타인의 토지의 토양에 대한 오염활동을 말한다고 이해하는 것이 통례이다. 그런데 토양오염 활동은 타인의 토지뿐만 아니라 자기 소유의 토지 안에서도 이루어진다. 그런데 자기 토지에 대한 토양오염은 그 토지를 계속 보유하는 한 문제가 될 여지가 거의 없다. 그로 인하여 타인에게 피해가 생길 가능성이 작기 때문이다. 하지만 그 오염된 토지를 타인에게 매도할 경우에는 그 피해가 현실화될 것이고, 그 후 그 피해를 누가 감지하느냐에 따

환경책임법에 관해서는 오석락, "환경책임법 시안," **환경법연구** 제15권, 157, 162 (1993); 대한변협, "독일신환경책임법의 특징과 내용," **환경문제연구총서** I (1991)에 수록된 논문 참조.

라 문제제기의 시기가 달라질 뿐이다. 이런 상황에서 토양오염의 활동을 한 사람에게 민사상 불법행위에 기한 손해배상책임을 물을 수 있는가가 논점이다.

불법행위를 구성하지 않는다는 **"부정설"**은 토양오염 활동을 한 사람은 행위 당시에는 자기의 토지 안에서 그 활동을 하였기 때문에 불법행위를 구성하지 않는다고 한다. 이는 마치 자해(自害)행위가 불법행위가 되지 않는 것과 같은 이치라는 것이다. **"긍정설"**은 토지 소유자라 하더라도 자신의 토지에 토양오염을 유발하거나 폐기물을 매립하는 행위는 그 자체로서 헌법 및 환경정책기본법, 토양환경보전법, 폐기물관리법 등에서 정한 환경보전의무를 위반하여 금지된 환경오염·훼손행위를 한 것으로서 정당한 토지 소유권의 행사라 할 수 없으며, 사회정의 및 사회상규에 위배되는 행위로서 위법하다고 보아야 한다고 한다. 긍정설이 타당하다. 한편 大判 2016.5.19. 2009다66549(全合)[17모2][19변]는 헌법 제35조 제1항, 환경정책기본법, 토양환경보전법, 폐기물관리법의 취지와 아울러 토양오염원인자의 피해배상의무 및 오염토양 정화의무, 폐기물 처리의무 등에 관한 관련 규정들과 법리를 근거로 하여, 토지 소유자가 토양오염물질을 토양에 누출·유출하거나 투기·방치함으로써 토양오염을 유발하였음에도 오염토양을 정화하지 않은 상태에서 오염토양이 포함된 토지를 거래에 제공함으로써 유통되게 하거나, 토지에 폐기물을 불법으로 매립하였음에도 처리하지 않은 상태에서 토지를 거래에 제공하는 등으로 유통되게 한 경우, 거래 상대방 및 토지를 전전 취득한 현재의 토지 소유자에 대한 위법행위로서 불법행위가 성립한다고 판시하였다.

(2) 피해의 발생

토양이 오염되는 것으로 그쳐서는 안 되고, 사람의 건강·재산이나 환경에 피해를 주는 상태에 이르러야 한다(§2i, §10의3①). '사람의 건강'은 육체적 건강뿐만 아니라 정신적 건강까지 포함한다. 재산적 피해는 가령 토지의 물리적 성상(性狀)에 악영향을 끼치는 것뿐 아니라 시장가치에 악영향을 주는 것까지 포함한다. 다시 말해 물리적 피해뿐 아니라 경제적 피해까지 포함한다.[35] 한편, 여기서 '환경'이라 함은 환경정책기본법상의 '환경'을 의미한다고 본다. 동법상 환경이란 "자연환경과 생활환경"을 말하고, 자연환경이란 "지하·지표(해양을 포함한다) 및 지상의 모든 생물과 이들을 둘러싸고 있는 비생물적인 것을 포함한 자연의 상태(생태계 및 자연경관을 포함한다)"를 말하고, 생활환경이란 "대기, 물, 토양, 폐기물, 소음·진동, 악취, 일조

---

35) Cf. 大判 2016.5.19. 2009다66549(全合)[17모2][19변]의 소수의견. 이에 따르면, "'토양오염으로 인한 피해'란 토양오염으로 지하수가 오염되어 그 물을 마신 사람의 건강에 해를 끼친 때나 인접한 타인 소유의 토지를 오염시킨 때와 같이 토양오염으로 인하여 직접적인 피해가 발생한 경우를 의미"하고, "따라서 이를 넘어 토지가 오염된 다음 그 오염된 토지의 매매가 이루어진 후 거래과정에서 오염 사실이 제대로 반영되지 못함으로써 매수인에게 생겨날 수 있는 재산상 손해(오염 정화비용 상당의 손해)까지를 포함하는 것으로 그 의미를 확장하여서는" 안 된다고 한다.

(日照), 인공조명 등 사람의 일상생활과 관계되는 환경"을 말하므로 엄청난 범위의 대상이 이에 포함된다고 하겠다. 大判 2018.9.13. 2016다35802는 이와 같이 환경정책기본법과 토양환경보전법상의 정의규정과 관리규정을 축조(逐條)하여 해석하는 방식으로 피고의 책임 유무에 관한 결론을 내리고 있다.

(3) 토양오염 활동과 피해 사이의 인과관계

토양오염 활동과 피해 사이에 인과관계가 있어야 한다. 이 경우 인과관계는 행정법(경찰법)상의 인과관계가 아니고 민법상의 인과관계를 말한다.[36] 제10조의3의 해당부분은 사법(私法)상 책임을 규율하는 규정이기 때문이다. 따라서 토양오염 활동과 피해 사이에 상당인과관계가 있어야 한다. 그런데 원고가 스스로의 판단 아래 오염토양을 정화하기 위하여 정화비용을 지출한 경우, ① 원고가 토양환경보전법상 정화의무를 부담하는 경우에는 그 비용 상당의 손해와 토양오염 사이에는 상당인과관계가 존재하지만(大判 2009.10.29. 2009다42666), 반면 ② 원고가 소유자 등 권리자가 아닌 경우에는 토양오염 자체로 직접적인 피해를 입었다고 할 수 없으므로, 다른 특별한 사정이 없는 한, 정화비용을 지출했다는 사정만으로는 토양오염과 그 비용지출 사이에 상당인과관계가 있다고 할 수 없다. 이 사건 원고(지자체)는 행정구역 내에서 주한미군기지에서 유출된 유류로 인한 토양오염이 확인되자 오염조사 및 오염통화정화사업을 실시한 후 관련협정(SOFA)에 따라 피고(대한민국)에 손해배상을 구하였다. 다른 한편, 大判 2016.5.19. 2009다66549(全合)[17모2][19변]의 소수의견은 자신의 토지에 토양오염을 유발하였음에도 오염된 토지를 정화하지 않은 상태에서 그 토지를 거래에 제공하여 유통시키는 행위 그 자체가 거래 상대방 또는 그 토지를 전전 취득한 현재의 토지 소유자에게 발생한 정화비용 상당 손해의 원인이 되지 않는다고 판시하였다.

3. 무과실책임 원칙의 효과

이상의 요건이 충족되면, 일반불법행위책임의 경우와 달리, 환경침해로 인한 손해배상책임의 경우에는 가해자의 고의나 과실에 대한 입증을 필요로 하지 않는다.[37] 大判 2018.9.13.

---

36) 민법해석상 널리 수용되고 있는 상당인과관계설은 인과관계를 일반경험칙에 따라 피해자 구제의 견지에서 판단하므로, 행정(경찰)법상 책임을 인정하기 위하여 요구되는 행정(경찰)법상의 인과관계에 원용하기 어렵다. 왜냐하면 행정(경찰)법상의 인과관계는 피해자 구제의 견지가 아니라 행정(경찰)법상 위해를 예방·진압하기 위하여 요구되기 때문이다. 예컨대 경찰권 발동이 요구되는 경찰 위반상태는 예측불가의 예외적인 상황 아래서 발생되는 경우도 있는데, 이 경우 상당인과관계설을 적용하여 통상 예측할 수 없다는 이유로 경찰책임을 인정하지 않는다면 경찰행정의 목적을 달성할 수는 없게 된다.

37) 同旨 이상규, 같은 면; 황진호, "환경오염에 대한 손해배상," 제38회 변호사연수회 심포지엄 Ⅱ 자료, 82, 85 (1996).

2016다35802는 그 토양오염의 원인자가 방사능오염 사실을 모르고 유통시켰더라도 피해자에게 피해를 배상할 의무가 있다고 판시한 것이다.

4. 무과실책임 원칙의 인정 범위

(1) 물적 손해 및 정신적 손해

무과실책임의 원칙은 물적 손해뿐만 아니라 정신적 손해에 대한 배상에도 적용된다. 구환경보전법은 무과실책임주의가 적용되는 피해를 "사람의 생명 또는 신체"의 피해에 한정하였었다.[38] 현행 환경정책기본법은 구법상의 "생명 또는 신체"라는 제한을 삭제하고 "환경오염 또는 환경훼손으로" 인한 "피해"만을, 현행 토양환경보전법은 "토양오염으로 인하여 피해"만을 규정함으로써 모든 환경피해에 대하여 무과실책임을 적용한다. 판례는 위의 구환경보전법 하에서도 위자료배상을 인정한 바 있다. 즉 大判 1991.7.26. 90다카26607 등은 공단 소재 공장들에서 배출된 공해물질(각종 유해가스 및 분진)로 인하여 초래된 공단 주변 주민들의 생활환경 침해 및 장차 발병가능한 만성적인 신체건강상의 장해로 인한 정신적 고통에 대하여 공장주들에게 공동불법행위자로서 위자료 지급의무가 있다고 판시하였다.[39]

한편 오염토양의 정화비용은 물적 손해에 포함된다. 大判 2016.5.19. 2009다66549(全合)[17모2][19변]는 "오염된 토지를 매수한 현재의 토지 소유자가 오염토양 또는 폐기물이 매립되어 있는 지하까지 토지를 개발·사용하게 된 경우 등과 같이 자신의 토지소유권을 완전하게 행사하기 위하여 오염토양 정화비용이나 폐기물 처리비용을 지출하였거나 지출해야만 하는 상황에 이르렀다거나 토양환경보전법에 의하여 관할 행정관청으로부터 조치명령 등을 받음에 따라 마찬가지의 상황에 이르렀다면 위법행위로 인하여 오염토양 정화비용 또는 폐기물 처리비용의 지출이라는 손해의 결과가 현실적으로 발생하였으므로, 토양오염을 유발하거나 폐기물을 매립한 종전 토지 소유자는 오염토양 정화비용 또는 폐기물 처리비용 상당의 손해에 대하여 불법행위자로서 손해배상책임"을 진다고 판시하였다. 이는 위법한 토양오염이 있다고 인정되는 경우라면 이미 재산이나 환경에 피해가 발생한 상태에 이른 것으로 봄으로써 '토양오염으로 인한 피해'를 오염 그 자체를 원인으로 타인에게 손해가 발생한 경우에 국한하지 않고 넓게 보는 것이다.

---

38) 구환경보전법 제60조(생명·신체의 피해에 대한 무과실책임) ① 사업장등에서 발생되는 오염물질로 인하여 사람의 생명 또는 신체에 피해가 발생한 때에는 당해 사업자는 그 피해를 배상하여야 한다.
39) 이 판결은 구환경보전법 제60조(생명·신체의 피해에 대한 무과실책임) 하에서 내린 판결이다. 한편 독일 환경책임법은 위자료의 배상은 과실책임하에서만 가능한 것으로 규정하고 있다.

(2) 책임무능력자

무과실책임의 원칙이 천명되었다 하더라도 책임능력 없는 자의 행위에 의하여 발생한 손해에 대하여는 배상받을 수 없다. 무과실책임의 원칙을 책임무능력자에 대하여도 적용하면 책임무능력자에게 너무 가혹할 뿐만 아니라, 무과실책임의 원칙은 책임능력이 있음을 전제로 책임능력 있는 자의 고의·과실을 묻지 않는다는 것이지 책임능력 유무를 묻지 않겠다는 것은 아니기 때문이다.

(3) 불가항력에 의한 손해

또한 무과실책임의 원칙은 불가항력에 의하여 발생한 손해에 대하여는 적용되지 않는다. 과거의 환경정책기본법과 토양환경보전법은 명문의 규정을 두지 않아서 논란이 있었다. 개정된 「토양환경보전법」은 이를 명시하고 있는바, 즉 제10조의3조 제1항 단서는 토양오염이 천재지변이나 전쟁, 그 밖의 불가항력으로 인하여 발생하였을 때에는 책임을 지지 않는다. 불가항력에 의한 토양오염은 위법성을 인정할 수 없기 때문에 불법행위를 구성하지 않는바 타당한 입법이다.

5. 환경정책기본법 및 「환경오염피해 배상책임 및 구제에 관한 법률」과의 관계

한편, 환경정책기본법 제44조 또는 토양환경보전법 제10조의3이 적용될 수 있는 경우에, 동 규정 등에 의하지 않고 민법상의 불법행위에 기한 손해배상을 청구할 수 있다고 본다(청구권경합설). 민법상의 불법행위에 기한 손해배상청구권의 경합을 인정하는 것은 원고에게 복수(複數)의 청구권을 인정하는 것이어서 토양오염에 대한 구제를 두텁게 하는 실익이 있기 때문이다.[40] 이렇게 새기는 것이 환경피해의 적절한 구제라는 무과실책임 규정의 본래의 취지를 살리는 길이기도 하다. 마찬가지로 토양환경보전법 제10조의3이 적용될 수 있는 경우에, 동 규정에 의하지 않고 환경정책기본법 제44조에 기한 손해배상을 청구할 수 있다고 본다(청구권경합설).

그러나 판례는 법조경합이라는 입장이다. 다시 말해 민법상의 손해배상청구권과 환경정책기본법상의 손해배상청구권은 적용법조가 두 개일 뿐, 그 목적이 하나인 한 개의 권리라는 것이다. 양돈장사건에서 원고들은 민법 제750조 또는 제758조에 의해 손해배상청구를 하였다가 원심에서 기각되자 상고하였고, 이에 대해 大判 2001.2.9. 99다55434는 구환경정책기본법 제

---

40) 대법원은 자동차손해배상보장법상의 책임, 선박소유자의 책임, 국가배상법상의 책임과 같은 몇 가지 경우를 제외하고는 규범충돌에 있어서 대체로 청구권경합을 인정한다. 호문혁, "법조경합과 청구권경합에 관한 판례의 동향," **민사판례연구** X, 467-499 (1988).

31조에 의한 책임이 있다는 취지로 파기환송하였는바, 이는 판례가 양 조항 사이의 관계를 법조경합이라고 봄을 보여주는 예라 하겠다.[41] 한편 이런 판례 태도에 따르면, 환경정책기본법 제44조나 토양환경보전법 제10조의3은 국가배상법 규정에 대해서도 특별법으로 보아야 한다.

한편, 근래에 제정된 「환경오염피해 배상책임 및 구제에 관한 법률」은 후술하는 바와 같이 환경오염피해에 대한 광범위한 규정을 가지고 있다. 즉 동법은 일정한 시설에 대한 무과실책임, 보험가입의 의무화, 인과관계의 추정, 환경오염피해보상계정의 설치·운용 등의 여러 제도를 구비하고 있다. 이로써 피해자는 신속하고 충실한 피해구제를 받을 수 있다. 또한 동법은 토양오염관리대상시설을 적용대상으로 하고 있기 때문에 이 시설로부터 생긴 토양오염피해에 관해서는 동법이 이용될 것으로 보인다. 그러나 그 이외의 원인으로 생긴 토양오염피해에 대하여는 여전히 토양환경보전법에 의존할 필요가 있다.[42] 어쨌거나 「환경오염피해 배상책임 및 구제에 관한 법률」과 토양환경보전법에 의하여 각각 인정되는 토양오염피해배상청구권은 전술한 이유에 의하여 청구권경합의 관계에 있다고 새겨야 한다. 나아가 「환경오염피해 배상책임 및 구제에 관한 법률」 제5조 제2항에서는 "이 법에 따른 청구권은 「민법」 등 다른 법률에 따른 청구권에 영향을 미치지 아니한다"고 규정하여 위 법에 따른 청구권이 토양환경보전법에 의하여 인정되는 토양오염피해배상청구권 및 민법에 기한 손해배상청구권과 모두 청구권경합의 관계에 있음을 명문을 통하여 못 박고 있다.

Ⅲ. 연대책임의 원칙

환경정책기본법 제44조 제2항과 마찬가지로 토양환경보전법 제10조의3 제2항도 오염원인자가 2인 이상 있는 경우에 어느 오염원인자에 의하여 피해가 발생한 것인지를 알 수 없을 때에는 각 오염원인자가 연대하여 배상할 것을 규정하고 있다. 이 원칙은 '규칙'에 속한다.

민법상 여러 명이 관련된 불법행위의 경우 그들에게 연대책임을 지우기 위해서는 공동불법행위의 요건, 즉 공동행위자 각자에게 불법행위의 요건이 충족되고, 동시에 그 공동행위자의 각 행위가 관련·공동성을 가져야 한다는 요건을 충족하여야 한다(민법 §760).[43] 환경정책기본법과 토양환경보전법은, 환경침해로 인한 손해의 발생시 그 손해의 직접적인 원인행위자를

---

41) 大判 2001.2.9. 99다55434는 구환경정책기본법상 무과실책임 규정인 제31조 제1항에 터 잡아, "사업장 등에서 발생되는 환경오염으로 인하여 피해가 발생한 경우에는 당해 사업자는 귀책사유가 없더라도 그 피해를 배상하여야 하고, 위 환경오염에는 소음·진동으로 사람의 건강이나 환경에 피해를 주는 것도 포함되므로, 피해자들의 손해에 대하여 사업자는 그 귀책사유가 없더라도 특별한 사정이 없는 한 이를 배상할 의무가 있다."라고 판시하였다. 同旨의 판례로는 大判 2008.9.11. 2006다50338.

42) 김홍균, 814.

43) 곽윤직, **신정판 채권각론**, 764-768 (1998); 이상규, 244-245.

가리기 힘들다는 점에 착안하여, 환경오염으로 인한 손해의 경우에는 각 행위의 관련·공동성이 없더라도 행위자 모두에게 연대책임을 지울 수 있도록 규정한 것이다.

양법상의 연대책임규정이 같은 시기에 인접한 장소에 존재하는 복수의 작업장("동시이지(同時異地)오염")에 대하여 적용된다는 데에는 이론의 여지가 없다.[44] 그러나 같은 장소에 시간을 달리하여 존재한 복수의 사업장("이시동지(異時同地)오염")에 대하여 또는 토양환경의 경우 2인 이상이 같은 장소의 토양을 누적적으로 오염시킨 경우("누적(累積)오염")"에도 위 규정이 적용 가능한지 여부에 대해서는 의견이 갈릴 수 있다. 무과실책임 규정이 환경침해의 경우 오염원 인자를 정확히 구별하기 어려운 점에 착안하여 환경을 두텁게 보호하기 위하여 입법된 점을 고려하면, 이 경우를 앞의 경우와 구별하여 볼 이유는 없다. 따라서 이시동지의 오염이나 누적오염에 기여한 자들도 연대책임을 진다고 할 것이다.[45]

Ⅳ. 입증책임경감의 원칙

환경침해로 인한 법적 책임을 지우기 위해서는 환경피해와 오염원인자의 행위 사이에 인과관계가 있음을 입증하여야 한다. 그러나 환경오염의 경우에는 이른바 과학적 불확실성으로 인하여 인과관계를 입증하기가 매우 어려운 것이 현실이다. 이와 같은 환경분쟁에서의 입증곤란은 환경분쟁 자체가 지니는 과학적 불확실성이라는 특성 때문에 비롯된 것이고, 피해자들의 태만에 의한 것이 아니기 때문에,[46] 과학적 불확실성으로 인하여 비롯되는 불이익을 누구의 부담으로 하는 것이 옳은가 하는 문제가 남는다.[47] 이와 같은 문제의식에 착안하여, 학설은 공정한 환경피해구제를 위해서는 환경침해에 따른 법적 책임을 밝히는데 있어서 인과관계의 존재에 대한 입증책임을 완화하는 것이 불가피하다는데 의견을 같이 하고 있다.

한편, 독일 환경책임법은 위와 같은 인식을 바탕으로 하여 명문으로 인과관계의 추정 규정을 두고 있는데 반하여,[48] 우리의 환경정책기본법나 토양환경보전법은 인과관계에 관하여 어

---

44) 同旨 박상열(註8), 3, 5.
45) 同旨, *id.* 5.
46) 이상규, 239.
47) 다시 말하면 환경문제는 인류가 가진 현대문명 하에서는 피할 수 없는 것이어서 이로 인한 피해를 공평하게 분담하는 일만이 과제로 남는데, 현재의 법이론은 과학적 불확실성이라는 환경침해의 특성 때문에 피해를 공평하게 나눌 수 없는 한계에 직면한 것이다. 이 한계는 현실적으로는 피해자에게 불리한 쪽으로 작용하면서 결국 환경침해를 가속화하는 결과를 초래하고 있다.
48) 독일 환경책임법 제6조 제1항("개개의 사례에 있어서의 사정에 비추어 시설이 손해의 원인이 되기에 적합한 때에는 그 손해는 당해 시설 때문에 발생한 것으로 추정한다. 이러한 적합성은 조업의 과정, 사용된 설비, 투입되거나 배출된 물질의 종류 및 농도, 기상조건, 손해발생의 시간 및 장소, 손해의 태양과 개개의 사례에 있어 손해의 원인으로 적극적 또는 소극적으로 작용한 일체의 사정을 종합하여 판단한다"). 동법은 아울러 제7조에

떠한 규정도 가지고 있지 않다(다만 근래에 제정된 「환경오염피해 배상책임 및 구제에 관한 법률」은 후술하는 바와 같이 인과관계를 추정하는 규정을 두고 있는바, 동법이 적용되는 범위의 사건에서 피해자는 인과관계 추정 규정의 혜택을 입을 것이다). 따라서 환경침해에 있어서 인과관계 존재에 관한 입증책임의 완화 여부는 법원의 해석의 몫이라고 하겠다.[49] 따라서 이 원칙은 '원리'에 속한다.

다행스럽게도 우리의 법원은 인과관계에 대한 입증책임을 경감하기 위하여 환경침해와 피해 사이에 인과관계의 개연성을 유형적으로 고찰하는 **신개연성설**(간접반증이론)을 채택하고 있다.[50] 대표적으로, 大判 2013.10.24. 2013다10383은 "일반적으로 불법행위로 인한 손해배상청구소송에서 가해자의 가해행위, 피해자의 손해발생, 가해행위와 손해발생 사이의 인과관계에 관한 증명책임은 청구자인 피해자가 부담한다. 다만 대기오염이나 수질오염에 의한 공해로 인한 손해배상을 청구하는 소송에서 피해자에게 사실적인 인과관계의 존재에 관하여 과학적으로 엄밀한 증명을 요구한다는 것은 공해의 사법적 구제를 사실상 거부하는 결과가 될 수 있는 반면, 가해자가 기술적·경제적으로 피해자보다 훨씬 원인조사가 용이한 경우가 많을 뿐만 아니라 원인을 은폐할 염려가 있기 때문에 가해자가 어떠한 유해한 원인물질을 배출하고 그것이 피해물건에 도달하여 손해가 발생하였다면 가해자 측에서 그것이 무해하다는 것을 증명하지 못하는 한 가해행위와 피해자의 손해발생 사이의 인과관계를 인정할 수 있다. 그러나 이 경우에도 적어도 가해자가 어떠한 유해한 원인물질을 배출한 사실, 그 유해의 정도가 사회생활상 통상의 수인한도를 넘는다는 사실, 그것이 피해물건에 도달한 사실, 그 후 피해자에게 손해가 발생한 사실에 관한 증명책임은 여전히 피해자가 부담한다."

인과관계에 관한 관문이 좁아 이를 통과하기가 어렵게 되면 위에서 살핀 환경정책기본법 상의 여러 특칙이 무용한 것이 되기 때문에, 이와 같은 법원의 노력은 평가할 만하다고 하겠다. 이와 같은 법원의 노력이 환경문제를 관통하는 하나의 원칙으로 자리잡기 위해서는, 앞으로 입법적 노력이 뒷받침되어야 할 것이다.

서 이와 같은 추정이 배제되는 경우도 규정하고 있다.

49) 환경범죄에 관한 특별조치법 제6조가 인과관계에 관한 추정 규정을 두고 있다는 이유로 환경정책기본법에 기한 손해배상청구의 경우에도 인과관계의 추정을 인정하여야 한다는 견해가 있으나(김상용, **불법행위법**, 279-280 (1997)), 동법 제정의 배경과 동법의 위헌성을 고려하면 지나친 견해가 아닌가 생각된다. 즉, 동법은 환경정책기본법이 제정된 이후에 제정되었을 뿐만 아니라 낙동강 페놀사건으로 인하여 비등하는 국민의 여론 속에서 급히 제정된 감이 있다. 또한 동법은 형사범죄에 있어서 인과관계를 추정하는 것이므로 위헌의 소지가 크다고 할 것이다. 위 법률을 근거로 인과관계를 추정하는 것은 무리라고 본다.

50) 대법원은 환경침해에 있어 인과관계에 관한 입증책임을 완화하기 위하여 실로 진지한 노력을 기울여 왔다. 예컨대 大判 1974.12.10. 72다1774; 大判 1984.6.12. 81다558; 大判 1991.7.23. 89다카1275; 大判 1997.6.27. 95다2692 ("공사장에서 배출되는 황토 등이 양식어장에 유입되어 농어가 폐사한 경우, 폐수가 배출되는 유입경로와 그 후 농어가 폐사하였다는 사실이 입증되었다면 개연성이론에 의하여 인과관계가 증명되었다고 봄이 상당하다").

V. 특별 원칙의 적용범위

무과실책임은 사법상 불법행위책임을 정하는 데에 적용될 뿐만 아니라 계약상 책임을 정하는 데에도 적용된다고 본다.[51] 예컨대 오염된 토지의 매수인이 매도인에 대하여 불완전이행 또는 적극적 채권침해의 법리에 의하여 책임을 물을 때, 매도인은 자신의 과실 없음을 이유로 손해배상책임에서 벗어날 수 없다고 본다.

또한 무과실책임은 행정형벌[52]을 제외한 행정법상 책임을 정하는 데에도 적용된다. 즉 이상의 원칙이 환경오염을 일으킨 자에 대하여 내려지는 행정법상 각종 제재처분에 대하여 적용된다는 점에 관하여는 이론이 없다.[53] 원래 행정법상 제재는 행정법규 위반이라는 객관적 사실에 착안하여 위반자에 대하여 내려지는 것이기 때문에, 행정제재를 가하는데 있어 당사자의 귀책사유가 필요하지 않다. 국가의 행정목적을 달성하기 위함이다. 나아가 토양환경보전법상 정화책임은 행위책임보다는 상태책임의 요소가 강하다. 상태책임은 지배권자의 귀책사유와 무관하게 현재 물건의 상태로 인하여 행정법상 위해가 발생한 경우에 인정되는 것인바, 그렇다고 한다면 동조 소정의 무과실책임의 공법상 적용 여부는 논의의 실익이 크지 않을 것이다. 어차피 공법상 책임은 귀책사유를 요구하지 않기 때문이다.

연대책임도 토양환경보전법상의 정화책임 등에 적용된다. 동법 제10조의3 제2항은 원인 불명의 경우에 "각자가 연대하여 … 오염된 토양을 정화하는 등의 조치를 하여야 한다."라고 규정하고 있는바, 오염된 토양을 정화하는 등의 조치는 공법상의 조치이기 때문이다. 그런데 헌법재판소의 위헌결정 이후 개정법률은 연대책임을 지는 사람들 사이의 공평한 책임분담을 도모하기 위하여 후술하는 바와 같이 정화책임자 사이의 우선순위에 관한 규정을 신설하였다(§10의4③). 연대책임은 신설 조항이 규정한 만큼 후퇴한 것이지만, 불측의 법적 책임을 부담하게 된 정화책임자를 위하여 필요한 법률개정이라고 할 것이다.[54] 또한 토양정화 조치 후에 책임자 사이에는 오염에 대한 기여비율에 비례하여 다른 책임자에 대한 구상권이 인정된다.[55]

---

51) 오염된 토지의 매수인이 매도인의 책임을 물을 때 "하자담보책임"에 기하여 묻는 경우에는 하자담보책임이 매도인의 고의·과실을 필요로 하지 않는 무과실책임이므로 환경법상의 특별원칙이 적용되는 실익이 없다고 할 것이다. 그러나 불완전이행 또는 적극적 채권침해의 법리에 기하여 매도인의 책임을 묻는 경우에는 두 경우 모두 매도인의 귀책사유가 필요하기 때문에 환경법상의 특별원칙, 즉 무과실책임의 원칙이 의미가 있게 된다.
52) 행정형벌에 환경법상의 무과실책임이나 연대책임의 특칙이 적용되지 않는 것은 형법의 기본원칙인 책임주의의 당연한 귀결이다.
53) 同旨, 박상열(註8), 5.
54) 자세한 내용은, 拙稿, "소급적 환경책임의 위헌성: 2010헌가77 토양환경보전법 제10조의3 제1항 등 위헌제청 사건을 글감으로 하여," **사법** 제26호, 141 – 245 (2013.12.).
55) Cf. 경찰법상 경찰책임자가 다수인 경우에 누구에게 경찰권을 발동할 것인가에 관하여는 홍정선(하), 482 – 483 참조.

위헌결정 후의 개정법률은 이를 명시하고 있다(§10의4③). 이에 관하여는 후술하기로 한다.

오염원인자비용부담의 원칙과 입증책임경감의 원칙은 '원리'에 속하는바, 그런 만큼 원리로서의 효력을 가지고 공법과 사법상 책임에 두루 적용된다고 본다.

제2항 토양오염의 공법상 책임

토양환경보전을 위한 법체계의 최상위에는 헌법이 있고 그 밑에 이를 구체화하기 위한 환경정책기본법과 토양환경보전법이 자리한다. 토양오염의 공법상 책임은 주로 토양환경보전법에 의하여 규율된다.

Ⅰ. 토양오염의 헌법상 책임

헌법 제34조 제1항은 국가와 국민의 환경보전을 위하여 노력하여야 할 의무를 규정하고 있다. 이는 '국가'와 '전체로서의 국민'이 오염방지와 오염된 환경의 개선에 관하여 최종적인 책임을 부담한다는 것을 규정한 것이다. 예컨대 오염된 토양이 발견되었는데 그 오염된 토양을 정화할 수 있는 법적 책임자를 밝힐 수 없는 경우나 책임자가 밝혀졌음에도 그 자가 무자력이어서 정화사업에 투입되는 재원을 마련할 수 없는 경우, 종국적으로는 국가가 책임을 지고 오염된 토양을 정화할 책임이 있다는 **국가최종책임**의 원칙을 천명한 것이라고 볼 수 있다.

또한 토양환경보전법도 정화책임자를 알 수 없거나 정화책임자에 의한 토양정화 혹은 오염토양 개선사업의 실시가 곤란하다고 인정하는 경우에는 당해 지자체장이 오염토양의 정화를 실시할 수 있고(§15③, §19③), 이 경우 국가 및 지방자치단체는 토양정화 등을 하는 데 드는 비용의 전부 또는 일부를 대통령령으로 정하는 바에 따라 지원할 수 있으며(§10의4⑤), 오염토양 개선사업을 하는 경우로서 기술 부족, 사업비 과다 등의 사유로 그 실시가 곤란한 경우에는 환경부장관 또는 시·도지사는 그 사업에 대하여 기술적·재정적 지원을 할 수 있고(§19⑤), 국가는 예산의 범위에서 지방자치단체가 추진하는 토양보전을 위한 사업에 필요한 비용을 보조하거나 융자할 수 있다고 규정함으로써(§26), 국가최종책임의 원칙을 구현하고 있다.

Ⅱ. 토양오염의 토양환경보전법상 책임

현행 토양환경보전법은 토양오염에 대한 책임을 정화책임자에게 지우고 그로 하여금 토양 정밀조사, 오염토양의 정화 또는 오염토양 개선사업의 실시(이하, "오염정화등")를 하도록 하고 있다. 전술한 바와 같이 憲決 2012.8.23. 2010헌바28[15모1]은 토양오염관리대상시설의 소유자·점유자·운영자의 정화책임은 과중한 정화비용을 그 범위의 제한 없이 전부 부담하여야 한다는 점과 다른 면책사유 또는 책임 제한수단을 인정하지 않는다는 점에서 재산권 및 평등권을 침해하였으며, 토양오염관리대상시설의 양수인의 정화책임은 양수시기에 상관없이 무제한적으로 정화책임을 부과한다는 점에서 신뢰보호의 원칙을 침해하므로, 대상 오염원인자 조항에 대하여 헌법불합치 결정을 한 바 있다. 이에 따라 개정된 현행법은 토양오염에 따른 피해배상 및 정화책임에 관한 공법과 사법 간의 영역을 구분하고, 정화책임의 면책범위 확대와 책임한도를 설정하며, 정화조치명령의 우선순위를 도입하고 다른 정화책임자에게 구상권을 청구할 수 있도록 함으로써 명확한 정화책임 체계 구축과 과중한 정화책임을 완화하는 한편, 그 밖의 현행 제도의 운영상 나타난 일부 미비점을 개선·보완하였다.

1. '토양정화등' 책임의 요건

(1) 정화책임자

토양오염으로 인하여 피해가 발생하였을 때 피해를 배상하고 '토양정화등'을 해야 하는 정화책임자의 범위는 다음과 같다(§10의4①).

1. 토양오염물질의 누출·유출·투기·방치 또는 그 밖의 행위로 토양오염을 발생시킨 자
2. 토양오염의 발생 당시 토양오염의 원인이 된 토양오염관리대상시설의 소유자·점유자 또는 운영자
3. 합병·상속이나 그 밖의 사유로 제1호 및 제2호에 해당하는 자의 권리·의무를 포괄적으로 승계한 자
4. 토양오염이 발생한 토지를 소유하고 있었거나 현재 소유 또는 점유하고 있는 자

가. 오염유발자

"토양오염물질의 누출·유출·투기·방치 또는 그 밖의 행위로 토양오염을 발생시킨 자"는 토양정화등의 책임을 부담한다(§10의4①i). 본호에 규정된 사람의 책임은 행정법상 논의되는 '행위책임'의 성격을 가진다. 따라서 자기 또는 자기의 보호·감독 하에 있는 사람의 행위로 인

하여 토양오염의 상태가 발생한 경우에는 본호의 토양오염을 발생시킨 자에 해당한다. 행정법상 책임은 공공의 이익을 위하여 과해지는 것이므로 민사책임과 달리 행위자의 의사능력, 행위능력 및 과실 여부를 묻지 않는다. 또한 행위책임이므로 행위와 토양오염의 결과와의 사이에 인과관계가 필요한데, 행정법상 책임을 인정하기 위하여 필요한 인과관계도 민법상 책임을 인정하는 데 사용되는 상당인과관계와 다름에 유의해야 한다. 토양환경보전행정의 목적을 고려하여 인과관계 유무가 판단될 것이다.[56]

토양오염을 발생시킨 행위는 작위뿐만 아니라 부작위도 포함한다. **부작위**란 토양오염의 발생을 방지할 법적 의무가 있는 자가 그 의무를 이행하지 않고 있는 것을 말한다. 타인을 보호·감독하는 **보호·감독자**는 피보호·감독자의 행위로 인하여 생긴 토양오염의 상태에 대하여 '토양정화등'의 책임을 진다. 이는 타인의 행위에 대한 책임을 대신 지는 것이 아니라 자신의 지배 범위 내에서 토양오염의 상태를 발생시킴으로써 생긴 자기책임이다. 보호·감독자가 책임을 부담한다고 해서 실제 행위자의 책임이 면책되는 것은 아니며, 양자는 동시에 연대책임을 진다. 귀책사유는 요건이 아니므로 보호·감독자의 감독과실이나 행위자의 고의·과실도 요하지 않는다.

본호의 **'토양오염물질'**은 동법 제2조에 규정된 토양오염의 원인이 되는 물질로서 동법 시행규칙으로 정한 것을 말한다. 그런데 토양오염물질은 그 위해성이 밝혀지는 대로 새롭게 추가되기 마련인데, 행위 당시에 토양오염물질이 아니었으나 토양오염이 발견된 시점에는 토양오염물질로 규정되어 있는 경우 행위자의 책임이 문제이다. 생각건대 행위 당시에는 토양오염물질이 아니었어도 토양오염물질로 등재된 이후에는 이에 대한 조치를 취해야 할 의무가 생기게 되므로, 이에 이르지 않았다면 그 시점부터는 부작위에 의하여 토양오염을 발생시키는 것이 되고 따라서 그 책임을 인정하는 데 소장이 없다고 본다.

행위태양에 관하여도 논란이 예상된다. 본호가 예시한 누출·유출·투기·방치는 비교적 명확한 반면 "그 밖의 행위"가 무엇을 의미하는지는 법원의 판결에 맡겨져 있다고 볼 수 있다. 누출·유출·투기·방치가 한정적 열거가 아니라 예시적 열거이지만, 그렇다고 해서 그 밖의 행위를 무한정 확대할 수 없다. 누출·유출·투기·방치과 비교할 때 비슷한 정도의 위험성이 있어 그 행위와 토양오염이란 결과 사이에 인과관계가 인정되는 행위에 한정해야 한다고 본다. 가령, 전술한 바와 같이 토양오염의 경우 위탁정화가 원칙인데, 위탁받은 처리업자가 특히 오염토양을 반출하여 정화를 제대로 하지 않은 경우, 그 위탁은 특단의 사정(가령 수탁업자와의 공모)이 없는 한 '그 밖의 행위'에 포섭되지 않는다고 본다. 위탁이 누출 등과 비교할 때 같은 정도의 토양오염 위험성을 갖고 있다고 보기 어렵기 때문이다. 현행법이 위탁정화에 있어서

---

56) 경찰법상의 책임을 논할 때에는 직접원인설이 다수설이다. 박균성(하), 658.

탈법을 방지하기 위한 조치, 즉 토양환경보전법은 정화책임자가 오염토양을 정화하기 위하여 토양정화업자에게 토양정화를 위탁하는 경우에는 토양오염조사기관으로 하여금 정화과정 및 정화완료에 대한 검증을 하게 할 것을 규정하고 있는바(§15의6① 본문), 그렇다고 한다면 더더욱 위탁을 '그 밖의 행위'로 보기 어려울 것이다.[57]

나. 토양오염관리대상시설의 소유자·점유자·운영자

토양오염의 발생 당시 토양오염의 원인이 된 토양오염관리대상시설의 소유자·점유자 또는 운영자는 토양오염물질을 직접 만들고 이를 누출·유출·투기·방치시켜서 토양오염을 일으키지 않았더라도 토양정화등의 책임을 진다(§10의4①ii). 본호에서 규정된 사람의 책임은 '상태책임'이다. 왜냐하면 토양오염관리대상시설의 소유자·점유자·운영자의 책임은 토양오염관리대상시설을 지배하고 있다는 사실만으로 인정되는 책임이기 때문이다(憲決 2012.8.23. 2010헌바167 [15모1]). 토양환경보전법 제10조의4 제1항 제1호에서 행위책임을 규정하였으므로 제2호에서는 상태책임자를 정화책임자의 범위에 포함시키려 한 것이 입법자의 의도라고 보는 것이 합리적이다. 또한 상태책임을 인정하지 않을 경우 토양오염의 장기성·누적성 등의 특성으로 인하여 그 원인자를 발견하기 어려울 것이다.

상태책임이라 함은 토양오염을 발생시킬 가능성이 있는 물건·장치·시설의 소유자나 그것을 사실상 지배하는 자가 그의 지배범위 안에서 그것들로부터 토양오염의 상태가 발생한 경우에 지게 되는 책임을 말한다. 이는 환경상 위해가 발생하고 있는 경우에 그 원인이 된 물건·장치·시설을 지배하고 있는 자에게 그 위해를 제거하도록 하는 것이 합리적이라는 데 근거한다.

상태책임의 주체는 당해 물건·장치·시설을 사실상 지배하고 있는 자이다. 토양환경보전법은 이런 지배력을 행사할 수 있는 자로서 소유자·점유자·운영자를 특정해 이들에 대하여 그 책임을 묻고 있다. 소유권을 포기한 경우에는 원칙상 토양정화등의 책임에서 벗어나지만, ① 소유권 포기 당시 토양오염이 이미 발생하고 있거나 ② 소유권 포기가 오직 토양정화등의 책임을 면하기 위한 경우라면 예외적으로 소유자의 상태책임이 배제되지 않는다.

"토양오염의 발생 당시"란 토양오염이 현실적으로 발견된 시점을 의미한다. 토양오염은 토지하부에 오염이 발생되거나 오염확산이 발생될 경우 외부에서 육안으로 쉽게 확인할 수 없는 특징을 가지고 있기 때문이다.[58]

또한 토양오염이 발생하고 있다면, 토양오염의 발생원인과 상관없이 상태책임은 인정된다.

---

57) Cf. 김홍균, 815.
58) 환경부, **토양환경보전법 업무편람**, 54 (2016).

따라서 본호의 정화책임자는 직접적인 행위로 토양오염을 유발시킬 것을 요건으로 하지는 않는다. 다만, 본호가 토양오염관리대상시설의 소유자·점유자·운영자를 규정하고 있으므로 토양오염은 토양오염관리대상시설로부터 발생한 것이어야 한다. 판례도 같은 입장이다. 갑(甲)이 토지소유자 을(乙)에게서 토지를 임차한 후 주유소 영업을 위하여 지하에 유류저장조를 설치한 사안에서, 大判 2012.1.26. 2009다76546은 **토양오염관리대상시설과의 인과관계가 요구되고** 소유·점유 또는 운영하고 있는 자와의 인과관계는 요구되지 않는다고 판시하였다.

한편 토양오염관리대상시설의 운영자와 관련하여, 소위 **"금전대여자의 책임**(lender's liability)"이 문제될 수 있다. 이는 가령 토양오염관리대상시설을 운영하는 데 필요한 자금을 대여하고 이에 대한 담보물권을 확보한 은행이 본호 소정의 정화책임자가 될 수 있는가 여부의 문제이다. 만약 금전대여자가 금전대여에 그치지 않고 일상업무에 관한 지시를 하거나 매일 회사운영을 점검하거나 회사운영에 관한 회의에 참석해 영향력을 발휘 할 정도로 회사 운영에 깊이 관여했다면, 운영자로 볼 수 있다고 할 것이다.

다. 포괄승계인

합병·상속이나 그 밖의 사유로 '오염유발자'나 토양오염관리대상시설의 소유자·점유자·운영자의 권리·의무를 포괄적으로 승계한 자는 토양오염에 전혀 기여하지 않았다 하더라도 정화책임자로서 책임을 진다(§10의4①iii). 본호의 포괄승계인 책임은 토양오염관리대상시설의 소유자·점유자·운영자와 마찬가지로 토양오염관리대상시설을 지배하고 있다는 사실만으로 인정되는 상태책임이다(憲決 2012.8.23. 2010헌바167). 요컨대 토양오염의 원인에 기여하지 않았더라도 위의 토양오염을 발생시킨 자(§10의4①i)나 토양오염의 발생 당시 토양오염관리대상시설의 소유자·점유자·운영자(§10의4①ii)의 권리·의무를 포괄승계하면 토양정화등의 책임을 지게 되는 것이다.

그런데 제2호의 토양오염관리대상시설의 소유자·점유자·운영자는 토양오염발생 당시에 그 원인이 된 토양오염관리대상시설을 사실상 지배하고 있었으나, 본호의 토양오염관리대상시설의 포괄적 승계자는 동 시설을 포괄인수하기 이전에는 토양오염의 발생과 전혀 무관하므로 토양오염발생에 대한 귀책의 정도가 본질적으로 다르다.[59] 본호의 해석 시, 이점을 염두에 두어야 한다.

본호와 관련해 제기되는 논점은 합병·상속 이외의 그 밖의 사유가 무엇을 말하는가이다.

---

59) 이는 憲決 2012.8.23. 2010헌바167의 소수의견이 밝힌 내용이다. 동 견해에 의하면, 토양오염관리대상시설의 양수자·인수자는 토양오염사실에 대한 선의·무과실을 입증하여 면책될 수 있는 데 반하여, 동 시설의 소유자·점유자·운영자는 면책의 기회가 없는데, 이는 양자 모두가 동 시설을 지배하고 있다는 사실만으로 인정되는 상태책임에 해당하여 그 성격이 본질적으로 동일함에도 불구하고 양자를 합리적인 이유 없이 차별하는 것이어서 헌법상 평등권을 침해한다고 한다.

실무상 '영업양도'와 '자산인수'가 문제될 것으로 보인다. **영업양도**의 경우에는, 양도를 전후해서 영업의 동일성이 인정되는 경우에는 포괄승계에 해당한다고 새긴다. 大判 1989.12.26. 88다카10128에 의하면 영업의 동일성은 종래의 영업조직의 전부 또는 중요한 일부가 유지되며 같은 기능을 할 수 있느냐에 달려 있다.[60]

　자산인수의 경우는 자산의 상당부분을 인수한 경우라도 인수받은 자가 인수해준 자와 동일하다고 볼 수 없으므로 포괄승계라고 볼 수 없는 것이 원칙이다. 하지만 이점을 악용하는 경우에는 비록 형식은 자산인수라 하더라도 그 실질을 살펴서 그 실질에 맞는 법적 처리를 해야 할 것이다.[61] 한편, 토양오염관리대상시설은 토양환경보전법 제2조 제3호에 규정된 "토양오염물질의 생산·운반·저장·취급·가공 또는 처리 등으로 토양을 오염시킬 우려가 있는 시설·장치·건물·구축물(構築物) 및 그 밖에 환경부령으로 정하는 것"을 말하는데, 그 시설이 설치되어 있는 **부지**가 이에 포함되는지 여부가 논점이 된다. 大判 2009.12.24. 2009두12778은 부지가 토양오염관리대상시설이 될 수 있음을 전제로 그 양수인에게 토양정화의 책임을 물었는데, 그 근거가 된 규정(개정 전 토양환경보전법은 '장소'를 토양오염관리대상시설로 규정하고 있었다)이 개정된 현행법 아래에서는 그렇게 새길 수는 없다. 다만 위 판례의 사례와 같이, 건설회사 甲이 철강회사 乙의 철강공장 부지로 사용되던 토지를 제강설비, 압연설비 일부를 제외한 각종 시설물 및 잔해 등이 야적, 매립, 방치되어 있는 상태로 매수한 사안이라면, 토양오염관리대상시설을 포괄적으로 승계한 것으로 봐야 하는 것이 아닌가 하는 생각이 든다. 구체적 사실관계에 의하여 결론이 좌우될 공산이 크다.

라. 오염토지의 소유자·점유자

　토양오염이 발생한 토지를 소유하고 있었거나 현재 소유 또는 점유하고 있는 자 또한 토양정화등의 책임을 지는 정화책임자이다(§10의4①iv). 본호의 책임은 **상태책임**이다. 따라서 당해 토지가 토양환경보전법상 위해를 야기하면 족하고, 그 소유자·점유자가 기여했는지 여부나 발생 원인은 불문한다. 이렇게 새기는 이유는 당해 토지를 이용함으로써 일정한 수익을 보고 있다면 이런 이용과 관련되어 있는 불이익에 대해서도 책임을 져야 하고,[62] 토양오염상태에 가장 가깝게 있으므로 토양오염을 신속하고 효과적으로 제거할 수 있는 지위에 있으며, 토양오염이 더 이상 확산되지 않도록 해야 할 의무를 부담하고 있기 때문이다.[63] 그러나 소유권자

---

60) 동일성을 결정하는 데 있어 주요 요소는 주주의 계속성, 이사의 계속성, 임원의 계속성이지만, 그밖에도 고용인나 감독자의 동일성, 생산시설의 동일성, 제품과 영업의 동일성 등도 고려될 수 있다. 자세한 것은 김홍균, "환경법상 책임의 승계," **사법** 제29호, 165 (2014.9.); 김홍균, 818.

61) 同旨, 김홍균, 818.

62) Cf. 류지태, **행정법신론**, 781 (2006); 박균성(하), 660.

63) 박·함, 640.

가 감당해야 할 위험영역을 넘는 비정형적 사건에 의하여 당해 토지가 토양환경보전법상 위해를 야기하고 있다면 소유자는 상태책임에서 벗어난다고 본다. **자연재해나 제3자의 예측불가의 행위**가 이에 해당할 수 있는데, 가령 유조차 전복으로 인하여 인근토지의 토양이 오염된 경우, 토지소유자는 피해자이지 토양오염의 발생에 기여했다고 할 수는 없으므로 상태책임으로부터 벗어난다.[64]

그런데 본호의 정화책임자는 아무리 상태책임이라고 하더라도 그 책임이 과중(過重)하기 때문에 이런저런 비판이 제기되어 왔고 급기야 헌법재판소의 위헌결정이 내려졌음은 전술한 바와 같다. 이런 까닭에 위헌결정 후의 개정법률은 본호의 정화책임자의 책임을 완화하는 규정들을 두게 되었는데, 이에 관해서는 후술한다.

(2) '토양정화등' 책임의 발동요건

'토양정화등'의 책임이 발동하기 위해서는 해당 토지에 다음의 사태가 벌어져야 한다. 이에 관하여는 위에서 이미 상술(詳述)하였다.

1. 토양오염의 신고 등으로 오염도 조사를 실시한 결과 우려기준을 넘는 토양(법 §11③)
2. 특정토양오염관리대상시설의 부지 및 부지 주변의 토양오염도 검사 결과 우려기준을 초과하는 토양 및 누출검사결과 오염물질의 누출이 확인된 토양(법 §14조①)
3. 토양오염도 상시측정 또는 토양오염실태조사 및 정밀조사 결과 우려기준을 넘는 토양(법 §15① 및 ③)
4. 대책기준을 초과하는 지역이나 기타 토양보전대책지역으로 지정되어 토양보전대책에 관한 계획이 수립된 경우 그 계획에 포함된 오염토양 개선사업의 전부 또는 일부의 대상이 된 토양(법 §19①)

2. '토양정화등' 책임의 내용

(1) 토양정밀조사, 오염토양의 정화 또는 오염토양 개선사업의 실시

정화책임자가 지는 책임의 내용은 이미 상술하였다. 즉 위 토양정화등의 책임의 발동요건에서 본 각 규정인 토양환경보전법 제11조 제3항, 제14조 제1항, 제15조 제1항과 제3항, 제19조 제1항에 규정된 대로, 정화책임자는 그 각 요건에 대응한 효과인 토양정밀조사, 오염통화의 정화, 오염토양의 개선사업의 실시를 행할 의무를 부담한다.

---

64) 同旨, 박균성(하), 660.

(2) 오염토지 소유자·점유자의 협조의무 및 손실보상청구권

한편 토양오염이 발생한 토지를 소유 또는 점유하고 있는 자로서 정화책임자가 아닌 자는 해당 토양오염에 대한 정화책임자가 토양정화등의 명령을 받아 토양정화등을 하려는 경우에는 정당한 사유가 없으면 이에 협조하여야 한다(§10의4⑥). 이 경우, 정화책임자는 위 협조로 인하여 토지의 소유자·점유자에 발생한 손실을 보상하여야 한다(동조 ⑦).

(3) 폐기물처리책임과의 관계

'토양정화등' 책임과 관련하여 놓칠 수 없는 논점들이 있다. 토양환경보전법도 모든 범주의 토양오염을 전부 규율하고 있지 않고, '법의 공백'도 있다. 전자의 예는 토양오염물질로 지정된 물질이 토양을 오염하고 있으나 오염의 정도가 토양오염우려기준 이하여서 토양환경보전법의 규제 대상에 속하지 않지만 타법(他法) 적용의 여지가 있는 경우이다. 후자의 예는 토양오염물질로 지정되지 아니한 물질로 토양이 오염된 경우[65]와 토양오염우려기준 및 대책기준이 마련되어 있지 않은 지역(예컨대, 평범한 주거지역)의 토양이 오염되어 있는 경우가 있다.

이와 같이 토양환경보전법이 규제하고 있지 않지만 토양환경에 악영향을 주는 경우에 토양환경보전법 이외의 법, 구체적으로는 「지하수법」 또는 「폐기물관리법」 등에 의한 규제가 가능한지 여부가 실무상 논란의 대상이 되고 있다. 즉 토양오염물질로 지정된 물질이 토양을 오염하고 있으나 오염의 정도가 토양오염우려기준 이하여서 토양환경보전법의 규제 대상에 속하지 않지만, 지표수(地表水)가 오염된 토양을 지나 지하수에 이름으로써 지하수를 오염시킨 경우에 지하수법을 적용하여 이를 규제할 수 있는지,[66] 그리고 오염된 토양을 폐기물관리법상 폐기물로 분류하여 폐기물관리법을 적용할 수 있는지 여부가 문제이다. 특히 실무상 문제가 되는 것은 후자의 경우로, 건설현장에서 굴토작업에 의하여 지상으로 옮겨진 토사를 폐기물의 일종인 "건설폐재"로 볼 수 있는지 여부가 문제이다.

판례에 의하면, **오염된 토양**은 토양이지 폐기물이 아니므로 이에는 토양환경보전법이 적용되어야 한다는 것이다. 따라서 오염된 토양은 토양환경보전법에 따라 정화해야 하고, 폐기물관리법에 의한 처리의 대상이 아니다. 大判 2011.5.26. 2008도2907 [15모1][12변]은 "토양환경보전법에 따른 정화의무의 대상이 되는 오염토양과 폐기물관리법에 따른 처리의 대상이

---

65) 현행 토양환경보전법상 토양오염물질은 21가지인데, 이는 미국이나 네덜란드와 같은 선진국 지정의 토양오염물질의 수와 비교할 때 현저히 적은 숫자이다. 한국환경정책평가연구원, **토양질 측정자료의 관리체계 구축방안**, 55 – 56 (1997).

66) 지하수법 제16조 제2항은 "환경부장관 또는 시장·군수·구청장은 지하수 오염방지를 위하여 특히 필요하다고 인정할 때에는 대통령령으로 정하는 바에 따라 지하수를 오염시키거나 현저하게 오염시킬 우려가 있는 시설의 설치자 또는 관리자에게 지하수 오염방지를 위한 조치를 하도록 명할 수 있다."라고 규정하고 있다.

되는 폐기물은 서로 구별되므로 폐기물관리법은 적용될 수 없고, … 이는 오염토양이 구 폐기물관리법상의 폐기물이나 구성요소인 오염물질과 섞인 상태로 되어 있다거나 그 부분 오염토양이 정화작업 등의 목적으로 해당 부지에서 반출되어 동산인 '물질'의 상태를 일시 갖추게 되었더라도 마찬가지"라고 판시하였다. 하지만 이 판결과 상반되는 태도를 보이는 판례도 존재하고, 토양환경보전법이 적용되지 않는 오염된 토양의 경우에는 이를 폐기물로 간주하고 관리해야 할 실제상의 필요도 존재한다. 따라서 우려기준을 초과하는 오염토양에 대하여는 폐기물관리법상의 폐기물 개념을 충족한다고 하더라도 폐기물관리법보다 우선하여 토양환경보전법이 적용되어야 하지만, 토양오염물질 이외의 오염물질에 의하여 오염된 토양과 같이 토양환경보전법이 적용되지 않는 오염토양에 대해서는 폐기물관리법을 적용하여야 할 것이다.[67]

3. '토양정화등' 책임의 면제

(1) 토양정화등 책임의 면제의 의의

앞서 토양오염이 발생한 토지의 과거 소유자와 현재의 소유자·점유자가 부담하는 토양정화등의 책임이 과중함을 지적하였는데, 기실, 단순히 토양오염이 발생한 토지를 소유 또는 점유한 사실만으로 토양정화등의 책임을 묻는 것은 정화책임자의 범위를 지나치게 확대하는 것이므로, 그 범위를 적절하게 제한할 필요가 있다. 憲決 2012.8.23. 2010헌바28도 정화책임자의 정화책임이 과중함에 착안하여 정화책임자의 범위에 관하여 미세조정된 새로운 법률규정이 필요함을 지적한 바 있다. 이에 개정된 현행법은 정화책임자에 대한 면책의 범위(§10의4②)를 확대하는 한편, 정화책임의 한계를 설정하고 복수책임자들에 대한 정화조치명령의 우선순위를 도입하여 토양정화등의 책임을 완화하고 있다.

(2) 면책의 요건

토양오염이 발생한 토지를 소유하고 있었거나 현재 소유 또는 점유하고 있는 자(§10의4① iv)라 하더라도 다음에 해당하면 정화책임자로 보지 않는다(§10의4②).

1. 1996년 1월 5일 이전에 양도 또는 그 밖의 사유로 해당 토지를 소유하지 아니하게 된 경우
2. 해당 토지를 1996년 1월 5일 이전에 양수한 경우

---

67) 자세한 내용은 제6장 폐기물관리법 중 "오염토양의 폐기물 여부"에서 논하기로 한다. 한편, **토지에 폐기물이 매립되면**, 그것이 토지의 토사와 물리적으로 분리할 수 없을 정도로 혼합되어 토지의 일부를 구성하게 되지 않는 이상, 토지 소유자의 소유권을 방해하는 상태가 계속되며, 이에 따라 폐기물을 매립한 자는 그 폐기물이 매립된 토지의 소유자에 대하여 민법상 소유물방해제거의무의 하나로서 폐기물 처리의무를 부담할 수도 있다(大判 2002.10.22. 2002다46331).

3. 토양오염이 발생한 토지를 양수할 당시 토양오염 사실에 대하여 선의이며 과실이 없는 경우

4. 해당 토지를 소유 또는 점유하고 있는 중에 토양오염이 발생한 경우로서 자신이 해당 토양오염 발생에 대하여 귀책 사유가 없는 경우

憲決 2012.8.23. 2010헌바28이 밝힌 대로 환경오염책임법제가 정비되기 이전의 토양오염에 대해서는 자기책임, 과실책임의 원칙으로 하는 민법상의 불법행위규정에 의해서만 책임을 부담한다는 데 일반적인 신뢰가 존재했었다. 면책을 규정한 제10조의4 제2항은 이런 국민의 신뢰이익을 보호하기 위하여 제정된 것인바, 위 제1호와 제2호가 신뢰이익의 판단기준으로 제시한 1996.1.5.은 토양환경보전법이 처음 시행된 시점이다. 따라서 과거의 토지소유자라 하더라도 1996.1.5. 이전에 매도 등을 통하여 해당 토지를 소유하지 아니하게 된 경우에는 정화책임자로 보지 않고, 현재의 토지소유자라 하더라도 1996.1.5. 이전에 해당토지를 양수한 경우에는 정화책임자로 보지 않는다는 것이다.

제3호는 개정 전의 법률에 있었던 내용으로, 토양오염이 발생한 토지를 양수할 당시 토양오염 사실에 대하여 **선의·무과실**인 경우 정화책임을 면한다는 것이다. 여기서 선의는 부지(不知)를 말함은 전술한 바와 같다. 한편 개정법은 **토양환경평가제도**를 도입했는데, 이는 토양환경평가를 실시한 경우 양수인이 선의·무과실이 추정되므로 면책될 수 있는 계기가 된다는 점에서 의의가 크다. 그러나 토양환경평가만을 거쳐야 선의·무과실을 인정받을 수 있는 것은 아니다. 하지만 토양환경평가제도가 정착하게 되면, 이를 거치지 않은 경우 토양오염사실에 대한 부지에 과실이 있다는 평가를 받게 될 공산이 크다.[68] 한편, 선의·무과실 항변은 '토지'의 양수인에 대하여만 인정되고, '토양오염관리대상시설'의 양수인에게는 인정되지 않는 점에 유의해야 한다. 거래규모가 큰 토지거래에 미치는 악영향을 고려한 것으로 보인다.

제4호는 해당 토지를 소유 또는 점유하고 있는 중에 토양오염이 발생한 경우로서 자신이 해당 토양오염 발생에 대하여 귀책사유가 없는 한 정화책임을 지지 않는다는 것이다. 이는 토지의 오염발생이 인접 부지로부터 이동한 오염물질에 의하여 발생한 것과 같은 '**수동적**' 형태의 토양오염의 경우를 염두에 둔 것으로, 수동적 토양오염의 당사자는 기실 오염원인자라기보다는 피해자에 해당한다고 보는 사회통념을 반영한 것이다.[69] 한편, 여기서의 귀책사유는 고

---

68) 창원地判 2008.12.18. 2007구합3204는 건설전문업체인 원고가 철강공장부지였던 이 사건 부지를 매수함에 있어 토양환경평가 등 토양오염실태에 대한 별다른 조사 없이 매매계약을 체결한 점에 비추어 설령 이 사건 토지의 토양오염 상태 및 정도를 알지 못하였다 하더라도 거기에 과실이 있었다고 봄이 상당하다고 판시하였다.

69) 同旨, 김홍균, 821. 미국의 판례도 이와 같은 "소극적 이동(passive migration)"을 당한 사람에게는 정화책임을 부담시키지 않는다. *United States v. CDMG Realty Co.*, 96 F.3d 706 (1996). Cf. 박·함, 642는 제4호의 예로 천재지변으로 송유관이 터지거나 지나가던 유조차의 전복사고로 토양이 오염된 경우를 예로 드는데, 이는 면책의 예외사유라기보다는 제10조의4 제1항 제4호에 해당하지 않는, 말하자면 요건해당성이 없는 것으로 보

의·과실을 의미하는 것이 아닌데, 왜냐하면 정화책임은 원래 무과실책임인데, 과실이 없는 경우 면책된다고 하는 것은 앞뒤가 맞지 않기 때문이다.[70] 따라서 **귀책사유 없음**은 토지의 소유자·점유자가 토양오염에 대하여 기여한 바가 전혀 없어 그에게 토양오염의 책임을 귀속시킬수 없는 경우로 보아야 한다. 憲決 2012.8.23. 2010헌바167이 거시한 "제3자의 행위, 법적으로 허용된 행위, 일반 공중에 귀속될 수 있는 원인 등으로 인하여 토양오염이 발생한 경우"를 예로 삼을 수 있을 것이다. "소유 또는 점유하고 있는 중에 토양오염이 발생한 경우"라 함은 토양오염의 발생 시점(始點)이 소유 또는 점유 중일 필요는 없고 그 이전에 발생했다 하더라도 오염상태가 제거되지 않고 지속하여 소유 또는 점유하고 있는 현재까지 계속되는 경우를 포함한다고 새긴다. 본호가 정화책임의 과중함에 대한 완화책으로 나온 것이니만큼 그렇게 해석하는 것이 면책의 범위를 넓히는 것이기 때문이다.[71]

면책에 해당하는 경우에도 다음의 사유가 있으면 면책의 혜택을 누리지 못한다. 즉, 토양환경보전법이 시행된 1996.1.6. 이후에 토양오염을 발생시킨 자(§10의4①i) 또는 토양오염관리대상시설의 소유자·점유자·운영자(동항 ii)에게 자신이 소유 또는 점유 중인 토지의 사용을 허용한 경우에는 해당 토지소유자 또는 점유자는 정화책임자로서의 책임을 면할 수 없다(§10의4② 단서). 가령 1996.1.6. 이후에 다른 사람으로 하여금 주유소를 운영하도록 하기 위하여 자신의 토지를 그에게 임대한 경우, 해당 토지의 소유자는 제10조의4 제1항 제4호의 정화책임자가 된다.

4. 복수의 정화책임자와 구상권

(1) 복수의 정화책임자 사이의 우선순위

헌재의 위헌결정 후 개정법은 복수의 정화책임자가 존재하는 경우 정화책임자간 우선순위를 정하는 규정을 두고 있다, 즉 지자체장은 '토양정화등' 책임의 발동요건이 충족되어 '토양정화등'을 명할 수 있는 정화책임자가 둘 이상인 경우에는 시행령이 정하는 바에 따라 해당토양오염에 대한 각 정화책임자의 귀책정도, 신속하고 원활한 토양정화의 가능성 등을 고려하여 토양정화등을 명하여야 하며, 필요한 경우에는 토양정화자문위원회에 자문할 수 있다(§10의4③). 시행령 제5조의3 제1항이 정한 아래의 우선순위를 보면, 행위책임자부터 상태책임자로이어지는바, 오염유발자와 그 포괄승계인 → 토양오염관리대상시설의 점유자·운영자와 그 포

는 것이 타당하다.
70) 同旨, 김홍균, 821. Cf. 박·함, 642.
71) 김홍균, 822는 同旨이나 다른 이유를 들고 있다.

괄승계인 → 토양오염관리대상시설의 소유자와 그 포괄승계인 → 오염토지의 현(現)소유자·점유자 → 오염토지의 전(前)소유자의 순서이다.

1. 법 제10조의4 제1항 제1호의 정화책임자와 그 정화책임자의 권리·의무를 포괄적으로 승계한 자
2. 법 제10조의4 제1항 제2호의 정화책임자 중 토양오염관리대상시설의 점유자 또는 운영자와 그 점유자 또는 운영자의 권리·의무를 포괄적으로 승계한 자
3. 법 제10조의4 제1항 제2호의 정화책임자 중 토양오염관리대상시설의 소유자와 그 소유자의 권리·의무를 포괄적으로 승계한 자
4. 법 제10조의4 제1항 제4호의 정화책임자 중 토양오염이 발생한 토지를 현재 소유 또는 점유하고 있는 자
5. 법 제10조의4 제1항 제4호의 정화책임자 중 토양오염이 발생한 토지를 소유하였던 자

(2) 우선순위의 예외

지자체장은 위 순위에도 불구하고 다음에 해당하는 경우에는 위 순서 중 후순위의 정화책임자 중 어느 하나에게 선순위의 정화책임자에 앞서 토양정화등을 명할 수 있다(시행령 §5의3②).

1. 선순위의 정화책임자를 주소불명 등으로 확인할 수 없는 경우
2. 선순위의 정화책임자가 후순위의 정화책임자에 비하여 해당 토양오염에 대한 귀책사유가 매우 적은 것으로 판단되는 경우
3. 선순위의 정화책임자가 부담하여야 하는 정화비용이 본인 소유의 재산가액을 현저히 초과하여 토양정화등을 실시하는 것이 불가능하다고 판단되는 경우
4. 선순위의 정화책임자가 토양정화등을 실시하는 것에 대하여 후순위의 정화책임자가 이의를 제기하거나 협조하지 아니하는 경우
5. 선순위의 정화책임자를 확인하기 위하여 필요한 조사 또는 그 밖의 조치에 후순위의 정화책임자가 협조하지 아니하는 경우

그런데 토양정화등을 명할 하나의 정화책임자를 정하기 곤란한 경우가 있을 터인즉, 이 경우에는 정화책임자 선정 및 각 정화책임자의 부담 부분 등에 대한 토양정화자문위원회의 자문을 거쳐 둘 이상의 정화책임자에게 공동으로 토양정화등을 명할 수 있다(동조 ③). 이에 따라 공동으로 토양정화등을 수행하는 경우가 많을 것으로 예측된다. 왜냐하면 토양정화등의 조치에 엄청난 비용이 소요되기 때문에 하나의 정화책임자가 감당하기 어려울 것이고, 여러 명을 함께 참여시켜야 저항도 작을 것이기 때문이다.

(3) 연성 연대책임

이상을 요약하면, 복수의 정화책임자가 존재할 경우, 행정청은 임의로 그들 전부 또는 일부에게 정화책임등을 명할 수 있는 것이 아니라 ① 우선 선순위 정화책임자에게 명령을 내리고, ② 선순위 정화책임자가 명령을 이행할 수 없는 사유가 있는 경우에는 후순위 정화책임자에게 명령을 내릴 수 있고, ③ 선순위 또는 후순위의 어느 하나의 정화책임자를 정하기 곤란한 경우에는 복수의 정화책임자에게 공동으로 정화명령을 할 수 있도록 규정하고 있다. 이를 종합하면 정화책임자의 토양정화등의 책임은 부진정 연대책임의 성격을 가지고 있지만 행정청의 책임자 선택권이 제한된 "연성(軟性) 연대책임"의 성격을 가지고 있다고 판단된다. 이렇게 보는 것은 행정청의 책임자 선택권이 제한되었지만 그럼에도 불구하고 책임자 전부에게 오염정화등의 명령을 내릴 수 있고 책임자 사이에 구상권이 인정되기 때문이다.[72]

(4) 복수의 정화책임자 사이의 구상권

(경찰)행정법상 책임자 상호간에 비용상환청구권이 인정되는지 여부에 관하여는 견해가 갈리는데,[73] 헌재결정 후 개정법은 이를 명문으로 해결하였다. 즉 토양정화등의 명령을 받은 정화책임자가 자신의 비용으로 토양정화등을 한 경우에는 다른 정화책임자의 부담부분에 관하여 구상권을 행사할 수 있다고 규정한 것이다(§10의4④).

5. 정화비용의 지원

앞서 본 憲決 2012.8.23. 2010헌바28은 토양정화등의 책임은 막대한 정화비용을 그 범위의 제한 없이 전부 부담하여야 한다는 점과 다른 면책사유 또는 책임 제한수단을 인정하지 않는다는 점에서 과중하다는 것이었다. 이에 개정법은 국가의 정화비용의 지원에 대한 규정을 신설하였다. 즉 국가 및 지방자치단체는 다음에 해당하는 경우에는 토양정화등을 하는 데 드는 비용의 전부 또는 일부를 지원할 수 있다고 규정한 것이다. 다만 구상권 행사를 통하여 상환받을 수 있는 비용 및 토양정화등으로 인한 해당 토지 가액의 상승분에 상당하는 금액은 지원비용에서 제외한다(§10의4⑤).

1. 제10조의4 제1항 제1호·제2호 또는 제3호의 정화책임자가 토양정화등을 하는 데 드는 비용이 자신의 부담부분을 현저히 초과하거나 해당 토양오염관리대상시설의 소유·점유 또는 운영

---

72) 同旨, 박종원, "복수의 토양정화책임자와 정화조치명령 대상자의 선택: 2015년 개정 「토양환경보전법 시행령」 제5조의3의 해석과 평가," **환경법연구** 제37조 제2호, 6 (2015). Cf. 김홍균, 823과 박·함, 643은 연대책임이 아니고 "보충책임"이라고 한다.
73) 홍정선, 483 – 484.

을 통하여 얻었거나 향후 얻을 수 있을 것으로 기대되는 이익을 현저히 초과하는 경우

2. 2001년 12월 31일 이전에 해당 토지를 양수하였거나 양도 또는 그 밖의 사유로 소유하지 아니하게 된 자가 제1항 제4호의 정화책임자로서 토양정화등을 하는 데 드는 비용이 해당 토지의 가액을 초과하는 경우

3. 2002년 1월 1일 이후에 해당 토지를 양수한 자가 제1항 제4호의 정화책임자로서 토양정화등을 하는 데 드는 비용이 해당 토지의 가액 및 토지의 소유 또는 점유를 통하여 얻었거나 향후 얻을 수 있을 것으로 기대되는 이익을 현저히 초과하는 경우

4. 그 밖에 토양정화등의 비용 지원이 필요한 경우로서 대통령령으로 정하는 경우

제3항 토양오염의 사법상 책임

토양오염으로 인하여 발생하는 사법상 책임은, 오염원인자가 토양오염 피해자에 대하여 지는 불법행위책임과 (토양 또는 지하수가) 오염된 토지를 목적물로 하는 매매계약의 매도인이 매수인에 대하여 지는 계약상의 책임을 들 수 있다.

Ⅰ. 불법행위책임

토양오염에서 비롯된 민사상 손해배상을 둘러싼 분쟁에는 세 종류의 당사자들이 개입한다. 즉, ① 토양오염으로 인하여 피해를 본 피해자(주로 지역주민으로, 토양이 오염되어 인근 토지가격이 하락한 경우 또는 오염토양에서 나오는 유독가스를 흡입하거나 오염토양으로 인하여 오염된 지하수를 음용하여 신체건강이 나빠진 경우), ② 토양오염을 발생시킨 오염원인자(토양오염관리대상시설의 소유·점유·운영자 또는 오염토지의 전(前)소유·점유자), ③ 토양오염을 발생시키지는 않았지만 오염토지를 현재 소유·점유하고 있는 자가 그것이다. 세 종류의 당사자 중에 논의의 초점이 되는 것은 세 번째 당사자로서, 이 경우 주로 오염된 토지를 새로 양수하거나 오염된 토지를 자산으로 가지고 있는 회사를 인수·합병한 자가 과연 그 양수·인수 전에 발생한 토양오염으로 인한 손해에 대하여 배상책임을 져야하는가, 그 책임을 면할 수 있다면 그 요건은 무엇인가, 그리고 토양오염을 발생시킨 자에 대하여 손해배상을 청구할 수 있는가가 논점이 된다.

우리나라에는 이런 문제의 해결을 위한 특별법이 제정되어 있지 않아서 민법의 불법행위 규정과 환경정책기본법과 토양환경보전법에 규정된 여러 특칙을 축조해석하여 문제를 해결할 수밖에 없다. 논점을 명확하게 하기 위해서 세 가지 사례를 대상으로 설명하기로 한다.

제1사례는 토지의 전소유자가 유류를 저장한 지하저장탱크시설이 노후하여 유류를 누출하고 있는 상태에서 그 사정을 모르고 지하저장탱크시설이 묻혀있는 토지를 현소유자가 구입하였는데, 오염된 토양으로 인하여 인근주민의 건강에 피해가 발생한 경우이고,

제2사례는 공장부지로 사용되면서 휘발성 유기화합물(VOCs)의 일종인 벤젠이나 솔벤트가 다량 방기된 토지를 다른 회사가 구입한 경우이며,

제3사례는 자기 토지위에 토양오염을 발생시킨 사람이 그 토지를 매도한 후에 그 토지를 전전매수한 사람이 토양오염을 발견한 경우이다.

1. 민법 제758조에 의한 손해배상책임

민법 제758조 제1항은 "공작물의 설치 또는 보존의 하자로 인하여 타인에게 손해를 가한 때에는 공작물의 점유자"가, "점유자가 손해의 방지에 필요한 주의를 해태하지 아니한 때에는" 그 "소유자가 손해를 배상할 책임이 있다"라고 규정하고 있다. 이 경우 소유자의 책임은 민법 제758조 자체에 의하여 무과실책임이기 때문에 환경법상 무과실책임의 특칙을 원용할 필요가 없다. 그러나 점유자의 책임은, 일반불법행위책임의 경우가 아니라 환경침해로 인한 손해배상책임의 경우이므로, 환경법상 무과실책임의 특칙이 적용된다. 따라서 피해자는 가해자인 점유자의 고의나 과실에 대한 입증을 할 필요가 없다고 본다.

제1사례에서 지하저장탱크시설은 전형적인 공작물에 해당하고, 소유자 또는 점유자가 그 공작물을 보유하게 된 경위는 그 배상책임에 영향을 미치지 않고, 공작물의 하자가 소유자나 점유자의 고의·과실에 의한 것임을 필요로 하지 않기 때문에, 지하저장탱크로부터 누출된 유류로 인하여 피해를 본 피해자에게 현토지의 소유자는 그 관리부실에 대하여 손해배상책임을 부담한다고 본다. 따라서 제1사례의 인근주민은 지하저장탱크시설의 설치자인 전소유자뿐만 아니라 현소유자에 대하여 손해배상책임을 물을 수 있다.

그러나 공작물책임은 해당 공작물의 점유 혹은 소유기간 동안에 발생한 손해에 대해서만 적용되며 그 공작물의 점유 혹은 소유 시점 이전에 발생한 손해에 대하여 책임을 물을 수 있는 근거가 되지 못한다. 따라서 유류누출이 현소유자가 매수한 시점 이전에 그쳤다면, 인근주민은 현소유자에게 대해서는 손해배상책임을 물을 수 없다.

그런데 현소유자가 전소유자에 대하여 계약상의 책임을 묻는 것은 별론으로 하고 불법행위책임을 물을 수 있는가? 이에 대하여는 후술한다.

2. 민법 제750조에 의한 손해배상책임

해결이 어려운 것은 바로 제2사례이다. 제2사례는 토양이 오염되었으되 이른바 '공작물'이란 매개물이 토지에 남아있지 아니하므로 민법 제758조를 적용할 수 없다. 민법 제750조, 환경정책기본법 제44조 내지는 토양환경보전법 제10조의3에 해당하는지 여부를 따져보아야 한다.

(1) 오염된 토지의 매수인의 책임

가. 학설

주지하다시피 민법 제750조는 가해자의 고의·과실로 인한 위법행위를 그 요건으로 규정하여 이른바 과실책임주의를 불법행위의 기본원리로 취하고 있다. 과실책임주의는, 가해자가 자신의 고의 또는 과실 있는 행위에 의하여 타인에게 손해를 가한 때에만 책임을 진다는 것이므로, 그것은 오직 '자기의', 즉 가해자 자신의 고의·과실 있는 행위에 대하여서만 책임을 지고 타인의 행위에 대하여는 책임을 지지 않는다는 자기책임주의를 의미한다. 따라서 토양오염행위에 전혀 관계하지 아니한 토지의 현소유자나 점유자가 자신과 관계없이 벌어진 토양오염으로 말미암아 생긴 손해를 배상할 이유가 없다고 보는 것이 자연스럽다("책임부정설").

그러나 문제가 그리 간단하지 않다. 왜냐하면 자기책임주의하에서의 행위는 작위뿐만 아니라 '부작위'도 포함되기 때문이다. 다시 말하면, 현소유자나 점유자가 토양이 오염되었다는 사실과 그로 인하여 타인에게 피해를 줄 수 있다는 사실을 알았거나 알 수 있었음에도 불구하고 이에 대응하기 위한 적극적인 조치를 취하지 아니한 부작위가 바로 '자기의 행위'에 해당할 수 있는 것이다("책임긍정설"). 이는 민법의 기본원칙인 자기책임주의의 기존 틀을 해치지 않으면서 토양오염에 효과적으로 대응할 수 있는 방안이다.

생각건대 문제의 요체는 **작위의무**의 존재 여부이다. 부작위는 그것이 위법성을 띠는 경우에만 불법행위가 될 수 있는데 작위의무 없는 자의 부작위는 **위법성**이 없기 때문이다.[74] 그렇다고 한다면 법령상 작위의무가 있거나 비록 법령상 명시적으로 규정되지 않았더라도 관련법률 전체를 고려한 체계적 해석에 의하여 작위의무가 도출될 수 있다면 불법행위가 성립하게 된다.[75]

생각건대 민법상 오염토지를 소유·점유하고 있는 자의 작위의무를 일반적으로는 인정하기 어렵겠지만, 해당 오염토지를 매수 또는 점유 개시(開始) 당시 토양오염 사실을 알았거나 알 수 있었던 경우, 즉 토양오염의 인식 또는 인식가능성이 있었다면, 작위의무를 인정할 수 있

---

74) 곽윤직, **채권각론**(신정판), 683 (1998).
75) 곽윤직(註74), 683은 법령상의 작위의무 없는 자의 부작위이더라도, 그것이 도의적 의무에 위반하는 것이어서, 위법성을 인정할 수 있을 때에는, 역시 불법행위의 성립을 인정할 여지가 있다고 한다.

다고 본다.[76] 이렇게 보는 이유는 '인식' 또는 '인식가능성' 있는 매수인은 매수 당시 오염을 이유로 유리한 가격 협상에 나설 수 있었을 것이고 그런 만큼 오염토지를 방치하는 것에 대한 비난가능성이 있기 때문이다.[77]

토지 매수인의 인식 또는 인식가능성의 유무에 대한 판단은 결국 구체적인 경우에 사안에 따라 개별적으로 결정할 수밖에 없지만, 토양환경보전법이 토양오염에 대응한 여러 제도를 준비하고 국민에게 비록 공법상이지만 여러 의무를 부과하고 있는 만큼, 토양오염유발시설이 설치된 지역이나 우려기준을 초과하는 지역과 그 인근에 속한 토지를 매수하는 경우에 전술한 '토양환경평가'를 실시하지 않았다면 인식 또는 부지(不知)의 과실이 인정될 가능성이 높다.[78]

나. 판례

大判 2016.5.19. 2009다66549(全合)[17모2][19변]는 헌법상 환경권 조항(§35①), 구(舊)환경정책기본법, 구토양환경보전법 및 구폐기물관리법의 취지와 아울러 토양오염원인자의 피해배상의무 및 오염토양 정화의무, 폐기물 처리의무 등에 관한 관련 규정들과 법리에 근거하여 토지의 소유자라 하더라도 토양오염물질을 토양에 누출·유출하거나 투기·방치함으로써 토양오염을 유발하였다면 사법(私法)상 토양을 정화할 의무를 진다고 판시하였다. 또한 토양오염의 본성, 즉 환경오염 중에서 특히 토양오염이 일단 발생하면 정화되지 않는 이상 그 오염 상태가 계속되고 이로 인한 피해는 장기간에 걸쳐 누적적으로 발생할 뿐만 아니라 토양오염물질의 확산을 통하여 오염토양 자체가 다른 토양오염의 원인이 되는 등 토양오염이 국민건강 및 환경상의 위해를 초래하고 토양생태계를 파괴할 수 있는 매우 큰 위험성을 가진다는 점을 또다른 근거로 들고 있기도 하다.[79] 그렇다고 한다면, 이제 위 판례에 의하여 **토지소유자는 자기**

---

76) 拙稿, "토양환경침해에 대한 법적 책임," **환경법연구** 제20권, 298, 332-333 이하 (1998).

77) 同旨, 김홍균, 835. Cf. 황창식, "기업의 인수·합병과 토양오염," **환경문제연구총서** Ⅸ, 139-140 (2001). 한편, 비록 행정사건의 판결이지만 大判 1997.8.22. 95누17724는 문제의 토지의 신소유자에게 환경법상의 정화책임을 부과하면서 신소유자가 그 토지를 경매절차를 통하여 취득하였지만 취득 당시에 문제가 있다는 사실을 알았고 또한 그 문제가 있다는 사실이 경락가격에 반영되었다는 점에 지적하고 있다.

78) 인식 또는 인식가능성은 어디까지나 위법성 인식표지로서의 작위의무의 존재 여부를 판단하기 위한 자료에 불과하다. 이를 '불법행위의 성립요건으로서의 고의·과실'과 혼동해서는 안 된다. 물론 토양오염에 대한 손해배상책임은 무과실책임이지만, 매수인의 책임을 인정하기 위해서는 책임능력은 있어야 한다.

79) 위 판결에서 대법관 김용덕의 보충의견은 한 걸음 더 나아가고 있다. 즉 토양오염유발행위는 헌법 및 관련 환경보호법률에서 정한 환경보전의무를 위반한 행위로 금지되며 그 원인행위자는 오염·훼손된 환경을 회복·복원할 책임을 지므로, 토지소유자라 하더라도 자신의 토지에 토양오염을 유발하거나 폐기물을 매립하는 행위는 그 자체로서 헌법 및 환경보호법률에서 정한 환경보전의무를 위반하여 금지된 환경오염·훼손행위를 한 것으로서 정당한 토지 소유권의 행사라 할 수 없으며 위법하다고 한다. 또한 구 토양환경보전법 제10조의3 제1항 본문이 토양오염원인자에 대하여 오염토양에 대한 정화의무를 부담시킨 것은 바로 이러한 토양오염의 위험성을 반영한 것으로서 그 의무는 토양오염의 위험에 노출된 현재의 토지 소유자에 대하여 직접 부담하는 **민사법적인 의무**로 봄이 타당하다는 것이다("이행책임설"). 이 견해에 관하여는 위 註27 및 그 본문 참조.

소유 토지에서 발생한 토양오염에 대하여 이를 정화할 사법상 의무를 부담하게 된다.

그런데 위 판례는 자기소유의 토지에서 벌어진 토양오염에 대한 토지소유자의 책임에 대해서만 판시하고 있고 그런 토지를 양수한 현재의 소유자·점유자의 책임에 대하여는 언급하고 있지 않다. 하지만 위 판례가 터 잡은 근거를 보면 헌법상 환경권 및 구환경정책기본법, 구토양환경보전법을 포함한 환경보호법률들인데, 이에 의하면 오염된 토지의 현재의 소유자·점유자도, 양수할 당시 오염사실에 대하여 선의·무과실이 아닌 한 정화책임자로서 책임을 부담하게 되어 있다. 그렇다고 한다면, 오염된 토지의 현재의 소유자·점유자도 마찬가지로 **양수할 당시 오염사실에 대하여 선의·무과실이 아닌 한 오염된 토양을 정화할 사법상 의무가 있다고 보아야 할 것이다.**[80]

다. 소결

그렇다고 한다면 오염된 토지를 매수한 사람이 매수 당시에 오염사실에 대하여 인식하고 있었거나 인식가능성이 있었다면 그는 오염토양을 정화할 작위의무를 지게 되고 따라서 이를 이행하지 않는 것은 부작위에 의한 불법행위를 구성한다.

(2) 오염된 토지의 매도인의 책임

여기서의 논점은 제1사례와 제3사례이다. 제1사례에서 토지의 전소유자는 토양을 오염시켰음에도 불구하고 이를 숨긴 채 오염된 토지를 현소유자에게 매도하였다. 이 경우 후술하는 바와 같이 현소유자는 전소유자에 대하여 하자담보책임을 물을 수 있으나, 이와 함께 불법행위에 기한 손해배상을 청구할 수 있는가? 제3사례에서는 전소유자는 비록 자기소유 토지를 오염시켰지만 그 토지를 성공적으로 매도하였고 그 후에도 그 토지는 무탈하게 전전매도되었다. 그런데 한참이 지난 후에 현소유자는 행정청으로부터 그 토지에 대한 '토양정화등'의 조치명령를 받게 되어 막대한 처리비용을 치르게 되었다. 현소유자는 토양오염을 일으킨 사람에 대하여 불법행위책임을 물을 수 있는가?

제1사례에 대하여는 적용가능한 판례가 이미 있었다. 즉, 大判 2002.10.22. 2002다46331은 토지에 폐기물이 매립되면, 그것이 토지의 토사와 물리적으로 분리할 수 없을 정도로 혼합되어 토지의 일부를 구성하게 되지 않는 이상, 토지 소유자의 소유권을 방해하는 상태가 계속되

---

80) 위 판결은 구토양환경보전법에 근거한 것인데, 판결 선고 전에 이미 개정된 토양환경보전법에서 토양정화등의 책임을 규정한 제10조의4는 공법상 책임만을 규정하는 것으로 되었음은 전술하였다. 이런 법률개정에도 불구하고 위 판례의 결론이 바뀔 것 같지 않다. 왜냐하면 위 판례는 헌법상 환경권, 환경정책기본법, 토양환경보전법, 폐기물관리법로 구성된 환경보호법의 전체 법체계를 근거로 한 것이므로 이와 같은 미세조정이 대세에 영향을 끼칠 것으로 보이지는 않는다. 또한 환경법의 개정은 환경보호를 강화하는 쪽으로 진행되어 왔음도 간과할 수 없는 요점이다.

며, 이에 따라 폐기물을 매립한 자는 그 폐기물이 매립된 토지의 소유자에 대하여 민법상 소유물방해제거의무의 하나로서 폐기물 처리의무를 부담할 수도 있다고 판시하였다. 그러나 제3사례에 대하여는 불법행위의 성립을 부정하는 판례가 있었다. 즉, 大判 2002.1.11. 99다16460은 자신의 소유 토지에 폐기물 등을 불법으로 매립하였다고 하더라도 그 후 그 토지를 매수하여 소유권을 취득한 자에 대하여 불법행위가 성립하지 않는다고 판시하였다.

그런데 大判 2016.5.19. 2009다66549(全合)[17모2][19변]는 제1사례와 제3사례를 한꺼번에 해결하는 내용의 판결을 내린 바 있다. 즉 "토지의 소유자라 하더라도 토양오염물질을 토양에 누출·유출하거나 투기·방치함으로써 토양오염을 유발하였음에도 오염토양을 정화하지 않은 상태에서 그 오염토양이 포함된 토지를 거래에 제공함으로써 유통되게 하거나, 토지에 폐기물을 불법으로 매립하였음에도 이를 처리하지 않은 상태에서 그 해당 토지를 거래에 제공하는 등으로 유통되게 하였다면, 다른 특별한 사정이 없는 한 이는 거래의 상대방 및 위 토지를 전전 취득한 현재의 토지 소유자에 대한 위법행위로서 불법행위가 성립할 수 있다"고 한 것이다.

3. 토양환경보전법 제10조의3에 의한 손해배상책임

앞에서 필자는 오염된 토지매수인에게 책임을 인정하기 위해서 매우 복잡한 과정을 거쳤다. 이와 같이 법해석이 복잡다단해진 까닭은 기본적으로 민법 제750조의 적용을 대전제로 하고 거기에 환경정책기본법 또는 토양환경보전법상의 특칙을 가미(加味)하였기 때문이다. 여기서 민법 제750조를 적용하지 않고 곧바로 토양환경보전법 제10조의3 제1항에 의하여 문제를 해결할 수는 없을까 하는 의문이 생긴다. 다시 말하면 오염된 토지 매수인이 그 토지를 보유하는 것 자체가 동항이 규정한 요건, 즉 "토양오염으로 인하여 피해가 발생한 경우 그 오염을 발생시킨 자"에 포섭되지 않는가 하는 의문이다.

생각건대 현재의 토지 소유자는 "그 오염을 발생시킨 자"에 포함되지 않는다고 보는 것이 타당하다. ① 현재의 토지 소유자가 오염토양의 정화의무를 부담한다 하더라도, 문언해석상 그 의무를 이행하지 않고 부작위 상태에 있는 것까지를 '그 오염을 발생시킨' 행위로 볼 수는 없기 때문이다. ② 제10조의3의 무과실책임은 자기의 행위에 대한 무과실책임일 뿐이고 지배가능성이 전혀 없는 타인의 행위에 대하여서까지 책임을 진다는 것은 아니다. ③ 현재의 토지 소유자·점유자에게 '토양정화등'의 책임을 부과한 토양환경보전법 제10조의4가 공법상 책임을 규정한 것임은 공표된 개정이유에 의하여 명백하다.

Ⅱ. 계약상의 책임

계약상의 책임은 토지를 대상으로 하는 유상계약에서 목적물인 토지가 오염된 경우에 발생한다. 토양오염과 관련한 계약상의 책임은, 통상 잠복해 있다가 앞서 살핀 불법행위책임이 인정된 후 손해배상을 하게 된 토지양수인이 구상할 수 있는 상대방을 찾는 과정에서 문제된다.

유상계약의 전형이라고 할 수 있는 매매계약에 대해서 살펴보면, 토양 또는 지하수가 오염된 토지를 목적물로 하는 매매계약에서 매도인은 매매목적물에 하자가 있기 때문에 매수인에게 매매계약상 책임을 진다. 즉, 매도인은 토지의 하자로 발생한 손해에 대하여 매수인에게 배상해야 하고, 매수인은 토지의 하자를 이유로 매매계약을 해제할 수 있다. 이와 같이 오염된 토지의 매도인은 매수인에게 계약법상의 일정한 책임을 부담하는데 그 근거로는 채무불이행의 일종인 불완전이행 또는 적극적 채권침해의 법리와 하자담보책임에 관한 규정을 들 수 있을 것이다. 일반적으로는 하자담보책임에 기하여 계약상의 책임을 추궁할 것이나, 토양오염이 밝혀질 때까지 장시간이 소요될 것으로 보이는 데 대하여 하자담보책임의 제척기간이 짧기 때문에 불완전이행 또는 적극적 채권침해의 법리에 기한 책임추궁도 있을 것이다. 하자담보책임과 채무불이행책임은 경합적으로 인정된다.[81]

하자담보책임에 관하여 보면, 매매의 목적물에 하자가 있을 경우 매수인이 매매계약 체결 당시 그 하자를 알지 못했고 알 수도 없었다면 매수인은 매도인에 대하여 그 하자로 인한 손해배상을 청구할 수 있고, 하자가 중대하여 계약의 목적을 달성할 수 없을 경우에는 계약해제도 할 수 있다(민법 §580). 매매당사자들이 매도인의 하자담보책임을 면제하기로 하는 특약은 유효한 것이 원칙이나, 매도인이 특약 당시 알고 있으면서 매수인에게 고지하지 아니한 사실에 대해서는 책임을 면할 수 없다(동법 §584).

토양오염에 관한 계약책임을 추궁하기 위해서 충족해야 할 요건은 토양이 오염되었다는 사실 자체가 매매목적물의 '하자'에 해당하는가 여부이다. 하자인지 여부를 결정하는 요체는 그로 말미암아 목적물의 교환가치 또는 사용가치가 떨어졌는지 여부라고 할 수 있는데, 토양이 오염되면 그에 따르는 잠재적 책임으로 말미암아 양 가치가 떨어질 수밖에 없게 된다.[82] 전술한 토양오염의 공법상 책임에서 보았듯이, 토양의 오염정도가 현행 토양환경보전법상의 우려기준을 초과할 정도로 심한 경우에는, '토양정화등'의 책임을 지게 되는데, 이에는 엄청난

---

81) 大判 2004.7.22. 2002다51586.
82) 보통 하자, 즉 흠이 있다는 것은, 매매의 목적물에 물질적인 결점이 있는 경우를 말하고 결점으로 인정할 것이냐 여부는 일반적으로 그 종류의 것으로서 보통 갖고 있어야 할 품질·성능을 표준으로 하여 판단한다. 拙稿 (註76), 336 이하. 그런데 판례는 법률적 장해, 예컨대 공장부지로 매수한 토지가 하천법의 적용구역이어서 공장을 세울 수 없는 경우 등도 물건의 하자라고 하여 하자담보책임에 관한 규정의 적용을 인정한다. 토양오염으로 인한 하자는 물질적인 결점이기도 하거니와 법률적 장해로도 포섭할 수 있다.

비용이 들 뿐 아니라 일정 기간 토지사용 자체가 제한된다. 이러한 잠재적 책임을 염두에 둔다면, 비록 그 정도에 이르지 아니한 토양오염이라 하더라도 이는 중대한 매매목적물의 하자가 되고 오염토지의 매도인은 매수인에 대하여 하자담보책임을 진다고 보아야 한다.[83]

---

83) 同旨 박상열(註8), 7. 한편 수원地判 1996.10.24. 95가합17789는 그 지하에 폐기물이 매립되어 있는 토지를 매도한 경우, 매매목적물의 하자가 있다고 보았다.

제 **6** 장 │ 폐기물관리법

제1절 │ **폐기물관리법 총론**

인간이 기본적인 일상생활을 영위하고 경제활동을 하면서 사회와 문화를 유지·발전시키기 위해서는 다양한 자원과 이를 활용해 생산되는 제품이 필요하다. 하지만 이러한 자원과 제품이 더 이상 본래의 용도나 다른 용도로 사용될 수 없는 경우에는 '폐기물'로 처리되어야만 한다. 따라서 폐기물 문제는 동서고금을 불문하고 인류가 생존하고 번영하기 위해서는 피할 수 없는 생산과 소비의 필연적 결과물로서, 인류의 운명과도 같은 것이라고 할 수 있다.

현대사회에서 폐기물은 소득수준이 향상되고 대량생산·소비의 사회구조·생활방식이 확산되면서 편의성을 추구하는 소비문화로 인해 더욱 증가하게 되었으며, 과거와는 달리 물건의 쓰임새나 기능, 시장에서의 교환가치 등과 같은 객관적인 측면뿐만 아니라 개인적인 기호나 취향도 폐기물의 양을 지속적으로 증가시키는 원인이 되고 있다.

이에 따라 오늘날 전 세계 인구가 사용하는 자원과 배출하는 폐기물을 처리하려면 지금보다 1.4배나 큰 규모의 지구가 필요하다는 분석이 나올 정도로 인류는 지구상의 생물다양성과 숲, 해양자원, 물과 토양 등을 빠르게 사라지게 하고 있으며,[1] 과다한 자원소비와 자연의 자정능력을 초과하는 폐기물로 인해 미래세대의 지속가능한 발전은 크게 위협받고 있다. 또한 발생한 폐기물들을 안전하게 처리하기 위해 필요한 소각·매립시설 등은 대표적인 혐오시설로 인식되어 입지조차 구하기 어려운 상황("님비현상(NIMBY: Not In My BackYard)")이 나타나고 있다.

이러한 문제를 근본적으로 해결하기 위해서는 발생되는 폐기물의 양적·질적 감량이 필요하며, 오늘날 독일, 일본 등에서는 폐기물을 전체적인 물질순환의 구조 안에서 파악하면서 재활용할 수 있는 것은 최대한 재활용하고 재활용이 불가능한 경우에만 최종적인 처리의 대상

---

1) 클라우스 보셀만(진재운·박선영 역), 법에 갇힌 자연 vs 정치에 갇힌 인간, 7 (2011).

으로 하는 자원순환형사회로의 전환을 지향하고 있다. 우리나라도 환경정책기본법 제7조의4
에서 "국가 및 지자체는 자원 및 에너지를 절약하고 자원의 재사용·재활용 등 자원의 순환적
사용을 촉진하는 데 필요한 시책을 마련하여야 한다."고 규정하여 이를 우리 환경정책의 기본
방향 가운데 하나로 명확히 하고 있다.

Ⅰ. 폐기물 관리현황 및 관리정책

1. 폐기물의 발생 및 처리 현황

우리나라의 전체 폐기물 발생량은 1960년대 이후 지속된 경제성장과 생활수준의 향상으로
인하여 1990년대까지 큰 폭으로 증가하였고, 2000년대 들어서도 점진적으로 증가하는 추세에
있다. 우리나라에서 하루에 발생하는 전체 폐기물은, 2001년에 261,032톤에서 2006년에는
328,954톤으로, 다시 2012년에는 394,510톤으로 증가하여, 국민 1인당 매일 약 7.6kg의 폐기
물을 발생시키고 있는 것으로 나타나고 있다. 폐기물 종류별로는, 2012년 기준으로 생활폐기
물이 48,990톤/일(12.4%),[2] 건설폐기물이 186,629톤/일(47.3%), 사업장일반폐기물이 146,390톤/
일(37.1%), 지정폐기물이 12,501톤/일(3.2%)로 건설폐기물의 비중이 가장 높고, 최근에는 사업
장일반폐기물과 지정폐기물의 증가율이 가장 높게 나타나고 있다.[3] 다른 한편, 우리나라의
1인당 생활폐기물 발생량은, 1980년대까지 주거용 난방연료의 주류를 이루었던 연탄이 유류와
액화석유가스(LPG), 도시가스 등으로 변화하고 1995년부터 쓰레기종량제가 시행되면서 1981년
1.77kg/일에서 1994년에는 1.3kg/일로, 2012년에는 다시 0.95kg/일로 계속 감소해왔다.[4]

폐기물의 처리 현황은, 전체 폐기물을 기준으로 할 때 재활용률이 2012년 83.4% 수준으
로, 재활용된 폐기물의 비율은 과거에 비해 크게 높아진 반면, 매립처리비율은 크게 낮아지고
소각처리율은 점진적으로 증가하는 추세를 보여 왔다. 이것을 폐기물 종류별로 살펴보면, 생
활폐기물의 경우 1995년에는 72.3%가 매립 처리되고 23.7%만이 재활용되었으나, 이후 쓰레
기종량제가 도입·시행되고 재활용률을 제고하기 위한 정책이 적극적인 추진으로 2012년에는
재활용률이 59.1%로 크게 높아진 반면에 매립처리율은 15.9%로 낮아지는 등 전체적인 폐기

---

2) 사업장폐기물 가운데 사업장생활계폐기물의 경우에는 생활폐기물과 성상이 유사하여 생활폐기물로 수집·운반
  및 처리되고 있으며, 환경부의 통계에서도 생활폐기물에 포함하여 관리하고 있다. 환경부, 2012 전국 폐기물
  발생 및 처리 현황 (2013) 참조.
3) 환경부(註2) 및 환경부, 2012 지정폐기물 발생 및 처리 현황 (2013). 폐기물 통계에 제시된 사업장폐기물 발생
  량은 사업장배출시설계폐기물만을 포함하는 것이며, 지정폐기물은 별도로 발생량을 집계하고, 사업장생활계폐
  기물은 전술한 대로 성상이 동일한 생활폐기물에 포함되어 있다.
4) 환경부, 2014 환경백서, 303 (2014).

물처리구조는 바람직한 방향으로 변화되고 있다. 사업장일반폐기물도 매립에 의한 처리는 지속적으로 감소되는 추세를 보여 2007년 19.6%에서 2012년에는 14.9%로 낮아졌으며, 재활용률은 지속적으로 상승하여 2012년의 경우에는 76.5%에 이르고 있다.[5] 한편 건설폐기물은 지속적으로 재활용률이 제고되어 2012년의 경우에는 97.3%에 이르고 있어, 향후 양적인 재활용 확대보다는 고품질, 고품위의 재활용을 추진하는 것이 과제로 대두되고 있다. 반면 지정폐기물의 경우에는 2005년에 재활용률이 61.1%였으나 2012년의 경우에는 54.3%로, 지정폐기물의 재활용 기준 및 방법에 대한 규제 강화와 시장 여건의 변화 등으로 재활용률이 정체되거나 소폭 하락하는 추세를 보이고 있다.

2. 폐기물 관리정책

폐기물의 발생량이나 성상, 처리방법 등이 계속 변화됨에 따라 폐기물 관리 정책도 변화되어 왔다. 우리나라의 폐기물 관리 정책은 1960년대까지는 주로 도시지역의 청결을 유지하고 주민들의 보건과 위생을 지키기 위해서 쓰레기와 분뇨 등을 청소하는 수준에 불과했으나, 1970년대 이후 경제성장과 함께 본격적으로 산업이 발전하고 도시화가 진행되면서 폐기물의 종류와 특성에 따른 종합적·체계적인 관리가 시작되었다고 할 수 있다. 이 시기의 폐기물 관리정책은 발생한 폐기물을 소각·매립 등의 방식으로 안전하게 처리하여 폐기물로 인한 대기, 수질 등의 2차 오염을 방지하고 궁극적으로 국민건강을 보호하는 데 초점이 맞추어져 있었다고 할 것이다.

1990년대 이후에는 기존에 이미 발생한 폐기물의 사후 처리 위주의 관리정책에서 벗어나 폐기물의 원천적인 감량과 재활용에 무게를 두는 현대적인 폐기물 관리정책 또는 자원순환정책으로의 전환이 이루어졌다. 세계적으로도 자원의 효율적 이용과 폐기물의 재활용을 통한 자원순환형 사회체제의 확립이 중요한 과제로 대두됨에 따라, 생산에서부터 유통, 소비, 폐기에 이르기까지 물질의 효율적 이용과 재활용을 촉진하고 폐기물의 발생을 최소화하며, 그럼으로써 무분별한 자원의 소비를 억제하고 환경에 대한 부하를 줄이고자 하는 것이 오늘날 폐기물 정책의 핵심적인 방향으로 제시되고 있다.[6]

---

5) *Id.* 304－305.
6) 함태성, "독일과 일본의 폐기물법제 비교·검토를 통한 한국의 폐기물법제의 체계 재정립방안 연구," 토지공법 연구 제30집, 453, 455 (2006).

Ⅱ. 폐기물관리법의 연혁 및 현행 법체계

폐기물 관리에 관한 법령은 1945년 해방 및 1948년 정부수립 이후에도 1936년에 제정된 「조선오물소제령」(制令 제8호)이 1961년 12월 「오물청소법」이 제정될 때까지 여전히 집행되었다. 이후 1986년에 「폐기물관리법」이 제정되었으며, 폐기물관리법령과 이에 근거한 각종 제도들은 계속된 폐기물의 양적, 질적 증대에 대응하여 많은 변화를 거치면서 우리나라 폐기물관리 행정의 기반을 이루어 왔다.

1. 「조선오물소제령」 및 「조선오물소제령 시행규칙」

일제 식민당국은 전국적으로 통일된 체계 하에 오물청소사업을 추진하기 위해 1936년에 당시 일본의 「오물소제법(汚物掃除法)」에 따르도록 하는 내용의 「조선오물소제령(朝鮮汚物掃除令)」과 「조선오물소제령 시행규칙(朝鮮汚物掃除令 施行規則)」을 제정하고 1937년 10월부터 이를 시행했다.[7] 동 시행규칙에서는 오물을 "진개(塵芥)·재·오니(汚泥)·오수 및 분뇨"로 규정하면서, 토지점유자와 건물소유자가 청소의무자가 되어 뚜껑이 있는 용기를 갖추고 진개(쓰레기)를 그 용기에 배출하도록 하였으며, 시·군은 오물을 일정한 장소로 운반하고 소각 등의 방법으로 처리할 수 있도록 했다. 이 시행규칙은 당시 서울시를 비롯한 14개의 시 지역에 적용되었으며, 1961년 「오물청소법」이 제정·시행될 때까지 그 효력이 유지되었다.

2. 「오물청소법」의 제정

1950년대에는 환경보전보다는 분뇨, 생활쓰레기 등 오물로 인한 생활환경의 피해를 위생적인 관점에서 방지하기 위해 이들 물질을 도시지역에서 수거하여 일정한 지역에 매립하는 것이 주된 폐기물 관리정책이었다. 1961년 12월에 청소행정의 효시라고 할 수 있는 「오물청소법」이 제정되었는데, 동법에서는 "오물을 위생적으로 처리하여 생활환경을 청결히 함으로써 국민보건의 향상을 기함"을 법률의 목적으로 제시했고, 서울특별시 및 시의 관할구역을 특별청소지역으로 규정하면서, 특별청소구역내의 토지 또는 건물의 점유자(점유자가 없을 경우에는 관리자)에게 그 토지 또는 건물 내의 오물을 소제하여 청결을 유지하고 변소 및 오물용기를 설치 또는 비치하여 이를 위생적으로 관리할 의무를 부여했다(§§2-4). 「오물청소법」은 1973년에 전면적으로 개정되었는데, '오물'을 "쓰레기·재·오니·분뇨·동물의 사체 기타 폐기물"이라고 규정하여, 폐기물이라는 용어를 처음 사용하기 시작했고,[8] 1980년에 환경청이 당시 보

---

7) 환경부, 환경 30년사, 418 (2010).
8) *Id.* 412-413, 418.

건사회부의 외청으로 신설된 이후인 1982년에 다시 전문개정되어, 시장·도지사가 오물처리계획을 수립하여 오물처리대책을 시행하도록 하였다.

3. 「환경보전법」의 제정과 산업폐기물 관리

1970년대 이후 산업화와 도시화가 본격적으로 이루어짐에 따라 환경문제가 점차 심각해지고 그 양상도 복잡하고 다양해지게 되었으며, 종전의 공해방지법에 의한 사업장의 오염물질 배출규제만으로는 소기의 성과를 기대하기 어렵게 되었다. 이에 따라 「환경보전법」이 1977년에 제정·시행되었는데, 동법에서는 산업폐기물에 관한 장을 따로 두고, 산업폐기물을 다른 오물들과 구별하여 관리하기 시작하였다. 즉, '산업폐기물처리'를 제8장으로 신설하였으며, 산업폐기물처리업의 허가(§50), 폐기물의 폐기제한(§51), 폐기물의 종말처리(§52) 등 3개 조문을 그 아래 규정하여 사업자 또는 폐기물처리업자가 산업폐기물을 처리할 때 준수해야 할 사항을 정하였다. 그러나 어떠한 물질이나 물건이 산업폐기물에 해당하는 것인지 그 개념과 범위에 대해서는 별도의 규정을 두고 있지 않았다.

「환경보전법」의 제정으로 그동안 청소 내지 위생행정 수준에 머물러 있던 오물처리정책이 비로소 산업폐기물까지 포함하는 포괄적 폐기물관리정책으로 발전되었다고 할 수 있으나, 산업폐기물은 「환경보전법」에 의하여, 분뇨와 쓰레기 등 생활폐기물은 「오물청소법」에 의하여, 각가 관리되는 이원적 체제에 의해 운영되는 한계를 안고 있었다. 이후 1981년 「환경보전법」 개정 시에 산업폐기물에 대한 정의 규정이 동법에 신설되었으며, 산업폐기물의 범위에는 오니·잔재물·폐유·폐산·폐알칼리·폐고무·폐합성수지 등이 포함되었다.

4. 「폐기물관리법」의 제·개정

「오물청소법」과 「환경보전법」으로는 더 이상 폐기물을 체계적으로 관리하고 심화되어 가는 산업폐기물 처리문제를 적절히 관리하기 어렵다는 인식이 확산됨에 따라, 1986년에는 「환경보전법」과 「오물청소법」으로 이원화되어 운영되어 온 폐기물 관리체계를 일원화하여 「폐기물관리법」을 제정하였고, 기존의 「오물청소법」은 폐지되었다.

새로 제정된 폐기물관리법에서는 폐기물에 쓰레기, 산업폐기물과 분뇨 및 축산분뇨를 포함하고 폐기물을 일반폐기물과 산업폐기물로 구분하였으며(§2), 폐기물의 성상 및 특성에 따른 관리를 강화하였다. 이처럼 폐기물관리법은 우리나라에 현대적인 폐기물 관리체계를 도입한 법으로서 그 의미가 크다고 할 수 있으나,[9] 여전히 법률의 주된 목적이 보건위생 차원을 넘어서지 못하여 분뇨·오수·축산폐수까지 관리대상으로 하고 있었으며, 따라서 그 규제내용이 폐기물의 안전처리에 치우쳐 있었고 오늘날 중요성이 커지고 있는 폐기물의 감량화나 재활용을 수용하지 못한 한계를 안고 있었다.[10]

폐기물관리법은 1991년에 전면적으로 개정되었는데, 종전에는 폐기물관리법에서 함께 관장해왔던 오수와 분뇨, 축산폐수에 관한 사항은 분리하여 별도의 「오수·분뇨 및 축산폐수의 처리에 관한 법률」로 이관했고, 발생원을 기준으로 가정에서 발생되는 것은 일반폐기물, 사업장에서 발생되는 것은 산업폐기물로 분류하던 방식을, 유해성을 기준으로 하여 국민건강에 유해한 산업폐기물은 특정폐기물로, 그 외의 폐기물은 일반폐기물로 분류하는 체계로 변경하였다. 아울러 폐기물의 감량화 및 재활용 등에 관한 규정을 신설하였다. 1992년에는 「자원의 절약과 재활용 촉진에 관한 법률」이 별도로 제정됨에 따라 폐기물관리법에서 폐기물의 재활용에 관한 내용들이 삭제되었고, 님비현상 등으로 어려워진 폐기물처리시설의 설치를 촉진하기 위한 규정들이 신설되었다.

폐기물관리법은 1995년에 다시 개정되었는데, 1991년 법률 개정에 따라 일반폐기물과 특정폐기물로 분류하던 것을 다시 변경하여 발생원에 따라 생활폐기물과 사업장폐기물로 분류하여 원인자 처리책임 및 발생지 처리책임이 철저히 적용되도록 하였고, 생활폐기물의 감량을 위해 생활폐기물 수수료를 배출량에 따라 차등 부과하도록 하는 종량제의 실시 근거를 마련하였다.

5. 현행 폐기물관리법 체계: 관련 법률의 분법화

우리나라에서 폐기물 관리에 관한 기본법은 1986년에 제정된 「폐기물관리법」이며, 동법은 제정 이후 여러 차례의 개정을 거쳐 현재까지 시행되고 있는데, 폐기물의 재활용 촉진, 폐기물처리시설의 설치 촉진 등 여러 가지 정책적 필요에 따라 「자원의 절약과 재활용촉진에 관한 법률」 등 5개 법률이 폐기물관리법에서 분법되어 제정·시행되어 왔다. 그런데 「폐기물관리법」 및 「자원의 절약과 재활용촉진에 관한 법률」 등에서 규정하고 있는 폐기물의 적정한 처리와 폐기물의 재활용을 촉진하기 위한 정책수단은 대량생산·대량소비 및 대량폐기형의 사회경제구조에 맞추어져 발생된 폐기물의 사후 관리에 중점을 두고 있기 때문에, 이러한 법률들과 정책수단으로는 21세기 자원·에너지 위기와 환경문제를 극복할 수 있는 지속가능한 사회의 구현이 불가능하다는 비판이 제기되었다. 이에 제품 등의 생산부터 유통·소비·폐기에 이르기까지 보다 효율적으로 자원이 이용되도록 관리하고, 폐기물의 발생량을 극소화시켜 환

---

9) 채영근, "폐기물 관련 법령체계의 문제점 및 개선방안," 환경법연구 제31권 2호, 145, 146 (2009).
10) 환경부(註7), 419.

경부하(環境負荷)를 줄이는 한편, 자원의 순환이용을 촉진함으로써 자원이 순환되는 사회의 기반을 구축하기 위하여 「자원순환기본법」이 2016년 제정되고 2018년부터 시행되기에 이르렀다.

(1) 「자원순환기본법」

동법은 자원을 효율적으로 이용하여 폐기물의 발생을 최대한 억제하고 발생된 폐기물의 순환이용 및 적정한 처분을 촉진하여 천연자원과 에너지의 소비를 줄임으로써 환경을 보전하고 지속가능한 자원순환사회를 만드는 데 필요한 기본적인 사항을 규정함을 목적으로 한다(§1). '자원순환'이란, 환경정책상의 목적을 달성하기 위하여 필요한 범위 안에서 폐기물의 발생을 억제하고 발생된 폐기물을 적정하게 재활용 또는 처리하는 등 자원의 순환과정을 환경친화적으로 이용·관리하는 것을 말한다(§2i). 동법은 자원순환사회로의 전환을 촉진하기 위한 기본원칙을 천명하고 있는바(§3), 자원순환과 관련되는 다른 법률을 제정하거나 개정하는 경우에는 이 기본원칙에 부합되게 해야 한다(§4). 동법은 자원순환사회로의 전환을 위하여 필요한 자원순환계획의 수립, 자원순환 촉진시책, 자원순환 기반 조성 및 지원 등에 관하여 규정하고 있다.

(2) 「자원의 절약과 재활용촉진에 관한 법률」

1992년에 기존의 폐기물관리법에 포함되어 있던 재활용에 관한 규정이 별도로 분리되어 「자원의 절약과 재활용촉진에 관한 법률」이 제정되었다. 경제성장과 생활수준의 향상과 함께 폐기물의 발생량은 계속 증가했음에도 불구하고 폐기물처리시설의 설치는 더욱 어려워져만 갔으며, 이에 따라 폐기물의 발생량을 원천적으로 줄이고 발생된 폐기물은 가능한 한 재활용하도록 함으로써 최종적으로 처리되는 폐기물의 양을 최소화하는 것이 폐기물 정책의 핵심적인 과제가 되었고, 이를 촉진하기 위해 별도의 법률을 제정한 것이다.

자원의 절약과 재활용촉진에 관한 법률은 2002년에 전면 개정되었는데, 개정된 동 법률에서는 폐기물의 발생을 제품의 생산단계에서부터 억제하고 발생된 폐기물의 재활용을 촉진하기 위해 폐기물의 발생량이 많은 제품·포장재의 생산자에게 재활용의무를 부과하는 "생산자책임재활용제도"를 도입하였다(§§16－19, 21). 또한 폐기물 관리정책의 방향을 종전까지의 안전처리 및 단순 재활용으로부터 발생억제와 자원화 확대로 전환하기 위해 자원순환의 개념과 원칙을 도입하였다.

(3) 「폐기물의 국가간 이동 및 그 처리에 관한 법률」

유엔환경계획(UNEP) 주도로 채택된 『유해폐기물의 국가간 이동 및 그 처리의 통제에 관한 바젤협약』이 1992년에 발효됨에 따라, 동 협약의 국내 이행을 위해 「폐기물의 국가간 이동 및 그 처리에 관한 법률」이 1994년 제정되었다. 동 법률에서는 폐기물을 수출하고자 하는 자(§6) 및 수입하고자 하는 자(§10)는 상공부장관에게 허가를 받도록 하였으며, 이 경우 미리 환경부장관과 협의를 하도록 하였다. 수출의 경우에는 폐기물의 수입국 및 경유국의 동의를, 수입의 경우에는 수출국의 주무관청으로부터의 해당 폐기물의 수입동의요청이 반드시 필요함을 명시하고, 기타 폐기물 수출입허가취소(§15), 폐기물의 경유동의(§16) 등을 규정하였다. 동 법률은 2001년에 폐기물의 수출입허가 등을 환경부장관으로부터 받도록 개정되었으며, 이에 따라서 폐기물 관리에 관한 권한이 환경부로 통합되어 체계적으로 관리가 이루어질 수 있게 되었다.

(4) 「폐기물처리시설 설치촉진 및 주변지역 지원 등에 관한 법률」

「폐기물처리시설 설치촉진 및 주변지역 지원 등에 관한 법률」은 폐기물처리시설 인근 지역주민에 대한 지원과 참여를 확대함으로써 폐기물처리시설의 설치를 촉진하기 위하여 1995년에 제정되었다. 동 법률에서는 일정한 양 이상의 폐기물을 배출하는 산업단지 또는 공장이나 일정한 규모 이상의 산업단지·공장·관광지 또는 관광단지를 개발·설치·증설하고자 하는 자와 대통령령이 정하는 규모 이상의 공동주택단지 또는 택지를 개발하고자 하는 자에게 해당 산업단지 등에서 발생되는 폐기물을 처리하기 위한 폐기물처리시설을 직접 설치·운영하거나 설치·운영에 필요한 비용을 부담하도록 의무를 부여하는 한편(§§5, 6), 입지선정단계에서부터 주민참여를 제도화하고 관련 인허가의 의제, 주민지원기금의 조성·지원 등을 통해 시설의 설치를 촉진하도록 규정하였다(§§9 – 15).

(5) 「건설폐기물의 재활용촉진에 관한 법률」

2003년에는 건설폐기물을 친환경적으로 처리하고 건설폐기물의 재활용을 통해 순환골재 사용을 촉진하는 것을 주요 목적으로 하는 「건설폐기물의 재활용촉진에 관한 법률」이 제정되었는데, 이 법률은 기존의 폐기물관리법, 자원의 절약과 재활용촉진에 관한 법률과 「건설기술관리법」, 「건설산업기본법」 등에 산재되어 있었던 건설폐기물 관련 규정들을 종합·체계화한 것이다.

동법에서는 국가 및 지자체로 하여금 건설폐기물을 친환경적으로 적절하게 처리하고 재활용을 촉진할 수 있도록 필요한 시책을 마련하도록 하고, 이를 이행하기 위해 발주자와 배출자, 건설폐기물 처리업자 등이 이행하여야 할 의무를 각각 규정하고 있다. 보다 구체적으로는, 건설폐기물의 처리기준(§13)과 함께 건설공사와 건설폐기물 처리용역을 반드시 분리해 발주하도록 의무화하는 규정(§15) 및 건설폐기물 처리업의 허가에 관한 규정(§21)을 두고 있으며, 국가·지자체·공공기관·정부출연연구기관·공기업 등이 발주하는 건설공사 중 대통령령으로 정하는 일정 구조·규모·용도에 해당하는 공사에는 건설폐기물을 재활용하여 생산한 "순환골재" 및 "순환골재 재활용제품"의 사용을 의무화하고 있다(§38). 또한 2013년 법률 개정으로 건설폐기물 수집·운반 차량의 기준을 구체적으로 정하고(§13①), 순환골재 및 순환골재 재활용제품을 용도별 품질기준에 적합하게 사용하도록 하고 이를 위반한 경우 과태료를 부과하도록 하였다(§§35의2, 66②ⅻ).

(6) 「전기·전자제품 및 자동차의 자원순환에 관한 법률」

2007년에는 「전기·전자제품 및 자동차의 자원순환에 관한 법률」이 제정되어 시행되고 있는데, 동 법률에서는 재활용을 촉진하기 위하여 제품의 사용 후에 발생하는 폐기물의 양이 많은 제품 중 대통령령으로 정하는 전기·전자제품을 제조하거나 수입하는 자와 대통령령으로 정하는 자동차를 제조하거나 수입하는 자에게 중금속·난연제 등 유해물질의 함유기준을 준수하도록 하고(§9), 재활용이 용이한 재질을 사용하는 등 구조를 개선하도록 하는 한편(§10), 유해물질의 함유기준 등을 스스로 확인·평가해서 공표하도록 하였다(§11). 또한 기존에 자원의 절약과 재활용촉진에 관한 법률에서 전기·전자제품의 제조·수입업자에게 판매량의 일정한 비율 이상을 회수·재활용하도록 하던 생산자책임재활용제도에 관한 규정을 이 법률로 이관(제3장 제1절)하였고, 자동차 제조·수입업자 등에게 폐차되는 자동차의 일정 비율 이상을 재활용할 의무를 부과하고 있다(§§25, 26).

(7) 기타 법률

이외에도 폐기물의 발생억제 및 재활용 관련 사업을 효율적으로 수행하기 위해 "한국자원재생공사"를 설립·운영하는 내용의 「한국자원재생공사법」이 1993년에 제정되었고, 이는 2003년에 법명이 「한국환경자원공사법」으로 변경되었다가 2009년에 한국환경자원공사가 환경관리공단과 통합되어 "한국환경공단"이 설립됨에 따라 동 법률은 2010. 1. 1.자로 폐지되었고, 2000년에는 기존에 서울특별시, 인천광역시, 경기도 등 3개 시·도의 조합으로 운영되어 온 "수도권매립지운영관리조합"을 환경부 산하기관인 "수도권매립지공사"로 발족시키는 「수도권매립지공사의 설립 및 운영 등에 관한 법률」이 제정되어 시행되고 있다.

6. 폐기물 관련 법제의 문제점 및 과제

(1) 체계성의 결여

폐기물관리법을 비롯한 현행 폐기물 관련 법률들은 폐기물 법제에 대한 종합적이고 체계적인 인식을 바탕으로 마련된 것이 아니고 사회상황의 변화에 따라 그때그때 대증적으로 마련됨에 따라, 법률 사이에 체계적인 조화가 결여되어 있고 현대사회에서 폐기물 법제의 새로운 패러다임으로 제시되고 있는 '자원순환형 사회'의 구현이라는 관점에서 보면 미흡한 점이 적지 않다고 지적되어 왔다.[11]

사회의 발전단계와 변화추이를 반영하고, 폐기물관리제도 또는 규정상의 미비점을 시급히 해결하기 위해 법률을 제·개정하는 것은 불가피한 측면이 있고, 필요성도 있다. 그러나 현재는 폐기물관리와 관련하여 핵심적인 개념들을 여러 법률에서 각기 규정하고 있을 뿐만 아니라 자원순환과 관련된 여러 규정들 역시 개별 법률에 산재되어 있어 통일된 정책목표를 제시하는 데에 한계가 있고, 관련 법률들 간에 유기적인 역할분담이나 연계성이 부족하여 통합적인 자원순환 법체계를 구축하는 데는 부족한 측면이 있는 것이 사실이다.[12]

자원의 절약과 재활용촉진에 관한 법률에서는 자원순환을 "폐기물의 발생을 억제하고 발생된 폐기물을 적정하게 재활용 또는 처리하는 등 자원의 순환과정을 환경친화적으로 이용·관리하는 것"으로 정의하고 있는바, 이에 따르면 '자원순환형 사회'는 폐기물을 최대한 감축함으로서 환경보전에 기여할 뿐만 아니라 폐기물이 갖는 자원으로서의 잠재력을 환경친화적으로 활용하여 순환이용을 도모하는 사회라고 할 수 있을 것이다.[13] 경제활동에 필요한 자원과 에너지의 대부분을 수입에 의존하고 있는 우리나라는 그 이용의 효율성을 제고하여 폐기물 발생을 최소화하는 한편 발생한 폐기물을 재사용 또는 재활용해야 할 필요성이 자원부국들에 비하여 더 크다고 할 수 있으며, 따라서 이러한 사회·경제적 여건과 시대적 요구에 부합하도록 폐기물 관리 법체계를 정비하는 것이 필요하다고 할 것이다.

이와 관련하여 (가칭)「자원순환사회 전환 촉진법」 또는 이와 유사한 법률을 제정하고 기존 폐기물관리법을 비롯한 법률들을 정비해야 한다는 주장이 제기되어 왔다.[14] 즉, 현행 폐기물관리법은 1980년대 후반 제정 당시에 폐기물의 처리에 중점을 두고 폐기물 처리시설 설치기준, 처리기준, 처리업체의 지도·감독 등을 위주로 마련된 규제중심적 법률로 '사전배려적·자원순환형 폐기물관리정책'에 부합되지 않는다고 보거나,[15] 우리 법제가 폐기물관리법을 기본적인 축으로 하여 폐기물의 적정처리를 도모하면서 그 연장선에서 분리수거 등을 바탕으로 재활용을 도모하는 부분적이고 불완전한 자원순환형 사회를 구축하고 있다고 평가하는 견

---

11) 조성규, "폐기물관리법제의 법적 문제," 행정법연구 제27호, 49, 50, 68 (2010); 정훈, "폐기물 관련 법체계와 자원순환기본법의 제정필요성," 환경법연구 제31권 2호, 115, 117, 125 (2009).
12) 김광임 외, 폐기물 관리제도 개선 방안 연구, 101 – 105 (환경부, 2003).
13) 김창조, "자원순환형 사회구축을 위한 법제도," 법학논고 제19집, 25, 26 (2003).
14) 전재경, 자원순환사회 법제 연구, 75 (한국법제연구원, 2012); 송동수, "폐기물 관련 법제의 변화와 전망," 환경법과 정책 제4권, 113, 126 – 127(2010. 5.); 오용선, "자원순환사회 폐기물 관리의 법적·제도적 체계 설계," 환경법연구 제28권 1호, 303, 316 (2006).
15) 김광임 외(註12), 1.

해[16] 등이 그러한 입장에 서 있는 것이라고 할 수 있다. 우리 폐기물 관련 법체계를 '자원순환형 사회'로의 이행을 촉진할 수 있는 새로운 폐기물관리의 패러다임을 바탕으로 개선·보완하기 위한 구체적인 방안으로는, 일본의 입법례와 같이 기본법을 제정하는 방안과, 지나치게 분법화되어 있다는 지적이 제기되고 있는 현행 법률들을 정비하는 방안 등을 검토할 수 있을 것이다.

(2) 폐기물의 성상 및 수거·처리 여건의 변화

오늘날에는 산업계의 생산 공정에서뿐만 아니라 일상생활에서도 다양한 화학물질과 이를 포함한 제품 등이 사용됨에 따라 가정에서 배출되는 생활폐기물에 있어서도 유해폐기물로 별도로 분류·관리될 필요가 있는 폐기물들이 증가하고 있다. 아울러 1인 또는 2인 가구가 크게 증가함에 따라 포장폐기물의 증가, 음식물류 폐기물의 발생량과 성상의 변화 등이 나타나고 있고, 급속도로 이루어지고 있는 고령화로 인해 특히 농촌지역에서는 영농폐기물을 비롯한 각종 폐기물의 수거·처리에 많은 어려움이 발생하고 있는 실정이다. 또한, IT산업의 발달로 TV, 컴퓨터, 스마트폰을 비롯한 다양한 전기·전자제품 폐기물들이 대량으로 쏟아져 나오고 있으며, 이들 폐기물의 적정한 수거·재활용과 여기 포함된 유해물질의 안전한 처리 등이 폐기물 관리에 있어서 중요한 과제로 대두되고 있다. 따라서 이러한 여건변화에 맞추어 자원을 효율적으로 활용하면서, 생활 속의 유해폐기물로부터 국민의 건강을 보호할 수 있는 폐기물 관리체계를 마련할 필요가 있다.

(3) 규제합리화에 대한 요구

폐기물 분야는 국민의 환경권과 건강·재산을 보호한다는 측면에서의 중요성에도 불구하고, 물, 대기, 자연 등 다른 분야에 비하여 현저하게 복잡한 법률체계와 함께, 고도의 전문성과 개념의 불확정성 등으로 인해 일반 국민들이 쉽게 접근하거나 이해하기 어려운 분야로 인식되어 왔다. 폐기물 분야의 민원이 환경부 전체 민원의 약 38%를 차지할 정도로 폐기물을 둘러싼 각종 규제들이 국민들에게 많은 불편과 불만을 초래하고 있는 실정이다.[17]

한편, 폐기물 관리를 위한 법령과 그에 따른 규제가 복잡해지면 복잡해질수록, 왜 폐기물에 대해서 유독 이렇게 복잡한 규제가 가해져야만 하는가에 대한 의문이 제기될 수 있다. 가령 폐기물이 아닌 물질들 가운데도 폐기물에서 주로 문제가 되는 독성이나 인화성 등의 유해한 특성을 가지고 있는 물질들이 있음에도 불구하고 폐기물에 대해서만 (제품이나 사용된 적이

---

16) 김창조(註13), 27.
17) 환경부 자원순환정책과, '12년 상반기 법령개선 연구회 운영결과 및 향후 추진계획, 3 (2012).

없는 원료물질(처녀물질)에 대한 것보다) 엄격한 규제를 가하는 것이 법적으로 타당한가에 대한 의문이 제기될 수 있는바,[18] 합리적인 규제로 지속가능한 발전에 기여할 수 있는 방안을 모색할 필요가 있다.

Ⅲ. 폐기물관리법의 목적

폐기물관리법의 입법취지는 제1조 목적 조항에 규정되어 있으며, 동 조항의 개정연혁을 살펴보면 우리나라의 폐기물 관리정책이 변화되어 온 흐름을 파악할 수 있다. 우선, 폐기물관리법 제정 당시에는 "폐기물을 적정하게 처리하여 자연환경 및 생활환경을 청결히 함으로써 국민보건의 향상과 환경보전에 기여함"을 목적으로 제시하였으나, 1991년 전부 개정된 법률에서는 "폐기물을 적정하게 처리하여 자연환경 및 생활환경을 청결히 하고, 폐기물의 재활용을 촉진함으로써 환경보전과 국민생활의 질적 향상에 이바지"하는 것을 목적으로 규정해서, 폐기물의 적정처리뿐만 아니라 재활용 촉진을 법의 목적으로 새로이 추가하고 '국민보건의 향상'을 '국민생활의 질적 향상'이라는 보다 넓은 개념으로 대체하였는바, 이는 우리나라의 폐기물 관리정책이 기존의 협소한 위생·보건 중심의 안전처리에서 벗어났음을 보여주는 것이라고 할수 있을 것이다.

동 조항은 1992년 다시 개정되었는데, 자원의 절약과 재활용촉진에 관한 법률이 별도로 제정됨에 따라서 폐기물관리법의 목적 또한 "폐기물을 적정하게 처리하여 자연환경 및 생활환경을 청결히 함으로써 환경보전과 국민생활의 질적 향상에 이바지"하는 것으로 다시 '재활용촉진'이 제외되고 범위가 축소되었으나, 이는 재활용법이 별도로 제정됨에 따라 폐기물관리법의 목적을 개정한 것일 뿐, 폐기물관리정책 전반의 목적이 변경된 것으로 볼 수는 없을 것이다.

1990년대 이후 사회 전반적으로 자원순환사회 또는 순환형사회에 대한 관심이 제고되었고, 이에 따라 폐기물의 발생예방 또는 최소화를 폐기물 관리정책의 첫 번째 우선순위에 두기 위하여 2003년 개정 법률에서는 "폐기물의 발생을 최대한 억제하고 발생된 폐기물을 적정하게 처리함으로써 환경보전과 국민생활의 질적 향상에 이바지"하는 것이 목적으로 제시되었다. 2010년에는 다시 기존의 '적정처리'를 '친환경적인 처리'로 변경함으로써 환경적인 측면을 보다 강조하는 방향으로 개정되었으며, 이러한 폐기물관리법의 목적 조항은 현행법 하에서도 그대로 유지되고 있다.

---

18) Stephen Tromans, "EC Waste Law—A Complete Mess?," Journal of Environmental Law vol. 13(2). 133, 135–136 (2001).

Ⅳ. 폐기물관리법의 기본원칙

현행 폐기물관리법은 2010년 7월 개정(법률 제10389호)을 통해 제3조의2를 신설하여, 폐기물 관리의 기본원칙을 규정하고, 자원의 절약과 재활용촉진에 관한 법률은 2008년 개정(법률 제8948호)을 통해 제2조의2를 신설, '자원순환에 관한 기본원칙'을 규정하고 있다.

폐기물 관리의 기본원칙들은 관련 정책 및 입법의 큰 방향을 제시하고, 애매한 법의 해석 기준 및 관계법률 간의 충돌 시에 해석의 지침을 제공한다는 점에서 중요한 의미를 가지며, 법의 흠결이 존재하여 판사가 부득이하게 "사법재량"을 행사하는 경우에 그 기준으로서의 기능을 한다고 할 수 있다.[19] 또한 자원순환형 사회경제체제를 구축하기 위해서는 자원순환을 촉진할 수 있는 폐기물 관리의 기본원칙이 우선적으로 확립될 필요가 있다고 할 것인바, 이러한 측면에서 폐기물관리법을 비롯한 현행 폐기물 관련 법령에서는 폐기물 관리의 기본원칙을 비교적 상세하게 망라하여 규정하고 있으나,[20] 일부 원칙의 보완 또는 추가를 검토할 필요가 있다.

1. 폐기물 최소화의 원칙

폐기물관리법은 사업자로 하여금 제품의 생산방식 등을 개선하여 폐기물의 발생을 최대한 억제하고, 발생한 폐기물을 스스로 재활용함으로써 폐기물의 배출을 최소화하도록 하는 '폐기물 발생억제의 원칙'을 규정하고 있다(§3의2①). 또한 자원순환기본법 제3조 제1호에서는 "자원의 효율적인 이용을 통하여 폐기물의 발생을 최대한 억제할 것(「건설산업기본법」 제2조 제4호에 따른 건설공사를 말한다)."이라고 하여 폐기물의 발생억제 및 양적·질적 최소화에 관해서 규정하고 있다.

폐기물은 생산공정에 투입되는 원료물질에서 시작해서 제품의 디자인과 생산, 폐기물의 발생 및 처리, 보관·운송 및 최종처분까지의 과정을 거치게 되는데, 폐기물로 발생하기 전에 제품을 설계하고 디자인하는 단계나 생산공정에서의 변경은 결과적으로 발생하는 폐기물의 양과 유해성, 재활용 가능성 등에 중대한 영향을 미치게 되며, 결국 사람의 건강과 환경에 미치는 영향도 달라진다. 일단 발생한 폐기물을 처리하는 방식은 그때그때 문제가 되는 사안에 대응하기 위한 부분적이고 임시방편적인 해결방안에 치우칠 우려가 있고, 장기적이며 전체적인 관점에서 접근하지 못하는 한계를 가질 수 있기 때문에 보다 근본적으로 폐기물의 발생 자체

---

19) 拙稿, "경제학적 논증의 법적 지위: 배제적 법실증주의의 관점에서," 서울대학교 法學 제48권 제4호, 124, 150 (2007).
20) 김광임 외(註12), 122.

를 억제하는 것이 필요하며, 이러한 관리방식이 훨씬 더 비용이 적게 소요될 뿐만 아니라 더 효율적이다. 이에 폐기물관리법에서 이 원칙을 명문으로 규정하게 된 것이다.

다만, 현행 폐기물관리법 제3조의2 제1항은, "사업자는 … 폐기물의 배출을 최소화하여야 한다."라고 규정하여 폐기물 최소화 원칙의 적용대상을 '사업자'로 국한하고 있으나 동 원칙을 사업자에게만 적용되는 원칙으로 보아야 할 이유는 없으며, 오히려 동법이 국민의 책무의 하나로서 폐기물의 감량화를 규정하고 있는 점(§7①), 사업장폐기물배출자의 의무 가운데 하나로 "사업장폐기물의 발생을 최대한 억제하여야 한다."라고 규정하고 있는 점(§17①ii) 등을 종합적으로 고려할 때, 동 원칙은 모든 국민에 대해 적용되는 원칙으로 적용된다고 볼 수 있을 것이다.

한편 폐기물의 최소화는 그것이 폐기물의 관리에서 발생하는 위험을 가장 비용효과적으로 감소시킬 수 있는 방안이라는 점에서 중요성을 갖지만, 엄밀하게 보면 그 자체가 '폐기물'의 관리에는 해당하지 않는다는 점에서,[21] 「자원순환기본법」에서 규정되는 것이 타당할 것이다.

2. 사전배려의 원칙

한편 동조 제2항에서는 누구든지 폐기물을 배출하는 경우에는 주변 환경이나 주민의 건강에 위해를 끼치지 않도록 사전에 적절한 조치를 취할 것을 요구하는 '사전배려의 원칙'을 규정하고 있다. 폐기물은 대기, 수질 등의 환경오염을 발생시키는 중요한 오염원들 가운데 하나이기 때문에, 환경오염을 사전에 예방하고자 하는 '사전배려의 원칙'은 폐기물에 대한 규제를 불가피하게 요구하게 한다.[22]

이와 함께 환경정책기본법은 사업자에게 "제품의 제조·판매·유통 및 폐기 등 사업활동의 모든 과정에서 환경오염이 적은 원료를 사용하고 공정(工程)을 개선하며, 자원의 절약과 재활용의 촉진 등을 통하여 오염물질의 배출을 원천적으로 줄이고, 제품의 사용 및 폐기로 환경에 미치는 해로운 영향을 최소화하도록 노력"할 의무를 부여하고 있으며(§8②), 국가 및 지자체로 하여금 "자원과 에너지를 절약하고 자원의 재사용·재활용 등 자원의 순환적 사용을 촉진하는 데 필요한 시책을 마련"하도록 하고, 사업자는 경제활동을 할 때 이러한 국가 및 지자체의 시책에 협력하도록 규정하고 있다(§10). 이러한 규정들은 기본원칙이라는 용어를 사용하고 있지

---

21) John S. Applegate, "The Temporal Dimension of Land Pollution: Another Perspective on Applying The Breaking The Logjam Principles to Waste Management," N.Y.U. Environmental Law Journal vol. 17, 757, 762 (2008).

22) Eloise Scotford, "Trash or Treasure: Policy Tensions in EC Waste Regulation," Journal of Environmental Law vol. 19(3) 367, 370 (2007).

는 않으나, 폐기물을 비롯한 환경정책 추진에 있어서 기본이 되는 '사전예방의 원칙' 및 이를 포괄하는 '사전배려의 원칙'을 도입하고 있는 것으로 볼 수 있다.[23]

3. 적정처리의 원칙

폐기물관리법은 폐기물의 처리과정에서 그 양과 유해성을 줄이는 등 환경보전과 국민건강 보호에 적합하게 처리하도록 규정하고 있는바(§3의2③), 이는 '적정처리의 원칙' 또는 '친환경적 처리의 원칙'을 명문화한 것으로 볼 수 있다. 또한 자원순환기본법 제3조 제3호에서 재사용·재생이용 또는 에너지회수가 불가능한 폐기물은 환경에 미치는 영향이 최소화되도록 적절하게 처리하여야 한다고 규정하여 동일한 원칙을 제시하고 있다.

4. 원인자 부담의 원칙

폐기물관리법은 폐기물로 인하여 환경오염을 일으킨 자가 그로 인해서 오염된 환경을 복원할 책임을 지고, 오염으로 인하여 발생한 피해의 구제에 소요되는 비용을 부담하도록 하는 '원인자 부담의 원칙'을 명시하고 있는데(§3의2④), 이는 본래 환경오염의 방지와 제거, 오염으로 인한 피해의 구제에 대하여 누구에게 책임을 물을 것인가에 관한 기준으로, 국제적으로 환경법의 기본원칙 중의 하나로 인정되고 있는 것을 규정한 것이다.[24] 환경정책기본법 제7조 또한 "자기의 행위 또는 사업활동으로 환경오염 또는 환경훼손의 원인을 발생시킨 자는 그 오염·훼손을 방지하고 오염·훼손된 환경을 회복·복원할 책임을 지며, 환경오염 또는 환경훼손으로 인한 피해의 구제에 드는 비용을 부담함을 원칙으로 한다."라고 규정하여 환경관리 전반을 규율하는 기본원칙으로 삼고 있다.

5. 발생지 처리의 원칙

폐기물관리법은 국내에서 발생한 폐기물은 가능하면 국내에서 처리하고, 폐기물의 수입은 가급적 억제하도록 하는 '발생지 처리의 원칙'을 규정하고 있다(§3의2⑤). 폐기물의 처리에 대해 시민 및 지자체가 책임의식을 갖도록 하고, 폐기물의 장거리 이동으로 인하여 발생할 수 있는 환경오염의 우려를 최소화시키기 위해서 가능한 한 해당 폐기물이 발생한 지역 또는 근

---

23) 전술한 본서 제1편 제2장 제3절 사전배려의 원칙 참조. 자세한 내용은, 拙稿, "리스크法 ― 리스크관리체계로서의 환경법," 서울대학교 法學 제43권 제4호, 27, 72 이하 (2002) 참조.
24) 박병도, "국제환경법상 오염자부담원칙의 우리나라 환경법에의 수용," 환경법연구 34권 1호, 331, 332-337 (2012).

접지에서 처리되어야 하는바, 따라서 '발생지 처리의 원칙'은 폐기물 관리에 있어서 기본원칙 가운데 하나라고 할 수 있다.

그러나 현행 폐기물관리법 제3조의2 제5항에서는 '발생지 처리의 원칙'의 적용범위를 국내 및 국외에서 발생한 폐기물의 이동과 처리 문제에 국한하고 있는 것으로 보이는데, 이는 동 원칙의 적용대상을 지나치게 제한하고 있는 것으로 재검토가 필요하다고 판단된다. 즉, '발생지 처리의 원칙'은 국내에서 발생되는 폐기물, 특히 각 지자체가 처리책무를 지고 있는 생활 폐기물의 경우에도 원칙적으로 해당 지자체 내에서 처리해야 한다는 것을 포괄하는 것으로 보아야 한다.

그러나 폐기물 처리시설의 설치에 대해서 일반적으로 지역 주민들은 혐오시설로서 반대하는 경향이 강하고, 소규모 시설들을 지자체별로 각각 설치하는 것은 환경적인 측면에서뿐만 아니라 효율성에 있어서도 문제가 있을 수 있으므로 여기에서 '발생지'는 EU의 폐기물 기본지침과 유사하게 '근접지'를 포함하는 것으로 보아야 할 것이다. 또한 현행 법률의 규정을 해석에 의해 위와 같이 적용하는 것보다는, 각 지자체에게 원칙적으로 해당 지자체에서 발생하는 폐기물들을 해당 지역에서 처리하도록 의무를 부여하되, 부득이한 사정이 있는 경우에는 인근 지자체와의 협의를 통해 해당 지자체로 운송하여 처리할 수 있도록 명시하는 것이 타당할 것이다.

6. 재활용 우선의 원칙

폐기물관리법은 폐기물은 소각, 매립 등의 처분을 하기보다는 우선적으로 재활용하여 자원생산성의 향상에 이바지하도록 하는 '재활용 우선의 원칙'을 규정하고 있으며(§3의2⑥), 「자원순환기본법」 제3조 제3호에서도 폐기물의 전부 또는 일부를 최대한 재사용하거나 재생이용하도록 하고, 재사용하거나 재생이용하기 곤란한 폐기물의 전부 또는 일부는 에너지를 회수하기 위한 목적으로 사용하도록 규정하여 동일한 원칙을 명시하고 있다.

한편, 폐기물의 양적·질적 최소화 및 재활용 우선의 원칙 등은 폐기물관리법뿐만 아니라 자원의 절약과 재활용 촉진에 관한 법률에서도 규정하고 있는데, 동일한 취지의 규정을 여러 법률에 함께 규정할 필요나 실익이 없고, 폐기물관리법이 폐기물 관리에 관한 일반법 또는 기본법적인 성격을 갖는다는 점을 감안한다면, 동법에서 폐기물 관리에 관한 기본원칙들을 통합적으로 규정하는 것이 타당할 것이다.

7. 협동의 원칙

폐기물관리법은 '협동의 원칙'을 폐기물 관리의 기본원칙들 가운데 하나로 명시하지 않고 있다. 그러나 폐기물의 발생억제와 적정한 재활용 및 처리를 위해서는 중앙정부 또는 지자체만의 노력으로는 한계가 있으며 폐기물의 배출자와 일반 국민, 폐기물을 수집·운반, 재활용, 처리하는 사업자 등이 함께 노력을 해야 하고 또한 이런 측면을 포괄하는 의미로 국민의 책무와 준수해야 할 사항들을 규정한 것으로 보면, '협동의 원칙'을 폐기물 관리의 기본원칙으로 채택하고 있다고 못 볼 바 아니다.

또한 오늘날에는 폐기물처리정책에 대한 주민의 수용도를 제고하고 주민의 협력을 증대할 뿐만 아니라, 국민의 권리 보호와 우리 헌법의 민주주의의 원칙을 관철하기 위해 폐기물의 처리에 관한 정보를 주민들에게 투명하게 공개하고, 절차에의 참여를 보장하는 '폐기물 정보공개 및 주민참여의 원칙'이 주목을 받고 있다.[25] 이 원칙은 정보공개와 주민참여가 협동의 전제이자 주된 방식이라는 점에서 협동의 원칙의 하위 원칙으로 볼 수 있다. 그런데 「폐기물처리시설 설치촉진 및 주변지역지원 등에 관한 법률」에서는 폐기물처리시설의 입지 선정 시 주민대표가 참여하는 '입지선정위원회'를 구성하여 해당 위원회에서 입지를 선정하도록 하고(§9), 1개월 이상 누구든지 그 도면을 열람할 수 있도록 하는 규정(§10)을 두고 있는바, 이것은 이 원칙을 반영하여 관련 정보를 공개하고 중요한 정책결정에 주민참여를 보장하기 위한 것으로 볼 수 있다.

폐기물 관리에 있어 또 다른 기본원칙으로 논의되고 있는 "제도적 학습 및 대안 보존의 원칙(principle of institutional learning and the conservation of options)"은, 폐기물 처리가 갖는 장기적인 특성과 관련된 것으로, 법령 등의 규제체계가 학습을 통해 개선되고 현재의 정책결정들이 미래세대를 위해 열려있는 대안들을 남겨두는 경우에는 장기간에 걸친 노력을 통해서 문제를 이해하고 그것을 해결하기 위한 더 나은 방안을 발전시킬 수 있다는 것이다.[26] 이 원칙은 충분한 정보를 제공하고 투명한 절차에 따라 이루어지는 정책결정이 바람직함을 강조한다는 점에서 '폐기물정보공개 및 주민참여의 원칙'과 일맥상통하며, 우리 폐기물 관리 법제에 있어서도 기본원칙의 하나로 규정하는 방안을 검토할 필요가 있다.

---

25) 박균성, "폐기물 관련법령의 기본구조," 환경법연구 제26권 2호, 163, 172-173 (2004).
26) Applegate(註21), 759.

V. 폐기물의 개념

폐기물에 관련된 법령과 각종 규칙, 고시 등은 오직 법률에서 폐기물로 정의한 것에 대해서만 적용된다. 따라서 폐기물관리법을 비롯한 폐기물관련 법체계가 제대로 기능하기 위해서는 우선 폐기물의 개념을 명확하게 정의하여야 하고, 이를 바탕으로 폐기물을 폐기물이 아닌 다른 물질 또는 물건들과 명확하게 구분할 수 있어야만 한다.

폐기물관리법이 제정되기 이전에 시행되었던 오물청소법 제2조에서는 '폐기물'이라는 용어 대신에 '오물'이라는 용어를 사용하였으나, 1986년에 폐기물관리법이 제정되면서 '오물'이라는 용어가 '폐기물'이라는 용어로 전면적으로 대체되었다.

1. 현행법의 규정

현행 폐기물관리법 제2조 제1호는 "폐기물"을 "쓰레기, 연소재(燃燒滓), 오니(汚泥), 폐유(廢油), 폐산(廢酸), 폐알칼리 및 동물의 사체(死體) 등으로서 사람의 생활이나 사업활동에 필요하지 아니하게 된 물질"이라는 정의하여, 폐기물을 쓰레기를 포괄하는 더 넓은 개념으로 사용하고 있지만, 쓰레기에 대한 별도의 정의 규정은 두고 있지 않다.[27] "쓰레기"는 사전적으로는 "비로 쓸어 낸 먼지나 티끌, 또는 못 쓰게 되어 내버릴 물건을 통틀어 이르는 말"[28]로 정의되고 있으나, 일반인의 통념에서는 버려지는 것들은 모두 쓰레기 또는 폐기물이라고 하여 양자를 구별하지 않고 사용하는 경우가 대부분이라고 할 것이다.

동 규정의 문언상 쓰레기, 연소재, 오니, 폐유, 폐산, 폐알칼리, 동물의 사체 등은 폐기물에 해당하는 물질의 예시라고 할 수 있고, 우리 폐기물관리법에 의하여 규율되는 폐기물에 해당하는지 여부를 판단함에 있어 결정적인 요소라고 할 수 있는 것은 결국 '물질'에 해당하는지와 '사람의 생활이나 사업활동에 필요하지 아니하게' 되었다고 볼 수 있는지의 두 가지로 요약할 수 있다.

(1) 물질(物質)

폐기물관리법은 제2조 제1호의 '물질'에 대해서 별도의 정의를 두고 있지는 않으나, 사전적인 의미에 따르면 "일정한 공간 안에 한정할 수 있는 물체"를 말한다고 할 것이다.[29] 물건이라는 용어 대신 '물질'이라는 표현을 사용한 것은 액체상태의 폐기물 등이 있는 점을 염두에

---

27) 전재경, 쓰레기 관리법제(연구보고 95 – 8), 59 (한국법제연구원, 1995)는 "폐기물 – 재활용품 = 쓰레기"라는 견해를 취하고 있다.
28) 동아 새국어사전 (제5판 10쇄), 1494 (두산동아, 2014).
29) 정훈, "폐기물법상 폐기물의 개념에 관한 고찰," 법률행정논총 제21집 제2호, 353, 356 (2001).

두고 물건보다 외연이 더 넓은 것으로 일반적으로 이해되는 물질이라는 표현을 사용하고 있는 것으로 볼 수 있으나, 민법 제98조에서는 물건을 "유체물 및 전기 기타 관리할 수 있는 자연력"으로 정의하고 있고 유체물에는 액체·기체 등이 모두 포함되는 것으로 해석되고 있으므로 여기에서의 물질은 물건과 실질적으로 동일한 의미를 갖는 것으로 보아야 될 것이다.

'폐기물'의 정의 규정과 관련하여 문제가 되는 것은 '물질'이 동산만을 의미하는 것인지, 아니면 넓게 부동산도 포함하는 것인지 하는 점이다. 위와 같은 '물질'의 사전적 의미와 민법 제98조에서 규정하고 있는 물건에는 동산뿐만 아니라 부동산도 포함된다는 점 등을 감안하면 폐기물이 반드시 동산에 국한된다고 해석하기는 어려운 측면이 있다고 할 것이나, 학설의 경우 폐기물의 개념에 "버린다" 내지 "제거한다"라는 구성요소가 암묵적으로 포함된다고 보고, 따라서 동산만이 폐기물관리법의 규율대상이 되는 폐기물로서의 물질에 해당한다고 보는 견해가 있으며,[30] 판례 또한 '오염토양'이 폐기물관리법의 규율 대상인 '폐기물'에 해당하는지 여부에 대한 판결에서 "토양은 폐기물 기타 오염물질에 의하여 오염될 수 있는 대상일 뿐 오염토양이라 하여 동산으로서 '물질'인 폐기물에 해당한다고 할 수 없"다고 판시하여, 폐기물은 동산일 것을 전제로 하고 있음을 명확하게 밝힌 바 있다(大判 2011.5.26. 2008도2907[12변][19모2]). 따라서 농어촌의 폐가 등 폐허가 된 건축물의 경우에도 그것이 토지 위에 확고하게 부착되어 있는 한은 폐기물에 해당하지 않는다고 할 것이며, 해당 건축물이 철거 또는 분해된 경우에 비로소 그 잔재물들이 폐기물에 해당한다고 할 것이다.

(2) 필요성

특정한 물질이 폐기물에 해당하는지 여부를 결정하는 핵심적인 요소인 '필요성'의 존재 여부에 대한 판단 주체와 판단 기준을 어떻게 볼 것인가에 대해서 다양한 견해들이 있다.

가. 주관설

폐기물관리법은 '버리는 사람'의 '용도폐기의사'에 따라 성립하는 주관적 폐기물개념을 취한 것으로 보아야 한다는 입장으로,[31] 일정한 물질이 현행 폐기물관리법상의 폐기물에 해당하는지 여부는 해당 물질을 버리는 사람의 주관적 의사를 기초로 판단하여야 한다고 본다.[32] 즉 "필요하지 아니하게 된"이란 표현은 '필요 없는'의 의미이고, 이는 해당 물질의 소유자나 점유자의 주관적인 측면에서 필요성이 없어진, 즉 '처분하고자 하는'의 뜻으로 새겨야 한다는 입장

---

30) 박·함, 530.
31) 정훈, 폐기물처리에 관한 법적 고찰 —한국의 폐기물관리법과 독일의 순환관리 및 폐기물법을 중심으로 —, 100 (전남대학교 박사학위논문, 2001); 방극채, 폐기물의 처리책임에 관한 비교법적 연구, 5 (전남대학교 박사학위논문, 2008).
32) 채영근(註9), 160.

이다. 따라서 해당 물질의 경제성이나 제3자에 대한 유용성과 관계없이 버릴 것인지, 버리지 않을 것인지를 판단하는 배출자의 주관적 의지가 폐기물 여부를 결정하는 주된 요소가 된다.[33)]

그러나 폐기물 해당 여부에 대한 판단을 전적으로 소유자 또는 점유자의 주관적 의사에 맡겨 객관적으로 사용가치가 없다고 하더라도 주관적인 사용의사가 있다면 폐기물이 아니라고 본다면, 폐기물인지 여부가 사용자의 의사에 따라 상대적으로 결정되게 될 것이고 이는 결국 폐기물의 개념을 상대화화는 문제점을 드러내게 된다.[34)]

나. 객관설

폐기물관리법상 폐기물의 정의 규정에 따른 '필요성' 여부는 객관적으로 판단되어야 하며, 따라서 소유자 또는 점유자의 주관적인 의사와는 관계없이 객관적으로 어느 누구의 생활이나 사업 활동에 필요하지 않은 것으로 볼 수 있는 물질은 폐기물에 해당한다고 보는 입장이다.[35)] 이것은 객관적으로 사용가치가 없다고 사회통념상 승인될 정도에 이른 물질은 폐기물로 보아야 한다는 견해로, 이와 같은 해석이 환경보호라는 폐기물관리법의 입법취지에 부합한다고 보는 것이다.[36)] 이는 공공의 복리를 위해 법적으로 적정한 처리가 요구되는 물질은 폐기물로 보아야 한다는 객관적 폐기물개념을 바탕으로 하는 것으로, 사회국가원칙 또는 재산권의 사회적 구속성을 구체화하여 공공의 이익을 위해 필요한 경우에는 소유자나 점유자의 의사에 반해서도 적정한 폐기물처리를 관철시킬 수 있도록 할 필요가 있다는 것을 중시하는 견해로 볼 수 있다.[37)]

한편, 객관설을 철저히 관철하는 경우에는 특정 사업장에서 배출되는 물질이 해당 사업장에서는 불필요하지만 다른 사업장에서는 원료로서 사용가능하다면 폐기물관리법상 폐기물에 해당한다고 보기 어렵다는 결론에 이르게 될 것이다. 그러나 이러한 해석은, 폐기물의 범위가 지나치게 협소해지고, 국민의 건강과 환경에 미칠 수 있는 위해를 예방하려는 법률의 취지에도 반하는 결과가 야기될 수 있다는 점에서 문제가 있다. 또한 현실적으로는 전혀 사용되지 않은 제품 또는 거의 사용되지 않은 제품의 경우에도 점유자가 불필요하다고 판단하거나 더 이상 보유하고 사용하는 것을 원하지 않는 경우에는 폐기물로 배출될 수 있고, 또 그러한 경우에 발생할 수 있는 환경오염을 예방하기 위해서는 폐기물 관련 법률로 이를 관리할 필요가 있기 때문에 주관적 요소를 전혀 고려하지 않을 수는 없다.[38)]

---

33) 대한민국 국회(환경노동위원회), 자원순환사회전환촉진법안 검토보고서, 13 (2014. 11).
34) 김천수, "폐기물을 재활용하는 경우에 있어, 폐기물의 기준," 대법원판례해설 통권 제43호, 765, 771 (2003).
35) 김홍균, 575; 조성규(註11), 60; 이종영, "폐기물법제의 체계 및 개선방안," 환경법연구 제28권 2호, 69, 72 (2006).
36) 김천수(註34), 771.
37) 홍준형a, 443.
38) 구마모토 가즈키(이승무 역), 일본의 순환형사회 만들기 무엇이 잘못되었는가, 143 (순환경제연구소, 2012).

다. 병합설

우리 폐기물관리법은 주관적 폐기물개념을 원칙으로 하되 객관적 폐기물개념에 의해 보충되는, 가장 넓은 의미의 폐기물개념을 채용하고 있다고 해석하여야 한다는 견해로, 폐기물의 개념은 폐기물의 적정관리라는 관점에서 인간 및 환경에 대한 위해의 방지를 위해 규제되어야 하는 물질은 모두 포함되도록 정의할 필요가 있다는 것을 논거로 한다.[39]

이러한 견해에서는 현행 폐기물관리법 제2조 제4호가 지정폐기물을 "사업장폐기물 중 폐유·폐산 등 주변 환경을 오염시킬 수 있거나 의료폐기물 등 인체에 위해를 줄 수 있는 해로운 물질로서 대통령령으로 정하는 폐기물"로 정의하고, 동법 시행령 제3조 별표1에서 지정폐기물에 해당하는 물질을 구체적으로 '열거'하여 해당 폐기물을 발생시킨 자 또는 배출자 등의 주관적인 의사 여하에 불구하고 지정폐기물에 해당하는지 여부가 결정되도록 한 것은 객관적 폐기물개념을 전제로 한 것이라고 본다.[40] 이 경우에는 폐기물로 분류되는 물질들의 범위가 가장 넓게 확대되게 되며, 폐기물관리법을 비롯한 폐기물 관련 법령에 의하여 엄격하게 관리되게 됨으로써 국민의 건강과 환경 보전에 만전을 기할 수 있는 장점이 있다고 할 수 있다.

반면에 논리적으로는 '지정폐기물'도 역시 '폐기물'의 개념을 전제로 하는 것이며, 따라서 폐유·폐산 등은 지정폐기물의 '예시'에 불과하다고 볼 수 있고, 설사 폐기물관리법이 지정폐기물과 관련하여 객관적 폐기물개념을 채택하고 있다고 해석할 수 있다고 하더라도 이를 전체 폐기물로 확대하는 것은 과도한 유추해석이라고 할 것이다.

라. 종합판단설

폐기물관리법상 폐기물의 정의 규정의 '필요하지 아니하게 된 물질'에 해당하는지 여부는 해당 물질의 성상, 배출의 상황, 통상의 취급형태, 거래가격의 유무 및 사업자의 의사 등을 종합적으로 감안하여 결정하여야 한다는 입장이다.[41] 이 견해는 일정한 물질의 소유자 또는 점유자의 주관적인 의사가 폐기물 해당 여부를 결정하는 유일한 기준이 아니라는 점에서 주관설과 구별되며, '필요성' 여부에 대한 판단의 주체 및 기준이 여전히 해당 물질의 소유자 또는 점유자라는 점에서 객관설과도 구별된다.

이는 폐기물관리법의 명시적인 문언에 반하지 않으면서도, 일정한 물질의 소유자 또는 점

---

39) 박·함, 529.
40) 홍준형a, 445－448.
41) 한귀현, "폐기물법제의 최근 동향에 관한 소고 — 일본의 폐기물처리법을 중심으로 —," 공법학연구 제12권 제2호, 389, 391 (2011); 이종영(註35), 72; 김연태, "폐기물의 개념 및 분류·처리체계 — 독일의 순환관리 및 폐기물법을 중심으로 —," 환경법연구 제25권 1호, 165, 166 (2003); 조현권, "폐기물의 개념," 환경보전 25권 3호, 37, 39 (2003).

유자의 주관적 의사에 폐기물에 해당 여부가 전적으로 좌우되지 않도록 하기 위한 견해로 볼 수 있으나, 여러 가지 종합적으로 고려해야 할 요소들 가운데 어떤 요소에 어느 정도의 비중을 둘 것인지, 또는 폐기물에 해당하는지 여부를 판단함에 있어서 어떤 요소가 결정적인 역할을 하는지에 대해 여전히 불명확한 점이 있다는 비판이 제기될 수 있다.

마. 판례 및 행정청의 해석

우리 대법원의 확립된 판례는 폐기물의 정의를 넓게 해석하여 물질의 소유자 또는 점유자의 주관적 의사뿐만 아니라 해당 물질의 객관적 성상도 고려하여 폐기물에 해당하는지 여부를 판단하고 있는 것으로 보인다. 즉, 해당 사업장의 사업 활동에 필요하지 아니하게 된 물질은 비록 그 물질이 재활용의 원료로 공급된다는 사정만으로는 폐기물로서의 성질을 상실하지는 않는다는 입장을 견지하고 있다.[42]

대법원은 음식물류 폐기물을 비료의 원료로 공급한 사안과 관련된 판결에서, "자연환경 및 생활환경에 중대한 영향을 미칠 우려가 있는 폐기물의 배출을 엄격히 규제하여 환경보전과 국민생활의 질적 향상을 도모하려는 위 법의 취지에 비추어, 사업장에서 배출되는 위와 같은 물질이 해당 사업장의 사업 활동에 필요하지 아니하게 된 이상 그 물질은 위 법에서 말하는 폐기물에 해당한다고 보아야 하고, 해당 사업장에서 폐기된 물질이 재활용 원료로 공급된다고 해서 폐기물로서의 성질을 상실하는 것은 아니다."라고 판시한 바 있다.[43] 또한 비료 생산공장의 원료저장탱크에서 유출되어 생산목적에 사용할 수 없게 된 액체비료 역시, 본래 공장의 원료로서 보관하던 것이라 하더라도 그것이 일단 저장탱크로부터 유출되어 더 이상 본래 생산 목적에 사용하기 어렵게 된 이상은 폐기물에 해당한다고 판시한 바 있다(大判 2009.1.30. 2008도8971).

또한 大判 2002.12.26. 2002도3116 [13모3] 및 大判 2008.6.12. 2008도3108 [13모3]은 "해당 사업장의 사업활동에 필요하지 아니하게 된 물질은, 비록 그 물질이 재활용의 원료로 공급된다는 사정만으로는 폐기물로서의 성질을 상실하지 아니한다고 할 것이나, 그 물질을 공급받은 자가 이를 파쇄, 선별, 풍화 및 숙성의 방법으로 가공한 후 완제품을 생산하는 경우에 있어서는 그 물건을 공급받은 자의 의사, 그 물질의 성상 등에 비추어 아직 완제품에 이르지 않았다고 하더라도, 위와 같은 가공과정을 거쳐 객관적으로 사람의 생활이나 사업활동에 필요하다고 사회통념상 승인될 정도에 이르렀다면, 그 물질은 그때부터는 폐기물로서의 속성을 잃고 완제품 생산을 위한 원료물질로 바뀌었다고 할 것이어서, 그 물질을 가리켜 사업활동에 필요하지 않게 된 폐기된 물질, 즉 폐기물에 해당한다고 볼 수는 없을 것이다"라고 하여, 주관적

---

42) 大判 2012.4.13. 2010도16314[13모3][20모3]; 大判 2010.9.30. 2009두6681[13모3][20모3][13변]; 大判 2003. 2.28. 2002도6081; 大判 2001.6.1. 2001도70[13모3].
43) 大判 2012.4.13. 2010도16314[13모3][20모3]; 大判 2010.9.30. 2009두6681[13모3][20모3][13변].

인 측면과 객관적인 요소를 모두 고려하여 폐기물 해당 여부를 판단하여야 한다는 입장을 명확히 하고 있다.

이와 관련하여 환경부에서는 기본적으로 "폐기물"의 정의 규정을 넓게 해석하여, 점유자의 주관적인 의사와 함께 물질 또는 물건의 객관적 성상을 기준으로 하여 일정한 물질 또는 물건이 폐기물에 해당하는지 여부를 판단하고 있는 것으로 볼 수 있다. 즉 '필요성'의 존부를 해당 물질 또는 물건의 소유자 또는 점유자(배출자)를 기준으로 판단하되, 그것을 해당 배출자의 주관적 의사에만 의존해서 판단하는 것이 아니라, 발생한 물질 또는 물건의 특성과 해당 물질 또는 물건이 사업자등록증에 제품으로 기재되어 있는지 여부, 해당 물질 또는 물건을 제품이나 원료 등으로 사용하기 위해 추가적인 공정에 의한 처리가 필요한지 여부 등 객관적인 성상과 상황들을 종합적으로 고려하여 판단하는 입장을 취하고 있다.[44] 이러한 해석의 바탕에는, 폐기물의 개념을 가급적 넓게 해석함으로써 폐기물의 부적정 처리를 최소화하고 이를 통해 우선적으로 환경과 국민의 건강에 대한 위해를 예방하면서, 다른 한편으로는 일정한 요건을 충족하는 경우에는 폐기물의 범주에서 제외함으로써 자원의 효율적인 활용을 촉진하려는 정책적 고려가 있다고 할 수 있다.[45] 아울러 폐기물에 해당하는지 여부에 대한 판단을 가급적 객관적으로 확인할 수 있는 기준에 따라 함으로써 법률 해석의 공정성과 투명성을 확보하려는 측면도 있다고 할 것이다.

2. 비교법적 고찰

(1) 일본

일본은 「폐기물의 처리 및 청소에 관한 법률」(이하 「폐기물처리법」)에서 폐기물을 "쓰레기(ごみ), 대형쓰레기, 연소재, 오니, 분뇨, 폐유, 폐산, 폐알카리, 동물의 사체 기타 오물 또는 불요물로서, 고형상 또는 액상의 것(방사성물질 및 그에 의해 오염된 물건을 제외한다)을 말한다."라고 정의하고 있다(§2i). 이러한 정의 규정은 그 기술방식이나 예시된 물질의 종류 등에 있어서 우리나라의 폐기물관리법과 매우 유사하다고 할 수 있다.

일본법의 "폐기물"은 종래 가치가 없는 물질에 한하는 것으로 해석되어 왔으나, 이러한 해석은 폐기물을 유가물(有價物)로 위장하여 「폐기물처리법」의 규제를 면탈하는 탈법행위를 발생시키게 되었고, 이와 같이 유상(有償) 양도로 위장한 탈법행위를 막기 위하여 일본 환경성은 폐기물에 해당하는지 여부를 판단함에 있어서는 해당 물질의 성상, 배출의 상황, 통상의 취급

---

44) 환경부·한국폐기물협회, 폐기물분야 질의·회신 사례집, 11, 12, 22, 28, 520 등 (2010).
45) David Wilkinson, "Time to Discard the Concept of Waste?," Environmental Law Review vol. 1, 172, 195 (1999) 참조.

형태, 거래가치의 유무 및 점유자의 의사 등을 종합적으로 감안하도록 하면서 구체적으로는, ① 물건의 성상이 재생이용에 적합하지 않은 유해성을 보이고 있는 것 또는 오물에 해당하지 않는 것일 것(귀금속을 함유한 오니 등 거래가치를 갖는 것이 명확한 경우에는 예외), ② 재생이용을 하기 위해서 유상으로 양수하는 자에 의한 해당 재생이용이 제조사업으로서 확립·계속되고 있고 매각실적이 있는 제품의 원재료의 일부로서 이용하는 것일 것, ③ 재생이용을 위해 유상으로 양수하는 자에 있어서 명목 여하에 관계없이 처리요금에 상당하는 금품을 영수하지 않을 것, ④ 재생이용을 위한 기술을 가진 자가 한정되어 있거나 또는 사업활동 전체로서는 계열사와 거래를 행하는 것이 이익이 되는 등의 이유에 의해 원격지에 수송하는 등 양도처의 선정에 합리적 이유가 인정될 것 등에 특히 유의하여 폐기물에 해당하는지 여부를 판단하도록 하였다.[46] 결국 일본은 「순환형사회형성추진기본법」을 제정하면서 이런 문제점을 근본적으로 해결하기 위해, "폐기물"외에 부산물 등을 함께 '폐기물 등'이라는 개념에 포괄하여 유가물인지 가치가 없는 물질인지에 관계없이 동법의 적용대상으로 하고 있다.[47]

일본 最高裁判所는, 두부제조업자들이 두부를 생산하는 과정에서 배출하는 '비지(おから)'가 폐기물에 해당하는지 여부가 다투어진 사건에 대한 판결에서, 일정한 물질 또는 물건이 '불요물(不要物)'에 해당하는가 여부는 그 물질 또는 물건의 성상, 배출의 상황, 통상의 취급 형태, 거래가격의 유무 및 사업자의 의사 등을 종합적으로 감안하여 결정하는 것이 상당하다고 하면서, "비지는 두부제조업자에 의하여 대량으로 배출되어지지만, 특히 부패가 쉽고, 본건 당시 식용 등으로 유상으로 거래되어져 이용된 소량을 빼고 대부분은 무상으로 축산업자 등에게 넘겨지거나, 유료로 폐기물처리업자에게 그 처리가 위탁되어지고, 피고인은 두부제조업자로부터 수집·운반하여 처분한 본건 비지에 대하여 처리요금을 징수하여 왔기 때문에, 본건 비지가 동호에서 말하는 '산업폐기물'에 해당하는 것으로 본 원심의 판단은 정당하다."라고 판시한 바 있다.[48]

일본 환경행정당국의 해석은, 과거에는 1971년의 厚生省 通達로 "오염 또는 그 배출실태 등으로부터 보아 객관적으로 불요물로 파악할 수 있는 것"(1971.10.16. 環整 43號)이라는 객관적 기준에 의해야만 한다고 하여, 객관설의 입장을 취하였다. 즉 폐기물은 "객관적으로 오물 또는 불요물로서 관념할 수 있는 물건이고, 점유자의 의사의 유무에 따라 폐기물 또는 유용물로 되는 것은 아니"라고(1971.10.25. 環整 45號) 해석하여 왔다. 그러나 그 후 1977년에 이르러서 이러한 객관적 기준은 변경되었는데, 즉 "점유자의 의사, 그 상태 등을 종합적으로 감안하여

---

46) 일본 環境省 通達 2005.3.25. 環廃産発 第050325002號; 구마모토 가즈키(註38), 167－168.
47) 南 博方·大久保 規子, 要說 環境法(第4版), 149 (2009).
48) 일본 最高裁判所 1999.3.10. 第2小法定 決定 [平成9年(あ) 第105號, 폐기물의 처리 및 청소에 관한 법률 위반 피고사건]; 大塚 直·北村喜宣, 環境法 ケースブック(第2版), 243 (2009).

야만 하고, 배출된 시점에서 객관적으로 폐기물로서 관념할 수 있다고 하여야 하는 것은 아니다"(1977.3.26. 環計 37號)라고 하여 종래의 객관적인 기준에 주관적 기준을 추가한 "종합판단설"로 변화하였다.[49]

최근에는 "① 점유자의 의사란, 객관적 요소에서 볼 때 사회통념상 합리적으로 인정되는 점유자의 의사이고, ② 점유자에게 있어 스스로 이용하거나 타인에게 유상으로 매각하는 것이 가능한 것으로 인식되는 경우에는 점유자에게 이러한 사정을 객관적으로 명확하게 하는 것으로 사회통념상 합리적으로 인정되는 점유자의 의사를 판단하는 것"이라고 하고(2000. 7.24. 衛環 65號), 다시 ②에서 제시한 '점유자에게 명확하게 하는 사정'에 대해서는, "재생타이어, 연료 등으로 이용하는 것을 내용으로 하는 이행기한이 확정된 구체적인 계약이 체결되어 있는 것이 필요"하다고 함으로써(衛産 95號), 주관적 의사를 객관적으로 추정하고 불요물 여부를 객관적으로 판단할 수 있도록 하는 "객관주의적 종합판단설"로 해석이 움직이고 있는 것으로 이해되고 있다.[50]

(2) EU

EU의 폐기물 관리에 대한 기본적인 사항들을 규정하고 있는 「폐기물 기본지침(WFD: Waste Framework Directive)」 제3조 제1호에서 폐기물을 "점유자(holder)가 '버리거나(discards)', '버리고자 하거나 버릴 것이 요구되는(intends or is required to discard)' 물질(substance) 또는 물건(object)"으로 정의하고 있다.

동 지침의 정의 규정에서 핵심적 용어인 "버리다(discard)"의 사전적 정의는 어떠한 물건 또는 물질을 쓸모없거나 원하지 않는 것으로 처분하는 것으로 볼 수 있는데,[51] 이것이 실제 점유자의 행위로 나타난 경우뿐만 아니라, 점유자의 의도 및 법적 의무 여부까지도 판단의 기초로 제시하고 있다. 즉, 일정한 물질 또는 물건을 실제로 버리는 폐기 행위가 이루어진 경우뿐만 아니라 점유자의 폐기 의도까지도 해당 물질 또는 물건이 폐기물에 해당하는지 여부를 판단하는 기준으로 제시하고 있으며, 특히 점유자의 주관적인 의사와는 관계없이 법령 등에 의해 폐기 의무가 부여되는 경우도 포함하고 있다는 점에서 우리나라 「폐기물관리법」의 정의 규정과는 차이가 있다.

---

49) 大塚 直·北村喜宣(註48), 246.
50) 北村喜宣, 環境法(第2版), 454 (2013); 大塚 直, 環境法(第3版), 457 (2010); 전재경(註14), 78－79에서는 1977년 通達이 취한 입장을 "주관적 종합감안설"로, 2000년의 통달이 취한 입장을 "종합감안설"로 표현하고 있다.
51) U.K. Department for Environment, Food and Rural Affairs, Guidance on the legal definition of waste and its application (2012), 31; 황계영, 폐기물 관리 법제에 관한 연구 — 폐기물의 개념 및 분류를 중심으로 —, 127 (경인문화사, 2015).

폐기물 정의 규정의 해석과 관련해서 유럽사법재판소(ECJ)는 일련의 판례들을 통해 행정기관들이 적용할 수 있는 기준으로, 폐기물의 개념은 넓게 해석되어야 하며, "버리는 행위(discarding)"의 개념을 적용함에 있어서는 점유자가 버리려는 의도 또는 의무를 가지고 있는지 여부를 나타내는 모든 '상황(circumstances)'들이 고려되어야 한다는 것 등을 제시해 왔다.[52]

(3) 독일

독일의 「순환경제의 촉진 및 폐기물의 환경친화적 관리 보장을 위한 법률(Gesetz zur Förderung der Kreislaufwirtschaft und Sicherung der umweltverträglichen Bewirtschaftung von Abfällen ("KrWG"))」(이하 「순환경제폐기물관리법」) 제1조에서는 이 법률의 목적을, "천연자원의 보호를 위한 순환경제를 촉진하고 폐기물의 발생과 관리에 있어 인간과 환경을 보호하는 것"으로 규정하고 있으며, 제2조에서는 이 법률이 폐기물의 예방, 재활용과 처분에 적용됨을 명확히 하면서, 폐기물관리(Abfallbewirschaftung)라는 개념을 통해 이외의 모든 다른 처리까지 적용범위가 확장됨을 규정하고 있다.[53] 또한 동 법률에서는 폐기물을 "점유자가 처분하거나 처분하고자 하거나 처리해야 하는 모든 물질 또는 물건"으로 규정하여 기본적으로 EU의 「폐기물 기본지침」에서 제시하고 있는 정의와 동일한 개념표지 및 구조를 취하고 있는데, 이는 주관적 폐기물개념(subjektiver Abfallbegriff)과 객관적 폐기물개념(objektiver Abfallbegriff)을 함께 규정하고 있는 것으로 해석된다.[54] 따라서 물질 또는 물건의 점유자의 주관적 의도와 객관적 상황을 동시에 고려하여, 두 요건 중에 하나라도 충족되면 폐기물로 본다.[55]

「순환경제폐기물관리법」 제3조 제1항 제1문은, 점유자가 "처분하거나, 처분하고자 하는(entledigt, entledigen will)" 물질 또는 물건은 폐기물이라고 규정하고 있는데, 여기에서 주관적 폐기물개념을 도출해낼 수 있으며, 결정적인 개념표지는, 점유자의 처분행위('처분한') 또는 처분의사('처분하고자 하는')의 존재이다.[56] 점유자가 물질 또는 물건을 '처분하고자 하는' 경우, 이러한 처분의사는 밖으로 드러나지 않으며 처분의사 자체가 존재하지 않을 수도 있으나, 동법 제3조 제3항은 그러한 경우에 처분의사의 존재를 의제하는 경우를 규정하고 있으며, 이 규

52) Nicolas de Sadeleer, "Liability for Oil Pollution Damage versus Liability for Waste Management: The Polluter Pays Principle at the Rescue of the Victims," Journal of Environmental Law vol. 21(2), 299, 302 (2009).
53) Johannes Klausen, Das neue Kreislaufwirtschaftsgesetz – Das ändert sich für Sie!, 15-16 (Ecomed Sicherheit, 2012); 황계영(註51), 131.
54) Philip Kunig, Stefan Paetow & Ludger-Anselm Versteyl, Kreislaufwirt- schafts- und Abfallgesetz: Kommentar, 169 (Verlag C. H. Beck München, 2003); 김연태(註41), 172; 황계영(註51), 131.
55) 김광수, "독일의 폐기물법 개정이 우리나라 폐기물정책에 주는 시사점," 환경법연구 제23권 2호, 211, 218 (2001).
56) 정훈(註29), 359.

정에 의하여 처분의사라는 주관적 폐기물개념이 객관화된다고 할 수 있다.[57] 즉, 물질 또는 제품의 제조, 처리, 이용 또는 에너지로의 전환 공정에서 당초 목적하지 않은 물질 또는 물건 (부산물)이 발생하는 경우에 이 물질 또는 물건은 법률상의 처분의사가 추정되어 폐기물이 되며, 물질 또는 물건의 새로운 용도가 본래의 용도를 대신하지 않고 해당 물질 또는 물건의 본래의 용도가 상실되거나 포기되는 경우에도 처분의사가 추정된다.

한편 「순환경제폐기물관리법」 제3조 제1항 제1문의 후단은, 일단 전단을 통해 점유자에게 부여된 결정의 자유와 처분의 자유를 다시 제한하면서 객관적 폐기물개념을 제시하고 있다.[58] 즉 폐기물의 점유자가 처리하지 않으려고 하는 경우에도 그 처리가 공익의 보호, 특히 환경보호를 위하여 요구되는 경우에는 이를 폐기물로 보아서 처리하지 않으면 안 된다는 것으로,[59] 어떤 물건이나 물질이 그러한 폐기물에 해당하는가를 판단하는 기준은, 동법 제3조 제4항에 따르면, ① 그 물건 또는 물질이 이미 그 본래의 목적으로는 사용되지 않고, ② 그 물건 또는 물질의 구체적인 상태를 볼 때, 현재 또는 장래에 공공의 복지, 특히 환경을 위협할 우려가 있으며, ③ 그 잠재적 위험성이 「순환관리법」 및 동법에 따라 제정된 명령에 기초하여 적법하고 무해한 재활용 및 공공의 복지에 부합하는 처분에 의해 배제되지 않는 경우 등이다. 따라서 해당 물건 또는 물질이 본래 그 자체로 (추상적이든 구체적이든) 위험한 것인지, 본래의 용도 이외의 사용 또는 이용으로 인해 위험하게 되는지, 그리고 이 경우 위험의 크기는 어느 정도인지, 어떤 물질이 잠재적으로 환경에 위태롭기는 하지만 점유자에 의해 환경에 무해하게 이용될 수 있는 경우에도 공익에 대한 위험이 존재하는지 등을 고려할 수 있다고 본다.[60]

(4) 미국

미국의 「자원보전재생법(RCRA: Resource Conservation and Recovery Act)」에서는 "고형폐기물(Solid Waste)"을 "폐기물처리시설, 상수도처리시설, 대기오염방지시설 등으로부터 발생하는 쓰레기(garbage), 찌꺼기(refuse), 오니(sludge)"와, "산업, 상업, 광업, 농업활동, 그리고 지역사회 활동으로부터 발생하는 고형, 액체, 반고형, 가스상 물질을 포함하는 기타 버려진 물질(other discarded material)"로 정의하고 있다.[61] 즉, 미국의 고형폐기물에 대한 정의 규정은 액체 및 가스상 물질까지 포함하는 것으로 규정되어 있어 그 범위가 상당히 넓다고 할 수 있으며,[62] 인간에 의해 버려져서 환경으로 되돌려 보내지는 것은 모두 폐기물에 해당하는 것으로

---

57) Id. 361.
58) Id. 362.
59) 김연태(註41), 176.
60) 김광수(註55), 218; 정훈(註29), 362 – 363.
61) 42 U.S.C. 6903 (27).
62) Nancy K. Kubasek and Gary S. Silverman, Environmental Law, 242 (3rd ed., 2000); 황계영, 폐기물 관

정의하고 있는 것으로 해석할 수 있다.[63] 또한 동법에서는 "버려진(discarded)"이라는 개념에 대하여 추가적인 설명을 제공하고 있지는 않으나, 미국 연방환경보호청(EPA)에서는 "버려진 물질"의 유형으로 ① 폐기되었거나(abandoned), ② 재활용된(recycled), 또는 ③ 본질적으로 폐기물과 같은(considered inherently waste–like) 물질 또는 ④ 폐기물로 확인된 군수품(military munition) 등의 4가지를 제시하고 있다.[64]

한편, EPA는 폐기물에 관한 규제들이 적용되지 않는, 재활용에 관한 세 가지 예외를 규정하고 있는데, ① 제품을 생산하기 위한 산업 공정(industrial process)에서 원료(ingredient)로 사용되거나 재사용되는 경우, ② 상품의 유효한 대체재(substitutes)로 사용되거나 재사용되는 경우 또는 ③ 발생한 원래 공정에 재투입되는(returned) 경우에는. 그렇게 재활용된 물질들은 폐기물이 아니라고 본다.[65] 그러나 이렇게 사용 또는 재사용되거나 원래의 공정에 다시 투입되는 경우에도, ① 그러한 물질들이 "처리(disposal)"를 구성하는 방법으로 사용되거나 토지에 적용되는 제품의 생산에 사용되는 경우, ② 에너지 회수를 위해 소각되거나 연료 생산을 위해 사용 또는 연료에 함유된 경우, ③ 투기적으로 비축된 경우, 그리고 ④ 일정한 유해폐기물 등은 폐기물로 규제된다.[66]

EPA가 2008년에 새롭게 채택한 "고체폐기물 정의(DSW: Definition of Solid Waste)" 관련 규정에 따르면, 유해 2차 물질이 합법적으로 재활용되고, ① 발생자의 통제 하에 발생되고 재활용되거나, ② 발생하고 재활용을 위해 다른 회사로 이전되거나, ③ 재활용을 위해 수출되거나, ④ 사안별로 비폐기물로 행정기관에 의해 결정되는 경우에는, 폐기물의 정의 규정으로부터 제외된다.[67] 또한 이외에 유해 2차 물질이 DSW의 적용 대상에서 제외되기 위해서는 충족해야 할 네 가지 전제조건이 있는데, ① 반드시 재활용 공정에 유용한 기여를 해야 하며, ② 재활용 공정은 가치 있는 새로운 중간물질 혹은 최종 제품을 생산해야 하고, ③ 재활용된 물질은 가치 있는 필수품으로 관리되어야 하며, ④ 재활용된 제품은 천연원료로 만든 제품보다 높은 유해성분을 포함하고 있어서는 안 된다.[68]

리 법제에 관한 연구 — 폐기물의 개념 및 분류를 중심으로 —, 102 (서울대학교 대학원 법학박사 학위논문, 2015).

63) Michael Somers, "RCRA's New Causation Question: Linking Ubiquitous Wastes to Specific Defendants," B.C. Environmental Affairs Law Review vol. 38, 193 (2011).

64) 40 C.F.R. §261.2 (Definition of Solid Waste).

65) 40 C.F.R. §261.2(e)(1)

66) 40 C.F.R. §261.2(e)(2)

67) 40 C.F.R. §261.2(a)(2); 40 C.F.R. §261.4(a)(17), (23), (24); 40 C.F.R. §260.30. 개정규정의 목적은 "안전하고, 환경적으로 건전한 재활용 및 자원의 보전을 촉진하고, 고형폐기물의 정의에 관한 다수의 판례에 대응"하기 위한 것으로 제시되고 있다. Revisions to the Definition of Solid Waste, 73 Fed. Reg. 64,668 (Oct. 30, 2008).

68) Nancy K. Kubasek and Gary S. Silverman, Environmental Law, 279 (8th ed., 2014); 40 C.F.R. 260.43(b), (c).

3. 소결

　폐기물의 정의를 비롯한 폐기물관리법의 규정들은 문언대로 해석·적용되어야 하나, 문언만으로 의미를 확정할 수 없는 경우에는 동법의 구조 및 연혁, 나아가 우리 헌법의 명문의 규정들과 기본적인 가치들, 폐기물관리의 목적 및 기본원칙 등을 바탕으로 해석·적용되어야 할 것이다. 이러한 관점에 비추어볼 때, 폐기물관리법 제2조 제1항의 폐기물 정의 규정은 그 문언의 의미가 불확정적인 경우이므로 폐기물의 안전한 처리를 통해 국민의 건강과 환경을 보호하는 한편, 자원의 순환적인 이용을 촉진할 수 있도록 해석·적용하여야 한다. 폐기물의 핵심적인 개념징표인 '필요성' 여부를 판단함에 있어서는 일차적으로는 해당 물질이나 물건의 소유자 또는 점유자의 주관적인 의사를 고려하여야 할 것이나, 소유자 또는 점유자의 의사가 명확하지 않거나, 소유자 또는 점유자의 명시적인 의사에도 불구하고 객관적으로 해당 물질 또는 물건이 더 이상 그 본래의 용도로 사용되거나 다른 유용한 용도로 사용될 가능성이 없다고 판단될 때에는 해당 물질 또는 물건은 폐기물에 해당하는 것으로 해석하는 것이 타당할 것이다.

　입법론적으로는 우리 헌법 제35조 제1항의 환경권 조항과 환경정책기본법 제2조의 기본이념에 비추어볼 때 '객관적 폐기물개념'을 도입할 근거는 충분하다고 판단되는바, 이를 반영하여 사업자 또는 일반 국민 개개인의 재산권을 비롯한 사익(私益)과 국민 건강 및 환경의 보호라는 공익(公益)이 조화될 수 있도록 '주관적 폐기물 개념'과 '객관적 폐기물 개념'을 모두 포함하면서, 폐기물 관련 법령의 해석 및 적용상의 혼선을 사전에 예방하고 법적 안정성을 보장할 수 있도록 폐기물의 요건 또는 개념표지들을 법률에서 보다 정치하게 규정하는 방안을 검토할 필요가 있다고 판단된다.

Ⅵ. 폐기물의 범위

1. 재활용가능자원

　자원의 절약과 재활용촉진에 관한 법률 제2조 제2호에서는 "사용되었거나 사용되지 아니하고 버려진 후 수거된 물건과 부산물 중 원재료로 이용할 수 있는 것(회수할 수 있는 에너지 및 폐열을 포함하되, 방사성물질 및 이에 의하여 오염된 물질을 제외한다)"을 재활용 가능자원으로 정의하고 있다.

　재활용가능자원이 폐기물에 포함되는가에 대해서는, 기본적으로 폐기물에 대한 개념 정의는 인간 및 환경에 대한 위해의 방지를 위해 규제되어야 하는 물질을 정하는 의미를 갖기 때문에 폐기물을 '재활용가능자원'보다 넓은, 즉 '재활용가능자원'과 최종처분되는 폐기물을 모두 포괄하는 개념으로 이해하여야 한다고 보는 견해[69]와, 폐기물과 '재활용가능자원'을 준별하여 '재활용 가능자원'은 폐기물의 범주에서 제외해야 한다는 견해[70]가 존재한다. 후자의 입장에서는, 생산공정에서 원료물질로서 재활용되는 물질들은 동일하거나 유사한 용도로 사용되는 처녀 원료물질(virgin materials)과 다르지 않고, 따라서 재활용 물질들에 대해서만 추가적인 규제의 부담을 지우는 것은 정당화될 수 없으며, 이러한 물질들의 재활용을 촉진하기 위해서는 이를 폐기물에서 제외하는 것이 바람직하다고 본다.[71]

그러나 재활용 또한 인간과 환경에 대한 위해가 없는 상태 하에서 이루어져야 하므로 재활용될 수 있는 물질도 당연히 폐기물로서 관리가 이루어져야 하며,[72] 재활용 가능물질을 모두 폐기물 관리를 위한 규제 범위에서 제외할 경우에는 실질적으로 무허가 처분행위라고 할 수 있는 가장(假裝) 재활용이 남발될 우려가 있다는 점에서 폐기물에 포함하는 것이 타당하다고 할 것이다.

판례 또한 일단 폐기물로 배출된 물질의 재활용 여부는 해당 물질이 폐기물에 해당하는지 여부를 판단하는 데 있어 영향을 미치지 않는다는 입장을 일관되게 견지하고 있다. 즉, 돈피 작업장에서 돈피를 수거하여 가공하면서 나오는 사업장 동물성 잔재·폐기물인 돈지(豚脂) 등을 수집업자에게 공급한 사건에서 돈지를 폐기물로 보았을 뿐만 아니라(大判 2001.6.1. 2001도70[13모3]), 폐기물중간처리업자가 사업장폐기물배출자들로부터 위탁받은 폐수처리오니 등을 비료 및 암반녹화식생토의 원료로 사용하는 경우에도 이를 폐기물에 해당한다고 판시하였다(大判 2003.2.28. 2002도6081). 반면 돼지를 도축하는 과정에서 발생하여 원자재로 가죽공장에 납품된 돼지가죽의 경우에는, 당사자의 의사와 그 물건의 성상 등을 감안하여 폐기물이 아니라고 판시하였는데, 이는 돼지가죽이 재활용됨을 이유로 그 폐기물성을 부정한 것이 아니라 배출자의 의사 및 객관적 성상 등에 비추어볼 때 애당초 폐기물로 발생되지 않았다고 판단한 것이다(大判 2001. 12.24. 2001도4506[15모3][20변][13변][12변]).

독일의 「순환경제폐기물관리법」 제3조 제1항에서는 폐기물을 "재활용되는" 폐기물과 "폐기되는" 폐기물로 구분하여 규정하고 있어 재활용이 가능한 폐기물이 광의의 폐기물에 포함된

---

69) John Thomas Smith Ⅱ, "The Challenge of Environmentally Sound and Efficient Regulation of Waste — The Need for Enhanced International Understanding," Journal of Environmental Law vol. 5(1), 91, 93 (1993).

70) 전재경, "폐기물과 순환자원의 법적 개념의 변화와 적용," 환경법연구 제30권 3호, 609, 614-619 (2008); 고문현, "폐기물 관련법제의 변화와 전망에 대한 토론문," 환경법과 정책 제4권, 145, 146-147 (2010).

71) 전재경, "자원순환기본법 제정의 필요성 및 방향," 자원순환사회를 위한 정책토론회 자료집, (이완영 국회의원·한국자원순환단체연대회의, 2013), 12; Smith Ⅱ(註69), 96.

72) 박균성(註25), 166.

다는 것을 명확히 하고 있으며, 미국의 법률은 명확히 규정하고 있지는 않으나 미국 법원은 일정한 물질이 잠재적인 재사용의 가능성만을 가지고 있는 경우 그것은 여전히 폐기물로 정의되어야 하며 따라서 EPA의 규제를 받는다고 판시하였다.[73] 유럽사법재판소(ECJ) 또한 폐기물은 소유자에 의해 버려진 모든 물건과 물질을 포함하는 것이며, 그것들이 상업적인 가치를 가지고 재활용, 재생 또는 재이용을 위해 상업적으로 수집되는 경우에도 마찬가지라는 입장을 견지하고 있다.[74]

2. 부산물

자원의 절약과 재활용촉진에 관한 법률 제2조 제3호는 부산물을 "제품의 제조·가공·수리·판매나 에너지의 공급 또는 토목·건축공사에서 부수적으로 생겨난 물건"으로 정의하고 있는데, 그 성상이 사용 후 폐기되는 일반적인 폐기물들과는 구별되며, 다른 공정에서 원료로 사용될 수 있는 경우도 많기 때문에, 폐기물에 해당하는지 여부에 대해서 실무상 다툼이 특히 많이 발생하고 있다.

부산물이 폐기물인가에 대해서는, 점유자 또는 소유자가 폐기의사가 없고 재사용하기 위해 보관하고 있는 가치 있는 부산물은 폐기물로 관리할 필요가 없다는 견해[75]와, 이러한 부산물도 그것이 즉시 원료로 사용되지 않는 한 폐기물로 보아야 한다는 견해[76]가 대립한다.

환경부는 옥수수 씨눈을 제조가공하는 식용유 및 단미사료 제조업 등록업체에서 식용유지 제조과정상 발생하는 부산물인 단미사료(배아박)는 폐기물에 해당되지 않는다고 해석한 바 있고,[77] 사업장 공정부산물인 메틸 아세테이트(Methyl Acetate)의 경우에도 그 제조공정을 등록하고 공장등록증 또는 사업자등록증에 제품으로 등재하였을 경우 폐기물에 해당되지 않는다고 하여 일정한 경우 부산물이 폐기물에서 제외된다는 입장을 취하고 있다.[78]

대법원은 부산물이 폐기물에 해당하는지 여부에 대한 일반적인 입장을 밝힌 바는 없으나, 제련 공정에서 발생하는 부산물의 일종인 철강슬래그는 별도의 재처리를 거치지 않고 바로 복토용으로 재활용할 수 있는 재활용품이며, 따라서 이것을 처리되는 폐기물로서 처리를 위해

---

73) American Mining Congress v. EPA (AMC II), 907 F.2d 1179 (D.C. Cir. 1990); Katherine E. Senior, "Safe Air for Everyone v. Meyer: Weeding through the Resource Conservation and Recovery Act's Definition of 'Solid Waste,'" Villanova Environmental Law Journal vol. 17, 217, 224 (2006).
74) Michael Purdue, "The Distinction between Using Secondary Raw Materials and the Recovery of Waste: The Directive Definition of Waste," Journal of Environmental Law vol. 10(1), 116, 120 (1998).
75) 채영근(註9), 162 – 163.
76) 박균성(註25), 167.
77) 환경부·한국폐기물협회(註44), 11.
78) Id. 20.

허가를 받아야 하는 물건으로 보지 않는다고 판시한 바 있다(大判 1996.10.17. 94도2865).

EU는 2008년에 개정된 「폐기물 기본지침」 제5조에서 "부산물(by-product)"을 일반적인 "생산잔여물(production residue)"과 구별하여 규정하고 있는데, "생산 공정에서 의도적으로는 만들어지지 않은 물질로서, 폐기물일 수도 있고 아닐 수도 있는 물질"인 생산잔여물 가운데 제5조 제1항의 요건을 충족하는 것은 부산물로서 폐기물에 해당하지 않는 것으로 보고 있다. 생산잔재물이 부산물로 간주되기 위해서 반드시 충족해야 할 요건으로, ① 해당 물질 또는 물건의 후속 사용이 확실할 것, ② 해당 물질 또는 물건이 일반적인 산업관행 이외의 추가적인 가공 없이 직접 사용될 수 있을 것, ③ 해당 물질 또는 물건이 생산 공정의 필수적인 부분으로서 생산될 것, ④ 후속 사용이 적법할 것, 즉 해당 물질 또는 물건이 특정한 사용을 위한 모든 관련 제품, 환경 및 건강보호 요건들을 충족하고, 전체적으로 환경 또는 인간의 건강에 대한 부정적인 영향을 야기하지 않을 것 등 네 가지를 규정하고 있으며, 독일의 경우에도 동일한 규정을 두고 있다(KrWG §4①).

부산물은 제품의 생산 공정에서 발생한다는 점에서, 일단 발생한 폐기물을 가공해 새로운 제품 또는 원료물질로 되기 이전의 중간상태로 만든 "중간가공 폐기물"과 그 발생원 자체가 다르며, 제품으로 사용되다가 버려진 폐기물에 비하면 불순물이나 유해물질이 함유될 가능성은 상대적으로 크지 않다. 이처럼 제품 생산을 위해 원료물질을 가공하는 과정에서 발생하였고 오염되지 않은 물질까지 일률적으로 폐기물로 취급하는 것은 자원을 비효율적으로 활용하는 것일 뿐만 아니라, 관리노력의 낭비를 초래하는 것이 될 것이다.[79]

한편, 우리나라에서 논해지는 부산물은 EU의 「폐기물 기본지침」이나 독일·프랑스 등의 법률에서 규정하고 있는 부산물보다 넓은 개념이며, 오히려 '생산잔여물'의 개념과 더 유사한 것으로 볼 수 있다는 점에 유의할 필요가 있다. 즉, EU는 생산잔여물로 분류될 수 있는 물질 또는 물건들 가운데서 일정한 요건을 충족하여 폐기물로 버려질 위험이 없고 따라서 환경이나 인간의 건강에 위해를 미칠 우려가 없는 물질의 경우에만 부산물로 분류하여 폐기물에 대한 규제의 적용대상에서 배제하고 있는 것이다. 우리 대법원이 부산물 가운데 폐기물에 해당하지 않는다고 판시한 사안에서 "별도의 재처리를 거치지 않을 것"을 요건으로 제시하고(大判 1996.10.17. 94도2865), 환경부 또한 관련 질의에 대한 회신에서 "사업자등록증에 제품으로 등록할 것"을 부산물이 폐기물에서 제외되기 위한 요건으로 제시한 것도 이와 동일한 맥락에서 이해할 수 있다.[80]

---

79) 박석현 외, 폐기물 재활용 선진화 방안 마련을 위한 연구, 290 (환경부·한국환경공단, 2011).
80) 환경부·한국폐기물협회(註44), 20.

결국 부산물이 '폐기물'에 해당하는지를 판단함에 있어서는 그러한 물질의 생산적인 이용을 촉진하고 그럼으로써 폐기물의 발생을 예방하는 측면과, 그러한 물질들이 생산적으로 이용되지 못하고 환경을 오염시킬 수 있는 위험에 사전적으로 대처하기 위해서 폐기물로 규제할 필요성 사이에서 신중한 이익형량이 필요하다고 할 것이다. 그러한 측면에서, EU 국가들은 부산물로 분류되기 위해서는 미래에 사용될 것을 요구하는바, 이러한 미래의 사용을 위한 보관을 명목으로 폐기물의 투기 또는 방치가 이루어지는 것을 방지하기 위해 그러한 보관에 대해 합리적인 시간적 한도 또는 한계를 함께 설정하는 것이 바람직할 것이다.[81]

3. 오염토양의 폐기물 여부

토양환경보전법에 의한 토양오염물질로 지정되지 아니한 물질에 의하여 토양이 오염되어 있는 경우, 일반적인 주거지역과 같이 토양오염우려기준 및 대책기준이 마련되어 있지 않은 지역의 토양이 오염되어 있는 경우, 지정된 토양오염물질로 오염되어 있으나 오염의 정도가 토양오염우려기준 이하일 경우 등 토양환경보전법이나 「해양환경관리법」에 의한 규제가 불가능한 오염토양을 폐기물관리법에 의해 규제하는 것이 가능한지 여부가 문제가 된다.

(1) 학설

토양환경보전법과 폐기물관리법의 입법취지, 보호대상 등을 근거로 오염토양의 폐기물성을 부정하는 입장에서는, 토양환경보전법이 제15조의3에서 "오염토양은 대통령령이 정하는 정화기준 및 정화방법에 따라 정화하여야 한다."라고 규정하고 있고 제15조의4에서는 오염토양을 버리는 행위를 명백히 금지하고 있으므로 오염토양은 입법정책상 토양환경보전법에 의한 정화를 통한 재생의 대상일 뿐이고, 본래 위치했던 토지와 분리되었는지 여부와 관계없이 폐기물로 볼 수 없다고 한다("폐기물성 부정설").[82]

반면, 오염된 토양은 그것이 거대한 토양의 합체적(合體的) 구성요소의 형태로 있든 떨어져 나와 개체의 형태로 있든 환경을 침해하는 것으로 교정의 대상으로 보아야 하다는 견해("긍정설")[83]과 오염된 토양 그 자체가 폐기물은 아니지만 해당 오염된 토양을 그것이 일부분을 구성하고 있던 토지에서 파내어 처리하는 경우에는 폐기물에 해당한다는 견해("분리설"),[84] 원칙적으로 오염된 토양은 지하에 방치되어 있든 굴착되어 지상으로 옮겨졌든 폐기물이 아니지만 예외적으로 불법매립·투기된 폐기물로 인하여 직접 오염된 토사에 한하여 폐기물로 보고 처

---

81) Scotford(註22), 383.
82) 신현범, "오염토양에 대한 적용 법률," 대법원판례해설 제88호, 914, 953‒955 (2011).
83) 판례환경법, 463‒464.
84) 김홍균, "폐기물재활용 개념 ― 폐기물과의 구별 ―", 저스티스 통권 제84호, 53, 56 (2005); 박·함, 530‒532.

리하여야 한다는 견해("불법원인설"),[85] 토양은 원칙적으로 폐기물의 범주에 해당하는 것으로 볼 수 없으나, 오염토양 가운데 정화를 통해서도 사람의 건강·재산이나 동·식물의 생육에 지장을 초래하지 않을 정도의 자연상태로 회복이 어려운 경우에는 토양으로서의 기능을 상실한 경우이므로 폐기물로 보아 폐기물 처리방법을 따르도록 하고, 그 판단기준은 토양환경보전법상의 우려기준과 동일한 정도거나 그 이상으로 하는 것이 합리적이라는 견해("회복불가능설"),[86] 기본적으로 오염된 토양은 토양환경보전법에 따라서 정화조치가 이루어져야 하나, 토지에서 분리된 오염토양이 폐기물관리법상 폐기물의 성질을 갖춘 경우에는 폐기물관리법에서 정한 규제도 받게 된다는 견해("경합설")[87] 등이 제기되고 있다.

(2) 판례

우리 대법원은 토양의 폐기물성을 일반적으로 부정하고 있는 것으로 보인다. 즉 A회사가 산업폐기물을 다량 매립하여 유발된 토양오염을 정화함에 있어서 오염토양을 폐기물처리업 허가를 받지 않은 B회사에 위탁처리한 사건에서 대법원은, "토양은 폐기물 기타 오염물질에 의하여 오염될 수 있는 대상일 뿐 오염토양이라 하여 동산으로서 '물질'인 폐기물에 해당한다고 할 수 없고, 나아가 오염토양은 법령상 절차에 따른 정화의 대상이 될 뿐 법령상 금지되거나 그와 배치되는 개념인 투기나 폐기의 대상이 된다고 할 수는 없다. 그러므로 오염토양 자체의 규율에 관하여는 폐기물관리법의 규정은 성질상 적용될 수 없다 할 것이고, 이는 오염토양이 폐기물관리법상의 폐기물이나 그 구성요소인 오염물질과 섞인 상태로 되어 있다거나 그 부분 오염토양이 정화작업 등의 목적으로 해당 부지에서 반출되어 동산인 '물질'로서의 상태를 일시 갖추게 되었다 하더라도 마찬가지라 할 것"이라고 판시한 바 있다(大判 2011.5.26. 2008도2907[12변][19모2]).

그러나 大判 2006.5.11. 2006도631은 관로준설공사를 시행한 후 발생한 토사가 폐기물에 해당하는지 여부가 문제가 된 사건에서는, 원심이 이 건 토사가 폐기물관리법 제2조 제1호에서 정하는 폐기물에 해당하고, 설령 피고인들이 이 사건 토사를 유실된 고속도로의 법면 보수공사에 사용하려 하였다 하더라도 폐기물로서의 성질을 상실하지 않는다고 판단한 것은 정당하다고 판시하였다.

---

85) 박상열, "토양오염과 법률문제," 한국토양환경학회지 제1권 제1호, 3, 6 (1996). 1996년 「토양환경보전법」이 발효된 직후 환경부의 해석은 오염된 토양은 원칙적으로 지하에 방치되어 있든 지상으로 옮겨졌든 폐기물로 보지 않되, 예외적으로 불법매립·투기된 폐기물로 인하여 직접 오염된 토사에 한하여 폐기물로 보고 처리하여야 한다는 입장을 취하여 불법원인설을 따른 것으로 보이나, 현재도 이와 동일한 입장을 취하고 있는지는 명확하지 않다.
86) 이유봉, 오염토양의 법적 관리체계 개선을 위한 법제분석, 87-88 (한국법제연구원, 2013).
87) 신현범(註82), 953-956.

또한 大判 2010.9.30. 2009두6681[13모3][20모3][13변]은 골재 제조업, 폐기물 중간처리업 등을 영위하는 甲회사가 건설현장에서 발생하는 토사를 공급받아 세척시설을 이용하여 모래와 흙으로 분리한 후 흙을 인근지역 농민인 乙에게 공급한 사건에서, ① 폐기물관리법 제2조 제1호에 규정된 '오니' 등은 폐기물의 종류를 한정한 것이 아니라 이를 예시한 것임이 조문상 분명하고, ② 폐기물관리법이 사업장폐기물 중 주변 환경을 오염시킬 수 있거나 인체에 위해를 줄 수 있는 유해한 물질을 지정폐기물로 규정하여 보다 엄격한 규제를 하고, 그 나머지는 일반폐기물로 규정하고 있는 점에서 볼 때 단지 오염되지 않았다거나 유해성이 없다는 이유만으로는 폐기물에 해당하지 않는다고 할 수 없으며, ③ 원고가 스스로 사업장폐기물 배출자 신고를 하면서 자신의 사업장에서 발생하는 폐기물의 종류를 "무기성 오니"라고 표시하였으며, 피고도 원고가 자진 신고한 바에 따라 원고의 사업장에서 배출한 이 사건 흙을 무기성 오니라 호칭하여 이 사건 처분을 한 것으로 보이고, ④ 이 사건 흙은 모래 및 골재를 생산하는 원고의 사업목적상 객관적으로 사업 활동에 더 이상 필요하지 아니하게 된 물질임이 분명하다는 이유로, 원고의 사업장 내에서 발생한 이 사건 흙이 오니가 아니라 이토(泥土)라 하더라도 폐기물관리법 제2조 제1호가 규정하고 있는 폐기물에 해당한다고 판시하였다.

위의 판결들은 그 대상이 토양 또는 흙이라는 점에서 유사하나, 이를 폐기물에 해당한다고 볼 것인지 여부에 대해서는 상반되게 판단하였다. 이들 사건의 차이점은, 첫 번째 사건에서의 토양은 다른 오염물질에 의한 '오염의 대상'이었던데 반하여, 두 번째 및 세 번째 사건에서의 흙은 '처리의 대상'이었다는 점을 들 수 있을 것이다. 그러나 첫 번째 사건에서도 오염된 토양은 오염의 대상인 동시에 정화 또는 처리의 대상이 되며, 이 경우 두 번째 및 세 번째 사건에서의 흙과 실질적인 차이를 발견하기 어렵다는 점에서, 토양 또는 흙의 폐기물성에 대한 대법원의 최근 판례들은 서로 모순되거나 다소 명확하지 않은 측면이 있는 것으로 보인다.[88]

(3) 비교법적 고찰

EU「폐기물 기본지침」제2조 제1항(b)는 동 지침의 적용범위에서 "굴착되지 않은 오염토양과 토지에 영구적으로 결합되어 있는 건물들을 포함한 (원래의 장소에 있는) 토지"를 제외하고 있다. 여기서 '원래의 장소에 있는'은 본래의 위치에 있다는 것을 뜻하며, 따라서 동 예외는 본래의 위치에 있으면서 굴착 또는 철거 등에 의해 교란되지 않은 토지, 토양 및 건물들에 대해 적용된다.

그런데 EU사법재판소는 2004년 'Van de Walle' 사건에서, 주유소에서 유출된 유류에 의해 오염된 토양은 그 물질을 유출시킨 사람이 그것을 폐기해야 하는 의무에 기초하여 폐기물

로 분류되어야 한다고 보았으며, 해당 토양이 굴착되었는지 여부는 그 토양을 폐기물로 분류하는 것과 아무 관련이 없다고 판시한 바 있다.[89]

　이 판결을 계기로 폐기물 분야의 입법을 어떻게 토양보호 입법과 조화시킬 것인가에 대해 많은 논의가 이루어졌고, 그 결과 위 예외규정이 2008년에 새롭게 도입되었다.[90] 또한 동 지침 제2조 제1항(c)에서는 "건설 활동 중에 굴착된 오염되지 않은 토양 및 기타 자연적으로 발생되는 물질로서 해당 물질이 굴착된 해당 현장에서 자연적인 상태로 건설 목적으로 사용될 것이 확실한 경우"도 적용범위에서 제외하고 있는데, 이는 이러한 물질에 폐기물 관리 법령을 공통적으로 적용하는 것이 부적절하다고 판단했기 때문으로 볼 수 있다.[91] 이러한 예외조항들을 종합적으로 고려할 때, EU에서는 '굴착된 오염토양'은 '폐기물'에 해당하는 것으로 해석할 것으로 보인다.

　독일의 경우에는 유해한 물질이 토양으로 유입된 경우 그 오염된 지역으로부터 삽으로 퍼내어 분리된 오염토양은 동산으로서 폐기물법에 따른 폐기물에 해당한다고 보는 이른바 "삽이론"이 주장되었으나,[92] EU 「폐기물 기본지침」의 규정과 부합하게 2012년에 개정된 현행 「순환경제폐기물관리법」(KrWG)의 제2조 제2항 제10호에서 분리되지 않은 오염된 토양을 포함하여 "본래의 위치에 있는 토양(Böden in situ)"을 동법의 적용대상인 폐기물에서 제외함으로써 입법적으로 해결이 되었다.

　또한 미국의 자원보전재생법(RCRA)의 규정에 따르면 토양은 원칙적으로 고형폐기물에 해당하지 않는다고 할 것이나, 유해폐기물 목록에 포함되어 있는 폐기물이 토양에 포함되어 있거나 토양이 유해폐기물의 특성을 나타내는 경우에는 반드시 유해폐기물로 간주되어 유해토양처리기준에 따라 처리되어야 한다.[93] 미국 연방항소법원은 1989년 Chemical Waste Management, Inc. v. EPA 판결에서, 유해폐기물로 오염된 토양 또는 지하수와 같은 환경매체는 그 자체가 유해폐기물로 취급되어야 한다고 판시한 바 있다.[94]

(4) 소결

　오염토양의 폐기물성을 부정할 경우, 토양환경보전법의 규율을 받지 않는 오염토양을 파내

---

89) Case C-1/03 [2004], para. 52-53; Owen McIntyre, "The All-Consuming Definition of 'Waste' and the End of the 'Contaminated Land' Debate?," Journal of Environmental Law vol. 17(1), 109 (2005) 참조.
90) European Commission, Guidelines on the Interpretation of Key Provisions of Directive 2008/98/EC on Waste, 41 (2012); 황계영(註51), 226.
91) European Commission(註90), 42; 황계영(註51), 227.
92) 박종원, "오염토양과 폐기물의 법적 구별과 그 처리책임," 환경법과 정책 제8권, 99, 120 (2012).
93) 이유봉(註86), 82-83. 이 경우에는 토양에 특화된 매립처분 제한 기준(Land Disposal Restrictions: 40 C.F.R. 268.49)이 적용되어야 한다고 한다.
94) 869 F.2d 1526 (D.C. Cir. 1989); 박종원(註92), 119.

어 다른 곳에 버리는 경우에도 이것을 '폐기물투기' 행위로 볼 수 없게 되고, '토양오염' 행위에 해당하는 경우에만 제재나 처벌이 가능하게 되어 법의 사각지대가 발생할 수 있으며, 오염된 토양이 아무런 제한 없이 다른 지역으로 옮겨져서 그 지역의 토양과 지하수 등을 오염시킬 우려가 있다.[95] 또한 폐기물관리법 제2조 제1호의 '오니' 등은 폐기물의 종류를 한정적으로 열거한 것이 아니라 예시한 것에 불과한바, 이러한 점들을 종합적으로 고려할 때 토양의 경우에도 오염 등의 사유로 인하여 토양으로서의 본래의 기능을 수행할 수 없고 불필요하게 된 경우까지 이를 폐기물의 범주에서 제외하는 것은 타당하지 않으며, 자연의 원래 위치에서 분리되었는지 여부에 관계없이 폐기물의 정의 규정에서 정하고 있는 요건에 부합할 경우에는 폐기물로 분류되어야 한다고 보아야 할 것이다. 다만, 토지와 함께 부동산에 해당하는 건축물의 경우에는 그것이 철거된 경우에 비로소 폐기물에 해당하는 것으로 보는바, 토지의 경우에도 이와 유사하게 처리를 목적으로 토양이 굴착된 경우뿐만 아니라 토양이 굴착되어 분리되지는 않았다 하더라도 처리대상이 되는 구역을 특정할 수 있는 경우 해당 구역의 토양이 폐기물에 해당한다고 보아야 할 것이다.

오염토양이 폐기물에 해당된다고 하더라도, 이를 폐기물관리법의 규정에 따라서 처리하는 것이 바람직한가의 문제는 토양환경보전법의 적용과 관련하여 다시 검토할 필요가 있는데, 토양은 공산품과 같은 일반적인 재화들과는 달리 생성에 오랜 시간이 소요되는 유한자원인 까닭에 토양을 폐기물로 처리함으로써 토양 자체의 손실을 가져오는 것보다는, 가급적 정화과정을 통하여 재사용될 수 있도록 하는 것이 정책적으로도 바람직할 뿐만 아니라 토양환경보전법을 별도로 제정하여 운영하고 있는 취지에도 부합할 것이다. 따라서 토양환경보전법상의 우려기준을 초과하는 오염토양에 대해서는 폐기물관리법상의 폐기물 개념을 충족한다고 하더라도 폐기물관리법보다 우선하여 토양환경보전법이 적용되어야 하는 것으로 해석하되, 토양환경보전법이 규정하고 있는 토양오염물질 이외의 오염물질에 의해 오염된 토양과 같이 토양환경보전법이 적용되지 않는 오염토양에 대해서는 매립원인의 불법성 여부 또는 굴착 여부에 관계없이 폐기물관리법을 적용하여 관리하여야 할 것이다.

4. 폐기물 종료제도

폐기물관리법을 비롯한 폐기물 관련 법령에서는 무엇이 폐기물이고 언제부터 폐기물로 보는가에 대해서는 규정하고 있으나, 일단 발생한 폐기물이 재활용 공정 등을 거쳐 새로운 원료

---

95) 정훈, "폐기물관리와 토양환경보전에 관한 현행법의 규율현황 및 문제점," 환경법연구 제34권 3호, 173, 186 (2012); 박상열(註85), 6.

물질 또는 제품이 되는 경우, 언제부터 폐기물의 지위를 벗어나는지에 대해서는 아무런 규정을 두고 있지 않다. 이는 곧 폐기물의 '시간적 범위'를 결정하는 문제라고도 할 수 있는데, 일단 폐기물에 해당되었다고 하더라도 이후 성상의 변화 등으로 인해 더 이상 폐기물로 관리할 필요가 없어진다면 폐기물에서 제외하는 것이 자원의 순환이용을 촉진하고 효율적으로 폐기물을 관리하는 방안이 될 수 있을 것이다.

EU는 2008년 기존 「폐기물 기본지침」을 개정하면서 "폐기물 종료(End-of-Waste)"라는 지위를 제6조에 새롭게 규정하였는데, ① 해당 물질 또는 물건이 보통 특정한 목적들을 위해 사용될 것, ② 그러한 물질 또는 물건에 대한 시장이나 수요가 존재할 것, ③ 해당 물질 또는 물건이 특정 목적을 위한 기술적 요구사항을 충족하고 제품에 대해서 적용가능한 현존하는 입법과 기준에 부합할 것, ④ 해당 물질 또는 물건의 사용이 전체적으로 환경 또는 인간의 건강에 부정적인 영향을 초래하지 않을 것 등의 요건을 충족할 경우 폐기물에서 제외하고 있다. 이 가운데 ①과 ② 요건은 특정한 물질이 폐기되기보다 유용한 목적에 사용될 가능성이 높음을 확인하기 위한 것으로서, 수요와 공급에 관한 확고하게 확립된 시장 조건의 존재, 해당 물질에 대해 지불되는 검증 가능한 시장가격, 거래명세 또는 기준의 존재 등에 의해 입증될 수 있으며, ③의 요건은 동일한 목적에 사용되는 '처녀물질'에 적용되는 확립된 관련 기술적인 명세 또는 기술적 기준의 이행에 의해, ④의 요건은 해당 물질 또는 물건을 폐기물 관리체계에서 배제하는 것이 환경 또는 건강에 더 큰 위험을 야기할 것인지를 검토함으로써 확인할 수 있다고 본다.[96] 독일 또한 「순환경제폐기물관리법」(KrWG)에 '폐기물성의 종료(Ende der Abfalleigenschaft)' 제도를 도입하고 제5조에서 구체적인 요건들을 규정하고 있다.

우리의 폐기물관리법 또는 자원의 절약과 재활용 촉진에 관한 법률은 폐기물이 일정한 요건을 충족할 경우 폐기물의 지위에서 벗어나는 '폐기물 종료'에 관한 규정을 두고 있지는 않으나, 폐기물관리법 제13조의2 제1항과 동 조항의 위임에 따라 폐기물의 종류에 따른 재활용 방법을 규정하고 있는 동법 시행규칙 제14조의3 제1항 별표5의2가 폐기물 종료에 대한 일응의 기준으로서 역할을 한다고 볼 수 있다.

2010.7.23. 개정된 「폐기물관리법」에서는 제13조의3을 신설하여, 폐기물을 재활용하여 만든 제품 또는 물질이 사람의 건강이나 환경에 위해를 줄 수 있다고 판단되는 경우에는 그 재활용제품 또는 물질에 대한 유해성 기준을 설정하고, 이를 위반할 때에는 해당 제품 등의 회수, 파기 등 필요한 조치를 명령할 수 있도록 하였다. 이는 종전에 이러한 유해성 기준이 없어

---

96) IPTS, End of Waste Criteria, 8 (2008); European Commission(註90), 23.

서 폐침목을 재활용한 건축자재용 목재, 플라스틱 재활용 대야 등에서 6가크롬, 수은, 납, 카드뮴 등이 검출되어 인체유해성 논란이 있었음에도 이를 규제할 수 있는 효과적인 법적 수단이 없다는 반성에서 비롯된 것이었다.[97] 따라서 폐기물 종료의 기준을 도입하는 경우에는 현행법의 재활용제품에 대한 유해성 기준을 종합적으로 검토하여 종료 기준에 포함할 수 있도록 하는 것이 바람직할 것이다.

5. 폐기물로 보이나 폐기물관리법의 적용이 배제되는 물질

폐기물관리법 제3조 제1항에서는 원칙적으로 폐기물에 해당하는 것이나 동법의 적용대상에서 배제되는 물질 또는 물건들이 규정되어 있다. 즉, 「원자력안전법」에 따른 방사성 물질과 이로 인하여 오염된 물질, 용기에 들어 있지 아니한 기체상태의 물질, 「물환경보전법」에 따른 수질 오염 방지시설에 유입되거나 공공수역으로 배출되는 폐수, 「가축분뇨의 관리 및 이용에 관한 법률」에 따른 가축분뇨, 「하수도법」에 따른 하수·분뇨, 「가축전염병예방법」 및 「수산생물질병 관리법」 관련 규정에 따른 가축과 수산동물의 사체, 오염 물건, 수입 금지 물건 및 검역 불합격품, 「군수품관리법」 제13조의2에 따라 폐기되는 탄약, 「동물보호법」 제32조 제1항에 따른 동물장묘업의 등록을 한 자가 설치·운영하는 동물장묘시설에서 처리되는 동물의 사체가 이에 해당한다. 한편, 「수산부산물 재활용 촉진에 관한 법률」에 따른 수산부산물이 다른 폐기물과 혼합된 경우에는 폐기물관리법을 적용하고, 다른 폐기물과 혼합되지 않아 수산부산물만 배출·수집·운반·재활용하는 경우에는 동법을 적용하지 아니한다(폐기물관리법 §3③).

이처럼 폐기물관리법의 적용대상에서 배제되는 물질 및 물건은, 폐기물의 정의 규정에 비추어볼 때 폐기물에 포함된다고 할 수는 있으나, 동법이 폐기물의 처리에 관한 일반법의 성격을 가지고 있으므로 각각의 물질 등이 관계 법률의 특별한 규정에 따라 규율되는 경우에는 폐기물관리법의 적용이 배제되도록 하는 것으로 이해할 수 있을 것이다.[98] 따라서 다른 법률에 의하여 발생에서부터 수집·운반 및 최종처리에 이르기까지 규율이 되는 물질들은 폐기물관리법 적용대상에서 제외되는 것으로 예외를 인정하되, 이처럼 명문의 규정으로 적용이 배제되지 않은 폐기물들은 원칙적으로 모두 폐기물관리법의 적용대상이 된다.

---

97) 이병길, "자원순환 추진과 국민건강 확보 추구 — 폐기물관리법," 국회보 2010년 8월호, 96; 황계영(註51), 256
98) 홍준형a, 442.

Ⅶ. 폐기물의 분류

폐기물관리법의 적용대상인 '폐기물'에 해당하는 것으로 판단되는 물질 또는 물건을 누가 처리해야 하는가에 관한 책임의 소재와 폐기물 관리를 감독하는 책임을 지는 규제기관 및 재활용, 소각 등과 같은 구체적인 처리방법과 처리기준, 벌칙 등은 폐기물의 분류체계와 그에 따른 폐기물의 종류에 따라 구체적으로 결정된다.

우리 폐기물 관련 법체계의 폐기물 분류는 그동안 몇 차례 중요한 변화가 있었으나, 1995년에 개정된 「폐기물관리법」에서 폐기물을 발생원(배출자)을 기준으로 생활폐기물과 사업장폐기물로 분류하는 체계를 채택한 이후 현재까지 큰 변화 없이 시행되고 있다. 다만 이 가운데 사업장폐기물은 다시 배출원과 유해특성에 따라 건설폐기물, 지정폐기물, 의료폐기물 등으로 세분화되어 왔다. 현행법에 따른 폐기물의 분류와 관리대상, 기준 등은 다음과 같다(폐기물관리법 §2ii−v, 「건설폐기물의 재활용 촉진에 관한 법률」 §2, i).

현행 폐기물관리법 및 관련 법령에서 채택하고 있는 분류체계에 대해서는, 여러 법률과 하위법령에 산재하여 규정되어 있고 여러 기준에 의한 폐기물의 분류가 혼재되어 있을 뿐만 아니라 발생량에 따라 동일한 성상의 폐기물이 달리 분류되는 등 그 규정방식과 분류기준 등이 폐기물 배출자에게 혼란을 초래하고 이로 인해 법령의 이행과 집행에 있어 많은 문제점을 야기하고 있다는 지적이 있다.[99] 또한 사업장에서 배출되는 경우에도 무해하고 일정량(1일 300kg) 이하인 경우에는 생활폐기물로 보는 것은 오염원인자책임원칙에 반하고, 폐건전지나 폐형광등과 같이 유해한 물질이 함유된 폐기물도 발생원이 사업장이 아니라는 이유로 생활폐기물로 분류되어 처리되는 점은 문제라 아니할 수 없다.

한편 폐기물관리법 제2조의2는 폐기물의 종류 및 재활용 유형에 관한 세부분류는 폐기물의 발생원, 구성성분 및 유해성 등을 고려하여 환경부령으로 정하도록 규정하고 있다. 이에 따라 동법 시행규칙은 폐기물의 종류별 세부분류(동법 시행규칙 §4의2① 별표4), 폐기물의 재활용 유형별 세부분류(동법 시행규칙 §4의2② 별표4의2), 폐기물의 종류별 재활용 가능 유형(동법 시행규칙 §4의2③ 별표4의3)을 규정하고 있다.

---

99) 손희만, 폐기물의 재활용 촉진을 위한 관련법제의 개선방안에 관한 연구, 155−158 (서울시립대학교 대학원 법학박사 학위논문, 2009); 황계영(註51), 268.

■ 표 3-20 폐기물의 분류현황 및 기준

용 어	관리 대상	비 고
생활폐기물	사업장폐기물 외의 폐기물	가정 및 소규모 사업장 (1일 300kg 미만 배출)
사업장폐기물	「대기환경보전법」, 「수질 및 수생태계 보전에 관한 법률」 또는 「소음·진동 관리법」에 따라 배출시설을 설치·운영하는 사업장이나 그 밖에 대통령령으로 정하는 사업장에서 발생되는 폐기물	• 1일 300kg 이상 배출 사업장 • 지정폐기물 배출 사업장
사업장일반 폐기물	건설·지정폐기물 외의 폐기물	
건설폐기물	「건설산업기본법」제2조 제4호에 해당하는 건설공사로 인하여 건설현장에서 발생되는 5톤 이상의 폐기물로서 대통령령으로 정하는 것	「건설폐기물의 재활용촉진에 관한 법률」로 관리
지정폐기물	사업장폐기물 중 폐유·폐산 등 주변 환경을 오염시킬 수 있거나 의료폐기물 등 인체에 위해를 줄 수 있는 해로운 물질로서 대통령령으로 정하는 폐기물	유해성폐기물 및 유해 물질 함유 폐기물
의료폐기물	보건·의료기관, 동물병원, 시험·검사기관 등에서 배출되는 폐기물 중 인체에 감염 등 위해를 줄 우려가 있는 폐기물과 인체 조직 등 적출물, 실험동물의 사체 등 보건·환경 보호상 특별한 관리가 필요하다고 인정되는 폐기물로서 대통령령으로 정하는 폐기물(발생기관과 폐기물의 종류를 별도로 규정)	인체 감염우려 등 보건상 특별관리 필요

■ 그림 3-16 폐기물 분류도

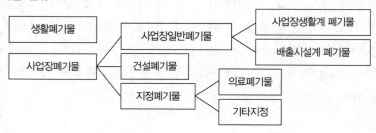

1. 사업장폐기물

사업장폐기물의 처리책임자는 당해 폐기물의 배출자이며, 배출자는 폐기물 배출에 따른 신고의무를 지고 사업장폐기물을 무단으로 투기하거나 매립했을 때에는 벌금형과 징역형이 병과될 수 있다.

(1) 사업장일반폐기물

사업장일반폐기물은 사업장폐기물 가운데 지정폐기물과 건설폐기물을 제외한 폐기물인바, 그 예로는 "폐석고·폐석회·연소재·분진·폐주물사·폐사 등"이 있다(폐기물관리법 시행규칙 §13 ②). 사업장일반폐기물은 그 발생원과 해당 폐기물의 성질 및 상태 등에 따라 다시 세부적으로 "사업장배출시설계폐기물"과 "사업장생활계폐기물" 등으로 구분되나, 이에 대해서도 폐기물관리법은 직접 규정하지 않고 동법 시행규칙에서 규정되고 있을 뿐이다.

이처럼 사업장생활계폐기물과 사업장배출시설계폐기물로 구분하는 실익은 사업장일반폐기물의 수집·운반업의 업무범위와 관련이 있다. 사업장일반폐기물의 수집·운반업의 업무범위에서 사업장생활계폐기물을 제외함으로써 그 업무범위를 사업장배출시설계폐기물만의 수집·운반으로 축소한 폐기물관리법 시행규칙 별표6 제1호 가목과 나목의 제목 중 각 괄호부분이 신뢰보호의 원칙에 위배되는지 여부가 다투어진 사건에서 헌법재판소는 당해 규정이 신뢰보호의 원칙에 반하지 않았다고 판시한 바 있다(憲決 2002.8.29. 2001헌마159(全裁)).

사업장배출시설계폐기물은 배출시설의 운영과 관련하여 사업장에서 배출되는 폐기물, 즉 "폐기물관리법 제2조 제3호에 따른 배출시설 또는 동법 시행령 제2조 제1호부터 제5호까지의 규정에 따른 시설의 운영으로 배출되는 폐기물"을 말한다(동법 시행규칙 §14 별표5 3.가.1)). 예컨대 폐주물사, 오니 등이 이에 해당하는데, 유해물질을 법령에서 정하는 기준 이하로 함유하고 있는 폐기물이며, 불연성 폐기물이 대부분이어서 재활용 또는 매립으로 처리된다.

사업장생활계폐기물은 "폐기물관리법 제2조 제3호에 따른 배출시설 또는 동법 시행령 제2조 제1호부터 제5호까지의 규정에 따른 시설에서 배출되는 사업장배출시설계폐기물 외의 폐기물 및 동법 시행령 제2조 제7호 및 제9호에 따른 사업장에서 배출되는 폐기물"을 말한다(동법 시행규칙 §14 별표5 3.가.1)).[100] 폐기물을 1일 평균 300kg 이상 배출하는 상가, 백화점, 대형

---

100) 폐기물관리법 시행령 제2조(사업장의 범위) 「폐기물관리법」 제2조 제3호에서 "그 밖에 대통령령으로 정하는 사업장"이란 다음 각 호의 어느 하나에 해당하는 사업장을 말한다.
 1. 「물환경보전법」 제48조 제1항에 따라 공공폐수처리시설을 설치·운영하는 사업장
 2. 「하수도법」 제2조 제9호에 따른 공공하수처리시설을 설치·운영하는 사업장
 3. 「하수도법」 제2조 제11호에 따른 분뇨처리시설을 설치·운영하는 사업장
 4. 「가축분뇨의 관리 및 이용에 관한 법률」 제24조에 따른 공공처리시설

빌딩 등의 사업장과 지정폐기물과 건설폐기물을 배출하는 사업장에서 배출되는 사업장일반폐기물이 이에 해당하며, 사업장생활계폐기물 중 폐지류, 폐합성수지류, 음식물쓰레기 등 성상이 생활폐기물과 같은 경우에는 생활폐기물과 같은 기준으로 처리할 수 있는데, 약 56%가 가연성 폐기물로 대부분 소각에 의해 처리된다.

이처럼 사업장배출시설계폐기물과 사업장생활계폐기물은 성상이 다르고 처리방법이 다르기 때문에 양자를 구별하여 수집·운반토록 할 필요가 있으며, 이러한 점을 감안하여 「폐기물관리법 시행규칙」은 생활폐기물을 수집·운반하는 경우와 사업장생활계폐기물을 수집·운반하는 경우를 같은 기준으로 규율하는 반면, 사업장배출시설계폐기물을 수집·운반하는 경우는 다른 기준으로 규율하고 있다(동법 시행규칙 §28⑥ 별표7(시설·장비·기술능력의 기준)).

이와 같은 폐기물관리법의 사업장폐기물에 관한 세부분류 관련 규정에 대해서는, 어떠한 종류의 폐기물로 분류되는가에 따라서 해당 폐기물의 관리주체(처리책임자), 처리에 필요한 비용과 그 부담주체, 처리절차 및 처리시설, 처리방법 등이 모두 달라지는 상황에서 폐기물의 분류와 같은 중요한 내용을 법률의 특별한 위임근거도 없이 법률이 아닌 시행규칙 상의 별표에서 정하는 것은 법률유보의 원칙, 특히 의회유보의 원칙에 반한다고 할 수 있다.[101] 즉, 어떤 폐기물로 분류되는가에 따라 사업자의 부담이 크게 달라지고, 폐기물의 처리기준이나 방법을 위반했을 때에는 위반행위와 환경에 미치는 영향 등에 따라 벌칙 또는 과태료 부과의 대상이 되는바, 이것은 곧 국민의 권리의무에 관한 사항으로서 그 규제 내용은 법률로 정하여 국민의 예측가능성을 보장하여야 함에도 불구하고 이러한 중요한 의미를 갖는 폐기물의 분류를 법률에 근거도 없이 시행규칙의 별표에서 규정하고 있는 것은 국민의 권리 보호 및 법치행정의 구현이라는 측면에서 문제가 있다고 할 것이다.[102] 새로 신설된 제2조의2는 이런 문제의식을 반영되어 제정된 것이나, 여전히 구체적 내용을 환경부령에 위임하고 있다.

---

5. 법 제29조 제2항에 따른 폐기물처리시설(법 제25조 제3항에 따라 폐기물처리업의 허가를 받은 자가 설치하는 시설을 포함한다)을 설치·운영하는 사업장
6. 법 제2조 제4호에 따른 지정폐기물을 배출하는 사업장
7. 폐기물을 1일 평균 300킬로그램 이상 배출하는 사업장
8. 「건설산업기본법」 제2조 제4호에 따른 건설공사로 폐기물을 5톤(공사를 착공할 때부터 마칠 때까지 발생되는 폐기물의 양을 말한다) 이상 배출하는 사업장
9. 일련의 공사(제8호에 따른 건설공사는 제외한다) 또는 작업으로 폐기물을 5톤(공사를 착공하거나 작업을 시작할 때부터 마칠 때까지 발생하는 폐기물의 양을 말한다) 이상 배출하는 사업장
101) 이계수, "행정법령을 읽는 법: 폐기물관리법을 소재로," 민주법학 제47호, 245, 268 (2011); 박균성·송동수·함태성, "사업장생활계폐기물 관리의 법적 문제와 개선방안," 환경법연구 제30권 2호, 415, 420 (2008).
102) 송동수(註14), 127.

(2) 건설폐기물

폐기물관리법은 건설폐기물에 대한 정의 규정을 두고 있지 않으며, 대신 「건설폐기물의 재활용촉진에 관한 법률」 제2조 제1호에서 "「건설산업기본법」 제2조 제4호에 해당하는 건설공사(이하 "건설공사")로 인하여 건설현장에서 발생하는 5톤 이상의 폐기물(공사를 시작할 때부터 완료할 때까지 발생하는 것만 해당한다)로서 대통령령으로 정하는 것"으로 정의하고 있다. 이에 따라 동법 시행령 제2조 별표1에서는 폐콘크리트, 폐벽돌, 건설오니 등 17종을 건설폐기물로 열거하고 있는데, 별표1의 제18호는 "건설공사로 인하여 발생되는 그 밖의 폐기물(생활폐기물과 지정폐기물은 제외한다)"을 규정하고 있어 실질적으로는 생활폐기물과 지정폐기물 이외에 건설공사 현장에서 발생되는 폐기물들은 모두 건설폐기물로 분류된다고 해석할 수 있을 것이다.

이 같은 해석은 폐기물관리법 시행령과 시행규칙을 축조해가면 도달할 수 있는 것이다. 즉 폐기물관리법 시행령 제2조는 동법 제2조 제3호의 사업장폐기물의 정의 규정에서 말하는 "사업장"을 다수 규정하고 있는데, 동조 제8호에서는 "건설산업기본법 제2조 제4호에 따른 건설공사로 폐기물을 5톤(공사를 착공할 때로부터 마칠 때까지 발생되는 폐기물의 양을 말한다) 이상 배출하는 사업장"을 규정하고 있다.[103] 또한 동법 시행규칙 제13조는 "건설폐기물"을 "동법 시행령 제2조 제8호에 따른 사업장에서 배출되는 사업장폐기물로서 지정폐기물과 성질·상태가 다른 폐기물을 말한다."라고 규정하고 있다.

참고로, 폐기물관리법 시행령 제2조 제9호에서는 "일련의 공사(제8호에 따른 건설공사는 제외한다) 또는 작업으로 폐기물 5톤(공사를 착공하거나 작업을 시작할 때부터 마칠 때까지 발생하는 폐기물의 양을 말한다) 이상 배출하는 사업장"을 규정하고 있는데, 이는 제8호의 사업장 이외에 일시적 또는 일회적으로 폐기물을 5톤 이상 배출하는 시설 등을 포괄적으로 규율하기 위한 규정이라 할 것이므로 그 시설의 성격상 본래부터 폐기물을 발생시키는 사업장이 아니라도 이에 해당한다고 보아야 하며(大判 2013.8.22. 2012도7446), 이 사업장에서 배출하는 폐기물은 '사업장폐기물'일 뿐 건설폐기물에는 해당하지 않는다.

(3) 지정폐기물

지정폐기물이란 "사업장폐기물 중 폐유·폐산 등 주변 환경을 오염시킬 수 있거나 의료폐기물 등 인체에 위해를 줄 수 있는 해로운 물질로서 대통령령으로 정하는 폐기물"을 말한다(폐기물관리법 §2iv). 폐기물관리법은 지정폐기물을 사업장일반폐기물보다 엄격하게 관리하도록

---

103) 「건설산업기본법」 제2조 제4호에 의하면 "건설공사"란 "토목공사, 건축공사, 산업설비공사, 조경공사, 환경시설공사, 그 밖에 명칭에 관계없이 시설물을 설치·유지·보수하는 공사(시설물을 설치하기 위한 부지조성공사를 포함한다) 및 기계설비나 그 밖의 구조물의 설치 및 해체공사 등"을 말한다.

규정하고 있다.[104]

한편 현행 「폐기물관리법」에 의한 지정폐기물로 분류되기 위해서는 일정한 물질이 "주변환경을 오염시킬 가능성" 또는 "인체에 위해를 줄 우려"가 있으면서, "대통령령으로" 규정되어 있어야 하는데, 실제로는 대통령령뿐만 아니라 관련된 환경부령의 규정과 환경부고시 등을 모두 살펴보아야 하는 복잡한 입법방식을 취하고 있다. 즉 동법 시행령 제3조 별표1에서는 지정폐기물을 다시 ① 특정시설에서 발생되는 폐기물(폐합성 고분자화합물, 오니류, 폐농약), ② 부식성 폐기물(폐산, 폐알칼리), ③ 유해물질함유 폐기물(광재, 분진, 폐주물사 및 샌드블라스트 폐사, 폐내화물, 소각재, 폐촉매, 폐흡착제 및 폐흡수제 등), ④ 폐유기용제, ⑤ 폐페인트 및 폐래커, ⑥ 폐유, ⑦ 폐석면, ⑧ 폴리클로리네이티드비페닐(PCB) 함유 폐기물, ⑨ 폐유독물질, ⑩ 의료폐기물, ⑩-2 천연방사성제품폐기물, ⑪ 수은폐기물 등 12종의 폐기물로 구체적으로 열거하고 있으며, 마지막으로 동 별표1 제12호에서는 "그 밖에 주변환경을 오염시킬 수 있는 유해한 물질로서 환경부장관이 정하여 고시하는 물질"을 규정함으로써 필요에 따라서는 법령의 개정 없이도 고시에 의해 지정폐기물을 추가할 수 있는 근거를 두고 있다. 아울러 대통령령에서 규정하고 있는 유해물질함유 폐기물의 경우에는, 환경부령으로 정하는 물질을 함유한 것으로 한정하고 그 구체적인 물질과 기준은 다시 환경부령인 동법 시행규칙 제2조 별표1에서 규정하고 있는데, 여기에서도 환경부장관이 고시로 물질을 추가할 수 있도록 근거를 두고 있다(동법 시행규칙 별표1, 1.타, 2.라).

폐기물관리법상의 지정폐기물은 그 명칭만으로는 그 유해성이나 발생원을 알 수 없다. 이는 이러한 폐기물을 처리하고자 하는 시설의 인근 지역에 거주하는 주민들의 부정적인 인식을 최소화함으로써 그 입지에 대한 반대를 예방하는 등의 현실적인 필요성을 감안하여 중립적인 용어를 사용한 것으로 볼 수 있으나, 국민의 알권리와 행정절차에의 참여권을 보장하고, 행정의 투명성과 공정성을 확보하기 위해서는 폐기물의 특성을 명확하게 나타내는 용어로 변경하는 것이 필요하다고 본다.[105]

지정폐기물의 분류기준과 관련하여서는, 폐기물관리법에서는 '주변환경 오염가능성'과 '인체 위해 우려' 등의 포괄적이고 모호한 기준만을 제시하면서 구체적으로는 대통령령에서 지정폐기물에 해당하는 물질을 열거하는 방식을 취하고 있는데, 실제로는 환경부령과 고시까지 종합적으로 살펴보아야 어떤 물질이 지정폐기물에 해당하는지를 알 수가 있어, 현실적으로 폐기

---

104) 지정폐기물은 1986년부터 "특정산업폐기물"로 불렸으나, 1991년에 "특정폐기물"로 명칭이 변경되었고, 다시 1993년부터는 "지정폐기물"로 변경되어 현재까지 유지되고 있다.
105) 안종오, 유해폐기물 법제에 관한 한·미 비교연구, 26 (경희대학교 대학원 법학박사 학위논문, 2004); 황계영 (註51), 276.

물을 배출하는 사업자나 일반 국민들이 폐기물을 배출하는 시점에서 그것이 지정폐기물인지 여부를 판단하는 것은 매우 어려울 수밖에는 없다고 할 것이다. 또한 지정폐기물과 지정폐기물이 아닌 폐기물이 혼합된 경우나 지정폐기물을 중간처리 등을 해서 파생되는 물질을 어떻게 분류할 것인가에 대해서도 명확한 규정을 두고 있지 않아 실제 현장에서 법 적용 시 혼선이 발생할 우려도 있다.

2. 생활폐기물

폐기물관리법은 생활폐기물을 "사업장폐기물 외의 폐기물"로 정의하고 있다(§2ii). 따라서 사업활동에 수반하여 발생된 폐기물일지라도 동법에 의하여 사업장폐기물로 열거된 것이 아니면 모두 생활폐기물에 해당한다. 폐기물관리법은 지자체가 관할 구역에서 배출되는 생활폐기물을 처리하도록 명하고 있으며(§14①), 지자체는 생활폐기물을 처리할 때 배출되는 생활폐기물의 종류, 양 등에 따라 수수료를 징수할 수 있다(동조 ⑤). 생활폐기물의 배출자는 지자체의 조례로 정하는 바에 따라 스스로 처리할 수 없는 생활폐기물을 종류별, 성질·상태별로 분리하여 보관하여야 할 의무가 있고(§15②) 이를 위반할 경우 100만 원 이하의 과태료를 부과받을 수 있으나(§68③iii), 배출시 별도의 신고의무는 없다.

생활폐기물과 사업장폐기물을, 발생원이 아니라 배출되는 폐기물의 발생량을 기준(1일 평균 300킬로그램, 건설공사로 인한 폐기물은 5톤)으로 분류하는 체계는 '생활'과 '사업장'이라는 용어의 일반적인 사용례나 의미에 부합하지 않는다는 문제점이 있다. 즉 현행 분류체계에 따르면 사업장에서 발생하는 폐기물이 1일 평균 300킬로그램에 미치지 못하는 경우, 건설공사 또는 일련의 공사나 작업으로 발생하는 전체 폐기물의 양이 5톤에 미치지 못하는 경우에는 '생활폐기물'로 분류가 되는데, 이는 '사업장'에서 발생한 폐기물은 '사업장폐기물'이라고 인식하고 개인의 일상생활에서 발생하는 폐기물은 '생활폐기물'로 인식하는 일반인의 이해와는 배치되는 것이며,[106] 사업장에서 배출되는 폐기물임에도 불구하고 유해성이 없고 일정한 양 이하라는 이유로 생활폐기물로 분류하고 지자체가 처리책임을 지도록 하는 것은 사업자가 당연히 부담해야 할 폐기물 처리비용을 전체 주민들이 부담하도록 하는 결과가 되어 오염원인자 책임의 원칙에 반할 뿐만 아니라 형평성의 관점에서도 문제가 있다고 할 것이다.[107]

또한 사업장폐기물로 분류되는 경우에는 사업자가 모든 처리책무와 이에 따른 경제적인 부담을 질 수밖에 없는 현실에서는, 폐기물의 배출자들이 발생량을 정확히 관리하고 이에 따

---

106) 이종영(註35), 76; 박균성(註25), 178.
107) 김연태(註41), 168.

라 적정하게 처리할 것을 기대하기가 어려운 것이 사실이며, 행정청의 입장에서는 모든 배출사업장을 일일이 관리·감독하는데도 한계가 있어 결과적으로 법의 실효성을 크게 약화시키는 요인이 될 수 있다.

제2절 | 폐기물의 규제관리체계

Ⅰ. 국가 및 지자체의 책무

폐기물 관리에 있어서 최종적인 책임은 다른 환경문제와 마찬가지로 국가(정부)가 진다고 할 수 있다. 헌법은 "국가와 국민은 환경보전을 위하여 노력하여야 한다."라고 규정하여 '협동의 원칙'과 함께 '국가최종책임의 원칙'을 천명하고 있다(§35①). 환경분야의 기본법이라고 할 수 있는 환경정책기본법 또한 "국가는 환경오염 및 환경훼손과 그 위해를 예방하고 환경을 적정하게 관리·보전하기 위하여 환경보전계획을 수립하여 시행할 책무를 진다"고 규정하여 이러한 취지를 명확히 하고 있다(§4①).

폐기물관리법은 폐기물 분야에서 국가와 지자체의 책무를 구체적으로 규정하고 있다. 우선 시장·군수·구청장 등 기초자치단체장에게 관할구역 내의 폐기물에 대한 일차적인 관리책임을 지우고 있으며(§4①, ②), 위해성이 큰 지정폐기물에 대해서는 국가에게 관리책임을 지우고 있다(§4③).

한편 기초지방자치단체별로 각각 폐기물처리시설을 설치하도록 의무화할 경우에는 과도하게 많은 시설들이 설치되어 효율성이 떨어질 수 있고, 또 지자체의 여건에 따라서는 별도의 시설을 설치하는 것이 어려운 경우도 있을 수 있음을 감안하여, 둘 이상의 시·도 또는 시·군·구에서 발생하는 폐기물을 광역적으로 처리할 필요가 있다고 인정되면 광역 폐기물처리시설을 단독 또는 공동으로 설치·운영할 수 있도록 하고 있다(§5①).

Ⅱ. 국민의 폐기물책임

환경정책기본법은 사업자가 그 사업활동으로부터 발생하는 환경오염 및 환경훼손을 스스로 방지하기 위하여 필요한 조치를 하여야 하며 국가 또는 지자체의 환경보전시책에 참여하고 협력하여야 할 책무를 규정하고 있으며(§5), 모든 국민의 건강하고 쾌적한 환경에서 생활할 권리와 함께 국가 및 지자체의 환경보전시책에 협력하고 일상생활에서 발생하는 환경오염과 환경훼손을 줄이며 국토 및 자연환경의 보전을 위하여 노력하여야 할 의무를 규정하고 있다 (§6). 이러한 사업자와 일반 국민의 책임은 폐기물 관리에 있어서도 적용된다고 할 것이다. 폐기물관리법에서는 '협동의 원칙'을 구현하기 위해 국민의 책무(§7)와 함께 폐기물의 투기 금지 등(§8)과 폐기물 처리기준의 준수의무(§13)도 규정하고 있다.

1. 국민의 책무 및 토지 · 건물 소유자 등의 청결유지 의무

폐기물관리법 제7조 제1항은 모든 국민에게 자연환경과 생활을 청결히 유지하고 폐기물의 감량화와 자원화를 위하여 노력할 의무를 천명하고 있다. 동조 제2항은 "토지나 건물의 소유자 · 점유자 또는 관리자는 그가 소유 · 점유 또는 관리하고 있는 토지나 건물의 청결을 유지하도록 노력하여야 하며, 특별자치시장, 특별자치도지사, 시장 · 군수 · 구청장이 정하는 계획에 따라 대청소를 하여야 한다."라고 규정하고 있다.

제7조 제1항 소정의 국민의 책무가 추상적인 반면, 동조 제2항의 토지 · 건물 소유자 등의 청결유지 의무는 구체적이다. 즉, 동조 제2항에서 의무를 선언한 데 그치지 않고, 나아가 동법 제8조 제3항은 이러한 의무를 이행하지 않은 토지나 건물의 소유자 · 점유자 또는 관리자에 대하여 지자체의 장이 조치명령을 할 수 있도록 수권하고 있기 때문이다.

요컨대 폐기물관리법은 국민에게는 추상적 의무만을 부과한 반면, 토지 · 건물의 소유자 · 점유자 · 관리자에게는 그 불이행에 대하여 조치명령을 내릴 수 있는 정도로 구체적인 청결유지 및 대청소의무를 부과한 것으로 보인다는 것이다.

이는 폐기물관리법의 규제체계에 관하여 중요한 함의를 가지는 논점이다. 주지하듯이, '청결유지'나 '대청소'는 매우 일반적이고 추상적인 만큼 많은 상황과 사항을 포괄할 가능성이 있다. 그리하여 폐기물관리법 제7조 제2항의 토지 · 건물의 소유자 · 점유자 · 관리자의 의무는 후술하는 바와 같이 폐기물관리법이 명시적으로 규정하지 않아 법의 흠결로 보이는 문제 상황 (후술하는 불법투기 · 매립에 해당되지 않는 사안이나 책임승계의 대상이 되지 않는 토지의 양수인의 책임이 문제되는 경우)을 규율할 수 있는 일반규정으로 작용할 여지가 있다. 다시 말해 폐기물 처리책임의 주체가 폐기물관리법의 명문 규정에 보이지 않을 때 제7조 제2항에 의존하여 해결할 수 있는 가능성이 생기는 것이다. 다소 억지스러운 측면이 있지만, 제7조 제2항은 국민과 구별되는 책임의 주체로 토지 · 건물의 소유자 · 점유자 · 관리자를 특정하고 "청결유지 및 대청소"라는 보다 구체적 내용의 의무를 부과하고, 나아가 제8조 제3항이 그 불이행에 대하여 조치명령을 내릴 수 있도록 수권하고 있는 점을 가볍게 넘길 수는 없다.

2. 폐기물의 불법투기·매립·소각 금지

폐기물관리법 제8조는 주체를 가리지 않고 "누구든지," 지자체의 장이나 공원·도로 등 시설의 관리자가 폐기물의 수집을 위하여 마련한 장소나 설비 외의 장소에 폐기물을 버리거나 특별자치시, 특별자치도, 시·군·구의 조례로 정하는 방법 또는 공원·도로 등 시설의 관리자가 지정한 방법을 따르지 아니하고 버리는 것을 금지하고(동조 ①), 동법에 따라 허가·승인을 받거나 신고한 폐기물처리시설이 아닌 곳에게 폐기물을 매립·소각하는 행위를 금지하고 있다(동조 ②). 그런데 동조 제3항은, 위에서 강조한 바와 같이, 지자체의 장이 청결을 유지하지 아니한 토지나 건물의 소유자·점유자 또는 관리자에게 해당 지자체의 조례에 따라 조치명령을 내릴 수 있도록 수권하고 있다.

제8조 제3항의 적용대상에 대해서, 사업장폐기물의 경우에는 시장·군수·구청장이나 공원·도로 등 시설의 관리자가 그 수집을 위하여 마련한 설비나 장소가 없기 때문에 동 조항은 사실상 생활폐기물에 대한 규정이라고 보아야 한다는 견해(생활폐기물설)가 있다. 이에 따르면 소유자 등의 청결의무를 해태한 소유자 등에 대하여 조치명령을 규정한 동 조항은 후술하는 "방치폐기물"에는 적용이 없게 된다. 하지만 동법 제7조 제2항의 일반규정성을 주장하는 입장(일반규정설)에서 보면, 방치폐기물이 환경과 인체의 건강에 야기할 위험성을 고려하여 방치폐기물에 대한 동 조항의 적용가능성을 주장하게 될 것이다.

한편, 大判 2003.2.28. 2002도6081은 산업폐기물로 하천매립·고수부지를 조성한 행위가 폐기물관리법상 금지된 '매립'에 해당한다고 판시한 바 있다. 폐기물관리법 제8조 제2항에서는 불법매립·소각을 금지하고 있는데, 대법원은 폐기물중간처리업자가 자신이 경영하는 공장 옆 부지에 수거한 사업장폐기물인 폐수처리오니를 적치하고 그 위에 흙을 덮은 후 나무를 심은 행위도 폐기물관리법 제8조 제2항이 금하고 있는 '매립'에 해당하고, 폐기물관리법 소정의 '매립'을 반드시 그 대상물을 "종국적으로 버린다."라는 의사하에 행하여지는 것으로 제한하여 해석할 수는 없다고 판시하였다. 법에서 정하고 있는 적정한 방법으로 처리되지 않는 한, 그것이 사업장에서 나온 것이든 아니든, 불법매립 및 투기로 포섭하는 데 문제가 없다고 본 것이다.

3. 폐기물 적정처리 의무

폐기물관리법 제13조 제1항은 "누구든지 폐기물을 처리하려는 자는 대통령령으로 정하는 기준과 방법에 따라야 한다."라고 규정함으로써 폐기물의 적정처리 의무를 규정하고 있다. 그런데 동 조항은 법률에서 최소한의 내용도 규정하지 않고 모든 사항들을 대통령령으로 정하도록 하고 있어 '포괄위임 금지의 원칙'에 반한다는 비판을 면할 수 없다.

동 조항에서의 "처리"는 "폐기물의 수집, 운반, 보관, 재활용, 처분"을 말하며(§2ⅴ의3), "처분"은 다시 "폐기물의 소각·중화·파쇄·고형화 등의 중간처분과 매립하거나 해역으로 배출하는 등의 최종처분"을 말한다(§2ⅵ). 또한 "처리"는 폐기물의 처리의무를 지는 자가 직접 처리하는 경우('직접처리')와 처리업자에게 위탁하여 처리하는 경우('간접처리')를 모두 포함한다. 판례도 폐가전제품을 무허가 처리업체로 하여금 분쇄, 소각 등의 방법으로 중간처리하게 한 사건에 대하여 '폐기물을 처리한 자'에는 다른 사람으로 하여금 폐기물을 처리하게 한 경우도 포함된다고 하여 무허가 처리업체에 위탁처리한 경우도 처리에 해당하는 것으로 보고 있다(大判 1998.9.8. 97도2214). 폐기물관리법 제66조 제1호는 제13조의 규정을 위반하여 폐기물을 처리하여 "주변 환경을 오염시킨 자"를 2년 이하의 징역이나 2천만원 이하의 벌금에 처하도록 규정하고 있는바, 대법원은 동 규정과 관련하여 폐기물을 그 보관·처리 등의 기준 및 방법에 반하게 보관·처리함으로써 주변 환경을 오염시켰다고 인정하여 동법 위반행위로 처벌하기 위해서는, "폐기물의 보관·처리 등 기준 및 방법에 위반한 보관·처리행위로 인하여 위와 같은 환경 관련 법령이 규정하고 있는 오염물질이 배출되거나 그로 인하여 사람의 건강이나 환경에 피해를 주는 정도에 이르러야 할 것"이라고 판시한 바 있다(大判 2005.12.8. 2004도4150).

한편, 제13조 소정의 적정처리 의무의 대상인 '폐기물'에는 생활폐기물과 사업장폐기물이 모두 포함되므로, 생활폐기물은 (적용 대상을 생활폐기물로 한정하는) 생활폐기물의 처리 등에 관한 제14조뿐만 아니라 (전체 폐기물을 적용대상으로 하는) 제13조 제1항과 제13조의2 등의 규율도 받는다. 우리 대법원은 "생활폐기물을 처리하고자 하는 자도 폐기물관리법 시행규칙 별표4의 기준 및 방법에 따라 폐기물을 처리하여야 한다"고 판시하여 이를 명확히 한 바 있다(大判 1998.9.8. 97도2214).

4. 폐기물의 재활용 기준 및 방법

(1) 폐기물의 재활용 원칙 및 준수사항

폐기물관리법은 폐기물의 처리기준과는 별도로 누구든지 폐기물을 재활용하려는 자는 법령으로 정하는 용도 및 방법을 따르도록 의무를 부여하고 이를 위반하여 폐기물을 처리한 경우에는 과태료를 부과하고, 그 결과 주변 환경까지 오염시킨 경우에는 형벌에 처하도록 규정하고 있었다(§66ⅰ). 이와 같이 폐기물관리법은 법령에서 구체적으로 열거하고 있는 용도 또는 방법에 해당하지 않는 새로운 용도나 방법으로 재활용을 하는 것은 허용하지 않는 '열거주의' 또는 '적극적(positive) 규제방식'을 취하고 있었으나 이러한 규제방식에 대해서는 산업계를 중심으로 재활용 관련 기술의 발전 및 재활용 촉진을 저해하는 과도한 규제라는 비판이 제기되어 왔고, 이에 따라 동 규정은 2015년 7월 전면적으로 개정되었다.

그리하여 현행법에서는 폐기물 재활용의 원칙과 준수사항을 규정하고, 이에 위반하지 아니하는 재활용 용도와 방법 등은 모두 허용하는 '소극적(negative)' 규제방식을 채택하고 있다. 즉, 비산먼지, 악취가 발생하거나 휘발성유기화합물, 대기오염물질 등이 배출되어 생활환경에 위해를 미치지 아니하고, 침출수(浸出水)나 중금속 등 유해물질이 유출되어 토양, 수생태계 또는 지하수를 오염시키지 아니하며, 소음 또는 진동이 발생하여 사람에게 피해를 주지 아니하고, 중금속 등 유해물질을 제거하거나 안정화하여 재활용제품이나 원료로 사용하는 과정에서 사람이나 환경에 위해를 미치지 아니하도록 하는 등 대통령령으로 정하는 사항을 준수하는 재활용은 원칙적으로 허용되는 것으로 규정하고 있다(13의2①). 다만, 폐석면, 폴리클로리네이티드비페닐(PCBs)을 환경부령으로 정하는 농도 이상 함유하는 폐기물, 의료폐기물(태반은 제외한다), 폐유독물 등 인체나 환경에 미치는 위해가 매우 높을 것으로 우려되는 폐기물 중 대통령령으로 정하는 폐기물은 재활용을 금지하거나 제한한다(동조 ②).

(2) 폐기물의 재활용 시 환경성평가

이와 같이 원칙적으로는 폐기물의 재활용 용도와 방법을 제한하지 않되, 폐기물을 재활용하여 만든 제품 또는 물질이 사람의 건강이나 환경에 위해를 주지 않도록 하기 위해, 제13조의2에 따른 폐기물 재활용의 원칙 및 준수사항을 정하지 아니한 폐기물을 재활용하려는 경우 등 일정한 경우에는 반드시 재활용환경성평가기관으로부터 해당 폐기물의 재활용이 사람의 건강이나 환경에 미치는 영향을 조사 · 예측하여 해로운 영향을 피하거나 제거하는 방안 및 재활용기술의 적합성에 대한 평가를 받도록 하는 '재활용환경성평가'제도를 도입 · 시행하고 있다(§13의3).

(3) 재활용제품 · 물질에 관한 유해성기준

폐기물관리법은 환경부장관에게 폐기물을 재활용하여 만든 제품 또는 물질이 사람의 건강이나 환경에 위해를 줄 수 있다고 판단되는 경우에는 그 재활용 제품 또는 물질에 대한 유해성기준(이하 "유해성기준")을 정하여 고시할 것을 명하고(§13의5①), 유해성기준에 적합하지 아니하게 폐기물을 재활용한 제품 또는 물질을 제조 · 유통하는 것을 금지하고 있다(동조 ②).

제3절 | 생활폐기물의 관리

생활폐기물은 가정이나 음식점 등에서 배출된 후 종량제 봉투에 의하여 수집되고 적환장에 운반된 후 소각장이나 매립지에서 최종처분된다. 생활폐기물의 처리책임은 원칙적으로 지자체에게 있으며, 따라서 지자체의 장은 해당 지자체의 조례로 필요한 규제를 할 수 있다. 이것이 폐기물관리법에 생활폐기물에 관한 규정이 적은 이유이다.

I. 생활폐기물의 처리의무자

폐기물관리법은 특별자치시장, 특별자치도지사, 시장·군수·구청장에게 관할 구역에서 배출되는 생활폐기물을 처리할 것을 명하고 있다(§14①). 지자체가 생활폐기물의 일차적인 처리책임자이다. 다만, 가구 수가 50호 미만인 지역, 산간·오지·섬지역 등으로 차량의 출입 등이 어려워 생활폐기물을 수집·운반하는 것이 사실상 불가능한 지역으로 지자체에서 지정하는 지역에 대해서는 예외가 인정된다(동항 단서, 동법 시행규칙 §15).

이처럼 각 지자체는 해당 지역에서 발생하는 생활폐기물을 자체적으로 처리하는 것이 원칙이나, 다른 한편으로는 둘 이상의 시·도 또는 시·군·구에서 발생하는 폐기물을 광역적으로 처리할 필요가 있다고 인정되면 광역 폐기물처리시설을 설치·운영할 수 있도록 하는 광역처리의 근거 규정 또한 두고 있다(§5①).

II. 생활폐기물 배출자의 의무

폐기물관리법은 생활폐기물에 대한 처리협조의무를 그것이 배출되는 토지·건물의 소유자·점유자·관리자에 부과하고 있다. 동법은 생활폐기물이 배출되는 토지·건물의 소유자·점유자 또는 관리자("생활폐기물 배출자")에게 조례에 따라 생활환경 보전상 지장이 없는 방법으로 그 폐기물을 스스로 처리하거나 양을 줄여서 배출하고(§15①), 스스로 처리할 수 없는 생활폐기물은 조례가 정하는 바에 따라 종류별, 성질·상태별로 분리하여 보관할 것을 명하고 있다(§15②).

또한 음식물류 폐기물을 다량으로 배출하는 자로서 대통령령으로 정하는 자는 음식물류 폐기물의 발생 억제 및 적정 처리를 위하여 관할 지자체의 조례로 정하는 사항을 준수하여야 하며(§15의2①), 음식물류 폐기물의 발생 억제 및 처리 계획을 특별자치시장, 특별자치도지사, 시장·군수·구청장에게 신고하여야 한다(동조 ②). 제1항의 음식물류 폐기물 배출자는 지자체장의 생활폐기물 처리의무 규정(§14①) 또는 사업장폐기물배출자의 사업장폐기물 처리의무 규정(§18①)에도 불구하고 발생하는 음식물류 폐기물을 스스로 수집·운반 또는 재활용하거나 위탁하여 수집·운반 또는 재활용하여야 한다(§15의2③). 음식물류 폐기물 배출자는 제3항에 따라 음식물류 폐기물의 처리를 위탁한 경우 해당 폐기물의 처리과정이 제13조에 따른 폐기물의 처리 기준과 방법 또는 제13조의2에 따른 폐기물의 재활용 원칙 및 준수사항에 맞게 이루어지고 있는지를 환경부령으로 정하는 바에 따라 확인하는 등 필요한 조치를 취하여야 한다(§15의2⑤).

Ⅲ. 생활폐기물 처리비용

폐기물관리법은 대표적인 경제적 유인수단인 쓰레기종량제의 근거규정을 마련하고 있다. 즉 동법은 지자체장에게 생활폐기물을 처리할 때에는 배출되는 생활폐기물의 종류, 양 등에 따라 수수료를 징수할 수 있도록 수권하고 있는바(§14⑤), 이 경우 수수료는 해당 지방자치단체의 조례로 정하는 바에 따라 폐기물 종량제(從量制) 봉투 또는 폐기물임을 표시하는 표지 등(이하 "종량제 봉투등")을 판매하는 방법으로 징수하되, 음식물류 폐기물의 경우에는 배출량에 따라 산출한 금액을 부과하는 방법으로 징수할 수 있다(동항 후문).

2010년 7월 개정 이전의 구 「폐기물관리법」에서는 환경부장관이 지자체의 장에게 폐기물 배출량에 따라 수수료를 차등 징수하도록 권고하는 규정만을 두고 있었으나, '오염원인자 책임의 원칙'을 구현하기 위해 통해 폐기물 종량제를 시행하는 것을 원칙으로 규정하고 구체적인 수수료는 조례로 정하도록 개정·시행하고 있다. 따라서 생활폐기물 배출자는 폐기물을 지자체에서 제작·판매하는 규격봉투에 담아 배출하여야 하며, 일반 종량제봉투에 담아 버리기 어려운 깨진 유리 등은 지자체에서 제작·판매하는 별도의 전용 포대나 마대에 담아 배출해야 한다. 생활폐기물 처리수수료의 성격을 갖는 종량제봉투의 가격은 처리비용과 지자체의 재정능력 등을 종합적으로 고려하여 결정되며, 연탄재와 재활용품 등은 일정한 조건을 만족할 경우에는 무료로 수거하되, 폐가구 등의 대형폐기물에 대해서는 별도의 수수료를 납부하여야 한다. 쓰레기종량제는 시행 초기에는 생활폐기물에 대해서만 시행되었으나, 현재는 사업장일반폐기물 중 생활폐기물과 성상이 유사하여 생활폐기물의 기준과 방법으로 수집·운반·보관·처리할 수 있는 생활계폐기물에 대해서도 확대 적용되고 있다(폐기물관리법 시행규칙 §14 별표5 3.가.2)).[108]

한편 음식물류 폐기물의 경우에는 배출량에 따라 산출한 금액을 부과하는 방법으로 징수할 수 있도록 하고(§14⑤), 지자체의 장에게 관할 구역의 음식물류 폐기물의 발생을 최대한 줄이고 발생한 음식물류 폐기물을 적정하게 처리하기 위하여 음식물류 폐기물 발생 억제 계획을 수립·시행하도록 하는 한편, 음식물류 폐기물을 다량으로 배출하는 자로서 대통령령으로 정하는 자는 음식물류 폐기물의 발생 억제 및 적정 처리를 위하여 관할 지자체의 조례로 정하는 사항을 준수하고 음식물류 폐기물의 발생 억제 및 처리 계획을 신고하도록 의무를 부여하

---

108) 쓰레기종량제 시행에 필요한 사항은 「쓰레기 수수료 종량제 시행지침」에 의하여 정해지고 있다. 환경부, 2017 환경백서, 460 – 463.

고 있다. 지자체장은 음식물류 폐기물에 대하여 수수료를 부과·징수하려는 경우에는 제45조 제2항에 따른 전자정보처리프로그램을 이용할 수 있다(§14⑥).

Ⅳ. 협약의 체계

폐기물관리법은 협치의 일환으로 시·도지사나 시장·군수·구청장은 폐기물의 발생 억제 및 처리를 위해 관할 구역에서 폐기물을 배출하는 자 또는 이들로 구성된 단체와 협약을 체결하고, 그 협약의 이행에 필요한 지원을 할 수 있도록 수권하고 있다(§16①, ③).

제4절 | 사업장폐기물의 관리

사업장폐기물에 대한 규제·관리는 폐기물관리법의 중핵이다. 사업장폐기물은 불법투기나 불법처리, 방치 등이 발생할 위험성이 가장 큰 폐기물인바, 기실, 생활폐기물의 발생량은 점차 감소하는 추세임에도 불구하고 사업장폐기물은 오히려 점증하는 추세에 있고 그 유해성으로 인하여 환경 및 인체건강에 해로운 영향을 미치기 때문이다.

사업장폐기물은 통상 공장이나 대형빌딩 등에서 발생되며, 그 후 수집·운반업자에 의하여 수집·운반된 후, 폐기물처리업자에 의하여 소각 등 중간처분을 거쳐 최종처분에 이르게 된다. 폐기물관리법은 이 과정 전체에서 벌어지는 사업장폐기물의 불법처리 및 방치 등을 예방하기 위해서 "배출규제", "처리규제", "폐기물의 수출·입", "사업자의 폐기물회수조치", "조치명령" 등 다양한 규제수단을 규정하고 있다.

폐기물관리법은 사업장폐기물에 대한 처리책임을 원칙적으로 사업장폐기물을 배출하는 사업자, 즉 "사업장폐기물배출자"에게 부과하고 있다(§17①ⅰ). 이는 지자체가 처리책임을 지는 생활폐기물과 구별되는 점이다. 사업장폐기물배출자는 폐기물관리법에 따라 신고의무, 적정처리의무 등을 지는데, 동법은 영업을 승계할 경우에도 폐기물과 관련된 의무를 승계하여 강력한 책임을 지도록 규제하고 있다. 독성이 강한 지정폐기물의 경우에는 더욱 강화된 규제가 가해지고 있다.

Ⅰ. 사업장폐기물의 배출규제

사업장폐기물에 대한 규제의 첫 단계는 배출 자체의 규제이다. 이를 위하여 폐기물관리법은 사업장폐기물배출자에게 배출신고의무, 감량화의무, 생산자책임 재활용제도를 규정하고 있다.

사업장폐기물배출자란 폐기물을 직접 발생시킨 자를 말하는데, 법원은 건설폐기물의 일종인 건축폐재류를 발생시키는 경우에는 그러한 공사행위를 직접 한 자가 배출자가 되고, 따라서 수급인 또는 최종 하수급인이 배출자가 된다고 판시한 바 있다(인천地判 1997.5.23. 96노1318). 그러나 건설공사에 있어 수급인들은 대부분 영세하고 무자력인 경우가 많으므로 도급인에 대한 책임을 물어야 할 필요성은 여전히 존재한다고 할 수 있으며, 따라서 양자 모두를 배출자로 볼 필요가 있다.

1. 배출신고의무

지정폐기물 외의 사업장폐기물을 배출하는 자는 그 종류와 발생량 등을 지자체 장에게 신고하여야 한다(§17②). 사업장폐기물 중에서도 특히 유해성이 큰 지정폐기물에 대해서는 배출자에게 더욱 엄격한 책임을 규정하고 있는바, 즉 환경부령으로 정하는 지정폐기물을 배출하는 사업자는 그 지정폐기물을 제18조 제1항에 따라 처리하기 전에 (i) 폐기물처리계획서, (ii) 폐기물분석전문기관의 폐기물분석결과서, (iii) 수탁처리자의 수탁확인서 등의 서류를 환경부장관에게 제출하여 확인을 받아야 하며(§17⑤), 이 규정에 위반한 경우에는 2년 이하의 징역이나 2천만원 이하의 벌금의 제재를 받을 수 있다(§66ⅳ).

2. 사업장폐기물 감량의무

사업장폐기물을 배출하는 사업자는 생산공정에서 폐기물감량화시설의 설치, 기술개발 및 재활용 등의 방법으로 사업장폐기물의 발생을 최대한으로 억제하여야 하는 감량의무를 진다(§17①ⅱ). 대통령령으로 정하는 업종 및 규모 이상의 사업장폐기물배출자는 사업장폐기물의 발생 억제를 위하여 환경부령으로 정하는 기본 방침과 절차에 따라 통합하여 고시하는 지침을 지켜야 한다(동조 ⑦).

3. 사업자의 폐기물 회수조치

우리 폐기물 관련 법령에서는 제품의 생산자가 제품의 설계 및 제조과정에서부터 폐기물의 감량 및 재활용을 고려하게 함으로써 폐기물의 원천적인 감량 및 재활용에 기여하게 하는

"생산자책임 재활용제도"를 채택하여 시행하고 있다.

그 일환으로 폐기물관리법에서는 사업자에게 제품의 제조·가공·수입·판매 등을 할 때에 그 제조·가공·수입·판매 등에 사용되는 재료·용기나 제품 등이 폐기물이 되는 경우 그 회수 및 처리가 쉽도록 할 의무를 부여하고 있으며(§47①), 재료·용기·제품 등이 오염물질을 다량 함유하거나 다량으로 제조·가공·수입 또는 판매되어 폐기물이 되는 경우, 환경부장관이 고시하는 폐기물의 회수 및 처리방법에 따라 회수·처리하도록 규정하고 있다(동조 ②). 이와 관련해서는 「자원의 절약과 재활용 촉진에 관한 법률」에서 "재활용의무생산자"에 대해 상세한 규정을 두고 있다.

사업자가 환경부장관이 고시한 회수·처리방법에 따라 폐기물을 회수·처리하지 아니하면 환경부장관은 기간을 정하여 그 회수와 처리에 필요한 조치를 할 것을 권고할 수 있고(동조 ③), 권고를 받은 자가 권고사항을 이행하지 아니하면 환경부장관은 해당 폐기물의 회수와 적정한 처리 등에 필요한 조치를 명할 수 있다(동조 ④).

Ⅱ. 사업장폐기물의 처리규제

1. 배출자책임의 원칙

폐기물관리법은 사업장폐기물배출사업자로 하여금 사업장에서 발생하는 폐기물을 스스로 처리하도록 규정하고 있다. 다시 말해 사업장폐기물의 처리책임은, 당해 폐기물의 유해성 여부에 관계없이 원칙적으로 배출사업자 자신에게 있다(§18 ①). 동법은 폐기물처리업의 허가를 받은 자 등에게 위탁하여 처리할 수 있음을 규정하고 있으나, 이는 배출사업자가 그 처리책임을 이행하는 수단 중 하나이고 위탁으로써 처리책임으로부터 해방되는 것이 아님에 유의해야 한다. 참고로, 독일의 「순환관리 및 폐기물법」은 폐기물처리 의무를 부담하는 자는 제3자에게 폐기물 처리를 위탁할 수 있지만 의무이행에 대한 책임은 남는다고 규정하고 있고 이러한 책임은 당사자의 계약에 의해 영향을 받지 않는다고 해석된다.

2. 적정처리의무

폐기물관리법은 사업장폐기물배출사업자에게 해당 사업장에서 발생하는 모든 폐기물들을 적정하게 처리할 것을 명하고 있다(§17① ⅰ의2). 여기에서 "적정"이란 동법 제13조의 규정에 따른 처리기준·방법 및 제13조의2에 따른 폐기물의 재활용원칙 및 준수사항에 적합하게 처리해야 함을 의미하는데, 만약 당해 폐기물에 관하여 그 기준·방법이 설정되지 아니한 경우라면, 유사한 폐기물에 준(準)해서 신의성실의 원칙에 부합하게 처리하여야 할 것이다.

3. 사업장폐기물의 위탁처리

사업장폐기물 배출자는 처리책임을 이행하기 위해 자가처리와 위탁처리 가운데 선택을 할수 있다. 즉 사업장폐기물배출자는 그의 사업장에서 발생하는 폐기물을 스스로 처리하거나 폐기물처리업의 허가를 받은 자, 폐기물처리 신고자, 폐기물처리시설을 설치·운영하는 자, 건설폐기물 처리업의 허가를 받은 자 또는 폐기물 해양 배출업의 등록을 한 자에게 위탁하여 처리해야 한다(§18①).

이와 같이 폐기물관리법에서는 폐기물의 안전처리와 환경오염의 방지·개선을 위해 전문적인 폐기물위탁처리제도를 도입하고 있으며, 폐기물관리법은 개정을 통하여 폐기물의 위탁처리시 주의해야 할 사항에 관한 규정을 정비해왔다. 이에 의하면 사업장폐기물의 처리를 위탁할경우, 사업장폐기물 배출자는 환경부령으로 정하는 위탁·수탁의 기준 및 절차를 따라야 하며, 해당폐기물의 처리과정이 제13조에 따른 폐기물의 처리기준과 방법 또는 제13조의2에 따른 폐기물의 재활용 원칙 및 준수사항에 맞게 이루어지고 있는지를 환경부령으로 정하는 바에 따라 확인하는 등 필요한 조치를 취하여야 한다(§17①iii).

이에 따라 제정된 폐기물관리법 시행규칙은, 제17조 제1항 제3호에 따라 해당 폐기물의 처리과정이 동법 제13조 소정의 폐기물처리 기준과 방법 또는 제13조의2 소정의 폐기물의 재활용 원칙 및 준수사항에 맞게 이뤄지고 있는지를 확인하는 방법에 관하여 비교적 소상히 규정하고 있다(동법 시행규칙 §17 별표5의7 "음식물류 폐기물 배출자 및 사업장폐기물배출자의 폐기물 적정처리 여부 확인 방법"). 이에 의하면 수탁자는 ① (위탁하는 폐기물의 종류와 양, 계약기간 및 위탁비용, 위탁하는 폐기물의 성질과 상태 및 취급시 주의사항을 포함한) 위탁계약의 내용대로 폐기물을 적정하게 처리하고 있는지를 1개월마다 전자정보처리프로그램 등을 활용하는 방법으로 확인해야 하고, ② 그 확인 결과 폐기물이 부적정하게 처리되는 것이 의심되는 경우에는 수탁자가 위탁계약의 내용대로 폐기물을 적정하게 처리하고 있는지를 스스로 또는 폐기물적정처리추진센터를 통해 폐기물 처리 현장을 확인해야 하며, ③ 수탁자가 폐기물을 위탁계약의 내용대로 처리하지 않거나 폐기물관리법 제13조 소정의 폐기물 처리기준과 방법 또는 제13조의2에 소정의 폐기물 재활용 원칙 및 준수사항에 맞지 않게 폐기물의 처리가 이루어지지 않는 것을 확인한 경우에는 지체 없이 폐기물의 처리 위탁을 중단하여야 한다. 요컨대 별표5의7은 위탁자의 적정처리 결과 확인의무를 이행하는 방법을 구체적으로 규정한 것이다.

또한 사업장폐기물배출자는 해당 사업장폐기물을 제18조 제1항에 따라 위탁하여 처리하는 경우에는 수탁자에게 사업장폐기물의 종류, 물리·화학적 성질 및 취급 시 주의사항, 사업장폐기물로 인하여 화재 등의 사고 발생 시 방제 등 조치방법을 포함한 유해성 정보자료를 제공하여야 한다(§18의2③). 폐기물 위탁처리업자에 대한 사전·사후통제는 폐기물관리제도 성공의 요체라 할 수 있다.

4. 사업장폐기물의 전자인계·인수제도

한편 폐기물관리법은 불법투기·불법처리의 가능성을 최소화하고 동시에 처리증명을 투명화·간소화하기 위해서 사업장폐기물의 배출자와 수집·운반·재활용 또는 처분하는 자는 그 폐기물을 배출·수집·운반·재활용 또는 처분할 때마다 폐기물의 인계·인수에 관한 사항과 계량값, 위치정보, 영상정보 등 환경부령으로 정하는 폐기물처리현장정보를 환경부령으로 정하는 바에 따라 전자정보처리프로그램에 입력하도록 하는 전자인계·인수제도를 시행하고 있는데, 이는 과거의 복잡한 폐기물전표제도를 대체하여 제도를 간소화한 것이다(§18③).

5. 사업장폐기물의 공동처리

또한 사업장폐기물 배출자는 해당 사업장에서 발생하는 폐기물을 각자 자가처리하거나 위탁처리하는 것이 원칙이나, 환경부령으로 정하는 둘 이상의 사업장폐기물배출자는 각각의 사업장에서 발생하는 폐기물을 환경부령으로 정하는 바에 따라 공동으로 수집, 운반, 재활용 또는 처분할 수 있다(§18⑤).

III. 폐기물 처리에 대한 조치명령

1. 청결유지의무 미이행시 조치명령

폐기물관리법 제8조 제3항은 토지·건물의 청결이 유지되지 아니하면, 지자체 장이 조례에 따라 필요한 조치를 명할 수 있음을 규정하고 있다. 논점은 동 조항이 토지·건물의 소유자·점유자·관리자에 대한 조치명령의 발동권을 수권하는 일반조항으로 기능할 수 있는가이다.

부정설은, 동항은 동법 제7조 제2항의 규정이 명문으로 적시하고 있는 것처럼 폐기물의 제거·정화를 위해 제정된 규정이 아니므로 토지·건물의 '청결'을 유지하기 위한 목적의 범위 내에서 필요한 조치를 명할 수 있는 근거규정일 뿐이며, 따라서 동항에 기하여 토지·건물의 소유자에게 엄청난 비용이 드는 폐기물 제거·정화 조치를 명할 수 없다고 본다. 반면에 긍정설은, 폐기물 관리는 폐기물이 투기·매립되는 토지·건물의 소유자·점유자·관리인을 중심으로 이루어질 수밖에 없는바, 이들이 자신의 토지·건물을 폐기물의 불법투기·매립·방치로부터 보호하게 하려면 이들의 책임을 엄하게 규정할 수밖에 없고, 또한 "청결유지"란 말이 반드시 가벼운 청소가 필요한 상태만을 전제로 상정(想定)되는 것은 아니므로 이 규정에 의하여 사업장폐기물의 제거·정화 조치를 발한다고 하여도 명문에 반하는 해석이라고 할 수는 없다고 본다. 폐기물의 적정한 처리와 환경보전이라는 법률의 목적에 비추어 볼 때 긍정설이 타당하다고 판단되며, 실무관행 또한 긍정설을 취하고 있다. 한편, 大判 2020.6.25. 2019두39048[22변]은 투기폐기물제거조치명령의 취소를 구하는 사건에서 제8조 제3항에서 말하는 '필요한 조치'에는 토지소유자 등이 폐기물관리법 제7조 제2항에 따른 토지의 청결유지의무를 다하지 못하여 환경상의 위해가 발생할 경우 그 토지상에 적치 또는 방치된 폐기물의 제거를 명하는 조치도 포함된다고 판시하였다. 이 사건 원고가 토지소유권을 취득할 당시에는 토지에 약 30여 톤의 폐기물이 적재되어 있었으나 그 후 이 사건 처분 당시에는 폐기물이 약 500여 톤으로 늘어난 사안에서, 동 판결은 토지소유자인 원고가 제7조 제2항에서 정한 청결유지의무를 위반했다고 볼 수 있고 피고 행정청이 제8조 제3항에 따라 '필요한 조치'로서 폐기물 제거를 명한 처분은 정당하고 판단하였다.

2. 폐기물 부적정 처리·투기·매립 시 조치명령

폐기물관리법 제48조는 "부적정처리폐기물"이 발생하면, "조치명령 대상자"에 대하여 기간을 정하여 폐기물의 처리방법의 변경, 폐기물의 처리 또는 반입 정지 등 필요한 조치를 명할 수 있도록 규정하고 있다. 이는 방치폐기물을 포함한 폐기물의 부적정처리 문제에 대한 유효적절한 수단으로, 부적정하게 처리되었거나 불법으로 투기·매립된 폐기물로 인한 수질, 토양 등 이차적인 환경오염과 국민들의 건강 피해를 예방하기 위한 조항으로 볼 수 있다.

(1) 부적정처리폐기물

동 조항은 적용대상을 사업장폐기물로 국한하고 있지 않으며 "폐기물"로 포괄적으로 규정하고 있다. 따라서 동 조항은 모든 폐기물, 즉 사업장폐기물뿐만 아니라 생활폐기물에도 적용되는 규정이다.

'부적정처리'란, ① 제13조에 따른 폐기물의 처리기준과 방법 또는 ② 제13조의2에 따른 재활용원칙 및 준수사항에 맞지 않게 처리되거나, ③ 제8조 제1항 또는 제2항을 위반하여 버려지거나 매립되는 폐기물을 말한다. 동법 제13조에 따른 폐기물의 처리기준과 방법은 동법 시행규칙 별표5에, 동법 제13조의2에 따른 재활용 기준 및 준수사항은 동법 시행규칙 별표5의3 및 별표5의4에 각각 규정되어 있다.

주의할 점은 폐기물관리법상 '부적정처리'와 '처리'를 구별해야 한다는 것이다. 동법상 '처리'란 "폐기물의 수집, 운반, 보관, 재활용, 처분"을 말하고(§2v의3) 여기서 '처분'이란 "폐기물의 소각(燒却)·중화(中和)·파쇄(破碎)·고형화(固形化) 등의 중간처분과 매립하거나 해역(海域)으로 배출하는 등의 최종처분"을 말한다((§2vi). 반면, '부적정처리'에서의 처리란 위에서 언급한 수집, 운반, 보관, 재활용, 처분뿐만 아니라 투기 또는 방치를 포함하는 넓은 개념이다.

(2) 조치명령대상자

폐기물관리법은 2019년 개정에 의하여 제48조의 조치명령이 내려질 대상자의 범위를 확대하고 다음과 같이 세분하여 규정하고 있다(§48①). 제4호부터 제6호는 새로 추가된 대상자인데, 이는 그 동안 논란이 있었던 대상자를 오염원인자책임의 원칙에 따라 책임귀속의 주체로 확정한 것이다.

1. 부적정처리폐기물을 발생시킨 자
2. 부적정처리폐기물이 처리된 폐기물처리시설의 설치 또는 운영을 제5조제2항에 따른 수탁자에게 위탁한 자
3. 부적정처리폐기물의 처리를 제15조의2제3항 또는 제18조제1항에 따라 위탁한 음식물류 폐기물 배출자 또는 사업장폐기물배출자. 다만, 폐기물의 처리를 위탁한 자가 제15조의2제3항·제5항, 제17조제1항제3호 또는 제18조의2제3항에 따른 의무를 위반하거나 그 밖의 귀책사유가 있다고 인정되는 경우로 한정한다.
4. 부적정처리폐기물의 발생부터 최종처분에 이르기까지 배출, 수집·운반, 보관, 재활용 및 처분 과정에 관여한 자
5. 부적정처리폐기물과 관련하여 제18조제3항을 위반하여 폐기물 인계·인수에 관한 사항과 폐기물처리현장정보를 전자정보처리프로그램에 입력하지 아니하거나 거짓으로 입력한 자
6. 제1호부터 제5호까지의 규정 중 어느 하나에 해당하는 자에 대하여 부적정처리폐기물의 발생 원인이 된 행위를 할 것을 요구·의뢰·교사한 자 또는 그 행위에 협력한 자
7. 제1호부터 제6호까지의 사업장폐기물배출자에 대하여 제17조제8항 또는 제9항에 따라 권리·의무를 승계한 자
8. 제1호부터 제6호까지의 폐기물처리업자, 폐기물처리시설의 설치자 또는 폐기물처리 신고자에 대하여 제33조제1항부터 제3항까지에 따라 권리·의무를 승계한 자
9. 부적정처리폐기물을 직접 처리하거나 다른 사람에게 자기 소유의 토지 사용을 허용한 경우 부적정처리폐기물이 버려지거나 매립된 토지의 소유자

가. 부적정처리폐기물을 발생시킨 자

부적정처리폐기물을 발생시킨 자는 폐기물에 대하여 전술한 의미의 '부적정처리'를 한 자이다. 즉 폐기물을 제13조, 제13조의 2, 제8조 제1항 및 제2항을 위반해 처리하거나 버리거나 매립한 자를 말한다. 따라서 폐기물의 수집부터 처분, 투기, 매립, 방치에 이르는 과정에서 법령을 준수하지 않은 자는 모두 이에 해당한다. 따라서 사업장폐기물배출자나 폐기물처리업자뿐만 아니라 생활폐기물을 배출하는 일반인도 조치명령의 대상자가 될 수 있다.

동 조항에서 폐기물 매립행위의 입증 정도와 관련하여 법원은, 원고가 공장부지에 폐기물을 매립한 것으로 보고 폐기물관리법 제13조, 제48조에 근거하여 피고(서울특별시)가 원고에게 내린 폐기물처리조치명령에 대한 취소소송에서, 폐기물이 그 토지의 관리, 이용방법(만년필공장의 운영)과 관련하여 발생한 사실의 입증으로 충분하며 상대방은 제3자가 매립한 것이라거나 그 밖의 다른 원인으로 폐기물이 매립된 것이라는 사실을 입증하여야 책임으로부터 벗어날 수 있다고 판시한 바 있다(서울地判 1998.10.15. 98가합40690).

나. 폐기물처리시설의 설치·운영을 위탁한 자

소각시설이나 재활용시설 등 폐기물처리시설의 설치 또는 운영을 위탁했는데 해당 시설에서 부적정처리폐기물이 처리된 경우, 그 위탁자는 조치명령의 대상자가 된다. 여기서 폐기물처리시설의 설치 또는 운영을 위탁할 수 있는 수탁자는, 한국환경공단, 수도권매립지관리공사, 지방자치단체조합으로서 폐기물의 광역처리를 위하여 설립된 조합, 해당 광역 폐기물처리시설을 시공한 자 등이다. 이런 수탁자에게 폐기물처리시설의 설치·운영을 위탁했는데도 불구하고 그 시설에서 부적정처리폐기물이 처리된 경우, 부적정처리폐기물을 처리한 수탁자는 제1호의 부적정처리폐기물을 발생시킨 자에 해당하므로 역시 조치명령 대상자가 될 것이다. 하지만 위탁자를 상대로 해서도 위탁을 철회하는 등 방법을 모색하도록 조치명령을 내려야 할 것인바, 제2호가 이를 위해 규정된 것이다.

한편 동호는 일반사업자뿐만 아니라 공공기관에도 적용되는바, 지자체의 장이 위의 수탁자에게 위탁한 경우 해당 시설에서 폐기물의 부적정처리가 이루어진 경우에는 환경부장관은 해당 지자체 장에게 조치명령을 내려야 한다.

다. 부적정처리폐기물의 처리를 위탁한 자

사업장폐기물의 처리책임은 원칙상 동 폐기물을 배출한 사업자에게 있으나 폐기물의 종류에 따라서는 폐기물처리에 전문성이 요구되는 등 경제적·기술적 이유로 위탁처리가 필요한 경우가 있다. 이에 폐기물관리법은 폐기물의 위탁처리를 인정하고 있는데, 이는 배출자가 그 처리책임을 이행하는 수단일 뿐이고 위탁으로써 처리책임으로부터 해방되는 것은 아니다. 따라서 제3호는 "부적정처리폐기물의 처리를 제15조의2 제3항 또는 제18조 제1항에 따라 위탁한 음식물류 폐기물 배출자 또는 사업장폐기물배출자"를 조치명령대상자로 규정하고 있다. 전술한 바와 같이 폐기물관리법은 개정을 통하여 폐기물의 위탁처리에 있어서 준수할 사항에 관한 규정을 정비했는데, 동법은 "폐기물의 처리를 위탁한 자가 제15조의2 제3항·제5항, 제17조 제1항 제3호 또는 제18조의2 제3항에 따른 의무를 위반하거나 그 밖의 귀책사유가 있다고 인정되는 경우"에 한하여 조치명령을 내릴 수 있다고 규정하고 있다(§48①iii).

제3호에서 말하는 '귀책사유'에 관해서는 견해가 갈릴 수 있다. 상정할 수 있는 것은, 민법상 불법행위에서의 귀책사유, 즉 고의·과실로 새기는 견해(제1설), 경찰책임에서의 귀책사유, 즉 행위책임이나 상태책임이 있는 경우로서 위험에 직접적인 원인을 제공한 경우로 새기는 견해(제2설), 환경법상 원인자책임의 원칙에 터 잡아 경찰책임에서의 귀책사유보다 넓게 보는 견해(제3설) 등이다. 구체적인 문제 상황은 위탁처리 시 위탁자가 준수해야 할 사항을 규정한 제15조의2 제3항·제5항, 제17조 제1항 제3호 또는 제18조의2 제3항을 준수한 경우, 다시 말해 '적법한 위탁'이 이루어진 경우, 위탁자에게 책임을 물을 수 있는지 여부일 것이다. 현행 폐기물관리법은 개정전의 규정과 관련하여 있었던 논란을 정리하기 위하여 규정을 정비한 만큼 이를 준수한 위탁자에게 그 이상의 책임을 물을 수는 없을 것이지만, 제3호가 "그 밖의 귀책사유"를 명시하고 있어 여전히 문제이다.

적법위탁책임부정설은 이런 사정에 기초해서 현행법상 '적법한 위탁'이 행해진 경우에는 특별한 사정이 없는 한 폐기물배출자에게 폐기물의 불법처리에 대한 책임을 물을 수 없다고 본다.[109] 반면에 긍정설은 그럼에도 불구하고 폐기물배출자가 위탁처리에 의해 자신의 처리책임을 면한다고 할 수 없다고 보는데, 만약 현행법상 적법한 위탁을 한 경우에 배출자는 책임을 면한다고 보게 되면 폐기물의 불법처리를 막을 방법이 없다는 것을 논거로 한다. 입법론으로는 미국 CERCLA와 같이,[110] 폐기물이 불법처리되면 그 처리를 위탁한 폐기물배출자도 수탁자의 처리능력에 대한 확인 유무를 불문하고 조치명령의 대상으로 할 필요가 있다는 견해가 있다.[111]

생각건대 폐기물관리법의 원칙상 사업장폐기물배출자는 자신이 배출한 폐기물을 처리할 책임이 있는바(§18①), 따라서 폐기물처리의 위탁계약만으로 배출자의 처리책임을 면제하는 것으로 해석해서는 안 되며, 또한 폐기물배출자의 처리책임은 공법상 의무인데 사인상호간의 사

---

109) 박균성, "산업폐기물처리책임체계의 재검토," 경희법학 제36권 제1호, 75, 88 (2001).
110) CERCLA는 자기 소유의 유해물질을 다른 당사자가 소유·운영·보관하고 있는 시설에서 처리 또는 취급하기 위하여 계약·합의를 한 자 또는 유해물질을 그곳으로 운반하기 위하여 운반자와 계약을 맺은 자는 오염부지의 정화책임을 진다. CERCLA §107(a)(3).
111) 김홍균, 614.

법상 계약에 의해 면제된다고 볼 수는 없다.[112] 즉, 위탁처리는 폐기물배출자가 폐기물 처리책임을 이행하는 하나의 방법일 뿐이므로 위탁계약은 배출자와 처리업자 사이에서 처리의무를 이전하는 효과는 있을지라도 국가에 대한 법정의무인 배출자의 처리의무를 면제하는 것은 아니라고 보아야 하고,[113] 그렇다고 한다면 배출자는 여전히 자신이 위탁한 폐기물이 적정하게 처리되었는지 확인할 의무를 부담한다고 할 수 있으며, 배출자는 수탁자를 제어할 수 있는 교섭력과 영향력을 가지고 있으므로 이를 소홀히 하였다면 폐기물부적정처리의 책임을 지는 것이 마땅하다고 할 것이다. 또한 폐기물배출자는 폐기물이 가져올 수 있는 사회적 리스크를 최소의 비용으로 방지할 수 있는 최소비용회피자(least−cost avoider)에 해당한다고 할 수 있으므로 이들에게 책임을 묻는 것이 경제적인 효율성을 달성할 수 있는 규제시스템이며, 그렇지 않으면 그 비용이 외부화되어 국민 모두에게 돌아가는 비효율을 발생시키게 된다.[114]

그런데 폐기물관리법 시행규칙은, 동법 제15조의2 제5항 및 제17조 제1항 제3호에 따라 해당 폐기물의 처리과정이 동법 제13조 소정의 폐기물처리 기준과 방법 또는 제13조의2 소정의 폐기물의 재활용 원칙 및 준수사항에 맞게 이뤄지고 있는지를 확인하는 방법에 관하여 비교적 소상히 규정하고 있다. 즉 동법 시행규칙 §17 별표5의7 "음식물류 폐기물 배출자 및 사업장폐기물배출자의 폐기물 적정처리 여부 확인 방법"은, 전술한 바와 같이, 위탁자의 적정처리 결과 확인의무를 이행하는 방법을 구체적으로 규정하고 있는 것이다. 생각건대 이런 정도로 소상히 규정된 절차에 따라 수탁자의 처리 상황을 확인한 위탁자에게 책임을 묻는 것은 지나치다고 생각되고 현행법이 논란을 종식시키기 위하여 위탁자에 의한 결과 확인을 위한 절차를 정비한 것을 고려하면 적법위탁 후 결과 확인을 한 경우, 위탁자의 책임을 추궁하는 것은 법치행정의 원칙상 지나친 것이라 생각된다. 따라서 특단의 사정, 가령 위탁시 폐기물처리

---

112) 박·함, 563.
113) 大判 2002.10.22. 2002다46331[20모][13변][18모2]는 사법상의 책임과 공법상의 법정책임은 별개의 것이고 각각 그 영역의 법에 의하여 규율되어야 한다고 판시한 바 있다.
114) 이렇게 새기는 것은 폐기물관리법 소정의 절차와 형식을 밟아 위탁한 자가 법제도에 대하여 가진 신뢰를 도외시하고 그럼으로써 법적 안정성에 부정적 영향을 끼치는 측면이 없지 않다. 즉 폐기물관리법 제17조 제1항 제3호는 폐기물의 처리를 위탁하려면, 사업장폐기물배출자는 수탁자가 동법 소정의 폐기물처리능력이 있는지를 환경부령으로 정하는 바에 따라 확인한 후 위탁할 것을 규정하고 있는바, 동법 시행규칙은 사업장폐기물배출자의 확인 등에 관하여 매우 자세한 규정을 두고 있다. 이에 의하면 사업장폐기물배출자는 폐기물처리업 허가증 또는 폐기물처리 신고 증명서 사본, 동법 제40조 제1항에 따른 방치폐기물 처리이행보증을 확인할 수 있는 서류 사본이 포함된 수탁능력 확인서를 수탁자로부터 제출받아야 하고(동법 시행규칙 §17 ①), 그 후 제출받은 자료를 검토하여 수탁자가 해당 폐기물을 처리할 능력이 있는지를 확인한 후 계약을 체결해야 하며(동조 ②), 이를 신고받은 지자체의 장은 폐기물처리업 허가증 또는 폐기물처리 신고 증명서를 확인하도록 규정되어 있다(동조 ④). 이런 절차를 법령이 규정하고 있다면 이를 신뢰하고 그 절차를 신의성실하게 밟은 사업장폐기물배출자에게 책임을 묻는 것은 가혹한 측면이 있다. 법개정으로 결과를 확인하는 절차를 신설함으로써 논란을 정리하는 것이 바람직하다고 본다.

위탁수수료가 지나치게 낮아 적정한 처리를 도저히 기대하기 어렵다는 등의 사정이 없는 한 위탁자에게 귀책사유를 귀속시키는 것은 불가하다고 본다.

라. 부적정처리폐기물의 발생부터 최종처분에 이르는 과정에 관여한 자

제1호의 부적정처리폐기물을 발생시킨 자는 폐기물에 대하여 직접 '부적정처리'를 한 자라면, 제4호의 대상자는 부적정처리폐기물의 발생부터 최종처분에 이르기까지 배출, 수집·운반, 보관, 재활용 및 처분과정에 관여한 자이다. 부적정폐기물의 발생부터 최종처분에 이르는 과정에는 "폐기물의 소각·중화·파쇄·고형화 등의 중간처분과 매립하거나 해역으로 배출하는 등의 최종처분"(§2vi)은 물론이고 배출, 수집·운반, 보관, 재활용도 포함된다. 따라서 생활폐기물과 사업장폐기물의 직접 처분자, 그리고 수집·운반업자, 재활용업자, 처리업자 등 부적정처리폐기물의 발생부터 최종처분에 이르는 과정에 관여할 수 있는 모든 형태의 행위자가 여기에 포함될 수 있을 것이다. 부적정처리 과정에 어느 정도 기여해야 '관여'에 해당하는지는 제6호의 대상자와의 관계에서 볼 때 판단이 쉽지 않다.

마. 폐기물 인계·인수 사항을 전자정보처리프로그램에 거짓 입력한 자

사업장폐기물을 배출, 수집·운반, 재활용 또는 처분하는 자는 그 폐기물을 배출, 수집·운반, 재활용 또는 처분할 때마다 폐기물의 인계·인수에 관한 사항과 계량값, 위치정보, 영상정보 등 폐기물 처리 현장정보("폐기물처리현장정보")를 전자정보처리프로그램에 입력하여야 한다(§18③). 부적정처리폐기물과 관련된 폐기물 인계·인수 사항과 폐기물처리현장정보를 전자정보처리프로그램에 입력하지 않거나 거짓으로 입력한 자는 조치명령의 대상이 된다.

바. 부적정처리폐기물의 발생 원인 행위의 요구·의뢰·교사자 또는 협력자

제1호부터 제5호까지의 규정 중 어느 하나에 해당하는 자에 대하여 부적정처리폐기물의 발생원인이 된 행위를 할 것을 요구·의뢰·교사한 자 또는 그 행위에 협력한 자는 조치명령의 대상이 된다. 부정정처리폐기물이 발생 원인이 된 행위는 제1호부터 5호까지의 행위를 말한다. 발생 원인이 된 행위를 할 것을 요구·의뢰·교사하는 행위나 협력하는 행위가 무엇을 말하는지는 앞으로 실무와 판례가 축적되면서 구체화될 것이다.

여기에 해당하는 대표적인 행위자가 금전대여자이다. 금전대여자가 대여금의 회수를 원활하게 하기 위하여 차주인 폐기물처리업자를 상대로 폐기물처리의 방식이나 행태에 관하여 일일이 지시하거나 회사의 운영에 관하여 관리·감독한다면 이에 해당할 가능성이 높다. 大判 1997.8.22. 95누17724[13변]는 담보권을 가진 금전대여자의 경우에도, 폐기물이 투기되거나 매립된 토지를 실제로 관리하면서 폐기물 배출까지 하였다고 볼 수 있는 경우에는, 대주에게도 조치명령을 내릴 수 있음을 밝히고 있다. 이 사건에서 법원이 내세운 근거는, ① 대주인 A은행이 이 사건 부동산에 대한 소유권을 취득할 당시 특정폐기물이 야적·방치되어 있음을 알았고, ② A은행이 이 사건 부동산에 대한 소유권을 취득한 이후에 공장을 가동하면서 추가로 특정폐기물을 배출하였으며, ③ A은행이 해당 업체의 토지를 시가보다 현저히 낮은 가격(시가의 40%)으로 경락받은 점을 내세우고 있다.

이 사건(소위 "화산키메탈 사건")에서 원심인 대구고등법원은 승계인 겸 특정폐기물의 배출자로서 책임을 물었으나, 토지매입 당시 특정폐기물의 존재를 알고 있었다는 것만으로 처리책임까지 승계한다고 볼 수 있는지에 관하여 논란이 있었다. 이는 폐기물 처리에 대한 공법상의 책임이 매수 당시의 양수인의 주관적 사정(특정폐기물의 존재 인식)에 의하여 좌우됨을 인정할 것인가에 관한 논란이었다. 반면, 대법원은 개정전 「폐기물관리법」 제48조 제1항 제1호의 '불법처리자'의 개념을 넓게 해석하여, 대주에 대하여 특정폐기물을 처리한 자로서 책임을 물었다. 즉, 양수인이 소유권 취득 후 특정폐기물을 추가로 발생시켰다고 하면서 처리자 책임을 인정하였는데, 이에 대해서는 양수 이전에 발생한 특정폐기물에 대한 처리책임까지 양수인이 지게 할 근거가 없다는 비판이 있었다.[115] 하지만 일단 처리책임이 인정되면 연대책임의 특칙에 의하여 전체에 대하여 책임을 지게 하는 것은 그리 어려운 일이 아닐 것이다. 또한 대법원이 A은행이 시가보다 현저히 낮은 가격으로 경락받은 점을 내세운 것은 A은행이 실질적으로 폐기물에 관한 책임까지 승계하였다고 볼 만한 사정이 있었음을 보여주는 것이다. 어쨌거나 2019년 개정법률은 개정 전의 "불법처리자"를 보다 구체적으로 세분화해 규정함으로써 논란을 정리하였다.

사. 사업장폐기물배출자의 권리·의무 승계자

사업장폐기물배출자가 그 사업을 양도하거나 사망한 경우 또는 법인이 합병·분할한 경우에는 그 양수인·상속인 또는 합병·분할 후 존속하는 법인이나 합병·분할에 의하여 설립되는 법인은 그 사업장폐기물과 관련한 권리와 의무를 승계한다(§17⑧). 「민사집행법」에 따른 경매, 「채무자 회생 및 파산에 관한 법률」에 따른 환가(換價)나 「국세징수법」·「관세법」 또는 「지방세징수법」에 따른 압류재산의 매각, 그 밖에 이에 준하는 절차에 따라 사업장폐기물배출자의 사업장 전부 또는 일부를 인수한 자는 그 사업장폐기물과 관련한 권리와 의무를 승계한다(동조⑨). 그런데 여기서 승계하는 의무에는 부적정처리폐기물의 처리의무도 포함된다. 전술한 "화산키메탈 사건"에서 대주는 여기에도 해당한다.

---

115) 김홍균, 616-619.

아. 폐기물처리업자 등의 권리·의무 승계자

폐기물처리업자나 폐기물처리시설의 설치승인을 받거나 신고를 한 자 등로부터 폐기물처리업, 폐기물처리시설 등을 양수하거나 「민사집행법」에 따른 경매, 「채무자 회생 및 파산에 관한 법률」에 따른 환가(換價)나 「국세징수법」·「관세법」 또는 「지방세징수법」에 따른 압류재산의 매각, 그 밖에 이에 준하는 절차에 따라 인수하는 경우에 해당 양수인 또는 인수인은 폐기물처리업등의 허가·승인·등록 또는 신고에 따른 권리·의무를 승계한다(§33①). 여기서의 논점은 압류재산의 매각절차에 따라 폐기물처리시설 부지를 인수한 경우가 폐기물처리시설을 인수한 것에 포함되는지 여부인데, 제33조 제1항이 폐기물처리업을 인수한 경우로 한정하지 않고 폐기물처리시설 등을 인수한 경우도 규율하고 있으므로 부지도 시설에 포함되는 것으로 새겨야 한다.

법인인 폐기물처리업자등이 다른 법인에 흡수합병되거나 다른 법인과 합병하여 새로운 법인을 설립하거나 폐기물처리업등을 분할하여 새로운 법인을 설립하거나 다른 법인에 합병하는 경우, 합병 후 존속하는 법인이나 합병 또는 분할로 설립되는 법인은 폐기물처리업등의 허가·승인·등록 또는 신고에 따른 권리·의무를 승계한다(동조②). 폐기물처리업자등이 사망한 경우, 그 상속인은 폐기물처리업등의 허가·승인·등록 또는 신고에 따른 권리·의무를 승계한다(동조③). 여기서 승계하는 의무에 부적정처리폐기물의 처리의무도 포함됨은 물론이고 따라서 승계인은 조치명령의 대상자가 된다.

자. 토지의 소유자

폐기물관리법 제48조 제1항 제9호는 "부적정처리폐기물을 직접 처리하거나 다른 사람에게 자기 소유의 토지 사용을 허용한 경우"에, "부적정처리폐기물이 버려지거나 매립된 토지의 소유자"에게 그 폐기물에 대한 처리책임을 부과하고 있다. 따라서 토지의 임차인이 당해 토지에 폐기물을 불법으로 매립한 경우, 임차인뿐만 아니라 임대인도 조치명령의 대상이 될 수 있는 바, 동 규정이 과잉금지의 원칙에 반하여 지나치게 재산권을 제한하여 위헌이라는 주장에 대해 憲決 2010.5.27. 2007헌바53은 ① 동 조항이 직접적인 오염원인자 이외에 폐기물이 방치된 토지의 소유자에게도 폐기물처리책임을 확장하여 인정하는 것은 폐기물의 발생을 억제하고 발생한 폐기물을 적정하게 처리하여 환경보전과 국민생활의 질적 향상을 도모하려는 입법목적을 달성하는 데에 효과적인 방법이며, ② 방치폐기물에 대한 책임을 직접적 원인제공자에게만 한정하고 그 외의 경우에는 항상 국가나 지자체가 이를 부담한다면 폐기물의 방치가 조장되거나 폐기물의 처리가 적시에 이행되기 어려울 수 있으며, 무엇보다 폐기물 방치에 아무런 원인도 제공하지 않은 일반 국민들에게 막대한 비용을 떠안기게 되는 불합리한 결과를 초래하게 되고, ③ 이 사건 법률조항으로 인하여 토지 소유자들이 입게 되는 불이익보다는 이로 인하여 얻게 될 환경보전이라는 공익이 훨씬 크다는 것을 근거로 합헌으로 결정한 바 있다.

한편, 大判 2016.5.19. 2009다66549(全合)[20변]은, 자기 소유의 토지에 토양오염물질을 누출·유출하거나 투기·방치함으로써 토양오염을 유발하였음에도 오염토양을 정화하지 않은 상태에서 오염토양이 포함된 토지를 거래에 제공함으로써 유통되게 하거나, 토지에 폐기물을 불법으로 매립하였음에도 처리하지 않은 상태에서 토지를 거래에 제공하는 등으로 유통되게 한 경우, 불법행위에 해당할 뿐 아니라 현재의 소유자가 지출한 폐기물 처리비용이라는 손해에 대하여 손해배상책임을 진다고 판시하였다.

① 허용

허용의 의미에 관하여 부산高判 2003.10.24. 2003누2731은 "용도를 불문하고 타인에게 자신의 토지의 사용을 허용한 경우"를 모두 포함한다고 하면서 재생자재의 적치만을 허용한 경우도 본 조항의 적용이 가능하다고 판시하였다.

② 토지양수인

폐기물이 버려지거나 매립된 토지의 양도·양수가 이루어진 경우에 양수한 사람의 책임을 인정할 것인가에 대해서는, "폐기물을 위법하게 수집·운반·보관·처리한 경우"와 같이 폐기물관리법의 다른 조항에 의해 불법처리자로서의 책임을 지지 않는 한, 양수인은 폐기물관리법 제48조 제1항 제9호 소정의 "토지소유자"로서 조치명령의 대상자가 아니라고 보아야 할 것이다.[116]

다만 토지의 매수가격이 폐기물이 투기되거나 매립되어 있는 것을 고려하여 낮게 책정된 것과 같은 특별한 경우에는 토지양수인이 양도인의 폐기물처리책임도 인수한 것으로 볼 수 있다는 견해가 있고,[117] 大判 1997.8.22. 95누17724[13변]도 토지의 매수인이 폐기물이 매립되어 있는 것을 알았고 토지의 구입가격이 그것을 고려하여 낮게 책정된 경우에는 토지의 매수인이 양도인의 폐기물처리책임도 인수한 것으로 판시한 바 있다. 이에 대해서는 사법상의 계약으로 공법상 책임까지 이전한다고 볼 수는 없다는 반론이 있을 수 있지만, 폐기물의 위험성을 고려하면 상정할 수 있는 해석이다.

하지만 이런 경우는 폐기물관리법상의 다른 조항에 의해 해결하는 것이 타당하다고 보는데, 폐기물관리법 제7조 및 제8조의 일반조항을 적용할 수 있는 가능성을 검토할 필요가 있다. 생각건대, 공중의 안전에 위험이 될 수 있는 상태에 대해서는 그 관리자에게 책임을 물을

---

116) 同旨, 김홍균, 615; 박균성(註109), 93 – 94.
117) 김홍균, 616.

수 있다는 경찰법상의 일반 법리에 의하여, 그리고 이러한 책임은 행위책임이 아니라 상태책임이며, 폐기물관리법 제7조 제2항과 제8조 제3항은 위와 같은 법리를 명확히 했다고 볼 수 있기 때문에, 이들 일반조항에 따라 양수인의 책임을 물을 수 있다고 본다. 하지만 이 경우에도 토지를 양수하기 전에 토양환경평가를 받는 등 양수인의 '선의(善意)·무과실(無過失)'을 입증하면 면책되는 것으로 보아야 한다. 또 하나의 후보는 아래에서 살피는 "승계인의 책임"을 토지양수인이 부담하는가가 될 것인데, 이에 대해서는 후술한다.

(3) 조치명령의 요건

폐기물관리법 제48조는 조치명령 발동의 요건을 "제13조에 따른 폐기물의 처리 기준과 방법 또는 제13조의2에 따른 폐기물의 재활용 원칙 및 준수사항에 맞지 않게 처리되거나" "제8조 제1항 또는 제2항을 위반하여 버려지거나 매립되면"으로 규정하고 있으며, 별도의 위법성이나 고의·과실을 요건으로 요구하지 않는다. 또한 개정전 폐기물관리법과 달리, 현행법은 생활환경보전상 중대한 위해가 발생했거나 발생할 우려가 있을 것을 요건으로 하고 있지도 않으므로 생태계에 대한 위해를 방지하기 위해서도 조치명령이 가능하다고 할 것이다.[118]

또한 "필요한 조치를 명할 수 있다"고 규정하여 조치명령은 그 발동 여부가 행정청의 재량에 맡겨져 있는 재량행위라고 할 수 있으나 경우에 따라서는 재량이 축소되어 조치명령의 발동이 행정청의 의무로 변할 수도 있을 것이다.[119] 이와 관련하여, 폐기물의 위법한 처리로 인해 피해를 보는 인근 주민 등은 행정청이 조치명령을 내리지 않으면 이에 대하여 부작위위법확인소송을 제기할 수 있다고 본다. 즉, 인인에게는 헌법상 환경권, 폐기물관리법의 입법취지, 국민의 건강·환경을 지키기 위한 각종 구체적 규정 등에 의해 법령상, 조리(條理)상 조치명령 신청권이 인정되는바, 주민의 환경이익에 대한 중대한 침해가 있음에도 불구하고 행정청이 필요한 조치를 일체 취하지 않은 경우에는 재량의 수축이 인정되어 부작위위법확인소송을 제기할 수 있고 이때 원고적격과 대상적격(위법한 부작위)이 인정되고 긍정적인 본안판단도 가능하다고 보는 것이다.

(4) 조치명령의 내용

조치명령은 일정한 기간을 정하여 내려져야 한다(§48). 조치명령의 내용은 명시적으로 규정된 "폐기물의 처리방법의 변경, 폐기물의 처리 또는 반입정지"뿐 아니라 폐기물 처리시설의 개선, 폐기물의 제거 등 광범위한 내용이 될 수 있으며, 조치명령이 폐기물의 직접 배출자에 대한 것인지, 또는 수탁 처리자에 대한 것인지에 따라 구체적인 내용이 달라질 것이다. 요컨

---

118) 同旨, 김홍균, 619.
119) 大判 2005. 6. 10. 2002다53995[12변].

대 폐기물배출자에 대한 조치명령은 배출 폐기물과 상당인과관계에 있는 지장(支障)에 한정되는 것이어야 한다.[120]

(5) 조치명령의 실효성 확보수단

가. 대집행

환경부장관, 시·도지사 또는 시장·군수·구청장은 조치명령을 받은 자가 그 명령을 이행하지 아니하면 「행정대집행법」에 따라 대집행을 하고 그 비용을 조치명령을 받은 자로부터 징수할 수 있다(§49①). 이 경우 「행정대집행법」에 의한 대집행의 요건을 충족하여야 함은 물론이다. 또한 조치명령대상자를 대집행기관이 확인할 수 없는 경우, 조치명령대상자를 대집행기관이 확인하였으나 명령을 이행할 능력이 없다고 인정되는 경우, 그리고 대집행기관이 침출수 누출, 화재 발생 등으로 주민의 건강 또는 주변 환경에 심각한 위해를 끼칠 우려가 있는 등 명령의 내용이 되는 조치의 전부 또는 일부를 긴급하게 실시하여야 할 필요가 있는 경우에는 조치명령을 내리지 아니하고 대집행을 할 수 있다(동조②).

나. 제재 수단

조치명령에 위반하여 명령을 이행하지 아니한 폐기물처리업자에 대해서는 허가취소 또는 6개월 이내의 영업정지를 명할 수 있으며(§27② xⅷ), 이와는 별개로 조치명령을 위반한 자에 대해서는 3년 이하의 징역이나 3천만원 이하의 벌금에 처하도록 규정하고 있다(§65 xxⅲ). 그러나 폐기물처리업자가 불법처리로 얻는 이익에 비하여 실무에서 부과되는 벌금이 경미함에 따라 위법행위의 발생을 억제하지 못하는 경향이 있는바, 조치명령을 이행하지 않는 경우에 대한 이행강제금 제도의 도입을 검토할 필요가 있었다. 이러한 배경에서 2019년 개정법률은 폐기물을 부적정 처리함으로써 얻은 부적정처리이익, 즉 부적정 처리함으로써 지출하지 않게 된 해당 폐기물의 적정 처리비용 상당액의 3배 이하에 해당하는 금액과 폐기물의 제거 및 원상회복에 드는 비용을 과징금으로 부과할 수 있다는 규정을 신설하였다(§48의5).

3. 사업장폐기물배출자에 대한 보관폐기물 처리명령

폐기물관리법은 환경부장관 또는 시·도지사에게 사업장폐기물의 배출자가 제13조에 따른 폐기물의 처리기준과 방법으로 정한 보관기간을 초과하여 폐기물을 보관하는 경우 이에 대해

---

120) 拙稿, "폐기물관리법상 사업장폐기물 배출사업자의 법적 책임," 환경법연구 제26권 제2호, 271 (2004). 한편, 김홍균, 619는 오염된 토양 및 지하수의 정화까지도 조치명령의 내용에 포함된다고 하는데, 이는 토양환경보전법에 근거해서만 발동될 수 있다고 본다. 同旨, 박종원(註92), 109.

처리명령을 할 수 있도록 수권하고 있는바(§39의2①), 이는 동법 제48조의 특별규정이라고 볼 수 있다. 동조 제2항은 환경부장관 및 시·도지사에게 사업장폐기물배출자에게 처리명령을 하였음에도 불구하고 처리되지 아니한 폐기물이 있으면 동법 제17조 제8항 또는 제9항에 따라 권리와 의무를 승계한 자에게 기간을 정하여 폐기물의 처리를 명할 수 있도록 수권하고 있다. 이는 승계인에 대한 처리 명령을 규정한 것으로 제17조 제8항과 제9항의 규정 내용을 다시 확인한 규정이라고 본다. 다시 말해 위 양 조항의 "그 사업장폐기물과 관련한 권리와 의무를 승계한다"라는 표현에 의해서도 그 승계인에게 처리명령을 내릴 수 있음에도 이를 다시 명확하게 확인한 규정이라고 본다는 것이다.

Ⅳ. 사업장폐기물의 처리책임과 관련한 권리·의무의 승계

1. 승계의 요건

폐기물관리법은 사업장폐기물배출자가 그 사업을 양도하거나 사망한 경우 또는 법인이 합병·분할한 경우에는 그 양수인·상속인 또는 합병·분할 후 존속하는 법인이나 합병·분할에 의하여 설립되는 법인은 그 사업장폐기물과 관련한 권리와 의무를 승계한다고 규정함으로써 (§17⑧) 사업의 전부·일부의 양수인(특정승계)·상속인(포괄승계) 등에게 사업장폐기물의 처리의무를 승계시키고 있다. 동법은 또한 「민사집행법」에 따른 경매, 「채무자 회생 및 파산에 관한 법률」에 따른 환가나 「국세징수법」·「관세법」 또는 「지방세기본법」에 따른 압류재산의 매각, 그 밖에 이에 준하는 절차에 따라 사업장폐기물배출자의 사업장 전부 또는 일부를 인수한 자는 그 사업장폐기물과 관련한 권리와 의무를 승계한다고 규정함으로써(§17⑨), '승계취득'이 아닌 '원시취득'의 경우에도 사업장폐기물의 처리의무를 승계시키고 있다.[121] 또한, 사업장폐기물 배출자의 의무 위반으로 인한 법적 책임은 동법 제8항 또는 제9항에 따른 권리·의무의 승계에도 불구하고 소멸하지 않는다(§17⑩).

이 규정은 불법처리·방치된 폐기물에 대해서도 적용된다. 그리하여 승계되는 권리·의무는 폐기물관리법상의 권리와 의무이기 때문에 양수인은 양도인의 행위로 인해서 생긴 상태를 통제하기 위해 발해지는 동법 제48조의 조치명령의 대상이 될 수 있다. 따라서 이 승계규정은 사업장에 방치된 폐기물의 처리에 있어 중요한 기능을 한다.

---

121) 사업장폐기물배출자의 사업장폐기물과 관련한 권리·의무에 관한 승계를 규율하는 폐기물관리법 제17조 제8항과 제9항과 구별해야 할 조항으로는 제39조의2(배출자에 대한 폐기물처리명령), 제33조(폐기물처리업자 승계인의 권리·의무 승계), 제39조의3(폐기물처리업자 등에 대한 폐기물 처리명령), 제40조 제3항(폐기물처리업자 승계인의 방치폐기물 처리의무)이 있다.

2. 상법상의 영업양수인의 책임과의 차별성

상법상 행해지는 영업양수 시 양수인은 양도인의 상호를 계속 사용하는 경우에는, 상법 제42조 제1항(상호를 속용하는 양수인의 책임)의 규정에 의해, 양도인의 영업이 지속되는 듯한 외관을 창출한 데 대한 책임을 진다. 이 책임은 영업양도의 사실에 대한 채권자의 선의를 보호하기 위한 것이므로 거래로 인한 계약상 책임뿐만 아니라 불법행위·부당이득으로 인한 책임, 나아가 환경법상의 책임도 부담하게 된다. 하지만 동조 제2항이 규정하는 바와 같이 양수 후 양도인의 채무에 대하여 지체 없이 책임이 없음을 등기하는 경우에는 모든 채무자에 대하여, 양도·양수인이 지체 없이 채권자에 대하여 그 뜻을 통지한 경우에는 그 통지를 받은 제3자에 대하여 책임을 지지 않는다.

그러나 폐기물관리법의 승계책임은 상법에서와 같이 상호의 계속사용을 요건으로 하거나 등기·통지의 예외 사유를 인정하지 않으며, 「토양환경보전법」(§10의4), 「먹는물관리법」(§49), 「지하수법」(§11)도 같은 취지의 규정을 가지고 있다.

3. 책임승계의 요건

폐기물관리법 제17조 제8항은 "사업을 양도"한 경우를 규정하고 있는데 이 경우 책임승계가 인정되기 위해서는 상법상의 영업양수·양도의 요건이 충족되어야 하는지 여부에 관하여 견해가 갈릴 수 있다. 우선, 동 조항은 상법상의 영업양수·양도를 상정하고 제정된 것이 아니므로 상법상의 영업양수·양도의 요건을 충족할 필요는 없고, 폐기물 처리의 효율성을 도모한다는 동법의 취지를 고려하여 폐기물 배출의 원인이 된 시설을 양수한 경우라면 동 조항이 적용된다는 견해가 있을 수 있다. 이에 반하여, 동 조항이 적용되기 위해서는 영업의 동일성이 인정되어야 하고, 그 동일성 여부는 "종래의 영업조직의 전부 또는 중요한 일부가 유지되며 같은 기능을 할 수 있느냐 여부에 의하여 판단되어야" 한다는 견해가 있다.[122] 생각건대, 폐기물관리의 엄정화라는 공익과 양수인의 재산권보호를 조화롭게 도모하여야 한다는 입장에서 사업장폐기물의 권리와 의무의 승계를 인정하기 위해서는 상법상의 영업양수도 요건을 충족시킬 필요는 없지만 최소한 폐기물배출의 원인이 된 시설의 중요부분을 양수하는 등 양수 전후의 영업의 동일성은 인정되어야 한다는 입장에서 후자의 견해에 찬동한다.

한편, 사업장의 양수인 또는 기존 대출자로서 사업장을 경락받은 자와 같이 자산인수의 경우에도 동 조항이 적용되는가와 관련해서는, 제17조 제8항은 '자산' 인수를 규정하지 않고 있

---

122) 김홍균, 603. 영업양도에 관한 판례로는 大判 1989.12.26. 88다카10128 참고.

고, 동조 제9항은 '특정한 절차'를 거친 사업장의 인수를 규정하고 있으므로 '자산인수'의 경우는 규율법규가 없는 경우에 해당한다고 본다. 학설은 사업 자체를 양수하지 않고 사업장만을 매입한 경우에는 사업장폐기물에 대한 처리책임을 지지 않게 되는 문제가 있고 따라서 사업뿐만 아니라 사업장을 인수한 경우에도 처리책임을 진다고 보아야 한다는 견해가 있을 수 있으나, 이러한 책임승계는 사업자의 입장에서는 과도한 책임부담이므로 법률의 명시적인 규정이 필요하고 제한적으로 해석하는 것이 합당하다는 관점에서, 해당 자산인수가 폐기물관리법 제33조 제1항에 해당하지 않는 한,[123] 폐기물에 대한 처리책임은 승계되지 않는다고 해석하는 것이 타당하다.

그러나 예외적으로 당사자간에 책임인수를 약정한 경우나[124] 사실상의 합병에 상당하는 기업통합(de facto merger)이 있는 경우, 기업의 형태만 바꾸고 동일한 주주·임원 등으로 동일한 영업을 하는 경우(mere continuation; continuity-of-entity) 등에는 책임승계가 인정되어야 할 것이다.[125] 반면, 당사자간 합의에 의하여 사업장폐기물과 관련한 공법상 의무를 면하게 하는 것은 불가능하다.[126]

4. 책임승계의 범위 및 성질

동 조항에 의하여 승계하는 책임, 즉 승계하는 "사업장폐기물과 관련한 권리와 의무"의 범위에 대해서는 전부책임설과 일부책임설이 대립된다. 전부책임설(다수설)에서는 배출시설의 양도인이 행한 배출행위가 양도시점 이전이라 하더라도 그에 대한 처리책임을 양수인이 전부 부담한다고 보는 데 반하여, 일부책임설에서는 실무상 배출시설에 대한 허가 등을 받을 당시 당국으로부터 부과 받은 의무사항 등을 양수 이후에도 똑같이 준수할 의무가 있다는 의미에서의 책임승계를 하는 것이고, 배출시설의 양도인이 행한 양도시점 이전의 배출행위에 대해서 양수인에게 책임을 지우는 것은 아니라고 본다.[127] 생각건대, 전부책임설이 폐기물에 대한 보다 철저한 관리를 가능하게 하고, 또한 그것이 실무관행으로 정책되면 양수인은 사전에 이에 관한 책임유무를 점검하게 될 것이므로 불측의 손해도 피할 수 있다는 점에서 타당하다고 본다.

---

123) 폐기물관리법 제33조 제1항은 자산인수의 경우도 이를 규율하는 것으로 보인다.
124) 박·함, 560.
125) 同旨, 김홍균, 604.
126) 同旨, 박·함, 560.
127) 황창식, "기업의 인수·합병과 토양오염," 환경문제연구총서 Ⅸ, 134-135 (대한변호사협회, 2001). 한편 양수인의 양도인의 제재사유승계에 관하여는, "비례의 원칙상 양수인이 선의인 경우에는 위법행위의 효과인 제재사유는 양수인에게 승계되지 않는다고 보아야" 한다는 견해(박균성, 행정법론(상), 358-361(박영사, 2017))가 있다. 그러나 토양환경보전법 제10조의4 제2항 제3호와 같은 명문의 규정이 없는 한, 선의의 양수인이 면책된다고 새길 수는 없다.

동 조항에 의하여 승계하는 것은 공법상 권리·의무일 뿐이고 사법상 권리·의무는 그대로 남는다. 대법원은 공장대지와 건물 및 기계기구를 일괄경매로 취득한 현소유자의 전 소유자에 대한 사업장폐기물의 취거 및 대지 인도 청구를 인용한 바 있다. 즉 大判 2002.10.22. 2002다46331[20모][13변][18모2]은 동 승계규정은 방치되는 폐기물의 발생을 예방하기 위하여 오염원인자 책임원칙을 확장한 것으로서 위와 같은 인수자가 사업장폐기물배출자의 공법상 권리·의무를 승계한다는 취지일 뿐이고, 이로써 사업장폐기물배출자의 사법상 권리·의무까지 당연히 승계되는 것은 아니라고 보아야 한다고 판시하였다.

한편, 양수인이 동 조항에 의해 책임을 승계하더라도 양도인의 사업장폐기물에 대한 책임은 그대로 남는다. 즉 양도인은 폐기물관리법상 폐기물배출자로서 여전히 처리책임을 부담하는 것이다.[128]

VI. 폐기물의 수출·입

환경부장관이 고시하는 폐기물을 수출하거나 수입하려는 자는, 그것이 유해폐기물이 아니더라도, 환경부장관에게 신고하여야 한다(§24의2①). 폐기물관리법의 규정에 따라 수입신고를 한 자와 「폐기물의 국가 간 이동 및 그 처리에 관한 법률」에 따라 수입허가를 받은 자는 그 수입한 폐기물을 스스로 처리하거나 위탁하여 처리하도록 하여, 운반·처리에 있어 국내폐기물과 동일한 의무를 부과하고 있으며(§24의3④), 특히 폐기물의 처리기준과 방법에 대해서는 사업장폐기물에 해당하는 기준과 방법을 따르도록 규정하고 있다.

한편, 폐기물의 수출이 후진국을 비롯한 제3국에 폐기물을 불법투기하는 수단으로 악용되지 않도록 하기 위해, 폐기물관리법에서는 수입폐기물을 수입할 당시의 성질과 상태 그대로 수출하지 못하도록 규정하고 있다(§24의3⑤).

제5절 | 폐기물처리업에 대한 규제

I. 폐기물처리업의 허가

폐기물의 수집·운반, 재활용 또는 처분을 업으로 하는 "폐기물처리업"은 폐기물관리법 제

---

128) 同旨, 김홍균, 604.

25조 제5항에 따라 폐기물 수집·운반업, 폐기물 중간처분업, 폐기물 최종처분업, 폐기물 종합처분업, 폐기물 중간재활용업, 폐기물 최종재활용업, 폐기물 종합재활용업의 7가지 업종으로 구분된다. 지정폐기물을 대상으로 하여 폐기물처리업을 하고자 하는 자는 환경부장관의 허가를 받아야 하고 그 밖의 폐기물을 대상으로 하는 경우에는 시·도지사의 허가를 받아야 한다(§25①).

1. 허가 요건

폐기물처리업 허가를 받기 위해서는 환경부령이 정하는 기준에 의한 시설·장비 및 기술능력을 갖추어야 한다(동조③). 폐기물관리법은 폐기물처리업의 각 업종과 영업내용을 엄격히 구분하고 있는바, 허가는 업종, 영업대상 폐기물 및 처리분야별로 받아야 한다(③). 따라서 기존에 영위하던 업종 이외에 다른 처리업을 영위하고자 하는 경우에는 그에 대한 새로운 허가를 받아야 하며, 처리행태에 부합하는 허가를 득하여야 폐기물의 불법처리로 평가받지 않을 수 있다.

동법 제26조는 허가를 받을 수 없는 결격사유를 열거하고 있는데 법률개정을 통하여 이를 강화하는 추세에 있다. 미성년자, 파산선고를 받고 복권되지 아니한 자, 동법을 위반하여 형을 선고 다고 일정한 기간이 경과되지 않은 자, 동법 제27조에 따라 폐기물처리업의 허가가 취소된 자로서 취소된 날로부터 10년이 지나지 않은 자, 허가취소자 등과의 관계에서 자신의 영향력을 이용하여 허가취소자 등에게 업무집행을 지시하는 등의 사유로 허가취소자 등에게 영향을 미쳐 이익을 얻은 자, 이러한 사유에 해당하는 자가 임원 또는 사용인으로 있는 법인 또는 개인사업자 등은 폐기물처리업의 허가를 받을 수 없다.

2. 허가 절차

폐기물처리업을 영위하고자 하는 자는 우선 지정폐기물을 대상으로 하는 경우에는 폐기물처리 사업계획서를 환경부장관에게 제출하고, 그 밖의 폐기물을 대상으로 하는 경우에는 시·도지사에게 제출하여 적합통보를 받아야 하며(§25①, ②), 적합통보를 받은 자는 그 통보를 받은 날부터 2년(폐기물 수집·운반업의 경우에는 6개월, 폐기물처리업 중 소각시설과 매립시설의 설치가 필요한 경우에는 3년) 이내에 환경부령으로 정하는 기준에 따른 시설·장비 및 기술능력을 갖추어 업종, 영업대상 폐기물 및 처리분야별로 지정폐기물을 대상으로 하는 경우에는 환경부장관의, 그 밖의 폐기물을 대상으로 하는 경우에는 시·도지사의 허가를 받아야 한다(§25③).

(1) 적합통보

폐기물처리사업계획서를 제출받은 환경부장관 또는 시·도지사는 동 계획서를 제출한 자가 결격사유에 해당하는지, 폐기물처리시설이 입지 등이 다른 법률에 저촉되는지, 시설·장비와 기술능력이 허가기준에 맞는지, 폐기물처리시설의 설치·운영으로 상수원보호구역의 수질이 악화되거나 환경기준의 유지가 곤란하게 되는 등 사람의 건강이나 주변환경에 영향을 미치는지 여부에 관하여 검토한 그 적합여부를 통보해야 한다(§25②). 이러한 적합통보는 행정처분에 해당하며, 이 경우 적정여부에 대한 판단은 행정청의 재량판단이다. 이와 관련하여 대법원은, "사업계획 적정 여부 통보를 위하여 필요한 기준을 정하는 것도 역시 행정청의 재량에 속하는 것이므로, 그 설정된 기준이 객관적으로 합리적이 아니라거나 타당하지 않다고 볼 만한 다른 특별한 사정이 없는 이상 행정청의 의사는 가능한 한 존중되어야 한다."라고 판시한 바 있으며,[129] 폐기물처리사업계획서가 적합한지를 심사하면서 폐기물관리법 제25조 제2항 각 호에서 열거한 사항 외의 사유로 부적합통보를 할 수 있는지에 대해서도, "폐기물관리법의 입법목적과 규정사항, 폐기물처리업 허가의 성격, 사업계획서 적합통보제도의 취지와 함께 폐기물의 원활하고 적정한 처리라는 공익을 책임지고 실현하기 위한 행정의 합목적성 등을 종합하여 볼 때, 폐기물처리사업계획서의 적합 여부를 심사함에 있어서 법 제25조 제2항 각 호에서 열거된 사항을 검토한 결과 이에 저촉되거나 문제되는 사항이 없다고 하더라도 폐기물의 수집·운반·처리에 관한 안정적이고 효율적인 책임행정의 이행 등 공익을 해칠 우려가 있다고 인정되는 경우에는 이를 이유로 사업계획서의 부적합통보를 할 수 있다"라고 판시한 바 있다.[130]

(2) 허가신청 및 허가

적합통보를 받은 자는 2년 이내에 환경부령이 정하는 기준에 의한 시설·장비 및 기술능력을 갖추어 지정폐기물을 대상으로 하는 경우에는 환경부장관에게, 그 밖의 폐기물을 대상으로 하는 경우에는 시·도지사에게 허가를 신청해야 하며, 이 경우 환경부장관 등은 적합통보를 받은 사업계획에 따라 시설·장비 및 기술인력 등의 요건을 갖추어 허가신청을 한 때에는 지체 없이 허가하여야 한다(§25③). 폐기물처리업의 허가는 강학상 특허에 해당하며 원칙상 재량행위이다. 그러나 구체적인 상황에 따라서는 행정청의 재량이 제한되는 경우가 있는데, 가령 사전에 적정통보를 받고 막대한 비용을 들여 허가요건을 갖추어 허가신청을 하였는데 다른 공익적인 사유를 들어서 허가를 거부한 사건에 대해서 대법원은 신뢰보호의 원칙에 반하여 재량권을 남용한 위법이 있다고 판시를 한 바 있고,[131] 다른 한편, 그 허가로 인하여 환경보전에 중대한 악영향이 있는 경우에는 허가를 거부하여야 한다고 본 판례도 있다.[132] 또 다른 유

---

129) 大判 1998.4.28. 97누21086.
130) 大判 2011.11.10. 2011두1283[18모2].
131) 大判 1998.5.8. 98두4061에서는 "다수 청소업자의 난립으로 안정적이고 효율적인 청소업무의 수행에 지장이 있다는 이유로 한 불허가처분이 신뢰보호의 원칙 및 비례의 원칙에 반하는 것으로서 재량권을 남용한 위법한 처분"이라고 판시하였다.
132) 大判 1997.9.12. 97누1228; 大判 1995.9.15. 95누6113; 大判 1993.5.27. 93누4854; 大判 2001.1.19. 2000두

형으로는 폐기물관리법상 폐기물처리업 허가를 받기 위한 물적 시설요건을 갖추었으나 그 물적 시설이 여타의 법률, 가령 건축관련 법규에 위반되는 경우에는 동 허가를 득할 수 없다는 판례도 있다.[133]

또 다른 눈여겨볼 만한 판례로는 '법에 의하여 허가를 받은 매립시설'이라 함은 허가권자로부터 허가를 받은 위치 및 면적, 규모, 형태의 당해 시설을 의미하는 것이므로, 허가를 받은 매립시설이라도 변경허가를 받음이 없이 제방을 증·개축하거나 기타의 방법으로 매립면적을 확장하여 매립용량을 증가시켰다면, 그 확장된 부분은 위 법조항에서 말하는 적법한 매립시설에 포함될 수 없다고 판시한 사안이 있다.[134]

(3) 허가의 제한 및 부관

환경부장관 또는 시·도지사는 제27조 제3항에 따라 폐기물처리업 허가를 할 때에는 동조 제7항의 규정에 따라 주민생활의 편익, 주변 환경보호 및 폐기물처리업의 효율적 관리 등을 위하여 필요한 조건을 붙일 수 있다. 다만, 동항 단서에서는 영업 구역을 제한하는 조건은 생활폐기물의 수집·운반업에 대하여만 붙일 수 있도록 하고 있으며, 조건을 붙이는 경우에도 영업 구역을 시·군·구 단위 미만으로 제한할 수 없도록 하고 있다.

이처럼 영업 구역의 제한을 원칙적으로 인정하지 않고, 생활폐기물 수집·운반업에 한하여 제한적으로 인정하고 있는 것은 영업의 자유를 보장하고 폐기물처리업의 난립으로 인한 부적정처리를 예방하기 위한 정책적 고려에 따른 것으로 보아야 할 것이다.

II. 폐기물처리 신고

폐기물을 퇴비로 재활용하거나 폐지·고철 등의 폐기물을 수집·운반·재활용하는 경우에는 폐기물처리업에서와 같이 엄격하게 관리할 필요가 없다. 이에 폐기물관리법은 이런 경우에 폐기물처리의 신고만으로 폐기물의 수집·운반 또는 재활용을 할 수 있게 하고 있다. 그리하여 동법 제46조 제1항는 다음의 경우에 해당하는 자에 대해서는 환경부령으로 정하는 기준에 따른 시설·장비를 갖추어 시·도지사에게 신고하는 것으로 번거로운 허가절차를 갈음하게 하고 있다(§46①).

   1. 동·식물성 잔재물 등의 폐기물을 자신의 농경지에 퇴비로 사용하는 등의 방법으로 재활용하는 자로서 환경부령으로 정하는 자

8547; 大判 2000.7.7. 99두66.
133) 大判 2005.4.28. 2004두8828; 大判 1998.9.25. 98두6494.
134) 大判 2006.1.26. 2005도7281.

2. 폐지, 고철 등 환경부령으로 정하는 폐기물을 수집·운반하거나 환경부령으로 정하는 방법으로 재활용하는 자로서 사업장 규모 등이 환경부령으로 정하는 기준에 해당하는 자

3. 폐타이어, 폐가전제품 등 환경부령으로 정하는 폐기물을 수집·운반하는 자

여기서 폐기물은 사업장폐기물로 한정되어 있지 않으므로, 생활폐기물의 경우에도 동 조항에서 규정하고 있는 요건에 해당하는 경우에는 신고를 하여야 할 의무를 진다. 또한 이 규정에 의하여 재활용신고를 한 자는 폐기물수집·운반업의 허가를 받지 않고 그 재활용대상 폐기물을 스스로 수집·운반할 수 있다(§46⑤).

시·도지사는 신고를 받은 날로부터 20일 이내에 수리 여부를 통지해야 한다(동조③). 시·도지사가 위 기간 내에 처리기간의 연장을 신고인에게 통지하지 아니하면 그 기간이 끝난 날의 다음 날에 신고를 수리한 것으로 본다(동조④). 폐기물처리 신고자는 신고한 폐기물처리 방법에 따라 폐기물을 처리하는 등 환경부령으로 정하는 준수사항을 지켜야 한다(동조⑥).

이와 같이 폐기물관리법은 재활용하는 자로서 일정한 경우에는 폐기물처리업 허가를 받을 것을 요구하지 않고, 시·도지사에게 '신고'만 하면 충분한 경우가 있다. 따라서 폐기물 재활용의 경우, 사업자는 폐기물처리업의 일종으로서 허가를 받아야만 하는 폐기물중간·최종·종합재활용업(§25⑤ v 내지 vii)과 폐기물처리 신고자로 구분된다.

이와 관련하여 大判 1996.10.17. 94다2865는, "폐기물관리법 규정상 폐기물을 재활용하고자 하는 자는 재활용 대상품목 및 방법을 적법하게 신고하기만 하면 되고, 그 외에 따로 일반폐기물 또는 특정폐기물 처리업자의 자격을 갖추어야 하는 등의 제한은 없으며, 재활용에는 재이용도 포함되므로 재활용을 위하여 반드시 재처리 단계를 거쳐야 하는 것도 아니다. 따라서 피고인이 재활용신고 내용에 따라 기층복토용 또는 매립용으로 제강슬래그를 공급하여 그 용도에 사용한 것이라면 이는 재활용신고에 따른 재활용으로 적법하고, 재활용신고와는 별도로 일반폐기물처리업 허가를 받을 필요는 없다."고 판시한 바 있다.

폐기물처리 신고자가 준수사항을 지키지 않거나 제13조에 따른 폐기물의 처리 기준과 방법 또는 제13조의2에 따른 폐기물의 재활용 원칙 및 준수사항을 지키지 않는 경우, 시·도지사는 그 시설의 폐쇄를 명령하거나 6개월 이내의 기간을 정하여 폐기물의 반입금지 등 폐기물처리의 금지("처리금지")를 명령할 수 있다(동조⑦). 시·도지사가 폐기물처리 신고자에 대하여 처리금지를 명령해야 하는 경우, 그 처리금지로 인하여 그 폐기물처리의 이용자의 사업활동에 막대한 지장을 줄 우려가 있거나 그 폐기물처리의 이용자가 보관 중인 폐기물의 적체에 따른 환경오염으로 인하여 인근지역 주민의 건강에 위해가 발생되거나 발생될 우려가 있거나 천재지변이나 그 밖의 부득이한 사유로 해당 폐기물처리를 계속하도록 할 필요가 있다고 인정되면 그 처리금지에 갈음하여 2천만원 이하의 과징금을 부과할 수 있다(§46의2①).

Ⅲ. 폐기물처리시설의 관리

"폐기물처리시설"이란, "폐기물의 폐기물의 중간처분시설, 최종처분시설 및 재활용시설로서 대통령령으로 정하는 시설"을 말한다(§2viii). 폐기물처리업자는 폐기물처리시설을 사용해 폐기물을 처리하므로 동 시설에 대한 관리는 폐기물관리에 있어서 긴요한 수단이다.

1. 폐기물처리시설의 설치

폐기물처리시설은 환경부령으로 정하는 기준에 맞게 설치하되, 환경부령으로 정하는 규모 미만의 폐기물 소각 시설을 설치·운영하여서는 안 된다(§29①). 폐기물처리업의 허가를 받았거나 받으려는 자 외의 자가 폐기물처리시설을 설치하려면 환경부장관의 승인을 받아야 한다. 다만 환경부령으로 정하는 규모의 폐기물처리시설의 경우는 허가 대신에 환경부장관에게 신고하는 것으로 족하며 학교·연구기관 등 환경부령으로 정하는 자가 환경부령으로 정하는 바에 따라 시험·연구목적으로 설치·운영하는 폐기물처리시설의 경우에는 허가를 받거나 신고하지 않아도 된다(동조②). 승인을 받았거나 신고한 사항 중 환경부령으로 정하는 중요사항을 변경하려면 각각 변경승인을 받거나 변경신고를 해야 한다(동조③). 大判 2020.6.11. 2019두 49359는 "구 폐기물관리법 시행규칙 제29조 제1항 제2호 마.목에서 변경허가사항으로 정한 '처분용량의 변경'이란 폐기물 중간처분업(소각전문)의 경우 소각시설을 물리적으로 증설하는 경우를 의미하고 소가시설의 증설 없이 단순히 소각시설의 가동시간을 늘리는 등의 방법으로 소각량을 늘리는 행위는 이에 포함되지 않는다"라고 판시하였다.

폐기물처리시설을 설치하는 자는 그 설치공사를 끝낸 후 그 시설의 사용을 시작하려면 해당 행정기관의 장에게 신고해야 한다(동조④). 환경부장관 또는 해당 행정기관의 장은 이상의 (변경)신고를 받은 날로부터 20일 이내에 (변경)신고 수리 여부를 신고인에게 통지해야 한다(동조⑤).

2. 폐기물처리시설의 검사

폐기물관리법 시행규칙으로 정하는 폐기물처리시설의 설치를 마친 자는 동법 제30조의2 제3항에 따른 폐기물처리시설 검사기관으로부터 검사를 받아야 한다. 변경승인을 받거나 변경 신고를 한 경우로서 환경부령으로 정하는 경우에도 또한 같다(§30①). 또한 제30조 제1항에 따른 폐기물처리시설을 설치·운영하는 자는 환경부령으로 정하는 기간마다 동항에 따른 검사기관으로부터 정기검사를 받아야 한다(동조②). 제1항 또는 제2항에 따른 검사에서 적합 판정을 받지 아니한 폐기물처리시설은 사용할 수 없다(동조③).

3. 폐기물처리시설의 관리

폐기물처리시설을 설치·운영하는 자는 환경부령으로 정하는 관리기준에 따라 그 시설을 유지·관리하여야 한다(§31①). 폐기물관리법 시행령으로 정하는 폐기물처리시설을 설치·운영하는 자는 그 처리시설에서 배출되는 오염물질을 측정하거나 동 시행령으로 정하는 측정기관으로 하여금 측정하게 하고, 그 결과를 환경부장관에게 제출하여야 하며(동조②), 또한 동 시행령으로 정하는 폐기물처리시설을 설치·운영하는 자는 그 폐기물처리시설의 설치·운영이 주변 지역에 미치는 영향을 3년마다 조사하고, 그 결과를 환경부장관에게 제출하여야 한다(동조③). 환경부장관은 폐기물처리시설을 설치·운영하는 자가 제2항에 따른 오염물질의 측정의무를 이행하지 아니하거나 제3항에 따라 주변지역에 미치는 영향을 조사하지 아니하면 환경부령으로 정하는 바에 따라 기간을 정하여 오염물질의 측정 또는 주변지역에 미치는 영향의 조사를 명령할 수 있다(동조⑦). 환경부장관은 제2항에 따른 측정 결과와 제3항에 따른 조사 결과를 공개하여야 한다(동조⑩).

4. 폐기물처리시설에 대한 조치명령 등

환경부장관은 폐기물처리시설의 설치 또는 유지·관리가 제29조 제1항에 따른 설치기준 또는 제31조 제1항에 따른 관리기준에 맞지 아니하거나 제30조 제1항 또는 제2항에 따른 검사 결과 부적합 판정을 받은 경우에는 그 시설을 설치·운영하는 자에게 환경부령으로 정하는 바에 따라 기간을 정하여 그 시설의 개선을 명하거나 그 시설의 사용중지(제30조 제1항 또는 제2항에 따른 검사 결과 부적합 판정을 받은 경우는 제외한다)를 명할 수 있다(§31④). 환경부장관은 제4항에 따른 개선명령과 사용중지 명령을 받은 자가 이를 이행하지 아니하거나 그 이행이 불가능하다고 판단되면 해당 시설의 폐쇄를 명할 수 있다(동조⑤). 환경부장관은 폐기물을 매립하는 시설을 설치한 자가 제5항에 따른 폐쇄명령을 받고도 그 기간에 그 시설의 폐쇄를 하지 아니하면 대통령령으로 정하는 자에게 최종복토(最終覆土) 등 폐쇄절차를 대행하게 하고 제52조제1항에 따라 폐기물을 매립하는 시설을 설치한 자가 예치한 사후관리이행보증금 사전적립금을 그 비용으로 사용할 수 있다. 이 경우 그 비용이 사후관리이행보증금 사전적립금을 초과하면 그 초과 금액을 그 명령을 받은 자로부터 징수할 수 있다(동조⑥).

5. 폐기물처리시설의 사후관리 등

폐기물관리법 제29조 제2항에 따른 설치승인을 받거나 설치신고를 한 후 폐기물처리시설을 설치한 자(제25조에 따라 폐기물처리업의 허가를 받은 자를 포함한다)는 그가 설치한 폐기물처리시설의 사용을 끝내거나 폐쇄하려면 환경부령으로 정하는 바에 따라 환경부장관에게 신고하여야 한다. 이 경우 폐기물을 매립하는 시설의 사용을 끝내거나 시설을 폐쇄하려면 제30조 제1항에 따른 검사기관으로부터 환경부령으로 정하는 검사에서 적합 판정을 받아야 한다(§50①). 환경부장관은 제1항에 따른 검사 결과 부적합 판정을 받은 경우에는 그 시설을 설치·운영하는 자에게 환경부령으로 정하는 바에 따라 기간을 정하여 그 시설의 개선을 명할 수 있다(동조④).

제50조 제1항에 따라 폐기물처리시설의 사용을 끝내거나 폐쇄하기 위하여 신고를 한 자 중 대통령령으로 정하는 폐기물을 매립하는 시설을 사용종료하거나 폐쇄한 자나 대통령령으로 정하는 폐기물을 매립하는 시설을 사용하면서 제31조 제5항에 따라 폐쇄명령을 받은 자는 그 시설로 인한 주민의 건강·재산 또는 주변환경의 피해를 방지하기 위하여 환경부령으로 정하는 바에 따라 침출수 처리시설을 설치·가동하는 등의 사후관리를 해야 한다(동조⑤). 제5항에 따라 사후관리를 하여야 하는 자는 적절한 사후관리가 이루어지고 있는지에 관하여 제30조 제1항에 따른 검사기관으로부터 환경부령으로 정하는 정기검사를 받아야 한다(동조⑥).

환경부장관은 제5항에 따라 사후관리를 하여야 하는 자가 이를 제대로 하지 아니하거나 제6항에 따른 정기검사 결과 부적합 판정을 받은 경우에는 환경부령으로 정하는 바에 따라 기간을 정하여 시정명령을 내릴 수 있다(동조⑦). 환경부장관은 제7항에 따른 명령을 받고도 그 기간에 시정하지 아니하면 대통령령으로 정하는 자에게 대행하게 하고 제51조 및 제52조에 따라 낸 사후관리이행보증금·이행보증보험금 또는 사후관리이행보증금의 사전적립금(이하 "사후관리이행보증금등"이라 한다)을 그 비용으로 사용할 수 있다. 이 경우 그 비용이 사후관리이행보증금등을 초과하면 그 초과 금액을 그 명령을 받은 자로부터 징수할 수 있다(동조⑧).

6. 사용종료 또는 폐쇄 후의 토지이용 제한 등

환경부장관은 제50조 제5항에 따라 사후관리 대상인 폐기물을 매립하는 시설의 사용이 끝나거나 시설이 폐쇄된 후 침출수의 누출, 제방의 유실 등으로 주민의 건강 또는 재산이나 주변환경에 심각한 위해를 가져올 우려가 있다고 인정되면 대통령령으로 정하는 바에 따라 그 시설이 있는 토지의 소유권 또는 소유권 외의 권리를 가지고 있는 자에게 대통령령으로 정하는 기간에 그 토지 이용을 수목(樹木)의 식재(植栽), 초지(草地)의 조성 또는 「도시공원 및 녹지 등에 관한 법률」 제2조 제4호에 따른 공원시설, 「체육시설의 설치·이용에 관한 법률」 제2조 제1호에 따른 체육시설, 「문화예술진흥법」 제2조 제1항 제3호에 따른 문화시설, 「신에너지 및 재생에너지 개발·이용·보급 촉진법」 제2조 제3호에 따른 신·재생에너지 설비의 설치에 한정하도록 그 용도를 제한할 수 있다(§54).

Ⅳ. 폐기물처리업·폐기물처리시설의 권리·의무의 승계

1. 관련 규정

폐기물관리법 제33조는 폐기물처리업·폐기물처리시설의 승계인에게도 사업장폐기물의 처리의무를 승계시키고 있다. 폐기물처리업자, 제29조에 따른 폐기물처리시설의 설치승인을 받거나 신고를 한 자, 폐기물처리 신고자 또는 전용용기 제조업자(이하, "폐기물처리업자등")로부터 폐기물처리업, 폐기물처리시설, 제46조 제1항에 따른 시설 또는 전용용기 제조업(이하, "폐기물처리업등")을 양도수하거나 「민사집행법」에 따른 경매, 「채무자 회생 및 파산에 관한 법률」에 따른 환가(換價)나 「국세징수법」·「관세법」 또는 「지방세징수법」에 따른 압류재산의 매각, 그 밖에 이에 준하는 절차에 따라 인수하는 경우에 해당 양수인 또는 인수인은 환경부령으로 정하는 바에 따라 환경부장관 또는 시·도지사의 허가를 받아야 하며, 이 경우 폐기물처리업등의 허가·승인·등록 또는 신고에 따른 권리·의무를 승계한다(§33①). 법인인 폐기물처리업자등이 다른 법인에 흡수합병되거나 다른 법인과 합병하여 새로운 법인을 설립하거나 폐기물처리업등을 분할하여 새로운 법인을 설립하거나 다른 법인에 합병하는 경우에도, 합병 후 존속하는 법인이나 합병 또는 분할로 설립되는 법인은 환경부령에 정하는 바에 따라 환경부장관 또는 시·도지사의 허가를 받아야 하며, 이 경우 허가를 받은 합병 후 존속하는 법인이나 합병 또는 분할로 설립되는 법인은 폐기물처리업등의 허가·승인·등록 또는 신고에 따른 권리·의무를 승계한다(동조②). 또한 동조 제3항에 따르면, 폐기물처리업자등이 사망한 경우, 그 상속인은 폐기물처리업등의 허가·승인·등록 또는 신고에 따른 권리·의무를 승계한다. 이 경우 상속인은 환경부령으로 정하는 바에 따라 환경부장관 또는 시·도지사에게 권리·의무 승계신고를 하여야 한다(동조③).

2. 승계의 요건

동 조항이 적용되기 위해서는 '면허'나 '처리시설'의 '승계취득'이나 경매 및 이에 준하는 절차에 의한 '처리시설'의 '인수'가 있어야 하는 것으로 보인다. 이 경우 폐기물처리업의 양수·양도는 상법상의 영업양수·양도일 필요는 없으며, 영업의 동일성을 인정할 정도라면 족하다고 본다. 또한 폐기물처리시설의 양수·양도가 시설 전체에 대한 양수·양도가 아니더라도 해당 시설에 대한 설치승인·신고가 함께 이전한다고 볼 수 있을 정도로 시설의 중요부분의 양수·양도여야만 한다고 본다.

3. 승계의 효과

사업장폐기물의 처리의무의 승계효과에 대해서는, 동 조항에서 '허가·승인 또는 신고에 따른 권리·의무'는 '허가에 따른 공법상의 효과', 대표적으로는 '처리책임'을 포함하는 넓은 개념이며 따라서 처리책임의 승계와 구별되지 않는다는 견해(광의설)[135]와 허가에 붙여진 조건을 승계한다는 의미라는 견해(협의설)[136]가 대립한다. 폐기물의 적정한 관리라는 측면에서 보면, 폐기물처리업자의 처리책임은 폐기물의 배출자보다 크다고 볼 수 있는데, 폐기물처리업의 양도 시에 사업장폐기물배출자가 사업장을 양도할 때보다 더 가벼운 책임의 승계만을 인정한다면 이는 문제이므로, 광의설이 타당하다고 새긴다. 2019년 개정법률은 승계 절차에 관한 규정, 즉 제33조 제4항부터 제8항을 신설 또는 개정했는데, 이에 따르면 승계인이 처리책임을 승계한다는 점이 분명해졌다고 할 수 있다. 가령 동조 제4항에 따르면 환경부장관 등은 승계에 따른 허가신청이나 신고가 있는 경우에 허가 또는 신고수리 여부를 결정하고 통보해야 하는데, 동항 제1호는 이 경우 환경부장관 등이 검토해야 할 사항으로 "종전의 폐기물처리업자 등이 이 법을 위반하여 발생하였으나 이행하지 아니한 법적 책임이 있는지 여부 및 그 법적 책임 이행계획이 명확하고 합리적인지 여부"를 규정하고 있는 것이다.

한편, 폐기물처리시설 등을 인수하여 폐기물처리업의 허가 등을 승계한 사람이 허가 등에 따른 권리·의무를 승계한다고 해서 승계된 종전의 폐기물처리업자의 책임이 소멸하는 것은 아니다(§33⑧ 단서). 하지만 실제로는 해당 업계에서 더 이상 영업을 하지 않거나 무자력이 되어 책임추궁을 해도 무의미해지게 되는 경우가 대부분일 것이다. 이런 상황에서 이들 종전의 폐기물처리업자의 허가 등을 계속 존속시키면 종전의 폐기물처리업자는 실제로는 처리책임을 다하지 못하면서 자신의 면허를 매도해 이익을 취할 수 있게 된다. 이런 사태를 방지하기 위해 제33조 제8항은 "제1항 또는 제2항에 따라 권리·의무의 승계가 이루어질 경우 종전의 폐기물처리업자, 폐기물처리시설 설치자에 대한 허가, 승인 또는 폐기물처리 신고자의 신고는 그 효력을 잃는다."라고 규정함으로써 문제의 발생을 원천적으로 차단하고 있다.

4. 소급책임 및 위헌성

폐기물관리법 제33조는 동 조항의 제정·개정 전에 사업을 양수한 승계인에게도 적용된다고 보아야 한다. 동 조항이 사실 또는 법률관계가 아직 종료되지 않은 문제를 다루는 것이고, 동 조항의 신설이 정책의 변경이 아니라 지식이나 평가의 변경에 따른 것이어서 '부진정 소급'의 예라고 할 수 있다. 따라서 위와 같은 승계인은 제48조의 규정에 의한 조치명령의 대상이 될 수 있을 것이다.

그러나 한편으로는, 동 조항이 소급입법에 의한 재산권 박탈에 해당하며 포괄적 책임을 부

---

135) 김홍균, 605; 강현호, 환경법, 364 (2011).
136) 조현권, 452.

과하는 점에 비추어, 규정의 내용이 지나치게 추상적이고 불확정적이어서 법원에게 백지위임하는 효과가 있다는 점에서 구체적인 경우에 사안에 따라서는 비례의 원칙, 평등의 원칙, 법률유보의 원칙 등에 위반하여 위헌성이 인정될 가능성도 있다고 본다.

V. 폐기물처리업자 등에 대한 규제관리

1. 폐기물처리업자 등의 의무

폐기물처리업자는 기본적으로 허가받은 업종에 따라 법령에서 정하는 폐기물 처리의 기준과 방법을 준수하여 영업을 영위하여야 한다. 이를 위반하는 경우에는 조치명령, 영업정지 등 행정처분 또는 과태료, 벌칙의 대상이 된다.

(1) 폐기물처리업자의 영업관리상의 준수의무

또한 폐기물처리업자는 다른 사람에게 자기의 성명이나 상호를 사용하여 폐기물을 처리하게 하거나 그 허가증을 다른 사람에게 빌려주는 명의대여가 금지된다.(§25⑧) 동조 제9항은 폐기물처리업자의 준수사항을 다음과 같이 구체적으로 규정하고 있다.

1. 환경부령으로 정하는 바에 따라 폐기물을 허가받은 사업장 내 보관시설이나 승인받은 임시보관시설 등 적정한 장소에 보관할 것
2. 환경부령으로 정하는 양 또는 기간을 초과하여 폐기물을 보관하지 말 것
3. 자신의 처리시설에서 처리가 어렵거나 처리능력을 초과하는 경우에는 폐기물의 처리를 위탁받지 말 것[137]
4. 보관·매립 중인 폐기물에 대하여 영상정보처리기기의 설치·관리 및 영상정보의 수집·보관 등 환경부령으로 정하는 화재예방조치를 할 것(폐기물 수집·운반업을 하는 자는 제외한다)
5. 제39조의2, 제39조의3, 제40조제2항·제3항, 제47조의2 또는 제48조에 따른 처리명령, 반입정지명령 또는 조치명령 등 처분이 내려진 장소로 폐기물을 운반하지 아니할 것
6. 그 밖에 폐기물 처리 계약 시 계약서 작성·보관 등 환경부령으로 정하는 준수사항을 지킬 것

의료폐기물의 경우에는 지정폐기물 중에서도 감염성 등으로 인하여 국민 건강에 미칠 수 있는 위험을 고려하여, 동조 제10항에서 다른 폐기물들과 분리하여 별도로 수집·운반 또는 처분하는 시설·장비 및 사업장을 설치·운영하도록 분리처리의무를 규정하고 있다.

---

137) 大判 2002.6.28. 2000두8967[19모2]은 위 제3호에서 말하는 '처리능력'을, '당해 매립시설 자체에 의하여 처리할 수 있는 능력'이라 판시하였다.

(2) 폐기물처리업자의 적합성확인 의무

폐기물처리업자는 또한 대통령령으로 정하는 업종별 적합성확인의 유효기간이 경과할 때마다 환경부장관 또는 시·도지사로부터 다음 각 호의 사항을 모두 충족하여 폐기물처리업을 계속 수행할 수 있는 적합성을 갖추었음을 확인 받아야 한다(§25의3①).

1. 제13조에 따른 폐기물의 처리 기준과 방법 또는 제13조의2에 따른 폐기물의 재활용 원칙 및 준수사항을 충족하는 등 환경부령으로 정하는 조건을 갖추고 있을 것
2. 제26조에 따른 결격사유에 해당하지 아니할 것
3. 이 법을 위반하여 발생한 법적 책임을 모두 이행하였을 것

제1항에 따라 적합성확인을 받으려는 자("적합성확인신청인")는 업종별 적합성확인 유효기간이 만료되기 3개월 전까지 환경부령으로 정하는 바에 따라 제1항 각 호의 사항을 확인하는 데 필요한 자료를 첨부하여 환경부장관 또는 시·도지사에게 신청하여야 한다. 이 경우 적합성확인신청을 받은 환경부장관 또는 시·도지사는 특별한 사정이 없으면 유효기간 만료일 이전에 적합성 여부를 확인하여 적합성확인신청인에게 통보하여야 한다(동조②).

(3) 기술관리인 임명, 기록보존, 휴·폐업 신고 및 폐기물발생·처리 보고의무

대통령령으로 정하는 폐기물처리시설을 설치·운영하는 자는 그 시설의 유지·관리에 관한 기술업무를 담당하게 하기 위하여 기술관리인을 임명하거나 기술관리 능력이 있다고 대통령령으로 정하는 자와 기술관리 대행계약을 체결하여야 한다(§34①).

폐기물처리업자, 폐기물처리시설을 설치·운영하는 자, 폐기물처리 신고자 등은 환경부령으로 정하는 바에 따라 장부를 갖추어 두고 폐기물의 발생·배출·처리상황 등(제1호의2에 해당하는 자의 경우에는 폐기물의 발생량·재활용상황·처리실적 등을, 제4호의2에 해당하는 자의 경우에는 전용용기의 생산·판매량·품질검사 실적 등을, 제7호에 해당하는 자의 경우에는 제품과 용기 등의 생산·수입·판매량과 회수·처리량 등을 말한다)을 기록하고, 마지막으로 기록한 날부터 3년(제1호의 경우에는 2년)간 보존하여야 한다. 다만, 제45조제2항에 따른 전자정보처리프로그램을 이용하는 경우에는 그러하지 아니하다(§36①).

폐기물처리업자, 폐기물처리 신고자, 폐기물분석전문기관 또는 전용용기 제조업자는 그 영업을 휴업·폐업 또는 재개업한 경우에는 환경부령으로 정하는 바에 따라 그 사실을 허가, 신고, 지정 또는 등록관청에 신고하여야 한다(§37①). 휴업 또는 폐업의 신고를 하려는 자(폐기물처리업자와 폐기물처리 신고자로 한정한다)는 환경부령으로 정하는 바에 따라 보관하는 폐기물을 전부 처리하여야 한다(동조④).

폐기물관리법 제4조나 제5조에 따른 폐기물처리시설을 설치·운영하는 자, 폐기물처리업자, 폐기물처리 신고자는 환경부령으로 정하는 바에 따라 매년 폐기물의 발생·처리에 관한 보고서를 다음 연도 2월 말일까지 해당 허가·승인·신고기관 또는 확인기관의 장에게 제출하여야 한다(§38①). 환경부장관, 시·도지사 또는 시장·군수·구청장은 제1항 또는 제2항에 따라 보고서를 제출하여야 하는 자가 기한 내에 제출하지 아니하면 기간을 정하여 제출을 명할 수 있다(동조③).

2. 폐기물처리업자에 대한 의무이행 확보 수단

폐기물처리업은 폐기물의 안전한 처리를 비롯한 폐기물 관리 전반에 있어 중요한 역할을 하고 있으며, 따라서 폐기물처리업자가 적정하게 영업을 하도록 담보하는 것이 폐기물 관리정책의 목표달성을 위해 매우 중요하다고 할 수 있다. 이러한 점을 고려하여 폐기물관리법은 제26조에서 폐기물처리업의 허가를 받을 수 없는 결격사유를 규정하고 있으며, 속임수나 그 밖의 부정한 방법으로 허가를 받은 경우에는 허가를 취소할 수 있도록 하는 한편(§27), 폐기물의 처리기준 및 방법 등의 위반행위에 대한 과징금 처분(§28)과 벌칙 규정(§64) 등을 두고 있다.

(1) 허가취소 및 영업정지

환경부장관이나 시·도지사는 폐기물처리업자가 속임수나 그 밖의 부정한 방법으로 허가를 받은 경우, 적합성확인을 받지 않거나 속임수나 그 밖의 부정한 방법으로 적합성확인을 받은 경우, 결격사유에 해당하는 경우, 방치폐기물에 대한 조치명령에 따르지 않은 경우, 영업정지 기간 중 영업행위를 한 경우에 해당하면 그 허가(변경허가 및 변경신고를 포함한다. 이하 이 조에서 같다)를 취소하여야 한다(§27①). 환경부장관이나 시·도지사는 폐기물처리업자가 폐기물을 부적정처리하거나 적합판정을 받지 아니한 폐기물처리시서을 사용하거나 각종 조치명령에 위반하는 등의 사유에 해당하면 그 허가를 취소하거나 6개월 이내의 기간을 정하여 영업의 전부 또는 일부의 정지를 명령할 수 있다(동조②).

(2) 과징금

환경부장관이나 시·도지사는 제27조에 따라 폐기물처리업자에게 영업의 정지를 명령하려는 때 그 영업의 정지가 이용자의 사업활동에 막대한 지장을 줄 우려가 있거나 폐기물의 적체에 따른 환경오염으로 인하여 인근지역 주민의 건강에 위해가 발생되거나 발생될 우려가 있거나 천재지변이나 그 밖의 부득이한 사유로 해당 영업을 계속하도록 할 필요가 있다고 인정되는 경우에 해당한다고 인정되면 그 영업의 정지를 갈음하여 대통령령으로 정하는 매출액에

100분의 5를 곱한 금액을 초과하지 아니하는 범위에서 과징금을 부과할 수 있다(§28①). 과징금을 부과하는 위반행위의 종류와 정도에 따른 과징금의 금액, 그 밖에 필요한 사항은 대통령령으로 정하되, 그 금액의 2분의 1의 범위에서 가중(加重)하거나 감경(減輕)할 수 있다(동조②). 과징금을 내야 할 자가 납부기한까지 내지 아니하면 환경부장관이나 시·도지사는 과징금 부과처분을 취소하고 제27조제2항에 따른 영업정지 처분을 하거나 환경부장관은 국세 체납처분의 예에 따라, 시·도지사는 「지방행정제재·부과금의 징수 등에 관한 법률」에 따라 각각 과징금을 징수한다(동조③).

(3) 형사처벌허가취소 및 영업정지

허가를 받지 아니하고 폐기물처리업을 하거나 거짓이나 그 밖의 부정한 방법으로 폐기물처리업 허가를 받은 자는, 적합성확인을 받지 않고 폐기물처리업을 계속하거나 거짓이나 그 밖의 부정한 방법으로 적합성확인을 받은 자는 5년 이하의 징역이나 5천만원 이하의 벌금에 처한다(§64).

3. 폐기물처리업자 등에 대한 보관폐기물 처리명령

폐기물관리법 제39조의3은 환경부장관 또는 시·도지사에게 제27조에 따른 허가취소 또는 영업정지를 명하거나, 폐기물처리 신고자에 대하여 제46조제7항에 따른 폐쇄명령 또는 처리금지명령을 하려는 경우에는 폐기물처리업자 또는 폐기물처리 신고자에게 기간을 정하여 보관하는 폐기물의 처리를 명하여야 한다고 규정하고 있다. 동조는 제39조의2와 같이 제48조의 특별규정이라고 볼 수 있다. 즉 동 조항이 상정하는 허가취소 등의 경우에는 제48조에 의해서도 처리명령을 내릴 수 있으나, 이를 보다 명확히 한 규정이다.

동 조항에서는 사업장폐기물배출자에 관한 제39조의2 제2항과 같은 승계인에 대한 처리명령에 대해서는 규정하고 있지 않다. 그럼에도 불구하고 폐기물처리업자가 보관하고 있는 폐기물을 처리하지 않는다면 제33조 제1항부터 제3항 소정의 승계인에 대해서도 처리명령을 할 수 있다고 본다. 왜냐하면 승계전 폐기물처리업자에게 내린 보관폐기물에 대한 처리명령은 승계인에게 승계되는 폐기물처리업의 허가·승인 또는 신고에 따른 권리·의무에 포함되기 때문이다.

폐기물관리법은 이와 같은 취지를 동법 제40조 제3항에서 규정하고 있는바, 즉 제39조의3에 따라 폐기물처리업자나 폐기물처리 신고자에게 처리명령을 하였음에도 불구하고 처리되지 아니한 폐기물이 있으면 제33조제1항부터 제3항까지에 따라 권리·의무를 승계한 자에게 기간을 정하여 폐기물의 처리를 명할 수 있다고 정하고 있다.

4. 폐기물처리업자에 대한 폐기물의 반입정지명령

환경부장관 또는 시·도지사는 폐기물처리업자의 보관용량, 처리실적, 처리능력 등 환경부령으로 정하는 기준을 초과하여 폐기물을 보관하는 경우에는 폐기물처리업자에게 폐기물의 반입정지를 명할 수 있다. 다만, 재난폐기물의 처리 등 환경부령으로 정하는 사유에 해당하는 경우에는 그렇지 않다(§47의2①). 반입정지명령을 받은 자가 환경부령으로 정하는 기준 이하로 폐기물의 보관량을 감소시킨 경우에는 환경부장관 또는 시·도지사에게 폐기물의 반입재개 신청을 할 수 있다(동조②). 환경부장관 또는 시·도지사는 제2항에 따른 반입재개 신청을 받은 날부터 10일 이내에 반입재개 여부를 신청인에게 통보하여야 한다(동조③).

VI. "방치폐기물"에 대한 규제

1. 방치폐기물의 개념

1998년 외환위기로 인해 발생한 유례없는 경제 불황으로 다수의 폐기물 배출업체와 처리업체, 재활용신고업체 등이 부도 또는 파산함에 따라 보관 중이던 폐기물들 중에 상당한 양이 적정하게 처리되지 못하고 방치되어 2004년까지 약 885개 사업장에서 2,475천 톤의 방치폐기물이 발생하였다.[138]

"방치폐기물"이란 일반적으로 폐기물배출자나 폐기물처리업자가 도산, 조업중단, 경영부실 등의 이유로 폐기물을 정상적으로 처리하지 않고 방치한 폐기물을 뜻한다고 할 수 있으나, 폐기물관리법상의 "방치폐기물"은, 폐기물관리법 제40조 제2항 및 제3항에 의한 조치명령을 받은 자가 그 명령을 이행하지 아니하고 보관하고 있는 폐기물을 말한다(§40④)이다.[139]

구체적으로 보면, 환경부장관 또는 시·도지사는 폐기물처리업자나 폐기물처리 신고자가 대통령령으로 정하는 기간을 초과하여 휴업을 하거나 폐업 등으로 조업을 중단(제27조에 따른 허가취소·영업정지 또는 제46조 제7항에 따른 폐쇄명령·처리금지명령에 따른 조업 중단은 제외한다)하면 기간을 정하여 그 폐기물처리업자나 폐기물처리 신고자에게 그가 보관하고 있는 폐기물의 처리를 명할 수 있다(§40②). 제27조에 따른 허가취소·영업정지 또는 제46조 제7항에 따른 폐쇄명령·처리금지명령을 하는 경우에는, 제39조의3에 따라 폐기물처리업자 또는 폐기물처리 신고자에게 기간을 정하여 보관하는 폐기물의 처리를 명하여야 한다.

---

138) 2014 환경백서, 357.
139) 「건설폐기물의 재활용촉진에 관한 법률」 제2조 제6호에서는 "방치폐기물"을 "수집·운반업자 또는 중간처리 업자가 부도 또는 허가취소 등으로 인하여 건설폐기물을 적절하게 처리하지 아니하고, 해당 사업장에 방치하여 놓은 폐기물로서 대통령령으로 정하는 것"으로 정의하고 있다.

그런데 이러한 보관폐기물의 처리명령을 내렸으나 그 명령을 이행하지 않아 폐기물이 그대로 있는 경우에는, 제40조상의 '폐기물처리 공제조합에 대한 방치폐기물의 처리명령' 등과 같은 조치를 할 수 있는지에 관하여 논란이 있을 수 있다. **부정설**에 의하면, 동법 제40조상의 조치는 '휴업 또는 폐업' 등으로 인한 조업중단의 경우에만 적용된다고 보는 게 문언에 부합하며, 폐기물처리업의 허가취소·영업정지 등은 폐기물처리업자의 위법행위 등 귀책사유로 인한 것이므로 이로 인한 방치폐기물의 처리까지 폐기물처리 공제조합에게 책임을 묻는 것은 적절치 않다고 한다.[140] 반면, **긍정설**에 의하면 제40조 제3항은 제39조의3에 따라 폐기물처리업자나 폐기물처리 신고자에게 처리명령을 하였음에도 처리되지 아니한 폐기물이 있는 경우 그 권리·의무를 승계한 자에게 폐기물처리를 명할 수 있다고 규정하고 있으므로, 체계적 해석상 제40조 제4항 이하의 조치도 이를 취할 수 있다고 본다. 긍정설에 찬동한다.

동조 제3항에 의하면 환경부장관 또는 시·도지사는 ① 동조 제2항(조업중단의 경우) 또는 ② 동법 제39조의3(허가취소, 영업정지, 폐쇄명령, 처리금지명령의 경우)에 따라 폐기물처리업자나 폐기물처리 신고자에게 처리명령을 하였음에도 불구하고 처리되지 아니한 폐기물이 있으면 동법 제33조 제1항부터 제3항까지에 따라 권리·의무를 승계한 자에게 기간을 정하여 폐기물의 처리를 명할 수 있다. 이와 같이 명령을 받은 자가 그 명령을 이행하지 않고 보관하고 있는 폐기물이 바로 "방치폐기물"인 것이다(§40④).

한편, 비록 명문의 규정은 없으나, 폐기물관리법 제48조에 따른 조치명령의 대상자인 폐기물처리업자나 폐기물처리 신고자 등이 처리명령을 받은 후 그 명령을 이행하지 않고 보관하고 있는 폐기물도 방치폐기물로 보아야 할 것이다.

2. 방치폐기물처리 보증제도

폐기물관리법은 폐기물 방치의 방지 및 방치폐기물의 적정한 처리를 위하여 폐기물처리업자와 폐기물처리 신고자에게 이행보증의무를 과하고 있다. 따라서 폐기물처리업자와 폐기물처리신고자가 아니고 그 외의 폐기물을 발생시키는 자, 가령 폐기물배출자에 불과한 사업자는 이행보증의무를 부담하지 않는다. 폐기물처리업자와 폐기물처리신고자는 폐기물관리법 제40조 제1항에 따라 허가를 받거나 신고를 한 후 영업 시작 전까지 폐기물처리공제조합에의 분담금 납부(공제조합 가입) 또는 폐기물의 처리를 보증하는 보험 가입(보험 가입) 중 하나를 선택하여야 한다(§40①). 만약 이행보증을 하지 않는 경우에는 환경부장관이나 시·도지사는 폐기물처리업의 허가를 취소하여야 한다(§27①iii).

---

140) 박균성·함태성, 환경법(제10판), 567 – 68 (2021).

3. 방치폐기물에 대한 조치명령

폐기물관리법 제40조 제2항에 의하면, 환경부장관은 폐기물처리업자 또는 폐기물처리신고자가 소정 기간을 초과하여 휴업을 하거나 폐업 등으로 조업을 중단(제27조에 따른 허가취소·영업정지 또는 제46조 제7항에 따른 폐쇄명령·처리금지명령에 따른 조업 중단은 제외)하면 기간을 정하여 그 폐기물처리업자나 폐기물처리 신고자에게 그가 보관하고 있는 폐기물의 처리를 명할 수 있다.[141]

또한 환경부장관 또는 시·도지사는 제2항에 따라 폐기물처리업자나 폐기물처리 신고자에게 처리명령을 하였음에도 불구하고 처리되지 아니한 폐기물이 있으면 제33조 제1항부터 제3항까지에 따라 권리·의무를 승계한 자에게 기간을 정하여 폐기물의 처리를 명할 수 있다. 승계인에 대한 조치명령은 '보충적인' 것임에 유의해야 한다. 다시 말해 승계인에 대한 조치명령은, 폐기물처리업자나 폐기물처리 신고자에게 먼저 조치명령을 내린 후 그럼에도 불구하고 처리되지 아니한 폐기물이 있을 때에 한하여 내릴 수 있음에 유의해야 한다('보충성' 요건).

폐기물관리법 제40조 제2항 또는 제3항에 의하여 내려진 명령이 이행되지 않은 경우에는, ① 폐기물처리공제조합에 대해서 방치폐기물의 처리명령를 하거나(§40④i), ② 방치폐기물을 처리하고 보험사업자에게서 보험금을 수령할 수 있다(§40④ii). 따라서 방치폐기물 처리의 수명자는 방치행위자(§39의3; §40②; §48) → 사업장승계·인수자(§40③; §33①②③) → 공제조합 및 보험사업자(§40④)로 변경된다고 할 수 있다.

4. 제48조의 조치명령·벌칙·과태료

폐기물관리법 제48조에 규정된 조치명령 또한 방치폐기물 문제를 해결하는 데 있어 중요한 역할을 한다. 특히 동 조항에 의거하여 폐기물이 투기되거나 매립된 토지의 소유자에게도 조치명령을 할 수 있다는 점을 주목할 필요가 있다. 또한 제40조 제2항, 제3항, 제4항 제1호에 따른 명령을 이행하지 아니한 자는 3년 이하의 징역이나 3천만원 이하의 벌금에 처하고

---

141) 그런데 환경부장관은 조업중단의 경우뿐만 아니라 허가취소의 경우에도 폐기물의 처리를 명할 수 있다고 하는 것이 종래의 통설이었는데, 이것이 2010년의 법 개정을 통하여 「폐기물관리법」 제39조의3으로 입법되었다. 법개정 이전의 판례도 같은 견해였다. 大判 2006.5.26. 2004두4574[16모1][19모2][22변]는 폐기물처리업자에 대하여 영업정지가 아닌 영업허가를 취소하는 경우에는 폐기물처리업자로서는 당연히 1월을 초과하여 그 조업을 중단할 수밖에 없는 때에 해당한다고 보아야 할 것이고, 아울러 영업취소의 경우 조업이 중단된 때에 비하여 방치폐기물이 발생할 가능성이 더 많을 뿐만 아니라 이를 처리하여야 할 긴급한 필요성도 더 높은 점 등을 고려하여 보면, 구 폐기물관리법(2003.5.29. 법률 제6912호로 개정되기 전의 것) 제43조의2 제2항, 제3항은 조업중단의 경우뿐만 아니라 영업취소로 인한 방치폐기물이 발생할 경우에도 당연히 적용되는 것으로 해석해야 한다고 판시하였다.

(§65xxi), 방치폐기물의 발생을 예방하기 위한 공제조합의 분담금 납부, 보증보험 가입 등의 조치를 하지 아니한 자에게는 1천만원 이하의 과태료를 부과하는 등의 제재를 통해 규제의 실효성을 확보하도록 하고 있다(§68①vi의2).

제 7 장 | 자연환경보전법

제1절 | 자연환경과 자연환경보전법제

자연환경보전법은 동·식물과 그들의 서식처, 나아가 생태계 자체를 보호하는 법률이다. 이 분야는 이미 중요한 환경법 분야가 되었는데, 이는 인류가 자연환경의 쇠퇴 및 상실이 가져오는 폐해를 자각하고 자연환경과 생물다양성 보호가 가지는 공익적인 측면을 재발견하게 된 데 따른 것이다.

그런데 법으로 자연을 보호하는 것은 매우 복잡한 법·정책적 논점들과 관련되어 있다. 왜냐하면 생물다양성과 자연환경을 보호하는 것은 종종 여타의 정당한 사회적 이익, 가령 경제발전이나 사적 재산권에 대한 존중과 상충하는 면이 있기 때문이며, 따라서 이런 이익과의 상충 및 그에 대한 해법의 모색이 자연환경보전법의 주된 주제가 된다.

Ⅰ. 인간과 환경의 관계

인간과 환경 양자 간의 관계를 파악하는 관점으로는, 전술한 바와 같이, 크게 인간중심주의(anthropocentricism)와 생태주의(ecologism) 두 가지가 있다. **인간중심주의**는 종(種)으로서의 인간은 다른 모든 존재나 생명체와 본질적으로 다르고 우월하고 고귀하며, 따라서 다른 모든 존재나 생명체를 자신의 목적을 위한 도구나 재료로서 소유하고 지배하고 개조하고 이용할 권리를 갖고 있다고 보는 자연관이다. 그렇기 때문에 이 입장에서는 인간의 자연 지배가 형이상학적으로 정당화된다. 인간중심주의는 자연 혹은 존재 전체의 입장에서 인간을 바라보지 않기 때문에 인간을 자연의 일부로 보지 않는다. 오히려 인간중심주의는 인간의 입장에서 자연을 보기 때문에 자연은 인간의 목적을 위하여 존재하는 대상일 뿐이다. 자연에 대한 배려가 있다면, 그것은 인간의 지나친 자연 지배는 궁극적으로 인간의 생존 자체를 위협하므로 보다 현명하게 자연을 관리해야 한다고 하는 생각에서 비롯된 것이다. 이 입장에 따르면 우리가 자연을 보호해야 하는 궁극적 이유는 거기에 우리와 후손들의 생존과 복지가 달려있기 때문이다.

반면에 **생태중심주의**는 인간은 다른 생명체와 마찬가지로 자연의 일부이며, 그렇기 때문에 자연을 초월한 우월한 존재라고 말할 수 없고, 인간뿐만 아니라 생태계의 모든 구성원이 본래 고귀하며, 따라서 인간은 자연을 오직 인간만의 목적을 위하여 마음대로 지배하거나 착취할 수 없다고 보는 자연관이다. 생태중심주의는 인간 역시 생태계의 평범한 구성원으로 파악하며 자연을 모든 생명체가 공존, 공생해야 할 공동체로 간주한다. 이 입장에서는 자연이라는 것은 인간적 가치나 소요(所要)를 초월하여 본래적으로 고귀한 것이므로 우리는 이를 존중하고 보호해야 할 책임이 있다고 본다.[1]

이러한 자연관의 차이는 자연환경 보전을 위한 정책과 법령 전반에 영향을 미칠 수 있는데, 가령 생물다양성의 감소를 방지하여야 한다는 명제를 정당화하고 이를 정책적·제도적으로 구현하고자 하는 경우, 전자는 생물다양성의 감소는 결과적으로 생태계의 지배자인 인간의 생존까지 위협하게 된다는 주장을 주된 논변으로 삼는 반면에, 후자는 생명은 그 자체로 가치 있는 것이고 따라서 인간의 이익과 관계없이 보호되어야 한다고 주장할 것이며, 이러한 입장에서는 관련 소송의 소의 이익이나 원고적격을 보다 폭넓게 인정하게 될 것이다.

II. 자연환경 보호를 위한 입법 방식

자연환경을 구체적으로 어떠한 방식에 따라 보호할 것인가에 관련해서는, 보호대상이 되는 동·식물을 지정하여 개별 종 단위로 보호하는 방법과 생태계 자체를 보전함으로써 생태계 내의 동·식물 등을 간접적으로 보호하는 방법이 있다.[2]

1. 종 중심 관리법

개별 종 단위로 보호하는 방식을 취하는 법률들은 종별 현황과 위협요인 등을 개별적으로 검토하여 지정·관리한다는 측면에서 정책수행이 관리가능하고 그 효과가 비교적 단기간 내에

---

1) 송명규, "자연관(생태중심주의 vs. 인간중심주의)이 친환경행동 의도에 미치는 영향," **환경정책** 제26권 제1호, 61 (2018. 3)
2) 생태계의 개념에 관하여는 일응 「자연환경보전법」 제2조 제5호 및 「생물다양성 보전 및 이용에 관한 법률」 제2조 제2호에 규정된 정의 규정을 보기로 한다. 즉 "생태계"란 "식물·동물 및 미생물 군집(群集)들과 무생물 환경이 기능적인 단위로 상호작용하는 역동적인 복합체"를 말한다.

가시적으로 나타날 수 있다는 장점을 가지고 있다. 이러한 방식은 특히 **야생 동·식물**의 보호를 위해서 보호대상종을 선정하고 **지정·관리**하는 법률에서 많이 활용되고 있으며, 대표적으로 「야생생물 보호 및 관리에 관한 법률」(멸종위기 야생생물), 「문화재보호법」(천연기념물), 「수산업법」(어류), 「산림자원의 조성 및 관리에 관한 법률」(산림) 등을 들 수 있다.

이러한 보호방식은, 보호의 대상이 명확하고 비교적 단기간에 효과를 거둘 수 있다는 점 등 그것이 갖는 장점에도 불구하고 여러 가지 단점 또한 존재한다. 우선, 종 위주의 관리를 위해서는 해당 종에 대한 보호의 필요성에 대한 판단이 내려져야 하고, 그러한 판단에 따라 보호대상종으로 선정되어 관리가 이루어진 이후에도 보호의 지속필요성 여부를 판단하기 위하여 계속적인 조사·연구가 필요하게 되는데, 이를 제대로 이행하기 위해서는 적지 않은 **행정비용**이 소요된다. 또한 보호대상 판정에는 판단주체가 전제되는데, 누가 이 주체가 되어야 하는가, 기준은 어떻게 결정되어야 하는가 등과 관련하여 자연보전 행정에 **가치판단적 요소**가 개입될 여지가 상존한다. 이러한 문제점은 특히 정책결정의 토대가 되는 과학적 조사·연구의 결과가 명확하지 않거나 서로 상충하는 자료가 존재하는 경우에 더욱 두드러질 수 있다.[3]

이와 함께, **생태계의 특성상** 특별한 종을 중심으로 개별적으로 관리하는 방식에는 근본적인 어려움이 있는데, 생태계 내에서 개별 생물종들은 고립되어 생존하는 것이 아니라 먹이사슬을 비롯한 다른 종들과의 밀접한 상호관계 속에서 살아가는 것이므로, 보호대상 종이 서식하는 생태계 자체를 보호하지 않는 한 개별적인 종들의 장기적이고 지속가능한 생존을 확보하는 데에는 한계가 있을 수밖에 없기 때문이다.

마지막으로, **자연과학의 한계상** 모든 종을 분류하고 등재할 수 없을 뿐만 아니라 척추동물 등 대형동물이 아니라 미생물이나 해양생물 등을 중심으로 아직도 알려지지 아니한 수많은 종들이 존재하고 있는 현실을 감안할 때,[4] 이들을 보호하는 것이 중요하다고 한다면 개별적인 종 중심으로 관리하는 방법만으로는 자연환경을 보호하고 생물다양성을 보존하는 데 있어 한계가 있다고 할 것이다.

2. 생태계 중심 관리법

생태계 자체를 보호하는 방식을 취하는 법령은, 생태계의 완전성을 유지하는 것을 목적으

---

3) Eric Biber, "Which Science? Whose Science? How Scientific Disciplines Can Shape Environmental Law," *University of Chicago Law Review* vol. 79, 471 (2012).
4) 우리나라의 경우 약 10만종 이상의 야생생물 종들이 서식하고 있는 것으로 추정되고 있으나, 2017년 말 기준으로 발굴된 종의 수는 동물 28,639종, 식물 5,443종, 균류·지의류 5,056종, 원생동물 1,890종, 원핵생물 2,079종, 조류 5,920종 등 총 49,027종에 머물고 있다. 환경부, 2018 **환경백서**, 371, 396.

로 하며, 그 주된 정책수단은 **보호지역의 지정·관리**를 들 수 있다. 즉, 보호의 가치가 있는 우수한 생태계나 더 이상의 훼손을 막기 위해 특별한 보호가 필요한 지역을 보호지역으로 지정하고, 생태계에 위해를 미칠 수 있는 일정한 행위들을 제한하거나 금지하는 것을 주된 수단으로 하는 것이다. 이러한 보호방식을 취하고 있는 대표적인 법률들로는, 「국토의 계획 및 이용에 관한 법률」(자연환경보전지역), 「자연환경보전법」(생태·경관보전지역, 자연휴식지, 자연유보지역), 「야생생물 보호 및 관리에 관한 법률」(야생생물특별보호구역, 야생생물보호구역), 「습지보전법」(습지보호지역), 「독도 등 도서지역의 생태계보전에 관한 특별법」(특정도서), 「자연공원법」(국립·도립·군립공원), 「문화재보호법」(문화재보호구역, 명승지), 「개발제한구역의 지정 및 관리에 관한 특별조치법」(개발제한구역), 「백두대간 보호에 관한 법률」(백두대간보호지역) 등을 들 수 있다.[5]

보호지역의 지정·관리와는 다른 관점에서, **생물다양성**[6] 또는 **생물자원**[7]의 보전을 주된 내용으로 하는 법률들이 있는바, 여기에 해당하는 법률로는 「생물다양성 보전 및 이용에 관한 법률」과 「유전자원의 접근·이용 및 이익 공유에 관한 법률」등이 있다.

곰, 호랑이 등과 같은 대형 포유류를 비롯한 척추동물과 같은 고등동물의 보호를 위해서는 종 중심의 관리법이 유효적절할 수 있으나, 생태계 피라미드의 하층부를 구성하고 있으면서 생태계의 존속에 본질적이고 필수적인 역할을 하는 수많은 종들의 보호를 위해서는 생태계 중심의 관리법이 적절하다. 그러나 전 세계적으로 인구가 증가하고 폭넓게 도시화가 진행됨에 따라서 인간의 개발행위를 규제하는 보호지역의 설정과 유지는 점점 더 어려워지고 있으며 지역 주민들의 강한 반대에 직면하고 있는 실정이다.

Ⅲ. 자연환경 보전 법률의 특성

자연환경 보전에 관한 법은 대부분의 법 규정들이 이미 희귀해졌거나 위협받고 있는 것을 보호하고 보전하는 것을 목적으로 하고 있기 때문에 **대응적**이라고 할 수 있다. 반면에, 자연환경 보전에 관한 법은 **예방적**일 필요도 있다. 귀중한 생태계와 자연경관, 생물종이 위험에 처할

---

5) 2017년 말 기준으로, 생태·경관보전지역 33개 지역(281.454km²), 습지보호지역 44개소(365.970km²), 국립공원 22개소(6,726km²), 특정도서는 독도를 포함하여 249개소(13.271km²) 등이 지정되어 있다. 2018 **환경백서**, 383.
6) "생물다양성"이란 "육상생태계 및 수생생태계와 이들의 복합생태계를 포함하는 모든 원천에서 발생한 생물체의 다양성을 말하며, 종내(種內)·종간(種間) 및 생태계의 다양성"을 포함한다. 「자연환경보전법」제2조 제7호, 「생물다양성 보전 및 이용에 관한 법률」제2조 제1호.
7) "생물자원"이란 "사람을 위하여 가치가 있거나 실제적 또는 잠재적 용도가 있는 유전자원, 생물체, 생물체의 부분, 개체군 또는 생물의 구성요소"를 말한다. 「생물다양성 보전 및 이용에 관한 법률」제2조 제3호.

것이 예상된다면, 그 위험의 발생을 미리 방지하는 조치가 필요하기 때문이다. 생물학이나 생태학 등 과학기술의 발전은 이러한 위험의 예방을 더욱 가능하게 해줄 수 있을 것이다. 나아가 자연환경 보전에 관한 법은 **회복적**일 필요도 있다. 즉 훼손되거나 소실된 기존의 자연환경과 유사한 대체자연을 조성하는 것뿐만 아니라 때로는 본래 보다 더 큰 규모로 복구하거나 창조하도록 할 필요도 있다.

그러나 한번 훼손된 자연환경이나 경관, 생태계는 회복이 불가능하거나 가능하더라도 막대한 비용과 시간을 필요로 하며, 특히 한 번 멸종된 생물종을 되살리는 것은 불가능하다고 할 것이므로, 기본적으로는 **회복보다는 예방**이 자연환경 보전에 관한 법의 특성이 된다고 할 것이다.

한편, 자연환경 보전에 관한 법은 그것만으로는 그 본래의 목적을 달성하는 데 한계가 있다고 할 수 있다. 왜냐하면 생물종이나 서식지 등 생물다양성과 생태계 보전의 효과는 기후변화와 환경오염, 난개발 등 여타의 환경 위협에 대한 대응에 크게 좌우되기 때문이며, 따라서 **타법과의 관계**가 매우 중요한 의미를 갖는다고 할 수 있다.

또한 여타 환경법 분야와 마찬가지로 자연환경 보전의 경우에도 **국제환경법**이 중요하지만, 자연환경 보전에 관한 국제법은 대부분 집행가능한 국내법 체제로 포섭되어 왔으며, 이러한 측면에서 최근에도 「생물다양성 보전 및 이용에 관한 법률」, 「유전자원의 접근·이용 및 이익 공유에 관한 법률」이 제정되어 시행에 들어간 바 있다. 한편, 2015년의 제70차 UN 총회에서는 2030년까지 향후 15년간 국제사회에 발전의 기본방향과 원칙 등을 제시하는 핵심적인 패러다임으로 17개의 목표(Goal)와 169개 세부과제(Target)들로 이루어진 지속가능 발전목표 (Sustainable Development Goals: "SDGs")를 채택했는데, 이 가운데 목표(Goal) 15로 "산림의 지속가능한 이용, 사막화 대응 및 토지 훼손과 생물다양성 손실 중지"를 설정하고 있으며, 그 실현을 위한 구체적인 과제로서, '2020년까지, 국제협약들에 따른 의무와 부합하도록, 육지 및 내륙 담수 생태계, 특히 산림, 습지, 산악 및 건조지역과 그 서비스의 보전, 복원과 지속가능한 이용 확보(15.1)' 등 총 12개의 세부과제들을 제시하고 있다.[8] SDGs는 개발도상국뿐만 아니라 선진국도 모두 포괄하는 보편적인 발전목표로 마련되었고, 따라서 우리나라도 이러한 과제들을 국내적으로 이행하기 위한 제도적 정비 등의 노력이 필요하다고 할 것이다.

---

8) UN General Assembly Resolution (A/RES/70/1), "Transforming our world: the 2030 Agenda for Sustainable Development," 24－25 (2015.10.21.).

Ⅳ. 자연환경 보전체계

우리나라의 자연환경보전 관련 정책은 크게 자연환경이 우수한 지역을 보전하기 위한 자연환경보호지역 지정·관리, 자연생태계 유지 및 생물다양성 보전, 이를 뒷받침하기 위한 자연환경조사 및 정보망 구축 등 자연환경보전 기반 구축으로 구분된다.

그러나 자연환경보전에 관한 업무기능 및 조직 등 업무추진체계는 환경부를 비롯해서 해양수산부, 농림부(산림청), 국토교통부, 문화재청 등의 여러 부처로 다원화되어 있는데, 이 가운데 환경부는 「자연환경보전법」과 「야생생물 보호 및 관리에 관한 법률」 등을, 해양수산부는 「해양환경관리법」과 「해양생태계의 보전 및 관리에 관한 법률」, 국토교통부는 「국토의 계획 및 이용에 관한 법률」, 산림청은 「산림보호법」과 「산림자원의 조성 및 관리에 관한 법률」, 문화재청은 「문화재보호법」 등을 주관하고 있다.

이처럼 다원화, 분절화된 자연환경 보전 체계와 관련 법령들은 실제 보전업무의 추진에 있어서 업무의 비효율성과 관리의 사각지대 등을 야기하고 있는 측면이 있으며, 특히 야생생물의 주요한 서식지라고 할 수 있는 산림이 보호대상종의 지정·관리나 생태계 보호의 관점과 분리되어 산림자원으로서의 측면이 강조됨에 따라서 종합적, 체계적인 보전·관리가 어렵다는 문제가 오래전부터 제기되어 왔다.[9]

보다 근본적으로는, 일반 정책결정과정에 자연보전이라는 목표를 어떻게 통합시킬 것인가 하는 것이 자연환경 보전을 위한 핵심적인 부분이라고 할 수 있다. 예컨대 산업이나 농업, 국토관리 행정 등에서 이루어지는 정책결정 과정에 자연보전이라는 또 다른 목표를 함께 고려하도록 하고 이를 반영시켜 환경적으로도 균형 잡힌 정책이 수립·시행되도록 하는 것이 자연환경의 보전과 지속가능한 발전이라는 관점에서 반드시 필요한 것이다.

제2절 | 자연환경보전법

Ⅰ. 자연환경보전을 위한 실정법 및 자연환경보전법

자연환경의 보전을 주된 목적으로 하는 법률로는 1980년에 제정된 「자연공원법」을 비롯하여, 「자연환경보전법」과 「야생생물 보호 및 관리에 관한 법률」, 「습지보전법」, 「독도 등 도서지역의 생태계보전에 관한 특별법」, 「생물다양성 보전 및 이용에 관한 법률」, 「백두대간 보호

---

9) 정회성·전성우, 2000년대 **환경행정조직의 발전방향**, 한국환경정책평가연구원, 48-49 (1994.12).

에 관한 법률」 등 다양한 법률들이 제정되어 시행되고 있다. 이 가운데 「자연환경보전법」은 자연환경보전·관리를 위해 마련된 일련의 법체계의 근간을 이루는 기본법의 성격을 갖는 법률이라고 할 수 있다.

그러나 후술하는 바와 같이, 동법의 내용을 구체적으로 살펴보면, 정책선언적 규정, 프로그램적 규정과 함께 구체적 효력 규정도 포함하고 있는바, 「자연환경보전법」은 **정책법적**인 성격뿐만 아니라 **규제법적**인 성격과 **집행법적** 성격도 갖추고 보아야 한다.

「자연환경보전법」은 **자연환경의 인위적 훼손의 방지, 생태계와 자연경관의 보전** 등 자연환경의 체계적인 보전·관리를 통해서 자연환경의 지속가능한 이용을 도모하고 국민이 쾌적한 자연환경에서 여유 있고 건강한 생활을 할 수 있도록 하는 것을 핵심 목적으로 규정하고 있으며(§1), **생물다양성의 보전, 자연자산의 관리**도 함께 규정함으로써 자연환경 전반에 관한 종합적이고 효율적인 관리를 도모하고 있다.

Ⅱ. 자연환경의 개념

우리나라의 모든 환경 관련 법률들의 기본법으로서의 성격을 가지고 있는 환경정책기본법에서는 자연환경을 "지하·지표(해양을 포함한다) 및 지상의 **모든 생물**과 이들을 둘러싸고 있는 **비생물적인 것을 포함한 자연의 상태(생태계 및 자연경관을 포함한다)**"고 규정하고 있다(§3ii). 이에 반하여, 자연환경보전법에서는 거의 동일하게 자연환경을 정의하고 있으나, 환경정책기본법과는 달리 "해양을 제외한다"고 규정하고 있다(§2i). 이는 해양에 대해서 별도로 「해양환경보전법」이 제정·시행됨에 따라 해양을 동법의 관리대상에서 제외함에 따른 것으로 봐야 할 것이며, 자연환경의 개념 자체를 달리하고 있는 것으로 볼 것은 아니다.

이와 같은 자연환경의 개념에 비추어 볼 때, 우리의 환경법은 인간(human)뿐만 아니라 인간 이외의 모든 생물(non−human), 나아가 비생물적인 것까지 법적 보호의 대상으로 하고 있음을 알 수 있다. 즉, 자연환경의 일부로 자연경관을 규정하고 있으며, 자연경관은 다시 "자연환경적 측면에서 시각적·심미적인 가치를 가지는 지역·지형 및 이에 부속된 자연요소 또는 사물이 복합적으로 어우러진 자연의 경치"라고 정의되고 있는바(§2x), 생물과 비생물적인 것이 함께 어우러진 자연의 상태로서의 자연경관을 보호함으로써 그것을 구성하는 비생물적인 것도 간접적으로 보호하고 있다고 할 것이다.

Ⅲ. 자연환경보전의 기본원칙, 국가·지자체의 책무 및 사업자의 책무

1. 기본원칙

자연환경보전법은 자연환경보전을 "자연환경을 체계적으로 보존·보호 또는 복원하고 생물다양성을 높이기 위하여 자연을 조성하고 관리하는 것"으로 정의하고 있는데(§2ii), 소극적으로 기존의 상태를 보존·보호하는 것뿐만 아니라 훼손된 자연을 복원하고 생물다양성을 높이기 위하여 자연을 조성하는 활동까지 포함함으로써, 자연환경보전의 개념을 적극적으로 확장하고 있다고 할 것이다.

이와 함께 동법 제3조에서는 자연환경보전의 8대 기본원칙을 다음과 같이 규정하고 있다.

1. 자연환경은 모든 국민의 자산으로서 공익에 적합하게 보전되고 현재와 장래의 세대를 위하여 **지속가능**하게 이용되어야 한다.
2. 자연환경보전은 **국토의 이용과 조화·균형**을 이루어야 한다.
3. 자연생태와 자연경관은 **인간활동과 자연의 기능 및 생태적 순환이 촉진**되도록 보전·관리되어야 한다.
4. **모든 국민**이 자연환경보전에 참여하고 자연환경을 **건전하게 이용할 수 있는 기회**가 증진되어야 한다.
5. 자연환경을 이용하거나 개발하는 때에는 **생태적 균형**이 파괴되거나 그 가치가 저하되지 아니하도록 하여야 한다. 다만, 자연생태와 자연경관이 파괴·훼손되거나 침해되는 때에는 **최대한 복원·복구**되도록 노력하여야 한다.
6. 자연환경보전에 따르는 **부담은 공평하게 분담**되어야 하며, 자연환경으로부터 얻어지는 혜택은 **지역주민과 이해관계인이 우선하여** 누릴 수 있도록 하여야 한다.
7. 자연환경보전과 자연환경의 지속가능한 이용을 위한 **국제협력은 증진**되어야 한다.
8. 자연환경을 복원할 때에는 환경 변화에 대한 적응 및 생태계의 연계성을 고려하고, 축적된 과학적 지식과 정보를 적극적으로 활용하여야 하며, 국가·지방자치단체·지역주민·시민단체·전문가 등 모든 이해관계자의 참여와 협력을 바탕으로 하여야 한다.

2. 국가·지자체의 책무

국가와 지자체는 제1조에 따른 목적 및 제3조에 따른 기본원칙에 부합하도록 자연환경을 보전해야 하는 **제1차적·포괄적 책임**을 지게 된다(§4①).

국가와 지자체가 시행해야 할 주요한 조치로는, 자연환경의 훼손방지 및 자연환경의 지속가능한 이용을 위한 **자연환경보전대책의 수립·시행**, 자연환경과 조화를 이루는 토지의 이용,

개발계획 및 개발사업의 수립·시행, 생태계의 연속성을 유지하기 위한 생태축의 구축 및 관리대책의 수립·시행, 자연환경 훼손지에 대한 복원·복구대책의 수립·시행 등을 규정하고 있으며, 이와 함께 환경부장관은 관계중앙행정기관의 장, 광역자치단체의 장의 의견을 듣고 국무회의의 심의를 거쳐 **자연환경보전기본방침**을 수립하여야 한다(§6①). 이러한 기본방침은 환경의 보전과 개발에 대한 국가정책의 기본적인 방향을 제시함으로써 지역경제에도 큰 영향을 미칠 수 있기 때문에 수립 과정에서 관계되는 중앙행정기관과 광역자치단체의 의견을 반드시 수렴하도록 한 것이다.

또한 환경부장관은 자연환경보전기본방침을 실천하기 위하여 10년마다 **자연환경보전기본계획**을 수립하여야 한다(§8①). 이는 전국의 자연환경보전을 위한 기본계획으로서 중요한 의미를 가지며, 따라서 수립 절차에 있어서도 환경부장관은 미리 관계중앙행기관의 장과 시·도지사에게 계획에 반영하여야 할 정책 및 사업에 관한 소관별 계획안의 제출을 요청할 수 있도록 하는 한편, 관계중앙행정기관의 장 및 시·도지사가 자연환경보전기본방침에 따라서 수립하고 환경부장관에게 통보한 추진방침 또는 실천계획에 대해서는 환경부장관이 자연환경보전기본계획의 수립에 반드시 고려하도록 하고 있다(동조 ③, ④). 이렇게 마련된 기본계획은 환경정책기본법 제58조에 따른 중앙환경정책위원회의 심의를 거쳐 최종 확정하도록 하고 있다(동조 ②).

자연환경보전을 위한 국가의 책무 이행을 담보하기 위한 또 다른 방안으로, 중앙행정기관의 장이 자연환경보전과 직접적인 관계가 있는 주요시책 또는 계획을 수립·시행하고자 할 때에는 사전에 환경부장관과 협의하도록 의무화하고 있으며(§7①), 환경부장관은 관계 중앙행정기관의 장과 협의하여 개발계획 및 개발사업을 수립·시행함에 있어서 고려하여야 할 지침을 작성하여 활용할 수 있도록 하고 있다(동조 ②).

3. 사업자의 책무

사업자는 사업활동을 함에 있어서 자연생태·자연경관을 우선적으로 고려하고, 사업활동으로부터 비롯되는 자연환경훼손에 대하여 스스로 복원·복구하거나 환경부령에서 정하는 "생태면적률"(개발면적 중에서 생태적 기능 또는 자연순환기능이 있는 토양면적이 차지하는 비율)을 확보하는 등의 필요한 조치를 취할 책임과 국가 및 지자체의 자연환경보전대책 등에 참여하고 협력할 의무를 부담한다(§4②).

제3절 | 생태계의 보전

생태계란 "식물·동물 및 미생물 군집들과 무생물 환경이 기능적인 단위로 상호작용하는 역동적인 복합체"로 정의되어 있는데(§2v), 이는 결국 일정한 지역의 '생물공동체'와 이를 유지하고 있는 '무기적 환경'이 결합된 물질계 또는 기능계를 뜻하는 것으로 볼 수 있다.

「자연환경보전법」과 「자연공원법」을 비롯한 자연보전 관련 법률들은 생태계를 보호하기 위하여 생태·경관보전지역, 습지보호지역, 특정도서, 국립·도립·군립공원, 야생동·식물특별보호구역 등의 **보호지역**을 지정·관리하고 있으며 동 지역 내에서 일정한 **행위**를 제한·금지하고 있다.

Ⅰ. 생태·경관보전지역의 관리

1. 대상지역

생태·경관보전지역은 "생물다양성이 풍부하여 생태적으로 중요하거나 자연경관이 수려하여 특별히 보전할 가치가 큰 지역으로서 자연환경보전법 제12조 및 제13조 제3항의 규정에 의하여 환경부장관이 지정·고시하는 지역"으로(§2xii), 종전의 생태계 보전지역 지정제도를 개편하여, 생태적인 중요성은 다소 부족하더라도 강변, 산간 등 자연경관이 수려한 지역으로 보전가치가 큰 경우도 지정할 수 있도록 확대한 것이다.

보다 구체적으로는, 자연상태가 원시성을 유지하고 있거나 생물다양성이 풍부하여 보전 및 학술적 연구가치가 큰 지역, 지형 또는 지질이 특이하여 학술적 연구 또는 자연경관의 유지를 위하여 보전이 필요한 지역, 다양한 생태계를 대표할 수 있는 지역 또는 생태계의 표본지역, 그 밖에 하천·산간계곡 등 자연경관이 수려하여 특별히 보전할 필요가 있는 지역으로서 대통령령이 정하는 지역(§12②) 등이 그 대상지역이다.[10]

2. 지정 및 지정해제 절차

생태·경관보전지역을 지정하거나 변경하고자 하는 경우, 환경부장관은 ① 지정사유 및 목

---

10) 2017년 말 기준 국가가 지정한 생태·경관보전지역은 동강유역 등 9개 지역(243.690km2)이고, 시·도 생태·경관보전지역은 광양 백운산 등 24개 지역(37.764㎢)으로서 총 33개 지역(281.454km2)이 지정되어 있다. 2018 **환경백서**, 384.

적, 지정면적과 범위, 자연생태·자연경관의 현황 및 특징, 토지이용현황, 핵심구역·완충구역 및 전이구역의 구분개요 및 해당 구역별 관리방안 등을 담은 지정계획서에 지형도를 첨부하여, ② 지역주민과 이해관계인 및 지자체 장의 의견을 수렴한 후, ③ 관계중앙행정기관의 장과의 협의 및 중앙환경보전자문위원회의 심의를 거쳐야 한다(§13①).

법형식적인 측면에서, 생태·경관보전지역의 지정 또는 변경은 환경부장관이 관보에 고시하도록 하고 있는데(동조 ③), 이에 대해서는 생태·경관보전지역의 지정이 국민의 재산권에 심대한 영향을 미칠 수 있다는 점을 고려하면 대통령령이나 부령으로 해야 한다는 의견이 있을 수 있으나, 법적인 실효성과 절차적·행정적 부담을 고려할 때 불가피한 측면이 있다고 할 것이다.

생태·경관보전지역이 군사목적 또는 천재, 지변 등의 사유로 인하여 생태·경관보전지역으로서의 가치를 상실하거나 보전할 필요가 없게 된 경우에는 그 지역을 해제 또는 변경할 수 있다(§12③).

한편, 시·도지사는 생태·경관보전지역에 준하여 보전할 필요가 있다고 인정되는 지역을 자체적으로 시·도 생태·경관보전지역으로 지정하여 관리할 수 있으며(§23①), 이 경우 시·도지사는 당해 지역주민과 이해관계인 및 시장·군수·구청장의 의견을 수렴한 후 관할 지방환경관서의 장 및 관계행정기관의 장과의 협의를 거쳐 시·도환경정책위원회의 심의를 받아 지정할 수 있다. 시·도 생태·경관보전지역의 지정 또는 변경도 고시하여야 한다(§24).

자연환경보전법은 생태·경관보전지역의 지정을 위해서는 지역주민과 이해관계인 등의 의견을 수렴하도록 명시하고 있으나, 어떻게 의견을 수렴해야 하는지에 대한 구체적인 절차는 규정하고 있지 않다. 이와 관련해서는 주민참여를 내실화한다는 측면에서 환경영향평가법 등의 주민의견수렴 절차를 참고하여 보완하는 방안을 검토할 필요가 있을 것이다.

3. 보전을 위한 법적 수단

(1) 생태·경관보전지역의 구역별 관리

생태·경관보전지역은 그 생태적 특성과 자연경관, 지형여건 등을 고려하여 다시 세 가지로 구역이 구분되며, 그 종류에 따라 보전수단의 강도도 달라진다.

우선, 생태·경관핵심보전구역은 생태계의 구조와 기능의 훼손방지를 위하여 특별한 보호가 필요하거나 자연경관이 수려하여 특별히 보호하고자 하는 지역으로, **절대적으로 보전하는** 것을 원칙으로 한다. 이에 반하여, 핵심구역의 연접지역으로 핵심구역의 보호를 위하여 필요한 생태·경관**완충**보전구역과, 핵심구역 또는 완충구역에 둘러싸인 취락지역으로서 지속가능

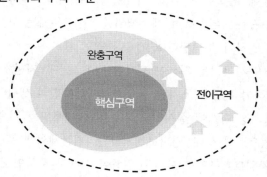

한 보전과 이용을 위하여 필요한 지역인 생태·경관전이보전구역에서는, 주거·생계 목적의 건축물 등의 설치, 생태탐방시설의 설치 등이 허용된다.

(2) 국가·지자체의 의무

환경부장관은 관계 중앙행정기관의 장 및 시·도지사와 협의하여 생태·경관보전지역의 관리 기본계획을 수립·시행하여야 할 책무를 지며, 동 계획에는 자연생태·자연경관과 생물다양성의 보전·관리, 지역 주민의 삶의 질 향상과 이해관계인의 이익보호, 자연자산의 관리와 생태계의 보전을 통하여 지역사회의 발전에 이바지하도록 하는 사항 등을 담아야 한다(§14).

(3) 생태·경관보전지역에서의 행위제한 및 금지

생태·경관보전지역 내에서는 자연생태 또는 자연경관의 훼손행위가 금지되며, 구체적으로 제한되는 행위는 전체 지역에서 제한되는 행위와, 핵심·완충·전이 등 각 구역별로 제한되는 행위로 구별된다.

생태·경관보전지역 전체에서 제한되는 행위는, 다음의 하나에 해당하는 자연생태 또는 자연경관의 훼손행위이다(§15①).

1. 핵심구역안에서 야생동·식물을 포획·채취·이식(移植)·훼손하거나 고사(枯死)시키는 행위 또는 포획하거나 고사시키기 위하여 화약류·덫·올무·그물·함정 등을 설치하거나 유독물·농약 등을 살포·주입(注入)하는 행위
2. 건축물 그 밖의 공작물(이하 "건축물등")의 신축·증축(생태·경관보전지역 지정 당시의 건축 연면적의 2배 이상 증축하는 경우) 및 토지의 형질변경
3. 하천·호소 등의 구조를 변경하거나 수위 또는 수량에 증감을 가져오는 행위
4. 토석의 채취
5. 그 밖에 자연환경보전에 유해하다고 인정되는 행위로서 대통령령이 정하는 행위

그 밖에 자연환경보전에 유해한 행위로 대통령령으로 정하는 행위는 수면의 매립·간척, 불을 놓는 행위이다. 위 규정을 위반하여 훼손행위를 한 경우에는 3년 이하의 징역 또는 3천만원 이하의 벌금이라는 벌칙이 부과된다(§63i, ii, §15①).

그러나 이러한 행위가 군사목적을 위하여 필요한 경우, 천재·지변 또는 이에 준하는 대통령령이 정하는 재해가 발생하여 긴급한 조치가 필요한 경우, 주민의 생활양식의 유지 또는 생활향상을 위하여 필요하거나 지정 당시에 실시하던 기존의 영농행위를 지속하기 위하여 필요한 행위, 농업생산기반정비사업으로서 생태·경관보전지역관리기본계획에 포함된 사항, 산림경영계획 및 산림보호와 산림유전자원보호구역의 보전을 위하여 시행하는 사업으로서 나무를 베어내거나 토지 형질변경을 수반하지 아니하는 경우, 관계 행정기관의 장이 환경부장관과 미리 협의하여 인가·허가 또는 승인을 하거나 직접 실시하는 경우 등은 예외적으로 허용된다(§15②).

자연환경보전법은 생태·경관보전지역안에서 다음에 해당하는 행위를 금지하고 있다(§16).

1. 「물환경보전법」 제2조에 따른 특정수질유해물질, 「폐기물관리법」 제2조에 따른 폐기물 또는 「화학물질관리법」 제2조에 따른 유독물질을 버리는 행위
2. 환경부령으로 정하는 인화물질을 소지하거나 환경부장관이 지정하는 장소외에서 취사 또는 야영을 하는 행위(핵심구역 및 완충구역에 한정한다)
3. 자연환경보전에 관한 안내판 그 밖의 표지물을 오손 또는 훼손하거나 이전하는 행위
4. 그 밖에 생태·경관보전지역의 보전을 위하여 금지하여야 할 행위로서 풀·나무의 채취 및 벌채 등 대통령령으로 정하는 행위

금지를 위반한 경우에는 2년 이하의 징역 또는 2천만원 이하의 벌금(제1호)이나 200만원 이하의 과태료(제3호 및 제4호)가 부과된다.

핵심구역 내에서는 특히, 야생동·식물을 포획·채취·이식·훼손하거나 고사시키는 행위 또는 포획하거나 고사시키기 위하여 화약류·덫·올무·그물·함정 등을 설치하거나 유독물·농약 등을 살포·주입하는 행위(§15①i)나 인화물질을 소지하거나 환경부장관이 지정하는 장소 외에서 취사 또는 야영을 하는 행위는 해서는 안 된다(§16ii).

완충구역에서는 핵심구역에 비하여 행위제한이 완화되어, 생태·경관보전지역 지정 이전의 지목이 대지인 토지에서 주거·생계 등을 위한 건축물등(단독주택, 소매점, 휴게음식점, 농산물·임산물·수산물의 보관·저장시설 또는 판매시설)을 설치하는 행위, 생태탐방·생태학습 등을 위한 자연학습장, 생태 또는 산림박물관, 수목원, 식물원, 생태숲, 생태체험장, 생태연구소 등 자연환경의 교육·홍보 또는 연구를 위한 시설과 청소년수련원 또는 청소년야영장으로 관리기본계획에 반영된 시설을 설치하는 행위, 산림경영계획과 산림보호 및 산림유전자원보호구역 등의 보전·관리를 위하여 시행하는 산림사업, 하천유량 및 지하수 관측시설, 배수로의 설치 또는 이

와 유사한 농·임·수산업에 부수되는 건축물등의 설치, 개인묘지의 설치 등이 추가로 허용된다(§15③, 동법 시행령 §14).

전이구역 내에서는 행위제한이 더욱 완화되어, 완충구역에서 허용되는 모든 행위에 더하여, 전이구역 안에 거주하는 주민의 생활양식의 유지 또는 생활향상 등을 위한 건축물 등의 설치, 생태·경관보전지역을 방문하는 사람을 위한 음식·숙박·판매시설의 설치, 도로와 상·하수도 시설 등 지역주민 및 탐방객의 생활편의 등을 위한 공공용시설 및 생활편의시설의 설치도 허용된다(§15④, 동법 시행령 §15).

한편, 위와 같은 일반적인 행위제한과는 별개로, 자연환경보전법은 환경부장관으로 하여금 자연생태·자연경관의 보전을 위하여 특히 필요한 경우에는 임도의 시설과 임목벌채등의 허가·신고대상 사업, 매립사업, 농지·초지의 전용허가·협의대상 사업, 골재채취 허가대상 사업 등을 제한하거나, 영농행위를 제한할 수 있도록 하고 있으며, 이 경우 환경부장관은 관계 중앙행정기관의 장 및 시·도지사와 협의하여야 한다(§15⑤, 동법 시행령 §16).

요약컨대, 자연환경보전법은 위와 같이 생태·경관보전지역의 보전을 위하여 반드시 필요한 규제는 하되, 군사목적 등 공공목적과 지역 주민들과 탐방객들의 편의를 위한 시설에 대해서는 예외를 인정함으로써 공익과 사익이 조화될 수 있도록 하는 한편, 우수한 생태·경관의 보전이 곧 경제적 가치로 연결될 수 있도록 함으로써 지역 주민 등의 자발적인 보전활동을 촉진하고자 하는 것으로 볼 수 있다.

(4) 행위중지 및 원상회복 명령

생태·경관보전지역안에서 행위제한 규정에 위반되는 행위를 한 사람에 대해서 환경부장관은 그 행위의 중지를 명하거나 상당한 기간을 정하여 원상회복을 명할 수 있으며, 원상회복이 곤란한 경우에는 대체자연의 조성 등 이에 상응하는 조치를 하도록 명할 수 있다(§17).

생태계나 자연경관은 한 번 파괴되면 다시 회복하기 어려울 뿐만 아니라, 회복이 가능하다고 하더라도 매우 긴 시간이 소요되므로 이러한 피해를 막기 위해서는 즉시 위반행위의 중지를 명하여야 할 것이다. 이와 함께, 중지 시까지 이미 발생한 피해에 대해서는 원상회복을 명할 수 있도록 하면서, 현실적으로 원상회복이 곤란한 경우에는 대체자연[11]의 조성 등 본래의 훼손된 생태계나 자연경관의 회복에 상응하는 조치를 취하도록 한 것이다. 이러한 중지·원상회복 또는 조치명령을 위반하여 이행하지 않는 경우에는 3년 이하의 징역 또는 3천만원 이하의 벌금이 부과될 수 있다(법 §63ⅲ).

---

11) "대체자연"이라 함은 "기존의 자연환경과 유사한 기능을 수행하거나 보완적 기능을 수행하도록 하기 위하여 조성하는 것"을 말한다(자연환경보전법 §2xi).

Ⅱ. 생태·경관보전지역의 확보

생태·경관보전지역으로 지정된 토지에 대해서는 다양한 행위제한이 이루어지기 때문에 해당지역의 토지 소유주나 주민들은 이러한 보전지역의 지정에 부정적인 입장을 취할 가능성이 크다. 이러한 문제를 해결하기 위해 자연환경보전법은 환경부장관이 생태·경관보전지역이나 생태·경관보전지역으로 지정할 필요가 있다고 인정되는 지역의 토지를 확보할 수 있는 방안으로, 국유토지 등에 대해서는 관리전환을, 사유토지 등에 대해서는 협의매수를 각각 규정하고 있다.

1. 관리전환

환경부장관은 생태·경관보전지역, 생태적 가치가 우수하거나 자연경관이 수려하여 생태·경관보전지역으로 지정할 필요가 있다고 인정되는 지역에 소재하는 국유 토지·건축물 그 밖에 그 토지에 정착된 물건이 군사목적 또는 문화재의 보호목적 등으로 사용할 필요가 없게 되는 경우에는 국방부장관·문화재청장 등 당해 토지등의 관리권을 보유하고 있는 중앙행정기관의 장에게 「국유재산법」 제2조 제5호에 따른 관리전환을 요청할 수 있다(§18①).

2. 협의매수

환경부장관은 생태·경관보전지역 및 자연유보지역의 생태계를 보전하기 위하여 필요한 경우에는 동 지역의 토지 등을 그 소유자와 협의하여 매수할 수 있으며(§19①), 이 경우 매수가격은 「공익사업을 위한 토지 등의 취득 및 보상에 관한 법률」에 의하여 산정한 가액에 따른다(동조 ②). 공익사업을 위한 토지 등의 취득 및 보상에 관한 법률상의 협의취득 또는 보상합의의 성질은 "사법(私法)상 매매", 즉 "사법계약"으로 보는바,[12] 자연환경보전법에 의한 토지 등의 협의매수의 성질도 동일하게 볼 수 있을 것이다.

한편, 생태·경관보전지역 내 토지소유자에게 토지매수신청권이 있는지 여부에 관하여는 견해가 갈리고 있다. 생각건대, 제19조가 환경부장관의 협의매수권에 대해서만 규정하고 있을 뿐 토지소유자의 매수신청에 관해서는 아무런 규정을 두고 있지 않으므로 부정설이 타당하다고 본다.[13]

---

12) 大判 1999.3.23. 98다48866은 "공공용지의취득및손실보상에관한특례법에 의한 협의취득 또는 보상합의는 공공기관이 사경제주체로서 행하는 사법상 매매 내지 사법상 계약의 실질을 가지는 것으로서, 당사자 간의 합의로 같은 법 소정의 손실보상의 요건을 완화하는 약정을 할 수 있고, 그와 같은 당사자 간의 합의로 같은 법 소정의 손실보상의 기준에 의하지 아니한 매매대금을 정할 수 있다."라고 판시한 바 있다.

13) 한편, 大判 2009. 9. 10. 선고 2007두20638[17모3]은 금강수계 중 상수원 수질보전을 위하여 필요한 지역의

Ⅲ. 생태·경관보전지역의 주민지원 및 손실보상

생태·경관보전지역의 우수한 생태적 가치와 자연경관을 보전하는 것과 함께 재산권 행사 등에 제약을 받는 지역주민을 지원하기 위해서 자연환경보전법은 그 지역 주민이 주택을 증축하는 등의 경우 개인하수처리 시설 및 분뇨처리시설 설치 경비를 지원할 수 있도록 규정하고 있으며(§20①), 생태·경관보전지역과 그 인접지역에 대해서는 우선적으로 오수, 폐수의 처리를 위한 지원방안을 수립하도록 환경부장관에게 책무를 부여하고 그 지원에 필요한 조치와 환경친화적 농·임·어업의 육성을 위하여 필요한 조치를 관계중앙행정기관의 장 또는 지자체의 장에게 요청할 수 있도록 하고 있다(동조 ②).

또한 환경부장관이 취약한 자연생태·자연경관의 보전을 위하여 특히 필요하다고 인정하여 이미 실시하고 있는 개발사업이나 영농행위 등을 제한함으로써 재산상의 손실을 입은 사람은 이에 대한 손실보상을 청구할 수 있다(§53).

Ⅳ. 생태·경관보전지역 주민의 우선 이용

환경부장관은 관계중앙행정기관의 장 및 지자체의 장과 협의하여 생태·경관보전지역의 주민이 해당 생태·경관보전지역을 우선하여 이용할 수 있도록 하되, 토지소유자 등 이해관계인이 있는 경우에는 그와 합의가 이루어진 때에 한정한다(§21①). 다만 이 경우 생태·경관보전지역을 이용하는 지역주민은 그 보전을 위하여 노력하여야 한다(동조 ②).

Ⅴ. 자연유보지역

자연유보지역은 "사람의 접근이 사실상 불가능하여 생태계의 훼손이 방지되고 있는 지역

토지 등의 소유자가 국가에 그 토지 등을 매도하기 위하여 매수신청을 하였으나 유역환경청장 등이 매수거절의 결정을 한 사안에서, 그 거부행위가 항고소송의 대상이 되는 행정처분에 해당하는 것이라고 하려면 "그 신청한 행위가 공권력의 행사 또는 이에 준하는 행정작용이어야 하고, 그 거부행위가 신청인의 법률관계에 어떤 변동을 일으키는 것이어야 하며, 그 국민에게 그 행위발동을 요구할 법규상 또는 조리상의 신청권이 있어야 한다"라고 판시한 바 있다. 나아가 동 판결은 "거부처분의 처분성을 인정하기 위한 전제요건이 되는 신청권의 존부는 구체적 사건에서 신청인이 누구인가를 고려하지 않고 관계 법규의 해석에 의하여 일반 국민에게 그러한 신청권을 인정하고 있는가를 살펴 추상적으로 결정되는 것이고, 신청인이 그 신청에 따른 단순한 응답을 받을 권리를 넘어서 신청의 인용이라는 만족적 결과를 얻을 권리를 의미하는 것은 아니"라고 한 후, "위 매수거절을 항고소송의 대상이 되는 행정처분으로 보지 않는다면 토지 등의 소유자로서는 재산권의 제한에 대하여 달리 다툴 방법이 없게 되는 점 등에 비추어, 그 매수 거부행위가 공권력의 행사 또는 이에 준하는 행정작용으로서 항고소송의 대상이 되는 행정처분에 해당한다"라고 판시하였다. 「금강수계 물관리 및 주민지원 등에 관한 법률」은, 자연환경보전법과 달리, 토지소유자의 매수신청에 대하여 일정한 규정을 가지고 있음에 유의해야 한다.

중 군사목적으로 이용되는 외에는 특별한 용도로 사용되지 아니하는 무인도로서 대통령령으로 정하는 지역과 관할권이 대한민국에 속하는 날부터 2년간의 비무장지대"로서($2xiii), 환경부장관은 관계중앙행정기관의 장 및 관할 시·도지사와 협의하여 생태계의 보전과 자연환경의 지속가능한 이용을 위한 종합계획 또는 방침을 수립하여야 한다($22①). 자연유보지역 내에서의 행위제한 및 중지명령 등에 대해서는 생태·경관보전지역에 대한 규정을 준용하도록 하고 있으나, 비무장지대안에서 남·북한간의 합의에 따라 실시하는 평화적 이용사업과 통일부장관이 환경부장관과 협의하여 실시하는 통일정책관련사업에 대하여는 예외를 인정하고 있다(동조 ②).

Ⅵ. 시·도 생태·경관보전지역의 지정 및 관리

시·도지사는 생태·경관보전지역에 준하여 보전할 필요가 있다고 인정되는 지역을 시·도 생태·경관보전지역으로 지정하여 관리할 수 있으며, 그 지정기준·구역구분·지정해제 등에 관해서는 생태·경관보전지역에 관한 규정을 준용하도록 규정하고 있다($23). 시·도 생태·경관보전지역 내에서의 행위제한 등은 당해 지자체가 정하는 조례에 의하여 필요한 조치를 할 수 있다($26).

Ⅶ. 생태·경관보전지역 지정제도에 대한 평가

생태·경관보전지역 지정제도는 자연생태나 자연경관이 뛰어난 지역으로 특별히 보호할 필요가 있는 지역을 지정하고 관리계획을 수립하여 국가적인 차원에서 체계적·종합적으로 관리할 수 있도록 하였다는 점에서 자연환경보전에 큰 기여를 하고 있는 중요한 법적 수단의 하나라고 할 수 있다. 또한 보전을 위해 일방적인 규제만을 부과하도록 규정하고 있는 것이 아니라 주민들에 대한 지원과 손실보상, 관리전환, 협의매수, 토지 수용 등에 관한 법적 근거를 명확하게 마련함으로써 지역주민에게 실질적인 지원이 가능하도록 하고 있다. 또한 시·도 생태·경관보전지역 지정의 근거를 규정하여 시·도에서 자율적으로 우수한 자연자원을 보전하고 지속가능하게 이용할 수 있는 제도적 기반도 제공하고 있다고 할 것이다. 보전을 위한 재원의 측면에서도, 자연환경이나 생태계에 현저한 영향을 미치거나 생물다양성의 감소를 초래하는 사업에 대하여 부과·징수하는 생태계보전협력금을 생태·경관보전지역 관리기본계획의 시행, 생태·경관보전지역 등의 토지 등의 매수, 생태·경관보전지역의 오수처리시설 등의 설치 지원 등에 사용할 수 있도록 하고 있어($49), 재원 마련에도 상대적으로 용이한 측면이 있다고 할 것이다.

제4절 │ 자연경관의 보전

자연경관이란 "자연환경적 측면에서 시각적·심미적인 가치를 가지는 지역·지형 및 이에 부속된 자연요소 또는 사물이 복합적으로 어우러진 자연의 경치"를 뜻한다(§2x). 자연환경은 한 번 훼손되면 사실상 복원이 불가능하거나 복원에 오랜 시간과 비용이 소요되어 사전예방적이면서 체계적인 관리가 필요하다고 할 수 있으며, 이는 자연경관의 경우에도 마찬가지라고 할 수 있다. 이러한 측면에서 자연환경보전법은 정부에 자연경관의 보전 책무를 부여하고, 자연경관영향에 대한 협의제도 등을 규정하고 있다.

Ⅰ. 자연경관의 보전의무

관계중앙행정기관의 장 및 지자체의 장은 경관적 가치가 높은 해안선 등 주요 경관요소가 훼손되거나 시계가 차단되지 아니하도록 노력하여야 하며, 지자체의 장은 조례가 정하는 바에 따라 각종 사업을 시행함에 있어서 자연경관을 보전할 수 있도록 필요한 조치를 하여야 한다(§27①, ②) 환경부장관은 이러한 노력과 조치가 효과적으로 이루어질 수 있도록, 자연경관을 보전하기 위하여 필요한 지침을 작성하여 관계행정기관의 장 및 지자체의 장에게 통보할 수 있다(동조 ③).

Ⅱ. 자연경관영향의 평가, 협의 및 심의

자연환경보전법은 자연경관이 수려한 자연공원, 습지보호지역, 생태·경관보전지역 등의 주변지역에서의 개발사업 등에 대하여 전략환경영향평가, 환경영향평가, 소규모 환경영향평가 협의를 함에 있어 환경부장관 또는 지방환경관서의 장이 개발사업이 자연경관에 미치는 영향 및 보전방안 등에 대하여 검토하도록 함으로써 자연경관을 보전하도록 하고 있다. 즉, 관계행정기관의 장 및 지자체의 장은 소정의 개발사업(자연공원, 습지보호지역, 생태·경관보전지역에 해당하는 지역으로부터 대통령령이 정하는 거리 이내의 지역에서의 개발사업 등) 등으로서 전략환경영향평가 대상계획, 환경영향평가 대상사업, 소규모 환경영향평가 대상사업에 해당하는 개발사업 등에 대한 인·허가 등을 하고자 하는 때에는 해당 개발사업 등이 자연경관에 미치는 영향 및 보전방안 등을 전략환경영향평가 협의, 환경영향평가 협의 또는 소규모 환경영향평가 협의 내용에 포함하여 환경부장관 또는 지방환경관서의 장과 협의를 하여야 한다(§28①).

환경부장관은 전략환경영향평가, 환경영향평가 또는 소규모 환경영향평가 협의를 요청받은 경우에는 중앙환경정책위원회의 심의를 거쳐야 하며, 지방환경관서의 장은 자연경관에 관한 전문적이고 효율적인 검토·심의를 위하여 설치한 자연경관심의위원회의 심의를 거쳐야 한다 (동조 ②).

한편, 지자체의 장은 자연환경보전법 제28조 제1항 각호의 개발사업 등으로서 환경영향평가 협의 및 소규모 환경영향평가 협의 대상사업이 아닌 개발사업등과 그 밖에 자연경관에 미치는 영향이 크다고 판단되어 지자체의 조례로 정하는 개발사업등에 대하여 인·허가 등을 하고자 하는 때에는 환경부령으로 정하는 자연경관에 관한 검토 기준을 따라야 하나, 지방도시계획위원회또는 지방건축위원회의 심의를 거친 경우에는 그러하지 아니하다(동조 ③).

Ⅲ. 평가

자연경관영향에 대한 협의는 기존의 사전환경성검토나 환경영향평가 협의에서 자연경관에 대한 충분한 검토가 이뤄지지 못하던 문제점을 보완하면서도 별도의 협의제도가 아니라 전략영향평가나 환경영향평가 협의 절차에 포함하여 실시하도록 하여 종합적이고 체계적인 검토가 이루어질 수 있도록 했다는 점에서 바람직한 제도라고 할 수 있을 것이다. 특히 자연경관의 수려한 정도를 객관화하기 어렵고 개발사업으로 인한 영향을 사전에 예측하는 데도 한계가 있다는 지적이 있었으나, 자연경관의 평가와 예측기법 등이 발전하면서 검토가 더욱 내실화되고 있으며, 자연친화적이면서 지속가능한 개발사업의 추진에 기여하고 있다.

제5절 | 생물다양성의 보전

생물다양성의 보전에 관한 제3장은 우리나라가 『멸종위기에 처한 야생동·식물의 국제거래에 관한 협약(CITES)』, 『생물다양성협약(CBD)』 등에 가입함에 따라 추가된 내용으로, 여기서 생물다양성은 "육상생태계 및 수생생태계(해양생태계를 제외)와 이들의 복합생태계를 포함하는 모든 원천에서 발생한 생물체의 다양성을 말하며, 종내·종간 및 생태계의 다양성을 포함"하는 포괄적 개념으로 정의되고 있다(§2vii).

생물다양성의 보전을 위해서는 우선 기본적으로 우리나라의 생물다양성의 현황을 정확히 파악하기 위한 체계적인 조사와 함께, 그 변화내용에 대한 지속적인 관찰이 선행되어야 한다. 이러한 측면에서 현재 자연환경보전법은 환경부장관으로 하여금 기본적으로 5년마다 전국의 자연환경을 조사하도록 하고 있으며, 특히 생태·자연도에서 1등급 권역으로 분류된 지역과 자연상태의 변화를 특별히 파악할 필요가 있다고 인정되는 지역에 대하여는 2년마다 자연환경을 조사할 수 있도록 하고 있다(§30). 이러한 조사를 위하여 필요한 경우에는 조사원으로 하여금 타인의 토지에 출입하여 조사하거나 그 토지의 나무·흙·돌 등 장애물을 변경 또는 제거하게 할 수 있으며(§33), 환경부장관은 조사결과를 기초로 하여 토지이용 및 개발계획의 수립이나 시행에 활용할 수 있도록 전국의 자연환경을 1등급 권역·2등급 권역·3등급 권역·별도관리지역 등으로 구분한 생태·자연도를 국민 열람절차를 거쳐 작성하고 관계중앙행정기관의 장 및 해당 지자체의 장에게 통보·고시하여야 한다(§34). 또한 특별시장·광역시장·특별자치시장·특별자치도지사 또는 시장은 환경부장관이 작성한 생태·자연도를 기초로 관할 도시지역의 상세한 생태·자연도(도시생태현황지도)를 작성하고, 도시환경의 변화를 반영하여 5년마다 이를 다시 작성하여야 한다(§34의2).

이와 함께 자연환경보전법은 정부에 생물다양성의 보전 및 지속가능한 이용, 생물자원의 적절한 관리와 국가가 가입한 『생물다양성에관한협약』·『멸종위기종국제거래협약』 및 『물새서식처로서 국제적으로 중요한 습지에 관한 협약』의 이행에 필요한 시책의 수립·시행, 국제기구 및 외국정부와의 협력, 생태계의 연구·기술개발 등의 책무를 부여하고 있다(§35). 종전에 자연환경보전법에서 규정하고 있던 생물다양성관리계약 등은 2012년에 「생물다양성 보전 및 이용에 관한 법률」이 제정되면서 동 법률로 이관되었다.

한편 환경부장관이 생태·자연도 1등급으로 지정되었던 지역을 2등급 또는 3등급으로 변경하는 내용의 생태·자연도 수정·보완을 고시하자, 인근 주민이 생태·자연도 등급변경처분의 무효 확인을 청구한 사안에서 大判 2014.2.21. 2011다29052 [18변]는 "생태·자연도는 토지이용 및 개발계획의 수립이나 시행에 활용하여 자연환경을 체계적으로 보전·관리하기 위한 것일 뿐, 1등급 권역의 인근 주민들이 가지는 생활상 이익을 직접적이고 구체적으로 보호하기 위한 것이 아님이 명백하고, 1등급 권역의 인근 주민들이 가지는 이익은 환경보호라는 공공의 이익이 달성됨에 따라 반사적으로 얻게 되는 이익에 불과하므로, 인근 주민에 불과한 甲은 생태·자연도 등급권역을 1등급에서 일부는 2등급으로, 일부는 3등급으로 변경한 결정의 무효 확인을 구할 원고적격이 없다"고 판시하였다.

제6절 | 자연자산의 관리

Ⅰ. 취지 및 개념

자연환경은 우리를 둘러싼 생활조건이면서 동시에 물질적 자산으로서의 역할도 수행한다. 자연환경보전법은 제4장에서 이런 귀중한 자연자산을 효율적으로 관리하기 위한 규정을 두고 있는데, 여기서 자연자산이란 "인간의 생활이나 경제활동에 이용될 수 있는 유형·무형의 가치를 가진 자연상태의 생물과 비생물적인 것의 총체"로 정의되고 있다(§2ⅹⅴ).

Ⅱ. 자연환경보전·이용시설의 설치·운영

자연자산의 관리라는 관점에서, 관계중앙행정기관의 장 및 지자체의 장은 자연환경보전 및 자연환경의 건전한 이용을 위하여, 자연환경을 보전하거나 훼손을 방지하기 위한 시설, 훼손된 자연환경을 복원 또는 복구하기 위한 시설, 자연환경보전에 관한 안내시설, 생태관찰을 위한 나무다리 등 자연환경을 이용하거나 관찰하기 위한 시설, 자연보전관·자연학습원 등 자연환경을 보전·이용하기 위한 교육·홍보시설 또는 관리시설 또는 그 밖의 자연자산을 보호하기 위한 시설 등을 설치할 수 있다(§38①).

Ⅲ. 자연휴식지 제도

지자체의 장은 다른 법률에 의하여 공원·관광단지·자연휴양림 등으로 지정되지 아니한 지역 중에서 생태적·경관적 가치 등이 높고 자연탐방·생태교육 등을 위하여 활용하기에 적합한 장소를 자연휴식지로 지정할 수 있으며, 이 경우 사유지에 대하여는 미리 토지소유자 등의 의견을 들어야 한다. 이렇게 지정된 자연휴식지를 효율적으로 관리하기 위하여 지자체의 장은 자연휴식지를 이용하는 사람으로부터 유지·관리비용 등을 고려하여 조례가 정하는 바에 따라 이용료를 징수할 수 있다(§39).

그러나 이러한 자연휴식지 제도에 대해서는, 그 지정권한이 지자체에 부여되어 있어 생태축 등을 고려한 광역적인 관리가 어렵고, 지자체가 이용에만 초점을 맞출 경우 자칫하면 난개발에 의한 유원지화를 촉진할 우려가 있으며, 이러한 경우에 대비한 마땅한 감시, 견제 장치가 부재하다는 비판이 제기되고 있다. 또한 자연휴식지에 대해서는 생태·경관보전지역에서와 같은 구체적인 행위 제한규정이 미비하며, 주민지원이나 보상에 관한 법적 근거 또한 부재하고, 수용 근거가 없어 재원 마련과 토지 확보에도 어려움이 있어 자연자산 보전을 위한 보충적인 관리 방안으로서의 성격을 가지는 것으로 보아야 할 것이다.

Ⅳ. 공공용으로 이용되는 자연의 훼손 방지

지자체의 장은 생태적·경관적 가치 등의 훼손을 방지하기 위하여, 해수욕장 등 공공용으로 이용되고 있는 장소에 인접한 숲으로서 훼손되는 경우 공공용으로 이용되는 장소의 가치가 크게 감소되거나 상실되는 경우, 도로 또는 철도변에 있는 숲·거목 등으로서 훼손되는 경우 경관적 가치가 크게 상실되는 경우 등에 해당하는 경우, 그 밖에 대통령령이 정하는 기준에 해당하는 경우에는, 지자체의 조례가 정하는 바에 따라 입목의 벌채 또는 토지의 형질변경을 제한하거나 출입·취사·야영행위를 제한할 수 있다(§40).

Ⅴ. 생태관광의 육성 및 생태마을의 지정

환경부장관은 생태관광을 육성하기 위하여 문화체육부장관과 협의하여 환경적으로 보전가치가 있고 생태계 보호의 중요성을 체험·교육할 수 있는 지역을 생태관광지역으로 지정할 수 있으며, 이 경우 관할 지자체에 대하여 예산의 범위에서 생태관광지역의 관리·운영에 필요한 비용의 전부 또는 일부를 보조할 수 있다(§41).

또한 환경부장관이나 지자체의 장은 생태·경관보전지역안의 마을 또는 생태·경관보전지역밖의 지역으로서 생태적 기능과 수려한 자연경관을 보유하고 있는 마을을 생태마을로 지정하고, 이 경우 공공시설 등 당해 지역 주민을 위한 편의시설의 설치 및 주민소득증대 방안을 우선적으로 강구·시행하도록 함으로써(§42), 자연자산의 보전과 지역주민의 삶의 질 제고를 조화시킬 수 있도록 하고 있다.

Ⅵ. 도시의 생태적 건전성 향상 등

자연환경보전법은 도시의 생태적 건전성을 높이기 위하여 국가 또는 지자체에게, 도시지역 중 훼손·방치된 지역을 복원하거나 생태·경관보전지역, 생태·자연도 1등급 권역, 습지보호지역, 야생생물보호구역, 자연공원 등의 지역이 훼손되지 않도록 노력할 책무를 부여하고 있으며(§43①), 이와 함께 생태축의 설정, 생물다양성의 보전, 자연경관의 보전, 바람통로의 확보,

생태복원 등 자연환경보전 및 생태적 건전성에 관한 지침과 평가지표를 마련하여 관계행정기관의 장 및 지자체의 장에게 권고할 수 있도록 하고 있다(동조 ②).

또한 도시생태축이 단절·훼손되어 연결·복원이 필요한 지역이나 도시 내 자연환경이 훼손되어 시급히 복원이 필요한 지역, 건축물의 건축, 토지의 포장 등 도시의 인공적인 조성으로 도시 내 생태면적의 확보가 필요한 지역 등으로 생태계의 연속성 유지 또는 생태적 기능의 향상을 위하여 특별히 복원이 필요하다고 인정되는 지역에 대해서는 시·도지사 또는 시장·군수·구청장이 도시생태 복원사업을 할 수 있으며, 이 경우 정부 또는 시·도지사는 예산의 범위에서 사업비의 일부를 지원할 수 있다(§43의2).

Ⅶ. 생태통로의 설치 등

국가 또는 지자체는 개발사업 등을 시행하거나 인·허가 등을 함에 있어서 야생생물의 이동 및 생태적 연속성이 단절되지 아니하도록 생태통로 설치 등의 필요한 조치를 하거나 하게 하여야 하며, 야생생물의 이동 및 생태적 연속성이 단절된 지역을 조사·연구하여 생태통로가 필요한 지역에 대하여 생태통로 설치계획을 수립·시행하여야 한다(§45①). 이 경우 생태통로가 필요한 지역에 위치한 도로 및 철도 등의 관리주체에게 생태통로 설치를 요청할 수 있으며, 요청을 받은 자는 특별한 사유가 없으면 생태통로를 설치하여야 한다(동조 ②).

또한 생태통로 설치·관리자는 생태통로가 적정하게 활용될 수 있도록 주기적으로 조사를 실시하여야 하며, 환경부장관은 동 자료를 평가하여 생태통로가 제대로 기능하지 못한다고 판단할 때에는 해당 생태통로 설치·관리자에게 개선조치를 요청할 수 있고, 이 경우 생태통로 설치·관리자는 특별한 사유가 없으면 요청받은 개선조치를 수행하여야 한다(§45의2).

제7절 | 자연환경복원사업

Ⅰ. 취지, 개념 및 기본원칙

2021.1.5. 개정되기 전의 자연환경보전법은 국가에게 훼손지에 대한 복구·복원 대책을 수립하고 시행할 책무를 부여하고 있었으나, 자연환경복원사업의 개념 및 기본원칙, 자연환경복원사업 계획수립·시행·유지관리 등 체계적인 추진 절차 등에 관한 법적 근거가 없어 자연환경복원의 체계적 추진이 어려운 상황이었다. 개정법은 이와 같은 상황에 대응하기 위해 기존

규정을 개정하고 새로운 규정을 신설하였다.

개정된 자연환경보전법 제2조 제19호에 의하면 '자연환경복원사업'이란, "훼손된 자연환경의 구조와 기능을 회복시키는 사업으로서 다음 각 호에 해당하는 사업"을 말한다. 다만 다른 관계 중앙행정기관의 장이 소관 법률에 따라 시행하는 사업은 제외된다.

1. 생태·경관보전지역에서의 자연생태·자연경관과 생물다양성 보전·관리를 위한 사업
2. 도시지역 생태계의 연속성 유지 또는 생태계 기능의 향상을 위한 사업
3. 단절된 생태계의 연결 및 야생동물의 이동을 위하여 생태통로 등을 설치하는 사업
4. 습지보전법」 제3조제3항의 습지보호지역등(내륙습지로 한정한다)에서의 훼손된 습지를 복원하는 사업
5. 그 밖에 훼손된 자연환경 및 생태계를 복원하기 위한 사업으로서 대통령령으로 정하는 사업

또한 개정법은 자연환경 복원을 지도할 원칙을 자연환경보전의 기본원칙 중 하나로 다음과 같이 추가하였다. "자연환경을 복원할 때에는 환경 변화에 대한 적응 및 생태계의 연계성을 고려하고, 축적된 과학적 지식과 정보를 적극적으로 활용하여야 하며, 국가·지방자치단체·지역주민·시민단체·전문가 등 모든 이해관계자의 참여와 협력을 바탕으로 하여야 한다."(동법 §3viii)

Ⅱ. 자연환경복원사업의 시행 등

환경부장관은 다음 각호에 해당하는 조사 또는 관찰의 결과를 토대로 훼손된 지역의 생태적 가치, 복원 필요성 등의 기준에 따라 그 우선순위를 평가하여 자연환경 복원이 필요한 대상지역의 "후보목록"을 작성하여야 하며(§45의3①), 후복목록에 포함된 지역을 대상으로 자연환경복원사업을 시행할 수 있다(동조 ②).

1. 제30조에 따른 자연환경조사
2. 제31조에 따른 정밀·보완조사 및 관찰
3. 제36조 제2항에 따른 기후변화 관련 생태계 조사
4. 「습지보전법」 제4조에 따른 습지조사
5. 그 밖에 대통령으로 정하는 자연환경에 대한 조사

환경부장관은 후보목록에 포함된 지역 지역을 관할하는 시·도지사 또는 시장·군수·구청장, 관계 법령에 따라 해당 지역에 관한 관리 권한을 가진 행정기관의 장, 그리고 관계 법령 또는 자치법규에 따라 해당 지역에 관한 관리 권한을 가지고 있거나 위임 또는 위탁받은 공공

단체나 기관 또는 사인을 "자연환경복원사업 시행자"로 지정하고, 이들에게 필요한 조치를 할 것을 권고할 수 있고, 필요한 비용을 예산의 범위에서 지원할 수 있다(동조 ③).

Ⅲ. 자연환경복원사업계획의 수립 등

환경부장관 및 자연환경복원사업 시행자는 자연환경복원사업의 시행에 관한 계획(이하 "자연환경복원사업계획")을 수립하여야 하며(§45의4①), 동 계획에는 사업의 필요성과 복원 목표, 사업 대상지역의 위치 및 현황 분석, 사업기간, 총사업비, 주요 사용공법 및 전문가 활용 계획, 사업에 대한 점검·평가 및 유지관리 계획이 포함되어야 한다(동조②i–v). 자연환경복원사업 시행자는 자연환경복원사업계획을 수립한 경우, 환경부장관의 승인을 받아야 하며, 승인받은 사항 중 중요한 사항을 변경하려는 경우에도 마찬가지이다(동조 ③). 환경부장관 및 자연환경복원사업 시행자는 자연환경복원사업계획에 따라 자연환경복원사업을 시행하여야 하며, 환경부장관은 자연환경복원사업 시행자가 계획에 따라 해당 사업을 시행하지 아니한 경우 제45조의3 제3항에 따라 지원한 비용의 전부 또는 일부를 환수할 수 있다(동조 ⑥).

Ⅳ. 자연환경복원사업 추진실적의 보고·평가

자연환경복원사업 시행자는 자연환경복원사업계획에 따른 자연환경복원사업의 추진실적을 환경부장관에게 보고하여야 한다(§45의5①). 환경부장관은 보고받은 추진실적을 평가하여 그 결과에 따라 해당 사업에 드는 비용을 차등하여 지원할 수 있으며(동조 ②), 그 평가를 효율적으로 시행하는 데 필요한 조사·분석 등을 관계 전문기관에 의뢰할 수 있다(동조 ③).

Ⅴ. 자연환경복원사업의 유지·관리

환경부장관 및 자연환경복원사업 시행자는 자연환경복원사업을 완료한 후 복원 목표의 달성 정도를 지속적으로 점검하고 그 결과를 반영하여 복원된 자연환경을 유지·관리하여야 한다(§45의6①). 그럼에도 불구하고 환경부장관은 대통령령으로 정하는 자연환경복원사업에 대하여 정기적으로 점검한 결과 필요하다고 인정하는 때에는 자연환경복원사업 시행자에 대하여 그 결과를 반영하여 복원된 자연환경을 유지·관리하도록 권고할 수 있다(동조 ②). 그 과정에서 환경부장관은 권고에 필요한 점검 및 그 결과의 분석 등을 관계 전문기관에 의뢰할 수 있다(동조 ③).

제8절 | 생태계보전부담금

생태계보전부담금제도는 개발사업자에게 일종의 부담금인 생태계보전부담금을 부과·징수함으로써 자연환경 또는 생태계를 훼손하는 개발사업을 가급적 억제하는 한편, 징수된 부담금을 생태계 및 생물종의 보전, 복원 사업 등에 사용하여 자연환경 보전에 기여하도록 하기 위한 제도로서, 우리 환경법 상에 원인자 책임의 원칙이 구체화된 대표적인 사례라고 할 수 있다.

Ⅰ. 부과대상사업

생태계보전부담금의 부과대상이 되는 사업은, 전략환경영향평가 대상계획 중 개발면적 3만제곱미터 이상인 개발사업으로서 환경영향평가 또는 소규모 환경영향평가에 대한 협의절차 없이 시행되는 사업, 환경영향평가대상사업, 채굴계획 인가 면적이 10만m^2 이상인 사업으로 허가등을 받은 것으로 보는 면적이 5천m^2 이상인 노천탐사·채굴사업, 소규모 환경영향평가 대상 개발사업으로 개발면적이 3만제곱미터 이상인 사업이다(§46②, 동법 시행령 §36). 그 밖에 생태계에 미치는 영향이 현저하거나 자연자산을 이용하는 사업중 대통령령이 정하는 사업도 부과대상사업으로 규정되어 있으나, 이를 근거로 대통령령에서 규정하고 있는 부과대상사업은 현재 없다.

Ⅱ. 부과기준

생태계보전부담금은 자연환경 또는 생태계에 미치는 영향이 현저하거나 생물다양성의 감소를 초래하는 사업을 부과대상으로 하는 만큼, 부과기준도 개발사업이 자연환경이나 생태계에 미치는 영향의 정도를 반영할 수 있도록 규정되어 있다. 즉 생태계보전부담금은 생태계의 훼손면적에 단위면적당 부과금액(300원/m2)과 지역계수를 곱하여 산정·부과되게 된다. 다만, 생태계의 보전·복원 목적의 사업이나 국방목적의 일정 사업의 경우에는 생태계보전부담금을 감면할 수 있다(§46③).

여기서 생태계의 훼손면적은 훼손행위가 발생하는 지역의 면적을 뜻하며, 훼손행위란 토양의 표토층을 제거·굴착 또는 성토하여 토지 형질변경이 이루어지는 행위, 식물이 군락을 이루며 서식하는 지역을 제거하거나 파괴하는 행위, 습지 등 생물다양성이 풍부한 지역을 개간·준설·매립 또는 간척하는 행위를 뜻한다. 다만 지목이 대·공장용지·학교용지·도로·철도용지·체육용지 및 유원지인 토지의 면적과 시설물이 설치된 토지의 면적은 생태계의 훼손면적에서 제외한다(동법 시행령 §37).

한편 생태계보전부담금의 징수절차·감면기준·단위면적당 부과금액, 지역계수 및 납부방법, 그 밖에 필요한 사항은 대통령령으로 정한다. 이 경우 단위면적당 부과금액은 훼손된 생태계의 가치를 기준으로 하고, 지역계수는 제34조 제1항에 따른 생태·자연도의 권역·지역 및 「국토의 계획 및 이용에 관한 법률」에 따른 토지의 용도를 기준으로 적용되는데(§46⑥), 보전가치가 높은 지역일수록 높은 지역계수가 적용된다. 즉, 주거지역·상업지역·공업지역 및 계획관리지역의 경우에는 지목이 전·답·임야·염전·하천·유지 또는 공원은 1, 그 밖의 지목은 0이며, 녹지지역 2, 생산관리지역 2.5, 농림지역 3, 보전관리지역 3.5, 자연환경보전지역 4 등이다(동법 시행령 §38②).

Ⅲ. 부과·징수 절차

생태계보전부담금의 부과, 징수에 관한 구체적인 절차는 시행령 제38조에서 제42조의2에 걸쳐 규정되어 있으며, 환경부장관은 시·도지사에게 생태계보전부담금 또는 가산금의 징수에 관한 권한을 위임한 경우에는 징수된 생태계보전부담금 또는 가산금의 징수율을 고려하여 100분의 40 이상 100분의 60 이하의 범위에서 환경부장관이 정하여 고시하는 비율에 따라 산정된 금액을 당해 사업지역을 관할하는 시·도지사에게 교부할 수 있다(동법 시행령 §43).

Ⅳ. 반환

생태계보전부담금을 납부한 자 또는 생태계보전부담금을 납부한 자로부터 자연환경보전사업의 시행 및 생태계보전부담금의 반환에 관한 동의를 받은 자(자연환경보전사업 대행자)가 환경부장관의 승인을 받아 대체자연 조성사업, 소생태계 조성사업, 생태통로 조성사업, 자연환경보전·이용시설 설치사업, 기타 훼손된 생태계의 복원을 위한 사업 등 자연환경보전사업을 시행한 경우에는 납부된 생태계보전부담금의 100분의 50 이내의 범위 안에서 실제로 사업에 투자된 금액을 돌려준다(자연환경보전법 §50, 동법 시행령 §46).

당초에는 납부한 자 만이 자연환경보전사업을 시행할 수 있었으나, 자연환경보전사업의 활성화를 위해 2007년 법률 개정을 통해 자연환경보전사업 대행자에 의한 사업 시행도 인정하는 것으로 확대되었다. 이에 따라, 일정한 자격과 기술을 갖춘 자연환경보전사업대행자가 다수의 개발사업자로부터 자연환경보전사업의 시행 및 생태계보전부담금의 반환에 관한 동의를 얻어 대규모 훼손지 복원사업을 추진할 수 있게 되었으며 동시에 전문적이고 체계적인 복원사업이 이루어질 수 있게 되었다.

V. 용도

생태계보전부담금과 그 가산금은 일반회계가 아니라 환경개선특별회계의 세입으로 되도록 되어 있어(자연환경보전법 §46④) 그 용도가 제한되며, 자연환경보전법은 제49조에서 명시적으로 그 용도를 열거하여 규정하고 있다. 즉 생태계보전부담금은, 생태계·생물종의 보전·복원사업, 자연환경복원사업, 생태계 보전을 위한 토지 등의 확보, 생태·경관보전지역 등의 토지 등의 매수, 자연환경보전·이용시설의 설치·운영, 도시생태 복원사업, 생태통로 설치사업, 생태계보전부담금을 돌려받은 사업의 조사·유지·관리, 유네스코가 선정한 생물권보전지역의 보전 및 관리, 그 밖에 자연환경보전 등을 위하여 필요한 사업으로서 대통령령이 정하는 사업(특정도서의 자연자산 조사 또는 보전사업, 훼손·단절된 생태축의 복원사업, 도시생태현황지도를 작성하기 위한 사업)에 사용하여야 한다. 만약 동법 제46조 제5항에 따라 시·도지자에게 교부된 금액이 위에서 열거된 용도 외에 다른 용도로 사용된 경우 그 금액만큼 환수하거나 감액하여 교부할 수 있다. 다만 제46조 제5항 후단에 따라 생태계보전부담금의 부과·징수비용으로 사용된 경우는 제외한다(§49②).

VI. 평가

생태계보전부담금은 자연환경이나 생태계를 훼손하는 등 부정적인 영향을 미치는 개발사업의 시행자에게 부과되고 이를 재원으로 다시 자연환경보전사업을 시행하도록 함으로써, 원인자 책임의 원칙에 부합할 뿐만 아니라 합리적이며 형평의 원칙에도 맞는 제도로서, 자연 및 생태계의 보전과 지속가능한 이용에 기여하는 제도라고 할 수 있다.

그러나 세부적으로는, 단위면적당 부과금액은 훼손된 생태계의 가치를 기준으로 하도록 법률에서 명시하고 있음에도 불구하고(§46⑥), 사업자의 부담을 우려하는 관계부처의 반대 등으로 2018년 말 기준으로 제곱미터당 300원이라는 실제 훼손된 자연환경의 복원에 소요되는 비용에 현저히 미치지 못하는 비현실적인 부과요율이 유지되고 있는 실정이다. 이로 인해, 개발사업으로 인한 경제적 기대이익이 클수록 생태계보전부담금 제도가 무분별한 개발사업을 예방한다는 취지를 달성하기에는 역부족이라는 지적이 제기되고 있으며, 이러한 문제점을 해결하기 위해서는 상한액의 철폐 내지는 대폭 상향 조정, 부과요율의 현실화 등이 필요하다고 할 것이다.

제8장 소음·진동관리법

제1절 | 개설

Ⅰ. 환경법의 보호법익으로서의 '안온'

소음은 사람의 활동에 부수하는 것으로 그 영향이 불특정 다수에 미치는 공해이다. 일조·조망의 침해가 환경이익에 대한 소극적 침해라면 소음은 대기오염, 수질오염, 진동·분진처럼 적극적으로 무언가를 발산하여 피해를 입힌다는 점에서 환경에 대한 적극적 침해에 속한다. 소음은 일상생활에서 늘 겪게 되는 현상이지만 지나친 경우에는 사람이나 동물에게 고통을 주고 육체적·정신적 건강을 해치기도 한다. 우리 헌법은 "건강하고 쾌적한 환경에서 생활할 권리"를 보장하고 있는데, 예로부터 지혜는 고요히 생각하는 데서 생긴다고 여겨온 만큼 정온(靜穩)함은 행복을 가능케 하는 쾌적한 환경의 대표적 요소로 인식되어 왔다. 이런 까닭에 판례도 환경문제가 부각되기 이전부터 "소음·진동 등으로부터 자유로운 안온(安穩)한 삶"을 중요한 법익으로 인정한 바 있다. 즉 주택거주자가 인접 학교에서 생기는 소음 등으로부터 방해받지 않을 이익을 "자유권에 속하는 침해되지 아니할 하나의 법익"이라고 판시하였던 것이다.[1] 환경정책기본법도 소음을 대기, 물, 토양, 일조 등과 함께 "사람의 일상생활과 관계되는 환경," 즉 생활환경에 포함시킴으로써 동법의 규율대상으로 삼고 있다(§3iii). 소음·진동관리법도 "조용하고 평온한 환경에서[의] 생활"을 보호법익으로 명시하고 있다(§1).

---

1) 大判 1974.6.11. 73다1691.

II. 소음·진동의 특성 및 규제의 필요성

중앙환경분쟁조정위원회의 전체 분쟁조정 건수의 대부분이 소음·진동 관련 분쟁이다. 2012년부터 2016년까지 5년 동안 위 위원회에 제기된 환경피해분쟁사건을 분석해보면, 조정·처리된 총 1,056건 중 분쟁원인이 소음·진동인 사건이 870건(82%)으로 소음·진동 분쟁이 압도적 다수임을 알 수 있다.[2] 이처럼 소음·진동 사건이 많은 까닭은 산업화가 가속화되고 과학기술이 발달함으로써 각종 사업장에 새로운 장비가 등장하고 있고 항공기·철도도 고도화되고 있어 일찍이 경험치 못한 고도의 소음·진동을 유발하고 있는데다가 도시화가 진행됨에 따라 사람들 사이의 접촉면이 깊고 넓어졌으며 인간의 생활방식 또한 바뀌어 그 활동영역이 공간적으로 확대되고 시간적으로는 밤낮을 가리지 않게 되었기 때문이다. 다른 한편, 인간의 소득이 증대함에 따라 '삶의 질'이라는 이슈가 부각되고 건강에 대한 관심이 증대하였으며, '환경재', 특히 '안락함(amenity)'에 대한 수요는 갈수록 증가하는 추세에 있다. 주지하듯이, 환경재는 '정상재(normal goods)'이기 때문에 소득수준과 비례해 그 수요가 늘게 되는바, 환경재 수요가 앞으로도 점증할 것임은 두말할 나위도 없다. 이에 따라 산업활동의 부산물 정도로 여겨지던 소음·진동은 이제는 무시할 수 없는 '사회적 비용'으로 인식되기에 이른 것이다. 이것이 소음·진동에 대한 규제의 필요성이 본격적으로 대두되기 시작한 배경이다.

소음·진동은 불안, 초조, 분노, 스트레스와 같은 불쾌감을 유발할 뿐만 아니라 수면 장애, 생리기능 장애, 작업 및 학습능률저하 등 인체의 기능을 저하시키기도 한다. 처음에는 일상생활의 방해 정도로 체감되더라도, 그 정도에 따라 정신적인 고통으로 커지고 급기야는 난청, 이명, 나아가 요통이나 소화기계 장애를 유발하기에 이르는 경우도 있다(소음은 통상 진동을 수반하므로 소음과 진동을 하나로 묶어 규율하는 것이 통례이다). 이와 같이 '신체적 이상'이 발생한 경우는, 정신적 고통만을 수반하는 '통상의 소음·진동'과는 성질을 같게 볼 수 없으므로 그에 상응한 법적 처리가 필요하다고 하겠다.[3]

그런데 소음·진동은 그에 대한 규제를 어렵게 하는 특성을 갖고 있다. 즉 소음·진동은 쉽게 감지할 수 없는 무형성(無形性)을 갖고 있고 지속적이라기보다는 한시적(限時的) 현상이며

---

[2] 2014년 조정·처리된 사건인 237건 중 분쟁원인이 소음·진동인 사건이 203건(85%), 2015년 조정·처리된 211건 중 177건(84%), 2016년 조정·처리된 162건 중 112건(75.3%)으로 소음·진동 사건이 가장 많았고, 그 뒤를 일조사건, 대기오염사건이 따르고 있음을 알 수 있다. 자세한 것은 2015년 **환경백서**, 222, 2016년 **환경백서**, 198, 2017년 **환경백서**, 227 참조.

[3] '신체적 이상'을 유발하는 소음·진동은 불가량물에 의한 가해라는 점에서 비록 가해행위의 태양은 다르지만, 결과적인 측면에서 물리적 폭행과 진배없다. 따라서 그에 대해서는 폭행에 대한 것과 마찬가지의 규범적 평가가 필요하다. 후술하는 바와 같이, 신체적 이상이 발생한 경우에는 통상의 소음·진동이 수인한도 초과 여부에 의하여 그 위법성이 결정되는 것과 달리 그 자체로 위법한 행위로 평가받게 될 것이다.

물리적으로 같은 양과 질의 소음이라도 시간(주간 혹은 야간)과 장소(폐쇄 공간 여부)에 따라 다르게 느껴지는 상대성(相對性)을 갖고 있다. 반면, 소음·진동은 비교적 한정된 지역 안에서 발생하는데, 이러한 국지성(局地性)은 소음·진동에 대한 규제를 수월케 하는 요소이다.[4] 우리나라에서 소음·진동에 대한 규제는 1979년 환경보전법 제정과 함께 시작되었지만, 그 내용은 사전신고제 정도의 형식적인 규제였을 뿐만 아니라 그마저도 현실적으로 집행은 미미한 실정이었다. 기실 소음·진동에 대한 규제는 다른 공해에 비하여 늦게 시작하였는데, 이런 규제사(規制史) 역시 소음·진동으로부터 해방될 수 있는 안온함이란 '사치재'임을 반증한다고 하겠다.

Ⅲ. 소음·진동관리법의 체계 및 연혁

앞서 살펴보았듯이 우리나라에서 소음·진동에 대한 환경법적 규제는 1979년 「환경보전법」의 제정으로부터 시작하였다. 최초의 소음·진동에 대한 법률이라 할 수 있는 영국의 「소음경감법(Noise Abatement Act)」이 입법된 것이 1960년이니, 상당한 시차라 하겠다. 위 법률이 제정되기 전에는 민법상 상린관계 규정이나 불법행위 규정이 소음·진동에 대한 유일한 법률 규정이었는데, 이들 규정은 규제체계의 흠결이 있을 때 이를 보충하는 역할을 수행한다는 점에서 여전히 규제체계의 일익을 담당한다고 할 수 있다. 다시 말해 민법의 상린관계나 불법행위 규정들은 소음·진동에 대한 일반·추상적 배경규범으로 자리하는 것이고 환경행정법규는 이를 사회변화에 맞추어 구체화하는 것이라 할 수 있다. 어쨌거나 1979년 환경보전법은 제4장에 소음·진동의 규제에 관한 규정을 두었으나 불과 세 개 조항으로 이루어진 것이어서 소음규제지역의 지정, 동 지역 내에서의 소음규제기준과 특정공사의 사전신고에 관하여 규정하는 데 그쳤다. 환경보전법에 대하여 1981년 한 차례 개정이 이루어진 후, 1990년 소음진동규제법으로 새롭게 탄생하였고, 이후 수십 차례 소폭 개정을 거친 후 2009년에 비로소 현재의 법명인 「소음·진동관리법」으로 개정되었다. 동법이 빈번한 개정을 거친 것은 국민의 소득수준이 향상되면서 안온한 삶에 대한 수요가 늘었기 때문이다. 요컨대 소음·진동관리법의 연혁은 규제 대상이 확대되고 규제 밀도가 고도화되는 역사라 하겠다. 소음·진동관리법의 하위법령으로는 시행령과 시행규칙이 있는 외에, 별도로 「공동주택 층간소음의 범위와 기준에 관한 규칙」이 제정되어 층간소음 문제에 대응하고 있다.

소음·진동관리법은 제1장 총칙을 필두로 하여 공장소음·진동(제2장), 생활소음·진동(제3장), 교통소음·진동(제4장), 항공기소음(제5장)을 개별적으로 규율하고 있다. 이는 각 소음·진동을

---

4) 이상규, 168 – 169.

야기하는 발생원(發生源)이 가지는 특성에 따라 대응한 것으로 적절한 규율체계로 보인다. 실제로 대부분의 경우 소음·진동을 일으키는 발생원이 복수로 경합하며 한시성과 국지성으로 인하여 이를 전부 파악하여 그 각각의 기여도를 밝히는 것은 지난한 작업이다(이는 특히 생활소음에서 그러하다). 나아가 소음·진동은 주관적으로 시간·장소에 따라 상대적으로 감지되지만, 그렇다고 하여 한정된 정부 자원에도 불구하고 무작정 소음측정망의 설치를 늘리고 상시측정을 도모할 수도 없는 일이다. 이런 것을 생각하면, 소음·진동을 대표적인 발생원 별로 나누어 규율하는 것이 합리적이다.

┃그림 3-18 소음·진동관리법 체계

제1장 총칙	제1조~ 제5조	−목적, 정의 −상시측정, 측정망 설치계획 −소음지도의 작성 등
제2장 공장소음·진동의 관리	제7조~ 제20조	−배출허용기준 −배출시설의 설치신고 및 허가 −개선명령 등
제3장 생활소음·진동의 관리	제21조~ 제25조	−생활소음·진동의 관리 −특정공사 사전신고 −방음시설의 설치 −공사장 소음측정기기 설치 −이동소음의 관리 등
제4장 교통소음·진동의 관리	제26조~ 제38조	−교통소음·진동관리지역의 지정 −교통소음·진동의 한도 −제작차, 운행차 소음허용기준 −운행차 정기검사, 개선명령 등
제5장 항공기소음의 관리	제39조	−항공기소음의 관리
제6장 방음시설의 설치기준	제40조	−방음시설의 성능 및 설치기준
제7장 확인검사대행자	제41조~ 제43조	−검사대행자의 등록 −등록의 취소 등
제8장~제9장 보칙·벌칙	제44조~ 제60조	−소음발생건설기계의 소음도검사 −소음발생건설기계의 소음도표지부착 −철도차량제작차 소음기준 권고 −환경기술인등의 교육 −권한의 위임 및 위탁 −벌칙·과태료(양벌규정) 등

제2절 | 소음·진동 관리법 총칙

I. 소음·진동관리법의 목적과 정의

소음·진동관리법은 공장·건설공사장·도로·철도 등으로부터 발생하는 소음·진동으로 인한 피해를 방지하고 소음·진동을 적정하게 관리함으로써 모든 국민이 조용하고 평온한 환경에서 생활할 수 있게 함을 목적으로 제정되었다(§1). 환경정책기본법은 소음·진동을 환경오염으로 규정하고 있는데,[5] 동법은 그 하위법(下位法)으로서 이를 규율하고 있는 것이다. 소음은 사람이 물체를 사용할 때 발생한 음파가 사람의 청각을 자극하는 강한 소리이고, 진동은 마찬가지로 사람이 물체를 사용할 때 발생한 떨림이 사람의 감각을 자극하는 강한 흔들림이다. 진동은 통상 소음과 동행하므로 양자를 함께 규율하는 것이 합리적이다. 동법은 소음을 "기계, 기구, 시설 기타의 물체의 사용으로 인하여 발생하는 강한 소리"로, 진동을 "기계, 기구, 시설 기타의 물체의 사용으로 인하여 발생하는 강한 흔들림"으로 각각 정의하고 있다(§2i, ii).

말할 것도 없이 소음·진동관리법은 세상에 존재하는 모든 소음·진동을 규율하는 것이 아니라 동법이 정의한 것만을 규율하는 것이므로, 가장 중요한 논점은 "어느 정도 강해야 동법에서 정하는 소음·진동이 되는가?"이다. 소음은 통상적인 일상생활에서 불가피하게 생기지만 일정한 정도를 넘으면 고통을 느끼게 되고, 그 영향도 불특정 다수인에게 미치게 되므로 공해(公害)로서 환경오염의 특성을 갖고 있다. 학설은 민법의 상린관계에서 개발된 '수인한도론'에 의존하여 통상적인 수인한도를 넘어 사람에게 불쾌감을 야기하게 되면 동법이 규제하는 소음·진동에 해당한다고 보지만,[6] 여전히 어느 정도면 수인한도를 넘는 것인가에 관해서 논란의 여지가 남는다. 주관적인 기준을 따를 경우 사람에 따라 천차만별이 될 수밖에 없으므로 객관적인 기준으로 위법성 여부를 따져야 할 것이다. 또한 소음기준은 기본적으로 "조정문제"로서의 성격이 강하므로 행정법적 기준이 민사소송에서도 하나의 기준으로 받아들여져야 한다.[7] 이러한 소음의 특성을 고려하여 소음·진동관리법은 소음·진동을 네 가지 범주, 즉 공장, 생활, 교통, 항공기로 구별한 다음, 각 범주마다 소음·진동 **배출허용기준**을 대상지역과 시간대별로 정치하게 마련하여 이 기준을 초과하지 않도록 규제체계를 마련하고 있다.

---

5) 환경정책기본법은 "사업활동 및 그 밖의 사람의 활동에 의하여 발생하는 대기오염, 수질오염, 토양오염, 해양오염, 방사능오염, 소음·진동, 악취, 일조 방해, 인공조명에 의한 빛공해 등으로서 사람의 건강이나 환경에 피해를 주는 상태"를 환경오염으로 정의하고 있다(§3iv).
6) 이상규, 168.
7) 大判 1989.1.31. 88도1650은 "소음인가 여부를 판정함에 있어서는 법규가 정하는 기준치의 측정방법에 의하지 아니하고서 막연하게 함부로 판정하여서는 안 된다."라고 판시하였다.

Ⅱ. 소음·진동관리법의 규제체계

1. 종합계획, 상시측정 및 소음지도 작성

소음·진동관리법은 소음·진동을 종합적·체계적으로 관리하기 위한 다양한 규제수단을 동원하고 있다. 먼저 환경부장관으로 하여금 소음·진동으로 인한 피해를 방지하고 소음·진동의 적정한 관리를 위하여 **소음·진동관리종합계획**(이하 "종합계획")을 5년 주기(週期)로 마련하도록 하고 있다. 환경부장관은 이 계획을 수립할 때 특별시장·광역시장·특별자치시장·도지사 또는 특별자치도지사(이하 "시·도지사")의 의견을 들어 지역의 특성을 반영해야 하고, 나아가 관계 중앙행정기관의 장과 협의를 하여 국정의 전반적인 상황을 고려해야 한다(§2의3①). 종합계획은, 그 목표와 기본방향(§2의3②i), 소음·진동의 적정관리방안(ii), 지역별·연도별 소음·진동 저감대책 추진현황(iii), 소음·진동의 국민건강에 대한 영향 조사·연구(iv), 저감대책 추진을 위한 교육·홍보계획(v), 종합계획 추진을 위한 재원도달 방안(vi) 등을 포함해야 한다.

또한 소음·진동관리법은 환경부장관에게 전국적인 소음·진동의 실태를 파악하기 위하여 측정망을 설치하고 상시 측정할 것을 명하고 있다(§3①). 이를 위하여 시·도지사는 해당 관할 구역의 소음·진동 실태를 파악하기 위하여 측정망을 설치하고 상시 측정하여 획득한 자료를 환경부장관에게 보고해야 한다(§3②). 환경부장관과 시·도지사는 측정망 설치 시, 관계 기관의 장과 미리 협의해야 한다(§3③). 측정망 설치에는 민원이 발생할 여지가 있는바 동법은 환경부장관 및 시·도지사로 하여금 측정망의 위치, 범위, 구역 등을 명시한 측정망 설치계획을 결정·고시하고 그 도면을 누구에게나 열람할 수 있도록 할 것을 명하고 있으며(§4①, ②), 시·도지사가 결정·고시한 측정망 설치계획이 목표기간에 달성될 수 있도록 국가가 재정적·기술적으로 지원할 수 있게 규정하고 있다(§4③).

환경부는 이러한 소음·진동에 대한 관리행정 인프라를 구비하고 관리실무를 수행하면서 소음·진동 관리에 필요한 귀중한 지식과 정보를 축적해 나갈 것이다. 소음·진동관리법은 환경부장관과 시·도지사에게 위 법률에 근거해 소음·진동의 적정관리를 위하여 소음의 분포 등을 표시한 소음지도를 작성할 수 있는 권한을 부여하고(§4의2①), 이를 인터넷 홈페이지 등을 통하여 공개할 권한을 부여하고 있다(§4의2②).

2. 소음·진동 관리의 기본틀

앞서 살펴보았듯이 소음·진동관리법은 먼저 ① 소음·진동을 공장의 소음·진동, 생활소음·진동, 교통소음·진동, 항공기 소음으로 구별한 후, 각 범주마다 소음·진동 **배출허용기준**을 대상지역과 시간대별로 마련하여 이 기준을 초과하지 않도록 규제체계를 마련하고 있다. 이 규제체계는 항공기소음을 제외한 나머지 범주에 있어서는 대동소이하다.[8] 즉 소음·진동을 배출하는 시설(이하 "배출시설")을 설치하려는 사람은 ② 우선 위 시설이 설치될 지역의 지방자치단체장에게 신고나 허가를 받아야 하고 ③ 위 배출시설을 설치·변경하기 전에 위 배출시설로부터 나오는 소음·진동을 배출허용기준 이하로 만들기 위하여 소음·진동방지시설(이하 "방지시설")을 설치해야 한다. 사업자가 배출시설을 가동할 때는 배출허용기준을 준수할 의무가 있는데, 이를 초과하면 개선명령, 조업정지명령, 허가 취소, 폐쇄조치 등의 규제조치, 즉 권력적 행정처분이 순차로 취해진다. 이런 규제체계는 「악취방지법」과 같이 소음·진동과 유사한 성질을 가지는 환경오염에 대응하는 법률에 그대로 적용된다.

제3절 | 공장소음·진동의 관리

Ⅰ. 개관

공장은 소음·진동의 대표적인 발생원이다. 자동차나 항공기는 움직이면서 소음·진동을 배출하는 이동오염원인 반면, 공장은 한 곳에 장기간 정주(定住)하는 고정오염원이다. 이런 특성으로 인하여 공장은 한번 건축되면 특단의 사정이 없는 한 오랜 기간 그곳에서 가동하여 인근지역에 지속적인 피해를 미칠 수 있다. 여타의 소음원이 한시적인 반면, 공장소음·진동은 지속적이어서 이에 대한 규제수요가 클 수밖에 없다. 이러한 특성상 공장소음에 대해서는 초기단계에서 공장설비 자체에 대하여 규제하는 것이 중요하다. 이것이 소음·진동관리법이 공장소음에 관하여 상세한 규정을 두고 있는 까닭이다.

그리하여 소음·진동관리법은 소음·진동을 배출하는 사업자에게 각종 법률상 의무를 부여하는 방식으로 소음·진동의 배출을 규제하고 있다. 동법은 먼저 진입단계에서 이루어지는 규제로서 그 규율대상인 공장, 즉 소음·진동배출시설의 설치 자체에 대하여 ① 신고나 허가를 받도록 할 뿐만 아니라 ② 신고·허가된 시설에는 방지시설을 설치하도록 하였고, 가동단계의 규제로서는 ③ 소음·진동 배출기준을 설정하여 소음·진동이 그 이하로 유지되도록 하고 있다.

한편, 소음·진동관리법이 국내에 있는 모든 공장을 관리대상으로 하는 것은 아니고, 정부자원의 한계로 말미암아 규제수요가 가장 크다고 할 수 있는 공장만을 관리하고 있다. 그리하

---

8) 항공기소음은 일방적이고 그 피해의 정도가 매우 크다는 특징이 있다. 다시 말해 항공기소음은 가해자와 피해자의 지위가 호환될 가능성이 거의 없고, 피해자의 범위가 한정적이나 그 피해 정도가 마치 폭행을 당한 것과 비슷하게 나타날 정도로 심하다. 이 특징이 여타의 소음·진동과 구별되는 점이다.

여 소음·진동관리법에서 말하는 '공장'이란 「산업집적활성화 및 공장설립에 관한 법률」 제2조 제1호의 공장 중 공항시설 안의 항공기정비공장을 제외한 것을 말한다(§2vii). 「산업집적활성화 및 공장설립에 관한 법률」에서 정하는 공장이란 "건축물 또는 공작물, 물품제조공정을 형성하는 기계·장치 등 제조시설과 그 부대시설을 갖춘 사업장"을 지칭하는바, 구체적으로는 물품의 가공·조립·수리시설을 포함하여 제조업을 하기 위해 필요한 제조시설, 그 제조시설의 관리·지원, 종업원의 복지후생을 위하여 해당 공장부지 안에 설치하는 부대시설, 그리고 이런 시설이 설치된 공장부지를 뜻한다.[9]

Ⅱ. 사업자의 배출시설 설치상의 의무

1. 공장소음·진동 배출설치의 신고(·허가) 의무

공장에 소음·진동을 배출하는 시설을 설치하려는 사업자는 원칙적으로 특별자치시장·특별자치도지사 또는 시장·군수·구청장(이하 "지자체장")에게 신고해야 하고, 그 신고한 사항을 변경하고자 하는 경우에도 다시 변경신고를 해야 한다(§8①, ②). 다만 이 원칙에는 예외가 있다. 첫째로 공장소음·진동에 특히 민감한 지역, 즉 학교 또는 종합병원의 주변 등과 같은 경우에는 지자체장으로부터 허가를 받아야 한다(§8①). 둘째, 반대로 공장소음·진동에 둔감한 지역, 즉 산업단지 등과 같은 지역에 위치한 공장에 배출시설을 설치하려는 자는 신고·허가 대상에서 제외된다(§8③). 위 규정은 산업단지와 같이 일반주거생활과 무관한 지역이 아닌 경우 공장을 진입단계부터 규제함으로써 배출허용기준 이상으로 소음과 진동이 배출되는 사태를 미연에 방지하려는 것이다.[10] 따라서 소정의 신고나 허가를 받지 않은 채 배출시설을 설치·운영하는 경우에 지자체장은 당해 배출시설의 사용중지를 명해야 하고(§18 본문), 그 배출시설의 개선이나 방지시설 설치·개선으로 그 공장에서 나오는 소음·진동의 정도가 배출허용기준 이하로 내려갈 가능성이 없거나 아예 그 배출시설의 설치 자체가 금지되는 장소인 경우에는 폐쇄명령을 명해야 한다(§18 단서).

「산업집적활성화 및 공장설립에 관한 법률 시행령」(대통령령 제28583호) 제2조 제2항.
10) 환경부는 공장소음피해가 국지적인 점을 감안하여 신고·허가 업무를 관할 자치단체장의 업무로 전환하였고, 또한 규제개혁 차원에서 허가대상을 신고대상으로 점차 전환했는데, 그 결과 정온을 요하는 학교, 종합병원, 공공도서관, 공동주택의 주변지역 및 주거지역, 보육시설에 대한 허가제를 존속시키고 나머지는 신고제로 전환하였다. 허가 및 신고대상 배출업소의 수는 2015년 40,867개소로 2010년 34,544개소에 비하여 18% 증가하였고 이 중 허가를 받아야 하는 정온지역 업소는 853개였다. 2017년 **환경백서**, 355 (2018).

2. 방지시설의 설치 의무

소음·진동배출시설의 설치허가를 받은 사업자는 그 공장에서 배출되는 소음·진동이 배출허용기준 이내의 것이 되도록 소음·진동방지시설을 설치할 의무가 있는데(§9), 지식산업센터의 사업자나 공장이 밀집된 지역의 사업자는 소음·진동의 공동방지를 위한 **공동방지시설**을 설치할 수 있다.[11] 방지시설의 **설치·변경 시공**은 그 내실을 기하기 위하여 사업자 스스로 하거나 "환경전문공사업자"에게 맡겨야 한다(§11). 한편, 방지시설설치의무가 **면제**되는 예외로는, 그 배출시설의 기능·공정 또는 공장의 부지여건상 소음·진동이 항상 배출허용기준 이하로 배출된다고 인정되거나 소음·진동이 배출허용기준을 초과하여 배출되더라도 생활환경에 피해를 줄 우려가 없는 경우가 있다(§9i, ii). 이와 같은 과정을 거쳐 배출시설과 방지시설의 설치를 완료한 경우에는 관할 지자체장에게 가동개시신고를 해야 했으나(개정 전 소음진동규제법(법률 제8369호) §13), 규제개혁 차원에서 이 신고의무는 면제되었다.

Ⅲ. 사업자의 시설 운영상의 의무

1. 배출허용기준의 준수

사업자는 배출시설과 방지시설의 설치를 끝내고 배출시설을 가동한 때에는 환경부령 소정의 기간 안에 공장에서 배출되는 소음·진동이 소음·진동관리법 제7조 또는 제12조 제2항("공동시설"의 경우)에 따른 소음·진동 배출허용기준(이하, "**배출허용기준**") 이하로 처리될 수 있도록 하여야 한다(§14). 주지하듯이, 환경정책기본법은 각종 '환경기준'을 정하고 있는데, 이는 소음·진동에 대해서도 마찬가지다. 소음·진동규제법이 정한 배출허용기준은 환경기준을 달성하기 위한 행정법적 수단으로서, 사업자가 소음·진동을 배출할 때 반드시 지켜야 하고 이를 어기면 제재가 따르게 되는 최대 배출허용치이다. 배출허용기준은, 후술하는 바와 같이, 법원이 유지청구나 손해배상청구소송에서 '수인한도' 초과 여부를 판단하는 데 있어서 고려해야 할 중요한 요소이기도 하다.[12] 반면, 憲決 2017.12.28. 2016헌마45는 "환경정책기본법상 소음환경기준은 국민의 건강을 보호하고 쾌적한 환경을 조성하기 위하여 유지되는

---

11) 소음·진동방지시설의 설치의무는 배출시설설치를 위하여 신고나 허가를 받은 사업자가 항상 지게 되는 것이므로 배출시설설치에 따르는 법정부담으로서의 성질을 가진다고 할 수 있다. 이상규, 173.
12) 大判 2015.10.15. 선고 2013다89433[16모2][18변]("도로변 지역의 소음에 관한 환경정책기본법의 소음환경기준을 위반하는 도로소음이 있다고 하여 바로 민사상 '참을 한도'를 넘는 위법한 침해행위가 있다고 단정할 수 없다.").

것이 바람직한 기준, 환경행정에서 정책목표로서 설정된 기준이므로 법적 구속력이 없"다고 결정한 바 있다.

공장소음·진동에 대한 배출허용기준은 동법 시행규칙(환경부령)으로 정하게 되는데(§7①), 동시행규칙 제8조 제1항 [별표 5]에 의하면, 소음은 평가소음도가 50dB(A) 이하, 진동은 평가진동레벨이 60dB(V) 이하로 그 각 배출허용기준이 정해져 있다. 시행규칙 제8조 제1항 [별표 5] 소정의 공장소음·진동 배출허용기준은 아래와 같다.

▌표 3-21 공장소음·진동의 배출허용기준

소음·진동관리법 제7조, 소음·진동관리법 시행규칙 제8조 제1항 [별표 5]

1. 공장소음 배출허용기준

[단위: dB(A)]

대상지역	시간대별		
	낮 (06:00~18:00)	저녁 (18:00~24:00)	밤 (24:00~06:00)
가. 도시지역 중 전용주거지역 및 녹지지역(취락지구·주거개발진흥지구 및 관광·휴양개발진흥지구만 해당한다), 관리지역 중 취락지구·주거개발진흥지구 및 관광·휴양개발진흥지구, 자연환경보전지역 중 수산자원보호구역 외의 지역	50 이하	45 이하	40 이하
나. 도시지역 중 일반주거지역 및 준주거지역, 도시지역 중 녹지지역(취락지구·주거개발진흥지구 및 관광·휴양개발진흥지구는 제외한다)	55 이하	50 이하	45 이하
다. 농림지역, 자연환경보전지역 중 수산자원보호구역, 관리지역 중 가목과 라목을 제외한 그 밖의 지역	60 이하	55 이하	50 이하
라. 도시지역 중 상업지역·준공업지역, 관리지역 중 산업개발진흥지구	65 이하	60 이하	55 이하
마. 도시지역 중 일반공업지역 및 전용공업지역	70 이하	65 이하	60 이하

2. 공장진동 배출허용기준

[단위 : dB(V)]

대상 지역	시간대별	
	낮 (06:00~22:00)	밤 (22:00~06:00)
가. 도시지역 중 전용주거지역·녹지지역, 관리지역 중 취락지구·주 거개발진흥지구 및 관광·휴양개발진흥지구, 자연환경보전지역 중 수산자원보호구역 외의 지역	60 이하	55 이하
나. 도시지역 중 일반주거지역·준주거지역, 농림지역, 자연환경보전 지역 중 수산자원보호구역, 관리지역 중 가목과 다목을 제외한 그 밖의 지역	65 이하	60 이하
다. 도시지역 중 상업지역·준공업지역, 관리지역 중 산업개발진흥지구	70 이하	65 이하
라. 도시지역 중 일반공업지역 및 전용공업지역	75 이하	70 이하

2. 환경기술인의 임명

소음·진동관리법은 배출시설과 방지시설을 정상적으로 운영·관리하기 위하여 사업자로 하여금 환경기술인을 임명하도록 의무를 부여하고 있다(§19①). 사업자가 임명한 환경기술인은 그 배출시설과 방지시설에 종사하는 사람이 소음·진동관리법이나 위 법률에 따른 개선명령, 조업정지명령을 위반하지 않도록 지도·감독해야 하며, 배출시설과 방지시설이 정상적으로 가동되어 소음·진동의 정도가 배출허용기준에 적합하도록 관리해야 한다(§19②). 사업자는 자신이 임명한 환경기술인이 그 관리 사항을 철저히 이행하도록 하는 등 환경기술인의 관리 사항을 감독해야 하고, 그의 업무를 방해해서는 안 되며, 그로부터 업무수행을 위하여 필요한 요청을 받는 경우 정당한 사유가 없으면 그 요청을 따라야 한다(§19③, ④).

3. 권리·의무의 승계

사업자가 배출시설 및 방지시설을 양도하거나 사망한 경우 또는 법인의 합병이 있는 경우에는 그 양수인·상속인 또는 합병 후 존속하는 법인이나 합병에 의하여 설립되는 법인은 신고·허가 또는 변경신고에 따른 사업자의 권리·의무를 승계한다(§10①). 「민사집행법」에 따른 경매, 「채무자 회생 및 파산에 관한 법률」에 따른 환가나 「국세징수법」·「지방세법」 또는 「지방세법」에 따른 압류재산의 매각, 그 밖에 이에 준하는 절차에 따라 사업자의 배출시설 및 방지시설을 인수한 자는 신고·허가 또는 변경신고에 따른 종전 사업자의 권리·의무를 승계한다(§10②). 배출시설과 방지시설을 임대차한 경우, 위 시설의 운영상 부담하는 의무에 관하여서는 임차인도 사업자로 본다(§10③).

Ⅳ. 사업자의 의무이행 확보수단

1. 적법시설에 대한 행정처분

적법하게 설치된 배출시설이나 방지시설이라 하더라도 조업 중에 배출허용기준을 준수하지 못할 경우, 이에 대하여 개선명령, 조업정지명령, 허가취소 등의 권력적 행정처분이 내려지게 된다. 그런데 이러한 처분은 배출시설의 가동개시일부터 30일 동안은 내려지지 않는다(동법 §14 후문, 소음·진동관리법시행규칙 §14①). 배출시설이나 방지시설을 정상적으로 가동시키기 위하여 필요한 미세조정을 마칠 수 있도록 은혜기간을 제공한 것이다.

그런데 개선명령은 사업자에게 배출시설이나 방지시설을 개선·대체하거나 기타 필요한 조치를 적극적으로 취해야하는 작위의무를 부과하는 '하명(下命)'이고, 조업정지명령은 배출시설의 전부 또는 일부의 조업을 정지할 부작위의무를 부과하는 부작위 하명, 즉 '금지'에 해당한다. 그리하여 개선명령이나 조업정지명령이 내려지면, 사업자에게는 일정한 공법상 의무가 발생한다. 개선명령에 의해서는 사업자에게 일정한 개선행위를 적극적으로 행해야 할 의무가 생기고, 조업정지명령이 내려지면 사업자는 조업을 정지할 의무를 부담한다. 이러한 의무를 이행하지 않는 자에 대해서는 행정상 강제집행이 행해지고 행정벌이 과해진다. 그러나 이러한 하명에 위반한 행위라 하더라도, 원칙상 사법(私法)상의 효력까지 부인되는 것은 아니다.

(1) 개선명령

지자체장은 30일이 지난 후 배출허용기준에 맞는지를 확인하기 위하여 필요한 경우 배출시설과 방지시설의 가동상태를 점검하거나 소음·진동검사를 할 수 있다(동규칙 §14②). 그 결과가 배출시설에서 배출되는 소음이나 진동의 정도가 배출허용기준을 초과한다고 인정되는 때에는 지자체장은 기간을 정하여 사업자에게 그 소음·진동의 정도가 배출허용기준 이하로 내려가는 데 필요한 배출시설이나 방지시설의 개선이나 대체 기타 필요한 조치(이하 "개선명령")를 명할 수 있다(§15).

(2) 조업정지명령

지자체장은 개선명령을 받은 자가 이를 이행하지 않거나 기간 내에 이행은 하였으나 배출허용기준을 계속 초과할 때에는 그 배출시설의 전부 또는 일부에 조업정지를 명할 수 있다(§16①). 뿐만 아니라 지자체장은 소음이나 진동으로 인한 건강상의 위해와 생활환경상의 피해가 급박하다고 인정할 때에는 위에서 본 바와 같은 개선명령 없이 즉시 당해 배출시설의 조업시간의 제한·조업정지("조업정지명령"), 그 밖에 필요한 조치("조치명령")를 명할 수 있다(§16②).

(3) 폐쇄명령·허가취소 및 장기간 조업정지명령

사업자에 대하여 이상의 조치가 내려졌음에도 불구하고 공장에서 배출되는 소음·진동을 배출허용기준 이하로 처리하지 아니한 경우에는 지자체장은 신고대상시설의 경우 배출시설의 폐쇄명령을, 허가대상시설의 경우 배출시설의 허가취소를 하거나 6개월 이내의 기간을 정하여 조업정지를 명해야 한다(§17). 폐쇄명령 등은 사업자에게는 치명상을 안겨 줄 수 있는 것이어서 신중을 기해야 하지만 소음·진동관리법은 개선명령이나 조업정지명령에도 불구하고 여전히 배출허용기준을 준수하지 못하는 경우에는 공익을 위하여 극단의 조치를 명하도록 규정한 것이다. 배출허용기준의 준수의무 위반(§17iv) 이외에도 그에 상응한 사유, 즉 배출시설이 변경되었음에도 변경신고를 하지 않은 경우(§17iii), 방지시설을 설치하지 않고 배출시설을 가동한 경우(§17iv), 조업정지명령을 위반한 경우(§17vii), 환경기술인을 임명하지 않은 경우(§17viii)에도 폐쇄명령·허가취소나 장기간 조업정지명령 등을 내릴 수 있다. 다만 거짓이나 그 밖의 부정한 방법으로 허가를 받았거나 (변경)신고를 한 경우에는 장기간 조업정지명령은 불가하고 반드시 폐쇄명령이나 허가취소를 명해야 한다(§17 단서, §17i).

2. 무허가시설에 대한 사용중지 및 시설폐쇄명령

지자체장은 신고를 하지 않거나 허가를 받지 않고 배출시설을 설치하거나 운영하는 자에게 그 배출시설의 사용중지("사용중지명령")를 명하여야 한다. 다만, 그 배출시설을 개선하거나 방지시설을 설치·개선하더라도 그 공장에서 나오는 소음·진동의 정도가 배출허용기준 이하로 내려갈 가능성이 없거나 다른 법률에 따라 그 배출시설의 설치가 금지되는 장소이면 그 배출시설의 폐쇄를 명하여야 한다(§18).

3. 명령의 이행보고 및 확인

사업자는 이상에서 살펴본 조치명령, 개선명령, 조업정지명령 또는 사용중지명령 등을 이행한 경우에는 그 이행결과를 지체 없이 지자체장에게 보고해야 하고(§20①), 지자체장은 보고를 받으면 지체 없이 그 명령의 이행 상태나 개선완료 상태를 확인해야 한다(§20②).

제4절 │ 생활소음·진동의 관리

Ⅰ. 개관

국민들이 소음이나 진동의 고통을 체험하는 것은 대개 일상에서 겪게 되는 생활소음과 진동을 통해서이므로 생활소음·진동에 대한 규율필요성도 자못 크다. 생활소음이나 진동의 배출원은 문자 그대로 다종다양해서 이루 헤아릴 수 없다. 확성기 소음, 소규모 공장의 작업소음, 건설공사장의 작업소음, 유흥업소의 심야소음, 악기연주, 심지어 고성방가 등에 이르기까지 무수히 많다. 이들은 과거에는 도덕관념이나 관습·관행에 따라 규율되었지만, 사회가 급변하고 가치관이 다원화됨에 따라 이를 법률로 규율하지 않을 수 없게 되었다. 또한 환경부 환경백서에 따르면 2015년 소음 관련 민원은 106,283건으로, 2010년 53,718건에 비해 97.8% 증가하여 환경분야 전체 민원 중 50%를 차지하기에 이르렀다고 한다. 이는 생활수준의 향상에 따라 정온한 생활환경에 대한 욕구가 증가했음을 보여주는 것이다. 이에 따라 그동안 규제의 공백상태였던 영역이 환경법의 규율대상이 되기 시작하였는데, 층간소음 문제가 그 대표적인 사례이다.[13]

소음·진동관리법은 사업장과 공사장 등에서 발생하는 소음·진동을 "생활소음·진동"으로 정의한 후, <u>규제대상</u>과 이에 적용될 <u>규제기준</u>을 설정함으로써 생활소음·진동을 규율하고 있다. 이와 함께 특별한 규제의 필요성이 인정되는 경우 <u>규제지역</u>을 설정하는데, 이에 해당하는 것으로는 현재 이동소음규제지역이 있다.

Ⅱ. 생활소음·진동의 관리

1. 생활소음·진동의 정의 및 예외지역

소음·진동관리법은 생활소음·진동이 국지적인 성격을 갖고 있어 그 규제업무를 지자체장으로 하여금 담당하게 하였는데, 이에 따라 지자체장은 주민의 조용하고 평온한 생활환경을 유지하기 위하여 사업장 및 공사장 등에서 발생되는 소음·진동, 즉 **"생활소음·진동"**을 규제해야 한다(§21①). 다만 산업단지와 같이 소음·진동이 발생할 것이 당연히 예상되는 지역("예

---

13) 현재는 아파트 건축업자나 분양업자에 대하여 하자담보책임을 물음으로써 해결하고 있다(서울地判 2000. 12.19. 98가합23596).

외지역")은 이 규제로부터 제외된다.[14]

2. 생활소음·진동 규제대상 및 규제기준

소음·진동관리법 시행규칙 제20조 제2항은 '규제대상'으로, ① 확성기에 의한 소음(「집회 및 시위에 관한 법률」에 따른 소음과 국가비상훈련 및 공공기관의 대국민 홍보를 목적으로 하는 확성기 사용에 따른 소음 제외), ② 배출시설이 설치되지 아니한 공장에서 발생하는 소음·진동, ③ 공사장에서 발생하는 소음·진동, ④ 공장·공사장을 제외한 사업장에서 발생하는 소음·진동을 규정하고 있다. 동 시행규칙 제20조 제3항은 이들 규제대상 소음·진동에 관하여 '규제기준'을 규정하고 있는데, 대상지역, 소음원 종류, 시간대에 따라 각각 다른 기준을 규정하고 있다. 따라서 상기한 규제대상에 해당하는 소음·진동을 배출하는 사람은 그 배출장소가 '예외지역'이 아닌 한 규제기준을 준수할 의무가 있다.

▌표 3-22 생활소음·진동의 규제기준
소음·진동관리법 제21조 제2항, 소음·진동관리법 시행규칙 제20조 제3항 [별표 8]

1. 생활소음 규제기준   [단위 : dB(A)]

대상 지역	소음원	시간대별	아침, 저녁 (05:00~07:00, 18:00~22:00)	주간 (07:00~18:00)	야간 (22:00~05:00)
가. 주거지역, 녹지지역, 관리지역 중 취락지구·주거개발진흥지구 및 관광·휴양개발진흥지구, 자연환경보전지역, 그 밖의 지역에 있는 학교·종합병원·공공도서관	확성기	옥외설치	60 이하	65 이하	60 이하
		옥내에서 옥외로 소음이 나오는 경우	50 이하	55 이하	45 이하
	사업장	공장	50 이하	55 이하	45 이하
		동일 건물	45 이하	50 이하	40 이하
		기타	50 이하	55 이하	45 이하
	공사장		60 이하	65 이하	50 이하

---

14) 소음·진동관리법 시행규칙 제20조 제1항에 의하면, 「산업입지 및 개발에 관한 법률」 제2조 제5호에 따른 산업단지(단, 산업단지 중 「국토의 계획 및 이용에 관한 법률」 제36조에 따른 주거지역과 상업지역은 제외), 「국토의 계획 및 이용에 관한 법률 시행령」 제30조에 따른 전용공업지역, 「자유무역지역의 지정 및 운영에 관한 법률」 제4조에 따라 지정된 자유무역지역, 생활소음·진동이 발생하는 공장·사업장 또는 공사장의 부지 경계선으로부터 직선거리 300미터 이내에 주택, 운동·휴양시설 등이 없는 지역은 제외된다.

나. 그 밖의 지역	확성기	옥외설치	65 이하	70 이하	60 이하
		옥내에서 옥외로 소음이 나오는 경우	60 이하	65 이하	55 이하
		공장	60 이하	65 이하	55 이하
	사업장	동일 건물	50 이하	55 이하	45 이하
		기타	60 이하	65 이하	55 이하
		공사장	65 이하	70 이하	50 이하

2. 생활진동 규제기준

[단위 : dB(V)]

대상 지역	시간대별	주간 (06:00~22:00)	심야 (22:00~06:00)
가. 주거지역, 녹지지역, 관리지역 중 취락지구·주거개발진흥지구 및 관광·휴양개발진흥지구, 자연환경보전지역, 그 밖의 지역에 소재한 학교·종합병원·공공도서관		65 이하	60 이하
나. 그 밖의 지역		70 이하	65 이하

Ⅲ. 층간소음의 관리

도시화가 급속히 진행됨에 따라 사람들이 공동주택에서 주거하는 비율은 계속 늘어나는 추세이다. 반면, 정온한 생활환경에 대한 수요 역시 늘어나고 있어, 공동주택 거주자 사이의 갈등, 특히 층간소음을 둘러싼 갈등이 심각해지고 있다. 이에 대응하기 위하여 소음·진동관리법은 소음의 정의에 "공동주택 소음"을 추가하고,[15] 제21조의2에 공동주택의 소음기준과 입주민간 갈등 조정·상담 지원에 관한 규정을 신설하였다. 이에 따르면, 환경부장관과 국토교통부장관은 공동으로 공동주택에서 발생되는 층간소음(인접한 세대 간 소음 포함)으로 인한 입주자 및 사용자의 피해를 최소화하고 발생된 피해에 관한 분쟁을 해결하기 위하여 "층간소음기준"을 정해야 하고(§21의2①), 층간소음의 피해예방 및 분쟁해결을 위하여 필요한 경우 환경부장관은 한국환경공단으로 하여금 층간소음의 측정, 피해사례의 조사·상담 및 피해조정지원을 실시하도록 할 수 있다(§21의2②).

---

15) 소음·진동관리법 제2조 제1호는 소음을 정의하면서, "공동주택(「주택법」 제2조 제3호에 따른 공동주택을 말한다. 이하 같다) 등 환경부령으로 정하는 장소에서 사람의 활동으로 인하여 발생하는 강한 소리"를 포함시켰다.

┃표 3- 23 층간소음의 기준

소음·진동관리법 제21조의2 제3항, 공동주택 층간소음의 범위와 기준에 관한 규칙 제3조 [별표]

층간소음의 구분		층간소음의 기준[단위: dB(A)]	
		주간 (06:00~22:00)	야간 (22:00~06:00)
1. 제2조 제1호에 따른 직접충격 소음	1분간 등가소음도(Leq)	43	38
	최고소음도(Lmax)	57	52
2. 제2조 제2호에 따른 공기전달 소음	5분간 등가소음도(Leq)	45	40

이에 따라 제정된 환경부령 「공동주택 층간소음의 범위와 기준에 관한 규칙」에 의하면 공동주택 층간소음이란 입주자 또는 사용자의 활동으로 인하여 발생하는 소음으로서 다른 입주자 또는 사용자에게 피해를 주는 ① 뛰거나 걷는 동작 등으로 인하여 발생하는 "직접충격 소음" 혹은 ② 텔레비전, 음향기기 등의 사용으로 인하여 발생하는 "공기전달 소음"이다(위 규칙 §2). 직접충격 소음의 기준은 "1분간 등가소음도"와 "최고소음도"로 구성되는데, 전자는 1분 동안 소음측정기로 측정한 소음의 평균치("1분간 등가소음도")로서 주간은 43dB(A), 야간(22:00~06:00)은 38dB(A)이고, 후자는 1시간에 3번 이상 소음이 날 경우의 기준으로서 주간 57dB(A), 야간 52dB(A)이다. 공기전달 소음은 5분 동안 측정한 평균치("5분간 등가소음도")로서 주간 45dB(A), 야간 40dB(A)이다.[16]

Ⅳ. 특정공사의 사전신고

생활소음·진동이 발생하는 공사로서 피해가 발생할 개연성이 있는 공사에 대해서는 특별히 관리할 필요가 있다. 따라서 소음·진동관리법은 동법 시행규칙이 정하는 특정 기계·장비를 5일 이상 사용하는 공사로서 일정 규모 이상의 건축물 건축공사 및 해체공사, 토목건설공사나 위 법률 시행령이 정한 "학교 또는 종합병원의 주변 등"의 지역에서 시행되는 공사를 시행하려는 자에 대하여 관할 지자체장에게 그 특정공사를 사전에 신고하도록 의무를 부여하고 있으며, 신고내용 중 환경부령으로 정하는 중요한 사항을 변경하려는 경우에도 마찬가지다 (§22①, ②). 또한, 신고를 받은 시·도지사는 위 각 항에 따른 신고 또는 변경신고를 받은 날로부터 4일 이내에 신고수리 여부를 신고인에게 통지하여야 한다(동법 ③). 만약 그렇지 않으면

---

16) 이 기준은 2005년 7월 1일 이후에 사업 승인을 받은 아파트를 위한 기준이고, 그 이전에 사업 승인을 받거나 연립주택, 빌라 등 아파트 이외의 공동주택에 대해서는 위 기준에 5dB(A)을 더한 값을 적용한다.

해당 기간이 끝난 날의 다음 날에 신고를 수리한 것으로 본다(동법 ④).

특정공사 시행자는 위 법률 시행령에서 정하고 있는 기준에 적합한 방음시설을 설치한 후 공사를 시작해야 하고, 공사로 발생하는 소음·진동을 줄이기 위한 저감대책을 수립·시행해야 한다(§22③, ⑤). 여기에 관한 사항은 환경부령으로 정하도록 위임하고 있다(동법 ⑥). 다른 한편, 지자체장은 공사장에서 발생하는 소음을 적정하게 관리하기 위하여 필요한 경우 공사를 시행하는 자에게 소음측정기기를 설치하도록 권고할 수 있다(§22의2).

V. 소음·진동발생자의 의무이행 확보수단

생활소음·진동이 생활소음·진동의 규제기준을 초과한 경우에는 소음·진동관리법은 지자체장에게 소음·진동을 발생시킨 자에 대하여 작업시간의 조정, 소음·진동 발생 행위의 분산·중지, 방음·방진시설의 설치, 환경부령으로 정하는 소음이 적게 발생하는 건설기계의 사용 등 필요한 조치를 명할 수 있는 권한을 부여하고 있다(§23①). 이런 조치를 취하는 데 필요한 비용은 원인자인 사업자가 부담해야 한다. 사업자가 조치명령을 이행한 경우에는 그 이행결과를 지체 없이 지자체장에게 보고해야 하고(§23②), 지자체장은 그 보고를 받으면 지체 없이 그 명령의 이행 상태나 개선 완료 상태를 확인해야 한다(§23③). 그리고 조치명령을 받은 자가 이를 이행하지 않거나 이행하더라도 규제기준을 초과한 경우에는 해당 규제대상의 사용금지, 해당 공사의 중지 또는 폐쇄를 명할 수 있는데(§23④), 폐쇄명령을 내리기 위해서는 그에 앞서 청문을 실시해야 한다(§51ii). 여기의 사용금지나 폐쇄명령에 위반한 경우에는 행정벌의 대상이 된다(§57iv).

VI. 이동소음의 규제 및 폭약사용으로 인한 소음·진동의 방지

이상에서 살펴 본 생활소음·진동의 발생원은 모두 고정소음원(固定騷音源)이었는데, 기실 이동소음도 무시할 수 없는 소음을 야기한다. 소음·진동관리법은 지자체장에게 이와 같이 이동소음의 원인을 제공하는 기계·기구(이하, "이동소음원(移動騷音源)")로 인한 소음을 규제할 필요가 있는 지역을 이동소음 규제지역으로 지정하여 이동소음원의 사용을 금지하거나 사용 시간 등을 제한할 수 있는 권한을 부여하고 있다(§24①). 규제대상인 이동소음원이란 이동하면서 영업이나 홍보를 위하여 사용하는 확성기, 행락객이 사용하는 음향기계 및 기구, 소음방지장치가 비정상이거나 음향장치를 부착하여 운행하는 이륜자동차 등을 말한다(소음·진동관리법 시행규칙 §23①).

한편 폭약의 사용은 위험할 정도로 소음·진동을 야기할 가능성이 크다. 소음·진동관리법은 지자체장에게 폭약의 사용으로 인한 소음·진동피해를 방지할 필요가 있다고 인정하면 시·도경찰청장에게 「총포·도검·화약류 등 단속법」에 따라 폭약을 사용하는 자에게 그 사용의 규제에 필요한 조치를 하여 줄 것을 요청할 수 있는 권한을 부여하고 있다. 이 경우 시·도경찰청장은 특별한 사유가 없으면 그 요청에 따라야 한다(§25).

제5절 │ 교통소음·진동의 관리

Ⅰ. 개관

자동차는 현대문명의 표상이자 편의(便宜)의 대명사다. 과학기술의 발전과 더불어 교통수단은 비약적 발전을 거듭하였고, 자동차보급률도 급증했다. 이와 더불어 도로가 계속 확대되어 방방곡곡 어디로든 교통의 흐름이 이어지지 않는 곳이 없다. 이러한 사정은 모두 교통수단의 운용으로 인한 소음과 진동이 늘어날 수밖에 없음을 시사한다. 교통소음과 진동이 가져오는 피해의 특징을 보면 발생소음도가 매우 높고 그 피해지역도 광범위하다. 우리나라의 도로교통소음은 대체적으로 다음과 같은 양상을 보이고 있다. 도시의 경우, 상·공업지역은 물론 주거지역까지 그 영향권 안에 이미 들어와 있으며, 고속도로 등 각종 도로망의 확장으로 인하여 농촌에서도 그 영향권은 계속 확대되고 있다. 소음·진동관리법은 교통소음·진동의 관리기준을 정하여 이를 초과하거나 그러할 우려가 있는 지역을 지정하여 이를 중심으로 필요한 조치를 취하도록 하고 있으며, 자동차의 경우 제작차에 대한 규제와 운행차에 대한 규제를 나누어 규율하고 있다.

Ⅱ. 교통소음·진동의 관리기준

환경부장관은 관계 중앙 행정기관의 장과 협의한 후, 교통기관에서 발생하는 소음·진동의 관리기준(이하, "교통소음·진동관리기준")을 환경부령으로 정해야 한다(§26). 이에 따라 제정된 소음·진동관리법 시행규칙 제25조에서는 아래와 같이 대상지역 별로 주간의 한도기준과 야간의 한도기준을 각각 규정하고 있다.

▮ 표 3- 24 교통소음·진동의 관리기준

소음·진동관리법 제26조, 동시행규칙 제25조 [별표 12]

1. 도로

대상지역	구분	한도	
		주간 (06:00~ 22:00)	야간 (22:00~ 06:00)
주거지역, 녹지지역, 관리지역 중 취락지구·주거개발진흥지구 및 관광·휴양개발진흥지구, 자연환경보전지역, 학교·병원·공공도서관 및 입소규모 100명 이상의 노인의료복지시설·영유아보육시설의 부지 경계선으로부터 50미터 이내 지역	소음 (LeqdB(A))	68	58
	진동 (dB(V))	65	60
상업지역, 공업지역, 농림지역, 생산관리지역 및 관리지역 중 산업·유통개발진흥지구, 미고시지역	소음 (LeqdB(A))	73	63
	진동 (dB(V))	70	65

2. 철도

대상지역	구분	한도	
		주간 (06:00~ 22:00)	야간 (22:00~ 06:00)
주거지역, 녹지지역, 관리지역 중 취락지구·주거개발진흥지구 및 관광·휴양개발진흥지구, 자연환경보전지역, 학교·병원·공공도서관 및 입소규모 100명 이상의 노인의료복지시설·영유아보육시설의 부지 경계선으로부터 50미터 이내 지역	소음 (LeqdB(A))	70	60
	진동 (dB(V))	65	60
상업지역, 공업지역, 농림지역, 생산관리지역 및 관리지역 중 산업·유통개발진흥지구, 미고시지역	소음 (LeqdB(A))	75	65
	진동 (dB(V))	70	65

Ⅲ. 교통소음·진동의 관리지역의 지정 및 규제

1. 교통소음·진동관리지역의 지정

교통기관에서 발생하는 소음이 '교통소음·진동관리기준'을 초과하거나 초과할 우려가 있는 경우에는 특별시장·광역시장·특별자치시장·특별자치도지사 또는 시장·군수는 해당 지역을 "교통소음·진동 관리지역"으로 지정할 수 있다(§27①). 환경부장관은 교통소음·진동의 관리가 필요하다고 인정되는 지역을 '교통소음·진동관리지역'으로 지정해 줄 것을 특별시장·광역시장·특별자치시장·특별자치도지사 또는 시장·군수에게 요청할 수 있고, 이 경우 이들은 특별한 사유가 없다면 그 요청에 따라야 한다(§27②).[17] 특별시장·광역시장·특별자치시장·특별자치도지사 또는 시장·군수는 교통소음·진동관리지역을 지정한 경우에는 그 사실을 고시하고 표지판 설치 등 필요한 조치를 해야 한다(§27④).

교통소음·진동관리지역은 주민의 정온한 생활환경을 유지하기 위하여 교통기관으로부터 나오는 소음과 진동을 규제할 필요가 있다고 인정해 지정한 지역이므로 그 지역 내에서 주민의 정온한 생활을 가능하게 할 필요 조치가 취해져야 함은 당연하다. 소음·진동관리법은 그러한 조치로 자동차운행의 규제와 방음시설의 설치를 규정하고 있다.

2. 자동차 운행의 규제

교통소음·진동 관리지역에 대해서 그 지역을 관할하는 특별자치시장·특별자치도지사 또는 시장·군수·구청장은 교통소음·진동 관리지역을 통행하는 자동차를 운행하는 자(이하 "자동차운행자")에게 「도로교통법」에 따른 속도의 제한·우회 등 필요한 조치를 하여 줄 것을 시·도경찰청장에게 요청할 수 있다. 이는 자동차운행에 대하여 제한을 가할 수 있는 권한이 경찰청에 있기 때문이다. 하지만 요청이 있을 경우 시·도경찰청장은 특별한 사유가 없으면 지체 없이 그 요청에 따라야 한다(§28). 특별한 사유란, 도로교통법의 목적, 즉 안전하고 원활한 교통의 확보에 비추어 볼 때 자동차 운행에 대한 규제가 부적절하다고 인정되는 사유를 말한다.

---

17) 소음·진동관리법 제27조 제3항, 동 시행규칙 제26조 [별표 11]에 의하면 소음·진동관리지역은 다음과 같다.
   1. 「국토의 계획 및 이용에 관한 법률」에 따른 주거지역·상업지역 및 녹지지역
   2. 「국토의 계획 및 이용에 관한 법률」에 따른 준공업지역
   3. 「국토의 계획 및 이용에 관한 법률」에 따른 취락지구 및 관광·휴양개발진흥지구(관리지역으로 한정한다)
   4. 「의료법」 제3조에 따른 종합병원 주변지역, 「도서관법」 제2조에 따른 공공도서관의 주변지역, 「초·중등교육법」 제2조 또는 「고등교육법」 제2조에 따른 학교의 주변지역, 「노인복지법」 제34조에 따른 노인의료복지시설 중 입소규모 100명 이상인 노인의료복지시설 및 「영유아보육법」 제2조 제2호에 따른 보육시설 중 입소규모 100명 이상인 보육시설의 주변지역
   5. 그 밖에 환경부장관이 고요하고 편안한 생활환경 조성을 위하여 필요하다고 인정하여 지정·고시하는 지역

3. 방음·방진시설의 설치

교통소음·진동 관리지역에서 자동차 전용도로, 고속도로 및 철도로부터 발생하는 소음·진동이 교통소음·진동 관리기준을 초과하여 주민의 조용하고 평온한 생활환경이 침해된다고 인정하면 특별시장·광역시장·특별자치시장·특별자치도지사 또는 시장·군수(광역시의 군수는 제외한다)는 스스로 방음·방진시설을 설치하거나 해당 시설관리기관의 장에게 방음·방진시설의 설치 등 필요한 조치를 할 것을 요청할 수 있다. 이 경우 해당 시설관리기관의 장은 특별한 사유가 없으면 그 요청에 따라야 한다(§29①). 시설관리기관의 장이 의지할 수 있는 특별한 사유로는 대표적으로 예산상의 제약을 들 수 있는데, 당해 소음·진동이 그 관리기준을 현격히 초과해 주민이 생활하는 것 자체가 불가능에 가까울 정도에 이르지 않는 한 주어진 예산의 범위를 넘어 조치를 취할 것을 기대하기는 어려울 것으로 본다.

Ⅳ. 제작차에 대한 소음·진동 규제

1. 제작차 소음허용기준의 설정

자동차로 인한 소음·진동은 제작단계에서부터 세심하게 관리할 필요가 있다. 자동차가 구입된 이후로는 소비자가 어떤 조치를 취하리라 기대하기 어렵기 때문이다. 그리하여 소음·진동관리법은 자동차를 제작하거나 수입하려는 자(이하, "자동차제작자")에게 제작되는 자동차(이하, "제작차")에서 나오는 소음이 대통령령으로 정하는 제작차 소음허용기준에 적합하도록 제작할 것(§30)과, 나아가 제작차의 소음이 제작차 소음허용기준에 적합하다는 환경부장관의 인증을 받을 것을 명하고 있다(§31①). 이에 그치지 않고 동법은 환경부장관으로 하여금 인증을 받아 제작한 자동차의 소음이 제작차 소음허용기준에 적합한지를 확인하기 위하여 검사를 실시할 것을 명하고 있다(§33①).

2. 자동차제작자의 의무이행 확보수단

인증을 받아 제작한 자동차의 소음이 검사결과 제작차 소음허용기준에 부적합한 경우 환경부장관은 그 제작 자동차의 개선 또는 판매중지를 명해야 한다(§34②). 만약 자동차제작자가 속임수나 그 밖의 부정한 방법으로 인증을 받거나, 제작차에 중대한 결함이 발생되어 개선을 하여도 제작차 소음허용기준을 유지할 수 없을 경우에는 환경부장관은 인증을 취소해야 한다(§34①).

3. 자동차용 타이어 소음허용기준

새로 개정된 「소음·진동관리법」은 자동차용 타이어를 제작 또는 수입하려는 자(이하 "타이어제작자등")에게 제작 또는 수입하는 자동차용 타이어에서 나오는 소음(이하 "타이어 소음도")이 환경부령으로 정하는 허용기준(이하 "타이어 소음허용기준"이라 한다)에 적합하게 제작 또는 수입할 의무를 부여하고 있다(§34의2①). 이를 위하여 타이어제작자등은 제작 또는 수입하는 자동차용 타이어가 타이어 소음허용기준에 적합한지 타이어 소음도를 스스로 측정하거나 환경부령으로 정하는 시험기관에 의뢰하여 측정하고 그 결과를 환경부장관에게 신고하여야 한다(§34의2②). 만약 신고한 자동차용 타이어가 타이어 소음허용기준을 초과하는 경우에는 환경부장관은 해당 타이어제작자 등에게 시정명령을 내릴 수 있고(§34의3①), 시정명령을 이행하지 않은 경우에는 해당 자동차용 타이어의 제작·수입·판매·사용의 금지를 명할 수 있다(§34의3③). 이러한 타이어 소음허용기준은 2020년 1월 1일부터 시행된다.

V. 운행차에 대한 소음·진동 규제

1. 운행차 소음허용기준의 설정

제작차에 대한 규제가 이루어지더라도 그 제작차를 운행하면 실제로 소음·진동이 발생할 수밖에 없고, 그 사용이나 운행의 행태에 따라 야기되는 소음·진동의 정도가 달리 나타날 것인 만큼 운행차에 대한 소음규제 역시 중요하다. 실제로 자동차 운행자에 따라서는 자동차를 개조하여 굉음을 억지로 만들어내기도 하므로 운행차에 대한 규제는 놓칠 수 없는 부분이다. 그리하여 소음·진동규제법은 자동차의 소유자에게 그 자동차에서 배출되는 소음이 대통령령으로 정하는 ① 운행차 소음허용기준에 적합하게 운행하거나 운행하게 할 의무를 부여하고, ② 소음기(消音器)나 소음덮개를 떼어 버리거나 ③ 경음기(警音器)를 추가로 붙이지 못하도록 의무를 부여하고 있다(§35).

2. 운행차의 수시점검 및 정기검거

특별시장·광역시장·특별자치시장·특별자치도지사 또는 시장·군수·구청장은 수시로 도로나 주차장 등에서 위 ①-③ 의무를 이행하고 있는지를 확인하기 위하여 운행차를 점검할 수 있으며(§36①), 이 경우 자동차 운행자는 협조해야 하고 따르지 않거나 점검에 지장을 주는 행위를 해서는 안 된다(§36②). 뿐만 아니라 소음·진동관리법은 자동차의 소유자에게 자동차에 대한 정기검사를 받을 때에도 위 ①-③ 의무를 이행하고 있는지를 확인하기 위하여 검사를 받도록 의무를 부여하고 있다(§37).

3. 자동차 소유자의 의무이행 확보수단

운행차에 대한 수시점검 결과 위 ①-③ 의무를 위반한 경우에는 특별시장·광역시장·특별자치시장·특별자치도지사 또는 시장·군수·구청장은 자동차 소유자에게 개선명령을 내릴 수 있으며(§38①), 이 경우 10일 이내의 범위에서 개선에 필요한 기간에 그 자동차의 사용정지를 함께 명할 수 있고(§38②), 위 개선명령을 받은 자는 지적된 부분을 정비·개선한 후 소정의 검사대행기관으로부터 개선결과의 확인을 받아 개선명령을 한 특별시장·광역시장·특별자치시장·특별자치도지사 또는 시장·군수·구청장에게 개선 결과를 보고하여야 한다(§38③).

제6절 | 항공기소음·진동의 관리

Ⅰ. 개관

항공기 소음을 규제해야 할 필요성은 날로 더해가고 있다. 자유무역의 확대와 지구화의 진행으로 인하여 공항은 대규모화하고 있고 비행기는 날로 커지는데 이런 현상은 비행기소음이 갈수록 심각해질 것을 예정하고 있는 것이다. 또한 비행기소음은 국지적 성격이 강해서 규제의 효과를 분명히 거둘 수 있는 규제대상이기도 하다. 국민의 항공기소음에 대한 민원이 거세지면서, 환경부도 국내 모든 공항에서 항공기 소음도를 24시간 상시측정하고 있으며, 항공기 소음도 측정결과를 분기별로 분석·평가하여 관계 행정기관에 통보하고 주택 방음시설 설치 등 필요조치를 강구하도록 요청하고 있다. 환경부는 소음·진동관리법 외에 「공항소음방지 및 소음피해지역 지원에 관한 법률」을 제정하여 항공기 소음피해에 대한 소음대책 사업이 원활하게 시행될 수 있는 근거를 마련하였다.

Ⅱ. 항공기 소음 한도의 설정

소음·진동관리법은 환경부장관에게 항공기 소음이 대통령령으로 정하는 항공기 소음의 한도를 초과하여 공항 주변의 생활환경이 매우 손상된다고 인정하는 경우 관계 기관의 장에게 방음시설의 설치나 그 밖에 항공기 소음의 방지에 필요한 조치를 요청할 수 있는 권한을 부여하고 있다(§39①). 동법 시행령 제9조는 항공기 소음의 한도로, 공항인근지역은 항공기소음영향도(WECPNL; Weighted Equivalent Continuous Perceived Noise Level) 90, 기타 지역은 75로 각각 정하고 있다.

한편, 소음·진동관리법은 항공기 소음 관리에 관한 다른 법률이 없는 경우에 보충적으로 적용되는바(§39③), 「항공안전법」과 「공항소음방지 및 소음대책지역 지원에 관한 법률」이 그 대부분을 규정하고 있다. 항공안전법은 "항공기기술수준"의 하나로 "항공기등의 환경기준"을 정하면서 여기에 소음기준을 포함시키고 있고(§19ii), 항공기의 소유자 등에게 국토교통부장관의 소음기준적합증명을 받도록 하고 있다(§25). 또한 위 법률에 따르면, 국토교통부장관은 운항증명을 받은 항공운송사업자가 소음기준적합증명을 받지 아니하고 항공기를 운항한 경우 운항증명을 취소하거나 6개월 이내의 기간을 정하여 항공기 운항의 정지를 명할 수 있다(§91v). 「공항소음방지 및 소음대책지역 지원에 관한 법률」은 공항소음에 대한 종합법이라 할 만큼 공항소음 방지에 관한 다양한 규제조치를 담고 있다. 위 법률은 먼저 위 법률이 공항소음의 방지와 소음대책지역 지원에 관한 한 다른 법률에 우선하고 있음을 천명하고(§3), "소음대책지역"을 지정·고시하고(§5), 소음지역대책지역에서의 시설물의 설치를 제한하며(§6), 공항소음방지 및 주민지원에 관한 중기계획(§7)이나 공항소음대책사업의 계획(§8)을 수립하도록 하고 있으며, 소음저감운항 의무(§9)를 규정하고, 자동소음측정망의 설치(§10), 손실보상(§11), 토지매수의 청구(§12) 등에 이르기까지 망라적으로 규정하고 있다.

제7절 | 소음·진동에 의한 피해의 구제

Ⅰ. 공법상 구제

소음·진동 피해에 대한 공법상 구제수단으로는 먼저 소음·진동을 발생시킨 행위나 시설에 대한 행정청의 인·허가 처분 등의 취소를 구하는 '취소소송'을 생각할 수 있다. 다음으로, 소음·진동에 대하여 이를 규제할 의무가 있음에도 이를 방치한 행정청의 부작위에 대하여, 행정청의 규제활동이 기속행위임을 전제로 하여 '부작위위법확인소송'을 제기하거나 규제활동에 대한 피해자의 신청이 있었음에도 불구하고 행정청이 이를 거부했음을 이유로 하여 '거부처분취소소송'을 제기하는 방안을 생각해볼 수 있다.

Ⅱ. 사법상 구제

1. 개관

소음·진동 피해에 대한 사법적(私法的) 구제수단 중 가장 효과적인 것은 소음·진동 발생의 원인이 되는 활동의 중지·배제를 구하거나 그 예방을 구하는 방해제거·예방청구이겠으나, 실제로 자주 이용되는 구제수단은 손해배상청구이다. 대체로 불법행위를 원인으로 한 손해배상 청구와 민법 또는 「국가배상법」 소정의 공작물 또는 영조물의 설치·관리의 하자로 인한 손해 배상청구의 모습으로 이루어진다. 이때 침해되는 법익은 물권이나 인격권으로 구성되는 것이 통례이다.[18] 손해는 질병에 대한 치료비나 영업 손실(양돈장의 폐사 등을 원인으로 하는 경우가 대부분이다)을 주된 항목으로 하는 재산상의 손해와 정신적인 고통을 위자하는 위자료로 대별된다. 그런데 소음·진동으로부터 자유로운 안온한 삶의 보호는 필연적으로 소음·진동을 유발하는 사람의 활동을 제한하게 된다. 따라서 소음·진동에 관한 분쟁의 해결에서는 피해자와 가해자 사이의 이해관계를 어떻게 조정할 것인가가 주요한 과제로 떠오르게 된다. 학설과 판례는 이를 수인한도론으로 풀고 있다.[19]

2. 법리구성

(1) 소음·진동에 대한 피해제거·예방 및 손해배상청구의 권원

소음·진동 피해의 제거나 예방 청구는 민법 제214조를 근거로 한다. 大判 2007.6.15. 2004다37904[13모2][17변]에 따르면 인근 소음으로 인하여 생활이익을 침해받은 건물의 소유자 또는 점유자가 그 소유권 또는 점유권에 기하여 소음피해의 제거나 예방을 위한 유지청구를 할 수 있다고 한다.

손해배상청구의 경우 소음이나 진동의 물리적 성격에 따라 법적 구성을 달리한다. 공사장 등 작업현장에서 발생되는 소음의 경우에는 소음이 한시적(限時的)이고, 가해자인 소음발생의 주체 역시 공사현장에서 공사를 하는 인부들 또는 이들의 관리자로 특정될 수 있다. 그리하여 공사장 등 작업현장 인근에서 발생되는 소음피해의 구제는 민법 제750조의 불법행위를 원인으

---

18) Cf. 손윤하, "환경침해를 원인으로 한 민사소송에 관한 문제: 일조, 조망 및 생활소음을 중심으로," **저스티스** 2004/10(통권 81호), 120, 145(2004). 이 견해는 소음침해를 인격권에 대한 침해로 보는 것이 일반적이고 예외적으로 강력한 소음의 경우에는 물권에 대한 침해로 구성하는 재판실무예도 있다고 하나, 의문이다. 拙稿, "상린관계의 법정책: 항공기소음을 글감으로 하여," **서울대학교 法學** 제50권 제3호, 285, 306－307, 322(2009).

19) 수인한도론을 설시한 판례로는, 금지청구에 관한 大判 2007.6.15. 2004다37904, 손해배상청구에 관한 大判 2001.2.9. 99다55434 및 大判 2014.8.20. 2012다60466 등 참조.

로 하는 손해배상청구로 구성할 수 있다. 반면 교통소음·진동이나 항공기소음·진동은 소음·진동을 야기하는 해당 교통수단 그 자체를 규제하기가 어렵다. 소음을 발생시키는 주체도 특정하기 힘들고 개별 교통수단마다 발생하는 소음정도를 측정하는 것도 어려우며, 개별적 인과관계를 밝혀내기란 지난한 일이다. 이런 까닭에 불특정 다수의 교통수단에서 발생하는 소음 전체에 대응하여야 하고, 따라서 해당 교통수단이 주행·이용하는 도로·시설의 관리자를 상대로 민법 또는 국가배상법상의 공작물 또는 영조물의 설치·관리의 하자를 원인으로 하여 손해배상을 청구하는 것이 통례이다. 판례도 이러한 법리구성을 수용하고 있는데, 항공기소음피해와 관련하여 영조물 설치·관리상의 하자에 터 잡은 국가배상책임의 법리를 동원하는 판례가 그 대표적인 사례이다. 다만, 교통소음에 대해서는 공작물·영조물 책임 이외에 일반불법행위책임으로 이론구성하는 것이 불가능한 것은 아니고, 판례도 드물지만 없지 않다.[20]

한편, 공작물·영조물 책임을 구하는 데 있어서의 논점은 당해 영조물을 이용함으로써 발생하는 소음을 설치·관리상의 '하자' 개념 아래 포섭시킬 수 있는가이다. 판례는 여기에서 말하는 하자에는 당해 영조물 자체에 있는 물리적·외형적 흠결·불비(不備)뿐 아니라 그 영조물이 공공의 목적에 이용됨에 있어 그 이용상태 및 정도가 일정한 한도를 초과하여 제3자에게 사회통념상 참을 수 없는 피해를 입히는 경우까지 포함된다고 판시하였다.[21]

주목할 점은, 이상의 손해배상청구에 있어서 고의·과실의 입증이 요구되지 않는다는 점이다. 이는 환경정책기본법 제44조의 무과실책임이 적용될 수 있는지의 문제인데, 大判 2001.2.9. 99다55434[13모2]는 환경정책기본법에 의하면 "사업장 등에서 발생되는 환경오염으로 인하여 피해가 발생한 경우에는 당해 사업자는 귀책사유가 없더라도 그 피해를 배상하여야 하고, 위 환경오염에는 소음·진동으로 사람의 건강이나 환경에 피해를 주는 것도 포함되므로, 이 사건 원고들의 손해에 대하여 피고는 그 귀책사유가 없더라도 특별한 사정이 없는 한 이를 배상할 의무가 있다"고 판시하였다.

---

20) 大判 2001.2.9. 99다55434는 고속도로 확장으로 인한 소음·진동의 증가로 인하여 인근 양돈업자가 양돈업을 폐업하게 된 사안에서 민법 제750조 및 환경정책기본법 제31조 제1항에 기초하여 손해배상책임을 인정한 바 있다.

21) 이른바 매향리 사격장 사건에 관한 大判 2004.3.12. 2002다14242, 김포공항 사건에 관한 大判 2005.1.27. 2003다49566[13모2] 및 大判 2015.10.15. 2-13다89433[16모2][17변]("도로소음으로 인한 생활방해를 원인으로 소음의 예방 또는 배제를 구하는 방지청구는 금전배상을 구하는 손해배상청구와는 내용과 요건을 서로 달리하는 것이어서 같은 사정이라도 청구의 내용에 따라 고려요소의 중요도에 차이가 생길 수 있고, 방지청구는 그것이 인용될 경우 소송당사자뿐 아니라 제3자의 이해관계에도 중대한 영향을 미칠 수 있으므로, 방지청구의 당부를 판단하는 법원으로서는 해당 청구가 인용될 경우에 방지청구를 구하는 당사자가 받게 될 이익과 상대방 및 제3자가 받게 될 불이익 등을 비교·교량하여야 한다.") 등 참조.

(2) 수인한도론

가. 수인한도론의 근거

우리 민법은 토지소유자에게 음향, 진동 등으로 이웃토지의 사용을 방해하거나 이웃거주자의 생활에 고통을 주지 아니하도록 적당한 조처를 할 의무를 부과하는 한편(§217①), 이웃거주자에게는 일정한 경우 그 사태를 인용할 의무를 부과하고 있다(동조 ②). 이처럼 상린관계를 규율하는 민법 제217조는 소음·진동과 관련된 민사 분쟁을 규율하는 주된 규정이 된다. 이에 의하면, 가해부동산(토지·건물)에서 발생하는 모든 가해행위(임밋시온)가 위법한 것으로 취급되지는 않으며 그 중 인근 피해부동산의 수인한도를 초과하는 경우만이 위법한 것으로 다루어지게 된다.

민법 제217조가 소음·진동과 같은 불가량물에 의하여 '부동산'이 침해받는 경우에 적용된다는 것은 문언(文言)상 분명하다. 다만 그 부동산에 거주하는 사람이나 그 부동산에 위치한 동산도 적용의 대상이 되는지에 대해서는 견해가 대립한다. 문언 및 입법 취지에 비추어 보면 제217조는 부동산물권을 보호하기 위해 제정된 것으로서 그 합리적 해석을 위해 고안된 수인한도론은 인접지에 거주하는 사람 및 동산에 대한 가해행위에까지 적용된다고 보기는 어렵다고 할 것이다.[22]

나. 위법성단계설

민법 제217조의 위법성 판단을 지휘하는 수인한도론은 소음, 진동, 일조방해를 비롯한 환경침해의 위법성에 관하여 통설·판례가 취하는 입장이다.[23] 인간이 함께 사회생활을 영위해나가는 이상 타인에게 이런저런 폐를 끼치는 것은 예정된 일이기 때문에("가해행위의 불가피성") 어느 정도는 이를 서로 인용하지 않으면 안 되고 그 한도를 넘어설 때에만 위법성을 띠게 된다고 보는 이론이다. 판례가 제시하는 수인한도 초과 여부에 관한 판단기준으로는 피해의 정도, 피해이익의 성질 및 그에 대한 사회적 평가, 가해건물의 용도, 지역성, 토지이용의 선후관계, 가해방지 및 피해회피의 가능성, 공법적 규제의 위반 여부, 교섭 경과 및 건축 후에 신설된 일조권에 관한 새로운 공법적 규제 등이 있다.[24]

손해배상청구의 경우보다 공사중지나 건물철거를 구하는 유지청구의 경우에 더 높은 수준

---

22) 자세한 내용은 拙稿, 상린관계의 법정책(註17) 292−299, 특히 296−297 참조. 물론 그렇다고 하여 부동산물권 이외의 법익에 대한 가해행위의 위법성 판단에 수인한도론이 적용될 수 없는 것은 아니다. 비록 수인한도론이 민법 제217조의 해석상 필요에 의해 창안된 이론이긴 하지만 민법 제217조 뿐만 아니라 일반적인 가해행위 전부에 관한 위법성 판단 기준으로 활용될 수 있다고 본다. 이에 관하여는 id. 300−312.
23) 大判 1999.1.26. 98다23850; 大判 2000.5.16. 98다56997; 大判 2001.6.26. 2000다44935 등.
24) 大判 1999.1.26. 98다23850; 大判 2002.12.10. 2000다72213; 大判 2004.9.13. 2003다64602 등.

의 수인한도가 요구된다는 위법성단계설의 인정 여부에 관하여서는 다수설과 판례가 이를 긍정하고 있다.[25] 大判 2008.4.17. 2006다35865(손승)는 일조방해로 인한 건물의 철거의무는 지극히 예외적인 경우에만 인정된다고 판시한 바 있는데, 이는 손해배상청구가 인정되는 위법한 일조방해라고 해서 그 전부에 대해 항상 유지청구가 인정되는 것은 아니고 유지청구의 경우보다 엄격한 수인한도를 초과해야 함을 분명히 밝힌 것으로 볼 수 있다.[26]

3. 당사자와 피해

공사장 소음에 의하여 재산상 피해를 입거나 정신적 건강침해를 입은 자는 원고가 될 수 있다. 재산상 피해의 예로는 소음으로 인해 영업장 영업을 중단하거나 고객이 감소한 경우, 부동산 가격이 하락한 경우, 거주지에서 이주해야 하는 경우 등을 들 수 있다. 정신적 피해의 대표적인 사례는 일상생활의 불편으로 인하여 입은 신체적·정신적 고통이다.

공사장 소음의 가해자는 자기의 계산으로 당해 공사를 수행하는 자이다. 그런데 일괄적인 도급계약에 의하여 당해 공사가 이루어진 경우, 수급인이 가해자로서 피고가 된다는 점에는 이론이 없으나, 도급인에 대해서는 견해가 갈린다. 도급인도 수급인과 함께 공동불법행위자로서 손해배상책임을 져야 한다는 견해, 책임을 인정할 수 없다는 견해가 있으나, 서울地判 2002.3.12. 2001가합35421은 통상적으로는 아무런 책임이 없으나 도급인이 시행자의 지위에서 작업방법 또는 작업시간을 지시하거나 작업에 관여하는 등의 특별한 사정이 있는 경우에는 공동으로 손해배상책임을 져야 한다고 판시하였다. 교통소음의 경우에는, 영조물의 하자책임에 관한 법리에 따라 도로의 경우는 이를 관리·운영하는 국가나 지자체가 피고가 될 것이고, 철도나 항만은 그 설치관리자가 국가이므로 국가가 피고이다. 운전자는 실무상 입증의 문제가 있어 피고로 삼기 어렵다.

4. 성립요건

소음·진동으로부터 자유로운 안온한 삶의 보호는 필연적으로 소음·진동을 유발하는 사람의 활동을 제한하므로 상호간 이익 조정이 반드시 필요하다. 따라서 소음·진동으로 인한 침해 정도가 수인한도를 넘는 경우만 위법한 침해라 하겠다. 입증책임은 피해자(원고)에게 있다.

---

25) 김상용, **불법행위법**, 276(1997); 송혜정, "일조방해로 인한 손해배상청구권의 소멸시효 기산점," 8(민사판례연구회 발표논문, 필자소장). 반대설로는 유원규, **민법주해 V 물권**(2), 311-312(1997).
26) 송혜정(註24), 8.

(1) 수인한도의 판단요소

가. 소음·진동의 정도와 태양

실무상 소음의 발생횟수와 정도, 소음발생 기간과 지속시간 및 발생 시간대, 소음의 태양과 성질 등을 종합적으로 고려하여 결정한다. 소음원에서 측정된 소음이 아니라 피해자에게 도달한 소음이 기준이 되며(공법상 처분의 근거인 소음의 정도가 소음원에서의 측정치를 기준으로 하는 것과 구별된다),[27] 재판실무에서는 현장검증 및 감정인의 감정(시뮬레이션) 등을 거친다.

나. 소음·진동의 회피·완화 노력

합리적 소음·진동방지 대책을 강구했는지 여부, 소음원과 인근 거주지 사이에 차음 및 흡음을 위한 방음벽 설치 여부, 기계 배치 및 도로 설계시 소음방지 노력을 기울였는지 여부, 피해자에게 설명하고 예고했는지 여부, 소음방지 협정의 체결 및 준수 여부, 보상협의 유무 등이 고려요소가 된다.

다. 소음·진동유발시설의 공공성

공익을 위한 또는 공공의 사용을 위한 활동·시설의 경우 사익을 위한 경우보다 수인한도의 정도가 높다(大判 1999.1.26. 98다23850).[28] 특히 교통소음의 경우 우리나라의 협소한 영토, 인구밀집으로 인한 교통난 해소의 필요성 등으로 인해 수인한도가 높다.[29]

라. 피침해법익의 성질과 정도

공동생활에 필연적으로 따르기 마련인 소음과 폭행에 버금가는 소음, 다시 말해 상해나 질병을 유발하는 소음은 구별하여야 한다. 후자의 경우는 수인한도론의 적용대상이 아니라고 본다.[30] 소음발생지 인근의 다수 거주자들이 정신적 고통을 겪는 경우 수인한도 초과 여부에 관한 기준에 관해서는 주관설(피해자 개개인의 구체적 사정을 고려해야 한다는 견해)과 객관설(수인한도는 사회통념상의 기준이므로 객관적 기준에 의하여야 한다는 견해)이 대립한다. 후자가 타당하다.

---

27) 大判 2015.9.24. 2011다91784[16모2]("도로소음으로 인한 생활방해를 원인으로 제기된 사건에서 공동주택에 거주하는 사람들이 참을 한도를 넘는 생활방해를 받고 있는지는 특별한 사정이 없는 한 일상생활이 실제 주로 이루어지는 장소인 거실에서 도로 등 소음원에 면한 방향의 모든 창호를 개방한 상태로 측정한 소음도가 환경정책기본법상 소음환경기준 등을 초과하는지에 따라 판단하는 것이 타당하다.").
28) 반론으로는 拙稿, 상린관계의 법정책(註17), 329 – 330 참조.
29) 大判 2015.10.15. 2013다89433, 89440, 89457[16모2]("특히 고속국도는 자동차 전용의 고속교통에 공용되는 도로로서 도로소음의 정도가 일반 도로보다 높은 반면 자동차 교통망의 중요한 축을 이루고 있고, 당해 지역경제뿐 아니라 국민경제 전반의 기반을 공고히 하며 전체 국민 생활의 질을 향상시키는 데 중요한 역할을 담당하고 있으므로, 이미 운영 중이거나 운영이 예정된 고속국도에 근접하여 주거를 시작한 경우의 '참을 한도' 초과 여부는 보다 엄격히 판단하여야 할 것이다.").
30) 자세한 것은 id. 306 – 307.

마. 지역성과 종래의 환경

거주지역, 상업지역, 공업지역별로 수인한도가 달라질 수 있다. 기존의 소음수준은 수인한도의 정도를 정함에 있어 고려되어야 한다.

바. 공법상의 규제

상술한 바와 같이 소음·진동관리법은 생활소음, 즉 확성기, 배출시설이 없는 공장, 공사장 소음에 대해서도, 교통소음에 대해서도 각각 소음의 허용기준을 정하고 있다. 大判 2000.5.16. 98다56997에 따르면 공법상 기준을 지킨다 하더라도 수인한도 내(內)라고 단정할 수 없고, 공법상 기준을 초과한다 하더라도 수인한도를 초과한 것이라 단언할 수 없다고 한다.[31] 요컨대 소음·진동관리법 등 공법상 기준은 환경행정의 정책목표로 설정된 기준으로서 일응의 참고사항이라는 것이 판례의 태도이나(大判 2010.11.25. 2008다49868[16모2]), 이에 대한 더 높은 존중을 할 필요가 있다.[32]

사. 위험에의 접근 또는 토지이용의 선후관계 항변

그 외에도 해당 지역 이용의 선후관계 등도 고려되는 요소이다. 특히 도로소음이나 공항소음과 관련하여서는 "위험에의 접근(coming to nuisance)" 항변이 제기되는 경우가 많다. 피해자가 소음이 야기된 후에 인접부동산의 소유권을 취득하거나 거주하게 된 경우에 관해서는, 통상 매수인과 임차인은 소음의 정도를 숙지하여 매매가격이나 임료에 반영시켰다고 보는 것이 합리적이다(서울高判 2000.7.7. 99나52567). 그렇다 하더라도 가령 비행장 설치 후 이주해온 주민에 대하여 단지 소음 발생 이후에 이주해 왔다는 '토지이용의 선후관계'만을 이유로 소음침해로 인한 손해를 배상받을 수 없다고 한다면 그것은 비행장 관리주체에 의한 보상 없는 사적 수용(私的 收用)을 허용하는 것과 다를 바 없으므로 부당하다. 토지이용의 선후관계는 과실상계의 법리에 준해서 책임의 범위를 결정하는 데 고려하는 정도로 충분하다.[33]

이론구성에 관해서 보면, 수인한도를 위법성 요소(즉, '행위' 자체의 반사회성)로 보는 견해는 위험에의 접근은 개별적인 사정이므로 '행위자'의 비난가능성을 결정하는 요소로 보게 된다. 이 견해에 의하면 위험에의 접근은 책임의 경감 또는 면책의 사유로 본다. 하지만 수인한도를 위법성과 책임요소를 모두 포괄하는 도구개념으로 보면 위험에의 접근 또한 수인한도 초과 여부를 판단하는 하나의 요소가 될 것이다. 또한 위법성을 기존의 권리를 침해하는 것으로 보

---

31) 大判 1991.7.23. 89다카1275 [17변][18변]에 의하면, 공법상 기준 이내일지라도 수인한도를 초과할 수 있고 그 경우 손해배상책임을 인정하고 있다.
32) 자세한 것은 *id*. 311 – 315.
33) *Id*. 331.

는 견해와 "마땅히" 누려야 할 권리를 침해하는 것으로 보는 견해가 대립하는데, 전자에 의할 때 위험에의 접근은 위법성 판단에 있어서 매우 큰 요소로 작용할 것이다.[34]

5. 손해

(1) 재산상 손해

재산상 손해가 발생한 대표적인 예로는 인근에서 발생한 소음·진동으로 양돈장을 폐업 또는 휴업하게 되는 경우를 들 수 있다. 大判 2003.9.5. 2001다68358도 양돈장 폐업 당시 관련 시설의 평가액 및 양돈장 부지를 농토로 환원하는 데 드는 비용을 적극적 손해로, 양돈장을 폐업, 이전함으로 인하여 상실하게 된 수입을 소극적 손해로 인정한 바 있다.[35]

(2) 정신적 손해

다수 당사자의 인격권 침해에 따른 위자료 산정은 소음의 정도나 거주지역의 지역성, 소음 원(騷音源)과의 거리 등을 고려해 유형화하고 인과관계는 경험칙으로 인정하는 것이 재판실무 이다.[36]

(3) 과실상계 등의 책임의 제한

손해의 발생과 확대에 피해자의 잘못이 기여했다면 손해액은 그 만큼 상계된다. 또한 손해액 산정에는 가해자의 피해방지 노력도, 피해자가 피해 회피를 위해 노력하지 않은 사정도 모두 고려된다. 소음이 발생하는 지역이나 소음발생이 예상되는 지역에 이를 이용하여 손해배상을 받기 위하여 이주하는 등의 특별사정이 있다면 가해자의 손해배상책임이 면책될 수 있다. 大判 2004.3.12. 2002다14242도 소음 등 공해의 위험지역으로 이주하여 들어가서 거주하는 경우와 같이 위험의 존재를 인식하면서 그로 인한 피해를 용인하며 접근한 것으로 볼 수 있는 경우에 ① 그 피해가 직접 생명이나 신체에 관련된 것이 아니라 정신적 고통이나 생활방해의 정도에 그치고, ② 그 침해행위에 상당한 고도의 공공성이 되는 때에는, ③ 위험에 접근한 후 실제로 입은 피해의 정도가 위험에 접근할 당시에 인식하고 있었던 위험의 정도를 초과하는 것이거나 위험에 접근한 후에 그 위험이 특별히 증대하였다는 등의 특별한 사정이 없는 한, 가해자의 면책도 인정할 수 있다고 하였다.

---

34) 자세한 내용은 *id.* 326 – 328.
35) 다만, 위 판결은 소극적 손해의 기간은 종전 양돈장과 유사한 정도의 시설물 건설 및 양돈상태 조성에 드는 기간으로 보고 폐업일 다음날부터 원심 변론종결일까지 기간을 포함시킨 원심을 파기하였다.
36) 손윤하(註17), 151.

다른 한편, 大判 2005.1.27. 2003다49566은, 소음 등 공해의 위험지역으로 이주하였더라도 그 위험에 접근할 당시 위험이 존재하는 사실을 정확하게 알 수 없는 경우가 많고 근무지나 가족관계 등의 사정에 따라 불가피하게 위험지역으로 이주할 수도 있는 것이므로, 그 이주의 경위와 동기 등에 비추어 위험의 존재를 인식하고 그로 인한 피해를 용인하면서 접근한 것으로 볼 수 없는 경우에는 가해자의 면책을 인정할 수 없고 손해배상액의 산정에 있어 형평의 원칙상 그 사정을 과실상계에 준하여 감액사유로 고려할 수 있을 뿐이라는 입장이다. 하급심에서도 면책이 인정되는 경우는 거의 없고, 대체로 일정 시점(김포공항 사건의 경우 공항 주변이 소음피해지역 및 소음피해예정지역으로 지정된 시점, 공군비행장 사건의 경우 공군비행장 인근 소음 피해가 이른바 '매향리 사격장 사건'을 통해 일반에 널리 알려진 시점)을 기준으로 위자료 30%를 감액하는 것이 실무례이다.[37]

6. 소멸시효

민법 제766조 제1항 소정의 '그 손해 및 가해자를 안 날'이라 함은 현실적으로 손해의 발생 및 가해자를 알아야 할 뿐만 아니라 그 가해행위가 불법행위에 해당하여 이를 이유로 손해배상을 청구할 수 있다는 사실을 안 때를 의미하고, 불법행위가 계속적으로 행하여지는 결과 손해도 역시 계속적으로 발생하는 경우("계속적 불법행위")에는 특별한 사정이 없는 한 그 손해는 날마다 새로운 불법행위에 기하여 발생하는 손해로서 민법 제766조 제1항을 적용함에 있어서 그 손해를 각각 안 때로부터 개별로 소멸시효가 진행된다고 보아야 한다(大判 1999.3.23. 98다30285).

---

37) 이러한 취지의 원심을 받아들인 판례로는, 大判 2005.1.27. 2003다49566; 大判 2010.11.25. 2007다74560.

PART_ 04

환경구제법

제 1 장 | 개설

제1절 | 환경구제법의 의의

I. 환경구제의 개념

환경구제법은 환경구제(環境救濟)에 관한 법이다. "환경소송" 또는 "환경오염 피해의 구제"라는 제하의 논문과 저서는 적지 않게 발표되었지만 "환경구제"라는 용어가 사용된 적은 없었다. 그 개념을 통상 용법에 따라 정의하면, 환경구제는 일응 「환경침해로 인하여 피해를 본 국민을 법적으로 구제하는 것」으로 정의할 수 있다. 널리 사용되는 "행정구제"의 개념 정의를 원용하여 이를 보다 실체화하면,[1] 환경구제는, "환경권의 원리에 따라 국민의 경제활동 또는 국가의 행정작용으로 인하여 국민의 환경권과 환경이익이 침해되었거나 침해될 것으로 주장하는 자가 법원이나 일정한 판정기관에 손해전보·원상회복, 당해 경제활동의 유지 또는 당해 행정작용의 취소·변경을 청구하거나, 기타 피해구제 또는 예방을 청구하고 이에 대하여 법원이나 일정한 판정기관이 심리하여 환경권익 보호에 관한 판정을 내리는 것"이라 할 수 있다.

환경구제를 위와 같이 정의하면 중요한 개념요소는 ① 침해행위로서의 「국민의 경제활동 및 국가의 행정작용」, ② 보호법익으로서의 「국민의 환경권과 환경이익」, ③ 지배원리로서의 「환경권의 원리」이다.

---

1) 환경구제의 개념을 구체화·실질화하기 위해서 널리 통용되고 있는 '행정구역(行政救濟)'의 개념을 살펴보자. 행정구제는 통상 "법치국가의 원리에 따라 국가의 행정작용으로 인하여 자기의 권리·이익이 침해되었거나 침해될 것으로 주장하는 자가 행정기관이나 법원에 손해전보·원상회복 또는 당해 행정작용의 취소·변경을 청구하거나, 기타 피해구제 또는 예방을 청구하고, 이에 대하여 행정기관이나 법원이 심리하여 권익 보호에 관한 판정을 내리는 것"을 말한다. 김동희a, 539. 행정구제를 이와 같이 정의하면 행정구제의 중요한 개념요소는 ① 침해행위로서의 「국가의 행정작용」, ② 보호법익으로서의 「국민의 권리·이익」, ③ 지배원리로서의 「법치국가의 원리」이다.

Ⅱ. 환경구제의 개념요소

환경구제에서의 '환경'은 구제의 '대상'을 의미하여 구제되는 권리 또는 이익을 환경권과 환경이익으로 구체화한 것이다. 환경침해는 국가의 행정작용에 의해서는 물론이고 일반 국민들의 경제활동에 의해서도 발생함을 유념해야 한다.

환경침해가 국가의 행정작용뿐만 아니라 일반 국민의 경제활동에 의해서도 야기될 수 있다는 사실은 다음과 같은 함의를 가진다. 첫째, 환경구제는 행정구제와 달리 행정주체의 공행정작용·기타의 공권력행사뿐만 아니라 사경제주체인 일반 사인의 경제활동도 규율의 대상으로 삼는다. 둘째, 환경구제법은 행정주체와 국민간의 관계를 규율하는 공법(公法)뿐만 아니라 대등한 사인 사이의 관계를 규율하는 사법(私法)도 포함한다. 셋째, 환경구제법은 헌법상 환경권의 원리를 지배원리로 한다. 환경권의 원리는 환경보호에 실효를 거둘 수 있고 환경법의 독자성에 부합하는 원리이나, 이 원리가 환경구제를 지배하는 실질적 원리로 기능하기 위해서는 상당한 시간이 필요하리라 생각된다. 후술하는 바와 같이, 헌법상 환경권에 터 잡은 유지청구소송에서 그 구체적 효력이 인정되지 않기 때문이다. 따라서 법치국가의 원리와 사적 자치의 원리가 보충적인 원리로 작용하게 되는데, 사인의 경제활동에 대하여는 전자가, 국가의 행정작용에 대하여는 후자가 작용하는 것이다.

제 **2** 장 | 환경피해의 사법적 구제

환경문제는 민사소송에 있어서 결코 새로운 것이 아니다. 영국에서는 그 역사가 1611년으로 거슬러 올라가는데, 이웃 집의 돼지우리에서 나는 냄새로 인하여 생활에 지장이 있다는 이유로 제기된 손해배상사건이 기록된 최초의 사건이다.[2] 환경문제와 관련된 민사소송은 이와 같이 주민들의 공동생활에 관련된 간단한 사건에서 시작되었지만, 발전을 거듭해 오늘날 실로 방대한 이론과 판례를 갖추게 되었다. 구체적으로, 대기나 수자원과 같은 공동자원의 사용에서 비롯된 분쟁이나 토지소유권의 행사를 방해하는 데서 비롯된 분쟁을 해결하는 이론이라면 이 범주에 속한다고 할 수 있다. 특히, 코즈 정리의 함의가 드러나면서,[3] 민사소송의 장처(長處)가 새롭게 조명되기 시작하였다.[4]

---

2) William Aldred's Case, 77 Eng. Rep. 816 (1611).

3) 코즈 정리(Coase Theorem)의 함의는 여러 가지로 해석될 수 있다. 첫째, 코즈 정리는 **외부효과가 있다고 해서 반드시 정부의 개입이 불가피하게 요구되는 것은 아니라는 점**을 밝혔다. 즉, 만약 외부효과로 인하여 영향을 받는 모든 이해당사자들이 자유로운 협상에 의하여 상호간의 이해(利害)를 조정할 수 있다면 정부의 개입이 없어도 효율적인 자원배분을 달성할 수 있고 따라서 정부의 역할은 이해당사자들의 자발적인 합의가 보다 쉽게 이루어질 수 있도록 제도적, 행정적 지원을 제공하는 데 국한되어야 한다는 점을 강조한 것이다. 이로써 거래가능 오염배출권 등 각종 '경제적 유인책' 및 환경영향평가 등 각종 '정보공개제도' 등이 그 이론적 근거를 획득한다. 둘째, 코즈 정리는 **민사법(民事法)이 재조명되기 시작하는 계기**가 된다. 민사법은 정부가 제공하는 제도적 지원에 해당하는 것이고, 특히 불법행위법은 사회비용을 내부화할 수 있다는 것이다. 바로 여기에서 환경사법(環境私法)의 진정한 의미가 발견된다. 위 제1편, 제4장, 제3절, Ⅲ. 3. 코즈정리의 의의 참조.

4) 민사소송은 첫째, 인적·물적 손해에 대하여 보상을 받을 수 있는 거의 유일한 — 피해자가 보험에 가입하지 않는 한 — 방법이다. 우리가 가지고 있는 현재의 환경공법은 국가가 환경피해자에게 피해보상을 해주는 규정을 갖고 있지 않다. 둘째, 환경공법은 대개 생길 수 있는 모든 상황을 커버하진 못한다. 민사소송은 입법적 흠결에 대한 안전판으로서 기능한다. 셋째, 민사소송은 유지청구를 통하여 문제의 근원적 해결에 기여한다. 입법적 흠결에는, 환경문제는 발생했는데 이에 대한 규정이 없는 경우("구성요건적 흠결")와 구성요건적 규정은 있는데 그 대처방안이나 구제책이 미흡한 경우("법률효과적 흠결")가 있다. 공장에서 유해물질을 허용기준치 이상으로 배출하는 경우에 대한 대응책으로 관련법이 과징금만을 규정하고 있는 경우가 후자의 예이다. 경우에 따라서는 과징금의 부과만으로는 규제목적을 달성할 수 없어 공장폐쇄나 가동중단을 단행해야 할 필요가 있는데, 관련 법률이 이러한 규정을 결하고 있는 것이다. 민사소송은 바로 이런 경우를 대비한 최후의 수단이 될 수 있다.

환경과 관련해 제기되는 소송은 여타 소송과 구별되는 특징을 가지고 있다. 환경침해는 잠복성(潛伏性), 계속성(繼續性), 광역성(廣域性), 간접성(間接性) 등의 특수성을 가지고 있기 때문에, 민법상의 일반적인 규율만으로는 당사자 사이의 이해관계를 합리적으로 조정할 수 없다. 또한 환경문제에 대한 사회적 평가는 사회경제적 상황의 변화와 자연과학적 지식의 발전에 민감하게 반응한다. 이에 따라 판례와 학설은 전통적인 민법이론을 수정·보완함으로써 이러한 문제점을 극복해왔다.

환경침해에 대한 사법(私法)상의 구제수단은 '손해배상청구'와 '유지청구'로 대별할 수 있다. 우리 민법은 이들을 이원적(二元的)으로 규정하고 있어 해석상 많은 문제를 야기하고 있는데, 민법은 물권편(篇)에 유지청구의 근거 규정(민법 §214 및 §217)을 마련하면서 손실보상에 대한 규정을 두지 않고, 또한 채권편의 불법행위에 기해서는 손해배상만을 청구할 수 있도록 규정하고 있는 것이다. 그 결과, 유지청구는 환경침해에 고의·과실이 없더라도 위법성과 인과관계가 있으면 즉시 청구할 수 있는 반면, 손해배상청구는 일반불법행위의 요건, 즉 위법성, 고의·과실, 인과관계를 갖추어야 한다(二元說). 한편, 유지청구는 손해배상에 비하여 제한적으로 인용되고 있는데, 그 근거로 수인한도론과 위법성단계설 등이 주장되고 있다.

손해배상청구는, 불법행위를 규정하고 있는 민법 제750조 및 제758조(국가가 가해자인 경우는, 국가배상법 제2조 제1항 및 제5조 제1항) 및 각종 환경행정법의 무과실책임 규정과 더불어, 2016년부터 시행된 「환경오염피해 배상책임 및 구제에 관한 법률」(이하 "환경오염피해구제법") 에 기초해 제기될 수 있고, 유지청구는 소유자·점유자의 물권을 규정하고 있는 민법 제205조, 제206조, 제214조, 매연 등 불가량물에 의한 생활방해를 규정하고 있는 제217조에 기초해 제기될 수 있다(제217조에 대하여는 유력한 반대설 있음). 또한 오염원인자 상호간의 구상관계는, 하자담보책임을 규정하고 있는 민법 제580조와 불완전이행을 규율하는 민법 제390조에 기초해 처리된다.

한편, 유지청구나 손해배상청구제도 모두 본래 환경침해를 상정하고 창설된 것이 아니기 때문에, 환경문제에 효과적으로 대응하기 위하여 법리를 대폭적으로 수정·변경하려는 노력이 여러 가지 방면에서 시도되고 있다. 이 중에는 재산권과 인격권을 기본 축으로 하는 근대 민법의 기본 틀을 유지하면서 위법성, 고의·과실, 인과관계의 개념을 수정하려는 이론이 있는 반면, 헌법상 환경권 규정에 입각하여 환경권을 새로운 축으로 받아들이려는 시도(환경권설)가 있다. 해석을 통한 사법이론의 수정이 환경문제를 해결하는 데 기여하였지만, 삼권분립 하에서 법원의 적극적 해석에는 한계가 있기 마련이다.[5] 환경권이 재산권과 같은 선상에서 인정받

이는 민사적 구제책의 포괄성이 가져오는 효과이다. 마지막으로, 민사소송은 행정부나 입법부에서 간과하기 쉬운 문제에 관하여 소송이 가지고 있는 극적(劇的)인 요소를 통하여 일반 대중이나 매스컴의 관심, 따라서 대중의 논쟁이나 과학적 논쟁을 불러일으켜 환경문제의 중요성을 알리는 계기가 된다.

기 위해서는 많은 세월이 필요하리라 본다.

제1절 | 환경침해행위에 대한 유지청구

I. 의의

유지청구(留止請求)는 환경상의 이익을 침해하는 행위의 중지·배제 또는 예방을 위하여 그 침해를 유발한 상대방에게 일정한 작위(적극적 유지청구) 또는 부작위(소극적 유지청구)를 청구하는 것이다. 손해배상이 발생한 손해를 사후에 금전으로 전보(塡補)하는 것인 반면, 유지청구는 환경침해의 원인을 발본색원(拔本塞源)함으로써 환경침해를 예방(방해예방청구)하거나 발생한 침해가 더 이상 확대되지 않도록 방지(방해제거청구)하는 것이다. 실무상 유지청구는 손해배상만큼 인용되지 않으며, 유지청구가 인정되는 경우도 상린관계상의 분쟁, 즉 일조·소음·통풍·조망에 관련된 분쟁을 해결하기 위한 경우가 대부분이고 대규모 사업을 정지시키거나 예방하기 위한 유지청구가 인용되는 예는 희귀하다. 유지청구는 실무상 '금지가처분'의 형태로 제기되는 것이 대부분인데, 이는 사태의 악화를 막기 위한 것이고 그 이후 가처분만으로 환경침해를 막을 수 없는 경우에는 같은 내용의 '이행판결'이 내려지는 것이 통례이다.

유지청구의 대상이 되는 '환경침해'의 양상은 다양하다. 독일에서는 환경침해를 "토지나 건물 등에 대하여 가스, 증기, 냄새, 연기, 매연, 열, 소음, 진동과 기타 불가량물(不可量物)의 유입에 의한 임밋시온의 형태"로 파악하고 있으며,[6] 우리 환경정책기본법은 환경오염을 "사업활동 및 그 밖의 사람의 활동에 의하여 발생하는 대기오염, 수질오염, 토양오염, 해양오염, 방사능오염, 소음·진동, 악취, 일조 방해, 인공조명에 의한 빛공해 등으로서 사람의 건강이나 환경에 피해를 주는 상태"로 정의하고, 환경훼손을 "야생동식물의 남획(濫獲) 및 그 서식지의 파괴, 생태계질서의 교란, 자연경관의 훼손, 표토(表土)의 유실 등으로 자연환경의 본래적 기능에 중대한 손상을 주는 상태"라고 정의한다. 유지청구는 이런 범주의 환경오염, 환경훼손뿐만 아니라 그 밖의 환경훼손행위에 대해서도 제기될 수 있다. 유지청구는 환경훼손에 대해서뿐만 아니라 일반적으로 재산권 침해(민법 §214)나 인격권 침해에 대해서 제기될 수 있으며, 나아가서는 이와 같은 대세권(對世權)이 존재하지 않는 경우에도 불법행위의 효과로서 제기될 수 있다는 견해가 유력하게 제시되고 있다.

---

5) 환경피해의 사법적 구제의 한계는 두 차원, 즉 법원의 "제도적 취약성(institutional incompetence)"과 "소송의 비합리성(irrationality of litigation)"으로 요약할 수 있다. 이에 관해서는 拙稿, "환경구제법 소고," **환경법연구** 제21권, 101 (1999) 참조.
6) 전경운, "우리나라에서의 환경침해에 대한 유지청구권의 논의현황," **환경법과 정책** 제1권, 147 (2008).

Ⅱ. 유지청구의 법적 근거

유지청구(방해배제·예방청구)는 환경침해를 상정하고 고안된 것이 아니어서 환경침해에 대한 유지청구에 관해서는 이런 저런 논의가 있다. 환경침해로 인한 손해배상의 근거가 민법 제750조라는 데 이론이 없다. 이는 우리 민법이 불법행위를 규정하면서 이른바 '포괄주의'를 채택하여 권리를 침해한 '모든' 경우를 제750조 한 조문으로 포섭하기 때문이다. 하지만 환경침해의 경우, 피해자의 무슨 권리가 침해되었는지 라는 논점이 제기되면, 견해가 갈린다. 이는 유지청구에 대해서도 그대로 타당한데, 유지청구의 근거에 관해서는 재산권을 기본 축으로 하는 민법의 기본 틀을 유지하면서 재산권의 개념을 확장하려는 이론("물권적 청구권설")이 있는 반면, 인격권을 이용하여 환경침해를 포섭하려는 시도("인격권설"), 헌법상 환경권 규정에 입각하여 환경권을 새로운 축으로 받아들이려는 시도("환경권설"), 불법행위에 기하여 유지청구를 인정하려는 시도("불법행위설")가 있다. 판례와 학설은 대체로 환경권설과 불법행위설보다는 물권적 청구권설과 보충적으로 인격권설에 방점을 두고 있다. 물권적 청구권설이 현행법상 무난한 견해지만, 한계가 있다. 환경권이 재산권과 같은 선상에서 인정받기 위해서는 많은 세월이 필요할 테지만, 인격권설이 불법행위설보다 이론적으로 타당하다는 견해에는 선뜻 동의하기 어렵다.[7] 유지청구의 근거가 될 수 있는 권원을 차례로 살펴본다.

1. 물권

환경침해가 토지·건물의 소유권 또는 점유권 등 물권에 대한 침해가 되는 경우, 당해 물권에 기하여 유지청구를 할 수 있다. 물권이 유지청구의 근거가 되는 것은, 민법 제214조가 소유권의 내용으로 유지청구권을 규정하고 있기 때문이다.[8] 따라서 어떤 환경침해를 물권에 대한 침해로 포섭할 수 있다면(많은 경우 그러하다), 민법 제214조에 터 잡은 유지청구는 매우 유력한 권리구제수단이 된다. 판례도 같은 입장이다.[9]

---

7) 유지청구의 근거에 관해서 자세한 것은 곽윤직 대표편집, **民法註解 Ⅴ 물권** (2), 297 – 299 (1992)(유원규 집필부분) 참조.

8) 민법 제214조(소유물방해제거, 방해예방청구권) "소유자는 소유권을 방해하는 자에 대하여 방해의 제거를 청구할 수 있고 소유권을 방해할 염려있는 행위를 하는 자에 대하여 그 예방이나 손해배상의 담보를 청구할 수 있다."

9) 大判 1995.9.15. 95다23378("부산대 사건") [20모2]은 "헌법 제35조의 규정이 구체적인 사법상의 권리를 부여한 것이 아니고 달리 사법상의 권리로서의 환경권을 인정하는 명문의 법률규정이 없는데도 원심이 마치 신청인이 환경권에 기하여 방해배제를 청구할 수 있는 것처럼 설시하고, 또한 원심이 불법행위나 인격권에 기한 방해배제청구권을 피보전권리의 하나로 들고 있는 것은 잘못이다."라고 판시하였다. 또한 大判 1997.7.22. 96다56153 ("봉은사 사건") [20모2]은 "어느 토지나 건물의 소유자가 종전부터 향유하고 있던 경관이나 조망, 조용하고 쾌적한 환경 등이 그에게 하나의 생활이익으로서의 가치를 가지고 있다고 객관적으로 인정된다면 법적인

민법 제217조(매연등에 의한 인지에 대한 방해금지)

① 토지소유자는 매연, 열기체, 액체, 음향, 진동 기타 이에 유사한 것으로 이웃토지의 사용을 방해하거나 이웃거주자의 생활에 고통을 주지 아니하도록 적당한 조처를 할 의무가 있다.

② 이웃거주자는 전항의 사태가 이웃 토지의 통상의 용도에 적당한 것인 때에는 이를 인용할 의무가 있다.

그런데 민법 제217조에 근거해 유지청구를 할 수 있는지에 관해서는 논란이 있다. 논점은 동조 제1항이 제214조 소정의 청구권과 다른 새로운 방해배제청구권을 창출하는가이다. 긍정설("상린권설")은 제217조 제1항이 방해의 대상으로 "이웃토지의 사용"이외에 "이웃거주자의 생활"을 드는 것에 착안하여, 동항은 통상 소유권에 포섭되지 않는"이웃거주자의 생활"을 특별히 보호하기 위하여 제정되었다고 주장한다.[10] 이렇게 새기면, 소유권이나 점유권이 없는 사람, 가령 '동거인'을 보호할 수 있는 실익이 있다. 환경침해가 발생한 경우 그 피해이익을 물권으로 포섭하기 어려운 경우에 동조의 '생활이익'으로 포섭해야 한다는 주장도 이에 속한다.[11] '물권법정주의'를 고려하면, 동조의 생활이익은 자못 의의가 크다 하겠다. 판례로는 병원 시체실의 설치로 인한 악취의 확산, 유족이나 조객들의 곡성 및 시신의 이동 등으로 인하여 그 인접지 거주자가 고통을 받는 경우에 위 방해 요인의 제거 내지 예방을 청구할 수 있다고 하면서 그 근거로서 민법 제217조를 거시한 대법원판결이 있다.[12]

반면, 부정설("물권적 청구권설")은, 긍정설이 보호하고자 하는 이익은 모두 토지소유권의 사용가치를 구성하는 것이고 동조는 소유권과 소유권이 중첩되는 상린관계에서 그 각각의 사용이 상충(相衝)하는 상황을 조정하기 위하여 소유권의 '한계'를 지적한 것, 다시 말해 소유권의 외연을 확대한 것이 아니라 소유권의 한계를 명확히 한 규정이라고 한다.[13] 제214조가 소유권의 권능을 규정한 것이라면, 동조는 상린관계라는 특수한 경우에서의 소유권의 이면, 즉 의무

보호의 대상이 될 수 있는 것이라 할 것이므로, 인접 대지에 어떤 건물을 신축함으로써 그와 같은 생활이익이 침해되고 그 침해가 사회통념상 일반적으로 수인할 정도를 넘어선다고 인정되는 경우에는 위 토지 등의 소유자는 그 소유권에 기하여 그 방해의 제거나 예방을 위하여 필요한 청구를 할 수 있다고" 판시하였다.

10) 권용우, "공해의 예방 및 배제청구," 法과 公害, 159 (한국법학교수회편, 1974). Cf. 다수설은 제217조의 보호법익을 피해토지나 건물의 물권으로 본다. 민법 제217조는 부동산이라는 용어 대신 토지를 사용하고 있으나, 이 규정이 토지뿐만 아니라 그 위에 건축된 건물에도 적용된다는 점에 관하여는 이론이 없다. 大判 2008. 4.17. 2006다35865(손습)("부영아파트 일조방해" 사건)의 다수의견은 제217조의 보호법익을 '피해부동산의 소유권'으로 보는 듯하다.

11) 拙稿, "유지청구 허용 여부에 관한 소고," 민사판례연구 XXⅡ, 87-88 (2000).

12) 大判 1974.12.24. 68다1489.

13) 註釋民法 채권각칙(Ⅳ), 한국사법행정학회 (1987), 72 (이용우 집필부분); 조성민, "환경침해와 방해배제청구권의 인부," 고시계 1996. 4., 185; 오석락, 환경소송의 제문제, 39 (1996)

적 측면을 규정한 것이라는 것이다.[14] 따라서 이 조문은, 동조에 근거해 이웃거주자에 대하여 유지청구를 구할 수 있게 하는 방해배제청구의 권원이라기보다는 상대방의 방해배제청구에 대하여 항변을 제기할 수 있는 근거규정이 된다고 한다.[15] 그래서 부정설에 따르면, 이웃거주자가 민법 제214조에 의거해 방해배제청구를 한 경우, 그 방해가 ① 매연, 열기체, 액체, 음향 진동 기타 이에 유사한 것에 의해 야기되고 ② 이웃 토지의 통상의 용도에 적당한 경우에는, 그 방해의 배제를 청구할 수는 없고, 이를 인용해야 한다.[16] 현재 판례는 물권적 청구권설을 취하는 것으로 보인다.

한편, 유지청구 허용 여부를 결정하는 데 기준이 되는 '수인한도론'은 제217조로부터 도출된다.[17] 수인한도론은 유지(留止)의 대상이 되는 행위의 위법성 여부를 판단하는 가늠자이다. 어떤 행위가 그 행위 자체로 볼 때에는 소유권의 행사이지만 부수적으로 다른 소유권에 대한 침해를 구성하게 되는 경우, 그 행위의 위법성은 피해당사자의 수인한도의 초과 여부에 따라 판단된다. 그리하여 상린관계에서 동조 제1항이 열거한 매연·열기체·액체·음향·진동 기타 이와 유사한 것으로 이웃 토지의 사용을 방해하거나 이웃거주자의 생활에 고통을 준 경우에는 수인한도라는 법적 개념을 이용하여 위법성 판단을 하게 된다. 이때 "이와 유사한 것"이 무엇인가에 관하여는 넓게 보는 것이 타당하다. 과거와 달리 과학기술의 발전으로 다양한 형태로 상린관계적 분쟁이 빈발하고 있는데, 동조가 상린관계에서 벌어지는 분쟁을 해결하기 위해 고안된 것이라고 한다면 굳이 동조의 문언을 좁게 해석할 필요가 없을 것이다. 그리하여 일영(日影), 전자파, 다이옥신, "빛 공해" 등 환경오염의 원인자에 기초한 피해가 야기되었을 때에도 동조가 적용된다고 보는 것이다. 다만, 수인한도라는 개념은 상린관계의 본질적 요소인 "지위의 호환성(互換性)"을 전제로 하는 것이므로,[18] 이를 결한 사건, 가령 주택가 인근에

---

14) 권리와 의무의 기우뚱한 관계를 상정하라! 권리에는 항상 의무가 따르지만, 의무에는 권리가 따르지 않을 수 있다. 그리하여 제217조는 물권을 가지고 있지 아니한 인접토지의 동거인에게 유지청구권을 인정한 것이 아니며, 이들이 동조로 인하여 얻게 된 이익은 가해토지 이용자의 적당조치의무가 규정됨으로써 생긴 반사적 이익이라고도 볼 수 있다.

15) 신청인이 제214조에 기하여 방해배제·예방을 청구하면, 피신청인은 제217조에 기하여 그 방해가 수인한도 내의 것이어서 수인의무가 있다거나 불가량물에 의한 것이므로 '적당한 조처'나 '손실보상'으로 충분하다는 항변을 제기할 수 있다는 것이다.

16) 이와 같이 유지청구의 근거를 민법 제214조라고 한다면, 민법 제217조가 보호하는 '생활이익'을 침해당한 사람들은 유지청구를 할 수 없게 되는가? 제217조의 생활이익을 제214조에 의하여 보호되는 물권의 내용으로 본다면, '생활이익'을 규정한 제217조는 제214조의 확인적 성격의 규정이 되고, 긍정설이 보호하려는 동거인은 '생활이익'을 보호받기 위하여 '채권자 대위권'에 기하여 소유자의 방해배제청구권을 행사할 수 있게 된다.

17) 우리 민법 제214조와 제217조를 비교해보면, 제217조는 가해부동산(토지·건물)에서 발생하는 모든 가해행위(임밋시온)를 위법한 것으로 취급하지 않고 그 중 인근 피해부동산의 '수인한도'를 초과하는 경우만을 위법한 것으로 다루고 있음을 알 수 있다. 同旨, 김재형, "소유권과 환경보호: 민법 제217조의 의미와 기능에 대한 검토를 중심으로," **인권과 정의** 276호, 32 – 40 (1999).

유일하게 세워진 공장에서 인근 주민에게 일방적으로 피해를 가하는 경우에는 수인한도에 비추어 위법성을 판단할 것이 아니라 바로 그 위법성을 인정하여야 한다.[19]

2. 인격권

환경침해는 대부분의 경우 인간의 건강·생명에 악영향을 초래하기 때문에 인격권의 침해가 된다.[20] 이에 대해서는 일반적인 인격권이 환경침해에 대한 보호법익이 될 수 없다는 반론이 있다. "환경침해로 인해서 일반적인 인격권의 침해가 인정되기 위해서는 청구권자의 범위를 정하는 것이 너무나 윤곽을 그릴 수 없기 때문이며, 또한 지금까지 인정된 개인적이고 사적인 영역의 보호에 한정된 인격권의 보호유형이 환경침해로 인한 침해에 보호를 주기에는 적당하지 않[다]"는 것이다.[21] 그러나 이는 인격권의 개념을 지나치게 좁게 보는 것이다.[22] 인간의 생명·건강은 인격이나 프라이버시 향유의 기초가 되는 것이므로 인격권은 이를 포괄한다고 보아야 한다.

인격권을 침해하는 경우에는 인격권에 근거해 그 침해행위의 중지를 청구할 수 있다. 인격권을 명시한 민법 규정은 존재하지 않지만, 판례는 인격권의 존재를 당연시하고 있다.[23] 어쨌거나 인격권은 절대적 배타권이므로 이를 침해하는 행위에 대하여는 그 유지를 청구할 수 있음은 논리적 귀결이고 이런 결론은 환경침해에 대해서도 마찬가지다. 하급심 판례 중에는 인격권에 기초한 것도 다수 존재한다.[24] 하지만 환경침해에 대한 인격권에 기한 유지청구는 '보

---

18) 드워킨(Ronald Dworkin)은 경제학적 논증이 적용될 수 있는 영역으로 추상적 권리가 상충하는 상린관계를 거시한 바 있다. 로널드 드워킨(장영민 역), **법의 제국**, 412−413 (2004). 이에 대한 논평으로는 拙稿, "경제학적 논증의 영역," **민사판례연구** XXX, 709−752 (2008). 코즈가 상술한 자신의 "코즈 정리"를 고안해낸 계기가 된 사안도 상린관계였는데, 어떤 행위에 대한 사회적 평가에 큰 영향을 미치는 요소로 그가 제시한 "상호성(recipicity)"(특히 "상호적 인과관계(reciprocity of causation)")에 관한 이론은 '지위의 호환성'에 부합한다는 점을 밝혀 둔다. 자세한 것은, 위 제1편, 제4장, 제3절, Ⅲ. 3. 코즈정리의 의의 참조.

19) 자세한 것은 拙稿, "상린관계의 법정책," **서울대학교 法學** 제50권 제3호 (통권 제152호), 285 이하, 특히 301−310 (2009. 9).

20) 이용우, "공해방지소송," **재판자료** 제2집, 224 (법원행정처, 1979); 부산高判 1995.5.18. 95카합5. 인격권설을 취하는 견해는, 손윤하, **환경침해와 민사소송**, 58 (2005).

21) 전경운(註6), 150.

22) 가령 일반적 인격권을 "서신에 대한 보호, 비밀히 사진촬영을 당하거나 녹음되지 않을 것, 사생활 및 혼인상의 부부공동생활 등의 일정한 가족권, 명예의 보호" 등을 포함하는 것으로 보는 견해가 이 경우에 해당할 것이다. 전경운(註6), 150. 인격권을 이렇게 본다면, 환경침해로 인하여 야기된 안녕의 침해는 심각할 경우에도 건강침해가 문제될 뿐 인격권의 침해가 되는 경우는 드물 것이므로 환경침해를 인격권 침해로 볼 수 없게 된다.

23) 大判 1980.1.15. 79다1883; 憲決 1990.9.10. 89헌마82. 또한 민법개정위원회의 새 민법 초안도 인격권을 명문화하고 있다.

24) 부산高判 1995.5.18. 95카합5는 "민법 제217조 소정의 생활방해나 주거환경의 침해는 토지소유권의 침해의 범주에 넣어 볼 수 있는 것이지만, 그 주된 법익은 인간의 건강하고 쾌적한 생활이익으로서 이러한 주거환경

충적으로' 인정해야 한다. 인격권은 판례에 의하여 인정되고 있는 만큼 그 내용이 불명확하므로 이에 기초해 유지청구를 인정한다면 법적 안정성을 훼손할 수 있기 때문이다.

한편, 수인한도론을 위법성 판단의 도구개념으로 파악한다면, 이는 인격권 주장에 대해서도 적용되어 옥석을 구분하는 가늠자 역할을 해야 한다는 견해가 있다. 그러나 수인한도론은 민법 제217조로부터 도출된 판례이론이고 민법 제217조의 보호법익이 부동산물권인 점을 고려하면, 수인한도론을 인격권에 터 잡은 청구에 대해서까지 적용하는 것은 무리이다. 뒤(Ⅲ. 1. 유지청구의 주체 및 상대방)에서 상술한다.

3. 환경권

우리 헌법 제35조 제1항은 환경선진국인 미국·독일 헌법에 없는 환경권을 규정하고 있다. 그런데 동항은 여타의 기본권 규정과 달리 그 후단(後段)에 국가와 국민의 환경보호의무까지 규정하고 있다.[25] 그래서 헌법상의 환경권에 대하여 사법(私法)상 구체적 효력을 인정해 이에 기한 유지청구를 인정할 수 있는지 여부에 관하여 견해가 갈린다. 환경권을 근거로 유지청구를 할 수 있다는 입장("환경권설")에 의하면, ① 대기·물·일조 등은 ('자유재'로서 권리의 대상이 될 수 없다는 주장을 비판하면서) 만인에게 평등하게 분배되어야 하는 자원이므로 이를 오염시키면 타인의 권리에 대한 위법한 침해가 된다고 한다.[26] 독일에서도 비슷한 견해가 존재하는데, 독일민법 제823조 제1항은 "고의 또는 과실로 타인의 생명, 신체, 건강, 자유, 소유권 또는 기타의 권리를 위법하게 침해한 사람은, 그 타인에 대하여 이로 인하여 발생하는 손해를 배상할 의무를 진다."라고 규정하고 있는바, 깨끗한 물, 깨끗한 공기, 소음에서의 자유와 같은 환경재를 이 '기타의 권리'로 보자는 것이다.[27] 또 다른 견해는 ② 헌법 제35조가 환경권을 국민의 기본권으로 인정하고 있으므로 환경침해는 이런 기본권의 침해로서 헌법 제35조에 기하여 유지청구를 할 수 있다고 한다.[28]

그러나 환경권이 유지청구의 근거가 될 수 없다는 견해가 대세다. 환경이 만인에게 분배된

의 이익은 그 법익의 법적 성격으로 보아 종래의 생명, 신체, 자유, 명예, 정조, 초상권, 신용권 등과 마찬가지로 인격권의 일종에 속한다고 보아야 하고, 이러한 인격권의 지배권 내지 절대권적 성격으로부터 물리적 청구권에 준하는 방해배제청구권이 인정되고 있다."라고 판시하였다. 또한 서울민사地決 1995.9.7. 94카합6253.
25) 헌법 제35조 ① 모든 국민은 건강하고 쾌적한 환경에서 생활할 권리를 가지며, 국가와 국민은 환경보전을 위하여 노력하여야 한다. ② 환경권의 내용과 행사에 관하여는 법률로 정한다.
26) 이용우(註20), 226.
27) 전경운(註6), 151. 다른 한편, 미국에서도 보통법상 "공공 생활방해(public nuisance)"의 법리가 있는데, 이에 의하면 생활방해는 그 정도가 지나치면 특정인에 대한 생활방해에 그치는 것이 아니라 사회 전체에 대한 생활방해로 인정되어 형사적 처벌의 대상이 되기까지 한다.
28) 헌법상 환경권 규정이 사인 사이의 법률관계에도 '직접' 적용된다는 견해가 이에 속한다. 권영성, 651.

다는 견해에 대하여는, 그렇게 분배된다면 국민 개개인은 물, 공기, 자연경관 등을 포함하는 추상적 개념으로서의 '환경'에 대하여 지분권을 가진다는 것인데, 사법부는 민주적 정통성과 기관의 역량 측면에서 그런 지분권의 내용과 범위를 확정할 수 없고 이런 마당에 이를 인정하면 "민중소송(actio popularis)"을 인정하는 꼴이 된다고 비판한다. 민중소송을 인정하기 위해서는 별도의 입법이나 심지어 헌법개정이 필요한데도 말이다. 헌법이 직접 적용된다는 견해에 대해서, 판례는 국민 개개인에게 사법적(私法的) 효력을 가진 환경권을 창설하기 위해서는 헌법 제35조만으로는 부족하고 별도의 입법이 필요하다고 한다.[29]

생각건대, 우리 헌법은 제35조 제1항에서 환경권을 천명하면서, 제2항에서는 환경권의 내용과 행사를 법률에 유보하고 있다. 헌법학에서는 이와 같은 법률유보를 기본권형성적(形成的) 법률유보 또는 기본권구체화적 법률유보라고 하여 기본권제한적 법률유보와 구별하고 있는데,[30] 헌법 제35조 제2항의 규정이 존재하는데도 환경권이 구체적 권리이고 사인 상호간에 직접 적용될 수 있는 것으로 해석하는 것은 문리해석상 무리이다. 하지만 헌법 규정이 사법상의 권리관계에 직접 적용될 수 없다고 하더라도 사법의 해석·적용에 있어서 헌법규정을 무시할 수 없는 이상, 헌법상 환경권이 충분히 보장될 수 있도록 헌법합치적 해석을 해야 할 것이다. 결론적으로, 헌법규정의 문언 하에서는 ① 환경 자체의 피해를 예방·복구하기 위해서 환경권을 주장할 수는 없고, ② 다만 어떤 환경침해 행위가 사법(私法)상 권리에 의해 보호되는 타인의 생명·재산·자유에 대한 침해로 인정될 가능성이 생긴 경우, 그 한도에서 헌법상 환경권 규정이 고려되어 위법성·책임의 유무 판단에 반영된다고 본다.[31] 이는 재산권만으로는 유지청구가 인용되지 않을 사안에서도 헌법상의 환경권 규정이 덧붙여짐으로써 유지청구를 인용할 수 있음을 의미한다. 대표적인 예로는, 수인한도 초과 여부의 판단 시, 환경권 규정은 적지 않은 역할을 하게 될 것이다.

4. 불법행위

민법의 통설·판례에 따르면, 유지청구는 그 권원이 물권적 속성을 가져야 가능하다. 물권

---

29) 大決 1995.5.23. 94마2218. 대법원이 이렇게 새기는 이유는 "환경보전과 경제개발은 상호 대립되는 개념이어서 이들을 어떻게 조정·조화시킬 것이고 이 중 어느 것에 우선순위를 둘 것인가 하는 점은 기본적으로 국민을 대표하는 국회에서 법률에 의하여 결정하여야 하는 성질의 것"이기 때문이다. 같은 결정 참조.
30) 행복추구권, 평등권, 자유권적 기본권은 그에 관한 입법을 기다릴 필요 없이 직접 실현할 수 있는 직접적 효력을 가지고 있기 때문에 이러한 기본권에 관한 법률유보는 기본권제한적 법률유보인 반면, 청구권적 기본권, 정치적 기본권, 사회적 기본권은 법률에 의하여 비로소 그 행사절차나 내용이 구체화되기 때문에 그에 관한 법률유보는 기본권형성적 내지 기본권구체화적 법률유보라 한다. 권영성, **헌법학원론**, 317 이하 (1999) 참조.
31) 따라서 사인이 환경오염을 '통하여' 타인의 생명과 재산에 피해를 가했거나 가할 우려가 있는 경우에는 손해배상은 물론 방해제거·예방청구권을 행사할 수 있다.

은, 채권과 같이 특정인(채무자)에게 특정한 행위나 금원을 청구할 수 있는 권리, 즉 "대인권 (對人權)"이 아니라 '모든' 사람에 대하여 그 대상물에 대한 절대적 지배를 주장할 수 있는 "대세권(對世權)"이다. 그래서 대세권적 속성을 갖는 권리, 즉 물권이나 인격권이 유지청구의 근거가 될 수 있다는 점에 대해서는 이론이 없다. 반면 채권, 대표적으로 손해배상청구권은 유지청구의 근거가 될 수 없다고 한다. 하지만 채권이라고 하여 항상 유지청구의 권원이 될 수 없는 것은 아니다. 가령 부동산등기이전청구권에서 보듯이, 채권인 경우에도 그 채권의 내용에 따라서는 유지청구를 할 수 있다(민법 §389). 부동산이전등기청구권에 터 잡아 이를 보전하기 위해 부동산처분금지가처분이라는 유지청구를 하고 있고 또 본안소송에서 부동산이전등기를 청구하고 있는 것이다. '불법행위'에 기한 손해배상청구권이 유지청구의 권원이 될 수 없는 것은 민법이 불법행위의 경우 금전배상만을 청구할 수 있도록 규정하고 있기 때문이다(민법 §394(금전배상의 원칙), §763). 이렇게 새기는 것이 민법의 문언에 부합하는 해석이다.

그러나 불법행위가 행해진 경우에도 원상회복이 가능한 경우는 불법행위의 효과로서 손해배상청구권뿐만 아니라 유지청구권을 인정할 수 있다고 보아야 한다.[32] 다음의 세 가지 경우를 상정할 수 있다.[33] 첫째, 가해자의 행위에 의하여 원상회복이 가능한 경우에는 불법행위에 근거해 유지청구를 할 수 있다고 본다. 예컨대 어떤 화가가 초상화를 그려주는 계약을 맺고 이를 이행했는데, 나중에 자신의 그림이 마음에 들지 않는다는 이유로 그 집에 침입해 자신이 그린 그림을 취거했다고 하자. 이때 그 취거된 그림의 소유자는 비록 화가 자신은 만족해하지 않지만 이 그림을 돌려줄 것을 요구할 수 있을 것이다. 둘째, 불법행위가 진행형인 경우, 피해가 예상되는 피해자가 당해 불법을 행한 자에 대하여 당해 불법행위를 중지해달라는 청구를 할 수 있다고 본다.[34] 이는 채권의 경우에도 유지청구가 가능하다고 보는 견해의 논리적 연장일 뿐이다. 셋째, 전에 동종의 불법행위를 저지른 사람이 이를 되풀이하려는 징후가 객관적으로 명백할 때, 그 불법행위를 예방해달라는 유지청구는 이를 인정해야 한다고 본다.

5. 환경보호를 위한 각종 행정법규

소송실무를 보면, 환경침해의 원인행위를 규율하는 각종 행정법규의 규정에 근거하여 유지청구를 신청하는 사례가 많다. 가령 인근건물 거주자의 일조권을 침해할 우려가 있는 건물 신

---

32) 오석락(註13), 40; 이용우(註20), 225.
33) 원상회복의 의미를 불법행위 이전 상태의 복구가 아니라 원상회복을 통하여 경제적으로 동등한 상태의 회복으로 이해한다면, 그 범위는 더욱 확대될 것이다. 이것이 독일 민법이 채택하고 있는 원상회복주의의 입장이다. 전경운(註6), 152.
34) 권성 외 4인, **가처분의 연구**, 435, 438 (1995).

축의 경우, 심지어 동 건물의 건축허가처분에 하자가 있음을 이유로 유지청구를 신청하기도 한다. 이 경우 판례는 건축허가상 위법사유가 있다 하더라도 그 점만으로는 신축공사의 금지를 구할 사법상의 권리가 생기는 것은 아니라고 결론짓는데, 아마도 "공사법준별론(公私法峻別論)"을 전제로 국가와 국민 사이에 생긴 사유가 개인 사이의 법률관계를 좌우할 수 없다고 보는 듯하다.[35]

하지만 이 경우 신청인의 주장은 선해(善解)할 여지가 있다. 즉 그 주장은 일반론적 차원에서 행정법규가 사법상 권리를 창출한다는 것이 아니라 특정 행정법률 규정이 해당 사건에서 사법상 청구할 수 있는 권리를 창출했다고 새겨야 한다고 주장한 것으로, 다시 말해 '개별 행정법규정의 해석'의 문제를 제시한 것으로 볼 수 있는 것이다. 기실, 강학상 '공법(公法)'으로 분류되는 법률의 규정 중에는 사법(私法)상 구체적 효력을 인정받은 경우가 적지 않다. 예컨대, 판례는 2011년 개정 전 환경정책기본법 제31조(현행법 §44①)에 터 잡아 피고의 무과실책임임을 인정한 바 있다.[36] 참고로, 미국에서는 공법과 사법을 구별하지 않으며, 환경보호를 위해 입법된 각종 제정법에는 환경보호에 필요한 여러 가지 다양한 형식의 법적 수단이 담겨 있는 바, 이들 규정의 사법상 효력은 범주적으로 결정되는 것이 아니라 당해 제정법의 해석을 통하여 개별적으로 처리되고 있다.[37]

우리의 판례와 미국에서의 논의는 국가가 규제프로그램을 설계함에 있어 어떤 내용을 어떤 형식으로 담을 것인가는 원칙적으로 입법자의 재량에 속함을 보여준다. 현대복지국가에 접어들면서 국가는 국민에게, [표 4-1]에서 볼 수 있듯이, 여러 형식의 이익을 제공해왔다. 국가는 재정상태 및 제반여건을 고려하면서 각종 프로그램을 통해 특정한 자격 요건을 갖춘 사람에게 일정한 지원을 받을 수 있는, 소구가능(訴求可能)한 '권리'(가령 기초생활수급대상자의 급부청구권)를 줄 수도 있고, 불특정 다수에게 분산된 형태의 이익(가령 깨끗한 공기와 같은 규제이익)만을 제공할 수도 있다.[38] 입법의 대상도 특정 업종(가령 이동통신산업) 하나가 될 수도 있고, 국민 전체(가령 환경보호정책)가 될 수도 있다.

---

35) 대표적으로 大判 1997.7.22. 96다56153; 그 원심인 서울高判 1996.11.21. 95나41804. 공사법준별론에 의하면 극단적으로 무허가건축인 경우에도 그 사유만으로는 건축금지를 청구할 수 있는 사법상 권리가 생기는 것은 아니기 때문에, 원고의 청구는 '주장 자체로 이유 없는 것'으로 치부된다.

36) 大判 2001.2.9. 99다55434("양돈장 사건")[13모1][14모2][15모1][19모1]. 이외에도 大判 2003.6.27. 2001다734("울진원전 사건")이 있다.

37) 이런 규정을 여하히 해석할 것인가에 관한 대표적 판례로는 Middlesex County Sewerage Auth. *v.* National Sea Clammers Ass'n, 453 U.S. 1 (1981). 이에 대한 설명으로는 拙稿(註11), 註28 및 그 본문 참조.

38) 현대복지국가가 만들어 낸 법률상 이익이 가져올 법체계에 대한 영향에 대한 문헌으로 Charles A. Reich, "The New Property," *Yale Law Journal* vol. 73, 733 (1964); Richard B. Stewart & Cass R. Sunstein, "Public Programs and Private Rights," *Harvard Law Review* vol. 95, 1193 (1982); R. Shep Melnick, *Between the Lines: Interpreting Welfare Rights* (1994).

▌표 4-1 새로운 이익 형식의 스펙트럼

권리 ··· 개별적·직접적·구체적 이익 ··· 추상적·평균적·일반적 이익 ··· 반사적 이익

▌표 4-2 규제수익자 보호를 위한 집행체계

행정소송 (부작위위법확인소송 +의무이행소송)		(공법의 사법(私法)상 효력에 기한) 민사소송	
		사용불가(不可)	사용가(可)
	사용不可	① 배타적 공적(公的) 집행	③ 보충적 사적(私的) 집행
	사용可	② 사법적(司法的) 감시	④ 최대 집행

또한 이러한 프로그램의 **집행체계(執行體系)**도 다양하게 고안될 수 있는데, 입법자는 프로그램의 집행자를 정부만으로 하거나 시민소송 내지는 단체소송을 도입할 수도 있다. 다시 말해, 규제수익자에게 소구가능한 권리를 인정할지 여부는 입법자의 재량에 속하는 것이다. [표 4-2]는 규제프로그램이 상정할 수 있는 프로그램 집행수단의 가능한 조합을 나타낸 것이다.[39] 가령 ① "배타적 공적 집행"은 규제수익자에 의한 소송제기를 일체 허용하지 않는 방식(가령 일반적·추상적 공익만을 보호하기 위해 제정된 행정법)을 의미한다. ④ "최대 집행"은 정부 프로그램이 제공한 이익을 얻기 위해 제기할 수 있는 소송으로 행정소송뿐만 아니라 민사소송(손해배상소송, 심지어는 유지청구소송)까지도 허용하는 방식(가령 주민의 개별적·구체적 환경이익을 보호하기 위한 무과실책임을 규정한 개정전 환경정책기본법 제31조)이다. 이와 같이 국가가 국민에게 각종 이익을 다양한 형식으로 제공할 수 있다고 한다면, 어떤 환경보호법률이 국민에게 그에 기하여 유지청구를 할 수 있는 사법적(私法的) 권리를 부여했는지 여부는 범주적으로 결정할 것이 아니라 당해 법률의 해석을 통해 개별적으로 결정해야 할 것이다. 요컨대 어떤 법률이 강학상 공법이기 때문에 그 법률에 근거해 유지청구를 할 수 없다고 결론짓는 것은, 이와 같은 입법현실을 무시한 형식논리일 뿐이다. 이외에도 공사법의 관계는 여러 측면에서 검토할 수 있는데 후술하기로 한다.[40]

6. 판례 및 소결

유지청구의 권원에 관해서 대법원은 다음과 같은 정식화된 법리를 천명하면서, 헌법상 환

---

39) 자세한 내용은 Richard B. Stewart & Cass R. Sunstein, "Public Programs and Private Rights," *Harvard Law Review* vol. 95, 1193 (1982) 참조.
40) 아래 제2절, Ⅰ. 2. 행정법적 규제와 수인한도 참조.

경권에 기한 유지청구를 기각하였다.[41)]

> "사법상의 권리로서의 환경권이 인정되려면 그에 관한 명문의 법률규정이 있거나 관계법령의 규정취지나 조리에 비추어 권리의 주체·대상·내용·행사방법 등이 구체적으로 정립될 수 있어야 한다."

대법원은 이후의 사건에서도 일관되게 헌법상 환경권의 구체적 효력을 부인하고, 물권에 근거해 유지청구를 인용하고 있다. 가령 "부산대" 사건에서 "인접 대지 위에 건축중인 아파트가 24층까지 완공되는 경우, … 대학교로서의 경관·조망이 훼손되고 조용하고 쾌적한 교육환경이 저해되며 소음의 증가 등으로 교육 및 연구활동이 방해받게 된다면, 그 부지 및 건물을 교육 및 연구시설로서 활용하는 것을 방해받게 된 대학교 측으로서는 그 방해가 사회통념상 일반적으로 수인할 정도를 넘어선다고 인정되는 한 그것이 민법 제217조 제1항 소정의 매연·열기체·액체·음향·진동 기타 이에 유사한 것에 해당되는지 여부를 떠나 그 소유권에 기하여 방해의 제거나 예방을 청구할 수 있"다고 판시하였고,[42)] 근자의 판결 또한 같은 입장을 취하여 고속도로로부터 발생하는 소음에 대하여 "건물의 소유자 또는 점유자(점유의 권원 불문)가 인근의 소음으로 인하여 정온하고 쾌적한 일상생활을 영유할 수 있는 생활이익이 침해되고 그 침해가 사회통념상 수인한도를 넘어서는 경우에 건물의 소유자 또는 점유자는 그 소유권 또는 점유권에 기하여 소음피해의 제거나 예방을 위한 유지청구를 할 수 있다."라고 판시하여 물권적 청구권설을 취하고 있음을 재확인하였다.[43)]

판례의 태도는 이론적으로 무난하지만, 환경피해의 실제를 보면 부족한 점이 있다. 기실, 환경침해의 피해자 중에는 물권을 보유하지 않는 경우가 많으며, 환경피해의 대부분은 인접지 상호간의 생활분쟁에 그치지 않고 광역에 거주하는 불특정다수인에게 발생하기 때문이다. 대부분의 사람들은 타인의 토지 위에서 생활하고 있어서 물권은 환경침해에 대한 보호의 기초로는 부족하고, 부동산관련성이 없는 사람에게도 환경피해가 생기는 것이다. 이런 사정을 배경으로 하여, 대법원이나 하급심은 환경침해로 인하여 사람의 건강이나 생명이 위협을 받을 경우에는 보충적으로나마 인격권에 기한 유지청구를 인용하고 있다.[44)] 환경권은 판례가 적시한 문제점이 있으나, 법률의 해석과 적용, 특히 위법성 내지는 수인한도의 초과 여부의 판단에 있어서 그 취지가 반영되어야 할 것이다.

---

41) 大決 1995.5.23. 94마2218("청담동 골프장" 사건)[19모1].
42) 大判 1995.9.15. 95다23378("부산대 사건")[20모2].
43) 大判 2007.6.15. 2004다37904, 37911("고속도로 소음" 사건)[13모2][14모2][21모1][21모2][17변].
44) 부산高判 1995.5.18. 95카합5("부산대 사건"의 원심판결).

III. 유지청구의 요건

유지청구가 인용되기 위해서 충족되어야 할 요건은 다음과 같다. ① 환경침해행위로 인하여 토지·건물의 소유권·제한물권의 행사에 방해가 되거나 그 부동산에 관련된 사람의 **생명·건강에 악영향을 끼쳐야** 하고, ② 해당 **피해가 계속적**이고 **중대·명백**하고 금전적 평가가 어렵거나 금전보상만으로는 피해의 회복이 곤란해야 하고, ③ 피해가 사회통념상 **수인한도를 초과**하여야 한다.

1. 유지청구의 주체 및 상대방

유지청구의 주체는 상술한 유지청구의 권원에 의하여 논리적으로 결정된다. 따라서 환경침해에 대한 유지 내지 중단을 청구할 수 있는 전형적인 주체는 민법 제214조의 피해를 입고 있는 인접 토지·건물의 소유자 및 이에 준하는 제한물권의 보유자, 즉 임차인 등 점유권자(민법 §205), 지상권자(§290), 지역권자(§301), 전세권자(§319), 저당권자(§370) 등이다. 판례도 소유자는 물론이고 지상권자, 전세권자 또는 임차인 등도 일조이익을 향유하는 주체로 본다.[45]

(1) 이웃거주자

문제는 민법 제217조의 "**이웃거주자**"인데, 이 범주에는 소유권이나 제한물권의 보유자뿐 아니라 피해부동산과 (물권 이외의 원인으로 인하여) '관련' 있는 사람도 포함될 수 있기 때문이다. 이런 해석은 동조의 규정 내용에 근거하는데, 동조는 가해 주체를 "토지소유자"로 하는 반면, 피해자는 "이웃거주자"로 명시하고 있고, 가해 양태도 "이웃토지의 사용 방해"와는 별도로 '이웃거주자의 생활 고통'을 명정(明定)하고 있는 것이다. 기실 토지소유자 이외에 피해 토지를 계속적으로 이용하는 사람, 가령 그 위에서 일하는 피고용인이나 그곳으로 매일 출근하는 피교육생 등은 일정 기간 그 토지에 체류해야만 하고 당해 직장이나 교육기관을 떠나지 않는 한 피해를 면할 수 없다. 그런데 이들에게 피해 토지를 떠날 것을 기대하기 어렵기 때문에 이들에 대한 보호 필요성이 대두되는 것이다. 이렇게 보면 "부동산관련성"은 피해토지와의 '계속적 관련성'이나 환경침해로부터의 '회피불가능성'을 뜻하게 된다.[46]

---

45) 그리하여 일조이익의 방해로 인한 손해액 중 소유권자에게 소유권을 근거로 하여 귀속시킬 부분을 90%로, 임차인 등 점유자에게 생활이익 등을 근거로 하여 귀속시켜야 할 부분을 10%로 보고 있다. 서울중앙地判 2008.12.17. 2007가합96794.

46) 전경운(註6), 158. 한편, 독일에서는 단순 방문객이나 통행인이 가해행위의 객체가 될 수 없다는 데 이론이 없지만, 피해토지를 계속적으로 이용해야하는 그 곳의 피고용인(被雇傭人)이나 피교육자(被敎育者) 등에 관하여는 긍정설과 부정설이 대립한다고 한다. 전경운, "불법행위의 제유형: 환경침해," **註釋民法 채권각칙** [8], 58 – 60. 독일의 판례는 피고용인에 대하여 부정설을 취하였다. BGH 92, 143.

이론적으로만 본다면, 이웃거주자는 그 피해를 물권보유자로부터 전보(塡補)받게 하고, 가해자에 대한 유지청구는 오직 물권보유자만이 혹은 그를 대위(代位)해서만 할 수 있는 것으로 정리하거나 이웃거주자가 겪는 피해를 인격권 침해로 볼 수 있다면 이웃거주자의 유지청구는 이에 기하는 것으로 보는 것이 간명하다. 하지만 실제의 사건에서 이웃거주자가 물권보유자로부터 피해를 전보받는 것을 기대하는 것은 쉽지 않을 것이고, 제217조의 문언과 구조는 이런 난점을 해결하기에 안성맞춤으로 보인다.

(2) 학설

이웃거주자가 유지청구를 할 수 있는가는 민법 제217조의 보호법익을 무엇으로 보느냐에 따라 결론이 내려진다. **부동산물권설**에 따르면, 동조의 보호법익은 피해 토지나 건물의 물권인 반면, **생활이익설**은 여기에 피해부동산에 거주하는 사람의 '생활이익'도 포함된다고 하며, 구체적으로는 피해부동산에 거주하는 '사람'뿐만 아니라 그 생활에 필요한 '동산(대표적으로 가축)'도 보호된다고 한다.[47] 부동산물권설의 근거로는 제217조가 부동산소유자 사이의 관계를 위한 특별규정이라는 점[48]과 독일의 판례 등이 제시되고 있다.[49] 근자에 선고된 전원합의체 대법원판결의 다수의견은 이 견해에 입각해 있는 듯하다.[50] 생활이익설의 근거는 민법 제217조의 문언인바, "이웃토지의 사용방해"뿐만 아니라 "이웃거주자의 생활고통"도 언급하고 있는 동조의 문언을 볼 때, 동조의 보호법익을 부동산물권으로 한정하기 어렵다는 것이다. 그리고 이 입장을 취하게 되면, '생활이익'의 성질을 어떻게 — 인격권만을 의미하는가 아니면 생활에 사용되는 동산의 재산권도 포함하는가 아니면 더 나아가 환경이익도 포함하는가 — 파악하고 그 범위를 여하히 제한할 것인가 하는 문제가 남는다. 이웃거주자가 생활에 고통을 받는 것은 여러 측면에서 다양한 방식으로 이루어질 수 있을 것이기 때문이다.

(3) 논의의 실익

어떤 견해를 취하느냐에 따라 구체적 사건의 결론이 달라진다. 가령 사회통념상 수인한도를 초과하는 소음 발생으로 인하여 피해토지의 지가(地價)가 하락하는 경우, 부동산물권설에

---

47) 이 논점에 대한 결론은, 수인한도론이 민법 제217조에서 비롯된 것이기 때문에, 수인한도론의 사정(射程)도 정하게 된다. 가령 부동산물권설에 의하면 수인한도론은 오직 '피해부동산'에 대한 가해행위의 위법성을 따질 때에만 적용되어야 한다. 자세한 것은 拙稿(註19), 292－293.
48) 전경운(註46), 94－96.
49) 다른 한편, 독일 판례(BGH, WM 1970, 1292)는 소음 임밋시온을 통하여 다른 사람의 영업무능력(營業無能力)을 야기한 경우에, 그 행위가 토지의 장소통상적 이용(場所通常的 利用)이라고 하더라도 그것만으로는 그 침해행위가 정당화되어진다고 할 수 없다고 판시하였다. 자세한 내용은 전경운(註46), 94－96; 이경춘, "소음과 환경소송," **환경법의 제문제 下**(재판자료 95), 167 참조.
50) 大判 2008.4.17. 2006다35865(全合)("부영아파트 일조방해" 사건).

따르면 제217조의 보호법익이 부동산물권이므로 설령 피해토지의 소유자가 거기에 거주하지 않는다 하더라도 손해배상을 청구할 수 있고, 경우에 따라서는 물권적 방해배제청구권도 행사할 수 있다.[51] 생활이익설에 따르면 나대지(裸垈地)의 경우와 같이 토지가 사용되지 않고 있는 경우는 비록 지가가 하락하더라도 토지의 '사용'이 방해되거나 '생활'에 고통을 주지 않고 있으므로 그 보호청구는 인용되지 않는다.

양설은 유지청구권자의 범위에도 영향을 미친다. 부동산물권설은 청구권자를 피해부동산의 물권보유자로 한정하는데 반해, 생활이익설은 이웃부동산에 '거주'하는 사람을 포함하게 된다. 그런데 부동산물권설도 피해토지의 임차인은 비록 소유자는 아니지만 소유자와 유사한 법적 구제조치를 취할 수 있다고 새긴다.[52] 다만 제217조의 기본적 보호법익은 "피해부동산에 대한 지속적인 사용권능"을 포함하는 토지소유권이므로 "토지관련성(Grundstückbezogenheit)"을 가지는 사람만이 청구권자가 될 수 있고 피해부동산을 지속적으로 사용한다고 볼 수 없는 방문객이나 통행인은 손해배상을 청구할 수 없다고 한다.[53] 근자에 선고된 대법원 판례도 같은 입장이다.[54]

제217조는, 전형적인 소유권침해를 규율하는 제214조와 달리, '상린관계'에서 발생하는 '모든' 임밋시온을 위법한 것으로 취급하지 않고 그 중 수인한도를 초과하는 경우만을 위법한 것으로 다룬다. 민법이 제214조의 예외 조항으로 제217조를 둔 배경에는 상린관계의 특성이 있다.[55] 인접지 사이에는 토지 사용상의 갈등이 불가피하고(갈등의 불가피성), 상호간 언제든지 피해를 주고받을 수 있는 것(지위의 호환성(互換性))이다. 이렇듯 인접지 사이의 관계가 일방적이지 않다보니 양자 간 통상적 불편은 상계(相計)해 처리하고 그것이 통상의 정도를 넘을 때

---

51) 가령 주택가 지역에 들어선 소음을 유발하는 공장으로 인하여 인근 주택의 시가가 폭락한 경우, 피해주택의 소유자뿐만 아니라 인근 '나대지'의 소유자에게도 손해배상청구나 방해배제청구가 허용된다. 김시철, "건물신축으로 인한 일조방해의 법적 성격과 이로 인한 불법행위 손해배상청구권의 소멸시효기산점" (필자소장).

52) 김재형(註17), 308-309; 김시철(註51); 전경운(註46) 57. 하지만 제217조의 보호법익을 부동산물권이라고 한다면, 물권보유자만을 법적 구제를 받을 수 있는 사람으로 보는 것이 간명한 처리가 아닐까 생각한다. 가령 소음 발생이나 일조량 감소가 생겼을 때 임차인은 임대인에게 이를 고하고 그 방지를 청구할 수 있게 하고, 임대인이 필요한 조치를 취하지 않으면 채무불이행이 된다고 이론을 구성할 수 있다고 보는 것이다. 또한 임대인이 침해자를 상대로 손해배상청구에 성공하면 임차인은 임대차계약관계나 부당이득반환청구권에 터 잡아 임차기간에 비례해 그 일부에 대하여 임대인에게 다시 청구하거나 임료의 감액을 청구할 수 있을 것이다. 이론적으로는 이것이 간명하다고 생각한다.

53) 전경운(註46), 57.

54) 大判 2008.12.24. 2008다41499("일조권 침해에 있어 객관적인 생활이익으로서 일조이익을 향유하는 '토지의 소유자 등'은 토지소유자, 건물소유자, 지상권자, 전세권자 또는 임차인 등의 거주자를 말하는 것으로서, 당해 토지·건물을 일시적으로 이용하는 것에 불과한 사람은 이러한 일조이익을 향유하는 주체가 될 수 없다.")[18모2][19모1].

55) 유원규(註7), 289("[제217조 제2항]은 민법 제214조가 규정하고 있는 토지소유자 등의 소극적인 방어권능에 대한 한계를 각각 설정하고 있는 것이다.").

에만 법적 보호를 제공하는 것이 합리적이다.

(4) 제217조의 적용범위

이런 민법 규정의 구조적 맥락을 염두에 둔 채 제217조의 문언에 터 잡아 동조의 적용범위를 살펴보자. 상린관계에서의 분쟁을 분석해보면, 먼저 그 '피침해법익'으로는 '부동산'과 **부동산 위에 거주하는** '사람·동산'을, 가해행위로는 직접적인 것과 불가량물에 의한 간접적인 것을, 각각 상정할 수 있다. 이들 요소가 만들어내는 대안은, [표 4-3]에서 볼 수 있듯이, 네 가지(2×2=4)이다. 이제 제217조의 적용범위는 동조가 네 가지 대안 중 어느 것을 규율하는 것으로 보아야 동조의 의미에 부합하는가의 문제가 된다.

먼저, 제217조는 가해행위의 태양을 "매연, 열기체, 액체, 음향, 진동 기타 이에 유사한 것"에 의한 것으로 한정하고 있으므로 [표 4-3]의 대안 ⓐ와 ⓒ는 그 규율대상에서 제외된다. 사람·동산에 대한 직접적 가해행위에는 사람이나 동물의 고막이 찢어지거나 난청을 일으킬 수 있음을 알면서도 이를 무릅쓰고 굉음이 수반되는 행동으로 나아간 경우가, 부동산에 대한 직접적 가해행위에는 피해부동산에 액상(液狀)의 유해폐기물을 도관(導管)을 통해 불법폐기('덤핑')하는 경우가, 각각 해당될 것이다.[56) 그리고 대안 ⓐ와 ⓒ의 경우 가해행위의 위법성은 수인한도론이 아닌 일반 법리에 의하여 판단되어야 한다. 왜냐하면 이 경우는 제217조의 적용대상이 아닌데다가 가해행위의 특성상 '갈등의 불가피성'이나 '지위의 호환성'을 찾을 수 없기 때문이다. 다른 한편, ⓓ의 경우가 제217조가 규율대상으로 하는 대표적 사례라는 것에 관하여는 이론(異論)이 없다. 문제는 ⓑ의 경우이다.

▌표 4-3 피침해법익의 종류

		가해행위	
		직접 가해	불가량물
피침해법익	인접부동산 거주 사람·동산	ⓐ	ⓑ
	인접부동산	ⓒ	ⓓ

---

56) 이 경우, 전자는 인격권 침해에 기하여, 후자는 민법 제214조에 기하여 유지청구를 할 수 있다. 후자에 관해서는 독일민법 제906조 제3항은 "별도의 도관을 통한 유입은 허용되지 아니한다."라고 규정하고 있는데, "도관에 의한 유입"은 직접적인 침해의 대표사례이다.

부동산물권설은, 생활이익설과 달리, ⓑ에 대한 제217조의 적용가능성을 부정하는데,[57] 저자는 다음과 같은 근거로 동 학설에 찬동한다. 우선, 제217조의 문언만으로는 동조의 규율대상에 ⓑ의 경우가 포함되는지 여부를 판단하기 어렵다. 생활이익설은 동조가 "생활"의 "고통"을 명시하고 있다는 이유로 문언해석상 ⓑ의 경우도 동조의 규율대상으로 보지만, 제217조가 부동산소유권 등을 규정한 민법 제2편 물권 부분에 위치해 있고 우리 민법이 엄격한 '물권법정주의'를 채택하고 있음(민법 §185)을 고려하면, 제217조는 이웃거주자에게 소위 "상린권(相隣權)"을 주기 위해서가 아니라 물권보유자의 상린관계상의 '의무'를 명시하기 위해서 제정된 규정으로 새겨야 한다.[58] 다음으로, 생활이익설이 문언해석의 근거로 삼고 있는 "이웃거주자의 생활에 고통을 주지 아니하도록" 해야 한다는 표현은 부동산소유자의 사용이익과 구별되는 이웃거주자의 '생활이익'을 창설하기 위한 것이 아니라 부동산물권을 **방해**하는 **태양**을 구체화한 것에 불과하다. 또한 '생활이익'을 객관적으로 파악하면(이는 판례의 입장이다),[59] 해당 부동산의 사용이익에 다름 아니다.[60] 그리고 이런 객관적 생활이익의 침해 정도는 결국 당해 부동산의 가치하락분에 의하여 평가하는 것이 합리적이다. 이렇게 본다면, 제217조가 이웃거주자의 '생활'을 명시하고 있지만 이는 이웃토지의 사용과 차별화되는 그 어떤 것도 덧붙이지 못하는 것이 된다.

결론적으로 말하면, 부동산물권설이 타당하며,[61] 판례도 같은 입장으로, 토지·건물을 이용하는 것에 불과한 사람은 일조이익의 향유주체에서 제외하고 있다.[62] 그리고 '수인한도론'이

---

57) 전경운(註46), 94-96에 따르면, 동산소유권의 침해에 관하여는 "제217조의 토지의 통상적 이용은 동산에 대한 사회상당성의 기준으로는 적당하지 않다. … 제217조는 부동산소유자 사이의 관계를 위한 특별규정이므로 제217조 통상적 이용은 동산소유자에게는 달리 적용되어야 한다."라고, 인적 침해에 대한 손해배상청구에 관하여는 "사실 현저한 신체침해도 개별적인 경우(예를 들어 정당방위의 범위 내에서)에 정당화될 수 있지만 민법 제217조에 따라서 손해배상 없이 인용해야 하는 사회상당성이 있는 침해로 평가될 수 없다."라고 각각 설명하고 있다. 김시철(註51)은, 가동물에 대한 가해행위의 경우 보호법익을 '가해행위의 객체'가 된 사람의 인격권 또는 동산에 관한 소유권으로 본다. 따라서 제217조는 적용이 없다.

58) 제217조의 입법연혁은 부동산물권설을 지지하는 것으로 보인다. 유원규(註7), 292.

59) 근자에 대법원은 일조방해 사건에서 제217조 소정의 생활이익이 "객관적 생활이익"임을 분명히 하고 있다. 大判 2008.12.24. 2008다41499; 大判 2008.4.17. 2006다35865(全合).

60) 사람들은 부동산을 다양한 용도로 사용하는데, 이러한 다양한 용도에서의 생활이익은 '**해당 부동산이 제공된 용도의 효용**'이다. 그런데 부동산이 제공된 각각의 용도에 대하여 사람들이 주관적으로 부여하는 가치는 천차만별이므로 이런 '주관적' 가치를 기준으로 생활이익을 파악할 수는 없다. 그렇게 파악한다면 제3자는 생활이익이 어느 정도의 의무를 주는지 알 수 없게 되기 때문이다. 따라서 각 부동산의 용도에 부여되는 가치는 객관적으로 파악되어야 하며 그런 의미에서 동조가 보호하는 생활이익도 객관적으로 파악된 것이어야 한다. 이와 같이 생활이익이 객관적으로 파악된 것이라고 한다면, 이것을 그 부동산의 사용이익과 구별할 수는 없을 것이다. 자세한 것은 拙稿(註19), 297-299.

61) 주의할 점은 이런 해석이 환경침해에 대한 보호가 직접적인 부동산관련성을 넘어 확대될 필요에 영향을 주지 않는다는 것이다. 물권의 유무나 확대된 부동산관련성 유무를 떠나 환경침해를 통해 생명에 위협을 느끼거나 육체적·정신적 건강이 침해된 경우에는 불법행위나 인격권에 기초해 유지청구를 할 수 있음을 유념해야 한다.

동조의 합리적 해석을 위해 고안된 것이라면, 수인한도론은 인접지에 거주하는 사람과 동산에 대한 가해행위에는 적용이 없게 된다. 한편, 유지청구의 상대방은 민법 제214조에 따라 "소유권을 방해하는 자"이다.[63] 방해자는 "방해하는 사정을 지배하는 지위에 있는 자"로서 '현재'의 침해의 **책임을 귀속시킬 수 있는 자**이다.[64] 따라서 과거에 환경침해를 야기한 사람은 유지청구의 상대방인 방해자가 아니다.

2. 침해행위와 피해

방해배제청구나 방해예방청구가 인정되는 물권의 침해는 ① 소유자의 법적 지위에 대한 침해와 ② 물건의 공간적·물적 범위에 대한 적극적 침해로 나뉜다. 환경침해는 ①과는 무관한 것으로 그 원인행위는 가스, 증기, 냄새, 연기, 매연, 열, 소음, 진동 등 불가량물의 유입에 의한 임밋시온의 형태가 주를 이룰 것이다. 침해행위의 태양은 과학기술의 발달로 지속적으로 다양화되고 있다. 그런데 손해배상을 넘어 '방해배제'나 '방해예방'과 같은 '유지청구'가 인용되기 위해서는 환경침해로 야기된 **피해의 양태**(樣態)에 관한 추가적 요건이 충족되어야 한다. 이는 유지청구가 그 상대방과 제3자에게 금전배상을 넘는 중대한 부담을 주기 때문이다. 추가적 요건은 ① 환경침해로 야기된 피해가 계속적으로 중대하고 명백하게 부당한 것일 것, ② 피해의 성질과 정도에 비추어 금전적 평가가 곤란하거나 금전보상만으로는 피해회복이 어려울 것, ③ 피해가 수인한도를 초과할 것이다.

침해는 행위를 통해서도('**행위방해**') 이루어지고 상태의 지속을 통해서도('**상태방해**') 이루어지며, 타인의 행위를 통해서 간접적으로 이루어지기도 한다. 행위방해자는 가령 자신이 직접 악기를 연주하거나 타인으로 하여금 악기를 연주하게 하는 사람이고, 상태방해자는 물건이나 시설의 보유자 또는 운영자로서 그 시설을 적정한 상태로 관리하지 않음으로써 환경침해를 야기하는 사람을 말한다.[65] **자연적 사건**은 사람이 관여하지 않은 것이므로 누구에게도 그 책임을 귀속시킬 수 없다. 하지만 자연적 사건이 물건이나 시설의 관리미숙과 결합하여 피해를 야기한 경우에는 상태방해가 성립할 수도 있다. 판례도 같은 입장이다.[66] 유지청구의 내용은

---

62) 대법원은 초등학교 학생들 760여 명이 아파트 시공사를 상대로 제기한 손해배상청구소송에서 학생들은 공공시설인 학교시설을 일시적으로 이용하는 지위에 있을 뿐이고 학교를 점유하면서 지속적으로 거주하고 있다고 할 수 없어서 생활이익으로서의 일조권을 법적으로 보호받을 수 있는 지위에 있지 않다고 판시하였다. 大判 2008.12.24. 2008다41499.

63) 민법 제217조는 '토지'소유자만을 규정하고 있지만, '건물'의 소유자도 유지청구의 상대방이 될 수 있다는 데 이론이 없다.

64) 김상용, **물권법**, 440 (1995); 전경운(註6), 160.

65) 전경운(註6), 160.

66) 아래 제2절, Ⅲ. 4. 자연재해와 공동원인의 환경오염 부분 참조.

침해행위의 다양화에 대응해 작위(특정 시설의 설치)나 부작위(조업정지)를 가리지 않고 복잡다단해질 것으로 예상된다.

3. 위법성

환경침해에 대해 유지청구가 인정되기 위해서는 환경침해의 원인이 가해자에게 객관적으로 귀속될 수 있으면 족하고, 그의 고의·과실은 요구되지 않는다. 그 대신, 가해행위나 상태가 위법해야 유지청구가 가능하다. 상린관계에서의 가해행위란 원래 자기 소유의 부동산을 사용하는 과정에서 야기되기 때문에, 가해행위의 위법성을 세우는 것이 쉽지 않다. 판례는 위법성에 관한 두 가지 법리를 발전시켜 왔다.

(1) 수인한도론 및 위법성단계설

유지청구의 대상이 되는 침해행위, 즉 소유권 방해(§214)나 매연 등에 의한 인지방해(§217)는 대개 일상(日常)의 영위나 경제활동에 부수해 일어나기 십상이다. 말하자면 침해행위자의 입장에서는 재산권 내지 일반적 행동의 자유권의 행사가 된다. 이때 그 권리행사가 지나쳐 타인의 권리나 이익을 침해하게 되면 위법하게 되는데, 환경침해의 경우는 그 경계선이 불분명하다. 타인에 대한 폭행은 행위 그 자체가 위법하다는 인식이 일반인에게 확고히 자리 잡고 있다. 반면, 환경침해는 그 원인행위가 타인의 피해로 이어진다는 경험칙이 형성되어 있지 않고, 그 원인행위 자체는 경제활동이므로 국리민복(國利民福)에 도움이 된다. 이런 까닭에 환경침해의 원인행위 그 자체에 대해서는 '사회적 비난가능성'이 확립되어 있지 않다. 이것이 그 원인행위에 대한 위법성 판단이 필요한 까닭이다. 그리고 이 위법성 판단의 핵심은 **이익형량**이 된다. 상충하는 이익, 즉 원인행위에 관련한 가해자의 이익과 피해자의 이익 중 전자가 더 크다고 판단되면 — 적어도 유지청구 허용 여부의 판단에 있어서만큼은 — 그 위법성이 부정된다.

수인한도론은 이런 관점에서 고안된 위법성 판단 이론이다. 환경침해를 유발하는 행위는 대개 사회적으로 유익한 활동인 점에 착안하여 아무리 사회적으로 유익하더라도 특정한 사람에게 가해지는 침해의 정도가 **사회통념상 평균인이 인내할 수 있는 정도**를 넘는다면, 이는 더 이상 적법하다고 할 수 없다는 것이다. 수인한도론은 사회통념상의 평균인의 수인한도를 위법과 적법을 가르는 임계점으로 삼는다. 대법원은 침해가 사회통념상 수인한도를 넘는지의 여부를 판단할 때 **고려해야 할 요소**로는 피해의 성질 및 정도, 피해이익의 공공성, 가해행위의 태양, 가해행위의 공공성, 가해자의 방지조치 또는 손해회피의 가능성, 인·허가 관계 등 공법적 기준에의 적합 여부, 지역성, 토지 이용의 선후관계, 교섭 경과 및 새로운 공법적 규제 등을

들고 있고 이런 사정을 종합적으로 고려해 판단해야 한다고 한다.[67]

수인한도론의 **사정**(射程)은, 상술한 바와 같이, 제217조의 보호법익의 범위와 동행한다. 요컨대, 수인한도론은 [표 4-3]에서 ⓓ의 경우에만 적용되며,[68] ⓓ의 경우에도 지위의 호환성이 적은 분쟁에는 적용가능성이 떨어진다. 가령 서울중앙지방법원 환경전담부에서는 수인한도론에 의한 위법성 판단은 사회공동생활을 영위함에 있어 당연히 수반되는 유해물질이나 방해물질의 경우에만 적용되고, 당연히 수반되지 않는 기업폐수, 유독물, 난파선 기름 등의 경우에는 수인한도와 관계없이 그러한 침해행위에 위법성이 있으면 인과관계가 있는 한 모든 손해에 관하여 배상하여야 한다는 입장을 취하고 있다.[69] 전자의 경우는 언제든지 가해자가 피해자가 될 수 있고 피해자가 가해자가 될 수 있는 반면, 후자의 경우에는 이러한 지위의 호환성이 없다.[70]

그런데 수인한도 초과 여부를 판단함에 있어서, 판례는 불법행위의 경우와 유지청구의 경우를 구별해 다른 기준을 적용한다. 즉 불법행위에서와 달리 유지청구에서는 대상이 되는 행위에 대하여 고도(高度)의 위법성을 요구하는 것이다. 유지청구에서의 위법성 판단은 근본적으로 이익형량이기 때문에, 이는 너무나 당연한 귀결이다. 주지하듯이, 불법행위를 원인으로 한 손해배상청구의 경우, 피청구인은 금전배상만 하면 되지만, 유지청구의 경우는 환경침해를 야기한 원인행위, 그 자체를 중지해야 한다. 그 원인행위에는 개별적 행동뿐만 아니라 대형 프로젝트의 가동도 포함될 수 있다. 이는 유지청구로 인하여 상대방의 재산권 행사가 전면적으로 제한되고 이로 인하여 소송당사자 이외의 제3자도 영향을 받을 수 있음을 의미하는 것이므로 유지청구 인용 여부를 결정할 때 수인한도 초과 여부에 대한 심사는 엄격히 수행되어야 할 것이다. 이런 사정에 터 잡아 고안된 "위법성단계설"은 환경침해의 원인행위에 대한 구제조치를 결정함에 있어서 그 **원인행위의 위법성의 경중**(輕重)**에 따라 구제조치의 종류와 내용이 결정된다**는 이론이다.[71] 판례도 같은 입장인데, 대법원은 "도로소음으로 인한 생활방해를 원인

---

67) 大判 2004.9.13. 2003다64602[15모1]; 大判 2002.12.10. 2000다72213; 大判 1999.1.26. 98다23850[19모1]; 大判 1997.7.22. 96다56153[14모1]; 大判 1995.9.15. 95다23378[20모2]; 大判 2005.1.27, 2003다4956[14모2]; 大判 2000.5.16. 98다56997[15모1]; 大判 2017.2.15. 2015다23321[18모1][21모1] 등.

68) 同旨, 김시철(註51).

69) 손윤하, "환경침해를 원인으로 한 민사소송에 관한 문제: 일조, 조망 및 생활소음을 중심으로," **저스티스** 2004/10 (통권 81호), 120, 127 (2004).

70) 따라서 후자의 경우에 전술한 상호성에 관한 코즈의 발상을 적용하기보다는 전통적인 교정적 정의관이 더 어울리게 된다. 자세한 것은 拙稿(註19), 310. 한편, 근자에 법원 내부에서는 위법성단계설에 비판적인 견해가 주류를 이루고 있는 것으로 보인다. 즉 결과적으로 유지청구에서 엄격하게 판단되는 것은 맞지만, 이는 청구의 성격상 고려요소를 다르게 보기 때문이지, '위법성' 자체에 차이가 있기 때문은 아니라는 것이다.

71) 김상용, **불법행위법**, 276 (1997); 송혜정, "일조방해로 인한 손해배상청구권의 소멸시효 기산점," **민사판례연구 ⅩⅩⅩⅠ**, 117 (2009). Cf. 유원규(註7), 311-312; 이용우(註20), 227은 손해배상청구소송이나 유지청구소송에서 요구되는 위법성은 같다고 하는데, 이는 유지청구의 권원을 환경권으로 보기 때문이다. 즉 환경침해

으로 소음의 예방 또는 배제를 구하는 방지청구는 금전배상을 구하는 손해배상청구와는 내용과 요건을 서로 달리하는 것"이어서 "같은 사정이라도 청구의 내용에 따라 고려요소의 중요도에 차이가 생길 수 있고," "방지청구는 그것이 허용될 경우 소송당사자뿐 아니라 제3자의 이해관계에도 중대한 영향을 미칠 수 있"기 때문에, 방지청구의 당부를 판단하는 법원으로서는 "청구가 허용될 경우에 방지청구를 구하는 당사자가 받게 될 이익과 상대방 및 제3자가 받게 될 불이익 등을 비교·교량해야 한다"고 판시하였다.[72]

(2) 피해자의 인용의무

환경침해가 발생하더라도 피해자에게 인용의무가 있으면 가해행위의 위법성은 부정된다. 인용의무는 ① **법률**에 의하여 인정되기도 하고 ② **법률행위**에 의하여 창출되기도 한다. 먼저 ②의 경우는 환경침해가 방해자의 제한물권이나 채권적 권리에 의하여 야기된 경우이다. ①의 경우는 정당방위(민법 §760①), 긴급피난(동조 ②), 자구행위(민법 §209) 등 위법성조각사유가 있는 경우와 각종 특별 규정에 의하여 인용의무가 창출된 경우, 즉 민법 제216조 이하에 규정된 상린관계 규정과 각종 공법상 규정이다.

가. 경미한 침해

인용의무와 관련하여 특별히 주의를 요하는 것이 민법 제217조이다. 동조의 인용의무가 인정되기 위해서는 첫째, 동조 제1항에 따라 매연, 열기체, 액체, 음향, 진동 기타 이에 유사한 것, 즉 불가량물에 의한 침해여야 하고(§217①의 요건), 둘째, 토지의 통상의 용도에 의한 것이어야 한다(§217②의 요건). 토지의 통상의 용도에 의한 것은 아니나 그 정도가 미미한 침해, 즉 "**경미(輕微)한 침해**" 내지 "**비본질적 침해**"에 관해서 인용의무가 있는지 여부에 관해서는 논란이 예상된다. 이 논점이 제기되는 까닭은, 우리 민법 제217조에 해당하는 독일민법 제906조가 침해를 ④ 본질적인 침해와 ⑧ 비본질적인 침해로 나누어, 후자(⑧)에 대해서는 특별한 유도("도관(導管)")를 통한 침해가 아닌 한 '항상' 인용할 의무가 있음을 규정하고 있기 때문이다.[73]

는 환경권 침해이고 환경권 침해가 있으면 그 자체로 위법하다고 보는 것이다. 유사한 견해로, 김재형, 법률신문, 2016.3.10., 13.

72) 大判 2015.9.24. 2011다91784[21모1]; 大判 2007.6.15. 2004다37904,37911[21모2]. 하급심 판결로는 부산地決 2009.8.28. 2009카합1295("다만, 그러한 일조의 침해에 대하여 불법행위를 원인으로 손해배상을 구하는 것이 아니라 공사 자체의 금지를 구하는 경우에는 상대방의 헌법상 보장된 재산권 행사 자체를 전면적으로 제한하게 되는 점에 비추어 위와 같이 수인한도를 넘는지 여부에 대하여 더욱 엄격히 심사할 필요가 있다.").

73) 독일 민법 제906조(불가량물의 유입) ① 토지의 소유자는, 가스, 증기, 악취, 연기, 매연, 열, 소음, 진동 및 다른 토지로부터 나오는 이와 유사한 간섭이 토지의 이용을 방해하지 아니하거나 또는 경미하게만 방해하는 경우에는, 그 유입을 금지할 수 없다. 간섭이 법률 또는 법규명령에 정해진 한계치 또는 기준치를 이들 법령의 규정에 따라 조사하고 평가한 결과 넘지 아니하는 경우에는 원칙적으로 경미한 방해만이 존재하는 것이다.

독일민법 제906조는 본질적인 침해(Ⓐ)인 경우를 나누어 처리하는데, 본질적인 침해가 토지의 장소통상적 이용에 의한 것이 아닌 경우에는 유지청구를 할 수 있고, 토지의 장소통상적 이용에 의한 침해인 경우(Ⓐ-ⓐ)에는 경제적으로 기대 가능한 조치를 청구할 수 있고 이를 통해 방지할 수 없는 경우(Ⓐ-ⓑ)에는 인용해야 하고 다만 손실보상을 청구할 수 있을 뿐이라고 규정하고 있다. 그런데 1984년 4월에 있었던 우리 민법의 개정작업 연혁을 살펴보면, 독일민법 제906조 제1항과 같이 환경침해가 토지이용을 방해하지 않거나 침해의 정도가 중대하지 아니한 경우에는 인용해야 한다는 규정을 신설하려는 시도가 있었으나 실패했다고 한다.[74] 이런 입법사는 '경미한 침해'의 경우에 인용의무가 없는 것이 아닌가 하는 추측을 불러오지만, 그럼에도 불구하고 경미한 침해의 경우에는 인용의무가 있다고 보는 것이 합리적이다.[75] 왜냐하면 이런 경미한 침해는 상호간에 언제라도 일어날 수 있는 것("지위의 호환성")이므로 **상호수인**(相互受忍)하게 하는 것이 법률관계의 안정화라는 측면에서 바람직하고, 이렇게 보는 것이 판례가 발전시킨 수인한도론과 위법성단계론의 취지에도 부합하기 때문이다.[76] 결론적으로, 경미한 침해에 대해서 이웃거주자(피해토지의 소유자나 거주자)는 제217조 제1항의 적당한 조치나 손실보상을 청구할 수 없고 이를 인용해야 한다.

여기서 "경미한 침해"란 사회통념상 타인의 토지("피해토지") 이용을 방해했다고 볼 수 없거나 방해했다고 하더라도 피해토지 이용의 본질적 부분에 악영향을 미치지 아니한 경우를 말한다.[77] 경미한 것인지 여부는 **객관적 척도**에 의하여 정해져야 할 것인데, '피해토지'의 사용목적과 현실화된 구체적 용도를 고려해야 한다. 독일 판례는 "관계된 토지의 합리적이고 평균적인 이용자의 느낌"[78]을 거시하고 있으나, 공장지역이나 주거지역과 같은, 침해된 토지의 사용목적과 현실로 드러난 구체적인 용도를 고려해야 할 것이다.[79] **공법상의 규제기준도** 고려요소이다.[80] 경미한지 여부는 대표적인 가치판단의 문제로서 정답이 없는 이른바 "조정문제

연방임미시온보호법 제48조에 기하여 제정되고 또 현재의 기술상태를 반영하는 일반 행정규칙에 정해진 수치에 대해서도 또한 같다.

② 본질적 방해가 다른 토지에 대한 그 지역에 통상인 이용으로 인하여 일어나고 또 그 방해를 그러한 이용자에게 경제적으로 기대될 수 있는 조치에 의하여서는 막을 수 없는 경우에도 그 한도에서 또한 같다. 이에 따라 소유자가 방해를 수인하여야 하는 경우에, 방해가 그의 토지에 대한 그 지역에 통상인 이용 또는 토지의 수득을 기대할 수 있는 정도 이상으로 방해하는 때에는, 그 다른 토지의 이용자에 대하여 적절한 금전보상을 청구할 수 있다.

③ 별도의 도관(導管)에 의한 유입은 허용되지 아니한다.

74) 황적인, **현대민법론** Ⅱ, 214 (1987).
75) 同늘, 전경운(註6), 163.
76) 拙稿(註19), 311 이하, 327, 330 참조
77) Manfred Wold, Sachenrecht, 13. Aufl., Rdnr. 261; 전경운(註6), 163.
78) BGH, NJW 1993, 1656; 전경운(註6), 164.
79) 同늘, Staudingers Kommentar, 13. Aufl., 1996, §906 Rdnr. 159; 전경운(註6), 164.
80) 공법상 기준 이하이면, 경미한 손해로 보는 것이 독일민법의 명시적 규정이다. 독일민법 제906조 제1항 2문

(coordintation problem)"의 성격을 가지고 있는바, 일단 정해진 기준이 있으면 이를 존중하는 것이 사회전체의 이익 측면에서 바람직하다. 공법상의 규제기준은 국민으로부터 권위를 인정받은 국회 혹은 그 위임을 받은 행정부가 정한 일응의 가치판단이고, 따라서 특단의 사정이 없으면 이를 존중하는 것이 법체계 전체의 일관성·정합성 측면에서 바람직하다.[81] 배출허용기준에 미달한다고 해서 반드시 경미한 침해가 되는 것은 아니라는 견해가 있는데,[82] 이는 특단의 사정(가령 침해가 도관에 의하든지, 가해자에게 해의(害意)가 있는 경우)이 존재하는 경우에 한한다.

나. 중대한 침해

다른 한편, 경미한 침해를 넘는 침해, 즉 "중대한 침해"의 경우에, 민법은 일견 ① 그것이 가해 토지의 통상의 용도에 적당한 것이 아닐 때에는, 가해토지 소유자에게 "이웃토지의 사용을 방해하거나 이웃거주자의 생활에 고통을 주지 아니하도록 적당한 조치"를 할 의무를, ② 통상의 용도에 적당한 것인 때에는, 이웃거주자에게 인용할 의무를 부여하는 것으로 보인다. 그런데 동조는 상린관계에서 생긴 본질적 침해와 관련해 생길 수 있는 사태의 다양한 양상 모두를 커버하지 못한다. 중대한 침해의 경우는 ① 그것이 가해토지의 통상의 용도에 적당한 것이 아닌 경우("**비통상이용**")와 ② 적당한 경우("**통상이용**")로 대별되고, 후자는 다시 ㉮ 적당한 조치에 의하여 피해를 방지할 수 있는 경우와 ㉯ 방지할 수 없는 경우로 나눠진다. 가해토지의 '비통상이용'(①의 경우)에 대해서는 제217조 제1항에 따라 피해자가 적당한 조처를 청구할 수 있다는 데 대하여 이론이 없다. 통상적이지 않은 이용이므로 위법성을 인정하는 데 문제가 없기 때문이다. 인용되어야 할 적당한 조처의 내용은 피해의 성질과 정도에 따라 가변적이나 가해행위 중단이 포함됨은 물론이다. 문제는 '통상이용'(②의 경우)인데, 이 경우는 피해자에게 제217조 제1항에 따라 유지청구를 허용할지, 아니면 동조 제2항에 따라 인용의무를 부과할지가 불명확하다. 생각건대, 통상이용인데 그로 인한 방해나 고통을 '적당조처'로 막을 수 있는 경우(②-㉮의 경우; "적당조치 가능의 통상이용")에는, 피해자가 제217조 제1항에 따라 적당조처를 요구하는 유지청구를 할 수 있다고 본다(그 결과, 피해자는 동조 제2항의 인용의무를 부담하지 않는다). 동항이 통상이용과 비통상이용을 구별하지 않으므로 양자를 모두 포섭한다고 보는 것이 가능하고, 이렇게 보는 것이 상린관계에서 가해토지의 소유자와 피해토지의 소유자의 이해관계를 균형 있게 살피는 것이기 때문이다. 반면 통상이용인데 그로 인한 방해나 고통을 '적당조처'로 막을 수 없는 경우(②-㉯의 경우; "적당조치 불가의 통상이용")에는, 피해토지의 소유자는 유지청구를 할 수 없고 제217조 제2항에 따라 인용할 의무를 진다고 본다. 이 경우 가해토

과 3문 참조.
81) 이에 관해서는 拙稿(註19), 295-97, 300, 305 (2009) 참조.
82) 유원규(註7), 304.

지 소유자의 토지이용은 통상이용이므로 위법성단계설에 따라 유지청구가 인용될 만큼 위법하지 않은데다가 법은 불가능을 강요할 수 없기 때문이다. 다만, 피해토지의 소유자는 손해배상을 청구할 수 있다고 본다. 우리 민법은, 독일민법과 달리, 제217조에 손실보상에 관한 규정을 흠결하고 있어서 손실보상을 청구할 수는 없다. 그래서 판례는 가해자의 행위가 피해자에게 수인한도를 넘는 손해를 끼치고 있는 경우 위법성단계설에 따라 손해배상이 인용될 만큼 위법하다고 보고 손해배상으로 해결하고 있는 듯하다.[83]

이상을 전제로, 세부 논점을 살펴보면, 먼저 토지의 **통상의 용도에 적당한지 여부**는 피해토지가 아니라 '가해토지'를 기준으로 판단해야 한다. **침해가 경미한지 여부**에 대한 판단을 '피해토지'를 기준으로 하는 것과 대비된다. 통상용도인지 여부는 객관적으로 결정해야 하는바, 인접토지의 이용관계나 당해 지역의 지배적인 실질적 이용관계가 중요한 판단기준이 될 것이다. 따라서 통상용도 적합 여부는 거래관념이나 관계된 지역의 평균적 주민의 관념에 의해서 정해야 한다.[84] 한편, 유지청구가 허용될 경우, 가해토지의 소유자가 취해야 할 조처의 **적당성** 유무는 기술적인 측면뿐만 아니라 **경제적 측면**도 고려해 결정해야 한다. 따라서 기술적으로는 가능하나 경제적으로 기대가능하지 않은 조치를 청구할 수는 없다(따라서 이 경우는 '적당조치 불가의 통상이용'에 해당하게 된다). 중대한 침해를 경미한 것으로 변환시키는 설비도 적당한 조처에 해당한다. 방지조치의 경제적 기대가능성 유무는 해당 가해자의 급부능력에 의해서가 아니라 객관적 기준, 즉 관련 분야의 평균적인 운영이란 관점에서 기대할 수 있는지 여부에 의하여 결정되어야 한다. 한편 **환경기준**은 경제적 기대가능성 유무 판단에 매우 중요한데, 배출허용기준치의 초과는 '장소통상성'의 결여를 의미할 뿐만 아니라 방지조치의 '경제적 기대가능성'의 존재를 의미하기도 한다.[85] 토지에 대한 침해가 경미한 침해이거나 통상의 용도에 의한 침해라 하더라도 침해의 태양이 인접토지에 의한 **특별한 유도**로 인하여 침해가 이루어진 경우라면 이는 항상 허용되지 않는 침해로서 인용의무는 부정된다. 역으로 배출허용기준치의 준수는 특단의 사정이 없는 방지조치의 기대불가능성을 뜻한다. 정부 당국이 배출허용기준치를 결정할 때 기술적인 측면과 경제적인 측면을 고려했을 것이라고 추정하는 것이 합리적이기 때문이다.

이상에서 살핀 제217조에 의한 수인의무를 요약하면, 토지소유자가 매연, 열기체, 액체, 음향, 진동 기타 이에 유사한 불가량물에 의하여 이웃 토지의 사용이나 이웃거주자의 생활에 고

---

83) 이것이 우리 판례가 유지청구에서 위법성의 정도를 손해배상에서보다 높게 요구하는 '위법성단계설'을 취하는 이유이기도 하다. 이론적으로는, 독일 민법 제906조와 같이 토지의 통상이용은 적법하고 다만 그로 인한 이웃 토지의 손실은 이를 보상할 의무가 있다는 식으로 정리하는 것이 간명하고 논리적이다.

84) 유원규(註7), 308.

85) Peter Marburger, "Zur zivilrechtlichen Haftung für Waldschäden," S. 126; 전경운(註6), 167.

통을 준 경우, 그 침해가 경미한 경우(①), 이웃거주자는 민법 제214조나 제217제 제1항에 의한 유지청구를 할 수 없고 인용의무만이 있을 뿐이다. 그 침해가 중대한 경우, 그것이 토지의 통상의 용도에 적당하고 이에 대한 적당한 방지조치를 기대할 수 있는 경우(②-㉮)에는, 이웃거주자는 적당한 조처를 청구할 수 있는 반면, 그것이 토지의 통상의 용도에 적당하고 이에 대한 적당한 방지조치를 기대할 수 없는 경우(②-㉯)에는, 이웃거주자는 제217조 제2항에 따라 이를 인용해야 하지만 그에 따른 손해는 배상받을 수 있다. 마지막으로 그 침해가 중대하고 그것이 토지의 통상의 용도에 적당하지 않을 경우 이웃거주자는 민법 제214조에 의한 유지청구를 할 수 있다.

제2절 | 불법행위에 기한 손해배상청구

환경침해를 불법행위로 규정하고 이에 대한 책임을 추궁하기 위해서는 민법 제750조의 규정에 따라 고의·과실에 기한 위법행위가 있고 이로 인한 손해가 발생해야 한다.[86] 논리적으로 볼 때, 법익침해를 야기한 법질서 위반 행위에 대한 객관적 비난가능성으로서의 위법성 판단이 먼저 행해져야 하고, 이어서 그 행위자에 대한 주관적 비난가능성으로서의 과실판단이 행해져야 한다고 할 수 있다. 하지만 판례와 학설은 환경관련소송에서 앞서 본 환경침해의 특성에 즉응(卽應)하기 위해, 과실을 객관적으로 파악하고 위법성 판단에 행위자의 주관적 사정을 고려하는 등 과실과 위법성을 일원적으로 파악하고 있다. 요컨대 판례의 전체적인 흐름은, 위법성과 과실 요건을 통합하여 이에 의하여 불법행위 성부를 판단하는, 말하자면 위법성과 과실을 관련 당사자의 이해관계를 조정하기 위한 일종의 '도구개념'으로 사용하는 것으로 보인다. 이와 같은 경향은 위법성, 고의·과실, 손해의 요건을 이하에서 살펴보는 바와 같이 변용(變容)된 모습으로 나타나게 한다.[87]

환경침해로 인한 손해배상청구와 관련하여, 구미에서 일어난 불산누출 사고를 계기로 보다

---

86) 이하 제2절과 제3절 부분은 김용담 대표편집, **註釋民法**, 채권각칙(8), 33-76 (2016) (조홍식 집필부분)을 수정·증보한 것임을 밝힌다.

87) 오래전부터 입법론적으로 환경피해 문제의 해결을 위한 환경책임법 제정 문제가 본격적으로 검토되어야 한다는 논의가 있었다. 유럽연합에서는 이미 지침(Richtlinie)으로 환경책임에 관한 입법을 하였고(2004/35/EG), 주요 회원국에서는 이 지침을 전환하여 국내법을 제정하였으므로 이들 입법례는 중요한 참고자료가 될 수 있었다. 이에 대한 개괄적인 소개로는 Marburger, "Umwelthaftung im deutschen Recht," 환경법학회 국제학술대회, 2007. 10을 참조. 그밖에 환경사법에 대한 독일의 논의의 개괄적인 설명으로는 Kloepfer, *Umweltrecht*, 3. Aufl., 2004, S. 425-530. 새로이 제정된 우리나라의 환경오염피해구제법이 이런 입법례를 참고한 것은 물론이다.

신속하고 실효적인 환경오염피해 구제제도의 필요성에 대한 공감대가 확산되었다. 그리하여 산업계 및 학계 등의 의견검토를 거쳐 2014년 12월 환경오염피해구제법이 입법되었는데, 이 법에서는 특히, '시설'의 설치·운영과 관련하여 '환경오염피해'가 발생한 경우 해당 시설의 '사업자'가 "위험책임(Gefährdungshaftung)"의 법리에 따라 그 피해를 배상하도록 하고 있고, 그러한 청구권은 민법 등 다른 법률에 따른 청구권에 영향을 미치지 않는 것으로 규정하고 있어 종래의 환경침해로 인한 손해배상을 구하는 소송에 큰 영향을 미칠 것으로 보인다. 환경오염피해구제법은 종래의 환경오염피해 구제제도에 대한 반성적 고찰에서, 인과관계를 '법률상 추정'하고, 손해와 관련해서도 통상의 손해를 대신하여 '일련의 손해'라는 개념을 도입하며, 손해배상방법으로서 금전배상 외에도 '원상회복'을 추가하고, 피해자등의 '정보청구권' 등을 새로이 규정하고 있기 때문이다.

I. 위법성

1. 수인한도론

민법 제750조의 위법성이란 정당한 사유 없이 타인의 권리 또는 법익을 침해하는 것을 말한다. 환경침해행위의 경우, 앞서 본 환경침해행위의 특성, 특히 환경침해행위에 대한 사회적 평가의 가변성으로 인하여, 일반불법행위와 비교할 때 위법성 판단이 어려운 측면이 있다. 예컨대 허가를 받은 공사로부터 소음·진동이 일어나는 경우 혹은 합법적으로 설치한 공장이 배출기준 이내로 오염물질을 배출하는 경우는, 행위의 태양을 중시할지(**행위불법설**), 혹은 행위의 결과 즉, 피해법익의 중요성에 착목할지(**결과불법설**), 아니면 양자 모두를 고려할지(**상관관계설**) 여부에 따라 그 위법성에 대한 판단이 좌우되는데, 어떤 측면에 치중하여 판단해야 하는가가 분명하게 정해져 있지 않다. 법원은 환경관련소송에서 이와 같은 난점을 극복하기 위해 '수인한도'라는 개념에 의존하고 있는데, 이에 따르면 환경피해가 사회공동생활을 함에 있어서 일반적으로 용인될 수 있는 범위 내의 것인 때에는 위법성을 인정할 수 없으나 수인의 한도를 초과하면 위법성을 인정해야 한다. 앞서 지적한 바와 같이 법원은 당해 사안의 사실관계를 분석·평가하여 형평의 관념에 따라 결론을 정해놓은 후, 이를 정당화하기 위해 다음과 같이 수인한도라는 개념을 사용하는 것으로 보인다.

사회통념상 수인한도를 넘었는지의 여부는 피해의 정도, 피해이익의 성질 및 그에 대한 사회적 평가, 가해건물의 용도, 지역성, 토지이용의 선후관계, 가해방지 및 피해회피의 가능성, 공법적 규제의 위반 여부, 교섭경과 등 **모든 사정을 종합적으로 고려하여** 판단하여야 한다.[88]

---

88) 大判 2000.5.16. 98다56997; 大判 2004.9.13. 2003다64602 등 다수(고딕체 강조는 필자의 것이다).

판례는 수인한도법리를 주로 소음, 일조, 조망, 통풍 등 상린관계에서 벌어지는 문제에 적용·발전시켜 왔지만,[89] 일반환경오염피해에 있어서도 수인한도를 폭넓게 적용하고 있다.[90] 한편 위법성의 **입증책임**에 관해서는 정설이 없고, 판례도 이를 정면으로 다룬 사건은 없는 것으로 판단된다. 생각건대 판례는 수인한도의 초과 여부를 결정할 때에는 모든 사정을 종합적으로 고려해야 한다고 하는데, 그 모든 사정을 피해자가 입증해야 한다고 한다면 피해자에게 지나치게 가혹한 결과가 될 것이다. 따라서 권리 기타 법적 이익에 대한 침해사실과 같이 피해자의 증명이 용이한 것은 피해자가, 그럼에도 불구하고 그 침해의 정도가 수인한도 내에 있음을 보여주는 사실은 가해자가, 각각 입증책임을 지고 있다고 보아야 한다.[91]

2. 행정법적 규제와 수인한도

환경오염물질을 배출하는 업체의 입장에서 가장 억울한 것은, 국가로부터 허가를 받아 각종 기준을 준수하며 벌인 경제활동이 어째서 불법행위라는 평가를 받아야 하는가 하는 점이다. 기술한 바와 같이 판례는 수인한도의 초과 여부를 결정함에 있어 모든 사정을 참작하는데, 이러한 모든 사정에는 행정법적 규제의 준수 여부가 포함됨은 물론이다. 하지만 행정법적 규제의 준수 여부는 어디까지나 여러 요소 중 하나의 요소에 해당할 뿐이다.[92] 판례는 이로부터 다음의 결론을 도출하고 있다.

---

89) 大判 1999.1.26. 98다23850(일조권 침해와 수인한도); 大判 2004.10.28. 2002다63565(지역성의 결정 기준); 大判 2007.6.28. 2004다54282(조망이익 침해와 수인한도)[19모1]; 大判 2014.2.27. 2009다40462(시야 차단으로 인한 폐쇄감이나 압박감 등 생활이익 침해와 수인한도).

90) 大判 1991.7.23. 89다카1275("나전모방 사건": 환경기준과 수인한도)[13모1]; 大判 1991.7.26. 90다카26607, 26614("온산공단 사건": 발병여부와 수인한도); 大判 2003.6.27. 2001다734("울진원전 사건": 적법가동·공용제공여부 및 유해정도와 수인한도); 大判 2004.11.26. 2003다2123 등 다수: 가장 최근의 사례로는 大判 2012.1.12. 2009다84608, 84615, 94622, 84639(수질오염으로 인한 피해와 수인한도).

91) 同旨, 곽윤직 대표편집, **民法註解 ⅩⅣ, 채권**(12), 484 (2005). 한편 위법성의 입증책임은 원칙적으로 피해자에게 있다고 하면서 그럼에도 불구하고 피해자에게 불리한 결과를 초래하지 않을 수 있다는 견해가 있다. 즉, 수인한도 초과 여부의 판정에는 모든 사정이 참작되어야 하는데, 이에 착안하여 이용우는 다음과 같은 유력한 견해를 피력한 바 있다. 수인한도의 판정요소 중에는 피침해이익의 성질 및 정도 이외에 가해 기업의 공공성 등과 같이 가해자측에게 유리하게 작용할 사정이 많이 있기 때문에 실제 소송에 있어서는 그런 사정은 가해자측이 스스로 주장·입증할 것이고, 그 입증이 부족하면, 결국 피침해이익의 성질, 정도만 두드러지게 나타나서 위법성 인정에 어려움이 없을 것이므로 실제상 피해자에게 입증 부담의 과중은 없을 것이라고 한다. 이용우, "공해의 위법성," **司法論集** 제10집, 94 (1979).

92) 참고로 독일 민법 제906조는 법률과 법규명령에 규정된 한계치나 기준치를 넘지 않는 경우 그 기준 이하에서 발생하는 침해는 비본질적인 것으로 본다는 규정을 두고 있다. 그럼에도 독일 판례는 상린관계에 있어서 민법의 '독자적' 판단을 인정하고 있고(가령 독일 연방대법원의 이른바 "테니스장" 판결, BGH, NJW 1983, 751), 학설은 의견의 일치를 보지 못하고 있다. 독일에서 공법규정과 환경사법 간의 관계에 대한 개괄적인 설명으로는 Kloepfer(註87), S. 438-443 참조.

첫째, 행정법적 규제에 "형식적으로 적합하다고 하더라도 현실적인 일조방해의 정도가 현저하게 커 사회통념상 수인한도를 넘은 경우에는 위법행위로 평가될 수 있다."[93] 이는 환경기준을 준수한 경우도 마찬가지다.[94]

둘째, 환경침해 소송에서 적법·위법의 문제는 어느 행위를 전체로 파악하여 판단할 것이 아니고 문제되는 측면마다 개별적, 상대적으로 판단하여야 한다고 한다.

> 불법행위 성립요건으로서의 위법성은 관련 행위 전체를 일체로만 판단하여 결정하여야 하는 것은 아니고, 문제가 되는 행위마다 개별적·상대적으로 판단하여야 할 것이므로 어느 시설을 적법하게 가동하거나 공용에 제공하는 경우에도 그로부터 발생하는 유해배출물로 인하여 제3자가 손해를 입은 경우에는 그 위법성을 별도로 판단하여야 하고, 이러한 경우의 판단 기준은 그 유해의 정도가 사회생활상 통상의 수인한도를 넘는 것인지 여부라고 할 것이다.[95]

셋째, 행위 당시에는 존재하지 않다가 행위 후에 신설된 규제도 수인한도의 평가에 고려된다.[96] 신설 규제가 고려할 요소 중 '하나'에 불과하기 때문에, 수인한도법리는 책임의 '소급효'와 관련한 문제(가령 헌법 제13조 제2항에 규정된 소급입법에 의한 재산권박탈 금지에 대한 위반 여부의 문제)를 회피할 수 있다.

---

93) 大判 2000.5.16. 98다56997. 同旨의 미국 판례로는 City of Milwaukee v. Illinois, 451 U.S. 304 (1981). 자세한 내용은, 拙稿(註11), 註 32 및 그 본문 참조.

94) 大判 1991.7.23. 89다카1275("나전모방 사건")[13모1]. 한편, 학설은 공법상 한계치를 초과한다면 민법에 의하여도 금지되어야 하는 임미시온이 되지만, 그 한계치에 미달한다고 해서 민법상 반드시 허용되는 것이라고는 볼 수 없다고 한다. 환언하면 "위와 같은 규제기준은 상린관계에 있어서도 방산된 임미시온의 적법성의 필요조건이기는 하지만 충분조건이라고는 할 수 없다"는 것이다. 유원규(註7), 304. 그러나 경제학적으로 관점에서만 보면 이와 같은 이해는 다소 미흡한 측면이 있다. 경제학적으로만 보면, 환경행정법상의 규제기준은 사법상 적법성의 필요조건도 아니고 충분조건도 아니다. 왜냐하면 경제학적 관점에서는 문제의 규제기준이 이른바 최적점(最適點)을 쳐서 자원배분을 효율적으로 하고 사회효용을 극대화할 수 있도록 하는지 파악해야 하고, 만약 규제기준이 지나치다면, 즉 과잉규제(over‒regulation)라면 규제기준을 어겨도 사법상 구제수단을 부여할 수 없고, 만약 규제기준이 부족하다면 즉 과소규제(under‒regulation)라면 규제기준을 준수해도 사법상 구제수단을 부여할 필요성이 생기기 때문이다. 요컨대 규제기준이 사법상 어떤 효력이 있는지는 경험적 문제가 된다.

95) 大判 2001.2.9. 99다55434[13모1][14모2][15모1][19모1]; 大判 1991.7.23. 89다카1275("나전모방 사건")[13모1]; 大判 1999.7.27. 98다47528[14모1]; 大判 2010.7.15. 2006다84126[14모1] 등 참조.

96) 大判 1999.1.26. 98다23850("건축 후에 신설된 일조권에 관한 새로운 공법적 규제 역시 이러한 위법성의 평가에 있어서 중요한 자료가 될 수 있다."); 大判 2017.2.15. 2015다23321[18모1][21모1].

Ⅱ. 과실

1. 과실 개념의 변용

불법행위로 인한 책임은 과실책임의 원칙을 기본으로 하기 때문에 피해자가 먼저 가해자의 고의·과실을 입증하지 않으면 안 된다. 환경침해가 고의에 의해 일어나는 경우는 그다지 많지 않으므로, 주로 문제되는 것은 과실이다. 그런데 민법상 과실책임의 원칙을 환경침해의 경우에 그대로 적용하게 되면 피해자의 보호가 부족하게 되는바, 판례는 이 점을 인식해 과실의 개념을 확장하여 사실상 무과실책임에 접근하는 해석론을 전개하고 있다는 평가를 받고 있다. 요컨대 법원은, 가해자와 피해자 사이의 관계를 규율함에 있어 형평의 관념에 기초해 결론을 정한 후, 이를 정당화하기 위해 이런 저런 이론을 사용하는 것으로 판단된다.

첫 번째 이론은 **방지의무위반설**로서, 기업 활동을 하면서 일정한 환경침해의 방지설비를 갖추었더라면 손해의 발생을 방지할 수 있었음에도 '상당한' 또는 '최선의' 방지설비를 갖추지 않아 손해가 발생한 경우에 과실이 있는 것으로 인정하는 견해이다. 이 이론은 여타의 이론에 비해 기업 활동의 자유의 보장에 기우는 경향이 있지만, 전통적인 과실개념에 충실한 이론이기 때문에 이 이론에 기하여 환경피해를 구제할 수 있는 경우에는 이 이론을 채택하는 것이 무난할 것이다. 환경침해에 관한 최초의 대법원 판결인 大判 1973.5.22 71다2016에서는 "피고의 비료공장에 시설상의 하자가 있었고 종업원의 작업기술미숙으로 많은 양의 유해가스를 분출시켜서 원고에게 손해를 입혔다면 피고는 불법행위책임을 면할 수 없다."라고 하여 이 설을 취하였고, 大判 1997.6.27. 95다2692("현대자동차폐수배출 사건")[15모1][19모2]도 "이 사건에서의 농어 폐사 결과는 위와 같은 시설물을 설치하는 등의 필요한 조치를 취하지 아니한 과실로 인하여 발생하였다."라고 판시한 바 있다. 그러나 법원은 이 이론이 원고승소의 결과를 뒷받침할 수 없다고 판단되면, 이 이론을 버리는 것으로 판단된다. 즉 大判 1973.10.10. 73다1253에서는 "설사 피고 공장이 그 공장설립 당시나 그 가동에 있어서 현대과학이 가능한 모든 방법을 취하여 손해를 방지하는 시설을 갖추고 있다 하여서 피고가 원고에게 가한 불법행위에 과실이 없다고 할 수는 없다."라고 하여 이 설을 명백히 배척하고 있다.

두 번째 이론은 **예견가능성설**로서, 손해의 발생에 관하여 예견가능성이 있으면 '조업정지' 등을 통하여 손해회피조치를 취함으로써 사고발생을 방지할 수 있다는 점에서 예견가능성을 과실의 중심 내용으로 하는 견해이다. 이때 예견가능성의 유무는 동종의 사업을 하는 자가 통상 갖추고 있는 전문적 지식을 표준으로 하여 판단해야 한다고 한다. 이는 **통설**이자, 현재의 **판례** 입장이기도 하다. 위 大判 1973.10.10. 73다1253[14모2]에서 비록 예견가능성 여부에 대한 적시는 보이지 않지만, 결국 최선의 방법을 다하였다 할지라도 발생한 손해에 관하여 (예견가능성만 있다면) 과실을 인정할 수 있다는 것으로 보이므로, 예견가능성설을 취한 것으로 볼 수 있다.

세 번째 이론은 **신수인한도론**으로, 수인의 한도를 넘으면 과실이 있고 위법성도 존재하는 것으로 인정하는 학설이다. 즉 피해자가 입은 손해의 종류 및 정도, 가해행위의 태양·손해의 회피조치 등 가해자 측의 요인, 그리고 지역성 기타 제 요인을 비교형량하여, 손해가 수인한도를 넘는다고 인정되는 경우에 예견가능성의 유무에 관계없이 과실이 인정된다는 입장이다. 이 이론은 가해자가 손해의 발생을 예견하였다고 볼 수 없지만 그럼에도 불구하고 피해자에게 배상하는 것이 옳다고 판단되는 경우, 그 결정을 정당화하기 위해 원용된다. 또한 이 이론은 고의·과실과 위법성을 구분하지 않고, 양자의 요건에 대한 판단을 '고의·과실로 인한 위법행위'라는 하나의 개념 틀 안에서 수인한도의 초과 여부라는 하나의 기준에 의해 일거에 내려 불법행위의 성부를 판단하는 방안이다. 요컨대 수인한도의 판단요소에는 위법성의 판단요소와 과실의 판단요소가 혼재되어 있는 것으로 보는 입장이다. 이상의 입장을 채택하였다고 볼 수 있는 판결로는, 大判 1991.7.23. 89다카1275("나전모방 사건")[13모1]가 있다.

> 피고 공장에서 배출된 아황산가스의 농도가 환경보전법에 의하여 허용된 기준치 이내라 하더라도 원심이 적법하게 확정하고 있는 바와 같이 유해의 정도가 통상의 수인한도를 넘어 원고농장의 관상수를 고사케 한 원인이 된 이상 그 배출행위로 인한 손해배상책임을 면치 못한다.

또한 大判 2001.2.9. 99다55434("양돈장 사건")[97)][13모1][14모2][15모1][19모1]에서 대법원은, 예견가능성설에 입각한 원심법원의 결정("원고들이 양돈업을 계속하지 못하게 될 결과를 예견하고 그러한 결과가 발생하지 않도록 어떠한 조치를 취해야 할 의무가 존재한다고 보기 어렵고")을 배척하고 원고 승소 판결을 한 바 있다. 또한 大判 2004.9.13. 2003다64602는, 조망이익의 침해 정도가 수인한도를 넘었는지 여부는 조망방해에 관하여 "가해자측이 해의를 가졌는지의 유무"도 고려하여 판단해야 한다고 판시한 바 있다. 한편 이러한 수인한도론의 실정법적 근거로는 민법 제217조를 드는 견해도 있고,[98)] 또 제217조와 결합한 민법 제216조 제2항, 제219조의

---

97) 이 사건에서 대법원은, 비록 예견가능성설에 입각한 원심판결을 배척하였지만, 과실과 위법성 요건을 구별하여 위법성을 별도로 판단해야 한다고 판시하였으므로 신수인한도설을 있는 그대로 채택하였다고 볼 수는 없을 것이다.

98) 유원규(註7), 311; 김재형(註17), 38. 김재형은 大判 1974.6.11. 73다1691(불법행위로 인한 손해배상청구 사건에서 "원고들 소유의 부동산에 대한 방해의 정도는 이웃 토지의 통상의 용도에 적당한 것이었다 할 수 없으므로 이러한 취의에서 피고측의 계속되는 소유물 방해와 소음 및 불안상태의 조성은 이른바 수인의 한도를 넘는 불법이라고 판시한 원판결에 안온방해행위에 있어서의 수인의 한계에 관한 법리를 오해한 위법이 있다 할 수 없다."라고 선고한 판결)에서 불법행위의 위법성을 판단하면서 '토지의 통상의 용도에 적당한 것인지' 여부에 따라 판단하고 있는데, 이것은 민법 제217조의 기준이 불법행위의 위법성을 판단할 때에도 적용된다는 것을 보여주는 판결이라고 주장한다.

제2항의 손해보상 규정을 드는 견해도 있다.[99]

네 번째 이론인 **환경권설**은 환경을 오염시키는 행위가 있으면 구체적인 피해발생의 여부와 관계없이 환경권에 대한 침해로 불법행위가 성립한다고 하는 입장인데, 여기에서도 과실을 필요로 하나 피해사실의 인식 또는 인식 가능성이 과실 판단에 필수적으로 고려되는 것이 아니라는 점에서 과실의 인정이 완화되는 측면이 있다. 이 학설에 따르면 당사자 사이의 상린분쟁이나 생활방해사건에서는 지위의 호환성으로 인하여 수인한도론이 타당하나, 대기오염이나 수질오염과 같이 지위의 호환성이 없이 항상 환경을 오염시키는 기업과 언제나 피해를 보는 시민 사이에는 수인한도론이 타당하지 않다고 한다.[100] 대법원이 환경권의 근거가 되는 헌법상 환경권 규정에 관해 그 구체적 효력을 부인하는 것으로 일관하고 있지만,[101] 유력한 것으로 고려해야 할 견해이다.[102]

2. 민법 제758조의 공작물책임

(1) 공작물책임의 의의

한편 민법 제758조는 '위험책임'의 법리에 따라 책임을 가중시킨 규정으로서,[103] 이 규정에 의해 환경오염의 원인이 된 공작물의 점유자·소유자에게 무거운 책임을 물을 수 있다. 환경침해는 특정인의 행위에서 비롯된다기보다 공작물(또는 국가의 영조물)의 하자에서 유발되는 경우가 많음을 고려하면 이 규정의 중요성을 가늠할 수 있다. 가령 유류를 저장한 지하저장탱크시설이 노후하여 유류를 누출하고 있는 상태에서 그 사정을 모르고 지하저장탱크시설이 묻혀

---

99) 자세한 것은, 이강원, "공해배상소송에서의 수인한도론과 공용관련하자," 민사실무연구회 발표논문 (필자소장).
100) 최상호, "환경오염에 있어서의 위법성," **계명법학** 제2집, 60, 79 (1998). 다른 한편, 이용우는, 공해의 위법성을 '전형적인 산업공해'의 경우와 일조·통풍 방해 및 소음과 같은 '생활방해'의 경우를 나누어 전자는 수인한도론이, 후자는 환경권론이 타당하다고 한다. 이용우(註91), 113−114.
101) 大判 1995.9.15. 95다23378("부산대 사건")[20모2]; 大判 1997.7.22. 96다56153("봉은사 사건")[20모2]; 한편, 공사중지를 명한 사례로, 청주地判 1998.2.26. 97카합613("문장대 온천 사건").
102) 법원이 환경침해에 터 잡은 청구를 수인한도를 기준으로 하여 기각하는 것은 피해자가 수인한도 이내의 피해는 이를 참고 지내야 한다는 판단에 근거하고 있는 것이다. 그리고 이런 판단은 수인한도 이내의 피해는 피해자도 언제든지 이를 타인에게 가할 수 있다는 상호성(reciprocity)에 근거한다. 상호성에 관한 대표적 문헌으로는 Ronald H. Coase, "The Problem of Social Costs," *The Journal of Law & Economics* vol. 3, 1−44 (1960). 상린관계에 관하여 상호성에 터잡아 논의를 전개한 문헌으로는 拙稿(註19). 상호성이란 아이디어의 저변에는 말하자면 그런 정도의 피해는 사회 속에서 사는 사람들이라면 언제나 혹은 언제든지 서로 주고받을 수 있는 것이니 그럴 때마다 소구(訴求)하는 것을 허용하기보다는 서로 참고 마는 것이 바람직하다는 생각이 자리하고 있는 것이다. 그런데 이런 상호성이 인정되지 않는다면, 수인한도를 기준으로 하여 판단하는 것은 피해자에게 인내를 강요하는 것이 된다. 가해행위가 일방적이기 때문이다. 환경오염피해구제법이 탄생하게 된 배경이 된 사건인 구미불산누출사건을 보면, 공장 인근에 사는 피해주민들이 가해회사에 동종의 피해를 줄 수 있는 가능성은 전무(全無)한 것이다.
103) 大判 1996.11.22. 96다39219.

있는 토지를 개인이 구입하거나 그 토지를 소유한 회사를 다른 회사가 합병한 경우를 상정해 볼 수 있을 것이다.

(2) 공작물책임의 성질

동 규정에 따르면, 점유자는 손해의 방지에 필요한 주의를 다한 것을 입증함으로써 면책되는 데 반하여 소유자에게는 면책이 인정되지 않는다. 이와 같이 소유자의 책임은 민법 제758조 자체에 의하여 무과실책임이기 때문에 아래에서 보는 환경정책기본법 또는 토양환경보전법상의 무과실책임의 특칙을 원용할 필요가 없다. 그러나 점유자의 책임이 일반불법행위책임이 아니라 환경침해로 인한 손해배상책임인 경우에는, 환경정책기본법 또는 토양환경보전법상의 무과실책임의 특칙이 적용된다.[104] 이 경우 피해자는 가해자인 점유자의 고의나 과실에 대한 입증을 할 필요가 없다.

(3) 공작물책임의 요건

공작물이라 함은 인공적 작업에 의하여 제작된 물건이다. 토지의 공작물에 제한하지 않고, 지상이나 지하에 설치된 공작물, 건물 내부의 설비, 기업의 물적 설비 일반을 포함한다. 자동차와 항공기와 같은 동적 기업설비도 공작물이고,[105] 고속도로와 공항도 공작물이다. 통상 공작물책임이 성립하기 위해서는 ① 물건의 하자, ② 손해의 발생, ③ 하자와 손해와의 인과관계라고 하는 요건이 충족되어야 하는데, 이는 말하자면 일반 불법행위의 요건 즉 '고의·과실 및 위법성' 요건이 '하자' 요건으로 대체된 것이다.[106]

이 규정과 관련한 판례에 따르면, 첫째, 하자는 통상 갖추어야 할 안전성을 결여한 것을 말하는데, 안전성의 구비 여부에 대한 판단은, 당해 공작물의 설치·보존자가 그 공작물의 위험성을 고려해 수행해야 할 안전확보의무를 다하였는지의 여부를 기준으로 삼아야 하고,[107] 따라서 제3자의 행위[108]나 자연현상[109]이 개재(介在)되어 있는 경우에도 설치·보존자가 면책되는 것으로 단정할 수 없으며, 둘째, 설치·보존의 안전성의 정도는 완전무결한 상태를 유지

---

104) 토양환경보전법 제10조의3 제3항은 무과실책임을 지는 오염원인자를 특정하고 있는데, 여기에는 "토양오염의 발생 당시 토양오염의 원인이 된 토양오염관리대상시설을 소유·점유 또는 운영하고 있는 자"가 포함된다. 학설로는, 김홍균, **환경법: 문제·사례**, 338 (2007); 拙稿, "토양환경침해에 관한 법적 책임," **환경법연구** 제20권, 298, 332 (1998).

105) 곽윤직(註91), 423.

106) 이강원(註99). 한편, **日本註釋民法**(19), 307은, 공작물의 설치·보존의 하자의 존재를 요건으로 하는 이상 소유자의 책임도 완전한 무과실책임은 아니고 주관적인 과실을 객관적인 하자의 형태로 정형화한 것이라고 보아야 한다고 한다.

107) 大判 2000.1.14. 99다39548("온풍기의 설치·보존상의 하자"에 관한 판결); 大判 1999.12.24. 99다45413("고속도로 설치·관리상의 하자"에 관한 판결) 등.

108) 大判 2002.9.27. 2002다15917(국가배상법상 영조물의 하자에 관한 판결).

109) 大判 1998.2.13. 97다49800(국가배상법상 영조물의 하자에 관한 판결).

할 정도의 고도의 안정성을 요구하는 것은 아니고,[110] 공작물의 위험성·사회적 유용성, 위험에 대한 예측가능성 및 위험에 대처하기 위한 비용부담의 정도 등을 종합적으로 고려하여 결정하여야 하고,[111] 셋째, 공작물 책임의 경우에도 위법성 요건이 충족될 것이 필요하고,[112] 따라서 불가항력에 의한 피해의 경우에는 위법성이 없으므로 불법행위가 성립하지 않고, 넷째, 객관적인 하자의 존재는 피해자가, 예견가능성의 부존재는 가해자가 각각 그 증명책임을 진다.[113] 그런데 환경침해의 경우에는 환경정책기본법 또는 토양환경보전법에 의해 예견가능성과 같은 고의·과실의 요소는 이를 불요(不要)하게 된다고 하겠다.

이상을 종합하면 앞의 사례에 있어서는, i) 지하저장탱크는 전형적인 공작물에 해당하고, ii) 소유자 또는 점유자가 그 공작물을 보지(保持)하게 된 경위는 그 배상책임에 영향을 끼치지 않고, iii) 공작물의 하자가 민법 제758조 및 환경행정법에 의해 소유자나 점유자의 고의·과실에 의한 것임을 필요로 하지 않기 때문에, 지하저장탱크의 소유자·점유자는 누출된 유류로 인한 피해자에게 손해배상책임을 지게 된다.

(4) 기능적 하자

판례에 의하면, 안정성을 갖추지 못한 상태, 즉 타인에게 위해를 끼칠 위험성이 있는 상태라 함은, "당해 공작물을 구성하는 물적 시설 그 자체에 있는 물리적·외형적 흠결이나 불비로 인하여 그 이용자에게 위해를 끼칠 위험성이 있는 경우뿐만 아니라 그 공작물이 이용됨에 있어 그 이용상태 및 정도가 일정한 한도를 초과하여 제3자에게 사회통념상 수인할 것이 기대되는 한도를 넘는 피해를 입히는 경우까지 포함된다."[114] 가령, 고속도로부터 발생하는 소음으로 인하여 인근주민이 피해를 입은 경우가 이에 해당한다. 이 경우 제3자의 수인한도 초과 여부는, "일반적으로 침해되는 권리나 이익의 성질과 침해의 정도뿐만 아니라 침해행위가 갖는 공공성의 내용과 정도, 그 지역환경의 특수성, 공법적인 규제에 의하여 확보하려는 환경기준,

---

110) 大判 1987.5.12. 86다카2773("교회 비상계단출입구" 관리상 하자); 大判 1996.2.13. 95다22351("항상 완전 무결한 상태를 유지할 정도의 고도의 안전성을 갖추지 않았다 하더라도 그 공작물의 설치 및 보존에 하자가 있는 것이라 할 수 없"다.).
111) 따라서 大判 1994.10.28. 94다16328은 하자 유무의 판단에 있어 법령이나 행정규칙은 참작사유에 불과하다고 한다.
112) 大判 2001.2.9. 99다55434("양돈장 사건")[13모1][14모2][15모1][19모1].
113) 이강원(註99). 이강원은, 영조물의 하자에 의한 손해배상책임의 성부를 결정하는 요건으로, ① 영조물의 사고발생 위험성의 유무 ② 영조물 설치·관리자의 사고발생 예측가능성 및 회피가능성의 유무가 있다고 하고, ①의 요건은 피해자가 증명하여야 하고, ②의 요건은 하자가 설치·관리행위에 기인하는 것을 의미하는데, 그 예측가능성 및 회피가능성 요건도 일응 추정되어 그 요건의 부존재, 즉 불가항력 사유를 가해자가 항변하여야 한다고 한다. Cf. 곽윤직(註91), 6에 의하면, 안전확보의무의 이행 여부는 객관적으로 결정되고, 그 의무불이행에 의무자의 고의·과실은 고려할 필요가 없다고 한다.
114) 大判 2007.6.15. 2004다37904, 37911[14모1][14모2][21모1]; 大判 2005.1.27. 2003다49566[13모][14모2]

침해를 방지 또는 경감시키거나 손해를 회피할 방안의 유무 및 그 난이 정도 등 여러 사정을 종합적으로 고려하여 구체적 사건에 따라 개별적으로 결정하여야 한다."

(5) 인과관계와 자연력

공작물의 하자와 상당인과관계가 있는 손해에 한하여 배상책임이 인정된다. 공작물 하자와 손해 사이에 인과관계가 있으면 족하고, 자연력이 가세하여도, 자연력이 보다 근접한 원인이어도, 점유자나 소유자는 면책되지 않는다.

3. 환경행정법상의 무과실책임 규정

우리나라는 환경문제의 심각성에 대처하기 위해 각종 환경행정법을 제정하였다. 이러한 법률들은 환경피해에 대해 고의·과실이 없다고 하더라도 배상책임을 인정하는 무과실책임 규정을 가지고 있다.[115] 이 중 주목할 법률은 2011년 개정 전 환경정책기본법 제31조(현행법 §44①)와 이를 강화한 2014년 개정 전 토양환경보전법 제23조(현행법 §10의3①), 그리고 후술하는 환경오염피해구제법 제6조 제1항이다.

환경오염피해구제법을 제외한 이런 종류의 무과실책임 규정은 과실 요건을 요구하지 않는다는 것(과실불요론으로서의 무과실책임)이 아니라 과실의 입증이 요구되지 않음(입증불요론으로서의 무과실책임)을 의미한다는 견해가 유력하다.[116] 무과실책임을 규정한 법률이 책임한도액, 위자료 배제, 불가항력에 의한 면책을 규정하고 있지 않은 점을 보면, 위 법률들이 위험책임을 받아들였다고 볼 수 없기 때문이다. 따라서 이 견해에 따르면, 손해배상책임이 인정되기 위해서는 최소한 가해자에게 책임능력이 있어야 한다.

한편, 이들 법률들은 고의·과실 요건을 완화하는 데 그치는 것이 아니라, 당해 환경침해행위에 대한 위법성 판단에도 지대한 영향을 미치는 것으로 보아야 한다. 요컨대 불법행위가 성립하기 위한 주관적 요건인 고의·과실의 입증을 요구하지 않는다는 입법자의 결정은 환경침해 행위 자체에 대한 부정적 규범판단을 이미 체화(體化)하고 있는 것으로 보아야 하기 때문이다.[117]

---

115) 원자력손해배상법 제3조 제1항; 유류오염손해배상보장법 제4조 제1항; 광업법 제91조; 수산업법 제82조 등.
116) 자세한 것은 이강원(註99). 한편 "양돈장 사건"에서 대법원은 "귀책사유"를 요구하지 않아 '과실불요론'의 입장을 채택하고 있다는 인상을 주고 있다. 하지만 환경침해로 인한 손해배상책임을 인정하기 위해서 책임능력이 요구되는지 여부에 대하여 직접적으로 다루고 있는 판례는 없는 것으로 보인다.
117) 同旨, *Id.* 이강원은, 위법성과 과실 요건을 통합하는 신수인한도론에 따르면 환경정책기본법 제31조의 무과실책임은 위법성과 과실의 입증이 모두 가해자에게 전환된 책임으로 이해해야 한다고 주장한다. 요컨대 가해자에게 수인한도 내에 있다는 구체적 사실의 입증책임이 있다는 것이다.

2011년 개정 전 환경정책기본법 제31조는 민사소송에서도 구체적 효력이 인정되었다. 주지하듯이 환경정책기본법은 강학상 '공법(公法)'으로 분류되는 법이다. 이른바 "공사법준별론(公私法峻別論)"에 따르면 공법인 환경정책기본법의 규정은 사인간의 분쟁에 적용될 수 없다. 하지만 판례는 "양돈장 사건"에서 이 규정의 사법상(私法上) 구체적 효력을 인정하고 있다.

> 환경정책기본법 제31조 제1항 및 제3조 제1호, 제3호, 제4호에 의하면, 사업장 등에서 발생되는 환경오염으로 인하여 피해가 발생한 경우에는 당해 사업자는 귀책사유가 없더라도 그 피해를 배상하여야 하고, 위 환경오염에는 소음·진동으로 사람의 건강이나 환경에 피해를 주는 것도 포함되므로, 피해자들의 손해에 대하여 사업자는 그 귀책사유가 없더라도 특별한 사정이 없는 한 이를 배상할 의무가 있다.[118]

2011년 개정 전 환경정책기본법상의 제31조의 무과실책임 규정이 사법상 구체적 효력을 인정받게 됨에 따라 위 규정이 적용되기 위한 요건이 중요한 문제로 부각되었다.[119] 환경정책기본법은 제3조에서 위 제31조의 무과실책임 규정의 범위를 결정할 '환경오염'을 정의하고 있다. 이 정의 규정은 환경오염을 "사업활동 기타 사람의 활동에 의하여 발생되는 대기오염, 수질오염, 토양오염, 해양오염, 방사능오염, 소음·진동, 악취, 일조방해 등으로서 사람의 건강이나 환경에 피해를 주는 상태"라고 정의함으로써, '시설'로 인한 환경오염뿐만 아니라 '행위'로 인한 환경오염에 대해서도 무과실책임을 인정하고 있다고 판단되었다. 또한 이 규정을 적용하기 위해서는 '환경매체'를 통한 '간접적' 침해여야 한다. 환경매체를 통한 침해라고 하는 '간접성'에 환경침해를 여타의 불법행위와 구별하는 본질적 특수성이 있다고 보기 때문이다. 입법부는 법개정을 통해 "환경오염"에 "일조방해"는 포함시켰으나, 조망 및 통풍은 제외하였다. 한편, 판례는, "양돈장 사건"에서, 한국도로공사가 개설한 고속도로를 사업장으로 인정한 바 있다.

2014년 개정된 「토양환경보전법」 제10조의3 제1항에서도 "토양오염으로 인하여 피해가 발생한 때에는 당해 오염원인자는 그 피해를 배상해야 한다."라고 규정하여 무과실책임을 강화하고 있는데, 이 규정 또한 사법상 구체적 효력 유무가 문제될 것이다. 한편 입법자는 위 조항 후단에 "다만, 토양오염이 천재·지변 또는 전쟁으로 인하여 발생한 경우에는 그러하지 아

---

118) 大判 2001.2.9. 99다55434("양돈장 사건")[13모1][14모2][15모1][19모1]. 이 이외에도 大判 2003.6.27. 2001다734("울진원전 사건")이 있다.

119) 개정 전 환경정책기본법 제31조(무과실책임) 제1항은, "사업장 등에서 발생되는 환경오염 또는 환경훼손으로 인하여 피해가 발생한 때에는 당해 사업자는 그 피해를 배상하여야 한다."라고 규정하고 있다. 개정된 규정, 즉 환경정책기본법 제44조 제1항("환경오염 또는 환경훼손으로 피해가 발생한 경우에는 해당 환경오염 또는 환경훼손의 원인자가 그 피해를 배상하여야 한다.")은, 개정 전 규정과 달리, 사업자나 사업장이란 요건을 요구하지 않고 있음에 주의할 필요가 있다. 이로 인하여, 후술하는 바와 같이, 너무 광범위하게 무과실책임을 인정하는 것이 아닌가 하는 우려가 제기되어 왔다. 자세한 것은 제3편, 제1장, 제9절, Ⅲ. 2. 참조.

니하다."를 추가함으로써 불가항력에 의한 피해의 경우에 무과실책임 규정이 적용되지 않음을 분명히 하였다.

그런데 실무에서 가끔 만나는 사례는 예상하지 못한 난제를 제기한다. 가령 공장부지로 사용되면서 휘발성 유기화합물(VOC)의 일종인 벤진이나 솔벤트가 다량 폐기방치된 토지를 다른 회사가 구입한 경우를 상정해보자. 이 경우는 토양이 오염되었지만 지하저장탱크와 같은 공작물이 토지에 남아 있지 아니한 경우이므로 민법 제758조에 의해 해결할 수 있는 문제가 아니다. 따라서 민법 제750조에 의해 해결하여야 한다. 결론만을 말하면, 오염된 토지를 매수할 시점에서 당해 토양이 오염된 것을 알았거나 알 수 있었다면 그 토지의 양수인은 토양오염으로 인해 생긴 피해를 배상하여야 할 의무가 있다고 본다.[120] 한편, '매수 당시의 토양오염의 인식 또는 인식가능성'은 '위법성 인식표지'로서의 작위의무의 존재 여부를 판단하기 위한 자료에 불과한 것으로, '불법행위의 성립요건'으로서의 고의·과실과 혼동해서는 안 된다.

판례는 현행 환경정책기본법 제44조(또는 토양환경보전법 §10의3)와 민법 제750조(및 §758)의 관계를 **법조경합**(法條競合)의 관계로 보고 있다. 다시 말해 민법상의 손해배상청구권과 환경정책기본법상의 손해배상청구권은 적용법조가 두 개일 뿐, 그 목적이 하나인 한 개의 권리라는 것이다. 앞서 본 양돈장 사건에서 원고들은 민법 제750조 또는 제758조에 의해 손해배상청구를 하였다가 원심에서 기각되자 상고하였고, 이에 대해 대법원은 환경정책기본법 제31조에 의한 책임이 있다는 취지로 파기 환송하였는데, 이는 판례가 양 조항 사이의 관계를 법조경합이라고 새기고 있음을 보여주는 예라 하겠다.[121] 다른 한편, 「환경오염피해 배상책임 및 구제에 관한 법률」 제5조 제2항에서는 동법에 따른 청구권은 "「민법」 등 다른 법률에 따른 청구권에 영향을 미치지 아니한다"라고 규정하여 양자가 **청구권경합**의 관계에 있음을 명문으로 밝히고 있다.

Ⅲ. 인과관계

1. 환경소송에서 인과관계의 특수성

환경소송에서 불법행위책임을 인정하는 데 가장 큰 장애는 가해행위와 생명·신체·물건의 손해발생 사이의 인과관계에 대한 증명이다. 여기에는 두 가지 이유가 있다. 첫째, 환경침해로 인한 피해는 주로 간접적인 피해로서, 사업장의 생산공정에서 나오는 오염물질이 환경매체로

---

120) 자세한 내용은 拙稿(註104), 332 - 339.
121) 유사한 판례로는 大判 2008.9.11. 2006다50338[12모3][19모2].

배출되어 대기·수질·토양오염이 발생한 경우에 있어서는 손해발생의 기제가 불명확하고 가해원인이 복수로 작용하고 있으며, 둘째, 환경소송의 피해자는 일반적으로 가해자에 비해 인과관계를 입증하기 위해 필요한 기술적·경제적 자원이 부족하다. 그러므로 환경침해로 인한 불법행위책임에서 피해자에게 인과관계의 증명을 일반불법행위와 같은 수준으로 요구하게 되면 피해자는 입증곤란으로 소송을 포기하거나 가해자 측의 화해 압력에 굴복하기 쉬울 것이다.[122] 이런 까닭에 민사소송법상의 증명책임분배의 원칙을 유지하면서 피해자를 두텁게 보호할 수 있는 다양한 이론과 판례가 발전하게 되었다.

2. 학설과 판례의 동향

개연성설은 환경소송에서 인과관계의 증명은 과학적으로 엄밀한 증명을 요하지 않고 침해행위와 손해 사이에 인과관계가 존재한다는 상당한 정도의 가능성("개연성")이 있음을 증명함으로써 족하고, 가해자는 이에 대한 반증을 한 경우에만 책임을 면한다는 이론이다. 이와 같은 개연성설은 **사실상 추정설**과 영미 소송법상의 "증거우월설"에 그 바탕을 두고 있다. 사실상 추정설은 환경침해로 인한 책임에 있어서 피해자가 인과관계의 존재에 관하여 상당한 정도의 개연성을 증명하면 손해발생에 인과관계가 사실상 추정된다는 것이고, 영미법상의 증거우월설은 민사사건에서는 증명책임을 부담하는 당사자가 제출하는 증거가 우월(preponderance of evidence)한 것이라는 정도를 입증하면 족하다고 보는 이론이다.[123] 우리 대법원은 1974년 한국전력 사건 이래로 개연성 이론을 취하고 있다.[124]

신개연성설은 "간접반증이론"이라고도 하는데, 환경소송에서 인과관계를 i) 피해발생의 원인물질 내지 그 메커니즘, ii) 원인물질의 피해자에의 도달경로, iii) 가해공장에서의 원인물질의 생성 및 배출이라는 세 가지 유형의 사실로 분석하여 이 세 가지 주요사실을 직접증거에 의해서만이 아니라 간접사실에 의하여 증명하되, 위 세 가지의 사실 중 어느 두 가지의 사실을 증명한 경우에는 가해자가 다른 간접사실을 '입증'(간접반증)하여 인과관계가 존재불명으로 되지 않는 한 법원은 인과관계의 존재를 인정할 수 있다는 이론이다. 종래의 개연성설은 이론구성이 추상적이고 애매하여 판사에게 지나친 재량을 부여하는 것이라는 비판을 받아왔는데,

---

122) 근자의 大判 2013.7.12. 2006다17539(고엽제와 참전군인 후유증 사이의 인과관계를 대체로 부인한 사건)는 환경소송에서의 인과관계 인정의 난점을 여실히 보여준다고 하겠다.

123) 독일법에서 도입된 입증책임 완화이론도 이와 같은 맥락이다. Kloepfer(註87), S. 482 – 483. 국내에서의 소개로는 전경운, **독일 환경사법론**, 153 이하 (1998)를 참조.

124) 大判 1974.12.10. 72다1774("공해로 인한 불법행위에 있어서의 인과관계에 관하여 당해 행위가 없었더라면 결과가 발생하지 아니하였으리라는 정도의 개연성, 즉 침해행위와 손해와의 사이에 인과관계가 존재하는 상당 정도의 가능성이 있다는 입증을 함으로써 족하다.").

신개연성설은 이런 문제의식 하에서 인과관계를 간접사실의 증명과 경험칙을 통해 추인하되, 원인사실을 몇 개의 사실(가령, 원인물질, 도달경로, 원인물질의 배출)로 정형화하고, 가해자의 반대사실의 증명 범위를 확대함으로써 피해자의 입증 부담을 완화하려는 이론으로 현재의 통설로 평가할 수 있을 듯하다.[125] 대법원은 다음과 같이 판시하여 개연성 입증의 정도와 그 기준을 비교적 명확히 제시한 바 있다.[126]

불법행위 성립요건으로서의 인과관계는 궁극적으로는 현실로 발생한 손해를 누가 배상할 것인가의 책임귀속의 관계를 결정짓기 위한 개념이므로 자연과학의 분야에서 말하는 인과관계와는 달리 법관의 자유심증에 터 잡아 얻어지는 확신에 의하여 인정되는 법적인 가치판단이니 만큼 소위 수질오염으로 인한 공해소송인 이 사건에 있어서 원심이 적법하게 확정하고 있는 바와 같이 (1) 피고 공장에서 김의 생육에 악영향을 줄 수 있는 폐수가 배출되고, (2) 그 폐수 중의 일부가 해류를 통하여 이 사건 어장에 도달되었으며, (3) 그 후 김에 피해가 있었다는 사실이 각 모순 없이 증명되는 이상 피고의 위 폐수의 배출과 원고가 양식하는 김에 병해가 발생하여 입은 손해와의 사이에 일응 인과관계의 증명이 있다고 보아야 할 것이고, 이러한 사정 아래에서 폐수를 배출하고 있는 피고로서는 (1) 피고 공장 폐수 중에서는 김의 생육에 악영향을 끼칠 수 있는 원인물질이 들어있지 않으며, 또는 (2) 원인물질이 들어 있다 하더라도 그 혼합률이 안전농도 범위 내에 속한다는 사실을 반증을 들어 인과관계를 부정하지 못하는 이상 그 불이익은 피고에게 돌려야 마땅할 것이다.

대법원은 또한 "나전모방 사건"에서도, "원심이 원고 농장의 관상수들이 고사하게 된 직접원인은 한파로 인한 동해(凍害)이고 피고 공장에서 배출된 아황산가스로 인한 것은 아니지만, 피고 공장에서 수목의 생육에 악영향을 줄 수 있는 아황산가스가 배출되고 그 아황산가스의 일부가 대기를 통하여 이 사건 원고의 농장에 도달되었으며 그로 인하여 유황이 잎 내에 축적되어 수목의 성장에 장해가 됨으로써 한파로 인한 동해에 상조작용을 하였다는 사실인정을 하고 그러한 사실관계에 터 잡아 피고 공장에서 배출한 위 아황산가스와 원고공장의 관상수들의 동해와의 사이에 인과관계를 인정한 조치는 위 설시와 같은 공해소송에 있어서의 인과관계에 관한 개연성이론에 입각하여 볼 때 정당하"다고 하고 있다.[127]

위험영역설은, 한편에서 피해자가 증명결핍에 빠져 있는데 다른 한편에서 가해자가 적어도

---

125) 곽윤직(註91), 487.
126) 大判 1984.6.12. 81다558("진해화학 사건")[15모1]; 大判 2009.10.29. 2009다42666[12모3][14모1].
127) 大判 1991.7.23. 89다카1275[13모1]. 근자에 간접반증이론을 채택한 것으로 판단되는 판결로는, 大判 1997.6.27. 95다2692("현대자동차폐수배출 사건")[15모1][19모2]; 인천地判 1999.8.8. 96가합8303("비산유리 섬유 사건"); 최근의 사례로는 大判 2012.1.12. 2009다84608, 84615, 94622, 84639(공해소송에서 인과관계에 관한 증명책임의 분배에 대해 상술함)[18모1][19모2].

자기의 책임이 문제되는 한도에 있어서 사실관계를 해명하는 것이 가장 손쉬운 입장에 있는 경우에는 증명책임의 일반원칙이 수정되어 가해자가 요건사실의 반대사실에 관한 증명책임을 부담하게 된다고 하는 이론이다. 한편 「환경범죄의 단속에 관한 특별조치법」 제11조에서는, "오염물질을 사람의 생명·신체, 상수원 또는 자연생태계 등(이하 "생명·신체 등"이라 한다)에 위험이 발생할 수 있을 정도로 불법 배출한 사업자가 있는 경우 그 물질의 불법배출에 의하여 위험이 발생할 수 있는 지역 안에서 동종의 물질에 의하여 생명·신체 등에 위험이 발생하고 그 불법배출과 발생한 위험 사이에 상당한 개연성이 있는 때에는 그 위험은 그 사업자가 불법 배출한 물질에 의하여 발생한 것으로 추정한다."라고 하여 인과관계의 추정 규정을 마련하고 있다.

역학적 인과관계론은, 신개연성설과 마찬가지로 개연성설을 보강하는 이론으로 볼 수 있다. 요컨대 자연과학적 인과관계의 증명수단으로 이용되는 역학(epidemiology)상의 인과관계가 인정된다면 개연성의 입증이 되었다고 보는 것이다. 이는 병리학적으로 오염물질로 인한 발병이 밝혀지지 않은 상황에서 인간을 집단적으로 관찰하여 당해 오염물질과 그 질병 발생 사이에 역학적 방법으로 인과관계가 있음을 밝히면 인과관계가 일응 증명되었다고 보는 것이다. 가해자는 피해자의 생명·건강침해에 관해 다른 원인이 존재한다는 것을 입증(간접반증)하여야 법적 책임에서 벗어날 수 있다. 서울고등법원은 고엽제 사건에서 "역학적 방법에 의하여 그 일반적 인과관계를 입증할 수밖에 없"음을 인정하면서, 다음과 같이 판시하였다(서울高判 2006. 1.26. 2002나32662).

> ① 특정의 인자가 발병의 일정기간 전에 작용 또는 존재한 것일 것(시간적 선후관계), ② 그 인자가 작용하는 정도가 현저할수록 질병의 발생율이 높을 것(용량반응관계), ③ 그 인자가 제거된 경우 그 질병의 발생율이 저하하거나 또는 그 인자를 가지지 않는 집단에서 그 질병의 발생율이 극히 낮을 것(가역성), ④ 그 인자가 원인으로서 작용하는 과정이 생물학적으로 모순없이 설명될 것(생물학적 개연성) 등의 네 가지 요건이 충족되면 … 역학적 인과관계를 긍정할 수 있다.

다만, 위 판결의 상고심인 大判 2013.7.12. 2006다17539는 "비특이성 질환의 경우에는 특정 위험인자와 비특이성 질환 사이에 역학적 상관관계가 인정된다 하더라도, 어느 개인이 위험인자에 노출되었다는 사실과 비특이성 질환에 걸렸다는 사실을 증명하는 것만으로 양자 사이의 인과관계를 인정할 만한 개연성이 증명되었다고 볼 수 없다."라고 하여 위 판단을 배척한 바 있다.

일본에서는 **확률이론**(確率理論)을 주장하는 하급심 판결례가 보인다.[128] 경증(輕症)의 "미나마타병(水俣病)"이 문제된 사건에서 고도의 개연성에 관한 증명이 없는 경우에도 원고가 미나마타병에 걸려 있을 상당 정도의 가능성이 인정될 때는 피고의 손해배상책임을 부정하는 것

---

128) 東京地裁 平成 4·2·7 判時臨增 [平成 4·4·25] 3頁.

은 타당하지 않고, 오히려 책임을 인정한 후 그 가능성의 정도를 손해배상액의 산정에 반영시켜야 한다고 한다. 그 이유로서는, 비교적 경증의 미나마타병에 관해서 고도의 개연성이 없는 한 인과관계의 입증이 없다고 한다면, 이는 의학의 한계가 가져오는 부담을 미나마타병에 걸려 있다고 주장하는 사람에게 지움으로써 결국 피고를 이롭게 하는 것이어서 손해의 공평한 분담의 이념에 합치하지 않으며, 미나마타병에 걸려 있을 가능성의 정도는 연속적으로 분포하고 있어 유일의 기준으로 인과관계의 유무를 판단하는 것은 피해의 실태에 즉응한 것이라고 말할 수 없는 점 등을 들고 있다. 위 판시에 동조하는 학설도 유력하게 주장되고 있다.[129]

3. 복수원인자의 경합

(1) 객관적 관련공동성

우선 동시에 일어난 공동불법행위에 대해서는 민법 제760조 제1항에서 규율하고 있다. 공동불법행위가 성립하기 위해서는 각각 독립하여 불법행위의 요건을 갖추어야 할 뿐 아니라 각 행위자 사이에 행위의 관련공동성(關聯共同性)이 필요한데, 판례 및 다수설은 가해자들 사이에 공동의 인식, 즉 주관적 공동은 불필요하고, 객관적으로 관련되는 것으로 족하다고 본다.[130] 이 같은 객관적 관련공동성은 비록 가해자에게 불측의 손해배상을 지게 하는 불합리함이 있지만 피해자를 두텁게 보호할 수 있다. 대법원은 공단 소재 공장들에서 배출된 공해물질로 인하여 초래된 공단 주변 주민들의 생활환경 침해 및 발병가능한 만성적인 신체건강상의 장애로 인한 정신적 고통에 대하여 공장주들에게 공동불법행위자로서 위자료를 지급할 의무가 있다고 판시한 바 있다.[131]

(2) 병합적·중첩적·선택적 인과관계

객관적 관련공동성이 인정되기 위해서는, 통설에 의하면 오염을 야기한 행위는 각각 손해 전체에 대하여 인과관계를 가지고 있어야 한다. "병합적 인과관계"나 "중첩적 인과관계" 모두

---

129) "'유형적으로 공해나 약해에 의한 인신피해와 같이 개별의 원고에 관해서 질병의 원인을 규명하는 것이 곤란한 사례'에 있어서는, 질병과 원인물질 사이의 일반적인 인과관계에 관한 확률적인 데이터에 기초해서 인과관계존재의 확률에 응한 손해배상을 인정하여야 한다." 大塚直, 環境法, 550-511 (제2판, 2006).
130) 대표적으로 곽윤직(註91), 133 이하 및 493-497.
131) 大判 1991.7.26. 90다카26607("피고들의 공장에서 배출된 공해물질로 인해 초래된 환경오염의 정도에 비추어 볼 때 원고들이 구체적인 발병에 이르지 아니하였다 하여도 적어도 장차 발병 가능한 만성적인 신체건강상의 장해를 입었고 이는 통상의 수인한도를 넘는다고 할 것인바, 위와 같은 환경오염을 초래한 피고들의 행위는 생활환경의 보호와 침해에 대한 구제를 규정하고 있는 헌법 제35조 및 환경보전법 제60조 등에 비추어 볼 때 그 위법성이 있다 할 것이므로 피고들은 공동불법행위자로서 이로 인한 손해를 배상할 책임이 있다 할 것이다.").

각각의 행위와 손해 전체에 대하여 인과관계가 인정된다.[132] 또한 이시(異時)에 누적적(累積的)으로 일어난 불법행위에 관해서도 공동불법행위의 책임이 인정된다. 민법 제760조의 인과관계는 반드시 각개의 오염물질 배출이 그것만으로써 곧 손해가 발생할 것을 요하는 것이 아니고, 그 각개의 배출만으로는 손해가 발생하지 않더라도 다른 배출과 합하여 손해를 발생시키고 또 그 배출이 없었더라면 손해가 발생하지 않거나 감소한다고 인정되면 족한 것이다. 대법원은 "공해소송이라 하여 민법 제760조의 소위 공동불법행위책임을 적용하지 아니할 합리적 근거가 없으므로 원심이 소외 한국석유주식회사의 굴뚝에서 분출되는 아황산가스로 인하여서도(피고 배출량에 비하여 극소량) 피해 있음을 인정하면서 공동불법행위라는 전제 아래 피고에게 전손해(全損害)를 명한 판단은 정당하다 할 것"이라고 판시한 바 있다.[133]

"선택적 인과관계," 즉 각각의 행위 모두가 손해 전체를 야기하기에 충분하지만 가해자의 관여형태가 밝혀지지 아니한 경우는 보다 논쟁적이다. 민법은 이에 관해 제760조 제2항에서 공동 아닌 수인의 행위 중 어느 자의 행위가 그 손해를 가한 것인지를 알 수 없는 때에는 연대하여 그 손해를 배상할 책임이 있음을 규정하고 있다.

(3) 공동불법행위자의 책임

병합적·중첩적·선택적 인과관계에 있어서 공동불법행위가 인정되면 행위자들은 **부진정연대채무**를 지게 된다.[134] 따라서 피해자는 공동불법행위자라면 누구에 대해서도 피해액 전부의 배상을 청구할 수 있다. 공동불법행위자 내부의 관계는 구상관계가 되며, 이때 각자의 분담부분은 피해에 기여한 정도, 예컨대 오염물질의 배출정도에 따라 결정될 것이다. 그런데 공동불법행위자간에 제기된 구상청구소송에서 각자의 기여분을 확정하는 것 또한 쉽지 않다. 이 경우, 미국 판례가 인정하고 있는 "**시장점유율 이론**(market share theory)"을 원용할 수 있을 것이다.[135] 이 이론은 피해자가 가해자를 상대로 제기한 환경소송에서 공동불법행위자들 모두에게

---

132) 병합적 인과관계, 중첩적 인과관계 및 후술하는 선택적 인과관계에 관해서는, 곽윤직(註91), 42–51; 전경운, "복수원인자에 의한 환경침해책임" **비교사법** 제6권 제1호, 629, 637–639 (1999); 이동진, "다수에 의한 환경오염피해의 책임과 구상관계, ―「환경오염피해 배상책임 및 구제에 관한 법률」의 시행을 계기로 하여―, 제126회 한국환경법학회 학술대회 『**환경오염피해에 대한 민사법적 구제의 동향과 전망**』 자료집, 93–100 (2016.5.28.) 참조.

133) 大判 1974.12.10. 72다1774("아황산가스로 인한 과수원 고사 사건" 판결); 한편, 일조방해와 관련하여 이른바 복합일영에 관한 사례로는, 大判 2004.10.28. 2002다63565("구체적인 수인한도를 판단하기 위하여는 일조피해를 받는 건물이 이미 다른 기존 건물에 의하여 일조방해를 받고 있는 경우에는 그 일조방해의 정도와 신축 건물에 의한 일조방해와의 관련성 등도 고려하여 신축 건물에 의한 일조방해가 수인한도를 넘었는지 여부를 판단하여야 한다.").

134) 大判 1995.10.12. 93다31078.

135) 미국의 대표적인 판결로는 Sindell *v.* Abbott Laboratories, 26 Cal. 3d 588, *cert. denied*, 449 U.S. 912(1980); 추천할 만한 관련 문헌으로는, Susan Rose–Ackerman, "Market–Share Allocations in Tort

연대책임을 인정할 경우 영세사업자에게 지나치게 가혹한 결과를 초래한다는 점에 착목하여 발전하였다. 이 이론에 반하는 명문의 규정이 존재하기 때문에 이 이론을 피해자와 가해자 사이의 소송에 적용하기는 어려울 것이나, 공동불법행위자 사이의 구상관계를 규율하는 데에는 문제가 없다고 본다.

(4) 부가적 인과관계

그러나 보다 많은 경우, 다수의 행위자가 관련된 환경오염피해에 있어서 각각의 행위는 발생한 손해에 부분적으로 기여할 수 있거나 하였을 따름이다. 즉 "부가적 인과관계(additive Kausalität)"나 "가산적 손해(Summationsschäden)"의 경우인데, 이 경우에도 각 행위자에게 공동불법행위책임이 인정되는지 여부가 문제된다.[136] 공동불법행위에 있어서 각각의 행위에 전체 손해에 대한 인과관계를 요구하는 기존 통설의 태도와 달리, 판례는 다수의 행위자에 의하여 야기된 환경오염피해에 대하여 공동불법행위책임을 넓게 인정해 왔다.[137] 이에 따르면 한 공단 내에 속한 복수의 오염배출원의 경우 이들 모두에 대하여 공동불법행위책임이 성립한다. 또한 공단 내 복수의 오염배출원에서 배출된 공장폐수와 축산폐수 및 생활하수가 경합하여 양식장이 피해를 입은 사건[138]에서 대법원은 "민법 제760조 제2항은 같은 조 제1항에서 말하는 공동의 불법행위로 보기에 부족한, 여러 사람의 행위가 경합하여 손해가 생긴 경우, 입증책임을 덜어줌으로써 피해자를 보호하려는 입법정책상의 고려에 따라 각각의 행위와 손해 발생 사이의 인과관계를 법률상 추정한 것이므로, 이러한 경우 개별 행위자가 자기의 행위와 손해 발생 사이에 인과관계가 존재하지 아니함을 입증하면 면책되고, 손해의 일부가 자신의 행위에서 비롯된 것이 아님을 입증하면 배상책임이 그 범위로 감축된다."라고 하여, 공단 내 사업자들의 책임을 전체 손해 중에서 공장폐수의 기여분 만큼으로 한정한 원심을 유지한 바 있다. 이러한 판례의 태도를 종합하여 보면, 부가적 인과관계나 가산적 손해의 경우에도 각각의 개별 행위와 전체의 손해와의 사이에 인과관계를 요구함이 없이, 같은 공단 내 위치하는 등 서로 밀접한 시간적·장소적 관련성을 가지는 경우 민법 제760조 제1항의 공동불법행위책임을 인정하고, 서로 다른 공단 내에 위치하거나 축산폐수와 공장폐수와 같은 관계에서는 객관적 관련공동성을 인정하지는 않지만 동조 제2항을 적용하고 있다고 할 수 있다.

Law: Strengths and Weaknesses," *Journal of Legal Studies* vol. 19, 739(1990); 국내문헌으로는 오용호, "미국의 유독성물질로 인한 불법행위소송에 있어서의 인과관계와 그 입증", **인권과 정의** 197호, 47(1993).
136) 부가적 인과관계 및 가산적 손해에 관해서는 이동진(註131), 101 – 107 참조.
137) 大判 1974.12.10. 72다1774; 大判 1991.7.26. 90다카26607 등.
138) 大判 2006.2.24. 2005다57189.

(5) 개별 환경법률상의 인과관계

한편, 인과관계에 관하여 환경정책기본법[139]과 토양환경보전법[140]은 민법 제760조보다 더 강화된 형태의 규정을 가지고 있다. 이러한 규정의 취지가 문제되는바, 그 문언상 개개의 오염을 야기한 행위와 손해 사이에 직접적인 인과관계를 입증할 것을 요구하는 것이 아니라, 객관적 관련공동성이 없는 경우에도 개개의 행위와 환경오염 사이에, 그리고 환경오염과 손해 사이에 인과관계가 인정되는 경우에는 '연대하여 배상할 책임'을 인정하는 것으로 볼 수 있다. 앞서 살펴보았듯이 판례는 이미 이러한 경우에 있어서도 민법 제760조 제2항을 확장하여 적용하고 있으며, 이들 규정은 이러한 판례의 태도를 입법적으로 받아들인 것으로 볼 수 있을 것이다.

4. 자연재해와 환경오염의 경합

손해의 발생에 자연력과 같은 제3의 요소가 가공한 경우에, 대법원은 "공해사건에서 피해자의 손해가 한파, 낙뢰와 같은 자연력과 가해자의 과실행위가 경합하여 발생된 경우 가해자의 배상의 범위는 손해의 공평한 부담이라는 견지에서 손해에 대한 자연력의 기여분을 제(除)한 부분으로 제한하여야 할 것이고 그 외에 피해자의 과실이 있을 때에는 당연히 이것도 참작하여야 할 것이며, 과실상계사유에 관한 사실인정이나 그 비율을 정하는 것은 그것이 형평의 원칙에 비추어 현저히 불합리하다고 인정되지 아니하는 한 사실심의 전권사항에 속한다 할 것이다."라고 하여 "**자연력제감설**(除減說)"의 입장을 채택하고 있다.[141] 하지만 자연력이 기여하였다고 해서 항상 그 기여분 만큼 배상의 범위를 축소할 수 있는 것은 아니다. 즉, 대법원은 "울진원전 사건"에서 원자력발전소에서 배출되는 온배수의 양식장 어류에 대한 영향을 평가하면서, "다만 피해자가 입은 손해가 통상의 손해와는 달리 특수한 자연적 조건 아래 발생한 것이라 하더라도 가해자가 그와 같은 자연적 조건이나 그에 따른 위험의 정도를 미리 예상할 수 있었고, 또 과도한 노력이나 비용을 들이지 아니하고도 적절한 조치를 취해 자연적 조건에 따른 위험의 발생을 사전에 예방할 수 있었다면, 그러한 사고방지 조치를 소홀히 하여 발생한

---

139) 「환경정책기본법」 제44조 제2항("환경오염 또는 환경훼손의 원인자가 둘 이상인 경우에 어느 원인자에 의하여 제1항에 따른 피해가 발생한 것인지를 알 수 없을 때에는 각 원인자가 연대하여 배상하여야 한다.").

140) 「토양환경보전법」 제10조의3 제2항("토양오염을 발생시킨 자가 둘 이상인 경우에 어느 자에 의하여 제1항의 피해가 발생한 것인지를 알 수 없을 때에는 각자가 연대하여 배상하고 오염된 토양을 정화하는 등의 조치를 하여야 한다.").

141) 大判 1991.7.23. 89다카1275[13모1]; 大判 1993.2.23. 92다52122(태풍으로 인한 부분을 공제한 원심을 수긍한 사례)[13모1].

사고로 인한 손해배상의 범위를 정함에 있어 자연력의 기여분을 인정하여 가해자의 배상범위를 제한할 것은 아니다."라고 판시하였다.[142]

Ⅳ. 손해

1. 손해의 종류와 범위

(1) 재산적 손해

환경소송에서의 손해는 불법행위 일반에서 말하는 손해와 다를 바 없지만, 그 입증이 다소 어렵다고 할 수 있다. 재산적 손해 중 적극적 손해는, 오염제거비용, 일조 침해로 인한 광열비, 건조비, 난방비, 치료비 등이고, 소극적 손해는 환경오염으로 인한 토지·건물의 가액하락 및 영업이익의 저하 등이다. 대법원은 "일조장해, 사생활 침해, 시야차단으로 인한 압박감, 소음, 분진, 진동 등과 같은 생활이익의 침해로 인하여 발생한 재산적 손해의 항목 중 토지·가옥의 가격저하에 의한 손해를 산정함에 있어서는 광열비·건조비 등의 지출 증대와는 별도로 일조장해 등과 상당인과 관계가 있는 정상가격의 감소액을 부동산 감정 등의 방법으로 평가하여야 할 것이고, 분양된 아파트가 일조피해를 입고 있는 경우 그 아파트의 시세가 분양대금에 물가상승률이나 예금금리를 감안한 금액보다 높게 유지된다고 하여 그 소유자에게 당해 아파트의 가격저하로 인한 손해가 발생하지 아니하였다고 볼 수 없다."라고 판시하였다.[143] 또한 대법원은 "양돈장 사건"에서 "고속도로 확장공사 및 차량통행에 따른 소음·진동으로 인하여 종전 사업장에서 더 이상 양돈업을 할 수 없게 된 경우, 양돈업자들이 입은 소극적 손해는 그곳에서의 양돈장을 폐업, 이전함으로 인하여 상실하게 된 수입이라고 할 것인바, 그 손해기간은 차량통행으로 인한 소음·진동으로 양돈장의 정상적인 영업이 불가능하여 이를 폐업한 때부터 위 양돈장과 유사한 정도의 시설물 건설 및 양돈상태 조성에 드는 기간에 정상적인 노력으로 위 양돈장을 위한 대체지와 양돈 영업시설을 확보하는 데 소요되는 통상의 기간을 더한 기간이다."라고 판시한 바 있다.[144]

---

142) 大判 2003.6.27. 2001다734. 자연력의 기여를 인정하지 않은 사건으로는, 大判 2001.2.23. 99다61316(임도 개설공사 이후 집중호우로 인한 산사태로 말미암아 발생한 손해의 배상범위를 정함에 있어서 자연력의 기여분을 인정하지 않은 사건).
143) 大判 1999.1.26. 98다23850.
144) 大判 2003.9.5. 2001다68358; 大判 2011.4.28. 2009다98652.

(2) 정신적 손해

또한 사회통념상 수인한도를 넘는 위법한 행위로 야기된 정신적 고통에 대해서도 배상책임이 인정된다. 대법원은 "일반적으로 타인의 불법행위로 인하여 재산권이 침해된 경우에는 그 재산적 손해의 배상에 의하여 정신적 고통도 회복된다고 보아야 할 것이나 재산적 손해의 배상만으로는 회복할 수 없는 정신적 손해가 있다면 이는 특별한 사정으로 인한 손해로서 그로 인한 위자료를 인정할 수 있다."라고 판시하였다.[145]

한편 환경정책기본법과 토양환경보전법의 무과실책임의 특칙은, 재산적 손해뿐만 아니라 정신적 손해에 대해서도 적용된다고 본다. 정신적 손해를 재산적 손해와 구별할 특별한 이유가 없기 때문이다.

(3) 배상책임의 감면

이른바 "위험에의 접근 이론"을 원용하여 가해자의 면책을 주장하는 경우도 있다. 대법원은 공항소음이 문제된 사안에서 "소음 등 공해의 위험지역으로 이주하였을 때 그 위험의 존재를 인식하고 그로 인한 피해를 용인하면서 접근한 것으로 볼 수 있다면, 그 피해가 직접 생명이나 신체에 관련된 것이 아니라 정신적 고통이나 생활방해의 정도에 그치고 침해행위에 고도의 공공성이 인정되는 경우에는 특별한 사정이 없는 한 면책을 인정할 수도 있다."라고 판시하였고,[146] 위와 같은 정도에 이르지 않는 경우에도 "손해배상액의 산정에 있어 형평의 원칙상 제반 사정을 감액사유로 고려할 수 있다."라고 판시한 바 있다.[147] 한편, 이러한 손해배상액 감액사유에 대한 고려는 사실심의 전권사항이다.[148]

2. 일괄청구 및 일률청구

앞서 본 판결들은 비교적 손해액 산정이 수월한 경우들이라고 할 수 있다. 환경소송에서는 예컨대 토양오염이나 지하수오염의 경우처럼 어느 정도 정화되어야 안전한지에 관해 심한 견해차가 발생하는 경우에, 실정법에 기준이 마련되어 있는 특수한 경우를 제외하면 손해배상액을 산정하는 것은 지극히 곤란하다. 여기에 자연생태계나 자연경관에 대한 손해를 산정해야 하는 경우를 생각하면 그 어려움은 극에 달한다. 따라서 이와 같이 손해액 산정이 현실적으로

---

145) 大判 1991.6.11. 90다20206("지하굴착공사로 인한 건물의 균열·파손" 사건).
146) 大判 2004.3.12. 2002다14242("매향리 사격장 소음" 사건).
147) 大判 2005.1.27. 2003다49566[13모][14모1]; 大判 2010.11.25. 2007다74560("대구비행장 항공기 소음" 사건).
148) 불법행위로 인한 손해배상 사건에서 과실상계 사유에 관한 사실인정이나 그 비율을 정하는 것은 원칙적으로 사실심의 전권사항이라는 것이 확립된 판례(大判 2002.11.26. 2002다43165 참조)이고, 실무상 이는 위와 같은 손해배상액 감액사유에 관한 고려에 있어서도 마찬가지인 것으로 받아들여지고 있다.

어렵거나 불가능한 경우에 이를 정신적 손해와 함께 일괄하여 청구하는 소위 '일괄청구(一括請求)'가 현실적 대안으로 제시되고 있다. 판례가 일괄청구 방식을 용인하는지는 불명확하다. 다만 서울고등법원은 "원고 소유 부동산의 시가가 원고 주장과 같이 하락한 사실을 인정할 수 있으나 다른 특별한 사정이 없는 한 위 가격 하락 사실만으로써 곧 원고에게 위 금액상당의 손해가 현실적으로 발생하였다고 단정하기 어렵다 할 것이므로 원고의 위 주장은 받아들이지 아니하며, 다만 아래의 위자료 산정에서 이를 참작하기로 한다."라고 판시하였다.[149] 판례가 일괄청구를 인정하는 실무관행이 정착한다면, 환경피해배상청구소송에서 정신적 손해에 대한 배상이 갖는 의미는 사뭇 커질 것이다.

다른 한편, 환경오염에 관련된 다수의 피해자의 배상액을 일률적으로 청구하거나 몇 개의 군으로 나누어 군별로 일률적으로 청구하는 소위 '일률청구(一律請求)'는 법원에서 이를 명시적으로 인정하지 않는 것으로 보인다. 피해자의 다수성을 특징으로 하는 환경소송에서 피해자 각각의 사정을 고려해 배상액을 결정하는 것이 심리의 지연을 초래하는 것은 분명하겠으나, 그렇다고 하여 일률적으로 배상액을 정하는 것은 ADR의 절차를 통해서라면 모를까 변론주의를 취하는 민사소송에서는 허용되지 않는다고 보아야 할 것이다.[150] 다만 앞서 본 일괄청구를 통해 재산상 손해가 위자료로 일괄 지급되는 경우에는, 결과적으로 일률청구와 동일한 효과를 거둘 수도 있을 것이다.[151]

V. 소멸시효

1. 소멸시효의 기산점

환경오염으로 인한 피해는 장기간에 걸쳐 서서히 그 모습을 드러낸다. 따라서 소멸시효의 기산점은 환경소송에서 특히 중요하다고 할 수 있다. 민법 제766조는 불법행위로 인한 손해배상청구권은 피해자가 그 손해 및 가해자를 안 날로부터 3년간, 불법행위를 한 날로부터 10년간 이를 행사하지 않으면 소멸한다고 규정하고 있다. 따라서 논쟁은 소멸시효의 기산점인 "그 손해 및 가해자를 안 날"과 "불법행위를 한 날"이 무엇을 의미하는가에 모아진다.

대법원은 "진폐증 사건"에서 "'손해를 안 날'이란 불법행위의 요건 사실에 대한 인식으로서

---

149) 서울高判 1983.11.17. 83나1174.
150) 同旨 김홍균(註104), 560.
151) 실무상 원고들은, 피해의 정도와 지역성에 따라 몇 개의 부류로 분류하여 일정액의 위자료를 일률적으로 구하고 있으며, 법원은 이러한 청구에 대해 경험칙에 의해서나 법원에 현저한 사실로 인정하는 경향이 있다고 보는 견해도 있다. 손윤하(註20), 334.

위법한 가해행위의 존재, 가해행위와 손해의 발생 사이에 상당인과관계 등이 있다는 사실까지 피해자가 알았을 때를 의미"한다고 판시하였고,[152] 또 다른 사건에서는 "손해를 안 날이라 함은 단순히 손해발생의 사실만을 안 때라는 뜻이 아니고 가해행위가 불법행위로서 이를 원인으로 하여 손해배상을 소구할 수 있다는 사실을 안 때를 의미한다."라고 판시하였다.[153] 또한 대법원은 가해행위와 이로 인한 현실적인 손해의 발생 사이에 시간적 간격이 있는 불법행위 사건에서 '불법행위를 한 날'을 "손해의 결과 발생이 현실적인 것으로 되었다고 할 수 있는 때"로 보아야 한다고 판시하였다.[154]

2. 계속적 불법행위

다른 한편, 불법행위가 계속적으로 행해지는 결과 손해도 계속적으로 발생하는 경우에, 대법원은, "특별한 사정이 없는 한 그 손해는 날마다 새로운 불법행위에 기하여 발생하는 손해로서 민법 제766조 제1항을 적용함에 있어서 그 각 손해를 안 때로부터 각별로 소멸시효가 진행된다고 보아야 한다."라고 판시하였다.[155] 그러나 대법원은 일조침해로 인한 손해배상청구사건에서 새로운 입장을 밝힌 바 있다. 즉 다수의견은 "일반적으로 위법한 건축행위에 의하여 건물 등이 준공되거나 외부골조공사가 완료되면 그 건축행위에 따른 일영의 증가는 더 이상 발생하지 않게 되고 해당 토지의 소유자는 그 시점에 이러한 일조방해행위로 인하여 현재 또는 장래에 발생 가능한 재산상 손해나 정신적 손해 등을 예견할 수 있다고 할 것이므로, 이러한 손해배상청구권에 관한 민법 제766조 제1항 소정의 소멸시효는 원칙적으로 그때부터 진행한다. 다만, 위와 같은 일조방해로 인하여 건물 등의 소유자 내지 실질적 처분권자가 피해자에 대하여 건물 등의 전부 또는 일부에 대한 철거의무를 부담하는 경우가 있다면, 이러한 철거의무를 계속적으로 이행하지 않는 부작위는 새로운 불법행위가 되고 그 손해는 날마다 새로운 불법행위에 기하여 발생하는 것이므로 피해자가 그 각 손해를 안 때로부터 각별로 소멸시효가 진행한다."라고 판시하였다. 이에 대하여 4인으로 구성된 소수의견은, 일조방해가 인격권의 침해이기도 함을 전제로,[156] "위법한 일조방해행위로 인한 피해 부동산의 시세 하락

---

152) 大判 1997.12.26. 97다28780("진폐증 보상청구권 소멸시효" 사건).
153) 大判 1994.7.29. 92다22831.
154) 大判 1998.5.8. 97다36613("공무원의 직무위반행위와 국가배상청구권 소멸시효" 사건).
155) 大判 1999.3.23. 98다30285("계속된 불법행위와 소멸시효 기산점" 판결).
156) 大判 2008.4.17. 2006다35865(全合)("일조방해란 태양의 직사광선이 차단되는 불이익을 말하는 것이고, 그 일조방해의 정도가 사회통념상 일반적으로 인용하는 수인한도를 넘게 되면 사법상 위법한 가해행위로 평가된다. 헌법 제35조 제1항에 비추어 볼 때, 위법한 일조방해는 단순한 재산권의 침해에 그치는 것이 아니라 건강하고 쾌적한 환경에서 생활할 개인의 인격권을 침해하는 성격도 지니고 있다.").

등 재산상의 손해는 특별한 사정이 없는 한 가해 건물이 완성될 때 일회적으로 발생한다고 볼 수 있으나, 위법한 일조방해로 직사광선이 차단되는 등 생활환경이 악화됨으로써 피해 건물의 거주자가 입게 되는 정신적 손해는 가해 건물이 존속하는 한 날마다 계속적으로 발생한다고 보아야 하므로, 그 위자료 청구권의 소멸시효는 가해 건물이 피해 부동산의 일조를 방해하는 상태로 존속하는 한 날마다 개별적으로 진행한다."라고 주장한 바 있다.

제3절 | 환경오염피해구제법상 배상책임

환경피해에 대한 민사적 구제는 이상에서 살펴본 바와 같이 이런 저런 한계에 직면해왔다. 민법은 기본적으로 '사람 사이의 관계'에서 생길 수 있는 '사람'의 인신과 노동, 재산을 보호하기 위하여 만들어진 까닭에, '환경'의 피해는 고사하고 '환경을 통한' 사람의 피해조차도 이를 보전하는 데 한계가 있었다. 기실, 환경분야 피해구제제도는 [표 4-4]에서 볼 수 있듯이, 그 원인별로 각기 별도로 운영되고 있었다.

이런 문제의식은 환경전문가들 사이에 이미 널리 공유되고 있었지만 실제 입법적 대응을 촉발한 것은 "구미 불산누출사고"라는 비극적 사건이었다. 이 사건은 국민의 관심을 끌기에 충분할 만큼 피해 규모가 크고 비극적이었는데도 불구하고 그에 대한 구제는 국민의 눈높이에 턱없이 부족하고 지체되었다. 역설적이게도 이런 비극이 때로는 전향적인 법체계의 변화를 가져오는데, 그 결과 탄생한 것이 환경오염피해구제법이다.

동법은 환경행정법의 일(一)단계 형식인 '소송에 기초한 규제'로서, 환경침해에 관하여 민법상 책임원리를 대폭 수정하여 엄격한 책임을 인정하고 있다. 이는 사법원리의 수정이라는 점에서 환경사법에 가깝다고 할 수 있으나 의무를 강제하기 위한 다양한 공법적 수단을 가지고 있어 환경법 특유의 종합법(綜合法)이라 할 수 있다. 동법으로 인해서 우리나라의 환경책임법제는 획기적인 변화를 맞게 되는데, 그 골자를 살펴보기로 한다.

근거 법률	대상 피해		피해 조사	심의기준	피해구제
환경 보건법	환경유해인자 노출건강피해		역학조사 및 건강영향조사	상당한 인과관계	환경성질환 피해자 지원 可
석면피해 구제법	석면노출 건강·생명피해		석면건강영향조사, 석면노출평가 및 CT 영상판독	석면질병	건강·생명피해 구제급여 5종
환경오염 피해 구제법	시설의 설치· 운영으로 인한 건강·생명 및 재산피해	구제급여	예비조사 → 본조사	상당한 인과관계	건강·생명피해 구제급여 4종, 재산피해 보상비
		구제급여 선지급	예비조사 → 본조사	상당한 인과관계	건강·생명피해 구제급여 5종
가습기 살균제 피해 구제법	가습기 살균제 건강·생명피해	구제급여	역학·임상·독성·노출 등 개별적 인과관계 조사	상당한 인과관계	건강·생명피해 구제급여 7종
		특별 구제급여	건강피해 중증도 및 지속성 요건 심사	의학적 관련성	건강·생명피해 구제급여 7종

I. 적용대상 및 불법행위책임과의 관계

환경오염피해구제법 제6조 제1항은 '시설'의 '설치·운영과 관련'하여 '환경오염피해'가 발생한 경우 해당 시설의 '사업자'가 그 피해를 배상하도록 규정하고 있다.[157] 동 조항은 2011년 개정이 이루어지기 전 환경정책기본법의 무과실책임 규정과 거의 흡사한바, 우선 그 입법연혁을 명확히 할 필요가 있다. 2011년 환경정책기본법이 개정되기 전의 무과실책임 규정, 전부개정후의 무과실책임 규정 및 환경오염피해구제법의 무과실책임 규정을 비교하면 다음과 같다.

---

157) 환경오염피해구제법에 대한 최근의 논의 자료는 환경부·한국환경법학회(연구책임자: 조홍식), **환경오염피해 구제제도 국내외 사례조사·연구** (2016.5.)가 있다. 이하의 논의는 이 자료에 의존하였다.

■ 표 4-5 무과실책임 규정 대조표

환경정책기본법 제31조 제1항 (2011년 개정 이전)	환경정책기본법 제44조 제1항 (2011년 개정 이후)	환경오염피해구제법 제6조 제1항
사업장등에서 발생되는 환경오염 또는 환경훼손으로 인하여 피해가 발생한 때에는 당해 사업자는 그 피해를 배상하여야 한다.	환경오염 또는 환경훼손으로 피해가 발생한 경우에는 해당 환경오염 또는 환경훼손의 원인자가 그 피해를 배상하여야 한다.	시설의 설치·운영과 관련하여 환경오염피해가 발생한 때에는 해당 시설의 사업자가 그 피해를 배상하여야 한다. 다만, 그 피해가 전쟁·내란·폭동 또는 천재지변, 그 밖의 불가항력으로 인한 경우에는 그러하지 아니하다.

종래 법원에서는 환경정책기본법 제31조 제1항에 관하여 구체적 효력을 인정하였지만 이에 대해서는 환경정책기본법의 성격, 입법취지, 규정내용 등을 들어 구체적 효력을 부인하는 견해가 이미 존재하고 있었다.[158] 2011년에 이루어진 환경정책기본법의 개정은 무과실책임의 책임 주체 및 범위를 확대함으로써 그 실효성을 제고하고자 한 것이었으나, 개정 후의 환경정책기본법 제44조 제1항의 규정에 대하여는, 환경피해에 대한 손해배상청구를 과실책임주의에 기반하여 불법행위책임으로서 다루어온 기존의 판례나 학설의 입장을 감안할 때 그 구체적 효력을 인정하기 어렵다는 견해가 역설적으로 보다 설득력을 가질 수 있게 되었다.[159] 이러한 기존의 논의를 반영하여, 환경오염피해구제법 제6조에 대한 환경부의 동법에 대한 조문별 제정이유서에는 "환경정책기본법상 오염원인자 책임에 관한 제7조와 환경오염의 피해에 대한 무과실책임을 규정하고 있는 제44조는 선언적 규정으로 수용되어 실정법상 피해구제 법규로서의 기능이 미흡하여, 이 조항에 의해 무과실 배상책임원칙을 명문화함으로써 피해자 구제의 실효성을 제고하는 한편으로 환경위험에 대한 사업자의 관리 강화를 기대할 수 있게 되었다."라고 밝히고 있다.

위와 같은 연혁을 감안할 때 환경침해로 인하여 손해가 발생한 경우 환경오염피해구제법의 적용에 관해서는, 첫째, 그러한 피해가 '환경오염피해'에 해당하는지 여부가 문제될 것이고, 둘째, 그러한 '환경오염피해'가 '시설'의 설치·운영과 관련하여 발생하였는지 여부가 다투어질 것이며, 셋째, 그러한 경우에 누가 해당 시설의 '사업자'에 해당하는지가 중요해질 것이다.

환경오염피해구제법 제2조 제1호는 '환경오염피해'를 다음과 같이 규정하고 있다.

---

158) 이은영, **채권각론**, 714 (1994); 손윤하(註20), 66, 318.
159) 김홍균, **환경법**, 91, 97 (2014); 박균성·함태성, **환경법**, 224-225 (2015).

"환경오염피해"란 시설의 설치·운영으로 인하여 발생되는 대기오염, 수질오염, 토양오염, 해양오염, 소음·진동, 그 밖에 대통령령으로 정하는 원인으로 인하여 다른 사람의 생명·신체(정신적 피해를 포함한다) 및 재산에 발생된 피해(동일한 원인에 의한 일련의 피해를 포함한다)를 말한다.

위 규정에 따르면 환경오염피해란 시설의 설치·운영으로 인하여 발생하는 피해로, 어떠한 행위에 따른 책임이 아니라 '시설책임'에 해당한다. 그리고 환경오염피해의 원인은 대기오염·수질오염·토양오염·해양오염·소음·진동·지반침하·화학사고로 한정된다.[160] 동법이 이렇듯 '환경오염피해'를 한정적으로 규정한 배경에는 적용대상의 확대가 오히려 구체적 효력에 관한 논쟁을 첨예화시켰던 과거의 경험과, 특히 환경에 위해를 가할 개연성이 있는 시설에 무거운 손해배상책임을 부과함과 동시에 강제보험 제도를 도입하고 있는 동법의 제도설계상 악취나 조망저해, 통풍방해, 일조방해, 빛공해 등과 같은 대상에까지 적용을 확대하는 것은 부적절하다는 판단이 자리하고 있다.

'환경오염피해'의 정의에 관해서는 수많은 논점이 있다. 우선, '다른 사람'의 범위가 문제다. 즉 오로지 자연인만이 이에 속하는가가 문제이다. 그러나 법인 또한 재산을 소유할 수 있고 그 재산이 환경침해로 인하여 손해를 얼마든지 받을 수 있는 반면, 환경오염피해의 주체에 관하여 특히 법인을 제외할 합당한 이유는 존재하지 않는다. 나아가 국유지와 같은 공유재산을 관리하는 국가나 지방자치단체 또한 마찬가지로 '다른 사람'에 포함된다고 본다. 이들도 이 법률에 따라서 국유지에서 발생한 환경오염피해에 대하여 원상회복을 청구하거나 그 비용을 청구할 필요성이 있기 때문이다.[161]

환경오염피해에는 동일한 원인에 의한 '일련의 피해'가 포함된다. 일반적으로는 '통상의 손해'가 불법행위책임에서의 손해로 인정되는바, 양자의 차이는 무엇인가가 문제이다. 발생한 손해에 관하여 무과실책임을 인정하고 있는 원자력손해배상법과 유류오염손해배상보장법은 배상받을 수 있는 손해로서 ① 방제조치 비용 등 적극적 손해, ② 일실 이익 등 소극적 손해와 더불어 ③ 원상회복에 필요한 비용을 규정하고 있다. 환경침해로 인한 손해배상청구에 있어서 종래에는 손상된 환경을 원상회복하기 위하여 필요한 비용이 통상의 손해로서 인정되는지 여부가 불확실했던 반면, 환경오염피해구제법은 환경오염피해에 관하여 제한적이기는 하지만 원상회복청구를 인정하고 있고 동법상의 배상책임에는 일정한 한도가 규정되어 있음을 고려하

---

160) 법 시행령 제2조(환경오염피해의 원인)은 "「환경오염피해 배상책임 및 구제에 관한 법률」 제2조 제1호 본문에서 "대통령령으로 정하는 원인"이란 다음 각 호의 원인을 말한다고 규정하고 있다.
   1. 진동이 원인인 지반침하(광물 채물이 주된 원인인 경우는 제외한다).
   2. 「화학물질관리법」 제2조 제13호에 따른 화학사고
161) 국립대학교에 인접하여 건축되는 고층건물에 대하여 대한민국의 건축공사금지 청구가 인용된 大判 1995. 9.15. 95다23378[20모2] 참조.

면, '일련의 피해'에는 적극적 손해와 소극적 손해뿐만 아니라 (합리적인 범위 내에서) 환경침해로 인하여 손상된 환경을 복구하는 데 드는 비용 또한 포함하는 것으로 보아야 한다.

환경오염피해구제법은 제3조에서 '시설의 종류'를 기준으로 하여 이 법의 적용대상을 제한하고 있다.[162] 환경부에서 발표한 조문별 제정이유서에 따르면, 이는 환경 관련 법령에서 위해성이 확인된 배출시설 및 유해화학물질 취급시설 등을 책임대상 시설로 규정하여 책임대상시설 및 책임주체의 범위를 명확히 정의함으로써 환경오염피해 유발시설의 위험책임을 명확히 법정(法定)하기 위한 것이다.

시설로 인하여 발생하는 환경침해는 단순히 그 설치·운영에 관하여 발생하는 것에 그치지 않고, 그와 관련하여 유독물질의 운송이나 야적행위 등에 의해서도 빈번하게 발생하는 것이 실정이다. 그리하여 대상이 되는 시설 그 자체는 한정하되, '시설'의 개념을 광의(廣義)로 새길 필요가 있는 것이다. 동법 제2조 제2호는 시설에 관하여, "이 법 제3조에 따른 해당 시설의 설치·운영과 밀접한 관계가 있는" 사업장, 창고, 토지에 정착된 설비, 그 밖에 장소 이동을 수반하는 기계·기구, 차량, 기술설비 및 부속설비 또한 시설에 포함되는 것으로 규정함으로써 이러한 필요에 부응하고 있다. 그리고 환경오염피해는 이러한 시설의 설치·운영과 '관련한 것'이어야 한다(동법 §6①). 이러한 관련성(關聯性)은 일응 인과관계를 의미하는 것으로, 어떤 사업장에서 환경오염이 야기되고 그 환경오염으로 인하여 피해가 발생하여야 동법에 따른 배상책임이 인정될 수 있다. 이는 환경피해의 간접성(間接性)을 염두에 둔 것으로 환경매체를 통하지 않고 일어난 피해에 대해서는 동법이 적용되지 않는다고 보아야 한다.

환경오염피해에 관한 배상책임의 주체는 '사업자'이다. 동법 제2조 제3호에 따르면 사업자

---

162) 제3조(적용대상) 이 법의 적용대상이 되는 시설은 다음 각 호의 어느 하나에 해당하는 시설을 말한다.
   1. 「대기환경보전법」 제2조 제11호에 따른 대기오염물질배출시설
   2. 「물환경보전법」 제2조 제10호·제11호에 따른 폐수배출시설 또는 폐수무방류배출시설
   3. 「폐기물관리법」 제2조 제8호에 따른 폐기물처리시설로서 같은 법 제25조 제3항에 따라 폐기물처리업자가 설치한 시설 및 같은 법 제29조 제2항에 따른 승인 또는 신고 대상 시설
   4. 「건설폐기물의 재활용촉진에 관한 법률」 제2조 제16호에 따른 건설폐기물 처리시설(「건설폐기물의 재활용촉진에 관한 법률」 제13조의2 제2항에 따른 임시보관장소를 포함한다)
   5. 「가축분뇨의 관리 및 이용에 관한 법률」 제2조 제3호에 따른 배출시설로서 같은 법 제11조에 따른 허가 또는 신고 대상 시설
   6. 「토양환경보전법」 제2조 제3호에 따른 토양오염관리대상시설
   7. 「화학물질관리법」 제2조 제11호에 따른 취급시설로서 같은 법 23조 제4항에 따른 주요취급시설 및 같은 법 제27조에 따른 유해화학물질 영업을 하는 자의 취급시설
   8. 「소음·진동관리법」 제2조 제3호에 따른 소음·진동배출시설
   9. 「잔류성유기오염물질 관리법」 제2조 제2호에 따른 배출시설
   10. 「해양환경관리법」 제2조 제17호에 따른 해양시설 중 대통령령으로 정하는 시설
   11. 그 밖에 대통령령으로 정하는 시설

란 "해당 시설에 대한 사실적 지배관계에 있는 시설의 소유자, 설치자 또는 운영자"를 의미한다. '사실적 지배관계'라는 용어는 여타의 환경관련 법규에서 규정하고 있는 '사업자'의 정의와 비교해 볼 때 매우 이례적이다. 이와 비슷한 표현은 「독점규제 및 공정거래에 관한 법률」 제2조 제2호에서 '기업집단'을 "동일인이 다음 각목의 구분에 따라 대통령령이 정하는 기준에 의하여 사실상 그 사업내용을 지배하는 회사의 집단"으로 규정하고 있는 데에서 찾아볼 수 있다. 양자를 비교해보면 환경오염피해구제법에는 공정거래법과는 달리 시행령으로 위임된 구체적인 기준이 없어, 법문언만으로는 누가 '사실상의 지배관계'에 있는 사업자인지 불명확하다는 점을 쉽게 알 수 있다. 특히 '임대차'나 '위탁관계'의 경우 누가 '사실상의 지배관계'에 있는지 논란이 예상된다.[163] 분명한 것은 단지 법적으로 소유하고 있는 자뿐만 아니라 시설을 사실상 지배하고 있는 소유자, 설치자, 운영자 모두를 이 법의 규율대상으로 하려는 것이 입법자의 의도라는 것이다.[164] 또한 동법 제10조가 어느 사업자에 의하여 그 피해가 발생한 것인지를 알 수 없을 때 모두에게 부진정연대책임을 부과하도록 규정하여 피해자 보호에 만전을 기하고 있는 점을 고려하면, 환경오염피해에 대한 배상책임에 관해서는 임대차나 위탁관계의 양 당사자 모두를 배상책임의 주체가 되는 '사업자'로 새겨야 할 것이다.

'환경오염피해'의 피해자가 '사업자'에 대하여 가지는 환경오염피해구제법상 손해배상청구권은 민법상 불법행위에 따른 손해배상청구권과는 청구권경합관계에 있다. 동법 제5조 제2항에서 "이 법에 따른 청구권은 민법 등 다른 법률에 따른 청구권에 영향을 미치지 아니한"다고 규정하고 있기 때문이다. 후술하는 바와 같이, 동법에 따른 책임과 민법상 불법행위에 따른 손해배상책임 사이에는 서로 유리하고 불리한 점이 혼재해 있기 때문에, 향후 환경오염의 피해자는 책임한도의 제한이 없는 민법상 불법행위에 따른 손해배생청구를 주위적으로, 입증이 간편하고 위법성·과실 등을 필요로 하지 않는 이 법에 따른 청구를 예비적으로 하게 될 것으로 보인다. 환경부의 조문별 제정이유서도 민법과 이 법이 법조경합이 아닌 청구권경합관계임을 명시함으로써 피해자의 배상청구권을 확대할 수 있다고 명시하고 있다.

---

163) 실제로 해당 사항이 문제가 되어, 민원이 빈발하였다고 한다. 환경부는 관련하여 환경책임보험 웹사이트 (www.eilkorea.or.kr) 게시판에 가이드라인을 공지하였는데, ""환경책임보험 의무가입대상 시설의 소유자, 설치자, 운영자가 상이한 경우 환경책임보험 가입 주체는 누구인가"에 관하여 환경부는, "법 제17조 제1항에 따라 환경책임보험의 가입주체는 배출시설을 설치·운영하는 사업자이며, 해당 시설에 대한 인허가를 받은 사업자가 보험에 가입하는 것을 원칙으로 합니다. 다만, 운영권이 완전히 독립되어 있는 경우에는 예외적으로 운영자가 환경책임보험 가입이 가능"하다는 답변을 공지한 바 있다(Q&A, 8페이지의 3.1번 문항).

164) 상임위원회의 검토과정에서는 사업자의 정의와 관련하여 "시설의 소유자, 설치·운영자" 및 "사실적 지배관계에 있는 시설의 소유자, 설치·운영자" 양쪽 표현 모두 검토되었으며, 상임위원회 검토보고서는 "제정안은 시설의 법률적 소유자나 설치·운영자에 해당하지 않지만 시설에 대한 사실적 지배관계가 있는 자에게도 환경오염피해에 대한 배상책임을 지도록 함으로써 실질적으로 배상책임자를 확대하고, 피해자 구제를 용이하게 하려는 것"이라고 밝히고 있다.

Ⅱ. 과실, 위법성 및 수인한도론과의 관계

판례와 학설은, 상술한 바와 같이, 환경소송에서 '수인한도론'을 통하여 과실을 객관적으로 파악하고 위법성 판단에 행위자의 주관적 사정을 고려하는 등 과실과 위법성을 일원적으로 파악하는 경향을 보이고 있다. 그런데 환경오염피해구제법 제5조 제1항은 시설의 설치·운영과 관련한 환경오염피해의 배상에 관하여 동법에 규정된 것을 제외하고는 민법의 규정을 따르도록 규정하고 있다. 따라서 환경소송에 적용되어온 수인한도론이 동법에 따른 환경오염피해의 배상에 대해서도 적용되는지 여부가 논제가 된다.

환경오염피해구제법은 환경오염피해의 배상근거가 되는 제6조 제1항에서 다음과 같이 규정하고 있다.

> 제6조(사업자의 환경오염피해에 대한 무과실책임)
> ① 시설의 설치·운영과 관련하여 환경오염피해가 발생한 때에는 해당 시설의 사업자가 그 피해를 배상하여야 한다. 다만, 그 피해가 전쟁·내란·폭동 또는 천재지변, 그 밖의 불가항력으로 인한 경우에는 그러하지 아니하다.

이 규정에 따른 사업자의 손해배상책임은 무과실책임이다. 보다 구체적으로는 동법이 위험책임을 제도화한 것으로 보는 견해가 다수설이다.[165] 위험책임이란 막대한 손해를 광범위하게 발생시킬 수 있는 위험성을 지닌 사업을 운영하는 것이 허용되는 경우, 위험원을 창출하고 지배하며 그로부터 수익을 얻는 자, 즉 위험한 시설을 관리하는 자는 그로 인하여 생긴 손해에 대하여 책임을 져야 한다는 이론이다. 이는 손해를 어떠한 위법한 행위에 귀속시키는 것이 아니라 비록 허용된 것이기는 하지만 상당한 크기의 위험을 감행하여 야기한 자에게 귀속시키는 것이다. 그 배경에는 배분적 정의를 실현함과 동시에 위험물의 관리자, 소유자 및 점유자에게 엄격한 책임을 부담시킴으로써 위험방지와 사고예방에 만전을 기하게끔 하는 정책적 고려가 자리한다. 그리하여 위험책임이란 과실여부나 위법성여부와 상관없이, 고도의 위험성이 잠재되어 있는 시설에서 실제로 그러한 위험이 현실화된 경우, 그에 대하여 사업자가 책임을 지도록 하는 것이다. 동법에서는 특별히 환경에 위해를 가할 수 있는 시설을 한정하고, 이들 시설에서 야기될 수 있는 피해의 원인 또한 한정하여 이러한 시설의 사업자에게 무과실책임을 지우고 있으므로, 동법에 따른 책임은 위험책임으로서 위법성 또한 요구하지 않는다고 할

---

165) 안경희, "환경오염피해구제법상 손해배상책임의 발생과 제한," 제126회 한국환경법학회 학술대회 『**환경오염피해에 대한 민사법적 구제의 동향과 전망**』 자료집, 49, 67 (2016.5.28.); 이동진(註131), 97; 김홍균, "환경오염피해 배상책임 및 구제에 관한 법률의 평가와 향후 과제", **환경법연구** 37권 2호, 145 (2015); 전경운, "환경오염피해 구제에 관한 법률안에 대한 소고", **환경법연구** 35권 2호, 368－369 (2013).

수 있다.[166] 나아가 현재의 과학기술의 수준으로는 도저히 그러한 피해의 발생과정("개발위험 (Entwicklungsrisiko)")을 인지할 수 없더라도 그것이 불가항력으로 인한 것이 아닌 이상, 그러한 사정은 발생한 환경오염피해에 대한 손해배상책임에 어떠한 영향도 미치지 않는다.[167]

위험책임과 관련해서는 '경미한' 환경오염피해에 대해서도 동법에 따른 손해배상책임이 인정되는지 여부가 문제된다. 수인한도론에 따르면 수인한도 내에 있는, 즉 경미한 피해에 대해서는 민법상 불법행위책임이 인정되지 않는다. 수인한도론은 상린관계에서의 이익형량에 터 잡고 있는데, 동법에 따른 환경오염피해책임에도 이러한 이익형량이 그대로 적용되어야 하는 것이 아닌가 하는 의문이 제기되는 것이다. 비록 동법이 위험책임을 도입하였지만 이익형량은 동법상의 책임에도 적용되어야 하므로 경미하거나 장소통상적인 손해는 그 대상에서 제외하는 것이 공평하다는 주장이다.

그러나 이에 대해서는 몇 가지 반론이 가능하다. 첫째, 무엇보다도 환경오염피해구제법에는 경미하거나 장소통상적인 손해를 적용대상에서 제외한다는 명문의 규정이 없다.[168] 둘째, 입법연혁이다. 동법 제1조는 입법과정에서 본래의 법률안에 존재하였던 "사업자의 지속가능한 경영을 도모함"이라는 문구를 삭제하고, 오로지 "환경오염피해로부터 신속하고 공정하게 피해자를 구제하는 것을 목적으로" 한다고 규정하고 있기 때문이다. 이 법의 해석·적용·집행이 위와 같은 입법목적에 봉사해야 함은 물론이다. 공평의 이념이나 이익형량도 이런 제약 하에 놓여 있다. 나아가 동법은 독일의 환경책임법을 입법모델로 삼고 있는데, 독일 환경책임법 제 5조에서는 비본질적이거나 장소통상적인 손해를 적용대상에서 제외하고 있음에도 불구하고 동법에서는 이러한 규정을 명시적으로 도입하지 않았다는 점 역시 고려해야 할 것이다. 셋째, 동법이 대상으로 하고 있는 환경오염피해의 성질이다. 동법은 그 대상을 특히 환경에 위해적일 수 있는 종류의 시설로 인한 피해로 한정하고 있다. 그런데 이런 환경오염피해에는 상린관계에서 통상적으로 행해지는 이익형량이 적용될 수 없다. 동법의 대상인 환경오염피해는 일방적인 것이어서 상린관계에서 볼 수 있는 지위의 호환성을 찾을 수 없기 때문이다. 다시 말해 동법이 상정하는 피해는 사업자가 일방적으로 야기하는 것이며, 이러한 피해는 일상에서 경험할 수 없는 예외적인 피해인 것이다. 이는 동법이 규율하는 환경오염피해가 소위 '리스크'의 대표례에 해당함을 의미한다.[169]

---

166) 同旨 안경희, "사업자의 환경오염피해에 대한 무과실책임 - 「환경오염피해 배상책임 및 구제에 관한 법률」 제6조를 중심으로," **경희법학** 제50권 제4호, 46 - 47 (2015); 전경운(註164), 368; 김형석, "민사적 환경책임," **서울대학교 法學** 제45권 제4호, 285 (2004).

167) 전경운(註164), 368 - 369; 김홍균(註164), 145.

168) 반면, 수인한도론에서 상린관계의 이익형량을 뒷받침하는 민법 제217조 제2항은 "이웃 거주자는 전항의 사태가 이웃 토지의 통상의 용도에 적당한 것인 때에는 이를 인용할 의무가 있다."라고 규정하고 있다.

169) 리스크에 관해서는 拙稿, "리스크법," **서울대학교 法學** 제43권 제4호, 27 (2002).

Ⅲ. 인과관계 및 정보청구권

환경오염피해구제법은 환경오염피해를 실효적으로 구제하기 위하여 피해자의 입증부담을 덜어주고 있다. 동법 제9조는 환경오염피해에 관하여 다음과 같이 인과관계를 '법률상 추정'하고 있는 것이다.[170]

> 제9조(인과관계의 추정)
> ① 시설이 환경오염피해 발생의 원인을 제공한 것으로 볼 만한 상당한 개연성이 있는 때에는 그 시설로 인하여 환경오염피해가 발생한 것으로 추정한다.
> ② 제1항에 따른 상당한 개연성이 있는지의 여부는 시설의 가동과정, 사용된 설비, 투입되거나 배출된 물질의 종류와 농도, 기상조건, 피해발생의 시간과 장소, 피해의 상태와 그 밖에 피해발생에 영향을 준 사정 등을 고려하여 판단한다.
> ③ 환경오염피해가 다른 원인으로 인하여 발생하였거나, 사업자가 대통령령으로 정하는 환경오염피해 발생의 원인과 관련된 환경·안전 관계 법령 및 인허가조건을 모두 준수하고 환경오염피해를 예방하기 위하여 노력하는 등 제4조 제3항에 따른 사업자의 책무를 다하였다는 사실을 증명하는 경우에는 제1항에 따른 추정은 배제된다.

위 제9조는 '상당한 개연성'이라는 표현을 사용하여, 판례와 통설이 현재 채택하고 있는 신개연성설을 연상시키고 있다. 그러나 동조 제2항은, 신개연성설과는 달리, 단지 "시설의 가동과정, 사용된 설비, 투입되거나 배출된 물질의 종류와 농도, 기상조건, 피해발생의 시간과 장소, 피해의 상태와 그 밖에 피해발생에 영향을 준 사정 등을 고려하여" 결정하도록 하고 있을 따름이다. 동항은 독일의 환경책임법 제6조의 인과관계 추정규정에서 어떤 시설이 발생한 손해를 야기하기에 "적합한 사정"에 있는지 여부를 판단할 때 고려할 요소로서 열거하고 있는 기준과 유사하다. 이에 동법의 인과관계 추정은 종래의 신개연성설을 입법화한 것에 불과한 것인지, 아니면 '상당한 개연성'이라는 표현에도 불구하고 독일의 환경책임법에서 사용하는 '적합성'이라는 기준을 새롭게 도입한 것인지, 논란이 예상된다. 생각건대 동조는 종래의 판례를 입법화한 것도 아니고 독일법을 계수한 것도 아닌 양자 모두를 고려해 제정한 우리나라 고유의 입법으로 보아야 한다. 입법과정에서 쉽게 볼 수 있는 타협의 산물인 것이다.

이런 판단의 실마리는 동조 제3항에서 찾을 수 있다. 즉 동조 제3항은 사업자가 법령을 준수하는 등 적법운영을 하였음을 증명하는 경우 인과관계의 추정을 배제하도록 하고 있는데, 동법이 위험책임을 도입하고 있다면 적법운영 여부와 인과관계를 연계하는 것은 이론적으로

---

170) Cf. 안경희(註164), 64(사실상 추정설).

문제이며[171] 판례 역시 적법운영을 하였더라도 인과관계는 별도로 판단하는 모습을 보이고 있기 때문이다. 또한 신개연성설에는 동조 제3항에서와 같이 적법운영을 이유로 인과관계의 추정을 배제하는 내용이 없다. 그리하여 동항에 의할 때 피해자의 지위는 입증책임이라는 면에서는 종래보다도 약화되게 된다. 이와 같은 결과를 감안할 때, 동항이 신개연성설을 입법화한 것이라는 해석론은 피해자의 입증부담을 경감시키려는 동법의 입법취지와 충돌하는 것으로서 받아들이기 힘들다. 다시 말해, 동조는 우리의 판례와 독일 환경책임법상의 관련 규정을 참고하여 인과관계 입증과 관련한 여러 요소를 제시하여 상황에 따라 법원이 인과관계를 쉽게 인정하도록 유도하는 규정으로 보아야 한다.[172]

환경오염피해구제법 제9조 제3항 전단은 인과관계 추정을 번복하는 사유로서 환경오염피해가 다른 원인으로 인하여 발생한 것을 규정하고 있는데, 이 사실은 사업자가 본증으로써 증명해야 한다. 그런데 신개연성설을 취하는 판례에 의하면 추정되는 인과관계를 번복하기 위하여서는 '전적으로' 다른 원인으로 인하여 손해가 발생하였음이 요구되는 반면, 동항 전단은 단순히 '다른 원인의 존재'만을 규정한 것이 아닌가 하는 의문이 있다. 결론적으로, 동항은 판례와 마찬가지로 인과관계 추정의 번복을 위해서는 '전적으로' 다른 원인으로 손해가 발생할 것을 요구한다고 보아야 한다. 첫째, 여러 원인이 서로 상호작용해서 손해가 발생한 것에 불과한 경우는 인과관계가 단절되었다고 볼 수 없기 때문이다. 인과관계는 오로지 다른 원인이 전적으로 작용한 경우에 한하여 비로소 단절된다고 할 수 있는 것이다. 둘째, 동법 제10조는 피해가 어느 원인에 의하여 발생하였는지 불분명할 때에는 모두에게 부진정연대책임을 부과하는데, 단순히 다른 원인의 존재 그 자체만으로 인과관계의 추정을 부정하는 것은 동조와 정합(整合)하지 않기 때문이다.

환경오염피해구제법 제9조 제3항 후단은 인과관계 추정을 배제하는 사유로서 적법운영(= 법령준수 및 예방노력)을 규정하고 있다. 앞서 본 바와 같이, 위험책임 아래에서 사업자의 적법운영 여부를 인과관계 유무와 연계시킬 근거는 희박하다. 그럼에도 불구하고 동항 후단을 둔 배경에는 법령준수에 대하여 강력한 동기부여를 제공하려는 입법자의 정책적 판단이 자리한다.[173] 이러한 판단이 나름의 합당성을 가지고 있음을 부정하기는 어렵지만, 동항 후단은 환경오염피해자 구제라는 동법의 입법취지와 상충하는 면을 가지고 있다. 동항에 의하여 인과관계에 대한 법률상 추정이 배제되는 경우, 여전히 신개연성설에 따라 '사실상 추정'을 받을 수 있

---

171) 김홍균(註164), 153.
172) 同旨 *Id.* 152; Cf. 안경희(註164), 63.
173) 전경운(註164), 378. 또한 동항 후단은 동법의 입법과정에서 자신들의 고충을 적극적으로 설명한 기업들의 입장이 반영된 것이기도 하다. 이와 같은 입법과정에서 일어난 타협은 동법의 고유성을 강력히 뒷받침하고 있는 것이다.

다고 새겨야 한다는 견해는 이런 고려를 반영하는 것이다. 이는 동법의 제정으로 증명책임의 면에서 피해자의 지위가 기존보다 약화되는 것을 막기 위한 고육지책이다.

환경오염피해구제법이 인과관계를 법률상 추정하고 있지만, 이것만으로는 피해자가 실제로 겪게 되는 입증의 곤란을 충분히 경감시켰다고 보기 힘들다. 시설로 인한 환경침해의 경우 입증에 필요한 정보를 사업자측이 보유하고 있는 경우가 태반이기 때문이다. 이러한 어려움을 감안하여 동법 제15조는 동법에 따른 피해배상청구권의 성립과 그 범위를 확정하기 위하여 필요한 경우 피해자는 해당 시설의 사업자에게 인과관계의 추정과 관련한 정보의 제공 또는 열람을 청구할 수 있도록 규정하고 있다. 정보공개청구의 대상은 특정한 시설이 환경오염피해의 원인을 제공한 것으로 볼 만한 상당한 개연성이 있는지 여부를 판단하는 기준인 "시설의 가동과정, 사용된 설비, 투입되거나 배출된 물질의 종류와 농도, 기상조건, 피해발생의 시간과 장소, 피해의 양상과 그 밖의 피해발생에 영향을 준 사정"과 관련된 정보이다. 사업자가 '영업상 비밀' 등을 이유로 하여 정보공개를 거부하는 경우 피해자는 환경부장관으로 하여금 그 타당성 여부를 판단하여 정보제공명령 또는 정보열람명령을 하도록 신청할 수 있다. 사업자의 정보공개거부에 대하여 피해자가 정보공개(열람)명령을 신청하는 경우 환경부장관은 동법 제16조에 따른 환경오염피해구제정책위원회의 심의를 거쳐 정보공개명령 또는 정보공개명령 신청거부를 해야 한다. 이러한 정보공개명령 또는 그 신청거부는 모두 강학상 처분에 해당하므로, 사업자나 피해자가 이를 항고소송으로 다툴 수 있음은 물론이다.

Ⅳ. 책임의 제한 및 면책

환경오염피해구제법은 특정한 시설의 사업자에게 위험책임을 부과하는 반면, 전쟁이나 천재지변 등 불가항력적 사유가 있는 경우에는 책임을 면제해주고, 책임이 면제되지 않는 경우에도 일정액을 한도로 하여 책임을 제한하고 있다. 동법 제6조 제1항 단서는 "전쟁·내란·폭동 또는 천재지변, 그 밖의 불가항력"을 면책사유로 거시하고 있는바, 이는 전형적인 불가항력에 따른 면책규정으로 볼 수 있다. '불가항력'에 관하여 절충설적 입장을 취하는 판례에 따르면, 불가항력은 외부로부터 기인한 사건으로 그 손해의 결과가 최고도의 주의에 의해서도 예견할 수도, 방지할 수도 없었던 사건을 의미한다.[174] 이와 같은 입장에서 대법원은 정박 중이던 선박이 태풍으로 인하여 인접한 양식장으로 표류하여 피해를 입힌 사안에서, 선박을 정

---

174) 大判 2007.8.23. 2005다59482; 大判 2008.7.10. 2008다15940, 15957 등 참조. 불가항력의 개념에 관한 주관설, 객관설, 절충설에 관해서는 윤용석, "위험책임의 새로운 경향: 불가항력에 의한 면책가능성", **법학연구** 제30권 제1호, 313, 특히 314-321 (1988) 참조.

박할 당시 아직 태풍이 도래하지 않았고, 선장 및 선원들이 정박 지점 인근에 양식장이 위치한 사실을 알았으면 강풍과 풍랑으로 인하여 선박들의 닻줄 등이 선박의 스크루에 감기어 그 작동을 멈추게 하고 선박이 기동력을 상실하여 양식장으로 표류하여 갈 수 있음을 예견할 수 있었을 것이라는 이유로, 이 사고를 불가항력적인 것으로 단정할 수 없다고 판단하였다.[175] 동법 제6조 제1항의 천재지변이란 불가항력적 사유의 한 예로서, 앞서 살펴본 책임감축사유로서의 자연력과는 구별되는 것임을 주의해야 한다.[176]

또한 동조 제2항은 사업 또는 시설의 양도·양수로 인하여 사업자가 변경되는 경우 현 사업자는 전 사업자의 시설 운영과정에서 발생한 환경오염피해에 대해서는 배상책임을 지지 않음을 명시하고 있다. 동법 제2조 제3호에서는 사업자를 해당 시설에 대한 "사실적 지배관계에 있는 시설의 소유자, 설치자, 운영자"로 정의하였는바, 그 취지가 시설에 대한 법적인 소유자뿐만 아니라 사실적 지배관계에 있는 시설의 소유자, 설치자, 운영자 또한 책임의 주체에 포함시키기 위한 것임은 상술한 바와 같다. 그렇다면 원칙적으로 법적인 소유자인 양수인은 당연히 '사업자'에 해당하게 된다. 이때 현 사업자인 양수인이 환경오염피해가 전 사업자의 시설 운영과정에서 발생하였음을 입증한 경우, 그 피해에 관하여 책임을 면제받을 수 있도록 한 것이 바로 동법 제6조 제2항의 의의이다. 현 사업자가 책임을 지지 않기 위해서는, 어떠한 사정에 의해서든지 간에 시설의 운영이 중단되었으며 환경오염피해가 시설 운영 중단 이전의 상황으로 인하여 발생하였고 현 사업자는 시설 운영 중단 이후에 시설에 관하여 사실적 지배관계를 가지게 되었음을 주장·입증해야 한다. 만약 이러한 요건이 증명되더라도 시설의 운영 재개 후에도 환경오염피해를 유발한 상황이 여전히 지속된다든지 혹은 그렇지 않더라도 어떠한 방식으로든 간에 시설의 운영 재개 이후에도 시설이 환경오염피해에 관하여 영향을 미쳤을 가능성이 존재하는 경우에는, 실효적 피해구제제도를 확립하기 위한 동법의 입법취지상 현 사업자에 대하여 여전히 배상책임이 인정된다고 보아야 한다.

한편, 환경오염피해구제법 제7조는 배상책임한도 및 그 배제사유를 규정하고 있다. 동조는 이 법에 따른 손해배상책임에 관하여 배상책임의 한도를 설정함으로써 사업자와 피해자 간의

---

175) 大判 1991.1.29. 90다12588.
176) 판례는, 상술한 바와 같이, 피해자가 입은 손해가 자연력과 가해자의 과실이 경합되어 발생된 경우 가해자의 배상범위는 손해의 공평 부담이라는 견지에서 손해발생에 대하여 자연력이 기여하였다고 인정되는 부분을 공제한 나머지 부분으로 제한하고 있다. 다만 피해자가 입은 손해가 통상의 손해와는 달리 특수한 자연적 조건 아래 발생한 것이라 하더라도 가해자가 그와 같은 자연적 조건이나 그에 따른 위험의 정도를 미리 예상할 수 있었고 또 과도한 노력이나 비용을 들이지 아니하고도 적절한 조치를 취하여 자연적 조건에 따른 위험의 발생을 사전에 예방할 수 있었다면 그러한 경우에는 자연력을 이유로 가해자의 배상범위를 제한해서는 안 된다는 태도를 확고하게 취하고 있다. 大判 2003.6.27. 2001다734[21모2]; 大判 2004.6.25. 2003다69652 등 참조.

이익의 균형을 맞추면서도 책임한도에 관한 예외를 설정함으로써 사업자의 도덕적 해이를 방지하고 있으며, 동법 제23조 제1항에서는 책임한도를 넘는 피해에 관하여 보상급여를 지급하도록 함으로써 피해자에게 일정한 수준의 구제책을 마련하고 있다.

동법 제7조의 규정에 따르면, 사업자는 2,000억 원의 범위에서 시설의 규모 및 발생될 피해의 결과 등을 감안하여 대통령령으로 정한 배상책임한도의 혜택을 누릴 수 있으나, 환경오염피해가 사업자의 고의 또는 중대한 과실로 발생한 경우(제1호), 환경오염피해의 원인을 제공한 시설에 대하여 사업자가 시설의 설치·운영과 관련하여 관계법령을 준수하지 아니한 경우(제2호), 환경오염피해의 방제를 위한 적정한 조치를 하지 아니한 경우(제3호)에 해당하는 사유가 존재하는 때에는 책임한도를 넘는 피해에 대해서도 사업자가 책임을 지도록 규정하고 있다. 이러한 규정형식 및 법익 주장자는 해당 법익의 요건사실에 관하여 입증해야 한다는 증명에 관한 일반법리를 고려할 때, 배상책임한도의 적용예외사유에 대한 입증책임은 환경오염피해자가 부담한다고 보아야 할 것이다. 그러나 피해자가 사업자의 고의나 중과실, 관련법령의 미준수 등 책임한도 배제사유를 입증하는 일은 지극히 곤란할 것으로 예상된다. 또한 환경침해에 있어서 피해자가 봉착하는 입증곤란을 염두에 둔 동법 제15조의 정보청구권 역시 그 대상을 인과관계에 관련된 정보에 한정하고 있을 따름이다. 제7조에 따른 책임한도 제한의 결과, 피해자는 책임한도를 넘는 손해에 관해서는 책임한도 배제사유를 입증하든지, 아니면 책임한도의 제한이 없는 민법상 불법행위책임을 구하든지, 이것마저 여의치 않은 경우에는 동법 제23조 제1항 제2호에 따른 일정한 범위 내에서의 보상급여에 만족할 수밖에 없을 것이다.

V. 손해회복의 수단

우리 민법에서는 불법행위에 관하여 금전배상주의를 원칙으로 채택하고 있다(민법 §394, §763). 환경오염피해구제법에서는 제13조 및 제14조를 통하여 원칙적으로는 금전배상주의를 취하면서도 일정한 경우에는 손해의 배상방법으로서 원상회복을 택할 수 있도록 규정하고 있다. 즉 동법 제13조에서는 환경오염피해에 관하여 배상금액에 비하여 과도한 비용을 들이지 아니하고 원상으로 회복할 수 있는 경우에는 피해자로 하여금 사업자에게 원상회복을 청구할 수 있도록 규정하였으며, 특히 제14조에서 환경오염피해가 자연환경이나 자연경관의 침해를 동시에 발생시킨 경우, 그 피해자는 단순히 사업자에 대하여 원상회복청구를 하는 것에 그치지 않고 직접 원상회복을 하고 상당한 범위에서 그 비용을 사업자에게 청구할 수 있도록 하였다. 동법상 환경오염피해는 개인적 법익에 대한 침해가 발생한 경우를 의미하므로 원상회복의 대상은 순수한 생태계 침해가 아니라 개인적 법익의 침해를 수반하는 자연환경이나 자연경관

침해로 한정된다.[177] 금전배상에 있어서도 원상회복 비용은 고려되는 것이지만, 원상회복청구는 단순한 금전배상과 비교해볼 때 복원·복구에 방점을 찍고 있다. 다시 말해 금전배상이 피해자의 재산권이나 인격권에 대한 피해만을 포섭하는 데 반하여, 원상회복은 이와 같은 개인의 권리로 포섭되는 것은 물론이고 그에 포섭되지 않는 '자연 그 자체'에 대한 피해를 복구하는 것을 가능하게 하는 것인바, 바로 여기에 동법 제14조의 의의가 있다. 자연 그 자체가 무엇을 의미하는가에 대해서는 많은 논란이 예상된다. 그리하여 동조항은 원상회복청구를 자연환경보전법 제2조 제1호에 따른 자연환경이나 동법 제2조 제10호에 따른 자연경관의 침해를 발생시킨 경우로 한정하고 있다.[178] 그럼에도 불구하고 원상회복에 관해서는 앞으로 수많은 해석적 논란이 예상된다.

원상회복은 일반적으로 보았을 때 금전배상에 비하여 사업자가 져야하는 부담이 과다해지는 경향이 있음을 부정할 수 없지만, 동법 제13조에서는 '과도한 비용이 들지 않을 것,' 제14조에서는 '상당한 범위에서'라는 제한을 설정하여 양자 사이에 적절한 균형점을 모색하고 있다. 다만 입법취지를 고려할 때, 이때의 '과도한 비용'이란 손해와 원상회복비용 간의 비례관계가 현저하게 깨진 경우를 의미하고, 단순히 원상회복비용이 물건의 가액을 초과한다는 이유만으로 곧바로 '과도한 비용'에 해당하는 것으로 인정되어서는 안 될 것이다.

제4절 | 환경분쟁조정법

I. 개설

분쟁당사자가 선택할 수 있는 분쟁해결방안은 여러 가지가 있다. 이를 이념형으로 분류하면, ① 분쟁당사자 사이의 화해(和解), ② 국가가 공인하는 방법인 법원에 의한 재판(裁判), ③ 알선, 조정, 중재 등의 대안적 분쟁해결제도(Alternative Dispute Resolution; 이하, "ADR")로 나눌 수 있다. 후자는 다시 법원과 연계된 "법원형 ADR"과 특별한 분쟁상황에 맞추어진 "행정관여형 ADR"로 대별된다. ADR에 속하는 분쟁해결방법은 매우 다양하지만, 이들 모두는 의견을 제시하고 분쟁에 관한 정보를 분쟁당사자들에게 소통시키는 제3자의 관여라는 공통점을

---

177) 안경희(註164), 55.
178) 「자연환경보전법」 제2조 제1호는 '자연환경'을 "지하·지표(해양을 제외한다) 및 지상의 모든 생물과 이들을 둘러싸고 있는 비생물적인 것을 포함한 자연의 상태(생태계 및 자연경관을 포함한다)"로, 제10호는 '자연경관'을 "자연환경적 측면에서 시각적·심미적인 가치를 가지는 지역·지형 및 이에 부속된 자연요소 또는 사물이 복합적으로 어우러진 자연의 경치" 각각 규정하고 있다.

가지고 있다. 또한 ADR에 속하는 해결방법은 모두 형식성, 복잡성 및 소요기간의 측면에서 소송보다 유리하다. 환경분쟁조정제도는 이런 특성을 공유하는 행정관여형 ADR이다.

1. 민사소송의 한계

환경분쟁조정제도는 날로 복잡해지고 있는 환경분쟁을 행정기관의 전문성을 활용하여 소송외적 방법으로 신속히 처리하기 위하여 마련된 제도이다. 환경피해에 대한 민사법의 한계는 상술한 바인데, 환경오염피해구제법이 이에 대한 실체법적 보완이라면, 환경분쟁조정법은 소송법적 보완이라고 할 수 있다. 환경훼손이나 환경오염은 그 자체가 자연과학적으로 규명하기 어려운 문제인데, 소송이라는 형식적 절차로 인하여 그 어려움은 배증하게 마련이다. 환경훼손에 대한 입증의 어려움은 긴 설명을 필요로 하지 않을 것이다. 인과관계에 관한 현재의 법리는 기본적으로 경험칙이 형성된 인간의 행위와 결과 사이의 관계에 대하여 발전한 것이다. 환경훼손의 가해자는 대부분 기업인데, 이들 기업의 활동을 규명하는 데 필요한 입증자료는 접근이 어렵다. 반면, 피해자는 다수이지만 경제력이 없고, 피해자 한 사람 한 사람의 피해는 미소(微小)하기 일쑤이다. 게다가 환경피해는 다양하고 광역적이며 누적적이고 잠복기간이 길기까지 해서 복잡다단하기 이를 데 없다. 처리대상이 이러함에도 불구하고 소송절차는 그 형식성(形式性)으로 말미암아 시간과 비용이 많이 소요되는 복잡한 과정인데다 법관들은 대개 비전문가이다.

2. 환경분쟁조정의 의의 및 이용현황

환경분쟁조정제도는 이런 여건에서 환경피해구제를 충실히 도모하기 위하여 탄생한 ADR이다. 환경분쟁조정제도는 간편한 절차와 적은 비용으로 사건 당사자의 이해관계를 조정함으로써 국민들이 변호사의 도움 없이도 환경피해의 배상을 받을 수 있도록 도와주는 준사법적(準司法的)인 합의제 행정절차인 것이다. 주지하듯이, ADR은 소송과 비교해서 여러 가지 장점을 가지고 있다. 소송과 비교할 때 ADR은 사건 해결에 드는 시간과 비용이 절감되고, 분쟁당사자의 비밀과 사생활 보호에 유리하며, 분쟁당사자의 감정이 보호되어 기존의 유대관계 유지에 도움이 된다. 또한 ADR은 여러 측면에서 분쟁당사자의 자기결정권을 존중한다는 평가를 받는데, 탄력적이고 비정형적 절차를 통하여 선례로부터도 자유로운 창조적 분쟁해결책을 강구할 수 있는 것이다. 환경분쟁조정은 이런 ADR의 장점을 가지고 있을 뿐 아니라 준사법절차(準司法節次)로서 소송의 전(前)단계에서 행정기관의 전문성, 즉 환경부의 행정경험과 과학기술적 우월성을 살려 신속한 분쟁해결을 도모함과 동시에 사법기관에 의한 해결과 같은 공평·타당한 분쟁해결을 지향하고 있다.

환경분쟁조정은 구체적으로 다음과 같은 장점을 내세워 민사소송의 환경피해구제절차로서의 한계를 극복하고자 한다.[179] 첫째, 간이한 절차에 따라 **신속한 해결**을 도모할 수 있다는 것이다. 소송절차에 의한 해결은 그 절차의 엄격성 때문에 과다한 비용과 긴 시간이 소요되는 반면, 환경분쟁조정제도는 절차의 엄격성을 완화하여 신속하고 능률적인 절차 진행이 가능하다는 것이다. 둘째, 환경분쟁에 관한 **전문지식과 경험**을 활용할 수 있다는 것이다. 조정위원회는 환경 및 법률분야에서 경험을 쌓은 전문인력으로 구성된다. 또한 변론주의를 원칙으로 하는 민사소송과는 달리 직권탐지주의가 적용되어 분쟁조정위원회가 주도권을 가지고 적극적으로 증거 및 자료수집을 할 수 있어 이러한 전문성을 십분 활용할 수 있는 통로가 열려 있다는 것이다. 셋째, 가해자와 피해자의 **실질적인 대등성**(對等性)을 확보할 수 있다는 것이다. 직권에 의한 증거 및 사실 조사를 활용하여 경제적 약자의 입장에 있는 피해자의 입증능력을 보완함으로써 공정한 해결을 도모할 수 있다는 지적이다. 넷째, **분쟁해결비용**이 저렴하다는 것이다. 신청수수료가 민사소송보다 저렴할 뿐만 아니라 일정한 비용은 국가가 부담한다는 점이 제시되고 있다.[180] 마지막으로, 헌법상 권력구조[181]나 실체법상 청구권의 유무[182]에 얽매이지 아니하고 분쟁의 종합적인 해결이 가능하며, "전부가 아니면 전무"라는 결론보다는 쌍방의 입장을 모두 고려한 **조정적·화해적·장래지향적 결정**을 내릴 수 있다는 것이다.

이런 장처로 인하여 매년 4백 건 내외의 환경분쟁사건이 환경분쟁조정제도를 통하여 처리되고 있다.[183] 이는 환경분쟁조정제도가 환경분쟁해결방식에 있어서의 주위적(主位的) 지위를 놓고 민사소송과 경쟁관계에 있음을 의미한다.[184]

---

179) 이하는, 이상규, "환경오염분쟁조정의 법적성격," **인권과 정의**, 제219호, 34-36 (1994.11.); 류지태, "환경오염피해분쟁조정제도의 비교법적 고찰," **인권과 정의**, 제219호, 42-52 (1994.11.) 참조.
180) 이에 관해서는 환경분쟁조정법 시행령 제34조 참조.
181) 소송에 의할 경우에는, 분쟁의 효과적 해결에 도움이 되는 경우라도 법원이 판결의 내용을 통하여 행정기관에 대해 일정한 규제조치를 요구하는 것이 권력분립의 원칙상 인정되지 않지만, 우리나라 환경분쟁위원회와 같이 환경분쟁조정을 하는 기관이 행정부 내에 있는 경우에는 이러한 장애사유가 발생하지 않아 결정의 내용에 있어서 유연성을 발휘할 수 있다. 류지태(註178), 47.
182) 환경분쟁조정을 이용할 수 있는 분쟁대상은 실체법상의 청구권 유무에 얽매이지 않고 매우 광범위하다. 자세한 것은 拙稿, "대안적 분쟁해결제도의 경제학," **서울대학교 法學** 제47권 제1호, Ⅳ.1.(2) 환경분쟁조정의 대상범위 부분, 특히 註 87 및 그 본문 (2006) 참조.
183) 환경분쟁조정제도를 통해 해결되고 있는 환경분쟁사건의 숫자는 2012년에 409건, 2013년에 357건, 2014년에 444건, 2015년에 445건, 2016년에 347건이다. **2017년 환경백서**, 227; **2016년 환경백서**, 198; **2015년 환경백서**, 222 참조.
184) 자세한 것은 拙稿, "환경분쟁조정의 법정책: 라즈의 권위의 이론에 의존하여," **서울대학교 法學** 제52권 제3호, 121 (2011).

3. 연혁과 법적 근거

우리의 환경분쟁조정제도는 일본의 「공해분쟁처리법(公害紛爭處理法)」상의 "공해분쟁처리제도(公害紛爭處理制度)"를 모델로 하여 1971년 공해방지법의 개정과 함께 도입되었으나 별반 실효를 거두지 못하다가 환경오염피해분쟁조정법이 1990년 단행법으로 제정됨으로써 궤도에 진입하게 되었다. 동법은 이후 몇 차례 개정된 후 1997년에는 환경분쟁조정법으로 전면 개정된 바 있다. 이런 개정과정을 거치면서 환경분쟁의 대상이 이미 발생한 피해뿐 아니라 발생이 예상되는 피해로 확대되는 등, 여러 제도적 보완을 거친 끝에 오늘에 이르고 있다. 환경정책기본법은 "환경오염 또는 환경훼손으로 인한 피해를 원활히 구제하기 위하여 필요한 시책을 강구"할 것(§30)과 "환경오염 또는 환경훼손으로 인한 분쟁 기타 환경관련 분쟁이 발생한 경우에 그 분쟁이 신속하고 공정하게 해결되도록 하기 위하여 필요한 시책을 강구"할 것(§29)을 국가 및 지방자치단체에게 명하고 있다. 이에 따라 환경분쟁조정법이 제정되었는데, 동법은 "환경분쟁을 신속·공정하고 효율적으로 해결하여 환경을 보전하고 국민의 건강과 재산상의 피해를 구제"하기 위하여 환경분쟁의 알선(斡旋)·조정(調停)·재정(裁定) 및 중재(仲裁)의 절차 등을 규정하고 있다(§1).

Ⅱ. 환경분쟁조정위원회

1. 환경분쟁조정위원회의 구성

환경분쟁조정법은 환경분쟁을 조정할 기구로 환경부에 중앙환경분쟁조정위원회(이하, "중앙조정위원회")를, 특별시·광역시·특별자치시·도·특별자치도에 지방환경분쟁조정위원회(이하, "지방조정위원회")를 각각 설치하고 있다(§4). 중앙조정위원회는 위원장 1인을 포함한 30인 이내의 위원(3인 이내의 상임위원 포함)으로, 지방조정위원회는 위원장 1인을 포함한 20인 이내의 위원(1인의 상임위원 포함)으로 각각 구성된다. 각 위원은 환경에 관한 학식과 경험이 풍부하고 일정한 자격을 갖춘 사람 중에서 환경부장관의 제청에 의하여 대통령이 임명·위촉하는데,[185] 각 위원의 임기는 2년으로 연임할 수 있다(§7). 환경분쟁조정법은 위원회의 위원이 될 수 없는

---

185) 환경분쟁조정법 제8조에 의하면, 환경분쟁조정위원회 위원은 다음과 같은 자격을 갖춘 사람 중에서 임명·위촉된다.

  1. 1급부터 3급까지에 상당하는 공무원 또는 고위공무원단에 속하는 공무원으로 3년 이상 재직한 사람
  2. 판사·검사 또는 변호사로 6년 이상 재직한 사람
  3. 공인된 대학이나 연구기관에서 부교수 이상 또는 이에 상당하는 직(職)에 재직한 사람
  4. 환경 관계 업무에 10년 이상 종사한 사람

결격사유를 규정함과 동시에, 독립하여 직무를 수행할 수 있도록 신분을 보장하고 있다(§§9, 10). 이는 모두 환경분쟁조정의 독립성과 공정성을 제고해 동 제도가 환경분쟁 해결의 중심적 역할을 수행할 수 있도록 위함이다.

중앙 및 지방조정위원회의 위원장은 위원회를 대표하고 위원회의 직무를 총괄하며 부득이한 사유로 직무를 수행할 수 없는 경우에는 해당 위원회 위원 중에서 직무를 대행할 직무대행을 지명할 수 있다(§11). 위원장 휘하에는 위원회의 사무를 처리하는 "사무국"이 있는데, 사무국 소속의 "심사관"은 "분쟁조정에 필요한 사실조사와 인과관계의 규명", "환경피해액의 산정 및 산정기준의 연구·개발" 등의 업무를 분장하고 있다. 중앙 및 지방조정위원회의 위원장은 특정 사건의 전문적인 사항을 처리하기 위하여 필요한 경우 관계전문가를 위촉해서 위 사무를 수행하게 할 수 있다(§13).

2. 환경분쟁조정위원회의 소관 사무

(1) 환경분쟁조정의 대상

환경분쟁조정위원회는 '환경분쟁'을 '조정'하는 사무를 수행한다. 여기서 "조정(調整)"이란 "환경분쟁에 대한 알선·조정(調停)·재정 및 중재"를 말한다(환경분쟁조정법 §2iii). 여기서 "환경분쟁"이란 "환경피해에 대한 다툼"과 "「환경기술 및 환경산업 지원법」 제2조 제2호에 따른 환경시설의 설치 또는 관리와 관련된 다툼"을 말한다(§2ii). 여기서 "환경피해"란 "사업활동, 그 밖에 사람의 활동에 의하여 발생하였거나 발생이 예상되는 대기오염, 수질오염, 토양오염, 해양오염, 소음·진동, 악취, 자연생태계 파괴, 일조방해, 통풍 방해, 조망 저해, 인공조명에 의한 빛공해, 지하수 수위 또는 이동경로의 변화, 하천수위의 변화, 그 밖에 대통령령으로 정하는 원인으로 인한 건강상·재산상·정신상의 피해"를 말하고 "방사능오염으로 인한 피해"를 제외한다(§2iii). 주목되는 것은 '자연생태계 파괴'로 인한 피해인데, 자연생태계 파괴 그 자체로 그친 것, 가령 자연경관의 훼손, 표토의 유실 그 자체는 여기에 포함되지 않고 그로 인하여 건강·재산·정신에 관한 피해가 야기되어야 한다.[186] 이러한 환경피해의 정의는 예시적인 것이 아니라 **열거적**(列擧的)인 것이어서, 거기서 언급되지 않은 환경피해, 가령 경관침해, 전자파, 유해화학물질, 환경호르몬, 유전자변형물질 등으로 인한 피해는 제외된다.[187]

그동안 동법의 개정사(改正史)는 환경피해의 범위가 계속 확대되어 왔음을 보여주는데, 이는 과학기술의 발전과 가치관의 변화에 따라 국민들이 환경피해의 원인으로 인식하는 것들의

---

186) 同旨, 이상돈·이창환, **환경법**, 22 (1999).
187) 同旨, 김홍균, 954.

범위가 확대된 데 따른 것이다. 그리하여 이제는 위 "환경피해"의 정의(定義) 규정에 의하여 정부가 어려운 법률개정을 거치지 않고 대통령령으로써 환경피해의 원인을 추가할 수 있게 되었다. 현재 대통령령으로 추가된 환경피해의 원인으로는 "진동이 그 원인 중의 하나가 되는 지반침하(광물 채굴로 인한 지반침하는 제외)"가 있다(동법 시행령 §2).

한편, "「환경기술 및 환경산업 지원법」 제2조 제2호에 따른 환경시설"이란 "환경오염물질 등으로 인한 자연환경 및 생활환경에 대한 위해를 사전에 예방 또는 감소하거나 환경오염물 질의 적정한 처리 또는 폐기물 등의 재활용을 위한 시설·기계·기구, 그 밖의 물체로서 환경 부령으로 정하는 것"을 말하는데, "환경시설"에는 환경오염방지시설, 하수도, 공공폐수처리시 설, 가축분뇨처리시설 및 공공처리시설, 재활용시설, 폐기물처리시설, 수도시설 등이 속한다(「환 경기술 및 환경산업 지원법 시행규칙」 §2).

(2) 환경분쟁조정위원회의 소관 사무

중앙분쟁위원회와 지방분쟁위원회는 위에서 본 ① "환경분쟁"을 조정하는 사무를 수행한 다.[188] 동 위원회들은 그 외에도 ② "환경피해"와 관련되는 민원의 조사, 분석 및 상담, ③ "환 경분쟁"의 예방 및 해결을 위한 제도와 정책의 연구 및 건의, ④ "환경피해"의 예방 및 구제와 관련된 교육, 홍보 및 지원, ⑤ 그 밖에 법령에 따라 위원회의 소관으로 규정된 사항을 수행하는 데,[189] 이들은 주위적 사무인 "환경분쟁"을 제대로 수행하도록 뒷받침하기 위한 보조적 사무라고 보아도 무방하다(§5). 한편, 환경분쟁조정법은 위에서 본 "환경피해"의 정의 규정에서 발생한 피 해뿐만 아니라 "발생이 예상되는" 피해에 대해서 조정 신청을 허용하고 있는데, 이 경우 조정의 신청은 사업의 시행자·규모·위치·기간 등을 포함한 사업계획이 관계 법령에 의한 절차에 따 라 결정된 후에 할 수 있다(동법 시행령 §9). 이는 조정 신청의 남용을 막기 위함이다.

---

188) "환경분쟁" 중에서 "「건축법」 제2조 제1항 제8호의 건축으로 인한 일조 방해 및 조망 저해와 관련된 분쟁" 의 경우에는 "그 건축으로 인한 다른 분쟁과 복합되어 있는 경우"만을, "지하수 수위 또는 이동경로의 변화 와 관련된 분쟁"의 경우에는 "공사 또는 작업(「지하수법」에 따른 지하수의 개발·이용을 위한 공사 또는 작 업은 제외한다)으로 인한 경우"만을, 그리고 "하천수위의 변화와 관련된 분쟁"의 경우에는 「하천법」 제2호 제3호에 따른 하천시설 또는 「수자원의 조사·계획 및 관리에 관한 법률」 제2조 제4호에 따른 수자원시설로 인한 경우만을 조정할 수 있다(§5i가, 나, 다). 여기서 "다른 분쟁과 복합되어 있는 경우"란 그 건축으로 인 하여 가령 소음이나 진동으로 인한 분쟁도 함께 발생한 경우를 말한다.
189) 그 밖에 법령에 따라 위원회의 소관으로 규정된 사항의 예로는 「폐기물처리시설 설치촉진 및 주변지역지원 등에 관한 법률」 제9조 제7항과 제13조 제2항이 있다. 동법 제9조 제7항은 폐기물처리시설의 입지선정과 관련해 발생한 폐기물처리시설 설치기관과 인접 지방자치단체의 장 사이에 협의가 성립되지 않은 경우 중앙 환경분쟁조정위원회에 조정을 신청하도록 하고 있으며, 동법 제13조 제2항은 폐기물처리시설 설치계획에 따 른 폐기물처리시설의 설치로 인하여 발생할 것으로 예상되는 피해에 관하여 분쟁이 발생한 경우에 당자자로 하여금 환경분쟁조정법에 따른 분쟁의 조정을 신청할 수 있도록 규정하고 있다.

3. 환경분쟁조정위원회의 관할

중앙조정위원회는 분쟁 조정사무 중 ① "환경분쟁"의 재정 및 중재, ② 국가나 지방자치단체를 당사자로 하는 환경분쟁의 조정, ③ 둘 이상의 시·도의 관할 구역에 걸친 환경분쟁의 조정, ④ 환경오염으로 인하여 사회적으로 파급효과가 클 것으로 우려되는 분쟁에 대하여 시작할 수 있는 직권조정, ⑤ 제35조의3 제1호에 따른 원인재정과 제42조 제2항에 따라 원인재정 이후 신청된 분쟁의 조정, ⑥ 그 밖에 대통령령에 따라 위원회 소관으로 규정된 사항을 행한다(§6①). 현재 ⑥의 사항으로는 지방조정위원회가 스스로 조정하기 곤란하다고 결정하여 이송한 환경분쟁의 조정을 관할한다.

지방조정위원회는 해당 시·도의 관할 구역에서 발생한 분쟁의 조정사무 중 "환경분쟁"의 재정 및 중재의 사무만을 관할하는데, 여기서 "환경분쟁"은 일조 방해, 통풍 방해, 조망 저해로 인한 분쟁을 제외한 것으로, 조정 목적의 가액(이하 "조정가액")이 1억 원 이하인 환경분쟁을 말한다. 다만 여기에 해당한다 하더라도 중앙조정위원회에서 진행 중이거나 재정 또는 중재된 사건과 같은 원인으로 발생한 환경분쟁은 제외한다.

4. 환경분쟁조정위원회의 권한과 의무

(1) 조정 절차에 관한 권한

중앙 및 지방조정위원회는 환경분쟁의 성공적 조정을 성립시키는 데 필요한 여러 가지 권한을 부여받고 있다. 중앙조정위원회는 위원회의 소관 사무 처리절차와 그 밖에 위원회의 운영에 관한 규칙과 조정·재정 및 중재위원회의 각 위원장 선임방법 등 구성에 관한 규칙을 정할 수 있고, 지방조정위원회의 구성 및 운영과 그 밖에 필요한 사항은 해당 시·도의 조례로 정한다(§15). 위원회는 조정의 신청이 있으면 당사자에게 피해배상에 관한 합의를 권고할 수 있는데(§16조의2①), 다만 그 권고는 조정절차의 진행에 영향을 미치지 않는다(동조 ②).

(2) 관계행정기관에 대한 협조요청권·의견통지권

위원회는 필요한 경우 관계행정기관의 장에 대하여 자료 또는 의견의 제출, 기술적 지식의 제공, 환경오염물질의 측정 및 분석 등 필요한 협조를 요청할 수 있다. 분쟁의 조정에 있어서 환경피해의 제거 또는 예방을 위하여 필요하다고 인정하는 경우에는 관계 행정기관의 장에 대하여 환경피해의 원인을 제공하는 자에 대한 개선명령, 조업정지명령 또는 공사중지명령 등 필요한 행정조치를 취하도록 권고할 수 있다(§18①, ②). 위 협조를 요청받거나 권고를 받은 관계행정기관의 장은 정당한 사유가 없는 한 이에 응하여야 한다(동조 ③). 위원회는 그 소관업무의 수행으로 얻게 된 환경보전 및 환경피해방지를 위한 개선대책에 관한 의견을 관계 행정기관의 장에게 통지할 수 있는데(§15조의2), 통지받은 관계행정기관이 이에 따를 의무가 있는 것은 아니며 소관 업무에 참고할 것을 기대하는 데 그친다. 이러한 권한들은 환경분쟁조정제도가 단순히 개별사건의 처리에 그치지 않고 환경문제 해결을 위한 종합적인 정책목표와 수단을 강구할 수 있도록 하기 위해 인정된 것이다.

(3) 조정위원회의 의무

환경분쟁조정법은 조정의 정당성을 제고하기 위한 여러 규정을 구비하고 있다. 동법은 우선 "신의성실의 원칙"을 천명하고 있는데, 즉 위원회는 "조정절차가 신속·공정하고 경제적으로 진행되도록 노력"할 의무를 규정하고 있다(§3). 동 원칙은 분쟁당사자에게도 "상호 신뢰와 이해를 바탕으로 성실하게 절차에 임"할 것을 요구하고 있다(동조). 동법은 나아가 위원회가 그 조직·구성 및 결정절차에서 준사법절차로서 갖추어야 할 최소한의 조건을 구비하도록 여러 측면에서 규정하고 있다. 후술하는 바와 같이, 동법은 재정을 거쳐 나온 결정에 대해서 재판상 화해의 효력을 인정하고 있는데, 이런 강력한 법적 효력을 부여하기 위해서는 그에 상응한 절차적 정당성을 확보해야 하는 것이다. 다음의 규정들이 이를 위한 것이다.

- 위원회 구성원으로서 반드시 법률전문가를 반드시 포함시킬 것, 즉 중앙조정위원회 위원 중 판·검사 또는 변호사 직에 6년 이상 재직한 자 3명 이상, 지방조정위원회는 2명 이상을 포함할 것(§8①, ③)
- 위원의 신분 보장(§10)
- 민사소송에 준하는 위원의 제척·기피·회피제도(§12)
- 민사소송에 준하는 절차, 특히 재정에 관한 절차 규정(§§16－26, §§36－45)
- 심문기일의 지정·통지 및 당사자의 의견진술 보장(§37①, ②)
- 원칙적인 공개심문(§37③)

Ⅲ. 환경분쟁조정의 당사자와 절차

1. 당사자

조정은 직권조정의 예외를 제외하고는 당사자의 신청에 의하여 개시되는 것이 원칙인데, 환경분쟁조정법은 조정을 신청할 수 있는 당사자의 자격 요건을 민사소송에 비하여 완화하고 있다.

(1) 선정대표자 및 대표당사자

환경분쟁은 다수 피해자가 관련되는 것이 일반적인데, 환경분쟁조정법은 이 경우 당사자들의 편의를 위한 규정을 갖고 있다. 동법에 의하면, 우선 다수인이 공동으로 조정의 당사자가 되는 때에는 그 중에서 3인 이하의 대표자를 선정할 수 있고, 위원회는 당사자가 대표자를 선정하지 아니한 경우에 필요하다고 인정할 때에는 당사자들에게 대표자를 선정할 것을 권고할 수 있다(§19).

뿐만 아니라 동법은 다수인 관련 분쟁에서 대표당사자 제도를 도입하였다. 이에 따르면 다수인에게 같은 원인으로 환경피해가 발생하거나 발생할 우려가 있는 경우에는 그 중 한 명 또는 수인(數人)이 대표당사자로 조정을 신청할 수 있다. '대표당사자'는 피해자 중 한 사람 또는 소수의 사람들이 **다른 피해자들의 위임 없이** 그들을 위하여 조정절차 상 권리구제 활동을 할 수 있다는 점에서 위의 '선정대표자'와 구별된다. 이는 일종의 "집단소송(class action)"을 허용한 것으로 다수인이 소액 피해를 입은 경우 그 구제를 용이하게 하기 위한 시도이다.[190] 그리하여 다수인관련분쟁의 조정을 신청하려는 자는 허가신청서에 신청인과 피신청인의 인적 사항, 신청취지 및 원인뿐만 아니라 신청인이 대표하려는 다수인의 범위(§56④iv)와 손해배상을 청구하는 경우에는 1명당 배상청구액의 상한(동항 v)을 기재해야 하고, 위원회가 이 신청에 대하여 허가 결정을 할 때에도 결정서에 위 사항을 기재해야 한다(§49①). 이와 같이 다수인관련분쟁의 조정 신청이 허가되고 나면, 그 신청원인 및 신청취지상 동일한 분쟁으로 인정되는 사건에 대하여는 어느 누구도 다시 조정을 신청할 수 없다(§54). 아래에서 보는 바와 같이 환경분쟁조정법 제52조에 따라 "참가의 신청"을 할 수 있을 뿐이다.

한편, 환경분쟁조정법은 다수인관련 분쟁의 조정제도가 남용되어 구성원이 불측(不測)의 피해를 입는 것을 방지하기 위하여 다수의 장치를 마련해두고 있다. 첫째, 다수인관련분쟁의 조정신청에 대한 허가제이다(§47). 그 신청을 받은 경우, 위원회는 소정의 요건을 모두 충족하는 경우에 한하여 이를 허가할 수 있다.[191] 둘째, 다수인관련분쟁 조정의 허가신청이 경합하는 경우의 대책이다(§48). 위원회는 이 경우 사건을 분리하거나 병합하는 등의 방법을 각 신청인에게 권고할 수 있고, 신청인이 이 권고를 수락하지 않는 경우에는 해당 신청을 불허할 수 있다. 셋째, 대표당사자에 대한 감독 대책이다(§50). 위원회는 필요한 경우 대표당사자에게 필요한

---

190) 同旨, 김홍균, 955.
191) 환경분쟁조정법 제47조는 허가요건으로 다음 각호의 요건을 충족할 것을 요구하고 있다. 즉, ① 같은 원인으로 발생하였거나 발생할 우려가 있는 환경피해를 청구원인으로 할 것, ② 공동의 이해관계를 가진 자가 100명 이상이며, 선정대표자에 의한 조정이 현저하게 곤란할 것, ③ 피해배상을 신청하는 경우에는 1명당 피해배상요구액이 500만원 이하일 것, ④ 신청인이 대표하려는 다수인 중 30명 이상이 동의할 것, ⑤ 신청인이 구성원의 이익을 공정하고 적절하게 대표할 수 있을 것.

보고를 할 것을 요구할 수 있고, 대표당사자가 구성원을 공정하고 적절하게 대표하지 않는다고 인정할 때에는 구성원의 신청 또는 직권에 의하여 그 대표당사자를 변경하거나 허가를 취소할 수 있다. 넷째, 다수인관련 분쟁의 조정신청의 공고 대책이다(§51). 위원회는 다수인관련 분쟁의 조정신청을 받은 경우, 신청인과 피신청인의 인적 사항, 구성원의 범위 및 구성원 1명당 배상청구액의 상한, 신청취지 및 이유 등을 15일 이내에 공고하고, 그 공고안을 그 분쟁이 발생한 지방자치단체의 사무소에서 공람할 수 있도록 해야 한다. 다섯째, 용이한 참가제도이다(§52). 대표당사자가 아닌 자로서 해당분쟁의 조정결과와 이해관계가 있는 자는 위 공고가 있은 날로부터 60일 이내에 조정절차에의 참가를 신청할 수 있다. 마지막으로, 조정 효력의 제한이다(§53). 다수인관련분쟁 조정의 효력은 대표당사자와 제52조에 따라 참가를 신청한 자에게만 미친다.

다른 한편, 대표당사자가 조정에 의하여 손해배상금을 받은 경우에는 대표당사자는 위원회가 정하는 기간 내에 배분계획을 작성하여 위원회의 인가를 받은 후 그 배분계획에 따라 손해배상금을 배분해야 한다(§56). 손해배상금을 배분할 때에는 재정의 이유 또는 조정(調停)조서의 기재내용을 기준으로 삼는다(§58). 이때 대표당사자는 조정절차의 수행에 든 비용과 배분에 드는 비용을 공제할 수 있다(§59).

(2) 환경단체

환경단체의 당사자적격은 민사소송이나 행정소송에서 인정되지 않아 왔다. 환경분쟁조정법은 이에 따른 문제를 해결하기 위하여 환경단체가 다음의 요건을 충족한 경우에 분쟁당사자를 대리하여 조정 신청을 할 수 있는 자격을 부여하고 있다(§26). 첫째, 중대한 자연생태계 파괴로 인한 피해가 발생하였거나 발생할 위험이 현저하여야 하고(§26①), 둘째, 환경단체는 ① 민법 제32조에 따라 환경부장관의 허가를 받아 설립된 비영리법인이어야 하고(§26①i), ② 정관에 따라 환경보호 등 공익의 보호와 증진을 목적으로 하는 단체이어야 하고(§26①ii), ③ 그 구성원이 100명 이상이어야 하며(동법 시행령 §20i), ④ 신청일 현재 법인으로서의 자연환경 분야 활동 실적이 2년 이상이어야 하며(동법 시행령 §20ii), 셋째, 위원회의 허가를 받아야 한다(동법 §26①). 환경단체에 대하여는 대리인에 관한 규정이 준용된다(동법 §26②).

2. 환경분쟁조정의 절차 일반

조정은 원칙적으로 조정을 신청을 하려는 자가 관할 위원회에 알선·조정(調停)·재정 또는 중재신청서를 제출해야 개시된다(§16①). (직권조정은 이에 대한 예외이다.) 위 신청이 수리되면 조정위원회는 지체 없이 조정절차를 시작해야 하는데(§16②), 그 이전에 이해관계인이나 주무관청의 의견을 들을 수 있다(§16③). 위원회가 당사자의 분쟁조정신청을 받은 경우, 알선의 경우는 3개월, 조정·재정 또는 중재의 경우는 9개월(원인재정의 경우는 6개월) 내에 그 절차를 완료해야 한다(§16⑥, 동법 시행령 §12①). 위원회는 당사자 등의 동의가 있는 경우나 인과관계 입증이나 배상액 산정에 장기간이 걸리는 경우에 위 기간을 한 차례에 한하여 연장할 수 있다(동법 시행령 §12②).

위원회의 위원장은 조정신청을 받으면 당사자에게 피해배상에 관한 합의를 권고할 수 있으나 동 권고는 조정절차의 진행에 영향을 미치지 않는다(§16의2). 위원회가 행정기관에게 자료 또는 의견의 제출, 기술적 지식의 제공, 환경오염물질의 측정 및 분석 등 필요한 협조를 요청할 수 있음(§18)은 이미 보았거니와 이외에도 민사소송에 비해서 유연한 절차를 갖고 있어 사실인정과 해결책 제시에 유리하다고 하겠다. 당사자의 자격 요건을 완화한 것은 기술한 바와 같고, 조정절차의 참가 요건도 완화하여 "같은 원인에 의한 환경피해"를 입기만 하면 조정절차에의 참가가 허용되고(§20), 피신청인에 대한 착오가 있을 경우 그 경정도 용이하게 허용되며(§21), 대리인의 자격도 광범위한 사람에게 인정하고 있다(§22). 위원회는 조정위원회, 재정위원회, 중재위원회를 막론하고 각 소속위원에게 절차의 일부를 실시하도록 위임할 수 있도록 하고(§24) 조정의 절차는 비공개를 원칙으로 하는 등 여러 측면에서 절차의 형식성을 완화하고 있다(§25).[192]

Ⅳ. 환경분쟁조정제도의 유형

1. 개설

환경분쟁조정법은 구체적인 조정 제도로서 알선·조정·재정·중재의 네 가지를 두고 있다. 동법은 2015년 법률개정으로 중재를 도입하였다. 중재는, 일본에서 중재가 현실적 활용도가 떨어지는 점을 감안해 우리나라에 도입되지 않은 것으로 알려져 있었는데,[193] 국민들에게 선택의 폭을 넓혀준다는 의미에서 도입되었다. 위원회에 접수되는 환경분쟁사건 중 재정으로 처리되는 사건이 과반수 이상을 차지하고, 조정의 이용율이 가장 낮다. 이는 실망스런 결과인데, 기실 조정(調停)이 네 가지 유형 중 환경분쟁조정제도의 취지에 가장 부합하기 때문이다. 환경

---

192) 비공개원칙은 조정절차가 공개될 경우 분쟁이 이해관계자나 제3자의 압력과 개입 등으로 정치화되거나 변질되는 등으로 분쟁의 원만한 조정에 장애요인이 발생할 수 있다는 가능성을 고려한 결과이다. 다만, 재정의 경우에는 준사법절차로서 공정성과 신뢰성을 담보할 것이 기대되므로 헌법 제109조의 공개심리주의의 취지에 따라 심문을 공개하도록 하고 있다.
193) 南博 方, "二十周年を迎えた公害等調停委員會," ジュリスト, 31 (1992. 9.), 1.

분쟁조정이란 기본적으로 상호 양보와 타협에 의하여 분쟁을 해결하고자 하는 ADR인 것이다. 기술한 대로, 청구의 내용을 기준으로 해서 분류하면, 소음·진동 사건이 전체 사건 중 80% 내외를 차지하고 있다.

▌그림 4-1 환경분쟁조정절차의 흐름도[194]

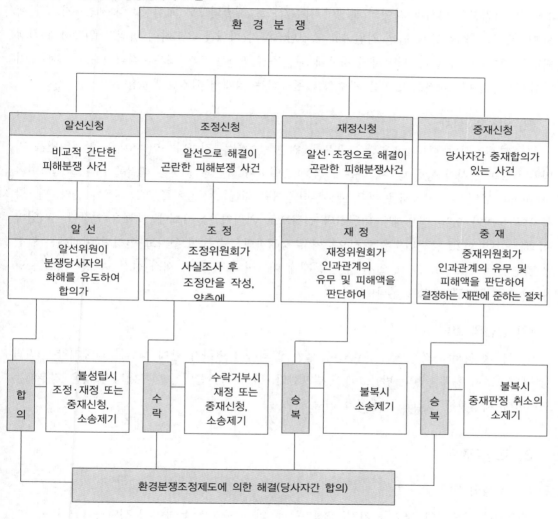

---

194) 김홍균, 963; 환경부, **2003년 환경백서**, 162.

2. 알선

(1) 알선의 의의

알선이란 알선위원이 당사자 쌍방이 주장하는 요점을 확인하여 사건이 공정하게 해결되도록 주선함으로써 분쟁당사자들의 화해를 유도하여 합의가 이루어지게 하는 절차를 말한다(§28). 알선위원은 당사자 사이의 분쟁이 자주적으로 해결되도록 교섭장소의 제공, 자료의 제시 및 쟁점의 정리 등 교섭을 지원하고 촉진함으로써 화해를 유도하여 합의가 원활하게 진행되도록 중개하여야 한다. 당사자의 자주적 해결을 원조하는 것이므로 본격적인 증거조사는 이루어지지 않는다. 요컨대 알선은 자주성을 존중하는 형태의 환경분쟁조정이다.

(2) 알선의 절차

환경분쟁조정위원회의 위원장은 위원회 위원 중에서 사건마다 3인 이내의 알선위원을 지명한다(§27). 당사자 쌍방이 주장하는 요점을 확인하여 사건의 공정한 해결을 위해 노력하여야 한다(§28). 위원회는 신청서를 받은 때로부터 3개월 내에 알선절차를 완료하여야 한다. 단, 당사자의 동의가 있는 경우에는 위원회의 결정으로 처리기간을 1회에 한하여 연장할 수 있다(§16⑥, 시행령 §12). 알선위원은 알선으로써 분쟁해결의 가능성이 없다고 인정되는 때에는 알선을 중단할 수 있으며(§29①), 알선 중인 분쟁에 대하여 조정 또는 재정 신청이 있는 때에는 당해 알선은 중단된 것으로 본다(§29②).

(3) 알선의 효력

알선은 합의서의 작성으로 종료되며, 알선에 의하여 당사자 간에 성립한 화해계약은 민법상 계약으로서 채무승인의 법률효과가 발생한다. 당사자간 합의가 이루어지지 않은 경우에는 조정이나 재정신청 그리고 소제기가 가능하다.

3. 조정(調停)

(1) 조정의 의의

조정이란 중립적인 지위를 가진 조정기구에 의한 중개를 통하여 분쟁당사자들이 합의에 도달하도록 함으로써 분쟁을 해결하려는 제도이다. 조정은 3인의 위원으로 구성되는 조정위원회에서 분쟁당사자들의 의견을 듣고 사실을 조사한 후, 조정안을 작성하여 분쟁당사자들에게 수락을 권고함으로써 쌍방의 양해를 통해 분쟁을 해결하는 방식으로 이루어진다(이점이 사건의 쟁점에 관한 결정을 하는 재정과의 차이점이다). 조정은 원칙적으로 당사자의 신청에 의해 이루어지지만, 환경오염으로 인한 사람의 생명·신체에 대한 중대한 피해, 환경시설의 설치 또는 관리와 관련된 다툼 등 사회적으로 파급효과가 클 것으로 우려되는 분쟁에 대하여는 당사자의 신청이 없는 경우에도 중앙조정위원회가 직권으로 조정절차를 개시할 수 있다(§30).[195] 직권조정 중에도 당사자는 언제든지 소를 제기할 수 있다.[196]

(2) 조정의 절차

조정절차는 3인의 위원으로 구성되는 조정위원회에 의하여 주재된다(§31). 조정위원회의 회의는 위원장이 소집하며, 구성원 전원의 출석으로 개의하고 구성원 과반수의 찬성으로 의결한다. 조정위원회는 분쟁의 조정을 위하여 조정기일을 정하여 당사자에게 출석을 요구할 수 있고, 이 경우 조정기일 7일 전까지 당사자에게 출석요구서를 통지해야 하며, 통지를 받은 신청인이 정해진 조정기일에 2회에 걸쳐 참석하지 아니한 경우에는 해당 조정신청이 취하된 것으로 본다(§32의2). 조정위원회는 당사자의 조정신청을 받은 때로부터 9개월 내에 그 절차를 완료하여야 하지만 1회에 한하여 위원회의 결정으로 처리기간을 연장할 수 있다(§16⑥, 동법 시행령 §12).

조정은 당사자 간에 합의된 사항을 조서에 적음으로써 성립하고, 조정위원회가 조서를 작성하였을 때에는 지체 없이 조서의 정본을 당사자나 대리인에게 송달하여야 한다(§33). 조정위원회는 당사자 간에 합의가 이루어지지 아니한 경우로서 신청인의 주장이 이유 있다고 판단되는 경우에는 당사자들의 이익과 그 밖의 모든 사정을 고려하여 신청 취지에 반하지 아니하는 한도에서 조정을 갈음하는 결정("조정결정")을 할 수 있다. 조정위원회가 조정결정을 하였을 때에는 지체 없이 조정결정문서의 정본을 당사자나 대리인에게 송달하여야 한다. 당사자는 조정결정문서 정본을 송달받은 날로부터 14일 이내에 불복 사유를 명시하여 서면으로 이의신청을 할 수 있다(§33의2).

조정위원회는 해당 조정사건에 관하여 당사자 간에 합의가 이루어질 가능성이 없다고 인정할 때에는 조정을 하지 아니한다는 결정으로 조정을 종결시킬 수 있고, 조정결정에 대하여 이

---

195) 한편 시행령 제23조는 직권조정의 대상으로 ① 환경피해로 인하여 사람이 사망하거나 신체에 중대한 장애가 발생한 분쟁, ②「환경기술 및 환경산업 지원법」제2조 제2호에 따른 환경시설의 설치 또는 관리와 관련한 분쟁, ③ 분쟁조정 예정가액이 10억원 이상인 분쟁을 규정하고 있다.

196) 환경분쟁조정법은 재정이 신청된 사건에 대해 소송이 진행 중일 때에는 수소법원은 재정이 있을 때까지 소송절차를 중지할 수 있다고 규정하고 있지, 중지하여야 한다고 규정하고 있지 않다(§45①). 또한 수소법원이 소송을 중지하지 않으면 재정위원회가 오히려 당해 사건의 재정절차를 중지하여야 한다고 규정하고 있다(§45②). 나아가 재정위원회는 재정이 신청된 사건과 같은 원인으로 다수인이 관련되는 같은 종류의 사건 또는 유사한 사건에 대한 소송이 진행 중인 경우에는 결정으로 재정절차를 중지할 수 있다고 규정하고 있다(§45③). 이 규정과 여타 환경분쟁조정법의 규정들을 종합하면, 소송은 재정과 아무런 관련 없이 이를 제기할 수 있고 또한 진행할 수 있다고 하겠다.

의신청이 있는 경우에도 당사자 간의 조정은 종결되며, 조정절차가 진행 중인 분쟁에 대하여 재정 또는 중재 신청이 있으면 그 조정은 종결된다(§35).

(3) 조정의 효력

제33조 제1항에 따라 당사자 간에 합의된 사항을 조서에 적음으로써 성립한 조정과 제33조의2 제4항에 따른 이의신청이 없는 조정결정은 재판상 화해와 동일한 효력이 있으나, 당사자가 임의로 처분할 수 없는 사항에 관한 것은 그렇지 않다(§35의2).[197] 따라서 당사자는 조정이 성립하면 별도의 이행청구소송 없이도 직접 강제집행을 할 수 있다.

4. 재정

(1) 재정의 의의 및 종류

재정이란, 당사자 간의 환경분쟁에 관하여 제3자인 재정위원회가 준사법적 절차에 따라 인과관계의 유무, 피해액 등에 대한 법률적 판단을 내려 분쟁을 해결하는 제도이다. 당사자 간의 합의를 유도하는 것을 본질로 하는 알선·조정과는 달리 재정은 사실을 근거로 객관적인 판정을 내리는 데 중점을 둔다.

재정에는 "원인재정"과 "책임재정"이 있다. 전자는 "환경피해를 발생시키는 행위와 환경피해 사이의 인과관계 존재 여부를 결정하는 재정"을(§35의3i), 후자는 "환경피해에 대한 분쟁 당사자 간의 손해배상 등의 책임의 존재와 그 범위 등을 결정하는 재정"을 말한다(동조 ii). 원인재정은, 2018년에 일본의 "공해분쟁처리법"상의 그것을 모델로 하여 도입된 것인바, 환경분쟁의 '인과관계' 규명에 관한 환경분쟁조정위원회가 다른 어떤 분쟁해결기구보다 우월한 전문성을 갖추고 있다는 데 착안하여 채택된 제도이다. 재정위원회가 원인재정을 한 경우, 재정문서의 정본을 송달받은 당사자는 알선, 조정, 책임재정 및 중재를 신청할 수 있다(§42②).

한편, 환경분쟁조정법은 책임재정의 내용으로 손해배상을 원칙으로 하되, 환경피해의 복구를 위하여 필요하다고 인정하는 경우에는 손해배상에 갈음하여 당사자에게 원상회복을 명하는 재정결정을 할 수 있도록 정하고 있다(§41). 책임재정의 효력 또한 조정과 마찬가지로 재판

---

197) 조정의 효력은 환경분쟁조정법의 개정에 따라 부침을 거듭하였다. 과거에 조정의 효력은 당사자간에 조정조서와 동일한 내용의 합의가 성립된 것으로 보는 데에 그친 경우가 있었다. 헌법재판소는 1995년에 구(舊)국가배상법 제16조 중 "심의회의 배상결정은 신청인이 동의한 때에는 민사소송법의 규정에 의한 재판상의 화해가 성립한 것으로 본다."는 부분을 위헌이라고 결정한 바 있는데, 이 결정이 동법이 위와 같이 개정되게 된 배경이었다고 한다. 홍준형b, 410. 하지만 현행법과 같이 재판상 화해로서의 효력을 인정하지 않는다면, 조정의 실효성은 크게 훼손될 것이다. 즉 가해자가 임의이행을 하지 않는 경우 민사소송을 제기해야 하는 본질적 한계로 인하여 이러한 분쟁조정절차가 민사소송제기 시 승소가능성을 타진하는 수단으로만 활용될 소지가 있다는 등의 비판이 강하게 제기되었다. 김홍균, "환경법상의 환경책임제도," **법조** 제532호, 100 (2001.1). 이런 반성적 고려 끝에 현행법의 내용으로 회귀한 것이다.

상 화해와 같다.[198)]

(2) 재정의 절차

재정은 5인의 위원으로 구성되는 재정위원회에서 하는 것이 원칙이다. 사회적으로 중요한 사건은 10인 이상의 위원으로 구성되는 재정위원회가, 경미한 사건은 3인의 위원으로 구성되는 재정위원회가 각각 재정을 주재하게 된다(§36①). 전자에는 ① 환경피해로 인하여 5명 이상의 사람이 사망하거나 신체에 중대한 장애가 발생한 분쟁사건, ② 「환경기술 및 환경산업 지원법」 제2조 제2호에 따른 환경시설의 설치 또는 관리와 관련된 분쟁사건, ③ 환경피해 중 건강상 또는 재산상의 피해로서 조정가액이 20억원 이상인 분쟁사건, ④ 그 밖에 사회적으로 파급효과가 클 것으로 우려되는 사건으로 재정위원회의 위원장이 인정하는 분쟁사건이 해당하고(동법 시행령 §26①i-iv), 후자에는 중앙조정위원회의 경우에 조정가액이 2억원 이하인 분쟁사건이, 지방조정위원회의 경우에 조정가액이 5천만원 이하인 분쟁사건이 해당한다(§26②).

재정위원회는 재정위원회의 위원장이 소집하고, 그 회의는 구성원 전원의 출석으로 개의하고 구성원 과반수의 찬성으로 의결한다(§36③, ④). 재정은 준사법적 절차인 만큼, 재판에 준하는 정도의 절차적 형식성을 갖고 있다. 다만 재정은 민사소송과 달리 직권주의적 요소를 많이 가지고 있음에 유의할 필요가 있다. 즉, 재정위원회는 심문기일을 정하여 공개리에 당사자에게 의견을 진술하게 해야 하고(§37①, ③), 재정위원회는 당사자의 신청 또는 직권에 의하여 광범위한 조사권, 즉 당사자 또는 참고인에 대한 출석 요구, 질문 및 진술 청취, 감정인의 출석 및 감정 요구, 사건과 관계있는 문서 또는 물건의 열람·복사·제출 요구 및 유치, 사건과 관계있는 장소의 출입과 조사 등을 할 권한을 가지고 있다(§38). 이러한 조사에 불응하거나 방해하면 벌칙 또는 과태료가 부과된다(§65, §66). 또한 재정위원회는 재정의 신청 전에 미리 증거조사를 하지 아니하면 그 증거를 확보하기가 곤란하다고 인정하는 경우에 재정을 신청하려는 자의 신청으로 사전 증거조사를 할 수 있다(§39①). 재정이 신청된 사건에 대하여 소송이 진행 중인 때에는 수소법원은 소송절차를 중지할 수 있고, 반대로 소송절차가 중지되지 않는 경우에는 당해 사건의 재정절차를 중지하여야 한다(§45①, ②). 환경분쟁에 대한 소송과 관련하여 수소법원은 분쟁의 인과관계 여부를 판단하기 위하여 필요한 경우에는 중앙조정위원회에 원인재정을 촉탁할 수 있는바(§45④), 이에 따라 원인재정을 하는 경우에는 재정절차 중지의 예외가 인정된다(동조 ② 단서).

---

198) 환경분쟁조정법 제42조 제3항("재정위원회가 책임재정을 행한 경우 재정문서의 정본이 당사자에게 송달된 날로부터 60일 이내에 당사자 양쪽 또는 어느 한쪽으로부터 그 재정의 대상인 환경피해를 원인으로 하는 소송이 제기되지 아니하거나 그 소송이 취하된 경우 … 에는 그 재정문서는 재판상 화해와 동일한 효력이 있다.").

(3) 재정의 효력

재정은 문서로써 해야 하는데, 재정문서에는 판결과 같이 사건번호와 사건명, 당사자의 주소 및 성명, 주문, 신청취지, 이유 등을 기재하고 재정위원이 기명날인해야 한다. 재정이유를 적을 때는 주문의 내용이 정당함을 인정할 수 있는 한도에서 당사자의 주장 등에 대한 판단을 표시해야 한다(§40). 재정위원회는 환경피해의 복구를 위하여 원상회복이 필요하다고 인정하는 경우 손해배상에 갈음하여 당사자에게 원상회복을 명하는 책임재정을 하여야 한다. 다만 원상회복에 과다한 비용이 소요되거나 기타의 사유로 인하여 그 이행이 현저히 곤란하다고 인정하는 경우에는 원상회복을 명할 수 없다(§41). 당사자가 책임재정에 불복하여 소를 제기한 경우, 시효 중단 및 제소기간 계산에 있어서는 재정신청을 재판상 청구로 본다(§44).

재정위원회가 책임재정을 한 경우에 재정문서의 정본이 당사자에게 송달된 날로부터 60일 이내에 당사자 쌍방 또는 일방으로부터 그 재정의 대상인 환경피해를 원인으로 하는 소송이 제기되지 아니하거나 그 소송이 철회된 때에는 해당 재정문서는 재판상 화해와 동일한 효력이 있다. 다만 당사자가 임의로 처분할 수 없는 사항에 관한 것은 그러하지 않다(§42③). 이로써 책임재정에 집행력이 부여된 것이다. 책임재정에 재판상 화해의 효력이 있다고 하는데 이 효력에 관해서는 논란이 있다. 집행력설은 책임재정에 집행력만 인정된다고 하는 반면, 기판력설은 책임재정에 집행력뿐만 아니라 기판력도 인정되어야 한다고 한다.

민사소송법 제220조에 따르면 재판상 화해를 담은 화해조서에는 확정판결과 같은 효력이 있다고 규정하고 있고, 동법 제461조는 화해조서에 대하여 재심사유가 있을 때 한하여 준재심으로 취소를 구할 수 있다고 규정하고 있다. 따라서 화해조서에는 집행력뿐만 아니라 기판력도 있다는 것이 **통설·판례**의 입장이다. 大判 2000.3.10. 99다67703은 화해조서는 확정판결과 마찬가지로 "재심의 소에 의하여 취소 또는 변경이 없는 한 당사자가 그 화해의 취지에 반하는 주장을 할 수 없"는 것으로 해석하여 결과적으로 화해조서에 기판력을 인정하고 있다. 하지만 이에 대해서는 강력한 반론이 있다. 첫째, 판결은 판결정본이 당사자에 송달된 뒤 14일의 불복기간이 있으나 화해는 그 성립과 동시에 바로 확정되어 준재심에 의하지 않으면 다툴 수 없다. 또한 재심사유는 그 대부분이 확정판결에 맞추어져 있기 때문에 화해에 흠이 있는 경우 이를 재심으로 다투기 어렵다. 둘째, 화해의 경우에는 판결과 달리 주문과 이유가 불명하여 기판력이 인정되는 범위가 분명하지 않다. 셋째, 지급명령(민소법 §474), 이행권고결정(소액사건심판법 §5의7)에 집행력만 인정하는 것은 법원이 실체판단을 하지 않고 당사자의 의사에 의하여 종국적 분쟁해결 여부가 결정되기 때문인데, 이는 조정의 경우에도 크게 다르지 않다.[199]

---

199) 유병현, "ADR의 발전과 법원의 조정의 효력," **법조** 47, 61-62 (2004. 6).

생각건대 이 문제는 환경분쟁위원회의 사실조사와 법률판단이 얼마나 신뢰할 수 있는지에 달려 있다고 본다. 환경분쟁조정의 절차와 위원의 자격이 재판절차나 판사와 같은 수준에 이르게 되면 재정결과에 기판력을 인정하는 데 이의를 제기할 수 없을 것이기 때문이다. 요컨대 조정위원회의 중립성·독립성·전문성이나 조정절차의 공정성이 사법절차의 그것에 필적할 때 재정결과의 효력에 관한 논란은 사라질 것이다. 환경분쟁조정위원회의 조직에 법률전문가의 수혈이 더욱 필요한 까닭이다.

기판력이 인정되지 않고 집행력만 인정된다고 하여도 재정결정은 그 결정 이후에 제기되는 동일한 사실관계에 기초한 소송에서 강력한 증명력 (이른바 "판결의 증명력")을 가질 것이기 때문에 실무상 큰 차이는 없을 것이다. 가령 같은 환경피해를 입은 수많은 사람 중에 한 사람이 자신의 손해배상청구권에 기초해 소를 제기한 경우를 상정해보자. 이 사건에서 원고가 승소 판결을 받으면 나머지 모든 피해자들이 소를 제기하려고 한다. 질 경우에 있을 수 있는 인지대금의 낭비를 막기 위해 이른바 "시험(pilot) 소송"을 제기한 것이기 때문이다. 여기서 이긴 경우라 하여도 이 판결의 기판력은 후에 제기되는 소송에서 손해에 관련된 사실관계에 미치지 않는다. 왜냐하면 원고가 다르기 때문이다. 기판력은 정의상 같은 피고에 대한 다른 원고 사이의 사실관계에 미치지 않는다. 기판력은 같은 원고와 같은 피고 사이의 동일한 소송물, 즉 동일한 청구에 대해 미치기 때문이다. 하지만 그렇다고 하여 "시험 소송"에서 내려진 판결이 사실관계에 대하여 아무런 영향을 미치지 않는 것은 아니다. 왜냐하면 그 판결은 매우 강력한 증명력을 가지고 있어서 후에 제기된 소송의 사실관계의 확정에도 사실상 결정적인 영향력을 미치기 때문이다(大判 1998.2.24. 97다49053).

한편 원인재정의 효력에 관하여 환경분쟁조정법은 "재정위원회가 원인재정을 하여 재정문서의 정본을 송달받은 당사자는 동법에 따른 알선, 조정, 책임재정 및 중재를 신청할 수 있다."라고 하는 규정만을 두고 있다(§42②). 따라서 원인재정의 결과, 즉 인과관계에 관한 재정위원회의 판단에 대하여 후속 조정(調整)위원회나 법원이 어떠한 법적 효력을 부여할지는 향후 법원 판단의 몫으로 남는 것으로 보인다. 생각건대 재정위원회의 원인재정은, 그 제도도입의 취지, 환경분쟁위원회의 전문성 및 원인재정절차를 감안할 때, 그 이후에 제기되는 동일한 사실관계에 기초한 (소송을 포함한) 분쟁절차에서 그 인과관계의 존부 및 내용에 관한 한 강력한 증명력, 즉 "판결의 증명력"에 준하는 효력을 인정받아야 한다고 본다. 환경분쟁조정법 제45조 제4항은, "환경분쟁에 대한 소송과 관련하여 수소법원은 분쟁의 인과관계 여부를 판단하기 위하여 필요한 경우에는 중앙조정위원회에 원인재정을 촉탁할 수 있다"라고 규정하고 있는데, 이 규정 또한 위의 주장을 뒷받침하는 것으로 볼 수 있을 것이다.

5. 중재

(1) 중재의 의의

환경분쟁조정법상 중재란, 당사자 사이의 합의("중재합의")에 의하여 환경분쟁을 법원의 재판에 의하지 아니하고 중립적 제3자인 중재인의 판정에 의하여 최종적으로 해결하는 절차이다. **중재합의**란 일정한 법률관계에 관하여 당사자 간에 이미 발생하였거나 앞으로 발생할 수 있는 분쟁의 전부 또는 일부를 중재에 의하여 최종적으로 해결하도록 하는 당사자 간의 합의를 말한다.[200] 환경분쟁의 당사자들은 중재합의를 체결함으로써 당해 환경분쟁에 관하여 법원에서 재판받을 권리를 포기하고 그 최종적 해결을 중재위원회에 맡기는 결정을 하는 것이다.

환경분쟁조정법은 2015년 개정 전까지 중재를 두지 않았다. 일본의 「공해분쟁처리법(公害紛爭處理法)」은 공해피해에 관련된 분쟁의 해결을 중재위원회의 판단에 맡기고 그 판단을 최종적인 것으로 하여 이에 따를 것을 약속하는 제도, 즉 중재제도를 가지고 있었는데, 우리가 동법을 참조했음에도 불구하고 이를 도입하지 않았던 것이다. 이는 일본에서 중재가 현실적 활용도가 떨어진다는 점을 감안한 결정이었다.[201] 그러나 환경분쟁조정제도가 국민이 의지할 수 있는 환경분쟁 해결수단으로 자리매김되기 위해서는 다양한 종류의 조정제도를 제공함으로써 국민이 이중에서 마음대로 선택하도록 할 필요성이 인식되기 시작하였고, 중재제도가 우리 환경분쟁조정법에 도입된 것은 이런 문제의식이 결실을 맺은 것이다.

(2) 중재의 절차

환경분쟁조정법상의 중재는 중재법 규율의 중재를 환경분쟁이라는 맥락에 적용한 것이므로, 중재의 절차는 일반 중재와 대동소이하다. 환경분쟁조정법은 이를 명백히 밝히고 있는데, 동법 제45조의5 제2항은 중재와 관련된 절차에 관하여는 동법에 특별한 규정이 있는 경우를 제외하고는 「중재법」을 준용한다고 규정하고 있다. 환경분쟁조정법에 특별히 규정된 내용을 살펴보면, 우선 중재는 3명의 위원으로 구성되는 위원회(이하 "중재위원회")에서 하고, 중재위원회의 위원은 사건마다 중앙환경분쟁위원회 위원 중에서 중앙환경분쟁위원회의 위원장이 지명하되, 당사자가 합의하여 위원을 선정한 경우에는 그 위원을 지명한다(§45의2①, ②). 중재위원회의 위원장은 「중앙환경분쟁조정위원회 조정(調停)·재정 및 중재위원회 구성 등에 관한 규칙」 제3조에 따라 중앙환경분쟁조정위원회 위원장이 지명하되, 당사자가 합의하여 위원을 선정한 경우에는 그 위원 중에서 중앙환경분쟁조정위원회 위원장이 지명한다(§45의2③). 중재위원회의

---

200) 중재법 제3조 제2호 정의 규정 참조.
201) 拙稿(註181), 59.

회의는 구성원 전원의 출석으로 개의하고, 구성원 과반수의 찬성으로 의결한다(§45의2⑤). 중쟁위원회의 심문, 조사권, 증거보전, 중재의 방식 및 원상회복 등에 관하여는 재정에 관한 규정(§37-§41)을 준용한다(§45의3).

(3) 중재의 효력

중재판정은 양쪽 당사자 사이에 법원의 확정판결과 동일한 효력이 있다(§45의4). 중재판정에 대한 불복은 법원에 중재판정 취소의 소를 제기하는 방법으로만 할 수 있는데, 이에 관하여는 「중재법」 제36조를 준용한다(§45의5①).

제 3 장 | 환경피해의 공법적 구제

제1절 | 개설

I. 환경피해의 공법적 구제의 필요성

환경피해의 공법적 구제의 필요성은 사법적(私法的) 구제의 한계에서 비롯한다. 환경피해를 입은 사람이 사법적 구제를 받기 위해서는 그 피해를 인격권이나 재산권으로 포섭해야 하는데, 이것이 여의치 않다는 데 사법적 구제의 한계가 있다. 환경이익은 본래 불특정 다수인에게 분산된 이익인 만큼 그에 대한 침해는 어느 특정인의 재산이나 신체에 대한 침해로 포섭되기 어렵지만, 그 피해를 모두 모으면 법적 구제의 범위 바깥에 둘 수 없을 정도의 규모가 된다. 다른 한편, 환경피해를 일으키는 재산권의 행사 혹은 경제활동에는 행정의 공익실현활동이 관여하게 되어 있다. 환경행정법은 환경침해를 야기하거나 야기할 염려가 있는 활동을 통제하기 위하여 제정된 만큼 대개 그런 활동은 행정청의 허가·인가를 받아야 하거나 최소한 신고하게 되어 있다. 환경피해의 공법적 구제는 바로 이 계기를 이용하여 행정청의 행위에 제동을 가함으로써 환경침해 활동을 제어하는 것이다.

'행정구제법'의 규율대상이 되는 '행정'은 본질적으로 공익실현을 목적으로 이루어지는 사회형성작용이기 때문에, 이와 같은 사회형성활동이 진행되는 과정에는 국민의 권리·이익이 침해되는 경우가 불가피하게 발생한다. 따라서 행정구제가 직면하는 분쟁구조는 국가의 공익실현작용이 국민 개개인의 권익(權益)을 공격하는 상황이라고 볼 수 있고, 이와 같은 분쟁상황에서 국민의 권익을 구제해야 하는 행정구제제도가 국민의 기본권 보장과 법치국가의 원리를 지배원리로 하는 것은 당연한 귀결이다. 그런데 환경분쟁의 구조는 개인의 재산권 행사가 환경공익을 공격하는, 말하자면 행정구제가 필요한 통상의 경우의 정반대 상황이고, 그런 만큼 공법적 구제는 환경피해와 친하지 않다고 하겠다. 환경분쟁을 둘러싸고 벌어지는 행정소송에서 행정구제법의 새로운 법리가 판례에 의하여 생성되는 것은 이 때문이다.

Ⅱ. 환경행정에 대한 통제와 환경행정상의 분쟁구조

환경행정에 대한 통제는 두 가지 측면이 있다. 하나는 행정부가 환경행정의 과제라 할 수 있는 환경침해의 방지와 환경보전의 행정활동을 제대로 수행하지 않을 때 국민의 입장에서 이를 교정하는 것이고, 둘은 행정부가 환경수호라는 과제에 치중한 나머지 우리 사회의 또 다른 중요한 가치인 '사적 자치'를 지나치게 제한할 때 국민의 입장에서 이를 원상태로 복원하는 것이다. 앞서 살핀 바와 같이 환경문제는 「공익 대 재산권의 상충」으로 요약할 수 있고, 이 국면에서 환경법은 재산권의 파상공세로부터 환경이익을 수호하는 역할을 담당하지만, 환경만이 보호하여야 할 유일(唯一)한 법익이 아닌 만큼 환경행정활동이 재산권을 지나치게 제한하는 경우라면 이 또한 법체계 전체의 관점에서 법적 통제가 미쳐야 될 상황인 것이다. '일반행정법'이 주로 후자에 치중하여 왔다면,[1] '환경행정법'의 주된 과제는 전자라고 할 수 있다.

환경행정법이 공익의 신장(伸張)에 치중한다는 것은 환경행정상의 분쟁구조를 관찰하면 보다 분명해진다. 전통적인 행정법 관계는 국민과 행정의 대립이라는 평면적(平面的) 구조를 띠고 있었지만, 현대사회로 들어서면서 경험하게 되는 다중심적(多中心的) 사회문제에 있어서는 행정법 관계가 이해관계가 대립되는 다수의 국민들과 행정이 서로 치고 받는 입체적(立體的) 구조를 띠게 된다. 특히 환경문제에 있어서 분쟁은 환경침해사업의 '허가(許可)'와 관련하여 '허가청', 허가의 상대방인 '사업자', 그로 인하여 위법하게 권익이 침해당하고 있다고 주장하는 '인근주민' 또는 '일반 국민'의 3자("허가발급 환경분쟁") 혹은 환경침해사업에 대한 '제재(制裁)'와 관련하여 제재를 거부하거나 방치하는 '행정청', 제재의 상대방인 '사업자', 행정청의 거부나 무응답으로 인하여 위법하게 권익이 침해당하고 있다고 주장하는 '인근주민' 또는 '일반 국민'의 3자("규제불발(不發) 환경분쟁")가 삼각관계를 이루고 전개된다. 환경피해의 공법적 구제는 이와 같은 분쟁구조 하에서 인근주민 또는 일반 국민의 환경권익이 행정청에 의하여 침해되는 것을 구제하는 역할을 하는 것이다.

---

1) 일반 행정법의 지도 원리인 '법치주의'는 국민의 재산과 인격을 보호하기 위하여 탄생한 만큼 이 원리가 환경을 보호·구제하는 환경구제의 원리로서 작용하는 데에는 한계가 있다. 부연하면 법치주의는 행정에 의한 국민의 기본권 침해를 제어하기 위하여 탄생한 것이기 때문에 법치주의는 기본적으로 집단으로부터 '개인의 권리'를 보장하도록 작용한다. 따라서 법치주의는 개인의 권리·이익으로 포섭하기 힘든 환경을 보호·구제하는 데 근원적인 한계가 있다 할 것이다. 물론 법치주의 자체가 공익의 개념을 가지고 있고 공공의 복리에 기하여 사적 자치의 원리를 수정하는 노력 또한 상당한 성과를 거둔 것은 사실이지만, 그럼에도 불구하고 개인주의적·자유주의적 법사상의 기조는 여전히 남아 환경보호에 한계로 작용하고 있다.

Ⅲ. 행정소송의 의의와 한계

1. 행정소송의 의의와 목적

행정소송이란 행정작용에 의하여 위법하게 권리가 침해된 자가 제기한 소에 대하여 법원이 판단을 내리는 소송절차를 말한다. 현행 헌법상 사법권(司法權)은 법관으로 구성된 법원에 속하는데(헌법 §101①), '사법권'에는 민사·형사·행정의 재판권이 모두 포함된다. 따라서 행정소송은 '사법작용'이고 통상법원이 민·형사사건과 함께 행정사건도 재판한다("사법국가주의"). 행정소송은 "행정청의 위법한 처분, 그 밖에 공권력의 행사·불행사 등으로 인한 국민의 권리 또는 이익의 침해를 구제"하기 위하여 존재한다(행정소송법 §1). 독립성이 보장된 법관에 의하여 재판을 받게 하는 것은 국민의 권리(개인적 공권)가 정당하게 보장받게 하기 위함이다. 행정소송은 또한 적법한 행정작용을 보장하는 데 기여한다. 이는 위법한 처분으로부터 국민의 권리를 구제하는 데 따르는 부수적 효과이다.

2. 행정소송의 한계

행정소송은 이런 기능을 수행함으로써 법치행정의 토대를 단단히 하지만, 그렇다 하더라도 그 한계를 넘어 남용되어서는 안 된다. 헌법은 삼권분립의 대원칙 하에 법원에게 사법권을 맡기고 있다(헌법 §101). 첫째, **사법본질적 한계**를 넘어서는 안 된다. 사법(司法)이란 구체적인 "법률상 쟁송"이 있는 경우에 당사자의 소제기를 전제로 하여 무엇이 법인가를 판단함으로써 권리를 보호하는 작용이다(법원조직법 §2①). 법률상 쟁송이란 "당사자 사이의 구체적 권리·의무에 관한 다툼으로서 법령의 적용에 의하여 해결될 수 있는 분쟁"을 의미하는데, 요컨대 개인(=사회의 소수자)의 권리에 영향을 미치는 구체적인 사건이 터져야 법원이 개입할 수 있다는 것이다. 정치공동체에 관한 나머지 결정, 즉 사회전체를 위하여 무엇이 좋은가(=사회의 다수자를 위한 이익)에 관한 결정은 **정치과정**에서 내려져야 한다. 따라서 공익만을 위한 소송('반사적 이익 소송')[2]이나 법령의 해석을 구하는 소송('추상적 규범통제'), '민중소송'은 허용되지 않으며, 행정청에 '재량권'이나 '판단여지'가 허여(許與)된 사건에 대해서도 행정소송은 제한된다.

둘째, **권력분립적 한계**를 넘어서도 안 된다. 국가작용 중에는 사법과정이 아닌 정치과정에서 해결되어야 할 일이 있다. 사법부(법원·헌법재판소)가 법률상 쟁송부터 정치적 결정까지 모든 사건에 개입해 자신의 판단을 관철시킬 수 있다면, 사법부는 행정부와 의회를 뛰어넘는 "초권력(超權力)기관"이 되어 권력 간 견제와 균형을 달성하기 위해 고안된 삼권분립은 와해되

---

2) 행정청의 행위의무가 공익만을 위한 것이라면 가사 그 의무를 저버려 공익이 훼손된 경우라 하더라도 행정소송은 허용되지 않는다. 이 경우 개인이 잃게 되는 이익은 공익을 위한 행정작용에 따르는 반사적 이익에 불과하다.

게 된다. 정치과정에서 패한 사람들이 법원으로 달려갈 것이기 때문이다. 따라서 고도의 정치적 성격을 띤 '통치행위'는 행정소송의 대상이 아니며, 법원이 판결로써 일정한 처분의 이행을 명하거나('이행판결') 직접 어떤 처분을 내리는 것('적극적 형성판결')은 허용되지 않는다.

이러한 행정소송의 한계를 지키는 역할을 하는 개념이 '소송요건'이다. 말하자면 소송요건은 법원으로 가는 관문을 지키는 '수문장' 역할을 하는 것이다. 그런데 관문이 좁으면 좁을수록 항고소송의 실효성은 떨어지고 그만큼 국민의 권익구제도 후퇴하게 된다. 다른 한편 규제국가화·복지국가화 현상이 계속되고 있는 현실은 행정소송에 대하여 더 큰 역할을 주문한다. 이런 딜레마 상황, 즉 국가 운영의 기본틀을 지키면서 동시에 행정소송의 활성화 필요에 응답해야하는 상황을 극복하려 한다면, 어느 한 쪽의 뿔도 훼손하지 않으면서 모순적 요구에 응답하는 균형점을 찾아내야 한다. 하술(下述)하는 소송요건에 관한 논의는 모두 이런 노력의 일환이다.

Ⅳ. 환경피해의 공법적 구제의 개별 쟁점

행정소송에서 문제되는 논점을 정리하면 아래와 같다.

1. 대통령의 환경행정에 대한 통제

    - 행정부에 대한 일반적인 지휘감독권, 인사권   - 대통령령 제정권

2. 국회의 환경행정에 대한 통제

    - 법률유보, 법률의 법규창조력   - 법률유보의 범위
    - 행정규칙의 제정근거   - 법규의 개념
    - 위임입법의 한계   - 예산배정

3. 법원의 환경행정에 대한 통제

(1) 본안전 요건에 관련된 문제

    - 유형(규제조치발동청구권과 관련하여)
    - 대상적격: 각 단계 환경행정법 형식의 처분성(특히 환경영향평가의 처분성), 거부처분, 방치, 다단계 행정행위
    - 당사자적격: 환경이익·사실상의 이익, 절차적 이익
    - 시민소송·단체소송

－출소기간: 당연무효와 단순위법

－위법성의 승계

(2) 본안 요건에 관련된 문제

－환경행정법의 법원(法源): 헌법상 환경권, 공공신탁이론 및 행정규칙, 파산법과의 우
열관계

－대물적 행정행위의 효력승계 여부, 대여자의 책임, 주주의 책임

－절차적 하자의 효과: 특히 환경영향평가절차의 하자

－행정상 의무이행확보수단: 집행정지·가처분제도, 새로운 이행확보수단, 행정벌

－불확정개념, 판단여지, 재량권의 남용: 자연과학적 불확실성과 행정의 전문성

(3) 행정상 손해배상 및 손실보상

－수용적 규제(regulatory taking), 수용유사침해

제2절 │ 취소소송 및 무효등확인소송

Ⅰ. 개설

1. 허가발급 환경분쟁과 행정쟁송

'허가발급 환경분쟁'에서 환경권익을 침해당한 인근주민 또는 일반 국민은 행정청이 사업
자에게 내린 인·허가, 신고수리·묵인 등에 대하여 항고소송, 즉 "취소소송"이나 "무효등확인
소송"을 제기할 수 있다. 이것이 받아들여지지 않으면, 행정상 손해배상을 통하여 위법한 행
정활동으로 인한 손해를 배상받을 수 있을 뿐이다.

2. 취소소송 및 무효등확인소송의 의의

취소소송이란 행정청의 위법한 처분 등을 취소 또는 변경하는 소송을 말한다(행정소송법
§4i). 취소소송의 종류로는 처분취소소송, 처분변경소송, 재결취소소송, 재결변경소송, 무효선
언을 구하는 취소소송이 있다.[3] 취소소송은 개인의 권리·이익의 구제를 목적으로 하는 주관

---

3) 무효선언을 구하는 취소소송은 판례가 인정한 취소소송의 형태로, 취소를 구하는 행정처분에 취소사유를 넘는 무
효사유가 있음에도 불구하고 무효확인의 소를 구하지 않고 취소의 소를 제기한 경우를 말한다. 大判
1990.8.28. 90누1892.

소송이다. 그 과정에서 기존 처분의 적법 여부를 심사해 위법상태를 배제하고 원래 상태로 회복시키게 되지만 그렇다고 해서 객관소송이 되는 것은 아니다.[4] 행정소송법 제29조 제1항은 취소소송의 확정판결의 효력을 제3자에 대해서도 인정하고 있는바, 취소소송은 유효한 처분 등의 효력을 소멸시키는 형성소송이다.[5] 취소소송의 재판대상, 즉 소송물은 위법한 처분 등에 의하여 자기의 권리가 침해된다는 원고의 법적 주장이다.[6]

무효등확인소송이란 행정청의 처분 등의 효력 유무 또는 존재 여부를 확인하는 소송을 말한다(행정소송법 §4ii). 무효등확인소송의 종류로는 적극적 확인소송과 소극적 확인소송이 있는데, 전자에는 처분 등의 존재확인소송과 처분 등의 유효확인소송이, 후자에는 처분 등의 부존재확인소송과 처분 등의 무효확인소송이 속한다. 무효등확인소송은 주관소송으로 확인의 소이다. 무효확인판결의 효력은 제3자에게 미친다.

3. 취소소송과 무효등확인소송의 관계

취소소송이나 무효확인소송을 제기하는 원고는 이유를 불문하고 침해된 자신의 권익을 구제받기를 원하므로 양자를 병합해서 제기하는 것이 유리하다. 이때 양 소송은 주위적·예비적 청구로 병합할 수 있다. 처분이 중대·명백한 하자를 가지고 있음에도 원고가 취소소송을 제기한 경우에는, 무효를 선언하는 의미의 취소를 구하는 취지까지 포함되어 있다고 보아야 한다.[7] 반면, 취소할 수 있는 처분을 무효확인소송으로 다투면 취소를 구하는 취지까지 포함되어 있다고 보아야 한다.[8]

4. 소송요건과 본안요건

행정청의 허가 등에 의하여 환경피해를 입은 당사자가 그 취소를 구하기 위하여 제기한 취소소송에서 법원으로부터 승소판결을 받기 위해서는 소송요건(또는 본안전 요건)과 본안요건을 충족해야 한다. 본안에 관한 판단을 받기 위해서는 ① 처분 등이 존재하고, ② 적격 있는 원고

---

4) 대법원은 취소소송을 "처분에 의하여 발생한 위법상태를 배제하여 원래 상태로 회복시키고 처분으로 침해된 권리나 이익을 구제하고자 하는" 것이라 하는데(大判 2017.10.31. 2015두45045), 이때의 강조점은 후자, 즉 개인의 권리·이익의 구제이다. 전자에 방점을 찍으면 이는 삼권분립에 심대한 문제를 야기한다.
5) 同旨, 홍정선a, 1022.
6) 소송물이 무엇인가를 판단할 때, 먼저 취소소송은 권리구제를 목적으로 하는 주관소송인 점을 망각해서는 안된다. 또한 취소소송의 승소판결의 기판력이 국가배상청구소송에 미쳐야 하고, 취소소송에서 패소한 원고가 국가배상청구소송에서 승소할 가능성을 열어두어야 하며, 취소소송에서 기각판결을 받으면 동일한 처분에 대한 무효확인소송이 차단되어야 한다는 점을 고려해야 한다. 同旨, 홍정선a, 1023; 홍준형, **행정구제법**, 525 (2001). 판례는 소송물을 행정행위의 위법성 그 자체로 본다. 김동희a, 728.
7) 대법원은 무효선언을 구하는 취소소송을 인정하고 있다. 이 경우 취소소송의 요건(가령 제척기간)을 갖추어야 함은 물론이다. 大判 1984.5.29. 84누175; 大判 1999.4.27. 97누6780.
8) 大判 2005.12.23. 2005두3554; 大判 1994.12.23. 94누477.

가 적격 있는 피고를 상대로, ③ 처분 등의 취소·변경을 구할 이익을 충족하기 위하여 ④ 일정한 기간 내에 제소해야 한다. 소송요건 구비 여부는 법원의 직권심사사항으로 이를 결여할 시에는 소를 각하해야 한다. 본안에서 승소판결을 받기 위해서는 ① 처분 등이 '위법'('재량하자' 포함)해야 하고 ② 위법한 처분 등으로 인하여 원고의 권리가 침해되어야 한다.

무효확인소송의 소송요건과 본안요건도 취소소송의 그것들과 같다. 다만 소송요건에는 제소기간의 적용이 없고, 본안요건에서 위법의 정도가 중대하고 명백해야 한다.

Ⅱ. 대상적격(처분성)

1. 환경침해사업과 '처분'

취소소송의 소송요건 중 처분성이라는 것은 환경을 침해한 사업자에게 행한 행정작용이 '처분 등'에 해당함을 말한다. 기실, 환경문제를 취소소송을 통하여 해결함에 있어 실무상 가장 문제되는 것이 이것인데, 왜냐하면 많은 경우 환경문제를 근본적으로 해결할 수 있는 초기의 환경행정작용이 이 처분 개념에 포섭되지 않기 때문이다. 예컨대 환경영향평가행위 자체, 이에 기한 승인기관과의 사이에 이루어진 협의, 재평가 등이 처분에 해당되지 않는다는 평가를 받고 있다. 실제로 환경적으로 영향을 끼치는 사업, 예컨대 원자력발전소, 다목적댐, 중화학공장 등 각종 국책사업을 건설할 경우에는 매우 복잡하고 긴 절차를 거쳐야 하는데 현행법의 해석상 처분에 해당하는 것은 이와 같은 절차를 모두 거치고 난 후에 발하여지는 '최종' 처분이다. 문제는 이와 같은 처분이 발하여진 후 이를 취소소송으로 다투는 것은 너무 늦은 감이 있다는 것이다. 사업이 이미 상당한 정도로 진척되었기 때문에 그 처분을 취소하기 어렵고, 가능한 경우라 하더라도 사정판결을 받기 쉽기 때문이다. 따라서 이와 같은 최종 처분에 이르기 전에 쟁송을 제기하여야 하는데, 이때에는 대상적격이 없다고 판정되는 것이다.

따라서 항고소송의 실효성을 확보하기 위해서는 대상적격을 넓게 인정할 필요가 있다. 법치국가의 이념은 국민의 권리를 보호하기 위하여 상정(想定)된 것이고 행정소송도 이를 위해 존재하기 때문이다. 행정권이 국민의 삶에 영향을 미치는 범위가 확대되고 있고 무엇보다 **행정작용의 방식이 다양화**되고 있는 현실도 고려해야 한다. 따라서 항고소송의 대상인 '처분'은 전통적인 '행정행위' 개념의 형식성에서 벗어날 필요가 있다. 물론, 소송요건의 완화는 앞서 본 행정소송의 한계 범위 내에서 이루어져야 한다. 하지만 이는 당사자적격의 요건을 엄격히 심사함으로써 가능하다. 당사자적격이야말로 사법권의 일탈·남용을 감시하는 중핵(中核) 개념이기 때문이다. 결론적으로, 처분성의 심사 강도와 당사자적격의 심사 강도를 상쇄시킴으로써 딜레마 상황을 극복하고 소송요건 심사의 균형점을 달성할 수 있다.

2. '처분'의 의의 및 개념요소

행정소송법은 취소소송의 대상인 '처분'을 "행정청이 행하는 구체적 사실에 관한 법집행으로서의 공권력의 행사 또는 그 거부와 그 밖에 이에 준하는 작용"으로 정하고 있다(§2①i).

(1) 행정청의 행정작용

행정소송법상 처분의 정의를 요소별로 보면, 먼저 '행정청'은 기능적 개념으로, 단독제기관뿐 아니라 합의제기관(가령 토지수용위원회)도 포함되고 법령에 의하여 행정권한의 위임 또는 위탁을 받은 기관(가령 한국환경공단) 또는 공무수탁사인이 포함된다. 입법은 추상적 사실에 관한 법정립작용이므로 처분이 아니나 행정작용의 대상 사실이 구체적이면 관련자가 불특정 다수라 하더라도 처분("일반처분")이다.

(2) 공권력의 행사와 그 거부

가. 공권력의 행사

처분은 법집행으로서의 공권력의 행사인데, 이는 행정청이 법률에 근거해 우월적 지위에서 일방적으로 행하는 일체의 행정작용을 말한다. 사인과의 대등한 관계에서 맺어지는 공법상 계약이나 행정청의 사법작용은 여기에 해당되지 않는다. 처분은 소극적 작용인 거부처분도 포함된다. 이는 국민의 신청에 대하여 처분의 발령을 거부하는 행정청의 의사작용인데, 명백한 거절의 의사표시를 한다는 점에서 그런 의사표시를 결하는 부작위와 구별된다. 판례는 명백히 거부의 의사표시를 하지 않더라도 당사자가 알았거나 알 수 있었을 경우에 거부처분이 있는 것으로 보고 있다.[9]

나. 거부처분

한편 행정청은 환경행정법을 위반하는 사업자에게 개선명령·조업정지명령·시설이전명령 등을 발할 수 있는데, 당사자의 신청에 대하여 환경청이 반응을 보이지 않을 때 거부처분인지 부작위인지 여부는 중요한 논점이 된다. 판례에 의하면, 당사자의 적극적 신청행위에 대하여 행정청이 그 신청에 따른 행위를 하지 않겠다고 거부한 행위가 취소소송의 대상인 처분에 해당하기 위해서는 ① 신청한 행위가 공권력의 행사 또는 이에 준하는 행정작용이어야 하고, ② 거부행위가 신청인의 법률관계에 어떤 변동을 일으키는 것이어야 하며, ③ 국민에게 행위발동을 요구할 "법규상 또는 조리상의 신청권"이 있어야 한다.[10]

같은 판례에 의하면, 여기서 '신청권'의 존부는 "구체적 사건에서 신청인이 누구인가를 고려하지 않고 관계 법규의 해석에 의하여 국민에게 그러한 신청권을 인정하고 있는가를 살펴

---

9) 大判 1991.2.12. 90누5825; 大判 2004.4.22. 2000두7735.
10) 大判 2011.10.13. 2008두17905; 大判 2004.4.27. 2003두8821(문화재보호구역지정신청에 대한 거부에 대한 판결).

추상적으로 결정"하는 것이므로 어떤 신청이 제기된 경우 그 신청의 근거가 된 조항의 해석상 행정발동에 대한 개인의 신청권을 인정하고 있다고 보이면 그 거부행위는 취소소송의 대상인 거부처분이다.[11] 그리하여 예컨대 인인(隣人)이 개별 환경행정법에 터 잡아 개선명령을 신청하고 행정청이 이를 거부한 경우, 거부처분의 유무에 대한 판단은 당해 환경행정법이 인인의 환경사익의 보호를 그 입법목적 중 하나로 삼았는지 여부에 달리게 된다. 요컨대 어떤 처분의 신청을 통해 보호받게 될 원고의 이익이 그 처분의 근거법률이나 관련법률에 의하여 보호되고 있다면, 설사 신청권이 그 법률에 규정되어 있지 않더라도, 조리상 신청권이 인정된다.

판례는 "새만금사건"에서 인근주민이 공유수면매립면허처분에 대한 취소변경신청권을 갖는지 여부를 판단하지 않고 곧바로 공유수면매립면허처분 취소변경거부처분의 위법 여부를 판단했는데, 이는 대법원이 조리상의 취소변경신청권을 묵시적으로 인정한 것으로 보인다.[12] 반면 또 다른 판례는 직권취소를 할 수 있다는 사정만으로 이해관계인에게 처분청에 대하여 그 취소를 요구할 신청권이 부여된 것으로는 볼 수 없다고 한다.[13]

(3) 구체적 사실에 대한 법집행

행정소송법상 처분이 되려면 구체적 사실에 대한 법집행이어야 한다. 이는 그 행정작용이 **국민의 구체적 권리·의무를 규율**하는 것이어서 그 권리·의무에 대하여 이런 저런 영향을 미쳐야 함을 의미한다. 여기에는 다음과 같은 논점이 있다.

가. 처분적 행정입법 및 행정계획

행정소송법상 처분은 구체적 사실에 대한 법집행을 말하므로 일반추상적 법규범의 정립작용인 행정입법은 처분이 아니다.[14] 다만 집행행위를 요하지 않고도 그 자체로 국민의 권리·의무를 발생시키는 처분적 법규명령은 행정소송법상 "이에 준하는 행정작용"에 해당하는 것으로 새겨야 한다.[15] 여기에는 고시형식의 법규명령도 포함된다.[16] 행정계획 중에도 집행행위 없이 그

---

11) Cf. 판례의 태도에 대해서는 신청권의 존부는 본안에서 판단할 사항이거나 원고적격 유무에서 살필 사항이라는 비판이 있다. 홍정선a, 1031; 홍준형(註206), 544; 박정훈, **행정소송의 구조와 기능**, 86 (2006).

12) 大判 2006.3.16. 2006두330(全合). 원심인 서울高判 2005.12.21. 2005누4412는 환경영향평가 대상지역 안에 거주하는 주민에게 공유수면매립면허의 처분청에 대하여 공유수면매립법 제32조에서 정한 공유수면매립면허의 취소·변경 등의 사유가 있음을 내세워 그 면허의 취소·변경을 요구할 조리상의 신청권이 인정된다고 판시하였다.

13) 大判 2006.6.30. 2004두701은 본문과 같은 이유로, 산림복구설계승인 및 복구준공통보에 대한 이해관계인의 취소신청을 거부한 행위가 항고소송의 대상이 되는 처분에 해당하지 않는다고 판시하였다.

14) 大判 1991.8.27. 91누1738.

15) 지방분교의 폐지에 관한 지방자치단체의 조례에 처분성을 인정한 大判 1996.9.20. 95누8003.

16) 大判 2003.10.9. 2003무23은 "어떠한 고시가 일반적·추상적 성격을 가질 때에는 법규명령 또는 행정규칙에 해당할 것이지만, 다른 집행행위의 매개 없이 그 자체로서 직접 국민의 구체적인 권리의무나 법률관계를 규율하는 성격을 가질 때에는" 항고소송의 대상이 되는 처분이라고 판시하였다.

자체로 당사자의 구체적인 권리·의무를 규율하는 경우, 취소소송의 대상이 된다.[17]

처분적 행정입법이나 구속적 행정계획은 환경문제를 일으키는 대형국책사업의 경우에 자주 사용되는 법형식이다. 가령 「국토의 계획 및 이용에 관한 법률」에 의한 용도지역의 지정이나 지정해제는 환경침해 행위의 시발점이 될 수 있다. 이를 막기 위한 토지이용규제는 환경보전의 대표적 수단으로, 환경정책기본법에 의한 특별대책지역, 자연환경보전법에 의한 자연생태계보전지역, 토양환경보전법에 의한 토양보전대책지역 등이 있다.

나. 행정청의 내부행위

행정기관이 중요한 결정을 내릴 때 있을 수 있는 문제를 거르기 위하여 환경영향평가절차와 같은 복잡한 내부결정절차가 마련되어 있는 경우가 있다. 이 과정에서 생기는 **행정기관의 내부행위**나 **행정기관 상호간의 행위**는 내부적 의사결정과정의 한 요소에 불과하고 국민의 구체적인 권리·의무에 직접적 영향을 끼치는 것이 아니므로 행정소송법상 처분에 해당하지 않는 것이 원칙이다. 다만 내부행위의 위법은 최종처분을 다툼에 있어 최종처분의 위법사유로 주장될 수 있을 뿐이다.

그러나 내부절차가 진행되면 될수록 단계별로 이루어지는 내부결정들이 누적되어 마지막 단계의 결정(실체법상의 행정행위)은 그 연장선상에서 내려질 가능성이 크다. 특히 대형국책사업의 경우, 최종 결정이 내려지기까지 투입된 매몰비용이 크며 관련 당사자의 이해관계도 굳어지게 된다. 따라서 행정청 내부의 결정이 이처럼 기정사실화되기 전에 이를 다툴 필요가 있다. 환경적대적 사업의 경우, 이런 과정을 거치는 것이 다반사이므로 행정청의 내부행위라 하더라도 이처럼 사실상 국민의 권리·의무에 변동을 가져오는 경우라면 이를 처분으로 볼 필요가 있다.

판례는 근자에 들어 행정청 내부의 행위의 처분성을 인정하기 시작했다.[18] 특히 주목할 판례는 건축법상 '협의취소'의 처분성을 인정하고 그에 대한 취소소송을 인정하였다.[19] 상술한

---

17) 大判 2006.12.22. 2006두12883은 "국토의 계획 및 이용에 관한 법률에 따라 일정 지역이 토지거래허가구역으로 지정되면 이 구역 안에서 토지의 이전 등을 목적으로 하는 거래계약을 체결하고자 하는 당사자는 공동으로 행정청으로부터 허가를 받아야 하고 허가를 받지 아니하고 체결한 거래계약은 그 효력이 발생하지 아니하며, 당해 허가를 받은 자는 5년의 범위 내에서 그 초지를 허가받은 목적대로 이용하여야 하는 의무를 부담하고 그 불이행에 대하여는 이행강제금이 부과되는 등 토지거래허가구역의 지정은 개인의 권리 내지 법률상의 이익을 구체적으로 규율하는 효과를 가져오므로 이 행위는 항고소송의 대상인 처분에 해당한다."라고 판시하였다. 同旨의 판례로는 大判 1982.3.9. 80누105(구도시계획법 제12조 소정의 도시계획결정의 처분성 인정); 大判 1992.8.14. 91누11582(택지개발촉진법 제3조 소정의 택지개발예정지구의 지정·고시의 처분성 인정).
18) 大判 1989.6.15. 88누6436(속승)은 국세환급금결정이 이미 확정되어 있는 국세환급금의 환급을 위한 내부적 절차에 그친다는 이유로 그 처분성을 부인했는데, 大判 2013.1.16. 2010두22856은 과거사정리위원회의 진실규명결정의 처분성을 인정하였다.
19) 大判 2014.2.27. 2012두22980은 건축법상 지방자치단체 사이에서 이루어지는 건축협의 취소에 대하여 "상대방이 다른 지방자치단체 등 행정주체라 하더라도 행정청이 행하는 구체적 사실에 관한 법집행으로서의 공권

바와 같이 환경영향평가절차에서는 개발에 주안점을 둔 허가관청이 환경부와 협의를 거치도록 되어 있다. 가령 환경친화적 보완조치가 담긴 환경부의 협의 내용을 허가관청이 반영하지 않을 경우 위 판례는 큰 차이를 가져올 수 있을 것이다.

다. 행정청의 단계적 행정행위

행정청이 중요한 행정결정을 내릴 때에는 여러 단계의 행정행위를 거친 후 최종처분이 내려지는 경우가 있다. 이 경우 중간 단계에서 행해지는 행정행위라 하더라도 국민의 권익에 직접적인 영향을 미친다면 이에 대한 항고소송을 허용해야 한다. 판례는 원자로시설부지사전승인을 '사전적 부분허가'로 보면서 원자로 및 관계시설의 부지사전승인처분을 그 자체로서 건설부지를 확정하고 사전공사를 허용하는 법률효과를 지닌 독립한 행정처분으로 보았다.[20]

(4) 그 밖에 이에 준하는 행위

행정소송법은 항고소송의 대상으로 "행정청이 행하는 구체적 사실에 관한 법집행으로서의 공권력의 행사"와 "그 거부와 그 밖에 이에 준하는 작용"을 규정하고 있다. 전자가 실체법적 개념인 강학상 행정행위를 말하고 이에 대한 항고소송이 가능하다는 데 이론이 없는 반면, 후자에 대해서는 논란이 분분하다. 이원설(二元說)은 행정소송법상 처분 개념을 실체법상 행정행위 개념과 구별하고 전자를 후자보다 넓게 보는 견해로 "쟁송법적 개념설"과 "형식적 행정행위론"이 이에 속한다. 이들 학설은 취소소송의 대상인 처분 개념을 확대함으로써 권리구제를 두텁게 하려는 것이다.

가. 권력적 사실행위

영업소 폐쇄, 단수조치, 불법건물 철거와 같은 행위는 처분의 전통적 관념에 들어맞지는 않지만 권력적 행위로 국민의 권리를 침해한다는 측면에선 사법적(司法的) 규율의 필요성이 매우 크다. 가령 환경적 가치가 높은 생물종 서식지를 위법한 개발허가로부터 보호하기 위하여 점거농성 중인 환경단체를 강제로 해산하는 경우를 생각해보라. 이러한 권력적 사실행위를 사법적 통제 바깥에 두는 것은 법치행정의 이념에 반하는 처사일 테다.

권력적 사실행위는 비록 "실체법상 행정행위" 개념에는 부합하지 않으나 "쟁송법상 처분" 개념으로 포섭해야 한다("쟁송법상 개념설").[21] 우리 행정소송법이 "그 밖에 이에 준하는 행정작용"을 명시하고 있고, 행정행위 이외의 행정작용에 대해서는 그것이 권력적인데다 침익적

력 행사로서 처분에 해당한다고 볼 수 있고 지방자치단체인 원고가 이를 다툴 실효적 해결수단이 없는 이상, 원고는 건축물 소재지 관할 허가권자인 지방자치단체의 장을 상대로 항고소송을 통해 건축협의 취소의 취소를 구할 수 있다."라고 판시하였다.

20) 大判 1998.9.4. 97누19588.
21) 同旨, 김동희a, 758-759.

(侵益的)임에도 적절한 구제수단이 없기 때문이다. 이론적으로는 이런 **행정상의 즉시강제**를 상대방에 대한 '수인하명'(행정행위)을 내포한 집행행위(순수사실행위)로 새기고 이에 대한 취소소송은 그 수인하명의 법적 효과를 멸각시키는 것으로 볼 수 있다.[22]

판례는 항고소송의 대상이 되는 처분 개념에 대하여 기본적으로 실체법상 행정행위 개념을 지키면서 그 한계를 쟁송법상 처분 개념으로 보완함으로써 항고소송에 의한 권리구제의 가능성을 제고(提高)하려고 하는 입장이다.[23] 근자에는 처분 개념을 확대한 전향적 판례도 나오고 있다.[24]

나. 비권력적 사실행위

외관상 공권력의 행사로 보이지 않으나 기실 국민의 권리·이익에 계속적으로 '사실상의 지배력'을 미치는 행정작용에 대하여도 국민권익의 실효적 구제를 도모하기 위하여 처분성을 인정할 필요가 있다("형식적 행정행위론").[25] 가령 쓰레기소각장과 같은 **환경혐오시설이 설치**되면 반영구적으로 국민의 권익(생명·자유·재산·환경이익)에 영향을 미치게 되어 있다. 판례는 공설화장장 설치행위의 처분성을 인정한 바 있다.[26] 반면, 사인에 대한 행정청의 행정지도(권고, 알선, 지도 등)에 대해서는 실제로 규제적 성격을 가짐에도 불구하고 처분성을 부인하는 것이 대체적인 판례의 태도이다.[27]

---

22) 홍정선a, 1033－1034.
23) 구(舊)행정소송법 하의 大判 1984.2.14. 82누370은 "어떤 행정청의 행위가 행정소송의 대상이 되는 행정처분에 해당하는가는 그 행위의 성질, 효과 외에 행정소송제도의 목적 또는 사법권에 의한 국민의 권리보호의 기능도 충분히 고려하여 합목적적으로 판단되어야 한다."라고 판시하였다.
  "그 밖에 이에 준하는 행정작용"을 명시한 현행 행정소송법 하의 大判 1993.12.10. 93누12619은 "행정청의 어떤 행위를 행정처분으로 볼 것이냐의 문제는 추상적·일반적으로 결정할 수 없고, 구체적 사실에 관한 법집행으로서 국민의 권리의무에 직접 영향을 미치는 행위라는 점을 고려하고 행정처분이 그 주체, 내용, 형식에 있어서 어느 정도 성립 내지 효력요건을 충족하느냐에 따라 개별적으로 결정하여야 하며, 행정청의 어떤 행위가 법적 근거도 없이 객관적으로 국민에게 불이익을 주는 행정처분과 같은 외형을 갖추고 있고, 그 행위의 상대방이 이를 행정처분으로 인식할 정도라면 그로 인하여 파생되는 국민의 불이익 내지 불안감을 제거시켜 주기 위한 구제수단이 필요한 점에 비추어 볼 때 행정청의 행위로 인하여 그 상대방이 입는 불이익 내지 불안감이 있는지 여부도 그 당시에 있어서의 법치행정의 정도와 국민의 권리의식 수준 등은 물론 행위에 관련한 당해 행정청의 태도 등도 고려하여 판단하여야 할 것이다."라고 판시하였다.
24) 예컨대 행정청의 착공신고 반려행위를 항고소송의 대상이 된다고 본 大判 2010.11.18. 2008두167(全合). 자기완결적 신고는 그에 대한 행정기관의 수리행위가 필요하지 아니한 것이므로 반려된 경우에도 신고인의 신고대상인 행위를 적법하게 행할 수 있다. 대법원은 그럼에도 불구하고 건축신고가 반려될 경우 신고인이 장차 겪게 될 법적 불이익을 해소하기 위하여 이를 항고소송의 대상으로 인정한 것이다.
25) 김동희a, 245, 760.
26) 공설화장장설치에 대한 집행정지신청사건에서 처분성을 긍정한 후 본안심리에서 신청을 기각한 大決 1971.3.5. 71두2.
27) 大判 1980.10.27. 80누395; 大判 1993.10.26. 93누6331. Cf. 국가인권위원회의 시정조치권고의 처분성을 인정한 大判 2005.7.8. 2005두487.

Ⅲ. 당사자적격

1. 개설

취소소송은 당사자가 능력 있는 적격자여야 제기할 수 있다. 당사자능력이란 소송상 당사자(원고·피고)가 될 수 있는 능력을 말한다. 민법상 권리능력이 인정되는 자연인이나 법인은 행정소송상 당사자능력을 인정받게 된다. 당사자적격은 개별·구체적 사건에서 원고나 피고로 소송을 수행하고 본안에 관한 판결을 받을 수 있는 자격을 말한다. 행정소송법은 "취소소송은 처분 등의 취소를 구할 법률상 이익이 있는 자가 제기할 수 있다."라고 규정하고 있다(행정소송법 §12 전단). 학설은 "법률상 이익이 있는 자"에 관하여 대립하고 있다. 취소소송의 피고는 처분 등을 행한 행정청, 즉 처분청(재결의 경우는 위원회)이다(행정소송법 §13① 전단). 처분청은 소송의 대상인 처분 등을 외부적으로 자신의 명의로 행한 행정청을 말한다.

'허가발급 환경분쟁'에서 행정활동을 다투는 사람은 당해 행정활동의 상대방이 아니고 그 행정활동으로 피해를 입은 '제3자'이다. 침익적 행정행위의 상대방은 그 행정행위가 목표로 한 대상이므로 특단의 사정이 없는 한 항상 원고적격이 인정된다. 반면 제3자는 그 행정행위가 겨냥한 대상이 아니므로 원고적격을 인정받기 위해서는 별도의 근거가 필요하게 된다. 행정심판법과 행정소송법은 청구인적격·원고적격을 "법률상의 이익이 있는 자"에 한정하고 있기 때문에, 제3자가 행정쟁송을 제기하기 위해서는 당해 행정활동으로 인하여 침해당한 자신의 이익이 권리나 '법률상 이익'이어야 한다. 그러나 과거의 판례는 많은 경우 제3자의 이익을 '반사적 이익'이나 '사실상의 이익'으로 보고 당해 소송을 각하해 왔고, 그 결과, 환경이익을 침해당한 인근주민이나 일반 국민이 환경적대적인 행정작용을 법적으로 통제할 수 없었다(원고적격에 관한 이하의 논의는 이런 상황을 극복하기 위한 이론적 시도이다).

이 상황을 극복하기 위한 여러 가지 이론적 시도가 있었다. 첫째, 당해 행정활동의 근거 법률의 적극적 해석을 통하여 인근주민이나 일반 국민의 환경이익을 그 법률이 보호하는 이익으로 해석하거나, 둘째, 법률을 거치지 않고 직접 "헌법상 환경권"에 의거하여 인근주민이나 일반 국민에게 원고적격을 인정하거나, 셋째, 근거 법률을 넓게 인정하는 방안, 즉 당해 처분을 내리는 과정에 개입된 「관련 법률」을 법률상 이익 여부를 판단하는 근거 법률로 해석하는 방안이 제시되었다. 환경분쟁에서 문제가 된 허가 등 처분의 근거법률은 대개 환경보호가 아닌 다른 목적, 가령 안정적 전력공급을 위하여 제정된 것으로 해석되므로, 첫 번째 시도는 원고적격의 문턱을 낮추는 데 실패하게 된다. 두 번째 시도는 기본권의 전통적 기능인 방어권을 행정활동의 상대방뿐만 아니라 제3자에게도 인정하여 법률을 거치지 않고 직접 원고적격을 인정함으로써 문제를 일거에 근본적으로 해결하는 것이지만, 삼권분립의 원칙과의 관계에서 심각한 문제를 야기할 수 있다. 판례는 대체로 세 번째 방안으로 원고적격 문제를 우회하였다. 즉 환경문제를 야기하는 사업(특히 대형국책사업의 경우)에는 매우 복잡한 절차와 단계를 거쳐야 하는 만큼 다수의 법률이 적용된다.[28] 이런 상황에서 법률상의 이익 여부를 결정하는 기준이 되는 근거 법률을 정함에 있어, 문제가 된 처분의 근거가 된 법률뿐만 아니라 그 처분에 이르기까지 거쳐야 하는 과정을 규율하는 법률 모두를 포함하는 것으로 볼 수 있다면, 다양한 목적을 가진 다수의 법률이 근거법률로 인정됨으로써 그 결과 인근주민이나 일반 국민이 원고적격을 인정받을 가능성은 높아진다. 판례도 환경영향평가대상사업과 관련하여 환경영향평가법을 근거법률로 보아 동법상의 환경영향평가지역 안의 주민이 취소소송를 제기할 수 있다고 판시하였다.[29]

2. 원고적격의 요건

(1) "법률상 이익"의 의의

취소소송은 "법률상 이익 있는 자"에게만 허용되므로 이를 결한 사람은 아무리 부당함을 느껴도 취소소송을 제기할 수 없다. 이는 취소소송이 주관소송이고 민중소송(actio popularis)이 허용되지 않음을 의미한다. 법률상 이익이 있는 '자'에는 자연인과 법인이 포함되는데, 판례는 국가나 지방자치단체, 그리고 권리능력 없는 단체[30]의 원고적격을 인정한 바 있다.

환경침해와 관련된 취소소송에서 주된 논점은 제3자인 인인(隣人)이나 일반국민의 원고적격 유무이다. 환경관련 취소소송은 대개 인인소송의 양태를 띤다. 행정청으로부터 받은 허가에 터 잡아 경제활동을 하는 기업과 이로 인하여 오염된 환경 때문에 피해를 본 이웃주민이 대립하다가, 이웃주민이 근본원인이라 할 수 있는 행정청의 허가를 취소하려고 소송을 제기하는 것이다. 여기서 이웃주민은 수익적 행정행위의 상대방이 아니라 제3자인데, 이 제3자가 '법률상 이익 있는 자'에 해당하는지 여부가 논점이 된다.

이 논점은 취소소송의 목적을 무엇으로 보느냐에 따라 결론이 갈린다. 취소소송의 존재이유를 위법한 처분으로 인하여 침해된 권리의 보호에 있다고 보면("권리구제설"), 환경피해를 입은 제3자는 보호되지 않는다. 환경이익이 아직 사법상(私法上) 권리(가령 재산권)와 같은 반열에 오르지 못했기 때문이다.[31]

---

28) 이와 같은 사정을 반영하듯 근래에 제정되는 법률은 그 법률에 의하여 처분(이 처분이 대개는 가장 중요한 처분임)을 받으면 여타의 법률에서 요구하는 절차를 모두 거친 것으로 또는 여타의 법률에서 정한 처분을 모두 받은 것으로 의제하는 규정, 즉 "집중효(集中效)" 규정을 두고 있다.
29) 大判 1998.9.22. 97누19571[14모1][14모2][21모3].
30) 大判 1961.11.23. 4293행상43. 따라서 법인격 없는 환경단체도 원고적격을 가질 수 있다.
31) 환경권의 사법상 구체적 효력을 부인한 大判 1997.7.22. 96다56153("봉은사 사건")[14모1]을 기억하라.

취소소송의 존재이유를 위법한 처분으로부터 법률상 이익을 보호하는 데 있다고 보면("법률상 이익설"), 제3자의 이익이 법률이 보호하는 이익인 경우에 한해 그 처분을 다툴 수 있게 된다. 이때 논점은 '법률상 이익'의 유무 판단의 준거 법률의 범위를 어떻게 설정하느냐가 된다(제3자의 환경이익을 보호하는 법률이 여기에 속해야 하는데, 이 경우 당해 법률은 환경이익을 공익으로서가 아니라 ① 사익으로서 보호해야 하고 ② 강행규정이어야 하며 그 이익을 보호하기 위한 ③ 소송을 제기할 수 있는 가능성("소구가능성")을 열어두어야 한다).

취소소송은 법률에 의하여 보호되는 이익이 아니라 재판상 보호할 가치가 있는 이익을 보호하기 위해 존재하는 것으로 보면("**보호가치 있는 이익설**"), 환경피해를 입은 제3자가 보호될 가능성은 높아진다. 비록 위법한 처분과 관계된 법률이 보호하는 법률상 이익이 아니고 사실상의 이익이라 하더라도 법체계 전체의 관점에서 보면 보호할 가치가 있을 수 있기 때문이다.

반면 취소소송이 행정의 적법성을 보장하기 위하여 존재한다고 보면("적법성보장설"), 적법성 확보에 이해관계를 가진 자가 원고적격을 인정받게 되어 환경피해를 받은 제3자가 원고적격을 인정받게 될 가능성은 더욱 높아진다.

생각건대 권리구제설은 적격자의 범위를 지나치게 협소하게 봄으로써 현대행정국가에서 국민의 권익구제에 부족하다. 적법성보장설은 행정소송을 객관소송화하는 경향이 있어 행정소송의 한계를 벗어날 소지가 있고 자칫하면 민중소송으로 가는 문호를 개방할 위험이 있다. 법률상이익설과 보호가치이익설은 그 각 취지가 유사하지만, 전자는 당사자적격 유무에 관하여 의회의 결정을 우선시하는 반면, 후자는 그 결정을 법원의 판단에 맡기는 것이 된다. 당사자적격의 인정 범위에 관하여 시공(時空)을 초월한 '정답'이 있는 것은 아니다.[32] 헌법이 정한 틀 안에서 당시의 정치·경제·사회·문화적 여건을 종합적으로 고려해 결정할 문제이다. 이런 문제는 가치판단적 문제이고 여러 변수, 특히 국가의 재정적 여건을 염두에 둔 채 결정해야 할 문제이다. 사법부는 가치판단 시 필요한 **민주적 정통성**[33]의 측면이나 국가전체적 관점에서 종

---

32) 조선의 헌법인 경국대전은 오직 통치구조에 관하여 규정하였고, 미국의 건국헌법도 마찬가지다. 반면 통치구조에 관한 규정이 없이 기본권만을 규정한 헌법도 생각할 수 있다. 야경국가의 헌법이 이에 해당할 것이고, 건국 전 미국의 헌법 관행도 이와 유사했다. 이처럼 한 나라의 헌정체제는 당대의 사정에 따라 변한다. 정치과정과 사법과정 사이의 역할배분도 마찬가지다. 국정에서 법원의 역할이 큰 체제도 있을 수 있고 그 반대의 경우도 있을 수 있다. 따라서 우리가 주목할 점은 어디까지나 현행 헌법 하에서 법원의 역할을 여하히 자리매김할 것인가이다.

33) 우리 사회가 무엇을 중시해야 하는지, 어디를 지향해야 하는지, 무엇이 사회정의인지에 관해서는 사람마다 생각이 다르다. 이런 상황에서, 개인이 자신의 삶의 방식을 스스로 결정하도록 하는 이념이 자유주의라면, 사회의 운영방식을 민주적으로 결정하도록 하는 이념은 민주주의이다. 입법부는 국민에 의하여 직접 선출된 사람들로 구성되고 나중에 국민에게 정치적 책임을 지는 만큼 민주성(民主性)내지 시민대표성에 있어서 사법부보다 우월하다.

합적 판단에 필요한 **제도적 역량**[34]에서 입법부보다 열위에 있다. 따라서 법원은 입법부가 법률 제정 시 결정한 내용을 재고(再考)하려 들기보다는 이를 존중해야 한다. 법률상이익설이 타당하며, 판례도 같은 입장이다.

(2) 원고적격의 요건

행정소송법상 "법률상 이익"이 무엇을 의미하는지에 관해서는 여러 측면에서 견해가 갈린다. 먼저 "'법률'상 이익"에서의 '법률,' 즉 판단의 준거(準據)가 되는 법률(="보호규범")[35]은 무엇인지부터 시작해서 준거법률이 이익을 어떤 방식으로 규정해야 보호되는 이익(="피보호이익")으로 인정되는지에 이르기까지 다양한 쟁점이 도사리고 있다.

가. 법률상 이익의 존재

① 준거법률

법률상 이익 유무를 판단하는 준거법률은 원칙적으로 취소 대상인 위법한 처분이 내려지는 데 근거가 된 법률("근거법률")을 말하지만, 그 처분이 내려지는 과정을 규율하는 법률, 즉 "관련법률"도 이에 포함된다. 근거법률이 해당 처분을 내릴 때 관련법률이 정한 절차(가령 환경영향평가절차)를 거치도록 규정하고 있다면 이를 계기로 그 관련법률(환경영향평가법)도 당해 처분의 근거가 된다고 보는 것이다. 관련법률이 정한 절차를 거치면서 동법의 보호이익은 자연스럽게 당해 처분의 결정과정에 반영될 텐데, 그렇다고 한다면 이를 알고도 관련법률의 절차를 거칠 것을 명한 근거법률은 관련법률의 보호이익까지 보호하려는 것으로 새기는 것이 합리적이다. 판례도 근거법률 속에 관련법률을 포함시킴으로써 법률상 이익의 범위를 넓게 새기는 추세이다.[36]

---

34) 법원은 누구의 도움도 받지 않고 오직 법과 양심에 따라 재판할 뿐인 반면, 입법부는 입법부 내외의 참모로부터 많은 도움을 받을 수 있다. 소송은 대립당사자 사이의 공방에 의하여 결론을 내리며 소송참가도 극히 제한되어 있는 반면, 입법과정은 다수의 다종다양한 이해관계인들이 참여할 수 있도록 문호가 열려 있다.

35) 준거법률은 독일의 "보호규범론(Schutznormtheorie)"에서 말하는 보호규범과 같은 의미이다. 제3자보호의 이론적 기초로서 연방행정법원의 판례에 의하여 발전된 보호규범론에 의하면, 관련 법규가 공익뿐만 아니라 최소한 개인의 이익도 보호하는 경우에 제3자의 소제기가 허용된다. 지금까지 독일의 판례는 제3자 보호효 인정에 있어서 소극적인 경향을 보이고 있는 것으로 분석된다. 그에 대하여 유럽연합 법원은 프랑스법의 영향을 받아 독일에 비해 적극적인 판단을 하고 있는 것으로 평가된다. 이는, 객관적 법적 통제를 우선시하고 권리가 아니라 단지 이익을 가지는 경우에도 원고적격을 인정하는 다른 유럽국가와 달리, 독일에서는 행정소송상의 권리구제의 핵심을 개인적 권리보호에 두는 데 기인하는 것이다. 김연태, "환경행정소송상 소송요건의 문제점과 한계: 원고적격과 대상적격을 중심으로," 서울대학교 환경·에너지법정책센터(편), **환경피해에 대한 권리구제를 위한 법리와 법정책·제도 연구**, 154, 166-67 (2010). 독일 판례의 소극적인 경향에 불구하고, 전체적으로 볼 때 독일에서도 제3자보호의 문제는 현재 조심스럽게 확대의 길로 나아가는 추세에 있다고 볼 수 있다. Koch, *Umweltrecht*, 2. Aufl., 2007, § 3 Rdn. 162.

36) 大判 2004.8.16. 2003두2175[13번][15번].

행정처분의 직접 상대방이 아닌 제3자라 하더라도 당해 행정처분으로 인하여 법률상 보호되는 이익을 침해당한 경우에는 취소소송을 제기하여 그 당부의 판단을 받을 자격이 있다 할 것이나, 여기에서 말하는 법률상 보호되는 이익이라 함은 당해 처분의 근거법규 및 관련 법규에 의하여 보호되는 개별적·직접적·구체적 이익이 있는 경우를 말하고, 당해 처분의 근거법규 및 관련 법규에 의하여 보호되는 법률상 이익이라 함은 당해 처분의 근거법규(근거법규가 다른 법규를 인용함으로 인하여 근거법규가 된 경우까지를 아울러 포함한다)의 명문규정에 의하여 보호받는 법률상 이익, 당해 처분의 근거법규에 의하여 보호되지는 아니하나 당해 처분의 행정목적을 달성하기 위한 일련의 단계적인 관련처분들의 근거법규에 의하여 명시적으로 보호받는 법률상 이익, 당해 처분의 근거법규 또는 관련법규에서 명시적으로 당해 이익을 보호하는 명문의 규정이 없더라도 근거법규 및 관련법규의 합리적 해석상 그 법규에서 행정청을 제약하는 이유가 순수한 공익의 보호만이 아닌 개별적·직접적·구체적 이익을 보호하는 취지가 포함되어 있다고 해석되는 경우까지를 말한다.[37]

한편, **헌법**을 준거법률로 드는 견해가 있다. 가령 헌법상 환경권 규정이 환경이익 침해를 이유로 취소소송을 제기한 사람의 당사자적격 주장에 도움이 되고 있고 되어야 함은 물론이지만, 그렇다고 해서 이를 헌법의 준거법률성의 근거로 주장하는 것은 논리의 비약이다. 상술한대로 헌법은 최고규범으로서 그 어떤 규정의 구체적 효력 유무에 관계없이 법집행이나 법해석에 있어 동 규정을 존중하는 방식으로 수행될 것을 요구하는 정도의 규범력은 갖고 있기 때문이다. 요컨대 헌법규정이 원고적격 인정에 도움이 된다면, 그것은 헌법합치적 해석의 결과로 보는 것이 자연스럽다.

---

37) 大判 2004.8.16. 2003두2175[13변][15변]. 동 판결은 본문에 인용된 내용의 판시 후에 다음과 같은 판단을 하고 있다. 즉, "도시계획변경결정에 관하여는 구 도시계획법이, 교통영향평가에 관하여는 구 도시교통정비촉진법이 이 사건 처분의 근거법규에 해당하지만," 이 사건 부지면적이 환경영향평가법의 대상사업 기준에 미달하므로 동법은 이 사건 처분의 근거법규 또는 관련법규에 해당한다고 할 수 없으며, "한편 **구 도시계획법에서 정한 주민의견청취, 공청회, 도시계획위원회의 자문 등 일련의 절차에 관한 규정들이 이 사건 처분의 대상이 된 사업부지에 인접한 토지의 소유자에 불과한 원고에게까지 절차에 대한 직접적인 이익을 보장하고 있다고 보이지 아니하고, 달리 이 사건 사업부지 밖의 토지의 소유자 등의 재산상 이익 등에 대하여 위 근거법규에 이들의 개별적·구체적·직접적 이익으로 보호하려는 내용 및 취지를 가지는 규정들을 두고 있지 아니하며, 나아가 이 사건 처분 전후를 통하여 이 사건 토지는 변함 없이 도시계획시설인 도로로 유지되고 있어 이 사건 처분으로 말미암아 이 사건 토지의 이용에 관하여 새로운 공법상의 제한이 가하여지지 않았음이 분명하여 이 사건 처분으로 인하여 원고 주장과 같은 재산상의 손실이 발생한다고 가정하더라도 이는 사실적·경제적 이익에 불과할 뿐 구 도시계획법에 의하여 보호되는 개별적·구체적·직접적 이익이라고는 할 수 없으므로 원고에게는 위와 같은 이익의 침해를 이유로 이 사건 처분의 취소를 구할 원고적격이 없고, 또한 이 사건 처분의 근거법규인 구 도시교통정비촉진법이 개인의 이익을 구체적으로 고려하도록 하는 아무런 규정을 두고 있지 아니하여 이 사건 사업부지에 인접한 토지의 소유자인 원고의 경제적 이익 내지 교통편익은 위 근거법규가 보호하는 개별적·구체적·직접적 이익이라고 할 수 없으므로 원고에게는 이 사건 처분의 취소를 구할 원고적격이 없다.**"

또 다른 한편, 헌법뿐만 아니라 **민법**도 준거법률로 드는 견해가 있다.[38] 생각건대 이 견해가 민법을 통하여 보호하고자 하는 이익이 전통적인 '개인의 권리'라고 한다면 이 견해는 당연지사(當然之事)를 말하는 것이 되고, 그렇지 않다면 이 견해는 '법률상이익설'이 아니라 '보호가치이익설'의 아류에 지나지 않게 된다. 이 견해는 보호규범이 무엇이어야 하는가를 고민하는 외관을 띠지만, 기실은 법체계 전체의 관점에서 보호할 가치가 있는 이익이 무엇인지를 고민하기 때문이다. 반복하거니와 소송요건은 헌법이 삼부(三府)에 분배한 권력의 균형을 지키는 가늠자인 만큼 그 확대 여부는 헌법의 틀 안에서 입법부가 정하게 하는 것이 바람직하다.

② 준거법률의 사익보호성

준거법률이 공익뿐 아니라 개인의 이익도 보호하여야 제3자의 소제기가 허용된다. 준거법률이 제3자를 보호하는 효력("제3자 보호효")을 갖는지 여부는 그 법률의 해석을 통해 밝혀져야 한다. 그런데 구체적인 사건에서 준거법률의 규정이 개인의 이익을 보호하는지, 그에 따라 제3자의 권리보호가 허용되는지는 쉽게 밝혀지지 않는다. 입법자가 그에 대하여 명확히 밝히고 있으면 문언에 나타난 **입법자의 의사**에 따라야 하지만, 그런 경우는 드물고 법적용자, 특히 법원에게 그 판단이 유보되는 경우가 대부분이다. 이런 상황에서 준거법률이 제3자를 보호하는 방식을 눈여겨볼 필요가 있다. 준거법률은 제3자에게 주관적 공권을 부여할 수도 있고 시민이라면 누구나 누릴 수 있는 일반 공익을 부여할 수도 있다.[39] 판례는 제3자가 일반 대중의 일원(一員)으로서가 아니라 준거법률에 의하여 보호되는 **개별화된 개인적 이익**의 귀속자여야 원고적격이 인정된다고 한다. 즉, 소제기자의 원고적격이 인정되기 위해서는 준거법률이 소제기자의 이익을 "개별적·직접적·구체적 이익"으로 보호해야 하고, "공익보호의 결과로 국민 일반이 공통적으로 가지는 일반적·간접적·추상적 이익이 생기는 경우에는 법률상 이익이 있다고 할 수 없다"는 것이다.[40]

준거법률이 개개인의 개별적 이익으로서도 보호한다는 취지를 포함하는지 여부는 **문언**에 나타난 입법자의 의사를 봐야 하지만 그것이 불명인 경우, 당해 처분을 정한 행정법규뿐만 아

---

38) 박균성a, 1253.
39) 정부가 이렇게 다양한 방식으로 수익적 행정을 펼치는 까닭은 한정된 정부자원 하에서 수많은 국민의 다양한 행정수요를 충족시켜야 하기 때문이다. 이를 위해서는 수혜자의 필요성의 정도나 재정상태 등 제반여건을 모두 고려한 후 그 여건에 최적(最適)인 프로그램을 설계해야 하는데, 법원이 소송에서 원·피고의 주장·항변을 통해 이런 조건들을 모두 살펴 입법부의 설계보다 더 나은 결정을 할 것을 기대하기는 어렵다. 법원이 준거법률의 제3자 보호방식을 눈여겨봐야 할 이유이다. 또한 그로부터 **입법자의 의사**를 간취(看取)할 수 있음은 물론이다. 위 제4편, 제2장, 제1절, Ⅱ. 5. 환경보호를 위한 각종 행정법규, 특히 [표 4-1]과 그에 대한 설명 참조.
40) 새만금사건에 대한 대법원 전원합의체 판결인 大判 2006.3.16. 2006두330(全合). 同旨의 독일 판례로는 BVerwGE 52, 122 (129).

니라 그것과 목적을 함께 하는 관련법규의 관계규정에 의하여 구성되는 부분적 **체계** 내에서 당해 처분의 근거규정이 당해 처분을 통하여 개개인의 개별적 이익 역시 보호하려고 한다고 볼 수 있는가에 따라 결정해야 한다.[41] 다른 한편, 보호되는 개인적 이익의 종류에는 제한이 없는바, 생명·자유·재산뿐만 아니라 환경이익도 이에 포함된다.[42]

③ 준거법률의 강행규정성

개인적 이익을 피보호이익으로 담은 준거법률의 규정은 강행규정이어야 한다. 그래야만 행정청의 행위는 기속행위가 되고 행정청은 피보호이익을 고려해야 하므로 원고는 자신에게 법률상 이익이 있음을 주장할 수 있게 되기 때문이다. 준거법률이 처분 시에 원고 주장의 이익을 행정청의 재량에 맡겨두고 있다면, 그 이익은 개인의 법률상 이익이 아니라 행정청의 공익적 형성작용으로 생길 수 있는 반사적 이익에 지나지 않는다.

그런데 재량의 일탈·남용은 부당할 뿐 아니라 위법한 처분이 되므로 그 처분은 취소소송에서 취소될 수 있다. 따라서 임의규정(재량행위)이라 하더라도 재량의 일탈·남용의 가능성이 있으면 최소소송을 제기할 수 있는가 하는 의문이 생긴다. 생각건대 행정청의 행위가 재량행위라 하더라도 비례원칙을 위반하여 재량권의 한계를 넘어서면 위법한 행위가 되고 이 경우 원고에게 무하자재량행사청구권이 생기는바, 이 청구권은 특정행위를 구할 수 있는 소권(원고적격)을 가져다준다고 새겨야 한다. 그렇지 않으면 무하자재량행사청구권이 무의미해지기 때문이다. 다만 이 경우에도 재량하자 그 자체에 대한 본격적인 심사는 본안판단에서 이루어져야 한다.[43]

④ 준거법률의 소구가능성

준거법률이 보호하는 개인적 이익을 행정소송으로써 구제받을 가능성을 배제해서는 안 된다. 우리의 행정소송법은 '개괄주의'를 취하고 있어 행정법원이 기본적으로 모든 공법상의 분

---

41) 일본의 最高裁判所 昭和 53.3.14. 民集 32.2.11.에 의하면, 당해 행정법규가 개개인의 개별적 이익으로서도 보호한다는 취지를 포함하는지 여부는 당해 행정법규의 취지·목적 등, 당해 행정법규가 처분을 통해 보호하려 하는 이익의 내용·성질 등을 고려하여 판단하여야 한다. 이는 결국 준거법률에 대한 목적적 해석이다.
   다른 한편, 독일의 학설은 보호규범의 목적에 대한 엄격한 해석에 의할 것이 아니라 적용된 법규정의 객관적 규율대상을 근거로 제3자 보호효를 판단해야 한다고 한다. 즉 이웃 사람들 사이의 이해관계 조정에 대하여 규율하는 규정은 제3자 보호효가 있다고 하면서, 제3자 보호효를 주장하기 위하여는 제3자 보호규범에 대한 위반뿐만 아니라 구체적인 침해를 받을 것을 요구함으로써 주관적 권리를 갖는 제3자의 범위를 제한하고 있다. Breuer, Baurechtlicher Nachbarschutz, DVBl. 1983, 431 (437); 김연태(註235), 168.
42) 환경영향평가지역 내 주민이나 그 지역 바깥의 주민이더라도 수인한도를 넘는 피해를 입을 가능성이 있는 주민의 원고적격을 인정한 大判 참조.
43) 同旨, 홍정선a, 179. 한편, 임의규정(행정청의 재량)에 의하여 그 이익이 고려될 여지가 있는 제3자는 원고적격을 인정받을 수 없다는 반대 견해도 있을 수 있다. 행정청의 일탈·남용이 있다고 해서 제3자의 이익의 성질이 변하는 것은 아니기 때문이다.

쟁에 대하여 관할권을 갖지만, 그렇다고 해서 개별법이 명시적·묵시적으로 행정소송을 배제할 수 없는 것은 아니다.[44] 헌법에 위반되지 않는 한 이는 유효하며, 이 경우 행정소송을 제기할 수 없게 된다.

나. 계쟁처분에 의한 법률상 이익의 침해 또는 침해가능성

준거법률에 의하여 보호되는 법률상 이익이 침해되거나 침해될 우려가 있어야 원고적격이 인정된다.[45] 원고적격의 단계에서 권리침해의 주장은 단순한 형식적 주장에 그쳐서는 안 되지만, 엄격히 '증명'될 것이 요구되는 것은 아니다. 충분히 납득할 만한 정도로 주장하고 '소명'하면 족하다. 실제로 권리침해가 되었는지 여부는 본안심리단계에서 심사해야 한다. 그런데 판례는, 환경영향평가대상지역 또는 영향권 내의 주민 등에 대하여는 특단의 사정이 없는 한 환경상 이익에 대한 침해 또는 침해 우려가 있는 것으로 사실상 추정되고 그 영향권 밖의 주민들은 당해 처분으로 인하여 그 처분 전과 비교하여 수인한도를 넘는 환경피해를 받거나 받을 우려가 있다는 자신의 환경상 이익에 대한 침해 또는 침해 우려가 있음을 "증명"해야만 법률상 보호되는 이익으로 인정되어 원고적격이 인정된다고 하는데, 이는 의문이다.[46] 본안판단을 본안전(本案前) 요건 심사에서 선취하는 것이기 때문이다.

3. 개별 논점

(1) 환경권

가. 헌법상 환경권

판례 및 그 이론적 근거인 보호규범론은 오늘날 자연보호영역에서 환경보전에 있어서는 부족한 면이 있다. 이를 보완하기 위하여 헌법상 기본권으로부터 직접 원고적격을 인정하기 위한 주관적 권리를 도출하려는 시도가 있어 왔다.[47] 하지만 중대하고 수인할 수 없는 침해의

---

44) 위 제4편, 제2장, 제1절, Ⅱ. 5. 환경보호를 위한 각종 행정법규, 특히 [표 4−2]와 그에 대한 설명 참조.
45) 김해시장이 낙동강 주변의 토지에 공장설립을 승인하는 처분을 한 사안에서 大判 2010.4.15. 2007두16127은 "공장설립으로 수질오염 등이 발생할 우려가 있는 취수장에서 물을 공급받는 부산광역시 또는 양산시에 거주하는 주민들도 위 처분의 근거법규 및 관련법규에 의하여 법률상 보호되는 이익이 침해되거나 침해될 우려가 있는 주민으로서 원고적격이 인정된다."라고 판시하였다.
46) 大判 2010.4.15. 2007두16127[15변]. 또한 大判 2005.3.11. 2003두13489은 "폐기물처리시설의 설치·운영으로 인하여 환경상 이익에 대한 침해 또는 침해우려가 있다는 것을 '입증'함으로써 그 처분의 무효확인을 구할 원고적격을 인정받을 수 있다."라고 판시하였다.
47) 독일의 경우는 제3자의 방어권을 직접적으로 기본법 제2조 제1항의 **일반적 행동의 자유**에서 도출함으로써 보호규범을 찾을 필요를 부정하는 견해가 제시되었다. Bernhardt, Zur Anfechtung von Verwaltungsakten durch Dritte, JZ 1963, 302 (306 ff.); Zuleeg, Hat das subjektive öffentliche Recht noch eine Daseinsberechtigung?, DVBl. 1976, 509 (514 ff.); 김연태(註235), 167.

임계점을 넘어서지 않는 한, 계정처분의 근거법률이나 관련법률은 기본권을 구체화하고 기본권 보호의무를 형성하는 것이므로 이로부터 제3자보호를 도모하는 것이 합리적이다.

헌법상 기본권이 원고적격의 요건인 법률상 이익이 될 수 있는지에 관하여, 대법원은 추상적 기본권의 침해만으로는 원고적격을 인정할 수 없다고 한다.[48] 반면, 헌법재판소는 기본권인 '경쟁의 자유'에 터잡아 원고적격을 인정한 바 있다.[49] 생각건대 양 판례는 상충하지 않는다. 추상적 기본권은 후속 법률에 의하여 구체화될 것을 헌법 자체가 예정한 것이므로 헌법규정만으로는 원고적격을 인정할 수 없지만, 경쟁의 자유와 같은 고전적 기본권은 후속 법률을 기다릴 것도 없이 바로 구체적 효력이 있기 때문에 이에 터 잡아 원고적격을 인정하는 데 지장이 없다.

나. 공공신탁이론

공공신탁이론은 '공동체의 존속과 번영에 필수불가결한' 자연자원을 국가나 소유자로부터 보호하려는 이론이다. 이를 위하여 동 이론은 국가적으로 귀중한 자연자원이 일반 국민의 이익을 위하여 그 소유자에게 신탁(信託)되어 있다고 간주하고, 그 국가나 소유자에게 '수탁자로서의 관리의무'를 부과함으로써 그 자원을 보존하려 한다. 따라서 동 이론은 국민 모두에게 당사자적격을 부여할 수 있는데, 귀중한 자연자원에 관한 한 일반 국민이 수익자(受益者)여서 원고적격 인정에 필요한 법률상 이익 내지 권리를 부여받게 되기 때문이다.

그런데 동 이론은, 전술한 바와 같이, 로마법에 뿌리가 있지만 미국 판례가 발전시킨 판례이론이기 때문에 우리나라에 직접 적용할 수 없다. 미국의 대부분의 주(州)헌법은 동 이론을 명시하고 있는데, 헌법 개정 시 참고할 필요가 있다.[50]

다. 미래세대 및 자연

환경소송에서 자주 등장하는 원고가 미래세대이다. 국제선언이나 국제협약은 물론이고, 우

---

48) 大判 2006.3.16. 2006두330(숲솝)(새만금사건)은 헌법 제35조 제1항에서 정하고 있는 환경권에 관한 규정만으로는 그 권리의 주체·대상·내용·행사방법 등이 구체적으로 정립되어 있다고 볼 수 없고, 환경정책기본법 제6조도 그 규정 내용 등에 비추어 국민에게 구체적인 권리를 부여한 것으로 볼 수 없다고 하면서 환경영향평가 대상지역 밖에 거주하는 주민에게 원고적격을 부인하였다.

49) 憲決 1998.4.30. 97헌마141은 "국세청장의 지정행위의 근거규범인 이 사건 조항들이 단지 공익만을 추구할 뿐 청구인 개인의 이익을 보호하려는 것이 아니라는 이유로 청구인에게 취소소송을 제기할 법률상 이익을 부정한다고 하더라도, 청구인의 기본권인 경쟁의 자유가 바로 행정청의 지정행위의 취소를 구할 법률상 이익이 된다"고 하면서, "청구인은 국세청장의 지정처분의 취소를 구하는 행정소송을 제기할 수 있고, 이러한 행정소송절차는 청구인이 침해되었다고 주장하는 기본권을 효율적으로 구제할 수 있는 권리구제절차라 할 것이다. 따라서 그러한 구제절차를 거치지 아니하고 제기된 이 사건 국세청고시에 대한 헌법소원 심판청구는 보충성 요건이 결여되어 부적법하다"고 판시하였다.

50) 拙稿, "공공신탁이론과 한국에서의 적용가능성," **법조** 제46권 제5호, 5 (1997).

리의 실정법도 미래세대를 보호할 의무를 명시하고 있다.[51] 또한 미래세대에게 원고적격을 인정한 외국의 판례도 있다.[52] 그러나 미래세대는 원고적격 인정의 전제조건인 당사자능력 자체가 없다.

마찬가지로 동·식물, 나아가 자연 그 자체에 대하여 원고적격을 인정해야 한다는 주장도 있다.[53] 이들도 미래세대와 마찬가지로 소송능력 자체가 없다. 판례도 같은 견해이다.[54]

(2) 절차적 참여권

절차적 권리를 법률상 이익으로 보는 견해가 있는데, 신중할 필요가 있다. 왜냐하면 어떤 법률이 인인(隣人)에게 어떤 처분에 이르는 절차에 참여할 자격을 부여했다고 해서 그 법률이 그에게 실체적인 개별적·구체적·직접적 이익을 부여했다고 단정할 수 없기 때문이다. 절차적 권리는 '정치과정'의 민주적 정통성을 확보하기 위하여 고안된 것이어서 가급적 광범위하게 인정되기 마련이므로, 이를 행정소송의 방아쇠(trigger)로 사용하는 것은 신중히 해야 한다.

이 논점을 정면으로 다룬 판례는 보이지 않고, 다만 학설은 "이해관계인의 절차적 권리"도 법률상 이익으로 보는 반면, "이해관계인이 아닌 주민의 절차적 참가권"은 법률상 이익이라 할 수 없다고 한다.[55] 그러나 이해관계인이든 일반 주민이든 절차적 권리를 근거로 하여 법률상 이익을 인정하는 것은 의문이다. 일반 주민의 절차적 참가권을 법률상 이익으로 본다면, 이는 객관소송이나 민중소송을 허용하는 결과가 되므로 타당치 않다. 이해관계인에게 절차적 권리가 부여된 경우에 그의 원고적격을 인정할 수 있다면, 이는 그의 절차적 권리 때문이 아니라 절차적 권리를 인정해야 할 만큼 중요한 그의 실체적 이해관계 때문인 것으로 새기는 것이 보다 합리적이다.

(3) 인인소송 및 환경영향평가

인인소송(隣人訴訟)이라 함은 시설의 설치로 피해를 본 인근주민이 그 설치를 허가한 처분에 대하여 다투는 소송을 말한다. 환경관련 행정소송도 이에 해당하는 경우가 많은데, 이 경

---

51) 예컨대 환경정책기본법 제2조, 자연환경보전법 제3조 등.
52) 1993년 선고된 필리핀 대법원 판결인 Minors Oposa *v*. Secretary of the Deparment of Environmental and Natural Resources, 33 ILM 173 (1994).
53) 대표적으로, Christopher D. Stone, "Should Trees Have Standing?: Toward Legal Rights for Natural Objects," *Southern California Law Review* vol. 45, 450 (1972); Laurence H. Tribe, "Ways Not to Think about Plastic Trees: New Foundations for Environmental Law," *Yale Law Journal* vol. 83, 1315 (1974). 우리 학설로는, 강재규, "자연의 권리," **환경법연구** 제30권 제3호, 11 (2008).
54) 울산地判 2004.4.8. 2003카합982는 "자연물인 도롱뇽 또는 그를 포함한 자연 그 자체에 대하여는 현행법의 해석상 그 당사자능력을 인정할 만한 근거를 찾을 수 없다."고 판시하였다.
55) 박균성a, 1253.

우 대상사업이 미치는 영향이 광범위하기 때문에, 특히 제3자보호규범에 의하여 보호되는 인적 범위, 즉 원고적격이 인정되는 인근 주민의 범위의 확정이 중요하고 어려운 문제이다. 판례는 원고적격 유무를 당해 허가처분의 근거법규 및 관련법규의 목적에 따라 결정하는데, 당해 준거법규가 공익뿐 아니라 인근주민의 개별화된 사적 이익도 보호한다고 판단되면 그에게 원고적격을 인정한다.

판례는 특히 시설의 설치에 있어 환경영향평가를 실시해야 하는 경우, 환경영향평가법도 시설설치허가처분의 준거법규로 보고 환경영향평가 대상지역 안팎에 거주하는 주민에게 당해 처분을 다툴 원고적격을 인정하고 있다. 항고소송에 의한 환경이익의 보호는 이로써 진일보의 전기(轉機)를 마련했는데, 보호되는 제3자의 범위가 전향적으로 확대되게 되었기 때문이다.

가. 환경영향평가대상지역 내의 주민

판례는 환경영향평가법은 공익으로서의 환경상 이익뿐 아니라 개인적 이익으로서의 환경상 이익도 함께 보호하고 있다고 새긴다. 하지만 환경상 피해를 보는 사람의 범위는 가히 무한정 확대될 수 있는 것이기 때문에 이를 여하히 한정할 것인가가 논점이 되는데, 판례는 환경영향평가 대상지역을 일응의 기준으로 삼아 대상지역 안의 주민에 대하여는 환경영향평가의 대상이 되는 개발사업의 승인으로 환경상의 개인적 이익이 직접 구체적으로 침해될 것으로 추정하고 있다.[56] 이는 준거법률 상 영향권이 정해진 경우, 영향권 내의 주민의 원고적격을 인정하는 기준이기도 하다.[57] 한편, 여기서의 추정은 사실상 추정으로 반증(反證)으로 언제든지 깨질 수 있다.

그런데 이러한 **공간적 관련성**을 충족하기 위하여 해당 시설의 인근 토지를 매입하여 그 시설에 대한 소송을 제기한 경우에는, 독일의 판례는 한 때 명의만 이전된 것이 아니고 자연보호의 목적을 위하여 당해 토지가 유지된다면, 계획을 저지하기 위한 목적으로 토지를 매입하

---

56) 大判 2006.3.16. 2206두330(소合)(새만금사건). 이와 관련하여 독일의 판례가 시사적(示唆的)이다. 독일 연방 행정법원은 개인이 일반 공중의 일원으로서 관련되는 것과 구별되는 "실질적인 관련성(qualifiziertes Betroffensein)"을 요구하고 있다. BVerwG, NJW 1983, 1507 (1508); BVerwG, NVwZ 1997, 276 (277). 실질적 관련성은 허가 대상과 특별한 관계, 즉 공간적·시간적으로 밀접한 관련성이 있을 때 인정되고, '밀접한 공간적 관련성'의 유무는 해당 시설의 영향권 범위에 따라 결정된다고 한다. '시설의 영향권'은 그 시설로부터 방출되는 물질에 의해 발생되는 유해한 영향이 미치는 지역을 의미한다. 영향권의 범위를 법령에서 규정하고 있는 경우, 그것은 중요한 판단기준을 제공한다. 그러나 최근에는 영향권 범위를 공간적으로 법령에서 규정하기 보다는 실질적으로 판단하려는 경향에 있다고 한다. 즉, 자신의 거주지 또는 체재지에서 관련 법령에서 규정하고 있는 허용한계를 넘어서는 영향을 받는다는 것을 주장하는 자에게 원고적격을 인정하고 있다. 주장의 정도와 관련하여 충분히 가능성이 있는 실증적인 주장이 요구된다는 견해와 영향권 밖에 거주하는 자의 경우에는 자신의 관련성을 명백히 밝히는 경우에만 원고적격이 인정된다는 견해 등이 있다고 한다. 김연태(註 235), 168.

57) 大判 2005.3.11. 2003두13489; 大判 2009.9.24. 2009두2825[13모2][14모1][17모1][19모1][20모1][21모3].

는 것은 원칙적으로 허용했었으나,[58] 입장을 바꿔 재산을 사용하기 위함이 아니라 단지 형식적 소송요건을 충족하기 위한 목적만으로 취득한 경우에는 권리남용에 의하여 재산권자의 지위가 창설되었으므로 당해 재산권으로부터 원고적격이 도출될 수 없다고 한다.[59]

한편, 원고는 **시간적으로** 일정 정도 지속적으로 유해한 영향 하에 있을 것이 요구되는데, 그로써 일반적 수인한도를 넘어서는 침해가 발생하는지 여부가 중요하다. 그러한 침해는 토지소유자를 포함한 물권보유자뿐만 아니라 임차인, 피고용인 등 계쟁 시설의 영향권 내에 지속적으로 체류할 수밖에 없는 자에게도 발생하는 반면, 여가를 보내기 위하여 일시적으로 그 시설 근처에 체류하는 자에게는 발생한다고 할 수 없다.[60]

나. 수인한도를 넘은 피해를 입은 주민

반면, 환경영향평가 대상지역 바깥의 주민도, 처분 등으로 인하여 그 처분 전과 비교하여 수인한도를 넘는 환경피해를 받거나 받을 우려가 있는 경우에는, 처분 등으로 인하여 환경상 이익에 대한 침해 또는 침해우려가 있다는 것을 입증함으로써 그 처분 등을 다툴 수 있는 원고적격을 인정받게 된다.[61] 이는 준거법률상 영향권이 정해진 경우, 영향권 바깥의 주민의 원고적격 인정 기준이기도 하다.[62]

(4) 환경단체

환경단체가 당사자가 되는 사건은 ① 단체 자체의 권익의 침해를 다투는 경우, ② 구성원의 권리 침해를 다투는 경우, ③ 환경보호라는 일반적 공익의 침해를 다투는 경우로 나누어 볼 수 있다.

①의 경우, 법인 또는 단체(비법인사단) 자체의 권리나 사적 이익이 침해된 경우에 판례는 그 법인이나 단체에 원고적격을 인정하고 있다.[63] 그런데 판례는 환경이익은 본질적으로 자연인에

---

58) BVerwGE 72, 15 ff.
59) BVerwGE 112, 135 (137 f.). 이 판례에 의하더라도 자연·생태적 가치가 큰 토지를 보유하고 있는 우리나라의 "자연환경국민신탁"은 원고적격을 인정받을 수 있다. 국민신탁법인이 자연환경자산을 보유하는 것은 소송요건을 창출하기 위해서가 아니기 때문이다. 「문화유산과 자연환경자산에 관한 국민신탁법」 제1조 및 제12조 참조.
60) 이것이 독일 판례의 태도이다. BVerwG, NJW 1983, 1507 (1508). Cf. 박균성a, 1272(영향권 내의 토지를 단순 소유하는 자의 원고적격 부정).
61) 위 새만금 판결. 판례가 대상지역 바깥의 주민에게도 취소소송의 기회를 부여한 것은 환경영향평가의 실상을 반영한 타당한 태도이다. 환경영향평가 대상지역의 범위는 정부당국이 아니라 사업자가 임의로 정하고 있는 바, 대상지역 선정의 합법성이 담보되지 않기 때문이다.
62) 大判 2009.9.24. 2009두2825[13모2][14모1][17모1][19모1][20모1][21모3]는 "그 영향권 밖의 주민들은 당해 처분으로 인하여 그 처분 전과 비교하여 수인한도를 넘는 환경피해를 받거나 받을 우려가 있다는 자신의 환경상 이익에 대한 침해 또는 침해 우려가 있음을 입증하여야만 법률상 보호되는 이익으로 인정되어 원고적격이 인정된다."라고 판시하였다.
63) 大判 2006.12.21. 2005두16161은 제약회사에 원고적격을 인정하였고, 大判 2015.7.23. 2012두19496, 19502

게 귀속되는바 법인은 환경상 이익의 침해를 이유로 취소소송을 제기할 수 없다고 본다.[64]

②의 경우, 판례는 구성원의 법률상 이익의 침해를 이유로 법인이나 단체의 원고적격을 인정하지 않는다고 하나,[65] 의문이다. 단체는 구성원을 떠나 상정할 수 없기 때문이다. 오히려, 구성원에게 어떤 피해가 생겨야 단체 자체의 피해로 인정될 수 있는가의 문제를 고민하는 편이 나을 듯하다.[66]

③의 경우는 '법률상 이익'을 어떻게 보느냐에 따라 결론이 바뀐다. 여기에 공익단체의 존립목적이 되는 이익을 포함시키는 견해도 있는데,[67] 이에 의하면, 환경단체도 현행 행정소송법하에서 그 존립목적인 환경이익을 위하여 항고소송을 제기할 수 있다. 그러나 판례는 법률상 이익을 개별화된 사적 이익으로 보고 공익의 침해만으로는 원고적격을 인정하지 않고 있다.[68] 따라서 특별규정이 없는 한, 공익단체가 설립목적인 공익을 보호하기 위하여 항고소송을 제기할 수는 없다.[69]

Ⅳ. 협의의 소의 이익

1. 협의의 소의 이익의 의의

'협의(俠義)의 소의 이익'이라 함은 원고가 자신의 소송상 청구의 가부(可否)에 대한 판결을 받음으로써 현실적으로 얻게 되는 법률상 이익을 말한다. 협의의 소익은 "권리보호의 필요"라고도 하는데, 이는 원고가 자신의 권리를 판결에 의하여 보호받아야 할 필요를 나타내기 위한

은 교수협의회와 총학생회의 학교운영에 관련된 이익을 개인적 이익으로 보고 이것이 준거법령에 의하여 보호되므로 원고적격을 인정하였다.

64) 大判 2012.6.28. 2010두2005[13모2][14모3]는 "자연인이 아닌 갑 수녀원은 쾌적한 환경에서 생활할 수 있는 이익을 향수할 수 있는 주체가 아니므로 위 처분으로 위와 같은 생활상의 이익이 직접적으로 침해되는 관계에 있다고 볼 수도 없다"고 한다.

65) 大判 2012.6.28. 2010두2005[13모2][14모3]는 "공유수면매립목적 변경 승인처분으로 갑 수녀원에 소속된 수녀 등이 쾌적한 환경에서 생활할 수 있는 환경상 이익을 침해받는다고 하더라도 이를 가리켜 곧바로 갑 수녀원의 법률상 이익이 침해된다고 볼 수 없"다고 한다.

66) 미국 판례는 환경단체가 원고적격을 가지기 위한 요건으로, 회원들이 독자적 권리로 소송을 제기할 원고적격을 가지고 있고, 그 단체가 보호하려는 이익이 그 단체의 목적과 밀접한 관련을 가져야 한다. Automobile Workers *v.* Brock, 477 U.S. 274 (1986).

67) 박균성a, 1258.

68) 大判 2012.6.28. 2010두2005[13모2][14모3]는 "재단법인 갑 수녀원에 소속된 수녀 등이 쾌적한 환경에서 생활할 수 있는 환경상 이익을 침해받는다고 하더라도 이를 가리켜 곧바로 동 재단법인의 법률상 이익이 침해된다고 볼 수 없고, 자연인이 아닌 갑 수녀원은 쾌적한 환경에서 생활할 수 있는 이익을 향수할 수 있는 주체가 아니"다.

69) 이런 입법례로는 소비자단체나 비영리민간단체에게 정보주체를 위하여 소송을 제기할 수 있도록 허용한 「개인정보보호법」이 있다.

표현이다.

행정소송법 제12조는 "취소소송은 처분등의 취소를 구할 법률상 이익이 있는 자가 제기할 수 있다. 처분등의 효과가 기간의 경과, 처분등의 집행 그 밖의 사유로 인하여 소멸된 뒤에도 그 처분등의 취소로 인하여 회복되는 법률상 이익이 있는 자의 경우에는 또한 같다."라고 규정하고 있는데, 제1문은 원고적격을, 제2문은 협의의 소익을, 각각 규정한 것이다(다수설).[70] 처분의 효과가 소멸되면 그 처분의 취소로 회복될 이익은 더 이상 존재하지 않는 것이 통례이고 따라서 그 취소소송은 각하되어야 한다. 그런데 처분이 소멸된 뒤에도 그 취소로써 회복되는 이익이 있다면 그것이 아무리 부차적인 것이라 하더라도 이를 위한 취소소송을 인정하겠다는 것이 제2문의 취지이다.[71] 취소판결은 소급적 효력이 있으므로 이로써 부차적 이익을 구제할 수 있다면 권리구제의 필요성을 인정하는 것이 마땅하다.

2. 협의의 소익의 요건

소송은 권익이 침해된 사람이 권익구제를 받기 위하여 존재한다. 그런데 간혹 권리보호의 필요성이 없는데도 불구하고 타인을 괴롭히거나 어떤 명분을 세우기 위해서 소송이 제기되는 경우도 있다. 권리보호의 필요는 이와 같은 남소(濫訴)를 방지하기 위하여 요구되는 소송요건이다. 그 결과, 법원의 업무부담은 줄고 행정청은 본분에 충실하게 된다. 그러나 권리보호의 필요성을 지나치게 강조하면, 국민의 재판청구권은 그 만큼 제한된다.[72] 따라서 적절한 균형점을 찾는 것이 필요하다.

원고적격이 있는 자는 소익이 있는 것이 원칙이다. 그런데 처분의 효과가 소멸하거나 소송목적이 달성되거나(권익침해 해소),[73] 그 달성이 불가능해지거나(원상회복 불가능),[74] 더 나은 권리구제절차가 있다면 소익은 소멸하게 된다(비유컨대 원고적격이 항고소송의 입구를 지킨다면, 협의의 소익은 그 출구를 통제하는 것이다). 다만 이 경우에도 취소(무효확인)를 구할 현실적인 법률상 이익이 있다면, 소익은 소멸하지 않는다. 예컨대, 그 처분이 외형상 잔존함으로 인하여 어

---

70) Cf. 홍정선a, 1107.
71) 大判 2006.6.22. 2003두1684(숲슴).
72) 大判 1989.12.26. 87누308은 "행정소송에서 소의 이익이라는 개념은 국가의 행정재판제도를 국민이 이용할 수 있는 한계를 구획하기 위하여 생겨난 것"으로 "그 인정을 인색하게 하면 실질적으로 재판의 거부와 같은 부작용을 낳게 될 것"이라고 판시했다.
73) 大判 2010.2.25. 2008두20765. Cf. 大判 1981.7.14. 80누536(숲슴).
74) 大判 2002.1.11. 2000두2457은 "소음·진동배출시설에 대한 설치허가가 취소된 후 그 배출시설이 어떠한 경위로든 철거되어 다시 복구 등을 통하여 배출시설을 가동할 수 없는 상태라면 이는 배출시설 설치허가의 대상이 되지 아니하므로 외형상 설치허가취소행위가 잔존하고 있다고 하여도 특단의 사정이 없는 한 이제 와서 굳이 위 처분의 취소를 구할 법률상의 이익이 없다."고 판시하였다. 또한 大判 2015.12.10. 2013두14221.

떠한 법률상 이익이 침해되고 있다고 볼 만한 특별한 사정이 있는 경우나[75] 제재처분의 전력이 장래의 제재처분의 가중요건 또는 전제요건으로 규정되어 있는 경우 등에는 그 처분의 취소를 구할 소익이 있다.[76]

협의의 소익의 인정 요건은 두 가지다. ① 원고의 '법률상 이익'이 ② 침해되거나 침해될 수 있는 '현실적인 위험'이 있어야 한다.[77] 원고가 자신의 해임처분이 위법하다고 다투는데 시간이 경과해 정년이 지난 경우, 그 처분의 취소로써 비록 주위적(主位的) 이익인 공무원 지위의 회복은 불가능하지만 봉급·연금의 수령이라는 부차적(副次的) 이익을 얻을 수 있다면 소익은 인정된다.[78] 여기서 부차적 이익은 '법률상 이익'이어야 하고 사실상의 이익은 제외된다.[79] 그런데 법률상 이익인 부차적 이익에 무슨 이익이 포함되느냐에 관하여 논란이 있다. 종래의 판례는 원고적격에서의 법률상 이익과 같이 보았으나,[80] 의문이다. 원고적격 관문을 통과해서 기왕에 계속된 소송이니만큼 소익 유무의 판단 단계에서는 넓게 봐야 한다는 반론이 유력하다.[81] 생각건대 이 문제는 결국 행정소송의 목적, 국민의 재판청구권, 사법자원의 한계 등 여러 요소를 형량하여 사안별로 결정해야 한다.[82] (판례가 쌓이게 되면 유형화할 수 있을 것이다.) 그리고 부차적 이익이 침해되거나 침해될 위험이 구체적·현실적이어야 한다. 막연한 추상적 위험만으로는 취소소송을 제기할 수 없다.

---

75) 大判 2014.5.16. 2011두27094; 大判 2012.10.25. 2010두25107.
76) 大判 2006.6.22. 2003두1684(全合). 판례는 가중요건이 법규명령으로 규정되든 행정규칙으로 규정되든 관계 없이 소익을 인정한다. 다른 한편, 국가로부터 제재처분을 받은 전력이 대기업의 입찰자격 제한 사유가 되는 경우는 소익이 부정될 것이다. 사실상 경제적 이유이기 때문이다.
77) 大判 2018.7.12. 2015두3485는 "구체적인 사안에서 권리보호의 필요성 유무를 판단할 때에는 국민의 재판청구권을 보장한 헌법 제27조 제1항의 취지와 행정처분으로 인한 권익침해를 효과적으로 구제하려는 행정소송법의 목적 등에 비추어 행정처분의 존재로 인하여 국민의 권익이 실제로 침해되고 있는 경우는 물론이고 권익침해의 구체적·현실적 위험이 있는 경우에도 이를 구제하는 소송이 허용되어야 한다는 요청을 고려하여야 한다. 따라서 처분이 유효하게 존속하는 경우에는 특별한 사정이 없는 한 그 처분의 존재로 인하여 실제로 침해되고 있거나 침해될 수 있는 현실적인 위험을 제거하기 위해 취소소송을 제기할 권리보호의 필요성이 인정된다고 보아야 한다."
78) 大判 2012.2.23. 2011두5001.
79) 大判 2002.1.11. 2000두2457은 손해배상청구소송에서 취소판결을 원용할 수 있는 이익이나 행정상의 편의를 제공받을 수 있는 이익을 사실적·경제적 이익으로 판시하였다.
80) 大判 1995.10.17. 94누14148(全合)는 협의의 소익을, 원고적격에서와 마찬가지로, "당해 처분의 근거 법률에 의하여 보호되는 직접적이고 구체적인 이익"으로 보고 간접적·사실적·경제적 이해관계를 가지는 것은 제외한다.
81) 박균성a, 1280 – 1281.
82) 판례는 명예나 신용과 같은 이익은 포함시키지 시키지 않는다. 大判 1993.11.9. 93누6867과 大判 2007.9.21. 2007두12057은 새로 실시된 국가시험에 합격한 자들이 그 이전의 불합격처분의 취소를 구할 소의 이익이 없다고 보았다.

3. 단계적 행정절차에서의 소익

환경문제를 야기하는 국책사업은 '국책사업'인 만큼 신중을 기하기 위하여 대개 단계적 행정절차에 의하여 수행된다. 예컨대 원자력발전소의 경우는 본 공사의 건설허가 이전에 부지사전승인처분을 득해야 하는 식이다. 환경소송은 프로젝트 초기 단계에 성과를 올리지 않으면 성공확률이 떨어지기 때문에 대개 부지사전승인처분 단계에서 취소소송을 제기한다. 그런데 소송진행 중에 건설허가처분이 있게 되면, 이미 제기된 취소소송의 운명은 소익 유무에 대한 판단에 의하여 좌우될 테다. 판례는 동일한 행정목적을 달성하기 위한 단계적 행정절차에서 최종처분이 난 경우에 선행처분은 최종처분에 흡수되므로 선행처분에 대한 취소소송은 소익을 상실한다고 보았었다.[83] 그러나 판례는 후에 태도를 바꿨다. 즉 大判 2007.7.19. 2006두19297은 "선행처분과 후행처분이 단계적인 일련의 절차로 연속하여 행하여져 후행처분이 선행처분의 적법함을 전제로 이루어짐에 따라 선행처분의 하자가 후행처분에 승계된다고 볼 수 있어 이미 소를 제기하여 다투고 있는 선행처분의 위법성을 확인하여 줄 필요가 있는 경우 등에는 행정의 적법성 확보와 그에 대한 사법통제, 국민의 권리구제의 확대 등의 측면에서 여전히 그 처분의 취소를 구할 법률상 이익이 있다."라고 판시하였다.

4. 무효확인소송의 소익

무효확인소송에도 협의의 소익이 요구됨은 취소소송과 동일하다. 그런데 종래의 판례는 이 소익 외에 확인소송에 있어서의 일반적 소송요건인 '확인의 이익'을 요구하였다. 판례는 태도를 변경하여 "행정처분의 근거 법률에 의하여 보호되는 직접적이고 구체적인 이익이 있는 경우에는 '무효확인을 구할 법률상 이익'이 있다고 보아야 하고 이외 별도로 무효확인소송의 보충성이 요구되는 것은 아니라고 한다.[84]

---

83) 大判 1998.9.4. 97누19588(영광원자력발전소사건)은 "원자로 및 관계 시설의 부지사전승인처분은 그 자체로서 건설부지를 확정하고 사전공사를 허용하는 법률효과를 지닌 독립한 행정처분이기는 하지만, 건설허가 전에 신청자의 편의를 위하여 미리 그 건설허가의 일부 요건을 심사하여 행하는 사전적 부분 건설허가처분의 성격을 갖고 있는 것이어서 나중에 건설허가처분이 있게 되면 그 건설허가처분에 흡수되어 독립된 존재가치를 상실함으로써 그 건설허가처분만이 쟁송의 대상이 되는 것이므로, 부지사전승인처분의 취소를 구하는 소는 소의 이익을 잃게 되고, 따라서 부지사전승인처분의 위법성은 나중에 내려진 건설허가처분의 취소를 구하는 소송에서 이를 다투면 된다."라고 판시하였다.

84) 이는 행정소송은 민사소송과는 그 목적, 취지 및 기능 등을 달리하고 또한 행정소송법 제4조에서는 무효확인소송을 항고소송의 일종으로 규정하고 있고, 동법 제38조 제1항에서는 처분 등을 취소하는 확정판결의 기속력 및 행정청의 재처분 의무에 관한 동법 제30조를 무효확인소송에도 준용하고 있으므로 무효확인판결 자체만으로 실효성을 확보할 수 있기 때문이다. 大判 2008.3.20. 2007두6342(全合)[18변].

V. 위법성

1. 항고소송에서 본안요건

항고소송에서 원고가 승소하기 위해서는 두 가지 요건이 필요하다. ① 행정청의 위법한 처분 등으로 ② 원고의 권리가 침해되어야 한다. 부당만으로는 부족하고, 위법해야 본안에서 승소할 수 있다. 위법이란 행정주체와 국민간의 관계를 규율하는 법규명령에 위반함을 말하므로, 행정규칙 위반은 원칙적으로 위법이 되지 않는다. 그러나 행정규칙이 행정조직내부에서 적용되는 데 그치지 않고 국민의 권리의무에 영향을 미치는 외부효(外部效)를 갖게 되면 위법이 된다. 재량행위의 경우, 제반 이익을 비교형량 함에 있어 비례의 원칙을 위반하여 재량권의 한계를 넘은 경우에 한하여 위법한 행위가 된다. 단순 재량위반은 부당함에 그친다. 위법성은 객관적 개념으로 당해 공무원의 고의·과실 여부와 무관하게 결정된다. 제3자 보호효를 갖는 법규위반은 제3자가 제기한 소송이 인용되기 위한 결정적인 요건이다. 이 요건이 충족되지 않는다면, 취소 청구된 행정행위가 다른 이유로 객관적으로 위법하고 제3자가 사실상 불이익을 받는다고 하여도 소는 기각될 것이다.

항고소송의 소송물을 위법성이라 보는 견해는 ②의 요건은 불요하게 되나, 항고소송은 주관소송으로 보아야 하므로 위법성만으로는 부족하고 원고 권리의 침해가 있어야 승소할 수 있다.[85] 위법한 처분과 권리침해 사이에는 인과관계가 있어야 한다. '허가발급 환경분쟁'에서 위법한 허가처분으로 인하여 환경피해를 본 제3자가 권리침해를 받았는지의 여부는, 당해 처분의 준거법률이 제3자 보호효를 갖는지 여부, 다시 말해 제3자의 환경이익을 보호하고 있는지 여부에 의하여 결정될 것이다. (원고적격 심사 단계와 달리), 본안심사 단계에서는 원고가 권리침해를 증명해야 승소할 수 있다.

2. 공법상 환경분쟁의 구조와 재량

공법상 환경분쟁은, 전술한 바와 같이, '허가발급 환경분쟁'과 '규제불발 환경분쟁'으로 나누어 볼 수 있다. 허가발급 분쟁에서는 행정청의 허가권한의 행사가, 규제불발 분쟁에서는 규제권한의 불행사가 제3자의 환경이익을 침해하거나 침해할 우려가 있게 된다(반면, 행정행위의 상대방은 반대의 경우에 각각 권리침해가 있게 된다).

법치행정이 뿌리내리고 있는 오늘날, 행정청이 강행규정을 위반하는 경우는 쉽게 찾아볼 수 없다. 따라서 행정작용의 위법성은 재량행사와 관련해 문제되는데, 재량행사와 관련해 일

---

85) 同旨, 홍정선a, 1115.

반적으로 등장하는 문제는 이익형량의 문제이다. 특히 환경분쟁에서는 행정청이 재량권을 행사하는 과정에서 환경적 이익과 경제적 이익을 정당하게 비교형량했는가가 쟁점이 된다. 허가발급이나 규제불발은 행정청이 경제적 이익이 환경적 이익보다 우선한다고 판단한 경우이다. 이런 상황에서 법원은 행정청의 위와 같은 판단이 비례원칙을 위반하여 재량권의 한계를 넘어서고 있는지를 심사하게 된다.[86]

행정행위는 관련된 다양한 이해관계를 조정해야 하므로 고도의 전문적·기술적 판단이 필요하다. 행정청에게 광범위한 재량이 필요한 이유이다. 환경행정은 특히 '과학기술'과 '가치'와 밀접한 관련이 있기 때문에 더욱 그러하다. 법원은 이처럼 행정청에게 광범위한 재량이 허용된 사항에 관해서는 이를 존중하는 것이 바람직하다.[87] 그런데 행정소송법 제27조는 "행정청의 재량에 속하는 처분이라도 재량권의 한계를 넘거나 그 남용이 있는 때에는 법원은 이를 취소할 수 있다."라고 규정함으로써 재량행위라 하더라도 일정한 경우 사법심사의 대상으로 삼고 있다.[88] 그리하여 행정청이 환경상 이익의 침해 또는 그 우려가 급박하거나 중대한 경우에 이를 고려하지 않는다면 이는 재량하자로서 법적 통제의 대상이 될 것이다.

그런데 법원이 환경행정에 개입하기 위해서는 전제조건이 충족되어야 한다. '허가발급' 환경분쟁에서는 우선 행정청에게 환경상 이익을 고려할 수 있는 **재량**이 주어져야 한다. 해당 허가발급이 기속행위라고 한다면, 근거 법령이 환경이익을 인·허가 발급제한 사유로 규정하지 않는 이상, 행정청은 이익형량 과정에서 그것을 고려할 수 없기 때문이다. 반면, '규제불발' 환경분쟁에서는 행정청에게 법령상의 규제권한을 행사해야 할 **의무**가 주어져야 한다. 해당 규제행사를 재량행위로 본다면, 예외적 상황이 발생하지 않는 이상, 규제 권한 행사는 행정청의 재량에 맡겨지기 때문이다.

---

86) 예컨대 大判 2001.7.27. 99두5092는 "공원사업시행 허가처분에 의하여 인근 주민들의 환경상의 이익 등이 침해되거나 침해될 우려가 있고 그 환경침해는 공원의 개발 전과 비교하여 사회통념상 수인한도를 넘는다고 보이며, 주민들의 환경상의 이익은 공원사업시행 허가처분으로 인하여 그 사업자나 행락객들이 가지는 영업상의 이익 또는 여가생활향유라는 이익보다 훨씬 우월하다는 이유로, 그 환경적 위해 발생을 고려하지 않은 공원사업시행 허가처분은 재량권을 일탈 또는 남용한 것으로서 위법하다"고 보았다.
87) 大判 2001.2.9. 98두17593도 "[기속행위]의 경우 그 법규에 대한 원칙적인 기속성으로 인하여 법원이 사실인정과 관련 법규의 해석·적용을 통하여 일정한 결론을 도출한 후 그 결론에 비추어 행정청이 한 판단의 적법 여부를 독자의 입장에서 판정하는 방식에 의하게 되나, [재량행위]의 경우 행정청의 재량에 기한 공익판단의 여지를 감안하여 법원은 독자의 결론을 도출함이 없이 당해 행위에 재량권의 일탈·남용이 있는지 여부만을 심사"한다고 한다.
88) 大判 2001.2.9. 98두17593도 "재량권의 일탈·남용 여부에 대한 심사는 사실오인, 비례·평등의 원칙 위배, 당해 행위의 목적 위반이나 동기의 부정 유무 등을 그 판단 대상으로 한다."

3. 허가발급 환경분쟁과 거부재량

환경침해사업의 허가발급 과정에서 법령상 근거가 없는데도 환경상 공익을 고려하여 인·허가를 거부할 수 있는가? 이는 계쟁 인·허가의 성격을 기속행위로 볼 것인가 아니면 재량행위로 볼 것인가의 문제로서, 기속행위로 본다면 행정청은 환경침해사업을 인·허가할 의무를 지게 된다. 환경보호를 위하여는 인·허가 발급을 가능한 한 재량행위로 보아야 하는 까닭이 여기에 있다.

(1) 강행규정과 임의규정

행정행위를 규정하고 있는 조항이 ① 강행규정("… 하여야 한다."라는 형식의 의무규정)이면 당해 행위는 의무를 부여받은 기속행위로, ② 임의규정("… 할 수 있다."라는 형식의 가능규정)이면 당해행위는 재량이 수권된 재량행위로 보아야 한다. 입법부의 의사를 존중하기 위해서다.[89]

③ 문언상 확실하지 않은 경우는, 판례에 의하면 "당해 행위의 근거가 된 법규의 체재·형식과 그 문언, 당해 행위가 속하는 행정 분야의 주된 목적과 특성, 당해 행위 자체의 개별적 성질과 유형 등을 모두 고려하여" 당해 행정행위의 재량성의 유무 및 범위를 판단해야 한다.[90]

(2) 허가와 특허

기속행위와 재량행위를 구별하는 기준으로 판례는 당해 행위 자체의 성질과 유형을 들고 있는데, '허가'와 '특허'의 구별이 그 대표적인 예이다.[91] 전통적으로 학설과 판례는 인·허가 등의 수익적 행정행위를 '허가'와 '특허'로 양분한 후, 전자는 기속행위로, 후자는 재량행위로 각각 파악해왔다.[92] 기속행위인 '허가'에 해당하면, 행정청은 법령상 요건의 충족 여부만을 심사해야 하고 요건 충족 시 공익상의 필요 등 다른 사유를 들어 발급을 거부할 수 없다. 반면, 재량행위인 특허에 해당하면, 행정청은 법령상 요건을 모두 충족하더라도 공익상 필요를 이유로 발급을 거부할 수 있게 된다.

양자를 구분하는 이유는, 허가가 본래 시민에게 속하던 자유를 제한했다가 돌려주는 것인 반면 특허는 새로운 권리·능력·지위를 특정인에게 설정하는 행위이기 때문이다. 따라서 허가

---

89) 김홍균, 1052.
90) 大判 2001.2.9. 98두17593.
91) 이하는 최계영, "환경행정법과 재량," 서울대학교 환경·에너지법정책센터(편), **환경피해에 대한 권리구제를 위한 법리와 법정책·제도 연구**, 199 (2010) 참조.
92) 건축법상의 건축허가(大判 1995.12.12. 95누9051), 화약류판매업 및 저장소설치허가(大判 1996.6.28. 96누3036), 공중위생법상의 위생접객업허가(大判 1995.7.28. 94누13497), 주류판매업면허(大判 1995.11.10. 95누5714) 등이 '허가'의 예이다.

의 경우에 행정청은 법령상 요건 충족 여부만을 심사해야 하고 충족 시 발급해야 하는 반면, 특허의 경우에 행정청은 법령 준수 여부 외에 공익에 미치는 영향까지 심사해 발급을 거부할 수 있다.

그리하여 당해 행정행위의 대상이 일종의 특혜라면 그것은 특허이고 그 발급 여부의 판단 시에 환경보호라는 공익을 고려할 여지가 확대되는 반면, 당해 행정행위의 대상이 영업의 자유나 재산권이면 그것은 허가이고 법령상 요건이 충족되면 환경이익을 고려할 여지는 사라지게 된다.

(3) 거부재량을 통한 환경이익의 고려

판례는 상당수의 사건에서 행정행위의 근거법률에 대한 적극적 해석을 통해 당해 인·허가의 재량성을 인정해왔다. 이는 건설이나 개발사업 등 필연적으로 환경침해를 야기하는 사업에 대하여 내려진 인·허가를 재량행위라고 보고 이를 취소한 판결에서 볼 수 있다.[93]

판례는 또한 구 「주택건설촉진법」상의 주택건설사업계획의 승인은 "상대방에게 권리나 이익을 부여하는 효과를 수반하는" 수익적 행정처분으로서 "법령에 행정처분의 요건에 관하여 일의적으로 규정되어 있지 아니한 이상" 행정청의 재량행위에 속한다고 전제한 후, 승인을 받으려는 주택건설사업계획이 관계 법령의 제한사유에 배치되는 경우는 물론이고 "그러한 제한사유가 없는 경우에도 공익상 필요가 있으면 처분권자는 그 승인신청에 대하여 불허가 결정을 할 수 있으며, 여기에서 말하는 '공익상 필요'에는 자연환경보전의 필요도 포함된다."라고 판시하였다.[94] 한편, 인·허가를 거부할 수 없다면, 부관도 환경보호에 도움이 된다. 환경침해

---

93) 大判 1997.9.12. 97누1228 판결은 구 「산림법」상의 산림훼손허가를 재량행위라는 전제 하에, "산림훼손행위는 국토의 유지와 환경의 보전에 직접적으로 영향을 미치는 행위이므로 법령이 규정하는 산림훼손 금지 또는 제한지역에 해당하는 경우는 물론 금지 또는 제한지역에 해당하지 않더라도 허가관청은 산림훼손허가신청 대상토지의 현상과 위치 및 주위의 상황 등을 고려하여 국토 및 자연의 유지와 환경의 보전 등 중대한 공익상 필요가 있다고 인정될 때에는 허가를 거부할 수 있"다고 판시하였다.
또한 大判 2008.9.11. 2006두7577는 「광업법」상 채광계획인가나 변경인가를 재량행위라는 전제 하에, "당해 채광계획이 수반할 수 있는 수질과 토양의 오염, 지하수의 고갈 등 환경 보전의 측면에서 중대한 공익상 필요가 있다고 인정할 때에는 채광계획인가나 변경인가를 거부"할 수 있다고 보았다.
94) 大判 2007.5.10. 2005두13315("특히 산림의 훼손은 국토 및 자연의 유지와 수질 등 환경의 보전에 직접적으로 영향을 미치는 행위이므로, 법령이 규정하는 산림훼손 금지 또는 제한 지역에 해당하는 경우는 물론이고 금지 또는 제한 지역에 해당하지 않더라도 허가관청은 산림훼손허가신청 대상토지의 현상과 위치 및 주위의 상황 등을 고려하여 국토 및 자연의 유지와 환경의 보전 등 중대한 공익상 필요가 있다고 인정될 때에는 허가를 거부할 수 있고, 그 경우 법규에 명문의 근거가 없더라도 거부처분을 할 수 있다."). 또한 大判 2017.3.15. 2016두55490은 악취, 소음, 토양오염, 비산먼지 등 환경오염 발생 우려를 이유로 원고의 건축허가신청이 개발행위허가기준을 충족하지 못하였다고 보아 이를 반려한 행정청의 처분에 비례의 원칙 위반 등 재량권을 일탈·남용한 위법이 있다고 단정하기 어렵다고 하면서 다음과 같은 이유를 달고 있다. 즉, "환경의 훼손이나 오염을 발생시킬 우려가 있는 개발행위에 대한 행정청의 허가와 관련하여 재량권의 일탈·남용 여부를

적 인·허가(배출시설의 허가)에 환경상 위해 방지를 위한 보호적 부관(방지시설의 설치)을 붙이는 것이다. 판례는 재량행위의 경우에만 법령의 근거 없이도 부관을 붙일 수 있다고 한다.[95]

(4) 기속행위와 환경이익의 고려

건축행위는 환경침해를 야기하는 대표적인 경제활동이다. 그런데 판례는 건축허가를 일관되게 기속행위라고 보고 관계 법규에서 정한 제한사유 이외의 사유를 들어 허가신청을 거부할 수 없다고 한다.[96] 따라서 환경침해적 건축이라 하더라도 환경이익 침해를 사유로 거부할 수 있다는 법령상 근거가 없는 한 허가할 수밖에 없다.[97]

그러나 판례는 몇 가지 사례에서 건축허가의 재량성을 인정한 바 있다.[98] 첫째, 판례는 "러브호텔" 사건에서 근거법규의 규정에 의하면 "준농림지역 안으로서 지방자치단체의 조례가 정하는 지역에서 식품위생법 소정의 식품접객업, 공중위생법 소정의 숙박업 등을 영위하기 위한 시설 중 지방자치단체의 조례가 정하는 시설의 건축을 제한할 수 있는바, 이러한 관계 법령의 규정을 종합하여 보면, 지방자체단체의 조례의 의하여 준농림지역 내의 건축제한지역이라는 구체적인 취지의 지정·고시가 행하여지지 아니하였다 하더라도, 조례에서 정하는 기준에 맞는 지역에 해당하는 경우에는 숙박시설의 건축을 제한할 수 있다"고 판시하였다.[99] 이 판결

심사할 때에는, 해당지역 주민들의 토지이용실태와 생활환경 등 구체적 지역 상황과 상반되는 이익을 가진 이해관계자들 사이의 권익 균형 및 환경권의 보호에 관한 각종 규정의 입법 취지 등을 종합하여 신중하게 판단하여야" 하는바, 그 심사 및 판단에는 헌법상 환경권과 환경보호의무, 환경정책기본법상 제 규정 및 "환경오염 발생 우려'와 같이 장래에 발생할 불확실한 상황과 파급효과에 대한 예측이 필요한 요건에 관한 행정청의 재량적 판단은 내용이 현저히 합리성을 결여하였다거나 상반되는 이익이나 가치를 대비해 볼 때 형평이나 비례의 원칙에 뚜렷하게 배치되는 등의 사정이 없는 한 폭넓게 존중될 필요가 있는 점 등을 함께 고려하여야" 한다고 판시한 후, "이 경우 행정청의 당초 예측이나 평가와 일부 다른 내용의 감정의견이 제시되었다는 등의 사정만으로 쉽게 행정청의 판단이 위법하다고 단정할 것은 아니"라고 판시하였다.

95) 大判 2008.7.24. 2007두25930, 25947, 25954는 하천부지 점용허가에 대하여 "하천부지 점용허가 여부는 관리청의 재량에 속하고, 재량행위에 있어서는 법령상의 근거가 없다고 하더라도 부관을 붙일 것인가의 여부는 당해 행정청의 재량에 속한다고 할 것"이라고 판시하였다.

96) 大判 1992.6.9. 91누11766는 "건축허가권자는 건축물이 건축법, 도시계획법 등의 관계 법규에서 정하는 어떠한 제한에 배치되지 않는 이상 당연히 같은 법조 소정의 건축허가를 하여야 하고, 위 관계 법규에서 정하는 제한사유 이외의 사유를 들어 그 허가신청을 거부할 수는 없고, 여기서 관계 법규란 건축물에 대한 건축허가의 제한에 관하여 직접 규정하고 있는 법규만을 말하고, 건축허가에 따라 건축된 건축물 내의 시설의 운영이나 용도에 따른 건축물의 사용에 대하여 제한을 가하는 법규를 말하는 것은 아니라"고 판시하였다.

97) 大判 1995.12.12. 95누9051는 "건축허가신청이 건축법, 도시계획법 등 관계 법규에서 정하는 건축허가 제한사유에 해당하지 않는 이상 행정청이 자연경관 훼손 및 주변환경의 오염과 농촌지역의 주변정서에 부정적인 영향을 끼치고 농촌지역에 퇴폐분위기를 조성할 우려가 있다는 등의 사유를 들어 숙박시설 건축을 불허할 수는 없다"고 보았다.

98) 최계영(註291), 205 – 206.

99) 大判 1999.8.19. 98두1857(손습)("그러한 구체적인 지역의 지정·고시 여부는 숙박시설 등 건축허가 여부를 결정하는 요건이 된다고 볼 수 없다.").

로 건축허가 제한사유를 규정한 건축법 제11조 제4항이 신설되었다. 둘째, 건축허가가 토지의 형질변경행위 등 **재량행위를 포함**하는 것으로 의제되는 경우, 동 건축허가는 재량행위다.[100] 셋째, 개발제한구역 내에서의 건축은 원칙적으로 금지되고 예외적인 경우에 허가되는데, 이러한 **예외적 허가**는 재량행위다.[101] 학설로는 "건축물의 안전성에 관한 판단"과 "도시계획적 판단"을 나누어 후자에 대해서는 재량을 인정해야 하는 견해가 유력하게 제시되고 있다.[102]

4. 규제불발 환경분쟁과 행정개입청구권

(1) 재량의 한계와 무하자재량행사청구권

환경법은 행정청에게 배출시설의 설치허가권자뿐 아니라 감독권자로서 필요한 조치를 발할 권한을 부여하고 있다. 그런데 이 경우에 필요한 조치를 취할지 여부나 취할 경우 조치의 내용에 관하여는 행정청의 재량에 맡겨져 있는 것이 통례이다. 가령 대기환경보전법 제33조는 조업 중인 배출시설에서 나오는 오염물질의 정도가 배출허용기준을 초과한다고 인정하면, 기간을 정하여 사업자에게 그 오염물질의 정도가 배출허용기준 이하로 내려가도록 필요한 조치를 취할 것을 명할 수 있다고 규정하고 있는 것이다. 이 경우에 위반행위로 환경피해를 입은 주민이 행정청에 대하여 개선명령의 발동을 청구하더라도 권한의 발동 여부는 행정청의 재량에 맡겨져 있기 때문에 행정청이 이에 응할 의무는 없게 된다.

그러나 행정청에게 재량이 인정되는 경우에도 행정청은 하자 없는 재량행사에 대한 법적 의무를 진다는 점에서 재량권에는 한계가 있다(행정소송법 §27). 하지만 무하자재량행사청구권으로부터 곧바로 개선명령 등의 발동의무가 도출되지는 않는다. 관련규정은 수권규정일 뿐이므로 그로부터 특정한 행위의무가 도출되는 것은 오직 재량이 더 이상 "선택의 여지없이 축소"되었다고 볼 수 있을 때뿐이다.[103] **행정개입청구권**은 이와 같이 환경침해행위에 대한 규제가 불발할 때 어떤 조건에서 행정청이 법령상의 규제권한을 행사할 의무가 발생하는가의 문제를 다룬다. 당해 사건의 여건상 재량이 선택의 여지없이 수축하여 일정한 결정 이외의 어떤 결정도 하자 있는 것으로 판단될 경우, 오직 이 경우에 한하여 무하자재량행사청구권은 특정 내용의 처분을 요구할 청구권, 즉 행정개입청구권 성립의 기초를 제공하게 된다.

그런데 행정개입청구권이 환경보호에 기여하는 정도는 동 권리의 성립요건을 어떻게 정하느냐에 달리게 된다. 엄격한 요건이 요구되면 실제로 행정개입청구권의 행사가 그 만큼 어려

---

100) 大判 2005.7.14. 2004두6181.
101) 大判 1998.9.8. 98두8759.
102) 김종보, "건축허가에 존재하는 재량문제," **행정법연구** 제3호, 169 – 171(1998); 최계영(註291), 207 – 08.
103) 홍준형a, 127.

워질 것이기 때문이다.

(2) 무하자재량행사청구권의 요건

무하자재량행사청구권은 재량권의 일탈이나 남용이 없는 적법한 처분을 요구할 권리이다.[104] 이런 권리가 성립하기 위해서는, 첫째 행정청에게 재량행사에 **흠이 없는 처분**을 해야할 의무가 부과되어야 한다. 이 처분의무는 법령상 또는 조리상 인정될 수 있다.[105] 이행해야할 처분은 특정한 내용이 아니라 무엇이든 재량하자가 없는 처분으로서 그 구체적인 내용은 행정청의 재량에 맡겨져 있다. 둘째, 재량을 수권한 법규가 공익뿐 아니라 **사익**(私益)의 **보호**를 그 목적으로 삼아야 한다.

(3) 행정개입청구권의 요건

상술한 대로 무하자재량행사청구권이 있다고 해서 바로 특정한 행정행위의 발동이 요구되는 것은 아니다. 행정청의 재량권이 선택의 여지없이 수축해서 특정한 내용의 처분을 해야 할 의무가 생길 때 비로소 행정개입청구권이 성립하게 된다. 첫째, 생명·신체·재산 등 피해법익이 중대해야 한다(피해이익의 중대성).[106] 둘째, 피해법익에 대한 위험이 급박하며(위험의 급박성), 셋째, 행정청의 특정 처분으로 그 위험을 회피할 수 있어야 한다(처분과 결과의 인과성). 이런 상황에서 권한을 행사하지 않는다면, "현저하게 합리성을 잃어 사회적 타당성이 없는 경우"가 될 것이다.[107]

전형적인 예로는, 공장에서 누출된 불산가스로 인하여 인근 주민의 생명·건강이 위태로움에도 행정청이 사태를 방기하고 있다면, 공장의 가동중지명령을 발동할 것을 청구할 수 있게 된다. 생명·건강과 같은 상위(上位)의 법익 보호를 위해서는 통상 개입의무가 인정될 것이다. 그러나 인간의 존엄성이나 재산권이라도 행정청이 들여야 할 노력이 수인가능하고 다른 중요

---

104) 大判 1991.2.12. 90누5825("검사의 임용에 있어서 임용권자가 임용여부에 관하여 어떠한 내용의 응답을 할 것인지는 임용권자의 자유재량에 속하므로 일단 임용거부라는 응답을 한 이상 설사 그 응답내용이 부당하다고 하여도 사법심사의 대상으로 삼을 수 없는 것이 원칙이나, 적어도 재량권의 한계 일탈이나 남용이 없는 위법하지 않은 응답을 할 의무가 임용권자에게 있고 이에 대응하여 임용신청자로서도 재량권의 한계 일탈이나 남용이 없는 적법한 응답을 요구할 권리가 있다고 할 것").

105) 大判 1991.2.12. 90누5825("법령상 검사임용 신청 및 그 처리의 제도에 관한 명문 규정이 없다고 하여도 조리상 임용권자는 임용신청자들에게 전형의 결과인 임용 여부의 응답을 해줄 의무가 있다고 할 것이며, 응답할 것인지 여부조차도 임용권자의 편의재량사항이라고는 할 수 없다.").

106) 同旨, 최계영(註291), 209.

107) 大判 1998.5.8. 97다54482는 재량 수축의 기준으로는 "경찰관의 권한 행사가 관계 법률의 규정 형식상 경찰관의 재량에 맡겨져 있다고 하더라도, 그러한 권한을 행사하지 아니한 것이 구체적인 상황하에서 현저하게 합리성을 잃어 사회적 타당성이 없는 경우에는 경찰관의 직무상 의무를 위배한 것으로서 위법하게 된다"고 판시하였다.

한 의무를 소홀히 하지 않고 법익에 대한 위험을 방지할 수 있다면, 위험방지를 위해 개입할 의무를 인정해야 한다.[108]

(4) 행정쟁송상 실현방안

행정개입청구권은 행정심판법상 의무이행심판과 행정소송법상 거부처분에 대한 취소소송과 부작위위법확인소송이 유효적절한 쟁송유형이다. 거부처분에 대한 취소소송에서 승소하면 행정청의 재처분의무를 통해 특정 처분을 이끌어낼 수 있다.[109] 부작위위법확인소송은 단순히 무응답을 제거하기 위한 소송으로서 청구가 인용된 경우에도 행정청이 거부처분을 하게 되면, 다시 취소소송을 제기해야 하는 불편함이 따른다. 한편, 행정권이 발동하지 않음으로써 손해를 입은 경우에는 국가배상도 청구할 수 있다.

현재까지 우리 판례상 환경법상의 규제권한 행사와 관련하여 재량의 수축이나 행정개입청구권을 인정한 사례는 없다. 재량의 수축이 인정된 사례는 모두 경찰관의 권한행사와 관련된 사례들이고 사후적 손해배상책임이 인정된 사건들이다.[110] 불산가스누출사고에서와 같이 인근 주민들의 생명·건강이 위협받지 않는 한, 아쉽게도 환경행정법 영역에서 재량수축이론이 이용되기는 어렵다.[111] 자연과학적 관련성으로 고도의 전문성이 요구되고 가치·정책관련성으로 행정청 판단이 존중되어야 할 필요성이 큰 환경행정에서, 행정청의 권한불행사 결정을 "현저하게 합리성을 잃어 사회적 타당성이 없는 경우"라고 할 수는 없을 터이기 때문이다.

5. 재량의 절차적 통제: 환경영향평가

마지막으로, 환경영향평가의 하자가 환경침해사업의 인·허가의 효력에 어떤 영향을 미치는가의 문제가 있다. 이에 관하여는 전술한 환경영향평가법을 참조하라.

---

108) 憲決 2007.10.25. 2006헌마869("경찰권의 행사 여부는 원칙적으로 재량처분으로 인정되고 있으나, 목전의 상황이 매우 중대하고 긴박한 것이거나, 그로 인하여 국민의 중대한 법익이 침해될 우려가 있는 경우에는, 재량권이 영으로 수축하여 경찰권을 발동할 의무가 있다. 따라서 사람이 바다에서 조난을 당하여 인명이 경각에 달린 경우에 해양경찰관으로서는 그 직무상 즉시 출동하여 인명을 구조할 의무가 있다."). Cf. 홍준형b, 370은 사법(私法)의 권리구제수단에 대한 보충성을 요건으로 삼고, 박균성a, 168은 피해자의 개인적 노력만으로는 권익침해를 충분히 방지할 수 없을 것을 요건으로 삼는다.
109) 大判 1991.2.12. 90누5825("이러한 응답신청권에 기하여 재량권 남용의 위법한 거부처분에 대하여는 항고소송으로서 그 취소를 구할 수 있다고 보아야 하므로 임용신청자가 임용거부처분이 재량권을 남용한 위법한 처분이라고 주장하면서 그 취소를 구하는 경우에는 법원은 재량권남용 여부를 심리하여 본안에 관한 판단으로서 청구의 인용 여부를 가려야 한다.").
110) 大判 1998.5.8. 97다54482.
111) 同旨, 최계영(註291), 212.

VI. 취소판결의 효력 및 사정판결

1. 취소판결

(1) 취소판결의 종류

취소판결에는 소송요건을 결여한 부적법한 소에 대하여 본안심리를 거절하는 각하판결, 본안심리 결과, 원고의 취소청구가 이유없다는 기각판결, 본안심리 결과, 원고의 청구가 이유 있어서 계쟁 처분의 전부 또는 일부를 취소하는 인용판결이 있다.

(2) 취소판결의 효력

최소판결이 확정되면 그 취소판결은 형성력, 기속력, 기판력을 갖게 된다. **형성력**은 확정된 취소판결이 당해 처분의 효력을 처분청의 취소를 기다리지 않고도 상실시키는 효력을 말한다. **기속력**이란 행정청에 대하여 취소판결의 취지대로 행동하도록 당사자인 행정청과 그 밖의 관계행정청을 구속하는 효력을 말한다(행정소송법 §30①). **기판력**은 일단 취소판결이 확정된 때에는 소송당사자는 동일한 소송물에 대하여 다시 소를 제기할 수 없고 설령 제기된다 하더라도 그 상대방은 기판사항이라는 항변을 할 수 있으며 법원도 확정판결과 모순되는 내용의 판단을 하지 못하게 하는 효력을 말한다.

2. 사정판결

(1) 사정판결의 의의

사정판결이란 취소소송에서 본안심리 결과, "원고의 청구가 이유 있다고 인정되는 경우에도 그 처분이나 재결을 취소·변경하는 것이 현저히 공공복리에 적합하지 아니하다고 인정하는 때에" 법원이 원고의 청구를 기각하는 판결을 말한다(행정소송법 §28① 제1문). 환경문제를 야기하는 대형국책사업은 이해관계인도 대다수이고 국민경제에 미치는 영향도 크기 때문에 사정판결의 대상이 될 가능성이 적지 않다. 하지만 행정처분이 위법한 때에는 이를 취소함이 원칙이고 그 위법한 처분을 취소·변경함이 도리어 현저히 공공복리에 적합하지 않는 경우에 "극히 예외적으로" 사정판결을 할 수 있을 뿐임을 잊어서는 안 된다.[112]

(2) 사정판결의 요건 및 절차

우선 ① '취소소송'에서 '본안심리'를 하여야 한다. 판례는 무효등확인소송과 부작위위법확

---

112) 大判 1995.6.13. 94누4660.

인소송에서는 사정판결을 인정하지 않는다.[113] 본안심리 전에 예감만을 가지고 사정판결을 할 수 없다.

② 원고의 청구가 이유 있어야 한다. 따라서 행정청의 처분이 위법하고 그로 인하여 원고의 권익이 침해되어야 한다. 사정판결을 내리는 경우에 "법원은 그 판결의 주문에서 그 처분 등이 위법함을 명시하여야" 한다(행정소송법 §28① 제2문). 또한 "원고는 피고인 행정청이 속하는 국가 또는 공공단체를 상대로 손해배상, 제해시설의 설치 그 밖에 적당한 구제방법의 청구를 당해 취소소송 등이 계속된 법원에 병합하여 제기할 수 있"는바(동조 ③), 당사자가 이를 간과한 경우에 법원은 적절하게 석명권을 행사하여 그에 관한 의견을 진술할 기회를 주어야 한다.[114]

③ 처분의 취소가 현저히 공공복리에 적합하지 않아야 한다. 이 경우에 "위법·부당한 행정처분을 취소·변경해야 할 필요와 그 취소·변경으로 인하여 발생할 수 있는 공공복리에 반하는 사태 등을 비교형량하여" 결정하여야 한다.[115] 사정판결은 극히 예외적으로 할 수 있으므로 "극히 엄격한 요건 아래 제한적으로" 하여야 한다.[116] 국민의 기본권 보장과 법치행정의 원리에 비추어보면 이는 당연하다. 판례도 사정판결을 제한적으로 내리는데, 원고의 손해의 정도, 취소판결 이외의 피해배상방법의 유무, 계쟁처분에 관련된 이해관계인의 다수 여부, 처분에 의한 사실관계의 형성 정도, 처분에 의한 혼란 정도 등을 고려해 사정판결 여부를 결정한다.[117] 판례에 의하면, 처분의 위법성 유무는 처분시를 기준으로, 공공복리 적합 여부는 변론종결시를 기준으로 판단하며,[118] 사정판결은 행정청의 청구에 의하여 내려지는 것이 상례이나, "당사자의 명백한 주장이 없는 경우에도 기록에 나타난 여러 사정을 기초로 직권으로 판단할 수 있는 것"이다.[119]

(3) 사정판결의 효과

사정판결로 인하여 취소대상인 처분은 그 위법성에도 불구하고 효력을 유지한다. 사정판결은 원고의 청구가 이유 있음에도 이를 기각하는 판결이므로, 기속력은 없고, 처분의 위법성에 대한 판단 부분은 기판력이 인정된다. 법원은 처분 등이 위법함을 그 판결의 주문에서 명시해

---

113) 大判 1996.3.22. 99누5509.
114) 大判 2016.7.14. 2015두4167.
115) 大判 2006.9.22. 2005두2506.
116) 大判 1995.6.13. 94누4660.
117) 大判 1992.2.14. 90누9032. 행정소송법 제28조 제2항에 의하면 법원은 "사정판결을 함에 있어서는 미리 원고가 그로 인하여 입게 될 손해의 정도와 배상방법 그 밖의 사정을 조사해야 한다."
118) 大判 1970.3.24. 66누29.
119) 大判 2001.1.19. 99두9674.

야 하기 때문이다. 그리하여 후에 국가배상청구소송 등이 제기될 때, 피고 행정청은 이와 배치되는 주장을 할 수 없게 된다. 소송비용은 원고가 아니라 피고인 행정청이 부담한다.

제3절 | 부작위위법확인소송

Ⅰ. 부작위위법확인소송의 의의

1. 규제불발 환경분쟁과 행정쟁송

행정청은 환경행정법을 위반하는 사업자에게 개선명령·조업정지명령·시설이전명령 등을 발할 수 있는데 이를 발하지 않을 때 '규제불발 환경분쟁'이 발생한다. '규제불발 환경분쟁'은 '허가발급 환경분쟁'과는 정반대의 양상으로 나타나는데, 여기에서 문제되는 것은 위 제재처분과 같이 사업자에게는 불리하게 작용하지만 인근주민이나 일반 국민에게 유리하게 작용하는 환경행정활동의 부재(不在)로, 인근주민이나 일반 국민은 이 행정활동을 요청하였으나 행정청이 이를 거부하거나 응답하지 않는 경우이다. 인근주민이나 일반 국민의 입장에서는 사업자에 대한 행정개입을 청구하는 경우이기 때문에 통상 '행정개입청구권' 또는 '환경규제조치발동청구권'의 문제로 논의되고 있다. 이 분쟁은 헌법상 국가의 환경보호의무와 관련하여 중요성이 강조되고 있다.

2. 부작위위법확인소송의 의의 및 한계

부작위위법확인소송이라 함은 행정청이 당사자의 신청에 대하여 상당한 기간 내에 일정한 처분을 해야 할 법률상의 의무가 있음에도 불구하고 이를 행하지 않는 경우에 그 부작위가 위법하다는 것의 확인을 구하는 소송을 말한다(행정소송법 §4iii). 이는 주관소송으로 확인의 소이고, 그 판결은 확인판결이다. 부작위위법확인소송은 취소소송과 함께 항고소송에 속하나, 이미 발동된 공권력작용을 다투는 것이 아니라 공권력발동의 부재를 다투는 점에서 취소소송이나 무효등확인소송과 구별된다. 부작위위법소송의 소송물은 위법한 부작위로 인한 권익의 침해이다.

부작위위법확인판결은 부작위가 위법함을 확인하는 데 그치고 거부처분에 대한 취소판결과 같은 작위의무가 있음을 확인하는 데 이르지 못한다. 다만 취소판결의 기속력을 규정한 행정소송법 제30조가 부작위위법확인판결에 준용되므로 당해 행정청은 처분의무를 부담하게 될 뿐이다(행정소송법 §38②). 이 경우에도 원고가 원하는 내용의 처분이 아니라 무슨 내용의 것이든 처분만 하면 되는 의무를 지게 된다. 이점에서 거부처분의 취소판결이 그 취지에 따라 당사자의 신청에 대한 처분을 해야 하는 것과 다르다(행정소송법 §30②).

3. 취소소송과 부작위위법확인소송의 관계

취소소송은 행정소송의 주위적(主位的) 지위를 점한다. 그리하여 부작위가 거부처분으로 인식되거나 부작위가 지속된 후 처분이 내려진 경우에는 부작위위법확인소송이 아니라 취소소송을 제기해야 한다. 처분의 부존재가 묵시의 거부로도 이해될 경우에도 거부처분취소소송을 제기하는 것이 합리적이다.[120]

II. 부작위위법확인소송의 소송요건

부작위위법확인소송의 소송요건은 기본적으로 취소소송의 그것과 동일하다. 그러나 무효등확인소송과 달리 제소기간이나 행정심판전치가 적용될 여지가 있다.

1. 대상적격: 부작위

부작위위법확인소송의 대상은 '부작위'이다. 부작위라 함은 "행정청이 당사자의 신청에 대하여 상당한 기간 내에 일정한 처분을 해야 할 법률상 의무가 있음에도 이를 하지 아니하는 것"을 말한다(행정소송법 §22ii). 부작위의 요건은 다음과 같다.

(1) 당사자 신청의 존재

부작위가 존재하기 위하여는 당사자의 신청이 있어야 한다. 신청은 적법할 필요는 없고 위법한 신청이어도 무방하다. 하지만 당사자가 행정청에게 신청한 행정작용은 처분에 해당해야 한다.

(2) 신청권의 존재

부작위가 성립하려면 법규상 또는 조리상 신청권이 있어야 한다. 판례는 신청권의 존재를 원고적격의 요건으로서뿐만 아니라 대상적격의 요건으로 본다. 따라서 신청권이 없으면 부작위도 없고 원고적격도 없다.[121] 이는 행정소송법 제22조 제2호가 "일정한 처분을 해야 할 법

---

120) 大判 1991.2.12. 90누5825(검사임용거부사건). Cf. 홍정선a, 1197.
121) 大判 2000.2.25. 99두11455에 의하면 "당사자가 행정청에 대하여 어떠한 행정처분을 하여 줄 것을 요청할 수 있는 법규상 또는 조리상의 권리를 갖고 있지 아니하거나 부작위의 위법확인을 구할 법률상의 이익이 없

률상 의무가 있을 것"을 요구하므로 신청권의 존재를 부작위의 성립요건으로 보는 것이 타당하다.

(3) 상당기간의 경과

상당한 기간이 경과하지 않으면 아직 부작위가 존재하지 않는다. 상당한 기간이란 사회통념상 행쟁청이 당해 신청에 대한 처분을 하는 데 필요한 시간을 말한다. 이를 판단함에 있어서는 요구되는 처분의 성격과 내용을 살필 필요가 있으나, 행정청이 내부사정, 즉 업무부담의 정도, 인력 사정 등은 특단의 사정이 없는 한 고려의 대상이 아니다. 경과 여부의 판단시점은 변론종결시이다. 한편, 개별법령에서 처분의 기간을 정하는 경우, 당해 규정이 강행규정이 아닌 한, 이는 고려요소 중 하나일 뿐이다.

(4) 행정청의 법률상 처분 의무

부작위가 성립하기 위해서는 행정청에게 일정한 처분을 할 법률상 의무가 있어야 한다.[122] 여기서 처분은 행정소송법 제2조 제1항 제1호 소정의 "처분"을 말하며, "재결"도 포함된다. 다만, 판례는 행정입법이나[123] 비권력적 사실행위는 여기에 해당하지 않는다고 한다.[124] 행정청의 법률상 의무는 당사자의 신청권의 대응개념으로 양자는 개념쌍을 이룬다.

(5) 처분의 부존재

신청에 대하여 아무런 처분이 이루어지지 않아야 한다. 행정청이 소제기 후 판결시까지 가부간에 어떤 처분이든 내리게 되면 당해 소송을 각하된다. 일정기간이 경과될 동안 아무런 처분이 없으면 법규정에 의하여 거부처분이 있는 것으로 의제되는 경우에는 거부처분이 존재하게 되고 부작위위법확인소송이 아니라 거부처분취소소송을 제기해야 한다. 소송계속 중 거부의제기간이 도과하면 소의 변경이 허용될 것이다.

2. 당사자적격과 협의의 소익

부작위위법확인소송은 "처분의 신청을 한 자로서 부작위의 위법의 확인을 구할 법률상 이

는 경우에는 항고소송의 대상이 되는 위법한 부작위가 있다고 볼 수 없거나 원고적격이 없어 그 부작위위법확인의 소는 부적법하다."

122) 홍정선a, 1196.
123) 憲決 1998.7.16. 96헌마246.
124) 大判 1995.3.10. 94누14018은 압수물환부의무는 형사소송법 제332조에 의하여 당연히 발생하는 것이고 검사의 환부결정 등 어떤 처분에 의하여 비로소 발생하는 것이 아니며 따라서 압수물환부라고 하는 비권력적 사실행위의 부재는 부작위가 아니라고 판시하였다.

익이 있는 자"만이 제기할 수 있다(행정소송법 §36). 따라서 제3자가 부작위위법확인소송을 제기하는 경우에는, 그 제3자에게 행정청의 부작위로 인하여 침해당하거나 당할 우려가 있는 이익이 있어야 하고, 또한 그 이익이 당해 처분의 준거법률이 보호하는 법률상 이익으로 인정되어야 한다. 법률상 이익은 취소소송의 그것과 동일하다. 판례는 부작위위법확인소송의 당사자적격의 요건으로 법률상 또는 조리상 신청권이 있을 것을 요구하는데, 신청권이 있는 자는 법률상 이익이 인정되고 따라서 원고적격도 당연히 인정된다. 한편, 변론종결시까지 행정청이 방치한 적극 또는 소극의 처분을 한 경우에는 부작위가 없어지게 되므로 소의 이익이 상실되고 소는 각하를 면할 수 없게 된다.[125]

3. 제소기간

부작위위법확인의 소는 부작위상태가 계속되는 한 그 위법의 확인을 구할 이익이 있다고 보아야 하므로 원칙적으로 제소기간의 제한을 받지 않는다. 다만, 행정심판 등 전심절차를 거친 경우에는 행정소송법 제20조가 정한 제소기간 내에 부작위위법확인의 소를 제기해야 한다. 판례도 같은 태도인데, 이 같이 새기는 것은 행정소송법 제38조 제2항이 제소기간을 규정한 같은 법 제20조를 부작위위법확인소송에 준용하고 있기 때문이다.[126]

4. 부작위위법확인판결의 효력

부작위위법확인소송에서 인용판결이 내려지면 행정청은 판결의 취지에 따라 '재처분'을 해야 할 의무를 지게 되는 것이지, 특정한 처분을 해야 할 의무를 지는 것이 아니다. 판례도 같은 입장이다.[127]

---

125) 大判 1990.9.25. 89누4758.
126) 大判 2009.7.23. 2008두10560.
127) 大判 1990.9.25. 89누4758("부작위위법확인의 소는 행정청이 국민의 법규상 또는 조리상의 권리에 기한 신청에 대하여 상당한 기간내에 그 신청을 인용하는 적극적 처분 또는 각하하거나 기각하는 등의 소극적 처분을 하여야 할 법률상의 응답의무가 있음에도 불구하고 이를 하지 아니하는 경우, 판결(사실심의 구두변론 종결)시를 기준으로 그 부작위의 위법을 확인함으로써 행정청의 응답을 신속하게 하여 부작위 내지 무응답이라고 하는 소극적인 위법상태를 제거하는 것을 목적으로 하는 것이고, 나아가 당해 판결의 구속력에 의하여 행정청에게 처분 등을 하게 하고 다시 당해 처분 등에 대하여 불복이 있는 때에는 그 처분 등을 다투게 함으로써 최종적으로는 국민의 권리이익을 보호하려는 제도").

제4절 | 국가배상청구

I. 행정상 손해전보 개설

환경행정과 관련하여 손해를 본 국민은 그 환경행정작용의 위법성 유무에 따라 손해배상 또는 손실보상을 받을 수 있다. 국가·지방자치단체가 운영하는 공공시설(예컨대 폐기물처리시설)에서 배출되는 오염물질로 발생한 손해와 같이 국가 등의 행위가 환경침해의 '**직접 원인**'이 된 경우에는, 그 청구가 민법이 아닌 국가배상법에 의하더라도, 환경정책기본법 및 개별환경행정법에 규정되어 있는 무과실책임·연대책임의 특칙이 그대로 적용된다.

그러나 배출시설의 위법한 허가나 환경규제조치 등의 방기와 같이 국가 등의 행위가 환경침해의 '**간접 원인**'이 된 경우에는 문제가 간단하지 않다. 왜냐하면 국가배상법은 공무원의 직무집행의 위법성뿐만 아니라 과실을 요구하고 있고 공무원의 행위가 환경침해의 직접적 원인이 아니기 때문에, 환경정책기본법 등의 특칙을 그대로 적용하는 것이 지나치게 환경에 기운 해석일 수 있기 때문이다. 또한 부작위가 환경침해의 간접적 원인이 된 경우, 관계 법률이 작위의무를 부과한 취지가 공익뿐만 아니라 인근주민이나 일반 국민 개개인의 이익도 보호하기 위한 것으로 인정되지 아니할 때에는 그 부작위와 피해 사이의 인과관계를 인정하기도 어려울 것이다. 그리고 헌법상 환경권과 관련해서는 많은 연구가 필요하다.

자연환경보전법, 대기환경보전법, 물환경보전법, 폐기물관리법 등은 '개별적인' 토지의 수용·사용 또는 제한에 대하여 보상규정을 두고 있지만, 그 제한의 인적 범위가 '일반적인' 토지이용의 제한 — 대표적인 예로 환경정책기본법상의 특별대책지역에서의 토지이용제한 — 에 있어서는 보상 규정을 두고 있지 않다. 그린벨트 사건에 관한 헌법재판소의 결정 이후로 환경보전의 목적을 위하여 부과되는 일반적인 토지이용의 제한이 헌법 제23조가 규정한 특별한 손실에 해당하는지, 해당하는 경우에는 손실보상을 해야 하는지 등이 큰 문제로 부각되고 있다. 이 문제는 미국에서도 판례의 태도가 계속 변하고 있다고 평가될 정도로 난해한 문제이다. "규제적 수용(regulatory taking)"이론 또는 수용유사침해이론 등 학계에서도 많은 노력을 기울이고 있지만 경제적 분석에 기초한 입법적 해결만이 근본적인 해결책이 아닌가 생각된다.

Ⅱ. 국가배상청구권의 성립요건

1. 국가배상법 개설

우리 헌법은 "공무원의 직무상 불법행위로 손해를 받은 국민은 법률이 정하는 바에 의하여 국가 또는 공공단체에 정당한 배상을 청구할 수 있다. 이 경우 공무원 자신의 책임은 면제되지 아니한다."라고 규정하고 있는데(헌법 §29①), 이에 터잡아 일반법으로 제정된 국가배상법은 "국가나 지방자치단체는 공무원 또는 공무를 위탁받은 사인이 직무를 집행하면서 고의 또는 과실로 법령을 위반하여 타인에게 손해를 입"힐 때에는 "이 법에 따라 그 손해를 배상하여야 한다."라고 규정하고 있다(국가배상법 §2①). 국가배상법은 일반법으로 국가나 지방자치단체의 손해배상책임에 관하여는 먼저 동법을 적용하고 민법은 보충적으로 적용될 뿐이다(§8). 대법원은 국가배상법을 민법의 특별법, 즉 사법(私法)으로 본다.[128]

2. 국가배상책임의 요건

국가배상의 요건으로는, "공무원"이 "직무를 집행하면서" "고의 또는 과실로" "법령을 위반하여" "타인에게" "손해"를 입혀야 발생한다. 이 중 환경침해와 관련 있는 논점을 중심으로 보기로 한다.

(1) 공무원

공무원은 국가공무원뿐 아니라 지방공무원도 포함하는 등 가급적 넓게 인정해야 한다. 특히 사인이라도 공무를 위탁받아 이를 수행하는 한 그것이 일시적인 사무라고 하여도 공무원에 해당한다(大判 2001.1.5. 98다39060).

(2) 직무관련성

판례는 국가배상법 제2조 제1항의 직무라 함은 공법상의 권력작용 외에 동법 제5조(영조물 책임)에서 규정한 것을 제외한 공법상 비권력작용까지 포함하고 있다(大判 2004.4.9. 2002다10691). 권력적 사실행위도 이에 포함되나, 사법작용, 가령 국가의 철도운행사업은 포함되지 않는다(大判 1997.7.22. 95다6991). 한편, 직무를 '집행하면서'라는 것은 직무집행행위뿐 아니라 널리 외형상 직무집행과 관련 있는 행위를 포함한다(大判 1994.5.27. 94다647).

---

128) 大判 1972.10.10. 69다701.

(3) 위법성

가. 법령위반의 의의

국가의 배상책임이 인정되기 위해서는 공무원의 직무집행이 "법령을 위반"해야 한다. 법령위반이라 함은 "엄격한 의미의 법령 위반뿐만 아니라 인권존중, 권력남용금지, 신의성실, 공서양속 등의 위반도 포함하여 널리 그 행위가 객관적인 정당성을 결여하고 있음"을 의미한다(大判 2002.5.17. 2000다22607). 따라서 판례는 직무집행행위 자체 또는 그 집행방법이 그것을 규율하는 구체적 법령 자체를 위반한 경우뿐 아니라 명문의 규정이 없더라도 수권규정이나 관련법규 및 법의 일반원리상 인정되는 공무원의 직무상 손해방지의무를 위반하는 경우를 위법으로 보는 듯하다.[129] 위반행정규칙도 법규성이 인정되는 한 법령에 포함된다.

나. 사익보호성

직무상 의무집행이 '국가배상법상' 법령 위반이 되기 위하여 직무상 의무의 사익보호성이 요구되는지에 관하여 견해가 갈린다. 공무원에게 부과된 직무상 의무는 개개 국민을 보호하기 위한 것, 개개 국민의 이익과 무관하게 일반 공익을 유지하기 위한 것, 국민과 관계없이 순전히 행정기관 내부의 질서를 규율하기 위한 것이 있다. 판례에 의하면, 국가배상법 제2조 제1항의 직무는 **사인의 보호를 위한 직무**를 뜻하며, 국민의 이익과 관련된 것이라도 직접 국민 개개인의 이익을 위한 것이 아니라 전체적으로 공공 일반의 이익을 도모하기 위한 것이라면 이에 포함되지 않는다. 직무상 의무가 **전적으로** 또는 **부수적으로** 사회구성원 개인의 안전과 이익을 보호하기 위하여 설정된 것이라면 국가배상법 제2조 제1항의 직무인데,[130] 이는 "근거 법령 전체의 기본적인 취지·목적과 그 의무를 부과하고 있는 개별 규정의 구체적 목적·내용 및 그 직무의 성질, 가해행위의 태양 및 피해의 정도 등 제반 사정을 개별적·구체적으로 고려하여 판단"해야 한다(大判 2015.5.28. 2013다41431).

한편, 근자의 판례는 직무상 의무의 사익보호성을 위법성 요소가 아니라 **상당인과관계의** 요소로 보는 경향이 있다.[131] 즉, 공무원이 법령에서 부과된 직무상 의무를 위반한 것을 계기로 제3자가 손해를 입은 경우에 제3자에게 손해배상청구권이 인정되기 위하여는 공무원의 직무상 의무 위반행위와 제3자의 손해 사이에 상당인과관계가 있어야 하는데, "공무원에게 직무상 의무를 부과한 법령의 목적이 사회 구성원 개인의 이익과 안전을 보호하기 위한 것이 아니

---

129) 박균성a, 806.
130) 大判 2017.11.9. 2017다228083은 직무를 "공무원에게 부과된 직무상 의무의 내용이 단순히 공공 일반의 이익을 위한 것이거나 행정기관 내부의 질서를 규율하기 위한 것이 아니고 전적으로 또는 부수적으로 사회구성원 개인의 안전과 이익을 보호하기 위하여 설정된 것"이라고 본다.
131) 大判 2015.12.23. 2015다210194; 大判 2010.9.9. 2008다77795 등.

고 단순히 공공일반의 이익이나 행정기관 내부의 질서를 규율하기 위한 것이라면, 설령 공무원이 그 직무상 의무를 위반한 것을 계기로 하여 제3자가 손해를 입었다고 하더라도 공무원이 직무상 의무를 위반한 행위와 제3자가 입은 손해 사이에 상당인과관계가 있다고 할 수 없다"는 것이다(大判 2015.12.23. 2015다210194). 요컨대 직무상 의무를 부과한 법령의 목적이 사익보호가 아니라면, 당해 의무 위반으로 인하여 사인에게 발생할 손해가 없다는 것이다. 이는 직무상 의무 수행으로 사인이 누릴 수 있었던 것은 반사적 이익에 불과함을 말한다.

다. 부작위의 위법성

국가배상법상 부작위는 피해자의 신청을 전제로 하지 않는다. 따라서 어떤 신청에 대한 거부가 아니더라도 공무원의 **권한불행사**는 부작위가 된다. 그런데 모든 권한불행사에 대하여 국가배상책임이 인정되는 것은 아니다. 공무원의 부작위로 인한 국가배상책임을 인정하기 위해서는 작위의 경우와 마찬가지로 국가배상법 제2조 제1항의 요건을 충족해야 하는데, 이 경우 "법령에 위반하여"라고 하는 것이 반드시 형식적 의미의 법령에 명시적으로 공무원의 작위의무가 규정되어 있는데도 이를 위반하는 경우만을 의미하는 것으로 볼 수는 없다. 이는 법령이 본성상 사후적으로 제정될 수밖에 없기 때문에 변화하는 사회의 위험에 대응하기 위해서다.

그리하여 판례는 직무상 의무를 의무규정(행정권의 발동이 기속행위인 경우에는 부작위가 곧 위법이 된다)뿐만 아니라 **수권규정**으로부터 도출할 수 있다고 한다. 즉 권한불행사가 비례의 원칙에 반하거나 재량권이 다른 선택의 여지없이 수축한 경우 등 재량권의 일탈·남용의 경우에 위법하게 된다. 예컨대 경찰관직무집행법 제5조는 인명 또는 신체에 위해를 미치거나 재산에 중대한 손해를 끼칠 우려가 있는 위험한 사태가 있을 때에는 경찰관은 그 각호의 조치를 취할 수 있다고 규정하여 형식상 경찰관에게 재량에 의한 직무수행권한을 부여한 것처럼 되어 있으나, 판례는 "경찰관에게 그러한 권한을 부여한 취지와 목적에 비추어 볼 때 구체적인 사정에 따라 경찰관이 그 권한을 행사하여 필요한 조치를 취하지 아니하는 것이 현저하게 불합리하다고 인정되는 경우에는 그러한 권한의 불행사는 직무상의 의무를 위반한 것이 되어 위법하게 된다"고 보고 있다(大判 1998.8.25. 98다16890).

판례는 나아가 아예 **아무런 규정이 없는 경우**에도 합목적적 해석을 통하여 직무상 작위의무가 성립할 수 있다고 본다. 그리하여 판례는 ① 국민의 생명, 신체, 재산 등에 대하여 절박하고 중대한 위험상태가 발생하였거나 발생할 우려가 있고, ② 국가가 그 위험배제에 나서지 않으면 국민의 생명, 신체, 재산 등을 보호할 수 없고, ③ 관련 공무원이 그와 같은 결과를 예견하여 그 결과를 회피하기 위한 조치를 취할 수 있는 경우에, 형식적 의미의 법령에 근거가 없더라도 국가나 관련 공무원에 대하여 그러한 위험을 배제할 작위의무를 인정할 수 있다고 한다(大判 2005.6.10. 2002다53995).

환경보호와 관련해 주목할 만한 판결로는 大判 1998.10.13. 98다18520[21모1]이 있다. 동 판결은, "공무원의 부작위로 인한 국가배상책임을 인정하기 위하여는 공무원의 작위로 인한 국가배상책임을 인정하는 경우와 마찬가지로 '공무원이 그 직무를 집행함에 당하여 고의 또는 과실로 법령에 위반하여 타인에게 손해를 가한 때'라고 하는 국가배상법 제2조 제1항의 요건이 충족되어야 할 것인바, 여기서 '법령에 위반하여'라고 하는 것이 엄격하게 형식적 의미의 법령에 명시적으로 공무원의 작위의무가 규정되어 있는데도 이를 위반하는 경우만을 의미하는 것은 아니"라고 전제한 후 다음과 같이 판결하였다.

> 국민의 생명, 신체, 재산 등에 대하여 절박하고 중대한 위험상태가 발생하였거나 발생할 우려가 있어서 국민의 생명, 신체, 재산 등을 보호하는 것을 본래적 사명으로 하는 국가가 초법규적, 일차적으로 그 위험 배제에 나서지 아니하면 국민의 생명, 신체, 재산 등을 보호할 수 없는 경우에는 형식적 의미의 법령에 근거가 없다라도 국가나 관련 공무원에 대하여 그러한 위험을 배제할 작위의무를 인정할 수 있을 것[이다.]

라. 절차의 위법성

처분에 이르는 과정에서 절차적 위법(가령 환경영향평가절차상 하자)이 있을 때에는, 그로 인하여 처분 자체가 위법하게 되는 경우에 한하여, 국가는 상당인과관계 내의 손해를 배상할 책임이 있다.

마. 항고소송과 국가배상소송의 관계

국가배상책임이 인정되기 위해서는 위법한 가해행위 외에 공무원의 고의·과실이 필요하다. 또한 가해행위인 처분에 대하여 취소판결이 내려진다 하더라도 그 사실만으로 당해 처분이 곧바로 공무원의 고의·과실로 인한 것으로 불법행위를 구성한다고 단정할 수 없다. 따라서 취소판결의 기판력은 불법행위 인정에는 미치지 않는다(大判 2000.5.12. 99다70600). 그러나 위법성 판단에 관한 한, 항고소송의 인용판결의 기판력은 국가배상소송에 미치고, 전자의 기각판결의 기판력은 후자에 미치지 않는다고 보아야 한다. 국가배상법상의 위법을 항고소송의 위법보다 넓게 보아야 하기 때문이다.

(4) 고의·과실

판례는 과실을 "공무원이 그 직무를 수행함에 있어 당해 직무를 담당하는 평균인이 보통(통상) 갖추어야 할 주의의무를 게을리한 것"으로 본다(大判 1987.9.22. 87다카1164). 근자의 판례는 **과실을 객관화**하고 있다는 평가를 받고 있다. 즉, 고의·과실이 인정되려면 "객관적 주의

의무를 결하여 [계쟁 처분]이 객관적 정당성을 상실하였다고 인정될 정도에 이르러야 한다"고 보는 것이다. 이와 더불어, 고의·과실에 대한 국민의 입증책임을 완화하여 위법하면 과실을 사실상 추정하는 듯한 판례도 등장하고 있다(大判 2015.10.29. 2013다209534).

한편, 위법한 부작위의 경우, 과실이 사실상 추정될 것이다. 피해자의 신청이 있다면, 피해에 대한 공무원의 예견가능성이 높아져 과실을 부정하기 어렵게 된다.

(5) 손해 및 인과관계

손해와 인과관계는 민법상 불법행위책임의 그것과 동일하다. 공무원이 직무상 의무를 위반함으로 인하여 피해자가 입은 손해에 대하여는 **상당인과관계**가 인정되는 범위 내에서 국가가 배상책임을 진다. 판례에 의하면, 상당인과관계의 유무를 판단할 때에는 일반적인 결과 발생의 개연성은 물론 직무상 의무를 부과하는 법령 기타 행동규범의 목적이나 가해행위의 태양 및 피해의 정도 등을 종합적으로 고려하여야 한다(大判 2017.11.9. 2017다228083).

Ⅲ. 영조물의 설치·관리상의 하자

1. 영조물책임의 성질

국가배상법에 따르면, "도로·하천, 그 밖의 공공의 영조물(營造物)의 설치나 관리에 하자(瑕疵)가 있기 때문에 타인에게 손해를 발생하게 하였을 때에는 국가나 지방자치단체는 그 손해를 배상하여야" 한다(§5①). 본조상의 국가책임은 무과실책임이다. 민법 제758조의 공작물책임에서 소유자의 책임과 같다.

2. 영조물책임의 요건

(1) 도로 그 밖의 공공의 영조물

"공공의 영조물"이라 함은 "국가 또는 지방자치단체에 의하여 특정 공공의 목적에 공여된 유체물 내지 물적 설비," 즉 강학상 '공물'을 지칭한다(大判 1995.1.24. 94다45302). 이 판결에 의하면, 공물이라 함은 일반공중의 자유로운 사용에 직접적으로 제공되는 "공공용물"에 한하지 아니하고, 행정주체 자신의 사용에 제공되는 "공용물"도 포함하며, 국가 또는 지방자치단체가 소유권, 임차권 그 밖의 권한에 기하여 관리하고 있는 경우뿐만 아니라 "사실상의 관리"를 하고 있는 경우도 포함한다. 환경침해를 야기하는 대표적인 영조물로는 공항과 고속도로가 있다.

(2) 설치나 관리에 하자

설치는 당해 영조물의 기안에서 설치에 이르는 모든 행위를 포함하고, 관리는 설치 후의 유지·보수를 의미한다. 하자는 공물주체의 주관적 귀책사유에 의한 하자가 아니라 **객관적으**로 "그 용도에 따라 통상 갖추어야 할 안전성을 갖추지 못한 상태"를 말한다(大判 2013.10.24. 2013다208074). 이 판례에 의하면, 안정성 구비 여부는 "영조물의 설치자 또는 관리자가 그 영조물의 위험성에 비례하여 사회통념상 일반적으로 요구되는 정도의 방호조치의무를 다하였는지를 기준으로 판단하여야 하고, 아울러 그 설치자 또는 관리자의 **재정적·인적·물적 제약** 등도 고려하여야" 한다. 따라서 영조물인 도로의 경우도 완전무결한 상태를 유지할 정도의 고도의 안전성만을 갖추어야 하는 것은 아니고, "그것을 이용하는 자의 상식적이고 질서 있는 이용 방법을 기대한 **상대적인 안전성**을 갖추는 것으로 족하다."

(3) 불가항력과 입증책임

객관적 안정성을 갖추면, 불가항력에 의한 가해행위는 면책된다. 그러나 불가항력이 있어도 공작물의 설치·보존에 객관적 하자가 있으면 그로 인하여 피해가 악화된 범위 내에서 국가가 책임을 져야 한다(大判 2000.5.26. 99다53247).

입증책임에 관하여는, 하자의 존재를 피해자가 입증하는 것이 원칙이나, 공물의 안정성에 관한 전문지식도 없고 관련 정보도 없는 시민에게 이를 엄격히 요구할 수는 없다. 판례는 이를 감안해서인지는 모르지만, 영조물 설치·관리자에게 "그 영조물의 결함이 영조물의 설치·관리자의 관리행위가 미칠 수 없는 상황 아래에 있는 경우임이 입증되는 경우라면 영조물의 설치·관리상의 하자를 인정할 수 없다."라고 판시한 바 있다(大判 2001.7.27. 2000다56822).

3. 손해와 인과관계

설치나 관리의 하자와 손해 사이에 상당인과관계가 성립해야 함은 상술한 공작물책임과 같다.

판례색인

사항색인

저자약력

1987년 서울대학교 법과대학 졸업
1989년~1991년 부산지방법원 판사
1993년 University of California, Berkeley, School of Law, LL.M. (Master of Laws)
1994년~현재 미국 뉴욕주 변호사
1995년 University of California, Berkeley, School of Law, J.S.D. (Juridicae Scientiae Doctor)
1997년~현재 서울대학교 법학전문대학원 교수
2001년 Duke University School of Law, Visiting Professor
2006년 University of Tokyo Faculty of Law, Visiting Associate Professor
2016년~2018년 서울대학교 법학전문대학원 학장
2016년 사단법인 한국환경법학회 제26대 회장
2020년~2021년 외교부 환경협력대사

주요 저서

기후변화시대의 에너지법정책(박영사)
판례환경법(박영사)
사법통치의 정당성과 한계(박영사)
민주주의와 시장주의(박영사)
스마트그리드 법정책(공저)(박영사)
기후변화와 법의 지배(공저)(박영사) 등 다수

제3판
환경법원론

초판발행	2019년 8월 30일
제3판발행	2022년 7월 5일
지은이	조홍식
펴낸이	안종만·안상준
편 집	염상호
기획/마케팅	조성호
표지디자인	이소연
제 작	고철민·조영환
발행처	(주) 박영사
	서울특별시 종로구 새문안로3길 36, 1601
	등록 1959. 3. 11. 제300-1959-1호(倫)
전 화	02)733-6771
f a x	02)736-4818
e-mail	pys@pybook.co.kr
homepage	www.pybook.co.kr
ISBN	979-11-303-4151-4 93360

* 파본은 구입하신 곳에서 교환해 드립니다. 본서의 무단복제행위를 금합니다.
* 저자와 협의하여 인지첩부를 생략합니다.

정 가   65,000원